上海

上海科技年鉴（2024）

SHANGHAI SCIENCE AND TECHNOLOGY YEARBOOK

《上海科技年鉴》编辑部　编

上海科学普及出版社

图书在版编目(CIP)数据

2024上海科技年鉴 / 《上海科技年鉴》编辑部编.
上海 : 上海科学普及出版社, 2024. 12. -- ISBN 978-7-5427-8888-7

Ⅰ. G322.751-54

中国国家版本馆CIP数据核字第202457U3H9号

责任编辑 林晓峰

上海科技年鉴(2024)

《上海科技年鉴》编辑部 编
上海科学普及出版社出版发行
上海中山北路832号 邮政编码 200070
http://www.pspsh.com

各地新华书店经销 上海中华印刷有限公司印刷
开本 889×1194 1/16 印张 29.5 插页 10 字数 1 200 000
2024年12月第1版 2024年12月第1次印刷

ISBN 978-7-5427-8888-7 定价:300.00元(附只读光盘1张)

地　　址　上海市中山西路1525号技贸大厦4楼

邮　　编　200235

电　　话　021-33383438

传　　真　021-54893540

编辑说明

一、《上海科技年鉴》是上海市科学技术委员会主办、上海市科技创新服务中心（上海市科技成果档案资料馆）承办的专业性年鉴，是一本逐年出版、公开发行的资料工具书。

二、《上海科技年鉴（2024）》是《上海科技年鉴》创刊以来的第34部年鉴，主要记录了2023年上海科技创新的新进展，有少量条目因对比需要涉及2023年前后的情况，以求查阅的方便和内容的完整。

三、本年鉴卷首设有特载及专文。卷中设有基础研究、前沿技术研究、先进制造业科技、现代服务业科技、现代农业科技、城市建设与生态科技、卫生健康与体育科技、企业创新与创业服务、研发机构与创新平台、国家高新区、科技创新承载区、科技人才、科技计划与投入、科技成果与奖励、知识产权、软科学研究与科技出版、科技合作与交流、科学普及与科技社团，共18章，主要反映上海市各个领域科技工作的进展和依靠科技进步促进各项工作的情况。以上内容分成基础研究与前沿技术研究、科技促进经济社会发展、区域创新体系、科技管理与服务，共4篇。篇以下为章、节和条目，条目为撰写的基本单元。卷尾设大事记及附录，附录包含科技政策与法规、2023年度中国科学十大进展、2023年中国十大科技进展、2023年世界十大科技进展、2023年市科委领导成员及机构设置，共5个部分。

四、本年鉴前设目录，后设索引。索引采用主题分析索引方法，按主题词首字汉语拼音字母顺序排列。另设有图片索引、表格索引和人名索引。

五、按文责自负的原则，每个条目均署名，署名者为条目作者或提供者。

六、本年鉴纪事的起止时间为2023年1月1日至12月31日。凡未明确标注年份的月、日，均指2023年。

七、本年鉴中计量单位的名称、符号、书写规则及数字的用法等，均执行国家制定的有关标准。

八、诚挚希望关心《上海科技年鉴》的作者、读者和各界朋友，对本卷年鉴的不足之处提出批评和建议。

《上海科技年鉴》编辑部

2024年10月

1 月 16 日，第 6 届中以创新创业大赛总决赛暨第 8 届中以创新合作大会在中以（上海）创新园举办

1 月 18 日，“玉兔东升”展在上海自然博物馆举办

2 月 28 日，2023 年上海市科技系统党政负责干部会议召开

3 月 7 日，2023 年上海科技金融工作会议召开

3 月 11 日，第 10 届上海市科普讲解大赛决赛举办

3 月 12 日，2023 年上海市科学实验展演汇演活动举办

3 月 31 日，“科创新机遇 · 共谋新发展” 沪港创新发展论坛召开

4 月 13 日，2023 年 “创 · 在上海” 国际创新创业大赛启动

4 月 15—16 日，第 38 届上海市青少年科技创新大赛终评活动举办

4 月 24 日，2023 年上海合成生物产业高峰论坛举办

5 月 7 日，2023 年 “科学之夜” 专题活动混知书店专场举办

5 月 10 日，2023 年上海市科普工作联席会议召开

5 月 18 日，“趣玩 · 自然博物馆之夜”活动举办

5 月 20 日，第 2 届上海科技传播大会举办

5 月 20 日起，科创先锋访谈节目《未来说——执牛耳者》播出

5 月 20—31 日，2023 年上海科技节举办

5 月 28 日，一起野！——“野孩子”六一特别活动在上海自然博物馆举办

6 月 13—15 日，第 25 届上海国际生物技术与医药研讨会召开

科技活动

6 月 15—17 日，第 9 届中国（上海）国际技术进出口交易会举办

6 月 17 日，2023 年上海清华海归创新创业人才年会举办

7 月 6—8 日，2023 年世界人工智能大会举办

8 月 7 日，“科技追光号”浦江游船启航

9 月 10—12 日，2023 年全球技术转移大会在上海举办

9 月 9—11 日，2023 年浦江创新论坛（第 16 届）举办

9 月 10 日，首届全球创业投资大会在宝山举办

9 月 16 日，2023 年上海市“全国科普日”活动启动

9 月 18—20 日，2023 年“海聚英才·海外名校 STEM 专业博士上海行”活动举办

10 月 11 日，2023 年科创大会在上海举行

10 月 17 日，“立足科技自立自强，服务健康中国战略”主题院士沙龙举办

11 月 6 日，第 6 届世界顶尖科学家论坛开幕式暨 2023 年世界顶尖科学家协会奖颁奖典礼在上海举办

11 月 11—17 日，第 9 届上海国际自然保护周举办

11 月 15 日，上海参展第 25 届中国国际高新技术成果交易会

11 月 15—17 日，第 6 届长三角科技成果交易博览会在嘉定举办

12 月 14 日，2023 年沪滇科技成果对接交流活动在云南楚雄举行

2023年度上海市科技功臣奖获得者

1

2

1 中国商用飞机有限责任公司首席科学家吴光辉
2 中国科学院上海药物研究所研究员丁健
3 复旦大学教授修发贤
4 中国科学院上海技术物理研究所研究员胡伟达
5 华东理工大学教授曲大辉
6 中国科学院上海有机化学研究所研究员黄正
7 同济大学长聘特聘教授汤奇荣
8 上海交通大学医学院附属第一人民医院主任医师林浩东
9 上海大学环境与化学工程学院常务副院长李辉
10 复旦大学附属眼耳鼻喉科医院教授舒易来
11 上海燧原智能科技有限公司联合创始人张亚林
12 上海商汤智能科技有限公司副总裁张少霆

2023年度上海市青年科技杰出贡献奖获得者

3

4

5

6

7

8

9

10

11

12

2023年度上海市自然科学奖一等奖项目（部分）

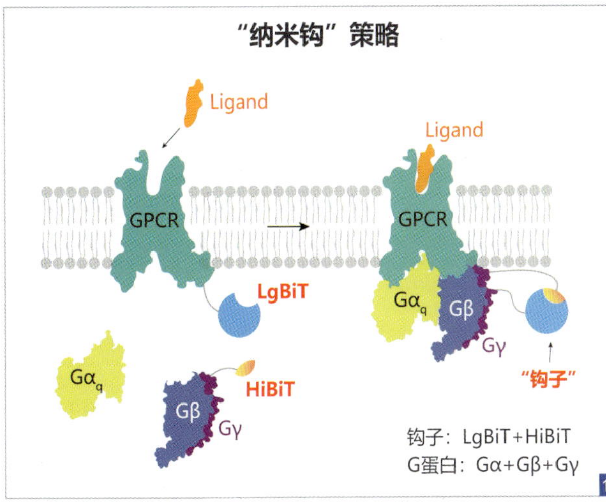

13

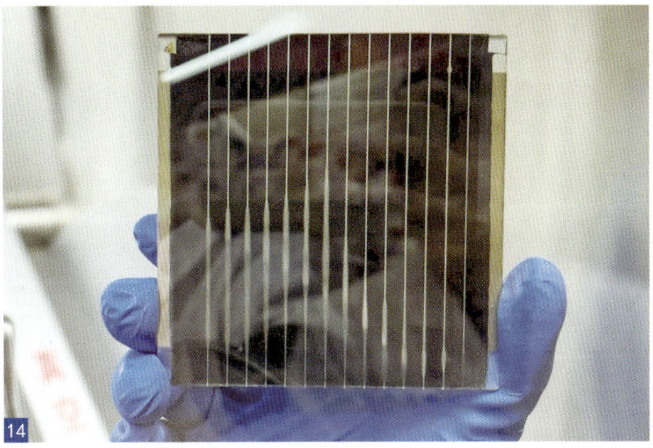
14

13 GPCR信号传导通路系统分子机制研究
14 高效稳定钙钛矿太阳能电池的化学创制研究

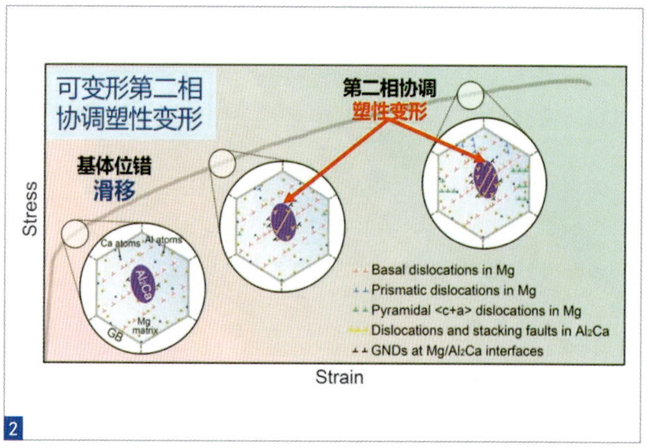

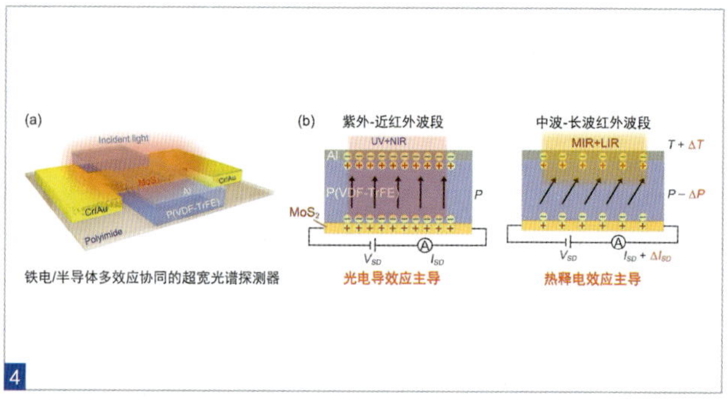

2023年度上海市技术发明奖一等奖项目（部分）

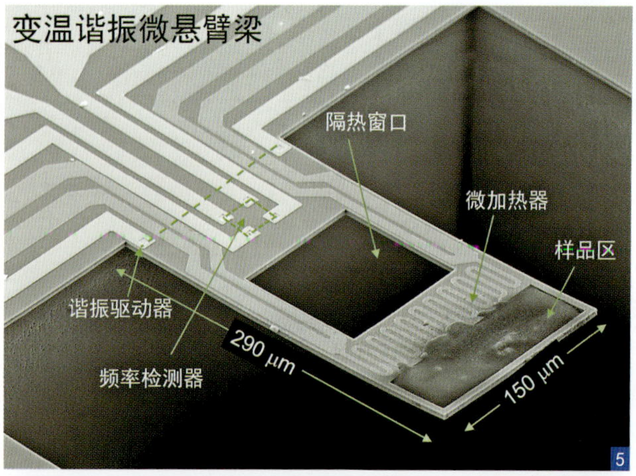

1. 光子晶体中的结构色与辐射调控研究
2. 基于微结构调控的镁合金强韧化设计原理与方法研究
3. 量子多体非平衡动力学与精密测量
4. 铁电极化场增强的光电探测机理研究
5. 变温谐振微悬臂梁的材料原位测量分析方法和科学仪器技术
6. 大宗钢渣固废低碳高效制备高等级沥青路面材料及工程应用关键技术
7. 低延迟超眼计算成像技术及应用

1 电池储能系统精细化管控关键技术、装备及应用
2 高分辨遥感卫星热管理用陶瓷关键制备技术及应用
3 面向智能制造的跨域融合感知关键技术及应用
4 氨基葡萄糖全生物法高效绿色制造关键技术及产业化应用
5 超高精度大口径绝对面形光学标准计量关键技术及仪器
6 大型水泥生产过程智能控制与优化运行关键技术及工业应用
7 富水地层盾构隧道结构灾变机理及韧性提升

2023年度上海市科技进步奖一等奖项目（部分）

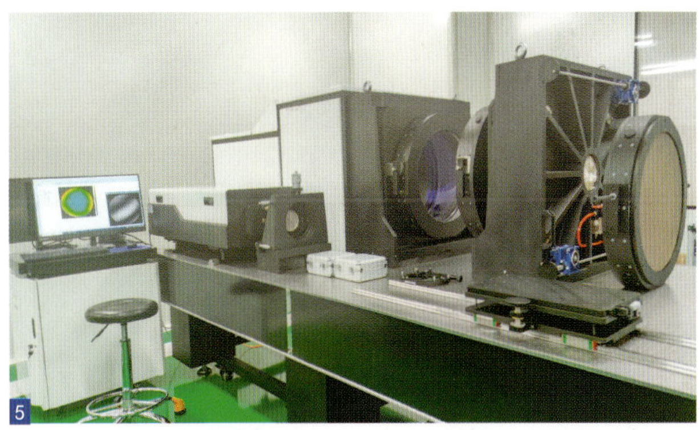

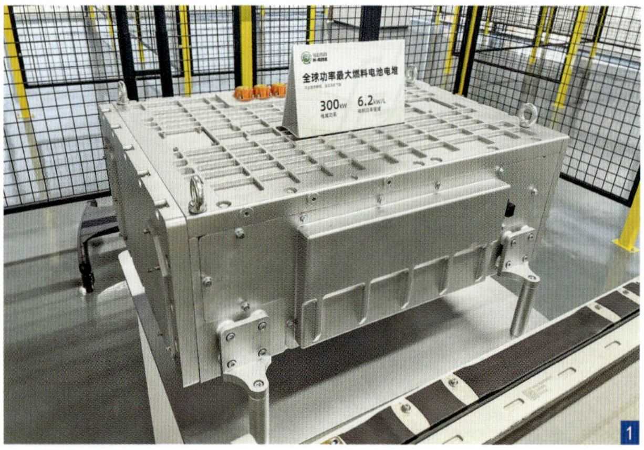

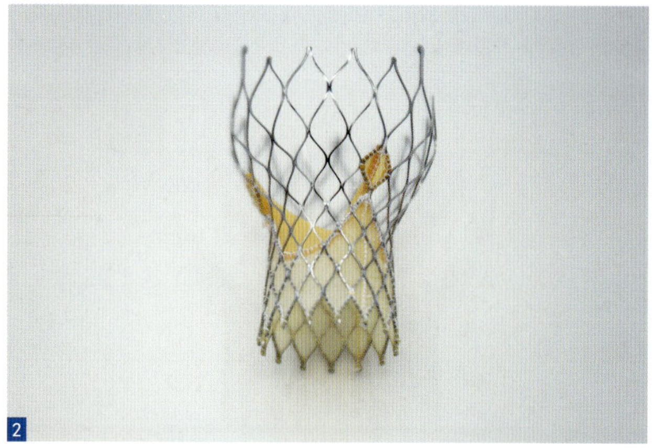

2023年度上海市国际科技合作奖获得者

1 高功率车用燃料电池电堆关键技术及产业化应用

2 经导管主、肺动脉瓣置换技术的创新和体系的建立

3 奶酪风味协同增效机制及产业化关键技术

4 渗透泵控释片制造的关键技术及装备创新与产业化应用

5 美国理海大学杰出讲席教授艾尔莎·瑞秋曼尼斯（Elsa Reichmanis，美国籍）

6 荷兰癌症研究所教授雷内·贝尔纳茨（René Bernards，荷兰籍）

7 德国莱比锡马普数学研究所创始所长岳尔根·约斯特（Jürgen Jost，德国籍）

8 法国国家科学研究中心配位化学实验室荣誉研究主任简-皮埃尔·马乔拉（Jean-Pierre Majoral，法国籍）

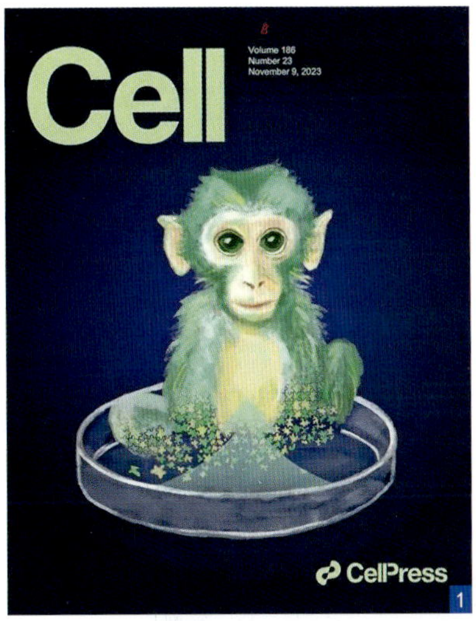

1

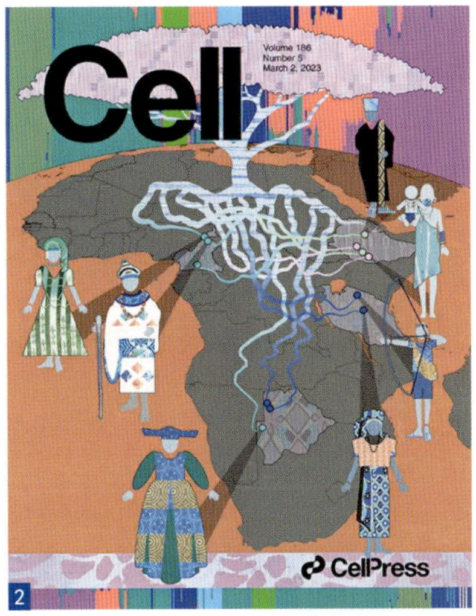

2

3

4

5

6

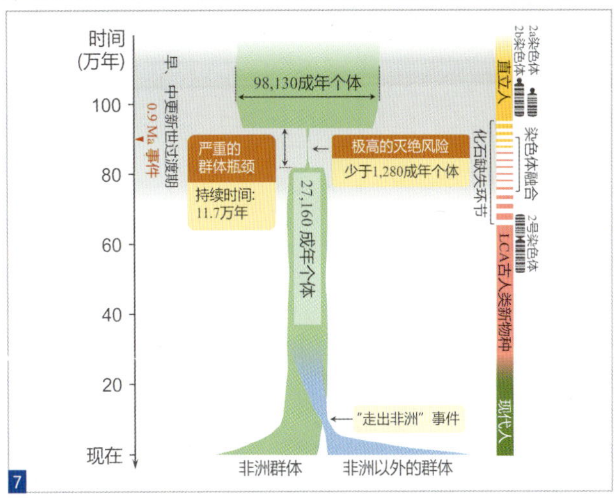

7

1 构建胚胎干细胞嵌合体猴，成果发表于《细胞》

2 绘制非洲人群适应性进化图谱，成果发表于《细胞》

3 发现地幔深部异质体或为45亿年前月球形成大碰撞遗迹，成果发表于《自然》

4 实现大规模制造可折叠硅片和柔性太阳能电池策略，成果发表于《自然》

5 发现M87星系中心黑洞喷流呈现周期性摆动，成果发表于《自然》

6 破解生态修复“梦境”之困，成果发表于《科学》

7 发现人类祖先在早、中更新世过渡期经历严重群体瓶颈，成果发表于《科学》

科技成果

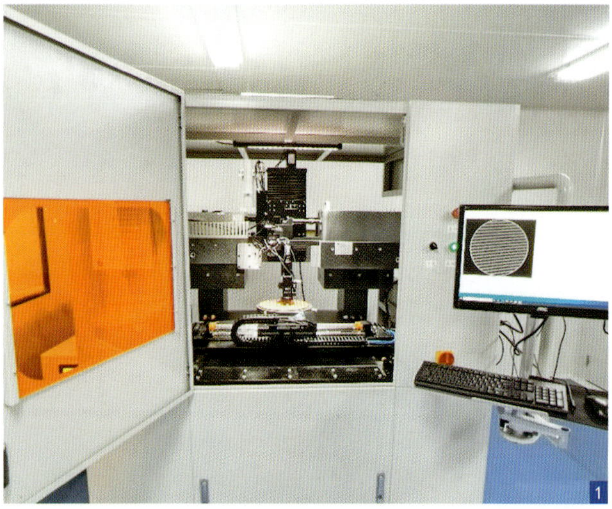

1

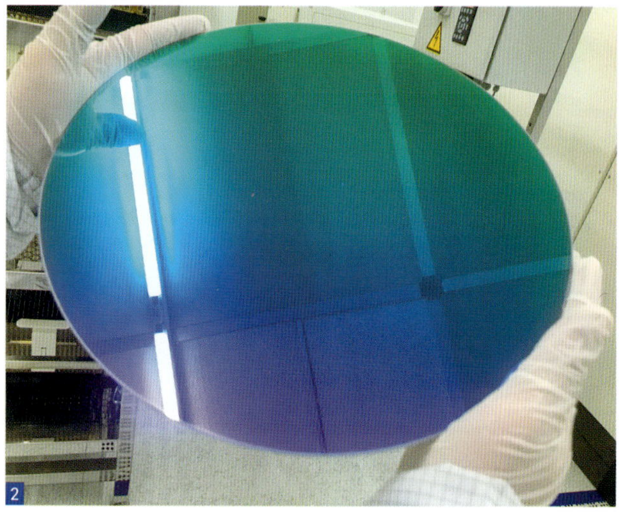

2

3

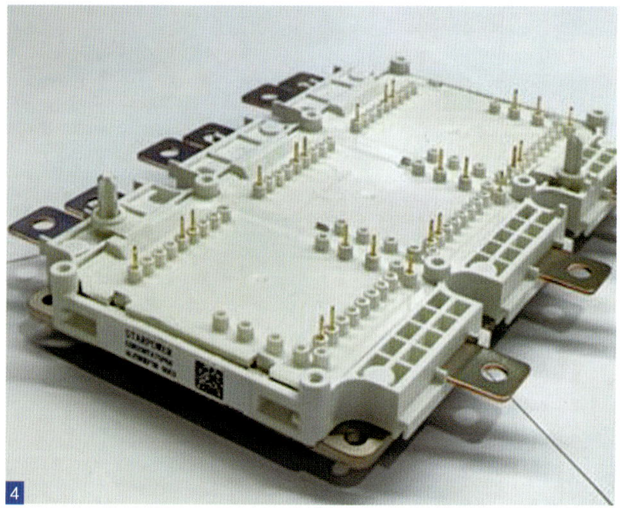

4

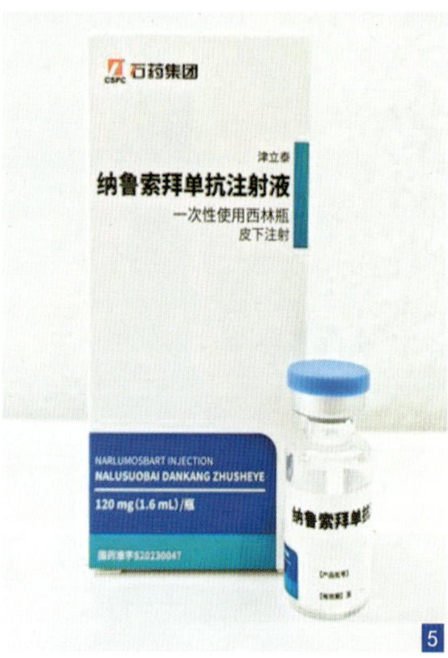

5

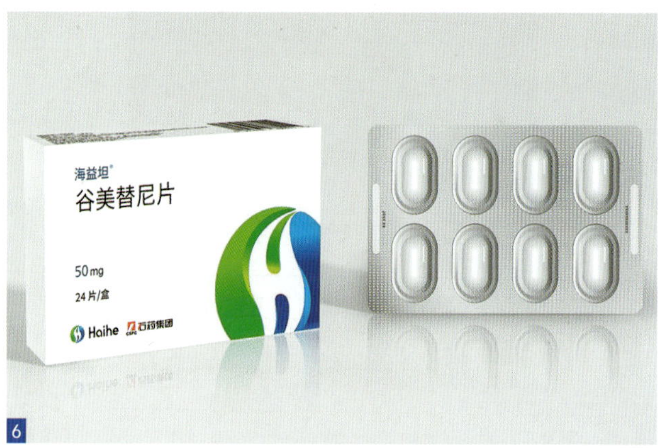

6

1 硅基互补金属氧化物半导体晶圆激光精密分切设备完成开发

2 国内首片 300 mm 射频绝缘衬底上硅晶圆（SOI）成功制备

3 集成电路用 300 mm 硅片实现规模量产

4 新能源车用绝缘栅双极型晶体管芯片模块完成开发

5 1 类创新药纳鲁索拜单抗注射液获批上市

6 1 类创新药谷美替尼片获批上市

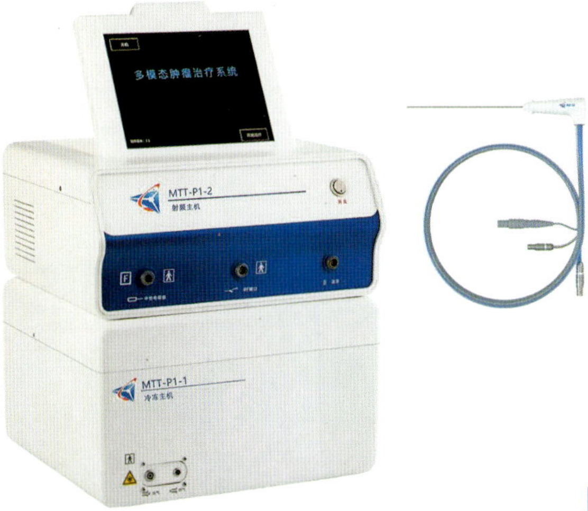

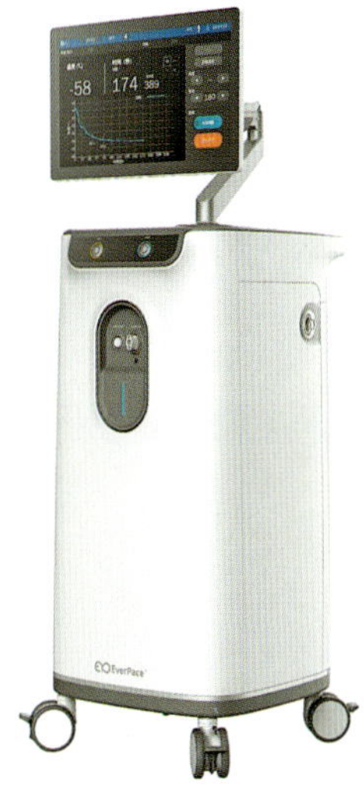

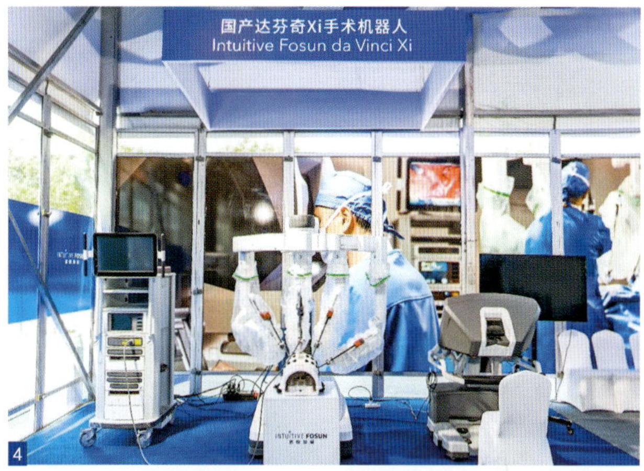

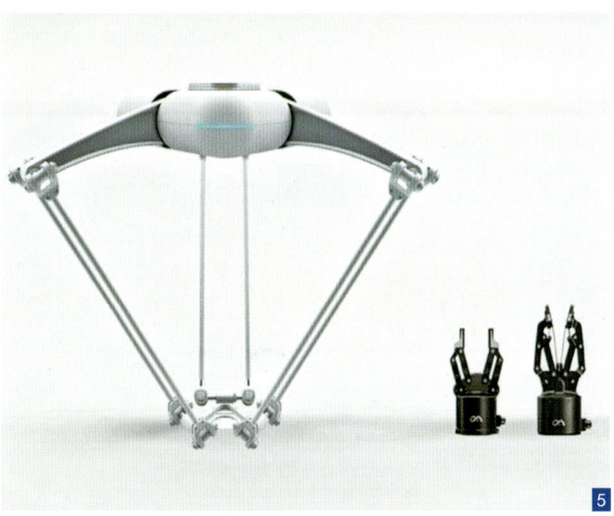

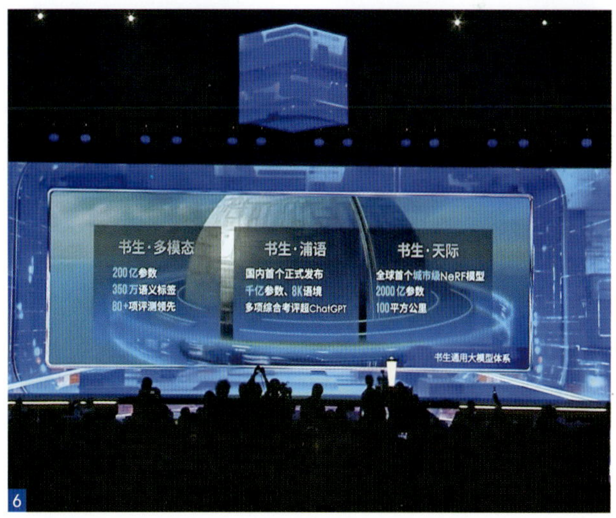

1 3类创新医疗器械多模态肿瘤治疗系统获批上市

2 3类创新医疗器械冷冻消融设备获批上市

3 傅利叶通用人形机器人 GR-1 发布

4 国产达芬奇 Xi 手术系统发布

5 全球首款自适应并联机器人及通用力控型机器人夹爪发布

6 “书生”通用大模型体系发布

科技成果

1 国内首颗低倾角轨道降水测量卫星风云三号 G 星成功发射

2 长征二号丁运载火箭“1 箭 41 星”成功发射

3 C919 大型客机首次商业飞行完成

4 首批 2 架 ARJ21 客改货飞机交付

5 首艘国产大型邮轮“爱达·魔都”号交付

6 24 116 TEU 超大型集装箱船“地中海泰萨（MSC TESSA）”号交付

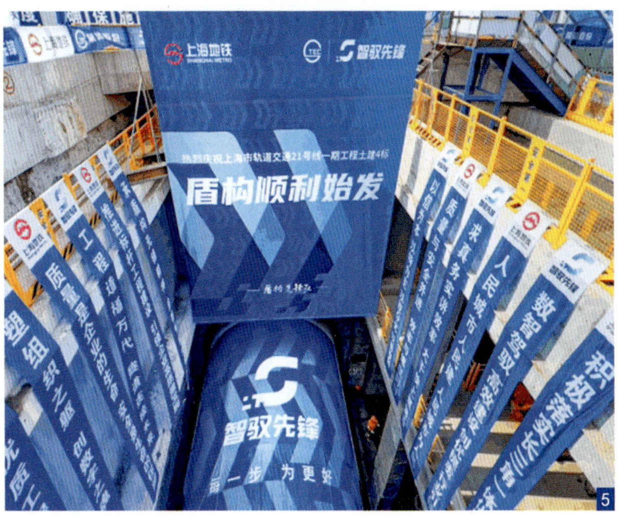

1 全球首台全高温超导托卡马克装置 HH-70 主机系统交付

2 国内首台 H 级燃气轮机联合循环设备投入运行

3 重大科技基础设施“磁－惯性约束聚变能源系统关键物理技术项目”主体结构封顶

4 重大科技基础设施“海底科学观测网”标志性构筑物东海多圈层观测塔主体结构海上安装完成

5 上海地铁首条采用盾构自主驾驶技术建造隧道开工

6 首批 9 辆氢燃料电池车在青浦工业园区投入运营

科技成果

1 大球盖菇新品种“申球 2 号”选育成功

2 多抗优质西瓜新品种“申蜜 4 号”选育成功

3 “双淡”蔬菜新优品选育成功

4 杂交粳稻新品种“申优 R1”百亩示范方建立

5 新优花卉试种筛选与推广

6 绿叶蔬菜产销智能化控制技术示范应用

目　录

特　载

专　文

第一篇　基础研究与前沿技术研究

大事记

附　录

索引

特　载

中央政治局委员、上海市委书记
陈吉宁同志谈科技工作

科技革命和产业变革正加速催生经济发展新领域新赛道，创新型企业大有可为、大有作为。要深入贯彻落实习近平总书记考察上海重要讲话精神，不断优化营商环境，强化制度供给，营造良好生态，充分激发企业创新活力和内生动力，支持企业在事关未来的前沿领域主动布局，加快提升原始创新能力和核心竞争力，为推动上海经济高质量发展作出更大贡献。

要紧紧围绕高水平科技自立自强，支持企业深耕重点优势领域，加大研发投入，开展技术攻关。要紧扣城市产业定位和未来前沿领域，强化高质量科技供给，加快创新协同攻坚，打造世界级产业集群，提升产业核心竞争力。创新型企业要拓展国际视野，提高国际市场开拓能力，在国际合作竞争中掌握主动。上海将持续优化营商环境，提供更及时的对接、更高效的服务、更精准的供给，更好服务企业走出去，在全球市场搏击风浪、勇立潮头。

（1月29日在调研创新型企业时的讲话摘要）

当前科学研究范式正在发生深刻变革。要聚焦国家战略需求、面向未来产业发展，充分发挥新型科研机构优势，把各方面力量整合起来，形成推进科技创新的强大合力。要强化使命担当，紧盯战略目标，联系科技发展和研究进程，结合产业需求和实际应用，不断优化完善战略任务，凝练重大科学问题，加强底层技术攻关，超前布局变革性新技术、新路径。要探索建立新型科研组织模式，优化运行机制，创新管理方式，提高科研效率，更好组织跨领域、跨层级、跨学科的协同攻关，精准破解事关前沿产业创新发展的重大基础性、战略性问题。要强化人才集聚，创新识才、引才模式，不唯头衔和身份，只唯能力和贡献，支持青年科技人才挑大梁、担重任。加强政策精准供给、用好各类服务平台，提升对各方面优秀人才的吸引力。加快推动人事制度改革，完善人才差异化评价和长周期支持机制，进一步激发人才队伍创新活力。要更好围绕产业链部署创新链，加快搭建平台、营造生态，构建风险共担、利益共享机制，推动产学研深度协同，更好服务现代化产业体系发展。

（5月4日在专题调研上海市新型科研机构建设运行工作时的讲话摘要）

要更加自觉学习贯彻党的二十大精神和习近平总书记关于科技创新的重要论述，勇立时代潮头、勇攀科技高峰，奋力开创上海国际科技创新中心建设新局面。始终把科技创新摆在发展全局的核心位置，全力强化科技创新策源功能，努力在基础研究、关键核心技术攻关和科技成果产业化等方面取得更大成果，为实现高水平科技自立自强作出更大贡献。

抓布局就是抓机遇。要敏锐感知变化，深化战略性、前瞻性、基础性、带动性科技布局。瞄准世界科技前沿、围绕事关国家战略需要的核心领域，聚焦三大先导产业和基础科学、交叉学科及源头底层技术，动态优化完善攻坚重点和突破方向，布局重大科研平台，积极抢占未来科技和产业发展制高点。集聚精锐力量进行原创性引领性科技攻关，形成一批具有重大牵引和带动作用的科技成果。抢抓产业智能化、绿色化、融合化发展机遇，推动产业链创新链资金链人才链深度融合，提高科技成果转化效率和产业化水平。

要坚持问题导向、效果导向，积极探索构建关键核心技术攻关新型举国体制，加快构建风险和利益共担机制、全链条加速机制。遵循创新规律谋划改革，把握不同领域和不同阶段的创新规律，持续改进科研管理和组织形式，实施更加精准的加速政策支持。聚焦创新活动推动改革，以人才评价体系、科技评价制度和经费支持方式改革牵引创新活动全过程协同。坚持科创中心和金融中心联动发展，培育更多长期资本、耐心资本，引导科技投资投早、投小、投硬科技，推动形成多层次资本市场接续联动的多元化科技金融体系。

要聚天下英才而用之，实行更加积极、更加开放、更加有效的人才引进政策，以识才的慧眼、爱才的诚意、用才的胆识、容才的雅量、聚才的良方，千方百计把方方面面的优秀人才集聚到国际科创中心建设中来。用好全球创新网络，拓展海外引才渠道，更大力度引进顶尖人才。坚持把培育战略人才力量的重心放在青年人才上，让耐得住寂寞、坐得住冷板凳的人有机会、有舞台，让更多年轻人挑大梁、唱主角。贯通推进教育、科技、人才融合发展，源源不断造就科技后备力量。

凡是创新成果层出不穷的地方，必定拥有生命力旺盛、根植力强大的创新生态。要更加注重提升各类创新要素密度，使之集聚耦合、叠加碰撞，进而产生裂变效应。实施梯次培育行动，打造更多爆发力强的高增长企业，形成一批具有核心竞争力的龙头企业，带动形成行业生态。打造世界一流孵化器，做强做精“众创空间-孵化器-加速器”等各类孵化载体，畅通“转化-孵化-产业化”路径，不断提升孵化器的服务能级和水平。深化创新协同，打造长三角科技创新共同体，健全全链条科研服务体系。厚植创新文化，大力弘扬科学家精神，营造激情忘我、敢闯敢拼的创新氛围，培育包容创新、宽容失败的科研生态，更好释放广大科技工作者的无穷创造潜能。

（5月26日在上海市科学技术奖励大会上的讲话摘要）

“五个中心”是以习近平同志为核心的党中央对上海城市的总体定位，是上海在国家现代化经济体系中的定位要求。“四大功能”体现了深化“五个中心”建设的质量导向和集成效应。只有持续增强“四大功能”，上海才能找准深化“五个中心”建设的主攻方向，带动“五个中心”全面升级。只有深化高水平改革开放，开展更大力度的政策制度创新，“四大功能”才能不断实现突破跃升。

要强化全球资源配置功能，彰显高质量发展的战略位势，做大做强资本要素市场，高效配置关键要素资源，提升经营主体全球运作的水平。要强化科技创新策源功能，激发高质量发展的澎湃动力，加强基础研究，强化关键核心技术攻关和科技成果转移转化，构建具有全球竞争力的开放创新体系。要强化高端产业引领功能，发挥高质量发展的示范作用，聚焦三大先导产业和未来产业打造世界级产业集群，以六大重点产业为主推动智能化、绿色化、融合化发展，发挥生产性服务业对产业升级的赋能作用，培育具有标杆示范意义的世界一流企业。要强化开放枢纽门户功能，提升高质量发展的辐射能力，深化规则、规制、管理、标准等制度型开放，深化贸易投资自由化便利化，提升走出去发展竞争力，打造世界级航运枢纽。

要坚持“四个放在”，以排头兵的姿态和先行者的担当，当好高水平改革开放的开路先锋。深刻把握推动高质量发展的内在机理和底层逻辑，始终把激活创新“第一动力”作为抓牢“改革开放”关键一招的核心指向，牢牢坚持改革开放正确方向，全面贯彻中央部署要求，把技术逻辑、市场逻辑、治理逻辑有机统一起来。动态掌握科技和产业发展态势，科学研判技术成熟度，准确把握未来发展的方向和重点，及时主动抢抓布局，更好孕育产业“核爆点”、打造发展新亮点。预见预判技术突破的市场应用前景、产业培育前景，实现创新链与产业链、价值链的高效快速耦合。更好发挥政府作用，在战略必争、体系必备、发展必需领域，发挥新型举国体制优势，抓好系统布局、供需对接、力量组织、平台搭建、政策供给，着力提升全市创新体系质效，放大改革开放先行先试整体效能。

（7月4日在十二届上海市委三次全会上的讲话摘要）

抢抓新一代人工智能发展机遇、加快打造世界级产业集群，是以习近平同志为核心的党中央交给上海的重大战略任务。上海要努力推动高质量发展、创造高品质生活、实现高效能治理，比以往任何时候都更加需要发挥人工智能赋能百业的“头雁效应”、拉动发展的“乘数效应”。我们将以更大力度推动人工智能健康发展，努力打造更具国际影响力的人工智能“上海高地”。坚持长期性和敏捷性相结合，树立长远眼光，保持战略定力，着力抓好打基础、利长远的各项战略任务，不断提升行动的敏捷能力，建立适应技术和产业变化的决策机制，及时优化攻坚重点和发展方向。坚持突破关键技术和打造开放生态相统一，举全市之力、聚各方资源，加大支持力度，鼓励各种形式的算法创新、芯片研发、算力提升和语料建设，通过更有效的政策引导，开放更多应用场景，推动创新主体协同互动，加强企业创新生态培育，打造有竞争力的产业集群。坚持更好统筹发展和治理、开放和安全，秉持科技向善理念，推动完善人工智能标准体系、安全准则、伦理规范，让人工智能更好造福人类。

（7月6日在2023年世界人工智能大会开幕式上的致辞摘要）

习近平主席的贺信深刻阐述了新一轮科技革命和产业变革深入发展的时代大势，充分展示了中国以更加开放的思维和举措推进国际科技交流合作的历史担当，充分表达了同各国携手打造开放、公平、公正、非歧视的科技发展环境的真诚愿望。上海将认真学习习近平主席的贺信精神，结合实际抓好贯彻落实。

经过多年努力，上海国际科技创新中心建设从“建框架”迈向“强功能”、从量的积累迈向质的飞跃，进入了创新活力持续迸发、创新成果不断涌现的新阶段。站在新起点上，要勇立潮头、奋楫扬帆，把激活创新动力作为深化改革开放的核心指向，从科技创新的全过程、全链条出发强化创新策源功能，在推动科技现代化上取得更大突破。要进一步扩大全球视野、增进战略互信、深化开放合作，让科技创新更好造福人类。携手探索充满魅力的科技前沿，瞄准高风险、高价值的重大科学问题，加强理论研究和实验突破，深化重点科学项目协作。携手构建开放包容的创新网络，打造开放、公平、公正、非歧视的科技发展环境，推动人才、技术、资本、数据等要素跨区域、跨领域有序顺畅流动。携手推进敏捷高效的科技治理，始终秉持科技向善理念，深度参与全球科技治理。上海将搭建更高质量的合作平台，打造市场化、法治化、国际化的营商环境，与世界各国科学家、创业家一道，共同书写科技新篇。

（9月10日在2023年浦江创新论坛开幕式上的致辞摘要）

中国共产党第二十次全国代表大会擘画了中国式现代化宏伟蓝图，上海要加快建设具有世界影响力的社会主义现代化国际大都市，切实满足人民对美好生活的向往，需要更好发挥科技创新的支撑引领作用，需要加快聚天下英才而用之。我们将以强化科技创新策源功能为主攻方向，持续深化具有全球影响力的科技创新中心建设，加快科技体制机制改革、营造创新创业良好生态，更好疏通基础研究、应用研究和产业化双向链接的快车道，支持科技人才瞄准高风险、高价值的重大科学问题加强理论研究和实验突破，引导更多长期资本和耐心资本投早、投小、投硬科技。我们将为各类人才提供全方位的服务和保障，搭建开放合作平台，创造宜居宜业环境，做好高效精准对接，让大家心无旁骛搞研究、放开手脚干事业。

（9月20日在第3届“海聚英才”全球创新创业峰会开幕式前会见顶尖人才代表时的讲话摘要）

全市广大科技工作者要学深悟透做实习近平总书记关于科技创新的重要论述，争做勇立时代潮头、矢志创新策源的弄潮儿，锐意科技改革、激发创新活力的促进派，引育顶尖人才、打造人才高地的开拓者，弘扬创新文化、厚植创新生态的实干家，不断开创上海国际科技创新中心建设新局面。

新征程上，必须坚定不移向科技创新的广度和深度进军，坚持不懈强化科技创新策源功能，进一步激发高质量发展的澎湃动力。全市广大科技工作者要坚持走中国特色自主创新道路，坚定敢为天下先的志向，以时不我待的劲头和舍我其谁的担当，奋力推动上海科技现代化建设迈上新台阶。要紧跟世界科技创新大潮，瞄准高风险、高价值的重大科学问题，奔着最紧急、最紧迫的问题去，坚决打赢关键核心技术攻坚战。抢抓智能化、绿色化、融合化发展机遇，源源不断形成新质生产力。要主动参与科技改革攻坚，踊跃贡献改革智慧，不断增进改革共识，加快构建风险共担和利益共享机制、全链条加速机制，在深化科技人才评价改革、推进科研范式变革、优化“揭榜挂帅”制度等方面拿出真招实招，加快形成支持全面创新的基础制度。要坚持聚天下英才而用之，科技领军人才要甘当人梯、奖掖后学，争做识才引才的伯乐、育才用才的导师、爱才惜才的前辈;青年科技人才要认清使命、大胆创新,勇于在重大科技任务中挑大梁、当主角。要积极弘扬和践行科学家精神,把自己的科学追求融入强国建设伟大事业中,深化开放创新协同,全力打造长三角科技创新共同体,深度参与国际科技交流合作,积极参与科学技术普及工作,在全社会大力培育创新意识,在青少年中播撒科学种子。

(10月10日在市科协第十一次代表大会上的讲话摘要)

我们要牢记殷殷嘱托,主动识变应变求变,以排头兵的姿态和先行者的担当,着力强化科技创新策源功能,坚定不移向科技创新要新质生产力、要核心竞争力。我们将全力加速源头创新突破,聚焦重点领域全面深化高风险、高价值的重大科学问题研究,坚决打赢关键核心技术攻坚战,加快形成一批原创性引领性科技成果。全力推进创新赋能发展,疏通基础研究、应用研究和产业化双向链接的快车道,围绕三大先导产业和未来产业打造世界级产业集群,以六大重点产业为主推动智能化、绿色化、融合化发展,加快形成具有风向标意义的产业“核爆点”,培养造就世界一流企业。全力促进资源要素融通,发挥国际科创中心和国际金融中心联动优势,推动创新链产业链资金链人才链融合发展,引导培育长期资本、耐心资本,鼓励投早、投小、投硬科技,形成科学家敢干、资本敢投、企业敢闯、政府敢支持的创新资源配置方式。全力优化开放创新生态,顺应科研范式变革,深化科技体制改革,融入全球创新网络,建立一站式综合服务平台,推出更多带动性强的应用场景,打造市场化、法治化、国际化一流营商环境。

(10月11日在2023年科创大会开幕式上的致辞摘要)

科学技术是推动人类社会向前发展的重要驱动力量,融入全球创新网络、扩大国际创新协同已成为不可阻挡的时代大势。习近平主席关于科技创新的重要论述,为我们深化开放创新、推动国际科技合作指明了方向。上海正在深化国际科技创新中心建设,围绕强化科技创新策源功能,加快构建具有全球影响力的开放创新体系,努力打造全球创新网络的重要节点。我们将继续秉持开放包容的理念,同全球顶尖科学家、国际科技组织增进互信、加强合作,让科技创新更好造福人类。在加强基础研究上同题共答,聚焦基础学科,瞄准前沿领域,实施长周期评价和稳定性支持,推动重大科技基础设施开放共享,携手探索科学最前沿,勇创世界和未来之新。在构建开放创新生态上同向而行,探索设立“全球科技伙伴计划”,参与和发起国际大科学计划,吸引国际科技组织、各国创新主体来沪发展,打造开放、公平、公正、非歧视的科技发展环境。在推动青年科技人才成长上同心协力,给予青年人才更多信任、更好支持、更大舞台,激励青年敢闯敢试、敢为人先,让更多年轻人挑大梁、当主角。

(11月6日在第6届世界顶尖科学家论坛开幕式暨2023年世界顶尖科学家协会奖颁奖典礼上的致辞摘要)

要深入学习贯彻党的二十大和习近平总书记考察上海重要讲话精神,进一步增强使命感、责任感,胸怀“国之大者”,坚持世界眼光,把握创新规律,加强战略谋划,切实找准发力点、突破口,下好科技创新“先手棋”、抢占科技发展“制高点”。

面对新一轮科技革命和产业变革的突飞猛进,实现高水平科技自立自强的迫切需要,我们必须要有等不起、慢不得、坐不住的紧迫感,全面审视科技创新的能力和水平,按照疏通创新源头、加速创新过程、强化支撑体系的实践逻辑,以强化科技创新策源功能为主线,进一步抓实抓细抓好科技创新的改革工作和重点任务,在科技创新领域勇挑重担,当好开路先锋。

要着力优化战略前沿布局。聚焦国家战略,瞄准核心领域,凝练重大需求,形成有效机制,推动科技创新从跟跑追赶实现弯道超车。遵循科技发展规律,组织实施高效率的科研、整合高能级的力量、加大高强度的投入,大力提高基础研究水平。建立科技战略决策咨询委员会机制,长期跟踪、持续研究、不断完善攻坚重点和技术路线。

要着力深化体制机制改革,构建风险共担和利益共享机制,提升创新体系整体效能。持续改进科研管理和组织形式,聚焦基础性战略性领域,强化稳定性支持和长周期考核,支持高风险高价值研究。着眼创新全过程、全链条,疏通基础研究、应用研究和产业化双向链接的快车道。

要着力激活人才、数据、资本等创新要素。深化高校院所人才培养模式改革,更多围绕创新链产业链育人才,让“伯乐”推荐人才,让用人主体识别人才。加大数据的开放共享,激活数据的交易流通,更好发挥数据在自主创新和创新服务中的重要作用。大力推动上海国际金融中心和科创中心链接联动,带动各类社会资本进入创投领域,引导培育长期资本、耐心资本,进一步促进“科技-产业-金融”良性循环。

要着力营造一流生态,提供更加优质、更加友好的创新环境,把各类创新主体培育好、引进来、留下来。加快打造高质量孵化器,加快培育世界一流企业。大力发展科技服务业,加快完善支撑硬科技的知识产权交易、专业代理等服务,建立健全科技咨询、研发测试、科技金融、成果转移转化等全链条科研服务体系。创新优化监管方式,在动态优化中找到推动科技创新和守牢安全底线的最佳平衡点。

(11月20日在以“提升核心竞争力,着力推进具有全球影响力的科技创新中心建设”为主题的专题协商座谈会上的讲话摘要)

要以习近平新时代中国特色社会主义思想为指导,全面贯彻落实党的二十大和二十届二中全会精神,围绕推动高质量发展首要任务和构建新发展格局战略任务,聚焦建设“五个中心”重要使命,以科技创新为引领,以改革开放为动力,以国家重大战略为牵引,以城市治理现代化为保障,加快建成具有世界影响力的社会主义现代化国际大都市,在推进中国式现代化中充分发挥龙头带动和示范引领作用。

要坚定信心、奋力一跳。牢牢把握重大战略机遇,增强做好明年工作的信心和底气,自我加压、不懈奋斗。以科技创新推动产业创新,加大产业转型升级力度,加快布局推进科技金融、绿色金融、普惠金融、养老金融、数字金融,大力发展集成电路、生物医药、人工智能三大先导产业,加快大模型、区块链等新动能培育壮大，发挥平台经济优势，抢抓绿色低碳机遇，加快发展新质生产力。坚持教育、科技、人才一体推进，加快建设高水平人才高地。

（12月18日在十二届上海市委四次全会上的讲话摘要）

科技部党组书记、部长
阴和俊同志谈科技工作

2023年是共建"一带一路"倡议提出十周年。中方将始终秉持开放包容、互惠共享的国际科技合作理念，与各方共同推进《国际科技合作倡议》落实，凝心聚力、携手前行，以更加开放的思路和更加务实的举措，继续实施好"一带一路"科技创新行动计划。围绕高水平推进科技创新合作，提出五点建议：一是持续深化政府间合作关系，二是大幅提升科技交往规模，三是全面拓展宽领域合作内容，四是加快构建高水平合作平台，五是共同完善全球科技治理。

（11月6日在首届"一带一路"科技创新部长会议上的讲话摘要）

加强科技创新法治建设，是贯彻落实习近平新时代中国特色社会主义思想特别是习近平总书记关于科技创新的重要论述的重要举措；是在贯彻全面依法治国基本方略下走中国特色自主创新道路、加快实现高水平科技自立自强战略目标的有力保障；是顺应科技革命新趋势，推进科技治理体系和治理能力现代化的重要保障；是适应国际科技创新治理趋势、打造科技创新竞争制度优势的重要举措。

按照党的二十大提出的"在法治轨道上全面建设社会主义现代化国家"的要求，必须坚持深入学习贯彻习近平法治思想，坚持全面依法治国，加快推进科技创新法治建设，以贯彻落实新修订的科学技术进步法为契机，完善中国特色科技法律体系，扎实推进科技领域依法行政。同时，结合落实党和国家机构改革重要部署，加强党中央对科技工作的集中统一领导，组建中央科技委员会，能动履职保障科技创新在法治轨道上发展，用良好的法治环境，推动实现高水平科技自立自强。

加强顶层设计，完善中国特色科技法律体系。以习近平法治思想为根本遵循，以建设和完善国家创新体系为总体要求，构建科技法律体系，形成新时期科技创新治理框架。加强人工智能等新兴领域和涉及科学数据、科研机构等重要科技创新要素和创新主体的立法，推动科技创新主体之间协同互动，构建新型举国体制，保障科技投入和重大科技战略任务实施。

加强新兴技术领域专门立法和科技伦理规范。针对人工智能、基因技术等体现国家发展战略导向的前沿技术创新领域进行专门立法，促进和规范前沿技术领域研发和应用，发挥法治促进科学技术发展和抑制科技发展负面效应的作用，加强科技伦理治理，防止科学技术的滥用和失控，构建新技术研发应用的制度优势。

建立健全部门、地方协同机制，加强科技创新法律宣传与落实。围绕科技法律的实施，建立部门、地方协同机制，明确法律贯彻落实的总体要求、主要任务和保障措施，推动完善地方性法规，构建上下贯通、统一衔接的科技法律制度体系。认真落实科技系统"八五"普法规划。完善和落实"谁执法谁普法"普法责任制，统筹"报、网、端、微、屏"资源，充分运用互联网、新媒体、云平台等开展法治宣传教育，进一步提高普法的系统性、针对性、及时性。

建立健全科技领域行政执法制度，提升执法能力。落实"一规划两纲要"、科学技术进步法、行政许可法、行政处罚法、行政复议法、行政诉讼法等有关要求和规定，建立健全科技领域相关执法制度，规范科技领域行政执法行为，保障执法人员依法履行职责，监督行政处罚的有效实施。提高知识产权工作法治化水平，统筹推进专利法、商标法、著作权法、反垄断法等的执行，提升知识产权创造、保护和运用水平。

进一步完善法治环境，营造良好科技创新生态。加快修订科学技术普及法，弘扬科学精神，培养创新文化。推动科研诚信法治建设，保障科学共同体规范运行。研究修改促进科技成果转化法，推动完善有利于创新发展的市场环境，营造有利于创新的良好秩序。推进科技人才培养、使用、激励和保护的法治建设，形成尊重人才、尊重创造的良好社会氛围。

（11月13日在《民主与法制周刊》发表题为《加强科技创新法治建设，为科技自立自强提供法治保障》的署名文章摘要）

时任科技部党组书记、部长
王志刚同志谈科技工作

2023年是全面贯彻落实党的二十大精神的开局之年，全国科技界要以习近平新时代中国特色社会主义思想为指导，坚持科技是第一生产力、人才是第一资源、创新是第一动力，三位一体落实科教兴国战略、人才强国战略、创新驱动发展战略，有力统筹科技、教育、人才工作。坚持"四个面向"，以推动高质量发展为首要任务，以构建"顶层设计牵引、重大任务带动、基础能力支撑"的体系化能力为主线，聚焦自立自强，完善国家创新体系，着力强化国家战略科技力量，着力增强自主创新能力，着力打赢关键核心技术攻坚战，着力深化科技体制改革，着力建设高素质科技人才队伍，着力扩大国际科技交流合作，为进入创新型国家前列、建成科技强国奠定坚实基础，为全面建设社会主义现代化国家开好局、起好步。

重点抓好十个方面重点任务：一是深入学习宣传贯彻党的二十大精神，在全面学习、全面把握、全面落实上下功夫。二是面向国家战略需求和长远发展，强化国家战略科技力量。三是健全新型举国体制，打赢关键核心技术攻坚

战。四是加快实施国家重大科技项目，培育新的经济增长点。五是持之以恒加强基础研究，加强重点领域超前部署。六是落实科技政策聚焦自立自强的要求，深化科技体制改革。七是统筹推进国际科技创新中心、区域科技创新中心建设，打造具有国际领先水平的创新创业生态。八是强化企业科技创新主体地位，引导企业用好市场优势培养科技创新能力和竞争力。九是完善人才战略布局，建设高素质科技人才队伍。十是扩大国际科技交流合作，形成具有全球竞争力的创新开放生态。

（2022 年 12 月 30 日在全国科技工作会议上所作工作报告摘要）

科技创新工作要以人才强、科技强支撑引领经济强、国家强，真正发挥好科技创新在我国现代化建设中的核心关键作用。紧紧围绕“科技政策要聚焦自立自强”举国体制做好六方面工作：一是坚决打赢关键核心技术攻坚战，加快布局实施一批国家重大科技项目，集中优质资源合力攻关；二是有力统筹教育、科技、人才工作，推动创新链产业链资金链人才链深度融合，加强企业主导的产学研深度融合，依靠创新培育壮大发展新动能；三是统筹推进国际科技创新中心、区域科技创新中心建设，加快国家自创区、高新区高质量发展，加快形成新的经济增长极；四是持续深化科技体制改革，深化科技评价、科研管理、科技经费改革，形成支持全面创新的基础制度；五是完善人才战略布局，自主培养和引进并举，加快建设世界重要人才中心和创新高地；六是积极拓展国际科技合作空间，推动高水平对外开放。

教育是基础，科技是关键，人才是根本，三者有机统筹推进，才能系统地、最大限度支撑现代化国家建设。要紧盯国家现代化建设重大需求，突出重点统筹。统筹教育、科技、人才工作的重点包括：一是战略统筹，三位一体推进实施科教兴国、人才强国、创新驱动发展这三大战略，通过协同配合、系统集成，从而开辟发展新领域新赛道，塑造发展新动能新优势；二是目标统筹，聚焦教育强国、科技强国、人才强国目标要求协同发力，最终依靠科技创新不断夯实现代化建设根基，为高质量发展提供新的成长空间、关键着力点和主要支撑体系，实现依靠创新驱动、人才支撑的内涵型增长；三是要素统筹，坚持科技是第一生产力、人才是第一资源、创新是第一动力；四是工作统筹，切实做好战略规划统筹、法律政策文化统筹、科技及相关资源统筹，加强顶层设计和系统推进。

重大关键核心技术是指体现国家意志、实现国家战略目标、解决国家发展和安全重大问题的技术。在攻关方式上，要发挥我国集中力量办大事的中国特色社会主义制度优势，具体组织模式要根据需要攻关解决的科学、技术和创新的问题，有针对性地作出安排，而不能简单理解为“大兵团”作战。在理念上、方法上，要跳出科技看科技，用需求工程、技术推动、场景驱动等方法找问题，政府要提出重大关键技术的问题，并在战略科技力量建设、人才队伍培养使用、科技政策制度制定、科技资源配置、科研成果评价上作出重点安排。

企业从“创新主体”转变为“科技创新主体”，表明企业在国家创新体系中的地位上升到新高度，更加强调推动企业向基础研究、应用基础研究等创新链前端延伸，并突出企业在基础研究、应用基础研究、技术创新、成果转化和产业化全过程的主体地位。

科技自立自强是一个大国走向强国的必然要求。在新的历史阶段，服务于社会主义现代化国家和世界科技强国建设，我们将聚焦加快实现高水平科技自立自强，落实科技体制改革三年攻坚方案部署，加快形成支持全面创新的基础制度。

（1 月 2 日受《科技日报》题为《以高水平科技自立自强支撑高质量发展》的专访摘要）

当今世界科学技术飞速发展，深刻影响国家前途命运，深刻改变人类认识世界和改变世界的方式，向科技创新要方法、要答案，是应对全球性问题挑战、推动世界繁荣发展的不二选择。中国政府始终高度重视科技创新，坚持科技是第一生产力、人才是第一资源、创新是第一动力，深入实施科教兴国战略、人才强国战略、创新驱动发展战略，协同推进教育、科技、人才发展，科技创新已成为中国现代化发展中的决定性力量。与此同时，我们充分认识到中国的创新发展离不开世界，世界的科技进步也越来越需要中国。我们将积极落实习近平主席提出的全球发展倡议、全球安全倡议、全球文明倡议，继续加大科技开放合作，为全球各国科学家、工程师、企业家们携手合作打造更多平台，为打造全球创新网络贡献更多中国智慧和力量。

（9 月 9 日在浦江创新论坛期间主持召开外国科学家座谈会时的讲话摘要）

上海市委副书记、市长
龚正同志谈科技工作

持续推动“五个中心”功能升级。强化国际科技创新中心创新策源功能，深入推进张江综合性国家科学中心建设，强化在沪国家实验室服务保障，加快培育一批国家实验室上海基地，配合推进全国重点实验室重组，大力发展新型研发机构，完善科研基地平台体系，开工建设磁惯性预研项目等国家重大科技基础设施，持续构建光子、生命科学、海洋等领域设施集群。

着力强化教育科技人才支撑，塑造发展新动能新优势。坚持科技是第一生产力、人才是第一资源、创新是第一动力，深入推进教育、科技和人才资源融合集成，进一步厚植创新驱动根基。

加快建设高质量教育体系。加强拔尖创新人才早期培养。统筹职业教育、高等教育、继续教育协同创新，打造一批产教融合育人基地、高校科研基地，深化高校“双一流”建设，支持高校加强基础研究和重大科研攻关，做强做优职业教育，扩大职工继续教育“双元制”试点。

持续增强科技创新能力。深入实施基础研究特区计划、“探索者”计划，启动新一批市级重大科技专项，加快实施产业基础再造工程和重大技术装备攻关工程。大力发展研发经济，引进和培育一批具备研发、销售、结算等复合功能的创新型总部，加快发展科技服务业。深入推进全面创新改革试验，进一步为创新主体放权松绑，开展高校院所综合授权改革试点，实施领军企业培育工程，持续推动高新技术企业和专精特新企业扩容提质。健全技术转移体系，提升科技企业孵化器服务能级，探索设立科技成果转化引导基金。高标准推进知识产权强市建设，强化知识产权法治保障。

大力推进高水平人才高地建设。加快建设战略人才力量，强化国家实验室、重大科技基础设施、世界一流大学、高水平研发机构、行业领军企业等平台的人才集聚效应，聚焦"高精尖缺"，实施海内外顶尖人才引育、科技领军人才队伍提升、青年科技人才队伍锻造、卓越工程师和高技能人才振兴等工程，持续壮大科技创新"四支队伍"。深化人才发展体制机制改革，实施更加积极、更加开放、更加有效的人才政策，开展国家科技人才评价综合改革试点，推动落实海外人才出入境、停居留等保障措施，开展青年发展型城市建设试点，营造高品质的人才生态。

（1月11日在上海市第十六届人民代表大会第一次会议上所作政府工作报告摘要）

上海正在加快建设具有全球影响力的科技创新中心，必须树牢"全过程创新"理念，着眼从0到1、从1到10的创新全过程。关键是加快健全"两项机制"。一项是风险共担、利益共享机制。推动各类创新要素、创新主体合理均衡承担创新风险，形成科学家敢干、资本敢投、企业敢闯、政府敢支持的创新资源优化配置方式。另一项是全链条加速机制。善于把基础研究和应用开发、底层技术和市场前景结合起来，在不同技术领域和不同阶段实施有针对性的支持政策。

持续增强创新这个第一动力，根本靠科技，基础在教育，关键是人才。上海将加快推进教育、科技、人才"三位一体"融合集成，着重抓好三件大事。一是构建高质量教育体系。加快推进国家"双一流"和高水平地方高校建设，支持高校开展基础研究和重大科研攻关。二是扩大高水平科技供给。深入实施基础研究特区、"探索者"等计划，尽快形成自主可控的可替代技术。三是建设高水平人才高地。强化国家实验室、大科学设施、世界一流大学等平台人才集聚效应，持续壮大科技创新国家队、地方队、民间队、国际队。

产业是城市重要的核心竞争力。上海还将下气力提高产业链供应链的现代化水平，着力推进"一个突破、两个转型、三个强化"。"一个突破"，就是集中优势资源突破一批关键核心技术，推动"科技—产业—金融"良性循环。"两个转型"，就是加快推动数字化转型和绿色低碳转型。"三个强化"，一是强化重大项目支撑。二是强化园区载体支撑，引导全市53个特色产业园区错位竞争。三是强化产业人才支撑。上海将实施海内外顶尖人才引育、青年科技人才队伍锻造、卓越工程师和高技能人才振兴等工程，助推产业体系加快升级发展。

（1月12日受新华社题为《勇当推进中国式现代化的开路先锋》的专访摘要）

加快建设具有全球影响力的科技创新中心，是习近平总书记亲自赋予上海的重大战略使命任务。当前的主要任务是推动核心功能全面升级，急国家所需，尽上海所能，全力服务国家加快实现高水平科技自立自强。我们将坚持"全过程创新"理念，以推动"科技—产业—金融"良性循环为重点，为企业创新发展营造更好的环境。一是更加注重强化协同创新，支持各类科研主体、行业上下游企业组建创新联合体，共同打通研发设计、生产制造、集成服务等全链条。二是更加注重强化平台服务，推动大企业联合孵化基地、科技头部企业开放创新平台建设，推广"孵化＋投资"模式。三是更加注重强化金融支持，引导社会资本投早、投小、投科技，探索设立科技成果转化引导基金，促进优质资本、项目、技术和人才向高成长性的科技企业进一步集聚。

（1月15日在市十六届人大一次会议闭幕后记者招待会上的讲话摘要）

健全完善科研经费管理制度，是科技体制机制改革的重要内容。要持续优化财政科研项目经费管理，加快建立符合科研规律的科技体制机制，让最新政策直达创新主体，尽早将改革成效转化为科研项目创新成果。科研项目具有高投入、高风险、高产出的特点，要强化服务意识、需求导向，针对创新主体反映较多的问题，进一步加强制度创新，做到减流程、减干预、减时间，切实为科研主体"松绑""解绑"。要增强系统观念、全局意识，着眼于科技创新的全周期、全要素，持续推进科研经费管理、科研项目组织、人才支持、产学研合作、成果转化等方面的集成式、综合性改革，支持科研主体和广大科研工作者心无旁骛投身创新事业，产出更多原创性成果。

（2月6日在上海市政府常务会议上的讲话摘要）

战略性新兴产业是上海加快建设具有全球影响力的科技创新中心的关键支撑，也是率先构建现代化产业体系的重要组成部分。要遵循产业发展规律，用足用好各类优势，勇于突破瓶颈阻碍，加快形成一批具有标志性的先进技术、创新产品和龙头企业。要促进创新链与产业链深度融合，抓住科创中心建设带来的机遇，发挥浦东新区立法优势和自贸区临港新片区制度优势，提升产业基础高级化、产业链现代化水平，缩小与先进水平的差距，打造产业创新发展高地。要更好释放上海的人才、产业、市场、场景、金融等综合优势，以优良的产业生态聚集更多市场化力量，加快国产设备和技术应用，持续激发新兴产业发展动力和活力。

（5月25日在调研浦东新区新兴产业企业时的讲话摘要）

加快合成生物、基因治疗创新，要紧盯科技前沿、强化战略布局，着力打造具有全球影响力的产业高地。要增强优势领域竞争力，强化顶层设计，突出重点靶向攻坚，攻关高精尖关键技术，打造产业发展"核爆点"。要激发科研主体创新力，统筹科研资源，聚珠成链、拓链成群，大力引进综合性、高层次、领军型人才，建设高水平新型研发机构，培育高增长科技企业，加强源头创新至产业落地的全链条衔接。要提升发展环境软实力，做好前瞻性政策研究，加速产品研发上市和产业化应用，同时完善监管制度规则，构建高质量规范体系。

（8月16日在上海市政府常务会议上的讲话摘要）

上海市副市长
刘多同志谈科技工作

科技创新是上海现代化建设的关键，也是赢得未来发展的关键。近年来，上海深入贯彻落实习近平总书记对上海建设具有全球影响力的科技创新中心的重要指示精神，紧抓“强化科技创新策源功能”核心任务，加快建设创新要素集聚、综合服务功能完善、适宜创新创业、各具特色的科创中心重要承载区，打造了闵行“大零号湾”等一批高水平创新集聚区，成为科创中心建设的重要支撑力量。

从“零号湾”到“大零号湾”，不仅仅是区域面积的扩大，而是从“创新平台”向“创新生态系统”的转变。目的就是要通过构建“政产学研金服用”一体化的协同创新体系，吸引高校、科研院所、科技领军企业、科技服务机构、金融机构等各类主体集聚，促进人才、技术、资金等要素自由流动、良性互动、融合发展，最终将“大零号湾”打造成为区域创新创业的“核爆点”。在此过程中，重点把握3个方面：

一是以科技为支撑。围绕国家战略、科技前沿和区域发展重大需求，依托“大零号湾”内的高校、科研院所、龙头企业人才和资源优势，加快推动高水平创新机构建设和能级提升，不断增强基础研究、应用基础研究和技术创新能力，扩大高水平科技供给。

二是以产业为牵引。推动科技成果加速转变为现实生产力，结合“大零号湾”地区优势产业特色，积极探索“科研+产业”的创新模式，促进市场需求、研发成果、产业供给的有效对接、高效互动，提升科技成果转移转化和产业化水平。着眼于前沿技术、未来技术的发展和突破，加速培育未来先导性产业。

三是以生态为保障。从创新创业者的需求出发，持续优化营商环境，推动科技成果转化等改革试点先行先试，为科研人员、创新主体创新创业“解绑”“松绑”；强化科技金融支撑，引导社会资本投早、投小、投科技，营造鼓励创新、宽容失败的氛围。同时，对标硅谷、中关村等世界一流创新社区，打造高品质科创街区、科创社区。

(2月27日在推进“大零号湾”科技创新策源功能区建设新闻发布会上的讲话摘要)

要全面学习、把握、落实党的二十大精神，确保科技创新各项工作始终沿着习近平总书记指引的方向前进。要始终以国家战略需求为导向，坚持“四个面向”，注重加强基础研究，不断增强科技创新策源能力。始终牢记“国之大者”、更好服务大局，增强大局意识、全局观念，以排头兵的姿态和先行者的担当，更好发挥引领、辐射和带动作用。始终坚持放眼全球，把握高水平开放的发展机遇，加快推动高质量发展，助力全球合作共赢，大力促进深层次改革。要更好适应科技创新范式的变革和国际形势的不断变化，着力培育创新源泉，加快形成以全国重点实验室、新型研发机构等为代表的高水平科技力量体系。不断强化攻坚突破力度，在保障产业链供应链安全稳定和引领高质量发展上下功夫。加快构筑人才高地，系统谋划和推进科技创新人才队伍体系、人才发展制度体系建设。持续深化科技金融融合，健全全链条创新加速机制。进一步巩固拓展合作网络，加快长三角协同创新和融入全球创新网络步伐。要不断增强科技创新敏锐度和专业化能力，进一步提升统筹协调能力，坚持抓好作风建设，埋头苦干、勇毅前行，努力以新担当新作为在上海科创中心建设中创造新奇迹。

(2月28日在市科技系统党政负责干部会议上的讲话摘要)

要提高政治站位，充分认识到强化科技创新体系化能力建设，是贯彻落实党的二十大精神、适应科技发展形势的重要举措，是支撑上海国际科创中心建设的内在要求。要坚持问题导向，立足上海实际，在进一步提升科技创新专业化能力、强化本土科技企业培育和服务保障能力、提高创新资源配置能力和强化创新政策协同推进能力等四个方面下功夫。要做到学以致用，进一步提升科技创新工作效能，切实找准找实创新发展的着力点和突破口，提出针对性、可操作的工作举措，特别要从空间布局、产业链创新链布局上发挥各自优势、打造区域特色，形成错位发展、良性竞争的格局。

(6月8日在领导干部强化科技创新体系化能力建设专题研讨班上的动员讲话摘要)

上海国际科技创新中心建设已进入关键跨越期，要坚持问题导向和目标导向，认真对标中央部署要求，下大力气解决7个关键问题。一是要解决如何抓好战略布局，抢抓先机的问题。要不断提高决策部署能力，以敏锐的“嗅觉”和精准的“眼光”，深化战略性、前瞻性、基础性、带动性科技布局，加快打造新赛道风口“核爆点”。二是要解决如何强化国家战略科技力量，打赢关键核心技术攻坚战的问题。要充分认识上海在打造国家战略科技力量中的使命责任，既要做好国家战略科技力量的平台和能力建设，又要强化协同联动，优化资源配置，多出战略性、关键性的重大科技成果。三是要解决如何发挥在基础研究方面的优势和禀赋，真正做好基础研究的问题。要以全球化视野寻找引进真正有实力、有潜力的科研人才特别是战略科学家，凝练并支持真正有创新意义的科学问题，真正发挥基础研究的引领带动作用。四是要解决如何以科技创新引领企业高质量发展，培育更多本土龙头企业和高增长企业的问题。要以打造一批聚焦重点产业领域、凸显专业能力、孵投结合的高质量孵化器为切入点，培育更多专注于底层技术和硬科技研发的本土企业。要主动跨前一步，会同各方一起帮助企业解决难题、提供更好的发展环境。五是要解决如何集聚全球顶尖人才，培育世界一流的青年人才的问题。要着力夯实人才这一基础性、战略性支撑。要以国际视野、长远眼光、有效举措引进更多顶尖人才。要有更好的制度设计，要更加遵循人才的需求和成长规律，引导支持青年人才投身科技创新。六是要解决如何深化改革创新，全链条激发创新活力的问题。要在项目立项、投入结构、组织管理、评估评价等方面，加大体制机制改革创新力度，建立符合科研活动规律的科技创新体系。七是要解决如何提升推进落实工作的质量和速度的问题。只有经过长期有深度、有分量的积淀和储备，才能做到快速响应和高质量落实。

(6月16日在市科技工作党委、市科委党员干部主题教育专题党课上的讲话摘要)

专 文

加快建设具有全球影响力的科技创新中心

2023年,在市委、市政府的坚强领导下,上海科技创新工作坚持“四个放在”的政治站位,坚持“四个面向”,以全过程全链条创新理念,着力强化科技创新策源功能,加快推进国际科技创新中心从“建框架”向“强功能”跃升,更好服务高水平科技自立自强和具有世界影响力的社会主义现代化国际大都市建设。

全社会研发经费支出相当于地区生产总值的比例达4.34%,基础研究经费支出占R&D经费支出比重达10.56%。有效期内高新技术企业突破2.4万家。经认定登记的技术合同成交额4 850亿元,比上年增长21.1%。上海科技综合水平持续攀升,在世界知识产权组织发布的《全球创新指数2023》中,上海—苏州集群排名上升至全球第5位;《中国区域科技创新评价报告2023》显示,上海综合科技创新水平持续保持全国第一。

相关重点工作取得成效

加强顶层设计,国际科技创新中心建设新目标新任务加快明确。在中央科技委统筹部署下,谋划新时期上海国际科技创新中心建设蓝图。开展上海科创中心建设“十四五”规划中期评估,明确下一步主攻方向。

服务国家战略,全力服务保障国家战略科技力量发展壮大。国家实验室及基地高质量建设运行,取得一批重要原创成果。推进全国重点实验室重组或新建。高水平研究型大学加快发展,深化“双一流”建设,开展基础研究高地布局。支持国家科研机构强化原始创新和重大任务攻关,国际首次构建胚胎干细胞嵌合体猴,在物质科学、天体物理等方面取得一批重要成果。

激活创新源头,基础研究先行区深化建设。发布《关于进一步深化上海市基础研究先行区建设的实施方案》,改革基础研究组织实施机制,强化“选人而非选项目”,实施长期稳定支持和长周期评价,支持优秀青年科学家开展高风险、高价值基础研究。

聚焦重点领域,战略前沿领域专项布局不断深化。发挥科技战略决策咨询机制作用,制订并实施计算生物学、基因治疗、合成生物学、元宇宙、区块链、高温超导等领域专项行动方案,深化研究人形机器人、量子计算、6G、AI4S、养老科技等领域创新布局。

打造高水平机构,一批新型研发机构加快建设。聚焦前沿领域和基础交叉学科,组建上海浦芯未来互联网技术研究院、上海数学与交叉学科研究院、上海合成生物学创新中心、上海科学智能研究院等新型研发机构。

培育本土企业,一批高质量孵化器启动建设。围绕培育本土科技企业,出台《上海市高质量孵化器培育实施方案》,启动飞镖创新中心、新微创源等7家高质量孵化器培育建设工作,成立上海“超前孵化”联盟。

优化科技计划体系,科技投入重点进一步聚焦。建立健全重要领域行动方案制定实施与工作推进机制,优化科技攻关组织模式和运行机制。进一步聚焦投入重点、加大投入强度。

系统推进四方面工作落地见效

一、聚力攻坚突破,支撑引领作用不断增强

三大先导产业领域重大技术攻关取得新进展。深入实施集成电路、生物医药、人工智能“上海方案”。集成电路领域加快布局重大技术攻关。人工智能领域科技重大专项深入实施,成立大模型语料数据联盟。生物医药领域,全年新增获批上市1类创新药4款、3类创新医疗器械9个,上海君实生物医药科技股份有限公司特瑞普利单抗、和记黄埔医药(上海)有限公司呋奎替尼、上海复宏汉霖生物制药有限公司斯鲁利单抗3款创新药在海外获批上市。

战略前沿领域技术攻关加快推进。国家科技创新2030——脑科学与类脑研究、新一代人工智能等重大任务深入实施,在量子科技、变革性材料、生命调控等战略领域积极承接国家重点研发任务,全年牵头承担国家重点研发计划项目239个。在大飞机、超限制造、卫星互联网、新材料等领域,突破一批关键技术。

科技创新赋能社会发展更加有力。首艘国产大型邮轮“爱达·魔都号”顺利建成并交付运营。国家海底科学观测网东海观测平台完成陆地建造。支持绿色低碳技术研发,燃料电池汽车系统研制及整车验证实现核心技术国产化。围绕数字化转型和城市治理需要,推动一批重大技术研发和应用示范。

二、加速创新过程,创新链产业链更加融合

企业科技创新主体地位日益凸显。鼓励龙头企业牵头建设全国重点实验室、技术创新中心等平台,市区合力布局90余家大企业开放创新中心。新增“探索者计划”合作企业3家,开展应用基础研究和共性技术研究。加快培育科技领军企业,日均新增科技企业350余家,新认定高新技术企业超8 000家,累计突破2.4万家;全年入库科技型中小企业21 298家,比上年增长25.8%;科技小巨人工程、科技型中小企业技术创新资金、高新技术成果转化项目认定等惠企政策支持企业2 500余家。

重大科技平台建设持续推进。推动国家流程制造智能调控技术创新中心建设并高质量运行。开工建设“十四五”国家重大科技基础设施“磁-惯性约束聚变能源项目”,光源2期全面建成,谋划推动新一代光源设施预研,已建、在建和规划的设施达20个。引导大科学设施整体接入科技创新券工作体系,加快提升开放共享水平。推动研发与转化功能型平台增强能力,做强服务。

科技成果转移转化更加高效。深入推进国家赋权改革

试点，6家试点单位完成成果赋权675项，转化金额10.7亿元。发布《上海市科技成果转化创新改革试点实施方案》等系列文件，全市39家高校、科研院所和医疗卫生机构参与。全球技术转移大会(InnoMatch)促成技术合作意向金额超50亿元，落地协议金额超9.5亿元。国家技术转移东部中心新增国内分中心6家，促成项目落地29.11亿元。优化布局20家市级技术转移示范机构，上海技术交易所进场交易金额超300亿元。

科技金融支持更加有力。积极培育长期资本、耐心资本，更好发挥政府引导作用，推动设立上海市科技创新引导基金。强化科技信贷政策供给，启动“沪科专贷”“沪科专贴”科创专项再贷款贴现工作，发布上海科创金融服务能力提升“20条”。科创企业上市培育库入库服务商达87家，入库企业增至2 004家。89家上海企业在科创板上市，累计首发募资额和总市值位居全国首位。

大学科技园和各类科创承载区加快发展。制定发布《关于推进张江高新区改革创新发展建设世界领先科技园区的若干意见》《张江高新区加快世界领先科技园区建设行动方案(2023—2025年)》，各分园制定“一园一方案”。发布实施《推进“大零号湾”科技创新策源功能区建设方案》。制定发布《上海市大学科技园改革发展行动方案》。推进“环同济知识经济圈”“环上大科技园”等发展。布局建设“未来能源与智能机器人”和“自主智能”未来产业科技园。持续推动张江、临港等重点区域，以及杨浦、闵行、普陀、奉贤、青浦等区创新资源配置和专项任务布局。

三、培育人才队伍，创新动力活力有效激发

高层次科技创新人才加快集聚。聚焦三大先导产业和重点领域，出台专项支持政策，加快培养、引进和用好战略科学家、科技领军人才、高水平创新团队和高技能人才。2023年，上海新增两院院士18位、占全国新增院士总数的13.5%，每万名就业人员中研发人员数量达253人。

海外引才引智力度持续加大。推进外籍“高精尖缺”人才认定标准试点工作，进一步扩大外国高端人才(A类)和专业人才(B类)认定范围。截至年底，累计核发外国人来华工作许可约43.4万份(有效期内证件数约5.7万份)；其中，累计核发外国高端人才(A类)约8.3万份(有效期内证件数约1.6万份)，数量均全国第一。

青年科技人才培养持续发力。针对青年科技人才成长规律，不断完善梯次衔接的人才资助体系。出台卓越工程师培养专项工作方案，成立国家卓越工程师创新研究院(上海)，成立集成电路、生物医药、人工智能三大产教融合共同体，构建“住企联合培养”新模式。搭建青年人才交流平台，开展专题培训、学术交流、研讨咨询等活动。优化科技人才职称评聘。深入推进科技人才评价体系改革。

四、优化创新生态，各类资源要素汇聚融通

促进科技创新的法规政策体系不断健全。开展《上海市科学技术进步条例》和《上海市科学技术奖励规定》修订工作，将改革创新成果上升固化为法律制度；发布实施“放权松绑18条”、新型研发机构高质量发展改革政策；研究出台《上海市财政科研项目专项经费管理办法》，扩大预算和资金使用等自主权；积极开展科研项目“揭榜挂帅”和“赛马制”试点；深化推进科技成果全部赋权和单列管理等改革试点，采用先投后股、拨投结合等模式支持科技成果转化。

长三角科技创新共同体建设迈出坚实步伐。上海张江和安徽合肥综合性国家科学中心深化合作共建。长三角国家技术创新中心加快建设运行。推动长三角科技创新券扩大覆盖面。

国内科技合作有效服务全国发展大局。先后与宁夏、湖北、江西、福建三明等省市科技部门签署合作框架协议，并组织沪-疆、沪-滇、沪-琼等科技交流活动18场，促成合作项目54个。

国际科技交流合作深入开展。国际大科学计划和工程稳步推进，在沪建设国际大洋钻探岩芯实验室和科学执行中心，推动平方公里阵列区域中心建设。新建5家“一带一路”联合实验室和3家国际技术转移及跨境孵化平台，政府间科技合作进一步巩固拓展。

科学普及和创新文化建设取得新进展。浦江创新论坛影响力持续提升，习近平总书记向论坛致贺信，共吸引32个国家和地区、12个国际科技组织的300余位嘉宾参与。世界顶尖科学家论坛、上海科技节、全球技术转移大会、首届全球创业投资大会(WeStart)等活动成功举办。成功获2027年国际科技传播学会双年会主办权。科研诚信治理体系不断健全，制订并出台《上海市科研失信行为调查处理办法》，上海市科技信用信息平台正式投入运行。召开2022年度科技奖励大会，表彰一批作出杰出贡献的科学家，大力弘扬科学家精神，引导形成富有活力、敢闯敢拼的创新文化氛围。

第一篇
基础研究与前沿技术研究

第一篇　第一章

基础研究

第一节 | 概况

【上海基础研究工作概述】　2023年，上海不断深化国际科技创新中心建设，围绕强化科技创新策源功能，坚持目标导向和自由探索"两条腿走路"，面向战略导向的体系化基础研究、前沿导向的探索性基础研究、市场导向的应用性基础研究，持续强化基础研究前瞻性、战略性、系统性布局，全面提升基础研究组织化程度。

全年，上海获国家自然科学基金委项目4 900个，经费合计33.96亿元(不含间接费用)。其中，面上项目2 171个、重点项目103个、重大项目-项目申请10个、重大项目-课题申请32个、重大研究计划项目50个、外国学者研究基金项目52个、青年科学基金项目2 014个、优秀青年科学基金项目73个、国家杰出青年科学基金项目54个、创新研究群体项目4个、基础科学中心项目3个、联合基金项目71个、国家重大科研仪器研制项目-自由申请6个、国际(地区)合作与交流项目75个、数学天元基金项目5个、专项项目177个。

全年，上海在数学、物理、化学、生物等基础学科，以及脑科学与类脑智能、量子科技、变革性材料等战略领域和重大方向取得多项具有国际影响力的成果。上海科学家在《科学》(*Science*)发表论文38篇，占中国(不含港澳台)的26.8%；其中以第一作者或通信作者单位发表论文21篇，占中国(不含港澳台)的20.8%。在《自然》(*Nature*)发表论文58篇，占中国(不含港澳台)的24.3%；其中以第一作者或通信作者单位发表论文25篇，占中国(不含港澳台)的17.4%。在《细胞》(*Cell*)发表论文23篇，占中国(不含港澳台)的30.3%；其中以第一作者或通信作者单位发表论文15篇，占中国(不含港澳台)的25.4%。

根据SCI、EI、CPCI-S收录情况统计，2022年，上海机构科技人员作为第一作者发表国际论文83 249篇，比2021年(70 899篇)增长17.4%。其中，SCI论文49 638篇，比2021年(43 404篇)增长14.4%；EI论文30 494篇，比2021年(24 859篇)增长22.7%；CPCI-S论文3 117篇，比2021年(2 636篇)增长18.2%。10年累计国际论文被引用篇数278 546篇，比2021年(244 831篇)增长13.8%；10年累计国际论文被引用次数5 668 459次，比2021年(4 679 274次)增长21.1%。国际论文被引用篇数和次数均在全国居第3位。统计显示，2022年上海卓越科技论文39 562篇，比2021年(33 038篇)增长19.7%。其中，卓越国际论文21 136篇，比2021年(17 049篇)增长24.0%，占上海全部论文的比例为42.6%。

2023年上海以第一作者或通信作者单位在《科学》《自然》《细胞》发表论文情况

序号	文章标题	发表月份	完成单位/上海主要作者
	《科学》(21篇)		
1	Has China's Young Thousand Talents program been successful in recruiting and nurturing top-caliber scientists?	1月	上海交通大学/史冬波
2	Highly efficient p-i-n perovskite solar cells that endure temperature variations	1月	中国科学院上海高等研究所/苏圳煌
3	Liquid metal-based soft, hermetic, and wireless-communicable seals for stretchable systems	2月	上海交通大学/邓　涛、尚　文
4	Dynamic kinetic asymmetric arylation and alkenylation of ketones	2月	中国科学院上海有机化学研究所/施世良
5	Dual domestications and origin of traits in grapevine evolution	3月	上海交通大学/马　超
6	Cysteine carboxyethylation generates neoantigens to induce HLA-restricted autoimmunity	3月	上海大学/陈　亮
7	Minimizing buried interfacial defects for efficient inverted perovskite solar cells	4月	华东理工大学/吴永真、朱为宏
8	Fluoropolymer ferroelectrics: Multifunctional platform for polar-structured energy conversion	5月	上海交通大学/钱小石

续表

序号	文章标题	发表月份	完成单位/上海主要作者
9	Stochastic motion and transcriptional dynamics of pairs of distal DNA loci on a compacted chromosome	6月	上海科技大学/Hongtao Chen
10	Metabolic orchestration of cell death by AMPK-mediated phosphorylation of RIPK1	6月	中国科学院生物与化学交叉研究中心/袁钧瑛、许代超,中国科学院上海有机化学研究所/潘李峰
11	Control of histone demethylation by nuclear-localized α-ketoglutarate dehydrogenase	7月	中国科学院上海植物逆境生物学研究中心/罗　晓
12	MyoD-family inhibitor proteins act as auxiliary subunits of Piezo channels	8月	中国科学院上海有机化学研究所/张一小
13	Observations of a black hole x-ray binary indicate formation of a magnetically arrested disk	9月	中国科学院上海天文台/闫　震
14	Genomic inference of a severe human bottleneck during the Early to Middle Pleistocene transition	9月	中国科学院上海营养与健康研究所/李海鹏,华东师范大学/潘逸萱
15	Oxidative addition of an alkyl halide to form a stable Cu(Ⅲ) product	9月	中国科学院上海有机化学研究所/沈其龙、薛小松、李预立
16	Valley-addressable monolayer lasing through spin-controlled Berry phase photonic cavities	9月	上海交通大学/王　波
17	A dirigent protein complex directs lignin polymerization and assembly of the root diffusion barrier	10月	中国科学院分子植物科学卓越创新中心/晁代印
18	Multiplicative enhancement of stereoenrichment by a single catalyst for deracemization of alcohols	10月	中国科学院上海有机化学研究所/左智伟、丁　佳
19	Herbivory limits success of vegetation restoration globally	11月	复旦大学/贺　强
20	Colossal electrocaloric effect in an interface-augmented ferroelectric polymer	12月	上海交通大学/钱小石
21	Structural visualization of transcription initiation in action	12月	复旦大学/徐彦辉、陈曦子、王茜敏
	《自然》(25篇)		
1	Structural basis for intrinsic transcription termination	1月	中国科学院分子植物科学卓越创新中心/张　余
2	Ladderphane copolymers for high-temperature capacitive energy storage	3月	上海交通大学/黄兴溢、王　庆、陈　杰
3	Topological spin texture in the pseudogap phase of a high-Tc superconductor	3月	复旦大学/车仁超
4	Nucleolar URB1 ensures 3′ ETS rRNA removal to prevent exosome surveillance	3月	中国科学院分子细胞科学卓越创新中心/陈玲玲
5	A ring-like accretion structure in M87 connecting its black hole and jet	4月	中国科学院上海天文台/路如森
6	Flexible solar cells based on foldable silicon wafers with blunted edges	5月	中国科学院上海微系统与信息技术研究所/刘正新、狄增峰、孟凡英、张丽平、刘文柱
7	Constrained C_2 adsorbate orientation enables CO-to-acetate electroreduction	5月	上海交通大学/李　俊
8	Limits on the luminance of dark matter from xenon recoil data	6月	上海交通大学/宁旭阳、周　宁
9	Structural basis of amine odorant perception by a mammal olfactory receptor	6月	上海交通大学/李　乾
10	Gut microbial fatty acid isomerization modulates intraepithelial T cells	6月	中国科学院分子细胞科学卓越创新中心/宋昕阳
11	A pangenome reference of 36 Chinese populations	6月	复旦大学/徐书华、陆　艳、邓　恋
12	Accelerating the energy transition towards photovoltaic and wind in China	7月	复旦大学/王　戎

续表

序号	文章标题	发表月份	完成单位/上海主要作者
13	Conserved class B GPCR activation by a biased intracellular agonist	7月	中国科学院上海药物研究所/徐华强、赵丽华、袁青宁
14	R-loop-dependent promoter-proximal termination ensures genome stability	8月	复旦大学/陈　飞、徐从玲、陈吉伟
15	GPCR activation and GRK2 assembly by a biased intracellular agonist	8月	中国科学院上海药物研究所/徐华强、段　佳、杨德华
16	Tail engagement of arrestin at the glucagon receptor	8月	中国科学院上海药物研究所/吴蓓丽、赵　强、林淑玲
17	Tautomeric mixture coordination enables efficient lead-free perovskite LEDs	8月	上海大学/杨绪勇
18	Algorithm for optimized mRNA design improves stability and immunogenicity	9月	斯微(上海)生物科技股份有限公司/李航文
19	Structure evolution at the gate-tunable suspended graphene-water interface	9月	复旦大学/田传山
20	CD300ld on neutrophils is required for tumour-driven immune suppression	9月	中国科学院分子细胞科学卓越创新中心/赵　允，复旦大学/罗　敏、卢智刚、高　海、张金兰
21	Molecular mechanisms of SARS-CoV-2 resistance to nirmatrelvir	9月	上海科技大学/杨海涛
22	DNA-based programmable gate arrays for general-purpose DNA computing	10月	上海交通大学/樊春海、王　飞
23	An evolutionary continuum from nucleated dwarf galaxies to star clusters	11月	上海交通大学/刘成则
24	On-surface synthesis of aromatic cyclo[10]carbon and cyclo[14]carbon	11月	同济大学/许　维、郑　威
25	Recognition of methamphetamine and other amines by trace amine receptor TAAR1	11月	中国科学院分子细胞科学卓越创新中心/汪　胜，上海科技大学/徐　菲，中国科学院上海药物研究所/徐华强，上海市刑事科学技术研究院/刘文斌
	《细胞》(15篇)		
1	Structures of the entire human opioid receptor family	1月	中国科学院上海药物研究所/徐华强、庄友文
2	Diverse CMT2 neuropathies are linked to aberrant G3BP interactions in stress granules	2月	中国科学院分子细胞科学卓越创新中心/李劲松
3	A bat MERS-like coronavirus circulates in pangolins and utilizes human DPP4 and host proteases for cell entry	2月	复旦大学/林鑫华
4	Whole-genome sequencing reveals a complex African population demographic history and signatures of local adaptation	3月	复旦大学/樊少华
5	The EN-TEx resource of multi-tissue personal epigenomes & variant-impact models	3月	复旦大学/杨禹丞
6	Mesoscale DNA feature in antibody-coding sequence facilitates somatic hypermutation	6月	上海交通大学/叶菱秀，中国科学院分子细胞科学卓越创新中心/孟飞龙
7	Highly multiplexed bioactivity screening reveals human and microbiota	7月	复旦大学/陈海威
8	QKI shuttles internal m7G-modified transcripts into stress granules and modulates mRNA metabolism	7月	上海交通大学/夏　强
9	Single-cell spatial transcriptome reveals cell-type organization in the macaque cortex	7月	中国科学院脑科学与智能技术卓越创新中心/李澄宇、刘志勇、孙怡迪、沈志明、李　超、梁智锋、袁妮妮、杨　浩，临港实验室/魏　武
10	Development of an α-synuclein positron emission tomography tracer for imaging synucleinopathies	8月	上海交通大学/李　丹、陶友琦
11	An immune cell atlas reveals the dynamics of human macrophage specification during prenatal development	9月	上海交通大学/Florent Ginhoux，复旦大学/王冠琳

续表

序号	文章标题	发表月份	完成单位/上海主要作者
12	Host traits shape virome composition and virus transmission in wild small mammals	9月	复旦大学/张永振、陈燕玫
13	Systemic immune profiling of Omicron-infected subjects inoculated with different doses of inactivated virus vaccine	10月	上海交通大学/瞿介明、诸　江、李庆云、陈赛娟、余山河、林莹妮、李　勇、周丽娜、宋鹤杰
14	Live birth of chimeric monkey with high contribution from embryonic stem cells	11月	中国科学院脑科学与智能技术卓越创新中心/刘　真、孙　强、李　杰、李春杨
15	Structural and signaling mechanisms of TAAR1 enabled preferential agonist design	11月	上海交通大学/李　乾

（费明钰　张　耘）

【上海高校科技工作总体情况】 2023年,上海坚持科技、教育、人才协同支撑强国建设,全面深化高等教育综合改革,服务促进高质量发展。全年,上海高校通过各种渠道获科技总经费286.44亿元,其中来自企事业单位81.95亿元,占总经费的28.61%。发表论文104 308篇;申请专利15 481件,获专利授权11 486件,专利拥有数62 688件。上海高校从各种渠道获人文社科研究经费26.32亿元,其中政府投入15.42亿元、企业委托7.04亿元。开展各类研究课题30 940项,其中基础研究15 616项、应用研究15 318项。

（姜冠成）

【推进落实国家"双一流"建设工作】 2023年,上海开展第2轮"双一流"建设高校中期自评。完成复旦大学医学院基础医学、上海交通大学医学院临床医学等学科调研,推进"双一流"培优学科建设相关工作;参加教育部举办的学科建设研讨班,以"面向前沿和需求、优化布局,统筹推进上海高校学科建设"为主题做大会发言,与全国"双一流"高校和省市交流工作成效;推动教育部和上海市高等教育综合改革"两个先行先试"落地见效,研究上海市面向前沿领域和产业发展需求优化调整高校学科专业布局工作方案,深入谋划未来学科建设方案。（贺伟伟）

【推进上海高校高峰高原学科建设工作】 2023年,上海聚焦重点领域做优高校特色学科建设,化学、环境科学与工程、生物医学工程等6个学科纳入Ⅲ类高峰学科建设范围。推进Ⅳ类高峰学科高质量建设,依托Ⅳ类高峰学科建设研究院13家,制定2023—2025年三年行动计划,形成可观测、可考核的建设目标。完成22所高校69个高峰学科2022年度工作推进情况和建设成效总结,形成建设进展报告。加强对相关指标的监测与分析,实现对上海高校学科发展动态的有效监控,形成《五省学科建设情况分析》《上海和中国的自然指数表现简析》《2022年上海高校高端论文分析》等报告。（贺伟伟）

【推进上海高校科技成果转移转化】 2023年,上海健全高校知识产权全流程管理体系,形成校内技术转移、科技、双创、人事、国资、大学科技园等部门紧密协同的工作机制,探索实施职务科技成果归完成人(团队)所有、单位参与收益分配的全部所有权赋权改革;完成2022年度上海高校科技成果转化报告;印发《上海市大学科技园改革发展行动方案》,鼓励支持有条件的高校探索建设概念验证中心,服务校内优质项目的技术验证和孵化转化。（杨博欣）

【推进上海高校服务科技创新中心建设】 2023年,上海推进30家市级前沿科学研究基地和42家市级协同创新中心建设,部分获批或参与国家级和省部级科研基地建设。依托高水平研究型大学建设基础研究新型管理服务平台,复旦大学相辉研究院、上海交通大学思源研究院先后成立。支持高校完成国家级或省部级科研基地申报和认定工作。依托上海高校建设的25家全国重点实验室完成重组工作。上海交通大学磁共振诊疗高端技术国家工程研究中心、华东理工大学氢能绿色制造与利用关键核心技术集成攻关大平台及国家流程制造智能调控技术创新中心获批立项。依托上海大学、上海科技大学建设的3家教育部重点实验室,依托上海大学建设的教育部国际合作联合实验室及依托复旦大学等高校建设的8家上海市重点实验室立项。支持复旦大学推进AI for Science工作。上海科学智能研究院成立,围绕生命科学、大气科学、物质科学等基础科学领域开展科研攻关。

（杨博欣）

第二节　生命科学

【揭示细菌固有转录终止的结构基础】 中国科学院分子植物科学卓越创新中心张余研究组与美国威斯康星大学麦迪逊分校Robert Landick研究组、浙江大学冯钰研究组合作,捕获细菌固有转录终止的中间状态冷冻电镜结构,还原细菌固有转录终止全过程,揭示细菌RNA聚合酶识别转录终止序列、停止转录,并解离RNA分子机制,拓展对于转录终止的认识。研究成果于1月发表在《自然》(*Nature*)。

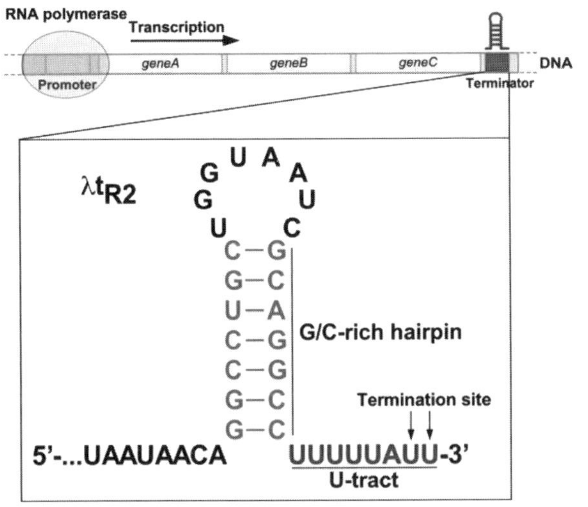

细菌基因转录及经典的细菌转录终止子序列

（荆爱霞）

【绘制肝癌组织乳酰化修饰图谱】 中国科学院上海药物研究所黄河研究组与复旦大学附属中山医院樊嘉、高强研究组合作，绘制肝癌组织赖氨酸乳酰化（Kla）底物图谱，揭示Kla对肝癌细胞代谢具有广泛和关键的调节作用，并验证Kla调控代谢相关蛋白功能，为肝细胞癌病程进展和治疗干预提供见解。研究成果于1月发表在《自然代谢》（*Nature Metabolism*）。（刘俊宏）

【揭示阿片受体家族与内啡肽系统的分子作用机制】 中国科学院上海药物研究所徐华强、庄友文研究组与美国北卡罗来纳大学教堂山分校Bryan L. Roth研究组合作，分析和明确各内源性阿片肽对阿片受体的信号活性，揭示多肽类配体和阿片受体的结合模式，阐述其选择性和保守性机制，为"信使-信箱-效能"模式提供结构和功能支持。研究成果于1月发表在《细胞》（*Cell*）。（刘俊宏）

【揭示配体和辅助蛋白协同调控黑素皮质素受体2（MC2R）分子机理】 中国科学院上海药物研究所徐华强研究组与临港实验室蒋轶、复旦大学王明伟研究组合作，利用冷冻电镜技术解析MC2R与黑素皮质素受体附属蛋白1（MRAP1）、促肾上腺皮质激素（ACTH）及下游G_s蛋白复合物三维结构，揭示MC2R依赖MRAP1对ACTH特异的分子识别机制。研究成果于1月发表在《细胞研究》（*Cell Research*）。

（刘俊宏）

【解析人源松弛素/胰岛素样肽受体4（RXFP4）复合物三维结构】 中国科学院上海药物研究所柳红、杨德华与复旦大学王明伟合作，报道RXFP4分别结合内源性配体胰岛素样肽5（INSL5）、小分子RXFP4/RXFP3双激动剂Compound 4及小分子RXFP4选择性激动剂DC591053与G_i蛋白形成复合物的高分辨率冷冻电镜结构，阐明INSL5独特的受体识别模式，并揭示Compound 4拟肽作用的关键位点和DC591053受体亚型选择性的分子机制。研究成果于1月发表在《自然通讯》（*Nature Communications*）。（刘俊宏）

【卵泡刺激素（FSH）及小分子激动剂识别和激活卵泡刺激素受体（FSHR）药理学研究取得进展】 中国科学院上海药物研究所徐华强与浙江大学张岩、北京协和医院张抒扬合作，解析全长FSHR分别处于激素FSH和小分子激动剂Compound21f结合的激活状态结构及小分子抑制剂结合下的抑制态结构，为临床靶向FSHR乃至整个糖蛋白激素受体家族开发用于治疗相关疾病的小分子药物提供结构依据。研究成果于1月发表在《自然通讯》（*Nature Communications*）。

（刘俊宏）

【发现辣椒素受体通过募集SARM1维持肝星状细胞静息状态】 上海中医药大学陈红专、刘成、刘平研究组发现辣椒素受体（即瞬时受体电位香草素1，TRPV1）mRNA水平在肝纤维化患者和小鼠模型中显著下调，与F期和α平滑肌肌动蛋白表达呈负相关；纤维化肝脏中肝星状细胞（HSC）激活时，TRPV1表达和功能下降；TRPV1在静态HSC中的遗传和药理抑制导致NF-κB激活和促炎细胞因子的产生；TRPV1的抗纤维化特性归因于通过募集SARM1预防HSC激活，为抗肝纤维化治疗提供一种具有应用潜力的策略。研究成果于1月发表在《肝脏病学杂志》（*Journal of Hepatology*）。（梁 燕）

【发现场景通过抑制—脱抑制神经环路重新激活成瘾记忆新机制】 复旦大学脑科学研究院郑平研究组建立毒品成瘾鼠的毒品戒断痛苦记忆与所处场景的联系；采用神经环路示踪和干预等技术研究外侧下丘脑（LH）参与场景重新激活成瘾记忆的神经环路，表明场景可激活LH谷氨酸能神经元，抑制LH谷氨酸能神经元可明显抑制场景重新激活成瘾记忆。研究成果于1月在线发表在《自然通讯》（*Nature Communications*）。（邹媛媛）

【揭示多倍体杂草适应人类环境的快速进化机制】 中国科学院分子植物科学卓越创新中心王佳伟研究组以十字花科多倍体杂草碎米荠为研究对象，通过基因组组装、群体进化分析、遗传学和分子生物学等手段，发现转录因子*FLC*的功能缺失及蓝光受体*CRY2*的持续激活型突变是杂草碎米荠生命周期缩短、适应高干扰环境的遗传学基础，并在另一种杂草蔊菜中发现*CRY2*具有类似突变，提出以*FLC-CRY2*为核心、进化上保守的十字花科杂草进化路径。研究成果于1月在线发表在《自然通讯》（*Nature Communications*）。（荆爱霞）

【揭示碘过量抑制甲状腺激素合成新机制】 中国科学院上海营养与健康研究所应浩研究组与复旦大学附属中山医院蒋晶晶研究组合作，建立功能性甲状腺类器官体外研究模型，发现一种碘过量损害甲状腺功能潜在机制，即碘过量诱导内质网应激肌醇酶1—X盒结合蛋白1(IRE1—XBP1)通路的激活，在转录水平抑制甲状腺激素合成相关基因的表达，进而损害甲状腺功能，提示XBP1参与碘过量对甲状腺激素合成相关基因转录的负调控。研究成果于2月发表在《营养素》(*Nutrients*)。（陶欣荣）

【揭示甲状腺激素通过脂肪细胞β受体调控胞内糖脂代谢和全身代谢稳态的机制】 中国科学院上海营养与健康研究所应浩研究组与复旦大学附属中山医院蒋晶晶研究组合作，揭示甲状腺激素通过作用于白色脂肪组织(WAT)调节全身代谢稳态；WAT中甲状腺激素β受体(TRβ)通过靶向碳水化合物反应元件结合蛋白介导甲状腺激素对多种代谢途径的影响，而缺乏脂肪细胞TRβ的小鼠容易出现高脂饮食诱导的代谢异常，提示WAT中的TRβ可能是代谢性疾病治疗的潜在靶点。研究成果于2月发表在《糖尿病》(*Diabetes*)。（陶欣荣）

【揭示巨噬细胞调控肝细胞去分化机制】 中国科学院上海营养与健康研究所李虹研究组、李亦学研究组与中国科学院分子细胞科学卓越创新中心惠利健研究组合作，揭示肝脏损伤下，驻留巨噬细胞分泌的炎症信号白细胞介素-6(IL-6)诱导肝细胞的去分化；IL-6激活STAT3信号通路，STAT3结合在损伤特异的增强子上诱导肝前体基因的表达。研究揭示肝脏损伤下巨噬细胞的炎症信号，通过损伤特异的转录调控模式，诱导肝细胞去分化机制，为探索诱导体内重编程因子及开发治疗肝脏疾病药物提供依据。研究成果于2月发表在《细胞干细胞》(*Cell Stem Cell*)。（陶欣荣）

【揭示植物病原菌拮抗活性物吡唑三嗪(pseudoiodinine)的生物合成与调控机制】 上海交通大学陈功友研究组与林双君研究组合作，揭示摩氏假单胞菌923菌株产生天然抗生素pseudoiodinine的生物合成与调控机制；发现pseudoiodinine对多种植物病原黄单胞菌均具有抑制作用，923菌株和pseudoiodinine均能对白叶枯病和条斑病有效防控，防病效果达70%以上。研究结果为利用摩氏假单胞菌923菌株生物防治作物细菌和真菌病害提供思路。研究成果于2月在线发表在《自然通讯》(*Nature Communications*)。（付　符）

【Kiss1/Gpr54系统和肠道微生物组的交互作用调控GnRH节律性分泌的机制研究】 项目由上海交通大学医学院附属儿童医院承担，3月30日通过国家自然科学基金委验收。项目发现性早熟女童肠道微生态失衡，菌群结构改变、生物多样性和丰度减少、肠道代谢物组成紊乱；色氨酸的代谢紊乱是性早熟的高危诱因，其在早熟女童肠道内减少，而促性腺激素释放激素激动剂GnRHa治疗缓解后恢复增多，且性早熟女童尿液代谢物中色氨酸及5-羟色胺(5-HT)含量减少；青春发育期色氨酸经5-HT代谢途径对促性腺激素释放激素(GnRH)受5-羟色胺受体1A(HTR1A)和5-羟色胺受体2A(HTR2A)的双相调控；青春发育早期，色氨酸经5-HT代谢途径在下丘脑内结合HTR1A抑制GnRH表达；从色氨酸—5-HT代谢途径探究肠道菌群多样性变化对青春期性发育的影响，从肠道微生态及代谢紊乱角度为性发育异常疾病干预提供理论基础。项目发表论文12篇，其中SCI论文7篇。（杨　蓓）

【BLA参与调控食物奖赏诱发摄食偏爱行为的下游神经环路机制】 项目由上海交通大学医学院附属儿童医院承担，3月31日通过国家自然科学基金委验收。项目借助社会转移的食物偏爱行为学动物模型，采用环路示踪、在体光/化学遗传所、免疫荧光染色等多种生物学技术相结合方法，表明社会转移的食物偏爱行为可模拟多模态感觉的整合过程，且多模态感觉传递和提取摄食安全信号时可显著性激活前额叶皮层神经元，从特定环路特定神经元水平揭示社会转移的食物偏爱行为的神经环路机制，为解释多模态感觉整合摄食安全信号的神经环路机制奠定基础。（杨　蓓）

【揭示核仁新结构调控核糖体RNA末端加工机制】 中国科学院分子细胞科学卓越创新中心陈玲玲研究组利用高分辨率活细胞显微成像技术，揭示核仁超微精细结构，为解析核仁的功能和结构提供见解；发现一种对维持致密纤维组分外侧区域的完整性、锚定pre-rRNA 3′端及保证其正确折叠和加工起到至关重要作用的核仁蛋白质，为深入研究核仁蛋白质在pre-rRNA加工中的功能协调及对核糖体生成和胚胎发育影响提供思路。研究成果于3月在线发表在《自然》(*Nature*)。

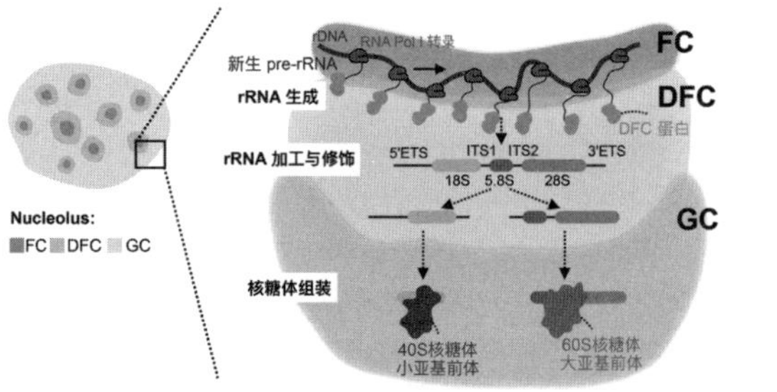

核糖体RNA和核糖体亚基在核仁内高效有序加工和组装

（滕晓龙）

【非洲人群复杂演化历程研究取得进展】 复旦大学人类表型组研究院樊少华与美国宾夕法尼亚大学莎拉·蒂什考夫等合作，发现12个非洲民族的平均单核苷酸多态性位点个数和遗传多态性均具有显著差异；不同民族在系统进化树的聚类模式与其所处地理环境显著相关，说明地理环境是制约不同民族间基因交流的重要因素；绘制非洲人群适应性进化图谱，发现位于*PDPK1*基因内含子区域的一个增强子的突变rs77665059-C是影响桑人(非洲人群中肤色最浅的民族)浅肤色的决定性因素。研究成果于3月以封面文章形式发表在《细胞》(*Cell*)。（邹媛媛）

【构建基于EN-TEx资源的多组织个人表观基因组与遗传变

异影响模型】 复旦大学类脑智能科学与技术研究院杨禹丞研究组构建基于 EN-TEx 资源的多组织个人表观基因组与遗传变异影响模型，对鉴定出的等位基因特异性非编码调控元件与多种外部数据做整合，包括表达定量性状位点和疾病的全基因组关联分析位点，阐明等位基因特异性的非编码调控元件参与基因表达调控及其与疾病风险之间的潜在关联，为个性化功能基因组分析提供依据。研究成果于 3 月发表在《细胞》(*Cell*)。 (邹媛媛)

【利用人工智能算法定义精神分裂症生物亚型】 复旦大学类脑智能科学与技术研究院冯建峰、程炜研究组基于大规模脑影像数据，利用数据驱动的人工智能算法(疾病进展模型)，推演出精神分裂症发生、发展的全维度疾病演进轨迹，精准定位出精神分裂症大脑萎缩的 2 个起源(语言区亚型和海马亚型)；通过对 500 余名患者的随访研究，探究药物治疗和经颅磁刺激干预对不同亚型人群的治疗效果。研究成果于 3 月发表在《自然心理健康》(*Nature Mental Health*)。 (邹媛媛)

【揭示组蛋白 H2A 通过 cohesin 靶向单泛素化修饰机制】 上海交通大学方玉达研究组、涂晓雨研究组与同济大学江赐忠研究组合作，揭示拟南芥 cohesin 在组蛋白 H2A 单泛素化修饰(H2Aub1)靶向特定基因组位点中的作用，即 cohesin 的 AtSYN4 亚基直接与含有 G-box 基序的 DNA 结合，而 cohesin 的 AtSCC3 亚基与 PRC1 中的泛素连接酶 AtBMI1A/B/C 亚基发生直接相互作用，通过 AtSYN4 与 AtSCC3 间的相互作用将泛素连接酶桥接到基因组上含 G-box 基序的位点，介导这些位点的核小体中组蛋白 H2A 发生单泛素化修饰。研究成果于 3 月在线发表在《自然通讯》(*Nature Communications*)。 (付 符)

【揭示棉酚对映异构体生成机制】 中国科学院分子植物科学卓越创新中心陈晓亚研究组鉴定并表征棉花中控制左旋和右旋棉酚生物合成的关键蛋白，通过基因编辑技术清除左旋棉酚，获得低毒或无毒棉籽，且对棉花抗虫能力无显著影响；实现通过基因编辑特异选择化合物对映异构体，为复杂天然产物的不对称合成开辟途径，对作物遗传改良和分子设计育种具有重要意义。研究成果于 3 月在线发表在《自然植物》(*Nature Plants*)。 (荆爱霞)

【揭示小肽一类受体激酶信号塑造水稻理想穗型分子机制】 中国科学院分子植物科学卓越创新中心林鸿宣研究组通过特异性抑制 OsEPFL6-OsER1、OsEPFL7-OsER1 和 OsEPFL9-OsER1配体—受体可打破水稻产量性状之间的偶联性，从而优化水稻穗型结构，塑造高产的理想穗型；揭示小肽—类受体激酶信号调控水稻花序形态建成分子机制，并证明通过特异性抑制配体—受体对可克服复杂性状之间的偶联和权衡效应，为作物分子设计育种提供分子模块。研究成果于 3 月发表在《自然通讯》(*Nature Communications*)。 (荆爱霞)

【自感光视网膜神经节细胞研究取得进展】 复旦大学脑科学研究院杨雄里、翁史钧研究组针对视网膜不同类型的感光细胞及多个焦虑相关脑区开展研究，显示特异损毁视网膜自感光神经节细胞(ipRGC)或敲除其特有的感光色素视黑质完全阻断促焦虑效应，而损毁视杆、视锥这 2 种常规感光细胞导致的阻断作用微弱；ipRGC—中央杏仁核(CeA)的直接投射环路在持续性焦虑样行为中起到关键作用，皮质酮系统活动水平的提高也扮演重要角色。研究成果于 3 月发表在《科学进展》(*Science Advances*)。 (邹媛媛)

【揭示线粒体移植通过数量补充及代谢匹配对心肌产生保护作用】 上海交通大学医学院附属第九人民医院张家毓、王长谦研究组提出线粒体移植保护心肌创新策略；建立阿霉素诱导心衰细胞损伤模型及扩张型心肌病诱导多能干细胞(iPSC)心肌细胞模型，发现将不同来源线粒体与乳鼠原代心肌细胞共培养，可减轻阿霉素诱导的心肌细胞凋亡并改善心肌细胞的基础耗氧率，通过增加线粒体数量及恢复代谢发挥心肌保护作用；将健康来源 iPSC 心肌细胞提取的线粒体与扩张型心肌病 iPSC 心肌细胞共培养，线粒体膜电位显著改善及收缩速度明显增加，表明线粒体移植可改善扩张型心肌病 iPSC 心肌细胞的细胞及线粒体功能。研究成果于 3 月发表在《分子治疗》(*Molecular Therapy*)。 (徐维綺)

【揭示细胞核程序性细胞死亡蛋白—配体 1(PD-L1)促进葡萄膜黑色素瘤(UM)血管化的调控机制】 上海交通大学医学院附属第九人民医院范先群研究组发现葡萄膜黑色素瘤细胞核 PD-L1 比例升高，并通过转录激活早期生长应答因子 1(EGR1)表达，促进肿瘤血管新生；抗 PD-L1 免疫治疗联合组蛋白脱乙酰基酶 2 抑制剂减弱 UM 的肿瘤血管生成，为 UM 的免疫治疗提供增敏靶点。研究成果于 3 月发表在《细胞发现》(*Cell Discovery*)。 (徐维綺)

【烯基硫醚环肽形成机制的基因组挖掘研究取得进展】 中国科学院上海有机化学研究所刘文研究组从 LanD 黄素蛋白出发，利用基因组挖掘策略，在 InterPro 数据库中筛选出 373 条潜在参与核糖体肽修饰的黄素蛋白序列；通过基因组挖掘，发现同时编码自由基酶和黄素蛋白的基因簇主要分布于放线菌门和厚壁菌门，基因簇的基因组成表现出多样性。研究为探索核糖体肽中不饱和硫醚环构筑方式的多样性提供借鉴。研究成果于 3 月发表在《美国化学学会会刊》(*JACS*)。 (徐晓娜)

【揭示内皮素受体(ETRs)多肽识别选择性的分子机制】 中国科学院上海药物研究所徐华强研究组、段佳研究组与临港实验室蒋轶研究组合作，利用冷冻电镜技术解析内源性配体ET-1 结合于 ETAR/ETBR-G_q 复合物的结构及选择性激动剂 IRL1620 结合于 ETBR-G_i 复合物的结构；在分子层面上揭示 ETRs 与配体相互作用的机制，加深对 ETRs 的激活及对配体选择性的理解,为设计靶向特定 ETRs 亚型药物奠定结构基础。研究成果于 3 月发表在《自然通讯》(*Nature Communications*)。 (刘俊宏)

【揭示胃动素和大环内酯类抗生素调控胃动素受体分子机理】 中国科学院上海药物研究所徐华强研究组与临港实验室蒋轶研究组合作,利用冷冻电镜技术解析胃动素受体(MTLR)分别与内源性配体 motilin 和大环内酯类抗生素红霉素,以及偶联下游 G_q 蛋白复合物三维结构,揭示 MTLR 独特的多肽识别机制,阐述 MTLR 和生长激素促分泌素受体多肽选择性机制;揭示红霉素新颖的 MTLR 结合模式,并剖析红霉素识别 MTLR 和细菌核糖体 RNA 的异同。研究成果于 3 月发表在《科学进展》(*Science Advances*)。 (刘俊宏)

【发现肝脏再生过程中肝脏脂质动态变化信号转变为再生修复信号的关键"桥梁"因子】 中国科学院上海营养与健康研究所丁秋蓉研究组发现肝脏再生过程中脂质的动态改变调控肝脏再生事件进行,通过大规模体内筛选鉴定出表观因子中胚层诱导早期反应蛋白 1(MIER1)是介导脂质动态信号转变为修复再生信号的关键"桥梁"因子;健康肝脏中,再生早期脂质变化诱导的 MIER1 动态下调促进肝脏再生;肝脏脂肪代谢紊乱条件下,MIER1 的持续表达抑制肝脏再生;揭示正常肝脏再生过程中脂质代谢的时空变化与表观重塑的高度协同性及病理状态中协同性受损对肝脏再生修复的影响,提出病理状态下促进肝脏再生的潜在策略。研究成果于 3 月发表在《自然通讯》(*Nature Communications*)。 (陶欣荣)

【揭示组蛋白磷酸化响应激素信号调控肝脏糖异生分子机制】 中国科学院上海营养与健康研究所丁秋蓉研究组发现组蛋白 H3S28 磷酸化(H3S28ph)响应饥饿情况下胰高血糖素信号,直接调控肝脏糖异生基因转录激活的生物学机制。饥饿状态下,胰高血糖素激活蛋白激酶 A(PKA)信号通路,PKA 被 cAMP 反应元件结合蛋白(CREB)招募到基因组糖异生基因调控区域,磷酸化 H3S28;磷酸化的 H3S28ph 被 14-3-3ζ 识别,招募更多 RNA 聚合酶Ⅱ,激活糖异生基因转录。进食状态下,PP2A 作为 H3S28ph 的磷酸酶抑制其磷酸化,抑制糖异生基因表达。研究发现组蛋白磷酸化在肝脏糖稳态调控中生物学功能,以及 CREB 作为桥梁蛋白介导 PKA 磷酸化 H3S28 继而调控糖异生基因转录的调控模式。研究成果于 3 月发表在《分子细胞》(*Molecular Cell*)。 (陶欣荣)

【揭示自噬相关蛋白 WIPI2b 结合自噬相关 16 样蛋白 1(ATG16L1)分子机制】 中国科学院上海有机化学研究所潘李锋研究组通过生化和结构表征,揭示 ATG16L1 以双结合位点模式结合 WIPI2b 的分子机制,并通过细胞功能实验验证 ATG16L1 和 WIPI2b 的双位点结合模式在经典自噬过程中的重要作用,为理解巨自噬过程的分子机制奠定基础。研究成果于 3 月发表在《科学进展》(*Science Advances*)。 (徐晓娜)

【揭示骨骼肌聚 ADP 核糖聚合酶 1(PARP1)通过腺苷酸活化蛋白激酶(AMPK)调控线粒体稳态及延长寿命新机制】 复旦大学刘铁民研究组与孔星星研究组合作,发现在年老果蝇中抑制 PARP1 可延长寿命;在骨骼肌中敲低 PARP1 可通过下调 AMPK 的多糖 ADP-核糖基化修饰、增加 AMPKα 活性,通过上调过氧化物酶体增殖物激活受体 γ-共激活因子-1α 和磷酸酶和张力蛋白同源基因诱导激酶 1 的表达导致线粒体周转加速,肌肉代谢增加且功能增强,阐释 PARP1/AMPK 参与精准调控衰老进程的分子机制。研究成果于 3 月发表在《美国国家科学院院刊》(*PNAS*)。 (邹媛媛)

【揭示内耳毛细胞 USH2 复合体时空组装的相分离调控机制】 上海交通大学陆青研究组与山东大学徐志刚研究组合作,发现支架蛋白 WHRN 和 PDZD7 与跨膜蛋白 ADGRV1 和 USH2A 通过液-液相分离完成 USH2 蛋白复合物的组装,从而调控毛细胞静纤毛发育;证明 LLPS 介导 USH2 复合物形成及其时空调控过程;提出液液相分离的破坏是造成听力障碍的重要致病机制。研究为理解内耳听觉功能提供启示,并为开发听力障碍治疗方案提供基础。研究成果于 3 月发表在《自然通讯》(*Nature Communications*)。 (付 符)

【揭示中心体微丝网络动态控制和监察机制及其对细胞周期和纤毛的调控机制】 上海交通大学医学院钟清、曹木青研究组通过使用体外生化重建与细胞超分辨荧光成像等技术,发现纤毛病相关蛋白 OFD1 可作为 2 型成核促进因子(NPFs),其 C 末端存在 1 个保守的酸性 A 结构域,用于结合激活肌动蛋白相关蛋白 2/3 复合物,并协同 1 型 NFPs 促进中心体微丝骨架网络的分支动态调控;OFD1 能感知中心体微丝骨架网络的扰动,当骨架网络分支受到干扰时,定位于中心体微卫星处的 OFD1 会从液-液相分离状态转变为液-凝胶状态失活或降解。研究成果于 4 月发表在《自然通讯》(*Nature Communications*)。 (李贺轩)

【构建呕吐毒素重要靶动物安全性评价体系】 中国科学院上海营养与健康研究所武爱波研究组在真菌毒素脱氧雪腐镰刀菌烯醇(DON)的靶动物(猪和肉鸡)中分析 DON 毒素的体内毒性作用,发现 DON 毒素作用后肉鸡和猪的肠道、肝脏和肾脏均有不同程度损伤,但整体上基本一致;DON 毒素对 2 种靶标动物肠道菌群的整体作用一致,仅 1 类细菌(*Prevotella*)的变化趋势相同,其余细菌的变化趋势相反;提出 *Prevotella* 在 DON 毒素作用中有保守作用,不同动物对 DON 毒素敏感性的差异与肠道菌群有关;构建 DON 毒素的重要靶动物安全性评价体系,为动物源性食品中毒素代谢与安全性评价及毒素降解酶制剂体内功效评价提供关键的靶动物实验体系与数据支撑。研究成果于 3 月发表在《有害物质杂志》(*Journal of Hazardous Materials*)。

(陶欣荣)

【揭示抗抑郁药影响听觉中枢机制】 华东师范大学周晓明研究组发现慢性氟西汀暴露诱发成年大鼠听觉分辨行为及脑听皮层神经元声调谐特性异常；氟西汀用药结合丰富声暴露可改善药物对听觉的影响，提示这种变化可能与药物引致的脑抑制性状态改变有关。研究对理解抗抑郁药物影响听觉的中枢机制有重要意义，提示将抗抑郁药治疗与丰富的感觉刺激相结合可优化临床效果。研究成果于 4 月发表在《神经科学杂志》(*Journal of Neuroscience*)。

(朱立峰)

【解析结核分枝杆菌核糖核酸酶 RNase J 结构基础及功能机制】 复旦大学李继喜、张雪莲研究组与中国科学院分子植物科学卓越创新中心赵国屏研究组合作，解析结核分枝杆菌核酸酶 RNase J 的非结合状态及其与 7-nt RNA 结合的复合物三维结构；发现 *Mtb*-RNase J 使用锌离子进行双金属离子催化，形成具有 Asp81、Asp85、His86、His148、His170 和 His397 残基的活性口袋；金属离子 Mn^{2+} 通过增加 *Mtb*-RNase J 对 RNA 底物的亲和力，显著增强其核酸酶活性；在耻垢分枝杆菌中敲除 RNase J 会极大改变菌落形态、生长速率及 RNA 代谢途径相关基因的表达水平，证实 RNase J 对于分枝杆菌的 RNA 代谢至关重要。研究成果于 4 月在线发表在《自然通讯》(*Nature Communications*)。

(邹媛媛)

【揭示转录早期终止调控复合物(INTAC)对转录机器命运决定的调控机制】 复旦大学生物医学研究院陈飞研究组对 INTAC 的 2 个催化模块进行区分研究，发现 INTAC 的 RNA 内切酶和磷酸酶模块在转录调控中具有广泛但不同作用，即 RNA 内切酶模块切割新生 RNA，介导启动子近端暂停的 RNA 聚合酶Ⅱ(Pol Ⅱ)的转录启动子近端终止；磷酸酶模块则主要是去磷酸化 RNA Pol Ⅱ，抑制 RNA Pol Ⅱ从暂停位点释放，从而降低转录水平。研究为认识转录调控过程提供理论基础。研究成果于 4 月发表在《分子细胞》(*Molecular Cell*)。

(邹媛媛)

【社会应激改变学习记忆能力研究取得进展】 复旦大学张玉秋研究组与俞瑾研究组合作，揭示社交挫败应激增强青年受试鼠学习记忆能力的脑机制；发现社交挫败明显增强青年受试鼠(6—8 周龄)新物体识别能力、恐惧和空间学习记忆能力，而中年受试鼠(8—11 月龄)在经历同样强度的社交挫败后未被观察到学习记忆能力的改变；发现青年受试鼠背侧海马 1 区锥体神经元树突棘密度、突触蛋白 SNAP-25 和 N-甲基-D-天冬氨酸受体 GluN2B 亚型表达水平显著上调。研究成果于 4 月发表在《心理科学》(*Psychological Science*)。

(邹媛媛)

【发现内质网阴离子通道】 中国科学院上海药物研究所高召兵与清华大学医学院贾怡昌、北京大学第三医院樊东升研究组合作，证实 CLCC1 是内质网定位的氯离子通道，具有协助内质网钙离子释放和调节内质网的离子稳态的生理功能；其功能缺失会破坏内质网的离子稳态，引发内质网胁迫并与肌萎缩侧索硬化症的病理相关。研究成果于 5 月发表在《细胞研究》(*Cell Research*)。

(刘俊宏)

【揭示配体介导的前列腺素 $F_{2\alpha}$受体激活及其与 G 蛋白偶联的分子机制】 中国科学院上海药物研究所徐华强、吴灿荣研究组利用冷冻电镜技术解析内源性配体前列腺素 $F_{2\alpha}$ 及拉坦前列素酸和他氟前列素酸 2 种药物结合人类前列腺素 F-受体-G_q 复合物结构，揭示前列腺素 $F_{2\alpha}$受体独特的选择性配体识别和受体激活及 G 蛋白偶联机制，有望促进前列腺素 $F_{2\alpha}$受体选择性药物的设计。研究成果于 5 月发表在《自然通讯》(*Nature Communications*)。

(刘俊宏)

【揭示小分子抑制剂诱导的 CDK-Cyclin K 变构激活解离新机制】 中国科学院上海药物研究所罗成研究组与中国科学院大连化学物理研究所王方军研究组合作，发现小分子抑制剂 SR-4835 诱导细胞周期蛋白依赖性激酶 12/13-细胞周期蛋白 K 复合物(CDK12/CDK13-Cyclin K)变构激活解离的抑制机制，为 CDK12/CDK13 小分子抑制剂的理性设计拓展思路。研究成果于 5 月发表在《美国化学学会会刊》(*JACS*)。

(刘俊宏)

【揭示过敏毒素识别补体受体系统的分子模式和选择性机理】 中国科学院上海药物研究所徐华强、庄友文合作，利用冷冻电镜技术方法获得 C3a 结合 C3aR、无配体结合的 C3aR 和 C5a 结合 C5aR1 分别偶联下游 G_i 蛋白异源三聚体的高分辨率复合体结构；解释过敏毒素识别补体受体的独特作用机制、由配体结合口袋的拓扑特征介导的选择性机制，以及与趋化因子受体不同的作用模式等科学问题。研究成果于 5 月发表在《自然化学生物学》(*Nature Chemical Biology*)。

(刘俊宏)

【揭示拟杆菌降解木聚糖分子机制】 中国科学院上海药物研究所丁侃研究组与苏州大学张真庆研究组合作，研究木聚糖拟杆菌降解铁皮石斛中木聚糖 S32 分子机制，提示拟杆菌可能是降解木聚糖的主要菌株；发现新的木聚糖捕获蛋白 BX_29290SGBP，能特异性识别长链木聚糖，而对低聚木糖识别无特异性；推测解木聚糖拟杆菌与木聚糖联用具有潜在的改善益生作用。研究成果于 5 月发表在《碳水化合物》(*Carbohydrate Polymers*)。

(刘俊宏)

【揭示 miRNA 调控植物应答高温胁迫分子机理】 华东师范大学晏军研究组发现 miRNA165/166 和其靶基因 *PHBU-*

LOSA(*PHB*)构成的调控模块 miRNA165/166-*PHB* 能通过在转录水平和翻译后水平调控热激胁迫关键因子 *HSFA*1 活性,以提高植物抵御高温胁迫能力。研究阐明植物应答高温胁迫机理,为培育新型抗性农作物提供作用靶点。研究成果于 5 月发表在《植物细胞》(*The Plant Cell*)。
(朱立峰)

【实现水稻光温敏不育系 *ostms15* 基因克隆及应用】 上海师范大学杨仲南研究组利用遗传筛选到以"中花 11 号"(ZH11)为背景的水稻光温敏不育系 *ostms15*,高温下表现出雄性不育性,低温下育性恢复。研究表明,其育性转换温度比生产上广泛应用的光温敏不育系 *tms5*(ZH11)显著降低;*OsTMS15* 编码 1 个富亮氨酸重复类受体激酶(LRR-RLK)MSP1,是花药绒毡层细胞起始的决定因子;在 *ostms15* 中,LRR 区域的 TIR 基序中从 GTA(缬氨酸)至 GAA(谷氨酸)的点突变导致绒毡层细胞起始缺陷,而低温条件下绒毡层细胞正常发育从而恢复育性。研究成果于 5 月发表在《植物生物技术杂志》(*Plant Biotechnology Journal*)。
(余　强)

【揭示体内诱导腺泡细胞转分化再生 β 细胞关键因子】 中国科学院上海营养与健康研究所邵振研究组与同济大学李维达研究组合作,开展对体内诱导成年小鼠腺泡细胞转分化为 β 细胞的单细胞转录组研究;描绘体内诱导成年小鼠腺泡细胞转分化为胰岛 β 细胞的高分辨率转录图谱,发现一系列重要调控因子,为优化哺乳动物体内再生提供分子蓝图。研究成果于 5 月发表在《科学进展》(*Science Advances*)。
(陶欣荣)

【发现新型磷酸化蛋白识别模块】 上海交通大学朱金伟研究组发现 MAGI 家族的 PDZ-GK 超结构域是一种新型磷酸化蛋白识别模块,并阐释其识别磷酸化蛋白分子机制;基于结构分析定义 PDZ-GK 超结构域识别磷酸化蛋白的基序特征并鉴定全新 MAGI 家族结合蛋白,为理解 GK 结构域介导的信号通路奠定基础。研究成果于 5 月发表在《科学进展》(*Science Advances*)。
(付　符)

【揭示拟南芥 RNA 聚合酶 V 的转录延伸机制】 中国科学院分子植物科学卓越创新中心张余研究组揭示包含 KTF1 的 RNA 聚合酶 V(Pol V)转录延伸复合物高分辨率冷冻电镜结构,为理解 Pol V 转录延伸提供结构基础;揭示 KTF1 的 KOW5 结构域和 Pol V 之间的相互作用,KTF1 的 KOW5 结构域结合在 Pol V 的 RNA 退出通道附近,该结合方式使 KTF1 的 C 端 GW 结构域指向 Pol V 转录 RNA 的 5′末端,从而便于其招募携带 siRNA 的 AGO4/6。研究成果于 5 月在线发表在《自然通讯》(*Nature Communications*)。
(荆爱霞)

【构建中国人群专属的泛基因组参考图谱】 复旦大学徐书华、陆艳与西安交通大学叶凯,中国医学科学院褚嘉祐合作,构建中国人群泛基因组参考图谱,发现人类通用参考基因组上缺失的约 1.9 亿个碱基对的参考序列;鉴定约 580 万个点突变或小变异及 3.4 万个结构变异,涉及大量潜在功能元件,包括至少 1 367 个蛋白质编码基因;发现通用参考基因组上缺失的参考序列富集适应性演化和起源于远古人类的遗传变异,并与角质化、紫外线辐射应激、DNA 修复、免疫反应及寿命等表型或功能相关。研究成果于 6 月发表在《自然》(*Nature*)。
(邹媛媛)

【揭示中链脂肪酸受体的配体识别和 G 蛋白偶联分子机制】 中国科学院上海药物研究所徐华强、尹万超研究组与谢欣研究组合作,利用冷冻电镜技术解析 G 蛋白偶联受体 84(GPR84)与小分子激动剂 LY237 及 $G\alpha_i$ 蛋白的复合物结构,确证 3-OH-C12 为 GPR84 内源性配体,并加深对 GPR84 受配体识别和配体进入机制、受体激活和 $G\alpha_i$ 蛋白偶联机制的理解,为 GPR84 生理功能研究及针对 GPR84 的药物研发提供重要参考。研究成果于 6 月发表在《自然通讯》(*Nature Communications*)。
(刘俊宏)

【发现赖氨酸乙酰乙酰化蛋白质修饰类型】 中国科学院上海药物研究所黄河研究组与赵英明研究组、韩国成均馆大学 Sangkyu Lee 研究组合作,鉴定一种由乙酰乙酸驱动形成的全新组蛋白修饰赖氨酸乙酰乙酰化,并揭示新型修饰的关键调控因子 HBO1。研究成果于 6 月发表在《先进科学》(*Advanced Science*)。
(刘俊宏)

【揭示内源性速激肽及类似物结合神经激肽 3 受体(NK3R)的激活和选择性分子机制】 中国科学院上海药物研究所徐华强、尹万超研究组与中国科学技术大学田长麟、石攀研究组合作,解析神经激肽 B(NKB)、P 物质(SP)和 senktide 分别结合 NK3R-G_q 复合物的冷冻电镜结构;阐明内源性肽激动剂 NKB 和 SP 及 SP 类似物 senktide 对 NK3R 的详细激活机制,为理解 NK3R 肽识别选择性机制提供结构模板,并为设计针对 NK3R 的候选药物提供线索。研究成果于 6 月发表在《细胞研究》(*Cell Discovery*)。
(刘俊宏)

【揭示神经干细胞增殖分化调控新机制】 复旦大学脑科学研究院解云礼研究组与温文玉研究组合作,鉴定 1 个与极性蛋白 3(Par3)相互作用的极性蛋白 Ccdc85c;发现 Ccdc85c 与 Par3 相互作用有助于 Par3 自抑制构象的打开,发生相分离进而能招募更多的 Notch 信号抑制因子 Numb,使神经干细胞中的 Notch 信号通路能维持在特定水平,确保神经干细胞实现增殖与分化的平衡,从而解析极性蛋白调控神经干细胞增殖分化的分子机制。研究结果于 6 月在线发表在《细胞报告》(*Cell Reports*)。
(邹媛媛)

【揭示不同捕食生态对毒液选择的作用机制】 上海大学陆一鸣研究组利用多组学技术,对 2 种海蛇进行生物信息学分析;探索蛇毒蛋白 3FTx 序列、结构和功能,发现青环海蛇 3FTx-SNTX 第 46 个位点的突变导致其对鳗鲡目下的猎物捕食效率更高;对基因组、转录组,小 RNA、长链非编码 RNA、蛋白组联合分析,从基因拷贝数变异和转录后表达调控层面挖掘 2 种海蛇毒液组成差异的原因;从单个毒素毒性及毒液整体组成方面揭示不同捕食生态对毒液选择的作用机制,为猎物生态系统中的共同选择和共同进化理论提供证据,为利用动物毒素研发新药提供理论指导和物质基础。研究成果于 6 月发表在《分子生物学与进化》(*Molecular Biology and Evolution*)。 (徐婷婷)

【发布世界首套单细胞分辨率猕猴大脑皮层细胞空间分布图谱】 中国科学院脑科学与智能技术卓越创新中心李澄宇、刘志勇、孙怡迪、沈志明研究组与华大生命科学研究院、临港实验室、上海脑科学与类脑研究中心等合作,利用自主研发的超高精度大视场空间转录组测序技术 Stereo-seq 和高通量单细胞核转录组测序技术 DNBelab C4 snRNA-seq 绘制猕猴大脑皮层的细胞类型分类树,并揭示细胞类型组成和灵长类脑区层级结构之间的关系,为理解脑结构和功能提供基础数据库,有助于理解脑细胞构成和脑疾病发生发展原因。研究成果于 7 月在线发表在《细胞》(*Cell*)。 (李珍珍)

【发现代谢物精胺调控表观遗传过程】 中国科学院上海药物研究所罗成研究组与中国科学院分子细胞科学卓越创新中心高栋研究组合作,发现精胺能通过靶向抑制蛋白质精氨酸甲基转移酶 PRMT1,在基因组水平显著下调雄激素受体(AR)与靶基因的结合及 AR 靶基因的 H3K27ac 修饰水平,进而下调全长雄激素受体、雄激素受体变体 7 信号通路,对去势抵抗性前列腺肿瘤发挥抗肿瘤作用。研究成果于 7 月发表在《细胞研究》(*Cell Reports*)。 (刘俊宏)

【揭示植物蓝光受体隐花色素(CRY)促进 DNA 双链断裂(DSB)修复功能和机制】 上海师范大学杨洪全研究组在寻找拟南芥蓝光受体 CRY1 相互作用蛋白过程中筛选到 ADA2a;在酵母中,CRY1 和 CRY2 分别通过其 N 端与拟南芥编码 2 个 ADA2 蛋白(ADA2a 和 ADA2b)相互作用;揭示 CRY 与 ADA2b 相互作用介导蓝光信号参与 DSB 修复的功能及分子机制,CRY1 和 CRY2 介导蓝光信号对 DNA 损伤的修复,染色体结构维持蛋白复合体 5(SMC5)被招募到 DSB 位点是依赖于蓝光和 CRY;发现 CRY 与 SMC5 发生蓝光依赖性的相互作用,而蓝光激活的 CRY 能增强 SMC5 与 ADA2b 的相互作用,促进 ADA2b 对 SMC5 向 DSB 位点的招募,从而促进 DSB 修复。研究结果于 7 月发表在《自然植物》(*Nature Plants*)。 (余 强)

【发现植物化学小分子 Rutin 潜在抗衰老干预作用】 中国科学院上海营养与健康研究所孙宇研究组与美国巴克衰老研究所 Judith Campisi 研究组、滨州医学院付强研究组合作,揭示植物化学小分子 Rutin 通过作用于衰老相关分泌表型(SASP)发生发展过程中的早期信号通路,特异性靶向干扰 ATM 与低氧诱导因子 1α、ATM 与肿瘤坏死因子受体相关因子 6 之间的协同互作,从而使得衰老细胞失去 SASP 这一经典特征。研究成果于 7 月发表在《衰老细胞》(*Aging Cell*)。 (陶欣荣)

【揭示多巴胺抑制进食行为的神经环路机制】 复旦大学脑科学研究院肖雷研究组发现腹侧被盖区(VTA)有一群对饥饿进食行为响应的多巴胺神经元,激活 VTA 多巴胺神经元及与伏隔核形成的神经环路可引起正性效价,补偿饥饿所引起的进食行为,提出通过提升多巴胺信号正性效价减轻体重的可能性。研究成果于 7 月发表在《神经生物学进展》(*Progress in Neurobiology*)。 (邹媛媛)

【揭示 CLE19-PXL1-SERKs 模块调控花粉发育分子机制】 复旦大学常芳研究组与清华大学柴继杰研究组合作,以拟南芥花药为模式系统,实验证实 PXL1-SERKs 是细胞外小肽 CLE19 的受体-共受体,揭示该模块介导小孢子-花药壁体细胞间信号交流,进而维持花粉育性的分子机制。研究成果于 7 月发表在《自然通讯》(*Nature Communications*)。 (邹媛媛)

【揭示白僵菌合成 β-卡波林糖苷的进化与代谢机制】 中国科学院分子植物科学卓越创新中心王成树研究组发现球孢白僵菌基因组中存在一个同海洋细菌皮氏反应(PS)酶高度同源的 HGT 基因,命名为 *Fcs1*;该基因能合成 β-卡波林骨架,在球孢白僵菌中过表达 *Fcs1*,产物分离纯化与鉴定获得系列 β-卡波林生物碱及其糖苷化合物。研究丰富真菌来源的 PS 酶种类,揭示关键 HGT 基因获得可促进关联基因的功能性进化,获取真菌次级代谢基因簇形成的过渡性证据。研究成果于 7 月在线发表在《美国国家科学院院刊》(*PNAS*)。 (荆爱霞)

【水稻平衡抗病和耐热性机制研究取得进展】 中国科学院分子植物科学卓越创新中心何祖华研究组获得 1 个对温度敏感的突变体 *tsp*;该突变体在田间高温下表现出颖壳发育异常且产量严重降低的表型,鉴定该突变基因为 *OsSGS3a*,其编码拟南芥 AtSGS3 的同源蛋白;揭示 OsSGS3-tasiRNA-OsARF3 模块通过正调控耐热性但负调控植物免疫从而平衡水稻的生物胁迫响应和高温应答的分子机制,加深对植物逆境响应机制的理解,为作物的高产多抗性状改良提供思路。研究成果于 7 月在线发表在《自然通讯》(*Nature Communications*)。 (荆爱霞)

【揭示 Karrikins(KARs)信号与赤霉素(GA)信号互作协同调控植物种子萌发新机制】 中国科学院分子植物科学卓越创新中心蔡伟明研究组发现 KAR 信号缺失突变体 *kai2* 和 *max2* 在弱光条件下几乎不能正常萌发,KAR 信号通过下游抑制蛋白 SMAX1 靶向调控 GA 生物合成促进种子发芽；SMAX1 与 DELLA 蛋白 RGL1 和 RGL3 成员之间发生直接的相互作用；揭示 SMAX1-DELLA 模块在介导 KAR 和 GA 激素信号通路之间串流及其反馈调控 GA 生物合成和种子萌发新机制，对于认识种子在弱光下提高萌发率途径具有重要意义。研究成果于 7 月发表在《细胞报告》(*Cell Reports*)。（荆爱霞）

【模拟农田短命杂草碎米荠的演化轨迹】 中国科学院分子植物科学卓越创新中心王佳伟研究组以十字花科短命杂草碎米荠为模式，利用计算机模拟描绘碎米荠个体通过蓝光受体 *CRY2* 的显性突变，在农田、苗圃等低胁迫、高干扰的生活环境中快速获得优势的演化轨迹。研究成果于 7 月在线发表在《植物生理学》(*Plant Physiology*)。（荆爱霞）

【细胞焦亡进化起源研究取得进展】 华东理工大学刘琴研究组从进化角度分析细胞焦亡的关键执行分子 GSDM 各成员(GSDMA-F)在动物界的分布与保守性，发现成员 GSDME 最保守，最早可追溯至刺胞动物门；利用刺胞动物门的代表物种水螅作为模式动物，建立脂多糖(LPS)活体递送的动物模型，在无脊椎动物中鉴定到 LPS 胞质模式识别受体 HyCaspA，揭示其独特的 LPS 识别功能域，解析水螅中古老 GSDME 介导的保守抗感染信号通路。研究成果于 7 月发表在《科学进展》(*Science Advances*)。（王晓丽）

【解析首个 Piezo 复合物三维结构】 澳大利亚 Victor Chang 心脏研究所 Charles Cox 研究组与中国科学院上海有机化学研究所张一小研究组合作，报道 MyoD 家族抑制蛋白 MDFIC 和 MDFI 是 Piezo1/2 的结合蛋白，鉴定首个 Piezo 蛋白附属亚基，解释在许多细胞类型中观察到的内源 Piezo 通道截然不同的门控特性，为 Piezo 通道功能机制研究提供方向。研究成果于 8 月发表在《科学》(*Science*)。（徐晓娜）

【揭示转录与基因组稳定性"双重质控"机制】 复旦大学生物医学研究院/复旦大学附属肿瘤医院陈飞研究组与浙江大学陆华松研究组合作，发现转录早期终止调控复合物(INTAC)与单链 DNA 识别复合物 SOSS 稳定结合并形成 SOSS-INTAC 复合物，并以凝聚体形式通过调控细胞内 R-loop 的水平维持基因组稳定性。研究成果于 8 月发表在《自然》(*Nature*)。（邹媛媛）

【揭示 G 蛋白偶联受体(GPCRs)激酶招募及偏向性信号转导机制】 中国科学院上海药物研究所徐华强、段佳、杨德华合作，报道高分辨率 GPCR 神经降压素受体 1(NTSR1)与 G 蛋白偶联受体激酶 2(GRK2)复合物结构，揭示 GRK2 识别和调控 GPCR 分子机制，并发现全新 GPCR 偏向性配体结合口袋，为临床开发靶向 GPCR 的偏向性药物分子开辟思路和途径。研究成果于 8 月发表在《自然》(*Nature*)。（刘俊宏）

【发现 B 类 G 蛋白偶联受体(GPCR)与 arrestin 作用新模式】 中国科学院上海药物研究所吴蓓丽研究组与赵强研究组揭示阻遏蛋白 arrestin 全新 tail 结合模式，并阐明 B 类 GPCR 与 arrestin 精细作用机制，在原子水平揭示受体内化及囊泡内信号转导的分子基础，促进对于 B 类受体信号转导机制的理解。研究成果于 8 月发表在《自然》(*Nature*)。（刘俊宏）

【发现芳香烃受体(AhR)—铁死亡轴调控间充质干细胞治疗作用】 中国科学院上海药物研究所潘国宇研究组证明肝脏损伤中铁死亡是限制间充质干细胞(MSC)暴露量的重要因素；肝脏中的 AhR 可通过 STAT3-Hmox1/Ptgs2 通路减少铁死亡，改善肝脏微环境，进而有效提升 MSC 暴露量和治疗效果，且 AhR 抑制剂(CH223191)发挥药效的剂量仅需铁螯合剂十分之一。试验为促进 MSC 临床应用及转化提供理论参考。研究成果于 8 月发表在《英国药理学杂志》(*British Journal of Pharmacology*)。（刘俊宏）

【揭示 HDAC1/2/3 为组蛋白去琥珀酰化酶】 中国科学院上海药物研究所黄河与华东师范大学翁杰敏、魏伟合作，揭示 HDACs(HDAC1/2/3)而非 Sirtuin 家族是主要的组蛋白去琥珀酰化酶，在体外验证 HDAC1/2/3 强大的组蛋白去琥珀酰化能力；发现 HDAC1/2/3 参与调控基因启动子区域的组蛋白琥珀酰化修饰从而影响转录调控，为组蛋白琥珀酰化的生理功能和病理研究提供思路。研究成果于 8 月发表在《细胞研究》(*Cell Discovery*)。（刘俊宏）

【提出基因剂量敏感性度量】 中国科学院上海营养与健康研究所李昕研究组利用自然人群中的调控元件(调控 DNA 转录为 RNA 的元件)遗传多态性，结合机器学习模型，系统性度量基因在各个器官组织中的剂量敏感性；发现基因的剂量约束来源于维持机体内稳态的负反馈机制；揭示孟德尔遗传显隐性和生命系统内稳态的联系，为疾病干预和治疗提出启示。研究成果于 8 月发表在《美国人类遗传学杂志》(*American Journal of Human Genetics*)。（陶欣荣）

【揭示催产素调控小胶质细胞改善脓毒症脑病认知功能障碍的作用机制】 复旦大学脑科学研究院肖雷研究组与复旦大学附属华山医院宫晔研究组合作，揭示合适剂量的催产素能抑制小胶质细胞激活引起的吞噬作用和炎症因子释放，保护海马神经突触功能，改善脓毒症脑病引起的认知和记忆功能障碍，其保护作用可能通过催产素受体/细胞外调节蛋白激酶/信号传导及转录激活蛋白(OXTR/ERK/STAT3)信号通路实现。研究成果于 8 月发表在《大脑、行为和免疫》(*Brain, Behavior, and Immunity*)。（邹媛媛）

【揭示人类 4 种真菌肠型结构】 复旦大学赵兴明研究组收集来自欧洲、北美洲及亚洲的 16 个队列的 3 363 个肠道真菌样本，其中包括自测的中国人样本 572 个，探究队列肠道真菌组成，确定在不同队列及人群中均稳定存在的4类真菌肠型；评估4类肠型结构特性，发现真菌肠型在多样性、物种和功能组成上均存在显著差异。研究成果于8月发表在《微生物组学》(*Microbiome*)。 （邹媛媛）

【揭示拟南芥 NO_3^- 转运蛋白 CLCa 的调控机制】 中国科学院分子植物科学卓越创新中心张鹏研究组揭示核苷酸和磷脂在特定生理场景下调控拟南芥CLCa活性的分子机制；以拟南芥CLCa蛋白为研究对象，通过异源表达并纯化CLCa蛋白，将其重组为纳米磷脂盘以模拟其在生物膜中的天然状态，并分别解析CLCa结合底物 NO_3^- 和 Cl^- 的单颗粒冷冻电镜三维结构；解释CLCa通过感知不同光合效率下叶肉细胞的能量状态(ATP/AMP比例)调节 NO_3^- 向液泡中的转运，从而维持碳氮平衡；序列分析显示核苷酸和磷脂的调控机制在植物液泡膜定位的CLC蛋白中可能均为保守。研究成果于8月在线发表在《自然通讯》(*Nature Communications*)。 （荆爱霞）

【揭示疟蚊肠道共生菌利用胞外囊泡跨界递送抗疟效应分子靶向杀灭疟原虫新机制】 中国科学院分子植物科学卓越创新中心王四宝研究组发现蚊虫肠道共生细菌通过释放的胞外囊泡，利用疟原虫磷脂酰胆碱清除途径，跨界递送抗疟效应分子，实现靶向杀灭疟原虫的机制；发现胞外囊泡在调控吸血媒介昆虫肠道环境中宿主因子-肠道菌-病原体多元跨界互作中发挥重要作用，为阻止疟疾传播提供潜在策略。研究成果于8月在线发表在《自然通讯》(*Nature Communications*)。 （荆爱霞）

【发现体细胞克隆胚胎围着床期发育异常原因】 同济大学高绍荣与中国农业大学高帅研究组合作，发现导致围着床期克隆胚胎发育失败的表观遗传障碍是Wnt通路的异常激活，通过在培养液中添加Wnt通路抑制剂对Wnt信号通路进行干预抑制，可显著提高克隆胚胎围着床期发育能力并大幅提高克隆小鼠出生率。研究成果于8月在线发表在《国家科学评论》(*National Science Review*)。 （张一卉）

【揭示异常的H3K9me3重编程对克隆胚胎的合子基因组激活和早期谱系分化影响机制】 同济大学高绍荣、刘晓雨、李翀研究组与江赐忠研究组合作，描绘小鼠克隆胚胎着床前发育过程中各阶段H3K9me3修饰图谱，揭示H3K9me3修饰在重编程过程中的异常及调控机制，鉴定出多个与谱系特异性H3K9me3建立相关调控因子，为提高克隆效率提供思路。研究成果于8月在线发表在《自然通讯》(*Nature Communications*)。 （张一卉）

【创建全基因组分析新方法】 中国科学院上海营养与健康研究所李海鹏研究组与华东师范大学潘逸萱研究组合作，创立快速极小时间溯祖新理论，可精准估计百万年内人类群体历史；分析3 154名现代人共50个群体的公共基因组数据，发现在距今约93.0万年前，人类祖先由于早、中更新世过渡期的气候剧烈变化，在短期内丧失98.7%的成员个体，几乎灭绝，在11.7万年时间内平均成年个体数约1 280人；与古人类化石证据相吻合，解释非洲化石的缺失环节，显示早、中更新世过渡期严重的群体瓶颈对古人类物种形成和进化有关键影响，可能决定现代人类许多关键表型的形成，有助于揭示百万年内人类进化全景图，并明确人类自古就是命运共同体。研究成果于9月发表在《科学》(*Science*)。 （陶欣荣）

【发现宿主特征决定野生小型哺乳动物中的病毒组成和病毒跨种间传播】 粤港澳大湾区精准医学研究院(广州)、复旦大学张永振研究组揭示4种不同地理生态类型地区野生小型哺乳动物宿主及其所携带病毒的多样性，从地理生境、类群、种群、个体、组织器官5个维度揭示病毒种群在蝙蝠、鼠类、鼩鼱3类小型哺乳动物的进化、生态、播散规律，以及病毒间、病毒与宿主间相互作用；发现大量病毒具有跨种间传播能力，意味着它们具有突破物种间遗传障碍感染人类的可能。研究结果为建立准确新发突发传染病预报预测系统奠定理论基础与技术支撑。研究成果于9月在线发表在《细胞》(*Cell*)。 （邹媛媛）

【发现哺乳动物15—30个碱基主要小RNA及其产生机制和功能】 中国科学院上海营养与健康研究所翟琦巍研究组通过生化分析、新型高通量测序等分析鉴定技术，发现哺乳动物中长度15—30个碱基范围内主要小RNA是3′环磷酸小RNA，揭示3′环磷酸小RNA产生机制，并发现其可存在于Ago2复合物中，以类似于miRNA的方式结合到mRNA的3′非翻译区，从而引导目的mRNA降解，发挥生物学功能。研究成果于9月发表在《自然通讯》(*Nature Communications*)。 （陶欣荣）

【揭示高空气湿度抑制植物免疫和促进病害新机制】 中国科学院分子植物科学卓越创新中心辛秀芳研究组发现高空气湿度相比低湿度更会诱发植物的一系列生理反应，高湿度条件下接种丁香假单胞菌后植物更易感病，且植物防御基因表达受到高湿度的影响；提出高空气湿度条件抑制拟南芥水杨酸(SA)免疫反应的模型图；在较低湿度条件下，SA在病原体感染后迅速产生并被SA受体(包括NPR1)感知，激活SA信号通路，诱导SA响应基因(PR1等)表达，同时也促进SA合成，形成正反馈回路。研究成果于9月发表在《欧洲分子生物学学会杂志》(*The EMBO Journal*)。 （荆爱霞）

【解析水稻杂种优势遗传基础】 中国科学院分子植物科学卓越创新中心韩斌研究组与中国水稻研究所杨仕华、龚俊义研究组合作，收集2 839份杂交水稻种质资源，覆盖整个中国杂交水稻育种历史；从时间维度上评价半个世纪中杂交育种成就，鉴定改良育种的分子印迹，量化改良育种关键位点的显性度和表型贡献率,总结育种遗传规律,解析亚种间杂种优势遗传基础,并构建基因组选择模型,实现快速筛选优良杂交组合,缩短杂交育种周期。研究成果于9月在线发表在《自然遗传学》(*Nature Genetics*)。 (荆爱霞)

【揭示菌根共生营养交换的“刹车”调控机制】 中国科学院分子植物科学卓越创新中心王二涛研究组与华东师范大学姜伊娜研究组合作,证明苜蓿中half-size ABCG转运蛋白STR与STR2形成二聚体,介导脂肪酸向丛枝真菌转运;鉴定到ERF家族2个新的转录因子ERM1和ERF12,两者相互拮抗调控营养交换基因表达。其中,ERM1通过靶向基因启动子中的AW-box与AW-box-like元件激活下游脂质合成及转运相关基因表达,正调控菌根共生,在共生后期ERM1/WRI5a会适度激活*ERF12*表达;ERF12是菌根共生的负调控因子,作为桥梁蛋白招募TOPLESS家族辅抑制因子,抑制共生相关基因表达,从而对脂质转运过程“踩刹车”,避免植物自身资源的无效输出。研究成果于9月在线发表在《自然通讯》(*Nature Communications*)。 (荆爱霞)

【解析小胶质细胞老龄化进程】 复旦大学脑科学转化研究院彭勃、饶艳霞研究组绘制小胶质细胞老龄化图谱,开发3xDR模型,在非老龄化小鼠脑内引入老龄化的小胶质细胞,解析单一类型细胞衰老对机体的影响;解析小胶质细胞老龄化进程在非老龄化动物脑内引入老龄化细胞,为解析老龄化小胶质细胞对机体影响提供研究手段。研究成果于9月发表在《自然衰老》(*Nature Aging*)。 (邹媛媛)

【解析醌那霉素生物合成中氮氮键上载机制】 上海交通大学蒋明研究组解析醌那霉素生物合成中氮氮键上载机制,发现一个不依赖S-腺苷甲硫氨酸的氧甲基转移酶家族蛋白AlpH负责醌那霉素生物合成中谷氨酰肼的上载;鉴定谷氨酰肼上载后的关键中间体5,实现含有重氮键的生物合成中间体prekinamycin的体外重构;确定AlpH催化谷氨酰肼的上载可能为曼尼希反应;解析AlpH晶体结构,找到AlpH关键催化位点并推测其催化机制。AlpH的发现扩大氧甲基转移酶家族蛋白功能的多样性,为通过基因组挖掘和合成生物学发现与开发新型重氮化合物奠定基础。研究成果于9月发表在《自然通讯》(*Nature Communications*)。 (付　符)

【揭示全球海洋温和病毒多样性及分布规律】 上海交通大学赛华哗研究组构建海洋原核微生物基因组数据集和海洋温和病毒基因组数据集,发现海洋溶原与非溶原微生物的分化广泛且显著,具有差异显著的基因组与生活史特征;通过温和病毒-宿主相互作用网络鉴定海洋中潜在重要温和病毒类群,揭示海洋温和病毒对海洋微生物的基因组演化、代谢重塑和生态功能的潜在影响,证实海洋温和病毒的活跃性并能显著影响宿主多种重要功能。研究成果于9月发表在《自然通讯》(*Nature Communications*)。 (付　符)

【揭示微生物光合嵌合型代谢途径起源和演化】 上海交通大学王寅炤与王风平合作,通过组学大数据挖掘策略,针对光合作用关键基因,筛选全球未知光合原核生物;在全球基因组数据库中,发现黏细菌的多个谱系具有完整的光合基因簇,具有光合作用潜能,并分析黏细菌基因组的谱系发生和代谢特征;扩大已知光合微生物多样性,对于研究光合作用的起源和演化至关重要,并揭示微生物嵌合型生活方式(光合+捕食)起源和演化。研究成果于10月发表在《自然通讯》(*Nature Communications*)。 (付　符)

【营养屏障凯氏带建成和木质素聚合研究取得进展】 中国科学院分子植物科学卓越创新中心晁代印研究组与英国诺丁汉大学David Salt研究组合作,在拟南芥中鉴定到1组(6个)在根内皮层细胞特异表达的引导蛋白(DPs),全部定位在凯氏带;证明这些DPs是木质素单体自由基聚合所必需;通过遗传学证据证实凯氏带处木质素的产生和沉积过程需要DPs复合体直接参与,为DPs调控木质素聚合理论提供遗传学和生物化学证据。研究成果于10月在线发表在《科学》(*Science*)。 (荆爱霞)

【构建胚胎干细胞嵌合体猴】 中国科学院脑科学与智能技术卓越创新中心刘真研究组、孙强研究组与上海脑科学与类脑研究中心、中国科学院广州生物医药与健康研究院Miguel A. Esteban研究组合作,建立不同培养条件下猴胚胎干细胞,对胚胎干细胞的多能性状态进行全面评估,得到既不影响胚胎的正常发育又有利于胚胎干细胞存活的最优嵌合胚胎的培养条件,显著提升胚胎干细胞注入胚胎后存活效率,得到出生存活的高比例胚胎干细胞贡献嵌合体猴,证实注入的猴胚胎干细胞可高效贡献到胎盘和生殖细胞等各种组织和细胞。研究对于理解灵长类胚胎干细胞全能性和发育潜能具有重要意义,为建立基于猴胚胎干细胞嵌合体的基因打靶和模型构建技术奠定基础。研究成果于11月以封面文章形式发表在《细胞》(*Cell*)。 (李珍珍)

【发现抑制YTH N^6-甲基腺苷RNA结合蛋白1(YTHDF1)可缓解脆性X染色体综合征(FXS)】 中国科学院上海药物研究所罗成与芝加哥大学何川、美国埃默里大学金鹏合作,阐明一条神经元细胞内YTHDF1翻译功能受脆性X染色体智力迟钝蛋白磷酸化调控路径,发现YTHDF1可作为治疗FXS潜在药物靶标,并发现中药丹参重要成分丹酚酸C可通过抑制YTHDF1,进而缓解FXS疾病症状的新策略。研究成果于11月发表在《分子细胞》(*Molecular Cell*)。 (刘俊宏)

【揭示经典降脂药物烟酸及多种小分子候选药物激活HCAR2分子机制】 中国科学院上海药物研究所段佳、徐华强与澳门科技大学段小群解析烟酸及临床在研的2种小分子激动剂MK-6892和GSK256073分别结合羟基羧酸受体(HCAR2)

高分辨率冷冻电镜结构，揭示3种分子对HCAR2不同的结合模式及独特的激活机制，为开发靶向HCAR2不良反应更小的降脂药物提供指导依据。研究成果于11月发表在《细胞研究》(*Cell Reports*)。 (刘俊宏)

【发现靶向抑制PRMT1可调控CD8⁺T细胞抗肿瘤免疫克服黑色素瘤免疫治疗耐药】 中国科学院上海药物研究所罗成研究组与哈尔滨工业大学刘川鹏研究组合作，发展基于转录组数据预测肿瘤免疫调控靶标计算生物学方法，发现精氨酸甲基转移酶1(PRMT1)是调控黑色素肿瘤微环境中$CD8^+$ T细胞浸润与活化的新靶标；PRMT1小分子抑制剂能显著提高肿瘤微环境中$CD8^+$ T细胞数量与活性，抑制肿瘤生长并提高耐药黑色素瘤对程序性死亡受体1抗体治疗敏感性。研究成果于11月发表在《癌症研究》(*Cancer Research*)。 (刘俊宏)

【发现肠道单羧酸转运蛋白1(MCT1)在介导乳酸转运和调控代谢稳态中存在性别差异】 中国科学院上海营养与健康研究所陈雁研究组发现MCT1介导肠上皮乳酸转运，通过影响肠道巨噬细胞和炎症水平调控雄性小鼠的糖代谢稳态；揭示肠道MCT1影响的相关代谢表型在雌雄小鼠存在明显性别差异及其可能的机制。研究成果于11月发表在《生命代谢》(*Life Metabolism*)。 (陶欣荣)

【揭示T细胞免疫稳态与衰老的作用关系】 中国科学院上海营养与健康研究所章海兵研究组、周犇研究组与上海交通大学医学院附属瑞金医院罗艳研究组，上海交通大学医学院附属第六人民医院王修哲合作，发现在小鼠T细胞中特异性敲除*Rip1*基因($Rip1^{tKO}$)会导致T细胞过度死亡，并呈现早期胸腺萎缩、外周初始T细胞减少、记忆T细胞比例增加等类似衰老小鼠的T细胞表型，在6个月龄左右发生全身系统性早衰，通过构建*Fadd*基因敲除阻断*Rip1*缺失诱导的T细胞凋亡的双基因敲除小鼠，能逆转$Rip1^{tKO}$小鼠的T细胞异常及小鼠全身系统性早衰，为调控T细胞稳态延缓衰老或衰老相关疾病提供理论基础。研究成果于11月发表在《欧洲分子生物学学会报告》(*EMBO Reports*)。 (陶欣荣)

【发现内源Z-RNA核酸抗肿瘤治疗新功能】 中国科学院上海营养与健康研究所钱友存研究组发现在氧化应激条件下内源Z-RNA可被诱导产生，并聚集于应激颗粒中，被Z型核酸结合蛋白ZBP1所识别，从而激活程序性细胞坏死；在肿瘤化疗治疗中，氧化应激诱导的Z-RNA激活ZBP1依赖的程序性细胞坏死可明显促进肿瘤化疗疗效。研究成果于11月发表在《细胞报告》(*Cell Reports*)。 (陶欣荣)

【发现和重塑高效利用一碳资源化合物甲酸的细菌】 中国科学院分子植物科学卓越创新中心姜卫红、顾阳研究组发现海洋微生物需钠弧菌具有特殊的耐受和代谢一碳资源化合物甲酸的能力；通过代谢途径设计和重塑创建高效利用甲酸的人工菌株，获得的S-TCA-2.0-IE菌株能在72 h内消耗甲酸盐165.3 g/L，产生靛蓝素29.0 g/L，为甲酸生物利用提供高效微生物底盘和设计思路。研究成果于11月在线发表在《自然通讯》(*Nature Communications*)。 (荆爱霞)

【揭示玉米灌浆期关键细胞亚群】 中国科学院分子植物科学卓越创新中心巫永睿研究组与上海师范大学王文琴研究组合作，利用空间转录组方法详细划分玉米籽粒灌浆期不同细胞功能亚群，揭示光合同化产物从进入籽粒到合成淀粉、蛋白和脂类等储藏物质过程的空间转录特征，为提升玉米产量和品质提供基因资源。研究成果于11月在线发表在《自然通讯》(*Nature Communications*)。 (荆爱霞)

【发现芽孢杆菌中新蛋白纤维】 上海交通大学曹骎研究组在一种芽孢杆菌(*Bacillus amyloiquefaciensa*，枯草芽孢杆菌的近亲)胞外分离得到一种蛋白质纤维；通过冷冻电镜的近原子分辨率结构解析，发现该蛋白纤维由1个名为Vpr的胞外丝氨酸多肽酶组成；冷冻电镜结构分析及生化实验表明，该蛋白在形成纤维时仍具有多肽酶活性；Vpr在枯草芽孢菌胞外被发现，说明Vpr纤维化可能是一个广泛存在于芽孢菌属的共同机制。研究成果于11月发表在《自然通讯》(*Nature Commnunitaions*)。 (付 符)

【荷花BADH基因功能研究】 项目由上海辰山植物园承担，12月7日通过市绿化市容局验收。项目克隆获得荷花甜菜碱醛脱氢酶(BADH)基因和基因组序列，并分析该基因的基本表达模式，在雌蕊中表达最高；证实荷花BADH酶具有类似水稻BADH2的功能，突变后可参与香气物质2-乙酰-1-吡咯啉的积累；建立荷花遗传转化体系，为开展荷花分子育种提供技术平台。项目申请发明专利3件；发表论文4篇，其中SCI论文2篇。 (王文进)

【植物自然杂交起源的主要模式及其适应性进化】 项目由上海辰山植物园承担，12月7日通过市绿化市容局验收。项目以钩距脊兰、湖北枫杨、槭叶秋海棠和柽柳4个物种及其近缘种为研究对象，利用基因组测序、流式细胞术、原位杂交、形态学、传粉生物学等综合方法解析物种形成机制及其同近缘种遗传关系，探究自然杂种的不同形成机制，阐明物种的濒危机制，提出相应保护生物学策略；发现钩据虾脊兰和槭叶秋海棠与其近缘种的基因流对昆虫传粉有较强依赖性，而湖北枫杨和柽柳与其近缘种之间存在非常强的古杂交基因流，表明这些类群中自然杂交广泛存在，通过基因流为物种快速适应不同环境条件奠定基础。项目发表论文15篇，其中SCI论文3篇。 (王文进)

【黄芩属物种中特异黄酮代谢途径进化机制的研究】 项目由上海辰山植物园承担，12月7日通过市绿化市容局验收。

项目完成黄芩 T2T gap-free 基因组测序,并对 9 个黄芩属物种进行全基因组测序、广泛靶向代谢组分析及转录组表达分析,揭示黄酮合成途径在黄芩属物种中的进化机制;克隆到多个黄酮糖基转移酶,并进行酶活实验验证。项目发表论文 5 篇,其中 SCI 论文 3 篇。（王文进）

【莲花花药颜色遗传分析及生化机制研究】 项目由上海辰山植物园承担,12 月 7 日通过市绿化市容局验收。项目完成印度莲在上海地区的适应性栽培及表型观察;显示类胡萝卜素合成关键酶基因(*DXS*, *GGPPS*, *PSY*, *ZDS*, *LCY*, *CIS*, *NCED1*)在印度莲花药中特异性高表达,初步推断 7 个关键酶基因的高表达导致印度莲中橙红色花药的产生,提出印度莲橙红色花药形成机制。项目获发明专利授权 1 件,申请国际荷花新品种登录 1 件;发表论文 6 篇,其中 SCI 论文 2 篇。（王文进）

【肠道菌群通过调控色氨酸产生抑制 5-HT 的合成与释放干扰雌性青春期性发育过程】 项目由上海交通大学医学院附属儿童医院承担,12 月 18 日通过市科委验收。项目阐明性早熟女童存在肠道菌群失衡及代谢紊乱,其中色氨酸代谢紊乱可经脑—肠轴干扰下丘脑 5-HT 生成,诱发性早熟;发现在青春期发育早期中枢神经系统内色氨酸经 5-HT 代谢途径,结合促性腺激素释放激素(GnRH)神经元表面 5-羟色胺受体 1A(HTR1A),抑制 GnRH 合成与分泌;色氨酸的减少会削弱早期的抑制作用,诱发性早熟;提示改善肠道菌群、早期补充色氨酸可应用于性早熟临床治疗。项目发表论文 3 篇。（杨　蓓）

【描绘转录起始连续动态全过程】 复旦大学上海医学院徐彦辉研究组采用结构重现转录从头起始的 16 个连续动态全过程,揭示通用转录因子和转录泡协同 RNA 聚合酶Ⅱ调控转录起始向转录延伸转变分子机制,实现利用生化和结构生物学重构生物大分子机器动态过程。研究成果于 12 月在线发表在《科学》(*Science*)。（邹媛媛）

【重建河西走廊人群历史】 复旦大学文少卿研究组、金力研究组与厦门大学王传超研究组,甘肃省文物考古研究所合作,获取 25 例来自河西走廊中部的黑水国汉代墓地和河西走廊西端敦煌佛爷庙湾曹魏-唐代墓地的古基因组数据,并整合河西走廊及其周边人群的古基因组和现代人的全基因组单核苷酸多态性芯片数据进行群体遗传学分析;通过古基因组比较分析,重建近两千年以来河西走廊的人群遗传历史,以科技考古手段证实重大历史事件对河西走廊人群的影响。研究成果于 12 月发表在《科学通报》(*Science Bulletin*)。（邹媛媛）

【揭示细胞程序性坏死调控帕金森病发生新机制】 复旦大学/复旦大学附属华山医院李继喜与中南大学湘雅医院/南华大学张灼华合作,构建混合谱系激酶域样蛋白(MLKL)基因敲除的 *SNCA* $A_{53}T$ 突变体小鼠模型(Tg-*Mlkl*$^{-/-}$),评估 MLKL 缺乏对帕金森病性状进展的影响;发现 MLKL 缺失可显著缓解 α-突触核蛋白突变导致的帕金森病模型小鼠的神经炎症和运动障碍症状。研究成果于 12 月在线发表在《分子神经退行性疾病》(*Molecular Neurodegeneration*)。（邹媛媛）

【发现场景重新激活成瘾记忆新分子通路】 复旦大学脑科学研究院郑平研究组建立毒品成瘾鼠的毒品戒断痛苦记忆与所处场景的联系;发现场景可激活基底外侧杏仁核投射到伏隔核神经元,抑制这类投射神经元可明显抑制场景引起的成瘾记忆提取;发现场景可引起这类神经元记忆相关分子 Arc 表达增加,抑制 Arc 也可抑制场景引起的成瘾记忆提取,显示多巴胺 D1 受体磷酸化 ERK 是 Arc 表达增加的原因;研究多巴胺 D1 受体对神经元谷氨酸兴奋性输入通路的作用,提出场景通过双重输入途径提取成瘾记忆新假说。研究成果于 12 月在线发表在《分子精神病学》(*Molecular Psychiatry*)。（邹媛媛）

【揭示调节性 T 细胞(Treg)外周分化命运决定新机制】 中国科学院上海营养与健康研究所王莹研究组发现胸腺细胞双阴性(DN)阶段是决定外周 Treg 分化命运的重要调控窗口,易于受到胸腺基质微环境中油酸可利用性的影响;硬脂酰辅酶 A 去饱和酶 1(SCD1)缺失显著促进小鼠外周血、淋巴结及主要组织器官中 $Foxp3^+$ Treg 数量与比例,并赋予其抵抗自身免疫性疾病的能力,这与 SCD1 缺失促进初始 $CD4^+$ T 细胞向 Treg 分化密切相关。研究揭示胸腺基质微环境中的油酸信号影响和预编程外周 T 细胞亚群分化偏好性的细胞与分子机制,为理解不同生理病理环境中 T 细胞免疫调控机制提供视角,为 Treg 定向高效诱导及其在器官移植、自身免疫性疾病等治疗中的应用提供策略。研究成果于 12 月发表在《自然免疫》(*Nature Immunology*)。（陶欣荣）

【揭示组蛋白甲基转移酶 SETD2 失活重塑肿瘤免疫微环境和增强免疫疗效机制】 中国科学院上海营养与健康研究所王跃祥研究组与海军军医大学第一附属医院王林辉研究组合作,发现并验证免疫检查点阻断治疗对有 *SETD2* 突变患者效果更好,证明肿瘤细胞 *Setd2* 敲除重塑肿瘤免疫微环境并增强免疫治疗疗效;揭示 SETD2 失活通过降低 *NR2F1* 基因上 H3K36me3 修饰和其启动子邻近区域的染色质开放性而减少 *NR2F1* 转录,促进 STAT1 表达,进而促进 $CD8^+$ T 细胞浸润及程序性细胞死亡蛋白配体 1 表达,提出 SETD2-NR2F1-STAT1 信号轴介导免疫治疗疗效分子机制。研究成果于 12 月发表在《癌症免疫治疗杂志》(*Journal for Immuno Therapy of Cancer*)。（陶欣荣）

【揭示三维基因组拓扑相关结构域边界的 CTCF 组织规律】 上海交通大学吴强研究组揭示 CTCF 在三维基因组拓扑相

关结构域(TAD)边界的成簇结合位点中,朝向TAD外的位点对于维持TAD内染色质相互作用和基因正常转录发挥关键作用;解析三维基因组TAD边界处朝向TAD外CTCF位点的生物学功能,揭示TAD边界CTCF位点组织架构规律,为阐明TAD边界处成簇CTCF位点的绝缘功能提供思路。研究成果于12月发表在《自然通讯》(*Nature Communications*)。 (付 符)

【细菌与噬菌体共进化研究取得进展】 华东理工大学刘琴研究组通过对细菌群落的表征,发现细菌在抵抗噬菌体初期的生长和毒力快速下降,表现为军备竞赛动态,随后趋于稳定,表现为波动选择动态;解析共进化中海洋细菌群落动态变化过程和噬菌体抗性的进化权衡问题,有助于在时间尺度上了解海洋微生物的相互作用,为海洋病原菌的噬菌体治疗提供理论支持。研究成果于12月在线发表在《国际微生物生态学会杂志》(*The ISME Journal*)。 (王晓丽)

【发现人类世以来中国大型食草动物呈现普遍的食性扩张】 华东师范大学斯幸峰研究组通过牙齿微磨痕分析探索过去1个多世纪中国东西部人类活动对大型食草哺乳动物食性生态位的影响,发现随着城市化和人口快速增长,中国东部的大型食草动物种间食性差异增加,以及种内食性范围扩大;但在人类活动影响较小的中国西部,大型食草动物的食性保持稳定。研究表明动物具有通过改变食性生态位来适应人类主导环境的能力,为理解人类活动对生态系统的长期影响提供重要视角。研究成果于12月发表在《生态学快报》(*Ecology Letters*)。 (朱立峰)

第三节 | 医学、药学 >>

【揭示星状细胞激活与非酒精性脂肪肝炎(NASH)调控新机制】 中国科学院上海营养与健康研究所李于研究组与西南医科大学附属医院徐勇研究组合作,揭示转录因子CREBZF通过负调控miR-6964-3p,增加骨桥蛋白(OPN)表达与分泌,加重肝纤维化与NASH分子机制;提示CREBZF可能是调节肝星状细胞激活与肝纤维化的关键检查点,CREBZF—OPN途径激活可能是加重NASH病理学进展的重要诱因;阐明抑制肝脏CREBZF可能是逆转肝纤维化与NASH发病新策略。研究成果于1月发表在《肝脏病学》(*Hepatology*)。 (陶欣荣)

【研发特异靶向恶性黑色素瘤关键转录因子MITF的小分子化合物】 中国科学院上海有机化学研究所王婧、俞飚、房鹏飞、郭敏与哈佛大学麻省总医院David E. Fisher,复旦大学附属肿瘤医院陈勇合作,通过对MITF功能缺失导致的白化病突变进行分析,发现其具有独特的动态不稳定性,且对内外干扰非常敏感,提出小分子破坏MITF二体形成以特异抑制MITF的靶向机制;发现小分子化合物TT012在多种动物模型中对MITF高表达的肿瘤表现良好肿瘤抑制活性;研发具有明确靶向机理、高效特异的MITF小分子抑制剂,为恶性黑色素瘤治疗提供潜在靶向新药。研究成果于1月发表在《细胞研究》(*Cell Research*)。 (徐晓娜)

【阐释炎症性肠病骨丢失分子基础】 上海大学苏佳灿研究组与海军军医大学第一附属医院徐灿研究组合作,阐释成骨细胞介导的骨形成受抑在炎症性肠病并发的骨量丢失、骨折风险增加现象中的分子基础;发现肠源性炎症因子可使BMSC成骨分化受抑,导致显著的骨量下降、骨形成减少,靶向给药促进骨髓间充质干细胞成骨分化、增加骨形成,可有效治疗炎性肠病骨病;强调促骨合成代谢在骨骼疾病治疗中的重要性,表明通过改造工具细胞系可便捷获取载药外泌体,实现特定器官的外周靶向给药。研究成果于1月在线发表在《细胞报告医学》(*Cell Reports Medicine*)。 (徐婷婷)

【恶性黑色素瘤靶向治疗取得进展】 复旦大学附属肿瘤医院陈勇研究组与中国科学院上海有机化学研究所王婧、俞飚研究组合作,报道具有明确靶向机理、高效特异的恶性黑色素瘤关键致癌因子MITF小分子抑制剂,具有成为恶性黑色素瘤靶向新药潜力。研究成果于1月在线发表在《细胞研究》(*Cell Research*)。 (邹媛媛)

【耐药菌感染治疗取得进展】 华东理工大学刘润辉研究组以抗菌作用机理作为设计策略,通过模拟宿主防御肽设计发现对耐甲氧西林金黄色葡萄球菌具有高效抗菌活性的β-多肽聚合物;证明打破多肽聚合物手性以转变破膜抗菌机理是一种有效策略,可用于设计低毒性β-多肽聚合物,以应对耐药菌感染。研究成果于1月在线发表在《科学进展》(*Science Advances*)。 (王晓丽)

【细菌性肺炎和肝脓肿治疗研究取得进展】 华东理工大学刘润辉研究组与浙江大学周民研究组合作,发现模拟宿主防御肽的优选β-多肽聚合物通过群体感应干扰和细菌膜破坏双重作用机制发挥抗菌作用,并对细菌性肺炎和化脓性肝脓肿都有良好治疗效果。研究成果于2月在线发表在《研究》(*Research*)。 (王晓丽)

【解析枸杞子"坚筋骨"功效的科学内涵】 中国科学院生物物理所陈畅与中国科学院上海药物研究所丁侃合作,确定枸杞子发挥抗衰老性骨流失作用的药效物质基础为均一多糖LBP1C-2,阐明LBP1C-2可直接与骨形态发生蛋白(BMP)受体BMPRIA和BMPRII结合,同时LBP1C-2可与BMP的抑制蛋白Noggin结合,两者共同激活BMP/Smads信号通路,从而发挥改善衰老性骨流失的作用。研究成果于2月在线发表在《碳水化合物》(*Carbohydrate Polymers*)。 (刘俊宏)

【少汗型外胚层发育不全致病机理研究取得进展】 上海交通大学医学院附属第九人民医院吴轶群与雷鸣研究组合作,揭示人类外胚层发育不良蛋白 A(EDA)-A1$_{THD}$-EDAR$_{CRDS}$ 复合物晶体结构在外胚层发育中的重要作用;通过复合物晶体结构分析发现,不同 *EDA* 变异可削弱或破坏 EDA-A1 和 EDAR 之间的相互作用,各种突变小鼠呈现不同严重程度的外胚层组织发育缺陷,且与人类患者临床症状相一致。研究拓展对 EDA 信号传导机制的理解,为研究人类 EDA 致病突变提供结构基础。研究成果于 2 月发表在《自然通讯》(*Nature Communications*)。 (徐维旖)

【揭示成纤维细胞激活蛋白(Fap)调控心肌梗死修复新机制】 同济大学附属东方医院岳锐研究组与同济大学附属第十人民医院徐大春研究组、上海交通大学医学院附属新华医院张力研究组合作,发现 Fap 在病理性心脏重构过程中原位表达明显上调,探究 Fap 调控心肌梗死损伤修复作用及分子机制,发现抑制 Fap 能通过稳定脑利钠肽蛋白水平促进血管新生和心脏修复,为该类疾病临床诊断、预后和治疗提供思路与靶点。研究成果于 2 月发表在《循环研究》(*Circulation Research*)。 (张一卉)

【MSCs 分泌的抗炎因子 TSG-6 诱导 MMP12 表达的分子机制及其在改善肝纤维化中的作用】 项目由上海交通大学医学院附属儿童医院承担,3 月 2 日通过国家自然科学基金委验收。项目证实抗纤维化因子 TSG-6 可改善小鼠肝纤维化,阐明 TSG-6 通过调控巨噬细胞 M2 型极化上调基质金属蛋白酶 12 表达改善肝纤维化;设计 CaP@BSA-TSG-6 纳米颗粒,可缓释 TSG-6,具有良好肝脏靶向性,可发挥抗炎抗纤维化作用,具有成为肝脏疾病治疗药物载体的潜力;丰富 TSG-6 的抗炎分子网络,对于肝纤维化细胞因子替代治疗具有重要科学价值。项目发表 SCI 论文 4 篇。(杨 蓓)

【肠道共生菌 *F. prausnitzii* 胞外囊泡促进 Treg 细胞分化抑制 IBD 肠道炎症的机制研究】 项目由上海交通大学医学院附属儿童医院承担,3 月 30 日通过国家自然科学基金委验收。项目从细菌致病性中外泌体(EVs)介导的细胞通信角度研究肠道菌群对调节性 T 细胞(Treg)细胞分化和增殖的调节作用,探讨 *F. prausnitzii* 来源的 EVs 通过携带抗原传递到 CD4$^+$ T 细胞中诱导 CD4$^+$ Foxp3$^+$ T 细胞的分化增殖,保护葡聚糖硫酸钠诱导小鼠结肠炎的肠黏膜屏障功能,抑制促炎因子表达。研究为揭示肠道菌群在炎症性肠病中对肠道 T 细胞免疫的调节机制提供依据。项目发表 SCI 论文 6 篇。 (杨 蓓)

【肠道 *F. prausnitzii* 通过 FXR 对抗 NF-κB 抑制 CDI 炎症的机制研究】 项目由上海交通大学医学院附属儿童医院承担,3 月 30 日通过市科委验收。项目以抗生素暴露诱导 CDI 小鼠模型研究 *F. prausnitzii* 对艰难梭状芽孢杆菌感染(CDI)的治疗作用,探讨 *F. prausnitzii* 参与调节 CDI 炎症过程;通过儿童艰难梭菌的基因分型、耐药及毒力特点,了解儿童 CDI 流行情况,为 CDI 治疗开辟思路;探索儿童艰难梭菌基因分型与耐药机制及临床结局关系,为指导儿童 CDI 的治疗和预后评估提供依据。项目发表 SCI 论文 3 篇。 (杨 蓓)

【CSE/H_2S 系统调控 Nrf2 介导线粒体融合延缓血管衰老的机制研究】 项目由上海交通大学医学院附属儿童医院承担,3 月 30 日通过国家自然科学基金委验收。项目研制胱硫醚-γ-裂解酶/硫化氢(CSE/H_2S)系统调控核因子 E2 相关因子 2(Nrf2)介导线粒体动力相关蛋白 1 磷酸化转换分子开关诱导线粒体融合,延缓血管衰老的作用机制,为开发靶向硫化氢生成酶 CSE 的药物提供理论信息,为防治血管衰老相关疾病提供思路和靶点。项目发表论文 2 篇。 (杨 蓓)

【揭示腺苷酸活化蛋白激酶(AMPK)表观调控 H3K9me2 抑制肺癌转移新机制】 中国科学院上海药物研究所李佳研究组与临港实验室臧奕、同济大学附属上海市肺科医院施宏合作,通过揭示 AMPK 抑制肺癌转移在表观遗传领域的新底物和新机制,拓宽 AMPK 蛋白调控网络,促进二甲双胍临床应用;发现 PHF2-S655 磷酸化为潜在临床肺癌预后标志物,为肺癌转移恶化提供靶标。研究成果于 3 月发表在《信号转导与靶向治疗》(*Signal Transduction and Targeted Therapy*)。 (刘俊宏)

【揭示血小板调控感染诱发血栓形成机制和治疗靶点】 上海交通大学医学院刘俊岭研究组利用活体成像技术,发现血小板干扰素基因刺激因子(STING)缺失可减轻脓毒症诱发的小鼠肝脏和肺部微血栓和中性粒细胞外捕获网结构形成,降低肝肺损伤和凝血异常相关指标,增强小鼠生存率;发现 STING 激动剂 cGAMP 可增强血小板对刺激剂的响应程度;提示血小板内存在一条不同于 STING/TBK1/IRF3 的新型 STING 下游激活信号,针对靶向激活 STING 的抗肿瘤免疫治疗策略可能存在潜在致栓风险;发现 STING 与突触融合蛋白结合蛋白 2 的潜在结合区域,设计能靶向二者结合且能减弱血小板活化和感染诱导微血栓形成的多肽。研究成果于 3 月发表在《免疫》(*Immunity*)。(李贺轩)

【揭示骨骼发育中破骨细胞谱系分化过程"刹车器"】 上海交通大学口腔医学院/上海交通大学医学院附属第九人民医院蒋欣泉研究组构建髓系条件性敲除 *Brd9* 转基因小鼠,发现含溴结构域蛋白 9(BRD9)缺失后,破骨细胞分化显著加速,并引起骨量明显减少;验证转录因子 *Foxp1* 作为 BRD9 协同作用蛋白之一,共同参与 *Stat1* 的基因激活转录,从而介导下游 IFN-β 信号通路的激活,在破骨细胞分化过程中起到限速"刹车器"作用;设计一种口腔拔牙创局部药物递送系统,将 BRD9 降解剂与可注射光固化丝蛋白水凝胶结合,有效缓解双膦酸盐相关性颌骨坏死。研究成果于 3 月发表在《自然通讯》(*Nature Communications*)。

(李贺轩)

【G蛋白偶联受体(GPCR)药物研发取得进展】 华东师范大学刘明耀研究组与卢伟强研究组合作，基于成熟的髓源细胞分化模型、基因修饰小鼠模型和生物信息学分析，发现前列腺素E2(PGE2)受体EP4在肿瘤相关髓系细胞(TAMCs)中高表达，是介导TAMCs分化和免疫抑制的关键功能受体；揭示EP4受体在肿瘤微环境髓系细胞免疫功能调控中的作用机制，推动EP4成为肿瘤免疫治疗潜力靶标；提出联合使用EP4拮抗剂和程序性死亡受体1抗体克服肠癌免疫治疗耐受的策略，为免疫治疗耐受肿瘤的治疗提供思路。研究成果于3月以封面文章的形式在线发表在《药物化学杂志》(*Journal of Medicinal Chemistry*)。 (朱立峰)

【发现Aurora A激酶抑制剂上调程序性细胞死亡蛋白—配体1(PD-L1)导致免疫抑制和肿瘤耐药】 中国科学院上海药物研究所罗成研究组与重庆医科大学、复旦大学党永军研究组合作，揭示Aurora A抑制剂的免疫调节功能及导致其在临床试验中抗肿瘤药效不佳的原因，提出alisertib与程序性死亡受体1(PD-1)联用的协同抗肿瘤策略，解决因PD-L1上调导致的临床alisertib耐药问题，并显著提高PD-1免疫治疗敏感性。研究成果于3月发表在《临床研究杂志》(*The Journal of Clinical Investigation*)。 (刘俊宏)

【发现肝脏中单羧酸转运蛋白1(MCT1)介导的乳酸转运参与调控小鼠肥胖和肝脏脂肪变性】 中国科学院上海营养与健康研究所陈雁研究组通过构建肝脏特异性敲除MCT1小鼠，发现肝脏中的MCT1介导乳酸外排；揭示肝脏中的乳酸是介导肝细胞中脂质代谢的关键分子，肝脏中的MCT1具有介导乳酸外排的独特功能；提示通过增强MCT1功能减少肝细胞中乳酸沉积，可能改善肝脏脂肪变性。研究成果于3月发表在《新陈代谢》(*Metabolism*)。 (陶欣荣)

【肥胖治疗研究取得进展】 同济大学附属同济医院栾冰研究组发现产热脂肪细胞可分泌锌离子作为脂肪因子激活交感神经活性，促进脂肪组织的适应性产热；阐明脂肪细胞在G蛋白偶联受体信号刺激下通过细胞膜上的离子通道ZnT1释放Zn离子的机制，以及Zn离子通过交感神经细胞上的ZIP12激活ERK信号通路从而促进交感神经突触生长机制；揭示脂肪细胞中重要锌离子调控蛋白金属硫蛋白在肥胖发生中的作用，这一作用依赖于其对Zn离子释放和交感投射的影响；确定产热脂肪细胞和交感神经元相互调节的正反馈机制可作为治疗肥胖潜在靶标。研究成果于3月发表在《自然代谢》(*Nature Metabolism*)。 (张一卉)

【揭示聚酮合酶C—N键形成机制】 上海交通大学邓子新研究组鉴定并重构钙霉素合成途径中聚酮合酶CalA3催化的C—N键形成现象，解析CalA3与底物、产物的高分辨复合物三维结构；对比CalA3与同家族聚酮合酶结构，为工程化改造聚酮合酶、合成创新药物提供基础理论依据。研究成果于3月发表在《自然通讯》(*Nature Communications*)。 (付 符)

【阿霉素诱导的心脏毒性损伤研究取得进展】 上海大学王丽君发现*circ-ZNF609*在阿霉素诱导的心脏毒性损伤模型中上调表达；明确*circ-ZNF609*通过RNA m^6A去甲基化酶FTO调控阿霉素诱导心脏毒性损伤的分子机制，抑制*circ-ZNF609*可阻断阿霉素处理导致的小鼠心脏RNA m^6A甲基化水平升高，改善阿霉素诱导的心肌细胞凋亡及降低线粒体内活性氧水平，*circ-ZNF609*的表达受到RNA m^6A甲基化调控，RNA m^6A甲基转移酶METTL14正向调控*circ-ZNF609*表达。研究对理解蒽环类肿瘤化疗药物诱发心脏毒性损伤的理论基础及寻找新型治疗靶点具有重要意义。研究成果于3月发表在《JACC：基础到转化科学》(*JACC: Basic To Translational Science*)。 (徐婷婷)

【揭示成纤维细胞介导炎性皮肤过度神经支配新机制】 上海交通大学医学院附属第一人民医院王宏林研究组发现炎症诱导一群具有显著神经调控特征的Tnc^+成纤维细胞；揭示炎症诱导的TNC^+成纤维细胞亚群定位于毗邻表皮的乳突真皮，且乳突真皮是成纤维细胞、外周神经及T细胞密切接触互作的热点区域；不同疾病阶段IL-17A^+ T细胞分布的动态性及其与外周感觉神经的密切互作为皮肤炎症中神经免疫互作提供证据；提出损伤/炎症诱导的乳突真皮成纤维细胞功能性亚群促进神经免疫互作与银屑病炎性微环境形成，阐明胞外基质蛋白TNC促进炎性神经轴突异常增生具体机制。研究成果于4月发表在《自然通讯》(*Nature Communications*)。 (李贺轩)

【发现青少年精神健康障碍共有神经机制】 复旦大学类脑智能科学与技术研究院贾天野、冯建峰研究组利用从青春期到成年早期2 000人大型纵向随访队列，结合任务态功能连接组学和大脑-行为预测模型，确定一个可表征长期跨精神健康风险(即跨外化和内化症状)的神经精神病理学(NP)因子；NP因子在多个独立大型群体队列数据中获得验证，并能泛化到静息状态连接组和临床样本上；发现NP因子与突触维持相关基因的突变有关，其可能导致前额叶环路的发育紊乱，并进而引起执行功能受损。该发现有助于开发针对精神障碍共病的干预措施，特别是为从青少年时期开始的早期心理预防提供依据。研究成果于4月发表在《自然医学》(*Nature Medicine*)。 (邹媛媛)

【发现G蛋白偶联受体84(GPR84)在急性肺损伤(ALI)中的调控作用】 中国科学院上海药物研究所谢欣研究组揭示GPR84通过调控中性粒细胞迁移、脱颗粒和氧化应激影响小鼠肺部炎症发展，是治疗ALI潜在药物靶点，为ALI发病机制探究及药物开发提供新途径。研究成果于4月发表在《中国药理学报》(*Acta Pharmacologica Sinica*)。 (刘俊宏)

【揭示FMS样酪氨酸激酶3(FLT3)抑制剂在急性髓系白血病(AML)中的原发耐药新机制】 中国科学院上海药物研究所李佳研究组与海军军医大学第一附属医院杨建民研究组

合作,发现靶向 CCAAT 增强子结合蛋白-α(C/EBPα)具有克服 FLT3i 原发耐药、提高 FLT3i 疗效潜力;提出 C/EBPα 转录活化是 FLT3i 原发耐药机制的新概念,并提出靶向 C/EBPα 及其调控基因网络的现有药物与 FLT3i 相结合,是具有临床转化潜力的药物联用组合方案,为新一代 FLT3 突变型 AML 治疗提供策略。研究成果于 4 月发表在《自然通讯》(*Nature communications*)。 (刘俊宏)

【揭示胰腺祖细胞分化与增殖因子(PPDPF)调控肝癌新机制】 中国科学院上海营养与健康研究所谢东研究组发现 PPDPF 在肝癌中表达显著下调,PPDPF 低表达的患者预后较差;在肝癌小鼠模型中敲除 *Ppdpf* 促进肝细胞癌(HCC)发生发展;PPDPF 缺失抑制 NF-κB 信号通路的激活,使肝细胞发生细胞凋亡,进而引发补偿性的细胞增殖;PPDPF 可与受体相互作用蛋白激酶 1(RIPK1)发生相互作用,通过招募抗 E3 泛素蛋白连接酶 21 促进 RIPK1 140 位赖氨酸 K63 连接的泛素化,从而激活 NF-κB 信号通路;PPDPF 表达和 NF-κB 激活标志 p-P65 的表达呈正相关;揭示 PPDPF 调控 NF-κB 信号通路新机制,提示 PPDPF 是一种治疗肝癌的潜在候选分子。研究成果于 4 月发表在《细胞报告》(*Cell Reports*)。 (陶欣荣)

【发现间歇性蛋白限制能在大鼠模型上改善 2 型糖尿病】 中国科学院上海营养与健康研究所陈雁研究组通过探讨间歇性蛋白限制(IPR)饮食方式,发现 IPR 可迅速缓解 Zucker 糖尿病肥胖(ZDF)大鼠高血糖血症,减少肝脏葡萄糖生成;IPR 保护胰岛免受糖尿病引起的损伤,并提高 β 细胞的数量,增加其增殖能力;对分离的 ZDF 大鼠胰岛进行的单细胞转录组测序分析发现,IPR 能逆转糖尿病相关的 β 细胞去分化;显示 IPR 在糖尿病大鼠模型中有效控制血糖和保护 β 细胞形态与结构完整性。研究成果于 4 月发表在《营养生物化学杂志》(*The Journal of Nutritional Biochemistry*)。 (陶欣荣)

【阿尔茨海默病(AD)致病机理研究取得进展】 中国科学院上海有机化学研究所陈椰林研究组发现非家族遗传性 AD 的致病风险因子载脂蛋白 E4(ApoE4)ApoE4 与家族遗传性 AD 致病机理之间的关系,发现 ApoE 异构体带来的致病风险与其直接特异性抑制淀粉样前体蛋白(APP)的 γ 剪切活性相关,提出 ApoE 异构体改变 AD 风险新理论;具有保护作用的 ApoE2 具有最强的抑制活性,而增加患病风险的 ApoE4 则失去该活性,因此两者在 AD 疾病进程中功能截然不同;提示 APP 的 γ 酶切异常是家族遗传性 AD 和非家族遗传性的散发性 AD 共同的致病原因。研究成果于 4 月发表在《神经元》(*Neuron*)。 (徐晓娜)

【揭示青少年特发性脊柱侧凸(AIS)发生发展病因学机制】 上海交通大学医学院附属新华医院杨军林、胡苹研究组发现 AIS 患者凹侧肌肉干/祖细胞 1 型雌激素受体(ESR1)表达水平下调导致成肌分化障碍是 AIS 发生发展重要因素;通过小分子干预、ESR1 过表达/敲低、肌肉干细胞特异性 ESR1 基因敲除小鼠等实验明确 ESR1 能促进肌肉干细胞分化,一侧椎旁肌 ESR1 信号通路受损的小鼠模型更易发生发展脊柱侧凸,选择性雌激素受体调节剂雷洛昔芬可延缓脊柱侧凸进程。研究成果于 4 月在线发表在《细胞发现》(*Cell Discovery*)。 (孙雯燕)

【扩张型心肌病机制研究取得进展】 同济大学附属第十人民医院徐大春研究组与同济大学魏珂研究组合作,确定含 Jumonji C 结构域蛋白分子 Jmjd4 通过羟基化丙酮酸激酶 2 号亚型(Pkm2)促进其通过分子伴侣介导的自噬途径(CMA)降解,在维持心肌细胞代谢稳态中具有重要功能,并表明靶向 Jmjd4 和 Pkm2 可能具有治疗 DCM 及其他代谢功能障碍心脏病的前景。研究成果于 4 月在线发表在《循环》(*Circulation*)。 (张一卉)

【衰老造血干细胞年轻化研究取得进展】 同济大学附属东方医院岳锐研究组发现基质硬度密切调控骨髓造血微环境;利用柔软的甲基丙烯酰化水凝胶(GelMA)构建骨髓基质细胞与造血干细胞(HSC)的体外三维共培养体系,可促进 HSC 自我更新和淋系分化,能显著逆转衰老 HSC 各项功能指标;揭示骨髓硬化是血液系统衰老的新型标志物,为衰老 HSC 年轻化及衰老相关疾病治疗提供思路和策略。研究成果于 4 月发表在《细胞干细胞》(*Cell Stem Cell*)。 (张一卉)

【三阴性乳腺癌(TNBC)治疗研究取得进展】 上海市第一妇婴保健院毛志勇研究组揭示去泛素化酶 USP15 可通过直接去泛素化聚 ADP 核糖聚合酶 1(PARP1)以增强其蛋白稳定性,进而导致 PARP1 的过量表达及碱基切除修复效率的提升,促进肿瘤细胞存活;阐明在 TNBC 中雌激素受体、孕激素受体及人表皮生长因子受体 2 的表达缺失介导 PARP1 异常高表达的分子机制,加深对 TNBC 中基因组稳定性的特异性调控机制理解,为开发基于 PARPi 的 TNBC 特异性治疗方案提供机遇。研究成果于 4 月发表在《自然癌症》(*Nature Cancer*)。 (张一卉)

【揭示减肥药低效新机制】 上海中医药大学黄诚研究组与美国得克萨斯大学童青春研究组合作,利用转基因小鼠模型,通过条件性表达 Na^+ 通道和向内整流的 K^+ 通道实现长期慢性激活或抑制下丘脑弓状核 POMC(ArcPOMC)神经元和下丘脑室旁核黑素皮质素受体 4(MC4R)神经元功能;小鼠在正常饲料喂养条件下,POMC 神经元和 MC4R 神经元慢性功能缺失引起严重肥胖,而慢性激活不影响小鼠体重;过表达 POMC 分泌的多肽 α-MSH 和 β-endorphin 或过表达 MC4R 均不能有效阻止肥胖。研究提示黑皮质素通路偏向性调节体重可能是肥胖流行的机制之一。研究成果于 4 月发表在《自然通讯》(*Nature Communications*)。 (梁 燕)

【揭示肿瘤相关成纤维细胞(CAF)来源的 miRNA-146a-5p 促进膀胱肿瘤干性和化疗耐药的分子机制】 中国科学院上海药物研究所黄锐敏研究组与复旦大学严俊研究组、南京大学附属鼓楼医院郭宏骞研究组合作，揭示膀胱癌在吉西他滨/顺铂联合治疗中 CAF 过量表达 miRNA-146a-5p 是膀胱癌产生耐药的重要原因，提出支撑肿瘤细胞干性的小生境形成机制，解析 miRNA-146a-5p 促进膀胱癌化疗耐药的双重调控途径，提示 miRNA-146a-5p 作为膀胱癌化疗耐药分子标志物和靶标的潜力。研究成果于 5 月发表在《癌症研究》(*Cancer Research*)。 (刘俊宏)

【发现靶向 DNA 聚合酶 β(POLB)作为错配修复(MMR)缺陷的急性淋巴细胞白血病潜在治疗策略】 上海交通大学医学院附属上海儿童医学中心周斌兵研究组揭示碱基切除修复(BER)通路的重组人 POLB 在巯嘌呤诱导的 DNA 损伤修复中的关键作用，提出 POLB 作为 MMR 缺陷型儿童急性淋巴细胞白血病(ALL)的潜在治疗靶点的可行性，为优化儿童 ALL 巯嘌呤临床精准用药方案奠定理论基础；提出亟须开发一系列具备强效性和特异性的 POLB 小分子抑制剂。研究成果于 5 月发表在《白血病》(*Leukemia*)。 (李贺轩)

【发现肥胖治疗新靶点】 中国科学院上海药物研究所丁侃研究组、李佳研究组与复旦大学附属华山医院花荣研究组合作，揭示代谢调控分子葡萄糖醛酸 C5 异构酶(Glce)介导肝脏-脂肪交叉对话信号传导调节能量稳态的重要作用，并加深人体肝脏中 Glce 与肥胖或非酒精性脂肪性肝病/非酒精性脂肪性肝炎等代谢综合性疾病相关性的理解，提示 Glce 及其介导的 GDF15 信号通路可成为对抗肥胖潜在靶点。研究成果于 5 月发表在《肝脏病学》(*Journal of Hepatology*)。 (刘俊宏)

【发现抗新型冠状病毒 3-胰凝乳蛋白酶样蛋白酶(3CL)新型抑制剂】 中国科学院上海药物研究所周宇、李佳、苏海霞、许叶春研究组与临港实验室臧奕、武汉病毒所张磊砢合作，发现结构新颖、非拟肽非共价的 $3CL^{pro}$ 小分子抑制剂 JZD-07，在分子和细胞水平测试中具有良好的抗新型冠状病毒活性；在 K18-hACE2 小鼠感染模型中，300 mg/kg、每日 2 次剂量下可显著降低肺部病毒载量，为靶向 $3CL^{pro}$ 的新型候选药物发现奠定良好基础。研究成果于 5 月发表在《信号转导与靶向治疗》(*Signal Transduction and Targeted Therapy*)。 (刘俊宏)

【揭示多巴胺受体系统介导药物分子多重药理学活性的结构基础】 中国科学院上海药物研究所徐华强与美国北卡罗来纳大学教堂山分校 Bryan Roth、浙江大学张岩合作，采用单颗粒冷冻电镜技术，解析 5 种多巴胺受体分别与 1 种激动剂分子罗替高汀及下游 G 蛋白的复合物结构，分析多巴胺受体系统的多重药理学及信号转导机制，并揭示胆固醇对多巴胺受体功能的影响，为帕金森病、精神分裂症、抑郁症等药物研发奠定基础。研究成果于 5 月发表在《细胞研究》(*Cell Research*)。 (刘俊宏)

【发现抑制 YTHDF2 可增强放疗的抗肿瘤疗效】 中国科学院上海药物研究所罗成研究组与芝加哥大学何川、Ralph Weichselbaum 和 Hua Laura Liang 合作，揭示 m^6A 阅读子 YTHDF2 的抑制在改善放疗和放疗免疫检查点联合治疗效果的调控机制，为相关临床治疗提供靶标，提出通过抑制 YTHDF2 增强临床放射治疗效果的策略。研究成果于 5 月发表在《癌细胞》(*Cancer Cell*)。 (刘俊宏)

【发现脯氨酸羟基化修饰调控 2 型糖尿病新机制】 中国科学院上海营养与健康研究所李于研究组与西南医科大学附属医院付文广研究组、青岛大学方靖研究组合作，发现禁食能显著增加脯氨酸羟化酶 3(PHD3)蛋白表达，PHD3 肝细胞特异性敲除能降低小鼠肝脏中糖异生关键酶的表达水平和减少葡萄糖生成，PHD3 参与糖异生的调控过程依赖其羟化酶活性；糖异生关键转录因子 CRTC2 是 PHD3 新下游底物，羟基化修饰增强 CRTC2 核转位与活性，从而增加糖异生基因的表达和肝糖输出；提示抑制肝脏 PHD3 或 CRTC2 羟基化可能是治疗高血糖和 2 型糖尿病的新策略。研究成果于 5 月发表在《美国国家科学院院刊》(*PNAS*)。 (陶欣荣)

【揭示管腔型乳腺癌(LBC)骨转移倾向性机制】 中国科学院上海营养与健康研究所胡国宏研究组与山东大学齐鲁医院杨其峰研究组合作，发现肿瘤分泌的 SCUBE2 是介导 LBC 骨转移倾向性的重要因子，可作为乳腺癌骨转移风险的血清学标记和骨转移治疗新靶点；开发一株 SCUBE2 中和抗体，可显著阻断 SCUBE2 功能，在多个乳腺癌骨转移模型中均表现出良好骨转移治疗效果；阐明 SCUBE2 调控乳腺癌骨转移机制，支持其在临床诊断中的作用及靶向 SCUBE2 骨转移治疗策略；显示 SCUBE2 在 LBC 中的特异表达及其功能对成骨细胞的依赖性，解释 LBC 骨转移倾向性。研究成果于 5 月发表在《细胞研究》(*Cell Research*)。 (陶欣荣)

【胆红素神经毒性机制研究取得进展】 上海交通大学医学院附属第六人民医院殷善开、时海波研究组针对合并高胆红素血症的缺血性脑损伤患者开展回顾性研究，发现缺血性脑损伤后血清胆红素浓度与脑损伤水平呈现显著相关性；提出胆红素可视作一种内源性弥散性神经递质，作为细胞外激动剂直接激活瞬时受体电位 M2(TRPM2)通道导致神经毒性，为缺血性脑损伤及高胆红素血症相关神经功能损害提供治疗思路。研究成果于 5 月发表在《神经元》(*Neuron*)。 (胡 承)

【三阴性乳腺癌精准免疫治疗研究取得进展】 复旦大学附

属肿瘤医院邵志敏、江一舟研究组揭示一种名为 CCL19$^+$ 树突状细胞的细胞亚群,在三阴性乳腺癌免疫治疗过程中发挥影响疗效的关键作用,为破解三阴性乳腺癌精准免疫治疗难题提供方向。研究成果于 5 月以封面文章形式发表在《医学》(*Med*)。 (邹媛媛)

【绘制中国人群结直肠癌基因变异图谱】 复旦大学附属肿瘤医院徐烨研究组与胡欣研究组合作,绘制已报道国内最大规模结直肠癌基因组变异图谱,揭示中国人群结直肠癌基因组变异特征,并鉴定出可精准预测结直肠癌靶向治疗和免疫治疗疗效的基因组标志物,为结直肠癌的基础临床转化拓宽思路。研究成果于 5 月发表在《胃肠病学》(*Gastroenterology*)。 (邹媛媛)

【发现抗雄激素治疗诱导基质细胞重编程促进前列腺癌的去势抵抗作用】 中国科学院上海营养与健康研究所秦骏研究组与中山大学孙逸仙纪念医院黄海研究组、陆军特色医学中心大坪医院江军研究组合作,阐释抗雄治疗在抑制肿瘤细胞生长的同时也重塑微环境中肿瘤成纤维细胞(CAF),导致抗雄治疗失效;靶向 CAFs 转化或旁分泌机制结合内分泌抗癌治疗是具有潜力的去势抵抗性前列腺癌治疗手段。研究深化对靶向药物作用下微环境重塑决定细胞命运影响肿瘤进展的认知,为靶向 CAFs 可塑性提高内分泌治疗有效性提供策略和理论依据。研究成果于 6 月发表在《癌细胞》(*Cancer Cell*)。 (陶欣荣)

【揭示和定义肿瘤侵袭前沿区】 复旦大学附属中山医院周俭研究组与深圳华大生命科学研究院合作,利用超高精度空间转录组技术精准谱绘肝癌空间异质性,重点聚焦肿瘤交界区,发现横跨肝癌和癌旁组织交界线上两侧各 250 μm 特殊带状区域(共 500 μm),突出表现为局部免疫抑制微环境、肿瘤细胞脂肪代谢增强和严重肝细胞损害状态,并将该区域定义为肿瘤侵犯前沿区。研究提出肿瘤侵袭前沿区概念,精准解析和验证侵袭前沿区中局部空间微生态,为临床和病理学重新认识肿瘤侵犯前沿区、探索恶性实体瘤侵袭转移机制及研发肿瘤治疗策略提供依据。研究成果于 6 月发表在《细胞研究》(*Cell Research*)。 (金 菁)

【揭示肝细胞癌癌旁组织临床相关分子特征】 中国科学院上海药物研究所周虎研究组与复旦大学附属中山医院樊嘉、高强研究组合作,揭示肝细胞癌癌旁组织临床特征相关分子特征,探讨肝癌癌旁组织与正常肝组织的蛋白质组学差异;根据蛋白质组数据将癌旁组织分为 S1 型和 S2 型 2 个亚型,S1 型癌旁与正常肝组织类似,而 S2 型癌旁与癌组织更为接近;相比正常组织,在 S1 型癌旁组织中有 112 个上调蛋白和 71 个下调蛋白;其中的 13 个上调蛋白为分泌蛋白,可作为潜在血液生物标志物用于肝癌的早期诊断,另一些差异蛋白可能会参与肿瘤的免疫微环境重塑或促进肿瘤复发。研究成果于 6 月发表在《国家科学评论》(*National Science Review*)。 (刘俊宏)

【发现高效低毒的小分子胰高糖素样肽-1(GLP-1)受体激动剂】 中国科学院上海药物研究所沈建华研究组与谢欣研究组合作,开展构效关系研究和药代动力学性质评价,鉴定出 GLP-1 受体激动活性提高 7 倍、口服可吸收的化合物 42;在人源 GLP-1 受体转基因小鼠模型上开展口服糖耐量和饮食抑制实验显示,相比 danuglipron,化合物 42 表现出更显著和更持久的控制血糖和减少摄食效果,为开发临床疗效更好的小分子 GLP-1 受体激动剂奠定基础。研究成果于 6 月发表在《药物化学杂志》(*Journal of Medicinal Chemistry*)。(刘俊宏)

【揭示代谢型谷氨酸受体(mGlu)异源二聚体结构】 中国科学院上海药物研究所吴蓓丽、赵强研究组与许叶春研究组合作,针对 2 种不同类型 mGlu 异源二聚体开展结构和功能研究,解析 12 个不同功能状态的冷冻电镜结构,揭示异源二聚体非对称激活的分子机制,发现新型功能调控位点,加深对 mGlu 异源二聚体信号转导和功能调控机制的理解,为靶向 mGlu 药物开发提供思路。研究成果于 6 月发表在《细胞研究》(*Cell Research*)。 (刘俊宏)

【揭示频发与偶发痛风患者的血清代谢组差异】 中国科学院上海营养与健康研究所尹慧勇研究组与青岛大学附属医院李长贵研究组合作,建立 2 个独立痛风患者临床队列。其中,发现集队列纳入 163 例偶发与 239 例频发型痛风患者,收集血清并开展非靶向代谢组学分析,发现嘌呤代谢、咖啡因代谢、氨基酸代谢等通路紊乱和相互作用可能与痛风的发作频率相关,筛选出 25 种预测能力强、可信度高、定量稳定性高的代谢物作为生物标志物,建立并优化精确定量的靶向代谢组学方法;验证集队列中纳入 97 例偶发和 139 例频发型痛风患者,以靶向代谢组学数据中的 6 种代谢物作为生物标志物建立预测模型。研究为频发与偶发型痛风患者治疗策略提供理论基础,为痛风频繁发作提供预测模型。研究成果于 6 月发表在《关节炎与风湿病》(*Arthritis & Rheumatology*)。 (陶欣荣)

【揭示骨髓微环境中 DNA 结合抑制剂 1(ID1)调控急性髓系白血病(AML)起始与进展新机制】 中国科学院上海营养与健康研究所王兰研究组发现 ID1 在 AML 患者来源的骨髓间充质干细胞中高表达,且在致病融合蛋白 AML1-ETO 和 MLL-AF9 驱动的白血病中更显著;揭示骨髓微环境中 ID1 通过促进血管生成素样蛋白 7 表达调控白血病发生发展,AML 细胞通过分泌骨形成蛋白 6 促进骨髓微环境中 ID1 表达;骨髓微环境和 AML 细胞相互影响的环路对临床 AML 治疗具有指导意义。研究成果于 6 月发表在《血液》(*Blood*)。 (陶欣荣)

【预防肥胖的糖尿病患者肝癌发生及腺相关病毒(AAV)基因治疗研究取得进展】 中国科学院上海营养与健康研究所

翟琦巍研究组发现 AAV 可导致遗传性肥胖的糖尿病 db/db 小鼠肝损伤、肝脏程序性坏死及肝癌发生；验证 AAV 注射会导致肥胖的高血糖小鼠的肝脏程序性坏死和肝癌发生，但在正常体重的高血糖小鼠或正常血糖的肥胖小鼠中没有相应作用；提示 AAV 感染是肥胖糖尿病患者肝癌发生的关键危险因素，而肥胖的糖尿病患者若进行 AAV 基因治疗，必须采取配套措施以避免出现较严重的肝功能损伤、坏死甚至肝癌。研究成果于 6 月发表在《欧洲分子生物学学会分子医学》(*EMBO Molecular Medicine*)。 （陶欣荣）

【揭示催产素改善脑出血后神经损伤机制】 复旦大学脑科学研究院肖雷研究组与复旦大学附属华山医院宫晔研究组合作，揭示催产素治疗可改善脑出血后的神经功能损伤、减轻神经炎症和焦亡、抑制线粒体过度分裂，其保护作用可能通过 OXTR/p-PKA/DRP1 信号通路实现。研究成果于 6 月发表在《卒中》(*Stroke*)。 （邹媛媛）

【诺米林抗衰老机制研究取得进展】 上海中医药大学黄诚、范圣洁研究组与上海交通大学曹禹研究组，上海科技大学朱焕乎研究组合作，发现诺米林可特异激活孕烷 X 受体(PXR)，增加其下游细胞色素 P450 酶、谷胱甘肽-S-转移酶表达，表现出与已知 17 种抗衰老手段相同的转录组标志；通过线虫和药物诱导的衰老小鼠研究发现，诺米林显著延长寿命，改善健康状态，增加动物对抗外源性毒物抵抗性；提示靶向体内药物代谢/解毒系统可延缓衰老，为抗衰老药物研究开辟方向。研究成果于 6 月发表在《自然通讯》(*Nature Communications*)。 （梁 燕）

【揭示 B 类 G 蛋白偶联受体(GPCRs)新型小分子药物靶点的偏向性激活机制】 中国科学院上海药物研究所徐华强、赵丽华研究组发现 B 类 GPCRs 的新型小分子激动剂结合口袋，在 B 类 GPCRs 中具有较高保守性，且能激活多种受体，为研发针对该口袋的小分子激动剂提供可能性。研究为治疗糖尿病、肥胖、骨质疏松和其他涉及 B 类 GPCRs 疾病的药物研发提供方向和途径，为开发更具选择性和有效性的药物打开新视野。研究成果于 7 月发表在《自然》(*Nature*)。 （刘俊宏）

【发现孕酮和脂联素受体 PAQR9 可改善糖尿病小鼠胰岛细胞功能和葡萄糖稳态】 中国科学院上海营养与健康研究所陈雁研究组对敲除 *Paqr9* 小鼠及对照组注射链脲佐菌素(STZ)诱导 1 型糖尿病小鼠模型，并用高脂饲料(HFD)喂养联合 STZ 注射诱导 2 型糖尿病小鼠模型；发现 *Paqr9* 缺失改善 2 种糖尿病小鼠模型的高血糖和葡萄糖耐量，减少 2 型糖尿病小鼠胰岛中 β 细胞的凋亡，同时改善 HFD 诱导的肝脏脂肪变性和白色脂肪组织的肥胖；揭示 PAQR9 在糖脂代谢中的调节作用，抑制 PAQR9 功能可能对 2 型糖尿病和非酒精性脂肪性肝病等代谢紊乱患者有益。研究成果于 7 月发表在《分子和细胞内分泌学》(*Molecular and Cellular Endocrinology*)。 （陶欣荣）

【发现人多能干细胞源心外膜细胞促进梗死心肌修复的作用和炎症调控机制】 中国科学院上海营养与健康研究所杨黄恬研究组与同济大学附属东方医院高峻研究组合作，发现心梗急性期移植心外膜细胞(hEPs)促进小鼠心功能恢复、抑制疤痕形成，并伴随单核/巨噬细胞浸润减少、修复型巨噬细胞增多、促进心肌细胞存活和血管及淋巴管新生；揭示 hEPs 及分泌的蛋白因子通过抑制 1 型干扰素途径调控炎症反应，进而促进心肌修复的重要作用；发现调控干扰素 β 新模式和调控炎症反应新机制，证明精确调控急性心梗后炎症反应对心肌修复颇为重要，提示 hEPs 有可能成为心梗后心肌修复的新型细胞来源。研究成果于 7 月发表在《先进科学》(*Advanced Science*)。 （陶欣荣）

【发现化妆品成分可能影响眼部早期发育】 同济大学附属同济医院毕燕龙研究组与同济大学医学院陈建军研究组、井冈山大学临床医学研究中心陆辉强研究组合作，通过形态学、行为学、病理学和分子生物学等指标特征评估化妆品成分半胱胺盐酸盐(CSH)对斑马鱼幼体早期眼部发育的影响，发现接触 CSH 会导致斑马鱼幼体眼球变小及眼部血管增加，导致斑马鱼幼体对视觉刺激的反应减弱及眼部结构损伤。研究成果于 7 月在线发表在《危险材料杂志》(*Journal of Hazardous Materials*)。 （张一卉）

【实现基于非编码调控元件网络精细定位脑疾病基因】 复旦大学类脑智能科学与技术研究院赵兴明研究组构建人脑中非编码调控元件互作网络概览图，分析其在神经细胞和组织中的特异性，并对脑疾病基因进行系统而精准的定位，为理解脑疾病和行为认知表型的遗传调控机制提供见解。研究成果于 7 月发表在《基因组医学》(*Genome Medicine*)。 （邹媛媛）

【揭示阿尔茨海默病病理新机制】 复旦大学脑科学研究院那德研究组证明阿尔茨海默病患者和 2 种阿尔茨海默病模型小鼠的海马组织(参与学习和记忆过程的关键大脑区域)中瞬时受体电位 M7(TRPM7)表达量显著降低；发现上调 TRPM7 或其激酶结构域的表达量可抵消 β 淀粉样蛋白(Aβ)的病理毒性；揭示 TRPM7 激酶结构域减少脑内 Aβ 沉积并保护突触密度、进而修复阿尔茨海默病模型小鼠记忆缺陷的方式。研究成果于 7 月发表在《科学信号》(*Science Signaling*)。 （邹媛媛）

【揭示甲硫氨酸限制促进 cGAS 染色体解离和激活增强抗肿瘤免疫机制】 同济大学王平研究组与同济大学附属第十人民医院方兰研究组合作，揭示甲硫氨酸饮食限制促进环状腺苷酸-鸟苷酸合酶(cGAS)激活，并增强放疗和免疫检查点抑制剂的抗肿瘤免疫表型；对肿瘤细胞进行短时甲硫氨酸剥夺或靶向干预甲基转移酶 SUV39H1，降低 cGAS 甲基化修饰促进其染色质解离进入细胞质，增强抗肿瘤免疫；证明甲基化修饰以环指域蛋白1依赖的方式促进cGAS的染色质栓系，阻断cGAS甲基化可增强cGAS介导的抗肿瘤免疫并抑制结直肠肿瘤发生。研究成果于7月发表在《癌症细胞》(*Cancer Cell*)。 (王懿铭)

【HIPK1下调保护病理性心肌肥厚的分子机制研究】 项目由同济大学附属第十人民医院承担，8月15日通过市科委验收。项目从对运动响应下调的同源域相互作用蛋白激酶1(HIPK1)出发，探究其在防治病理性心肌肥厚和心力衰竭中的作用；发现HIPK1在病理性心肌肥厚的小鼠心脏及肥厚性心肌病患者心脏组织中表达上调，而下调HIPK1能抑制心肌细胞的病理性肥大；机制研究阐明下调HIPK1通过抑制/增强CREB-C/EBPβ轴减轻病理性心肌肥厚的分子机制；基于动物在体实验，揭示下调HIPK1能缓解压力负荷增加诱导的病理性心肌肥厚和心力衰竭；基于下调HIPK1提出防治病理性心肌肥厚的新靶点。 (王懿铭)

【发现热休克蛋白B2(HSPB2)调控自噬促进脑外伤后轴突再生和感觉运动功能重塑】 复旦大学脑科学研究院高艳琴研究组、许智祥研究组与复旦大学附属华山医院、同济大学附属上海市肺科医院合作，发现创伤性颅脑损伤(TBI)后急性期神经元内HSPB2表达瞬时升高；HSPB2增强神经自噬，并通过形成HSPB2/BAG3/SQSTM1复合体参与选择性自噬，诱导轴突异常堆积的人淀粉样前体蛋白的清除以促进TBI后长期神经再生与修复，表明TBI后急性期的神经自噬对长期的神经可塑性与重塑至关重要。研究成果于8月在线发表在《临床研究杂志子刊机理解析》(*JCI Insight*)。 (邹媛媛)

【揭示S-腺苷同型半胱氨酸水解酶抑制DZ2002改善干眼症模型角膜血管新生及结膜炎症作用机制】 中国科学院上海药物研究所左建平研究组证实局部应用S-腺苷同型半胱氨酸水解酶抑制剂DZ2002可显著改善干眼症病理症状，显著缓解苯扎氯铵诱导的蒸发过强型干眼模型和氢溴酸东莨菪碱诱导的泪液分泌不足型干眼模型的干眼症状，抑制炎症和血管新生相关基因的表达，为干眼症药物开发和DZ2002临床应用提供参考。研究成果于8月发表在《中国药理学报》(*Acta Pharmacologica Sinica*)。 (刘俊宏)

【发现抗癌基因Scribble在肝癌发生发展过程中的作用机制】 中国科学院上海营养与健康研究所詹丽杏研究组与浙江大学附属杭州第一人民医院徐骁研究组合作，发现肝癌发生发展中抗癌基因Scribble在肝上皮肿瘤细胞中异常积累；证明Scribble在肿瘤中异常上调伴随着p53和PUMA(p53上调凋亡调节因子)的表达增加，Scribble蛋白异常核定位，可能通过p53/PUMA介导的线粒体丙酮酸摄入减少，促进肝癌细胞的瓦博格效应，从而促进肝癌进展；肝癌中高表达Scribble与患者总生存期和无复发生存期缩短显著相关。研究成果于8月发表在《生物化学与生物物理学报：疾病的分子基础》(*Biochim Biophys Acta Mol Basis Dis*)。 (陶欣荣)

【环丙基亚甲基碳正离子手性控制研究取得进展】 上海中医药大学林国强、田平研究组与香港浸会大学李慧明研究组合作，实现环丙基亚甲基碳正离子重排反应的手性控制，并发现一类新颖的杂芳基砜新型冠状病毒3CL^{pro}蛋白共价抑制剂；针对新型冠状病毒3CL^{pro}进行药物设计、化学合成及活性筛选，发现含亚砜结构的噁唑类化合物具有较好生物活性，证明该化合物与3CL^{pro}的第145位半胱氨酸残基发生共价结合，杂芳基亚砜化合物可作为共价弹头，为其他共价药物的设计提供思路，为含巯基高烯丙基类手性化合物制备提供途径。研究成果于8月发表在《科学进展》(*Science Advances*)。 (梁　燕)

【非酒精性脂肪肝炎(NASH)及炎癌转化机制研究取得进展】 上海中医药大学何锋研究组发现内质网应激和代谢应激通路的关键蛋白ATF4调节应激相关的脂肪肝和肝损伤引起的炎症和代偿性增殖，从而延缓肝细胞癌(HCC)发生；强化良性脂肪可能具有保护性的观点，除非伴有应激引起的肝损伤，否则良性脂肪肝不会增加癌症风险；证实ATF4可作为防治NASH和HCC的关键靶点，对预防肝损伤和癌症具有重要意义。研究成果于8月发表在《肝病学杂志》(*Journal of Hepatology*)。 (梁　燕)

【揭示鼠尾草属植物中松香烷二萜类化合物结构多样性的形成机制】 上海中医药大学陈万生研究组收集3个主要鼠尾草分布中心的大量物种，构建丰富的鼠尾草种质资源库，对其中71个典型物种进行代谢组、转录组、祖先性状与基因重构、演化模型构建；发现丹参酮类活性成分在不同鼠尾草类群中存在明显类群性分布特征；鼠尾草属中独有的细胞色素酶P450亚家族(CYP76AK)是丹参酮类成分特异类群性分布的决定因素，是各类群中松香烷型二萜的合成途径分化的"岔道开关"；发现催化酶基因功能缺失可作为天然产物结构多样化的驱动力，为丹参酮类活性成分的药用资源拓展提供理论依据。研究成果于8月发表在《自然通讯》(*Nature Communications*)。 (梁　燕)

【揭示天然化合物异川楝素抑制三阴性乳腺癌(TNBC)转移机制】 上海中医药大学季莉莉研究组探究异川楝素抑制TNBC转移的活性及其机制，发现异川楝素通过靶向结合TGFβR1激酶区，阻断下游转录因子Smad2/3的激活，进而抑制转化生长因子-β诱导的上皮-间充质转化(EMT)，改善肿瘤微环境，抑制TNBC转移，并协同增强程序性细胞死亡蛋白-配体1抗体抑制TNBC生长；发现异川楝素抗TNBC关键作用靶点，证实异川楝素作为TNBC治疗药物研发的巨大潜力。研究成果于8月发表在《药学学报》(*Acta Pharmaceutica Sinica B*)。 (梁　燕)

【揭示脾脏嗜中性粒细胞调控乳腺癌进展机制】 中国科学院上海营养与健康研究所王莹研究组提出嗜中性粒细胞以葡萄糖剥夺的方式，通过丙酮酸激酶 M2 抑制信号转导和转录激活因子 5 信号通路从而干扰 T 细胞应答的分子机制；证实脾脏嗜中性粒细胞的来源至少存在脾内造血和骨髓招募 2 种途径，脾脏嗜中性粒细胞的驻留受到肿瘤诱导趋化因子 CCL9 与嗜中性粒细胞表达的 CCR1 调控，阻断 CCR1 可降低嗜中性粒细胞在脾脏的比例和数目，抑制肿瘤生长；作为 CCL9 主要来源，脾脏间充质基质细胞在招募和促进脾内嗜中性粒细胞驻留中起到重要作用。研究揭示嗜中性粒细胞调控脾脏代谢微环境、抑制 T 细胞抗肿瘤免疫应答机制，为理解嗜中性粒细胞与 T 细胞的相互作用远程调控乳腺癌发生与发展提供视角。研究成果于 8 月发表在《自然代谢》(*Nature Metabolism*)。 （陶欣荣）

【发现儿童青少年内、外化精神障碍及其共病的模态特异性影像标志和神经机制】 复旦大学类脑智能科学与技术研究院张捷研究组与加拿大麦吉尔大学、英国剑桥大学等合作，基于国际 ABCD 大型儿童影像队列的多模态影像和基因数据，采用混合线性模型，分别对比外化障碍、内化障碍、外化和内化共病 3 个诊断家族与健康对照组的皮层表面积和厚度的差异，发现单一诊断家族(内化或者外化疾病)和不同诊断家族间共病(内、外化共病)的儿童在皮层表面积和皮层厚度呈现特异性的改变模式，揭示这种变异模式与宏观行为学、微观基因细胞学的关联，为发现共病人群更敏感的影像标志、理解青少年精神疾病共病机制提供证据。研究成果于 8 月发表在《BMC 医学》(*BMC Medicine*)。

（邹媛媛）

【发现猪脱氧胆酸可用于非酒精性脂肪肝病治疗】 上海交通大学医学院附属第六人民医院贾伟、郑晓皎研究组发现小分子物质猪脱氧胆酸水平随着非酒精性脂肪肝病的进展而逐渐降低，且与临床相关指标呈现显著负相关性；回补猪脱氧胆酸能通过调控肠(肠道法尼醇 X 受体信号通路、肠道菌群)-肝脏(胆汁酸替代途径合成酶 CYP7B1、过氧化物酶体增殖物激活受体 α)轴，显著缓解非酒精性脂肪肝病的相关代谢表型。研究提供非酒精性脂肪肝病潜在治疗药物，在治疗效果、给药方式、作用靶点等方面具有临床应用价值，可作为结构修饰药物研发基础。研究成果于 8 月发表在《细胞代谢》(*Cell Metabolism*)。 （胡 承）

【揭示核酸结合蛋白在衰老进程中的重要作用】 上海交通大学肖华研究组借助单细胞分散技术和固定化金属离子亲和色谱富集技术，建立针对组织细胞中核酸结合蛋白的富集策略，结合定量蛋白质组学分析和加权基因共表达网络分析，揭示在小鼠免疫器官中与衰老相关核酸结合蛋白。研究表明，核酸结合蛋白在衰老进程中发挥关键调控作用，可作为衰老研究新途径。研究成果于 8 月在线发表在《分子与细胞蛋白质组学》(*Molecular & Cellular Proteomics*)。

（付 符）

【揭示新型冠状病毒耐药的分子机制】 上海科技大学杨海涛、饶子和研究组与美国哥伦比亚大学何大一研究组合作，通过病毒学、生物化学及结构生物学等多学科交叉研究手段，揭示新型冠状病毒利用 2 种截然不同的进化途径对药物奈玛特韦产生耐药性的分子机制，为设计开发靶向新型冠状病毒主蛋白酶的下一代药物提供重要基础。研究成果于 9 月发表在《自然》(*Nature*)。 （何瑞璇）

【揭示靶向病理性激活中性粒细胞的肿瘤免疫治疗新靶点】 中国科学院分子细胞科学卓越创新中心赵允研究组与复旦大学罗敏、卢智刚、高海研究组合作，发现病理性激活中性粒细胞表面的关键功能受体 CD300ld 在肿瘤免疫抑制中发挥重要作用；通过抑制病理性激活中性粒细胞的募集和功能，重塑肿瘤免疫微环境，从而产生广谱抗肿瘤效果；CD300ld 靶点显示出很好的安全性、保守性和抗肿瘤有效性，为肿瘤免疫治疗提供靶点。研究结果于 9 月发表在《自然》(*Nature*)。 （滕晓龙）

【揭示真菌促进肺癌发展分子机制】 上海交通大学王慧、刘宁宁研究组从肿瘤组织内分离并鉴定出 1 株促进肺癌发展的真菌菌株聚多曲霉，通过整合深度宏基因组学、培养组学、基因组学、转录组学等多组学技术，解析肺腺癌患者不同组织部位内的真菌微生物组的种类与分布特征，阐明瘤内真菌聚多曲霉通过与宿主之间相互作用诱导肿瘤免疫抑制的微环境，进而促进肺癌发展的机制；证实聚多曲霉在肿瘤内的富集与肺癌患者的较差预后密切相关，推动基于靶向真菌的肺癌个体化靶向-免疫治疗策略。研究成果于 9 月发表在《癌细胞》(*Cancer Cell*)。 （李贺轩）

【不同年龄和遗传风险下的房颤危险因素谱研究取得进展】 上海交通大学医学院附属第九人民医院陆颖理、王宁荐研究组分析各年龄组和各遗传风险组 23 个危险因素的新发房颤风险比和人群归因危险度，得出控制代谢因素尤其是高血压和超重肥胖是不同年龄和遗传风险群体房颤预防策略的关键部分；通过控制代谢因素，在遗传风险低的人群中可获得更大成效，相比高遗传风险人群也能预防更多的新发房颤。研究为机体稳态代谢促进精准、有效预防和控制房颤提供证据，并改善相关风险评估。研究成果于 9 月发表在《欧洲心脏杂志》(*European Heart Journal*)。

（徐维琦）

【解析前额叶受损导致视觉空间偏好的跨胼胝体抑制环路机制】 上海交通大学医学院张思宇研究组与中国科学院脑科学与智能技术卓越创新中心徐敏研究组合作，基于小鼠二选择非强迫视觉变化检测行为，运用单细胞钙成像、光遗传及脑片电生理等技术，发现左右两侧前扣带回皮层大脑前动脉间存在由跨胼胝体投射的锥体神经元和接受跨胼胝体投射的小清蛋白(PV)+神经元组成的抑制性通路，该环路控制双侧半球间跨胼胝体抑制平衡从而在视觉空间信息处理中发挥重要作用;在一侧前额叶受损情况下,增强受损对侧前额叶 PV+神经元活性从而重平衡双侧半球间活性可纠正受损导致的视觉空间偏好,提示前扣带回主要参与视觉空间变化检测中视觉选择性注意相关成分,增强受损对侧的跨胼胝体抑制可为治疗相应注意缺陷疾病提供思路。研究成果于 9 月发表在《自然通讯》(*Nature Communications*)。 (李贺轩)

【发现膳食补充抗性淀粉干预非酒精性脂肪肝病(NAFLD)】 上海交通大学医学院附属第六人民医院李华婷研究组通过随机、双盲、对照、临床试验发现抗性淀粉可调节肠道菌群从而改善非酒精性脂肪肝病,抗性淀粉能使肝内脂肪含量相对降低 39.42%,绝对降低 9.08%,减轻肝损和炎症;发现 *Bacteroides stercoris* 细菌、支链氨基酸在抗性淀粉干预后降低,其降低与 NAFLD 临床指标改善呈正相关;证明抗性淀粉抑制 *Bacteroides stercoris* 丰度,减少其带来的内毒素和支链氨基酸的增加,从而发挥代谢调控作用改善非酒精性脂肪肝病,为开发基于微生物组的 NAFLD 疗法提供思路。研究成果于 9 月发表在《细胞代谢》(*Cell Metabolism*)。 (胡 承)

【揭示生活方式降低抑郁症风险的神经机制】 复旦大学类脑智能科学与技术研究院冯建峰、程炜研究组与复旦大学附属华山医院、英国剑桥大学、英国华威大学等合作,基于大规模生物医学数据库与大数据统计建模方法,发现拥有健康生活方式最高可降低 57%抑郁症患病风险,机制研究表明健康生活方式能通过影响大脑结构、免疫系统和新陈代谢,进而对预防抑郁症起到积极作用。研究成果于 9 月发表在《自然心理健康》(*Nature Mental Health*)。

(邹媛媛)

【揭示猪脱氧胆酸(HDCA)治疗非酒精性脂肪肝病(NAFLD)新机制】 上海中医药大学李后开研究组与上海中医药大学附属曙光医院胡义扬、中国科学院上海药物研究所谢岑研究组合作,发现 NAFLD 患者血清 HDCA 水平显著低于健康对照人群,且与 NAFLD 临床指征显著负相关,给予 NAFLD 小鼠 HDCA 干预,显著改善小鼠 NAFLD 及各种代谢异常;揭示 HDCA 激活肝细胞脂肪酸氧化信号通路,增加过氧化物酶体增殖物激活受体 α(PPARα)在肝细胞核内的含量,且 HDCA 改善 NAFLD 作用依赖于肝脏 PPARα 蛋白,从而证明 HDCA 对 NAFLD 具有治疗潜力。研究成果于 9 月发表在《自然通讯》(*Nature Communications*)。

(梁 燕)

【发现肺移植后肠道微生物群与同种异体移植物稳定性相关】 同济大学附属上海市肺科医院陈昶与海军军医大学方文捷、潘炜华等合作,在 4 个不同肺移植中心建立 1 个前瞻性队列,涵盖来自 4 个中心的 85 例肺移植受者;收集患者术后成对的粪便和血清标本,分为同种异体移植排斥(AR)、肺部感染(PI)和无事件(EF)组;通过宏基因组测序法对粪便样本进行分析,结果显示 AR 肠道微生物组表现出明显减少物种和多样性的特征,揭示肠道微生物与肺移植稳定性之间深刻联系。研究成果于 9 月发表在《信号转导与靶向治疗》(*Signal Transduction and Targeted Therapy*)。

(张一卉)

【揭示增强剂灭活疫苗抗病毒作用的分子机制】 上海交通大学医学院附属瑞金医院瞿介明研究组基于 2022 年春季上海奥密克戎变异株暴发,建立接种不同灭活病毒疫苗次数的感染者和未感染者的研究队列,整合质谱流式技术、转录组测序和血浆微量蛋白的 Olink 检测技术并开展分析,描述新型冠状病毒灭活疫苗接种对奥密克戎感染者免疫反应的影响,揭示 3 次增强剂灭活疫苗通过诱导"训练天然免疫"促进单核细胞的活化和成熟,从而发挥强有力抗病毒作用的分子机制。研究成果于 10 月发表在《细胞》(*Cell*)。

(贺伟伟)

【揭示膳食果糖增强肿瘤免疫应答机制】 上海交通大学医学院邹强研究组发现高果糖饮食抑制小鼠皮下瘤生长,且 $CD8^+$ T 细胞发挥关键作用;通过蛋白芯片对血清中炎症相关蛋白分析发现脂肪因子瘦素含量发生改变;果糖通过诱导脂肪细胞中西罗莫司靶蛋白 C1 依赖性瘦素的产生,增加小鼠血清和肿瘤微环境中瘦素水平;通过肺癌患者肿瘤样本和血液样本发现,肺癌患者血浆中果糖浓度与瘦素水平呈正相关,且血浆中瘦素水平和肿瘤微环境内抗肿瘤 $CD8^+$ T 细胞功能提升相关。研究成果于 10 月发表在《细胞代谢》(*Cell Metabolism*)。 (李贺轩)

【食管癌免疫疗法研究取得进展】 上海交通大学医学院附属胸科医院李志刚研究组证实 $SPRY1^+ PD1^+ CD8^+$ T 细胞可作为食管鳞癌免疫治疗临床获益的可靠独立预测标志物,并发现耗竭前体 T 细胞可促进肿瘤免疫微环境激活,从而增强抗肿瘤功能,为食管癌免疫治疗的临床获益提供预测价值。研究成果于 10 月发表在《癌细胞》(*Cancer Cell*)。

(李贺轩)

【揭示腺苷酸活化蛋白激酶(AMPK)调控 γ-氨基丁酸(GABA)能神经元抗焦虑新机制】 中国科学院上海药物研究所李佳研究组、李扬研究组与临港实验室臧奕合作,揭示抗糖尿病一线药物二甲双胍调控 AMPK 活性,增强脑内 GABA 能中间神经元活动,从而产生抗焦虑作用的神经机制;提示能量代谢可能参与调控神经元功能及焦虑的发生,为抗焦虑药物研发提供理论依据。研究成果于 10 月发表在《分子精神医学》(*Molecular Psychiatry*)。 (刘俊宏)

【揭示抗癫痫候选新药派恩加滨的分子作用机制】 中国科学院上海药物研究所高召兵研究组与浙江大学郭江涛合作,发现人源电压门控钾离子通道 KCNQ2-派恩加滨(HN37)和磷脂酰肌醇二磷酸复合物结构,揭示 HN37 分子作用机制;冷冻电镜结构显示1个KCNQ2亚基可结合2个HN37分子,表明1个KCNQ2通道最多可结合8个HN37分子;通过比较关闭态和开放态的KCNQ2结构,并结合其他KCNQ2激动剂大麻二酚等的结合模式,实现对KCNQ2激动剂作用机制全面分析。研究成果于10月发表在《自然通讯》(*Nature Communications*)。 (刘俊宏)

【发现压力应激影响神经修复再生的细胞机制】 上海交通大学医学院韩齐研究组与国家精神疾病医学中心(上海市精神卫生中心)、暨南大学、上海交通大学医学院附属仁济医院合作,揭示心理应激是影响脊髓损伤后神经再生的重要风险因素,解析糖皮质激素通过背根节卫星胶质细胞上的Kir4.1通道调控神经元过度兴奋和氧化应激,导致线粒体损伤和轴突再生抑制的作用机制;临床患者中,对心理压力及外周皮质醇激素水平的评估是康复障碍和预后的重要指标,通过心理治疗或神经调控治疗缓解心理应激可为临床脊髓损伤患者的综合康复提供手段。研究成果于10月发表在《科学进展》(*Science Advances*)。 (李贺轩)

【揭示衰老细胞代谢调控关键机制及其对肿瘤等增龄相关慢性病的影响】 中国科学院上海营养与健康研究所孙宇研究组与华东理工大学赵玉政研究组合作,发现与增殖细胞相比,衰老细胞的糖酵解强度和三羧酸循环活性均发生深刻变化;将丙酮酸脱氢酶激酶4(PDK4)靶向药物与经典化疗结合可增强肿瘤对治疗的反应,而不会引起严重的全身性细胞毒效应,肝肾等主要器官功能未受影响,说明方案具有可行性和安全性;揭示PDK4关键代谢因子在衰老细胞中显著上调,其可介导衰老细胞代谢重编程并使其呈现一种葡萄糖高分解代谢的特性。研究成果于10月发表在《自然代谢》(*Nature Metabolism*)。 (陶欣荣 王晓丽)

【发现具有强效且持久肿瘤杀伤功能的T细胞新亚群】 中国科学院上海营养与健康研究所王莹研究组解析主要组织相容性复合体(MHC)Ib分子限制性$CD8^+$ T(Ib-CD 8^+ T)细胞被激活和执行抗肿瘤免疫应答的分子基础;发现MHC Ia分子为Ib-$CD8^+$ T细胞的活化和功能执行提供重要信号,其作用于Ib-$CD8^+$ T细胞时,可显著降低Ib-$CD8^+$ T细胞的活化阈值;明确Tbet和NKG2D信号通路是MHC Ia分子预激活Ib-$CD8^+$ T细胞抗肿瘤免疫功能的关键通路。研究揭示Ib-$CD8^+$ T细胞强而高效的肿瘤杀伤功能,拓展$CD8^+$ T细胞抗肿瘤免疫应答特性的理解,为开发以Ib-$CD8^+$ T细胞为基础的肿瘤免疫治疗策略奠定基础。研究成果于10月发表在《美国国家科学院院刊》(*PNAS*)。 (陶欣荣)

【细胞极性因子参与调控细胞死亡及炎症研究取得进展】 中国科学院上海营养与健康研究所詹丽杏研究组、章海兵研究组与浙江大学医学院附属杭州市第一人民医院徐骁研究组合作,阐释细胞极性蛋白AF6在肝脏疾病中对坏死性凋亡调控的重要作用;AF6通过调控受体相互作用蛋白激酶1(RIPK1)K376位点的泛素化水平,在多种肝脏疾病中促进坏死性凋亡通路的激活,并加重肝脏细胞的死亡与炎症。研究为细胞极性因子参与调控细胞死亡及炎症提供证据,并为临床监测与治疗提供分子靶标。研究成果于10月发表在《细胞死亡和疾病》(*Cell Death & Disease*)。 (陶欣荣)

【发现ASK1-K716R通过保护血脑屏障完整性减少创伤性脑损伤(TBI)后神经炎症和白质损伤】 复旦大学脑科学研究院高艳琴研究组与同济大学附属上海市肺科医院合作,发现ASK1-K716R点突变抑制凋亡信号调节激酶1(ASK1)活性,抑制脑内促凋亡JNKs通路和促炎症p38通路激活;证实ASK1-K716R抑制血管内皮细胞中下游JNKs的激活,减少内皮细胞凋亡和紧密连接蛋白丢失,保护血脑屏障完整性,并减少神经元损伤及白质结构/功能损伤,减轻脑内炎症反应,改善小鼠TBI后长期的感觉运动和记忆等神经功能障碍。研究成果于10月在线发表在《神经炎症杂志》(*Journal of Neuroinflammation*)。 (邹媛媛)

【揭示脑室形态的遗传基础及其与神经精神疾病关系】 复旦大学类脑智能科学与技术研究院程炜研究组与复旦大学附属华山医院郁金泰研究组等合作,基于6万余名参与者的遗传和神经影像数据,揭示脑室形态的遗传基础,发现脑室形态与神经精神疾病存在遗传关联;提出侧脑室下角体积增大是阿尔茨海默病可遗传的内表型,可独立于海马体积等传统影像标志物早期预测阿尔茨海默病的发病风险。研究成果于10月发表在《自然人类行为》(*Nature Human Behaviour*)。 (邹媛媛)

【生肌化瘀方萃取物通过雌激素受体促进糖尿病溃疡愈合机制研究】 项目由上海中医药大学附属岳阳中西医结合医院承担,11月22日通过市科委验收。项目对生肌化瘀方各萃取物进行促糖尿病溃疡愈合活性筛选,发现生肌化瘀方氯仿萃取物能促进愈合作用;对氯仿萃取物进行结构鉴定,获可能的促愈合有效成分3个;发现生肌化瘀方氯仿萃取物能促进糖尿病溃疡创面愈合,其机制与成分大黄酸通过雌激素受体激活雌激素信号通路有关;发现珊瑚菜内酯靶向沉默信息调节因子1发挥抗炎作用并促进糖尿病溃疡愈合,佛手苷内酯通过调控细胞间黏附分子-1发挥愈创作用。研究结果丰富"祛瘀利于生肌,生肌不致成瘢"学术观点内涵。项目申请发明专利5件,发表论文12篇。 (韩昌鹏)

【揭示成瘾药物作用靶点痕量胺受体1(TAAR1)分子识别机制】 中国科学院分子细胞科学卓越创新中心汪胜研究组与上海科技大学徐菲研究组、中国科学院上海药物研究所徐华强研究组、上海市刑事科学技术研究院刘文斌研究组合作,确定人源TAAR1-G_s蛋白复合物分别被甲基苯丙胺、内源配体β-苯乙胺、选择性激动剂RO5256390和临床候选药物SEP-363856激活后的高分辨率结构,通过结构生物学研究手段探究甲基苯丙胺及其他胺类分子与TAAR1之间的相互作用机制,为治疗药物成瘾和研发新型抗精神类药物提供依据。研究成果于11月发表在《自然》(*Nature*)。

(何瑞璇　刘俊宏)

【揭示SNARE复合物STX18-SNAP23-SEC22B介导脂滴融合新机制】 上海交通大学医学院钟清、留筱夏研究组与华中科技大学丁彬彬研究组合作,猜测并证明3个可溶性N-乙基马来酰亚胺敏感因子附着蛋白受体(Qa SNARE STX18、Qbc SNARE SNAP23、R SNARE SEC22B)之间存在相互作用,可在体外组装形成稳定的SNARE复合物;利用共聚焦显微镜及免疫金电镜技术确认SNAREs在脂滴表面的定位,建立脂滴蛋白半胱氨酸标记实验,证明膜蛋白STX18的跨膜结构域通过二次跨膜锚定于脂滴表面;发现STX18的敲低可缓解高脂饮食诱导的小鼠肝脏脂质沉积,提示脂滴融合的稳态对于脂质有效储存的重要性。研究成果于11月发表在《细胞发现》(*Cell Discovery*)。(李贺轩)

【揭示泛素结合蛋白ABIN1通过Ⅰ型干扰素信号调控造血系统发育疾病新机制】 中国科学院上海营养与健康研究所章海兵研究组与上海交通大学医学院附属第九人民医院王智超研究组合作,构建ABIN1泛素结合功能域关键位点失活突变小鼠($Abin1^{Q478H/Q478H}$),造血系统分析发现小鼠外周血中红细胞和血小板数量减少,骨髓中出现异常小巨核细胞及髓外代偿性造血的发生,表明小鼠患有类骨髓增生异常综合征,并呈现年龄相关性进展;机制研究阐明泛素结合蛋白ABIN1影响Ⅰ型干扰素表达进而调控骨髓增生异常综合征的发生,为骨髓增生异常综合征治疗提供思路。研究成果于11月发表在《先进科学》(*Advanced Science*)。

(陶欣荣)

【揭示卵泡刺激素(FSH)调节胰岛素分泌和糖稳态新机制】 复旦大学附属妇产科医院黄荷凤研究组提出在人和小鼠胰岛β细胞中表达FSH受体(FSHR),FSH结合FSHR,通过cAMP-PKA和胞内钙信号,调控葡萄糖刺激胰岛素分泌;因不同浓度FSH结合FSHR后,偶联激活的G蛋白亚基不同($G\alpha_s$和$G\alpha_i$),使FSH对胰岛素分泌的调控呈钟形曲线改变;揭示FSH对胰岛素分泌的调控新机制及FSH升高是围绝经女性糖尿病易感性的重要诱因,为绝经后糖尿病临床研究和治疗策略提供视角和途径。研究成果于11月发表在《自然通讯》(*Nature Communications*)。(邹媛媛)

【真菌脑膜炎治疗研究取得进展】 华东理工大学刘润辉研究组通过模拟细胞穿透肽多聚精氨酸的策略设计合成侧链胍基的聚噁唑啉分子,得到的抗真菌活性优于大多数临床抗真菌药物,兼具高效的血脑屏障穿透性能,在真菌系统感染和真菌性脑膜炎中表现出良好治疗效果,为脑膜炎治疗药物研究提供思路。研究成果于11月在线发表在《美国化学学会会刊》(*JACS*)。(王晓丽)

【血管化生物材料研究取得进展】 华东理工大学刘昌胜与王靖研究组开展原位组织再生过程高效诱导功能性血管研究,发现类肝素磺化壳寡糖(SCOS)调控宿主巨噬细胞诱导动脉血管新生规律,实现在下肢缺血及心梗等急性缺血性疾病中动脉血管的快速诱导长入及有效治疗。研究成果于11月在线发表在《美国国家科学院院刊》(*PNAS*)。

(王晓丽)

【发现菊粉样果聚糖ABWW可通过抑制肝星状细胞(HSC)活化改善肝纤维化】 中国科学院上海药物研究所李佳研究组、丁侃研究组与临港实验室臧奕,上海中医药大学中药学院王顺春合作,从中药牛膝中分离出的菊粉样寡糖ABWW可通过调节FAK/PI3K/AKT信号通路抑制HSC活化,从而改善四氯化碳诱导的小鼠肝纤维化;揭示菊粉样果聚糖ABWW在体内和体外均具有抗肝纤维化活性,为靶向HSC活化治疗肝纤维化提供寡糖活性结构。研究成果于11月发表在《碳水化合物》(*Carbohydrate Polymers*)。

(刘俊宏)

【揭示胰腺癌免疫抑制微环境形成新机制】 复旦大学附属肿瘤医院虞先濬、施思研究组发现富含半胱氨酸蛋白1(CRIP1)可促进骨髓来源的抑制性细胞在胰腺导管腺癌中的浸润,抑制抗肿瘤免疫激活,联合使用趋化因子受体CXCR1/2抑制剂可增强高表达CRIP1胰腺癌的抗程序性细胞死亡蛋白-配体1疗效,为胰腺癌患者精准免疫治疗提供理论依据。研究成果于11月发表在《肠道》(*Gut*)。(邹媛媛)

【揭示多囊卵巢综合征(PCOS)心血管炎性损伤新机制】 复旦大学附属妇产科医院黄荷凤研究组提出PCOS可能存在慢性炎症状态而增加心血管疾病风险的假说;通过多种动物模型(包括共生模型)研究发现,PCOS实验鼠存在炎性细胞的骨髓—脾脏—心脏迁移,结合临床PCOS患者的队列研究结果,提出PCOS患者心血管病高风险发生机制中以慢性炎症为特征的非代谢依赖机制。研究成果于11月发表在《循环》(*Circulation*)。(邹媛媛)

【揭示Notch信号调控胶质亚型发育和胶质瘤亚型转变】 复旦大学脑科学研究院杨振纲研究组揭示Notch信号在不同阶段神经前体细胞中发挥独特的调控作用;提示Notch是星形胶质细胞发育的关键决定因子;发现在以少突细胞为主的胶质瘤亚型中缺失Notch信号后,肿瘤的进展会加速;鉴于Notch信号在早期对胶质亚型的调控作用,证实在胶质瘤发生过程中Notch对其亚型的发生起到关键调控功能。研究成果于11月发表在《科学进展》(*Science Advances*)。

(邹媛媛)

【发现可用于肿瘤免疫治疗的RORγt激动剂候选药物】 复

旦大学谢琼、王永辉研究组发现一类具有成药潜力的联芳基酰胺类 RORγt 小分子激动剂，其在体外表现出优异的 RORγt 受体激动活性及亚型选择性，在体内表现出良好的药代动力学性质，在小鼠黑色素瘤和小鼠肺腺癌 2 类模型中展现良好的单药体内抗肿瘤效果。研究成果于 11 月发表在《药物化学杂志》(*Journal of Medicinal Chemistry*)。

（邹媛媛）

【骨肉瘤肿瘤免疫治疗机制解析及肿瘤免疫治疗策略研发】 项目由上海交通大学医学院附属儿童医院承担，12 月 7 日通过市科委验收。项目就免疫抑制酶吲哚胺 2, 3-双加氧酶 1(IDO1)与 miRNAs 在骨肉瘤进展中的相互作用及分子机制开展研究，发现 IDO1 在骨肉瘤患者肿瘤样本中高表达，且与患者临床分期和患者预后显著相关；证实 IDO1 是骨肉瘤免疫治疗的关键靶点，IDO1 通过上调骨肉瘤来源外泌体中 hsa-miR-23a-3p 的表达促进肿瘤的进展，提出靶向 IDO1 调节的 hsa-miR-23a-3p 表达是骨肉瘤免疫治疗的潜在策略和机制。项目发表 SCI 论文 1 篇。（杨　蓓）

【中性粒细胞调控肠上皮间淋巴细胞在炎症性肠病发生发展中的作用及其机制研究】 项目由同济大学附属第十人民医院承担，12 月 12 日通过市科委验收。项目探究在肠道炎症早期即参与调节炎症反应的 2 类免疫细胞(中性粒细胞和肠上皮间淋巴细胞 IEL)在肠炎中的功能及相互作用；肠道炎症发生时，小鼠的中性粒细胞和 IEL 功能均发生变化；小鼠中性粒细胞缺失或功能障碍时，小鼠结肠炎症和诱导的肠道感染加重，IEL 比例和功能均发生明显变化；$TCR\gamma\delta^+ CD8\alpha\alpha^+$ IEL 具有促进炎症反应的功能表型，其与细菌反应相关的基因表达在中性粒细胞功能障碍小鼠和正常小鼠中存在显著差异；中性粒细胞功能障碍引起的肠道菌群及其代谢产物的差异参与调控 IEL 的数量和功能。研究结果为揭示炎症性肠病发病机制及制定相应临床治疗方案提供理论依据。（王懿铭）

【基于 GIT/PIX 蛋白复合物结构的小分子抑制剂的开发及其干预胃癌侵袭转移的作用机制研究】 项目由上海交通大学承担，12 月 15 日通过市科委验收。项目发现胃癌侵袭转移的全新靶标 GIT/PIX 蛋白复合物，阐释复合物参与胃癌侵袭转移分子机制并解析复合物结构；发现靶向 GIT-Pix 相互作用的小分子先导化合物，证实其可通过阻断 GIT-Pix 相互作用实现抑制胃癌侵袭转移功能；发现胃癌侵袭转移新靶点并开发干预胃癌侵袭转移的小分子药物，对改善胃癌转移患者的生存期及生存质量具有重要价值。项目申请发明专利 2 件，发表 SCI 论文 6 篇。（商学斌）

【PTGFR 基因突变在发育性髋关节发育不良发病中的作用及机制研究】 项目由上海交通大学医学院附属儿童医院承担，12 月 15 日通过市科委验收。项目发现并证实前列腺素 F2α 受体(PTGFR)基因无义新突变影响其自身翻译蛋白的结构完整性并参与发育性髋关节发育不良(DDH)发病，PTGFR 基因无义新突变对原始软骨祖细胞肥大期的分化发育和软骨结节有显著阻碍作用；PGF2α-PTGFR/PLC-β/IL-6 信号轴和转录因子 SOX9 在 PTGFR 基因无义新突变参与 DDH 发病中发挥重要作用，PTGFR 基因无义新突变通过 PLC-β/IL-6/SOX9 信号轴影响软骨细胞肥大分化发育参与调控 DDH 发病，白细胞介素-6 和 SOX9 是 PTGFR 基因无义新突变参与 DDH 发病的关键信号调控分子。项目成果对探究 DDH 发病机制、找到 DDH 早期筛查、早期诊断和防治的分子标志具有推动意义。项目发表论文 3 篇。

（杨　蓓）

【芪冬宁方双向调控转录因子 EGR1 抗肺癌作用机制研究】 项目由上海中医药大学附属岳阳中西医结合医院承担，12 月 18 日通过市科委验收。项目从平衡靶基因早期生长反应 1(EGR1)“正邪”作用角度出发，阐明芪冬宁方可通过调控 EGR1 抑制肺癌转移；结合体内外实验，采用高通量组学、分子生物学、实验动物学等手段，明确芪冬宁方通过诱导转录因子 EGR1 抑制肺癌转移，其机制与激活细胞外调节蛋白激酶 1/2 通路、抑制下游缺氧诱导因子-1α 和血管内皮生长因子 A 表达、阻断血管生成有关，为益气养阴类中药的抗肺癌提供科学内涵及思路，丰富中医“扶正祛邪”学术思想理论内涵。项目发表论文 4 篇，参编著作 1 部。

（韩昌鹏）

【桃红四物汤介导 miRNA-26a 抑制血小板活性的机制研究】 项目由上海中医药大学附属岳阳中西医结合医院承担，12 月 18 日通过市科委验收。项目探讨桃红四物汤对血小板活性的影响，选用 3 种检测方法相结合，通过血小板聚集率测定、荧光显微镜观察血小板铺展形态及栓块收缩能力综合评估血小板功能，通过构建出血和血栓模型展开血小板活化及分泌等研究，明确桃红四物汤可诱导血小板 miRNA-26a-5p 低表达，促进靶基因磷酸酶张力蛋白同源物抑制 PI3K/Akt 信号通路，从而发挥抑制血小板活化及血栓形成作用，为中药“活血化淤”提供理论依据和数据支撑，是西医抗血小板疗法的有效补充。项目发表论文 3 篇。（韩昌鹏）

【决银方介导淋巴细胞活化基因 3 与程序性细胞死亡蛋白-1 协同作用治疗银屑病血热证效应及机制研究】 项目由上海中医药大学附属岳阳中西医结合医院承担，12 月 18 日通过市科委验收。项目基于银屑病患者中存在淋巴细胞活化基因 3(LAG3)与程序性死亡受体 1(PD-1)表达相对不足，通过动物与细胞实验研究，发现夏氏外科血热证代表方决银方可通过上调 PD-1 与 LAG3 的表达，两者协同抑制效应 T 细胞(γδT 细胞与 Th17 细胞)的活化、增殖与 IL-17A 的分泌，同时可上调脾脏调节性 T 细胞比例，下调脾脏树突状细胞、巨噬细胞、中性粒细胞比例，改善全身炎症情况。项目发表 SCI 论文 7 篇，参编著作 1 部。（韩昌鹏）

【基于小胶质细胞及相关促炎因子探讨推拿抑制脊髓中枢敏化的镇痛机制研究】 项目由上海中医药大学附属岳阳中西医结合医院承担,12 月 18 日通过市科委验收。项目采用坐骨神经慢性压迫损伤的方法构建神经病理性疼痛模型,采用行为学、在体电生理、免疫荧光、蛋白免疫印迹、酶联免疫吸附试验等方法观察推拿按揉法镇痛效应及其起效中枢机制。结果显示,推拿可显著降低神经病理性疼痛,并通过抑制脊髓小胶质细胞激活、防止其向 M1 型转化并抑制与其相关的白细胞介素-1β 和肿瘤坏死因子-α 释放发挥镇痛作用,证实胶质细胞可能是推拿镇痛的靶点之一,为丰富中医"通则不痛"理论和推拿疗法"外治内应"效应提供依据。项目发表论文 4 篇,其中 SCI 论文 2 篇。 (韩昌鹏)

【"激浊扬清"法基于 NALP3 炎性体治疗痛风性关节炎炎症性疼痛的分子机制研究】 项目由上海中医药大学附属岳阳中西医结合医院承担,12 月 18 日通过市科委验收。项目以中医临床治疗痛风性关节炎常用清热利湿通络法的代表方"激浊扬清"方中提取的主要成分猪苓酸 C 为主要研究对象,评估猪苓酸 C 对急性痛风小鼠模型和痛风患者外周血单核细胞(PBMC)的影响。结果显示,该成分能显著降低炎症因子的释放及炎症细胞表面标志物的表达,显著改变痛风患者 PBMC 的差异转录组特征,初步明确中医清热利湿通络法在治疗急性痛风性关节炎中的作用机制。项目获专利授权 5 件,发表论文 5 篇。 (韩昌鹏)

【藿苏养胃方联合奥沙利铂通过调控 circRAI1/miR-766-3p/PREX1 通路抑制胃癌侵袭转移】 项目由上海中医药大学附属岳阳中西医结合医院承担,12 月 20 日通过市科委验收。项目采用"聚焦—验证—整合"技术体系思路,通过生物信息学方法挖掘藿苏养胃方治疗胃癌的中医药数据;建立基于 circRNA 的调控通路及网络,将适合中医药研究特色的生物算法与分子生物学验证相结合,全转录组测序结果表明藿苏养胃方可显著调控非编码 RNA 表达,且可能通过 circRAI1 吸附 miR-766-3p 调控 PREX1 表达抑制肿瘤生长;围绕 circRAI1/miR-766-3p/PREX1 通路,通过构建体内外实验,探索藿苏养胃方联合奥沙利铂抑制胃癌侵袭转移分子机制,为中医药阻断或延缓晚期胃癌进展提供理论依据。项目发表论文 5 篇,其中 SCI 论文 2 篇。 (韩昌鹏)

【连续性肾替代(CRRT)经 TGF-β/Smad4 信号通路抑制 Vimentin 表达改善脓毒症内皮细胞损伤的机制研究】 项目由上海交通大学医学院附属儿童医院承担,12 月 20 日通过市科委验收。项目通过对儿童脓毒症内皮损伤早期诊断和预后判断标志物研究,发现新型标志物 Vimentin,提高儿童脓毒症内皮损伤患者的临床诊断分析指标、疾病进展评估和预后评估的规范化管理;明确 CRRT 干预显著降低血清内皮损伤标志物水平,改善脓毒症内皮损伤,有利于改善脓毒症 CRRT 干预策略的制定及救治成功率的提高;确认敲除 Vimentin 改善内毒素血症小鼠器官功能损伤和内皮损伤,Vimentin 调节内皮功能的分子机制,提高脓毒症内皮损伤病理机制的理解,Vimentin 具有成为改善脓毒症内皮细胞损伤新靶点潜力。项目发表 SCI 论文 3 篇。 (杨 蓓)

【乳源性外泌体调控 ADSCs 成脂分化介导 SGAs 脂肪追赶的机制研究】 项目由上海交通大学医学院附属儿童医院承担,12 月 26 日通过市科委验收。项目通过筛选小于胎龄儿(SGA)和适于胎龄儿(AGA)母亲母乳外泌体中 miRNAs 差异表达,发现 miRNA-302a 能促进脂肪间充质干细胞(ADSCs)成脂分化,探讨 miRNA-302a 调控 ADSCs 细胞成脂分化的信号通路和作用靶点,发现 miRNA-302a 可直接结合 Wnt1 的 3′UTR,抑制 Wnt/β-catenin 信号通路,从而诱导 ADSCs 成脂分化。研究明确乳源外泌体 miRNA-302a 对 SGA 早期脂肪分化产生影响的作用方式,为揭示 SGA 脂肪追赶生长的生理机制提供理论基础。项目申请专利 3 件,发表论文 5 篇。 (杨 蓓)

【糖基转移酶 ST3GAL6 作为膀胱癌新靶点及调控肿瘤侵袭转移的机制研究】 项目由中国科学院上海药物研究所承担,12 月 28 日通过市科委验收。项目基于 185 个糖相关基因表达谱对癌症基因组图谱数据库中 408 例膀胱癌进行分子分型,提取的 14 个糖相关基因标签能指导分子分型,预测膀胱癌病患预后,并在另外 3 个独立膀胱癌数据库中得到验证;与已建立基于全转录组或全基因组数据的分子分型系统比较,发现其中唾液酸转移酶 ST3GAL6 表达与管腔型膀胱癌分子特征负相关,是高级别膀胱癌新型分子标志物;在管腔型膀胱癌细胞中证明管腔型特异转录因子 GATA3 能抑制 ST3GAL6 基因转录,降低细胞总蛋白的唾液酸化水平,减少膀胱癌侵袭;完成对高表达/敲降 ST3GAL6 基因的膀胱癌细胞在小鼠体内转移能力的初步评价。项目申请专利 2 件,发表论文 10 篇。 (商学斌)

【肺岩宁抑制 MALAT1-m^{6}A 修饰抗肺奥希替尼耐药的分子机制研究】 项目由上海中医药大学附属岳阳中西医结合医院承担,12 月 29 日通过市科委验收。项目构建奥希替尼耐药细胞株并完成鉴定,发现耐药细胞株中转移相关肺腺癌转录物 1(MALAT1)表达显著升高,体内外研究证实使用"养精解毒"中药复方肺岩宁联合奥希替尼具有抑制耐药细胞的增殖及侵袭能力,其机制与抑制 MALAT1 及其下游 SRSF1-Wnt/β-catenin 通路有关;初步验证养精解毒治法有降低奥希替尼耐药性的作用,明确部分疗效靶标及生物学机制,有助于肺岩宁方临床转化及推广,促进中医药在靶向联合治疗中增效作用的发展,为中医药防治肺癌的机制及方案提供分子依据。项目发表论文 4 篇,其中 SCI 论文 2 篇。 (韩昌鹏)

【揭示肿瘤代谢与 DNA 损伤修复之间联系】 同济大学医学院/同济大学附属东方医院袁健研究组发现乳酸通过诱导 DNA 损伤修复关键蛋白——减数分裂重组蛋白 11(MRE11)

发生乳酸化修饰，促进同源重组修复，导致化疗耐药的分子机制和生物学作用。研究揭示 MRE11 乳酸化修饰在代谢介导肿瘤耐药中的关键作用，为靶向 DNA 修复联合化疗治疗肿瘤提供理论基础和潜在靶点。研究成果于 12 月发表在《细胞》(*Cell*)。 (张一卉)

【揭示心肌梗死促进动脉粥样硬化新机制】 复旦大学附属中山医院葛均波研究组发现心肌缺血激活交感神经系统，去甲肾上腺素释放引起的单核细胞的赖氨酸甲基转移酶 5A(KMT5A)表达增加，促进动脉粥样硬化进展；高脂饮食增加细胞核酸结合蛋白(CNBP)表达，诱导单核细胞脾脏酪氨酸激酶(SYK)产生，促进血管炎症和动脉粥样硬化进展；通过使用小干扰 RNA 技术抑制 KMT5A 或 CNBP，利用 6 羟基多巴胺抑制外周交感神经，可减缓实验性心肌梗死后的加速动脉粥样硬化进展；外周血经典单核细胞 SYK 表达水平可作为 ST 段抬高型心肌梗死患者动脉粥样硬化残余风险的预测指标。研究成果于 12 月发表在《欧洲心脏杂志》(*European Heart Journal*)。 (金 菁)

【绘制肝癌转移时空多组学演化图谱】 复旦大学附属中山医院樊嘉研究组与上海科技大学张力烨研究组、上海顿慧医疗科技发展有限公司合作，筛选出肝细胞癌患者 182 例，并对原发灶、转移灶和肝内复发灶手术切除样本回顾性多区域取样，收集石蜡包埋组织 461 个，开展基因组、转录组、单细胞转录组、空间转录组和数字病理等多组学联合测序分析；刻画肝癌转移的时空演进全景图谱，揭示肝癌转移的复杂进化轨迹和克隆选择机制，为研发肝癌转移预测标志物和治疗靶点提供基础。研究成果于 12 月在线发表在《癌细胞》(*Cancer Cell*)。 (金 菁 邹媛媛)

【揭示直肠癌新辅助放化疗毒性和疗效的血清代谢组学特征】 中国科学院上海有机化学研究所朱正江研究组与浙江省肿瘤医院朱骥研究组合作，通过对接受新辅助放化疗的直肠癌患者多个时间点的血清代谢组学分析，描绘患者放化疗过程中代谢变化图谱；发现 3-苯丙酸和苯乙酰谷氨酰胺 2 种肠道菌群的衍生代谢物，且二者与新辅助放化疗的疗效密切相关；提示患者在治疗过程中的营养水平与疗效存在紧密关联，为个体化的新辅助放化疗提供代谢层面的指导方案。研究成果于 12 月发表在《自然通讯》(*Nature Communications*)。 (徐晓娜)

【肿瘤免疫逃逸机制研究取得进展】 上海交通大学邓刘福研究组揭示 T-树突状细胞(DC)中的天然免疫识别 RIG-I-MAVS 通路发挥"非经典"功能，负向调控抗肿瘤免疫应答，DC 缺失线粒体抗病毒信号蛋白(MAVS)能通过上调白细胞介素-12(IL-12)增强 DC 功能，促进 DC-T 细胞相互作用，协同增强肿瘤免疫治疗效果；发现 MAVS 通路是肿瘤浸润 DC 功能障碍的驱动因子，阐明 MAVS 通路调控 DC 抗肿瘤免疫应答机制，建立抑制而非激活 MAVS 通路增强肿瘤免疫治疗与放疗合理策略。研究成果于 12 月发表在《科学免疫学》(*Science Immunology*)。 (付 符)

【揭示肝癌肿瘤细胞代谢影响肿瘤免疫新机制】 中国科学院上海营养与健康研究所、香港城市大学尹慧勇研究组与海军军医大学第三附属医院李楠研究组合作，发现肝癌组织中肿瘤细胞果糖-1,6-二磷酸醛缩酶 B(ALDOB)可入核与乙酰转移酶 2A(KAT2A)相互结合，抑制 *TGFB1* 启动子区域 H3K9 的乙酰化，降低 *TGFB1* 转录表达，从而降低肿瘤组织内调节性 T 细胞(Treg)数量和维持肝癌免疫微环境中 $CD8^+$ T 细胞的功能。研究揭示 ALDOB 通过进入细胞核表观调控 *TGFB1* 基因表达，从而影响肝癌免疫微环境免疫应答的分子机制。研究成果于 12 月发表在《肝脏病学》(*Hepatology*)。 (陶欣荣)

第四节 | 数学、物理学、化学 >>

【夸克物质整体极化研究取得进展】 复旦大学马余刚研究组与中国科学院近代物理研究所等合作，利用可衰变粒子的自旋与其衰变产物动量的关联，通过重离子碰撞实验观测到反应末态粒子的整体自旋排列现象，为研究夸克胶子等离子体夸克-胶子等离子体中强相互作用提供方向。研究成果于 1 月发表在《自然》(*Nature*)。 (邹媛媛)

【钙钛矿光伏研究取得进展】 中国科学院上海高等研究院苏圳煌与河南大学李萌、德国亥姆霍兹柏林材料与能源中心李杜香、Antonio Abate 等合作，揭示 β-聚(1, 1-二氟乙烯)可有效改善钙钛矿薄膜结晶性能，钝化薄膜晶体表面界面缺陷，优化钙钛矿界面能级排列，促进载流子传输，提升 p-i-n 结构钙钛矿器件光电特性；变温环境下，β-聚(1, 1-二氟乙烯)在晶界处的有序排列可缓冲变温过程中晶粒挤压引起的晶界形变并释放晶格应力，实现可恢复的晶体结构，显著提升器件变温稳定性。研究成果于 1 月发表在《科学》(*Science*)。 (张 楠)

【实现光驱动的去外消旋化制备光学纯吲哚和四氢喹啉类化合物】 上海师范大学刘国华研究组构建一个甲苯/水溶性环糊精乳状双相共溶剂体系，通过控制光催化和手性磷酸催化，实现单向的氧化/还原连续催化过程，完成手性吲哚和四氢喹啉类化合物的高效制备。研究成果于 1 月发表在《化学科学》(*Chemical Science*)。 (余 强)

【非凸极小极大优化问题的优化算法研究取得进展】 上海大学徐姿研究组提出求解非凸-凹和凸-非凹极小极大优化问题的一种一致的单循环交替梯度投影算法，每一步迭代仅需计算 1 个梯度投影步；证明该算法求解非凸-强凹或者是强凸-非凹的极小极大优化问题得到目标函数1阶近似稳定点的迭代复杂度是-2阶，而求解一般化的非凸-凹或者凸-非凹极小极大问题的迭代复杂度是-4阶；提出求解更一般化的多块非光滑非凸-(强)凹和(强)凸-非凸极小极大问题的块交替近端梯度算法，且证明4种情形下算法的类似迭代复杂度；数值实验结果表明算法的有效性。研究成果于1月发表在《数学规划》(*Mathematical Programming*)。

(徐婷婷)

【发现奇异金属能斯特效应的反常增强】 上海交通大学邢晖研究组与浙江大学许祝安研究组、中国科学院上海硅酸盐研究所黄富强、董绍明研究组合作，在一种新型过渡金属硫族化合物2M-WS_2的奇异金属态中发现能斯特效应的反常增强现象，对奇异金属中的载流子行为做出明确刻画，对奇异金属的物理机制提供实验约束，为相关高温超导和强关联物理机制研究提供思路。研究成果于1月发表在《自然物理学》(*Nature Physics*)。(付 符 闫咨汝)

【光/镍协同催化还原交叉偶联手性构建C(sp^3)—C(sp^3)键策略研究取得进展】 同济大学徐涛研究组使用α-氯代硼酸酯和未活化的烷基碘化物作为原料，利用光/镍协同催化还原交叉偶联策略，实现该C(sp^3)—C(sp^3)键的手性构建，得到一系列手性二级烷基硼酸酯化合物。研究成果于1月在线发表在《美国化学学会会刊》(*JACS*)。(张一卉)

【二阶非线性光学晶体材料研究取得进展】 同济大学张弛研究组以过渡金属硫酸盐为研究对象，提出一种阳离子补偿策略，研制首例紫外透过的d^0过渡金属硫酸盐$MF_2(SO_4)$，其中M为Zr(ZFSO)和Hf(HFSO)，探讨并阐明该过渡金属硫酸盐可实现宽紫外光学透过和大倍频效应同步增益的物理机制。研究成果于1月发表在《美国化学学会会刊》(*JACS*)。(张一卉)

【揭示选择性调控电化学轻度氧化生物质衍生物资源化转化促进制氢新策略】 同济大学赵国华研究组发现通过电化学选择性控制生物质衍生物四氢异喹啉(THIQs)发生二电子轻度氧化，避免四电子的深度氧化反应，可最大效率促进产氢，并在低电位下实现THIQs高选择性完全定向转化为高附加值的资源化产物二氢异喹啉，为生物质衍生物辅助制氢策略提供重要思路。研究成果于1月发表在《应用化学国际版》(*Angew. Chem. Int. Ed.*)。(张一卉)

【动态动力学不对称酮加成反应研究取得进展】 中国科学院上海有机化学研究所施世良研究组利用手性卡宾—镍催化剂，实现通用的动态动力学不对称酮加成反应，发展从易得的消旋酮原料直接转化为含2个连续手性中心的复杂叔醇方法。研究成果于2月在线发表在《科学》(*Science*)。

(徐晓娜)

【证实p电荷密度可用于描述电催化硫还原反应活性】 上海师范大学万颖研究组证实p区金属硫化物中硫的p电荷密度与硫还原反应速率控制步骤($Li_2Sn \rightarrow Li_2S/Li_2S_2$)的表观活化能和吸附活化熵呈线性相关性，可用于描述硫还原反应催化剂活性；设计石墨烯原位生长Bi_2S_3的催化材料，使锂硫电池在5 C下稳定循环500圈，单圈容量衰减率0.03%；硫负载量增加至17.6 mg/cm^{2}时可获21.9 mA·h/cm^{2}的面容量。研究成果于2月发表在《自然催化》(*Nature Catalysis*)。

(余 强)

【钴催化环丁烯的不对称碳碳键形成反应研究取得进展】 中国科学院上海有机化学研究所孟繁柯研究组利用手性膦配体，实现高烯醇钴、炔基钴和烯丙基钴中间体与环丁烯的不对称碳金属化反应，构建一系列手性环丁烷化合物。研究成果于2月发表在《美国化学学会会刊》(*JACS*)。

(徐晓娜)

【聚酮-聚肽杂合类天然产物装配线碳骨架编辑取得进展】 中国科学院上海有机化学研究所刘文研究组报道罕见的酶催化的α-酮基硫酯脱羰基反应，实现聚酮-聚肽杂合类天然产物装配线上特殊的骨架编辑，促进利用合成生物学策略、定向设计、合成和改造聚酮、聚肽及其杂合化合物，这一新颖的非金属依赖的α-酮基硫酯底物脱羰反应为开发仿生化学合成方法提供参考。研究成果于2月发表在《美国化学学会会刊》(*JACS*)。(徐晓娜)

【系列不对称氢氧化反应研究取得进展】 中国科学院上海有机化学研究所何智涛研究组利用钯催化实现一系列共轭二烯的不对称氢氧化转化，包括不对称氢烷氧基化、水合反应、氢胺羟化反应；通过改良并合成新的P，N-双齿配体，高效实现钯催化共轭二烯的不对称氢烷氧基化反应，对于不同烷基醇及芳基或烷基取代的二烯均能很好兼容，观察到中等到良好收率，高对映选择性及高区域选择性；基于该类配体，通过利用氟代芳醛衍生的肟作为亲核试剂，串联消除、水解或还原等过程，可实现形式的不对称水合反应和氢胺羟化反应，从而将简单共轭二烯直接转化得到非保护的烯丙醇和烯丙基羟胺骨架。研究成果于2月发表在《美国化学学会会刊》(*JACS*)。(徐晓娜)

【CO_2加氢制烯烃研究取得进展】 中国科学院上海高等研究院高鹏、李圣刚研究组针对CO_2的C═O双键难活化、碳链增长困难、烯烃选择性低等难题，开发具有尖晶石结构的Na修饰的铁锌尖晶石催化剂，实现CO_2加氢高活性、高选择性、高稳定性制烯烃，CO_2单程转化率40%、总烯烃选择性(烃基)大于70%，其中C_{5+}长链烯烃选择性32.3%；催化剂寿命超过6 000小时，具备工业应用条件。研究成果于2月发表在《应用催化B:环境》(*Applied Catalysis B: Environmental*)。

(张 楠)

【利用五元环内酯合成新型可持续性高分子材料】 中国科学院上海有机化学研究所洪缪研究组发展简单而高效的异构化驱动开环聚合阳离子引发剂，实现将“不可聚合”但量大价廉的生物基 γ-戊内酯及其衍生物转化为新型高性能可持续性含硫高分子材料。研究成果于 2 月发表在《应用化学国际版》(*Angew. Chem. Int. Ed.*)。 (徐晓娜)

【单光子无磁非互易研究取得进展】 华东理工大学龚尚庆、钮月萍研究组提出并验证利用非相干泵浦实现无噪声的单光子光隔离；采用碱金属铷原子气体，在 40 mW 泵浦光强下实现 30.3 dB 隔离度，插入损耗 0.6 dB；二阶关联函数显示，单光子信号光的量子特性保持较好。研究成果于 2 月在线发表在《通讯物理》(*Communications Physics*)。 (王晓丽)

【实现硝基苯废水高效降解】 华东理工大学邢明阳研究组利用非中心对称 MoS_2 的压电活性与 MoS_2 助催化芬顿技术的耦合，实现在不加入有机牺牲剂和贵金属条件下降解硝基苯废水及实际化工废水的同时高效产氢；耦合体系中 FeO 作为捕获空穴及反补电子的助剂，可延长压电电子寿命，并反补硝基苯竞争消耗电子，提高参与产氢反应电子浓度，实现对硝基苯及苯胺等高效降解。研究成果于 2 月在线发表在《美国国家科学院院刊》(*PNAS*)。 (王晓丽)

【聚合物电工绝缘材料研究取得进展】 上海交通大学黄兴溢研究组设计一种含氟缺陷的双链结构共聚物 PSBNP-co-PTNI，该共聚物通过 π—π 堆叠作用自组装成高度有序阵列；通过偏振拉曼光谱测试发现，共聚物薄膜的偏振信号在平面上呈各向同性，在断裂面上呈各向异性，表明有序阵列平行于表面，电介质薄膜在垂直平面方向高导热系数为 1.96 ± 0.06 W/(m·K)。研究成果于 3 月发表在《自然》(*Nature*)。 (付 符)

【发现二维激子绝缘体新证据】 上海交通大学陈鹏研究组与美国伊利诺伊大学香槟分校 Tai C. Chiang 合作，在单个原子层的 $ZrTe_2$ 中发现激子随温度降低自发凝聚现象，单层 $ZrTe_2$ 在低温下会形成激子绝缘体；在相变温度以下，角分辨光电子能谱发现价带在费米面附近打开 97 meV 的能隙，随温度遵循典型的超导体间隙的 Bardeen-Cooper-Schrieffer 型行为；价带顶和导带底在动量空间形成范围为 ± 0.72 $Å^{-1}$ 的平带，表明电子和空穴在该范围内的群速度为 0，没有相对运动，表现出形成激子凝聚的特征；实验和理论证据表明单层 $ZrTe_2$ 是一种典型的二维激子绝缘体材料。研究成果于 3 月发表在《自然通讯》(*Nature Communications*)。 (付 符)

【提出向量空间非线性强制问题的有效稳定性保持数值方法】 上海师范大学王晚生研究组通过引进强制算子，证明一般向量空间抽象强制方程在凸泛函度量下的指数稳定性，获得保持数值稳定性的线性多步方法、显式和对角隐式 Runge-Kutta 方法；证明这些方法在保持强稳定性同样的步长条件下保持数值稳定。研究结果被应用于各种线性和非线性发展方程，对科学与工程计算中发展方程的高精度快速求解具有重要意义。研究成果于 3 月发表在《Siam 矩阵分析与应用杂志》(*Siam Journal on Numerical Analysis*)。 (余 强)

【图谱 Turán 型极值问题研究取得进展】 上海大学康丽英研究组证明给定图 F，如果 F 的极值数为 Turán 图的边数加上 1 个常数时，则 n 足够大时，不包含 F 作为子图的 n 阶图中邻接谱半径达到最大的图一定也是禁用 F 的图中边数达到最大的图，推动谱极值问题研究。研究成果于 3 月发表在《组合理论杂志 B 系列》(*Journal of Combinatorial Theory, Series B*)。 (徐婷婷)

【绿色合成可再生性生物质基对二甲苯(PX)研究取得进展】 中国科学院上海硅酸盐研究所王文中研究组与上海科技大学刘海铭合作，通过一步水热法合成具有 2 种酸位点的固体酸催化剂 Si@MIL-100(Fe)，在常压低温(1 bar、140 ℃)下，Si@MIL-100(Fe)催化 2, 5-二甲基呋喃与丙烯酸合成 PX 的转化率达 99%，产率约 80%；该反应体系实现将催化反应条件从高压降至常压；复合催化剂中的路易斯酸与布朗斯特酸性位点的串联催化模式，多级孔结构对催化位点与反应物间的限域效应，是 PX 合成反应关键。研究成果于 3 月发表在《绿色化学》(*Green Chemisrty*)。 (闫咨汝)

【建立光镍催化高效合成手性 α-炔基膦酸酯化合物新方法】 同济大学徐涛研究组发展一种光镍催化合成手性 α-炔基膦酸酯方法，将光镍还原不对称偶联体系应用于 C(sp)—C(sp^3)成键，反应具有良好的底物普适性。研究成果于 3 月发表在《应用化学国际版》(*Angew. Chem. Int. Ed.*)。 (张一卉)

【规模化一氧化碳电合成研究取得进展】 华东理工大学刘鹏飞研究组发展一种具有普适性、可规模化制备不饱和配位钴单原子(Co—CNTs—MW)催化剂的微波合成法；该催化剂应用于膜电极器件，具有出色的 CO_2 电解产 CO 性能；原位衰减全反射红外光谱和密度泛函理论计算证明原子级分散的不饱和配位 Co—N 位点有利于 CO_2 吸附，促进关键中间体 *COOH 生成，从而加速 CO_2 向 CO 的定向转化过程。研究为规模化 CO 电合成提供新视角。研究成果于 4 月发表在《自然通讯》(*Nature Communications*)。 (王晓丽)

【光催化甲烷无氧偶联转化研究取得进展】 华东理工大学王灵芝与张金龙研究组利用热还原促进相变策略在 Nb_2O_5 上构建由空间上被氧空位分隔(Vo)的低价 Nb(LA 位点)和 Nb—OH(LB 位点)组成的高密度受阻路易斯酸碱对(FLP)位点；揭示 Nb_2O_5 上光增强的 FLP 位点具有高

C—H 键活化效率;阐明基于固体 FLP 的甲烷 C—H 键极化位点的设计原理,解析光激发下活性位点的增强机制,为无贵金属辅助的高效甲烷转化光催化剂结构设计提供新视角。研究成果于 4 月在线发表在《自然通讯》(*Nature Communications*)。 (王晓丽)

【低碳水处理研究取得进展】 华东理工大学邢明阳研究组构建类芬顿高级氧化与压电催化耦合体系,实现苯酚、硝基苯及实际有机废水向高附加值化工原料 CO 的选择性转化,减少污染物降解过程中 CO_2、CH_4 等温室气体排放;该耦合体系可在超声作用下降解苯酚生成的 CO,四硫化三钴/二硫化钼/过一硫酸氢钾体系可在高效处理实际工业废水的过程中实现 CO 选择性生成,为开发低碳水处理技术提供指导。研究成果于 4 月在线发表在《应用化学国际版》(*Angew. Chem. Int. Ed.*)。 (王晓丽)

【实现角动量去相干激光抑制激光等离子体参量不稳定性】 上海师范大学沈百飞研究组提出采用角动量去相干激光抑制激光等离子体不稳定性,相比主流采用的时间相干性受限于谱宽,角动量的谱宽可以更宽;理论和模拟均表明,采用角动量去相干激光即光弹簧可更好抑制激光等离子体不稳定性;相比于采用同样具有角动量的拉盖尔高斯激光脉冲,采用角动量去相干的弹簧光和超级弹簧光驱动,拉曼散射光信号与驱动光信号比率可从 0.2 降至 0.05,并可放宽对驱动激光频率的要求,提高实验效率。研究成果于 4 月以封面文章形式发表在《极端条件下的物质与辐射》(*Matter and Radiation at Extremes*)。 (余 强)

【聚乙烯基二甲基吩嗪 p 型有机电极材料研究取得进展】 中国科学院上海有机化学研究所黄晓宇研究组报道具有高容量和循环稳定的 p 型有机电极材料,并研究其阴离子选择性电化学行为;以聚乙烯基二甲基吩嗪为正极有机锂离子电池在优化的电解液体系中具有优异的倍率性能和循环稳定性,循环接近 4 000 次仍能保持稳定的容量。研究成果于 4 月发表在《应用化学国际版》(*Angew. Chem. Int. Ed.*)。 (徐晓娜)

【钯催化内烯烃的迁移双氧化反应研究取得进展】 中国科学院上海有机化学研究所刘国生研究组发展首例钯催化内烯烃的不对称迁移双氧化反应,基于配体对反应动力学的调控,实现内烯烃的高区域选择性官能团化反应;该反应对于简单非活化的内烯烃和各种官能团取代的内烯烃均表现出优异的区域和对映选择性,为高效合成 1, n-手性二醇类化合物($n>3$)提供方法。研究成果于 4 月发表在《自然化学》(*Nature Chemistry*)。 (徐晓娜)

【锰催化醇的借氢偶联研究取得进展】 东华大学刘为萍与赵圣印研究组合作,利用锰催化剂调控醇脱氢和不饱和键加氢速率的策略,实现甲醇、一级醇与二级醇的 3 组分选择性借氢偶联,能快速、选择性合成出一系列 β, β-甲基烷基取代的二级醇;该催化体系适用于多种取代基的仲醇和伯醇、芳环上不同位置的吸电子和供电子基团取代的芳香仲醇、脂肪族仲醇和芳香伯醇等底物,能以中等至优异的产率得到目标产物。研究成果于 4 月发表在《应用化学国际版》(*Angew. Chem. Int. Ed.*)。 (张 莹)

【玻璃结构弛豫研究取得进展】 复旦大学谭鹏研究组设计由磁盘组成的二维双分散颗粒系统,能在超长时间内精确测量微小的结构变化;观测从接近玻璃态到深入玻璃态的超长时弛豫动力学,并对 2 类极限相互作用势系统的弛豫行为进行剖析;通过发现的 2 类慢 β 弛豫的极限形式,以及与 α 弛豫的关联,可从弛豫角度对各类无序系统进行准确分类。研究将弛豫性质与宏观力学特性对应,为制备具有长时间稳定性和理想机械性质的新材料提供思路。研究成果于 4 月发表在《自然物理学》(*Nature Physics*)。 (邹媛媛)

【实现烯烃多位点可编程官能化反应】 上海交通大学张万斌研究组通过调控烯烃异构化和氧化官能化的反应次序的策略,对一系列非活化的末端烯烃实现伴随可控远程烯基化的 1-位、2-位、1, 2-位和 1, 2, 3-位的单、双和三乙酰氧基化反应。该方法可将来自简单易得的石化原料末端烯烃方便地转化为不饱和一元醇、二元醇和多元醇,特别是可由末端烯烃通过简单的 2—3 步反应构建多种单糖(包括稀有单糖)和 C-糖苷。研究成果于 4 月发表在《自然化学》(*Nature Chemistry*)。 (付 符)

【水体中硝酸根的高效电催化产氨研究取得进展】 同济大学温鸣研究组通过活性氢纳米镍的晶界调控,实现硝酸根的高效电催化产氨;解决环境水体中硝酸根污染问题,实现常温常压无碳排放的电化学高效氨可持续合成。研究成果于 4 月在线发表在《能源与环境科学》(*Energy & Environmental Science*)。 (张一卉)

【实现一氧化碳高效电还原合成乙酸】 上海交通大学李俊与武汉理工大学麦立强、加拿大多伦多大学 Edward H. Sargent、华中科技大学庞元杰合作,利用基于同步辐射加速器的 X 射线吸收光谱,在工况反应条件下解耦催化剂结构与单一乙酸产物选择性的构效关系;设计的新型合金催化剂材料在高压一氧化碳气氛中促进生成单齿吸附 $^*C=C=O$ 中间体,实现 91%的乙酸法拉第效率。研究成果于 5 月发表在《自然》(*Nature*)。 (付 符)

【单颗粒电化学分析研究取得进展】 东华大学陈前进研究组与中国科学技术大学曾杰合作,利用扫描电化学池显微镜实现单个 Pd 纳米晶电催化析氢反应研究,通过对比具有不同表面应力的纳米晶析氢反应行为,直接探究催化剂表面应力对反应活性作用;基于晶格参数和表面应力理论计算,Pd 二十面体晶面中心区域存在明显拉伸应力,而八面体表面没有应力，提出催化剂的局域应力是造成其更高电催化析氢活性的原因。研究成果于 5 月发表在《应用化学国际版》(*Angew. Chem. Int. Ed.*)。 （张 莹）

【光镍催化不饱和烃精准转化研究取得进展】 东华大学储玲玲研究组通过光镍协同催化策略，发展非活化内炔与有机氯化物的加氢氯化/远程 C—H 官能化反应，以优秀的区域、立体选择性构筑一系列 γ-官能团化的烯基氯化物，反应条件温和，底物适用范围广，杂芳基、芳基、酰基和烷基等多种有机氯化物均能适用；该策略利用光消除释放氯自由基、氯自由基加成、1, 5-氢原子转移、镍介导的C—H 官能团化等多步串联过程，为重要烯基氯化物合成提供思路。研究成果于 5 月发表在《美国化学学会会刊》(*JACS*)。 （张 莹）

【硅电极微观孔隙结构演化机理研究取得进展】 上海大学熊洋结合 Li 的扩散、Si 空位成核和湮灭的相场描述及 Si 弹塑性力学模型，表明空隙形貌对初始缺陷位置非常敏感，孔穴存在取向性生长，多孔穴系统的生长存在合作和竞争机制；机械压力能抑制孔穴生长，避免浅层孔穴生长导致的固体-电解液界面破坏，同阻止多孔穴之间的融合生长现象，从而抑制 Si 电极海绵化进程。研究为开发锂离子电池预测和评估工具奠定基础。研究成果于 5 月发表在《固体力学与固体物理学杂志》(*Journal of the Mechanics and Physics of Solids*)。 （徐婷婷）

【发现微液滴中酸度的梯度分布特征】 复旦大学张立武研究组、季敏标研究组与美国宾夕法尼亚大学 Joseph S. Francisco 等合作，通过受激拉曼和活度理论实现微液滴气溶胶内部 pH 分布的高分辨成像，采用无接触式的探测方法证明气溶胶内 pH 梯度存在，并表明该 pH 梯度具有尺寸依赖性。研究成果于 5 月发表在《美国国家科学院院刊》(*PNAS*)。 （邹媛媛）

【光频下宽带消偏振完美利特罗衍射研究取得进展】 同济大学王占山、程鑫彬研究组与复旦大学周磊合作，给出宽带和非偏振下完美利特罗衍射所需相位差及相位差色散条件，提出一种全介质一维多层膜结合二维自由形状超表面的准三维多层膜超表面光栅，阐明超表面结构自由度对于结构内布拉格模式相位差和相位差色散的控制能力，通过超表面结构形状的拓扑优化，在非偏振、1 030—1 090 nm 波段范围内实现效率优于 99%的光频宽带消偏振完美利特罗衍射。研究成果于 5 月发表在《光学》(*Optica*)。 （张一卉）

【催化脱除冷链乙烯研究取得进展】 华东理工大学修光利研究组与东京都立大学村山徹研究组开发可选择性氧化乙烯为乙酸的 AuPt 合金纳米簇高分散沉积含酸位点 ZHM20 催化剂，在线质谱证实该催化剂可生成乙酸产物；提出高效乙烯脱除催化剂设计策略，利用特定工作温度下乙烯转化物种的物态性质，从而提升催化剂的长效稳定性。研究成果于 5 月在线发表在《自然通讯》(*Nature Communications*)。 （王晓丽）

【振动诱导发光(VIE)机制研究取得进展】 华东理工大学田禾研究组结合飞秒瞬态吸收光谱和含时密度泛函理论计算，发现位阻效应对激发态势能面形状和激发态动力学过程产生显著影响；证明单一稠环共轭骨架在激发态可发生从弯曲到平面再到扭曲的多步逐级结构演变，并且这 3 种构象可作为发射态产生本征的多重荧光发射。研究成果于 5 月在线发表在《应用化学国际版》(*Angew. Chem. Int. Ed.*)。 （王晓丽）

【制备高效丙烷脱氢催化新材料】 华东师范大学吴鹏研究组实现分子筛孔道限域金属催化剂高效催化丙烷脱氢；面向丙烷脱氢制丙烯对高活性、高选择性和高稳定性贵金属催化剂的实际需求，创制超大微孔硅锗沸石孔道内限域锚定铂团簇催化剂，利用沸石骨架金属与铂的强相互作用，实现丙烷脱氢高选择性制丙烯反应的长周期运行。研究成果于 6 月发表在《自然催化》(*Nature Catalysis*)。 （朱立峰）

【双分子光化学反应动力学研究取得进展】 华东师范大学吴健研究组利用飞秒激光脉冲与 D_2—D_2 二聚体相互作用，测量 D_3^+ 形成时间并实现其出射方向的调控，揭示自然界中最基本的分子与分子之间化学反应的内在机理。研究成果于 6 月发表在《自然化学》(*Nature Chemistry*)。 （朱立峰）

【金属二氟卡宾催化偶联反应研究取得进展】 中国科学院上海有机化学研究所张新刚研究组与薛小松研究组合作，合成、分离、表征 1 价铜二氟卡宾($Cu^I=CF_2$)物种，提出基于铜二氟卡宾的亲核加成反应机制，推动铜二氟卡宾的催化模块化合成，可利用廉价易得的反应组分，如烯醇硅醚、大宗原料烯(炔)丙基溴代物和溴二氟醋酸钾，以低至 2 mol%的铜催化剂载量高效合成含氟分子，为铜二氟卡宾化学奠定理论基础，并为含氟化合物高效合成提供思路。研究成果于 6 月发表在《自然化学》(*Nature Chemistry*)。 （徐晓娜）

【拓扑光子晶体体态研究取得进展】 同济大学陈鸿研究组揭示手性光源在具有狄拉克型色散的拓扑光子结构中会产生全局诱导的能流涡旋，成为全新惠更斯-菲涅耳现象，为从体态直接确定结构拓扑性提供手段；打破依靠"体-边"对应关系间接确定结构拓扑性的常规思维，为集成光学与拓扑光子学器件研制提供机理。研究成果于 6 月在线发表在《自然通讯》(*Nature Communications*)。 （张一卉）

【表面合成研究取得进展】 华东理工大学刘培念、李登远研究组通过异腈的表面[1+1+1]环加成反应，原位制备基于 C—H…Cl 氢键作用的二维三轴烯晶体，并发展高化学选择性和立体选择性保持的逆-[2+1]环加成反应，实现从异

腈向三轴烯到累积三烯二维晶体的定向转化。研究成果于6月在线发表在《美国化学学会会刊》(*JACS*)。 (王晓丽)

【构建快速和超稳定可充电锌离子电池】 同济大学刘明贤研究组通过2,7-二硝基-4,5,9,10-芘四酮(DNPT)和NH_4^+电荷载体之间氢键作用构建超稳定互锁氢键网络,解决有机小分子在电解液中的稳定性问题,揭示氢键网络中快速和超稳定的NH_4^+耦合电荷存储机制,促进DNPT羰基/硝基八重活性位点的高效利用和低反应能垒的离子迁移动力学,构筑高性能水系锌-有机电池。研究成果于7月在线发表在《应用化学国际版》(*Angew. Chem. Int. Ed.*)。 (张一卉)

【实现不对称合成无保护顺式-2,3-二芳基哌啶】 同济大学陈伟杰研究组与美国佛罗里达大学Daniel Seidel合作,基于环内1-氮杂烯丙基负离子中间体,通过钯催化芳基化反应实现无保护顺式-2,3-二芳基哌啶化合物的快速合成,并实现这一反应的不对称化;发布基于环内1-氮杂烯丙基负离子的过渡金属催化的偶联反应,扩展环内1-氮杂烯丙基负离子作为有机合成中间体价值,实现由哌啶出发高效对映选择性地合成无保护多取代哌啶化合物。研究成果于7月在线发表在《应用化学国际版》(*Angew. Chem. Int. Ed.*)。 (张一卉)

【甲烷氧化研究取得进展】 中国科学院上海硅酸盐研究所易志国研究组与英国剑桥大学Adam Boies合作,开发一种高效稳定的ZnO-CoNi固溶体担载的NiO纳米晶催化剂,在连续反应条件下,对0.01%和0.50%甲烷的催化完全氧化效率达88%和37%;根据光、热和光热3种模式下催化性能和原位红外表征,NiO/ZnO-CoNi催化甲烷氧化为光驱动反应,CoNi掺杂提高ZnO-CoNi固溶体的光吸收和利用能力,光生电子提高NiO纳米晶的晶格氧流动性,二者协同显著提高NiO/ZnO-CoNi催化剂的甲烷光催化氧化性能,升温可加速中间产物甲酸盐分解,从而提高催化剂光热条件下活性。研究成果于7月发表在《应用催化B:环境》(*Applied Catalysis B: Environmental*)。 (闫咨汝)

【发展手性大环精准合成方法】 复旦大学李明洙、孙默研究组利用超分子化学的底物诱导自组装的概念和非共价键的动态特性,调控手性自组装过程,可以合成任一对映异构体,实现手性大环化合物精准构筑。研究成果于7月发表在《自然合成》(*Nature Synthesis*)。 (邹媛媛)

【实现常温常压光解塑料】 华东师范大学姜雪峰研究组使用铀酰离子作为催化剂,以光照作为能量来源,实现对常见塑料垃圾的降解,在常温常压下将9种常见塑料降解为苯甲酸和对苯二甲酸等化工产品的原材料,且整个过程环保、节能、高效。研究成果于7月发表在《科学通报》(*Science Bulletin*)。 (朱立峰)

【提出环氧基团调控单原子催化剂】 上海大学赵玉飞研究组提出全新环氧基团调控单原子催化剂,可调控金属中心Fe原子电子结构,并参与氧还原过程,大幅提升电催化氧还原活性;采用硬模板法制备N—S和C—O—C协同调控FeN_4(Fe1/NSOC)单原子催化剂;设计具有锚定位点功能作用的原子分散催化剂提供策略,以提高能量转换和储存系统的催化性能。研究成果于7月发表在《应用化学国际版》(*Angew. Chem. Int. Ed.*)。 (徐婷婷)

【氧化物异质界面二维电子气研究取得进展】 上海大学尹鑫茂研究组利用高分辨率椭圆偏振光谱技术在$LaAlO_3$/$SrTiO_3$(LAO/STO)导电界面上直接观测到二维小极化子(一种由于过量电荷与声子振动之间的近程耦合效应而出现的准粒子),二维系统中的强束缚极化子具有在多体现象中发挥关键作用的潜力;解决实验测量的界面载流子密度显著低于理论值的难题,为氧化物异质界面二维电子气的起源提供实验证据。研究揭示周期晶格破缺诱导的准粒子效应及其与复杂氧化物界面奇异现象的联系,为理解异质界面极化效应与超导性的关系提供参考。研究成果于7月发表在《应用物理评论》(*Applied Physics Reviews*)。 (徐婷婷)

【光催化甲烷干重整研究取得进展】 华东理工大学张金龙研究组以Ru单原子修饰的TiO_2-SiO_2多级孔光催化剂(Ru-TS)为模型,探究分子水平的CH_4和CO_2匹配转化机制,通过合理调控H_2/CO比例,在温和条件下实现高效、稳定的甲烷干重整,合成气生成速率达195.02 mmol·g/(Ru·h);利用原位实验监测不同样品的关键反应中间体,为甲烷干重整和其副反应路径计算提供依据;阐明基于CO_2-CH_4匹配活化理论的单原子体系设计原理,解析光激发下活性位点的电荷分布对优化DRM反应路径的影响,为多分子协同反应光催化剂结构设计提供指导。研究成果于7月发表在《化学》(*Chem*)。 (王晓丽)

【单原子催化剂研究取得进展】 华东理工大学邢明阳研究组通过构建低细胞毒性Mo—Co双位点单原子催化剂($SAMCC_{0.5}$),实现类芬顿可持续高效降解苯酚、对苯二甲酸、对硝基氯苯等高电离电势(IP)有机污染物;即使在极端pH条件下,$SAMCC_{0.5}$-过一硫酸氢盐(PMS)体系仍具有优异的抗阴离子及无机盐干扰能力,Mo介导的有机污染物电子转移机制能有效抑制Co和Mo的溶出以降低催化剂毒性,并提高降解高IP有机污染物效率,对设计绿色高效的单原子类芬顿催化剂用于水污染控制具有指导意义。研究成果于7月在线发表在《美国国家科学院院刊》(*PNAS*)。 (王晓丽)

【有机室温磷光研究取得进展】 华东理工大学田禾、马骧研究组提出并论证一种增强系间窜越(ISC)策略,ISC产率的提高是通过分子设计降低荧光辐射跃迁速率常数(kF),

而非通过用重原子、杂原子或羰基修饰分子骨架促进自旋轨道耦合实现;目标化合物的前线轨道分布与甲氧基的取代位置有关;随着取代基位置的变化,这些化合物的S0→S1跃迁逐渐由亮态转变为暗态,并伴随 kF 的减小和 ISC 产率的增大;通过调节 kF 将化合物的发光由荧光发射转换为磷光发射。研究成果于 7 月发表在《美国化学学会会刊金》(*JACS Au*)。 (王晓丽)

【电化学界面原位表征研究取得进展】 复旦大学田传山研究组提出并实现无污染、悬浮的厘米级尺寸石墨烯电极方案,解决难以探究石墨(烯)本征性质的困难;通过原位电学测量和非线性光谱分析,获得在电化学反应电压阈值前后紧邻电极界面(Stern 层)的分子结构信息,并初步追踪反应中间体的谱学特征;无基底的石墨烯对于揭示石墨烯-电极界面的本征微观结构和微观反应路径必不可少,为研究电化学界面提供实验平台。研究成果于 8 月发表在《自然》(*Nature*)。 (邹媛媛)

【热磁制冷材料研究取得进展】 中国科学院上海硅酸盐研究所陈立东、史迅研究组与美国布鲁克海文国家实验室李强合作,发现狄拉克半金属 $NbSb_2$ 单晶在 25 K 和 5 T 磁场下能斯特功率因子和能斯特优值分别达 0.38 $W/(m \cdot K^2)$ 和 7.1×10^{-3} K^{-1},多晶在 28 K 和 9 T 磁场下能斯特功率因子和能斯特优值分别达 0.13 $W/(m \cdot K^2)$ 和 2.8×10^{-3} K^{-1},远高于大部分报道的热电/热磁材料。研究成果于 8 月发表在《能源环境科学》(*Energy & Environmental Science*)。 (闫咨汝)

【利用多肽碘化修饰创建功能性淀粉样纤维"万花筒"】 中国科学院上海有机化学研究所刘聪研究组通过在多肽的不同位点引入碘化修饰,创制具有多种不同原子结构与物化性质的淀粉样纤维组装体;设计并获得具有全新多肽排列方式的碘化淀粉样纤维。研究为通过翻译后修饰精准调控淀粉样纤维组装、构筑具有不同结构与功能的淀粉样纤维"万花筒"提供思路。研究成果于 8 月发表在《应用化学国际版》(*Angew. Chem. Int. Ed.*)。 (徐晓娜)

【Navier-Stokes 方程组经典解的整体适定性研究取得进展】 上海大学厚晓凤与华南理工大学朱长江、洪广益,广东工业大学彭红云合作,证明在绝热指数靠近 1 时,具有大初始能量的可压缩 Navier-Stokes 方程组经典解整体存在,并且允许无穷远处包含真空。研究成果于 8 月发表在《德国数学年刊》(*Mathematische Annalen*)。 (徐婷婷)

【离散可积系统研究取得进展】 上海大学张成研究组在离散可积系统研究中引入离散可积边界概念,为发展离散可积方程初边值问题的解析方法、建立一般的离散复分析模型打下基础。研究成果于 8 月发表在《国际数学研究通报》(*International Mathematics Research Notices*)。 (徐婷婷)

【铜催化偶联反应机理研究取得进展】 中国科学院上海有机化学研究所沈其龙研究组在低价铜至高价铜氧化加成过程的机理研究过程中观测到联吡啶配位的中性 1 价铜物种具有远高于离子型 1 价铜物种的反应活性,印证铜介导烷基亲电试剂的炔基化、胺化等反应中的配体加速效应,理解配体对该过程速率的影响有助于设计更加高效的催化体系。研究成果于 9 月在线发表在《科学》(*Science*)。 (徐晓娜)

【分数量子反常霍尔效应研究取得进展】 上海交通大学李听昕、刘晓雪研究组与美国田纳西大学合作,设计并制备新型转角 $MoTe_2$ 莫尔超晶格器件,通过开展电学输运实验,直接观测到分数量子反常霍尔效应存在确凿证据。研究成果于 9 月发表在《物理学评论 X》(*Physical Review X*)。 (付 符)

【实现可见光的散射奇异点】 同济大学王占山、程鑫彬与新加坡国立大学仇成伟合作,提出一种通用策略,通过利用层间损耗精确控制损耗结构和光波之间的相互作用,从而在可见光波段实现高效率奇异点。研究成果于 9 月在线发表在《光:科学与应用》(*Light: Science & Applications*)。 (张一卉)

【仿生人工跨膜信号转导研究取得进展】 华东理工大学包春燕研究组利用折叠体的可控构象改变设计并合成一种新型人工跨膜信号转导受体分子,受体分子在插入磷脂膜后可通过在膜一侧加入不同信号分子,实现可逆的折叠和解折叠的跨膜构象改变,调控膜另一侧催化水解反应的开启和关闭,实现可控跨膜信号转导。研究借助简单的金属络合与解络合引发的折叠体构象改变,实现可控的人工信号转导,为发展人工跨膜信号转导体系提供分子范式。研究成果于 9 月发表在《美国化学学会会刊》(*JACS*)。 (王晓丽)

【惰性碳碳键立体选择性活化转化研究取得进展】 中国科学院上海有机化学研究所左智伟研究组利用配体金属电荷转移催化策略,实现非张力碳碳键断裂-立体重组,为仲醇和叔醇的不对称合成提出范式;建立手性放大和手性富集的新过程,突破去消旋化反应不能应用于连续手性和季碳手性的局限;揭示去消旋化反应中催化剂手性放大的倍增效应和立体选择性乘积公式($er = k_R k_{-S}/k_S k_{-R}$)。研究成果于 10 月在线发表在《科学》(*Science*)。 (徐晓娜)

【证实 *d* 电荷密度可用于描述过渡金属电催化硫还原反应活性】 上海师范大学万颖研究组证实过渡金属的 *d* 电荷密度可定量描述电催化硫还原反应活性及电池性能;将过渡金属 *d* 电荷密度与催化剂催化硫还原反应速率控制步骤吸附活化熵和转化频率关联,发现呈火山形曲线关系;具有最优 *d* 电荷密度的钯/有序介孔碳催化剂增加反应的吸附活化熵,降低表观活化能,加快多硫化物转化速率,有效抑

制穿梭效应。研究成果于10月发表在《应用化学国际版》(*Angew. Chem. Int. Ed.*)。（余　强）

【电促镍催化不对称串联反应研究取得进展】 中国科学院上海有机化学研究所梅天胜研究组利用联咪唑啉配体，实现电促镍催化的烯烃、芳基卤代物及烷基溴代物的分子间不对称串联反应，构建手性 α-芳基羰基化合物；反应底物适用范围广泛，对于难以活化的氯苯及杂芳基氯苯也能以良好的收率和对映选择性得到相应产物；该方法可实现多种药物分子和生物活性分子衍生物的高对映选择性合成；循环伏安实验和电极电位研究表明，阴极还原产生的1价镍物种分别通过氧化加成激活芳基卤代物和单电子转移激活烷基溴代物参与反应。研究成果于10月发表在《美国化学学会会刊》(*JACS*)。（徐晓娜）

【莫尔超晶格热输运研究取得进展】 同济大学陈杰研究组与新加坡高性能计算研究所张刚合作，揭示层间转角调控石墨烯/六方氮化硼莫尔超晶格面内热导率物理机制，为理解莫尔超晶格系统中结构莫尔图纹、原子应力分布和热输运性能之间的相互关系提供物理机制解释，为调控莫尔超晶格体系中热传导特性提供有效途径。研究成果于10月在线发表在《应用物理评论》(*Applied Physics Reviews*)。（张一卉）

【炭黑非催化氧化机理研究取得进展】 华东理工大学王辅臣、丁路研究组，戴升研究组与新加坡国立大学 Yang Wenming 研究组合作，建立炭黑颗粒成熟度的表征方法，实现对多种具有复杂宏观性质炭黑颗粒的分类；基于原位电镜技术研究不同成熟度炭黑颗粒的氧化行为，揭示炭黑的纳米结构对其氧化模式的影响；建立多种炭黑氧化模型；通过量化的成熟度参数，可实现对多种宏观性质炭黑氧化模型的预测；揭示核壳分离模型的氧化机理，其氧化形成的独特结构为炭黑作为副产物的利用提供借鉴。研究成果于10月发表在《自然通讯》(*Nature Communications*)。（王晓丽）

【丰产金属催化羰基化研究取得进展】 华东理工大学陈宜峰研究组发展苯乙烯类衍生物参与的区域发散性酰基金属化串联反应，实现高度官能团化茚类衍生物的多样性合成；氰基作为亲电试剂，对反应的区域及立体选择性的调控起到关键作用。研究成果于10月与11月分别发表在《自然通讯》(*Nature Communications*)与《中国化学》(*Chinese Journal of Chemistry*)。（王晓丽）

【实现新型碳分子材料精准合成】 同济大学许维研究组精准合成2种碳分子材料(碳同素异形体)，即芳香性环型碳C10和C14，并精细表征其化学结构；提出的表面合成策略具有作为合成系列环型碳普适性方法的价值，合成的环型碳具有发展成为新型半导体材料的潜力，在分子电子器件中具有广阔应用前景。研究成果于11月发表在《自然》(*Nature*)。（张一卉）

【阿扎菲酮型天然产物合成研究取得进展】 中国科学院上海有机化学研究所李昂研究组运用氮杂-6π电环化-芳构化策略，实现 acremolactone B 的首次和克级合成，展示电环化-芳构化策略在杂芳香天然产物合成中的应用价值，为 acremolactone B 生物学功能研究奠定基础。研究成果于11月发表在《应用化学国际版》(*Angew. Chem. Int. Ed.*)。（徐晓娜）

【揭示气溶胶气-液界面强电场是加速大气二氧化硫氧化重要驱动力】 复旦大学张立武研究组利用共聚焦表面增强显微拉曼光谱为研究手段，探究大气气溶胶气-液界面效应加快二次硫酸盐形成机制，通过实验室模拟、数值计算及理论计算揭示气溶胶气-液界面强电场是加速大气二氧化硫氧化的重要驱动力，推进对气-液界面促进大气化学过程的理解。研究成果于11月发表在《化学》(*Chem*)。（邹媛媛）

【建立新型枝晶消解化学】 复旦大学赵东元、晁栋梁研究组揭示介孔 MXene($MesoTi_3C_2$)独特的边缘效应；利用边缘位点主导的 $MesoTi_3C_2$ 所表现出的消除枝晶特性，建立新型枝晶消解化学；发展 $MesoTi_3C_2$ 合成、自组装和转移策略，为 $MesoTi_3C_2$ 性能研究和性能开发奠定基础，提出解决 Zn^0 枝晶问题的思路。研究成果于11月发表在《美国化学学会会刊》(*JACS*)。（邹媛媛）

【铁电材料能带调控及光热释电研究取得进展】 中国科学院上海硅酸盐研究所易志国研究组通过在 $BaTiO_3$ 基铁电陶瓷中掺杂 Mn 元素，制备 $0.5Ba(Zr_{0.2-x}Ti_{0.8}Mn_x)O_3$—$0.5(Ba_{0.7}Ca_{0.3})TiO_3$($BZTM_x$-BCT)铁电陶瓷，掺杂后 BZT-BCT 带隙从3.2 eV降低到1.9 eV，铁电性保持在纯 BZT-BCT 的76%以上，光伏响应和光-热释电响应均提升约1个数量级，热释电响应增强更加明显；Mn 掺杂 BZT-BCT 铁电陶瓷可用于红外辐射探测，对人体红外信号具有优异的识别能力。研究成果于11月发表在《纳米能源》(*Nano Energy*)。（闫咨汝）

【锰催化借氢反应研究取得进展】 东华大学刘为萍研究组实现锰催化甲醇作为C1源的醇 β-膦甲基化反应；反应无须额外添加氧化剂和还原剂，仅产生水和氢气作为副产物，符合绿色化学的发展理念，为构建结构多样性的有机磷化合物提供有效途径。研究成果于11月发表在《美国化学学会会刊》(*JACS*)。（张　莹）

【振动诱导发光(VIE)分子应用研究取得进展】 华东理工大学田禾研究利用 VIE 分子对黏度的宽范围响应，从实验上探究胶束内部微黏度的分布规律；探针分子靠近胶束核心时双发射以蓝光主导，靠近表面时则以红光发射主导，证明胶束内部从内到外由致密变稀疏的结构特性；通过外标的方法，利用矿物油作为参比体系对该过程进行初步定量分析；实现荧光传感法定量分析胶束内部微黏度。研究成

果于 11 月在线发表在《美国化学学会会刊》(*JACS*)。 (王晓丽)

【求解张量绝对值方程的半定松弛算法研究取得进展】 上海大学周安娃研究组与上海交通大学范金燕合作,对于带有行对角张量的张量绝对值方程,若张量是奇数阶,则张量绝对值方程退化为代数方程;若该张量为偶数阶且非奇异,证明张量绝对值方程等价于 1 个多项式互补问题;对于一般的张量绝对值方程问题,分别以 2 种不同方式将其等价转化为多项式优化问题;对于等价转化后的多项式优化问题分别提出半定松弛算法对其求解,并探讨算法的有限收敛性,数值实验表明所提算法的有效性。研究成果于 12 月发表在《Siam 矩阵分析与应用杂志》(*Siam Journal on Matrix Analysis and Applications*)。 (徐婷婷)

【实现结构多样的 3-氟代喹啉和吡啶类化合物高效构建】 上海大学徐鹏研究组以二溴氟甲烷作为溴氟卡宾前体,选择易于获得的吲哚和吡咯为起始原料,通过[2+1]环加成-碎片化-芳构化串联过程实现吲哚和吡咯的单碳环扩张,实现结构多样的 3-氟代喹啉和吡啶类化合物的高效构建;该方法具有良好实用性,无需惰性气体保护,在空气氛围中即可进行,且反应只需 10 分钟;其他结构类型的 1, 1-二溴代烷烃化合物能与吲哚和吡咯化合物进行单碳环扩张生成喹啉和吡啶类化合物,表明该反应策略具有良好普适性。研究成果于 12 月发表在《应用化学国际版》(*Angew. Chem. Int. Ed.*)。 (徐婷婷)

【研制安全除草剂双烯双胺】 中国科学院上海有机化学研究所汤文军与同济大学附属第十人民医院彭艾研究组合作,研制新型除草剂双烯双胺,除草效果与百草枯相当;通过一系列小鼠和细胞实验表明其安全性较好,具有成为一种替代百草枯、安全无毒的新型绿色除草剂潜力。研究成果于 12 月发表在《分子植物》(*Molecular Plant*)。 (徐晓娜)

【虎皮楠生物碱合成研究取得进展】 中国科学院上海有机化学研究所李昂研究组运用改变底物、改变反应、改变路径的广义仿生合成策略,实现归属于 4 个不同亚家族的 14 个虎皮楠生物碱的首次合成,体现天然产物广义仿生合成策略设计理念。研究成果于 12 月发表在《美国化学学会会刊》(*JACS*)。 (徐晓娜)

【手性分子选择研究取得进展】 上海交通大学蒋庆东研究组提出在螺旋微腔中真空量子涨落能引起手性依赖的能谱位移;由于微腔的影响,相反手性的对映异构体具有不同基态能量,在参与化学反应时需要越过的反应势垒也不同;利用该效应可通过化学反应方式,产生特定手性的分子。研究成果于 12 月发表在《物理评论快报》(*Physical Review Letters*)。 (付 符)

【1, 3-硼迁移至酮可见光驱动反应研究取得进展】 中国科学院上海有机化学研究所陈以昀研究组与郑州大学蓝宇研究组合作,报道 1, 3-硼迁移至酮的可见光驱动反应,探究激发态的四配位硼酸盐重排机理,排除自由基反应途径;该反应原位生成烯醇酮螯合的四配位硼复合物,在可见光驱动下跃迁至激发态促进区域选择性的 1, 3-硼迁移反应合成各种 β-羰基叔醇化合物。研究成果于 12 月发表在《应用化学国际版》(*Angew. Chem. Int. Ed.*)。 (徐晓娜)

【铜催化研究取得进展】 东华大学谢伟龙研究组开发简洁高效的通用型铜催化体系,实现芳基硼与非活化的伯仲烷基卤化物偶联反应,可在相对温和条件下进行且对碘化物、溴化物、氯化物等各类烷基卤化物都适用,具有广泛的底物适用性,可兼容各类官能团,且反应可在空气中操作,避免常用惰性环境体系,提供实用型偶联方法。研究成果于 12 月发表在《美国化学学会会刊》(*JACS*)。 (张 莹)

第五节 | 天文学、地球科学 >>

【构建海洋铅循环拼图】 华东师范大学河赵宁与新加坡国立大学、美国麻省理工学院等合作,发现河流输入颗粒物与海水的铅交换可很好解释马来半岛周围海水的铅同位素异常;颗粒态-溶解态交换导致由颗粒物向海水转移的铅元素净通量会随海水浓度升高而降低;揭示陆源颗粒物与海水的物质交换是全球海洋铅循环的重要环节,解释海水铅源-汇不平衡的缺失通量。研究结果于 1 月在线发表在《美国国家科学院院刊》(*PNAS*)。 (朱立峰)

【证明物理学相分离是斑块生态系统弹性新理论基础】 华东师范大学刘权兴研究组基于生物或非生物物种的聚集,如食草动物、沉积物或营养物质,强调自组织斑图的另一种理论范式;利用通用数学模型证明具有聚集驱动斑图的生态系统与通过尺度依赖性反馈形成斑图的生态系统有着根本不同的动力学和弹性,并揭示奥斯特瓦尔德成熟特征能指示斑块生态系统的转变。研究成果于 1 月发表在《美国国家科学院院刊》(*PNAS*)。 (朱立峰)

【"太极计划"科学目标研究取得进展】 中国科学院上海天文台韩文标研究组与中国科学院大学吴岳良研究组合作,基于可能探测到的超大质量黑洞双星并合信号,具体分析空间引力波"太极计划"中"太极探路者+"设计指标需求,讨论"太极探路者+"可达成科学目标,为太极探路者整体方案优化提供参考。研究成果于 1 月发表在《中国科学物理学、力学和天文学》(*Science China Physics, Mechanics & Astronomy*)。 (朱 艳)

【发现旋转天体内部热对流不稳定性的最后一类动力学对称性】 中国科学院上海天文台孔大力通过理论推导分析处于旋转自引力平衡椭球天体中热不稳定性问题，发现一类全新轴对称振荡模式，同时具备关于赤道面的南北对称性；这种旋转对称性及南北对称性的组合是旋转热对流研究领域最后一类动力学对称性。研究成果于1月发表在《物理评论流体》(*Physical Review Fluids*)。（朱 艳）

【建立描述液核低纬受限磁流体波的分析解模型】 中国科学院上海天文台地球自转变化研究组对经典液核磁流体动力学理论开展研究，给出核幔边界电磁力—浮力—科里奥利力相互作用下赤道受限磁流体波分析解模型，推导出描述该波物理性质的系列解析表达式，对于理解低纬度液核磁流体波起源、地球自转年际变化的激发机制、液核顶部分层等具有重要意义。研究成果于1月发表在《地球物理学研究杂志：固体地球》(*Journal of Geophysical Research: Solid Earth*)。（朱 艳）

【实现碳氧离子射电复合线探测】 中国科学院上海天文台射电天体物理研究组利用天马65 m射电望远镜开展谱线搜寻，在认证Orion KL天体Ka波段谱线时首次探测到碳氧离子射电复合线，并准确测量M42电离区的碳氧离子丰度；表明离子射电复合线有望成为测量元素丰度常规手段，对精确测定星际空间，特别是高度消光区的元素丰度具有重要意义。研究成果于2月发表在《天文学和天体物理杂志》(*Astronomy & Astrophysics*)。（朱 艳）

【类星体喷流与盘风相互作用研究取得进展】 中国科学院上海天文台安涛领衔国际研究团队，运用甚长基线干涉阵列等多波段观测设备，对射电中等强度类星体Ⅲ Zw 2开展研究，发现天体射电流量存在准周期性耀发现象，并与新喷射的喷流结构存在时间上的对应关系，射电和伽马射线耀发呈现明显相关性；提出该观测现象或源于吸积盘外区域的不稳定性，导致间歇性喷流喷射及喷流与盘风之间的相互碰撞，揭示喷流、吸积盘和盘风三者之间的内在物理耦合机制。研究成果于2月发表在《天体物理学杂志》(*The Astrophysical Journal*)。（朱 艳）

【南极底层水停滞对北半球冰盖影响研究取得进展】 同济大学易亮研究组发现东太平洋底层海水的含氧量呈现冰期(冷期)增加、间冰期(暖期)减少的特征，与大气二氧化碳浓度变化相反；分析不同时期底层水停滞的可能机制，推测南极底层水的停滞可能联合北大西洋深层水的增强，共同为北半球冰盖的阶段性发育提供必要的水汽支持。研究成果于2月发表在《科学进展》(*Science Advances*)。（张一卉）

【揭示河口近岸水体酸化对硝化过程的影响及微生物作用机理】 华东师范大学周洁与郑艳玲合作，揭示气候变化与人类活动多要素驱动下河口近岸水体酸化对硝化过程及其氧化亚氮排放的影响机制，发现日趋严峻的河口近岸水体酸化会显著抑制氮循环的关键环节硝化过程速率，但会促进硝化过程副产物氧化亚氮排放，从而对全球变暖产生正反馈。研究成果于3月发表在《自然通讯》(*Nature Communications*)。（朱立峰）

【早期宇宙中相对论喷流研究取得进展】 中国科学院上海天文台安涛领衔国际研究团队通过分析红移5.5的X射线超亮类星体SRGE J170245.3+130104的多波段观测数据，发现其表现出典型耀变体特征，表明存在高度相对论喷流；提示在宇宙大爆炸后约10亿年的早期阶段，已存在快速生长的超大质量黑洞，并产生强大相对论性喷流，为探索早期宇宙中黑洞的形成和演化机制提供关键线索。研究成果于3月发表在《英国皇家天文学会月刊》(*Monthly Notices of the Royal Astronomical Society*)。（朱 艳）

【实现对黑洞阴影和强大喷流一起成像】 中国科学院上海天文台路如森研究组领衔国际研究团队利用全球毫米波甚长基线干涉测量阵列联合阿塔卡马大型毫米/亚毫米阵列和格陵兰望远镜开展毫米波段新观测，首次在3.5 mm波段捕获黑洞照片，将射电星系Messier 87黑洞、吸积流和强大的相对论性喷流成像在同一张照片，揭示黑洞与其周围环境的联系。研究成果于4月发表在《自然》(*Nature*)。（朱 艳）

【活动星系核反馈研究取得进展】 中国科学院上海天文台活动星系核结构与演化研究组通过位于印度的升级后巨米波射电望远镜开展观测，发现在极亮红外星系IRAS 10565+2448中存在中性氢外流；结合观测到的分子和离子外流，得出IRAS 10565+2448中质量外流率至少为每年140太阳质量；提示仅恒星不足以驱动如此强劲的外流，星系中的喷流应在驱动外流中起到重要作用，对理解低射电光度活动星系核中的反馈具有重要意义。研究成果于4月发表在《英国皇家天文学会月刊》(*Monthly Notices of the Royal Astronomical Society*)。（朱 艳）

【实现用于炎热干旱地区的可持续制冷及淡水收集协同】 上海交通大学王如竹研究组从能源-空气-水之间耦合联系的角度，分析炎热干燥地区实现空气温度-湿度调控的挑战，提出通过吸附式空气取水、热泵、辐射制冷技术的耦合设计，实现用于炎热干旱地区的可持续制冷及淡水收集协同；提出的耦合空调制冷与空气取水技术路线为解决干旱地区的温湿度调控和淡水供给难题提供方案，可降低空调制冷和供水各环节能耗与碳足迹，推动全球可持续、低碳的发展途径。研究成果于5月在线发表在《科学》(*Science*)。（付 符）

【弱引力透镜宇宙学研究取得进展】 中国科学院上海天文台陕欢源研究组与上海交通大学张鹏杰研究组合作，基于千平方度巡天数据和Planck卫星宇宙微波背景辐射弱引力透镜数据，利用二者的交叉关联限制宇宙学，在测光巡天数据中从对称性的角度提取并扣除星系内秉指向性污染。研究成果于 5 月发表在《天文学与天体物理学》(*Astronomy & Astrophysics*)。 (朱 艳)

【暗物质亮度极限研究取得进展】 上海交通大学周宁研究组基于 PandaX-4T 实验首批暗物质探测数据,通过似然度拟合方法对暗物质可能的电磁性质开展系统寻找,数据中未发现超出本底的暗物质信号;通过分析新一代 PandaX-4T 液氙探测实验数据,对暗物质的多种电磁性质均给出国际最强限制;利用氙原子核反冲数据,给出已报道最好水平的暗物质"亮度"上限。研究成果于 6 月发表在《自然》(*Nature*)。 (付 符)

【产甲烷环境生物地球化学研究取得进展】 复旦大学王梓萌与中国科学技术大学花正双、中国地质大学(武汉)王焰新、中山大学李文均等合作,利用滇藏热泉为研究窗口,探究新型产甲烷古菌的生物地球化学活性与功能,实验证明非传统型产甲烷古菌是活跃在高温热泉中甲烷的主要生产者,推进对微生物产甲烷过程的理解。研究成果于 6 月发表在《科学进展》(*Science Advances*)。 (邹媛媛)

【发现星系形状相关性中的重子声学振荡】 上海交通大学景益鹏研究组利用 SDSS-Ⅲ BOSS 光谱巡天中的 CMASS 大红星系样本,结合高质量的暗能量光谱仪器项目图像巡天数据,精确测量 CMASS 星系形状;基于形状测量优势,在宇宙学尺度上高精度测量星系密度-星系椭率相关函数,并在星系形状相关性中发现尺度约 1.5 亿秒差距(约 5 亿光年)处宇宙重子声学振荡存在证据。研究为重子声学振荡提供独立的测量手段。研究成果于 7 月发表在《自然天文学》(*Nature Astronomy*)。 (付 符)

【发现罕见正在形成"四体"恒星系统】 中国科学院上海天文台刘铁领衔 ALMASOP 国际研究团队利用阿塔卡马大型毫米波/亚毫米波阵列(ALMA)开展针对猎户座巨分子云中 72 个普朗克冷云核的高分辨率观测,通过分析观测数据,发现其中 1 个云核中有 1 个罕见、正在形成的四星系统;ALMA 观测揭示该系统中带有独特的带状尘埃结构和复杂的分子外向流,有着更紧凑的成员星和更复杂的恒星形成活动,为了解多星系统形成提供视角。研究成果于 7 月发表在《天体物理学快报》(*The Astrophysical Journal Letters*)。 (朱 艳)

【特殊类星体搜寻研究取得进展】 中国科学院上海天文台早期宇宙与高红移星系研究组、射电天体测量与天球参考系研究组、射电天文研究与技术创新中心研究组合作,基于利用天体测量数据筛选的奇异类星体样本,挑选出双活动星系核候选体 2 例及透镜类星体候选体 56 例,为利用欧空局盖亚卫星的天体测量数据搜寻并研究双活动星系核及透镜类星体拓展思路。研究成果于 7 月发表在《英国皇家天文学会月刊》(*Monthly Notices of the Royal Astronomical Society*)。 (朱 艳)

【强发射线星系光谱研究取得进展】 中国科学院上海天文台郑振亚研究组与中国科学院大学、中国科学技术大学、美国宇航局戈达德太空飞行中心等合作,基于最大的绿豌豆星系光谱搜寻样本,在近 1 550 例绿豌豆星系中发现 5 例具有双峰窄线的特殊星系,分析表明这类特殊天体可能起源于活动星系核的合并,有助于揭示绿豌豆星系中的大质量星系和超大质量黑洞的联合演化特征。研究成果于 7 月发表在《英国皇家天文学会月刊》(*Monthly Notices of the Royal Astronomical Society*)。 (朱 艳)

【地表负荷季节性信号空间大地测量研究取得进展】 中国科学院上海天文台金双根研究组开展地表负荷季节性信号的空间大地测量研究,综合全球卫星导航系统观测位移和重力场恢复与气候实验时变重力,提取陆地水文和积雪等典型地表负荷信号,并探索地球物理应用;表明空间大地测量为研究地表负荷及其引起的地壳运动提供方法,对监测洪涝和干旱等灾害具有重要意义。研究成果于 7 月发表在《卫星导航》(*Satellite Navigation*)。 (朱 艳)

【获得黑洞磁场囚禁吸积盘形成观测证据】 中国科学院上海天文台与中国科学院高能物理研究所、武汉大学、浙江大学等合作,利用 X 射线天文卫星"慧眼"等多台望远镜数据,对黑洞 X 射线双星 MAXI J1820+070 爆发事件开展多波段研究,发现黑洞喷流的射电辐射和黑洞吸积流外区的光学辐射相对于吸积流内区高温气体(热吸积流)的硬 X 射线显示出罕见的长时标延迟现象,分别滞后约 8 天和 17 天;揭示黑洞附近吸积流和喷流非常复杂的物理过程,验证磁场在热吸积流中的输运过程及磁场囚禁吸积盘的形成,为黑洞磁囚禁盘及其形成理论提供观测证据,推进对不同量级黑洞吸积的大尺度磁场形成及喷流供能和加速机制等关键科学问题的理解。研究成果于 9 月发表在《科学》(*Science*)。 (朱 艳)

【发现 M87 星系中黑洞喷流周期性进动】 中国科学院上海天文台参与由全球 45 个研究机构组成的国际科研团队,通过分析多个甚长基线干涉测量(VLBI)网在 2000—2022 年的观测数据,发现 M87 星系中心黑洞喷流呈现周期性摆动,摆动周期约 11 年,振幅约 10°;这一现象符合爱因斯坦的广义相对论关于"如果黑洞处于旋转状态,会导致参考系拖曳效应"的预测。研究将 M87 星系中心黑洞喷流的动力学与星系中心超大质量黑洞的状态联系起来,为 M87 黑洞自旋的存在提供观测证据。研究成果于 9 月发表在《自然》(*Nature*)。 (朱 艳)

【发现婴儿时期"逃逸恒星"观测证据】 中国科学院国家天文台与中国科学院上海天文台、广州大学等合作,开展通过毫米波分子谱线观测及多波段比对研究,在近邻恒星形成区 G352.63-1.07 中捕捉到极为年轻的大质量“逃逸恒星”,证实分子云气体结构的引力塌缩能为“逃逸恒星”提供有效推动力,并为广泛研究年轻恒星的扩散运动提供典型案例和物理性质的定量测算。研究成果于 9 月发表在《天体物理学报》(*The Astrophysical Journal*)。 (朱 艳)

【发现青藏高原冻土中储藏大量卤代有机物】 复旦大学王梓萌研究组与德国亚琛工业大学 Jan Schwarzbauer 合作,列出冻土样品中卤代有机化合物详细清单,发现冻土中卤代有机物的不可提取残留态占总量的 99%以上,远超其他常温环境的土壤和沉积物;冻土中 85%的不可提取残留态为物理封存,与化学结合态相比更具释放潜力;提示这些物质在气候变暖中的释放风险,冻土融化会增加可提取态卤代有机物含量,而微生物活动的增强则促进污染物的释放。研究成果于 10 月发表在《自然地球科学》(*Nature Geoscience*)。 (邹媛媛)

【磁星观测研究取得进展】 中国科学院上海天文台天马望远镜研究组利用天马望远镜“一镜双频”观测优势,分析对磁星 XTE J1810-197 开展的始于 2019 年 1 月、跨度 900 余天的 2.25/8.60 GHz 双频同时观测数据,发现其爆发以来的中间脉冲辐射;刻画并分类其平均脉冲轮廓随时间和频率变化情况;指出其在 2020 年 6 月 15 日从正常辐射状态变为“毛刺状”爆发辐射状态并一直保持至观测结束;揭示其自转、流量、谱指数的变化规律,为观测资料稀缺的磁星提供双频同时观测数据,推动磁星辐射及演化模型的发展与完善。研究成果于 10 月发表在《天体物理学报》(*The Astrophysical Journal*)。 (朱 艳)

【近邻活动星系核喷流的高分辨率观测研究取得进展】 中国科学院上海天文台高分辨率射电天体物理研究组利用美国国家射电天文台甚长基线阵列观测数据,结合源频相位参考技术,对近邻低光度活动星系核 NGC 4261 进行高分辨率观测研究,细致分析亚秒差距尺度上喷流的运动和准直轮,有助于深入理解 NGC 4261 中黑洞、吸积流及喷流之间复杂物理过程。研究成果于 10 月发表在《天体物理学杂志》(*The Astrophysical Journal*)。 (朱 艳)

【渤海多环芳烃污染研究取得进展】 上海海洋大学林田研究组针对渤海水体中多环芳烃时空分布和风险,分析颗粒-水分配规律,发现非点源污染对渤海环境构成重要威胁。研究为理解多环芳烃的水环境行为提供依据,提示应更加关注雨季多环芳烃向渤海的二次释放所造成污染。研究成果于 10 月发表在《水研究》(*Water Research*)。 (彭俞超)

【揭示动物下行效应在植被恢复中的关键作用及气候等调控因素】 复旦大学贺强研究组构建和分析包含 64 个国家、2 594 组实验的全球动物消费者效应数据库和全球植物互作与恢复数据库,在全球尺度上研究植食动物对植被恢复的下行效应、调控因素及管理措施;发现植食动物对全球范围内的植被修复具有关键的下行效应;处于恢复阶段的退化生态系统中,植食动物对植被的调控作用更易受到气候、植物功能群、植食动物功能群等因素影响;通过暂时去除植食动物或重引入捕食动物控制植食作用可使植被多度恢复增加 1—4 倍。研究成果于 11 月以封面文章形式发表在《科学》(*Science*)。 (邹媛媛)

【揭示超致密矮星系起源】 上海交通大学/李政道研究所刘成则研究组发现从有核矮星系到超致密矮星系的完整演化序列,证实星系可沿着由大到小的轨迹演化,揭示超致密矮星系起源之谜,实现基于完备样本对有暗弱恒星晕的超致密矮星系进行形态研究和面亮度轮廓分析。研究成果于 11 月发表在《自然》(*Nature*)。 (付 符)

【发现地幔深部异质体或为 45 亿年前月球形成大碰撞遗迹】 美国加州理工学院、亚利桑那州立大学、中国科学院上海天文台等组成国际研究团队,通过计算流体力学模拟结合同位素地球化学证据,发现地球内部深处的巨大异常体可能是 45 亿年前月球形成大碰撞过程的遗迹,为理解地球内部结构与地球的长期演化,乃至内太阳系的形成过程提供思路。研究成果于 11 月以封面文章形式发表在《自然》(*Nature*)。 (朱 艳)

【最后秒差距问题研究取得进展】 中国科学院上海天文台江悟领衔国际研究团队通过分析自 1978—2022 年射电和高能 X 射线观测数据,发现 M81 星系中心黑洞喷流存在短周期摆动和长达数百年的进动,并在射电和高能波段同时出现周期性光变,为 M81 星系中央可能存在一个相距约 0.02 s差距(对应轨道周期 30 年左右)的超大质量双黑洞候选体提供观测证据,为寻找单个纳赫兹引力波源和解决最后秒差距问题提供参考。研究成果于 11 月发表在《天体物理学杂志》(*The Astrophysical Journal*)。 (朱 艳)

【揭示射电宁静活动星系核射电辐射多样性】 中国科学院上海天文台安涛领衔国际研究团队针对射电宁静活动星系核(RQAGN)射电辐射成因长期未解的难题,利用甚长基线阵列等高分辨率观测手段,对一批低红移 RQAGN 样本开展研究;揭示 RQAGN 射电辐射起源多样性,并确立区分不同辐射机制的观测特征,给出进行分类的定量判据,对推动完整认识活动星系核的普遍规律和典型特征具有重要意义。研究成果于 11 月发表在《英国皇家天文学会月刊》(*Monthly Notices of the Royal Astronomical Society*)。 (朱 艳)

【发现重复快速射电暴持续射电源的关键光变证据】 中国科学院上海天文台余文飞研究组领衔国际研究团队对已报道第 2 例与快速射电暴(FRB)成协的持续射电源开展高灵

敏度射电干涉阵观测研究，通过分析美国甚大阵在2020—2021年间的机遇性观测，基于对重复快速射电暴FRB 20190520B精确定位，发现与其成协的致密PRS，该致密射电源具有显著射电辐射光变和宽频段年时标流量下降；结合探测到的射电谱变化线索，揭示该持续射电源和中心引擎与致密天体吸积喷流活动的可能联系，为解决宇宙快速射电暴的起源和演化问题及揭示快速射电暴近源极端电磁环境提供线索。研究成果于12月发表在《天体物理学报》(*The Astrophysical Journal*)。 （朱 艳）

【瞬态探测管线研究取得进展】 中国科学院上海天文台安涛领衔国际研究团队基于深度优化处理技术，对在观测瞬变天文现象中使用的探测管线进行重大改进；利用WSClean软件实现w叠加算法，将管线整体处理效率提高3倍；将优化管线集成到数据激活流图形引擎(DALiuGE)，使该瞬态探测管线能支持超级计算机上大规模成像工作流，为平方公里阵列面临的数据洪流提供解决方案。研究成果于12月发表在《英国皇家天文学会月刊》(*Monthly Notices of the Royal Astronomical Society*)。 （朱 艳）

第六节 交叉学科 >>

【β-烷基碳苷类化合物不对称合成取得进展】 中国科学院上海药物研究所柳红研究组发展碳苷类化合物不对称合成方法，通过钴催化 $C(sp^3)—C(sp^3)$ 偶联实现β-2-脱氧糖碳苷类化合物的高效立体选择性合成，加速碳苷类候选药物的发现。研究成果于3月发表在《应用化学国际版》(*Angew. Chem. Int. Ed.*)。 （刘俊宏）

【多共振模式的耦合效应研究取得进展】 同济大学李勇研究组与祝捷研究组合作，发现强全局耦合可有效抑制共振的色散，并提出可定制降噪曲线的超构消声器设计方案；设计并开发的超构消声器可在500—3 200 Hz频率范围内兼顾透射音色调控和降噪性能，展现优异的共振色散抑制和频段选择能力。研究成果于3月发表在《极端制造》(*International Journal of Extreme Manufacturing*)。 （张一卉）

【建立化学小分子与淀粉样蛋白聚集体互作基本理论】 中国科学院上海有机化学研究所刘聪研究组与上海交通大学李丹研究组合作，通过综合运用结构生物学、化学生物学等研究方法，揭示具有不同结构的小分子化合物与蛋白病理聚集体相互作用基本原理；发现帕金森病致病蛋白α-突触核蛋白(α-syn)纤维配体骨架，具有不同骨架的化合物能通过不同的取向结合到α-syn纤维的不同结合位点，为神经退行性疾病小分子示踪剂合理设计和优化奠定结构基础。研究成果于8月发表在《自然化学生物学》(*Nature Chemical Biology*)。 （徐晓娜 付 符）

【开发支持通用性数字计算的DNA可编程门阵列】 上海交通大学樊春海与王飞研究组发展一种支持通用性数字计算的DNA可编程门阵列(DPGA)，可通过分子指令编程的方式实现通用数字DNA计算，实现无衰减大规模液相分子电路构建；在实验上实现30个逻辑元件、500条DNA链，包含30层DNA链取代反应的电路规模；提出将DPGA作为分子诊断中的信息处理核心，对疾病相关分子靶标进行非线性分类。研究成果于9月发表在《自然》(*Nature*)。 （付 符）

【细胞内原位合成研究取得进展】 华东理工大学李大伟研究组通过引入具有良好生物相容性的小分子单体和催化剂，实现细胞内人工席夫碱反应并原位合成微米尺度的有机聚合物，经历奥斯瓦尔德熟化等过程后，形成具有大比表面积的中空多孔结构(HCOP)，HCOP可通过抑制肌动蛋白的聚合降低细胞迁移能力，诱导线粒体失能并导致细胞凋亡和坏死；提出基于细胞内人工席夫碱反应原位合成策略，提高聚合物细胞内化效率，延长聚合物滞留时间，为细胞命运及生物学功能的人工调控提供参考途径。研究成果于9月发表在《应用化学国际版》(*Angew. Chem. Int. Ed.*)。 （王晓丽）

【揭示侗台语语言及其人群演化历史】 复旦大学张梦翰研究组、郑鸿翔研究组与广西民族大学文学院等合作，聚焦侗台语及使用该语言的人群演化历史，以侗台语历史演变为切入点，揭示早期侗台语在约4 000年前于中国南方沿海地区分化并向外传播的演化模式，该模式与史前侗台语人群的迁徙、农业扩张活动及气候变化密切相关。研究为东亚及东南亚人类史前史问题的探索提供视角。研究成果于10月发表在《自然通讯》(*Nature Communications*)。 （邹媛媛）

【螺环丙烷骨架不对称合成研究取得进展】 中国科学院上海药物研究所周宇研究组、柳红研究组、吴小伟研究组、丁侃研究组与广州医科大学易伟研究组合作，高效高对映选择性地实现多种新颖结构的螺环丙烷骨架的构建，并实现小分子金属催化剂催化丙烯酰胺底物与多取代烯烃底物之间的不对称C—H活化/环化反应。该方法底物适用范围广、反应条件温和，具有优良的收率和对映选择性，为新型螺环丙烷类药物合成提供潜在制备方法。研究成果于11月发表在《化学催化学》(*Chem Catalysis*)。 （刘俊宏）

【造纸行业净零排放研究取得进展】 复旦大学王玉涛研究组根据行业背景信息和历史分析结果识别影响造纸行业温室气体排放的关键因素，并根据地域化特征为因素设置不同情景，每个国家各形成2 160种综合情景；揭示全球主要造纸生产与消费国家造纸行业温室气体排放特征，提出2050年不同国家实现该行业净零排放目标的差异化策略。研究成果于12月在线发表在《自然》(*Nature*)。 （邹媛媛）

第一篇　第二章
前沿技术研究

第一节｜信息技术　>>

【研制具有极限操作速度的相变存储器】　中国科学院上海微系统与信息技术研究所宋志棠、朱敏研究组通过分子动力学计算,发现单质锑能在 120 ps 内从非晶结构中成核并完全结晶;制备 200 nm、120 nm 和 60 nm T 型下电极器件的单质锑相变存储器件,发现器件尺寸越小,单质锑相变存储器的速度越快,其中 200 nm 器件的最快写速度为 359 ps、60 nm 器件的写速度为 242 ps,比传统 $Ge_2Sb_2Te_5$ 快近 100 倍。研究表明,通过选择合适的相变材料,相变存储器具备替代内存甚至缓存的巨大潜力。研究成果于 1 月发表在《先进材料》(*Advanced Materials*)。　(殷之嵩)

【提出"自矢量"电磁软体驱控新概念和新方法】　上海交通大学张文明研究组与同济大学李汶柏合作,提出自矢量电磁软体机器人的新概念;构筑基于内嵌微流道弹性体和可重构液态金属线圈的软电磁驱动器实施方案;发展基于洛伦兹力和矢量合成原理的高维度驱控的新方法;实现软电磁机器人中任意子域模块的即时主动和可选择性驱控;解决通过有限数量驱动器实现软体机器人的高效可重编程高维变形、多模式运动、转换等难题。研究成果于 1 月发表在《自然通讯》(*Nature Communications*)。　(付　符)

【新一代可解释小样本深度神经网络】　项目由复旦大学承担,2 月 6 日通过市科委综合绩效评价。项目突破深度学习的可解释性差、稳健性不足、对大样本与强标注过度依赖等主要瓶颈,探索知识驱动、模型驱动的小样本学习方法及受人类教育过程启发的弱标注学等关键技术;形成小样本深度学习能力,建立新一代深度神经网络特定算法的收敛性分析理论;发布小样本深度学习模型训练软件算法库,在视觉对象识别数据库等标准测试数据集上 top-1/top-5 的识别准确度均优于随机梯度下降和适应性矩估计等优化器训练得到的模型,算法及原型系统的有效性得到验证。项目申请发明专利 6 件,发表论文 20 篇。　(张丽媛)

【面向大规模多模态数据的常识获取与理解关键技术研究】　项目由复旦大学承担,2 月 7 日通过市科委综合绩效评价。项目聚焦大规模多模态数据的常识知识表示、获取与应用需求,提出多模异构常识统一表示框架;设计一系列常识获取方法;构建千万级多模态知识图谱;提出基于常识知识的搜索、推荐与问答等应用模型。项目成果在华为技术有限公司等企业的产品与服务中应用。项目申请发明专利 8 件,发表论文 30 篇。　(张丽媛)

【基于拓扑器件的超强量子计算的研究】　项目由复旦大学承担,2 月 7 日通过市科委综合绩效评价。项目研制晶圆级高迁移率砷化镉单晶薄膜、高迁移率碲化银单晶纳米片、高质量转角石墨烯、砷化镉/碲化钨/铁磁约瑟夫森结;突破材料制备和栅极调控关键技术;发现拓扑材料中的量子霍尔效应及拓扑超导态,构筑量子比特原型器件。项目申请发明专利 2 件,发表论文 24 篇。　(张丽媛)

【基于人机混合智能的常识信息抽取方法】　项目由华东师范大学承担,2 月 13 日通过市科委综合绩效评价。项目针对众包的常识抽取中面临的常识隐蔽性、知识长尾性、众包心理倦怠和构建开销过大 4 个问题,研究面向常识抽取的众包任务选取模型,面向常识抽取的人类心理驱动模型及众包后结果聚合,优化与应用技术;形成基于人机混合的众包常识抽取机制,从人机两端促进众包贡献常识的效率;构建中文人机混合常识库 CyBeeKB,拥有中文常识 5 000 万条,对长尾知识和隐蔽常识覆盖性良好。项目申请专利 2 件,发表论文 11 篇。　(张丽媛)

【数据驱动与知识引导的可解释性机器学习模型构建理论与方法】　项目由华东师范大学承担,2 月 14 日通过市科委综合绩效评价。项目突破可解释性"白盒"机器学习模型树形和图形表达、快速多目标求解等关键技术,形成可解释性机器学习模型的自动构建方法;研制教育归因分析平台、可解释性演化系统、演化知识图谱推荐等系统,实现可解释性模型和算法落地应用。项目申请发明专利 4 件,获软件著作权登记 3 件;发表论文 20 篇。　(张丽媛)

【小样本目标属性识别与图像生成技术研究】　项目由华东师范大学承担,2 月 14 日通过市科委综合绩效评价。项目研究人脸多属性识别和行人识别,降低对数据量的要求;研究变分自编码器隐层特征解耦,实现单张参考图换脸和无监督视角合成;研究人脸多属性迁移混合,实现双驱动编辑;突破小样本多属性识别和灵活图像编辑等关键技术;研制基于微信客户端的人脸多属性编辑平台。项目成果在上海普适导航科技股份有限公司和江苏华创微系统有限公司等企业示范推广。项目申请发明专利 6 件，发表论文 13 篇。（张丽媛）

【聚身多传感物理常识捕获器件模型和意识抽取关键技术研究】 项目由华东师范大学承担，2 月 20 日通过市科委综合绩效评价。项目突破人工智能绝大部分依赖于图像和语音智能的限制，通过构建压力、温度等多维度信息采集等关键技术，研制多模态信息的采集和分析系统等，形成聚身多模态常识数据获取的能力；基于人体相关的意识抽取技术，完成多模态信息采集系统、声光环境发生系统、单点压力传感器系统、压力阵列系统、触觉温度传感器阵列系统、惯性传感器和柔性量子点发光器件的研制。项目申请发明专利 22 件，发表论文 22 篇。（张丽媛）

【非确定环境下基于对抗学习的分布式多源信息语义】 项目由上海航天控制技术研究所承担，2 月 20 日通过市科委综合绩效评价。项目对轻量级对抗学习策略、多源异构数据融合博弈决策、基于智能博弈对策及增强机制的语义即时定位与地图构建（SLAM）等开展研究，突破对抗学习轻量化实现级模式坍塌抑制、基于注意力机制的语义标记、实时稠密三维重建等关键技术，形成非确定环境下的智能体智能感知能力；研制机器人非确定环境下基于对抗学习的分布式多源语义 SLAM 系统及支撑月面高速移动过程中的安全辅助感知系统等。项目申请发明专利 8 件，发表论文 12 篇。（姜媛媛 张丽媛）

【基于深度学习的多源异质图像融合舰船识别方法研究】 项目由上海无线电设备研究所承担，2 月 28 日通过国家自然科学基金委验收。项目构建规范化的典型舰船目标光学、微波图像数据集；基于光电成像机理与特征分析方法，分析揭示微波与光学图像中目标特征差异与内在关联规律；突破基于异构深度卷积网络-高斯分布受限玻尔兹曼机的多源图像舰船特征提取与关联融合、识别等关键技术，形成目标特征描述模型。项目申请专利 5 件，发表论文 12 篇。（姜媛媛）

【建立空间组学数据库和快速读取方法】 复旦大学原致远研究组与美国得克萨斯大学达拉斯分校张奇伟、腾讯人工智能实验室姚建华合作，开发支持用户快速浏览、可视化、读取、处理数据的空间组学数据库（SODB）；数据库提供 26 种空间组学技术，数据量超 5 000 万个细胞，所有数据均由标准流程处理为 Anndata 形式，可兼容 Scanpy、Squidpy 等多种分析软件；提供多种数据分析和可视化模块及配套 Python 工具包 pysodb，仅用一行代码便可方便地读取数据，相比传统数据处理和读取方式，大幅提升时间效率和内存效率。研究成果于 2 月发表在《自然方法》（*Nature Methods*）。（邹媛媛）

【图像语义分割域自适应研究取得进展】 复旦大学张文强研究组针对语义分割的域自适应任务，基于源域和目标域中的单域自适应互补，提出自适应双路学习新框架；通过交互式融合 2 个单域自适应路径缓解视觉不一致性问题，促进伪标签生成，提出双路图像风格迁移、双路自适应分割、双路伪标签生成和自适应图片混合等新技术。研究成果于 2 月发表在《IEEE 模式分析与机器智能汇刊》（*IEEE Transactions on Pattern Analysis and Machine Intelligence*）。（邹媛媛）

【超导电子设计自动化算法研究取得进展】 中国科学院上海微系统与信息技术研究所任洁研究组提出基于大规模有限状态机分解的超导单磁通量子（SFQ）逻辑时序电路综合方法，利用超导 SFQ 逻辑门自身的特性与优势提升 SFQ 时序电路的性能；相较于其他 SFQ 时序电路综合方法，该方法基于有限状态机分解能将电路综合后网表面积至多减少 70%，使生成的电路结构兼容 SFQ 门级流水线结构，为超导 SFQ 数字电路的自动化设计提供理论和算法基础。研究成果于 2 月发表在《IEEE 集成电路与系统计算机辅助设计汇刊》（*IEEE Transactions on Computer-Aided Design of Integrated Circuits and Systems*）。（殷之嵩）

【三元空间群智智能基础理论与关键技术前瞻性研究】 项目由复旦大学承担，3 月 27 日通过市科委综合绩效评价。项目开展三元空间群智智能基础理论与关键技术前瞻性探索；研发三元群智进化模型及算法，构建三元群智进化和学习框架、三元群智自动编程开源平台；实现基于群智进化的英语智慧教育示范应用。项目申请发明专利 10 件，发表论文 10 篇。（张丽媛）

【北斗三号地基增强服务器技术研究取得进展】 项目由千寻位置网络有限公司等承担，3 月 31 日通过市科委验收。项目突破新一代北斗三号地基增强服务器高度集成化总体架构设计、高精度服务及定位等关键技术，研制高集成、高可靠的北斗三号地基增强服务器（潜龙时空服务器），并在国内外得到应用。项目申请发明专利 10 件，发表论文 2 篇。（张丽媛）

【“云端一体”北斗多元融合室内外无缝高精度定位技术研究及应用示范】 项目由千寻位置网络有限公司等承担，3 月 31 日通过市科委验收。项目完成“云端一体”北斗/惯性测量单位/超宽带多元融合室内外无缝定位总体架构设计、关键技术研究；研制北斗多元融合高精度定位嵌入式软件及终端。项目成果在智能网联汽车车道级导航、自主泊车、应急救援等场景示范应用。项目申请发明专利 16 件，获软件著作权登记 1 件；发表论文 6 篇。（张丽媛）

【约瑟夫森结超导电路仿真研究取得进展】 中国科学院上海微系统与信息技术研究所任洁研究组开发针对约瑟夫

森结器件的模拟仿真器(JSICsim),该仿真器集成新型约瑟夫森结重复序列聚类及特征选择模型,支持大规模约瑟夫森结电路的并行仿真,仿真速度相较同类产品最多可提升47倍,相较并行序列聚类分析仿真耗时降低1个数量级,使千万约瑟夫森结级大规模超导电路仿真成为可能。研究成果于3月发表在《IEEE电路与系统汇刊》(*IEEE Transactions on Circuits and Systems Ⅱ: Brief Express*)。 (殷之嵩)

【开发基于元学习的AI模型进行抗原-TCR亲和力识别算法】 同济大学刘琦研究组开发用于抗原-T细胞受体(TCR)亲和力预测人工智能(AI)模型PanPep,面向pMHC-T细胞受体复合物(pMHC-TCR)亲和力识别中的挑战和瓶颈,提出基于元学习和神经图灵机的AI计算框架;通过模拟人类对于已知任务的存储记忆和新任务的类比学习机制,解决面向尾部肽段和肿瘤新生抗原或外源性肽段进行TCR亲和力识别;证明PanPep可用于T细胞克隆扩增的定量识别、肿瘤新生抗原刺激下的T细胞识别、新型冠状病毒的抗原-TCR识别。研究成果于3月发表在《自然机器智能》(*Nature Machine Intelligence*)。 (张一卉)

【提出非攻击模型依赖的动态输出反馈安全镇定方法】 上海大学杨宏晨予、彭晨、曹智茹针对多信道时变网络攻击下的网络化控制系统,提出非攻击模型依赖的动态输出反馈安全镇定方法;通过类跳变公共交通导向的开发调度方案,以协调正常网络节点和受攻击网络节点的优先级,提高安全节点激活概率,降低攻击负面影响;建立独立于特定攻击模型的脉冲闭环系统,实现非攻击模型依赖的安全镇定,为实际系统中复杂多变的攻击行为提供防御方法。研究成果于3月发表在《自动化学报》(*Automatica*)。 (徐婷婷)

【研制超灵敏电化学传感芯片】 中国科学院上海微系统与信息技术研究所许鹏程、李昕欣研究组开发具有协同效应的多维复合纳米材料并作为电化学敏感材料使用,研制可抛弃式电化学传感芯片,可快速、方便获取具有多细胞统计学意义的胞吐数据。该电化学传感器可推进基础神经科学研究及药物的神经作用研究。研究成果于3月发表在《纳米快报》(*Nano Letters*)。 (殷之嵩)

【北斗三号高精度定位天线及射频通道关键技术研究】 项目由上海海积信息科技股份有限公司承担,4月20日通过市科委验收。项目突破北斗三号高精度超宽带小型化天线设计、高维模糊度快速固定技术、北斗三号通导一体化高线性和高带外抑制接收链路等关键技术;研制接收发射一体化的射频模块、北斗三号高精度定位天线;开发北斗三号五频实时动态测量相关算法,建立并搭建模拟测试及闭环测试系统。项目申请发明专利5件,发表论文11篇。 (张丽媛)

【基于低轨星座网络的空天地联合通信与资源调度技术研究】 项目由国网上海市电力公司信息通信公司、国网智能电网研究院有限公司、南京大学等共同承担,4月25日通过国网上海市电力公司验收。项目研发基于软件定义网络控制器与低轨卫星星座网络控制技术研究、面向空天地一体化网络的高效联合通信技术研究、面向空天地一体化网络的资源管理及调度技术研究、低轨星座网络的空天地一体化网络仿真演示系统,可满足电力应急指挥对实时通信交互的高阶需求,支持潜在电力业务的低成本覆盖和快速开通。项目申请发明专利3件,发表论文2篇。 (宋 平)

【300 mm大硅片晶体生长数值模拟研究取得进展】 中国科学院上海微系统与信息技术研究所魏星研究组开发耦合横向磁场的三维晶体生长传热传质模型,揭示晶体感应电流对硅熔体内对流和传热传质的影响机制,提高仿真结果的准确性,为近零缺陷硅片产品晶体生长技术的优化提供理论支撑。研究成果于5月发表在《晶体生长与设计》(*Crystal Growth & Design*)。 (殷之嵩)

【提出基于"反共振-共振"型的高阶反宇称-时间对称非厄密系统】 同济大学陈鸿研究组提出基于"反共振-共振"型的高阶反宇称-时间对称非厄密系统,利用能级钉扎效应实现稳定且高效的无线电能传输(WPT),与传统的"共振-共振"型WPT相比,"反共振-共振"型WPT具有更高的安全性、稳定性、传输效率和灵活性,兼具更低的待机功率损耗;采用"合成维度"设计紧凑型"超构线圈",构造高阶抗过渡态对称系统,实现稳定且高效的WPT。研究成果于6月在线发表在《国家科学评论》(*National Science Review*)。 (张一卉)

【研制类蚊口器仿生柔性神经探针】 中国科学院上海微系统与信息技术研究所陶虎、魏晓玲研究组采用微纳加工技术制备类蚊口器仿生柔性神经探针。该探针由128通道柔性神经阵列、穿梭针植入模块和触觉传感器组成,能穿透硬脑膜实现多脑区微创植入,可感知植入过程中颅内血管的存在并提供损伤预警,并实现大脑神经信号的术后即时采集和长期稳定跟踪,在神经科学与脑病治疗领域具有应用前景。研究成果于7月发表在《微系统与纳米工程》(*Microsystems & Nanoengineering*)。 (殷之嵩)

【炎症性血脑屏障器官芯片可视化研究取得进展】 中国科学院上海微系统与信息技术研究所宓现强研究组构建血脑屏障器官芯片(F-hBBB Chip)。研究将人脐静脉血管内皮细胞、人星形胶质细胞共培养于具有上下层结构的芯片中,模拟血脑屏障结构;通过脂多糖诱导构建炎症模型,利用框架核酸探针实现对芯内细胞的标记,对芯片进行实时观察;F-hBBB Chip可应用于探究中枢神经系统疾病方面。研究成果于7月发表在《分析化学》(*Analytical Chemistry*)。 (殷之嵩)

【研制移动式高效率超导单光子探测系统】 中国科学院上海微系统与信息技术研究所李浩、尤立星研究组与赋同量子科技(浙江)有限公司合作，研制基于小型液氦杜瓦的移动式超导单光子探测系统，在 1 550 nm 波段系统探测效率超 70%。可应用于基于移动平台(机载、车载等)的高性能单光子探测。研究成果于 8 月发表在《光学快报》(*Optics Express*)。 (殷之嵩)

【面向 V2X 应用的安全防护技术研究及芯片实现】 项目由上海航芯电子科技股份有限公司承担，9 月 8 日通过市科委综合绩效评价。项目突破密码集成电路实现、芯片安全防护、真随机数发生器电路、数据校验纠错等关键技术，形成面向车辆与外界的信息交换技术(V2X)应用的安全系统级芯片的全程设计能力；研制 1 款集成国际密码算法 RSA、AES、SHA-256 和国产密码算法 SM2、SM3、SM4 及多种通信接口的高等级高可靠智能网联汽车 V2X 安全芯片，完成芯片流片验证；搭建车载 V2X 终端原型样机，在车企试点应用。项目申请发明专利 6 件，其中获授权 1 件。 (张丽媛)

【基于人机混合智能的多粒度常识抽取方法】 项目由上海交通大学承担，9 月 13 日通过市科委综合绩效评价。项目针对人机混合的多粒度常识抽取问题，提出基于技能相关性的个性能力模型、基于常识特征的在线评论细粒度情感分析方法和面向稀疏标注的数据质量优化方法等，提高复杂场景常识抽取的质量和效率；研制人机智能混合的常识抽取模型与验证平台，验证带权多技能树模型；建立医疗常识图谱，研制智慧新冠导医原型系统。项目申请发明专利 5 件，发表论文 25 篇。 (张丽媛)

【研制微型高精度集成钻石量子电流传感器】 中国科学院上海微系统与信息技术研究所制备一种基于氮空位(NV)量子色心的微型光电一体化集成钻石量子电流传感器。该传感器与微加工兼容的光学导入与荧光收集结构的光子探测效率达 66%，在 0—400 A 的测量范围内，低检测限为2 mA，并利用双自旋共振调制降低温度漂移，提高传感器稳定性和可靠性，为量子传感技术提供一个稳健且可扩展的平台，可应用于电动汽车、智能电网等关键领域。研究成果于 9 月发表在《先进量子技术》(*Advanced Quantum Technologies*)。 (殷之嵩)

【动态网络策略演化研究取得进展】 上海交通大学苏奇与美国北卡罗来纳大学教堂山分校 Alex McAvoy、美国宾夕法尼亚大学 Joshua B. Plotkin 合作，针对系统结构动态改变导致群体决策建模和群体合作涌现困难等挑战，提出动态网络系统博弈模型和耦合策略网络的理论方法，提供动态网络系统中群体合作涌现的理论判据，并揭示系统结构改变能促进群体合作涌现这一现象。研究成果于 9 月在线发表在《自然计算科学》(*Nature Computational Science*)。 (付 符)

【研制规模化集成电路制造的 12 英寸高质量二维半导体】 复旦大学周鹏、包文中研究组建立基于集成电路制造的二维材料生长方法，可在 12 英寸(300 hm)晶圆上进行均匀和单层材料快速生长。研究通过对控制参数进行协同优化，实现二维材料的准静态生长；在任意衬底(包括硅)通过原子层沉积生长特殊缓冲层，精确控制均匀单层成核，实现大面积二维半导体均匀生长技术，可在 15 分钟内快速实现 12 英寸晶圆内低缺陷的二维单层全覆盖。研究为二维材料化学气相沉积生长提供新思路。研究成果于 9 月发表在《自然材料》(*Nature Materials*)。 (邹媛媛)

【基于北斗自主时空低成本高可靠车道级融合定位导航技术体系构建及应用示范】 项目由上海瀚所信息技术有限公司承担，10 月 18 日通过市科委验收。项目突破复杂环境下高精度定位、定位模型误差补偿、交通标识识别等关键技术，提出车道级融合定位导航技术体系框架及核心算法，实现基于全球导航卫星系统、惯性测量单元、视觉、车速等多源异构信息融合的多场景车道级定位解决方案及系统；研制低成本高可靠车道级融合定位导航设备，并实现成果应用。项目申请发明专利 3 件，获软件著作权登记 3 件。 (张丽媛)

【超导芯片中量子态制备研究取得进展】 中国科学院上海微系统与信息技术研究所林志荣和王镇研究组与德国斯图加特大学、瑞典查尔姆斯理工大学、日本东京理科大学合作，通过快速调制超导微波谐振腔的非线性系数，在二维超导量子芯片上实现薛定谔猫态的快速制备、测量和储存；利用片上集成的超导量子电路，提出并验证快速制备和储存薛定谔猫态的方法。研究成果于 10 月发表在《自然通讯》(*Nature Communications*)。 (殷之嵩)

【片上红外光电逻辑门智能芯片研究取得进展】 中国科学院上海技术物理研究所胡伟达研究组与中国科学院大学杭州高等研究院、浙江大学研究组合作，在硅基光电芯片领域实现高集成度的红外光电逻辑门智能芯片，为图像处理与通信应用贡献新技术；验证片上红外光电逻辑门智能芯片在图像处理和通信领域的应用价值，演示在目标边缘提取、符号识别、红外图像融合及加密解密等场景下的应用效果，为下一代新型光电逻辑计算智能芯片的发展提供参考。研究成果于 10 月发表在《自然光子学》(*Nature Photonics*)。 (虞慧娴)

【基于数字射线的腐蚀/沉积物检测标准与自动识别研究】 项目由上海材料研究所有限公司承担的项目，11 月 30 日通过市科委验收。项目围绕管道中的腐蚀/沉积物缺陷和增材制件中的粉末残留缺陷开展研究，将数字射线检测技术用于腐蚀/沉积物检测；针对船舶、海工等行业的智能化检测需求，开发基于数字射线图像的缺陷自动识别技术。项

目发布国家标准 2 部，申请发明专利 1 件，发表论文 1 篇。（乔雯钰）

【微流控磁学检测肿瘤外泌体系统研制取得进展】 中国科学院上海微系统与信息技术研究所必现强研究组与上海科技大学叶朝锋研究组合作，开发基于新型磁学检测体系的肿瘤外泌体检测系统。该系统由芯片模块、流控模块和磁检测器组成，用于监测人源脑胶质瘤细胞系(U251 细胞)分泌的外泌体，检测灵敏度达每毫升 1.98×10^3 个粒子；适用于复杂体系中时间延迟嵌入的检测，为临床肿瘤标志物检测提供新技术。研究成果于 11 月发表在《微系统与纳米工程》(*Microsystems & Nanoengineering*)。（殷之嵩）

【揭示铁电晶体管中极化电导机制】 复旦大学周鹏、王水源与北京邮电大学屈贺如歌合作，针对铁电沟道场效应晶体管(FeCFETs)中存在铁电极子与电子重构耦合，通过态密度泛函理论计算、量子输运模拟与实验论证相结合，揭示 FeCFETs 极化依赖的本征效应与外场优势机制，厘清铁电沟道极化与电导性物理关系。研究成果于 11 月发表在《自然纳米技术》(*Nature Nanotechnology*)。（邹媛媛）

第二节 生物技术

【β-淀粉样蛋白(Aβ)检测研究取得进展】 华东理工大学郭志前研究组通过引入亲脂性噻吩桥连单元和聚集诱导发光母体喹啉腈，克服染料浓度猝灭问题，优化亲水性磺酸盐基团的取代位置，实现对小鼠大脑中 Aβ 斑块的近红外荧光标记；针对硫黄素 T 的固有缺陷，提出理性“step-by-step”分子设计策略并建立标准化检测及成像应用方法；发展 QM-FN-SO_3 探针，具有荧光波长长、检测信噪比高、Aβ 亲和力好、血脑屏障穿透性优异的特点，实现对小鼠大脑中 Aβ 斑块的近红外荧光标记。研究成果于 1 月在线发表在《自然实验手册》(*Nature Protocols*)。（王晓丽）

【开发 DNA“模块化”可编程策略构筑双价配体用于受体激活精细调控】 上海交通大学医学院肖泽宇研究组与张健研究组合作，借鉴 DNA 分子的可编程构筑方式，将 2 个配体分子分别修饰成可用于 DNA 固相合成的“类核苷酸”药效团模块，将天然脱氧核苷酸作为连接子模块，并利用 DNA 固相合成仪，自动化高效构筑双价配体分子的筛选库；通过编程脱氧核苷酸的数目精细调节连接子的长度，实现对 2 个药效团之间空间距离在 0.33 nm 尺度的调控；通过编程脱氧核苷酸的碱基排列来调节连接子的结构多样化，实现对药效团空间取向的精细调控，高效筛选到对受体识别亲和力最高、激动效能最强的双价配体分子。研究成果于 1 月发表在《化学》(*Chem*)。（李贺轩）

【发现“纳米刹车”阻断线粒体功能障碍可改善阿尔茨海默病进程】 上海交通大学高小玲与上海中医药大学陈红专研究组合作，聚焦阿尔茨海默病(AD)病理过程中线粒体功能障碍级联反应的关键机制，针对上游信号通路-钙离子(Ca^{2+})稳态失衡和线粒体膜通透性转换孔(mPTP)开放的环节，提出双击制动的“纳米刹车”新策略，在病灶处暴露穿膜肽，被靶细胞摄取，协同阻断线粒体 Ca^{2+} 过载和 mPTP 过度开放，保护线粒体，减轻 AD 神经病理损伤，改善认知功能；设计以镁离子为纳米核心的核酸药物载体，阻断线粒体功能障碍的关键信号通路。研究成果于 1 月发表在《先进科学》(*Advanced Science*)。（李贺轩）

【雷公藤红素抗肿瘤分子靶标研究取得进展】 中国科学院上海药物研究所罗成研究组与上海交通大学医学院陈国强研究组、张翱研究组合作，开发一种靶标富集排序工具 OTTER；证明雷公藤红素的体内毒性可通过靶标发现及基于结构的化学优化而降低。研究为靶标发现更多重要天然产物提供研究策略和实用工具。研究成果于 1 月发表在《信号转导与靶向治疗》(*Signal Transduction and Targeted Therapy*)。（刘俊宏）

【实现基于分子共组装和可控解组装策略的肿瘤声动力-光动力-免疫联合治疗】 中国科学院上海药物研究所柳红研究组与南京大学叶德举研究组合作，构建肿瘤靶向、激活的有机纳米敏化剂(1-NPs)，应用于近红外荧光和磁共振双模态成像指导的原位乳腺和脑肿瘤的声动力-光动力-免疫联合治疗；设计分子共组装和可控解组装策略可作为一种构建肿瘤细胞靶向、激活式的有机纳米增敏剂的通用平台，应用于其他肿瘤的多模态成像和多模式联合治疗。研究成果于 1 月发表在《应用化学国际版》(*Angew. Chem. Int. Ed.*)。（刘俊宏）

【移植后肝细胞体内增殖研究取得进展】 中国科学院上海药物研究所谢欣研究组发现移植后肝细胞在体内增殖新机制，建立利用小分子药物促进移植后肝细胞在体内增殖的新方法。研究对解析移植后肝细胞在体内的增殖机制具有重要意义，为肝细胞移植的临床应用提供基础。研究成果于 1 月发表在《肝病学杂志报告》(*JHEP Reports*)。（刘俊宏）

【基于 3D 基因组与稀疏学习的肿瘤新抗原免疫药物的研究】 项目由上海交通大学承担，2 月 10 日通过市科委验收。项目开发蛋白相互作用预测算法及平台、肿瘤免疫治疗新抗原预测算法，使加染色质三维构象后的预测曲线下面积提高 4%—6%；构建肿瘤新抗原预测终端网页服务器并开展示范应用。项目申请发明专利 1 件，获软件著作权登记 1 件；发表论文 5 篇。（张丽媛）

【发展用于开发 P-糖蛋白大环抑制剂的仿生模块化策略】

中国科学院上海药物研究所杨伟波研究组构建一系列含丁二烯骨架的大环化合物,梳理大环化合物的构效关系,得到活性提高、毒性降低的优势化合物,为大环类P-糖蛋白(gp)抑制剂的设计、发展及解决肿瘤化疗中多药耐药问题提供参考。研究成果于2月发表在《药物化学杂志》(*Journal of Medicinal Chemistry*)。 (刘俊宏)

【抗甲流H1N1大环抑制剂设计研究取得进展】 中国科学院上海药物研究所杨伟波研究组与香港科技大学林振阳研究组合作,发现合成的含有α-芳基苯乙酮结构和氮杂稠环结构的大环化合物均具有一定的抗甲流H1N1活性,为抗甲流H1N1的大环类药物的开发提供参考。研究成果于2月发表在《应用化学国际版》(*Angew. Chem. Int. Ed.*)。 (刘俊宏)

【新生小鼠心尖切除再生研究取得进展】 上海大学贝毅桦改良新生小鼠心尖切除的再生模型,并运用于新生大鼠,评估新生大鼠心尖切除后的心肌再生;完善小鼠、大鼠心脏再生的研究体系,为心脏再生和修复研究提供技术手段和评估体系。研究表明,新生1天小鼠15%心脏重量的心尖切除能诱导心肌细胞增殖、心尖部位再生及心功能的保留;基于不同的手术操作比较发现,改良的心尖切除模型更易操作与掌握,手术的准确性、均一性和可重复性得到显著提高。研究成果于2月发表在《NPJ 再生医学》(*NPJ Regenerative Medicine*)。 (徐婷婷)

【亚胺还原酶研究取得进展】 华东理工大学郑高伟研究组筛选新型亚胺还原酶,用于催化大位阻羰基与胺基化合物的还原胺化。研究以甲状旁腺功能亢进治疗药物西他卡塞的合成前体大位阻的间三氟甲基苯丙醛和(R)-1-(1-萘基)乙胺为模式底物,对不同来源的天然亚胺还原酶进行筛选,鉴定1类来源于卡门柏青霉菌的特殊亚胺还原酶;利用计算机辅助的蛋白结构分析,确定可能影响酶活性的关键氨基酸位点;通过多轮酶分子改造,最优突变酶活力提升488倍,Tm提升约10℃;利用获得的突变酶作为催化剂,实现多种羰基底物与各种大位阻胺供体之间的还原胺化,转化率达99%,表现出较佳的立体选择性。研究成果于2月以封面文章形式在线发表在《美国化学学会会刊》(*JACS*)。 (王晓丽)

【基于巨噬细胞的肿瘤靶向递药新技术研究取得进展】 上海交通大学医学院方超研究组利用2价金属离子与多酚的配位作用,建立基于巨噬细胞的胞外附着阿霉素纳米粒(DOX-NP)的活细胞递送系统。该方法保持巨噬细胞活性和肿瘤靶向性,通过铁离子-多酚网络的光热作用增强抗肿瘤效果,冰浴条件下2分钟即可实现胞外载药的递药系统搭建,满足其他疾病基于活细胞载体的药物递送的治疗需求。研究成果于2月发表在《先进功能材料》(*Advanced Functional Materials*)。 (李贺轩)

【药用植物秋茄共生真菌抗结核活性成分合成生物学研究取得进展】 上海中医药大学林国强、贺庆利研究组与中山大学佘志刚研究组合作,揭示药用植物秋茄共生真菌所产生具有抗结核活性药效物质米曲菌的次级代谢产物(Brevianamide K)的生物合成机制;利用合成生物学技术发现Brevianamide K的生物合成基因簇;发现催化叔碳中心立体构型翻转羟化反应的酶,研究利用蛋白结构预测、定点突变和同位素标记解释其立体构型翻转分子机制。研究成果于2月发表在《应用化学国际版》(*Angew. Chem. Int. Ed.*)。 (梁 燕)

【开发高效基因碱基编辑器】 华东师范大学张晓辉、钟涛、李大力合作,融合单链DNA结合蛋白Rad51DBD及TadA-8e,开发高活性的腺嘌呤单碱基编辑器(hyABE),提高靠近PAM区A到G转换效率,扩大编辑窗口;研发高活性嘌呤嘧啶双碱基编辑器,证明其在斑马鱼胚胎中具有A/C同时编辑功能;研究证实,新型腺嘌呤碱基编辑器hyABE在构建点突变疾病模型中具有优势。研究成果于3月发表在《自然通讯》(*Nature Communications*)。 (朱立峰)

【基于框架核酸生物传感的多维分子分型研究取得进展】 上海交通大学樊春海、左小磊研究组基于对框架核酸生物传感平台的发展,研制可用于疾病分型的分类器;通过对多维度生物标志物的分类分析实现前列腺癌精准诊断;基于框架核酸的可编程特性发展类原子精度的信号报告体系,将多维度生物标志物分子结合事件进行信号转化与统一,实现多维生物标志物分子信息高精度的权重赋予与信号转化;通过对3个维度下的6种生物标志物的信号转化与分类分析实现前列腺癌的精准诊断。研究成果于3月发表在《自然纳米技术》(*Nature Nanotechnology*)。 (付 符)

【DNA技术研究取得进展】 同济大学附属第十人民医院孙奋勇、朱小立研究组提出基于柔性核酸折纸技术的mRNA递送方案,利用Smad4 mRNA作为核酸药物和核酸折纸的骨架,实现Smad4 mRNA结直肠癌细胞靶向递送,显著抑制结直肠癌生长。该核酸折纸由1个靶标mRNA作为支架和2个RGD序列修饰的环状Staple RNA组成,可将mRNA压缩至纳米级,并促进其被细胞内吞;与经典的核酸折纸相比,结构保留mRNA的大部分活性区域,确保其翻译效率;实现Smad4 mRNA的结直肠癌细胞靶向递送和胞内Smad4蛋白翻译表达,有效抑制结直肠癌的生长进程,为mRNA的精准靶向递送提供新方案,为基于mRNA的结直肠癌治疗提供新思路。研究成果于3月在线发表在《自然通讯》(*Nature Communications*)。 (张一卉)

【人多能干细胞衍生肝类器官研究取得进展】 中国科学院上海营养与健康研究所丁秋蓉研究组通过诱导人多能干细胞定向分化,构建体外肝脏类器官模型(HLOs),可用于模拟药物性肝损伤和复杂肝病;设计高内涵分析系统,利用

HLOs 筛选抗纤维化药物,验证多个化合物抗纤维化效果;建立不同处理方法诱导的 HLOs 纤维化模型,提高评估系统的敏感性和稳定性;模拟由不同病因诱发的肝纤维化以确认药物功效,发现 SD208 可显著减少转化生长因子、甲氨蝶呤或脂多糖处理诱发的肝纤维化。研究成果于 3 月发表在《细胞再生》(*Cell Regeneration*)。 (陶欣荣)

【制备抗菌纳米机器人】 上海大学陈红霞研究组通过将超小金纳米棒(sAuNR)加载到 MXene 纳米片表面(MXene@sAuNR),制备简单有效的抗菌纳米机器人;通过 sAuNR 的等离子体共振效应增强光吸收能力,转化为自身动能切割细菌膜,实现对水体中细菌高效灭活;纳米机器人在低浓度下实现接近 100%的细菌灭活效果,且在自然光照下对真实河流样本表现出良好抗菌效率。研究成果于 3 月在线发表在《水研究》(*Water Research*)。 (徐婷婷)

【开发基于多酶级联反应的扁桃酸不对称合成技术】 中国科学院上海药物研究所廖苍松研究组与郑明月研究组合作,设计并构建一种基于 C_1 延长策略的三酶级联反应和工程大肠杆菌,以苯甲醛类化合物和甘氨酸为原料,高效不对称合成扁桃酸类化合物。研究为扁桃酸类化合物不对称合成提供无氰化物的绿色生物合成新技术。研究成果于 3 月在线发表在《应用化学国际版》(*Angew. Chem. Int. Ed.*)。 (刘俊宏)

【开发类生态位智能响应水凝胶平台】 中国科学院上海硅酸盐研究所陈航榕研究组构建酶介导的氧气响应成胶和活性氧(ROS)响应断键能力的壳聚糖水凝胶(CS-FTP-gel)。在壳聚糖分子链上共轭接枝氧气响应的阿魏酸片段和 ROS 响应的酮缩硫醇片段,连接抗血管生成抑制剂并负载乏氧前药,当合成的功能化壳聚糖 CS-FTP 与漆酶混合注射入肿瘤时,CS-FTP 可被漆酶催化并与氧气反应快速交联,在肿瘤组织周围原位形成三维网络水凝胶结构,耗氧过程强化肿瘤微环境的乏氧水平,激活前药发挥化疗作用;证实 CS-FTP-gel 可有效强化肿瘤的乏氧水平,为乏氧化疗提供理想的微环境,证明对 4T1 乳腺癌原位瘤展示出良好的肿瘤生长抑制效果,抑制率达 83.88%。研究成果于 3 月发表在《生物活性材料》(*Bioactive Materials*)。 (闫咨汝)

【开发电荷驱动水凝胶支架】 同济大学郑龙坡研究组开发基于电荷相互作用的新型电荷驱动自组装微球水凝胶支架(SMHS),微球间的弱电荷吸引作用使其具有可注射和自组装特性,为糖尿病创面愈合提供生物材料;通过结合短期(光热)干预和长期(药物释放)干预,近红外照射下的 SMHS(SMHS+NIR)可促进细胞增殖、细胞迁移、血管生成和巨噬细胞极化;在糖尿病大鼠皮肤创面中,通过抑制炎症反应、促进血管生成和组织重塑,显著加速创面愈合过程。研究结果为糖尿病创面愈合提供生物材料、为设计具有自由编辑和组合功能的新型水凝胶生物材料提供思路。研究成果于 3 月发表在《先进功能材料》(*Advanced Functional Materials*)。 (张一卉)

【揭示人巨细胞病毒(HCMV)骨架蛋白介导衣壳组装调控过程关键机制】 中国科学院上海药物研究所余学奎研究组利用冷冻电镜技术解析 HCMV 的 2 种衣壳组装过程中间产物和未成功包装基因组的空心衣壳-A 型衣壳的基因组进出通道(portal)和非对称衣壳高分辨率结构;发现骨架蛋白(scaffold)分别与 portal 和主要衣壳蛋白的关键互作细节和基因组包装过程中 portal 动态结构信息。研究为深入理解 scaffold 介导的病毒衣壳组装调控机制和基因组包装动态机制奠定基础。研究成果于 4 月发表在《自然通讯》(*Nature Communications*)。 (刘俊宏)

【时空动态的蛋白质-DNA 相互作用全景解析研究取得进展】 中国科学院上海药物研究所陈小华研究组与谭敏佳研究组合作,发展一种具有赖氨酸选择性的蛋白质-DNA 交联方法,实现对蛋白质-DNA 动态互作、包括弱相互作用的转录因子-DNA 的时空动态性深度解析。研究为深度解析蛋白质-DNA 的时空动态互作提供新方法。研究成果于 4 月发表在《自然化学》(*Nature Chemistry*)。 (刘俊宏)

【发现肌肉萎缩新靶点】 上海大学李进、肖俊杰研究组发现环状 RNA-circTmeff1 在多种类型肌肉萎缩模型中高度表达,过表达可诱发肌肉萎缩的发生,抑制其表达可缓解肌肉萎缩;circTmeff1 和 RNA 结合蛋白(TDP-43)互相作用会激活 cGAS/STING 信号通路,进而促进肌肉萎缩,并通过滚环翻译产生一个全新的蛋白质 TMEFF1-339aa,促进肌肉萎缩的发生;探明环状 RNA 在肌肉萎缩中的相关机制,为肌肉萎缩治疗提供新治疗靶点。研究成果于 4 月发表在《先进科学》(*Advanced Science*)。 (徐婷婷)

【开发用于治疗实体瘤的自充电盐水电池】 复旦大学夏永姚、张凡研究组设计可植入的自充电盐水电池用于肿瘤微环境的长效乏氧调控和抗肿瘤研究;电池的正极为聚 1,4,5,8-萘-四甲酸酐(PNTCDA),负极为锌金属,稳定性高,持续耗氧时间>500 小时;体内抗肿瘤实验显示,植入盐水电池 14 天后可将瘤内血红蛋白结合氧饱和度下降至 1.9%;盐水电池联合 TPZ 组中,80%的荷瘤小鼠肿瘤完全消失,整体肿瘤抑制率超 90%,且单独的盐水电池可通过产生活性氧实现约 74%的肿瘤抑制率和 100%的预防肿瘤生成率,表明该盐水电池可作为有效的肿瘤微环境调节器用于肿瘤治疗。研究成果于 4 月在线发表在《科学进展》(*Science Advances*)。 (邹媛媛)

【运用 MXene 纳米酶治疗神经源性高血压研究取得进展】 上海大学陈雨、杜东书研究组采用立体定位微注射技术将碳化铌(Nb_2C)纳米酶注射至高血压大鼠延髓头端腹外侧区,利用其多酶活性高效清除活性氧,发现大鼠血压、心率和肾交感神经放电均显著下降，具有良好的高血压调控治疗效果；采用湿化学蚀刻和剥离策略获超薄、高分散、具有超氧化物歧化酶、过氧化氢酶、过氧化物酶和谷胱甘肽过氧化物酶等多种酶活性的 Nb_2C 纳米酶。研究成果于 4 月发表在《应用化学国际版》(*Angew. Chem. Int. Ed.*)。 (徐婷婷)

【活细胞蛋白质光遗传学控制技术研究取得进展】 华东理工大学杨弋研究组基于光敏蛋白，发展光诱导稳定的普适性蛋白质标记(SULI)。黑暗条件下，SULI 标签被细胞降解系统识别并降解；蓝光照射下，SULI 标签非常稳定。研究表明，SULI 对蛋白降解优光依赖性强，可用于调控多种报告蛋白的稳定性，震荡式调控蛋白在细胞中的丰度。研究成果于 4 月在线发表在《自然通讯》(*Nature Communications*)。 (王晓丽)

【毛细管电色谱方法研究取得进展】 上海大学孙晓东、赵亮研究组将同手性金属有机骨架化合物($MOFs\text{-}\{(HQA)(ZnCl_2)(2.5H_2O)_n\}$)用作毛细管电色谱固定相，制备毛细管开管柱，拆分手性氨基酸和手性药物；并将奎宁涂覆到羧基修饰的毛细管柱内，制成开管柱毛细管电色谱固定相，其手性分离能力不如 MOFs 修饰的毛细管开管柱；同手性 $MOFs\text{-}\{(HQA)(ZnCl_2)(2.5H_2O)_n\}$ 的高比表面积和高孔隙率对其手性识别能力起重要作用。研究成果为 MOFs 手性固定相“家族”引入新的高效成员，利用 MOFs 的固有特性，展示提高传统手性选择剂的对映体选择性的潜力。研究成果于 4 月发表在《药物分析学报》(*Journal of Pharmaceutical Analysis*)。 (徐婷婷)

【骨质疏松口服多肽候选药物研究取得进展】 上海大学胡宏岗研究组与海军军医大学李翔研究组、山东第一医科大学李玉磊研究组合作，基于 26 个氨基酸的长肽 FRT0，利用双订书化修饰技术，设计双订书肽 FRNC-1。相较线性肽，FRNC-1 显著改善螺旋含量和蛋白水解稳定性，通过静脉注射和口服给药，可在卵巢切除小鼠中有效抑制破骨细胞并减少骨损失；作为提供骨质疏松症治疗的口服有效候选多肽药物，具有进一步临床前和临床研究价值。研究成果于 5 月发表在《药学学报》(*Acta Pharmaceutica Sinica B*)。 (徐婷婷)

【提出基于免疫细胞瘦身的肿瘤治疗策略】 上海交通大学宋海云、季晓媛与上海交通大学樊春海、上海师范大学陈楠研究组合作，构建多层次脂质重编程纳米粒子，特异性地向肿瘤相关树突状细胞递送多种脂代谢干预药物；通过协同性地抑制外源性脂质摄取、内源性脂质合成和成脂基因转录等途径重塑肿瘤相关树突状细胞的抗肿瘤免疫功能，提出重塑肿瘤浸润免疫细胞新策略，显著提高癌症免疫治疗效果。研究成果于 5 月发表在《先进材料》(*Advanced Materials*)。 (李贺轩)

【快速手性区分检测技术研究取得进展】 中国科学院上海有机化学研究所赵延川研究组发展基于环钯金属络合物的新型手性含氟探针，用于含氮杂环类分析物的手性分析。该探针具有开放识别位点，可有效络合大位阻分析物；基于兰索拉唑的不对称合成反应，验证新型环钯金属络合物在快速对映体组成分析中的实用性。该新型手性分析方法无需对产物进行纯化即可同时观测到与手性产物和剩余的底物相对应的检测信号，适用于对金属催化和酶催化等过程的转化率和对映选择性进行高通量分析。研究成果于 5 月发表在《美国化学学会会刊 Au》(*JACS Au*)。 (徐晓娜)

【发现人多能干细胞衍生心脏谱系组合细胞构建的心肌补片可促进梗死心肌长期修复和再生】 中国科学院上海营养与健康研究所杨黄恬研究组和同济大学附属东方医院合作研究利用小鼠心梗模型，比较心梗后第 7 天移植单纯小肠黏膜下层细胞外基质补片(SIS-ECM)及单一和组合细胞补片对梗死心肌的修复效果和机制，发现移植 SIS-ECM 与人多能干细胞衍生心血管前体细胞/心肌细胞(hCVPCs/hCMs)制备的心肌补片可促进心肌修复和再生，而 hCVPCs 和 hCMs 组合心肌补片可通过增强细胞旁分泌效应、细胞驻留和原位心肌细胞增殖，提升梗死心肌修复效果。研究拓展 hCVPC、hCMs 和细胞外基质梗死心肌修复作用和机制，提示利用 SIS-ECM 制备 hCVPCs/hCMs 心肌补片可作为治疗缺血性心脏病的新手段。研究成果于 5 月发表在《生物活性材料》(*Bioactive Materials*)。 (陶欣荣)

【提出仿蠕虫移动机器人多功能控制新架构】 复旦大学方虹斌研究组提出中枢模式发生器(CPG)启发的仿蠕虫移动机器人多功能控制架构，可实现多类型步态集成控制，有效提高机器人的运动效率，强化机器人的场景适应能力；通过模仿蚯蚓腹式神经索上的分布式振荡器，为机器人构建基于霍普夫振荡器的人工 CPG 网络，实现神经振荡和机器人节段变形间的映射；通过调制振荡器网络的集群动力学并模拟生物 CPG 的神经调节，复现仿蠕虫机器人传统的时间对称相位协调步态和离散步态，首创非对称相位协调步态，实现机器人运动步态间的平滑切换，避免机器人在切换步态、启动刹车时发生单元状态陡变，强化机器人场景适应能力，可延长机器人使用寿命。研究成果于 5 月发表在《先进科学》(*Advanced Science*)。 (邹媛媛)

【研发空间转录组数据多模态可视化工具】 中国科学院上海营养与健康研究所研发空间多模态数据浏览器(SMDB)工具，支持对空间转录组等多模态数据在二维和三维空间中的交互式探索。在二维空间中，通过加载 H&E 染色图像、基于基因表达的分子簇等，实现二维切片的分割及基因表达特征边界的识别，推动组织构成的分析；在三维空间中，提供灵活过滤采样点重建形态学可视化，利用高分辨率的分子亚型扩展解剖结构的精度；SMDB 提供可定制的工作空间，用于互动探索组织中的空间转录组采样点，通过预置脑科学研究机构的小鼠大脑解剖图集，为鼠脑形态学研究提供方便快捷的参考，也为研究空间形态学和各种组织的生物功能之间的复杂关系提供全面有效一站式解决方案。研究成果于 5 月发表在《核酸研究》(*Nucleic Acids Research*)。（陶欣荣）

【中枢神经系统感染研究取得进展】 上海大学魏滨研究组与中国科学院分子细胞科学卓越创新中心王红艳研究组合作，发现病毒感染中枢神经系统时，上调表达的血管内皮生长因子-C(VEGF-C)及受体(VEGFR-3)能调控巨噬细胞和神经元间的相互作用，发现在病毒感染脑组织中 VEGFR-3 和配体 VEGF-C 的含量显著上调；利用巨噬细胞和神经元共培养体系或使用病毒感染的神经元的细胞上清处理巨噬细胞等策略，发现病毒感染脑组织中升高的 VEGF-C 能结合并激活巨噬细胞中 VEGFR-3 信号通路，减少神经元凋亡，减轻病毒性脑炎程度。研究成果于 5 月发表在《细胞研究》(*Cell Reports*)。（徐婷婷）

【空间站样品交接与技术研究取得进展】 6 月 4 日，神舟十五号载人飞船返回舱成功着陆。中国科学院上海营养与健康研究所应浩完成随神舟十五号返回舱下行的载人空间站第 4 批空间科学实验样品交接；实现在轨培养骨骼肌细胞、实现细胞融合和肌纤维形成等技术突破；建立在轨活细胞自噬的可视化分析方法，并检测空间微重力环境下骨骼肌细胞自噬小体的形成过程。（刘一凡）

【磁共振分子成像技术研究取得进展】 华东师范大学姚叶锋、魏达秀研究组与复旦大学王鹤研究组，上海西门子医疗器械有限公司合作，研发用于靶向检测活体人脑中重要神经递质分子 γ-氨基丁酸(GABA)的新型磁共振分子成像技术，应用于 3 T 和 7 T 医学成像仪，可用于人脑 GABA 分子无创精准检测。研究成果于 6 月发表在《磁共振成像学杂志》(*Journal of Magnetic Resonance Imaging*)。（朱立峰）

【绘制人体/人体细菌代谢物-G 蛋白偶联受体(GPCR)作用图谱】 复旦大学生物医学研究院/复旦大学附属儿科医院陈海威结合条形码技术和下一代基因测序技术，将 PRESTO-Tango 技术升级为 PRESTO-Salsa 筛选平台，在(96 孔板)单孔中集成 314 个 GPCR 报告细胞系，用于“一对多”功能筛选。研究成果于 6 月发表在《细胞》(*Cell*)。（邹媛媛）

【碱基编辑技术研究取得进展】 华东师范大学李大力研究组研发新型腺嘌呤颠换编辑工具(AXBEs 和 ACBEs)，发现融合小鼠来源的烷基腺苷 DNA 糖苷酶(mAAG)的腺嘌呤颠换编辑器 AXBE 可在特定序列中实现腺嘌呤的颠换，使 A 到 Y 编辑最高可达 73%；证明 ACBEs 在不同细胞系和小鼠胚胎中表现出高效性和精确性，产生的小鼠疾病模型等位基因突变高达 100%；ACBEs 可作为独特的工具用于探索与胸腺嘧啶相对的特定 AP 位点修复机制；为多元化遗传操作和单核苷酸变异的基因治疗提供手段。研究成果于 6 月发表在《自然生物技术》(*Nature Biotechnology*)。（朱立峰）

【活细胞蛋白质标记与成像研究取得进展】 华东理工大学杨弋、朱麟勇、陈显军研究组通过化学进化方法设计出一系列光谱覆盖绿色到近红外波段的人造荧光蛋白；开发光谱涵盖青色到近红外波段的钙离子遗传编码荧光探针，实现对哺乳动物细胞中钙离子震荡的实时监测，为荧光探针构建提供新的荧光载体。研究成果于 6 月在线发表在《细胞发现》(*Cell Discovery*)。（王晓丽）

【提出基于维生素 B_3(VB_3)代谢重编程的化疗耐药性肿瘤治疗策略】 上海交通大学医学院宋海云研究组设计水凝胶释放的双子纳米粒子系统，分别向癌相关成纤维细胞(CAFs)递送干扰 RNA 和向肿瘤细胞递送化疗药物；通过靶向 CAFs 中的烟酰胺 N-甲基转移酶抑制异常 VB_3 代谢，诱导肿瘤干细胞分化和免疫激活，同时靶向杀死肿瘤细胞，显著逆转化疗耐药性。研究提供具有广谱适用性、基于肿瘤基质细胞 VB_3 代谢重编程的化疗耐药性肿瘤治疗策略。研究成果于 6 月发表在《先进材料》(*Advanced Materials*)。（李贺轩）

【开发单细胞数据细胞丰度检测新算法】 中国科学院上海营养与健康研究所 Andrew E. Teschendorff 研究组开发算法 ELVAR，显著提高从单细胞或单细胞核 RNA 测序数据中检测细胞丰度变化灵敏度，概念突破是利用细胞聚类算法识别更相关细胞状态，考虑细胞属性如个体年龄或疾病阶段。ELVAR 应用于结直肠腺瘤癌前组织，发现肠干细胞和调节性 T 细胞比例增加，长期嗅觉丧失的新型冠状病毒患者中嗅觉感觉神经元减少。研究成果于 6 月发表在《自然通讯》(*Nature Communications*)。（陶欣荣）

【建立克服肿瘤免疫耐受增强免疫疗效新方法】 中国科学院上海药物研究所于海军研究组发展一种包载 TGF-β 受体 1 抑制剂和溴结构域蛋白 4 抑制剂 JQ1 的多功能纳米囊泡；实现多模态影像导航药物协同递送和精准释放，克服先天性和获得性免疫耐受，有效改善免疫排斥性肿瘤(IETs)免疫疗效。研究成果于 6 月发表在《自然通讯》(*Nature Communications*)。（刘俊宏）

【开发基于酶促 C(sp^3)—H 氧官能化技术不对称合成羟基酸】 中国科学院上海药物研究所廖苍松研究组、郑明月研究组与广州中医药大学吴杰伟合作，基于对非血红素铁依赖双加氧酶的挖掘，以苯丙酸类底物的 C(sp^3)—H 直接氧官能化策略完成 α-、β-羟基酸的酶法不对称合成。该技术为合成和药物化学提供有价值的手性砌块，为针对特定底物 C(sp^3)—H 氧官能化的酶工程改造奠定基础。研究成果于 6 月发表在《应用化学国际版》(*Angew. Chem. Int. Ed.*)。

（刘俊宏）

【蛋白核心岩藻糖基化与 O-GlcNAc 位点解析研究取得进展】 中国科学院上海药物研究所文留青研究组与周虎研究组合作,发展基于温敏材料(PNIPAM)探针分子的新一代标记方法,实现在多肽水平上对细胞内 2 种重要的蛋白糖基化(核心岩藻糖基化和 O-GlcNAc 糖基化)的同步精准解析。研究为活细胞中复杂糖基化修饰的解析提供经济、便捷和有效的研究工具,推动糖基化的化学酶法标记策略在蛋白糖基化功能研究和潜在药物新靶点的发现等方面的应用。研究成果于 6 月发表在《美国化学学会会刊》(*JACS*)。

（刘俊宏）

【伤口修复监测技术研究取得进展】 东华大学蒋秋冉研究组开发可实现组织修复与原位应变监控功能一体化的伤口修复监测技术,通过将对活泼氢具有高反应活性的乙二醇二缩水甘油醚和富有活泼氢结构的玉米醇溶蛋白结合,赋予蛋白超细纤维基底高弹特性;在保留超细纤维结构的基础上,在纤维表面建立结合层和传感层,实现无封装结构传感支架的创制。研究成果于 6 月发表在《美国化学学会纳米》(*ACS Nano*)。

（张 莹）

【三维打印用于毛发再生研究取得进展】 中国科学院上海硅酸盐研究所吴成铁研究组利用生物三维打印技术制备硅酸镁纳米微球(MS)复合的微图案多细胞支架(Co-2MS-GM);通过网络状分布的血管内皮细胞和聚集性点状分布的毛乳头干细胞组成的仿生微图案模拟皮肤组织中的血管和毛囊结构,体外表征结果显示 Co-2MS-GM 多细胞微图案中成血管和毛囊发育相关基因显著高表达,表明其兼具高成血管和成毛囊活性;通过建立雄激素性脱发小鼠模型,证实 Co-2MS-GM 多细胞微图案可促进毛发再生,为毛囊退化和毛发缺失治疗提供策略。研究成果于 6 月发表在《材料视野》(*Materials Horizons*)。

（闫咨汝）

【无机生物墨水多细胞三维打印用于毛发再生研究取得进展】 中国科学院上海硅酸盐研究所吴成铁研究组针对植入物周围免疫微环境对于毛囊周期及再生的影响,基于钼元素免疫调节作用开发一种基于钼酸钙纳米颗粒的生物墨水,并引入真皮毛乳头细胞和巨噬细胞构建具有免疫调节功能的多细胞支架。支架通过释放 Mo 离子诱导巨噬细胞极化为 M2 表型,形成抗炎免疫微环境进一步刺激真皮毛乳头细胞中毛囊生长期相关细胞因子分泌。通过裸鼠创面、皮下植入和小鼠的雄激素脱发 3 种动物模型证实支架的免疫调节和诱导毛发再生作用。研究成果于 6 月发表在《纳米今日》(*Nano Today*)。

（闫咨汝）

【表面生物活化研究取得进展】 华东理工大学刘润辉研究组设计并合成三肽(丁二胺-多巴-赖氨酸-多巴,DbaYKY)为端基的促细胞黏附多肽或聚合物,可通过一步简单的修饰构筑到各类材料表面,可在 5 分钟的修饰时间内赋予表面细胞黏附特性,使生物惰性材料转变为生物活性材料。研究成果于 7 月发表在《美国化学学会会刊》(*JACS*)。

（王晓丽）

【基于序列的药物设计研究取得进展】 中国科学院上海药物研究所郑明月研究组提出一种基于序列的药物设计概念,通过端到端的可微学习,避免复杂流程中的错误积累,直接从蛋白质序列出发进行药物设计发现,为创新药物发现提供新视角。研究成果于 7 月发表在《自然通讯》(*Nature Communications*)。

（刘俊宏）

【研发 DNA 编码的人工“配体-受体”系统】 上海大学李江与上海交通大学吴际研究组合作,发展 DNA 编码的人工“配体-受体”系统,用于可编程调控细胞外囊泡与细胞间的正交通信;构建基于系统的干细胞微环境,即“干细胞龛”,支持灵长类动物雌性生殖干细胞体外自我更新与干性维持,为干细胞工程化应用提供新工具;实现来源于不同物种(小鼠、西瓜和大肠杆菌)的细胞外囊泡与人源细胞之间的跨物种通信。研究成果于 7 月发表在《先进材料》(*Advanced Materials*)。

（徐婷婷）

【提出蛋白质正交化学修饰策略】 华东理工大学田禾、贺晓鹏研究组与海军军医大学第三附属医院王红阳研究组合作,开发基于人血清白蛋白正交修饰的化学策略,通过协同靶向癌细胞表面抗原与抑制巨噬细胞吞噬,实现原发性肝癌的精准可视化及光驱动治疗;通过系列动物实验验证其对肝细胞癌(HCC)实体瘤体内靶向、长效荧光可视化及光驱动消融性能,为 HCC 腹腔镜下术中荧光导航与光驱动治疗提供试剂原型。研究成果于 7 月发表在《美国化学学会会刊》(*JACS*)。

（王晓丽）

【开发特异性识别帕金森病关键致病蛋白的新型示踪剂】 上海交通大学李丹研究组与中国科学院深圳先进技术研究院叶克强研究组、武汉大学人民医院张振涛研究组合作,开发具有临床应用前景的 α-突触核蛋白(α-syn)聚集体正电子发射计算机体层显像(PET)示踪剂,揭示其与 α-syn 淀粉样纤维相互作用的结构基础;首次说明利用高分辨率的小分子配体-淀粉样纤维复合物结构信息,实现 α-syn 聚集体 PET 示踪剂合理设计和优化,可推动帕金森病早期精准诊断和疾病亚型分类。研究成果于 7 月在线发表在《细胞》(*Cell*)。

（付 符）

【构建基于可见光介导的能量转移策略的双季碳中心环丙烷】 上海中医药大学张宇、张卫东研究组开发一种可见光介导的能量转移(EnT)策略,基于 N-甲苯磺酰腙形成原位供体/供体卡宾,合成具有双季碳中心的环丙烷;实现在复杂生物活性分子中引入环丙烷,含有2个四元中心环丙烷单元的聚集酶-2抑制剂显示出色的药代动力学特征,对于构建高度拥挤的环丙烷至关重要。研究成果于7月以封面文章形式发表在《美国化学学会催化》(*ACS Catalysis*)。

(梁 燕)

【提出增强金属分子笼光敏剂光动力抗菌效果策略】 上海交通大学医学院附属第九人民医院黄凯、庄艾、王进兵研究组提出通过含镓生物材料抑制细菌内源性一氧化氮合酶,降低细菌抵抗活性氧杀伤能力,放大光动力产生的氧化应激,实现增强光动力抗菌的策略;制备1种含镓生物材料,联用新型含铂光敏剂,在低剂量的条件下表现出增强的光动力抗菌效果。研究表明,引入高剂量活性氧可降低细菌对活性氧抵抗,从而实现增强光动力治疗细菌感染,克服抗生素过度使用导致的细菌耐药性。研究成果于7月发表在《美国国家科学院院刊》(*PNAS*)。 (徐维旖)

【声致压电材料及超声-压电动力学肿瘤治疗研究取得进展】 中国科学院上海硅酸盐研究所祝迎春研究组与上海交通大学附属第九人民医院符静珂、澳大利亚昆士兰大学王连洲合作,设计并制备Mn—Ti双金属有机骨架四方纳米片(MT-MOF-TNS),研发新型多元金属有机框架(MT-MOF)压电纳米半导体,提出基于MT-MOF TNS的超声-压电动力学治疗(SPDT)策略;通过将SPDT与化学动力学治疗和化疗相结合,靶向分子和化疗药物修饰MT-MOF TNS,以实现更显著的肿瘤抑制效果。研究成果于7月发表在《先进材料》(*Advanced Materials*)。 (闫咨汝)

【三维打印空间填充多面体支架用于神经/血管化骨再生研究取得进展】 中国科学院上海硅酸盐研究所吴成铁、王亮研究组采用光固化三维打印技术制备具有不同空间拓扑结构的生物陶瓷支架模拟松质骨的不规则多孔网状结构。该支架力学强度和孔隙率可通过程序化设计灵活调控,以满足不同患者的个性化需求,为实现功能性骨再生提供策略。研究成果于7月发表在《先进材料》(*Advanced Materials*)。

(闫咨汝)

【腹壁修复研究取得进展】 东华大学王璐、李超婧与复旦大学附属华东医院合作,采用聚酯复丝设计制备具有力学各向异性的方形网孔经编织物。研究将织物与壳聚糖/聚丙烯酰胺水凝胶复合,通过碱处理调控复合补片力学性能与天然腹壁相近实现力学仿生,为实现黏附性能,在复合补片表面聚合由海藻酸钠、丙烯酸和聚丙烯酸-N-羟基琥珀酰亚胺酯组成的水凝胶层。结果表明,复合补片通过双重顺应性促进组织再生,实现腹壁功能重建;与腹壁组织的力学性能匹配,可良好黏附组织,实现无钉固定,为再生组织提供长期机械支撑。研究成果于7月发表在《先进功能材料》(*Advanced Functional Materials*)。 (张 莹)

【框架核酸状态机研究取得进展】 上海大学李江与上海交通大学樊春海研究组合作,基于链置换反应介导的框架核酸响应性变构,构建具有时序信号分辨能力的状态机,并在活细胞中应用;发展可在活细胞中工作的框架核酸状态智能机,实现时序信号调控的成簇规律间隔的短回文重复序列系统的分级输运和基因编辑功能。研究成果于8月发表在《自然机器智能》(*Nature Machine Intelligence*)。

(徐婷婷 付 符)

【表面增强拉曼光谱法检测唾液中胃癌标志物研究取得进展】 上海师范大学杨海峰、刘新玲研究组使用高效液相色谱-质谱,开发基于包裹有金纳米颗粒的氧化石墨烯纳米卷的表面增强拉曼散射(SERS)传感器,检测唾液中的10种氨基酸生物标记;SERS传感器通过模拟样品和220份性能优异(特异性>87.7%和灵敏度>80%)的临床唾液样品,被证实可用于区分早期胃癌患者和晚期胃癌患者与健康人群。研究为人群筛选早期胃癌患者和晚期胃癌患者提供新策略。研究成果于8月发表在《分析化学》(*Analytical Chemistry*)。 (余 强)

【实现内源性生物工程化人体组织再生和修复】 上海交通大学医学院附属第九人民医院李青峰研究组提出空间诱导再生概念,发现人体骨膜组织具有空间诱导定向定型生成骨软骨结构性组织、器官能力。以指关节和耳廓重建为例,在人体内不使用任何外源细胞、生物支架及细胞因子的前提下,完全利用人体自身的组织再生能力,新生出无免疫排斥的自体组织和器官功能性结构,并应用于缺损部位修复。研究解决组织、器官构建与再生的核心难题,并为其他组织再生,特别是具有复杂结构和功能的器官再造提供可能性。研究成果于8月发表在《细胞报道医学》(*Cell Reports Medicine*)。 (徐维旖)

【开发局部晚期鼻咽癌预后预测模型】 复旦大学附属肿瘤医院宋少莉研究组开发多任务深度学习生存预测模型,对鼻咽癌患者治疗前^{18}F-FDG PET/CT图像进行联合生存风险评分和肿瘤分割,得到生存风险评分可直接用于生存预后预测;构建基于多任务深度学习的影像组学诺莫图模型(MTDLR),提高局部晚期鼻咽癌患者预后预测准确性和可解释性,实现患者风险分层。研究成果于8月发表在《欧洲核医学与分子成像杂志》(*European Journal of Nuclear Medicine and Molecular Imaging*)。 (邹媛媛)

【绘制糖电信号指纹图谱】 中国科学院上海药物研究所高召兵、夏冰清、文留青、程曦等合作,设计并构建一种工程改造的生物纳米孔,识别和捕捉糖分子官能团乙酰氨基和羧基的特征电信号;描绘含有2种官能团不同聚合度糖的电信号指纹图谱,并运用于混合体系中不同糖分子的结构鉴定。研究为生物纳米孔为基础的糖测序技术提供见解。研究成果于8月发表在《美国化学学会会刊》(*JACS*)。

(刘俊宏)

【实现在单细胞水平对纳米粒和肿瘤跨尺度追踪】 中国科学院上海药物研究所张继稳研究组与临港实验室殷宪振研究组合作，构建 B16F10 小鼠肺转移瘤病理图谱，阐明纳米载体在肿瘤和临近组织的时空分布规律；构建一种纳米载体靶向效率的高精度可视化评估方法，突破现有肿瘤成像方法及瘤内纳米载体可视化技术的局限性，为纳米递药系统的设计和开发提供新的策略。研究成果于 8 月发表在《科学进展》(*Science Advances*)。 (刘俊宏)

【发现化疗-肠道菌群调控一体化抗结直肠癌新策略】 中国科学院上海药物研究所李亚平研究组合成两亲性的木聚糖-硬脂酸偶联物(Sxy)。Sxy 在水中可自组装形成纳米粒，并将硬脂酸修饰的卡培他滨(Cap)包裹在纳米粒内核中，获得载 Cap 益生元纳米粒 SCXN；构建基于益生元的肠道菌群调节-化疗一体化纳米递送系统，可为结直肠癌治疗提供新策略。研究成果于 8 月发表在《自然通讯》(*Nature Communications*)。 (刘俊宏)

【发现理性化设计的 mRNA 纳米疫苗】 中国科学院上海药物研究所李亚平研究组利用机器学习手段指导纳米疫苗的理性化设计，实现 mRNA 抗原和环二核苷酸类 STING 激动剂的高效协同递送，提高对结直肠癌、黑色素瘤的免疫治疗效果。研究为 mRNA 纳米肿瘤疫苗的理性化设计、构建与开发提供思路。研究成果于 8 月发表在《国家科学评论》(*National Science Review*)。 (刘俊宏)

【开发用于转化医学药物发现的工具】 中国科学院上海药物研究所罗成研究组与北京蛋白质组研究中心孙爱华合作，开发一种用于开展转化医学药物发现的工具 OTTM，大幅节省人工查询时间；将组学数据用于转化医学研究，提高团队在开展老药新用研究中的发现效率。研究成果于 8 月发表在《生物信息简介》(*Briefings in Bininformatics*)。 (刘俊宏)

【提出机器学习辅助定向进化新方法】 中国科学院上海药物研究所郑明月研究组、廖苍松研究组提出一种深度神经网络模型 GVP-MSA，基于不同类型的蛋白质适应度图景，通过迁移学习的方式构建目标蛋白的适应度图景。研究为机器学习辅助定向进化提供思路，有助于高效探索蛋白质序列突变空间，快速设计具有改良或全新特性的蛋白质序列。研究成果于 8 月发表在《细胞系统》(*Cell Systems*)。 (刘俊宏)

【白血病干细胞自我更新机理的调控研究取得进展】 上海大学张忠辉研究组与华中科技大学同济医学院、中南大学湘雅二院、美国伊利诺伊大学芝加哥分校等合作，发现高效表达的微小核糖核酸(miR-30e-5p)可在小鼠体内抑制白血病干细胞生长，延长髓系白血病模型小鼠的生存时间；明确白血病干细胞中 miR-30e-5p 通过调控下游靶分子细胞色素(Cyb561)，影响白血病干细胞内抗坏血酸及谷胱甘肽的水平进而调控胞内活性氧，可调节白血病干细胞的细胞周期和细胞凋亡。研究成果于 8 月在线发表在《血液学》(*Haematologica*)。 (徐婷婷)

【开发两亲超润湿性仿生材料】 华东理工大学白志山、王炳捷研究组开发两亲超润湿性仿生材料 PEI-TiO_2@GA 气凝胶，结合连续分离装置，实现乳化液高效破乳、微油滴聚结分离和共存污染物靶向去除；发现 PEI-TiO_2@GA 界面润湿性能的转变是可逆的多步过程，乳化液的破乳分离和共存污染物的吸附去除是 2 个独立过程。研究为复杂体系工业废水深度处理的高性能工程材料设计和开发提供方案。研究成果于 8 月发表在《危险材料杂志》(*Journal of Hazardous Materials*)。 (王晓丽)

【提出光偶联反应凝胶技术】 上海交通大学林秋宁、朱麟勇研究组提出凝胶化过程中自发形成相分离结构，同步建立两相间的牢固界面。基于该策略，常见的水溶性高分子如聚乙二醇、聚丙烯酰胺、聚丙烯酸、多糖等均可作为骨架材料，快速形成高强韧水凝胶，具有良好的结构稳定性和耐疲劳性，能循环拉伸超过 10 万次，契合光投影三维打印，可实现微米级精度、复杂水凝胶结构(如支架、血管等)的三维加工制造。研究成果于 8 月发表在《自然材料》(*Nature Materials*)。 (付 符)

【构建深度神经网络模型解密磷酸化位点的功能景观】 中国科学院上海药物研究所罗成研究组与苏州大学梁中洁研究组合作，构建 FuncPhos-SEQ 模型。通过输入原始蛋白质序列，对人类蛋白质组层面的磷酸化位点进行功能预测；丰富对大鼠肉瘤病毒癌基因同源物(KRas)调控烟酰胺腺嘌呤二核苷酸激酶(NADK)活性方式的认识，为靶向 KRas 信号通路提供更多可能性；发现细胞外调节蛋白激酶(ERK1/2)是磷酸化 NADK-S48/50 的主要激酶。研究成果于 9 月发表在《细胞研究》(*Cell Reports*)。 (刘俊宏)

【构建三元协同纳米粒攻破三阴性乳腺癌的免疫抑制网络】 中国科学院上海药物研究所李亚平研究组构建具有级联酸敏感的三元协同纳米粒，可同时重编程肿瘤相关巨噬细胞(TAM)、抑制髓源抑制细胞(MDSC)和阻断程序性死亡受体 1(PD-1)/程序性死亡受体配体 1(PD-L1)通路，以 TAM、MDSC、$CD8^+$ T 细胞为直接调节靶点，利用瘤内免疫网络的串扰实现对自然杀伤细胞(NK)、树突状细胞和调节性 T 细胞(Treg)的间接调节，全面激活固有和适应性抗肿瘤免疫应答。研究成果于 9 月发表在《美国化学学会纳米》(*ACS Nano*)。 (刘俊宏)

【开发 2 型糖尿病患者血糖个性化精准调控的人工智能(AI)系统】 复旦大学附属中山医院李小英、陈颖研究组与北京邮电大学王光宇研究组合作，提出采用基于强化学习算法的AI系统RL-DITR制定胰岛素决策策略,提升2型糖尿病患者胰岛素治疗方案准确性。研究为2型糖尿病患者提供个性化、动态诊治方案,辅助建立分级诊疗体系,提升慢病管理效率。研究成果于9月在线发表在《自然医学》(*Nature Medicine*)。 (邹媛媛)

【活细胞RNA荧光成像技术研究取得进展】 上海交通大学朱麟勇研究组与华东理工大学杨弋、陈显军研究组,浙江大学任艾明研究组合作,通过荧光染料设计,解决核糖核酸(RNA)成像光谱重叠问题;构建具有大斯托克斯位移的荧光染料,实现活细胞RNA单激发双发射多色成像及RNA与蛋白相互作用的动态监测。研究为时间和空间尺度上深入探究RNA的功能和复杂相互作用提供工具。研究成果于9月发表在《自然方法》(*Nature Methods*)。

(王晓丽 付 符)

【开发基于深度学习的碱基编辑脱靶预测工具】 上海交通大学医学院王慧研究组与复旦大学王永明研究组、复旦大学附属浦东医院余波研究组合作,设计超过9万对引导RNA和脱靶序列,通过高通量测序和深度学习模型,开发可预测腺嘌呤碱基编辑器和胞嘧啶碱基编辑器脱靶的工具。研究填补碱基编辑脱靶预测空白,有助于设计更精确的RNA引导序列。研究成果于9月发表在《自然通讯》(*Nature Communications*)。 (李贺轩)

【发布腔面型乳腺癌多组学全景图谱】 复旦大学附属肿瘤医院邵志敏、江一舟研究组与复旦大学、上海市生物医药技术研究院合作,绘制全球最大的腔面型乳腺癌多组学全景图谱,提出"复旦腔面四分型"基础上的精准治疗策略;针对早期和局部晚期患者,设计腔面型乳腺癌"复旦分型"指导下的精准新辅助治疗平台型临床研究(FASCINATE-N),探索精准治疗下最快缩小肿瘤的方案,为不适合手术的患者提供手术机会;针对晚期腔面型乳腺癌患者,面向不同亚型设计多个临床试验,为晚期患者提供治疗选择。研究成果于9月发表在《自然遗传学》(*Nature Genetics*)。 (邹媛媛)

【提出易用高效生物振荡调频调幅方法与理论】 复旦大学林伟、秦伯韡研究组揭示解耦生物振荡频率和振幅的普适性理论,并提出易用高效的调频调幅控制器设计方法。研究建立生物振荡系统的调频调幅数理基础,为实现合成生命系统调频调幅提供原理指引。研究成果于9月在线发表在《物理评论快报》(*Physical Review Letters*)。 (邹媛媛)

【构建三维打印可移植活性气管】 同济大学陈昶研究组与浙江大学贺永研究组合作,基于三维打印技术构建模拟天然气管的生物工程气管,形成再生免疫微环境;通过引入熔融近场直写技术,以可降解材料聚己内酯为原料,优化支架内部网格排列形式和孔隙大小等参数,制备生物工程气管替代物基本骨架,为重建气管中的软骨及结缔组织,营造仿生的细胞外基质结构环境;针对组织发育和器官移植需求,采用"体外塑形"+"体内塑性"思路,将受体作为组织发育生物反应器,采用预血管化后带蒂原位移植方案,完成长段缺损气管重建。研究在实验动物气管缺损修复中具有高临床潜力。研究成果于9月发表在《科学转化医学》(*Science Translational Medicine*)。 (张一卉)

【基于电导率的分子结构检测研究取得进展】 上海大学杰夫研究组与悉尼科技大学、科廷大学、纽卡斯尔大学等合作,利用分子异构性质研发单分子压敏电阻器,用于检测化学物质、蛋白质和酶等生物大分子;采用扫描隧道显微镜断结技术确定该分子压阻特性,通过电流-时间实验实时跟踪单分子反应;在毫秒时间尺度范围内,可利用电学手段检测正在发生反应的分子构型变化。研究成果于10月发表在《自然通讯》(*Nature Communications*)。 (徐婷婷)

【蛋白质结构冷冻电镜解析分辨率研究取得进展】 复旦大学马剑鹏研究组开发新型计算方法OPUS-DSD,解析冷冻电子显微镜(Cryo-EM)难以分辨的生物大分子结构,高效精准分辨柔性结构域在受测样品中的构象分布;建立高精度生物大分子结构模型,可用于解决药物设计因目标蛋白结构不准导致新药研发失败的问题。研究成果于10月发表在《自然方法》(*Nature Methods*)。 (邹媛媛)

【构建新型PDC药物抑制内皮细胞介导的T淋巴细胞凋亡】 中国科学院上海药物研究所李亚平研究组与上海科技大学张鹏程研究组合作,构建由多肽-药物偶联物(PDC)自组装形成的多肽纳米纤维,通过协同调控肿瘤相关内皮细胞(TECs)和肿瘤细胞,缓解TECs介导的T淋巴细胞功能障碍,提高三阴性乳腺癌(TNBC)治疗效果。研究成果于10月发表在《先进材料》(*Advanced Materials*)。 (刘俊宏)

【构建药物先导化合物优化的人工智能新方法】 中国科学院上海药物研究所郑明月研究组提出一种先导化合物优化的人工智能方法PBCNet,通过比较1组相似配体的结合模式差异预测二者之间的相对结合亲和力,可较好兼顾计算速度和精度;开发易于操作的图形界面网络计算服务。研究成果于10月发表在《自然计算科学》(*Nature Computational Science*)。 (刘俊宏)

【开发用于发现靶向酪氨酸的苗头化合物的ABPP-CoDEL技术】 中国科学院上海药物研究所陆晓杰研究组、谭敏佳研究组与复旦大学周璐研究组合作,结合基于活性的蛋白质组分析(ABPP)和DNA编码化合物库(DEL)技术,开发"ABPP-CoDEL"技术,用于共价苗头化合物的发现;应用该方法为一系列蛋白找到靶向酪氨酸的共价苗头化合物,并拓展共价DEL的应用范围。研究成果于10月发表在《美国化学学会会刊》(*JACS*)。 (刘俊宏 邹媛媛)

【胰腺癌新辅助治疗研究取得进展】 复旦大学附属肿瘤医院虞先濬、施思研究组发现接受胰腺癌新辅助治疗后，胰腺癌出现由“冷”变“热”、由“糖”转“脂”的状态改变；靶向新辅助治疗后上调的代谢免疫关键分子白细胞分化抗原36(CD36)，可提升胰腺癌治疗效果；揭示新辅助治疗在胰腺癌微观层面的作用和机制，证实靶向CD36可促进抗肿瘤免疫，并与标准新辅助治疗方案产生协同作用抑制胰腺癌进展。研究成果于10月发表在《细胞报道医学》(*Cell Reports Medicine*)。 （邹媛媛）

【老龄骨修复材料研究取得进展】 华东理工大学刘昌胜、袁媛与张琰研究组合作，开发一种负载含雷帕霉素的聚二硒化物胶束的可注射聚乙二醇化甘油癸二酸酯/聚谷氨酸水凝胶，可用于多维度调控老龄骨再生微环境的活性氧(ROS)水平，恢复老龄骨组织的再生潜能；实现对衰老细胞内外ROS水平的有效调控，可维持细胞外氧化水平，清除衰老细胞内过量积累的ROS，并提高衰老细胞的抗氧化能力，减少ROS持续产生。研究成果于10月在线发表在《先进材料》(*Advanced Materials*)。 （王晓丽）

【人线粒体ClpP(HsClpP)选择性激动剂抗肺鳞癌研究取得进展】 中国科学院上海药物研究所杨财广研究组开发HsClpP选择性小分子激动剂，验证针对不同物种同源性较强的ClpP蛋白酶可实现选择性激活，为ClpP选择性激动剂的设计提供新方法；开展通过激动HsClpP抑制肺鳞癌发生发展的抗肿瘤活性研究，为肺鳞癌的治疗提供策略。研究成果于11月发表在《自然通讯》(*Nature Communications*)。 （刘俊宏）

【提出蛋白质C端化学修饰新方法】 中国科学院上海药物研究所黄蔚研究组推测半胱氨酸蛋白酶结构域自裂解过程中可能存在硫酯中间体，额外加入氨基化合物可与硫酯中间体反应形成新的酰胺键，在标签脱除的同时实现对蛋白质C端衍生化；优化氨基化合物浓度、InsP6浓度、催化剂种类、缓冲溶液种类等反应条件，拓展氨基底物及蛋白底物，转化率可达95%以上；实现纳米抗体药物偶联物、纳米抗体糖/肽偶联物、双特异性抗体的制备及抗体C端的荧光标记。研究成果于11月发表在《自然通讯》(*Nature Communications*)。 （刘俊宏）

【开发靶向肿瘤间充质上皮转化受体(c-Met)新型PET探针】 中国科学院上海药物研究所程震研究组与上海交通大学张翱研究组合作，发现正电子发射计算机断层成像([^{18}F]-AZC PET/CT)图像上的信号与胶质瘤部位的c-Met表达呈正相关。[^{18}F]-AZC PET/CT成像可为受益人群筛选、评估c-Met在体表达的异质性及c-Met靶向癌症治疗疗效预测方面提供参考。研究成果于11月发表在《欧洲核医学与分子成像杂志》(*Eur J Nucl Med Mol Imaging*)。 （刘俊宏）

【开发新一代人工光感受器修复视觉功能】 复旦大学张嘉漪研究组与复旦大学附属眼耳鼻喉科医院姜春晖研究组、复旦大学附属中山医院袁源智研究组合作，针对网膜色素变性等光感受器退行性疾病伴随光感受器不可逆死亡导致患者完全失明的难题，利用氧化钛纳米线阵列人工光感受器在失明小鼠和非人灵长类模型上实现视觉功能修复。研究成果于11月在线发表在《自然生物医学工程》(*Nature Biomedical Engineering*)。 （邹媛媛）

【开发多疾病风险预测模型】 复旦大学程炜、冯建峰研究组与复旦大学附属华山医院郁金泰研究组合作，基于血浆蛋白质组学数据和人工智能算法研发蛋白风险评分，实现对多种疾病及死亡等健康结局的预测；基于英国生物样本库队列数据，对45种常见疾病及死亡进行中位数时长超14年的追踪随访；通过对OLINK平台检测的1 461种血浆蛋白质测序数据建模分析，开发基于神经网络的蛋白风险评分，对呼吸系统疾病、循环系统疾病、糖尿病、肺癌、前列腺癌预测效能超85%，对全因死亡、痴呆、肾衰竭、肥胖、慢性肺栓塞预测效能超80%。研究成果于11月发表在《自然通讯》(*Nature Communications*)。 （邹媛媛）

【零样本药物靶标相互作用预测研究取得进展】 上海交通大学潘小勇研究组提出具有子图匹配功能的蛋白质特异性元学习框架ZeroBind，将新药物和新蛋白质的药物-靶标相互作用预测作为零样本学习问题；利用ZeroBind为每种蛋白质训练任务模型，使每个特异性蛋白质模型学习该蛋白质特有的药物结合模式；提出与模型无关的最优子图学习，基于弱监督思想找到与任务相关的最优子图作为蛋白质中的结合口袋，通过结合口袋特征进行相互作用预测。ZeroBind在3个独立的零样本测试集和1个少样本测试集上进行充分的实验，可克服现有方法的不足。研究成果于11月发表在《自然通讯》(*Nature Communications*)。 （付 符）

【原位释氢支架重塑衰老骨微环境研究取得进展】 上海交通大学何前军与中国科学院深圳先进技术研究院唐为、上海大学刘昌胜合作，构建负载硅化钙纳米粒的介孔生物活性玻璃支架(CSN@PHA-MBG)，实现骨缺损部位原位释氢约1周；通过氢分子对衰老微环境重塑，CSN@PHA-MBG支架促进骨髓间充质干细胞的招募，并原位剥夺其衰老表型，恢复组织再生与修复能力，具有临床应用潜力；发现持续氢供应对24月龄小鼠(相当于70岁老年人)的骨组织内各种细胞具有广谱抗衰老效应。研究成果于11月发表在《自然通讯》(*Nature Communications*)。 （付 符）

【开发多功能镁-姜黄素多酚网络吸湿抗菌敷料】 上海交通大学医学院附属第九人民医院王贤松研究组与深圳大学黄鹏合作，开发负载姜黄素镁多酚网络(Cur-Mg@PP)的水凝胶敷料。该水凝胶能快速吸收伤口渗出物，释放镁离子和姜黄素,具有镇痛、抗氧化、抗炎、血管生成和组织再生等功能,促进烧伤伤口愈合。实验证明 Cur-Mg@PP 的抗炎活性及其在长期稳定释放姜黄素-镁复合物(Cur-Mg)方面的优越性,其释放的 Cur-Mg 比单一 Cur-Mg 溶液能更有效释放并发挥作用。研究成果于 11 月在线发表在《美国化学学会纳米》(*ACS Nano*)。 (徐维旖)

【开发作物基因组选择平台 CropGS-Hub】 上海师范大学黄学辉研究组与深圳华大生命科学研究院合作,开发作物基因组育种平台 CropGS-Hub,收集 7 个重要农作物的群体基因型、农艺表型和数量性状位点等数据,集成多种全基因组选择(GS)模型算法;开发从测序数据输入、GS 模型构建到生成表型预测报告的"一站式"分析系统,对基因组选择的方法研究和作物育种实践具有指导意义;CropGS-Hub 可提供以 GS 功能为主的综合性作物基因组育种平台,推动 GS 育种普遍化和数据合作共享。研究成果于 11 月发表在《核酸研究》(*Nucleic Acids Research*)。 (余 强)

【研制具有跨厚度液体定向运输功能的新型引导骨再生(GBR)膜】 中国科学院上海微系统与信息技术研究所陶虎研究组与上海交通大学医学院附属第九人民医院邹多宏研究组合作,设计制备具有锥形微孔通道的双层丝素膜(CSMP-DSF 膜)。CSMP-DSF 膜由致密层与疏松层共同组成,双层结构通过锥形通道相连,致密层与疏松层之间存在的表面能梯度及 CSMP 结构产生的拉普拉斯压力共同促进液体从光滑面向松散层的定向运输;兼具较强的机械强度和保护特性以及液体定向运输能力。跨厚度液体定向运输结构的引入为解决组织工程支架中与材料跨膜厚度运和血液灌注问题提供新方法。研究成果于 12 月发表在《先进材料》(*Advanced Materials*)。 (殷之嵩)

【揭示有机负荷率对两阶段厌氧发酵系统的影响】 上海交通大学刘荣厚研究组基于新型产氢产甲烷两阶段厌氧发酵系统,使用餐厨垃圾、鸡粪和玉米秸秆为混合发酵原料,探究有机负荷率提升对关键酶活、电子传递系统和微生物群落的影响。结果表明,该发酵系统的产氢和产甲烷能力随着有机负荷率的提高而提升;产甲烷阶段的电子传递系统活性随着有机负荷提升而明显降低,说明有机负荷的提升会减弱微生物间互营作用;在提高有机负荷时,产酸菌和产乙酸菌的丰富度明显提升,有利于实现产酸反应和产甲烷反应之间的平衡;论证互营产甲烷作用在高有机负荷率厌氧发酵系统中得到强化,为产氢产甲烷两阶段厌氧发酵技术处理高有机负荷率有机废弃物的发展及应用提供参考。研究成果于 12 月发表在《化学工程杂志》(*Chemical Engineering Journal*)。 (付 符)

【构建超分子自组装纳米载体用于铁死亡】 上海交通大学沈琦研究组基于超分子自组装原理,构建具有活性氧(ROS)响应性级联生物反应器 PCFP@PL/p53 NPs。该反应器可在肿瘤细胞内高 ROS 水平下被氧化打开,快速解体,释放负载的荜茇酰胺与 p53 质粒;p53 在 ROS 应激条件下,增加细胞内 ROS 水平,诱导肿瘤细胞发生铁死亡,抑制肿瘤生长和转移;构建智能纳米递送载体,为基于铁死亡的三阴性乳腺癌治疗提供新策略。研究成果于 12 月发表在《先进功能材料》(*Advanced Functional Materials*)。 (付 符)

【基于深度学习的可视喉镜检查研究取得进展】 上海交通大学医学院附属第九人民医院姜虹研究组与上海交通大学林志良研究组合作,利用计算机视觉技术优化气道管理流程,创建人工智能模型预测视频喉镜下的困难气道,辅助决策气道管理路径,提高麻醉医生工作效率;通过神经网络创建人工智能模型,证实该预测模型显著优于传统的气道评估方法,为临床医生提供更安全可靠的预测手段。研究成果于 12 月发表在《麻醉》(*Anaesthesia*)。 (徐维旖)

【实现高含量脱细胞基质微颗粒三维打印】 上海大学张坤玺研究组开发高效、通用的三维打印脱细胞基质(dECM)微粒基异质性颗粒墨水,实现多种生物组织的再生修复;通过多巴胺聚合,实现对 dECM 微颗粒表面包覆改性,制备预留双键的明胶基(GelMA)微球;受关节润滑的启发,在聚多巴胺涂层和 GelMA 微球中引入透明质酸减少微界面摩擦,拓宽可打印的 dECM 微颗粒含量窗口。该方法在脱细胞软骨微颗粒、脱钙骨微颗粒、脱细胞真皮微颗粒中均得到验证,具有普适性。研究成果于 12 月发表在《先进功能材料》(*Advanced Functional Materials*)。 (徐婷婷)

第三节 | 纳米技术

【基于纳米碳纤维极端热还原的单中心原子催化剂制备和性能研究】 项目由东华大学承担,1 月 11 日通过市科委验收。项目开发利用静电纺碳纤维基催化材料的焦耳热制备方法,制备单原子级铁基和钴基纳米催化材料;该材料在 0.1 mol/L 氢氧化钾溶液中的氧还原半波电位相对于可逆氢电极为 0.9 V。项目申请专利 9 件,发表论文 10 篇。 (张 莹)

【多元功能分子阵列的直写研究】 项目由东华大学承担,1 月 11 日通过市科委验收。项目研究开发分子墨水打印技术,分辨率达微米以下,合成的纳米图案化学成分清晰可检测;在精确制备特定化学结构材料方面取得进展,提升材料制备与表征的高通量能力;发展适合多种功能材料的在位合成与检测技术,克服传统光刻技术在处理软物质、功能材料等方面的局限性。项目申请专利 3 件,发表论文 4 篇。 (张 莹)

【聚合物纳米棒超分子聚合研究取得进展】 华东理工大学林嘉平研究组提出嵌段共聚物介导的聚合物纳米棒超分子聚合;发现在聚合物纳米棒水溶液中加入嵌段共聚物第2组分,调控超分子反应,可发生"肩并肩"并排聚合现象,形成独特的捆绑束状多级结构;提出嵌段共聚物调控纳米棒超分子聚合行为的机理,拓展聚合物纳米棒等胶体粒子超分子聚合研究范围。研究成果于1月在线发表在《应用化学国际版》(*Angew. Chem. Int. Ed.*)。 (王晓丽)

【开发具有抗衰老潜力的有机聚合物纳米酶】 上海大学赵春华研究组开发超小聚多巴胺纳米颗粒 UPDA NPs,发现 UPDA NPs 与抵抗氧化应激诱导的衰老与脂质代谢、线粒体功能、能量稳态、端粒酶活性、神经保护和炎症反应相关的多种调节基因有关,在药物诱导的衰老细胞和模型生物中具有抗衰老作用,具有临床转化研究潜力。研究成果于1月在线发表在《材料今日生物》(*Materials Today Bio*)。 (徐婷婷)

【揭示单层二硒化钨纳米尺度退相干机制】 同济大学程鑫彬、王占山研究组基于金属针尖耦合等离激元,在纳米尺度上激发二维材料的非线性光学响应,对单层二硒化钨进行超快纳米光学显微研究;在室温条件下研究单层二硒化钨退相干时间,揭示退相干时间与非线性光学四波混频信号强度呈反相关关系的现象。研究成果于2月发表在《纳米快报》(*Nano Letters*)。 (张一卉)

【制备基于纳米乳液辅助单体跨界面穿梭的高性能水处理纳滤膜】 同济大学王志伟研究组与香港大学汤初阳、范德堡大学林士弘合作,提出纳米乳液介导界面聚合反应(NERIP)策略,制备高渗透性、高选择性水处理纳滤膜;基于纳米乳液辅助单体跨界面穿梭机制,在聚酰胺层表面形成纳米环形山结构,增加聚酰胺层的比表面积与空腔含量,单体穿梭作用诱导形成超薄、高度交联、孔径更均匀的聚酰胺层,制备具有优异的水渗透性和盐截留率的 NERIP 纳滤膜;实现在传统两相界面聚合中引入第三相,成本较低、兼容性好,为高渗透性、高选择性水处理纳滤膜制备提供方法。研究成果于2月发表在《自然水》(*Nature Water*)。 (张一卉)

【机械力与电子传递抗菌研究取得进展】 同济大学杜建忠、王国敏研究组与香港城市大学朱剑豪、湘潭大学唐楷为合作,利用水热退火法制备氮化钛纳米线,通过控制样品在反应釜中的摆放位置、反应时间控制纳米线的取向,以尿素为氮源进行退火,获电容性较强的氮化钛样品;发现相较于倾斜和平铺纳米线,垂直纳米线对细菌施加更大的机械应力,而充电后的垂直纳米线产生机械力与电的协同作用,增强抗菌效果;在机械力与电的协同作用下,纳米线的即时抗菌效率显著高于其他对照组,充电后的纳米线可在植入10天内有效防止细菌感染,初步证明体内机电协同抗感染的可行性。研究成果于2月发表在《先进材料》(*Advanced Materials*)。 (张一卉)

【超宽带响应荧光纳米探针研究取得进展】 上海交通大学李万万研究组研究提出多离子共敏化策略,采用 Ho^{3+} 和 Nd^{3+} 作为共敏化剂(S),Yb^{3+} 作为能量传递介质(M),采用多个镧系离子(Er^{3+}、Ho^{3+}、Pr^{3+}、Tm^{3+})作为激活剂(A),构建 S—M—A 的定向能量传递路径,实现从多个敏化剂到激活剂的定向能量输运。研究结果展示镧系发光的可调性,为纳米结构调控发光行为提供参考。研究成果于2月在线发表在《自然通讯》(*Nature Communications*)。 (付 符)

【实现二维铁磁材料低通滤波器研究取得进展】 复旦大学修发贤研究组利用分子束外延的生长方式,制备晶圆级的二维铁磁材料铁锗碲(Fe_5GeTe_2);利用元素掺杂调控磁性的方法,外延生长出铁元素组分可调的 $Fe_{5+x}GeTe_2$ 样品,样品中稳定的室温铁磁态通过电输运测量、磁化测量、X射线磁圆二向色性测量等不同手段得到全面的表征;基于晶圆级室温二维铁磁薄膜,构建以少层铁锗碲为磁芯的平面电感器及巴特沃斯低通滤波器,通过切换不同线圈匝数,实现截止频率可调且动态范围达40 dB的低通滤波器,为室温二维铁磁纳米机电器件研究提供参考。研究成果于3月在线发表在《自然电子》(*Nature Electronics*)。 (邹媛媛)

【实现自激活存算一体超快闪存】 复旦大学周鹏、刘春森研究组开发超快双极性闪存器件,实现自激活存算一体技术。研究利用二维半导体的双极性能带调控特性,通过擦写电荷俘获层中的电子或空穴,形成p型/n型沟道的特性切换;通过栅电压和存储俘获电荷极性共同调制沟道的开关行为,完成阵列乘积计算提升并行度,并联器件电流输出通过基尔霍夫定律同步实现累加计算,提高计算效率。该器件在不同神经网络结构下对比验证得出高准确度,证明自激活存算技术具有高效性。研究成果于3月发表在《自然纳米技术》(*Nature Nanotechnology*)。 (邹媛媛)

【构建花圃启发的骨修复支架】 东华大学何创龙研究组构建基于三维打印和静电纺技术的骨修复支架,利用三维打印微丝和纳米纤维分别装载掺锶羟基磷灰石(SrHA)和载有二甲基草酰甘氨酸的介孔硅纳米粒子(DMSNs),通过二者差异的降解速率实现二甲基草酰甘氨酸(DMOG)和锶离子的顺序释放,促进细胞的迁移和分化,实现及时的血管化和稳定的骨形成,促进骨缺损修复。DMSNs/SrHA@PGP 支架可促进快速组织浸润和引导血管化骨再生,具有较高的力学性,为构建与成骨微环境适配的仿生骨支架提供策略。研究成果于3月发表在《美国化学学会纳米》(*ACS Nano*)。 (张 莹)

【纳米光催化自清洁环保涂层材料示范与应用】 项目由中

国科学院上海硅酸盐研究所承担，4 月 13 日通过市科委验收。项目揭示改性还原氧化石墨烯/二氧化钛(TiO_2)、铼掺杂 TiO_2 材料对挥发性有机物降解性能影响规律；优化复合涂层组分、微观结构、涂覆工艺，研制具有自清洁、环境空气净化、抗菌抗病毒的环保涂层产品；建成年产量 200 t 生产线，在上海自然博物馆开展自清洁涂层外墙涂敷等示范工程；联合多乐士功能涂料集团开展功能涂料配方应用开发和性能评价，实现涂层应用示范面积近 100 万平方米，示范区臭氧和氮氧化物浓度降低。项目申请发明专利 5 件、实用新型专利 3 件，发布企业标准 1 部，发表 SCI 论文 16 篇。

(王　磊)

【开发三嵌段 polyA DNA 单分子纳米天平探针】 上海市计量测试技术研究院生物计量研究组开发三嵌段 polyA DNA 单分子纳米天平探针(polyA-HP)；采用原子力显微镜和扫描电子显微镜在金电极表面进行直观表征 DNA 探针，成像结果证明 polyA-HP 具有双捕获能力；设计 polyA-HP 的 1 个侧翼探针与 1 个信号探针一起捕获目标序列，另外 1 个侧翼探针同时捕获 1 个参考探针。该方法末端设计的发夹结构增强分析错配序列的选择性和特异性，实现生物样品分析性能的提高。研究成果于 5 月发表在《分析化学》(*Analytical Chemistry*)。

(滕雪雷)

【高效选择性绿色水处理技术研究取得进展】 同济大学张亚雷研究组提出非均相类芬顿氧化技术中自由基向非自由基调控的新策略；研制钴元素介导的碳纳米管催化材料，通过纳米尺度的限域效应精准调控局域反应环境，优化有机污染物氧化降解路径；揭示污染物的非自由基降解机制，实现宽 pH 范围下有机污染物的高效选择性降解，为推动选择性氧化水处理技术应用提供技术支撑。研究成果于 5 月发表在《自然通讯》(*Nature Communications*)。

(张一卉)

【仿生构建海胆状纳米催化剂研究取得进展】 中国科学院上海硅酸盐研究所陈航榕研究组与复旦大学郑耿锋合作，通过在三维分级结构的海胆状 Bi_2S_3 纳米花表面原位聚合导电聚合物聚吡咯(PPy)，构建富 S 空位的新型 Bi_2S_3-PPy 复合电催化剂。催化剂的类植物蓟纳米形貌有助于暴露更多催化活性位点，电子导电性、电子结构可增强对反应物 CO_2 分子吸附活化和对反应中间体 $^*OCHO$ 吸附。研究成果于 7 月发表在《能源环境科学》(*Energy & Environmental Science*)。

(闫咨汝)

【提出波动驱动的纳尺度物体可控方法】 上海大学张田忠研究组提出纳尺度物体波动驱动方法，通过分子动力学模拟展示二维材料基底上的机械振动产生的机械波，驱动纳米物体定向运动，揭示内在物理机制。在一定的波动能范围内，驱动力与波动频率和波幅的二次方成正比，具有很好的可控性。研究表明波动驱动可用于驱动固体纳米颗粒、纳米液滴、有机分子、无机微粒，具有广阔的应用场景。研究成果于 7 月发表在《美国国家科学院院刊》(*PNAS*)。

(徐婷婷)

【柔性致动器研究取得进展】 东华大学许福军研究组研究通过微爆破的方法使碳纳米管膜分层制备多孔的碳纳米管海绵体(CNTS)，使用聚二甲基硅氧烷(PDMS)对 CNTS 进行封装，制成 CNTS/PDMS 柔性致动器。CNTS 能在 1 s 内达到相应温度，内部空气的体积随着温度升高而增大，使整个致动器能在 2.9 s 内膨胀，能托起其质量约 50 倍的物体，具有超快响应和强大的输出力；在水中柔性致动器在接通电源后也能快速响应。研究成果于 7 月发表在《纳米快报》(*Nano Letters*)。

(张　莹)

【超导三维纳米桥结基础研究取得进展】 中国科学院上海微系统与信息技术研究所陈垒、王镇研究组通过微纳加工与测量表征技术相结合，实现超导三维纳米桥结电流相位关系的精确测量；揭示约瑟夫森桥结的电流相位关系随着其几何尺寸缩放的变化规律，为深入研究超导约瑟夫森结的物理与应用提供实验与分析表征方法。研究成果于 8 月发表在《美国化学学会纳米》(*ACS Nano*)。

(殷之嵩)

【有机分子自组装结构预测研究取得进展】 上海大学孙强研究组利用机器学习技术预测有机分子在金属表面的自组装结构，使用扫描隧道显微镜表征多环芳烃分子在不同金属表面上的自组装结构，构建用于模型训练的实验数据集，将经过修改的图神经网络模型 MEGNet 用作机器学习框架训练模型。研究表明，在预测与分子自组装目标性质方面，图神经网络算法相比传统机器学习算法具有更好的性能，有助于加速纳米结构和具有所需性质的新型纳米材料前体分子的筛选和设计。研究成果于 8 月发表在《美国化学学会纳米》(*ACS Nano*)。

(徐婷婷)

【发现金气凝胶制备新方法】 同济大学杜艾、周斌研究组探究搅拌条件下纳米粒子伴随流体流速的运动规律，通过对搅拌条件下 SiO_2 纳米颗粒分散液的激光散射实验及散射光灰度值分析，验证纳米流体中的"茶叶悖论"效应；发现在纳米流体中存在搅拌器驱动所导致的粒子浓度升高及剪切作用引起的层流间纳米粒子局域聚集现象，搅拌作用下多种纳米粒子聚集效应适用于促进金属纳米粒子间的自组装交联，从而加速凝胶化过程；采用持续搅拌策略即可快速制备高纯度的单质金气凝胶和其他金属气凝胶，所得金气凝胶具有良好的光催化降解与表面拉曼增强性能。研究成果于 9 月发表在《科学进展》(*Science Advances*)。(张一卉)

【气液两相流基础理论研究取得进展】 华东理工大学刘博研究组采用自研仪器，观测气泡靠近过程中所形成微纳米液膜的动态薄化过程，电解质溶液中气泡呈现出与清水截然不同的两阶段合并；提出纳米尺度溶质输运理论模型，在不引入任何拟合参数的前提下解释这种"两段式"液膜薄化过程;预测约10种电解质在抑制气泡聚并能力方面的不同表现及其与阴阳离子配对的相关性。研究对气液两相流、电解水制氢等过程的气泡调控产生重要意义。研究成果于9月在线发表在《物理评论快报》(*Physical Review Letters*)。(王晓丽)

【提出新型二硫化钼纳米片诱导合成机制】 上海大学王亮研究组在水热合成过程中引入功能化石墨烯量子点(GQDs),调节二硫化钼层间结构,制备近原子层二硫化钼纳米片。研究表明,在铝量子点(ALQD)合成过程中,GQDs上吸电子官能团的浓度和强度越高,得到的ALQD越薄,活性越强,在其他过渡金属硫族化合物材料开发纳米片中具有巨大潜力。研究成果于9月发表在《纳米快报》(*Nano Letters*)。(徐婷婷)

【揭示石墨烯纳米条带可调控失稳摆尾行为】 复旦大学徐凡研究组与法国巴黎萨克雷大学丛郁合作,基于分子动力学方法,考虑石墨烯纳米条带相对于基底的初始位置和条带宽度等因素,针对石墨烯纳米条带在滑动过程中的摆尾行为进行系统研究;发现不规律小振幅摆动和规律大振幅摆动2种不同摆尾模式,且摆尾行为的驱动力源于石墨烯纳米条带滑动方向两侧边缘的峰-谷褶皱;解释边缘效应对石墨烯纳米条带的滑动形貌及摩擦行为机制,可为其精确调控提供参考。研究成果于10月发表在《纳米快报》(*Nano Letters*)。(邹媛媛)

【近红外二区稀土发光纳米结构研究取得进展】 上海大学苏倩倩研究组设计纳米结构,利用共敏化高浓度掺杂纳米结构、高效能量传递离子混合界面及高吸收截面有机染料进行赋能,实现近红外二区稀土发光百倍增强。研究为设计实用稀土纳米材料提供思路,为生物医药等领域研究和应用提供工具。研究成果于10月发表在《化学工程杂志》(*Chemical Engineering Journal*)。(徐婷婷)

【原子精确的"超"稳定纳米机器研究取得进展】 上海交通大学樊春海、沈建磊研究组与香港中文大学唐本忠,上海大学诸颖研究组合作,研发原子精确的纳米机器合成策略,通过分子界面工程技术调控金纳米簇纳米颗粒的界面热传导率,将螺旋桨状、可自由旋转的分子转子四苯乙烯配体锚定到金纳米簇表面;设计具有原子精度的光热金纳米机器,克服纳米界面热传导的卡皮查热阻效应,构建超稳定光热纳米机器,应用于肿瘤光热治疗。研究成果于11月发表在《自然材料》(*Nature Materials*)。(徐婷婷　付　符)

【揭示光老化对聚苯乙烯纳米塑料的影响】 上海大学李辉研究组揭示光老化对聚苯乙烯纳米塑料的影响,以亲代秀丽线虫为实验组,将其暴露于环境相关浓度的聚苯乙烯纳米塑料(PS-NPs),子代秀丽线虫为对照组;发现光老化作用会产生环境持久性自由基,改变PS-NPs的物理和化学特性;PS-NPs对亲代与子代秀丽线虫造成生殖毒性,光老化PS-NPs具有更强的世代生殖效应;为微塑料的环境行为与健康风险评估提供理论依据。研究成果于11月发表在《环境科学与技术》(*Environmental Science & Technology*)。(徐婷婷)

【开发双靶向仿生纳米复合体】 东华大学李静超研究组设计双靶向仿生半导体聚合物纳米复合物($SPFeN_{OC}$),通过同时靶向破骨细胞和癌细胞,提高纳米诊疗剂在骨转移瘤组织的富集,实现增强型多模态诊疗。该纳米药物可在表面杂化细胞膜的介导下实现在肿瘤部位特异性递送药物,相较传统及肿瘤微环境可激活的药物递送纳米系统,可实现更精确的药物递送和联合治疗效果。研究成果于12月发表在《应用化学国际版》(*Angew. Chem. Int. Ed.*)。(张　莹)

【纳米颗粒表面功能化研究取得进展】 上海大学胡鹏飞研究组基于共享平台的双球差透射电子显微镜JEM-ARM-300和Gatan-EELS,对纳米颗粒微观结构和颗粒不同部位组分组成进行表征测试,发现二氧化铈纳米颗粒表面富集诸多三价铈,探明颗粒表面存在相对较高浓度的氧空位,为材料气敏性能提供结构支撑。研究成果于12月发表在《应用表面科学》(*Applied Surface Science*)。(徐婷婷)

【光致表面化学反应研究取得进展】 上海大学孙强研究组选择二溴三联苯分子作为前驱体,在超高真空条件下,利用线偏振的405 nm激光实现无需热退火条件的脱溴偶联反应;通过扫描隧道显微镜的超高分辨表征,发现光诱导的表面化学反应获得以二聚物为主的寡聚物作为主要的反应产物,这与热退火工艺获得的长短不一的聚合物形成鲜明对比;基于经典电动力学理论的分析,利用分子直接内激发与表面热载流子2种反应机理在线偏振光下产率与入射角度的依赖性,判断在线偏振405 nm激光照射下,在三价金表面发生的脱溴偶联反应主要由表面热载流子机理主导。研究结果为表面光化学反应提供基本见解,并为利用光构建非常规纳米材料奠定基础。研究成果于12月发表在《美国化学学会纳米》(*ACS Nano*)。(徐婷婷)

第四节　新材料技术 >>

【CO_2存储与转化用酰腙基共价有机框架材料】 项目由东华大学承担,1月11日通过市科委验收。项目围绕CO_2存储与转化用酰腙基共价有机框架材料,构筑4种新型共价有机框架材料。设计并合成二炔功能化共价有机框架,应用于高效CO_2转化;发展1种动态亚胺交换策略,构筑高结晶性纳米多孔共价有机框架,应用于Heck反应;制备系列

咔唑基供体-受体共轭微孔聚合物，应用于可见光驱动光催化分解水产氢。项目发表论文5篇。 （张　莹）

【基于限域效应修饰等离激元光催化材料的制备及应用研究】 项目由东华大学承担，1月11日通过市科委验收。项目基于限域效应修饰等离激元光催化材料制备及应用，在等离激元金属催化剂的合成与组装、表界面微观结构调控、光/电催化性能及催化机理等方面取得进展；创新发展金属纳米颗粒表面合金化、冰模板辅助法等新型材料制备策略；构筑催化剂表面催化活性位点高度分散性和原子级精准调控，获得光/电催化性能的提升；解决在机理探究方面的多元组分等离激元光场作用下能量转移机制问题。项目发表论文5篇，申请专利1件。 （张　莹）

【发现低温液态电解质的空间分辨结构有序】 上海交通大学谢宇俊与美国劳伦斯伯克利国家实验室王旌阳合作，结合液相透射电子显微镜(TEM)、低温TEM、四维扫描TEM和基于深度学习的数据分析技术，解析碳酸二乙酯有机电解质的结构有序度。该方法适用于确定宏观性能参数，如离子电导率、离子输运模式、粘度和微观结构的关系，实现液体相变的多尺度结构表征，结合分子尺度模拟计算在微观层面上探究固液界面。研究成果于1月发表在《科学进展》(*Science Advances*)。 （付　符）

【高电压层状正极研究取得进展】 中国科学院上海硅酸盐研究所黄富强研究组针对层状金属氧化物正极高电压下发生固相晶格氧氧化析出导致结构崩坏的问题，提出基于表面离子交换反应实现正极表面钝化的"渗镧"策略；通过在正极材料表面引入数纳米厚、均匀且晶格相干的应变钙钛矿重构层，在高电压下可实现高价态氧在其氧空位中的可逆存储，提升层状氧化物正极在高电压下的循环稳定性。研究成果于1月发表在《自然能源》(*Nature Energy*)。 （闫咨汝）

【碱性析氢催化剂设计研究取得进展】 中国科学院上海硅酸盐研究所黄富强、王家成研究组通过溶解或沉积法将化合物$Cs_3Rh_2I_9$以团簇形式铆钉在高石墨化氮掺杂碳(NC)纳米片上，在电还原条件下自发重构，自下而上形成富含晶界与应力的铑颗粒，而块体$Cs_3Rh_2I_9$只能在电还原条件下自上而下分解成大尺寸铑颗粒；在氢氧化钾和氯碱电解液中，$Cs_3Rh_2I_9$/NC均表现出优异的析氢活性和稳定性。研究成果于1月发表在《自然通讯》(*Nature Communications*)。 （闫咨汝）

【锂氧气电池亚稳态催化剂研究取得进展】 中国科学院上海硅酸盐研究所张涛、刘建军研究组通过第一性原理计算和电化学实验验证，发现氧气可通过铈—氧(Ce—O)反应与电解质中溶解的铈阳离子结合，形成具有高能亚稳态表面的氧化铈催化剂。该催化剂表面具有大量不饱和活性位点，并在晶格氧和相邻的铈原子之间架起电子传输桥。Ce—O轨道杂化形成从二氧化铈(CeO_2)的Ce-4f到过氧化锂(Li_2O_2)的O_2^{2-}-π^*的直接电荷转移通道，通过锂氧反应在亚稳态催化剂表面生长出厚度达亚微米级的Li_2O_2壳层；实现将锂氧气电池可逆容量提升到10 000 mA·h/g，且具备良好的循环性能。研究成果于1月发表在《先进材料》(*Advanced Materials*)。 （闫咨汝）

【固态氟离子电池研究取得进展】 中国科学院上海硅酸盐研究所李驰麟研究组设计基于二维层状氟化物(KSn_2F_5)和界面改性策略的准固态氟离子电池；利用机械化学法合成具有层状结构和丰富氟空位的KSn_2F_5电解质作为相容的固体电解质，在接近室温(60 ℃)条件下，初始放电容量可达442 mA·h/g，循环70次后，仍具有150 mA·h/g可逆容量，为高能量密度转换型氟基电池体系的开发提供有效策略。研究成果于1月发表在《先进能源材料》(*Advanced Energy Materials*)。 （闫咨汝）

【质子传导超结构研究取得进展】 同济大学刘明贤研究组构建质子传导超分子氢键有机超结构，揭示超结构氢键网络中超稳定快速的Grotthuss质子传导机制，促进羰基位点的高效利用和低反应能垒的质子耦合氧化还原反应，实现水系锌-有机电池高比容量、高倍率性能和长循环寿命协同输出。研究为解决有机材料固有问题，构建高性能锌-有机电池提供新策略。研究成果于1月发表在《应用化学国际版》(*Angew. Chem. Int. Ed.*)。 （张一卉）

【二阶非线性光学晶体材料研究取得进展】 同济大学张弛研究组基于过渡金属硫酸盐，提出"阳离子补偿"策略，借助强电正性的d^0过渡金属锆(Zr)和铪(Hf)，创制基于d^0过渡金属的硫酸盐倍频晶体，表现出强倍频效应和短紫外截止边；研制紫外透过的d^0过渡金属硫酸盐$MF_2(SO_4)$(M=Zr(ZFSO), Hf(HFSO))，阐明该过渡金属硫酸盐可实现宽紫外光学透过和大倍频效应同步增益的物理机制。研究对创制新型高性能日盲紫外/深紫外倍频晶体具有示范作用。研究成果于1月发表在《美国化学学会会刊》(*JACS*)。 （张一卉）

【高镍正极材料应变调控研究取得进展】 华东理工大学江浩、李春忠研究组实施原位共沉淀策略以获得新型超分散铌掺杂的高镍正极材料。该正极材料独特的微观结构使晶内和晶间应变分布均匀，球形二次粒子稳定，有效抑制微裂纹的形成、扩展及表面退化；遏制锂/镍的无序化和晶格氧逸出，增强正极材料的晶体结构和热稳定性，使其在各种速率和工作温度下表现出卓越的电化学性能，并在软包全电池中具有出色的循环寿命。研究成果于1月在线发表在《先进材料》(*Advanced Materials*)。 （王晓丽）

【基于分子水平增强簇集诱导效应的通用策略研究取得进

展】 同济大学毛舜与香港中文大学唐本忠合作，利用氨基酸与环糊精合成基于氨基酸修饰的环糊精非常规发光分子，实现基于聚集诱导发光效应的非常规发光材料在低浓度溶液中的高效荧光性能。研究拓展并深化对非常规发光理论的认识，促进非常规发光材料在荧光传感与分析成像领域应用。研究成果于 1 月发表在《自然通讯》(*Nature Communications*)。 (张一卉)

【高电压低温钴酸锂正极研究取得进展】 中国科学院上海硅酸盐研究所黄富强通过软化学方法制备磷酸锆锂寡聚体胶体，并将其与商用钴酸锂材料复合煅烧，获浅表层锆(Zr)掺杂和表面 $Li_2Zr(PO_4)_2$ 纳米颗粒散布的高微观粗糙度的按摩球状氧化锂钴($LiCoO_2$)正极材料；通过探究微观粗糙度与电解液电-极材料浸润性的关系，以及不同 $LiCoO_2$ 正极在不同温度和电压下的电化学性能，研制兼具高电压和低温性能改性 $LiCoO_2$ 正极。研究成果于 1 月发表在《美国化学学会能源快报》(*ACS Energy Letters*)。 (闫咨汝)

【环形核壳结构褶皱新机制研究取得进展】 复旦大学徐凡研究组通过研究自然界环形核壳结构变形产生的表面褶皱斑图，揭示变曲率诱导的复杂表面褶皱斑图的形成机制；建立非线性环壳力学模型，为理解生物和材料科学中的形态生成提供新视角。研究有助于理解变曲率几何对核壳结构中多相模态形成演化规律与机理，可用于指导基于褶皱形貌调控的多功能表面设计与制造。研究成果于 1 月发表在《物理评论快报》(*Physical Review Letters*)。 (邹媛媛)

【轻质高熵合金研发取得进展】 上海大学贾岳飞、孙康通过对粗晶超塑性变形过程中微观组织演变进行分析，提出位错滑移诱发晶界动态再结晶激发晶界滑移，触发的"多米诺"粗晶超塑性新机制可指导新型高强度、粗晶超塑性材料的反向设计与开发；实现直接由粗晶高应变速率超塑性成型，为高效的超塑性成形开辟道路，将粗晶超塑性材料应用拓宽到轻质-高强度领域。研究成果于 2 月发表在《先进科学》(*Advanced Science*)。 (徐婷婷)

【柔性可拉伸封装技术研究取得进展】 上海交通大学邓涛、尚文研究组与美国北卡罗来纳州立大学 Michael D. Dickey 研究组合作，通过构建微米玻璃球阵列支撑的液态金属柔性密封复合材料，解决传统封装材料无法同步兼顾可拉伸和高气密性的难题；设计构筑可无线通信的柔性封装系统，实现可拉伸锂离子电池、柔性气液相变传热器件、多功能柔性器件的稳定可靠封装。该复合材料在柔性能源、电子信息及生物医学等领域具有广阔应用前景。研究成果于 2 月在线发表在《科学》(*Science*)。 (付 符)

【半导体 SERS 基底上非吸附分析物检测研究取得进展】 华东理工大学张金龙、曹宵鸣研究组设计并制备具有次级结构的氧化锌(ZnO)纳米粒子，通过在其表面包覆 ZIF-8 壳层，显著提升 ZnO 纳米粒子电磁增强能力，实现 6 种非吸附性挥发性有机化合物的低浓度检测。研究表明，半导体表面增强拉曼散射(SERS)基底的电磁增强能力可通过包覆金属有机框架材料显著提高，对 SERS 基底设计和应用具有重要意义。研究成果于 2 月发表在《化学》(*Chem*)。 (王晓丽)

【高温碳捕集与原位转化技术研究取得进展】 华东理工大学胡军、龚学庆研究组阐明碳捕集和原位转化过程中的协同促进作用机制，为相关双功能材料的界面构筑和调控提供科学依据；合成 Ni-CaO 双功能材料，碳捕集量达 12.8 mol/kg，捕集的二氧化碳转化率达 96.5%，甲烷转化率 96.0%，优于已报道双功能材料的性能及传统甲烷干重整催化剂效率；提出协同促进机制，为理解复杂连串反应过程提供思路，并为功能材料的结构优化设计提供理论指导。研究成果于 2 月在线发表在《自然通讯》(*Nature Communications*)。 (王晓丽)

【高容量长循环的钾离子电池负极材料研究取得进展】 上海大学张海娇研究组报道一种具有典型层状结构的新型金属有机负极材料 Bi-Ti-EG，经原位水合后，其类洋葱型的致密层状结构可转化为相对无序的片层结构(H-Bi-Ti-EG)，从而钾离子可充分进入整个 H-Bi-Ti-EG 颗粒中，提升 Bi-Ti-EG 的储钾性能。研究成果于 2 月发表在《先进功能材料》(*Advanced Functional Materials*)。 (徐婷婷)

【面向大科学装置高温超导磁体关键技术】 项目由上海超导科技股份有限公司承担，3 月 9 日通过市科委验收。项目研制超导磁体用高温超导带材产品，在 4.2 K、10 T 外场下，4 mm 宽超导带材临界电流达 851 A；研制高鲁棒性超导线圈，在 65 K 中心磁场强度达 1.7 T；搭建用于超导带材稳定层沉积的物理真空镀膜装备及液氮温区超导带材接触电阻测试装置；突破面向大科学装置应用的超快速脉冲激光镀膜技术、接触电阻率可控的超导带材稳定层生长技术、高速无损分切技术、无绝缘线圈仿真及实用化等关键技术。项目申请发明专利 5 件，发表论文 7 篇。 (张丽媛)

【有机电催化加氢界面微环境研究取得进展】 华东理工大学李春忠、刘洪来研究组以硼掺杂的钯基催化剂作为模型催化剂，研究不同链长季铵盐表面活性剂对界面水传质及炔醇加氢反应的影响；发现加入合适链长和浓度的表面活性剂可最大化烯醇的法拉第效率，促进炔醇半氢化到烯醇的转化效率。研究对于反应过程和反应机制的认识可延伸至其他有机物的电催化加氢反应。研究成果于 3 月发表在《美国化学学会会刊》(*JACS*)。 (王晓丽)

【构建范德华异质结平台】 上海大学李杰与美国加州大学尔湾分校武汝前合作，基于有效哈密顿量模型，预测范德华异质结材料具有较强的磁性极化、较薄的厚度、较大的自旋-轨道耦合强度和平坦的界面时，具备磁性拓扑特性，且相应的拓扑带隙随着外加电场的增大而逐渐减小直至关闭，当外电场大于阈值时其带隙会再次打开并伴随着拓扑相变的发生；通过将 2 层 Bi_2Se_3 夹在 2 层 $MnBi_2Se_4$ 间设计范德华异质结平台(MBS/2BS/MBS)。当外加电场增大时，该平台会发生拓扑相变，展示较大的拓扑带隙和高居里温度，可用于研究电场调控磁性拓扑特性。研究成果于 3 月发表在《纳米快报》(*Nano Letters*)。 (徐婷婷)

【构筑强韧耐高压的 CEI 膜】 上海大学刘杨、郭炳焜研究组与江汉大学王德宇研究组合作，采用共添加剂方法，在正极表面原位构筑一层强韧的耐高压界面膜(CEI)；通过电化学测试和不同电压下的傅氏转换红外线光谱测试，证明丁二腈(SN)在正极表面形成吸附层后环己基苯在高电压下聚合形成聚合物层；该聚合物层与 SN 层通过氢键作用紧密结合，形成亲氧化物电极的强韧耐高压 CEI 膜，可显著提升电池性能。研究成果于 3 月发表在《储能材料》(*Energy Storage Materials*)。 (徐婷婷)

【制备含普鲁士蓝的超弹性导电水凝胶】 同济大学马杰研究组通过"软—硬"界面设计合成含铁氰化铜(CuHCF)的超弹性导电水凝胶。该水凝胶的软缓冲层可有效缓解 CuHCF 在离子插层过程中的体积膨胀，其导电骨架可为电化学过程提供电荷转移途径。结果表明，CuHCF 的脱盐能力和循环稳定性等电容去离子性能均显著提高。研究可为解决法拉电极的局限性提供解决方案。研究成果于 3 月发表在《材料视野》(*Materials Horizons*)。 (张一卉)

【揭示氧化还原接力催化体系对聚合可控性的提升作用】 复旦大学陈茂研究组结合热活化延迟荧光(TADF)有机光催化剂(PC)和电子供体有机分子，发展一种可见光催化与有机催化接力进行的活性自由基聚合策略，实现常温常压下多种含氟烯烃与不同共聚单体的活性自由基共聚，有机光催化剂用量低至 5 mg/L，主链含氟聚合物分子量可调范围显著提升，可实现对多种序列结构、拓扑结构的高效合成。结果表明，基于 TADF-PC 的接力催化体系可为催化循环中不同物种提供高度匹配的氧化还原电位，促进对活性链增长的有力控制；含氟链转移剂能通过亲氟作用降低氟链聚集对链末端活性的不利影响。研究成果于 3 月发表在《自然合成》(*Nature Synthesis*)。 (邹媛媛)

【揭示铪基铁电纳米器件机理】 复旦大学陈琳研究组探究铝掺杂变化对氧化铪薄膜铁电特性影响的原因，发现在氧化铪薄膜中掺杂 2.4%的铝，器件具有较好的铁电特性；通过第一性原理分析，发现过多铝的掺杂会生成氧化铝从而破坏铁电相的稳定，但铝的不足会产生大的内应力从而稳定薄膜中的正交相。研究有助于推动新型低功耗微纳电子器件开发与应用。研究成果于 3 月发表在《纳米快报》(*Nano Letters*)。 (邹媛媛)

【基于全国产化材料的太阳电池翼基板设计开发与工程化应用研究】 项目由上海复合材料科技有限公司承担，4 月 6 日通过市科委验收。项目完成基于全国产材料的太阳电池翼基板结构优化设计、制造工艺开发、试验验证；实现高性能碳纤维、高绝缘聚酰亚胺薄膜、高性能结构胶膜等国产材料在航天构件中的工程化应用；开展结构-功能一体化设计开发技术、国产高模量碳纤维与树脂匹配性评价技术、大尺寸结构件固化及胶接制造控制技术等关键技术研究，形成全产业链技术能力和制造能力。项目申请发明专利 3 件，发表论文 2 篇。 (张丽媛)

【三维微螺旋多级有序结构精准调控成形机理研究】 项目由上海无线电设备研究所承担，4 月 10 日通过国家自然科学基金委验收。项目突破多层有序螺旋结构材料宽频太赫兹吸收机理与成形方法关键技术，建立螺旋结构吸波材料电磁特性参数高精度提取方法和多层螺旋结构太赫兹吸波材料优化设计方法；实现螺旋结构吸波材料电磁参数集基础上的宽频带太赫兹吸波性能优化设计，0.1—2.0 THz 范围内反射率优于－10 dB 的吸波频带达 1.77 THz；完成有序螺旋结构宽频太赫兹吸波材料制造并进行测试验证。项目申请专利 3 件，发表论文 9 篇。 (姜媛媛)

【基于锂供体反应的全固态电解质制备与锂空气电池应用】 项目由中国科学院上海硅酸盐研究所承担，4 月 26 日通过市科委验收。项目研制具有高空气稳定性的 LLZAO 全固态电解质材料，在空气中放置 6 个月无碳酸锂生成；实现固态电解质粉体制备技术转化，建成年产能达吨级的粉体中试线；掌握锂空气电池在空气环境下运行关键技术，构筑实际空气气氛下工作的高能量密度锂空气电池，能量密度大于 500 W・h/kg，空气环境下稳定运行时间大于 500 小时，并通过针刺、挤压及过充等安全性测试。项目申请发明专利 8 件，发表论文 22 篇。 (张丽媛)

【燃气轮机用大尺寸高温合金单晶空心叶片制造技术研究】 项目由上海大学承担，4 月 26 日通过市科委验收。项目开展 330 mm 尺寸的单晶涡轮叶片制备技术研究；揭示在不同温度梯度条件下，高温合金叶片的凝固特性及缺陷形成机理；掌握单晶叶片晶粒生长、组织变化和缺陷形成的机制、规律和控制方法；研制 H 级燃气轮机单晶叶片工艺试验件，形成单晶涡轮叶片精密铸造工艺规范，为叶片工业化制备提供技术支撑；开发单晶空心叶片用陶瓷型芯制备工艺、液态金属喷淋增强冷却定向凝固等关键技术。项目申请发明专利 5 件，发表论文 8 篇。 (张丽媛)

【制备高效稳定的钙钛矿太阳能电池】 复旦大学詹义强、蔚安然研究组与加拿大维多利亚大学 Jeremy 研究组合作，提出共价键合的策略稳定钙钛矿有机组分，实现高效稳定的钙钛矿太阳能电池。研究通过引入晶格匹配的二叠氮分子使其与钙钛矿有机组分共价交联形成类网状结构，抑制钙钛矿太阳能电池运行过程中有机组分的逃逸。优化后的钙钛矿太阳能电池可实现 24.36%的转换效率，器件在最大功率点连续运行 1 000 小时后仍保持 98.6%的初始效率，展现优异的运行稳定性。研究成果于 4 月在线发表在《焦耳》(*Joule*)。 (邹媛媛)

【研制功能化水凝胶贴片】 上海师范大学杨海峰研究组在琼脂糖水凝胶中嵌入二氧化硅涂层保护金银合金纳米粒子，负载修饰 3-甲基-2-苯并噻唑啉酮腙(MBTH)分子合成贴片。该水凝胶贴片可强吸附收集甲醛，甲醛与 MBTH 发生特异性反应，生成的产物分子散射截面大，并在二氧化硅涂层金银合金纳米颗粒上产生表面增强拉曼信号，实现甲醛高选择性检测；通过对室内吸烟者和被动吸烟者的模拟，可半定量评估烟草烟雾中甲醛对儿童和成人的负面影响程度。分子选择性好、灵敏度高，为环境甲醛污染评价提供分析工具。研究成果于 4 月发表在《美国化学学会传感器》(*ACS Sensors*)。 (余 强)

【有机空穴传输材料研究取得进展】 华东理工大学吴永真、朱为宏研究组引入氰基膦酸单元，发展双亲性小分子空穴传输材料，通过动态自组装构筑有序、超薄、表面超浸润层，解决器件应用中载流子输运和界面缺陷控制两大难题。研究成果于 4 月在线发表在《科学》(*Science*)。 (王晓丽)

【分子水平的稀土上转换发光领域研究取得进展】 上海大学孙丽宁研究组设计由单核镱离子(Yb^{3+})配合物、单核铕离子(Eu^{3+})配合物分别作为敏化剂、活化剂的上转换发光共晶聚集体；显示在 980 nm 近红外光的激发下，Yb^{3+}-Yb^{3+}离子对吸收光子后，以协同敏化上转换的方式传递给 Eu^{3+}离子，实现 Eu^{3+}的红色上转换发光；在 365 nm 的紫外光激发下，可获 Eu^{3+}离子的红色下转移发光；当 Yb^{3+}与 Eu^{3+}摩尔比 1∶1 时，发光强度最强，在 980 nm 光激发下，展现 0.67±0.03%的上转换发光量子产率，相较相同分子水平的镱/铽离子对高出约 100 倍。研究成果于 4 月发表在《应用化学国际版》(*Angew. Chem. Int. Ed.*)。 (徐婷婷)

【热电材料器件研究取得进展】 东华大学江莞、王连军研究组开发由 n 型 $Mg_3(Bi, Sb)_2$ 和 p 型 Mg_2ZnSb_2 组成的新型同基体热电器件，并证明全 Mg_3Sb_2 热电模块具备优异的热力学稳定性；发展新型热电模块组装技术，相较传统焊接技术，有效避免因压力和温度的限制造成热电臂损伤致使器件失效的问题。研究解决中温区热电器件因焊接条件限制无法发挥材料本征优势的问题，突破中温区热电材料制备器件的应用瓶颈，对推动高转换效率、高可靠热电器件的应用具有重要意义。研究成果于 4 月发表在《国家科学评论》(*National Science Review*)。 (张 莹)

【AZ91D 镁合金热裂机理及条件研究取得进展】 上海大学翟启杰研究组与美国普渡大学韩青友、重庆大学宋江凤合作，基于原创的冶金凝固过程热模拟方法，开发动态加载凝固裂纹热模拟试验机。该装置通过控温冷却和主动加载模拟铸件/铸坯中特征单元的实际凝固过程并测试其热裂行为，实验过程可实时测量应力、应变和温度数据。结果表明，AZ91D 镁合金的热裂存在临界局域应变速率，且应变速率直接影响热裂发生时的局域温度、临界应力和累积应变；随着局域应变速率增加，其热裂会发生在共晶凝固末期和枝晶凝固末期 2 个不同凝固阶段，并且表现出明显不同的力学行为。研究为定量研究和预测合金热裂行为提供途径。研究成果于 4 月在线发表在《镁合金学报》(*Journal of Magnesium and Alloys*)。 (徐婷婷)

【钨青铜结构铁电陶瓷研究取得进展】 中国科学院上海硅酸盐研究所王根水研究组利用多尺度调控策略在 $Sr_{0.425}La_{0.1}Ba_{0.425}Nb_{1.4}Ta_{0.6}O_6$(SLBNT)钨青铜结构无铅陶瓷中获优异综合储能性能。畴尺度上，A、B 位共掺增强局部异质性，打破长程铁电有序，诱导出对外场响应迅速的极性纳米微区，降低其剩余极化强度；晶粒尺度上，高耐火性的 Ta_2O_5 显著抑制晶粒生长，减小陶瓷平均晶粒尺寸，显著提高陶瓷电阻率；宏观能带尺度上，宽带隙氧化物 Ta_2O_5(最大 4 eV)和 La_2O_3(最大 4.3 eV)的取代扩大陶瓷的带隙，降低击穿过程中电子电离和碰撞概率。在 574 kV/cm 电场下，SLBNT 具有高储能密度和储能效率，表现出优异温度稳定性、频率稳定性、循环疲劳稳定性，可实现高功率密度和超快放电速率。研究成果于 4 月发表在《先进科学》(*Advanced Science*)。 (闫咨汝)

【长寿命燃料电池低铂催化剂制备技术研究与开发】 项目由唐锋能源科技有限公司、同济大学、上海大学、上海交通大学等共同承担，5 月 12 日通过市科委验收。项目研制高活性、高耐久性的低铂(Pt)基催化剂，实现铂钴合金(Pt-Co)催化剂批量化制备技术和膜电极耐久性验证，基于该催化剂制备的膜电极具有高功率密度和高循环稳定性；突破高耐腐蚀性催化剂载体制备、粒径均一高分散抗腐蚀合金催化剂制备、超薄 Pt 壳的 Pd@Pt 核壳结构催化剂制备、高一致性批量制备等关键技术，具有产业化应用前景。项目申请发明专利 8 件，发表论文 6 篇。 (张丽媛)

【有机室温磷光弹性晶体材料研究取得进展】 华东理工大学田禾、马骧研究组基于苯偶酰衍生物(n-BZ)研究多级刺激响应性的弹性有机室温磷光晶体材料；发现在外界刺激下，n-BZ 可实现在青色和橙色室温磷光发射之间可逆转换，发射波长差 82 nm，在外界压力作用下，晶体材料可发生弹性弯曲；证明 n-BZ 晶体的多级刺激响应性源于外界刺激下分子激发态构型的变化，弹性源于分子间弱相互作用，为设计具有多级刺激响应性室温磷光与弹性特性的晶体材料提供思路。研究成果于 5 月发表在《物质》(*Matter*)。 (王晓丽)

【质子交换膜水解槽催化剂研究取得进展】 上海交通大学种丽娜研究组开发由沸石甲基咪唑酯骨架衍生并通过静电纺丝处理的镧和锰共掺杂的纳米纤维钴尖晶石催化剂。该催化剂具有高比表面积、多孔互联的纳米网络结构和高导电性等优点，表现出优异的析氧反应(OER)活性，可克服质子交换膜水解槽(PEMWE)阳极催化剂对铱/钌基贵金属催化剂的严重依赖，实现非贵金属阳极催化剂在PEMWE中的高效稳定运行，为开发面向PEMWE的低成本OER催化剂提供方向。研究成果于5月发表在《科学》(*Science*)。

(付　符)

【超离子材料研究取得进展】 同济大学裴艳中研究组通过单晶生长、同步辐射X射线衍射、中子非弹性散射及机器学习分子动力学模拟等方法，研究硫银锗矿 Ag_8SnSe_6 中的离子扩散和晶格动力学，确定巨声子非谐性的关键相互作用，为设计新型高性能热电材料及固态电解质提供思路。研究成果于5月发表在《自然材料》(*Nature Materials*)。

(张一卉)

【深蓝光有机发光二极管(OLED)材料研究取得进展】 上海大学王子兴研究组制备以硅原子连接给体和受体片段形成的材料分子，通过光、物理、化学性能的系统表征和构效关系研究，发现CzSiTrz为例的分子可同时产生分子内和分子间的双通道电荷转移发光。该双通道电荷转移过程可通过快速的反系间窜跃，利用OLED器件中的三线态激子实现高效率发光。研究成果于5月发表在《科学进展》(*Science Advances*)。

(徐婷婷)

【开发机器学习方法用于处理非自洽多源数据】 上海大学欧阳润海研究组和王元庆研究组合作，收集析氧反应(OER)活性多源实验数据集，设计处理非自洽多源数据的符号限制多任务学习方法SCMT-SISSO，应用于钙钛矿OER催化材料研究，为处理非自洽多源实验数据提供有效方法。研究成果于5月发表在《美国化学学会会刊》(*JACS*)。

(徐婷婷)

【铁电高分子材料应用研究取得进展】 上海交通大学钱小石分析偏氟乙烯基铁电高分子材料在机电耦合、零碳制冷、储能与信息存储等领域应用，提出需探索铁电聚合物分子结构和极化响应之间的关系，设计特定应用场景下的特异性铁电高分子材料；关注单体选择、高分子结晶及极化微区形态结构等工作，实现高效能量转化；利用高分子制程技术(如多层电容、纤维织物等)为快速生产先进功能高分子薄膜器件提供便利；铁电高分子材料可作为平板或可穿戴空调的固态制冷工质，提供可穿戴、轻量化和低能耗的主动冷热调控能力。研究成果于5月在线发表在《科学》(*Science*)。

(付　符)

【聚乙烯(PE)塑料的升级回收研究取得进展】 上海大学黄垒、施利毅与大连理工大学王翔合作，提出无氢温和条件下催化氧化升级回收策略，以 Ru/TiO_2 为催化剂、空气和水为介质，在1.5 MPa压力和160 ℃温度下，将PE塑料升级回收为长链二元酸，回收率达85%。研究可应用于PE的大规模升级回收，为废弃塑料高价值回收提供思路。研究成果于5月发表在《应用化学国际版》(*Angew. Chem. Int. Ed.*)。

(徐婷婷)

【动力电池全温域机理-性能-策略研究取得进展】 同济大学魏学哲研究组系统阐释全温域下锂离子内部材料反应机理、单体性能演变及系统特性，阐明全温域锂离子电池的材料改性、单体设计及系统级热管理-安全设计，提升电池在极端环境下的性能、寿命与安全性，展望技术发展趋势和可能的解决措施。研究成果于6月在线发表在《创新》(*The Innovation*)。

(张一卉)

【甲烷光催化转化研究取得进展】 中国科学院上海硅酸盐研究所王文中研究组设计并制备 $Ag/AgCl\text{-}WO_{3-x}$ 复合材料，在室温常压且不外加羰基物种的条件下，实现甲烷向乙酸的光催化直接转化。揭示光催化转化机制，Ag/AgCl在光照下同时产生氯自由基和羟基自由基，甲烷与氯自由基发生氢原子转移反应生成甲基物种，羟基自由基过度氧化甲烷生成羰基物种，结合 WO_{3-x} 后，羰基物种和甲基物种间发生碳碳偶联反应，有效生成乙酸。研究成果于6月发表在《应用催化B：环境》(*Applied Catalysis B: Environmental*)。

(闫咨汝)

【提出预测钙钛矿氧化物稳定性的高效高通量筛选策略】 上海大学冯凌燕研究组与刘铁研究组合作，基于“中心-环境”特征模型和深度迁移学习方法，利用5 329个尖晶石氧化物的密度泛函理论计算形成能数据训练源域模型；通过855个钙钛矿氧化物结构的小数据集微调模型参数，得到具有良好迁移性的模型并预测钙钛矿氧化物稳定性。研究成果于6月发表在《自然合作期刊计算材料》(*NPJ Computational Materials*)。

(徐婷婷)

【设计多模发射稀土金属有机框架】 上海大学孙丽宁研究组通过溶剂热法合成以稀土铕离子(Eu^{3+})为金属发光中心的稀土金属有机框(Ln-MOFs)，通过逐步掺入惰性的钇离子(Y^{3+})和钙离子(Ca^{2+})离子，实现 Eu^{3+} 离子红光发射增强；利用合成的Ln-MOFs进行光子条形码与指纹识别的应用研究，为低成本优化稀土金属有机框架中稀土离子的发光性能提供方法。研究成果于6月发表在《先进功能材料》(*Advanced Functional Materials*)。

(徐婷婷)

【陶瓷基复合材料多功能设计研究取得进展】 中国科学院上海硅酸盐研究所董绍明研究组通过调控冷场分布重构微纳单元获内凹取向结构，得到氮化硼/石墨烯/氮化硼三明治结构陶瓷基复合材料，兼具负泊松比、高效隔热和优异电磁干扰屏蔽性能；在700 ℃时，比屏蔽效率可达9 416 dB · cm^2/g。研究为实现陶瓷基复合材料结构功能一体化设计提供策略。研究成果于6月发表在《美国化学学会纳米》(*ACS Nano*)。（闫咨汝）

【实现钙钛矿光伏组件绿色制备】 上海交通大学赵一新研究组开发新型绿色γ-戊内酯(GVL)溶剂，解决钙钛矿墨水存储稳定性难题，实现高性能大面积钙钛矿光伏组件的绿色环保制备；揭示甲脒铅碘钙钛矿($FAPbI_3$)的GVL溶液体系中$[PbI_x]_{2-x}$及FA^+和GVL间的强相互作用，解决钙钛矿墨水毒性大、稳定性差、操作窗口窄的难题，为开发基于新型绿色溶剂的钙钛矿器件提供思路。研究成果于7月发表在《自然可持续性》(*Nature Sustainability*)。（付　符）

【实现连续纤维增强复合材料增材制造缺陷有效控制】 同济大学李岩、杨伟东研究组提出采用激光加热方式优化连续纤维增强复合材料三维打印过程中三维时变热场的策略，建立连续纤维增强复合材料三维打印过程的温度-浸渍度-强度增材制造多尺度模型；揭示三维打印过程中局部温度历史信息对复合材料轴向强度的影响规律，实现连续纤维增强复合材料的轴向强度的提升。研究为减少复合材料增材制造缺陷、提升其力学性能提供有效方法。研究成果于7月在线发表在《增材制造》(*Additive Manufacturing*)。（张一卉）

【二氧化碳超精准分子识别和分离材料研究取得进展】 同济大学李风亭研究组与日本京都大学Susumu Kitagawa研究组合作，基于柔性多孔材料的孔环境，实现对二氧化碳(CO_2)的超精准分子识别和高效分离；通过单晶X射线衍射、原位同步辐射多晶X射线衍射结合理论计算，表明柔性多孔配位聚合物中合理设计的窄波纹状通道、作用位点和合适的柔性作用是实现超精准CO_2分子识别的关键要素。研究成果于7月发表在《自然通讯》(*Nature Communications*)。（张一卉）

【一维钙钛矿闪烁体高分辨动态X射线成像研究取得进展】 中国科学院上海硅酸盐研究所吴云涛研究组与华中科技大学唐江、牛广达合作，研发具有柱状生长习性的一维钙钛矿闪烁体($Cs_5Cu_3Cl_6I_2$)。$Cs_5Cu_3Cl_6I_2$沿一维链状方向生长时，晶界处不存在悬挂键，不会形成非辐射复合中心或捕获中心，可保证闪烁体膜具有高光产额和短余辉特性，满足超高空间分辨动态X射线成像应用。研究成果于7月发表在《科学进展》(*Science Advances*)。（闫咨汝）

【实现自支撑YBCO薄膜保持高质量结构和超导性能】 上海大学曾志刚、尹鑫茂研究组提出在没有添加任何缓冲层的情况下，利用$Sr_3Al_2O_6$(SAO)牺牲层将氧化钇钡铜(YBCO)高温超导薄膜从单晶基底转移至柔性有机基底的方法，可避免物理剥离对YBCO薄膜的损伤，获大面积高质量自支撑YBCO薄膜；通过X射线吸收光谱与拉曼光谱分析表明，在没有缓冲层的情况下，SAO牺牲层刻蚀过程中会形成界面钝化效应，可避免YBCO薄膜被腐蚀，获得的自支撑YBCO薄膜保留高质量薄膜结构和超导性能。研究对实现柔性高温超导氧化物薄膜器件的制备具有关键作用，为通过转移技术构建新型高温超导异质结器件奠定基础。研究成果于7月发表在《应用物理评论》(*Applied Physics Reviews*)。（徐婷婷）

【构建光催化含氟烯烃可控共聚策略】 复旦大学陈茂研究组设计富含鏻阳离子的氟聚合物材料，全氟烯基醚单元与鏻阳离子单元呈交替序列分布，具有耐还原性强、理化性能稳定、柔韧性好、耐溶剂等性能优势，可通过化学结构中均匀分布的正电荷为电池负极提供静电屏蔽作用。该材料促进充电过程中均匀锂沉积，抑制锂枝晶生长，实现10 C倍率下3 900次的锂金属电池充放电循环。研究成果于7月发表在《应用化学国际版》(*Angew. Chem. Int. Ed.*)。（邹媛媛）

【盐湖锂提取用锂离子筛材料研究及实验验证——前驱体表面原位包覆方法和长寿命循环机理研究】 项目由上海空间电源研究所承担，8月25日通过市科委验收。项目突破酸性环境下锰系锂离子筛材料抗溶损关键技术，实现锰系锂离子筛材料金属氧化物原位包覆，达到超低单次循环锰溶损及超长循环寿命等效果。项目发表论文2篇。（姜媛媛）

【盐湖锂提取用锂离子筛材料研究及实验验证】 项目由礼思(上海)材料科技有限公司承担，8月25日通过市科委验收。项目研制出高强度、高选择性、长循环寿命的锂离子筛材料，实现规模化生产；应用于盐湖提锂，成本低，所制备的电池级碳酸锂通过检测；开发自主知识产权的锂离子筛粉体动态热处理、原位表面包覆、吸附剂造粒、吸附动力学及其工艺等关键技术。项目申请发明专利8件。（张丽媛）

【实现CoFePS促进高效析氧反应】 同济大学温鸣研究组根据二维亚纳米超薄结构能在有效增加电解质与催化剂接触表面积的同时获得活性位点的充分暴露，为构筑高效超薄结构的多元合金析氧反应电催化剂的发展提供思路。研究成果于8月在线发表在《先进功能材料》(*Advanced Functional Materials*)。（张一卉）

【无机半导体基热电织物取得新进展】 东华大学张坤研究组与中国科学院物理研究所赵怀周、中国科学院工程热物理研究所张挺、美国西北大学G. Jeffrey Snyder研究组合作，提出可扩展的规模化制造热电织物方法，可连续织造大面积(1 550 cm^2)、可水洗、机械耐久的热电织物；热电织物不仅可实现温度调控，还可为小型电子设备持续供电，并为可穿戴设备和柔性电子提供解决方案。研究成果于8月发

表在《能源与环境科学》(*Energy & Environmental Science*)。（张　莹）

【氨氮污染源头资源化研究取得成果】 华东理工大学与美国阿肯色大学、美国加州理工大学合作，采用水稳定的MOF-808为基体，开展多位点后修饰策略，实现对生物活性脲酶的固载稳定化、草酸后修饰下的高容量铵根离子吸附和铜离子调控下的氨分子显色检测；将尿液中的尿素原位转化为氨氮并吸附回收，形成可视化尿液资源回收系统。研究拓展金属有机框架材料在环境领域的应用，为氨氮污染控制和资源回收提供方案。研究成果于8月发表在《应用化学国际版》(*Angew. Chem. Int. Ed.*)。（王晓丽）

【制备抗疲劳三维打印铝合金】 上海交通大学王浩伟研究组与香港城市大学吕坚研究组合作，通过优化材料成分和打印工艺，制备具有超高疲劳强度的二硼化钛改性AlSi10Mg合金，疲劳极限达260 MPa；提出三维打印过程中，由于快速凝固而形成的微纳共晶双相三维网络结构可有效抑制疲劳裂纹的萌生；通过对疲劳极限后的样品进行计算机断层成像扫描和透射电镜表征，发现其微纳共晶网络结构保存完整，没有明显的疲劳裂纹萌生，证实微纳共晶双相三维网络结构具有超高抗疲劳性能。研究成果于8月发表在《自然材料》(*Nature Materials*)。（付　符）

【揭示带电掺剂调控热电材料声子结构机制】 上海大学杨炯研究组与浙江大学朱铁军研究组合作，证实带电掺剂对重带热电材料声子结构具有强烈调制作用；针对半赫斯勒合金中p型性能最优的NbFeSb基重带热电材料，将10%浓度的异价掺杂和共电子合金化的实验样品的全温度范围晶格热导率，与第一性原理计算的结果进行对比，发现10%的异价掺杂在室温下实现的65%晶格热导率抑制源自异价掺杂带来的声子群速度下降；通过非弹性中子散射技术对不同掺杂/合金化样品的声子态密度进行直接观测，发现异价掺杂引入显著的光学声子软化，且软化能量范围与理论计算吻合。研究对探寻有效异价掺杂策略以实现热电材料的电声解耦与协同优化具有重要意义。研究成果于8月发表在《自然物理学》(*Nature Physics*)。（徐婷婷）

【锂离子电池正极材料研究取得进展】 上海大学程红伟研究组在富镍层状正极材料的二次颗粒和一次颗粒上构建具有负热膨胀特性的高导电性ZrV_2O_7保护层，可显著减轻副产物的积累、晶间/晶内裂纹的产生；密度泛函理论计算表明，ZVO-NCM811正极材料的电导率和晶格氧稳定性得到改善。研究证实保护层功能、表面涂层和晶界工程的单独和耦合效应的可行性，为锂离子电池正极材料的设计与优化提供新路径。研究成果于8月发表在《微小》(*Small*)。（徐婷婷）

【实现全长蜘蛛丝蛋白生产】 东华大学孟清研究组与西南大学夏庆友研究组合作，通过将蛛丝蛋白基因引入蚕的DNA中，利用CRISPR-Cas9基因编辑技术和数十万次显微注射到受精卵中的方法，在蚕的腺体中表达蛛丝蛋白，形成完整全长的蜘蛛丝蛋白纤维；开发蚕丝的最小基本结构模型，并对转基因蛛丝蛋白进行定位修饰，使其能与蚕腺体中的蛋白质正常相互作用，确保纤维能正常纺出。研究成果于9月发表在《物质》(*Matter*)。（张　莹）

【分子“华容道”中卟啉取向选择性研究取得进展】 同济大学许维研究组通过扫描隧道显微镜成像/操纵技术在3价金表面上构建含多种局域分子环境的“华容道”模板，研究分子间相互作用对卟啉分子取向选择性的影响，并结合密度泛函理论计算进一步揭示分子取向转变的机理。研究成果于9月发表在《美国化学学会会刊》(*JACS*)。（张一卉）

【基于深度学习的动力电池寿命预测方法研究取得进展】 华东理工大学栾伟玲、陈浩峰研究组通过锂电池容量衰退拐点识别任务对可解释的深度学习框架进行演示，发现深度学习模型在有效预测电池容量衰退拐点的基础上，能够敏锐捕捉与电池老化机制相关的特征，研究结果可为研究者理解复杂电池老化机理提供见解。研究成果于9月在线发表在《交通电动化期刊》(*Journal of Traffic and Transportation Engineering*)。（王晓丽）

【机器学习辅助催化材料结构寻优研究取得进展】 华东理工大学王海丰研究组以甲烷惰性C—H键的低温催化活化为应用示例，研究不同类型金属氧化物上甲烷活化过程；提出一种四维度结构描述符，建立基于梯度提升决策树框架的机器学习模型，实现催化活性中心结构特征的定量表达和C—H键活化能垒的预测；与传统的Brønsted-Evans-Polanyi标度关系相比，该模型预测准确性显著提高，可明确阐释拓扑依赖的结构-反应性关系；基于机器学习模型和材料数据库，建立自动化催化剂高通量筛选工作流。研究成果于9月发表在《美国化学学会会刊》(*JACS*)。（王晓丽）

【水系锌电池新材料研究取得进展】 中国科学院上海硅酸盐研究所刘宇研究组提出高可逆有机配体稳定三价锰离子(Mn^{3+})策略，开发新型有机配位锰正极材料；利用超大分子量的聚丙烯酸钠与金属离子之间的特殊配位交联作用，不可溶的羧基聚合物配体在近中性电解液中稳定Mn^{3+}，揭示Mn^{3+}/Mn^{2+}转化反应储能机理。研究成果于9月发表在《应用化学国际版》(*Angew. Chem. Int. Ed.*)。（闫咨汝）

【新型高性能阻尼合金研制及示范应用(2期)】 项目由上海材料研究所有限公司承担，10月17日通过市科委验收。项目掌握高强度弹塑性阻尼钢、层状复合结构特征的中等强度弹塑性阻尼钢、弹性阻尼合金及锰铜(Mn-Cu)弹性阻尼合金的中试生产关键工艺技术，提出高强度弹塑性阻尼钢的设计方法;利用高强度阻尼钢研制高延性轴向钢阻尼器和C型钢阻尼器,利用铁锰弹性阻尼合金研制螺旋阻尼弹簧。项目研制的新型高强度弹塑性阻尼钢与钢阻尼器,在四川大学和上海市静安区实验中学建筑加固修缮工程中示范应用,Mn-Cu阻尼合金减振垫在无人机用活塞式柴油发动机的隔振降噪上得到示范应用。项目申请发明专利5件,发表论文3篇。（张丽媛）

【3D打印镍基高温合金制件胞状组织调控与表面精度控制研究】 项目由上海材料研究所有限公司承担,10月18日通过市科委验收。项目研究激光扫描次数、激光重熔工艺参数对激光选区熔化成形Inconel 718合金表面精度、胞状组织、室温拉伸性能、高温拉伸性能的影响,取得提升激光选区熔化成形Inconel 718合金表面精度及优化组织性能的激光选区熔化成形和激光二次重熔工艺,探索Ti_2AlC陶瓷颗粒掺杂改性的可行性,为激光选区熔化成形Inconel 718合金的实际应用提供技术支撑。项目发表论文3篇,申请专利1件。（乔雯钰）

【高熵材料研究取得进展】 东华大学梁拥成、张国军研究组与南方科技大学,中国科学院上海硅酸盐研究所合作,基于5种稀土金属十二硼化物设计并制备单相的高熵硼化物,利用在阳离子位置金属原子无序固溶提高硬度,保持高电导特性;为调控其性能,将铪引入高熵硼化物中,制备超硬与类金属电导率共存于高熵硼化物复合材料。研究成果于10月发表在《纳米快报》(*Nano Letters*)。（张 莹）

【提出用于锌负极可控且通用的疏水策略】 上海大学李谦、易金研究组在锌负极表面原位构筑金属-有机金属复合界面层(MOC),同时实现疏水和亲锌界面;制备的SA-Cu@Zn负极具有“疏水-亲锌”作用,MOC层外部的疏水烷基链和内部的大规模Cu纳米棒阵列同时提供疏水性和亲锌有序通道;证实SA-Cu@Zn负极具有弱的水吸附和强的亲锌性。研究成果于10月发表在《先进材料》(*Advanced Materials*)。（徐婷婷）

【铕离子修饰氢键有机框架(HOF)材料研究取得进展】 同济大学闫冰研究组合成多功能三价铕离子修饰的氢键有机框架(Eu@HOF-BTB, Eu@1)紫红光材料,结合人工智能技术,实现致癌物监测和潜在指纹(LFP)提取和识别。研究为下一代LFP提取和识别技术提供解决方案,为法医学或其他案件处理领域提供参考。研究成果于10月在线发表在《材料地平线》(*Materials Horizons*)。（张一卉）

【固态锂金属电池研究取得进展】 上海大学蒋永、赵兵研究组通过在锂(Li)/硫化磷酸盐固体电解质(LPS)之间构建独特的高界面Li-Ga/LiCl(LGC)界面层,利用混合界面中氯化锂(LiCl)的高界面能和电子绝缘性,抑制锂枝晶,实现Li/LPS界面致密化、低界面阻抗和全电池高循环稳定性;基于密度泛函理论,发现亲石性Li-Ga合金层可均匀Li通量并调节锂的沉积。研究为提供安全、耐久的动力源提供技术支撑,对开发新型储能体系具有重要意义。研究成果于10月在线发表在《储能材料》(*Energy Storage Materials*)。（徐婷婷）

【构建表面无定形分子网络】 上海大学孙强研究组通过设计化学计量比实现二维分子网络的有序—无序转变,利用分子动力学模拟方法,从理论角度探究在表面形成无定形金属有机网络的机制。研究选择2种具有相同对称性但大小不同的有机分子前驱体,在超高真空条件下,利用高通量手段实现具有不同化学计量比的样品;通过不同程度的加热制备多组单层金属有机框架(MOF)样品,使用原位的扫描隧道显微镜以分子级的分辨率直接观察到这些有序与无序的网络;借助分子动力学模拟方法,从理论角度探究在表面形成无定形金属有机网络的机制。研究成果有助于深入理解单层分子网络的无序结构的形成,推动新型无定形MOF材料的探索和设计。研究成果于10月发表在《美国化学学会纳米》(*ACS Nano*)。（徐婷婷）

【开发高斯过程回归树分类器算法】 上海大学张统一研究组针对无铅焊料合金设计,通过机器学习开发高斯过程回归树分类器算法,将原始无铅锡基焊料数据集划分为3个子集分别学习,显著提高预测精度和模型泛化能力;发现具有高强度、高韧性的无铅焊料合金,为材料信息学领域、专家知识和数据挖掘手段有机结合提供思路。研究成果于10月发表在《自然合作期刊计算材料》(*NPJ Computational Materials*)。（徐婷婷）

【离子热电凝胶材料研究取得进展】 东华大学江莞、王连军研究组利用金属离子配位和离子选择性缔合作用,制备高性能的自愈合、可回收的n型离子热电凝胶,通过理论计算结合实验分析揭示其内部相互作用机制,为设计用于低品位热量收集、可穿戴器件、热流传感领域的巨热电势凝胶材料提供思路。研究成果于10月发表在《科学进展》(*Science Advances*)。（张 莹）

【嵌入式柔性结构电池应用研究取得进展】 上海大学鲍根桦研究组提出新型柔性电池刚柔复合结构设计策略,设计结合柔性变形结构、能量存储和支撑功能的嵌入式柔性结构电池,可集成至无绳小型机器人,为机器人提供全部动力;提供柔性结构电池动态柔顺和静态可展开2种应用场景,分别制造四足机器人和气动软驱动器;揭示大变形下电池结构设计对电芯的保护机理;通过裁剪极片可使电池适配于各类形状的柔性电子器件,具有良好的可扩展性,表明该电池在柔性电子器件及可穿戴电子产品中具有广泛应用前景。研究成果于10月发表在《储能材料》(*Energy Storage Materials*)。（徐婷婷）

【难熔高熵合金位错动力学研究取得进展】 上海大学陈帅与新加坡科技研究院张永伟、香港大学 David J. Srolovitz 合作,结合第一性原理、分子动力学和蒙特卡洛的多尺度模拟方法,计算 MoTaTiWZr 难熔合金的组成成分、微观结构和构型能量数据库;模拟检验 MoTaTiWZr 高熵合金的原子间势函数,构建体心立方双晶模型,实现多尺度大规模分子动力学和蒙特卡洛跨时间和空间尺度模拟;通过不同弛豫过程模拟化学短程有序形成与演变,运用拉伸加载探究合金内部短程有序调控位错动力学机制;揭示化学短程有序调控难熔高熵合金位错动力学的微观机制,为设计制备优异力学性能的难熔高熵合金提供理论指导。研究成果于 10 月发表在《材料今日》(*Materials Today*)。 (徐婷婷)

【实现含氟聚合物序列结构调控】 复旦大学陈茂研究组基于光催化活性共聚体系,设计并合成全新结构的单锂离子导电含氟聚合物电解质,在无任何添加剂、塑化剂等促进作用下,实现较高水平的室温锂离子电导率,并在室温条件下初步实现锂剥离/沉积循环实验和充放电循环实验,证实该类材料应用于全固态锂金属电池的可行性。研究成果于 10 月发表在《自然材料》(*Nature Materials*)。 (邹媛媛)

【基于太赫兹光谱的油纸材料溯源与性能分析方法研究】 项目由国网上海市电力公司电力科学研究院、重庆大学、汇睿光电技术(北京)有限公司等共同承担,11 月 16 日通过国网上海市电力公司验收。项目揭示油-纸-水共混体系下微量水分对太赫兹光谱的吸收机理;开发基于太赫兹光谱方法的绝缘油及纸板水分分布测量方法;探究温度、湿度等太赫兹技术检测变压器绝缘系统含水量影响因素对现场检测的影响;提出基于太赫兹技术的绝缘纸板溯源与质量检测方法;提出油纸绝缘微水含量识别算法与纸板无损溯源算法,精度超 95%。项目申请发明专利 5 件,发表论文 5 篇。 (宋 平)

【揭示有机超长寿命室温磷光分子设计新策略】 华东理工大学朱为宏、赵伟军研究组通过对刚性平面磷光核心进行多酯化改建,提升磷光分子光物理过程中低能级单线态和三线态跃迁偶极矩;开发高效率有机非晶态超长寿命室温磷光(UL-RTP)薄膜材料,在蓝光激发下寿命达 2.01 s,效率达 35.4%;拓展 UL-RTP 薄膜材料在延时白光照明及余晖加密技术中的应用。研究成果于 11 月发表在《应用化学国际版》(*Angew. Chem. Int. Ed.*)。 (王晓丽)

【四维水凝胶敷料治疗尿道狭窄研究取得进展】 上海交通大学医学院附属第六人民医院张楷乐、傅强研究组开发适用于不同时间阶段尿道微环境的四维水凝胶敷料,实现兔尿道狭窄模型的无疤痕重建治疗。该敷料具有良好的黏弹性、组织黏附力、尿道耐酸性等理化特性,适用于创伤后恶劣的尿道微环境。在尿道创面愈合早期,敷料通过激活内皮生长因子信号通路提供血管化微环境,加快尿道创面愈合;尿道组织重塑后期,通过抑制转化生长因子-β 信号通路提供抗纤维化微环境,防止尿道增生性疤痕形成,实现尿道创面无疤痕愈合。研究可为临床上尿道狭窄提供治疗方案。研究成果于 11 月发表在《自然通讯》(*Nature Communications*)。 (胡 承)

【提升泽贝克系数新方法】 上海大学杨炯研究组与武汉大学刘惠军研究组合作,通过二维材料层间相互作用提升泽贝克系数;基于 MatHub-2d 数据库中的单层二维材料构建双层体系 204 个,对其电子结构和电输运性质进行高通量筛选,发现层间相互作用普遍导致能带发生变化,在 129 个各向同性体系中,有 34 个双层体系比相应的单层体系表现出更高的功率因子。研究为提升材料热电性能提供新视角。研究成果于 11 月发表在《能源与环境科学》(*Energy & Environmental Science*)。 (徐婷婷)

【氟离子电池研究取得进展】 中国科学院上海硅酸盐研究所李驰麟研究组设计基于非硼基阴离子受体和砜类溶剂的室温氟离子电池电解液,室温离子电导率 2.40 mS/cm,处于非水氟离子电解质最高水平;通过调控氟盐浓度优化正极电解质界面层导氟性能,抑制活性物质的不可逆损失,实现氟离子电池室温下的可逆循环。研究揭示衍生电极-电解质界面特性对氟离子电池性能具有重要影响,为可充氟离子电池的电解质设计提供基础。研究成果于 11 月发表在《材料视野》(*Materials Horizons*)。 (闫咨汝)

【无机填料与聚合物界面相容性研究取得进展】 上海大学段彤研究组在活性填料 LLZTO 表面引入 3-(甲基丙烯酰胺)丙基三甲氧基硅烷(MEMO)作为不对称分离膜应用于聚环氧乙烷(PEO)聚合物基质中,改善无机填料在聚合物基质的团聚现象,制备具有良好界面相容性的复合固态电解质 MEMO@LLZTO-PEO;引入超薄无纺布(NF)得到高离子电导率和迁移数的 MEMO@LLZTO-PEO-NF CSE,使电解质膜的机械强度和安全性得到提升。研究成果于 11 月发表在《储能材料》(*Energy Storage Materials*)。 (徐婷婷)

【提出光交联稳定螺旋聚合物构象策略】 上海大学李文、张阿方研究组基于树枝化聚合物的拓扑结构,以烷氧醚树枝化基元为侧基,经手性氨基联接,制备新型温度响应性螺旋聚苯乙炔及其手性智能微球,实现聚合物螺旋构象的旋向的多策略可逆调控,为制备新型聚苯乙炔衍生物手性材料提供参考。研究成果于 11 月发表在《美国化学学会会刊》(*JACS*)。 (徐婷婷)

【提出聚合物单晶快速生长新方法】 复旦大学魏大程研究组提出一种快速生长大尺寸共价有机框架单晶的方法,将微米级单晶聚合时间 15—80 天缩短至 2—5 分钟,单晶尺寸最大达到 0.2 mm,为该类材料在光电子器件中的应用奠定

基础。研究成果于 11 月发表在《自然实验手册》(*Nature Protocols*)。（邹媛媛）

【机器学习辅助圆偏振发光材料理性设计研究取得进展】 上海大学冯凌燕采用“实验—预测—验证”的方法，建立溶剂热法合成的 G-四联体在不同低共熔溶剂中形成手性凝胶的机器学习(ML)分类和回归模型，以及各种合成参数与不对称因子(g_{lum})值之间的关系；通过 ML 与实验验证结合，从 15 640 个的样本中进行筛选，结果表明圆偏振发光(CPL)凝胶的 g_{lum} 值可达 0.15，是已报道的生物基 CPL 材料体系中最高性能之一。研究探索多种手性调控策略，并表明机器学习可极大优化手性纳米材料的设计和性能提升。研究成果于 11 月发表在《先进材料》(*Advanced Materials*)。（徐婷婷）

【硫化物全固态锂金属电池研究取得进展】 上海大学蒋永、赵兵研究组提出双层电子阻隔界面层调控理念，通过锂金属和有机氟化物的原位转化反应，调整 Li/Li_6PS_5Cl 界面人工层的组成和结构。该界面层展现出一种分层梯度结构，具有柔韧的富含有机物的上层和富含 LiF 的下层；具有高黏附功的柔性层改善界面润湿性，并保护固体电解质层的完整性；具有较高界面能的下层 LiF 抑制锂枝晶生长；双层界面层具有良好的电子绝缘特性，可阻止电子隧道效应并最大限度减少电子进入硫化物电解质中。该方法整合各种界面特性并实现对沉积过程的精确控制，为推进硫化物基全固态锂金属电池发展奠定基础。研究成果于 12 月在线发表在《纳米能源》(*Nano Energy*)。（徐婷婷）

【高强韧金属基复合材料研究取得进展】 上海交通大学张荻、郭强研究组与新加坡南洋理工大学 Gan Chee Lip 研究组合作，通过陶瓷相变耗散弹性应变能，强化复合材料且实现相变增韧，在金属基复合材料中实现形状记忆陶瓷的可逆相变，显著提升材料强度和能量耗散密度。相较传统不可变形的增强体，形状记忆陶瓷相变引起的晶格应变能协调增强基体的变形，将外力做功迅速耗散至整个材料，避免应力集中。研究为解决金属基复合材料的“强-韧性倒置”问题提供思路。研究成果于 12 月发表在《自然通讯》(*Nature Communications*)。（付 符）

【提出多稳态折纸超材料机械计算新框架】 复旦大学方虹斌研究组提出元胞自动机启发的多稳态折纸超材料机械计算新框架。该框架以折纸超材料为平台，结合储备池计算和多稳态构型切换，实现数字图像识别、手写图像识别和时序记忆等计算任务。在开发具有先进计算能力的新一代智能材料方面取得重大进展。研究成果于 12 月发表在《先进科学》(*Advanced Science*)。（邹媛媛）

【实现二维铁磁体多态可逆切换】 上海大学曹桂新研究组与复旦大学车仁超研究组合作，结合洛伦兹电镜和输运测量，在二维铁磁体 Fe_3GeTe_2 (FGT)晶体中实现对磁泡和拓扑霍尔效应的有效操纵。研究发现，随着温度和单晶厚度变化，FGT 磁晶各向异性和偶极相互作用发生改变，可有效调节磁泡的密度和尺寸，为新型磁存储器件发展提供思路。研究成果于 12 月发表在《先进功能材料》(*Advanced Functional Materials*)。（徐婷婷）

【二维量子材料研究取得进展】 上海大学任伟研究组设计 Janus 双面单层交替磁性材料 V_2SeTeO。研究表明，该材料具备优异的压谷效应及压电效应；Janus 结构天然的面外对称性破缺可以产生 1 个面外压电。研究为理论设计多功能纳米器件提供思路，在纳米电子学、光电子学、自旋电子学和谷电子学方面具有潜在应用价值。研究成果于 12 月发表在《纳米快报》(*Nano Letters*)。（徐婷婷）

第五节 | 光电技术 >>

【电化学窗口精准预测方法研究进展】 上海大学施思齐研究组厘清传统方法预测电化学窗口误差的本源，提出高精度热力学循环方法；对比包含可充电电池电解液信息的 141 427 篇相关文献，获 68 种电解液溶剂的实验电化学窗口(ECWs)；发现重组能和溶剂化能是导致传统最高占据分子轨道/最低占据分子轨道等方法预测 ECWs 平均绝对误差达 3.25 V 的本源；提出包含上述能量修正的热力学循环方法，实现更高精度的 ECW 预测。研究成果于 1 月发表在《先进功能材料》(*Advanced Functional Materials*)。（徐婷婷）

【正极电压与相稳定性研究进展】 上海大学王达、喻嘉副、李倩倩与吉林大学王彦超、中国科学院物理研究所陈立泉、澳大利亚核科学与技术组织 Maxim Avdeev 等合作，定量分析锂离子电池正极体系中电压调节与相稳定性的竞争关系，提出 p 型合金策略，连结正极费米能级与比能量；通过配位场理论，设计新型无锂嵌入式电极，影响上固态电池的性能，可减少对稀缺和昂贵过渡金属的依赖，有利于推动固态电池发展。研究成果于 1 月发表在《国家科学评论》(*National Science Review*)。（徐婷婷）

【可穿戴视觉记忆系统的人工光电突触研究取得进展】 华东理工大学袁双龙研究组提出一种由直接生长在柔性碳纳米管纤维电极上的高密度二氧化钛(TiO_{2-x})和二硫化钼(MoS_2)阵列组成的双扭曲结构的纤维状人工光电突触(FAOS)设计策略。该 FAOS 整合电/光感应能力，实现多种突触功能，包括受到刺激后电流、短期/长期可塑性及“学习—遗忘—再学习”行为；所制备的 FAOS 显示良好的灵活性，其光电突触性在弯曲 200 次后可保持 95.95%，光线入射角的变化对FAOS的光电突触性能几乎没影响。研究将7个FAOS直接编织到商用透气纺织品中,形成光电突触阵列,实现可感知和记忆图像信息的可穿戴织物,展示其在可穿戴视觉记忆系统中的应用价值。研究成果于1月在线发表在《材料》(*Matter*)。 (王晓丽)

【设计高比能氯超级电容器】 华东理工大学李春忠、陈龙研究组构建基于氯氧化还原反应的呼吸式超级电容器,提升水系超级电容器能量与功率密度;利用3 nm孔径的碳纳米管作为储氯电极,实现39 mA·h/g比容量,循环55 000次后仍具有98%的比容量;使用金属锌作为电容器负极,使能量密度提升至53 W·h/kg,性能优于商业化超级电容器。研究成果1月发表在《应用化学国际版》(*Angew. Chem. Int. Ed.*)。 (王晓丽)

【光学活性光梳光谱技术研究进展】 华东师范大学李文雪、顾澄琳研究组验证基于双梳-光活性光谱测量技术的液相柠檬烯分子手性光谱的高灵敏度快速测量实验,完成信号强度弱至10^{-5}的振动圆二色性光谱和光学旋光色散光谱测量;发展线扫描光谱编码双梳干涉成像、光调制双光梳光谱测量及倍频程宽带中红外光学频率梳等技术;实现高分辨率、高灵敏度和快速的光活性光谱测量,为手性分子次级结构和绝对构象高灵敏快速光谱分析提供方法。研究成果于2月发表在《自然通讯》(*Nature Communications*)。 (朱立峰)

【无水锂-氧($Li-O_2$)电池溶剂脱质子分解机理研究取得进展】 上海大学施思齐研究组与江苏师范大学林雨潇、厦门大学乔羽、华南师范大学邢丽丹等合作,揭示无水$Li-O_2$电池中溶剂脱质子分解的根源,研究$Li-O_2$电池中碘化锂(LiI)/溴化锂(LiBr)对溶剂稳定性造成的反常现象;发现含LiI电池体系中,溶剂分子脱质子分解反应主要由LiI的亲核副产物碘酸锂($LiIO_3$)引发。研究成果对提高溶剂稳定性,推动高效低成本LiI催化剂在$Li-O_2$电池中的实际应用有重要启示。研究成果于2月发表在《应用化学国际版》(*Angew. Chem. Int. Ed.*)。 (徐婷婷)

【量子精密测量及应用研究取得重要进展】 上海交通大学曾贵华研究组针对量子多参数估计的量子精度极限不相容问题,通过对不相容参数在实际测量时精度下限进行研究,提出表征不相容性大小的理论判据;表明在多参数量子估计任务中,可通过同时增大探测指针关于不相容参数生成元的不确定度,减弱2个参数在同时估计时精度极限的不相容性,提升整体测量精度;设计能使2个不相容物理参数量子测量精度同时逼近理论极限的量子探针,实现对同一光束的纳米级横向位移与纳弧度级角向偏折的同时测量。研究成果于2月发表在《自然通讯》(*Nature Communications*)。 (付 符)

【中红外单光子计算成像技术研究取得进展】 华东师范大学曾和平、黄坤研究组提出基于非线性空间编码的红外上转换单像素成像新方法,利用硅基单像元探测器实现超灵敏中红外单光子成像,为发展可室温工作的红外光子测控技术与器件提供新途径;突破传统空间调制器件工作波长限制,解决中远红外波段高保真空间调控难题,规避室温下红外波段探测灵敏度受限技术瓶颈,实现逼近量子极限的中红外单光子测控性能;中红外单像素成像系统可在0.5光子/脉冲极低照度下实现高对比的成像质量,为红外微光成像、超远距离测距、深层材料检测等光子稀疏应用场景提供表征与分析手段。研究成果于2月发表在《自然通讯》(*Nature Communications*)。 (朱立峰)

【自参考太赫兹双光梳研究取得进展】 中国科学院上海微系统与信息技术研究所曹俊诚、黎华研究组与华东师范大学曾和平研究组合作,提出自参考"软锁定"方法,对双光梳整体信号进行操控,实现高稳定自参考太赫兹量子级联激光器(THz QCL)双光梳光源,通过消除共有的载波包络频率噪声,提高每根双光梳梳齿的稳定性。该方法不依赖任何锁定元件,可方便移植于其他激光系统中,为提高光谱、成像等各种应用的稳定性提供一种稳频方法。研究成果于2月以封面文章形式发表在《激光与光电子评论》(*Laser & Photonics Reviews*)。 (殷之嵩)

【超宽波段涡旋矢量光场调控领域的最新进展】 华东理工大学郑致刚研究组提出超宽波段涡旋矢量光阵列的产生方法,采用编程的扭曲向列相液晶器件,将达曼涡旋光栅的波前函数与某个矢量光束的波前相结合,有效调控射光线偏振态,验证其在可见到近红外波段的调制功能。研究成果于3月发表在《激光与光子学评论》(*Laser & Photonics Reviews*)。 (王晓丽)

【琼斯矩阵六通道解耦调控研究取得进展】 同济大学王占山研究组提出基于双原子构型的高效率高分辨率琼斯矩阵六通道解耦调控新机制。通过设计2个高透射率纳米柱的几何尺寸和旋转角,控制2个纳米柱出射光场的偏振相关干涉效应,实现3个振幅通道分别覆盖0—1和3个相位通道分别覆盖0—2π的完全解耦调控;演示3幅纳米打印图像和3幅全息图像的集成,测得3幅全息图像的光学效率分别为15.6%、16.4%和17.2%,机制有效性得到验证。该机制在超高密度光学编码和超紧凑的光场多维度联合调制中具备应用潜力。研究成果于3月发表在《激光与光子学评论》(*Laser & Photonics Reviews*)。 (张一卉)

【高调制传递函数的大数值孔径超透镜设计研究取得进展】 同济大学程鑫彬研究组提出一种基于振幅位相共同调控的高调制传递函数的大数值孔径超构透镜构型,并使用干涉单元结构和分段取样相结合的方法设计超构透镜;揭示振幅不需完全匹配、仅实现所需振幅的趋势即可提高大数值孔径超构透镜的调制传递函数。研究成果于 3 月发表在《美国化学学会光子学》(*ACS Photonics*)。 (张一卉)

【单次多幅超快光学成像技术研究取得进展】 华东师范大学张诗按、孙真荣研究组开发一种新型时间-偏振映射超快成像技术，通过设计具有时变偏振角度的超短激光脉冲对超快动态场景进行照明并在偏振维度成像探测，实现将时域信息转换到偏振维度探测的单次多幅超快光学成像，可应用于不可逆或难以重复动态场景的超快高分辨实时观测研究。研究成果于 3 月在线发表在《科学通报》(*Science Bulletin*)。 (朱立峰)

【有机薄膜太阳能电池研究取得进展】 上海大学王生浩、徐韬研究组提出新型可溶液加工的、基于碳化铌(Nb_2C MXene)二维材料的空穴传输层(PEDOT: PSS-Nb_2C)材料，通过精细控制形貌可提升器件效率；通过将 PEDOT: PSS-Nb_2C 传输层材料应用于不同非富勒烯体系的器件中，证明其对提升有机薄膜太阳能电池器件性能具有普适性。研究成果于 3 月发表在《材料今日生物》(*Materials Today Bio*)。 (徐婷婷)

【偏振发光材料研究取得进展】 华东理工大学马骧研究组建立基于有序介质尺度效应的圆偏振发光(CPL)发光模型，量化介质有序性对材料自发辐射 CPL 信号的影响；发现相较于分子潜在的手性激发态诱导 CPL 发射，有序介质的尺度效应对发光材料 CPL 信号具有更大影响；揭示 CPL 测量熵是决定 CPL 信号各向同性和各向异性的主导因素。研究成果于 3 月发表在《国家科学评论》(*National Science Review*)。 (王晓丽)

【揭示强关联氧化物相变机制】 上海交通大学钱冬研究组与向导研究组合作，利用激光脉冲沉积系统制备大面积自站立强关联相变材料二氧化钒(VO_2)薄膜，通过兆伏特超快电子衍射系统(MeV-UED)，揭示飞秒尺度下 VO_2 的光激发超快相变过程；利用 MeV-UED 测量 VO_2 在光激发后不同时刻下的电子衍射斑，发现在相变过程中对应于单斜绝缘结构相的超晶格峰消失的时间尺度远快于主布拉格衍射峰位置移动的时间尺度，不同类型衍射峰变化的时间尺度不同，表明 VO_2 光激发的结构相变存在 2 个过程。研究成果于 3 月发表在《自然通讯》(*Nature Communications*)。 (付 符)

【量子精密测量研究取得进展】 上海交通大学张卫平研究组基于光与原子混合体系，实现在实际噪声环境下可应用于低频段的量子增强的原子磁场梯度计；针对地磁和嘈杂磁场环境的挑战，突破磁场测量标准量子极限制约，打破同类磁力计灵敏度记录，在心磁、脑磁测量中展现量子优势，促进实用量子技术发展。研究成果于 4 月发表在《科学进展》(*Science Advances*)。 (付 符)

【高效节能照明技术研究取得进展】 上海交通大学崔可航研究组通过光子回收机制的确立与机器学习多目标优化，实现光效高 173.6 流明/瓦(照明效率 25.4%)、显色指数 96、具有人体工学色温、使用寿命高于 6 万小时的高可靠性光子回收白炽照明器件(PRILD)，并可将照明器件的生命周期碳排放总量降至发光二极管照明器件的三分之一以下。研究实现的 PRILD 具有高发光效率、优显色指数、长寿命、低碳排放等优点，在低碳环保、绿色照明技术领域具有应用前景。研究成果于 4 月发表在《科学进展》(*Science Advances*)。 (付 符)

【环境电催化氧还原研究取得进展】 上海大学吴明红、王亮研究组设计水热脱水-热解的串联合成策略，以胖大海为碳基前驱体调控合成具有不同氧环境浓度的“Te-O 对”碳催化剂，驱使碲(Te)有效掺杂至碳材料中；实现氧还原反应(ORR)性能的显著提升；在具有相对较低氧配位环境的碳材料中形成的“Te-O 对”具有优异的给电子能力，能扩大类石墨烯纳米片结构的层间距离，暴露更多活性位点从而增强 ORR 电催化活性。研究成果于 4 月发表在《美国化学学会纳米》(*ACS Nano*)。 (徐婷婷)

【民机大幅面蒙皮表面损伤亚毫米级激光三维成像检测技术研究】 项目由上海市激光技术研究所有限公司承担，5 月 10 日通过市科委综合绩效评价。项目掌握大视场光束整形、微型电子机械系统扫描驱动与控制、三维测量及扫描拼接等关键技术，设计阵列线激光光栅条纹测量光路；开发亚毫米级激光三维成像扫描设备 1 套，在飞机蒙皮表面完成测试与验证。项目申请发明专利 1 件，获实用新型专利授权 2 件；发表论文 1 篇。 (张丽媛)

【单波长 50G-PON 关键技术研究及系统研发】 项目由上海中兴软件有限责任公司等承担，5 月 16 日通过市科委验收。项目研发下一代单波长 50G-PON 光接入系统设备，构建单波长 50G b/s 以上光接入关键技术实验验证平台；研制单波长 50G-PON 光接入系统、50G-PON ONU 终端，在中国通信集团江苏有限公司实现 50G-PON 现网验证；开发单波长 50G b/s 传输新型均衡技术、增强前向纠错码技术、低成本相干检测技术、支持平滑演进的 50G-PON 架构及大容量平台、多业务 50G-PON ONU 设计等关键技术。项目申请发明专利 10 件，发表论文 18 篇。 (张丽媛)

【实现柔性太阳电池制造】 中国科学院上海微系统与信息技术研究所刘文柱、刘正新、狄增峰、孟凡英、张丽平与长沙理工大学，沙特阿美石油公司，南京师范大学等合作，研制新型柔性单晶硅太阳电池，研究将硅片边缘的表面和侧面尖锐的“V”字形沟槽处理成平滑的“U”字形沟槽，显著提升硅片柔韧性，60 mm 厚度单晶硅太阳电池可进行折叠，最小弯曲半径达 5 mm 以下，可重复弯曲，弯曲角度超过 360°，并且电池光电转换效率保持不变。研究成果于 5 月以封面文

章形式发表在《自然》(*Nature*)。(殷之嵩)

【光诱导电致化学发光成像技术研究取得进展】 上海大学赵微研究组提出并建立光诱导电致化学发光成像(PECLM)技术,可对单个纳米光催化材料施加可控的光激励及偏置电压,对其界面上光生电子、空穴的产生、电子传递及复合过程及光诱导电化学反应等过程实时成像,并在氧化铟锡电极界面构建基于界面电子转移机制的贵金属-半导体复合结构模型。PECLM技术通过对微纳界面光生热载流子实时精准测量,可用于光催化中电荷转移与分离的机理及界面分子反应动力学研究,可用于推动光催化剂的设计及优选。研究成果于5月发表在《纳米快报》(*Nano Letters*)。(徐婷婷)

【仿生叠片式柔性锂离子电池研究进展】 上海大学鲍垠桦与北京理工大学赵则昂、宋维力,南京航空航天大学张兴玉合作,设计并制造仿生物鳞甲结构的叠片式柔性锂离子电池;通过对电池和柔性设备的结构、储能一体化设计,实现储能、承载和变刚度等多功能特性,展示变刚度特性在稳定柔性屏弯曲状态;提升视觉舒适性和柔性软抓手、双足机器人变刚度、承载、储能一体化设计的应用。研究成果于5月发表在《先进功能材料》(*Advanced Functional Materials*)。(徐婷婷)

【实现高帧频中红外单光子上转换光谱仪】 华东师范大学曾和平、黄坤研究组发展宽波段、超灵敏、高帧频的中红外上转换光谱测量技术,其具有逼近量子极限的单光子探测灵敏度和近百万帧每秒的光谱刷新率,可为燃烧场分析、高通量分选和化学反应跟踪等应用所需的高速灵敏红外光谱测量提供支撑。研究成果于5月在线发表在《激光与光电子评论》(*Laser & Photonics Reviews*)。(朱立峰)

【制备出超快超灵敏的压力-声音双模光响应传感器】 同济大学化学科学与工程学院闫冰团队合成一例具有高发光效率的氢键有机框架(HOF-TTA)蓝光材料,制备超快超灵敏的压力-声音双模光响应传感器。通过结合HOF-TTA和三聚氰胺泡沫(MF)制备出2种厚度的HOF-TTA@MF。在发光压力传感和感应520 Hz声音的过程中,表现出优异的灵敏度、低检测限、快速响应时间、高精度和可循环使用能力;研究验证可人机交互的双模传感器能识别9种不同的物体及文字信息,具有高准确性和强鲁棒性;并应用于人机交互,实现对物体和信息的识别。研究成果于6月在线发表在《先进材料》(*Advanced Materials*)。(张一卉)

【近红外活体多重荧光成像研究取得进展】 复旦大学张凡研究组开发荧光增强的稀土纳米荧光探针,搭建双通道荧光成像装置,在1 500—1 700 nm波段实现活体实时动态的多重成像;针对所开发的荧光增强的新型近红外二区荧光探针,开发实时动态多重成像装置,在活体组织水平上验证该成像技术用于探索深组织下生理活动机制的可行性,提供实时动态活体成像新视角。研究成果于6月在线发表在《自然纳米技术》(*Nature Nanotechnology*)。(邹媛媛)

【中红外单光子三维成像研究取得进展】 华东师范大学曾和平、黄坤研究组发展宽视场、超灵敏、高分辨的中红外上转换三维成像技术,实现单光子水平成像灵敏度、飞秒门控时间精度及百万像素宽画幅,可为芯片无损检测、远程红外遥感和生物医学诊断等应用提供支撑,研究成果于6月在线发表在《光:科学与应用》(*Light: Science & Applications*)。(朱立峰)

【红外感存算器件研究取得进展】 中国科学院上海技术物理研究所胡伟达、苗金水研究组提出基于离子-电子耦合效应的感存算一体神经形态光电器件,通过模拟人类视觉感知方式,在二端结构背靠背光伏探测器中引入硫空位,利用脉冲电压调控硫空位的空间分布,影响器件的空间电势;构筑光响应率可重构的感存算一体器件,解决红外感知系统分立式架构造成的高延迟和高功耗问题,突破神经形态硬件迈向大规模和多维度的关键技术,为大规模硬件集成及神经形态视觉应用提供可能。研究成果于7月发表在《自然纳米技术》(*Nature Nanotechnology*)。(虞慧娴)

【连续光谱-偏振重构研究进展】 中国科学院上海技术物理研究所李冠海研究组通过在琼斯矩阵中引入色散调控,对传统通道复用个数受限的超表面设计方案,在波长维度进行连续扩展,设计可在波长维度连续调控偏振的红外光学器件,实现偏振调控在波长维度任意重构;使物理设计层面的安全性突破单一自由度加密所面临的算法暴力破解限制,实现利用红外人工微结构超构器件对光学信息进行多维度联合加密通信。研究为满足航天空间遥感、量子信息对抗等需求奠定基础。研究成果于7月发表在《先进材料》(*Advanced Materials*)。(虞慧娴)

【半透明有机太阳能电池研究取得进展】 上海大学徐韬、王生浩研究组与香港浸会大学朱福荣合作,针对半透明有机太阳能电池(ST-OSCs)中高光学透过和高光电转换相互竞争问题,提出半透明光伏器件近红外光学调控策略。研究在器件中引入基于高通量计算筛选和性能预测的光耦合结构,协同提升ST-OSCs在可见光区的透过率和在近红外区的光电转换效率;开发具有极快运行速度的薄膜光学计算模型,将光耦合层的各层膜厚与材料选择均视为自由变量,通过高通量计算所有可能的材料与膜厚组合对器件性能的影响规律,提升半透明器件的光电转换效率与可见光平均透过率,实现可见光高透明高效有机太阳能电池。研究结果表明基于高通量计算的光学调控对于科学、高效设计高性能半透明光伏器件的重要性和普适性。研究成果于

7 月发表在《先进能源材料》(*Advanced Energy Materials*)。（徐婷婷）

【光载无线接入研究取得进展】 上海交通大学胡卫生研究组与北京大学合作，提出基于克隆光梳的数字模拟混合前传接入架构，实现超大容量和超高制式的无线信号前传接入。研究通过在远端克隆与发端光梳完全相同的再生光梳，略去载波相位估计环节，支持多个信道的自零差相干检测；构建具有 12 通道的数模混合光载无线波分复用链路，在 240 GHz 载波聚合无线带宽下实现 1024-QAM 制式信号的传输，提升接入网带宽和信噪比。研究成果于 8 月发表在《自然光子学》(*Nature Photonics*)。（付 符）

【研发自决策趋光行为软体载具】 上海交通大学钱小石研究组与香港大学 Nicholas X. Fang 合作，开发可实时响应光刺激的趋光软体载具(PTV)。该载具能迅速朝光源移动且实时准确追踪，模拟水母对称性结构，通过调整水凝胶纳米复合材料内部的光-热-机械-流体相互作用，实现人工趋光性；趋光性不依赖于对光源或边界条件的特殊要求，通过建立负反馈回路来调控水凝胶系统的运动，PTV 能在没有明显远距离偏离的情况下追踪光线，并能在适度而持续的光照下精确转向复杂路径。研究成果于 8 月发表在《自然纳米技术》(*Nature Nanotechnology*)。（付 符）

【锡基钙钛矿 LED 效率研究取得进展】 上海大学杨绪勇研究组与吉林大学王宁、洛桑联邦理工学院 Michael Grätzel、东南大学 Haizhou Lu 等合作，提出适用于稳定无铅锡基钙钛矿的普适性策略。研究通过互变异构体混合物与钙钛矿的配位，诱导准二维无铅锡基钙钛矿中 2 价锡的电子局域化，自发在锡基钙钛矿表面形成准垂直、稳定的 H 键互变异构二聚体和三聚体超结构，避免安德森局域化导致的不利影响；提高无铅锡钙钛矿晶体结构的有序性，将非辐射复合系数降低 2 个数量级，激子的束缚提高两倍，大幅提高光电特性，突破锡基钙钛矿 LED 20%的发光外量子效率。研究成果于 8 月在线发表在《自然》(*Nature*)。（徐婷婷）

【换流变压器油纸绝缘直流局部放电机理及其脉冲波形特性研究】 项目由国网上海市电力公司电力科学研究院与西安交通大学共同承担，9 月 14 日通过国网上海市电力公司验收。项目建立直流局部放电(PD)的 ABC 等值电路模型，引入时间等待恢复模型及其假设简化直流下 PD 的数学物理过程并开展重复率试验验证；搭建超宽频带检测试验平台，对 4 种典型油纸绝缘缺陷进行高压直流输电耐压试验，获取 PD 单个脉冲波形，提取时域、频域和时频域联合等特性分析和参数；对宽带检测获取的脉冲波形-时间序列，建立直流 PD 的时间和振幅分辨局部放电(TARPD)谱图，完成不同缺陷模型放电的 PD 脉冲峰值-时间序列特性分析，并实现直流 PD 指纹参数提取。项目申请发明专利 2 件，发表论文 2 篇。（宋 平）

【硅基片上模式复用技术研究取得进展】 上海交通大学苏翼凯研究组与贝尔实验室、上海大学先进通信与智能网络研发中心合作，提出并实验演示具有一定工艺容差的片上高阶模式复用器。研究基于亚波长超表面结构对光场的调控机理，解决片上多模态耦合存在的模间色散及相位失配问题，实现 16 阶模式(TE_0—TE_{15})的纪录性复用阶数；基于片上模分复用技术的高速数据传输，实现 2.162 Tbit/s 的净数据率，为面向片上光互连的硅片集成芯片提供超高集成度的技术方案。研究成果于 9 月发表在《先进光子学》(*Advanced Photonics*)。（付 符）

【高鲁棒性薄层低维探测材料增强吸收与调控研究取得进展】 中国科学院上海技术物理研究所李冠海研究组通过引入环形偶极子连续域束缚态(TD-BIC)实现品质因子匹配，在多个离散波长达成波长稳定的临界耦合；研制一种近红外低维探测材料吸收增强器件，同时实现低损耗与高吸收的性能指标，吸收率达 95%以上，具备传统设计所不具有的单一波长高鲁棒性，为基于薄层低维材料的红外探测提供参考。研究成果于 9 月发表在《纳米快报》(*Nano Letters*)。（虞慧娴）

【副本对称性破缺与布里渊随机激光研究取得进展】 上海大学王廷云研究组借助光外差技术在时域和频域 2 个维度对布里渊随机激光模式实时演变进行高保真探测，运用序参量瞬态分析手法探究随机激光系统中复本对称性破缺相变的瞬态演化过程，揭示其产生机理；基于布里渊随机光纤激光系统的灵活性，分析影响复本对称性破缺相变观测的因素，揭示复本对称性破缺相变与布里渊随机光纤激光器的动力学演变的内在联系，为研究复杂系统副本对称性破缺现象提供光子学反演新途径。研究成果于 10 月发表在《光子学 X》(*PhotoniX*)。（徐婷婷）

【高通量热电材料电输运计算方法研究取得进展】 上海大学杨炯研究组开发适用于高通量计算的形变势方法，提高预测精度和模型泛化能力。研究基于电声耦合近似的形变势方法，建立适用于高通量计算的形变势方法，获 1 万余条形变势数据及电输运性能，预测 332 种潜在的 n 型热电材料和 321 种 p 型热电材料，获 156 种潜在的 n 型、p 型性能均优异的新型高性能热电材料。研究成果于 10 月发表在《自然合作期刊计算材料》(*NPJ Computational Materials*)。（徐婷婷）

【高性能锂金属电池隔膜电子云设计取得进展】 上海交通大学梁正、颜徐州研究组针对电池内部锂离子界面传输阻力大等问题，通过分子设计与电子云调控等方法，实现界面快离子传导，开发高比能长循环的锂金属电池；通过氮功能位点聚亚胺气凝胶增加快速离子传导，实现电池的长效循环，为锂金属电池界面传输问题提供解决方案。研究成果于 11 月发表在《美国国家科学院院刊》(*PNAS*)。（付 符）

【阿秒脉冲诊断研究取得进展】 中国科学院上海高等研究院冯超研究组提出并验证基于自参考干涉光谱的超快自由电子激光脉冲单发诊断方法。该技术可实现阿秒级自由电子激光脉冲的高精度实时诊断，具备实时性、单发测量能力，并同时提供时间和频率的完整信息，为超快X射线自由电子激光调试及阿秒科学实验提供重要工具。研究成果于11月发表在《物理评论快报》(*Physical Review Letters*)。 (张　楠)

【热激活延迟荧光(TADF)分子的反向系间窜越(RISC)研究取得进展】 上海大学王子兴研究组使用非苯芳香氮杂蒽作为给体构建2个TADF分子，发现氮杂蒽的扭曲结构共振可增强RISC过程($k_{RISC}=9.0\times10^6\ s^{-1}$)，并具有分子内/分子间电荷转移发光；制备红色磷光顶发射器件实现51.3%的外部量子效率和68.2 cd/A的电流效率，器件寿命为LT_{95}=52 350小时@1 000 nits和LT_{50}=536 200小时@1 000 nits。研究成果于11月在线发表在《化学工程杂志》(*Chemical Engineering Journal*)。 (徐婷婷)

【提出自组装软光子螺旋实现可编程双色圆偏振发光方法】 华东理工大学郑致刚研究组利用大双折射的螺旋液晶形成具有宽光子禁带的微腔，禁带范围完全覆盖染料的发射峰，增强发光分子与可用光学模式之间的相互作用及CPL性能；并调制放大宽光子禁带边缘的荧光发射受微腔。基于微腔结构对光子禁带边缘的染料发射调制效应和对圆偏振光发射的选择性相结合，实现双色且高不对称因子(g_{lum})的圆偏振光发射。研究成果于12月在线发表在《激光与光子学评论》(*Laser & Photonics Reviews*)。 (王晓丽)

【IAPEC系统推动废水可持续处理研究进展】 上海大学唐量研究组创建无偏压驱动的离子辅助光电化学(IAPEC)系统，提升自由基产生效率；基于光生电子与嵌入离子的耦合策略，引入普鲁士蓝类似物为电极材料，在对电极中调控光生电子的接收途径，有效降低光生电子转移的能量势垒，增强光生载流子的分离。研究成果于12月发表在《自然通讯》(*Nature Communications*)。 (徐婷婷)

【实现铁电聚合物中的庞电卡效应】 上海交通大学钱小石研究组开发高分子拓扑界面外延技术，通过小分子晶体牺牲层诱导高分子极化界面的广泛形成，使铁电聚合物在外界电场作用下展现巨大熵变，在偏氟乙烯基弛豫铁电高分子中实现庞电卡效应，并揭示拓扑外延的极化界面在外加电场调控下的熵变机理；利用光致红外超光谱仪采集电卡聚合物1 600—780 cm^{-1}光谱范围内的红外吸收化学图像，直观研究材料界面增强的极性高熵态和其他聚合物构象。研究成果于12月在线发表在《科学》(*Science*)。 (付　符)

第六节 | 空天与海洋技术 >>

【智能海事搜救系统关键技术研究与示范】 项目由上海海事大学承担，3月14日通过市科委验收。项目开展海上遇险小目标示位和寻位、漂移轨迹预测、海上搜救和应急资源管理、海上搜救辅助决策、水下智能化搜救等关键技术攻关，建立水上水下一体化智能海上搜救平台；形成国产化遥控无人潜水器水下搜救机器人及系统并开展应用示范。项目申请发明专利14件，其中获授权9件，获软件著作权登记3件；发表论文19篇，其中SCI论文11篇。 (王　磊)

【空间太阳堆电源技术】 项目由上海空间电源研究所承担，3月20日通过市科委验收。项目研制太阳能聚集器及支撑展开机构、高温热转换-储能器、布雷顿热电转换系统及变配电系统等样机，空间太阳堆电源地面输出功率8.3 kW、太阳堆热源出口温度1 204 K、太阳堆热源光热转换效率78%、热电转换效率26.1%；提出套筒式吸热-储热-换热样件结构，解决单一结构难以同时实现负载供电与能量存储问题；攻克套筒式吸热—相变储热—高强度换热样件制备工艺难点，建立基于转速和温度复合控制的闭环布雷顿热电转换系统高效变负荷功率调节方法；提出分时多级功率调控技术，满足瞬态性负载功率快速变化要求。项目成果可应用于空间、地面及海洋领域。项目申请专利7件，发表论文5篇。 (王　磊)

【大洋性渔业资源开发关键技术研究】 项目由上海远洋渔业有限公司承担，4月4日通过市科委验收。项目基于遥感的鱼群侦察技术及基于声学的鱼群探测新技术，研制鱼探仪数据采集终端设备；开发船-陆低温冷链储运与品质动态监控技术，构建不同冷藏温度下水产品货架期预测模型2个，冻藏水产品270天保持1级鲜度；研制船载冷舱无氨氟蒸发无相变载冷剂制冷工艺，开发全程品质监控装备，研发可4小时保持配送品−10 ℃以下的低温配送箱；研发全球渔海况渔业资源信息服务与决策系统。项目成果在上海金优远洋渔业公司和上海水产集团龙门食品有限公司示范应用，累计渔获223 t。项目获发明专利授权15件、实用新型专利授权8件、软件著作权登记27件；发表论文42篇。 (王　磊)

【基于北斗的水上应急救援关键技术研究及应用示范】 项目由上海普适导航科技股份有限公司承担，4月20日通过市科委验收。项目突破基于智能识别算法的低功耗电路设计、落水自动浮离释放自动启动、极低码率语音编解码、海上综合态势可视化等关键技术；研制北斗应急无线电示位标、北斗三号船载终端、应急搜救系统平台，在东海航海保障中心等单位进行示范应用。项目申请发明专利3件，获

软件著作权登记2件;发表论文2篇。（张丽媛）

【侧扫声呐图像处理及水下地形反演关键技术研究】 项目由中交第三航务工程局有限公司、中交三航(上海)新能源工程有限公司和国家能源集团东台海上风电有限责任公司承担,5月25日通过中国水运建设行业协会验收。项目针对侧扫声呐数据处理结果位置不准、形状畸变、精度不高等问题,提出侧扫声呐单条带图像精处理方法,实现对海底地貌特征的精细、准确表达;提出二维声呐反演三维地形方法,实现基于图像的高分辨率海底地形获取;提出水下目标地物自动探测和量化表达方法,解决传统海底地貌特征人工检测费时费力、存在多解性和样本扩增等难题;开发侧扫声呐条带图像处理软件和海底地形反演软件,提高侧扫声呐应用的精度和效率。项目获实用新型专利授权2件,软件著作权登记2件。（程 云）

【东南极托腾冰川的冰物质流失和海平面贡献研究取得进展】 同济大学李荣兴研究组与澳大利亚昆士兰大学、新西兰奥塔哥大学合作,发现东南极威尔克斯地区域冰流加速、冰物质损失加剧,与东南极冰盖冰物质微量增加的总体趋势相反;重建托腾冰川1963—1989年间的3期历史冰流速场,与近期遥感数据产品联合形成近60年的长时间冰流速序列;指出在全球气候变暖的大背景下,随着趋势的持续发展,加强对该区域的长期遥感和地面监测。研究成果于7月发表在《自然通讯》(*Nature Communications*)。（张一卉）

【深海矿产资源开发关键技术】 项目由上海交通大学承担,9月21日通过市科委验收。项目研制深海多金属结核采矿车样机"开拓一号",行进速度1.21 m/s,在南海西沙海域实现1 305 m水深海试;研制大功率矿浆泵原理样机,实测流量480 m^3/h,扬程102.8 m,输送矿浆体积浓度10%,输送固体颗粒粒径50 mm,干矿产能51 t/h;设计满足多金属结核、富钴结壳和多金属硫化物开采的多功能深海采矿船总体方案,提出500 t主—被动重载升沉补偿器设计方案,升级改造升沉补偿原理验证装置;完成海底采矿作业路径规划方法研究,提出地形自适应变分辨率点云地图生成及交互式扩展可通过性分析方法,完成陆上算法验证;设计触底式履带走行中继舱总体方案,设计作业水深3 000 m,矿物处理量20 m^3/h,舱容量10 m^3。项目申请发明专利24件,获发明专利授权10件、实用新型专利授权8件、软件著作权登记7件;发表论文46篇。（王 磊）

【面向飞机制造的大尺寸测量及溯源技术研究】 项目由上海市计量测试技术研究院承担,10月19日通过市科委验收。项目研制面向飞机制造的室内坐标标准场、一维长度标准、标准框架、标准天文方位角等装置;开发现场测量质量评价、优化及监控软件模块;搭建多源数据采集系统平台和多源数据管理系统平台;实现C919大型客机中后机身装配检测、ARJ21飞机全机水平测量、C919/ARJ21飞机室内真北航向参考线检测场景的应用验证;形成适合国内民用大飞机制造的完整的大尺寸测量质量管理系统。项目申请发明专利5件、实用新型专利3件,获发明专利、实用新型专利授权各3件;发表论文14篇。（张丽媛）

【新一代卫星物联网信息转发载荷】 项目由上海无线电设备研究所承担,10月20日通过市科委验收。项目突破轻型高效率大功率固态放大器研制、双频双圆极化共口径多波束相控阵天线设计、多维域无线星-地信道测量与建模、高动态低轨卫星5G空口适应性处理等关键技术;研制卫星互联网信息转发载荷原理样机。项目申请发明专利2件,发表论文3篇。（张丽媛）

【超声速喷气技术研究取得进展】 上海大学盛万成研究组分析三维锥形喷管的燃气超声速射流,构造从喷管到真空的射流问题全局经典解,得到喷管不真空的射流问题局部解及射流中拦截激波形成机制,采用特征分解的方法对自由边界问题的解做连续性估计,得到全局经典解的存在性和经典解破裂的结果。研究成果于10月发表在《暹罗数学分析杂志》(*SIAM Journal on Mathematical Analysis*)。（徐婷婷）

【大型柔性航天器分布式测量与精细协调控制关键技术研究与集成试验】 项目由上海航天控制技术研究所承担,11月15日通过市科委综合绩效评价。项目研制高精度分布式测量样机、高动态作动执行机构样机、地面集成试验系统,达到大型柔性载荷形面亚毫米级全局确定精度,毫米级形面控制精度和高精度姿态指向与稳定度,可应用于低轨大型雷达卫星背景型号控制系统的关键技术攻关;突破大型柔性航天器动力学建模技术、大型柔性结构分布式测量与实时三维形态反演技术、大型柔性航天器精细协调控制等关键技术,形成全产业链的技术能力。项目获发明专利授权3件,发表论文4篇。（张丽媛 姜媛媛）

【实施极地科学考察】 2023年,中国极地研究中心(中国极地研究所)实施中国第39和第40次南极考察及第13次北冰洋考察和北极站基考察任务,855人次参加极地现场考察;南北极各考察站全年安全运行;"雪龙"号在航165天,航程33 700余海里,冰区航行4 470余海里;"雪龙2"号年度在航240天,航程44 400余海里,冰区航行9 190余海里;"雪鹰102"直升机(KA32)累计飞行182小时;"雪鹰301"直升机(AW169)累计飞行102小时;"雪鹰601"固定翼飞机累计飞行249.3小时,累计飞行里程7.48万千米。（杨 滨）

第二篇
科技促进经济社会发展

第二篇　第三章
先进制造业科技

第一节 | 概况 >>

【上海先进制造业科技工作概述】 2023年,上海先进制造业重点赋能"上海制造"品牌打造,聚焦集成电路、人工智能、生物医药等先导产业,培育专业技术方案提供商和系统集成商,打造智能工厂、工业互联网的示范应用,加快工业领域行业数字化转型。

聚焦新一轮集成电路"上海方案"年度任务实施,研究开展光刻机、硅光、第3/4代半导体、新型存储、核心零部件和关键材料等方向的攻关布局。推进实施市级科技重大专项。"光学忆阻器"专项面向人工智能领域核心器件的算力、能耗、集成度等问题,研发人工智能纳米光芯片基础原件光学忆阻器,突破钙钛矿纳米晶制备关键技术,制备第1代光学人工智能芯片;"未来车脑芯片"专项瞄准集成电路与未来智能汽车交叉融合发展领域,开展未来智能车用高算力芯片的重大基础科学问题研究与前沿关键核心技术攻关。

聚焦人工智能领域核心技术突破,重点推进自主无人系统、脑机接口市级科技重大专项研究。"自主无人系统"专项构建基于元学习和神经图灵机的人工智能框架,突破生物启发的智能感知与芯片系统、人形机器人多模态融合交互等关键技术并开展应用验证;"脑机接口"专项研发新型柔性电极,开发大规模、长期稳定超柔性微电极阵列,形成神经系统疾病精细调控新一代前端技术,研发微创、高精度、自动化的手术机器人。上海微创医疗机器人(集团)股份有限公司研发的"图迈"四臂腔镜手术机器人与国内三级医院合作,持续开展5G远程手术探索,在新疆、甘肃等地完成远程手术和动物试验超70例。上海傅利叶智能科技有限公司研发的人形机器人具有高度仿生的躯干构型和拟人的运动控制,可应用于工业、康复、居家、科研等多种场景,国产化率超90%。

聚焦微纳光学元件、定制化微纳化工器件与装备研制及工艺技术升级,推动微纳光学相关产业自主创新和健康发展,以及传统化工制药行业向连续流工艺颠覆性变革升级。霖鼎光学(上海)有限公司突破超精密机床核心功能部件等关键技术,研制加工-检测一体化五轴联动超精密机床,在智能汽车、集成电路、消费电子、红外探测等领域开展应用,有效提升复杂光学元件制造能力。围绕超快激光"超限制造"开展全链条研发,华东师范大学程亚研究组构建超快激光"超限制造"内雕精刻技术平台装备,掌握三维微纳化工芯片的设计、制造与评价等关键共性技术,研制定制化高通量微纳化工芯片和微纳反应器,并获2022年度全国颠覆性技术创新大赛总决赛优胜奖。

聚焦生物医药基础前沿和关键核心技术,加快布局科技创新项目,有序推进相关创新平台和载体建设,增强上海生物医药创新策源能力。持续推动糖类药物研究关键技术发展及原创品种研发、构建基于基因组标签的重要器官精准蛋白质图谱和重大突发传染病防控关键核心技术研究等一批市级重大科技专项;前瞻布局"环形RNA动态折叠的模拟及功能验证""基于无机生物材料的腔道肿瘤解聚治疗机制研究""重症新冠肺炎临床、免疫学特征及其对长期预后的影响"等项目;推进上海合成生物学创新中心建设,加快筹备全球健康领域新型研发机构建设。全年,获批上市1类创新药4款,1类创新药获临床试验批件203个,11个产品进入国家创新医疗器械特别审批通道;上海君实生物医药科技股份有限公司研制的特瑞普利单抗、和记黄埔医药(上海)医药有限公司研制的呋喹替尼及上海复宏汉霖生物技术股份有限公司研制的斯鲁利单抗等3款创新药在海外获批上市。

聚焦海洋工程装备创新突破,首制国产大型邮轮完成试航,"开拓1号"深海重载作业采矿车、"哪吒号"海空两栖无人潜航器、液化天然气船超低温柔性次屏蔽材料等关键核心技术装备和材料取得新进展。深远海上风电安装与运维装备、超大型集装箱船等海洋科技战略产品跻身世界先进行列。海洋科技力量取得新发展,海洋工程、水路交通控制全国重点实验室获批重组建设。国家海底观测网大科学工程东海多圈层立体塔基观测平台完成陆地建造。深远海全天候驻留浮式研究设施可研方案通过评审,长兴岛保障基地和三亚补给基地开工建设。

(张丽媛　商学斌　王　薇)

第二节 | 电子与信息 >>

【可信人工智能关键共性技术研究】 项目由同济大学承担,1月6日通过市科委验收。项目开展可信人工智能领域的实证研究,研发面向人工智能系统的鲁棒性验证技术和相应的工具原型;分析公平性问题,研发公平性算法库;建立面向隐私保护的联邦学习框架,实现智能驾驶系统的形式化建模、验证与分析。项目申请发明专利 7 件,获软件著作权登记 1 件;发表论文 20 篇。 (张丽媛)

【邮票快速真伪鉴别技术研究】 项目由中国邮政集团有限公司上海市分公司承担,2 月 23 日通过中国邮政集团有限公司验收。项目研发白光和荧光相结合的邮票图像采集方法,通过深度学习算法检索邮票种类;利用荧光图像进行真伪邮票特征比对,实现真假邮票的鉴别,并研制便携式样机。样机具有鉴别速度快、准确率高、操作简单、便于携带等优点,可适用于各邮政网点,用于鉴别带有荧光码或荧光图案的邮票,识别正确率达 94.98%,超过设计值约 18%。 (叶洁芳)

【AMOLED 用聚酰亚胺(PI)基板材料的上下游一体化研究】 项目由上海华谊三爱富新材料有限公司承担,2 月 27 日通过市科委综合绩效评价。项目突破有源矩阵有机发光二极体面板(AMOLED)用 PI 基板材料的生产技术,完成 500 t/a 中试线的建设、试生产和稳定生产;完成 PI 材料在产品中的应用开发,实现 AMOLED 用 PI 基板材料的商业化销售。项目申请发明专利 2 件,制定企业标准 1 部。 (张丽媛)

【基于超短脉冲激光器的硅基 CMOS 晶圆切割技术研究与工艺验证】 项目由上海微高精密机械工程有限公司承担,3 月 1 日通过市科委验收。项目针对集成电路领域硅基互补金属氧化物半导体(CMOS)晶圆的切割难点,开展基于超短脉冲激光器的硅基 CMOS 晶圆切割技术研究与工艺验证;围绕基于可编程空间光调制器的光束整形及能量均匀性控制技术、晶圆定位技术、多轴运动系统和光机电协同控制技术、激光分切系统集成等方面研究,开发硅基 CMOS 晶圆激光精密分切设备 1 套,完成激光分切技术报告和工艺操作指南各 1 份。项目申请专利 12 件,发表论文 12 篇。 (张丽媛)

【面向集成电路领域硅晶圆紫外皮秒激光标识技术研究与验证】 项目由上海市激光技术研究所有限公司承担,3 月 1 日通过市科委验收。项目聚焦晶圆直接标识的需求,开展激光直接标识设备中脉冲控制、功率闭环负反馈、定位精度等关键技术研究,形成全自动化晶圆激光标识系统设备 1 套,并在上海集成电路研发中心有限公司进行工艺验证。 (张丽媛)

【高安全嵌入式实时操作系统功能扩展及应用示范】 项目由上海华元创信软件有限公司承担,3 月 1 日通过市科委综合绩效评价。项目基于前期国产认证版操作系统,首次针对网络协议栈实施自主嵌入式操作系统的功能拓展、协议栈的轻量化改造和优化,突破高安全深度定制、应用集成验证与综合评估等关键技术,形成安全关键平台完整的认证版基础软件解决方案,为高端装备安全控制系统的自主化奠定基础。项目申请发明专利 2 件,获软件著作权登记 5 件。 (张丽媛)

【基于"存算一体"光子计算的关键器件和架构研究】 项目由复旦大学程增光研究组承担,3 月 7 日通过市科委验收。项目系统研究相变材料设计、二维半导体异质结构和光子器件制备、"存算一体"应用的非易失性存储及光子计算芯片等关键科学和技术问题,为"存算一体"光子计算提供理论和技术支撑。项目申请发明专利 13 件、实用新型专利 2 件,发表论文 8 篇。 (张丽媛)

【车规级 CMOS 图像传感芯片研发及产业化】 项目由格科微电子(上海)有限公司承担,3 月 15 日通过市科委验收。项目攻克像素级动态范围扩展技术、像素级高灵敏度技术及像素级暗电流抑制技术等关键技术,研发车规级互补金属氧化物半导体图像传感芯片,并应用于上汽通用汽车有限公司、一汽—大众奥迪汽车有限公司和奇瑞汽车股份有限公司等多家汽车产品。项目申请发明专利 5 件,发表论文 3 篇。 (张丽媛)

【高能离子注入机关键技术研究与样机验证】 项目由上海凯世通半导体股份有限公司承担,3 月 21 日通过市科委验收。项目突破离子源、串列加速器、高能离子光学系统、离子注入平台、软件控制系统等关键技术,研制高能离子注入机样机,并在产线进行验证。项目申请发明专利 5 件。 (张丽媛)

【汽车级 EEPROM 芯片的设计和产业化】 项目由聚辰半导体股份有限公司承担,3 月 21 日通过市科委验收。项目采用高速椭圆曲线加密算法、冗余替换等技术,研究汽车级电可擦除可编程只读存储器(EEPROM)芯片的设计方法;完成 2 种车规 EEPROM 芯片的设计与测试,实现车规级 A1 EEPROM 芯片抗干扰能力和全温区可靠性,并应用于上海享瑞汽车科技有限公司。项目申请发明专利 3 件,获集成电路布图设计授权 1 件。 (张丽媛)

【面向高开关比、低功耗逻辑器件应用的 4 英寸高质量二硫化钼单晶晶圆制备】 项目由中国科学院上海微系统与信息技术研究所承担,3 月 22 日通过市科委验收。项目突破二硫化钼单晶薄膜制备、薄膜缺陷修复和薄膜转移、基于原子层沉积的晶圆级过渡金属硫化物二维薄膜材料的生长和掺杂工艺等关键技术,形成全产业链的技术能力;研制 4 英寸单层二硫化钼单晶晶圆材料,制备高开关比晶体管器件;获得晶圆级的高质量过渡金属硫化物二维材料薄膜材料,并基于晶体管器件阵列实现多种逻辑功能。项目申请发明专利 8 件,其中国际发明专利 1 件;发表论文 20 篇。 (张丽媛)

【新一代高速低功耗嵌入式相变存储器芯片】 项目由中国科学院上海微系统与信息技术研究所承担，3 月 22 日通过市科委验收。项目基于八面体基元与三维限定理论，研制In—Ce—Sb—Te 和高热稳定性 Ta 基相变材料及器件；搭建相变存储器专用制造平台，实现跨生产平台的流片；研制4—128 Mb 相变存储器芯片，并在中国科学院微小卫星创新研究院和国家电网有限公司试用。项目申请专利 14 件，其中发明专利 12 件、PCT 国际专利 1 件；发表论文 16 篇。 （张丽媛）

【基于双编码器闭环反馈技术的高性能机器人搅拌摩擦焊技术与系统研制】 项目由上海航天设备制造总厂有限公司承担，3 月 23 日通过市科委综合绩效评价。项目面向高强铝合金复杂构件的高质量焊接制造需求，突破双编码器闭环控制系统设计、并联搅拌摩擦焊接机器人的尺度-结构-驱动器参数集成设计、高速旋转主轴力学参数非接触式在线监测等关键技术，开发重载机器人搅拌摩擦焊设备；机器人末端绝对定位精度±0.1 mm，重复定位精度±0.05 mm，最大焊接厚度 12 mm，可应用于航天、电子雷达和新能源汽车等领域。项目申请发明专利 3 件，发表论文 4 篇。 （张丽媛 姜媛媛）

【750 V/270 A IGBT 芯片模块开发及新能源汽车示范应用】 项目由上海道之科技有限公司承担，3 月 24 日通过市科委验收。项目研究精细沟槽栅绝缘栅双极型晶体管（IGBT）器件的制作工艺、深场终止层的形成等关键技术，优化焊接工艺和键合工艺，研制 750 V/270 A 大电流密度、高可靠性的沟槽场终止 IGBT 芯片及 750 V/820 A IGBT 模块，并实现批量生产及装车应用。项目申请专利 4 件，其中发明专利2 件。 （张丽媛）

【集成电路清洗设备高阶干燥模组的研制与应用】 项目由上海至纯洁净系统科技股份有限公司承担，3 月 30 日通过市科委验收。项目研究慢提拉红外干燥、旋转干燥、马兰戈尼干燥等关键技术，研制高阶干燥模组 5 种、独立干燥设备4 台，并实现应用。项目申请发明专利 10 件、实用新型专利9 件，制定企业标准 1 部。 （张丽媛）

【面向工业环境下 5G 安全问题关键技术研究与攻防应用示范】 项目由上海翼火蛇信息技术有限公司、上海交通大学、上海市教育委员会信息中心（上海市教育信息应用研究开发中心）、上海臆龙科技有限公司等共同承担，3 月 31 日通过市科委综合绩效评价。项目开展工业环境下 5G 安全检测与防护技术研究，包括多接入边缘计算碎片化终端特定漏洞挖掘技术、异构接入网通信协议安全测评方法、工控网入侵检测与网络切片安全防护机制等，并在中移铁通有限公司上海分公司等单位开展相关攻防验证与示范应用。项目申请专利 2 件，获软件著作权登记 1 件；发表论文 2 篇。 （张丽媛）

【大规模视觉模型与算法开源开放平台】 项目由上海人工智能创新中心承担，4 月 12 日通过市科委验收。项目构建一套计算机视觉开源算法库，支持算法 229 种，提供不同的预训练模型 1 916 种；研发多模态大模型，在图像理解、图像生成、图像推理等方面超越 OSCAR 等算法；研发并上线视觉模型开源平台（OpenMMLab）；与中科寒武纪科技股份有限公司、曙光信息产业股份有限公司等企业合作适配国产芯片。项目申请发明专利 14 件，其中国际发明专利 2 件，获软件著作权登记 2 件；发表论文 10 篇。 （张丽媛）

【MOSS 升级版模型上线】 4 月 21 日，复旦大学开发的新版 MOSS 模型上线，成为国内首个插件增强的开源对话语言模型。该模型支持搜索引擎、图像生成、计算器、方程求解器等插件工具；开放相关代码、数据及模型参数，开源代码涵盖模型训练和推理代码，开源数据包括超 100 万条对话训练数据，开源模型包括 160 亿个的参数中英双语基座语言模型、对话模型及插件增强的对话模型。 （邹媛媛）

【基于信息物理融合的智慧钢厂感知与控制技术研发与应用】 项目由上海宝信软件股份有限公司承担，4 月 21 日通过市科委综合绩效评价。项目突破多优先级实时协同决策技术、数据与知识驱动的智能管控技术、面向云边端的泛在感知与实时互联技术等关键技术，研制基于信息物理融合的智慧钢厂管控平台，并应用于马鞍山钢铁股份有限公司和安徽长江钢铁股份有限公司。项目申请发明专利 3 件，获软件著作登记 1 件；制定团体标准 1 部。 （张丽媛）

【非结构化动态场景下多服务机器人协作与交互关键技术研究与示范】 项目由上海擎朗智能科技有限公司承担，4 月 21 日通过市科委综合绩效评价。项目研究多模态传感数据的融合算法、基于迪克斯特拉算法实现多场景下的定位导航、基于 DES 加密算法的实时交互等关键技术，搭建基于边云协同的软硬件架构运营体系、机器人与物联终端的实时交互系统，建立云端学习资源库，研发非结构动态环境下多服务机器人协作与交互系统，并应用于酒店和医院。项目获发明专利授权 5 件、软件著作权登记 2 件，发表论文 2 篇，参与制定国家标准 2 部、团体标准 3 部。 （张丽媛）

【新型网络与安全设备操作系统关键技术及应用示范】 项目由上海飞旗网络技术股份有限公司承担，4 月 21 日通过市科委综合绩效评价。项目开发基于无锁跳表的众核进程地址空间管理技术、对抗模型的智能主动安全防御技术、面向可预测性能的虚拟化资源配置等关键技术，研制新型网络与安全设备操作系统，并在国防、电信等领域开展产业化示范应用。项目申请发明专利 5 件，获软件著作权登记 5件；发表论文 5 篇。 （张丽媛）

【软件定义的工业可信接入系统】 项目由上海电器科学研究所(集团)有限公司承担,4 月 21 日通过市科委综合绩效评价。项目研制软件定义的工业可信接入系统平台,融合基于软件基因的 APT 样本溯源分析技术、基于设备指纹库的工业设备识别技术、安全机制在线配置等关键技术,核心产品在电力装备制造行业进行综合验证与示范应用。项目申请发明专利 2 件,获软件著作权登记 5 件;发表论文 8 篇。(张丽媛)

【基于 5G+TSN 融合的低时延高可靠工业互联网架构研究及应用示范】 项目由中京复电(上海)电子科技有限公司承担,4 月 26 日通过市科委综合绩效评价。项目针对多接入边缘计算编排技术、用户平面路由技术、时延控制融合技术等开展研究,开发设备运行环境数据采集与处理系统 1 套、远程可视化实时在线运维管理系统 1 套、面向工业环境的 5G 边缘云原型系统 1 套、时间敏感软件定义网络(TSS-DN)控制器原型系统 1 套,并在青岛前湾集装箱码头进行示范应用。项目申请发明专利 2 件,获软件著作权登记 2 件;发表论文 3 篇。(张丽媛)

【极端尺寸高性能人工晶体及元器件研发与产业化应用】 项目由中国科学院上海硅酸盐研究所承担,4 月 26 日通过市科委验收。项目研制系列大尺寸高性能闪烁晶体及硅光电倍增管探测器件、直径 6 英寸碳化硅(SiC)晶体、直径 8 英寸氟化钙(CaF_2)晶体、大口径磷酸二氘钾(DKDP)和钇铝石榴石晶体;建立高品质无机闪烁晶体中试线、6 英寸 SiC 晶体中试线、激光晶体制备-超光滑抛光镀膜中试线,形成 6 英寸 SiC 晶体成套技术和 8 英寸 CaF_2 晶体成套技术,实现技术成果转移转化;突破大尺寸高性能闪烁晶体多坩埚下降法生长技术、大尺寸低缺陷 SiC 晶体物理气相输运技术、大尺寸深紫外 CaF_2 晶体热交换坩埚下降法生长技术、DKDP 类晶体长籽晶单锥生长技术等关键技术,建立极端尺寸高性能人工晶体及元器件研发共性技术平台。项目申请发明专利 43 件,发表论文 80 篇,制定标准 12 部。(张丽媛)

【驱动传动控制一体化机器人电动关节组件的研制】 项目由中电科机器人有限公司等承担,4 月 28 日通过市科委综合绩效评价。项目攻克电动关节结构一体化的紧凑设计、低力矩脉动电机和小体积高精度伺服控制板等关键技术,研制可用于机器人的机电控一体化关节模组 6 款,并在协作机械臂、足式机器人等多款机器人上进行试用验证。项目申请发明专利 4 件。(张丽媛)

【大尺寸高精度 X 射线平面反射镜研制】 4 月,中国科学院上海高等研究院突破同步辐射大尺寸高精度 X 射线平面反射镜制造技术,研制 1 000 mm 高精度 X 射线平面反射镜。该反射镜全长 1 000 mm,光学有效长度 950 mm,表面斜率误差 0.202 μrad(RMS),表面粗糙度 0.276 nm(RMS),可为国内同步辐射光源光束线大尺寸高精度平面反射镜工程化应用提供技术保障。(张　楠)

【滑动式摩擦电纳米发电机性能增强】 上海大学李忠杰、张泉研究组与重庆大学郭恒宇合作,提出在摩擦电纳米发电机(TENG)中外加柔性磁层的新策略,从理论和实验角度研究磁预紧力引起的机电耦合效应(MS-TENG)。研究引入磁预紧力系数,从理论上研究 MS-TENG 的机电特性,通过等效电路模型推导 MS-TENG 的输出性能;采用实验验证 MS-TENG 的输出性能与磁预紧力或负载电阻或滑动频率之间的关系,实验结果与理论计算结果展现较好的一致性,有效揭示磁预紧力在 MS-TENG 上的作用原理。研究成果于 4 月发表在《先进功能材料》(*Advanced Functional Materials*)。(徐婷婷)

【高安全嵌入式实时虚拟化操作系统研发及应用示范】 项目由上海华元创信软件有限公司承担,5 月 11 日通过市科委综合绩效评价。项目针对多核实时关键应用对嵌入式实时虚拟化操作系统的需求,攻克虚拟机内存域的安全隔离、虚拟 IO 外设的访问隔离及共享的高效实现、关键任务的资源分级管理等关键技术,开发高安全嵌入式实时虚拟化操作系统版本,配套集成开发环境;构建安全控制平台,形成高安全关键平台所需的实时虚拟化操作系统解决方案;开展轨道交通运行控制系统、网络控制设备的验证和示范应用。项目申请发明专利 2 件,获软件著作权登记 3 件。(张丽媛)

【基于零信任的自适应安全加固系统】 项目由上海申通地铁集团有限公司承担,5 月 17 日通过市科委综合绩效评价。项目通过研究设备行为分析、设备信任评分、端边云协同联动防护等关键技术,研制安全服务运营中心和嵌入式安全加固根应用软件 2 款;研发信息安全检测工具平台、轨道交通安全隔离与数据安全传输系统、轨道交通工控云终端设备安全加固盾等行业专用设备,并应用于上海地铁实际线路。项目申请发明专利 6 件,获软件著作权登记 3 件;发表论文 10 篇。(张丽媛)

【基于人工智能的直肠癌辅助分期与定位系统】 项目由复旦大学附属中山医院承担,5 月 17 日通过市科委综合绩效评价。项目通过收集直肠癌图像及临床数据,研究直肠肿瘤、淋巴结智能识别与分期,构建直肠癌辅助分期系统与直肠癌手术智能定位系统,并开展临床试用。项目申请发明专利 3 件,发表论文 6 篇。(张丽媛)

【多孔手术机器人系统国产化关键技术研发与多科室临床应用研究】 项目由上海微创医疗机器人(集团)股份有限公司承担,6 月 1 日通过市科委综合绩效评价。项目突破多孔手术机器人轻量化本体、力反馈主操作控制臂、多自由度能量器械、三维荧光成像系统、机器人手术影像信息融合与增强现实术中操作实时引导等关键技术，研制图迈多孔腔镜手术机器人系统，并在上海进行多科室临床验证。项目申请发明专利62件，其中国际发明专利15件，获软件著作权登记5件；发表论文18篇。（张丽媛）

【自主可控高性能区块链基础设施研究与应用示范】 项目由复旦大学承担，6月15日通过市科委验收。项目研发基于模块化设计的区块链方案、基于分布式数据库的事务管理模型、基于属性密码的数据保护等关键技术，设计自主可控的区块链系统软件。该软件具备基于属性密码的数据保护、交易关联方自动分片、数据状态预加载、事务自动隔离等功能，提供跨合约交互的并行容器与虚拟机智能合约运行环境，并在航空航天、船舶供应链场景进行示范应用。项目申请发明专利10件，获软件著作权登记8件；发表论文18篇；参与制定国际标准1部。（张丽媛）

【书生通用大模型体系发布】 7月6日，上海人工智能实验室发布书生通用大模型体系，并推出首个面向大模型研发与应用的全链条开源体系。书生大模型包括“书生·多模态”“书生·浦语”“书生·天际”三大基础模型，其中“书生·多模态”拥有200亿个参数，支持350万种语义的标签，无缝整合语言、图像、视频等多种模态，首次实现通过自然语言定义视觉任务，并具有多模态交互和跨模态生成能力；“书生·浦语”是国内首个发布的支持8K语境长度的千亿个参数级语言大模型；“书生·天际”是全球首个城市级神经辐射场实景三维大模型，拥有千亿个参数，在全球首次实现对100 km^2 城市实景进行4K高精度建模及编辑。（王 震）

【首款通用人形机器人GR-1发布】 7月6日，上海傅利叶智能科技有限公司发布首款通用人形机器人GR-1。GR-1身高1.65 m，体重55 kg，全身自由度达40个，最大关节模组峰值扭矩可达300 Nm，步行速度达5 km/h，负重50 kg；采用电驱动技术，满足机器人运动需求，具备高度精确性和灵活性，相较液压驱动，性价比更高；基于自主研发的FSA高性能一体化执行器系列，使机器人兼具强大的运动能力与灵巧的本体设计，可应用于工业、康复、居家和科研等场景。（编辑部）

【首个机器人多模态大模型RobotGPT发布】 7月6日，达闼机器人股份有限公司发布业界首个机器人多模态大模型RobotGPT。该产品包含RobotGPT 1.0服务平台和RobotGPT 1.0一体机产品；以多模态Transformer为基础，具备文本、语音、图片、视觉、运动、点云等多模态融合感知、认知、决策和行为生成能力，并基于人工反馈的强化学习完成并快速智能进化；能够与机器人的具身智能相结合，实现机器人理解人类语言，自动分解、规划和执行任务，进行实时交互，完成复杂的场景应用；赋能数字人应用，实现虚实融合。（编辑部）

【固定式钢轨闪光焊焊筋打磨机器人】 项目由中国铁路上海局集团有限公司上海工务大修段、上海亘万自动化技术有限公司、上海瑞纽机械股份有限公司共同承担，8月31日通过中国铁路上海局集团有限公司验收。项目采用钢轨闪光焊技术研制焊筋打磨机器人，主要由工业六轴机器人、智能力位控制单元、激光视觉识别单元、自动换刀主轴及刀库组成；机器人跨骑在焊轨生产线上，采用机器视觉和计算机控制技术，自动识别、定位焊缝，实现对钢轨轨腰、轨底上表面等复杂曲面焊筋自动打磨和整形。项目成果在上海工务大修段芜湖焊轨基地应用。（陈丹菁）

【新型超导三端子器件研制】 中国科学院上海微系统与信息技术研究所陈垒、王镇研究组研制新型超导三端子器件，实现超导三维纳米桥结约瑟夫森临界电流的门电压调控。研究发现，对于尺寸很小的超导三维纳米桥结，其临界电流能够被一个门电压有效调控，且在调控过程中三维纳米桥结仍保持良好的约瑟夫森效应。该器件为超导约瑟夫森器件和电路发展提供新思路。研究成果于8月在线发表在《纳米快报》(*Nano Letters*)。（殷之嵩）

【户内变电站自适应无轨巡检机器人研究】 项目由国网上海市电力公司电力科学研究院与厦门大学共同承担，9月14日通过国网上海市电力公司验收。项目研发无轨巡检机器人1台，应用复杂环境下的机器人自主路径规划及运动控制技术，帮助机器人在二维地图上拥有超越地图栅格大小的控制精度与自主绕障的能力；提出适用于巡检机器人本地运行的轻量化视觉识别方法，实现在低功耗运算设备上的多种旋钮、按键和指针式仪表的智能分类与精准识别；应用复杂场景下快速高精度三维视觉引导定位技术，解决场景遮挡和空间变形导致的特征提取难等问题；提出随机空间中机械臂微操作控制技术，实现按钮点击和旋钮转动等功能，执行机构的空间操作自主定位精度达0.28 mm。项目申请发明专利3件，发表论文1篇。（宋 平）

【空气中双称重法体积测量装置的研制】 项目由上海市计量测试技术研究院承担，9月15日通过市市场监管局验收。项目提出空气中双称重法砝码体积测量新方法，解决液体静力体积测量法中砝码入水引起的系列问题，研制国内首台基于空气中双称重法体积测量装置，实现1 kg砝码质量测量重复性最大值0.012 mg、质量测量不确定度 $U=0.35$ mg($k=2$)、体积相对测量不确定度 $U_{rel}=3.5\times10^{-5}$ ($k=2$)。项目申请发明专利1件，获发明专利授权1件、实用新型专利授权2件；发表论文3篇，其中SCI论文1篇；出版专著1部。（滕雪雷）

【大砝码磁性测量系统的研制】 项目由上海市计量测试技术研究院承担,9 月 15 日通过市市场监管局验收。项目提出基于霍尔效应的高斯计磁性测量方法,解决 50 kg 以上砝码难以进行磁性测量问题;研制国内首套测量范围 100—1 000 kg 大砝码磁性测量系统,实现测量范围 5—2 500 μT(分辨率 0.01 μT)砝码极化强度测量,极化强度测量不确定度 $U_{rel}=0.01$—30 μT($k=2$),可覆盖 E1—M3 等级各形状大砝码。项目申请发明专利 2 件,获实用新型专利授权 4 件;发表论文 3 篇。 (滕雪雷)

【5G 非金属天线阵子及材料的电磁特性测量方法研究】 项目由上海市计量测试技术研究院承担,9 月 22 日通过市场监管总局验收。项目通过仿真消除栅瓣最小间距,计算仿真值与理论值误差值小于容限范围,分析材料磁导率、厚度等参数对天线阵子产品增益影响,以及驻波比与增益之间关系;解决因网络分析仪测量增益过程中对应角度信号强度低于网分底噪无法满足高动态范围测量难题,提高 5G 非金属天线阵子电磁特性参数测试系统测试精度。项目获发明专利授权 1 件,发表论文 2 篇。 (滕雪雷)

【1 200 V 碳化硅平面 MOSFET 器件工艺制造关键技术及芯片开发与应用】 项目由上海积塔半导体有限公司承担,9 月 28 日通过市科委验收。项目建立碳化硅(SiC)平面金属氧化物半导体场效应管(MOSFET)制造工艺平台,开发 SiC MOSFET 器件结构及其工艺流程,研制 1 200 V 40mohm SiC MOSFET 产品,形成 1 200 V SiC 平面 MOSFET 大规模量产能力,良率达 80%以上。项目申请发明专利 21 件,发表 SCI 论文 5 篇。 (张丽媛)

【集成电路材料中关键杂质检测方法研究和国家标准制定】 项目由上海市计量测试技术研究院承担,10 月 10 日通过市市场监管局验收。项目联合运用质谱和加氧技术,解决光刻材料检测过程中碳沉积问题,关键杂质检出限 0.01 μg/kg,回收率 88.5%—119.8%;优化预吹扫、双瓶吸收、吸收速度和吸收液体积,提升电子气体吸收效率超 92%;运用大流量雾化器,解决抛光材料堵塞进样系统问题,关键杂质回收率 84.0%—120.0%,相对标准偏差小于 10%,3 种方法的线性相关系数均大于 0.999。项目发表论文 1 篇,形成标准报批稿 1 部。 (滕雪雷)

【激光跟踪仪多站动态测量关键技术研究】 项目由上海市计量测试技术研究院承担,10 月 10 日通过市市场监管局验收。项目研制激光跟踪仪多站同步触发器和多站动态测量软件,集成开发激光跟踪仪多站动态测量系统,实现测量结果在空间和时间上的统一及测量不确定度评定,可用于手术机器人、自动铺丝机等多轴并行产品的检测校准;研制动态校准同步触发器和激光跟踪仪动态校准软件,集成开发基于激光干涉仪的激光跟踪仪动态校准装置,测量不确定度 $U=[1.7\ \mu m,\ 3\times10^{-7}L]$($k=2$),实现激光跟踪仪瞬时动态测量能力的校准。项目发表论文 1 篇。 (滕雪雷)

【GNSS 信号采集回放仪关键技术指标测试方法研究及装置建立】 项目由上海市计量测试技术研究院承担,10 月 20 日通过市市场监管局验收。项目研究全球导航卫星系统(GNSS)信号采集回放仪采集回放频点频率偏差、回放信号功率电平一致性、内部晶振频率准确度等测试方法,对回放信号功率电平一致性、采样带宽、载噪比回放一致性补充不确定度分析;制定 GNSS 信号采集回放仪校准装置,可覆盖全球四大卫星导航系统,采集回放频点频率的测量不确定度 1 Hz,内部晶振频率偏差的测量不确定+定位精度回放一致性的测量不确定度 0.3 m。项目申请专利 4 件,获软件著作权登记 2 件;发表论文 2 篇;参与制定国家标准 1 部。 (滕雪雷)

【传导抗扰度耦合/去耦网络校准方法研究及装置建立】 项目由上海市计量测试技术研究院承担,10 月 20 日通过市市场监管局验收。项目研制一套可满足多种类型传导抗扰度耦合/去耦网络校准需求的校准适配器和转换器,研究测量结果误差修正模型,构建校准装置,装置频率范围覆盖 150—300 MHz,共模阻抗的模值测量不确定度 6%,共模阻抗的相位测量不确定度分别为 1.4°(150—230 MHz)和 3.0°(230—300 MHz),插入损耗的测量不确定度 0.35 dB、去耦衰减的测量不确定度 0.7 dB。项目申请发明专利 1 件,获实用新型专利授权 1 件;发表论文 3 篇;制定国家校准规范 1 部。 (滕雪雷)

【国内首片 300 mm 射频 SOI 晶圆制备】 10 月 20 日,中国科学院上海微系统与信息技术研究所魏星研究组制备国内首片 300 mm 射频绝缘体上硅(SOI)晶圆。研究突破低氧高阻晶体制备、低应力高电阻率多晶硅薄膜沉积、非接触式平坦化等诸多核心技术难题,实现国内 300 mm SOI 晶圆制造技术从无到有的突破。 (殷之嵩)

【基于超导量子干涉器件的胃肠磁图仪样机研制】 项目由中国科学院上海微系统与信息技术研究所承担,10 月 27 日通过市科委验收。项目研制低温超导量子干涉仪(SQUID)电流计、梯度探测器等关键部件,研发 SQUID 胃肠磁图仪样机,实现胃肠磁人体信息提取及应用演示;样机系统噪声≤4.95 $fT/Hz^{0.5}$,系统时域分辨率≤0.8 pT,超导量子干涉器件噪声≤3.8 $\mu\Phi0/Hz^{0.5}$。项目申请发明专利 5 件,发表论文 9 篇。 (张丽媛)

【超导神经形态处理器原型芯片“苏轼(SUSHI)”研制】 10 月,中国科学院上海微系统与信息技术研究所任洁研究组与中国科学院计算技术研究所尤海航、唐光明研究组合作,研制超导神经形态处理器原型芯片“苏轼(SUSHI)”。该芯片基于超导单磁通量子电路设计，采用 SIMIT Nb03 超导集成电路工艺制备，并在测试平台上验证获得完整神经形态计算网络的正确推理结果，在国际上首次利用超导计算芯片实现该功能，具有精度可变性和规模易扩展性。

（殷之嵩）

【首台国产达芬奇 Xi 手术系统上市】 11 月 6 日，直观复星医疗器械技术（上海）有限公司研发的国产达芬奇 Xi 手术系统上市。该产品由医生控制台、患者手术平台、影像处理平台和能量激活电缆组成，具有三维高清视野、可转腕手术器械和直觉式动作控制三大特性；荧光成像功能预期提供实时内窥镜可见光和近红外荧光影像，帮助医生利用内窥镜可见光进行微创手术，通过近红外荧光成像评估血管、血流和相关组织灌注情况，可用于成人和儿童的普通外科、胸外科、泌尿外科、妇产科、头颈外科及心脏手术。（编辑部）

【大型电力变压器智能微型机器人关键技术研究】 项目由国网上海市电力公司、上海电力大学、北京航空航天大学等共同承担，11 月 10 日通过国家电网有限公司验收。项目基于油浸式变压器结构及内部环境特点，研制智能微型机器人，实现不放油情况下变压器内部图像的实时采集；针对大型变压器内部的故障检测问题，提出以深度学习为基础的故障痕迹检测算法，对变压器内部器身表面放电痕迹及遗留物等缺陷检测准确率达 90%以上；提出基于水听技术的变压器潜油机器人定位方法，开发大型电力变压器故障综合智能分析平台，并应用于南桥换流站。（宋　平）

【自主知识产权的高性能公共区块链底层平台及应用示范】 项目由上海树图区块链研究院承担，11 月 16 日通过市科委验收。项目研究树图共识算法、区块链网络优化技术、可验证状态存储与访问技术等关键技术，研制区块链底层平台 1 套、关键数据内部存证和溯源技术应用系统 1 套及基于区块链技术的航空供应链业务应用支撑系统 1 套。项目申请发明专利 8 件，获软件著作权登记 5 件；发表论文 2 篇。

（张丽媛）

【电科机器人 1 号发布】 11 月 22 日，中国电科第二十一研究所首次发布人形机器人。该机器人突破整机结构的仿生轻量化设计、全身动态平衡运动控制算法设计、双臂运动规划设计、视觉伺服灵巧操作和整机系统集成等核心技术，采用高功率密度智能一体化电动关节设计保障机器人运动性能提升，改进开源操作系统，逐步对芯片、元器件等进行国产化替代；整体重量 60 kg，采用模型预测控制力控模式，适应草地、松软地面、凹凸路面等非结构化环境，最大行走速度超 5 km/h，可上下 15°以上斜坡；攻克物体目标检测、目标定位、物体姿态评估和手部抓取姿态评估等感知技术，实现基于视觉引导抓取功能，适应物流箱包、生活用品、水果食物等多模态物品抓取。（解　渊）

【高速高精度模数转换芯片研发及应用】 项目由上海芯炽集成电路技术有限公司承担，11 月 28 日通过市科委验收。项目基于 28 nm 工艺平台，研制低功耗超高速分辨率14 bit、采样率达 3GSPS 的模拟数字转换器（ADC）芯片，并通过流片测试的验证，形成供货能力；构建 GSPS 高速高精度 ADC 整体架构，突破宽带高增益运算放大器、低功耗高速比较器、非线性误差校正、宽带输入缓冲器等关键技术，形成较为成熟 ADC 知识产权核，可应用于终端样机验证。项目申请发明专利 3 件，获集成电路布图设计授权 1 件。

（张丽媛）

【新型二维半导体在 3 纳米以下集成电路中的应用】 项目由复旦大学包文中研究组承担，11 月 28 日通过市科委验收。项目研究二维材料的生长工艺，制备 12 英寸二维材料晶圆，获得二维器件及其功能电路等关键工艺技术，并提出二维半导体未来的集成电路技术方案。项目申请专利 12 件，其中 PCT 国际专利 3 件；发表论文 13 篇。（张丽媛）

【基于金属氧化物薄膜晶体管的 3D-DRAM 存储技术研究】 项目由复旦大学朱颢研究组承担，11 月 28 日通过市科委验收。项目研制晶圆级金属氧化物薄膜材料和薄膜晶体管器件阵列，实现 2T0C 结构的动态随机存取存储器（DRAM）存储单元的设计与制备；基于氧化物薄膜晶体管的 DRAM 三维堆叠工艺开发，形成 3D-DRAM 存储单元的制备技术方案。项目申请发明专利 4 件，发表论文 7 篇。（张丽媛）

【新型拓扑优化柔顺致动器研发】 上海交通大学刘铸永研究组研发可应用于机器人软抓手和行走机器人的新型拓扑优化柔顺致动器。研究提出多适用致动器的设计策略，转化为复合目标函数的拓扑优化问题并建立柔顺机构模型，获得致动器在设计域内结构和材料的最优分布。该致动器应用于机器人软抓手，可实现对不同物体的自适应抓取，并有效克服跨介质抓取带来的扰动；依托其开发的行走机器人依靠复杂的摩擦特性可实现定向行走且机动性强。研究为软机器人的工业应用及机械互换性提供新的设计策略。研究成果于 11 月发表在《软体机器人》（*Soft Robotics*）。

（付　符）

【换流站外绝缘设备智能清洁机器人研究】 项目由国网上海市电力公司超高压分公司、河南龙祥建设工程有限公司、苏州禾川化学技术服务有限公司共同承担，12 月 22 日通过国网上海市电力公司验收。项目研发绝缘子清洁机器人系统，开发绝缘子清洁机器人的机械结构及单线光刀视觉的三维环境感知算法；研究清洗材料配方，选用表面张力较小的表面活性剂、润滑剂、助洗剂、抗静电剂等多种有机助剂，使污秽从绝缘子表面脱落；将绝缘子清洁机器人与清洁材料相结合，实现高压支柱绝缘子、敞开式压变及避雷器等设备表面的污秽清洁，增强绝缘子污秽清洁效率，提升绝缘子清洁效率。项目申请发明专利3件,发表论文5篇。

(宋　平)

第三节 生物与医药 >>

【面向致盲性眼病的人工智能高端医疗装备关键共性技术研究】 项目由上海交通大学医学院附属第一人民医院承担,1月12日通过市科委验收。项目突破面向大规模样本数据集的智能化标注、小样本机器学习、多模态信息抽取与深度表征等技术,研制全自动智能眼病筛查机器人;构建适用于大规模人群眼病筛查、辅助诊断和随访检测的人工智能决策系统,完成重点眼病随访监测;构建规范化和标准化的数据集,精确标定和临床验证;实现眼病智能化决策平台在分级诊疗体系中的示范应用,提高人群眼病筛查效率。项目申请发明专利5件,发表论文12篇。

(张丽媛)

【1类创新药氢溴酸氘瑞米德韦片获批上市】 1月29日,上海君实生物医药科技股份有限公司、中国科学院上海药物研究所、苏州旺山旺水生物医药股份有限公司等共同研发的氢溴酸氘瑞米德韦片(商品名民得维)获国家药监局批准上市。该药物是一款口服核苷类药物,能以三磷酸形式非共价结合到新型冠状病毒RNA聚合酶的活性中心,直接抑制病毒RNA聚合酶的活性,阻断子代病毒的复制,实现抗病毒的作用。

(商学斌　刘俊宏)

【首款国产靶向3CL蛋白酶口服抗新型冠状病毒创新药先诺欣获批上市】 1月29日,中国科学院上海药物研究所、中国科学院武汉病毒研究所联合先声药业集团合作研发的国内首款靶向3CL蛋白酶的抗新型冠状病毒口服药物先诺欣获国家药监局批准上市。临床研究结果显示,在轻中度新型冠状病毒成年感染者中,实验组与安慰剂组相比,11种相关症状首次用药至症状完全消除时间可缩短1.5天,其中重症高风险人群亚组缩短2.4天;患者在接受完整的5天疗程治疗后,病毒载量下降超96%,核酸转阴时间缩短2.2天。

(刘俊宏)

【新一代PARP抑制剂噻奥哌瑞研发】 中国科学院上海药物研究所缪泽鸿、丁健、陈奕研究组与上海交通大学张翱研究组、中国科学院上海营养与健康研究所郎靖瑜研究组联合研发具有克服奥拉帕尼耐药潜力的新一代强效PARP抑制剂噻奥哌瑞(thioparib)。该抑制剂抑制PARP1、PARP7活性,诱导DNA损伤蓄积、干扰同源重组修复功能、激活抗肿瘤免疫,产生抗耐药作用,为奥拉帕尼耐药肿瘤治疗提供支持。研究成果于1月发表在《欧洲分子生物学学会分子医学》(*EMBO Molecular Medicine*)。

(刘俊宏)

【国产化同步加速器的质子治疗装置临床疗效预测评价体系及应用方案研究】 项目由上海交通大学医学院附属瑞金医院承担,2月9日通过市科委验收。项目完成国产首台质子治疗系统第三方检测,开展质子束流的放射物理学研究,明确影响质子治疗精准度的主要因素,建立国产化质子治疗装置临床验收与质控规范;开展质子束流和光子束流辐照下的体外细胞系和动物模型实验,在正常组织质子和光子辐射损伤、常见恶性肿瘤体外细胞和体内组织的质子和光子辐照的放射生物效应、辐射远端效应、动物正电子发射断层扫描成像技术验证质子照射精准度等方面进行系列探索;开展前瞻性临床研究,在多部位、多类型实体肿瘤探索最佳肿瘤靶区放疗剂量及分割模式及关键器官的耐受剂量,明确国产质子治疗装置治疗常见恶性肿瘤的早期疗效和安全性,建立可重复推广的常见恶性肿瘤质子治疗的临床路径。项目发表SCI论文28篇。

(商学斌)

【口服抗银屑病新药RORγt抑制剂LIT-00505的临床前研究】 项目由上海辉启生物医药科技有限公司承担,2月27日通过市科委验收。项目系统完成LIT-00505活性药物成分(API)晶型筛选与制备、API工艺开发与制备、制剂工艺开发与制备等药学、药效学、药代动力学、安全性评价等研究。项目申请专利12件。

(商学斌)

【以泼尼松为基础联合六神丸对亚急性甲状腺炎患者复发影响的随机、双盲、安慰剂对照、多中心临床研究】 项目由上海雷允上药业有限公司承担,2月28日通过市科委验收。项目采用随机、双盲、安慰剂对照、多中心临床研究,入组受试者168例。研究结果显示,六神丸联用泼尼松治疗16周有降低亚急性甲状腺炎复发率的趋势;对疼痛、中性粒细胞、淋巴细胞、血红蛋白、游离甲状腺素、促甲状腺激素等部分次要疗效指标的作用表明该药物可减轻炎症和促进患者甲状腺功能恢复;2组的不良事件、合并用药的发生率均无统计学差异。

(商学斌)

【PD-L1抑制剂阿得贝利单抗获批上市】 3月3日,上海盛迪医药有限公司研发的PD-L1抑制剂阿得贝利单抗(商品名艾瑞利)获国家药监局批准上市。临床研究结果显示,相较于安慰剂联合化疗,阿得贝利单抗联合化疗一线治疗广泛期小细胞肺癌可显著延长患者总生存期至15.3个月;通过特异性阻断PD-1与PD-L1的结合,终止该受体对T细胞产生的免疫抑制信号,使T细胞重新识别肿瘤细胞并对其产生杀伤作用,达到抑制肿瘤生长的作用。

(商学斌)

【MET抑制剂谷美替尼获批上市】 3月8日,中国科学院上海药物研究所与上海海和药物研究开发股份有限公司合作研发的谷美替尼(商品名海益坦)获国家药监局批准上市。谷美替尼是一款口服强效、高选择性小分子间质表皮转化因子(MET)抑制剂。临床研究结果显示,该药物可强效和特异性靶向抑制MET激酶活性,并可以选择性抑制MET

异常的非小细胞肺癌肿瘤模型的生长；稳态谷浓度高，可持续抑制靶点；半衰期长，适合每日1次给药；无需根据体重做剂量调整；药物相互作用少，合并用药安全性风险低。（刘俊宏 商学斌）

【1类新药CS0159在美国获批进入2期临床研究】 3月14日，中国科学院上海药物研究所徐华强研究组与李佳研究组联合研发的针对非酒精性脂肪肝炎（NASH）的新型法尼醇X受体（FXR）激动剂CS0159在美国开展的2期临床试验完成首例患者给药。临床前研究表明，CS0159具有强效的FXR激动活性及肝靶向分布的特点，可明显改善NASH小鼠模型的病理状况，具有起效剂量低、药效显著且耐受性良好的特点，可为NASH患者提供安全有效的潜在治疗选择。（刘俊宏）

【重组人2型肿瘤坏死因子受体-抗体融合蛋白注射液预充针剂型获批上市】 3月31日，重组人2型肿瘤坏死因子受体-抗体融合蛋白注射液（商品名益赛普）预充针剂型获国家药监局批准上市。该药物是国内首个上市的全人源抗体类药物，用于治疗中度及重度活动性类风湿关节炎、18岁及以上成人中度及重度斑块状银屑病和活动性强直性脊柱炎患者，可填补国内企业在全人源治疗性抗体类药物领域的空白。（谭冬冬）

【1类新药雷腾舒治疗免疫重建不全的艾滋病患者研究】 北京协和医院李太生研究组发现由上海医药集团有限公司研制的国家1类新药羟基雷公藤内酯醇（商品名雷腾舒），对于长期抗病毒治疗后免疫重建不佳的艾滋病患者，可有效提升其$CD4^{+}$ T淋巴细胞计数水平。2期临床研究结果显示，雷腾舒1 mg每日1次口服，经过48周治疗后可显著提升艾滋病免疫重建不全患者的外周血$CD4^{+}$ T细胞计数（63 mm^{-3}），显著高于安慰剂组（32 mm^{-3}）和低剂量0.5 mg雷腾舒组（49 mm^{-3}），效果在45岁以上人群增长更为突出，$CD4^{+}$增长可达96 mm^{-3}。该药显著降低艾滋病患者体内的炎症水平，且不同组间的不良反应发生率类似。研究成果于3月在线发表在《柳叶刀区域健康-西太平洋》（*The Lancet Regional Health-Western Pacific*）。（张建忠）

【冠状动脉CT血流储备分数计算软件获批上市】 4月4日，上海博动医疗科技股份有限公司研发的冠状动脉CT血流储备分数计算软件获国家药监局批准上市。该软件利用专有流体动力学算法和人工智能技术生成基于冠状动脉计算器断层扫描血管造影（CTA）图像的血流储备分数，并对冠状动脉进行结构性和功能学评估以协助治疗规划；基于冠状动脉CTA检查的图像，全自动进行全冠状动脉树管腔分割和重建，提供多样解剖功能学参数，将分析时间缩短至3分钟内，诊断精度达87%，有效降低误诊漏诊率，筛选出有生理学意义的冠状动脉狭窄，减少非必要的造影和介入治疗。（商学斌）

【面向结直肠肿瘤的人工智能辅助诊疗系统关键共性技术研究】 项目由复旦大学附属肿瘤医院承担，4月20日通过市科委验收。项目构建面向结直肠肿瘤筛查诊断随访系统的数据库和临床诊疗体系，研制人工智能辅助诊疗算法，实现早期高危人群筛查、肠镜识别、精确诊断、辅助疗效评估等功能。项目申请发明专利2件，获软件著作权登记2件；发表论文8篇。（张丽媛）

【1类抗抑郁症新药DC561043片获批进入临床研究】 5月4日，中国科学院上海药物研究所柳红研究组、章海燕研究组、蒋华良研究组及周宇研究组联合研发的抗抑郁症化学1类新药DC561043片获国家药监局临床试验批件。针对代谢型谷氨酸受体进行计算机模拟研究，设计合成系列结构新颖的mGluR5负向变构调节剂，并开展系统的构效关系和成药性研究，以及全面的体内药效学评价。临床前研究结果显示，DC561043具有优良的mGluR5负向变构调节活性和选择性，展现出良好的动物体内药效和安全性，将为抑郁症患者的临床治疗提供新方案。（刘俊宏）

【龙葵银消片的新药临床前研究】 项目由上海市皮肤病医院承担，5月19日通过市科委验收。项目开展龙葵银消颗粒的饮片基原考察、制剂工艺优化、质量标准提升、中试放大、稳定性研究、药效学评价及急性毒性与长期毒性评价等临床前研究。项目完成质量标准提升研究，对处方中的5味药材均进行薄层色谱研究，建立龙葵银消湿颗粒的高效液相色谱指纹图谱，并对相关色谱峰和相似度进行确证。项目获专利授权1件；发表论文3篇，其中SCI论文1篇。（商学斌）

【智能放疗计划软件获批上市】 5月22日，上海联影医疗科技股份有限公司研发的联影放疗计划软件获国家药监局批准上市。该产品适用于制定光子束和电子线的外照射放疗计划，采用蒙特卡罗剂量计算算法，在非均匀介质、高密度物质、空腔中的计算结果更加准确；加持图形处理器架构设计，提升运算效率；适用全身各部位肿瘤的放疗计划，支持常见主流治疗技术；搭载自动计划功能，将数小时计划制定时长缩短至数分钟，可在2—5分钟内完成1个临床可执行计划。（商学斌）

【光响应抗菌壳聚糖水凝胶DCS-RuB2A2制备】 上海大学赵春华研究组研发口腔黏膜疾病创新疗法，制备光响应抗菌壳聚糖水凝胶DCS-RuB2A2，用于口腔黏膜的杀菌和快速修复。该水凝胶基于十二烷基壳聚糖制备，十二烷基壳聚糖为疏松多孔结构，具有良好的止血和凝血作用，能够激活血小板以促进伤口愈合。研究表明，多功能光响应水凝胶具有临床应用价值，为口腔黏膜疾病创新疗法提供支撑。研究成果于5月发表在《生物活性材料》（*Bioactive Materials*）。（徐婷婷）

【多模态肿瘤治疗系统获批上市】 6月9日，上海美杰医疗科技有限公司研发的全球首款多模态肿瘤治疗系统获国家药监局批准上市。该产品集成液氮冷冻与射频热疗，通过对目标病灶预冷冻，进行射频加热并对过程精确控制，实现加热区域与冷冻区域重合的多模态肿瘤消融，达到病灶精准治疗效果；优化消融针设计，克服气阻问题，实现高效相变换热；在消融针治疗段屏蔽射频干扰，在治疗过程中精准测量与实时反馈肿瘤组织；在消融针非治疗段采用高真空工艺技术，构建超薄真空绝热层，实现射频电磁场屏蔽；在完全消融肿瘤同时最大程度避免周围组织的损伤。

(商学斌)

【古代经方甘姜苓术汤的复方制剂研究】 项目由上海上药杏灵科技药业股份有限公司承担，6月9日通过市科委验收。项目以经典名方甘姜苓术汤为研究对象，完成甘姜苓术汤关键信息考证、基准样品的制备工艺及质量标准研究、复方制剂制备工艺及质量标准研究，在甘姜苓术汤安全性评价方面完成急性毒性和长期毒性实验，实验结果未见毒性。项目获发明专利授权1件，发表论文3篇。 (商学斌)

【经典名方开心散的研究与开发】 项目由上海和黄药业有限公司承担，6月9日通过市科委验收。项目完成经典名方开心散的文献考证研究、药材研究、饮片研究、基准样品研究、制剂制备工艺研究、制剂质量标准研究、稳定性研究和非临床安全性评价等研究，建立从药材到饮片、中间体、制剂的全产业链质量控制体系。项目申请发明专利3件，发表论文1篇。 (商学斌)

【治疗缺血性脑卒中急性期的1类新药SHPL-49注射剂临床前研究】 项目由上海和黄药业有限公司承担，6月9日通过市科委验收。项目完成1类新药SHPL-49注射液治疗急性缺血性脑卒中的临床前研究，获国家药监局临床试验批件。体外试验结果表明，SHPL-49通过对缺氧所致神经细胞兴奋性毒性和氧化应激损伤的抑制、对细胞炎症因子和神经营养因子表达的调控以实现急性脑缺血损伤后的神经保护作用；动物试验也表明该药具有良好的神经保护作用。项目申请发明专利4件、PCT国际专利1件。

(商学斌)

【1类抗肿瘤新药DS001获批进入临床研究】 6月13日，中国科学院上海药物研究所与达石药业(广东)有限公司合作研发的抗体偶联药物(ADC)DS001获国家药监局临床试验批件。DS001分子采用VK连接子技术，解决传统ADC分子无法携带多个脂溶性小分子弹头的问题，显著提高ADC分子对肿瘤组织的穿透力。临床研究结果显示，DS001拥有良好的肿瘤抑制效果和安全性，在胰腺癌和胃癌等难治性恶性实体肿瘤上具有独特的疗效优势，可满足晚期肿瘤患者的重大临床需求。 (刘俊宏)

【抗IL-11单抗9MW3811注射液在美国获批开展临床试验】 6月14日，迈威(上海)生物科技股份有限公司研发的抗白细胞介素(IL-11)单抗9MW3811获美国食药监局临床试验批准。9MW3811为靶向人IL-11的人源化单克隆抗体，可高效阻断IL-11下游信号通路的活化，抑制IL-11诱导的病理生理功能，达到对纤维化疾病和肿瘤的治疗效果。

(谭冬冬)

【国内首台单孔腔镜手术机器人获批上市】 6月20日，上海交通大学徐凯研究组研发的国内首台单孔腔镜手术机器人获国家药监局批准上市。该机器人由医生控制台、患者手术平台、三维电子腹腔内窥镜、手术器械及附件组成，用于泌尿外科腹腔镜手术操作；依托连续体机构理论体系和对偶连续体机构设计，推出搭载镍钛合金蛇形手术器械的单孔腔镜手术机器人；以单孔的方式实施手术，内窥镜及手术器械具有多个主动自由度，仅靠手术器械在患者腹腔内的运动即可完成手术操作，体外定位臂在遥操作过程中保持静止，避免术中相互碰撞的风险。 (付 符)

【痰热清胶囊治疗新型冠状病毒肺炎(轻型和普通型)的随机对照临床研究】 项目由上海凯宝药业股份有限公司承担，7月21日通过市科委验收。项目纳入480例受试者开展随机双盲、安慰剂对照的多中心临床研究，验证痰热清治疗新型冠状病毒肺炎(轻型、普通型)的有效性和安全性，获国家药监局临床试验批件。研究结果显示，与安慰剂相比较，痰热清治疗在新型冠状病毒肺炎整体症状恢复、核酸转阴、中医证候及导致的咳嗽、咽痛症状恢复方面具有显著临床优势。项目发表论文2篇。 (商学斌)

【1类创新药赛克乳香酸软膏获批2期临床试验】 7月24日，上海交通大学医学院附属第一人民医院王宏林研究组研制的赛克乳香酸(CKBA)软膏获国家药监局白癜风2期临床试验批件。研究组聚焦银屑病的创新药研发，对中药乳香活性成分进行结构修饰筛选得到全新化合物CKBA。研究结果发现，CKBA抑制小鼠和人T17细胞分化的IC50分别为3.28 μmol/g和3.61 μmol/g，可有效渗透皮肤，对完整皮肤没有刺激或致敏作用，对破损皮肤有一定刺激性，可自行缓解。 (付 符)

【硬性巩膜接触镜获批上市】 8月3日，上海艾康特医疗科技有限公司研发的硬性巩膜接触镜获国家药监局批准上市。该产品为大直径的日戴型硬性巩膜接触镜，镜片材料为氟硅丙烯酸酯；由光学区、中周区、角膜缘区和巩膜着陆区4个弧段组成，在临床验配时可通过对各弧段进行参数调整获得更理想的镜下液厚度，改善患者视觉质量的同时保护角膜组织；采用双矢深非对称设计，更好匹配不对称巩膜；巩膜着陆区为反转弧面设计，提升患者佩戴体验。 (商学斌)

【IceMagic 冷冻消融系列产品获批上市】 8 月 23 日，上海微创电生理医疗科技股份有限公司研发的 IceMagic 球囊型冷冻消融导管及冷冻消融设备获国家药监局批准上市。球囊冷冻消融导管与冷冻消融设备配套使用，使用冷冻消融技术，利用一氧化二氮气化过程中产生的低温能量使接触细胞内形成冰晶，达到肺静脉电位隔绝的治疗效果，用于药物难治性、复发性、症状性阵发性房颤的治疗。球囊冷冻消融导管包含 A 型和 B 型两大类，A 型导管部分型号可提供表面多路测温功能，B 型导管可提供球囊内压监测功能，部分型号采用短 Tip 设计；冷冻消融设备具有冷冻消融多参数信号控制及多通道温度传感技术，提供多个档位目标温度设置功能，达到消融温度可控的目标，防止术中出现消融过度、需要手动停止消融的情况；配合表面测温型球囊导管，可实时监测球囊表面温度变化，也可用于组织贴靠检测，提升消融安全性和手术有效性。 （商学斌）

【纳鲁索拜单抗注射液获批上市】 9 月 6 日，上海津曼特生物科技有限公司研发的纳鲁索拜单抗注射液（商品名津立泰）获国家药监局批准上市。该药物是全球首个 IgG4 亚型全人源抗 RANKL 单克隆抗体，采用皮下注射，通过阻断 RANKL 与破骨细胞前体细胞、破骨细胞、破骨细胞样巨细胞等细胞的膜上受体 RANK 结合，抑制 RANKL-RANK 信号通路介导的细胞分化成熟与功能活性，用于治疗不可进行手术切除或手术切除可能导致严重功能障碍的骨巨细胞瘤成人患者。 （商学斌 周陈昌）

【二尖瓣夹系统获批上市】 9 月 7 日，上海捍宇医疗科技股份有限公司研发的国内首个二尖瓣反流介入器械获国家药监局批准上市。该产品由二尖瓣夹、输送系统和跨瓣器组成，其中输送系统由输送器、推送器、装载器、导管鞘和扩张器组成，适用于存在外科手术高风险的二尖瓣反流（MR≥3+）患者；采用经心尖手术方式，结合夹合器的上下夹设计，适应更多临床解剖，实现术中精准操控；采用闭合环锁定方式，实现 4 mm 夹臂宽度带来 8 mm 的双倍夹合效果，术后无夹缝反流；采用阶梯状钝齿设计，保证夹合稳固，避免临床中瓣叶滑脱或瓣叶撕裂等情况发生；在手术中无需心脏停搏和体外循环，且单纯超声引导介入，确保医生和患者不会受到 X 射线影响。

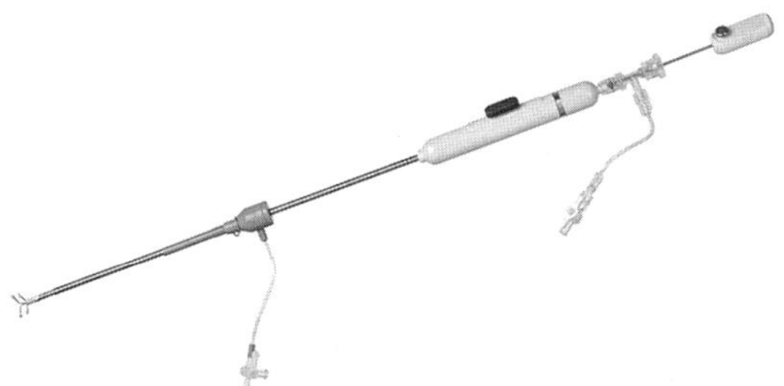

二尖瓣夹系统获批上市

（商学斌）

【新一代靶向 BCMA 细胞治疗药物 JWCAR129 的临床前研究】 项目由上海药明巨诺生物医药研发有限公司承担，10 月 17 日通过市科委验收。项目利用新一代细胞治疗技术，优化工艺和设计研发新一代靶向 B 细胞成熟抗原（BCMA）细胞治疗药物 JWCAR129。该药物是治疗多发性骨髓瘤的嵌合抗原受体 T 细胞（CAR-T）药物，其嵌合抗原受体（CAR）结构由一个 BCMA 特异性单链可变区片段、一个 CD28 跨膜结构域、一个 4-1BB 共刺激结构域和一个 CD3ζ 信号传导结构域组成；采用全人源的 BCMA 抗体，其中 4-1BB 共刺激域相比于 CD28 更有利于长期维持 CAR-T 细胞活性，且 CAR 的特异性好，与可溶性的血清 B 细胞成熟抗原亲和力低，为复发/难治性多发性骨髓瘤患者提供治疗手段。项目申请发明专利 1 件。 （商学斌）

【新型转化生长因子-β 受体 1 型（TGF-βR1）抑制剂 YL-13027 作为抗癌新药的 1 期临床研究】 项目由上海璎黎药业有限公司承担，10 月 17 日通过市科委验收。项目开展 YL-13027 的 1 期临床研究，确定 YL-13027 片单次及多次口服给药在晚期实体瘤患者中的安全性、耐受性及最大耐受剂量，观察 YL-13027 在晚期实体瘤患者中的药代动力学特征；初步评价 YL-13027 治疗在晚期实体瘤患者中的有效性；探索观察生物标志物指标 TGF-β1、pSMAD2/pSMAD3、总 SMAD2 和 SMAD3 的变化；开发 YL-13027 用于治疗乳腺癌、脊索瘤、脑胶质瘤等适应证研究，推荐 2 期剂量为 360 mg/d。 （商学斌）

【特瑞普利单抗在美国获批上市】 10 月 27 日，上海君实生物医药科技股份有限公司自主研发的抗 PD-1 单抗药物特瑞普利单抗（商品名 LOQTORZI）获美国食药监局批准上市。该药适用于复发性或转移性鼻咽癌治疗，包括联合顺铂或吉西他滨作为转移性或复发性局部晚期鼻咽癌成人患者的一线治疗；治疗既往含铂治疗过程中或治疗后疾病进展的复发性、不可切除或转移性鼻咽癌的成人患者。 （谭冬冬）

【首台脊柱 ACAF 手术机器人进入动物试验阶段】 10 月 27 日，上海电气集团股份有限公司中央研究院、海军军医大学第二附属医院联合研发的国内首台脊柱颈椎前路椎体骨化物复合体前移融合手术（ACAF）机器人系统进入动物试验阶段。该产品针对原创 ACAF 术式展开，开发基于深度学习的脊柱椎节的智能分割、脊柱后侧韧带病灶智能分割模块，兼具锥孔狭窄自动诊断的功能，同时实现颈椎手术开槽、椎间隙、前缘术前自动规划及手术截骨操作。产品申请发明专利 20 件，发表论文 2 篇。 （胡 欢）

【抗 Her2 抗体-TLR7 免疫调节剂偶联物的临床前研究】 项目由上海恒瑞医药有限公司承担，11 月 2 日通过市科委验收。项目完成注射用 SHR-4602 的药效学、药理学、毒理学研究，获国家药监局临床试验批件。注射用 SHR-4602 由人源化抗人表皮生长因子受体-2(HER2)免疫球蛋白 G1 单克隆抗体、稳定的可酶切的含缬氨酸-瓜氨酸连接子(linker)、微管抑制剂 ER300 偶联组成,可与表达 Her2 的肿瘤细胞特异性结合后被肿瘤细胞内吞进溶酶体,在溶酶体内水解 linker 释放小分子毒素 ER300,通过抑制微管生长,阻滞肿瘤细胞周期从而诱导肿瘤细胞凋亡。项目申请发明专利1 件。(商学斌)

【呋喹替尼在美国获批上市】 11 月 8 日,和黄医药(中国)有限公司研制的呋喹替尼(商品名 FRUZAQLA)获美国食药监局批准上市,是上海首个在美国获批上市的小分子抗肿瘤原创新药。该药采用口服靶向疗法,用于治疗接受过氟尿嘧啶类、奥沙利铂和伊立替康为基础的化疗、抗血管内皮生长因子(VEGF)治疗,以及抗表皮生长因子受体治疗的成人转移性结直肠癌患者;是近十年美国首个且唯一获批用于治疗经治转移性结直肠癌的针对全部 3 种 VEGF 受体激酶的高选择性抑制剂。(谭冬冬)

【靶向 PD-L1 和 VEGF 双特异性抗体的临床前研究】 项目由复旦大学承担,11 月 17 日通过市科委验收。项目完成靶向 PD-L1 和血管内皮生长因子双特异性抗体 HB0025 临床前研究,获国家药监局、美国食药监局临床试验批件。研究结果显示,HB0025 可解除 PD-L1/PD-1 通路的免疫抑制效应,诱导 $CD3^+$、$CD4^+$、$CD8^+$ 免疫细胞的肿瘤浸润,抑制肿瘤病灶处的毛细管通透性和血管生成。项目获发明专利授权 3 件,发表 SCI 论文 2 篇。(商学斌)

【磷酸甘油酸变位酶 1(PGAM1)作为 EGFR 突变阳性非小细胞肺癌治疗新靶点的确认研究】 项目由上海交通大学医学院承担,11 月 17 日通过市科委验收。项目基于 PGAM1 结构的药物设计,优化得到 PGAM1 新型变构抑制剂 HKB99,通过与 PGAM1 变构位点相互结合,改变 PGAM1 蛋白构象,突破先导化合物的局限,实现对 PGAM1 的代谢酶活性和非酶依赖的蛋白—蛋白相互作用的双重阻抑,抑制非小细胞肺癌的生长和转移,克服厄洛替尼耐药;采用转录组学、蛋白质组学和生化细胞试验联合分析,阐明变构调节 PGAM1 抑制与 JAK2/STAT3 信号通路蛋白互作,克服肺癌靶向药物耐药的新机制,为 PGAM1 抑制剂联合靶向药物治疗肺癌提供理论依据。项目申请发明专利 2 件,发表 SCI 论文 2 篇。(商学斌)

【3D 打印 PEEK 足印面与记忆合金框架组装式腰椎体间支架样品研发】 项目由上海交通大学医学院附属第九人民医院承担,11 月 22 日通过市科委验收。项目利用 PEEK 材料易于个性化三维打印和镍钛记忆合金可变形-复形的材料特性,设计并制备由镍钛记忆合金框架为标准件、三维打印 PEEK 材质足印面为个性化组件的组装式腰椎体间支架;通过有限元模型、力学测试和大动物活体实验等方法,验证支架的变形-复形能力、抗压缩、抗拔出、疲劳强度、沉陷等生物力学性能及在动物体内的腰椎体间融合效果。项目申请专利 2 件,发表论文 2 篇。(商学斌)

【新型肱骨远端表面置换假体的设计与临床前研究】 项目由上海交通大学医学院附属第六人民医院承担,11 月 22 日通过市科委验收。项目研制新型肱骨远端表面置换假体,人工肘关节表面置换假体包括与肱骨远端形状相匹配的且安放在肱骨远端的假体部分,以及与假体部分相连并分别固定在肱骨内侧柱和肱骨外侧柱的内固定钢板和外固定钢板。该产品能恢复肱骨远端的正常解剖结构,利用其髓外固定结构纠正肘内外翻畸形并固定骨折,恢复正常力线。项目申请发明专利 5 件,获实用新型专利授权 1 件;发表 SCI 论文 11 篇。(商学斌)

【新型穿戴式颈椎多维牵引治疗仪实验样机研发】 项目由上海理工大学承担,11 月 22 日通过市科委验收。项目针对颈椎病高发人群及颈椎病患者,基于颈椎牵引和四维运动疗法理论研究,结合人体颈椎生物力学,研发新型穿戴式颈椎多维牵引治疗装置。该装置采用颈椎外骨骼 20°仰弧曲线设计,牵引力在 0—300 N 范围内调节,可实现屈伸、侧屈、旋转和纵向牵引 4 个自由度;通过智能牵引的外骨骼控制方法,结合多传感器技术,实现颈椎外骨骼系统治疗中牵引力自动补偿、自动安全监测保护及牵引过程中智能响应等功能;根据颈椎病损伤类型、损伤位置,患者身高体重等特征参数,通过专家系统自动生成牵引参数,进行程序化智能牵引治疗。项目申请发明专利 4 件,获发明专利授权 3 件;发表论文 4 篇。(商学斌)

【具有翼外肌附着功能的人工颞下颌关节假体的研发】 项目由上海交通大学医学院附属第九人民医院承担,11 月 22 日通过市科委验收。项目基于现有人工关节假体置换后患者前伸及侧方运动受限的临床问题,提出构建人工关节肌肉附着功能区的理念;设计并采用三维打印技术在人工关节与肌肉附着相对应的部位构建多孔钛支架,初步实现肌肉的长入,与假体形成再附着,恢复假体运动肌动力。项目申请专利 2 件,发表论文 6 篇。(商学斌)

【基于荧光纳米技术构建免疫球蛋白 G 亚型检测平台研制】 项目由上海交通大学医学院附属第六人民医院承担,11 月 22 日通过市科委验收。项目采用双抗夹心法检测原理,以荧光微球为标记物,建立人免疫球蛋白 G(IgG)亚型抗体荧光微球免疫层析快速检测方法;优化多种工艺条件,搭配时间分辨荧光分析仪使用,实现人 IgG 亚型含量的快速定量检测;通过吸收放散的前处理方式,使检测红细胞样本具有可行性。项目申请专利 3 件。(商学斌)

【人类配子超低温超快速显微成像冻存仪研发】 项目由上海交通大学承担,11 月 22 日通过市科委验收。项目搭建人类配子超低温超快速可视化冻融仪,通过换热核心区域的数值模拟进一步优化系统换热性能，模拟更多冻融场景；配备高速摄像机组，提升拍摄视频的清晰度和帧率，超2 000帧/秒。冻融仪包括冻融一体化子系统、PID测控子系统、显微成像子系统，一体化子系统包括真空腔、环境舱、液氮热沉和激光设备；PID测控系统包括温度传感器、冰点仪、步进电机、测控柜、压力传感器和数据采集仪；显微成像系统包括显微镜和高速相机；辅助设备包括液氮回收杜瓦、气浮隔震平台等。项目申请专利4件，发表论文4篇。（商学斌）

【新型穿戴式柔性上肢康复治疗系统关键技术及实验样机研发】 项目由上海理工大学承担，11月22日通过市科委验收。项目根据上肢运动原动肌群和从动肌群工作及分布特征，仿生上肢运动原动肌群，补偿上肢运动功能原动力，优化设计弹性构件与线传动机构集成的全自由度双侧柔性上肢外骨骼机械系统，研制新一代上肢康复外骨骼样机；采用柔顺控制对柔性上肢外骨骼康复训练系统控制系统进行研究，形成主动训练模式、被动训练模式及助力训练模式，完成控制系统硬件设计。项目申请发明专利4件，获发明专利授权1件；发表论文6篇。（商学斌）

【1类口服抗溃疡性结肠炎新药BGT-004获批进入临床研究】 11月28日，中国科学院上海药物研究所南发俊研究组与谢欣研究组研发的抗溃疡性结肠炎1类新药BGT-004胶囊获国家药监局临床试验批件。研究组对炎症性疾病的治疗新靶点GPR84进行系统论证，通过分析结肠炎患者的肠黏膜组织样本，揭示GPR84表达水平与溃疡性结肠炎病人的临床评分呈显著正相关；敲除GPR84或GPR84拮抗剂干预，抑制单核/巨噬细胞的趋化及其向M1型巨噬细胞的极化，可缓解多种溃疡性结肠炎动物模型的肠炎症状；针对GPR84开展高通量筛选、系统构效关系研究、体外活性测试及功能评价、溃疡性结肠炎的临床前药效学研究，发现肠道靶向候选药物BGT-004，并在多个动物模型中的药效优于临床一线用药美沙拉嗪，在小鼠和比格犬体内具有良好的药代动力学特性和安全性。（刘俊宏）

【基于多模态MRI的脑肿瘤智能辅助诊断软件开发】 项目由复旦大学附属华山医院承担，11月30日通过市科委验收。项目构建脑肿瘤多模态核磁共振成像（MRI）影像标注数据库，纳入标注数据超2 000例；建立一套脑肿瘤多模态MRI的标注共识，包括数据要求、标注工具、标注医生、标注内容、标注流程等；构建脑胶质瘤多模态MRI数据的标准化预处理流程，包括图像质量检查、图像脱敏、图像专家标注、图像格式转换、图像配准及偏置场校正、图像重采样与颅骨剥离、图像灰度归一化等。项目申请发明专利5件，获软件著作权登记1件；发表论文8篇。（商学斌）

【非接触式夜间心肺功能监测设备的研究】 项目由复旦大学承担，11月30日通过市科委验收。项目攻克柔性非接触式感知、微小系统设计、高精度信号采集、多模态数据分析等关键技术问题，研发非接触式心肺功能监测设备。该设备可满足医院心肺功能监测、诊断治疗的需求，为潜在心肺功能风险疾病提供预测和预警。项目申请专利5件，发表论文7篇。（商学斌）

【具有自主知识产权的经导管主动脉瓣膜及可回收输送系统的临床试验研究】 项目由上海微创心通医疗科技有限公司承担，11月30日通过市科委验收。项目研究经导管主动脉瓣膜及可回收输送系统。该产品由主动脉瓣膜假体和可回收输送系统组成，瓣膜假体采用内外双层裙边、混合密度支架结构，使用牛心包为瓣叶材料；可回收输送系统采用电动手柄，实现快速稳定且较为精准的释放及回收。（商学斌）

【呼吸机关键性能指标自动化测试系统的研制】 项目由上海市医疗器械检验研究院承担，11月30日通过市科委验收。项目研制呼吸机关键性能指标自动化测试系统样机，实现对潮气量、分钟通气量、气道峰值压力等呼吸机关键性能指标的快速准确测量。该样机能匹配不同的呼吸机通讯协议，使自动化测试系统具有一定的普遍性；是国内首套呼吸机关键性能指标自动化测试系统，检测效率整体提升60%。项目申请发明专利1件，发表论文2篇。（商学斌）

【新型低剖面颅内辅助支架的开发】 项目由微创神通医疗科技（上海）有限公司承担，11月30日通过市科委验收。项目围绕支架选材、结构设计及加工方式，确定产品开发所用的主要丝材种类及尺寸规格，满足支架所需的回弹打开需求；主体结构为交叉编织网格，采用回路编织封闭部分端口，借助局部黏胶、激光焊接等加工手段连接丝材与端部显影元件。项目申请发明专利2件，获实用新型专利授权2件。（商学斌）

【新型抗HER2人源化单克隆抗体的临床前研究】 项目由三生国健药业（上海）股份有限公司承担，11月30日通过市科委验收。项目研究全新序列的抗人表皮生长因子受体-2（HER2）人源化单克隆抗体，建立相关的动物模型和统计分析模型，研究药物在动物体内代谢及分布特征及药物可能出现的毒性反应，并获国家药监局临床试验批件；通过掌握哺乳细胞在高密度发酵培养中氨基酸、葡萄糖等营养成分和乳酸、氨等代谢成分的变化规律，在较短时间内同时进行多个参数研究，优化关键的培养基成分，摇瓶规模放大至1 000 L中试规模。项目申请发明专利1件、PCT国际专利1件。（商学斌）

【球囊型冷冻消融导管及冷冻消融设备获批上市】 12月4日，康沣生物科技（上海）股份有限公司研发的球囊型冷冻消融导管及冷冻消融设备获国家药监局批准上市。球囊型冷冻消融导管由设备连接部件、操作控制部件及血液接触部件3个部分组成，将冷冻消融术应用到肺静脉电隔离，具有内膜损伤小、血栓发生率低等优点；冷冻消融设备由冷冻装置、真空系统、低温工质输送回路和控制系统组成，通过流体相态控制使制冷液在其焦耳-汤姆逊反转曲线上的温度和压力下工作，准确控制制冷液相态，并引入液氮冷冻球囊技术、流量及压力耦合控制系统，结合低温流体微细流道的微通道结构优化设计，提高降温速率，使肺静脉前庭区域的心肌细胞产生冰晶损伤，实现高效冷冻消融肺静脉电隔离；2个产品配套使用，用于药物难治性、复发性、症状性、阵发性房颤的治疗。（商学斌）

【眩晕诊断中眼动检测系统工程化样机的研制】 项目由上海志听医疗科技有限公司承担，12月15日通过市科委验收。项目研制眩晕诊断中眼动检测系统工程化样机，并实现成果转化。该样机结合高清晰度和高帧率，在眼震检查中达到1 920×1 440分辨率，在甩头试验中实现320×240分辨率和440 FPS帧率；基于患者的视力和凝视配合的不同需求，采用灵活的双眼眼罩设计以适应左、右眼的检查，实现瞳孔和眼球的精准追踪定标，记录三维眼震，达到水平、垂直、轴向眼动识别的国际最高准确度。项目申请专利5件。（商学斌）

【脂肪脱细胞活性蛋白治疗急性呼吸窘迫综合征的药物研发】 项目由上海萨美细胞技术有限公司承担，12月15日通过市科委验收。项目从无细胞脂肪提取物(CEFFE)中筛选出抗炎蛋白膜联蛋白A5，实现重组蛋白规模化生产，并获国家药监局临床试验批件。CEFFE是源于脂肪组织的蛋白混合物，无活细胞，富含与组织再生修复相关的活性蛋白，能发挥与间充质干细胞旁分泌相同作用；通过改善组织微环境，提高组织的再生修复能力，避免干细胞治疗的致瘤性、稳定性等难题。项目申请发明专利8件，获发明专利授权1件、实用新型专利授权1件。（商学斌）

【基于国内独有的FIT-Ig®平台开发的创新靶点双特异性抗体肿瘤新药EMB-09的临床前研究】 项目由上海岸迈生物科技有限公司承担，12月15日通过市科委验收。项目完成EMB-09临床前研究，并获国家药监局临床试验申请受理。EMB-09基于FIT-Ig®双特异性抗体技术平台研究开发，研发周期短，从2个单抗到FIT-Ig®的研发仅需数周时间，能维持2个起始单抗的功能，克服现有抗体药物耐药性多发、疗效有限、适用瘤种局限等问题。项目申请发明专利2件、PCT国际专利1件。（商学斌）

【重组人源化抗PD-1单克隆抗体注射液在晚期实体瘤患者中的安全性、耐受性及药代动力学的1a期临床试验】 项目由迈威(上海)生物科技股份有限公司承担，12月15日通过市科委验收。项目完成重组人源化抗PD-1单克隆抗体注射液(MW11注射液)在晚期实体瘤患者中的安全性、耐受性及药代动力学的1a期临床试验。项目入组晚期实体瘤受试者10例，多次静脉给药1—10 mg/kg剂量的MW11Z注射液，获肿瘤疗效评估数据8例。研究结果显示，MW11注射液在晚期实体瘤受试者中多次静脉给药1—10 mg/kg剂量范围内有较好的安全性、较长的药物半衰期及降低的清除率和免疫原性，临床研究未发生剂量限制毒性。（商学斌）

【金属离子表面修饰的新型TiNbTaZr钛合金螺钉的研发及其抗螺钉松动和促成骨的机制研究】 项目由上海交通大学承担，12月15日通过市科委验收。项目研究成分为Ti1.5NbTa0.5ZrMo0.5的合金，其混合熵大于1.50R、原子半径差小于6.6%、平均价电子浓度4.78，可形成具有体心立方结构的固溶体。项目采用电极感应熔炼和纯金属气体雾化法制备用于选择性激光熔化的球形粉末，粒径范围为20—105 μm；按照生物高熵合金的标称成分将粉末混合并用行星式球磨机搅拌40小时，利用激光选区熔融技术，制备3种不同密度(孔隙率75%、70%和65%)的三周期极小曲面晶格样品。项目申请发明专利2件，发表SCI论文3篇。（商学斌）

【清肺排毒颗粒防治新冠肺炎的临床前研究】 项目由上海中医药大学承担，12月20日通过市科委验收。项目系统开展清肺排毒颗粒防治新型冠状病毒肺炎的化学物质组研究，明确入血入肺成分，并开展基于生命组学的系统生物学的作用机理研究，完成药学研究、药效学研究和安全性评价；构建清肺排毒颗粒的单细胞图谱，在单细胞分辨率上解析其调控的靶细胞；采用系统生物学绘制清肺排毒颗粒多靶点调控网络，发现清肺排毒汤及其活性成分可通过胆碱能抗炎通路控制炎症反应。项目申请发明专利5件，发表论文15篇。（商学斌）

【荆银颗粒抗新型冠状病毒肺炎的临床前研究】 项目由上海上药杏灵科技药业股份有限公司承担，12月20日通过市科委验收。项目完成荆银颗粒的主要药效物质基础研究、主要入血成分及组织分布特征研究、抗病毒药效及机制研究等。项目申请发明专利1件；发表论文6篇，其中SCI论文4篇。（商学斌）

【中药活性成分生物合成途径解析及高效生物合成平台建设】 项目由上海中医药大学承担，12月21日通过市科委验收。项目构建木脂素、二萜、三萜皂苷等中药活性成分生物合成途径基因元件库5个；挖掘出具有葡萄糖醛酸转移酶活性的类纤维素合成酶PjCS，促进竹节参中齐墩果烷型三萜皂苷生物合成途径的完整解析；构建产齐墩果酸BY-OA和金盏花苷E的酿酒酵母工程菌BY-CE；创建落叶松脂素等活性木脂素克级制备的大肠杆菌、酿酒酵母细胞工厂，建立熊胆粉替代资源的规范化发酵体系。项目申请发明专利10件，获发明专利授权4件；发表论文20篇，其中SCI论文4篇。（商学斌）

【中药新药参芪麝蓉丸的2期临床研究】 项目由上海和黄药业有限公司承担，12月21日通过市科委验收。项目完成以安慰剂为对照的随机、双盲、多中心临床试验，入组受试者240例，其中试验组与对照组各120例。临床研究结果显示，参芪麝蓉丸治疗轻、中度脊髓型颈椎病疗效优于安慰剂，安全性事件发生率与安慰剂无统计学差异。 （商学斌）

【源于中医效方的抗胃癌中药新药软坚散结颗粒的临床前研究】 项目由复旦大学承担，12月26日通过市科委验收。项目完成软坚散结颗粒处方中的饮片检验，根据传统汤剂的特点和临床用药经验，分别考察挥发油和药材的提取工艺、挥发油的包合工艺和颗粒剂制备工艺，形成制备工艺研究报告；完成中间体及颗粒剂的质量标准研究，建立颗粒剂中重要药材的薄层鉴别方法，专属性良好；建立哈巴苷、哈巴俄苷、贝母素甲、贝母素乙等有效成分的含量测定方法，制定中间体和颗粒剂的质量标准草案。项目发表论文1篇。 （商学斌）

【基于光学定位技术的运动医学智能手术机器人研发】 项目由上海交通大学医学院附属第六人民医院承担，12月28日通过市科委验收。项目开发智能化柔性操控的机器人和操作系统，根据术中实时光学定位系统，通过计算机辅助导航结合人工智能算法，进行膝关节韧带等软组织的精确定位，协助医生实施膝关节韧带重建手术，减少损伤及并发症、术中辐射及手术污染。项目申请专利6件。 （商学斌）

【骨骼肌损伤修复的超声调控技术及仪器研制】 项目由复旦大学承担，12月28日通过市科委验收。项目围绕骨骼肌低强度脉冲超声治疗，以超声发射功率和超声调控为标准，研制骨骼肌损伤修复的超声调控系统，分为FPGA电路模块、系统电源电路模块、高压电源电路模块、超声换能器接口及匹配电路模块等。系统采用LM2588和LM5574芯片设计最大+50/−50 V的正负高压电源，整机支持8通道的骨骼肌损伤修复的低强度脉冲调控输出，适用于0.5—2 MHz的超声频率输出范围，驱动此中心频率的低强度超声探头；超声声强度可调，输出声强范围在10—150 mW/cm^2，支持低强度超声治疗时间可调，调整精度1 s；人机交互界面采用彩色的10英寸TFT LCD屏幕，操作系统采用原生安卓嵌入式系统。项目申请发明专利5件，获发明专利授权1件、实用新型专利授权2件、软件著作权登记1件；发表SCI论文10篇。 （商学斌）

【改善高胆固醇血症候选新药ZM26的临床前研究】 项目由中国科学院上海药物研究所承担，12月28日通过市科委验收。项目以小分子ZM26（BGT-002）为候选药物，完成ZM26作为抗高胆固醇血症和NASH的候选新药的临床前研究。研究结果显示，ZM26口服吸收进入体内，特异性在肝脏中转化为辅酶A形式（ZM326E-CoA），ZM326E-CoA竞争性结合于肝细胞腺苷5′-三磷酸柠檬酸裂解酶（ACLY）的辅酶A底物口袋，发挥较强ACLY活性抑制作用。项目申请专利2件，发表SCI论文1篇。 （商学斌）

【新型抗抑郁候选药物研究】 项目由中国科学院上海药物研究所承担，12月28日通过市科委验收。项目完成TPN232临床前研究，获国家药监局临床试验批件。安全性评价结果显示，LV232主要的毒性症状与中枢神经系统、心血管系统相关；无遗传毒性，在动物体内单次、多次给药安全性良好，预期临床研究中具有较好安全性；属于高溶高渗化合物，在各种属肝微粒体上代谢差异较大，人肝微粒体上属于慢代谢，其他种属属于快代谢；口服吸收较好，易于透过血脑屏障（小鼠上平均脑血比9∶1），药效剂量范围内对主要的CYP450酶无诱导及抑制作用。项目申请发明专利1件，获专利授权1件。 （商学斌）

【靶向肿瘤干细胞相关抗原TM4SF1同时自分泌免疫调节融合蛋白PTA的CAR-T细胞治疗晚期复发实体瘤的临床前研究】 项目由上海科棋药业科技有限公司承担，12月28日通过市科委验收。项目完成CARL6-PTA-T的质粒、病毒、细胞的生产，建立完整的质量控制体系，制定放行标准，完成药学研究和安全性评价，并获国家药监局临床试验申请受理。TM4SF1在多种实体瘤中高表达，不在正常组织表达，且与肿瘤血管新生和肿瘤细胞干性维持相关。KQ-L6 CART细胞在国际上首次通过CAR-T技术靶向TM4SF1，在肺癌小鼠移植瘤模型中有效清除肿瘤，延长小鼠总生存期；采用新型共刺激信号结构，增强NSG小鼠体内的增殖能力和杀伤肿瘤能力；优化细胞培养工艺，新工艺中不添加血清，细胞增殖倍数与加入血清组相似，减少临床上自体血清个体间差异对细胞培养的影响，提高转染效率，培养过程缩短至5—7天，有效增强CAR-T细胞的体内增殖能力。 （商学斌）

【用于肺结节精准诊疗的气管镜机器人实验室样机研发】 项目由上海交通大学医学院附属胸科医院承担，12月28日通过市科委验收。项目研制机器人支气管镜系统样机2台。样机包括运动自由度的机械臂系统6个、运动自由的一次性电子式支气管镜4个，具备术前路径计划及预览、术中基于实时视觉-动力学引导导航、兼容多种外部仪器信号输入等功能；支气管镜在任意旋转角度内可进行上下220°弯曲调整，机械臂行进调整控制精度达0.1 mm；支气管镜工作通道内径2.0 mm，可通过标准的活检针、细胞刷、活检钳，有效工作长度650 mm，支气管镜先端部外径3.5 mm，平均到达4级支气管。项目申请专利14件。 （商学斌）

第四节 汽车与船舶 >>

【全球首制HHM-MAN 6S60ME-C10.5-GI-HPSCR双燃料主机

交付】 1月12日,沪东重机有限公司建造的全球首制HHM-MAN 6S60ME-C10.5-GI-HPSCR双燃料主机完工交付。该主机第二燃料为天然气,燃气模式采用狄塞尔循环技术,燃气部件设计压力350 bar,强度试验525 bar,主机平均有效压力19.8 bar,爆压190 bar,热效率50%—53%,单缸功率可达2 495 kW;配置中船动力(集团)有限公司研发的高压选择性催化还原系统,可满足国际海事组织Tier3排放标准;相比传统燃料,二氧化碳、氮氧化物、颗粒物排放和硫氧化物排放可分别减少23%、30%、90%和97%。 (陆连东)

【增程式乘用车用自由活塞式内燃发电机动力系统关键技术研究】 项目由上海交通大学承担,2月6日通过市科委综合绩效评价。项目提出耦合扫气泵的自由活塞内燃发电系统,有效解决二冲程自由活塞发动机换气质量问题;研制适用自由活塞内燃发电系统的大推力直线发电机,并利用多目标遗传算法进行性能优化,满足大推力和发电功率设计目标;提出一种通过调控直线电机电磁阻力实现速度跟踪控制方案,采用自抗扰控制器设计满足速度和位移稳定的控制策略;突破自由活塞二冲程发动机换气、发动机燃烧与发电机协同控制等关键技术,搭建自由活塞式内燃发电机动力系统运行测试平台,研制功率为5 kW的自由活塞式内燃发电机模块及其动力系统。项目申请发明专利3件,获发明专利授权2件;发表SCI论文3篇。 (张丽媛)

【"地中海泰萨(MSC TESSA)"号24116TEU集装箱船交付】 3月9日,沪东中华造船(集团)有限公司建造的"地中海泰萨(MSC TESSA)"号交付。该船总长399.99 m,型宽61.5 m,型深33.2 m,最大堆箱层数25层,可承载24万余吨货物,单次可装载24 116只标准集装箱。该船配备混合式Scrubber脱硫装置,以及独有的小球鼻艏、大直径螺旋桨和节能导管等装置;首次采用气泡减阻系统,有效降低船舶总能耗,减少相应总量3%—4%的碳排放。 (陆连东)

【全球首制9X92DF-2.0 iCER双燃料主机交付】 3月13日,上海中船三井造船柴油机有限公司建造的全球首制9X92DF-2.0智能控制废气循环系统(iCER)双燃料主机交付。该机是X92DF第2代机型,采用iCER系统,优化主机燃烧及排放性能,燃油消耗率和燃气消耗率约降低5%和3%。 (陆连东)

【"MIRAI"号40 000 m³中型全冷式液化石油气船交付】 3月31日,江南造船(集团)有限责任公司建造的国内首艘40 000 m³中型全冷式液化石油气船"MIRAI"号交付。该船总长180 m,型宽30 m,货舱布置3个独立全冷式A型液舱,主甲板布置2个500 m³的C型甲板罐,总舱容41 000 m³;采用VS-BOW®线型技术,配合节能舵球,航速和能耗指标达到国际领先水平;机舱内布置液化石油气(LPG)双燃料低速主机和轴带发电机,满足船舶能效设计指数第3阶段要求,在LPG燃气模式、带轴发的状态下,硫氧化物排放可降为0。 (陆连东)

【海空两栖航行器"哪吒F"跨介质飞行器研制】 上海交通大学曾铮研究组研制基于活塞式浮力调节系统的可折叠机臂式海空两栖航行器"哪吒F"。研究提出一种曲柄滑杆式的机臂折叠结构,与水下航行器的浮力调节系统形成半联动式配合,使得航行器在水面与空中呈现四旋翼构型,在执行水下任务中呈现外形更为流线的浮标外形;未引入额外执行机构,在保持航行器的轻量化和便携性的同时减小旋翼式两栖航行器在水下运动产生的阻尼,仿真结果显示在执行相同任务时该结构能帮助航行器节省69%的能量消耗;通过测试验证"哪吒F"具有自主的空中巡航能力、反复跨越介质能力、水下连续定深能力及自主返航回收能力,可为解决旋翼型两栖航行器在液体介质中的大阻尼、较高能耗问题提供解决思路,拓宽两栖航行器在水下的应用场景。研究成果于3月发表在《IEEE机器人与自动化快报》(*IEEE Robotics and Automation Letters*)。 (付 符)

【车用高压储氢瓶在线监测暨定期检验技术研究】 项目由同济大学、上海市特种设备监督检验技术研究院共同承担,4月7日通过市科委综合绩效评价。项目揭示车用高压储氢气瓶力学行为及损伤机理,建立在线超声导波信号与车用高压储氢气瓶力学行为关联关系,突破车用高压储氢气瓶在线检验及风险识别等关键技术,开发车用高压储氢瓶在线监测系统,并在上海宝城气瓶检验有限公司等开展示范应用。项目申请发明专利6件,获发明专利授权3件、软件著作权登记1件;发表论文8篇;制定团体标准1部。 (张丽媛)

【成像毫米波雷达应用技术与自驾系统研究及在量产车型示范应用】 项目由上海几何伙伴智能驾驶有限公司、上海汽车集团股份有限公司及上海市浦东新区产业发展促进中心共同承担,4月12日通过市科委综合绩效评价。项目开展成像毫米波雷达信号处理、目标聚类和跟踪、多雷达融合算法、可通行空间估测等关键技术研究,实现可通行空间估测、即时定位与地图构建等功能,并在上海汽车集团股份有限公司多款车型开展示范应用。项目申请发明专利2件、实用新型专利1件,获软件著作权登记2件。 (张丽媛)

【全球首台吨级镁基固态储运氢车发布】 4月13日,上海氢枫能源技术有限公司与上海交通大学氢科学中心共同研发的全球首台吨级镁基固态储运氢车发布。该车装载的镁基固态储运氢装置为40尺集装箱大小,箱体总重32.5 t,其中装填镁合金材料14.4 t,最大储氢量1.03 t,12小时内可吸氢900 kg以上,放氢860 kg;能常温低压存储和运输氢气,运氢量约为20 MPa高压长管拖车的3倍以上,具有安全性高的特点,可应用于加氢站、氢冶金、氢化工、储能等领域的氢气储存与运输。 (付 符)

【低成本长寿命膜电极批量制造技术及应用开发】 项目由上海捷氢科技股份有限公司、上海交通大学、上海应用技术大学承担，4 月 14 日通过市科委综合绩效评价。项目揭示催化层形貌与性能构效关系及全氟质子交换膜失效机制，建立氢燃料电池膜电极设计、材料选型和匹配、量产工艺开发等关键技术，形成从技术研发到产品批量制造的技术能力。项目成果在乘用车、公交车、团体客车等多款车型实现批量化落地应用。项目申请发明专利 5 件、实用新型专利 3 件；发表论文 4 篇；制定企业标准 2 部。 （张丽媛）

【全球首艘 93 000 m^3 超大型液化气船交付】 4 月 26 日，江南造船(集团)有限责任公司研制的全球首艘 93 000 m^3 超大型液化气船交付。该船总长 230 m，型宽36.6 m，服务航速 16.5 节；应用自主研发的舵球节能装置技术，船舶的快速性达到国际领先水平；首次实现低温钢全国产化，大幅压缩采购周期；使用双燃料动力，燃油续航达 23 000 海里，满足国际海事组织最新排放要求。

全球首艘 93 000 m^3 超大型液化气船交付

（陆连东）

【大型邮轮薄板生产线激光复合焊接质量智能管控技术研究】 项目由上海外高桥造船有限公司与上海交通大学共同承担，5 月 19 日通过市科委综合绩效评价。项目突破薄板生产线激光复合焊接工艺参数优化、对接焊缝的相控阵超声检测、基于深度学习的焊缝缺陷人工智能识别与评判等关键技术，形成薄板焊接质量智能管控的技术能力；针对大型邮轮薄板焊接及检测，开发激光电弧复合焊接工艺、相控阵超声/数字射线检测智能评判系统、焊接质量智能溯源系统。项目成果在上海外高桥造船有限公司实现工程化应用。项目申请发明专利 5 件，获实用新型专利授权 2 件、软件著作权登记 1 件；发表论文 3 篇。 （张丽媛）

【基于实际路况的燃料电池汽车测试与验证技术研究】 项目由上海机动车检测认证技术研究中心有限公司承担，5 月 19 日通过市科委验收。项目形成车用燃料电池堆的振动耐久性试验技术研究报告；开展燃料电池 2 000 小时发动机耐久性能试验、整车 6 万千米耐久试验，并出具试验报告 2 份；开发燃料电池汽车动力系统硬件在环测试平台，达到燃料电池电堆仿真极化特性曲线在工作区间内与实验结果误差≤5%的要求，燃料电池动力系统硬件在环实时仿真步长 0.01 s；建成集成数据采集和分析的数据中心 1 个，建立实际路况下燃料电池系统数据分析模型，并完成数据分析报告。项目申请专利 2 件，制定团体标准 4 部，发表论文 7 篇。 （王 磊）

【全球首制 HHM-MAN 7S40ME-C9.5-HPSCR 船用发动机交付】 5 月 31 日，沪东重机有限公司制造的全球首制 HHM-MAN 7S40ME-C9.5-HPSCR 船用发动机交付。该机型缸径 400 mm，活塞冲程 1 770 mm，平均有效压力 2.1 MPa，单缸最高功率 1 135 kW；采用全新蠕墨铸铁缸套，更好匹配小缸径船用发动机的性能特点；全新排气阀执行器控制阀控制设计，具有更优的操控性；配置高压选择性催化还原系统，可满足国际海事组织 Tier3 排放标准。 （陆连东）

【大功率千吨级高能超级电容新能源船舶设计研发及应用示范关键技术研究】 项目由中国船舶集团第七一一研究所承担，6 月 2 日通过市科委验收。项目研制大功率千吨级高能超级电容新能源车客渡船并投入运营；通过直流固态断路器研制、超级电容短路瞬间电源模型研究及纯超级电容直流网络的选择性分析研究，突破基于超级电容的直流组网保护技术，研制船用超级电容综合直流电力系统，并实现实船应用；开展超级电容失效机理及船舶适应性研究，研制船用高能量超级电容器单体及系统；通过不同识别技术的对比研究，结合柔性对接技术应用，突破高效冷却技术，研制大功率液冷自动对接充电装置。项目申请发明专利 8 件、实用新型专利 5 件，获软件著作权登记 5 件；发表论文 22 篇，其中 SCI/EI 论文 19 篇；制定标准 3 部。 （王 磊）

【全球首制 CMD-WinGD 10X92DF-2.0 双燃料主机交付】 6 月13 日，上海中船三井造船柴油机有限公司制造的全球首制 CMD-WinGD 10X92DF-2.0 双燃料主机完工交付。该机型是全球最大的采用最新智能废气再循环系统技术的双燃料低速柴油机，首次实现 X92DF-2.0 全负荷稳定燃烧模式运行；在燃气模式下，采用奥拓循环原理，低压燃气进气技术，满足国际海事组织 Tier3 排放标准；配备远程智能监控平台，通过有效预判实现远程支持。 （陆连东）

【全球首制燃油版 iCER 双燃料主机 CMD-WinGD 5X72DF-2.1 交付】 6 月 15 日，上海中船三井造船柴油机有限公司制造的全球首制燃油版智能废气再循环系统(iCER)双燃料主机 CMD-WinGD 5X72DF-2.1 完工交付。该机型为 X72DF 第 2 代机型，搭载最新 iCER 系统及水处理系统，在燃油和燃气 2 种模式下均能满足国际海事组织 Tier3 排放要求。 （陆连东）

【低成本长寿命车用燃料电池膜电极批量制备及应用技术】 项目由航天氢能(上海)科技有限公司等单位承担，6 月 30 日通过市科委综合绩效评价。项目突破膜电极低阻抗及耐启停抗反极、膜电极狭缝挤压精密直涂、膜电极质量在线检测与自动分选技术等关键技术，形成系统的技术体系；研制低成本长寿命车用燃料电池膜电极组件，膜电极在 78 ℃条件下功率密度 1 803 mW/cm²，抗反极性能 158 分钟，铂用量 0.111 g/kW，耐久性 34 700 小时，年产能突破 13 310 m²。项目成果应用于交通运输、工程机械、备用电源等领域。项目申请专利 10 件，其中发明专利 4 件；发表论文 2 篇。

(张丽媛)

【直流综合电力系统发电机保护装置研发】 7 月，中国船舶集团第七〇四研究所研发的直流综合电力系统发电机保护装置完成全部性能测试验证及第三方环境试验、电磁兼容试验和短路试验，获中国船级社型式认证。该装置解决“同步发电机＋不控整流”直流组网技术的采样准确度低、保护动作快等难题，可为大容量自主研制直流综合电力系统提供更安全、更可靠的解决方案。(董滟清)

【50 kW 海洋温差能发电系统关键设备完成陆上联调试验】 8 月 17 日，中国船舶集团第七〇四研究所研发的国内功率最大的 50 kW 海洋温差能发电系统关键设备在湛江湾实验室完成陆上联调试验验证，在原定冷热源水量条件下并网发电量超过预期的 10%。(董滟清)

【黄浦江首艘零碳排放游览船交付】 8 月，黄浦江首艘新能源电动游览船“上海久事”号交付。该船搭载中国船舶集团第七〇四研究所自主研发的全锂电池动力系统，集成能量控制、推进控制、监测报警及远程监控，实现新能源动力系统的高度自动化，在驾驶室集控室均可实现对全船能源的一键控制和数据监控，提高船舶新能源动力系统的接受度；具有高安全与高能量密度，直流配电系统高安全保护优势，无污染、低噪声、低振动、高度自动化兼容高性能四大技术优势。(董滟清)

【开发燃料电池汽车氢安全测试装备】 同济大学吕洪研究组与上海汽车集团股份有限公司商用车技术中心合作，开发具备氢气泄漏模拟和检测功能的氢安全测试装置。研究针对震动导致的车载供氢系统中管阀连接件松动引起的氢气泄漏情况，通过仿真模拟氢气在整车底盘的扩散路径和氢气浓度变化，为燃料电池汽车的氢安全设计和评估提供依据，对氢浓度传感器的布置及燃料电池整车氢安全设计和评估具有重要意义。研究成果于 8 月在线发表在《可再生及可持续能源评论》(*Renewable and Sustainable Energy Reviews*)。(张一卉)

【“新黄龙”号游船关键系统应用】 9 月 7 日，中国船舶集团第七〇四研究所研发的磷酸铁锂动力电池系统应用于“新黄龙”号游船。该系统采用直流综合电力推进系统方案，集高能量密度高安全性动力电池系统、高效自适应能量管理系统、快速节能推进系统为一体，为“新黄龙”号游船提供可靠安全动力源。(董滟清)

【至美敞篷电跑 MG Cyberster 上市】 9 月 26 日，由上海汽车集团股份有限公司打造的全球首款剪刀门软顶敞篷电跑 MG Cyberster 上市。MG Cyberster 顶篷由 3 层特质布料组成，停车状态下 8 s 内完成开合，时速 50 km/h 以内行驶状态下 10 s 完成开合；电动剪刀门的内外把手为电动按键，开合角度在 30°—76°间调整；提供后驱和四驱 2 种动力布局，零百加速最快 3.2 s，80—120 km/h 后段加速时间 2.1 s，基于永磁同步电机搭配超薄魔方电池的 142 W·h/kg 高能量密度，输出最大功率 400 kW，最大扭矩 725 N·m；搭载 L2＋级智能驾驶辅助系统，改善传统跑车长途累、停车难的问题。(庄剑波)

【智己 LS6 上市】 10 月 12 日，由上海汽车集团股份有限公司打造的智己 LS6 上市。LS6 提供单电机后驱及双电机四驱版车型，单电机版最大功率 250 kW，峰值扭矩 450 N·m，双电机四驱版综合功率 579 kW，峰值扭矩 800 N·m；准 500 V 版本零百加速 5.9 s，续航里程分别为 680 km 和 560 km；准 900 V 版本最大工作电压达 875 V，续航里程分别为 702 km 和 760 km，充电 15 分钟最多可补能 500 km 的续航；配备全画幅数字驾舱屏、POPO 云感座椅、城市自动导航辅助驾驶、一键人工智能代驾的智能驾驶辅助功能及标配 20 扬声器等。(庄剑波)

【基于国产化 79 GHz 多模毫米波雷达与 360 环视融合的全自动泊车系统的开发与实现】 项目由华域汽车系统股份有限公司承担，10 月 30 日通过市科委综合绩效评价。项目基于 79 GHz 多模毫米波雷达的点云技术特征，研究障碍物轮廓识别等关键技术，研制基于 79 GHz 多模毫米波雷达与 360°环视融合的自动泊车系统，并在追目智能科技(上海)有限公司进行试装应用。项目申请发明专利 1 件，获实用新型专利授权 1 件、软件著作权登记 1 件；发表论文 1 篇。

(张丽媛)

【“珠海云”号海洋科考船关键系统应用】 10 月 30 日至 11 月 18 日，由中国船舶集团第七〇四研究所与南方海洋实验室共同组织的全球首艘智能型无人系统母船“珠海云”完成沿海自主航行演示及科考综合航次。航程共计 1 500 海里，历时 125 小时，完成自主避碰 130 余次，是国内首次千海里以上船舶自主航行。中国船舶集团第七〇四研究所为该船提供自主航行系统与远程遥控系统、串联式混合动力系统、吊舱推进器、调查作业支持系统、减摇鳍、空调系统等核心设备。(董滟清)

【1 kV/2 kA 直流固态断路器研制】 10 月，中国船舶集团第七〇四研究所研发的 1 kV/2 kA 直流固态断路器完成全部性能测试验证及第三方环境试验、电磁兼容试验和短路试验，获中国船级社型式认证。该装置实现在 20 μs 内对 8 kA

故障直流电流的可靠高速关断,有效支撑国内船舶直流保护系统技术领域发展。 (董滟清)

【国产首艘大型邮轮"爱达·魔都号"交付】 11月4日,上海外高桥造船有限公司建造的国产首艘大型邮轮"爱达·魔都号"交付。该邮轮总吨位13.55万吨,长323.6 m,宽37.2 m,设计吃水8.26 m,最大高度72.2 m;搭载系统107个、设备55 000个;设置客房2 125间,可容纳乘客5 246人,配置16层、面积4万平方米的生活娱乐公共区域。邮轮舱室环境控制系统由中国船舶集团第七〇四研究所研发,突破多变量可变边界热负荷、风量平衡计算及水力动态平衡控制技术等关键技术,研制6 000 kW离心冷水机组、典型空调样机、风机盘管、冷藏机组样机,搭建邮轮空调系统、冷媒水系统的陆上综合模拟试验平台,验证冷水机组、空调样机等的系统匹配试验和效果验证试验。

(陆连东 董滟清)

【高性能汽车毫米波雷达研发及产业化】 项目由上海无线电设备研究所承担,11月7日通过国家发展改革委验收。项目完成汽车毫米波雷达量产样机研制,样机测距范围0.5—250 m,测速范围−225—225 km/h;研制专用仪器设备、自动化生产线设备,生产线单工位最大运行时间59.25 s,满足生产节拍72 s要求,生产线单线双班年产能达218 500件。项目成果在华为技术有限公司等实现产业化应用。项目获实用新型专利授权5件。

汽车毫米波雷达量产样机研制

(姜媛媛)

【"智艇1号"关键系统应用】 11月27日,中国船舶集团第七〇四研究所研发并交付的自主航行系统、减摇陀螺装置、混合动力系统等产品应用于"智艇1号"自主航行智能游艇。混合动力系统具备高集成度、高能效水平、低振动噪声、高自主可控度等特点,开创混合动力系统应用于游艇的行业先河。 (董滟清)

【深海矿产开发矿物输送系统完成陆上集成联动试验】 11月,中国船舶集团第七〇四研究所根据深海矿产开发大流量粗颗粒矿物提升需求,突破高通过性几何构型及无阻塞低流阻流道设计等关键技术,研制国内最大的600 m^3/h级水下电泵;完成水下电泵-中继舱及管系集成试验,实现输送系统核心装备水下联动,实测流量630 m^3/h,颗粒物60 mm,体积浓度12%以上。 (董滟清)

【全球首艘13000TEU双燃料动力大型集装箱船"CMA CGM BAHIA"号交付】 12月7日,沪东中华造船(集团)有限公司建造的全球首艘13 000 TEU双燃料动力大型集装箱船"CMA CGM BAHIA"号交付。该船总长336 m,型宽51 m,型深26.8 m,设计服务航速21节,最大载箱量13 200个标准箱;采用液化天然气(LNG)双燃料动力系统,配备一个14 000 m^3 Mark 3型液货围护系统的LNG液货舱,搭载CMD-WinGD9X9DF-2.0主机,并配备全球新一代智能控制废气再循环系统,使气体模式下的甲烷逃逸降低50%,温室气体排放减少28%以上;船头安装一个风流导板,在实际运营过程中节省2%—4%油耗;船尾部安装节能导流装置,提高螺旋桨推进效率,降低能耗1.5%左右。

13 000TEU双燃料动力大型集装箱船"CMA CGM BAHIA"号交付

(陆连东)

【国内首艘油电并联式混合动力全回转拖轮交付】 12月26日,中国船舶集团第七〇四研究所参与生产研制的"甬港拖80"宁波港5000 HP混合动力拖轮交付。该船舶的动力系统采用交、直流混合配电技术,实现带储能系统的并联式混合动力系统常规、柴电、纯电等多种模式综合控制及模式切换技术;掌握机电系统机桨匹配、交直流电能综合管理和保护、电网质量治理、动态能量控制及管理等关键技术,整体油耗比传统拖轮节能25%以上。 (董滟清)

【10 MW级T型吊舱推进器研制】 12月,中国船舶集团第七〇四研究所10 MW级T型吊舱推进器完成关键部件制造、整机装配及调试,实现自主研制中大功率吊舱推进器的突破;完成PC2级10 MW吊舱推进器回转机构方案设计和技术设计,突破多项高冰级吊舱推进器关键技术,推动国内极地高冰级吊舱推进器研制。 (董滟清)

【新一代船舶锂离子动力电池包研制】 12月,中国船舶集团第七〇四研究所研制新一代锂离子动力电池包,并获中国船级社型式认证。该产品单包能量密度 16.33 kW·h,实现最大 0.8 C 大倍率放电,相比上一代产品能量密度提高约 7%、体积密度提高约 8%;完成实船应用,将为船舶新能源动力系统提供更大容量、更长续航能力及更多选择。(董湘清)

【标准型纯电池动力船舶能量管理系统研制】 12 月,中国船舶集团第七〇四研究所研制标准型纯电池动力船舶能量管理控制系统,并获中国船级社认证。该系统实时优化船舶航行和充电过程中的能源利用,并提升船舶运行的自动化程度;实现多层级保护,保证电池系统安全运行;通过功率均衡动态补偿技术,实现全船电池系统级芯片均衡度小于 5%、电网功率分配度差额小于 5%、直流电压稳定性小于 5%额定电压;完成 12 船套设备供货及实船应用,为纯电池动力船舶安全可靠运行提供基础。(董湘清)

第五节 航空与航天

【遥感三十七号卫星、试验二十二号 A、B 星成功发射】 1 月13 日 15 时 00 分,遥感三十七号卫星、试验二十二号 A、B 星搭载长征二号丁遥七十三运载火箭在酒泉卫星发射中心成功发射。此次发射的遥感三十七号卫星、试验二十二号 A 星及运载火箭由上海航天技术研究院抓总研制,主要用于空间环境监测等新技术在轨验证试验。(姜媛媛)

【齐鲁二号、齐鲁三号卫星成功发射】 1 月 15 日 11 时 14 分,齐鲁二号、齐鲁三号卫星搭载长征二号丁运载火箭在太原卫星发射中心成功发射。此次发射的齐鲁二号、齐鲁三号卫星由中国科学院微小卫星创新研究院抓总研制,实现齐鲁卫星星座 1 期遥感卫星组网运行。该星座是中国首个基于激光通信互联的遥感小卫星星座,主要用于地面终端一键上注、在轨任务规划、图像自主获取、图像智能处理、目标检测识别和智能推送应用等在轨验证。(吕倩利)

【梦天舱航基柜斯特林热电转换装置加热器研制】 3 月,中国空间站开展空间斯特林热电转换试验,完成在轨测试和 3 次在轨试验。中国科学院上海硅酸盐研究所负责空间高效自由活塞斯特林热电转换试验装置中加热器单元的研制。该加热器为斯特林热电转换装置提供热源,通过精巧设计高密度缠绕加热丝,大幅提高加热效率;提出层叠式隔热结构,有效降低热量在径向和底部的传导,优化隔热效果,保证热量定向流动,提高热量利用效率;设计独特多层耐高温绝缘套管,对加热丝、热电偶进行绝缘保护,有效改善装置的高温绝缘性能。(闫咨汝)

【高光谱观测卫星载荷研制】 4 月4 日,国内首颗具备业务化应用能力的生态环境综合监测卫星高光谱观测卫星在轨投入使用。中国科学院上海技术物理研究所承担可见短波红外高光谱相机研制。该相机是国内首台可在轨动态配置的宽幅宽谱高光谱相机,可实现 2.5—10 nm 光谱分辨率、30 m 空间分辨率、60 km 幅宽观测,能够获取地物从 0.4—2.5 μm 波段范围内的高光谱影像信息;与在轨运行的资源一号 02D 卫星、资源一号 02E 卫星、高光谱综合观测卫星同类载荷组网协同观测,有效服务于环境质量监管和自然资源调查等需求。(虞慧娴)

【数据驱动的航天离散制造工业互联网应用新模式协同创新】 项目由上海航天精密机械研究所承担,4 月 12 日通过上海市经济和信息化发展研究中心验收。项目构建自主可控的航天离散协同制造工业互联网平台,研制舱体产线数字化孪生系统和大数据平台,打造舱体数字化加工示范线,实现科研生产、经营管理和产业链协同过程的业务全在线、过程全透明和数据全追溯。项目申请专利 8 件,发表论文 7 篇,制定标准 11 部。(姜媛媛)

【风云三号 G 星成功发射】 4 月 16 日 9 时 36 分,风云三号 G 星搭载长征四号乙遥五十一运载火箭在酒泉卫星发射中心成功发射。此次发射的星箭均由上海航天技术研究院抓总研制。该卫星是国内首颗低倾角轨道降水测量专用气象卫星,在国际上首次采用双频主动降水测量雷达与被动微波、光学遥感相结合的综合探测,主要用于灾害性天气系统降水监测。中国科学院上海技术物理研究所研制卫星中分辨率光谱成像仪(降水型)、高精度定标器、短波红外偏振多角度成像仪,中分辨率光谱成像仪(降水型)单条轨道观测刈幅达 1 200 km,可获取可见光/红外云图及云顶温度、云顶高度、有效粒子半径等参数,辅助判断降水云存在;高精度定标器开展在轨太阳交叉定标技术验证试验,为卫星监测资料融合应用、建立气候数据集奠定研究基础;短波红外偏振多角度成像仪为实现云、气溶胶和地表等相关参数的高精度定量化反演提供观测信息,提高在天气预报、气候变化和地球环境监测领域等方面的能力。(姜媛媛 虞慧娴)

【国产 ARJ21 飞机首次投入海外运营】 4 月18 日,中国商用飞机有限责任公司研制的国产 ARJ21 飞机首次在海外投入商业运营,执飞雅加达—巴厘岛航线。此次飞行意味着中国喷气客机首次走向海外、首次由国外航空公司运营、首次执飞国外商业航班,是中国航空发展史上的重要里程碑,也是中国与印度尼西亚全面战略伙伴关系的重要成果。(黄 健)

【基于形状记忆复合材料的在轨可展开桁架式结构航天器的分布式控制】 项目由上海航天控制技术研究所承担,4 月21 日通过国家自然科学基金委验收。项目突破基于形状记忆复合材料在轨展开桁架结构航天器稳定控制方法和动力学特性模拟方法,实现系统的快速稳定和高精度控制,验证动力学建模方法和稳定控制方法。项目申请专利 6

件，发表论文6篇。 （姜媛媛）

【大径厚比异质金属管件组合焊接制造技术】 项目由上海航天设备制造总厂有限公司承担，5月9日通过市科委综合绩效评价。项目突破高镁含量铝合金/不锈钢异种金属固相扩散连接、不锈钢管件环缝激光焊接等关键技术，解决铝钢异种材料可靠连接问题，研制铝钢异质金属管路组件，可满足低温高压力使用不失效，为新一代载人运载火箭冷氦增压关键部件研制奠定技术基础。项目申请专利1件，发表论文2篇。 （姜媛媛）

【天舟六号货运飞船成功发射】 5月10日21时22分，天舟六号货运飞船搭载长征七号遥七运载火箭在海南文昌航天发射场成功发射，完成中国空间站应用与发展阶段的首次飞行任务，并于5月11日5时16分，成功对接于空间站天和核心舱后向端口。上海航天技术研究院承担天舟六号货运飞船电源分系统、对接机构分系统、推进舱结构与总装、测控通信子系统、总体电路分系统推进舱电缆网等关键材料研制；中国科学院上海硅酸盐研究所研制无机热控涂层、高温抗氧化涂层、高温隔热屏、柔性薄膜和前舱门舷窗玻璃等关键材料，并研制高温材料样品货包1套、高温实验样品返回袋3组及无容器样品下行包装袋2组，保障中国空间站高温材料实验柜和无容器材料实验柜的材料样品上行和返回。 （姜媛媛 闫咨汝）

【C919大型客机完成首次商业飞行】 5月28日，中国东方航空股份有限公司使用中国商用飞机有限责任公司全球首架交付的C919大型客机从上海虹桥机场飞往北京首都机场，完成C919大型客机首次商业载客飞行。此次飞行标志C919大型客机正式进入民航市场，开启市场化运营与产业化发展。 （黄 健）

【神舟十六号载人飞船成功发射】 5月30日9时31分，载有3名航天员的神舟十六号载人飞船搭载长征二号F运载火箭在酒泉卫星发射中心成功发射，完成中国空间站应用与发展阶段首次载人飞行任务，并于5月30日16时29分，成功对接于空间站天和核心舱径向端口，整个对接过程历时6.5 h。其中，上海航天技术研究院承担神舟十六号载人飞船的对接机构分系统、电源分系统、推进舱结构与总装、测控通信子系统、总体电路分系统推进舱电缆网及三舱配电器等研制任务。 （姜媛媛）

【长征二号丁遥八十八运载火箭一箭41星成功发射】 6月15日13时30分，吉林一号06A星等41颗卫星搭载长征二号丁遥八十八运载火箭在太原卫星发射中心成功发射，刷新中国一箭多星最高纪录。执行此次任务的长征二号丁运载火箭由上海航天技术研究院抓总研制，是常温液体二级运载火箭，太阳同步圆轨道运载能力可达1.3 t(轨道高度700 km)，具有可靠性高、经济性好、适应性强等特点，可支持单星、多星并联、串联、搭载等多种形式的发射需求。 （姜媛媛）

【低温两相流体在多孔结构中的相分离特性与泡破机理研究】 项目由上海宇航系统工程研究所承担，6月30日通过市科委验收。项目针对低温推进剂在轨管理需求，开展微重力低温两相流体在多孔结构中的分离特性及泡破特性研究，掌握液体获取装置优化设计及系统运行压力的优化设计方法；突破低温推进剂表面张力管理关键技术，解决低温上面级、重复使用运载器和低温推进飞行器工程应用中的基础理论和设计难题，实现在轨有效贮存和低温推进剂利用。项目申请发明专利2件，发表论文5篇。 （姜媛媛）

【风云三号F星成功发射】 8月3日11时47分，风云三号F星搭载长征四号丙运载火箭在酒泉卫星发射中心成功发射。此次发射的星箭均由上海航天技术研究院抓总研制。卫星主要用于获取全球臭氧分布，监测全球辐射收支、冰雪覆盖、海面温度，提供短期气候预测、气候变化预估所需的遥感信息，提高对大气温湿度垂直廓线、大气痕量气体及地球辐射收支能量的观测精度。中国科学院上海技术物理研究所研制卫星的中分辨率光谱成像仪3型、红外高光谱大气探测仪2型、地球辐射探测仪2型，中分辨率光谱成像仪3型拥有国际领先的全球综合成像能力及空间分辨率配置；红外高光谱大气探测仪2型提升对大气温度、湿度、成分廓线的反演精度；地球辐射探测仪2型采用首创的5—50 μm宽波段长波滤光片和薄膜型锰钴镍探测器，保证仪器性能长期稳定。

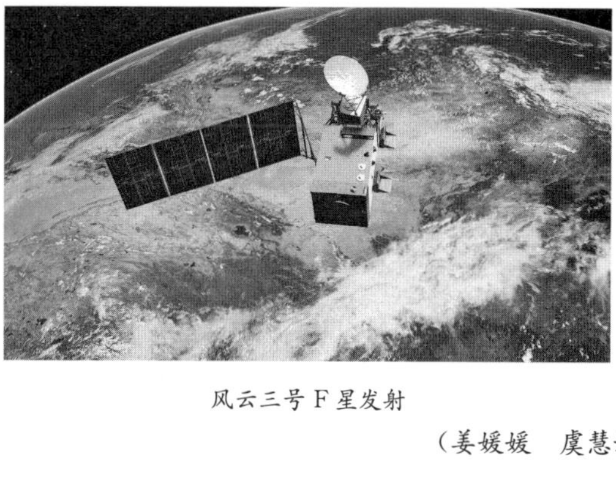

风云三号F星发射

（姜媛媛 虞慧娴）

【和德三号A—E星(交通六号—十号卫星)成功发射】 8月14日13时32分，和德三号A—E星(交通六号—十号卫星)搭载快舟一号甲运载火箭在西昌卫星发射中心成功发射。此次发射的卫星由中国科学院微小卫星创新研究院抓总研制，主要用于开展在轨数据采集、存储、转发业务。 （吕倩利）

【高分十二号04星成功发射】 8月21日1时45分，高分十二号04星搭载长征四号丙遥五十六运载火箭在酒泉卫星发射中心成功发射。此次发射的星箭均由上海航天技术研究院抓总研制，卫星主要用于国土普查、城市规划、土地确权、路网设计、农作物估产和防灾减灾等领域。

高分十二号04星发射

（姜媛媛）

【遥感三十三号03星成功发射】 9月7日2时14分，遥感三十三号03星搭载长征四号丙遥五十三运载火箭在酒泉卫星发射中心成功发射。此次发射的星箭均由上海航天技术研究院抓总研制，卫星主要用于科学试验研究、海洋和陆地资源普查、农产品估产及防灾减灾等领域。

（姜媛媛）

【遥感三十三号04星成功发射】 9月27日4时15分，遥感三十三号04星搭载长征四号丙遥五十四运载火箭在酒泉卫星成功发射。此次发射的星箭均由上海航天技术研究院抓总研制，卫星主要用于科学试验研究、海洋和陆地资源普查、农产品估产及防灾减灾等领域。（姜媛媛）

【商用大飞机客舱内部能力创新研究】 项目由上海飞机客户服务有限公司承担，10月20日通过市科委综合绩效评价。项目构建国产商用飞机客舱内部研究体系和设计流程，完成宽体客机内饰创新设计方案；基于乘客行为模式构建乘客采集分析模型，研究客舱内部创新思维方法和研究体系。项目申请专利4件，制定企业标准12部。

（张丽媛）

【神舟十七号载人飞船成功发射】 10月26日11时14分，载有3名航天员的神舟十七号载人飞船搭载长征二号F运载火箭在酒泉卫星发射中心成功发射。上海航天技术研究院承担神舟十七号载人飞船的对接机构分系统、电源分系统、推进舱结构与总装、测控通信子系统、总体电路分系统推进舱电缆网及三舱配电器等研制任务。（姜媛媛）

【首批2架ARJ21客改货飞机交付】 10月30日，中国商用飞机有限责任公司研制的首批2架ARJ21客改货飞机分别交付杭州圆通货运航空有限公司和中原龙浩航空有限公司。ARJ21客改货飞机最大设计商载10 t，设计航程2 778 km，主要用于国内航线及短程国际航线上的货物、邮件和快递运输；主货舱安装可兼容不同装载方案的货运系统，满足客户对不同集装器的使用需求。（黄　健）

【天绘五号卫星成功发射】 11月1日6时50分，天绘五号卫星搭载长征六号甲遥四运载火箭在太原卫星发射中心成功发射。此次发射的星箭均由上海航天技术研究院抓总研制，卫星主要开展地理信息测绘、国土资源普查和科学试验研究等任务。

（姜媛媛）

【新一代海洋水色观测卫星01星载荷研制】 11月16日11时55分，新一代海洋水色观测卫星01星在酒泉卫星发射中心成功发射。中国科学院技术物理研究所承担中分辨率可编程成像光谱仪研制。该仪器采用先进推扫成像方式，在国内首次实现15个在轨通道编程的多光谱模式和连续90个通道的高光谱模式，具有较高的定标精度、杂光和偏振抑制能力，对科学观测应用及提升中国海域水体的监测能力具有重要作用。（虞慧娴）

【首批2颗卫星互联网技术试验卫星成功发射】 11月23日18时00分，首批首颗卫星互联网技术试验卫星搭载长征二号丁运载火箭及远征三号上面级在西昌卫星发射中心成功发射。12月06日3时24分，首批第2颗卫星互联网技术试验卫星搭载捷龙三号运载火箭在太原卫星发射中心成功发射。2次发射的卫星互联网技术试验卫星均由中国科学院微小卫星创新研究院抓总研制，为组网建设进行技术验证。该星座为国内“十四五”期间规模最大的空间基础设施，其空间段采用星间高速互联、用户灵活接入、系统弹性高效的混合星座网络架构，基本可系统实现全球宽带互联网和移动通信服务，形成全球覆盖、技术先进、自主可控的通信服务能力。（吕倩利）

第六节 | 冶金与化工 >>

【基于智能辨色技术制备全自动高锰酸钾消耗量测定仪】 项目由上海市质量监督检验技术研究院承担，1月13日通过市场监管总局验收。项目应用智能辨色技术，研发高锰酸钾消耗量自动滴定仪(含软件)，实现高锰酸钾测定自动化检测；检测结果准确性高、重复性好，有效提升实验室检测效率，降低出错率。项目申请发明专利1件，获实用新型专利授权1件、软件著作权登记1件；发表论文4篇。

（滕雪雷）

【超微小液体流量计量值溯源方法的研究】 项目由上海市计量测试技术研究院承担，3月2日通过市市场监管局验收。项目确定一套超微小液体流量计的量值溯源体系，研制融合容积法与质量法于一体的活塞式微小液体流量标准装置，实现对低至 1 mL/h 的液体流量量值的准确复现。项目成果可应用于各类微小液体流量计、微量医用输液泵和输液泵检测仪的计量性能评价。项目申请发明专利 1 件，获实用新型专利授权 2 件；发表论文 3 篇。 （滕雪雷）

【石化领域 7 部行业标准发布】 8 月 16 日，上海市质量监督检验技术研究院主持制定的《热封仪校准规范》[JJF(石化)071—2023]等 3 部石化领域行业标准获批发布，9 月 1 日实施；12 月 29 日，《涂料耐溶剂擦拭仪校准规范》[JJF(石化)087—2023]等 4 部石化领域行业标准获批发布，2024 年 2 月 1 日实施。《热封仪校准规范》[JJF(石化)071—2023]适用于基于电加热原理，温度测量范围为室温至 300 ℃，结构为上、下热封头式单点或梯度型热封试验仪和热板封口机校准；《热分解原子吸收光度法测汞仪校准规范》[JJF(石化)072—2023]适用于热分解原子吸收光度法测汞仪校准；《数字滴定器校准规范》[JJF(石化)073—2023]适用于 0—50 mL 数字滴定器校准；《涂料耐溶剂擦拭仪校准规范》[JJF(石化)087—2023]适用于涂料耐溶剂擦拭仪校准；《厚漆、腻子稠度测定仪校准规范》[JJF(石化)089—2023]适用于厚漆、腻子稠度测定仪校准；《涂膜、腻子膜打磨性测定仪校准规范》[JJF(石化)088—2023]适用于涂膜、腻子膜打磨性测定仪校准；《恒温振荡培养箱校准规范》[JJF(石化)086—2023]适用于具有温度控制、托盘转速控制及具备二氧化碳浓度控制功能的培养箱校准。 （滕雪雷）

【电子气中痕量杂质的捕集方法研究和配套装置研发】 项目由上海市计量测试技术研究院承担，9 月 22 日通过市场监管总局验收。项目研制气体捕集装置，显示离子钾、钙、锰、铬等 4 种金属、电子级氢气中的氨及电子级六氟化硫中的氟离子的检出限均达到 0.005 μmol/mol；提供最佳气体捕集条件，包括洗气瓶材质、规格、吸收液浓度、吸收液用量、捕集速率、捕集时间等，捕集效率超 80%；考察的杂质指标在相同条件下重复进样 6 次，获得各自测定值的相对标准偏差不大于 20%。项目申请实用新型专利 1 件，发表论文 2 篇，制定团体标准 1 部。 （滕雪雷）

【高端手机用高性能不锈钢材料研发】 项目获 2023 年中国宝武钢铁集团有限公司技术创新重大成果奖一等奖。项目针对高端手机用高性能不锈钢材料技术指标的要求，开发具备特殊性能的 316L 系不锈钢板材、线、棒材等系列产品，并应用于高端手机的边框、外壳、支架、支撑件、卡槽等部件制造；实现极低磁硬态专用不锈钢元素设计调控与处理工艺控制关键技术、具有高抛光性塑性夹杂物及超洁净度控制技术、冷硬态下截面硬度高一致性不锈钢精准调控技术创新，形成一套高性能奥氏体不锈钢关键制备工艺技术。 （李 钊）

【高大采场充填挡墙低成本高效构筑技术及充填策略优化研究】 项目获 2023 年中国宝武钢铁集团有限公司技术创新重大成果奖一等奖。项目围绕充填体浓密制备、管道输送、充填体固化、充填接顶、策略制定等展开研究，提出全尾砂高浓度低成本自流输送配比方案，开发采场充填物化联合接顶技术，建立充填固化过程原位性能可视化监测技术及表征方法，优化大深锥防压耙关键技术及结构，在国际上首次实现内径 151 mm 充填钻孔嵌套修复成套技术。项目成果应用于安徽马钢罗河矿业有限责任公司，实现充填固化过程原位性能可视化监测，采场充填物接顶率达 90%；充填过程未发生压耙事故，成本降低 34.5%。 （李 钊）

【智慧质量管理系统核心技术研究及示范拓展】 项目获 2023 年中国宝武钢铁集团有限公司技术创新重大成果奖一等奖。项目以钢铁产品全流程质量大数据为基础，形成基于物料基因链的全流程数据集成与精准串接对齐技术，基于高频数据特征提取的柔性可配置的自动判定技术，基于炼钢铸机状态、热轧质量、冷轧来料质量等信息的预测模型，基于性能预报技术的跨工序工艺调整和动态取样设计优化功能的开放式平台，以及支持质量技术和管理人员独立开发生产过程质量的监控和质量管理数据模型等成果，具有实现产品策划、质量事前预判、过程管控、事后追溯、用户服务和评价决策等功能。项目成果在宝山钢铁股份有限公司等多个钢铁生产基地应用，宝山基地、东山基地的产品质量损失率分别改善 31.2%、20.8%。 （李 钊）

【建筑用高铝锌铝镁涂镀层产品开发与应用】 项目获 2023 年中国宝武钢铁集团有限公司技术创新重大成果奖一等奖。项目突破国外技术封锁，开发高耐蚀铝锌镁镀层；研制多用途高耐蚀铝锌镁镀层无铬耐指纹钢板及彩涂板系列产品；开发铝锌镁镀层热浸镀成套技术，建立镀层组织控制、镀层表面质量控制、镀液成分快速切换技术体系；开发铝锌镁镀层钢板无铬涂覆成套技术、铝锌镁镀层钢板黑变控制技术；搭建铝锌镁镀层系列产品失效寿命预测模型，开发牌号 21 个，分别在宝山钢铁股份有限公司的宝山基地、东山基地、青山基地量产，并应用于机场、畜牧、石化、冶金工程等领域。 （李 钊）

【冶金工程数字化设计交付及数字孪生关键技术研发与应用】 项目获 2023 年中国宝武钢铁集团有限公司技术创新重大成果奖一等奖。项目聚焦工厂对象位号、数字化设计、数字化交付、数字孪生工厂、工程造价库 5 个重点方向，围绕一码贯通的数据标准体系、构建数字孪生工厂、云-边-端一体化协同 3 层体系架 3 个方面开展研究；对标国际同类技术和国内重大科技成果，在冶金装备全生命周期一码贯通的数据标准体系、轻量化模型数据交换、流程型制造业数字孪生工厂等方面取得突破。项目成果在宝山钢铁股份有限公司宝山基地 2＃连铸等工程项目中得到系统应用。项目申请发明专利 61 件。 （李 钊）

【转底炉处理多元含铁锌尘泥工艺开发与工程示范】 项目获2023年中国宝武钢铁集团有限公司技术创新重大成果奖一等奖。项目针对传统转底炉原料适应性差、生产稳定性差、经济性差等问题，形成湿泥与干灰不落地在线控水消解技术、转底炉耦合水洗技术及转底炉智能配料技术等技术。项目成果在广东省韶关钢铁集团有限公司实现首台应用，平均成品粉化率降低12%、金属化率提升11%、脱锌率提升9%、作业率提升9%、能耗降低28%，实现多元固(危)废全量化处置生产运营，提高行业转底炉协同处理固(危)废综合利用水平。 (李　钊)

【板坯凝固组织控制与质量提升技术开发与应用】 项目获2023年中国宝武钢铁集团有限公司技术创新重大成果奖一等奖。项目针对板坯表面裂纹与中心偏析为代表的典型凝固组织缺陷，开发铸坯表层组织双相变控冷工艺。通过中高氮镀锡板裂纹控制技术研究，揭示中高氮铸坯角横裂成因，降低中高氮镀锡板边翘发生；开发板坯连铸扇形段辊缝收缩控制技术，突破传统弯曲段平行辊缝，提出弯曲段收缩辊缝设计，减少铸坯因变形受力导致的应变集中，降低裂纹发生；采用板坯凝固传热与结构力学耦合方法建立末端压下多辊模型，提出末端压下效率指标，优化设计板坯末端压下工艺，改善铸坯中心偏析，改进厚板坯内部质量。项目成果应用于宝山钢铁股份有限公司炼钢厂，板坯热送率从59.05%提高至80.81%，扇形段驱动扭矩平均值由25.15%下降至18.8%。 (李　钊)

【烧结机头(球团)烟气袋式除尘技术与应用】 项目获2023年中国宝武钢铁集团有限公司技术创新重大成果奖一等奖。项目针对传统烧结机头烟气除尘采用电除尘器除尘效率不稳定、出口颗粒物浓度50—150 mg/m³ 达不到超低排要求的问题开展研究，提出用袋式除尘取代电除尘，研发新型袋式除尘器、耐高温抗结露耐腐蚀能阻燃过滤材料和袋式除尘系统安全运行的技术措施等。项目成果在新余钢铁集团有限公司实现全球首台套示范应用，出口浓度低于5.4 mg/m³，满足超低排放指标要求；综合能耗降低40%。 (李　钊)

【新一代大推力先进航空发动机用超高温合金材料的开发及应用】 项目获2023年中国宝武钢铁集团有限公司技术创新重大成果奖一等奖。项目针对中国新一代航空发动机10—12大推重比、650 ℃以上服役温度的要求开发，掌握高温合金超纯净冶炼与低偏析控制技术、“晶界韧化”技术、大棒材锻造组织均匀调控技术等技术；开发GH4720Li、GH4079、GH4175、GH4810、TC17和TC11等超高温合金系列材料，服役温度650—800 ℃，解决新一代大推力涡扇发动机、先进涡轮和涡桨发动机用超高温关键合金材料难题。项目成果应用于各现役主力和预研型号航空发动机和燃气轮机，支撑中国第4代、第5代先进航空发动机研制和服役。 (李　钊)

第七节　成套设备与装备 >>

【高效灵活超超临界660 MW等级机组在巴基斯坦投运】 2月4日，上海电气集团股份有限公司研制的2台660 MW高参数超超临界机组在巴基斯坦塔尔煤田煤电一体化项目通过168 h试运行，实现机组双投。项目采用高效超超临界、一次中间再热、单轴、四缸四排汽、双背压、湿冷凝汽式汽轮机，机组设计热耗7 337 kJ/kW·h。项目投产后，每年可向巴基斯坦国家电网提供约90亿度清洁电力，满足当地近400万户家庭用电需求。 (胡　欢)

【短时标时域天文望远镜阵“南极天目”原型机观测】 2月20日至10月26日，中国科学院上海天文台研制的国内首台基于漂移扫描CCD技术的短时标时域天文望远镜阵“南极天目”的原型机在南极中山站开始连续248天无故障观测。观测结果显示，原型机曝光30 s的图像中亮于9等恒星的测光精度可达到千分之一星等，为建设南极天目望远镜阵列奠定基础。 (朱　艳)

【西部地区首台配华龙一号堆型核电汽轮机投运】 3月25日，上海电气电站设备有限公司上海汽轮机厂自主研发的国内西部首台华龙一号机组广西防城港#3机组投入商用。该机型采用半转速设计，由1个高压缸和2个低压缸组成，机组总长超36 m，本体设备总重超2 600 t；机组启动和运行平稳，机组出力、轴系振动、噪声考核等各项指标均优于设计值，其中机组设计出力1 188 MW，实测出力达1 209 MW，超出设计值21 MW；湿蒸汽环境下的高效通流自动优化技术、1 710 mm的半速长叶片、300 t超重型低压焊接转子技术、高抗震性能的全落地式低压缸模块在机组示范应用。 (胡　欢)

【兆瓦级先进燃气轮机研发】 项目由上海新奥能源动力科技有限公司承担，3月29日通过市科委验收。项目搭建兆瓦级燃气轮机设计体系和分布式能源系统运行仿真平台；开发发电机组整机集成和控制保护程序，建设高精度和高可靠性的兆瓦级燃机核心机试验台，形成设计、生产、测试全体系开发平台；研制兆瓦级小型燃气轮机发电机组，完成整机启动、加载、满载、排放调试、72小时试车等试验，标准进气条件下发电功率1 580 kW、发电效率32.67%。项目申请发明专利19件、实用新型专利12件，获专利授权13件；发表论文15篇。 (王　磊)

【新型分布式 GVPI 技术 50 Mvar 级空冷调相机通过鉴定】 3 月 31 日，上海电气电站设备有限公司上海发电机厂研制的新型分布式 50 Mvar 级整体浸渍(GVPI)空冷调相机通过技术鉴定。相机以新一代 GVPI 空冷发电机技术为基础，包括调相机主机、配套系统及智能监测诊断系统，可结合新能源场站电网与布置特点，实现灵活、就地的无功补偿和惯量支撑，提升电网对风电、太阳能等新能源的消纳能力。 （胡 欢）

【智能燃调系统提升燃机电厂实施应用】 4 月 15 日，上海电气燃气轮机有限公司研发的智能燃烧调整系统在万宁燃机项目完成实施及验证。该系统基于对燃烧热声参数的在线快速分析，实现实时自动燃烧调整，使燃机适应快速调峰、宽燃料适应范围等灵活运行模式，提升燃机机组燃烧稳定性，提高整机系统安全性与可靠性；机组升降负荷速率从每分钟 15 MW 提升至每分钟 30 MW，有效增加电厂调峰收益。 （胡 欢）

【亚临界 600 MW 等级汽轮发电机组投运】 4 月 17 日，上海电气集团股份有限公司承担的国能粤电台山发电有限公司台山电厂 2 号机组综合升级改造机组投运。该机组采用筒形高压缸、双流中压缸、双流低压缸的模块结构，高压、中压均采用全周进汽，进汽阀组均配置 2 个主门＋2 个调门，高压进汽阀组额外设置 2 个补汽阀；改造后机组热耗率验收工况设计热耗为 7 542 kJ/kW・h，相比改造前机组的额定工况热耗下降约 581 kJ/kW・h，经性能试验验证，电厂实际运行热耗优于设计值。 （胡 欢）

【首台 SMART-ONE 工商业储能系统交付】 4 月 26 日，上海电气国轩新能源科技有限公司研发的 SMART-ONE 工商业储能系统在以色列实现首台交付。该产品采用辅助电源双冗余设计，提高安全性；优化空间设计，提高体积能量密度；采用模块化容量配置，灵活匹配各类工商业场景；通过峰谷时移、错峰用电，缓解电网压力，可为以色列项目每年节约电费 12 万元，减碳约 270 t。 （胡 欢）

【80 MW 级超高速变频防爆同步电动机发布】 4 月 27 日，上海电气集团上海电机厂有限公司研制的国内最大容量 80 MW 级超高速变频防爆同步电动机通过鉴定并发布。该产品以高效、稳定和可靠为设计理念，可应用于冶金、石化、油气和新能源等多个行业，其细分应用场景包括压缩空气储能、液态空气储能、大型空分、高炉鼓风机、乙烯三机、丙烷脱氢、液化天然气、碳捕获等领域。 （胡 欢）

【植入式单桩基础海洋潮流发电机组施工关键技术】 项目由中交第三航务工程局有限公司、中交第三航务工程局有限公司宁波分公司共同承担，5 月 25 日通过中国水运建设行业协会验收。项目针对深水裸岩高流速海域潮流发电机组施工面临的平台座底安装难度大、发电机组与桩基础的刚性对接等难题，提出潮流发电机组植入式单桩基础型式，研发潮流发电单桩嵌岩成套施工技术，构建一种全潮自稳型海上施工作业平台，实现平台安装一次性到位；研发单桩基础潮流发电机组的调试工装及提升系统，形成靠泊系统立式组装工艺，实现潮流能机组整体安装；研制发电设备整体安装用内置多点式缓冲装置，实现发电机组与桩基安装平稳对接。项目成果应用于舟山潮流能示范工程。项目获发明专利授权 1 件、实用新型专利授权 1 件。 （程 云）

【高效率燃料电池固定式发电装置运行】 5 月 28 日，上海电气集团股份有限公司中央研究院研制的高效率燃料电池发电装置应用于上海闵行工业园区绿氢制—储—用一体化示范项目。燃料电池发电装置由燃料电池发电系统和自启动系统组成，燃料电池发电系统包括高效率燃料电池电堆、燃料(氢气、空气)供给系统、热管理系统；自启动系统包括储能电池系统、双向电力电子装置，具备离网发电和自启动功能，氢气电转换效率达 50%。项目成果可应用于工业园区热电联供和大规模固定式发电站。 （胡 欢）

【2 000 Nm^3/h 碱性电解槽发布】 6 月 11 日，上海氢器时代科技有限公司研制的国内单体产氢量最大、低能耗 2 000 Nm^3/h 碱性电解槽发布。该产品通过开发新型、高性能电极催化剂及新一代隔膜材料，提升产品性能；设计并优化极板、极框部件结构及表面处理工艺，研制适配大标方电解槽的新一代改性密封材料，综合提升产品密封、耐压能力，将现有电解水制氢装备寿命延长至 20 年以上；最高电流密度 3 500 A/m^2，额定直流能耗 4.15 kW・h/Nm^3 H_2@3 000 A/m^2，整体性能提升 8%，单位标方氢气的生产成本下降 6%，同等规模产氢量下占地面积降低 33%；满足风光大基地、绿色化工与冶金等大规模制氢、用氢应用场景需求，提供绿氢制—储—加—用系统解决方案。 （胡 欢）

【海神平台 16＋MW 全海域大容量机组下线】 6 月 11 日，上海电气风电集团股份有限公司研制的全新一代海神平台 16＋MW 全海域平台机组在广东汕头基地下线。该机组是全球已中标最大容量、最大风轮的海上风电机组，具有度电成本低、吊装难度低、海上作业周期短、可靠性高等优势；单机容量 16 MW，风轮直径 252 m，采用 1 类风区抗台风设计，覆盖国内全海域风况；通过适配不同基础形式，可适用不同水深。 （胡 欢）

【S98 型叶片下线】 6 月 30 日，上海电气风电集团股份有限公司首支自主研制的 S98 型叶片在上海电气洮南风电产业园下线。该叶片集成叶片与整机一体化深度耦合设计、基于发电量分布的系统寻优、高效轻载的气动与结构设计等先进理念与技术,具备优异风能捕获能力;在可制造、可测试、可运输、可安装维护等全生命周期的各个环节持续升级,提升风电机组可靠性和效能。(胡 欢)

【首台150 kW高效率燃料电池固定式发电用电堆模块组装测试完成】 6月30日,上海电气集团股份有限公司中央研究院完成首台150 kW固定式发电用燃料电池电堆模块组装测试。该电堆为针对固定式发电应用而设计的低温质子交换膜燃料电池电堆,采用高性能质子交换膜膜电极和气体分布更加均匀的双极板流场优化技术,提高燃料电池的性能和耐久性,发电效率近60%;采用低泄漏率密封技术,有效减少气体泄漏,提高电池安全性和稳定性;可应用于热电氢联产发电系统,实现对风光等可再生能源的消纳和削峰填谷;结合可再生能源,实现电力的高效转化和综合利用,提高能源利用效率,减少对传统能源的依赖。(胡 欢)

【生物材料超声相控阵设备性能特征及测试方法系列标准研究】 项目由上海材料研究所有限公司承担,8月11日通过市科委验收。项目立足相控阵超声技术,构建支撑相控阵超声仪器、探头和组合系统制造产业升级的国家标准体系,制定并发布相控阵超声设备性能特征及测试方法系列国家标准;通过转化相关国际标准,促进中国相控阵超声设备制造能力提升。项目申请发明专利2件,发表论文1篇,制定国家标准4部。(乔雯钰)

【多能物联协调控制器通过开普检验检测认证】 8月30日,上海电气分布式能源科技有限公司研发的多能物联协调控制器通过开普检验检测认证。该产品由通信系统、高精度实时采集系统、数据存储系统、故障录波系统、协调控制系统组成;提供高精度采集和快速控制,频率测量分辨率≤0.001 Hz;对储能能站内全站储能变流器统一协调控制,将站内核心控制功能的控制周期缩短至毫秒级,降低因单个组件发生故障需要逐一排查的可能性,提高电站整体效率,实时快速保证整个电网稳定性。(胡 欢)

【1 500 MW级核电发电机通过评审】 9月13日,上海电气电站设备有限公司上海发电机厂自主研发的1 500 MW级核电发电机设计方案通过上海市电机工程学会评审。该发电机是为配套"国和一号"常规岛汽轮发电机组开发的新一代自主设计的特大容量核电产品,采用电磁、通风耦合设计及定子绕组四支路技术,优化定、转子结构及尺寸,设计效率达99.04%,且温升裕度进一步提高;采用宽负荷高效设计,兼顾核电项目的调峰和抽汽供热需求,在40%—100%负荷区间效率均高于99%;采用先进成熟的少胶单支线棒真空压力浸渍绝缘体系,开发定子线圈全内屏蔽技术及端部三级防晕结构,绝缘性能优良,具备60年绝缘寿命;关键部件结构设计上采用定子线圈不锈钢空导、定子端部整体灌胶、铁心全补偿抗蠕变、转子匝间绝缘无缝拼接等技术,提高发电机运行的可靠性;开发大容量无刷励磁系统,满足2倍强励和高起始响应要求,同时采用稀土钴磁钢的外转子永磁结构,提高无刷励磁机的运行可靠性。(胡 欢)

【低温蒸发—渗透汽化耦合技术的水性废溶剂低碳化重塑投用】 9月26日,上海电气集团股份有限公司中央研究院研制的低温蒸发—渗透汽化耦合技术的水性废溶剂低碳化重塑投用。项目首创低温蒸发—渗透汽化耦合技术,将作为危废处理的机器人涂装废溶剂转为废水处理,提出涂装环保低碳解决方案;攻克现代机器人涂装废溶剂有机物浓度高而常规技术无法实现高效分离和降解的难点,降低涂装危废排放量、涂装废溶剂处理成本、涂装碳排放分别约80%、50%和80%,预计每年可覆盖60万辆汽车的涂装废溶剂处理。项目申请专利24件。(胡 欢)

【国内首台配H级一拖一联合循环汽轮机投运】 9月28日,上海电气集团上海电气燃气轮机有限公司生产的首台H级燃气轮机联合循环设备在上海电力闵行发电厂燃气—蒸汽联合循环发电机组示范项目上顺利通过168小时满负荷试运行,正式投入商业运营。该汽轮机组是自主研发的配H级一拖一联合循环机组,三压再热,额定主汽压力16.6 MPa,额定主汽和再热蒸汽温度均为600 ℃,额定功率256.5 MW;H级GT36燃机采用4级静叶可调、2级顺序燃烧、压气机间冷等技术,2级顺序燃烧模式可使设备在负荷低至20%的情况下仍有足够燃烧稳定性及超低NO_x排放,具有高性能、低排放、运行模式灵活、检修周期长、燃料适应性广等优点;机组与燃机采用分轴布置,采用模块化设计理念和高效的整体通流叶片设计技术,应用一键启停技术,智能化程度高,安全高效。(胡 欢)

【全球首台全高温超导托卡马克装置HH-70主机系统交付】 10月7日,上海电气核电集团有限公司研制的全球首台全高温超导托卡马克装置HH-70主机系统完工交付,包括外真空杜瓦、真空室、内外冷屏三大核心部件制造加工。HH-70全高温超导托卡马克装置由能量奇点能源科技(上海)有限公司设计研发,旨在验证高温超导托卡马克的建造可行性及运行过程中的安全性与磁体的鲁棒性,并探索适用于下一台先进托卡马克装置的电流驱动手段。(胡 欢)

【全球首台EXL-50U紧凑型氢硼聚变球形环聚变装置真空室交付】 10月9日,上海电气核电集团有限公司研制的全球首台EXL-50U紧凑型氢硼聚变球形环聚变装置真空室完工交付。真空室腔体高约4 m,外径超3 m,腔体内接管数达 80 余个；定制个性化防变形工装和机加工工装，采用合理焊接工艺，有效解决多接管焊接变形控制的难题；克服材料焊后磁导率、中心管卷板及热处理、设备整体机加工等实际制造难题，确保实物质量。

EXL-50U 紧凑型氢硼聚变球形环聚变装置真空室交付

（胡　欢）

【“3060 混塔”通过型式试验认证】　10 月 17 日，上海电气风电集团股份有限公司“3060”标准化模块化混塔产品通过型式试验认证。“3060 混塔”包括 H120、H140、H160 全系列混塔产品，针对大容量机组特点，采用标准化、模块化设计，利用高精度可变壁厚高精度模具，缩短设计及生产周期，保证产品的高质量、高可靠性，解决混塔模具不能通用问题；预留接口广泛适配各型号风电主机，形成新型共生生态模式，为用户带来更高的经济效益。产品获超 2 GW 在手订单，在多个项目实现并网投运。（胡　欢）

【风电数字化服务产品发布】　10 月 17 日，上海电气风电集团股份有限公司发布智能终端 Edge-Agent、智能诊断软件平台 Health-Agent 及风功率预测系统 WindSeer 3 款数字化产品。智能终端 Edge-Agent 具有多源全息数据采集、边缘计算和智慧双大脑；一体化智能诊断软件平台 Health-Agent可实现风机全感知智能监测与预警；风功率预测系统 WindSeer，在时间尺度、预测精度的全面提升和风场功率精准预测。通过创新数字化技术在风电领域的发展及应用，提升全生命周期风机产品、后服务产品竞争力，提升风场运维效率，降低运维成本。（胡　欢）

【300 MW 级全氢冷发电机完成型式试验】　10 月 20 日，上海电气电站设备有限公司发电机厂开发的 300 MW 全氢冷发电机完成型式试验。该发电机采用整体真空压力浸渍绝缘体系，绝缘和防晕性能较高；相较于空冷机，具有体积小，效率高优势；可消除水氢冷机型的漏水风险，运维检修方便；试验数据表明，温升、噪声、振动、发电机效率等各项性能指标均具有显著优势。

300 MW 级全氢冷发电机完成型式试验

（胡　欢）

【45 MW 等级高效单缸三抽凝式发电汽轮机完成试运行】　10 月 23 日，上海电气电站设备有限公司上海汽轮机厂研发的 45 MW 等级高效单缸三抽凝式发电汽轮机完成试运行。该机组包含一档非调整抽汽，两档调整抽汽，机组进汽参数 8.83 MPa.a、500 ℃，一段调整抽汽压力 1.3 MPa.a，二段调整抽汽压力 0.55 MPa.a，机组型号 CC40-8.83/1.3/0.55/500；采用常规 3 000 r/min 设计，单缸单轴，向下排汽；采用整体通流设计平台，满足用户对抽汽参数及性能要求；采用喷嘴配汽，单缸设计结构紧凑，具有一键启停功能，减少人为参与，满足高自动化率的要求。（胡　欢）

【2 Nm^3/h 高差压质子交换膜制氢系统样机下线】　10 月 26 日，上海电气集团股份有限公司中央研究院研制的 2 Nm^3/h 高差压质子交换膜制氢系统样机下线。该样机由制氢电解槽及制氢辅助系统组成，制氢电解槽包括针对高压差条件下的膜电极组件、流场结构、密封结构及封装结构，配套制氢辅助系统；具备利于规模扩展和性能提升的流场设计及易于故障诊断和处置的模块化结构，实现 10 MPa 高压力氢气直接输出。（胡　欢）

【4 MW 集中式储能变流器开发完成】　10 月 26 日，上海电气输配电集团有限公司研制的 4 MW 集中式储能变流器完成厂内测试。该产品采用空水冷加双支路并联设计，散热水平和均流能力提升，可适配更大的系统容量；优化母排设计和脉冲控制技术，保证功率稳定输出，最高转换效率达 99%；关键器件自主可控，模组维护方便，现场更换即插即用；高防护区域采用 IP65 防护，适应各类复杂恶劣的运行环境；具备智能内阻实时检测、主动告警、主动保护等多重防护；采用先进构网控制策略，为新型电力系统提供阻尼和惯性，改善系统频率稳定性。（胡　欢）

【海神平台 EW13.0-252 机组吊装完成】　10 月 28 日，上海电气风电集团股份有限公司研制的海神平台 EW13.0-252 机组在广东汕头智慧能源风电场吊装完成。该机组针对国内海上中低风速市场开发，采用 123 m 长碳纤维叶片，发电量提升3%;风轮直径252 m,风轮扫风面积约5万平方米,轮毂中心高度150 m;采用高度集成的驱动链方案,配置电动变桨系统、偏航系统、电气系统及冷却系统,搭配新一代风机智能监测、智能控制及智能诊断系统,提升机组智能化水平,减少运维时长,提升客户体验;单台机组每年可输出超4 550万度电,满足约2.5万户家庭1年用量,减少燃煤消耗1.5万吨,减少二氧化碳排放3.8万吨。(胡　欢)

第八节｜都市工业 >>

【功能性益生菌研究与开发】 项目由上海理工大学承担,2月15日通过上海市农业科技服务中心验收。项目建立针对益生菌功能基因的高效筛选模型,筛选具有健康益处的菌株23株;研发高存活率、高活菌数的益生菌生产技术;解析关键生物活性物质的合成机制和益生菌的健康作用机理;开发益生菌粉剂和发酵产品并实现产业化。项目申请发明专利26件,其中获授权10件;发表论文26篇,其中SCI论文14篇。

乳酸菌冻干微球

(曹家俊)

【4部纺织工业团体标准发布】 12月25日,上海市质量监督检验技术研究院主持编制的《一次性蒸汽眼罩》(T/CNTAC 192—2023)、《纺织品　单向透视性能的检测与评价》(T/CNTAC 193—2023)、《发制品　人发与牦牛毛、骆驼毛混合物含量的测定　光学显微镜法》(T/CNTAC 194—2023)、《织物毛细效应的测定　测温法》(T/CNTAC 195—2023)等4部团体标准发布,并于2024年2月1日实施。《一次性蒸汽眼罩》规定一次性蒸汽眼罩产品的原料、外观、化学安全、温度安全、卫生安全等,综合评价产品质量指标;《纺织品　单向透视性能的检测与评价》适用于窗纱、窗帘及相关纺织品,用于检测并评价产品单向透视性能;《发制品　人发与牦牛毛、骆驼毛混合物含量的测定　光学显微镜法》适用于具有天然色素的人发、牦牛毛、骆驼毛等特种动物毛发及其混合制成的假发制品的含量检测;《织物毛细效应的测定　测温法》适用于非防水性织物,建立毛细效应的检测方法。(滕雪雷)

【基于益生酵母的功能性黄酒研究与开发】 项目由上海金枫酒业股份有限公司承担,上海石库门酿酒有限公司与上海理工大学合作开发。项目获得具有较好生理活性和耐受性的酿酒酵母菌株16株、具有较好抗炎活性的益生酵母菌株6株、对黄酒主发酵剂无显著影响的潜在益生菌株3株;开发基于益生酵母特型的功能性黄酒2款;形成绿色功能性黄酒酿造工艺1项。项目申请专利3件,其中发明专利2件,获授权1件;发表论文3篇,其中SCI论文1篇。(周港涵)

第二篇　第四章

现代服务业科技

第一节｜信息服务 >>

【专病科研大数据标准化试点】 项目由上海市计算技术研究所有限公司承担，1 月 6 日通过市市场监管局验收。项目结合信息技术服务特点，推动试点单位建立标准体系，包含国家标准 25 部、行业标准 27 部，基本覆盖公司医疗专病科研大数据信息技术服务范围。试点期间，试点单位利用智能医疗终端设备、人工智能辅助诊断等技术，采用远程指导、现场服务等方式，累计销售 1 100 余万元，覆盖医院 210 家和患者 13 万人次。项目制定团体标准 2 部、企业标准 3 部。（王旭东）

【低代码开发云平台研制及产业化应用示范】 项目由上海博科资讯股份有限公司承担，3 月 3 日通过市科委验收。项目研究多解释器协同工作的模型解释、可视化建模等技术，设计并开发面向企业管理软件的低代码快速开发云平台；集成云端开发环境、DevOps、资源调度等工具，实现低代码快速开发、快速交付、运维自动化等功能。项目成果在能源、电力、通信等大型行业实现示范应用。项目申请发明专利 2 件，获软件著作权登记 2 件；发表论文 8 篇。（张丽媛）

【面向多模态医学数据开放共享的数据治理解决方案】 项目由复旦大学附属华山医院承担，3 月 30 日通过市科委验收。项目形成人工智能医学影像伦理风险与认知调查报告与上海市居民健康素养数据的智能化管理与政策建议，提出伦理政策—AI 技术协同治理解决方案；提出联邦式医学数据治理算法，性能保持度达 90%；形成《中枢神经系统肿瘤的 MRI 影像标注专家共识》，建立脑肿瘤影像数据库与上海脑重大疾病智能影像工程技术研究中心的测试与应用基地。项目申请发明专利 8 件，获软件著作权登记 5 件；发表论文 11 篇。（张丽媛）

【教育大数据治理体系与面向大规模智慧学习的教育大脑研究】 项目由上海市电化教育馆（上海市教育委员会基础教育资源中心）承担，3 月 31 日通过市科委验收。项目建立多源多模态多粒度教育数据治理与开放共享体系，提出适于大规模智慧学习的技术架构，研究面向教育领域的人工智能算法治理体系和可解释教育个性化推荐算法、面向学习者画像的用户身份信息采集算法、面向学习者画像的用户学习行为识别算法、面向自适应学习的学习路径规划算法、面向学习者画像的用户信息真实性评价算法；研发教育大脑原型验证系统，通过上海“微校”平台开展生物、历史、数学等学科的大规模融合式教育教学实践应用示范。项目申请发明专利 11 件，获软件著作权登记 8 件；发表论文 15 篇；制定行业标准草案 3 部。（张丽媛）

【面向证券市场的多源数据融合和治理算法及智能风控平台研究】 项目由申万宏源证券有限公司承担，4 月 6 日通过市科委验收。项目建设面向证券市场的多源数据融合和治理算法及智能风控平台，具备智能财报粉饰识别、信用风险舆情监测、违约风险预测等功能，并实现落地应用。项目申请发明专利 2 件，获软件著作权登记 2 件；发表论文 3 篇。（张丽媛）

【《纺织品防花粉性能试验方法　模拟环境吸附法》(FZ/T 01170—2023)发布】 5 月 22 日，上海市质量监督检验技术研究院编制的《纺织品防花粉性能试验方法　模拟环境吸附法》(FZ/T 01170—2023)发布，并于 11 月 1 日实施。该标准模拟真实环境中花粉吸附情况，结合花粉对纺织试样的吸附性和脱落性，制定表征试样防花粉性能实验方法，有效填补具有防花粉功能性纺织服装检测领域空白，完善纺织品功能性检测标准体系。（滕雪雷）

【“一网通办”无人干预自动审批关键技术研究与应用示范】 项目由上海市大数据中心承担，5 月 25 日通过市科委验收。项目研究政务服务智能服务中枢、AI 政务服务算法模型、政务知识图谱、智能政务服务客服机器人等关键技术，构建“五横三纵一中枢”体系、智能知识库、“AI＋一网通办”政务服务智能中枢、无人干预行政自动审批原型系统；制定技术规范，面向全市民生、营商环境等领域的 16 个场景开展示范应用。项目申请发明专利 10 件，获软件著作权登记 8 件；发表论文 5 篇。（张丽媛）

【临床乳酸标准物质研制及乳酸测定仪校准方法研究】 项目由上海市计量测试技术研究院承担，7 月 21 日通过市场监管总局验收。项目研制高、中、低 3 个浓度水平的血清中乳酸标准物质，标准物质浓度定值结果分别为 5.53±0.14 mmol/L、10.22±0.09 mmol/L、15.76±0.27 mmol/L，包含因子 $k=2$；研究开发同位素稀释高效液相色谱-串联质谱定值方法,测量范围内校准曲线线性相关系数大于0.999,重复性优于1.5%,回收率在97.7%—104.1%,准确测量血清中乳酸含量;建立乳酸测定仪校准方法,应用研制的标准物质,可有效评价仪器性能。项目申请发明专利1件,发表论文2篇,制定计量校准规范1部。(滕雪雷)

【3部长三角计量技术规范发布】 8月31日,上海市计量测试技术研究院主持编制的《交直流大电流测量仪校准规范》[JJF(沪苏浙皖)4007—2023]、《电流线圈校准规范》[JJF(沪苏浙皖)4008—2023]、《商品过度包装计量检验操作规范》[JJF(沪苏浙皖)4006—2023]3部长三角计量技术规范发布,并于2024年2月29日实施。《交直流大电流测量仪校准规范》确定交、直流电流示值等关键计量特性,提出标准源、标准电流电压2种校准方法;《电流线圈校准规范》通过同步采样法对电流电压转换值进行校准,显著减小标准器稳定度引入的测量不确定度;《商品过度包装计量检验操作规范》针对《食品和化妆品包装计量检验规则》(JJF 1244—2010),规范检验人员的操作方法和流程,减少结果误差。(滕雪雷)

【《分布式光伏接入低压直流系统及用例》(IEC TR 63534)立项】 11月24日,上海交通大学主导制定的国际标准《分布式光伏接入低压直流系统及用例》(IEC TR 63534)批准立项。该标准是由中国主导立项并提交的首个低压直流光伏领域的国际标准,总结提炼国内外在分布式光伏接入低压直流系统的技术创新和应用成果,旨在推广国内新能源中低压直流发电与直流并网技术,推动直流光伏技术在低压供用电系统中的应用。(付　符)

【基于工业机器人的智能超声检测国际标准研究】 项目由上海材料研究所有限公司承担,11月30日通过市科委验收。项目面向航空、航天、核电、军工、武器装备等行业自由曲面工件和复杂结构制件对基于机械手的智能超声检测的潜在使用需求,分别从自由曲面复合材料工件及复杂结构增材制件等应用特点入手,制定机械手自动超声检测方法国际标准。项目申请发明专利1件,发表论文2篇,制定国际标准1部。(乔雯钰)

第二节 | 现代物流

【多智能体系统自主协同的基础理论与方法】 项目由同济大学承担,3月30日通过市科委综合绩效评价。项目开展多智能体系统的分布式协同感知理论、分布式协同控制与优化理论、分布式协同进化理论研究,突破多源信息动态特征提取与并行高效识别关键技术,建立跨域多约束的强非线性系统的多目标协同控制理论框架,攻克复杂地形下路径协同规划与决策的技术难题。项目成果应用于自动化集装箱码头和无人仓智慧物流的典型场景。项目申请发明专利42件,发表论文30篇。(张丽媛)

【面向智能重卡示范应用的激光点云感知关键技术】 项目由上海汽车集团股份有限公司、上海几何伙伴智能驾驶有限公司等共同承担,4月26日通过市科委综合绩效评价。项目针对复杂的港口码头环境,研究智能重卡对环境的精准感知、闸机库位及轮胎吊的高精度定位、目标检测与跟踪和多模态卷积神经网络雨雾处理等关键技术,研制高可靠、高精度、可量产的激光雷达点云应用系统。项目成果应用于自动驾驶集卡、港区平板运输车等车型,安装相关系统的73部车辆在东海大桥和洋山港港区内示范运营。项目申请发明专利5件,获软件著作权登记5件;发表论文3篇。(张丽媛)

【铁路货运智能3D成像测量技术】 项目由中国铁路上海局集团有限公司货运部、上海货运中心与上海恒岳智能交通科技有限公司共同承担,7月31日通过中国铁路上海局集团有限公司验收。项目针对铁路运输货物外形尺寸快速测量需求,研发三维测量装置和成像系统,通过有向包围盒和点云数据轮廓点提取算法进行图像数据处理,自动生成货物三维图形、输出CAD格式图纸文件,为快速出具货物装载加固方案提供技术支撑,并为货物配载、仓储规划、运力调度等提供手段,提升铁路货运作业数智化、标准化管理水平。项目成果在中国铁路上海局集团有限公司上海货运中心应用,解决人工测量和绘制图纸的大工作量、低效率的老旧作业模式,以及测量部位不全、准确度差等问题。(陈丹菁)

【揭示卡车编队行驶对车-路系统排放与成本的影响】 同济大学孙立军研究组与香港理工大学、美国密苏里科技大学、瑞典查尔姆斯理工大学等合作,建立编队卡车-服役环境-路面结构耦合作用下路面损伤模型和编队卡车-路面系统的全寿命碳排放与成本模型,对包含1 457个路段的路网级路面设施开展为期30年的碳排放与成本分析。研究结果表明,编队技术可降低卡车排放6.9%,但加速路面损伤与养护维修,导致路面运维排放增加27.9%、车-路系统养护维修及拥堵成本增加4.6%,对卡车用户、小汽车用户和路面养护机构带来不同成本压力,可为可持续绿色交通政策制定及新型长寿命路面设计提供依据。研究成果于8月在线发表在《自然通讯》(*Nature Communications*)。(张一卉)

【邮政同城直送业务模型研究】 项目由中国邮政集团有限公司上海市分公司承担,10月19日通过中国邮政集团有限公司验收。项目对上海市同城范围内的即时配送市场进行深度研究,形成客户交互、虚拟电话、热力图、价格体系、订单抢单派单决策、订单耗时预估、成本和收入结算清分、时效综合评价、管理评价考核等九大模型及业务管理制度汇编;配套建设同城即时配送原型系统,主要包括订单处理、结算清分、虚拟电话、业务协同、后台管理、产品维护、增值服务等模块;聚焦同城直送业务,为不同客户提供定制化服务,有效破解同城个性化配送市场密码,使用技术手段为邮政企业开展营销及拓展同城直送业务提供支撑。系统上线后餐饮外卖板块实现增收23%,并在江西、浙江、山西、湖北等省试用。 (叶洁芳)

第三节 | 金融经贸 >>

【数字资产沪港联动机制提出】 4月12日,上海数据交易所在首届香港国际创科展上提出数字资产沪港联动机制,率先探索数据要素领域沪港合作新模式,联手海外科创企业完成数字资产"预见·未来——科创互联"的发行,纪念沪港合作会议机制建立20周年。联动机制的提出,意味着有海外发行需求的企业可通过沪港联动机制走向国际,香港及海外企业也可通过上海数据交易所在数商生态体系汇聚,增加沪港企业合作机会。 (谭冬冬)

【统一会计核算引擎项目投产】 5月,上海银行统一会计核算引擎项目投产。项目构建覆盖场景设计、规则制定、核算处理、对账管理、风险控制等环节的全流程核算管理体系,建设统一管理、统一规则、统一运维的会计核算管理模式;业务架构剥离所有业务系统会计核算功能,实现统一配置管理核算产品和核算场景;业务系统面向产品与服务创新,实现快速部署新业务新产品、响应市场需求;技术架构采用上海银行自主研发的云架构技术平台,部署在全栈国产化基础设施,支持实时海量并发、准实时计算和大规模的批量计算。 (邹淑君)

【车险智慧经营管理平台上线】 6月,中国大地财产保险股份有限公司打造的车险智慧经营管理平台上线。平台作为集业务管理、数据分析、决策支持于一体的综合性管理系统,实现车险经营管理由经验决策型向数字决策型转变;以科技为核心,采用大数据+应用技术,内嵌驱动、市场预测、指标分析、结论规则等各种计算模型,提高保险业务的处理效率,并通过精准的数据分析,为经营决策提供数据支持。 (邹淑君)

【农业保险"天空地"多维业务功能体系建立】 6月,中国大地财产保险股份有限公司农业保险"天空地"多维业务功能体系上线。系统引入卫星遥感通讯、图像识别、移动网络、无人机等技术,实现对农业保险承保、理赔全流程管理;主要功能包括提升农险业务出单效能和业务质量、实现农险业务移动理赔、精准赔付和线上化自助处理,并为农险业务管理者提供大屏展示,遥感功能等;将传统农业保险的展业、承保、理赔与科技相结合,借助数字化手段深化农业保险的线上化管理,提供气象预警、作物监测等风险减量服务,提升农户服务体验。 (邹淑君)

【上海银行数智司库建设】 8月29日,上海银行数智司库管理品牌"上行e企赢"服务方案发布。建立"1+4+X"数智综合司库服务体系("1"指一站式、立体化的专属司库服务,"4"指"e见""e管""e调""e连"四大服务维度,"X"指无限的创新服务空间与可能性),与央企、国企联建赋能,推进企业司库数字化建设;创新银企服务模式,满足不同层次企业对金融服务提出的数字化、智能化新需求,建成境内外账户管理、资金结算管理、供应链集中管理、资金池管理、融资预算管理和数据分析决策支持等核心产品模块;提供企业财务人员日常资金清结算、集团内部资金归集拆借、供应链贷款、资金预算制定和实施及全球账户视图等财资一体化功能;服务央企、国企20余家,集中管理企业资金、资产超百亿元。 (邹淑君)

【上海华瑞银行数据中台系统1期投产上线】 12月,上海华瑞银行建设的数据中台系统1期投产上线。系统主要包括数据中台底座和数据门户两大模块。数据中台底座1期接入全行52个业务源系统1 600余张表,构建数据缓冲层、操作数据层、公共明细层、公共汇总层、应用数据层,实现数据标准化落地;设计数据模型,涵盖客户、协议、产品、交易、财务、公共代码六大主题,覆盖监管集市及数据标准化需求。数据门户包括数据门户、数据资产管理平台、数据探索平台、自助取数平台、数据服务平台、实时开发平台、数据管控平台、标签管理平台八大应用,为企业提供数据—分析—应用的一站式服务。 (邹淑君)

【决策型人工智能平台建立】 上海农商银行基于容器云平台的大数据和人工智能平台完成构建。平台覆盖数据探索、模型训练、模型发布、模型运营等模型功能,缩短模型开发周期,支撑各类业务场景下数据分析需求;完成从特征工程、模型训练到模型上线和维护的机器学习全生命周期操作,集成大量面向行业领域的分析工具,包括知识图谱和自然语言处理工具、表分析和展现工具、深度图和联邦学习工具等;挖掘零售睡眠账户,完成推荐模型的训练工作,输出潜在高概率转活客户名单,应用于业务营销活动。 (邹淑君)

【"友邦领航"一站式移动工作平台上线】 友邦人寿保险有限公司研发的一站式移动工作平台"友邦领航"上线。平台运用数字化技术的特点和新技术的融合创新,实现全方位客户信息管理平台、标准化经营动线及导航平台、多元化的线上资源中心;通过对多维客户画像的一站式洞察,在保证客户信息安全的基础上,助力营销员及时感知客户需求;整合从潜客获取到现客加保的全生命周期的经营管理系统,实现营销员对客户的全链路管理。 (邹淑君)

【“产险大脑”平台集成】 中国太平洋财产保险股份有限公司打造的“产险大脑”平台上线。平台引入智能录入、智能风控、智能预测、智能交互等技术,适配业务场景实现赋能创新;针对业务流程自动化场景赋能,应用多种光学字符识别及图像理解能力,解决自动化流程中无法自动转换非结构化数据到结构化数据而形成的问题;重点赋能保险客联领域,应用语义理解、语音识别、语音合成及智能业务系统交互能力,实现有多种作业能力的可交互机器人,在在线客服、回访外呼、呼入客服场景分流大部分业务量;针对风险发现的诉求,通过数据建立业务主体的关系图谱,运用无监督学习方式,解决人工无法探查海量案件导致系统性风险渗漏的痛点,为风险减量提供工具和手段。平台智能录入系统嵌入场景50余项,月均应用量近千万次;在线客服机器人逐步成为在线服务的主要力量,占比约60%;模型累计提供欺诈团伙超千万元的风险线索70余个。 (邹淑君)

【“建碳惠行”新能源车主平台发布】 中国建设银行上海分行开发的“建碳惠行”新能源车主平台发布。平台基于碳排量,实现新能源车碳减排量的计量、查询及兑换;引入充电、养护、试驾、买车、换车等各类场景,搭载分期、信用卡、新能源主题投资等产品,并依托“机+人”的服务模式,为新能源车主及潜在车主提供全生命周期的数字化、智能化服务;纳入全部在线金融行为数据及低碳生活行为数据,通过科学专业的计量方法,将用户低碳行为数据转化为可计量的碳减排量。截至年底,平台浏览量达144.55万人次,注册用户19.54万人次,新增碳账本用户8.26万户、新能源车用户6 352户。 (邹淑君)

【“风险雷达”平台建设】 中国太平洋财产保险股份有限公司研发的风险管理服务平台“风险雷达”完成建设。平台运用地理信息系统、大数据、气象预警、巨灾模型及物联网等技术,包括风险数据库建设、风勘平台建设、风险地图建设、微信小程序“太爱勘”建设四大子系统,创新风险评估体系与风险防控模式,融合多种前沿技术赋能多种场景应用,实现数据驱动的精准防灾减灾应用;围绕企业安全生产的风险防控问题,以提供快速预警及精准防损服务为基本载体,贯穿事前风险防范、事中监测预警、事后应急救援与保险赔付的全阶段,提升社会企业灾害风险防控应对能力。 (邹淑君)

【数链小镇系统建设】 太平人寿保险有限公司打造的数链小镇系统完成建设。系统基于持续照料退休社区,打造集成参观预约线上化、科技讲解多样化、资格预约便捷化、数据呈现清晰化的新一代数字化社区客户管理模式;具备数字化邀约、数字讲解、社区资格线上兑现、客户画像及数据追控四大主要功能,通过数据链接的方式,实现邀约、参观、体验、购买保单至资格兑现的全客户旅程的数字化管理,形成社区客户档案及画像,为管理者提供经营数据和智能决策依据;应用养老社区超40家,面向客户的“乐享太平”公众号用户人数超百万人。 (邹淑君)

【中银航运直通车产品上线】 中国银行上海市分行研发的中银航运直通车产品上线。产品依托电子化和自动化功能,支持“收款人发起”“付款人发起”2种灵活模式实现运费支付,支持电子发票、全电发票、纸质发票等多种发票类型校验和支付,自动完成运费支付、申报、核销、对账等步骤;推广至全国22个省、自治区、直辖市,签约客户数超6 000户,初步建立以航运企业为主体的行业生态链。 (邹淑君)

【首个住房租赁资金监管系统落地】 浦东发展银行上海分行打造的首个上海住房租赁资金监管系统落地。系统通过全套资金、账户管理规则,把控市场中租赁资金的流向、验证合同信息;通过落地一套子账号全生命周期管理规则,确保合同与房管局登记信息一致,解决实时管控、真房源、真合同的验证问题;面对租赁常见的租金分期支付、违约金支付等场景,根据实际情况智能释放,满足监管要求,在管控市场风险的同时,保证中介的资金运转需求;对接政府住房租赁公共平台,定期进行中介经营数据上报、经营预警提示。 (邹淑君)

【“数智进博”金融科技服务方案形成】 中国银行上海市分行打造的“数智进博”金融科技服务方案形成。方案锚定数智普惠、数智财富、数智消费、数智跨境、数智民生等五大场景领域,实现贸易投资会现场智能问答新体验,通过信易贷等市级平台开设专区,投放稳岗振兴贷、“中银e企贷·科技贷”等专属线上产品,完善“中银e企赢”平台;搭建未来银行专属服务新场景,升级推出基于区块链应用的数字藏品、基于生成式人工智能的虚拟数字员工和全真虚拟银行体验等互动项目;打造服务跨境用户全周期的“中银跨境GO”App,为留学、跨境旅游等客群提供一站式服务;持续开展并优化长三角一网通办政务服务及手机银行数字人文主题系列活动,提供虚拟数字人智能播报服务,拓宽服务渠道。中国国际进口博览会期间,贸易投资对接会参加洽谈对接展客商近4 000家,达成合作意向416项,合作金额约181亿美元;数字人民币红包总点击量超30万次,随申办市民云渠道领取活动奖励约1.4万次。 (邹淑君)

【“邮E链”平台上线】 中国邮政储蓄银行上海分行建设的“邮E链”产业场景平台上线。平台聚焦“个人经营性产业链”高场景、高复用率业务价值挖掘,借助API+H5将融资服务全流程嵌入合作方业务场景,客户可通过移动端完成贷款全流程操作,支用环节借款人调用授信额度完成货款支付,实现对产业链客户、平台合作类客户的线上化、批量获客;引入反诈、工商、税务等多维度风控数据,缓解贷款业务办理过程中存在的信息不对称,降低贷款风险,落地产业链税贷信用贷款金融服务新模式和“客户画像+风控策略+自动预警”的数字化风控体系。截至年底,产业贷累计授信超3亿元,贷款结余2.8亿元,不良率均为0.38%。 (邹淑君)

【上海人寿智能全媒体联络中心系统上线】 上海人寿保险股份有限公司打造的智能全媒体联络中心系统上线。系统搭建智能客服、智能语音、呼叫中心三大核心模块，利用大数据、文本语音转化、自然语言处理等技术，实现在线客服、坐席助手、智能质检、问答机器人、实时大屏、智能交互式语音应答等智能场景的落地。 （邹淑君）

【"沪卫通"合规管理平台建设】 招商银行上海分行打造的"沪卫通"合规管理平台完成建设。平台以招商银行数据集市为依托，以准实时数据、外部数据及台账数据为支撑，构建从远期到近期、从零散到集聚的数据池；包含内控管理、监管报送、反洗钱、审计管理、法律事务和合规宣导6个模块，实现技术平民化、分析智能化、模型多样化和业务生态化；覆盖零售、批发和运营条线，为平台业务人员提供智能化决策。 （邹淑君）

【众安保险谛听反欺诈系统2期投用】 众安在线财产保险股份有限公司建设的谛听系统2期投入使用。系统采用AI语音识别、声纹特征提取、相似度矩阵算法等技术，包含3个声纹库、声纹对比工具、声纹大盘，以金融、保险、经纪、小贷等业务场景数据为依托，形成基本声纹资料信息库；通过声纹提取对比和人工复核，标记存在黑产和代理投诉行为的音频并维护到相应的团伙库，客服人员依托系统智能识别欺诈行为，降低监管投诉和业务风险；可应用于金融、保险、电商、客服等行业，助力企业语音数据的数字化激活与知识性重构，提升企业的风控、合规、营销能力。截至年底，谛听系统生产声纹特征累计积累沉淀资料12万份。

（邹淑君）

【上海农商银行CCRM对公经营系统开发】 上海农商银行开发的智能化新一代对公客户关系管理系统推进建设。系统利用微服务、基于位置服务、知识图谱、分布式数据库等新兴技术，厘清各类数据标准和口径，对接相关系统数据，打造对公数据集市；打通客户、团队、产品三大营销要素，全面提升对公客户管理、智能营销、团队管理、业务办理、分析决策等经营能力；强化潜在客户发掘能力，预计潜在客户覆盖率提升200%；强化营销转换能力，预计营销转换率提升50%以上；强化商机落地能力，商机实际达成率预计提升50%。 （邹淑君）

【隐私计算平台构建与应用】 国泰财产保险有限责任公司构建的隐私计算平台实现应用。平台利用隐私保护、联合数据分析与联合机器学习等算法，实现数据脱敏、数据域间的数据集成与统计分析及不同数据域间的特征工程和模型训练，在不泄露原始数据细节的情况下完成数据统计、分析和挖掘；基于保护数据隐私安全前提，实现数据的自由流通和共享，解决数据孤岛问题，释放海量数据的应用价值，为保险公司提供风险防范和产品创新的技术基础，提升公司核心竞争力；应用于退运险场景，降赔约10%。 （邹淑君）

【普惠在线身份认证及授权系统开发】 中国工商银行上海市分行与上海市数字证书认证中心有限公司、上海市大数据中心共同开发普惠在线身份认证及授权系统推进建设。系统依托多源身份认证技术，实现普惠客户在线身份认证，支持个人和企业身份"人企合一"认证、个人手机实名验签、生物识别等多重在线身份认证方式；通过"数字签名"技术，存证客户授权信息，支持授权材料在线一键签署；提供对公客户在线身份认证及授权签署功能，嵌入各类普惠及对公客户在线业务办理流程，支持多种形式实现授权流程。

（邹淑君）

第四节 文化创意

【面向影视和电竞内容的高技术录制和后期制作服务功能平台】 项目由上海幻维数码创意科技股份有限公司承担，3月10日通过市科委验收。项目开发高技术录制和后期制作服务功能平台，形成拥有7个大型演播空间的演播室群，服务于影视和电竞产业；平台拥有素材存储容量1.2 Pb、非线性4K剪辑终端70台，年制作大型综艺节目18个、节目年产能16 200分钟，可同时制作5个大型综艺节目。项目申请发明专利2件，获软件著作权登记6件。 （何 潇）

【融媒体智慧运维平台1期上线】 4月，上海广播电视台融媒体智慧运维平台1期上线运行。平台基于配置管理数据库(CMDB)，厘清运维资产与业务的关联关系，建设运维异态判断模型，实现基于数据分析的异态报警，统一收集、集中可视展现公司的运维监控报警数据；规范整合各业务应用的报警监控系统，结合CMDB建设构架，形成分布式的监控报警网络及其数据汇总分析；完善运维工作的过程管理，关联CMDB配置数据与运维过程管理，实现运维监测与过程管理的联动，提高运维数据标准化和准确性。

（何 潇）

【百视通"5G云TV"发布】 6月19日，百视通网络电视技术发展有限责任公司研制的"5G云TV"发布。产品深挖上海广播电视台的节目库，通过版权采买、自主开发等方式丰富内容体系，借助增加直播电视频道、电视录播节目、影视剧点播节目等，打造4K/8K超高清、全景声、沉浸式的视听内容综合用户画像、节目媒资等多维度因素自主研发智能推荐技术，以及手势控制、语音换台、语音搜索、远场投屏等交互功能，用户通过手机端实现切换画面、评论、弹幕等一系列个性体验。 （何 潇）

【东方有线统一内容运营平台上线运营】 6月，东方有线网络有限公司打造的统一内容运营平台上线运营。平台针对节目导航形式和产品形态，结合大数据服务平台和融合运营平台,以数据指导运营,通过大数据行为分析,为用户提供个性化的视听推荐,提高用户黏性、提升用户价值;统一各类高清、智能终端的展现界面,为用户提供一致性的使用体验;完善单月订购、连续包月等在线订购支付方式;引入新媒体资源,增加点播内容库资源,丰富用户内容供给。

(何　潇)

【东方明珠高空奇境VR过山车运营】 7月1日,上海幻维数码创意科技股份有限公司与东方明珠广播电视塔共同打造的全国首个虚拟现实(VR)过山车项目投入运营。项目引入城市、海底、太空等虚拟环境的VR媒资制作,运用新升级VR技术,开发中控系统、升级VR头显设备增强游客沉浸感;采用动态捕捉技术,融合真实世界中的动态元素与虚拟现实,提高游客交互体验。(何　潇)

【智慧媒资中心投入使用】 7月,上海广播电视台打造的智慧媒资中心投入使用。平台启用AI智能标签引擎辅助生产,提供新闻媒资和Xnews媒资多模态智能识别;建立人脸库,命名人脸12万张,未命名人脸110万张,通过以图搜图方式快速回溯已分析素材内容。截至年底,AI智能标签服务素材约50万条、分析时长27 000小时,识别敏感人物11 000个。(何　潇)

【"民生一网通"全媒体新闻直播技术系统上线】 9月,上海广播电视台打造的"民生一网通"全媒体新闻直播技术系统投入使用。系统创新融媒联播模式,建设基于流技术的视频系统,从信源、切换调度、包装等环节均采用网络设备接口(NDI)方式对视频信号进行网络协议流化处理;在演播室内部构建NDI网络,通过防火墙接入集团网络,完成与上海广播电视台演播室视频流信号的对接;升级改造广播融媒体串联单系统,实现与@Radio、XNews系统的互联互通;整合直播连线系统、视频播放软件及在各种视频号上的直播互动评论抓取,提升主持人与用户之间的直播互动体验。

(何　潇)

【应急广播有线EPG信息发布系统建设】 11月,东方有线网络有限公司研发的应急广播有线EPG信息发布系统完成建设。系统实现4K智能机顶盒和简易高清机顶盒上的终端软件功能开发,对接上海市应急广播预警信息制作审核发布平台,满足应急广播消息在有线电视传输覆盖网中的传输需求;覆盖有线电视家庭用户,完善上海市应急管理体系和公共文化体系建设。(何　潇)

【百视通全渠道智慧媒体生产运营平台上线运营】 12月,百视通网络电视技术发展有限责任公司研制的全渠道智慧媒体生产运营平台上线运营。平台结合人工智能等新型技术,全面提升底层媒体生产、制作、播出、内容安全及运营能力,包括媒体内容AI分析能力、基于知识图谱的智能推荐能力、智能翻译能力、智能语音能力等;为观众打造"用户分群""千人千面"的数智推荐视听服务新模式,满足差异化与特殊性的用户需求,覆盖IPTV、OTT、有线电视及移动端等全类型媒体播出渠道与终端。(何　潇)

第二篇 第五章
现代农业科技

第一节 | 概况 >>

【上海现代农业科技工作概述】 2023 年，上海围绕率先实现农业农村现代化的目标，优化农业科技创新生态，提升科技创新平台能级，发挥企业创新主体作用，突破关键核心技术，强化创新成果转化应用，积极培育新赛道和未来产业，为上海率先实现农业农村现代化提供强劲动力，并为加快建设农业强国贡献上海力量。

谋划农业科技创新全局。开展“农业科技创新范式转型、抢占新赛道”大调研，走访调研高校、科研院所和农业科技企业 15 家单位，向 155 家单位发放调查问卷，并召开 2 次专题会议研究政策措施，形成《关于把握创新范式转移机遇布局农业科技新赛道调研情况的汇报》；制定《关于加快推进上海农业科技创新工作的若干意见》，明确 2030 年的发展目标，以及农业科技创新重点布局、平台构建、主体培育、生态优化、组织保障等方面的政策措施。

完善农业科技项目管理制度。印发《上海市农业科技创新项目及资金管理细则(试行)》《上海市现代农业产业技术体系项目及资金管理细则(试行)》，优化项目分类，简化项目管理过程和预算编制，改进项目验收评价方式，全面提升上海农业科技创新项目和产业技术体系管理服务的科学化、制度化和规范化水平。

加大农业科技攻关力度。聚焦生物育种、生物制造、温室和植物工厂等农业科技新赛道，采用“揭榜挂帅”“择优委托”“赛马”等项目组织方式，立项支持关键核心攻关项目 18 个，立项金额 5 511.25 万元。围绕种源选育及产业化，立项支持联合育种攻关项目 2 个，财政资金投入 1 000 万元；围绕种源创新、生态农业、农产品加工与质量安全控制及智能农业领域，立项支持技术攻关项目 50 个，财政资金投入 4 168.43 万元；为推动农业科技成果集成应用，立项支持产业提升项目 10 个，财政资金投入 5 500 万元。

推动农业科技成果转化交易。联合上海技术交易所、国家技术转移东部中心等第三方专业服务机构，完善上海农业科技成果转化服务体系，打造 InnoMatch“上海农业”品牌馆及农业科技成果交易专版，增强成果的宣传展示，促进技术供需对接。依托上海高校、科研院所及专业化服务机构的资源优势，开展跨地区(长三角)成果路演推介、展示对接等活动，搭建成果资源与技术需求的供需对接渠道，实现长三角地区农业科技成果技术供需匹配。联合上海技术交易所、上海临港 · 枫泾科创小镇、西北农林科技大学，举办甜玉米新品种“申科甜 811”、AI 全自动大田插秧机器人及“蛙收”农药包装废弃物智慧回收箱等 7 场次 10 项成果的专场路演。参加中国杨凌农业高新科技成果博览会，全面展示上海农业科技新理念、新成果、新装备、新应用、新模式。推动水稻品种“申优 28”、鲜食玉米新品种“黑金 699”和灵芝品种“沪农灵芝 HST”等 600 余项农业科技成果转化落地，累计金额 1.9 亿余元。 (曹家俊)

第二节 | 种质创新 >>

【南美白对虾良种培育及分子辅助育种研究】 项目由上海海洋大学承担，2 月 23 日通过上海市农业科技服务中心验收。项目开发在淡水养殖条件下生长速度快于常规品种、在苗期具有较好的低盐耐受性的无特定病原体(SPF)南美白对虾品系；构建基于候选家系和野生种虾的南美白对虾遗传连锁图谱，获连锁群 44 个及体重、体长等生长性状相关的数量性状位点定位 79 个；挖掘与生长、盐度相关的基因各 2 个，分别为 HDAC1、AST-AR 和 CLCA1、SLC37A2；建立综合常规生物学特征和分子生物学技术的南美白对虾种质资源评价技术；制定“洋山选种育种、海南扩繁制种、上海推广养殖”的南美白对虾遗传育种技术路线和工艺；培育 SPF 南美白对虾种虾 865 对，繁育虾苗 1 077 万尾，养殖 209 亩(1 亩=0.066 7 公顷)。项目发表论文 6 篇。 (曹家俊)

【长江口刀鲚资源及生境的调查评估】 项目由中国水产科学研究院东海水产研究所承担，2 月 23 日通过上海市农业科技服务中心验收。项目查明 2019—2021 年长江口刀鲚平均资源密度 4 180.43 ind/km^2，是 2014—2016 年的 2.65 倍；解析过度捕捞导致种群结构稳定性下降是资源衰退的驱动因子之一；绘制长江口刀鲚育幼场和索饵场分布图。项目申请发明专利 4 件，获实用新型专利授权 3 件；发表论文 5 篇，其中 SCI 论文 1 篇。 (曹家俊)

【适于植物工厂模式的珍稀食用菌黑牛肝菌新品种选育及杂交育种研究】 项目由市农科院承担，2 月 23 日通过市科委验收。项目采集黑牛肝菌 368 株，构建菌株和性状数据库,开展资源多样性研究;鉴定子实体形成的基因组上单核苷酸多态性分子标记 13 709 个,开发菇相关简单重复序列(SSR)分子标记 110 个、菌株鉴定 SSR 分子标记 30 个、交配型鉴定标记 8 个、定位及菌柄长度相关基因 60 个、交配型相关基因 12 个、出菇相关基因 83 个;选育 HZ14080 和 YL1701-2 新菌株 2 个,建立相应栽培工艺。项目申请发明专利 5 件,获软件著作权登记 1 件;发表论文 5 篇,其中 SCI 论文 2 篇。（董 慧）

【优质食味稻米新品种沪软 1212 产业化开发】 项目由市农科院承担,2 月 23 日通过上海市农业科技服务中心验收。项目建立“沪软 1212”示范基地 94 家,其中面积超过 400 亩的基地 12 家,累计推广面积 10.2 万亩;形成“沪软 1212”机插秧和机穴播种植保优、绿色栽培技术规程各 1 套;建立种养结合示范基地 15 家,总面积 966 亩,其中百亩以上基地 3 家;形成“沪软 1212”中高端地产优质米品牌 8 个,均达到绿色食品标准,米饭食味 82 分以上,整精米率 71.4%,垩白度 0.7%,胶稠度 82 mm。项目申请发明专利 1 件,获植物新品种权 1 件、软件著作权登记 1 件;发表论文 3 篇。（董 慧）

【翘嘴鲌良种选育方法的建立与效果评估】 项目由上海市松江区水产良种场承担,3 月 16 日通过上海市农业科技服务中心验收。项目在原有翘嘴鲌育种群体的基础上,补充引进北方(黑龙江兴凯湖群体)翘嘴鲌野生群体子一代后备亲鱼 130 尾,南方(上海淀山湖群体)翘嘴鲌 1 龄苗种 10 000 尾,充实育种群体;制定 3 次选择的选育标准,即第 1 次为 1 龄鱼种阶段,实行群体选择,选留率 1%;第 2 次为 2 龄鱼种阶段,实行个体选择,选留率 10%;第 3 次为后备亲本阶段,实行个体选择,选留率 50%,总选择强度 0.05%;完成 2 个翘嘴鲌育种基础群体的选育效果评估,其中北方和南方 F2 选育群体较对照群体生长速度提高 12.05%和 8.43%,平均提高 10.24%。项目发表论文 5 篇。（曹家俊）

【鲜食玉米抗非生物逆境胁迫种质创新】 项目由市农科院承担,3 月 29 日通过上海市农业科技服务中心验收。项目鉴定抗非生物逆境胁迫(高温、水淹等)的数量性状(QTL)位点 5 个,其中耐高温胁迫性状相关 QTL 4 个、耐水淹胁迫性状相关 QTL 1 个;筛选创制具有育种价值的优质、抗非生物逆境胁迫鲜食甜、糯玉米新种质 36 份,其中耐高温甜、糯玉米自交系 20 份,耐水淹胁迫甜、糯玉米自交系 16 份;育成适宜上海及南方地区抗逆、优质甜玉米杂交新品种“申科甜 811”“申科甜 2 号”。项目申请发明专利 2 件,获实用新型专利授权 1 件、外观专利授权 1 件、植物新品种权 5 件;发表论文 6 篇,其中 SCI 论文 2 篇。（曹家俊 董 慧）

【优质、特色番茄和茄子分子育种体系的建立及新品种选育】 项目由上海交通大学承担,3 月 30 日通过上海市农业科技服务中心验收。项目建立番茄、茄子基因编辑技术;开发茄子耐弱光分子标记 2 个,优化番茄、茄子分子育种技术体系;培育番茄新品种“浦粉 500”,无限生长类型,抗黄化曲叶病毒病、灰叶斑病、根结线虫、粉果;培育茄子新品种“迎鑫 1 号”,品质、着色性、抗病性等指标优于对照品种“艳丽长”,产量提高 10.55%。项目获发明专利授权 2 件;发表论文 5 篇,其中 SCI 论文 3 篇。（曹家俊）

【菠菜草酸连锁标记的挖掘及分子育种】 项目由上海师范大学承担,3 月 30 日通过上海市农业科技服务中心验收。项目筛选鉴定菠菜低草酸含量(低于 9 mg/g)资源材料 78 份;创制优良低草酸含量菠菜新种质 12 份;通过重测序鉴定到草酸代谢关键候选基因 16 个,显著关联的单核苷酸多态性 11 个,筛选可利用的分子标记 5 个;选育优质低草酸含量(8.3 mg/g)的新品种“沪菠 7 号”,与对照品种“大叶菠菜”相比,草酸含量低 36.3%、增产 10.8%;研究菠菜新品种配套栽培技术,并示范推广 6 731 亩。项目发表论文 2 篇。（曹家俊）

【抗病常绿大花萱草新品种选育与应用示范】 项目由上海应用技术大学承担,4 月 3 日通过上海市农业科技服务中心验收。项目获萱草抗病种质 7 个,常绿大花(花径＞11 cm)种质 17 个,优良杂交株系 70 个,“上应旋风”“上应紫星”“上应皇冠”“上应橙光”“上应红尘”获上海市新品种认定;建立以萱草子房为外植体的组织培养快速繁殖技术体系和育苗体系;获与萱草低温相关的蔗糖转化酶基因、糖运输蛋白基因,及与分蘖相关的 D14 基因。项目申请发明专利 2 件;发表论文 5 篇,其中 SCI 论文 2 篇。（曹家俊）

【优质高效 2 系节水抗旱稻新品种的培育与应用】 项目由上海市农业生物基因中心承担,4 月 7 日通过上海市农业科技服务中心验收。项目育成“沪旱 31S”“沪旱 37S”等光温敏感核不育系 4 个,稻米品质主要指标达国标优质米 3 级以上,抗旱性 1 级、抗稻瘟病能力 5 级以上;创制 2 系恢复系 11 个,抗旱性、抗稻瘟病、抗稻飞虱达 3 级以上;完成优质高效节水抗旱稻 2 系杂交组合的高效栽培集成技术,包括水直播旱管栽培技术、旱直播旱管栽培技术;“旱 2 优 8200”大田增产 5%以上、抗旱性 3 级、稻瘟病抗性指数 2.5,在节水 50%情况下,节肥 28.6%、减药 33%。项目申请发明专利 4 件,其中获授权 1 件;申请植物新品种保护权 11 件,其中获授权 1 件;发表论文 4 篇。（曹家俊）

【东方杉优良无性系筛选与应用方向评价】 项目由上海市林业总站承担,5 月 10 日通过市绿化市容局验收。项目培育东方杉无性系苗木 20 000 株,营建试验林 2 片,合计 10 亩;开发无性系逆境胁迫试验,筛选耐盐碱 DFS03 和耐水湿 DFS05;建立无性系应用方向评价体系。项目发表论文 2 篇。（王文进）

【基于全基因组学水稻新品种创制及应用】 项目由上海中科荃银分子育种技术有限公司承担,5 月 30 日通过上海市农业科技服务中心验收。项目形成水稻基因组学指导下的分子设计育种体系；创制聚合抗病、优质的2个或多个优异性状的各类材料53份，选育优良恢复系硕恢70和YR501，鉴定不育系“沪科1S”“沪科1A”；6个品种参加不同生态区的区域试验，其中“银2优182”“银2优501”通过国家审定，米质达到国家优质3级标准以上，稻瘟病综合指数低于4.0，亩产超过650 kg。项目申请发明专利2件；申请植物新品种权11件，其中获授权2件；发表论文10篇。（曹家俊）

【功能营养食药用菌挖掘】 项目由市农科院承担，6月1日通过上海市农业科技服务中心验收。项目选育定向高产多糖、三萜灵芝新品种各1个，麦角甾醇猴头菌专利品种1个，虫草素和N-羟乙基腺苷“双高”蛹虫草新品种1个；建立定向高产灵芝三萜、猴头菇麦角甾醇和蛹虫草核苷类活性小分子成分的规模化发酵技术3项，高产灵芝胞内/胞外活性多糖发酵技术2项；研发具有保护胃黏膜和调节免疫等作用的猴头菇饼干、猴头菇压片糖果和蛹虫草枸杞功能性食品加工技术3项，灵芝保护肝损伤保健食品加工技术1项。项目申请发明专利12件，其中获授权7件；发表论文30篇，其中SCI论文8篇。（曹家俊 董 慧）

【食药用菌蛹虫草定向优质菌种的开发及高效运用】 项目由市农科院承担，6月1日通过上海市农业科技服务中心验收。项目建立蛹虫草种间简单重复序列(SSR)差异分析系统，筛选30对有效SSR引物；通过杂交育种及系统选育方法选育“沪蛹”系列新品种4个，“沪蛹1号”“沪蛹2号”“沪蛹3号”生物学转化率均大于120%，多糖、腺苷含量高于国家标准。项目申请发明专利5件，其中获授权2件；发表论文8篇，其中SCI论文3篇。（董 慧 曹家俊）

【崇明花博会红掌、凤梨等观赏植物筛选培育与应用】 项目由上海花卉园艺(集团)有限公司承担，6月1日通过市科委验收。项目开展红掌、凤梨、双腺藤、落新妇、五彩芋等新优品种的引进、试种、筛选和应用研究，收集品种资源达151份以上，筛选观赏品种67份，组织生产红掌、凤梨、五彩芋、落新妇等盆栽140万盆；开展新优品种的适应性栽培技术和花期精准调控技术研究，形成新优品种企业生产技术规程《红掌生产栽培技术规程》《五彩芋生产栽培技术规程》《垂吊花卉生产栽培技术规程》；组织开展技术培训，举办温室花卉生产、温室自动化控制技术及红掌凤梨技术等8次技术讲座培训共264人次。项目发表论文1篇。（周港涵）

【细胞工程大麦观赏和保健功能开发】 项目由市农科院承担，6月8日通过上海市农业科技服务中心验收。项目筛选富含蛋白质、总黄酮等单营养或功能成分的大麦特色纯合材料10份；利用细胞工程创制观赏用紫色籽粒和花朵状穗型特色大麦材料各1份、β-葡聚糖含量比对照品种“花-30”提高10%的特色大麦新品系1份；以特色大麦为原料，开发大麦苗粉、大麦袋泡茶固体型饮料和大麦若叶青汁软体型饮料，其中大麦苗粉销售3 200份；建立特色观赏用大麦展示方3个。项目申请发明专利1件，获发明专利授权1件；发表论文4篇，其中SCI论文3篇。（曹家俊 董 慧）

【毛鹃杂交后代适应性研究及新品种选育】 项目由上海植物园承担，6月20日通过市绿化市容局验收。项目完成4个杂交子代形态指标和分子标记鉴定，确定为真杂种；对照毛鹃完成3个杂交子代的耐热和耐碱适应性评价，1个子代与毛鹃适应性接近、2个子代适应弱于毛鹃；完成选定子代的扦插繁殖试验，成活率均在85%以上。项目获植物新品种权3件，发表论文4篇。（王文进）

【上海地区适生蔷薇属芳香资源的综合评价及应用研究】 项目由上海植物园承担，6月20日通过市绿化市容局验收。项目收集、保育蔷薇属代表性芳香资源33份；完成上海市公园绿地的应用调查，并形成报告；建立综合评价模型，筛选适生性强、观赏性好的芳香蔷薇优良品种6个；建立芳香蔷薇示范点3处，示范面积超过500 m^2。项目发表论文3篇。（王文进）

【多季开花及矮生类木兰的快速繁殖技术研究】 项目由上海植物园承担，6月20日通过市绿化市容局验收。项目优化多季开花、矮生木兰的嫁接与扦插繁殖技术，探索组织培养技术，培养嫁接苗1 500株、扦插苗500株；筛选适宜基质和容器类型，培养容器苗500株。项目发表论文2篇。（王文进）

【上海地区蓝莓适生品种与优质栽培技术推广】 项目由上海市蓝莓研究所承担，6月28日通过市绿化市容局验收。项目建立“灿烂”“芭尔德温”2个蓝莓品种的核心示范园2个，面积共190.5亩，推广优质苗木10 885株(含授粉树“顶峰”)，辐射推广面积502亩。核心示范区平均亩产达622.3 kg，增产幅度18.78%，平均单果重1.8 g以上≥75%，果实可溶性固形物含量≥15.59°Brix，病虫害绿色防控率100%；蓝莓亩产鲜果利用率达90%，亩产经济效益增加1.17万元。（王文进）

【拟穴青蟹耐低温、低盐新品系选育和规模化扩繁】 项目由市农科院承担，9月5日通过上海市农业科技服务中心验收。项目筛选拟穴青蟹耐低盐和耐低温新品系各1个，与野生苗种相比，拟穴青蟹耐低盐新品系收获时平均个体体重提高15.24%，成活率提高25.95%；筛选拟穴青蟹多态性微卫星标记285个，单核苷酸多态性(SNPs)标记384个，使用SNPs标记构建高密度连锁图谱，图谱总长度3 087.53 cm，连锁群47对，平均每个连锁群包含分子标记520个；发掘与24个表型性状相关的高可信数量性状位点442个。项目申请专利7件；发表论文7篇，其中SCI论文2篇。（曹家俊）

【观赏与食用兼备型百合优异资源挖掘与新种质创制】 项目由市农科院承担，9月5日通过上海市农业科技服务中心验收。项目建立百合种质资源圃1个，收集保存百合种质资源110份，筛选核心种质资源25份；挖掘食用品质相关简单重复序列分子标记4个和糖代谢相关关键基因5个；建立远缘杂交后代幼胚离体挽救培养技术体系，形成技术规程1套；选育“橙星”“黄柠檬”新种质2个，相较对照品种“卷丹”，可溶性糖含量分别增加11.47%、15.75%，秋水仙碱含量分别降低12.88%、11.39%。项目申请发明专利2件，其中获授权1件；申请植物新品种权4件；发表论文3篇。

（董　慧　曹家俊）

【优质高效绣球新品种选育及种苗规模化繁育】 项目由上海种业(集团)有限公司承担，9月5日通过上海市农业科技服务中心验收。项目引进国内外绣球种质资源203份，筛选适生优质绣球新优品种47份；建立绣球杂交育种体系，筛选培育绣球新种质3个；制定《绣球杂交育种技术规程》《绣球种苗繁育技术规程》《绣球潮汐式生产栽培技术规程》；生产优质种苗86.3万株，包括优质盆栽新品种53.5万盆。项目发表论文1篇。（曹家俊　周港涵）

【利用小孢子高效育种技术快速选育滩涂食用裸大麦】 项目由市农科院承担，9月13日通过上海市农业科技服务中心验收。项目针对取材时期等关键环节，建立并优化裸大麦小孢子培养技术体系；鉴定大麦SnRK基因家族成员，利用转录组对不同裸大麦品种开展耐盐性分子机理研究，获候选基因SnRK3.19和SnRK3.28；获耐盐优质食用裸大麦新种质4份，从中筛出优质裸大麦新品系2份，其中“盐食裸1号”在盐城顺泰农场含盐量0.3%—0.4%田块进行大田示范种植，累计30亩，与常规种植相比减产13.3%。项目申请发明专利2件、植物新品种权2件；发表论文6篇，其中SCI论文2篇。（曹家俊　董　慧）

【优质香型杂交粳稻新组合选育与应用】 项目由市农科院承担，9月13日通过上海市农业科技服务中心验收。项目利用分子标记辅助选择和花药离体培养等技术，高效创制“申CR1”等优质香型粳稻核心种质15份；培育聚合浓郁香味、稻瘟病中抗以上、株叶形态紧凑、适宜机械化制种和直播栽培等性状的BT型杂交粳稻恢复系3个(“申CR1”“申CR4”“KH251”)、不育系2个(“申22A”“申23A”)，利用香型恢复系“申CR1”与优质粳稻不育系“申22A”“申23A”配组育成优质香型粳稻新组合“申优R1”“申优R2”；制定“申优R1”配套机械化制种技术规程1套，在上海市郊建立“申优R1”百亩示范方11个。项目申请植物新品种权3件，获发明专利授权1件；发表论文3篇。（曹家俊　董　慧）

【草菇分子育种关键技术研究及新品种选育】 项目由市农科院承担，9月27日通过上海市农业科技服务中心验收。项目收集栽培和野生草菇种质资源58个，筛选获高产菌株3个，特色野生种质资源5个；申请耐低温草菇“申兰3号”“申兰4号”新品种认定2个；建立草菇杂交子真实性快速鉴定和耐低温特性评价技术室内高效筛选平台。项目申请发明专利7件；发表论文10篇，其中SCI论文2篇。

（曹家俊　董　慧）

【香菇早熟、耐高温性状的全基因组选择育种】 项目由市农科院承担，9月27日通过上海市农业科技服务中心验收。项目基于PacBio+Illumina+Hi-C多层级测序组装策略获高质量香菇全基因组序列；获与菌龄显著关联的InDel分子标记位点38个，开发准确性高的InDel分子标记27对；选育适合设施化、工厂化生产的早熟、耐高温香菇品种“沪香F7”，该品种菌龄85—90天，比“沪香F3”缩短5天，出菇温度18—22℃，比“0912”提高3℃。项目申请发明专利7件，其中获授权4件，获软件著作权登记1件；制定行业标准1部，获主推技术1项；发表论文8篇，其中SCI论文2篇。

香菇品种“沪香F7”

（曹家俊　董　慧）

【脊尾白虾良种选育与低盐度养殖示范】 项目由上海市水产研究所承担，10月27日通过上海市农业科技服务中心验收。项目于江浙沪周边海区采集6个不同群体的脊尾白虾，开展耐盐筛选、生长和繁殖特性研究，选育脊尾白虾良种1个，平均体长、体重较普通脊尾白虾分别提高9.2%、25.7%，平均体长、体重特定生长率分别提高22.0%、17.3%。项目获发明专利授权1件、实用新型专利授权1件、脊尾白虾低盐新品种权1件；发表论文5篇。（曹家俊）

【长江口鳗鲡种质资源保护及仔鱼培育技术】 项目由上海海洋大学承担，10月27日通过上海市农业科技服务中心验收。项目3年累计收集日本鳗鲡幼鱼、鱼种和亲本5 515尾，在池塘进行驯化养殖和繁殖实验，作为长江口鳗鲡种质储备库；测定日本鳗鲡受精卵至初孵仔鱼5个不同发育阶段的转录组，建立转录组文库，探讨与仔鱼生长相关的营养代谢机制；获开口仔鱼约1万尾，其中120尾存活时间20天，变态为柳叶鳗前体。项目申请发明专利1件、实用新型专利1件；发表论文2篇，其中SCI论文2篇。

（曹家俊）

【藜麦种质创新与新品种栽培配套技术的优化研究】 项目由光明农业发展(集团)有限公司承担,11 月 7 日通过上海市农业科技服务中心验收。项目筛选适合上海种植的藜麦新品系 5 个,亩产 201.4—255.5 kg,全生育期 108—114 天,株高 126—143 cm;选育"光明藜麦 1 号""光明藜麦 2 号",通过上海市非主要农作物品种认定,其中"光明藜麦 1 号"株高 138 cm,全生育期 108 天,亩产 214.5 kg;建立藜麦百亩示范方 3 个,单产均超 210.0 kg。项目发表论文 2 篇。
(曹家俊)

【葡萄高温胁迫相关 miRNA 与种质资源的关联分析及耐热品种选育】 项目由上海交通大学承担,11 月 16 日通过上海市农业科技服务中心验收。项目收集葡萄种质资源 525 份,从中筛选 45 ℃热处理后叶片 Fv/Fm 值大于 0.8 的葡萄耐热种质资源 25 份;获响应高温热胁迫的 miRNA 表达模式,获高温响应核心 miRNA 5 个,并进行克隆鉴定和功能验证;开发基于 miRNA-SSR 耐热性鉴定的分子标记;获耐热优质的葡萄杂交群体 4 个,并筛选鉴定耐热优系 10 份。项目申请发明专利 1 件、葡萄新品种权 2 件;发表 SCI 论文 7 篇。
(曹家俊)

【薄壳山核桃在崇明生态岛建设中的引种筛选研究】 项目由上海市林业总站承担,11 月 23 日通过市绿化市容局验收。项目筛选薄壳山核桃果材型品种"马罕"、用材型品种"无性系 YLC10 号"、果用型品种"亚优 YLC21 号"3 个适合上海地区种植的品种,建立试验造林林地 85 亩;形成《薄壳山核桃栽培技术手册》。
(王文进)

【上海地区"双淡"保供蔬菜新优品种选育与示范推广】 项目由市农科院承担,12 月 4 日通过上海市农业科技服务中心验收。项目获得高温高湿或低温弱光条件下优异蔬菜新种质 12 份;登记或认定适应上海地区夏淡和冬淡生产的以叶菜为主的新品种 9 个("艳青""海青 3 号""沪菠 10 号""申选 7 号""沪绿松 100""黄心四月慢""申苋 1 号""青脆 2 号""长靓 1 号");建立核心示范基地 9 家,以及"双淡"季节青菜、生菜和菠菜生产操作规程 3 套,新品种、新技术在基地"双淡"季节集成示范 10 971 亩次;基地淡季蔬菜品种平均产量比对照品种均有提高,其中苋菜产量提高 38.4%,淡季采收期延长 17 天。项目申请植物新品种权 4 件,发表论文 5 篇。
(曹家俊 董 慧)

【上海肉羊品种遗传改良及健康绿色养殖技术示范推广】 项目由上海永辉羊业有限公司承担,12 月 6 日通过上海市农业科技服务中心验收。项目扩增湖羊核心群基础母羊数量至 1 629 只,每年种羊测定数量 881 只,6 月龄公羊、母羊屠宰率分别达 51.67%、54.33%;挖掘与湖羊繁殖性状重要关联的单核苷酸多态性基因位点 17 个;筛选崇明白山羊优秀杂交组合 1 个,12 月龄公羊、母羊体重比纯种崇明白山羊分别高出 98.92%、186.41%,屠宰率分别达 56.09%、58.57%。项目申请发明专利 2 件,获实用新型专利授权 7 件、软件著作权登记 2 件;发表论文 7 篇。
(曹家俊)

【黄瓜白粉病抗性基因挖掘与华南型新品种选育】 项目由上海交通大学承担,12 月 7 日通过上海市农业科技服务中心验收。项目克隆黄瓜白粉病抗病主效基因 CsPM5.2,开发与 PM5.1 和 PM5.2 共分离的分子标记 2 个;筛选抗白粉病的优质华南型黄瓜种质 10 份。培育出全雌型、少刺瘤、有光泽的华南型黄瓜组合 2 个("申杂七号""申杂八号"),与对照主栽品种相比,抗白粉病,瓜粗 3.5 cm,种子腔小于 2 cm,其中"申杂七号""申杂八号"亩产量分别达 8 184.3 kg、8 102.3 kg。项目申请发明专利 2 件,其中获授权 1 件;申请植物新品种权 2 件;发表论文 3 篇。
(曹家俊)

【优质高效生菜新品种选育】 项目由上海市农业生物基因中心承担,12 月 7 日通过上海市农业科技服务中心验收。项目鉴定适合本地种植的优质资源 107 份,其中莴苣素含量高于"意大利生菜"3 倍的生菜资源 43 份(含新品系 19 份);配置杂交组合 450 对,获生菜创新遗传群体资源 12 352 份。项目申请植物新品种权 3 件,发表论文 4 篇。
(曹家俊)

【基于组培的红豆杉次生代谢产物紫杉醇积累研究】 项目由上海辰山植物园承担,12 月 7 日通过市绿化市容局验收。项目建立红豆杉离体种苗规模化繁育体系,可常年为市场提供性状稳定、表型一致的高质量红豆杉种苗,对解决红豆杉资源匮乏问题具有现实意义;获高紫杉醇丰度原料的技术流程及配方 2 套,即红豆杉高紫杉烷类离体富集体系和红豆杉天然紫杉醇离体富集体系各 1 套。项目获专利授权 1 件,发表论文 1 篇。
(王文进)

【优质抗病、宜机化茄果类蔬菜品种选育与高效栽培技术集成】 项目由市农科院承担,12 月 7 日通过上海市农业科技服务中心验收。项目选育优质抗病番茄新品种"申粉 21",单果重 210 g,综合品质佳,相较"申粉 16"增产 11.25%;选育优质茄子新品种"绿麒麟",果实光泽度强,较"金山本地青茄"增产 19.74%;选育抗巨细胞病毒的辣椒新种质"申椒 5 号",较"苏椒 5 号"增产 19.17%;建立新品种示范基地 5 家,累计推广面积 450 亩;形成机械化生产技术规程 1 套,建立茄果类与绿叶菜高效茬口模式 5 套。项目申请发明专利 4 件,其中获授权 1 件;申请植物新品种权 2 件,其中获授权 1 件;发表论文 5 篇,其中 SCI 论文 3 篇。
(董 慧)

【江南地区适生大叶绣球新品种培育】 项目由上海辰山植物园承担,12 月 9 日通过市绿化市容局验收。项目收集绣球资源 92 份,利用重测序技术获高质量单核苷酸多态性(SNP)标记 1 281 302 个;开发"落尘""落雪"SNP 分子指纹图谱;建立大叶绣球种内和乔木绣球种内杂交、大叶绣球×中国绣球种间杂交技术体系;筛选特异性、扦插后代表现稳定的一致新品系 43 个,申请绣球新品种 3 件;建立 1 000 m^2 示范区,用于“落尘”“落雪”等新品系种植展示。项目发表论文 6 篇,其中 SCI 论文 2 篇。（王文进）

【耐寒型跨亚属睡莲品种选育】 项目由上海辰山植物园承担,12 月 9 日通过市绿化市容局验收。项目对 106 份睡莲资源进行耐寒性等评价,以耐寒睡莲为中心,分别和其他亚属睡莲进行较为系统的杂交,对杂交 F1 代进行评价,筛选睡莲新品系 2 个,国际登录跨亚属睡莲新品种 2 个,分别命名为“红颜”“琴弦”。项目发表论文 1 篇。（王文进）

【适合长三角地区栽培的多抗优质西瓜新品种选育】 项目由市农科院承担,12 月 13 日通过市科委验收。项目创制“AW24-11-3”等抗病优质西瓜新种质 6 个;育成中大果型西瓜新品种“申蜜三号”“申蜜四号”,“申蜜三号”抗西瓜枯萎病兼抗蔓枯病,“申蜜四号”抗西瓜枯萎病兼中抗蔓枯病,适合长三角地区春播设施及露地栽培;建成示范基地 5 家,推广新品种 805 亩。项目申请发明专利 1 件;获植物新品种权 2 件;发表论文 3 篇。（董　慧　商学斌）

【工厂化食用菌优质种质创新与新品种示范】 项目由市农科院承担,12 月 14 日通过上海市农业科技服务中心验收。项目阐明蓝光调控金针菇子实体整齐度与双孢蘑菇交配型、耐高温等重要性状的遗传规律,获相关等位基因资源 2 份;建立金针菇中基于 CRISPR/Cas9 的基因敲除遗传改造技术体系;初步解析金针菇菌种传代过程中的随机突变是退化的重要因素;创制工厂化栽培种质资源 2 994 份,实现选育的金针菇新品种的生产性应用。项目申请发明专利 4 件,其中获授权 2 件;申请植物新品种权 2 件,获植物新品种权 7 件;发表论文 13 篇。（曹家俊　董　慧）

【葡萄新品种库尔干玫瑰高效栽培技术集成示范与推广】 项目由上海市农工商现代农业园区开发有限公司承担,12 月 20 日通过市科委验收。项目在农工商现代农业园区果树生产基地建立葡萄新品种库尔干玫瑰核心示范园 21 亩;编制葡萄新品种库尔干玫瑰优质高效栽培技术操作规范(草案)1 套;繁育库尔干玫瑰葡萄优质种苗 32 800 株,示范推广面积 505 亩,示范园的库尔干玫瑰葡萄定植第 2 年平均亩产量 858 kg。（商学斌）

【上海地区耐高温高湿月季资源系统评价与新品系选育】 项目由市农科院承担,12 月 27 日通过市科委验收。项目收集月季种质资源 581 份,构建月季种质资源耐高温高湿评价体系,筛选耐高温高湿月季核心种质资源 34 份;基于高温胁迫下差异表达基因,挖掘与耐高温高湿性状关联的分子标记 6 个;形成高效杂交与诱变育种体系,选育适宜上海地区耐高温高湿、开花性状优良的月季新品系 3 个。项目申请发明专利 3 件,发表论文 3 篇。（商学斌）

第三节 | 生态循环 >>

【基于农田土壤修复改良的农业废弃物再利用关键技术研究与示范】 项目由上海市环境科学研究院承担,1 月 11 日通过市科委验收。项目针对水稻秸秆缠绕紧实、易堵塞问题,攻克水稻秸秆干法厌氧发酵原料预处理技术;集成防缠绕和堵塞的水稻秸秆干法厌氧发酵进料方法及操作工艺 1 套;采用农作物秸秆干法厌氧发酵产物沼渣研制高品质有机质(肥)产品 4 个,建立沼渣有机(质)肥产品示范应用基地 6 家,在水稻、蔬菜等经济作物上示范应用面积 575 亩;研发轻中度重金属镉污染土壤修复改良技术;构建集原料收集储运、干法厌氧发酵处理、沼气发电能源利用、沼渣高品质有机质(肥)产品开发于一体的经济、高效及产业化技术体系。（王　磊）

【湿垃圾农用风险评估与资源化利用技术研究】 项目由上海市农业技术推广服务中心承担,2 月 16 日通过上海市农业科技服务中心验收。项目追踪检测湿垃圾原料 384 批次及次制品 97 批,完成湿垃圾制品稳定性试验;制订湿垃圾农业资源化利用技术标准和规范 5 部,形成湿垃圾炭化技术工艺流程及餐厨湿垃圾脱油脱盐工艺;示范餐厨湿垃圾制作土壤调理剂 100.2 t、果菜皮制作有机肥 100.7 t。项目申请发明专利 1 件,获实用新型专利授权 3 件;发表论文 8 篇。（曹家俊　仇　红）

【池塘养殖尾水处理及达标排放实用技术的研究与示范】 项目由上海市水产研究所承担,3 月 1 日通过上海市农业科技服务中心验收。项目构建尾水处理系统模型,建立池塘养殖尾水处理及达标排放模式 2 个,确定以“湿地+多级净化池塘”为尾水处理系统组成的最优水处理净化效果的运行方案;经技术参数优化后,2 种模式的养殖尾水处理系统对池塘养殖尾水中日常尾水净化处理,总悬浮固体、总磷、总氮质量浓度年均分别下降 48.06%、54.19%和 29.67%。项目申请发明专利 2 件,其中获授权 1 件;发表论文 5 篇。（曹家俊）

【稻谷等粮食仓储过程中真菌毒素的变化规律及控制技术研究】 项目由市农科院承担,3 月 1 日通过上海市农业科技服务中心验收。项目分析稻谷和小麦样品中多种真菌毒素,建立 200 种真菌毒素的非靶向性筛查技术,灵敏度达纳克级;发现上海地区仓储中的主要真菌毒素为链格孢霉毒素、伏马毒素和呕吐毒素,主要产毒真菌为链格孢菌、镰刀菌和曲霉菌,基质、水活度、温度和时间为影响真菌毒素产生的关键因素,部分真菌毒素在贮藏条件下会积累;明确仓储过程中真菌毒素污染的关键环节,形成控制技术方案并示范应用。项目申请发明专利 4 件,其中获授权 1 件;发表

论文8篇，其中SCI论文5篇。 （董 慧）

【新型高效土壤调理剂的研发与应用】 项目由农科院上海兽医研究所承担，3月17日通过上海市农业科技服务中心验收。项目研制土壤调理剂配方3个；优化水剂反应过程工艺和颗粒剂干法制粒工艺的土壤调理剂生产线2条；建立示范基地4家，示范推广面积3 000亩；应用土壤调理剂后，土壤容重平均降低0.24 g/cm^3，大团聚体、有机质、全氮、速效钾、速效磷含量分别平均提高11.66%、11.33%、20.54%、12.68%、14.59%，土壤pH值平均为6.54；在化肥用量平均降低5%条件下，番茄、草莓等茄果类作物平均增产5.96%，上海青、莴苣等绿叶菜平均增产7.26%。项目申请发明专利3件，其中获授权1件；发表论文2篇。

（曹家俊）

【新型生物炭基肥料产品创制和双替代技术示范推广】 项目由时科生物科技（上海）有限公司承担，3月17日通过上海市农业科技服务中心验收。项目基于生物炭不同添加量对功能菌活性的影响研究，形成相对成熟的复合技术工艺，生物炭添加量为30%时，功能菌半年衰亡率降低42.48%；开发生物炭基肥、碳能微生物菌剂、炭基复合微生物肥料产品3款。项目申请发明专利5件，获发明专利授权3件、实用新型专利授权5件；发表论文2篇。 （曹家俊）

【中轻度重金属污染土壤“边生产边修复”技术模式研究】 项目由上海市农业技术推广服务中心承担，3月17日通过上海市农业科技服务中心验收。项目筛选镉低积累水稻品种13个、叶菜和茄果类蔬菜品种各3个、镉高积累油菜品种4个，并制定配套栽培技术；建立适用于上海市水稻与蔬菜生产系统镉等中轻度污染土壤边生产边修复技术模式2套；“水稻—油菜”“东南景天—蔬菜”轮作模式土壤全镉和有效态镉含量均得到显著降低。项目申请发明专利2件，其中获授权1件；发表论文5篇，其中SCI论文3篇。

（曹家俊 仇 红）

【大球盖菇生态高效利用稻秸秆关键技术研究与应用】 项目由市农科院承担，3月22日通过上海市农业科技服务中心验收。项目完成菌株的菌丝阶段和栽培条件下子实体阶段评价；选育高效降解稻秸秆的大球盖菇新品种“申球2号”；形成稻秸秆破碎、预湿、覆土等关键技术优化方案，稻秸秆降解率78.18%。项目申请发明专利3件，其中获授权2件；发表论文3篇，其中SCI论文1篇。

（曹家俊 董 慧）

【新型环境友好中药肥的应用技术研究与示范】 项目由上海大度农业科技有限公司承担，3月24日通过上海市农业科技服务中心验收。项目在水稻、花椰菜、甘蓝、梨树上开展中药肥应用试验，与传统化学肥料对比，化肥和化学农药分别减少20%—35%和20%—30%、31%和33%、31%和33%、34%和40%，稻米、花椰菜及蜜梨农药检测零残留；建立水稻、花椰菜、蜜梨、西瓜新型环境友好中药肥施用技术规范4部；建立示范基地3家，共450亩，累计推广5 000亩次。项目申请发明专利1件，获实用新型专利授权1件；发表论文3篇。

（曹家俊）

【新型植物源生物有机肥的研制及在水稻、蜜梨、黄桃上的应用】 项目由上海绿缘三元素生物科技有限公司承担，3月24日通过上海市农业科技服务中心验收。项目在植物源生物有机肥替代20%化肥用量的基础上，水稻、蜜梨、黄桃产值较常规施肥增幅分别达26.5%、16.7%、15.7%；建立新型植物源生物有机肥高效施用技术核心示范区，共1 300亩次；辐射推广水稻、蜜梨、黄桃示范面积5 410亩次；新型植物源生物有机肥通过有机农业生产资料认证。项目获实用新型专利授权2件，发表论文5篇。 （曹家俊）

【全降解诱虫板的深度研发和废弃物资源化利用】 项目由上海盛谷光电科技有限公司承担，3月27日通过上海市农业科技服务中心验收。项目开发黄曲条跳甲信息素和全降解诱虫板结合的新型全降解诱虫板，其基材主要成分聚己二酸/对苯二甲酸丁二醇酯实现国产化率100%；形成蔬菜废弃物+全降解诱虫板处理操作规程，实现蔬菜标准园蔬菜废弃物、全降解诱虫板、“微秸宝”堆肥系统的废弃物资源化利用，堆肥降解时间缩短至60天；建成全降解诱虫板使用全覆盖、全降解诱虫板废弃物资源化利用基地40家，蔬菜基地面积15 808亩。项目申请发明专利1件，发表论文2篇。

（曹家俊）

【生猪养殖环节重金属和臭气排放监测及控制技术研究】 项目由市农科院承担，3月31日通过上海市农业科技服务中心验收。项目形成猪饲料铜锌减量配方，饲料铜、锌含量分别降低43%—76%、31%—92%，粪便铜锌含量分别降低29%—75%、22%—76%，明确施用铜锌减量猪粪肥能够减少还田土壤中铜锌含量。项目申请发明专利6件，其中获授权3件；发表论文14篇，其中SCI论文6篇。

（曹家俊）

【绿色稻田水稻生产与面源污染治理控制技术集成研究与示范】 项目由市农科院承担，4月6日通过上海市农业科技服务中心验收。项目结合地理信息技术明确示范区持久性有机物污染组分及分布特征，实现稻田灌溉水中的藻毒素（以铜绿微囊藻毒素为控制指标）去除率40.1%，稻田面源污染总氮、总磷削减量分别达58.7%、46.2%；建立稻田面源污染控制生产示范区100亩，其中生态拦截系统对稻田径流中氮、磷的平均拦截率分别为41.2%、37.6%。项目申请发明专利4件；发表论文6篇，其中SCI论文4篇。

（曹家俊 董 慧）

【菌菇菇根和菌糠生物发酵高值利用关键技术研究】 项目

由上海交通大学承担,4月7日通过上海市农业科技服务中心验收。项目建立金针菇菌糠益生菌厌氧固态发酵工艺,获发酵金针菇菌糠饲料粗蛋白12.23%、总菌数1.58×10^9 CFU/g;建立金针菇菇根益生菌固态厌氧发酵工艺,获菌菇多糖复合物,多糖含量94.58 g/kg、多酚含量9.50 g/kg;形成发酵金针菇菌糠饲料和菌菇多糖复合物在生猪养殖中应用技术规程1套。项目申请发明专利4件,其中获授权1件;发表论文11篇,其中SCI论文3篇。（曹家俊）

【崇明生态岛水产养殖化学药物投入品风险评估与控制技术研究】 项目由中国水产科学研究院东海水产研究所承担,4月11日通过上海市农业科技服务中心验收。项目分析崇明水产养殖中底泥、水环境、可食组织等的化学药物(抗菌药和杀虫药为主)残留组成基本特征、污染状况、主要来源;阐明恩诺沙星、溴氰菊酯在水产养殖中归趋行为和对浮游动物、微生物种群结构的影响;解析恩诺沙星在异育银鲫及土霉素在对虾体内蓄积和消除规律;分析崇明鱼虾蟹不同养殖品种不同养殖模式下的化学药物残留的风险及危害。项目申请发明专利1件;发表论文10篇,其中SCI论文5篇。（曹家俊）

【水稻穗期病害发生规律与防治策略研究】 项目由上海市农业技术推广服务中心承担,4月13日通过上海市农业科技服务中心验收。项目建立上海市郊水稻穗腐病发生分级标准,明确层出镰刀菌和新月弯孢菌为优势致病菌;筛选综合防效70%以上的药剂4种,形成粳稻品种穗期病害绿色防控技术规程,推广示范5 000亩。项目发表论文4篇。（仇　红　曹家俊）

【上海地区草地贪夜蛾迁飞规律与绿色防治技术研究】 项目由上海市农业技术推广服务中心承担,5月26日通过上海市农业科技服务中心验收。项目明确上海市草地贪夜蛾种群迁入迁出区、迁飞路径及生物学特性,形成绿色防治技术规程,建立专业测报队伍,累计开展绿色防控示范16 500亩次,防治效果90%。项目发表论文5篇。（仇　红　曹家俊）

【水产养殖中重要痕量化学污染物的检测和风险评估】 项目由市农科院承担,5月29日通过上海市农业科技服务中心验收。项目建立水产品、饲料、底泥中全氟化合物和多溴联苯醚检测方法,检出限均达到纳克/千克级别;形成上海水产品中二噁英、全氟化合物、多溴联苯醚和壬基酚污染来源及污染分析报告1份(包含污染分布地图12个);建立农产品新型环境污染物风险筛查与溯源数据库;完成上海地区中华绒螯蟹、鲫鱼和青鱼中二噁英类化合物、多溴联苯醚、全氟化合物和壬基酚膳食暴露风险评估报告12份。项目申请专利5件,其中获授权1件;发表论文5篇,其中SCI论文4篇。（曹家俊　董　慧）

【蔬菜园艺场农业废弃物高效智能循环利用技术研究与集成示范】 项目由上海安治南宝生物科技有限公司承担,6月7日通过上海市农业科技服务中心验收。项目复配出新型复合型菌种,有效活菌数4.48×10^{10} U/g、纤维素酶活752.8 U/g、蛋白酶活1 678.1 U/g、淀粉酶活23.2 U/g,可使蔬菜秸秆静态好氧堆肥周期缩短到4—6周,28—35天即可使堆肥达到腐熟要求;开发微秸宝远程智能控制系统2.0,可根据堆肥温度动态变化自动调节曝气时间,具备断电自动报警、堆肥累计曝气时间等功能;建立崇明泛信和金山夯裕技术辐射基地2家,累计处理废弃物1 600 t、生产有机堆肥1 100 t,核心示范区实现亩效益增加8.35%。项目获软件著作权登记1件,发表论文1篇。（曹家俊）

【上海市受污染耕地土壤精准安全利用技术研究与示范】 项目由上海市农业技术推广服务中心承担,6月19日通过上海市农业科技服务中心验收。项目针对轻中度镉污染农田土壤,开展秸秆沼渣有机肥、生物碳等3种修复材料对镉污染土壤修复的整体方案研究;形成菜地、粮田和果园的镉轻中度污染安全利用技术规范;建立上海镉轻中度污染安全利用模式与效果评估体系。项目获实用新型专利授权1件、软件著作权登记1件;发表论文3篇。（曹家俊　仇　红）

【揭示水稻生长发育中氯化石蜡富集特征】 上海海洋大学林田研究组针对氯化石蜡在稻田生态系统全生育期的环境行为与摄食健康风险,聚焦稻田系统中氯化石蜡的吸收转运过程及水稻果实对氯化石蜡的富集行为,报道超短链、长链氯化石蜡的植物富集因子,阐明水稻生长发育过程中氯化石蜡的组织特异性富集特征,结合模型定量计算水稻中氯化石蜡的植物吸收转运过程与主要吸收途径,并对人体摄食稻米的健康风险展开评价;研究表明,食用稻米中所含的氯化石蜡不会对人体健康造成危害,其摄食风险主要源于短链和中链氯化石蜡。研究成果于7月发表在《国际环境》(*Environment International*)。（彭俞超）

【稻田杂草稻和抗药性杂草绿色防控技术研究】 项目由市农科院承担,10月11日通过上海市农业科技服务中心验收。项目明确上海地区机械直播和移栽2种栽培方式下稻田杂草稻的分布特征及抗药性杂草的危害现状,明确稻田4种抗药性杂草的抗性水平及抗性机理,构建抗性杂草快速药敏性检测技术1件;形成水直播稻田杂草稻"前封中护后控"链式防控技术,防除效果达86.64%;筛选有效除草剂品种和配方,形成杂草稻和抗药性杂草绿色防控技术操作规程,建立绿色防控示范基地3家,示范面积4 430亩。项目发表论文4篇。（曹家俊　董　慧）

【基于农业废弃物再利用的土壤精准改良技术研发及示范】 项目由市农科院承担,10月19日通过上海市农业科技服务中心验收。项目筛选高效堆肥微生物菌剂,研发污染土壤生物质炭基修复产品;障碍土壤施用堆肥产品,土壤有机质提高 12.6%—15.6%,土壤容重降低 12.1%—14.4%;污染土壤施用生物质炭产品,土壤镉的有效性降低 33.0%;形成基于农业废弃物再利用的土壤精准改良技术规范 3 套,示范推广设施菜地次生盐渍化土壤改良技术 50 亩,桃园障碍土壤改良核心示范区示范推广面积 260 亩,示范推广污染土壤安全利用技术 50 亩。项目申请发明专利 3 件,其中获授权 1 件;发表论文 7 篇。 (曹家俊 董 慧)

【浦东新区书院镇"果—蔬—稻"生态循环技术模式集成示范】 项目由时科生物科技(上海)有限公司承担,10 月 25 日通过上海市农业科技服务中心验收。项目建立果蔬生态循环示范区,示范面积 500 亩,开展土壤培肥暨面上化肥减施 30%种植示范,土壤有机质提高 5.3%;建立稻田生态种植及面源污染物促沉净化示范区,示范面积 500 亩,化肥减量 30%;安装稻田尾水促沉净化装置 100 套,尾水悬浮物、氮排放量、磷排放量分别降低 54.83%、32.11%、48.43%。项目申请发明专利 2 件,发表论文 2 篇。 (曹家俊)

【生物全降解淀粉基农用地膜的开发及其应用】 项目由华东理工大学承担,11 月 24 日通过上海市农业科技服务中心验收。项目制备改性淀粉含量 55%的 MS/MPBAT 复合薄膜,建立高淀粉含量全降解农用薄膜的制备工艺;研发淀粉含量 50%的农用薄膜,拉伸强度 10.6 MPa,断裂伸长率 543.0%,经二苯基甲烷二异氰酸酯原位交联后的 55%淀粉含量薄膜拉伸强度 12.9 MPa,断裂伸长率 529.7%。降解组分含量近 100%,堆肥 94 天降解率 88.8%。项目成果在 1 家种植基地试用,降解能力不低于市场销售产品。项目申请发明专利 3 件,发表 SCI 论文 5 篇。 (曹家俊)

【配方土对 4 种玉兰的根系结构及其生物学影响机理研究】 项目由上海辰山植物园承担,12 月 7 日通过市绿化市容局验收。项目通过不同生境状况调研、不同粒径配方土栽培实验、水胁迫实验及非对称修剪等工作研究玉兰植物根冠营养分配关系,筛选适宜栽培基质;制订《玉兰苗木栽培土壤改良技术规范》;建立 500 m^2 示范点。项目申请发明专利 2 件;发表论文 5 篇,其中 SCI 论文 2 篇。 (王文进)

【辰山植物园"染井吉野"樱水肥管理技术研究】 项目由上海辰山植物园承担,12 月 9 日通过市绿化市容局验收。项目完成"染井吉野"樱物候观察和花期指标调查,明确关键影响因素;分析全市 20 处典型樱花园营养元素差异、上海地区"染井吉野"樱营养元素含量差异,为樱花科学施肥提供参考;完成"染井吉野"樱花苗淹水胁迫试验,掌握其淹水状况下生理变化规律。项目发表论文 2 篇。 (王文进)

【水产及其制品中重金属污染的表面印迹限域识别快速检测技术及装置研制】 项目由上海理工大学承担,12 月 20 日通过市科委验收。项目研制重金属速测试剂盒 1 套,能同时检测镉、铅、汞、砷 4 种重金属,其检测限低于 0.1 mg/kg,经与《食品安全国家标准食品中多元素的测定》(GB 5009.268—2016)对比,阳性符合率 93.3%,阴性符合率 93.9%;制定《水产及其制品中重金属表面印迹限域识别快速检测方法符合性评价技术规范》并推广应用。项目申请专利 2 件,发表论文 5 篇。 (商学斌)

【用于乳制品和水产品中重金属含量的现场快速检测技术的研究与设备研制】 项目由复旦大学承担,12 月 20 日通过市科委验收。项目针对水产品和乳制品中多种重金属的不同特征,设计并制作即时检验(POCT)微流控芯片和装置 2 种,具有体积小、重量轻的优点;通过使用原位两步还原法,在玻璃纤维纸表面合成纳米银颗粒包覆的玻璃纤维纸表面增强拉曼散射(SERS)基底,并对其进行核酸适配体修饰,构建纸基 SERS 传感器;利用机器学习和深度学习算法提取重金属离子对牛奶中 SERS 光谱的细微特征变化,实现对复杂样本中重金属离子的无标记检测分析;设计具有 6 个丝网印刷电极的低成本圆盘形塑料膜 POCT 电化学传感器,对重金属离子的检测限达 0.2 nm。项目申请发明专利 3 件,发表 SCI 论文 14 篇。 (商学斌)

【有机废弃物快速腐熟领域取得新进展】 东华大学蔡冬清研究组通过选取废弃牛奶为处理对象,利用一种高效非生物工艺实现牛奶小时级腐殖化,并将产物制成富含黄腐酸和钾的高肥效纳米缓释肥。经济成本计算表明工艺成本与传统堆肥工艺相当,具有较高的实际应用潜能且具有处理效率高、碳损失少、占地面积小等优点,为有机废弃物的农用资源化提出一种新路径。相关研究成果于 12 月发表在《自然通讯》(*Nature Communications*)。 (张 莹)

第四节 | 绿色生产 >>

【基于降解酶制剂的粮食中呕吐毒素污染安全控制技术研究及示范应用】 项目由中国科学院上海营养与健康研究所承担,1 月 11 日通过上海市农业科技服务中心验收。项目挖掘出与呕吐毒素降解相关的基因 B2、DepA、Dep;获重组酶 DepA,体外降解率 90%以上,其对人源性细胞 GES-1 无损伤;在良友物流下属示范点对呕吐毒素污染小麦样品进行的降解效果测试表明,小麦籽粒表面呕吐毒素降解率 94%(500 g/t 添加量)。项目申请发明专利 3 件,其中获授权 2 件;发表论文 7 篇,其中 SCI 论文 4 篇。 (曹家俊)

【抗氧化功能性糙米加工关键技术研发与示范】 项目由上

海交通大学承担,2月20日通过上海市农业科技服务中心验收。项目建立富氢水加工发芽糙米的优化工艺,实现糙米发芽率超90%;该工艺显著提升酚酸、黄酮类及发芽糙米标志性成分γ-氨基丁酸等抗氧化活性物质的含量,藜芦酸含量增加2倍,风味成分L-苹果酸和延胡索酸增加2.2倍和1.4倍;开发具有调节血脂、血压等功能的发芽糙米食品配方6种,并为吞咽障碍人群特制配方食品1种。项目获发明专利授权2件;发表论文10篇,其中SCI论文5篇。

(曹家俊)

【杂交粳稻种源生产技术开发】 项目由上海农科种子种苗有限公司承担,2月23日通过上海市农业科技服务中心验收。项目建立BT型杂交粳稻“申优26”亲本提纯复壮技术;制定“申优26”机械化制种全程规范,机械化率89.5%,规模化种植基地平均亩产245.5 kg,最高亩产346.1 kg;建立绿色生产示范基地,上海基地平均亩产639.6 kg,最高亩产756.8 kg,外省基地平均亩产726.71 kg,最高亩产800.1 kg;建立全程机械化基地6家;制种11 474亩,在上海及南方稻区推广71.24万亩。项目发表论文4篇。

(曹家俊)

【鲜活水产品物流过程中品质监控和违法添加物快速检测技术研究】 项目由上海海洋大学承担,3月2日通过上海市农业科技服务中心验收。项目研究鲜活海水鱼贮运过程中的生命特征变化,提出经济适宜的保活工艺6种;探明麻醉剂MS-222对活鱼品质和风味的影响,建立品质控制技术;开发基于纳米金探针和磁性纳米探针的MS-222快速检测方法,灵敏度分别为2.5 μg/mL和150 ng/mL;建立孔雀石绿的快速定量检测方法,灵敏度在鱼肉、虾肉、养殖水体中分别为86 ng/mL、107 ng/mL、61 ng/mL;开发基于双色纳米金探针的MS-222和孔雀石绿同步快速检测方法,灵敏度分别为100 ng/mL和110 ng/mL。项目申请发明专利7件、实用新型专利2件、外观设计专利1件,获发明专利授权1件;发表论文15篇,其中SCI论文7篇。

(曹家俊)

【虾类绿色配合饲料的研发与应用】 项目由上海市奉贤区水产技术推广站承担,3月10日通过上海市农业科技服务中心验收。项目开发南美白对虾幼虾和成虾配合饲料,获绿色食品生产资料证明商标;建立南美白对虾绿色饲料生产线,累计生产220 t;建立绿色食品虾养殖中试示范区2个,面积分别为268亩、275亩,平均亩产分别为355.6 kg、379.1 kg。项目发表论文4篇。 (曹家俊)

【特色绿叶蔬菜生产加工产业链品质提升和示范应用】 项目由上海市质量监督检验技术研究院承担,3月14日通过上海市农业科技服务中心验收。项目研究特色绿叶蔬菜全产业链的营养、功效成分及质量安全指标变化,建立鲜食蔬菜和无土栽培蔬菜的种植栽培、生切加工和冷链运输及常温运输标准化技术规范;研究特色绿叶蔬菜种植过程中硝酸盐及微生物指标变化,总结种植、加工及运输过程中的风险控制点;建立营养品质评价指标体系和3种功效成分及2种风险因子的检测新技术,研发多重荧光定量聚合酶链式反应检测试剂盒。项目申请发明专利1件,发表论文10篇。

(曹家俊 滕雪雷)

【新型重组马立克病活疫苗的研究】 项目由农科院上海兽医研究所承担,3月17日通过上海市农业科技服务中心验收。项目研制免疫保护效力更高的禽网状内皮组织增生症病毒长末端重复序列的重组CVI988/Rispens马立克病活疫苗株RMD-2G2;液氮苗保存期36个月,对1日龄无特定病原鸡的保护效率92%;完成RMD-2G2的安全性试验及中间试制。项目发表论文4篇,申请新兽药证书1件。

(曹家俊)

【入沪生猪及其制品食源性病原与非洲猪瘟病毒监测、溯源与风险评估】 项目由农科院上海兽医研究所承担,3月21日通过上海市农业科技服务中心验收。项目建立生猪产品中弓形虫等重要食源性病原的检测技术12项和分子分型新技术3项;检测1 408份猪肉样品中的5种食源性寄生虫和1 007份猪血液样品中的弓形虫携带、278份猪产品中的5种食源性致病菌及1 178份猪血清样品中的3种食源性寄生虫抗体的情况,并进行非洲猪瘟病毒检测,明确入沪生猪及其产品中携带的食源性寄生虫和致病菌的基因型。项目申请发明专利5件,其中获授权5件;发表论文14篇,其中SCI论文7篇。 (曹家俊)

【重要动物源耐药病原菌的快速筛查及风险防控研究】 项目由上海海洋大学承担,3月21日通过上海市农业科技服务中心验收。项目建立病原菌重组酶等温核酸扩增的快速检测方法6种,灵敏度100 CFU/mL,特异性90%以上;分离耐药病原菌600株,建立耐药病原菌6种和耐药菌噬菌体4种的菌种库;分析6种病原菌毒力基因和耐药基因,撰写耐药率和耐药基因分布规律报告;筛选蓝莓提取物和咖啡酸天然产物,对耐药病原菌具有抑菌活性。项目申请发明专利8件,获实用新型专利授权5件;发表论文18篇,其中SCI论文5篇。 (曹家俊)

【花博会特色花卉应用关键技术集成与示范】 项目由市农科院承担,3月29日通过上海市农业科技服务中心验收。项目根据第10届中国花卉博览会设计需要,建立花卉试种与组合应用模式示范基地410亩,筛选推广新优花卉90种、品种699个;建立牵牛、长春花、萱草、鼠尾草等规模化、专业化种苗繁育生产技术体系,制定花灌木、花坛花种苗繁育与高校栽培技术规范(草案)16部,累计提供矮牵牛、朱顶红等种苗(种球)2.576亿株;带动花卉生产基地4个(1 607.3亩),集成与示范花灌木-球宿根等花卉组合10个。项目申请发明专利11件,发表论文16篇。

(曹家俊 董 慧)

【适生性球根花卉规模化繁育关键技术研究与产业化开发】 项目由上海市崇明区农业技术推广中心承担，3 月 29 日通过上海市农业科技服务中心验收。项目从国内外引进郁金香、欧洲水仙等六大球根花卉品种 317 个，制订适生性综合评价体系，筛选适合崇明地区的品种 32 个；总结制定六大球根花卉种球繁育、生产操作规程企业标准，繁育种球累计 565.65 万只；建立与中国花卉博览会相适应的花田景观核心示范基地 186.69 亩；带动 5 家基地实现规模化生产，种植面积 678.24 亩。项目申请发明专利 2 件，发表论文 8 篇。

（曹家俊）

【蔬菜害虫干扰剂的研究与创制】 项目由市农科院承担，3 月 31 日通过上海市农业科技服务中心验收。项目筛选针对黄曲条跳甲和桃蚜的有效靶标基因各 3 个，靶标基因对黄曲条跳甲和桃蚜的抗虫效果分别为 81.33%—85.00%、95.18%—96.91%；构建 dsRNA 发酵生产所用的有效杀虫靶标的工程菌；建立 RNA 干扰剂的发酵生产及提纯工艺。项目申请发明专利 2 件；发表论文 4 篇，其中 SCI 论文 2 篇。

（曹家俊）

【崇明芦笋质量安全控制技术研究及示范应用】 项目由上海师范大学承担，4 月 4 日通过上海市农业科技服务中心验收。项目建立崇明芦笋中重金属、生物毒素、农药残留等重要危害物的快速检测方法；基于微流控芯片高通量农残快速检测时间不超过 20 分钟，灵敏度 1.0 mg/kg，基于乳胶微球免疫层析快速检测重金属镉的检测灵敏度 0.1 mg/kg，基于胶体金免疫层析的伏马毒素的检测灵敏度 20 ng/mL；建立崇明芦笋真菌毒素、重金属等风险物质数据库，搜集真菌毒素数据 3 332 条、重金属数据 1 352 条、病原真菌数据 697 条；建立崇明芦笋病原微生物防控技术和其他防控技术体系。项目申请发明专利 4 件；发表论文 8 篇，其中 SCI 论文 3 篇。

（曹家俊）

【新型绿色替抗产品溶菌酶二聚体（多聚体）的研制与应用】 项目由上海市动物疫病预防控制中心承担，4 月 6 日通过上海市农业科技服务中心验收。项目研制饲料添加剂溶菌酶二聚体生产工艺，产品溶菌酶活力 554 U/mg，水分 8.27%，溶菌酶二聚体占比 32.19%—36.54%；完成稳定性试验、临床安全评价、残留标识物确认与检测技术研究；制定生产工艺规程，溶菌酶二聚体（多聚体）产品年产量 1 123.7 t。项目申请发明专利 1 件，获实用新型专利授权 1 件；发表论文 2 篇。

（曹家俊）

【安全高效有机微量元素——酵母发酵微量元素的研发与产业化】 项目由上海源耀农牧科技有限公司承担，4 月 7 日通过上海市农业科技服务中心验收。项目开发酵母铜、酵母铁、酵母锌和酵母锰等饲用有机微量元素产品，有机转化率 98%，可降低猪配合饲料中微量元素使用量，提高仔猪血清中铁、锌、锰的吸收率；建成年产 1 747.2 t 的生产线 1 条。项目申请发明专利 3 件、实用新型专利 4 件，获实用新型专利授权 3 件；发表论文 2 篇。

（曹家俊）

【纳米臭氧水发生装置的绿色防控技术研究与示范】 项目由拜森生物环保科技（上海）有限公司承担，5 月 13 日通过上海市农业科技服务中心验收。项目引进新葡萄品种 18 个，成熟期从 6 月下旬至 9 月下旬，示范面积 357 亩；开发早、中、晚熟葡萄水肥一体化方案，建立技术示范基地 3 家，总面积 580 亩；新增绿色认证合作社 14 家，总面积 2 158 亩，绿色认证率增加 12.9%；示范基地农药用量减少 38.48%，化肥用量减少 24.97%，商品果率提高 8.3%。项目申请发明专利 1 件，获实用新型专利授权 2 件；发表论文 4 篇。

（曹家俊）

【长江刀鲚池塘套养模式的研究与示范】 项目由上海市水产研究所承担，5 月 24 日通过上海市农业科技服务中心验收。项目创立池塘套养模式 3 种，其中“东方鲀＋长江刀鲚”套养模式中，刀鲚套养平均成活率 68.17%、亩产 7.66 kg、商品鱼出成率 45.61%；建立长江刀鲚的生产工艺和生态套养技术规范，形成室外土池生产性培养枝角类的工艺；建立示范基地 4 家，累计示范套养面积 324 亩。项目申请发明专利 3 件、实用新型专利 3 件，其中获发明专利授权 1 件、实用新型专利授权 1 件；发表论文 10 篇。

（曹家俊）

【蔬菜绿色循环优质高效生产技术的示范与推广】 项目由市农科院承担，5 月 25 日通过上海市农业科技服务中心验收。项目集成蔬菜产前、产中、产后绿色生产技术，形成青菜和生菜全程绿色高效生产技术规范；研究绿色生产、机械化作业、有机肥替代、水肥一体化、综合绿色防控、蔬菜废弃物资源化处理等技术，实现蔬菜废弃物回收利用 100%；核心示范基地综合机械化率 64.9%、减肥 30.3%、减药31.8%、增收 16.5%、增效 19.3%；形成“金开”“沪耕”镇级蔬菜品牌 2 个。项目申请专利 5 件，其中获发明专利授权 1 件、实用新型专利授权 2 件，获软件著作权登记 2 件；发表论文 6 篇。

（曹家俊）

【蔬菜全程绿色高效生产技术的集成示范】 项目由上海市崇明区蔬菜科学技术推广站承担，6 月 9 日通过上海市农业科技服务中心验收。项目引进蔬菜新品种 85 个，筛选优质抗性强的新品种 8 个，实现核心示范基地良种全覆盖；形成核心示范基地 6 家，面积 5 385.8 亩，辐射带动 91 305 亩次；基于全程绿色高效生产技术，化学肥料用量下降 30%以上，农药用量下降 34.5%，露地蔬菜年平均亩产值提高 20.2%。项目申请发明专利 3 件，其中获授权 1 件；发表论文 7 篇。

（曹家俊）

【蔬菜物理除草技术集成创新与示范】 项目由上海正禾农业科技有限公司承担，8 月 23 日通过上海市农业科技服务中心验收。项目研制多功能地布开孔机,地布日加工量为移栽类蔬菜 2 051.7 m^2,直播类蔬菜 1 346.1 m^2;建立蔬菜物理除草技术示范基地 200 亩,地布除草效果 93.3%,人工拔草成本减少 69.5%;形成移栽类和直播类蔬菜地布除草技术操作规程各 2 套。项目申请实用新型专利 1 件,发表论文 1 篇。 (曹家俊)

【优质番茄—叶菜轮作高效生产技术集成示范】 项目由上海惠群蔬菜种植专业合作社承担,8 月 31 日通过上海市农业科技服务中心验收。项目筛选“高糖 100” “T1-08W2”优良普通番茄品种 2 个,单果重分别为 158.5 g 和 152.3 g,可溶性固形物含量分别为 7.4%和 7.2%;筛选“沪樱 9 号”“珍味 4 号”“黄冠 16”优良樱桃番茄品种 3 个,可溶性固形物含量分别为 9.4%、9.4%和 9.6%;建立“普通番茄—青菜—米苋—青菜”“青菜—菠菜—米苋—樱桃番茄”高效茬口 2 个,亩产较常规绿叶菜茬口分别提高 36.7%、16.7%,累计示范推广面积 201 亩。项目申请发明专利 1 件,其中获授权 1 件;发表论文 1 篇。 (曹家俊)

【老菜地高效绿色茬口安排模式研究】 项目由上海思瑶蔬菜种植专业合作社承担,9 月 25 日通过上海市农业科技服务中心验收。项目形成老菜地高效绿色茬口安排模式技术规范和土壤改良技术规程,通过技术示范应用,番茄产量提高 17.08%,土壤有机质含量提高 8.99%,番茄枯萎病发病率减少 41.16%,青菜根肿病防治效果 58.92%;形成“番茄+青菜”“番茄+杭白菜”“番茄+菜豆”“番茄+豇豆”高效绿色茬口模式 4 种,累计示范推广 850 亩次。项目申请专利 1 件,发表论文 4 篇。 (曹家俊)

【基于都市生态型蔬菜绿色健康生产控制体系构建】 项目由上海市闵行区农业技术服务中心承担,10 月 13 日通过上海市农业科技服务中心验收。项目筛选优质蔬菜品种 10 个,总结“绿叶菜+茄果类”“绿叶菜+瓜类”高效茬口模式 2 种,增产率分别为 45.7%、46.9%,经济效益分别提升 131.9%、52.6%;建立示范基地 3 家,基地绿色认证率 100%、化肥减量 33.3%、化学农药减量 38.4%、有机质提高 5.2%、蔬菜生产机械化率 82.7%、肥料利用率提升至 46.4%,其内番茄总糖含量提升 17%—19%,青菜维生素 C 含量提高 10.3%,芹菜膳食纤维含量提升 47.3%;形成绿色生产规程,推广 9 489 亩次,创建“闵鲜青蔬”品牌。项目申请发明专利 1 件,发表论文 4 篇。 (曹家俊)

【植物活化水技术在设施草莓、番茄上的集成与应用】 项目由上海宣通能源科技有限公司承担,10 月 13 日通过上海市农业科技服务中心验收。项目研发草莓和番茄专用活化水设备各 1 套,实现进水压力 0.3—0.4 MPa,每小时处理 24 m^3,活化水 pH 值增加 0.2,可溶性盐浓度提高0.022 mS/cm,溶解氧提高 49%,菌落总数减少 98.88%;建立示范基地 6 家,面积 208.5 亩;活化水灌溉节水节肥 20%,减药 10%;草莓繁苗系数提高 14%,果实硬度提高 5.4%;番茄幼苗成活率增加 20.4%。项目申请发明专利 2 件,获实用新型专利授权 5 件。 (曹家俊)

【上海区域特色食用菌风味肽的研究与开发应用】 项目由市农科院承担,10 月 26 日通过上海市农业科技服务中心验收。项目分离鉴定上海地区大球盖菇风味肽 5 种,解析双孢蘑菇鲜味肽氨基酸序列 5 种;确定大球盖菇最优干制技术为鼓风干制,等鲜浓度提高 22.5%,鲜味氨基酸提高 28.7%;双孢蘑菇最优干制技术为热风干燥模式,等鲜浓度提高 18.2%;开发连续酶解制备风味肽工艺(可溶性肽含量 245.5 mg/g)和超声辅助酶解制备大球盖菇及双孢蘑菇基料工艺(大球盖菇和双孢蘑菇风味肽含量分别达 492.9 mg/g 干重、518.5 mg/g 干重)。项目申请发明专利 6 件;发表论文 12 篇,其中 SCI 论文 6 篇。 (曹家俊 董 慧)

【重组表达猪流行性腹泻病毒 S 蛋白的猪繁殖与呼吸综合征病毒活载体疫苗的研制】 项目由市农科院承担,10 月 27 日通过上海市农业科技服务中心验收。项目优化猪流行性腹泻病毒 S(PEDV S)蛋白抗原区域,并以 HuN4-F112 疫苗株为载体,获稳定表达 PEDV S 蛋白的重组猪繁殖与呼吸综合征病毒(PRRSV)活载体疫苗株;探明重组病毒 rHuN4-F112-SRBD1 对仔猪安全,具有较好的免疫原性,免疫试验猪后 PRRSV 强毒 HuN4 株和 PEDV 强毒 FJzz1 株感染的免疫保护效率分别为 100%、80%;建立能区分 PRRSV 野毒和重组表达 PEDV S 蛋白优势抗原区域的 PRRSV 基因工程疫苗毒株的鉴别诊断方法 2 种。项目申请发明专利 3 件,其中获授权 1 件;发表论文 3 篇,其中 SCI 论文 1 篇。 (曹家俊)

【猪流行性腹泻病毒精制灭活疫苗的中试工艺研制及免疫效果评估】 项目由市农科院承担,10 月 27 日通过上海市农业科技服务中心验收。项目建立 200 L 反应器微载体悬浮培养病毒的中试工艺,病毒抗原滴度达 10^7 $TCID_{50}/mL$;建立实验室纯化工艺,杂蛋白去除率 99.32%,抗原纯度 90%,猪流行性腹泻病毒回收率 94.87%;研制猪流行性腹泻灭活疫苗,其对母猪和仔猪保护率均为 100%。项目申请发明专利 1 件,获实用新型专利授权 1 件;发表论文 7 篇,其中 SCI 论文 3 篇。 (曹家俊)

【猪细小病毒病和猪圆环病毒 2 型二联灭活疫苗的研制】 项目由市农科院承担,10 月 27 日通过上海市农业科技服务中心验收。项目研制水包油型猪细小病毒病和猪圆环病毒 2 型二联灭活疫苗。3 日龄乳鼠和 45—60 日龄猪免疫安全性 100%。接种后,豚鼠 28 天 PPV HI 抗体最高 1∶1 024,仔猪 35 天 PCV2 ELISA 抗体 1∶800。项目申请发明专利 1 件,获实用新型专利授权 3 件;发表论文 2 篇。 (曹家俊)

【禽蛋中主要危害因子的高效识别和风险评估研究】 项目由上海市农产品质量安全中心承担，10月31日通过上海市农业科技服务中心验收。项目建立基于液相色谱-四极杆-静电场轨道阱质谱技术的禽蛋药物多残留非靶向筛查系统，筛选药物残留219种，检出限1—5 μg/kg；采用16s rRNA测序分析179个微生物样本，分离鉴定细菌62种，建立禽蛋产品微生物组数据库；完成大肠杆菌和金黄色葡萄球菌耐药基因筛查分别为24个、27个；采集样本564批次，筛查发现阳性104批次，检出药物残留30种。项目申请发明专利1件，获实用新型专利授权3件；发表论文4篇，其中SCI论文1篇。 （曹家俊）

【上海地区稻谷及其制品中稻曲菌素的污染发生及防控技术研究】 项目由市农科院承担，10月31日通过上海市农业科技服务中心验收。项目建立稻谷和大米中稻曲菌素A、B、G高通量检测技术，检出限和定量限分别为0.4—2 ng/g、1—5 ng/g，平均回收率81.9%—104.6%；分析上海、江苏等地稻谷和大米中稻曲菌素污染水平，在稻谷和大米中分别检出率60.1%和39.1%。项目申请发明专利2件；发表论文7篇，其中SCI论文4篇。 （曹家俊）

【上海地区生猪养殖—屠宰—加工—消费环节重要耐药致病菌的流行及防控】 项目由上海交通大学承担，10月31日通过上海市农业科技服务中心验收。项目分离鉴定出猪源致病菌1 793株；基于对食源性致病菌的耐药性的监测，建立基础数据库；阐明重要致病菌及耐药基因的分布特征与流行规律，确定耐药性关键影响因素；建成覆盖6个区的12家规模化生猪养殖场、12家家庭养殖场和5家屠宰场的耐药性监测网络。项目申请实用新型专利1件；发表论文6篇，其中SCI论文5篇。 （曹家俊）

【紫花苜蓿冬季栽培及轮作作物双减关键技术的研究示范】 项目由上海鼎瀛农业有限公司承担，11月7日通过上海市农业科技服务中心验收。项目收集紫花苜蓿品种资源113份，筛选适宜上海种植品种“淮扬4号”“大银河”2种；刈割鲜草年平均亩产分别为4 210 kg和4 760 kg；建立紫花苜蓿与水稻、玉米生态化轮作栽培技术体系，减少肥料33.3%情况下仍增产，减少农药使用25%—31%；开发“裹包苜蓿”“裹包苜蓿＋燕麦”产品，建立青贮加工技术体系，加工1.96万吨苜蓿草产品。项目申请发明专利5件，获发明专利授权1件；审定紫花苜蓿新品种1个；发表论文6篇。 （曹家俊）

【绿色农业产地环境土壤质量提升关键技术集成示范】 项目由上海市环境科学研究院承担，11月21日通过上海市农业科技服务中心验收。项目构建粮田、设施菜田、果园土壤质量评估方法3套，评估绿色认证生产基地57家；形成水稻土壤保育、平衡施肥等技术规程各4套，应用于11家示范基地，其中绿色水稻示范基地秸秆还田利用率100%，绿色蔬菜和水果示范基地亩均效益提升20.4%和22.1%，示范基地土壤有机质达到绿色食品产地环境质量标准水田、菜地、园地相应的土壤有机质2级以上标准。项目发表论文5篇。 （曹家俊）

【草莓穴盘苗规模化高效育苗关键技术集成与示范应用】 项目由上海孰美农业投资有限公司承担，11月22日通过上海市农业科技服务中心验收。项目建立草莓穴盘苗绿色繁育技术体系，研发草莓脱毒苗品质鉴定技术，建立快速检测技术；穴盘育苗与露地育苗相比减少化学农药商品量24.5%，鲜果生产化学农药商品量相比青浦区整体草莓栽培减少17.6%，繁育草莓苗1 364.8万株，商品率95.06%，病毒检出率3.8%以下。项目申请专利2件，其中获实用新型专利授权1件；发表论文2篇。 （曹家俊）

【地产草莓、蓝莓中农药多残留精准识别检测技术研发及应用示范】 项目由上海华维节水灌溉股份有限公司承担，12月9日通过上海市农业科技服务中心验收。项目建立适用于草莓、蓝莓11种农药胶体金免疫层析法检测前处理方法；开发现场精准速测试纸条，检测时间15分钟，假阳性率≤2%，假阴性率0，与仪器检测结果符合率≥98%，符合《食品安全国家标准食品中农药最大残留限量》（GB 2763—2021）要求；制定检测技术规范和方法验证报告，在3家基地示范应用。项目申请发明专利3件，其中获授权2件；发表论文4篇，其中SCI论文1篇。 （曹家俊 仇 红）

【基于ε-聚赖氨酸和植物提取物栅栏因子的蔬菜保鲜与绿色安全技术研究与示范应用】 项目由上海清美绿色食品（集团）有限公司承担，12月13日通过市科委验收。项目研发ε-聚赖氨酸复合植物提取物蔬菜保鲜制剂、鲜切净菜保鲜制剂；实现在常温20 ℃下叶类蔬菜的货架期由8小时延后至30—36小时，4 ℃冷藏条件下叶类蔬菜保质期由2—3天延迟至7天以上、鲜切净菜的货架期由2—3天延迟至5—6天；完成生鲜蔬菜和鲜切净菜ε-聚赖氨酸复合植物提取物保鲜复配制剂在公平村蔬菜基地的应用示范，在浦东、徐汇、松江等区建立生鲜蔬菜和鲜切净菜ε-聚赖氨酸复合植物提取物保鲜复配制剂的批量化应用示范点16个。项目申请发明专利2件、实用新型专利2件，发表论文1篇。 （商学斌）

【基于作物营养强化的新型复合微生物菌剂开发及示范】 项目由市农科院承担，12月14日通过上海市农业科技服务中心验收。项目研制抗植物病害新型功能微生物复合菌剂3种，对青菜根腐病、霜霉病、番茄青枯病的防控效果分别达58.1%、65.3%、56.4%，可使农药减施32%以上；研制青菜、生菜、菠菜的新型复合菌剂；施用后，蔬菜增产10.3%以上，维生素含量提高，土壤有机质、总氮、速效磷、速效钾含量分别提高11.6%、14.7%、12.4%和10.2%。项目申请发明专利10件,获发明专利授权3件、实用新型专利授权2件、软件著作权登记3件;发表论文8篇,其中SCI论文6篇。 (董 慧 曹家俊)

【新型低能耗植物工厂蔬菜高效栽培关键技术集成研究与示范应用】 项目由中国科学院分子植物科学卓越创新中心承担,12月20日通过市科委验收。项目完成研发新型低能耗植物工厂蔬菜高效栽培技术,在中国科学院分子植物科学卓越创新中心实验基地、上海种业(集团)有限公司花卉种苗基地综合技术应用共1 210 m²;构建基于互联网的物联网植物工厂受控环境数字化管理平台;开发可编程分类混合营养液测序系统,实现水肥一体化精准灌溉;研发多层栽培架自然光照装置系统原型、蓝光芯片封装高光效发光二极管光模组、气流组织微电场除尘除菌和光催化水循环净化系统;调控植物工厂微环境,开发适合人工气候模拟的微环境气调专家系统;开发基于互联网+物联网技术的低能耗植物工厂组态应用软件,实现智能控制和数据化种植服务平台。项目申请发明专利1件,获软件著作权登记2件;发表论文1篇。 (商学斌)

【优质特色鲜食玉米新品种绿色生产技术集成与示范应用】 项目由上海枫泾农业科技有限公司承担,12月27日通过市科委验收。项目由鲜食玉米科技特派员6名组建服务团,服务团成员累计下乡生产技术指导321人次,年平均科技下乡80人次;建立核心示范基地5家,新品种示范种植面积1 476亩;形成鲜食玉米新品种绿色生产操作技术规范,建立鲜食玉米安全生产技术保障体系。项目获实用新型专利授权1件、软件著作权登记2件,发表论文3篇。 (商学斌)

第五节 | 智慧装备 >>

【上海地区西甜瓜和水稻重要危险性病原的数字PCR精准识别检测技术的建立及推广应用】 项目由上海市农业技术推广服务中心承担,1月11日通过上海市农业科技服务中心验收。项目建立病原的数字聚合酶链式反应(PCR)检测体系4种,灵敏度高,并制定相应使用规程;监测上海地区种植和流通的西甜瓜和水稻,累计检测1 246批次;开发重要病原检测的数字PCR试剂盒4种。项目申请发明专利3件,其中获授权1件;发表论文16篇,其中SCI论文8篇。 (曹家俊)

【基于MPS的花卉工厂智能生产管理平台研发及应用】 项目由上海鲜花港企业发展有限公司承担,2月23日通过上海市农业科技服务中心验收。项目开发花卉工厂智能生产管理平台,制定盆花生产技术过程规范,应用于127万盆鲜花生产;开发温室环境监测预警系统,部署监测点27个,应用于1.96万平方米温室。项目获软件著作权登记2件。 (周港涵 曹家俊)

【地产优质绿色蔬菜线上线下融合对接平台的建立与应用】 项目由上海国兴农现代农业发展股份有限公司承担,3月2日通过上海市农业科技服务中心验收。项目建立上海市地产优质蔬菜营销电商平台;开发采购小助手"申菜购",覆盖绿色生产基地272家,辐射面积1万亩,对144家基地实施绿色食品认证管理;对接入驻零售商64家;形成《蔬菜周年生产茬口优化指导书》《绿色蔬菜种植技术指导书(23个蔬菜品类)》。项目申请发明专利1件,获外观设计专利授权2件、软件著作权登记3件,发表论文2篇。 (曹家俊)

【蔬果智慧农业云平台的研究示范】 项目由上海正义园艺有限公司承担,3月2日通过上海市农业科技服务中心验收。项目建立智慧农业云平台,实现物联网支撑的数据与视频在线远程诊断和专家农户一对一的农技咨询,劳动效率提高20.60%,分别节约肥料、农药使用量45.33%、32.59%;部署"神农口袋"农产品物联网产销一体化溯源系统;建成潮汐槽式无土栽培系统,"沪樱9号"单位面积产量较椰糠条栽培提高50.44%,单位面积产量较椰糠条栽培提高46.71%;建成自动化叶菜盆培系统,生产均衡稳定,较常规绿叶菜生产劳动效率提高8倍,年产叶菜236.1万株,较常规生产增产25.6%。项目申请专利5件,获软件著作权登记2件;发表论文6篇。 (曹家俊)

【草菇全程智能工厂模型构建与技术应用研究】 项目由市农科院承担,3月9日通过上海市农业科技服务中心验收。项目研发草菇工厂化培养料隧道2次发酵控制系统,形成"七合一"一体化技术工艺;建立草菇培养基质水分自动化直补技术和培养基质温度自控技术,基质环境温度控制误差在±0.5 ℃以内;创新栽培模式,草菇单产增长30%;研发超饱和湿度传感器,湿度值测量误差值10%;运用机器识别技术,结合环境因子构建草菇人工智能专家系统,构建草菇工厂化智能控制模型。项目申请发明专利4件,获发明专利授权1件、实用新型专利授权1件、软件著作权登记5件;发表论文6篇。 (曹家俊)

【大型温室作物冠层微气候智能调控设备(ATU)的国产化研发】 项目由同济大学承担,3月22日通过上海市农业科技服务中心验收。项目完成国产化温室作物冠层微气候处理系统设备研发,系统显示,送风距离120 m、温度控制精度±1 ℃、湿度控制精度±5%、CO_2浓度控制精度±5%、光照强度不高于设定值;在崇明5 500 m²玻璃温室示范应用,并布置风筒36套。项目申请发明专利2件,获实用新型专利授权1件、软件著作权登记1件;发表论文3篇。 (曹家俊)

【节能节水控湿温室技术及其应用】 项目由上海交通大学承担,3 月 22 日通过上海市农业科技服务中心验收。项目研发基于固体吸附原理的温室空气取水除湿机组,使温室内相对湿度维持在 70%—80%。在小型温室试验中,日均灌溉用水量 2.5 kg,日均机组取水量 1.8 kg,节水率 72%;示范基地数据表明,透明辐射制冷薄膜夏季温室内降温 13.9 ℃,通风温室内降温 7.0 ℃,反射辐射制冷地膜可将表层土壤降温 4.7 ℃。项目申请发明专利 5 件,其中获授权 1 件;发表论文 6 篇。

反射型辐射制冷地膜

(曹家俊)

【南美白对虾标准化养殖设施及绿色高效养殖模式的研究示范】 项目由上海孙桥溢佳农业技术股份有限公司承担,3 月 23 日通过上海市农业科技服务中心验收。项目研制适合南美白对虾养殖设施 2 套,建造示范基地 2 家,肩高 2.5—2.8 m,风荷载≥0.55 kN/m²,雪荷载≥0.20 kN/m²,最大排水量≥140 mm/h;建立标准化养殖示范基地 2 家,其中奉贤基地年均亩产 1 187.64 kg、青浦基地年均亩产 911.03 kg。项目获实用新型专利授权 1 件,发表论文 1 篇。 (曹家俊)

【水产养殖智能化技术的集成示范】 项目由上海市崇明区水产技术推广站承担,3 月 23 日通过上海市农业科技服务中心验收。项目建立淡水鱼、河蟹和综合种养模式 3 种及智能化示范基地 4 家,总面积 1 250 亩;草鱼混养模式综合亩产 1 580.25—1 631.60 kg;河蟹混养模式亩产 115.45 kg;稻虾鱼综合种养模式亩产 219.00 kg。项目申请发明专利 7 件、实用新型专利 3 件,获发明专利授权 1 件、软件著作权登记 10 件;发表论文 6 篇。 (曹家俊)

【基于 AI 技术智能识别与防治病虫草害的移动系统开发及应用】 项目由上海劲牛信息技术有限公司承担,3 月 29 日通过上海市农业科技服务中心验收。项目建立主要农作物病虫害数据库,收集图像 8.1 万张,覆盖 17 种作物的 70 种病虫害;开发图像智能识别系统,准确率 95.07%;开发"病虫害助手"移动端软件和图像识别训练后台管理系统。项目成果在嘉定和浦东示范应用。项目申请发明专利 1 件,获外观专利授权 1 件、软件著作权登记 6 件;发表论文 2 篇。

(曹家俊)

【设施绿叶蔬菜智能化生产装备技术研究及示范】 项目由上海交通大学承担,4 月 11 日通过上海市农业科技服务中心验收。项目集成绿叶菜设施智能化、工厂化生产技术体系,建立智能化管控系统;研发土壤耕整机、播种机等设备,作业效率较人工操作提升 13 倍;优化生产模式,温室土地利用率提高 31.5%;金山廊下示范基地产量提升 30.7%,化肥减量 33.3%,农药减量 31.2%。项目申请专利 12 件,获专利授权 102 件、软件著作权登记 10 件;发表论文 21 篇。

(曹家俊)

【基于树体生物信息的上海主要果树肥水智能化调控技术研究与应用】 项目由上海交通大学承担,4 月 14 日通过上海市农业科技服务中心验收。项目研发果树生物信息实时自动图像获取设备和肥水网络化自主供给控制系统;开发 JDKY-1603 型水肥一体化智能施肥机和多通道土壤水势记录仪;构建果树高效灌溉施肥技术体系,合计示范基地面积 50.8 亩,实现葡萄和柑橘分别节水 26.2%、39.6%,节肥 34.9%、31.7%。项目申请专利 3 件,获软件著作权登记 5 件;发表论文 4 篇,其中 SCI 论文 2 篇。 (曹家俊)

【绿叶菜智能化模块式栽培关键技术研究与示范】 项目由多吉利德农业科技(上海)有限公司承担,6 月 13 日通过上海市农业科技服务中心验收。项目形成绿叶菜生产流水线;集成漂移栽培模式,填装播种效率 25 900 穴/小时,移栽人工成本降低 80%。示范基地年产量 40.78 kg/m²,减少化肥、农药使用量 70%。项目申请发明专利 1 件,获实用型专利授权 7 件、外观设计专利授权 1 件。 (曹家俊)

【绿叶蔬菜产销智能化控制技术示范应用】 项目由上海绿立方农业发展有限公司承担,6 月 20 日通过上海市农业科技服务中心验收。项目建立面向主要绿叶蔬菜产销智能化的设施设备、栽培技术、运营管理等内容的全程标准化体系;建成自动化生产物流、智能化环境管控、智能化水肥等系统;自动化播种育苗系统播种速度 460 盘/小时、播种成功率 98.78%;自动化移栽系统移栽速度 49.6 株/分钟、移栽成功率 97.9%;基于标准化栽培专家系统,实现蔬菜生产过程中的环境智能化控制;实现 3 种蔬菜年产 12 茬,总产量 181 万盘,年均产量 56 万盘/公顷。项目申请发明专利 6 件、实用新型专利 10 件,分别获授权 3 件、8 件,软件著作权登记 6 件;发表论文 9 篇。 (曹家俊)

【结球生菜全程机械化绿色生产技术的集成示范】 项目由上海浩丰果蔬专业合作社承担,8 月 23 日通过上海市农业科技服务中心验收。项目集成结球生菜集约化育苗、耕整、种植管理、采收等环节机械化生产技术,制定关键生产技术规范1套;核心示范基地示范应用结球生菜绿色生产、全程机械化作业等关键技术,示范面积2 662.8亩次/年,总计7 988.5亩次,用工量减少62.3%,机械化率81.7%;推广绿色高效生产技术,肥料用量减少23.0%—24.4%;化学农药用量减少19.6%。项目获实用新型专利授权1件,发表论文2篇。 (曹家俊)

【水稻全程作业环节无人驾驶研究与试验】 项目由上海市嘉定区农机技术推广站承担,8月23日通过上海市农业科技服务中心验收。项目完成水稻全程无人化作业农机装备改造,包含拖拉机4台及配套农机具和插秧机4台、穴播机2台、自走式植保机1台、收割机4台;实现全程无人化作业,在嘉定区外冈镇周泾水稻基地建成无人化作业试验点1 608亩,作业效率和质量不低于传统人工驾驶,单位面积内无人驾驶作业面积80%以上。项目获发明专利授权2件、实用新型专利授权2件、软件著作权登记3件,发表论文4篇。 (曹家俊)

【农药包装废弃物智能回收装置及监管平台的开发与应用】 项目由上海劲牛信息技术有限公司承担,9月6日通过上海市农业科技服务中心验收。项目基于窄带物联网(NB-IoT)技术和农药二维码,开发农药包装废弃物智能回收装置及监管平台,农药包装二维码扫码识别准确率98%以上。项目获实用新型专利授权2件、外观设计专利授权2件、软件著作权登记2件,发表论文1篇。 (曹家俊)

【农业物联网的区域应用技术研究与示范】 项目由上海左岸芯慧电子科技有限公司承担,9月12日通过上海市农业科技服务中心验收。项目形成包含智能信息采集、标准化种植(养殖)系统、病虫害图像人工智能识别和蔬菜种植区块链溯源等系统的物联网管理平台;建成物联网技术应用管理平台示范基地5家和标准型应用基地28家;开发云智能水肥一体化系统,可统计流量和上传灌溉量、用肥量,形成农事操作记录;形成蔬菜种植区块链溯源系统,数据实现区块链加密。项目申请发明专利2件,获软件著作权登记6件,发表论文2篇。 (曹家俊)

【绿叶菜机械化信息化技术融合应用示范】 项目由上海清美绿色食品(集团)有限公司承担,10月12日通过上海市农业科技服务中心验收。项目在7 000 m^2 GSW8440薄膜连栋温室内实现智能化管控,形成土壤栽培单品种鸡毛菜生长描述模型及生产性能报告;建立周年绿叶菜全程机械化和精准灌溉应用示范基地100亩,鸡毛菜生产全程机械化率100%,年亩总产量3 895.57 kg;生产效率比传统提高12.9倍,供应门店900余家。项目获实用新型专利授权1件、软件著作权登记3件,发表论文1篇。 (曹家俊)

【智慧果园水肥药一体化系统关键技术开发及应用示范】 项目由上海诺同农业科技有限公司承担,10月12日通过上海市农业科技服务中心验收。项目开发果园综合信息采集硬件系统、水肥药一体化云管理软件系统、水肥渗滴灌系统;研制巡检机器人样机,具备远程遥控和自主定位导航功能,采用深度学习方法初步实现对梨树花果的识别和计数;研制果园喷施机器人样机,具备远程通信和自主路径规划功能,定时定量精准喷施;建设示范果园100亩,水肥药管理人工用量减少99.71%,化肥减少40%,农药减少40%,用水量减少60%。项目申请发明专利3件,发表论文1篇。 (曹家俊)

【果树机械化生产装备选型及主要环节配套技术研究】 项目由上海第二工业大学承担,10月20日通过上海市农业科技服务中心验收。项目选型并引选果园主要环节农机装备;形成果树省力化栽培生产技术规范(梨、桃)各1套;建立示范基地3家,其中新弘基地430亩,常奉基地220亩,思尔腾基地231亩;用工量减少62.65%,机械化率71.25%;获绿色食品认证证书,认证率100%。桃平均可溶性固形物含量15.5%,梨平均可溶性固形物含量12.04%。项目发表论文2篇。 (曹家俊)

【智慧、健康、生态、美丽一体化猪场关键技术集成示范】 项目由上海第二工业大学承担,11月19日通过上海市农业科技服务中心验收。项目开发人工智能养猪系统,效率提高50.05%;建立流行病原数据库和免疫防控体系,抗生素使用量降低11.9%;采用单核苷酸多态性检测技术分析基因7个,制定分子标记辅助选育方案;建成规模为每天100 t的液体粪尿双膜法处理示范工程,废弃物资源化利用率100%。项目申请发明专利7件,其中获授权5件;发表论文8篇。 (曹家俊 周港涵)

【美丽乡村中小河道绿色清淤技术及装备研发】 项目由上海友为工程设计有限公司承担,11月19日通过上海市农业科技服务中心验收。项目研制管道运输及初期过滤设备、疏浚泥堆场立式气喷射防淤堵排水装置,形成水下冲吸、管道输送、淤泥环保处理为一体的环保清淤成套设备;引进荷兰BP系列疏浚泵,清淤效率提升54.73%,淤泥减容45.33%;编制清淤设备操作规程及施工技术规程,并在乡村河道清淤中示范应用。项目获发明专利授权1件、实用新型专利授权10件、软件著作权登记2件。 (曹家俊)

【基于双目视觉的番茄智能采摘机器人研制】 项目由牧星智能工业科技(上海)有限公司承担,12月8日通过上海市农业科技服务中心验收。项目研制番茄采摘机器人,采用轨道和地面无感切换架构,具备自主导航和安全防撞功能,行驶速度0.8 m/s,障碍物探测距离2.4 m,与物流自动导向车对接时间19.2 s,成熟番茄识别率92%、采摘成功率88%、单次采摘动作时间16.4 s,采摘机器人状态信息实时传输至云平台。项目申请发明专利1件、实用新型专利4

件，获实用新型专利授权3件、软件著作权登记7件；发表论文5篇。（曹家俊）

【基于AI识别与决策模型的设施生菜水肥智能管理技术研究与示范】 项目由上海交通大学承担，12月8日通过上海市农业科技服务中心验收。项目采集不同氮素处理下不同叶龄期的生菜图像9 609张，利用人工智能系统解析植株氮营养状况，模型诊断精准度分别为叶绿素荧光89.4%、可见光98.6%、高光谱87.8%；建立生菜氮营养诊断模型和氮供应决策模型；开发水肥精准管理专家系统，在上海绿立方5 000 m^2温室示范应用。项目获软件著作权登记1件，发表论文2篇。（曹家俊）

【人工智能在奶牛细菌性乳腺炎炎症预警和防控中的创新集成】 项目由农科院上海兽医研究所承担，12月8日通过上海市农业科技服务中心验收。项目研制奶牛穿戴式多参量传感系统，站立、躺卧和行走识别准确率85%，续航时间96小时；建立基于pH敏感有机场效应晶体管核酸传感器及细菌检测系统，灵敏度pH 0.2，最低检测浓度1 pmol/L，对非特异性核酸分子信号响应度3.45%；建立奶牛乳腺炎预警系统，试用后诊断时间提前1周，治疗时间减少1.5天。项目申请发明专利9件，获发明专利授权3件、软件著作权登记8件；发表论文12篇。（曹家俊）

【设施果园多功能自主作业机器人系统研制】 项目由上海大学承担，12月8日通过上海市农业科技服务中心验收。项目完成果园环境感知、路径规划、障碍避障技术开发及基于视觉伺服的自动对靶精准作业，定向除草及对靶喷药技术开发，形成作业规程；研发具有模块化标准接口的智能除草装置、自动对靶喷药、病虫害监测装置各1套，自主除草率85.4%、对靶喷药准确率96.7%、病虫害监测准确率88.9%；研制多功能自主机器人，具备环境感知、路径规划、障碍规避功能，杂草识别率94.8%，1次充电作业8.3小时。项目申请发明专利5件；发表论文4篇，其中SCI论文1篇。（曹家俊）

【设施绿叶菜生产无人机巡检植保与智能控制系统】 项目由同济大学承担，12月8日通过上海市农业科技服务中心验收。项目研制无人机自动巡检与植保系统，实现精准定位、悬停、避障和喷药功能；开发物联网采集和环境调控系统，综合调控绿叶菜生长环境，检测和处理土壤盐渍化；完成无人机—物联网集成系统及无人机植保系统，实现绿叶菜表型信息获取与成熟报警，无人机拍摄图像时，其回传位置水平方向精度在±10 cm以内，巡航避障最小距离38 cm，病虫害防效80.1%。项目申请发明专利5件，获发明专利授权2件、软件著作权登记2件；发表SCI论文5篇。（曹家俊）

第二篇　第六章

城市建设与生态科技

第一节｜概况　>>

【上海社会发展科技工作概述】　2023年，上海社会发展科技工作在城市建设与交通、生态环境、公共安全、能源、海洋、新能源汽车等领域推进前沿引领技术研究及产业共性关键技术突破，不断提高社会发展科技创新链整体效能，加快建设社会发展领域战略科技力量，形成"规划引领，协议保障，应用落地"的创新闭环，逐步构建"研发、集成、应用、示范"一体化的高质量技术创新体系。

贯彻落实碳达峰碳中和重大战略，科技支撑双碳工作。编制技术路线图，完成上海市生物甲醇技术路线可行性情况报告；梳理储能、氢能、新型电力系统、负碳、碳捕获利用与封存等11个大类、51个子类共200余项相关技术；建立基于"文献调研—专家打分—层次分析"的系统性碳中和技术量化评估方法论；布局科技攻关，推动绿色低碳转型、低碳工业及再制造、新能源汽车、低碳建造、负碳技术等科技攻关；打造国内一流、国际领先的碳中和科技创新平台；推进上海碳中和技术创新联盟、上海长兴碳中和创新产业园发展；突破空间太阳堆电源、可再生合成燃料等前沿技术。

贯彻落实2030年可持续发展议程，推动绿色技术银行建设。布局海外中心，首个海外分支机构绿色技术银行曼谷中心揭牌；共建绿色技术银行金边中心、联合培育绿色技术创新人才等被列入中柬科技创新行动计划；700亩(1亩＝0.066 7公顷)莎车县荒漠农业可持续发展示范基地成效显著；配合编制《上海市转型金融目录》；推动绿技行(上海)科技发展有限公司与中国工商银行上海分行签署400亿元绿色技术转移转化专项授信协议；举办2023年绿色低碳创新论坛。

支撑上海城市数字化转型，创新引领重大工程建设。结合上海市重大工程实施，推动传统建设行业的数字化、低碳化转型，支持上海东方枢纽投资建设发展集团有限公司开展"数字设计、低碳建造、韧性控制"技术研究；全预制结构高精标准化数字拼装技术、远程控制自动掘进智能盾构装备等成果应用于市域铁路施工，实现单日进尺26 m、74分钟完成单环推进及拼装。零覆土大尺度无工作井盾构隧道新技术支撑龙水南路越江隧道施工，历史建筑全生命期数字孪生平台、风貌要素全过程管理系统等技术成果应用于新昌城、弘安里、上海音乐厅预防性保护项目。

推进燃料电池汽车技术研发，实现核心技术国产化。开展国产化燃料电池系统研制及整车验证，推动硫化物全固态电池材料与工艺、退役电池修复增容、车用燃料电池寿命优化等技术研发；建立公交纯电动力电池健康状态评估和安全预警技术体系；实现全氟质子交换膜、高通量气体扩散层、长寿命低成本膜电极等燃料电池电堆关键核心材料国产化样件设计研发；完成首轮国产膜电极和电堆的材料选型、设计研发、试制及性能测试；实现300 kW燃料电池电堆测试设备国产化，液驱增压系统、隔膜压缩机等加氢站核心设备完成国产化样机试制。

推进未来能源技术研发，培育绿色低碳新赛道。探索钍基熔盐堆、磁-惯性约束核聚变等前沿技术，列入国家重大科技基础设施项目。自主研制填补国内空白的100 kW、300 kW、2 MW系列化微小型燃机；研发新型铁基磷酸盐钠离子电池正极材料并建成吨级生产线；研制国内首条固体氧化物电解水制氢电堆自动化产线，国内首套200 kW高温固体氧化物电解制氢系统运行；研发高密度镁基储氢材料及吨级供氢装备；设计建设国内首台可解剖式试验高炉；建成供氢-富氢冶炼-CO_2捕捉利用示范平台；建成国内首个中心城区商业建筑虚拟电厂；打造临港新片区、虹桥商务区、钢铁化工等低碳能源综合应用示范场景。

聚焦"平安上海"治理需求，技术保障城市安全运行。研发超大城市自然灾害综合风险预警技术，提升多灾种全要素监测水平；研制高层建筑火灾风险预警装备，建设消防设施基础数据库；构建基于智能物联网的电动车充电和家用电器火灾智能监测预警系统平台；构建集信息、评估、研判、指挥于一体的消防指挥系统；形成上海市危险化学品风险红、橙、黄、蓝四色分布图；形成高通量、非接触、全覆盖高效精准安检系统；形成出入境船舶智能高效检验技术体系，建立上海水域航道智能化监测预警技术体系；建设电信网络诈骗综合治理平台。

聚焦"美丽上海"营造需求，科技赋能城市生态环境改善。拓展上海生态战略空间，科技支撑横沙浅滩固沙保滩稳定河势工程获批实施；推进"无废城市"建设，突破废旧汽车再制造等关键技术；实现战略磷资源与灰渣全量资源化；沼渣发酵强化新技术破解湿垃圾处置产物土地利用准入难题；支撑蓝天、碧水、净土保卫战，实现$PM_{2.5}$和O_3污染15天中期预报和协同防控；研发国产化土壤修复核心装备并推广；建立针对水产养殖尾水和底泥中54种卤代消毒副产物的共检测方法。

聚焦“交通强市”建设需求，技术推动城市交通畅通有序。国际首条无人驾驶集卡线路实现“洋山港—东海大桥—深水港物流园区”载货运行；轨道交通无人驾驶关键技术推动上海地铁进入 GOA4 等级全自动运行模式；协调推进 26 种自研核心部件在上海磁浮示范线运行考核，获批高速磁浮运载技术全国重点实验室；开发世界首艘超级电容动力轮渡“新生态轮”投入长兴岛横沙岛车客度运营；实现停车设施网联可变，构建全国首个智慧弹性停车系统应用于莫比乌斯环公园；建设超大城市轨交运维管控数字孪生平台，实现轨交车站全场景节能降碳。（王　薇）

【上海生态环境科技工作概述】　2023 年，上海生态环境科技工作聚焦应对气候变化、污染防治攻坚战、长三角一体化等生态环境保护领域重大战略和重点任务，持续推进绿色低碳科技自立自强，精准支撑全市及长三角环境质量持续改善，不断满足人民群众优美生态环境需求。

精准支撑打赢蓝天保卫战。推进臭氧污染防控及前体物深化减排，开展上海市臭氧污染治理经验及前体物深化减排路径等研究，解析城市臭氧前体物污染来源，分析重点行业前体物减排潜力，提出城市臭氧污染改善及前体物深化减排策略建议，编制《上海市清洁空气行动计划(2023—2025 年)》；开展环杭州湾大石化聚集区臭氧污染防控关键技术研发及应用示范研究，推进长三角区域大气污染联防联控；推进挥发性有机物与温室气体通量监测技术研究与应用示范，建成国际领先的移动通量实验室。

全面支撑打好碧水保卫战。开展河道水环境质量提升技术集成研究与示范研究，研发市政大混接点荧光溯源筛查、河岸直接排污口筛查、管道通沟底泥精准清掏等水环境治理关键技术 9 项；构建通沟底泥精准清掏实控管理系统、人工强调控河网区域智能化水质优化调度管理平台和水生态系统评价软件系统平台智能化管理平台 3 个；编写《上海中小河道环境生态调查规程》《河道污染治理工程绩效评估规程》《河道水生态系统管理养护规程》等技术规程建议稿 7 套；编制《上海市河道水质提升技术集成筛选团体标准》，形成因地制宜的河道水环境治理模式、政策和管理机制；开展高度城市化平原河网精细化模拟技术及智能化决策支持应用研究，构建水污染全过程防控完整技术支撑体系和智慧应用平台，应用于苏州河、太浦河水源地等区域水环境管理实践。

科技支撑打好净土保卫战。开展高风险有机污染场地高效热脱附技术及智能化装备研发与集成示范研究，研制热脱附强化增效功能材料，研发内外复合加热的大容量热脱附撬装设备；开发多段式异位热脱附技术成套装备、低能耗集中燃烧式原位热脱附技术装备、新型模块化尾气处理技术与装备；开展原位热脱附-蒸汽强化抽提耦合修复技术与装备研发研究；搭建多套原位热处理耦合修复技术实验室模拟装置，研制原位蒸汽注入集成装备，具有模块集成、功能复合、多系统自动联动控制、智能调控、实时监测等特点，应用于原位蒸汽强化抽提中试场地，有效去除有机污染物 90%以上；研发基于电阻加热和热传导加热的原位热脱附-蒸汽强化抽提耦合修复装备。

推动绿色低碳技术创新和成果转化。推进上海绿色低碳创新服务基地建设，举办首届上海绿色低碳技术创新大赛。首届大赛以“绿色新动能、低碳创未来”为主题，以“揭榜挂帅”等方式引导产业开放式创新，加强绿色低碳重大科技攻关和推广应用，加快培育绿色低碳产业发展新动能，吸引参赛企业(项目)100 余家(个)；助力上海墨砾新材料科技有限公司与纬景储能科技有限公司 2 家获奖企业对接资源，绿色低碳项目落地福建三明。（商宏娟）

【上海住房城乡建设科技工作概述】　2023 年，上海住房城乡建设科技工作加速重点技术源头创新突破，聚焦超大城市转型发展、双碳战略、数字化转型发展等重点，强化科技研发，加大创新引领，坚决打赢关键核心技术攻坚战，加快形成一批原创性引领性科技成果。

开展绿色低碳科技创新工程，加快落实建筑领域碳达峰实施方案，通过“建筑碳达峰碳中和关键技术研究”“中共一大会址 · 新天地碳中和示范区暨零碳建筑科技示范工程”等重点科研项目，推动建立夏热冬冷地区适宜的超低能耗建筑技术体系和产品体系，建立建筑全生命周期碳排放计算和评价体系；全市累计落实超低能耗建筑 1 400 万平方米。

开展智能建造科技创新工程，通过“建筑工业化智能施工技术和装备研究与应用”“智慧工地平台开发与示范”等重点科研项目，推进建筑装配式工程应用场景下的智能装备研发、智慧工地平台规模化应用、应用场景规范化，实现建筑工业化施工现场的自动化、智能化。

开展城市更新科技创新工程，研究城市有机更新实施机制，推进市政基础设施和公用设施更新、老工业基地功能改造，“上海市既有多层住宅加装电梯装配式技术研发”应用于既有多层住宅加装电梯实际工程项目，实现安全快捷高效模块化拼装。

开展历史建筑保护传承利用科技创新工程，完善历史建筑与历史街区保护传承工作架构，分类整理历史建筑及街区保护需求，完善历史建筑保护及更新利用技术，“外滩历史文化风貌区‘第二立面’保护性更新关键技术与工程示范研究”攻克历史建筑保护修缮与活化利用和地下空间扩容等系列关键技术，为上海更大规模历史建筑保护与活化利用奠定良好基础。

开展数字化赋能韧性城市建设科技创新工程，以“基于数据驱动的深基坑风险集成感知与融合关键技术研究”“面向韧性城市的基础设施数字化建设与运维标准研究”等重点科研项目为载体，围绕地下管网、燃气设施、照明设施、综合杆等城市基础设施运行维护全周期，建设一批基于智能感知、自动分析、智慧运维的数字化管理平台，建设深基坑数字监测、智慧工地、智慧燃气等一批实用、管用、好用的场景和应用系统。

开展地下空间开发利用科技创新工程，开展地下空间开发战略和规划研究,开展"数字盾构自主掘进关键技术研究与应用"等项目,推进无人盾构挖掘技术等地下空间建设技术及超深水泥土搅拌墙技术等深层地下空间开发利用技术体系攻关;推进谋划深层地下工程综合性试验基地建设,实施"深层地下工程综合性试验基地"专项可行性研究。

(周君俊)

【上海交通科技工作概述】 2023年,上海交通科技工作在顶层设计、能源结构调整、污染治理、自动驾驶应用等方面取得进展。

强化行业转型顶层设计。编制并发布《上海市交通领域科技创新发展行动计划(2023—2025年)》《2023年度上海市交通行业数字转型年度重点工作方案》,组织研究新一轮数字化转型工作实施意见(2024—2026年);推动公交智慧化发展,印发《上海市智慧公交顶层设计方案》《上海市智慧公交三年行动计划(2023—2025年)》;推进"五个新城"及重点区域智能交通建设,发布《智能交通顶层设计2023年度重点项目清单》;从远期、中期、近期3个维度对交通双碳工作做系统谋划、全面布局,制定《上海市交通领域碳达峰实施方案》《上海市交通领域碳减排三年行动计划(2022—2024年)》《2023年上海市交通领域双碳重点工作任务清单》;推动航运数字化、智能化、绿色化转型,发布《上海国际航运中心数字化智能化绿色化转型发展方案》;发布上海交通领域光伏、氢能推广应用实施方案,推动交能融合发展。

扎实做好攻坚会战工作。根据全市数字化"六大会战"百日攻坚行动要求建立工作机制,全面推进公共数据上链会战、"图网码"会战等工作;完成职责目录、系统目录、数据目录编制及挂载关联等任务;做好电子航道"一张图"相关应用;按照"随申码"城市服务功能工作方案,有序推进下立交、桥梁等交通基础设施场景应用落地;会同长三角交通、大数据部门组建工作专班,共同推动长三角"一码通行",率先实现上海、嘉兴、苏州等毗邻城市一码通行;围绕"提升数据交易活跃度",上海久事(集团)有限公司、中国东方航空集团有限公司、中国远洋海运集团有限公司等150余个数据产品在上海数据交易所挂牌交易,拓展丰富交通行业数据新价值。

全力推动能源结构调整,优化运输结构。海铁联运业务全年完成71.86万标准箱,比上年增长24.75%;水中转比例57.8%,港口集疏运体系逐渐完善;调整能源结构,上海港液化天然气(LNG)"船到船"加注作业实现常态化,绿色甲醇燃料加注工作启动;上海港集装箱码头岸电设施泊位覆盖率100%,全市全年岸电设施使用岸电5.6万艘次、接电58.9万小时、用电2 476万千瓦时,比上年增长142%;机场近机位辅助动力装置替代设施安装率100%;全球首条跨太平洋绿色航运走廊(上海港—洛杉矶港)实施计划纲要发布;新增公交车、出租车全面新能源化,年内新投放新能源公交车1 052辆、新能源出租车3 000辆,累计投放新能源公交车、出租车分别达1.64万辆、2.77万辆,占比93%、84%;投放新能源货运车辆超3万辆;新增公共(含专用)充电桩3.85万个,提前完成市政府实事项目提出1万个的年度目标;新增投放LNG内河货船98艘、纯电动客船14艘。

污染治理机制体制持续健全。组建生态环境保护工作领导小组,统筹推进交通生态文明建设。《上海市船舶污染防治条例》于3月实施,夯实港口船舶污染防治法制保障,制定《船舶和港口污染防治执法监管检查工作方案》,强化执法检查;国三柴油货车全市限行于4月启动,加快推进高污染车辆淘汰;印发《长三角区域国三柴油货车限行指导方案》,推动长三角协同治理国三柴油货车;印发《上海市机场港口非道路污染治理实施方案》,积极推进非道路污染治理;完成全市首个专项领域生态环境警示片拍摄,强化问题发现整改机制。持续推进第2轮中央环保督察反馈问题整改,滚动推进城市交通噪声污染治理,累计完成134个敏感点位噪声整治。

全面拓展自动驾驶应用。持续扩大嘉定、浦东及临港新片区智能网联汽车创新应用规模,稳妥推动浦东新区全无人道路测试;推进智能网联汽车示范运营,共有联合企业主体8家、智能网联汽车95辆开展示范运营;浦东新区推动智慧道路建设,打造5G通感一体化试点示范线路;《浦东新区促进无人驾驶装备创新应用若干规定》及配套实施细则出台实施,《临港新片区智能网联汽车创新引领区发展三年行动方案(2023—2025年)》发布;加强示范运营监管,研究管理措施,明确智能网联汽车示范运营全链条安全管理要求;研究并制定《洋山港智能重卡示范运营2023年工作方案》,加速提升智能重卡车辆技术和无人驾驶能力;持续推进洋山港智能重卡示范运营,累计完成超23万标准箱运输量。

持续推进2个出行即服务(MaaS)建设。出行MaaS在国内率先整合政务随申码与公共交通乘车码,上线"免申即享",为6类特定人群提供便捷免费乘车;在临港新片区推出"定制班线、一票通用、联程日票"等多样票制服务。集运MaaS建设实现国际集装箱运输全链条业务融合,推动一门式查询、一站式服务、一单制协同、一体化监管,实现国际集装箱运输进出口流程32个节点箱货车船跟踪数据一门式查询,上线上海国际港务(集团)股份有限公司业务范围电子提货单、设备交接单等功能;扩大多式联运"一单制"应用范围,落实中欧班列运单"提单化""一单制"试点,开展基于电子提单流转的银行金融服务方面综合应用试点,上海临港港域数字孪生试点启动。

积极探索行业科技创新。市交通委与市科委签订战略合作协议,依托重大项目推进关键领域科技攻关,加快科技成果融合转化;基于上海市区块链基础能力,打造上海交通行业区块链技术应用生态;围绕集运MaaS集装箱无纸化换单、集装箱收箱服务,客运MaaS交通出行碳普惠等场景开展区块链应用创新;探索区块链技术在网约车监管、长三角交通执法信息共享等场景应用;举办第3届智能交通上海论坛,围绕交通科技创新、数字化转型、绿色低碳等主题,宣传推广上海及国家发展政策及建设成果。 (俞婷莉)

【上海水务(海洋)科技工作概述】 2023年,上海水务海洋科技工作在科技赋能、标准引领、创新发展等方面开展,服务水务海洋中心工作,有力支撑市政府重大工程。

促进水务海洋科技创新高质量发展。编制印发并贯彻落实《上海市水务海洋高质量发展科技创新三年行动计划(2023—2025年)》;推进市级重大科研项目研究开展和示范,"放江污染水陆协同精准控制关键技术研究与应用示范"及排水专项科研成果在泵站排水治理、污水溢流控制、雨污混接普查等工作中得到应用;"上海市河湖健康智能感知体系与关键技术研究""适应极端气候变化的上海防汛安全技术及应用研究"成果为河湖健康智能预警、极端天气防汛安全提供技术保障;组织专家和研究团队做好重大科技研究技术储备;围绕城市供水安全韧性提高,编制《长江口水源地应对严重咸潮保障供水安全关键技术研究及应用》申报书,"超大城市饮用水韧性及品质提升关键技术研究及示范"获2023年市科委社会发展领域科技攻关项目立项,长江三峡投资发展有限责任公司、上海勘察设计院等单位制定战略科技合作协议,参与"长江中下游极端枯水预警与应急供水保障关键技术研究"等国家重点研发计划。

加强科研成果技术支撑作用。针对防洪潮安全保障,开展黄浦江中上游超高水情分析研究;针对区域除涝安全,开展郊区下垫面蓄滞能力分析研究;针对水环境治理,开展郊区农业面源污染治理、污泥资源化利用研究;针对海洋防灾,开展咸潮入侵预警报技术研究;针对数字化转型,开展数字孪生在生态清洁小流域应用研究。全年,新增科技研究35项;研究提出2024年度科研需求,围绕污水污泥资源化利用、中小河道提质增效生态技术、饮用水新污染物风险识别与控制等做好技术储备和支撑。 (金巍良)

【上海地震科技工作概述】 2023年,上海地震局围绕全面提升超大城市防震减灾综合能力,推动上海防震减灾各项工作取得新成效,为上海加快建设具有世界影响力的社会主义现代化国际大都市提供坚实地震安全保障。

监测预报预警能力和应急响应能力不断提升。国家地震烈度速报与预警工程上海子项目竣工验收,建成地震专业台站31个和省级地震预警中心1个,安装部署设备350台(套),建成包括地震预警网站、数据传输与处理、地震预警信息发布、信息网络与网络安全在内的主要技术系统,在全市范围内实现远场大震预警和基于仪器实测的街镇烈度速报功能;印发《上海地震监测站网规划(2022—2030年)》,"一带一路"地震监测台网上海子项目完成奉贤海湾综合台年度建设任务,监测预报基础不断夯实;市地震局与市公安部门建立爆破信息共享机制,与市规划资源局、市公安局合作推进地震监测设施和地震观测保护。

探查区划评估工作深入开展。推进地震构造环境探察,市地震局与同济大学、自然灾害防治研究院合作完成海域深大断裂重磁联合反演、地震构造专题研究;推进区划评估,加快开展《上海市新一代地震动参数区划图与地震灾害风险图》编制,完成全国地震动参数6代图编图基础资料汇集、整理和入库;开展重大基础设施地震灾害风险评估,完成上海沿江通道工程地震灾害风险评估试点任务;开展地震灾害损失预评估,完成浦东新区书院、高行两镇试点;通过上海市科技创新行动计划"高密度建筑群地震灾害风险评估及应用示范"项目支撑,开展城市地震灾害情景构建。

自然灾害防治"两项工程"取得成效。地震灾害风险普查在全国较早完成市、区两级风险评估与区划图工作任务。市地震局与市灾防办、市住房城乡建设管理委签订普查数据与成果三方共享协议,利用共享数据先行先试在全市开展地震灾害隐患评估,绘制完成地震灾害隐患分布图,提出隐患治理对策建议;推进地震易发区房屋设施加固工程,持续动态掌握房屋设施抗震设防信息,摸清风险底数,全年完成抗震设防信息采集1 900余条;上海4个项目获评国家级加固工程典型案例。

基层工作基础不断巩固。落实市、区联动机制,组织金山、普陀与徐汇3个区开展新建学校和医院抗震设防要求的监管检查;以浦东新区为试点,将区—街镇—居村的三级防震减灾工作责任纳入区自然灾害防治四级责任清单;编制区防震减灾工作基础业务工作手册,覆盖基层日常主要工作内容的全流程;举办大震现场培训班,加强基层防震减灾人才队伍建设;开展国家级防震减灾科普示范学校与基地创建工作,遴选10所学校和1家基地上报参选;组织全市国家与市级示范学校和基地开展科普宣传培训,提升基层地震科普人员专业水平。

地震科技创新和人才队伍建设加速推进。聚焦抗震韧性城市建设、海域地震监测、人工智能新技术应用,完善科技创新布局,组建业务团队,开展项目申请与研究攻关;在上海市科技创新计划、中国地震局地震科技星火计划等资助下在地震短临预报新方法研究、分布式声波传感技术应用于海洋地震监测、人工智能技术应用于地震领域等方面开展探索;完善佘山野外站科研平台功能,重点开展海洋地震和都市密集台阵等特色观测和科研工作,累计投入资金400万元,资助开放基金课题29项,重点课题13项;举办密集地震台阵壳幔结构探测新技术与新应用研讨会暨第6届密集台阵学术会议;编制并发布《区域性地震安全性评价技术规范》《重要工程强震动监测台阵布设技术规范》2部地方标准,规范地震安评和强震动台站布设工作;面向社会提供抗震设防参数查询服务,将地震危险性计算结果纳入国土空间规划,为城市规划提供地震科技支撑。

防震减灾社会宣传工作水平持续提升。围绕预警工程上海子项目竣工验收,召开新闻通气会,《解放日报》《文汇报》等主流媒体开展集中宣传;针对土耳其地震、青浦地震等公众关切的国内外地震事件,及时开展应急宣传;将"地震科普 携手同行"主题活动推向深入,累计覆盖超百万人次;将地震避险板块纳入《公共安全教育开学第一课》,全市200余万名学生收看节目;举办《震话趣谈》对话科学家系列科普沙龙活动,打通防震减灾高知群体受众渠道,同步制作14期融媒体节目,在主流媒体平台视频直播和开设专题节目,累计收听收看人数逾500万人次;策划《言归"震"传》主题科普巡展,带领公众了解防震减灾知识和震时避险技能;打造《震得起的地震安全城市》科学实验表演节目,在全国防灾减灾日、上海科技节等活动中亮相。 (张建莉)

第二节 节能与资源利用

【超低能耗互联网数据中心节能关键技术研究与示范】 项目由上海市建筑科学研究院有限公司承担,2 月 28 日通过市科委验收。项目研究小压缩比下高效制冷机组设计技术和互联网数据中心精细化高效运维技术等新技术 5 项;建立互联网数据中心新型高能效环控系统,全年综合能效比 6.01;开发互联网数据中心节能精细化管控平台,接入面积 7.9 万平方米;完成新建数据中心示范项目 3 个、既有数据中心改造项目 1 个,实现环控系统节能 41.33%;创立绿色技术评估体系与绿色金融相结合新模式。项目申请发明专利 3 件,获软件著作权登记 2 件;发表论文 5 篇。(王 磊)

【智能化监测技术在城市基础设施建设与运维中的集成应用与示范】 项目由上海公路桥梁(集团)有限公司承担,3 月 16 日通过市科委验收。项目研制 Ka 频段阵列天线快速电扫地基微型合成孔径雷达样机,实现在大桥非接触式远程高精度形变及振动监测的应用功能;研发点云扫描数据综合人机交互、双边滤波和均值漂移数据去噪方法和桥梁构件数字化虚拟自动预拼装软件,保障构件拼装精度;研发智能无线监测系统及其快速拆卸安装硬件,实现城市高架桥梁快速动力测试;研发基于多光谱的多目标跟踪算法,实现在多光谱场景下对重型车辆行驶异常事件的监测应用;研发区域桥梁群安全监测评估理论方法,实现基于地理信息系统数据和区域多源监测数据的桥梁群快速自动化建模与模型动态更新;搭建桥梁数据集约化与分布式平台,实现城市桥梁健康监测、指标预警、安全评估和养护决策等数据可视化展示。项目成果应用于闵浦三桥、南浦大桥等建设和运维。项目申请发明专利 8 件,其中获授权 4 件,获软件著作权登记 6 件;发表论文 33 篇。 (王 磊)

【基于绿色技术应用价值的智能评估系统构建】 项目由绿技行(上海)科技发展有限公司承担,3 月 16 日通过市科委验收。项目构建绿色技术应用价值评估标准及主要投资模式,完成绿色技术智能评估系统和智能投资系统及大数据平台建设,开发绿色技术应用价值评价和投资模块,构建基于人工智能的绿色技术项目分析评估系统,为绿色企业投资风险评估开发模型提供参考依据,提高模型实用性。项目申请实用新型专利 2 件,获软件著作权登记 1 件。

(王 磊)

【国Ⅵ油品升级装置废水绿色减排与全过程控制技术研究及应用示范】 项目由华东理工大学承担,3 月 17 日通过市科委验收。项目研制酸烃破乳聚结分离装备,开发聚结吸附耦合干式分离绿色工艺,提出异质纤维结构化设计准则,替代杜邦工艺碱水洗流程;依托上海石化 40 万吨/年硫酸烷基化装置,完成国Ⅵ油品升级装置废水绿色减排及全过程控制技术工程示范,使装置不再排放含盐废水,为国际最大规模硫酸烷基化装置首套应用,每年节省碱液 1 680 t,减少浓硫酸消耗 3 200 t。项目申请发明专利 17 件,其中获授权 7 件;发表论文 10 篇,其中 SCI 论文 7 篇。 (王 磊)

【"一带一路"沿线国家绿色技术相关法律政策和技术标准的比较研究】 项目由上海科学技术交流中心承担,3 月 29 日通过市科委验收。项目完成"一带一路"沿线 6 个国家绿色技术相关法规政策、标准文件、合作案例等梳理、对比和解读;提出风险防范建议,形成指导手册和案例分析报告,依托绿色技术信息平台增加"法律与标准"模块;构建包含国家概况、法律法规、技术标准、典型案例等信息的数据库,收储可视化信息 200 余项,实现研究成果可查可用。项目发表论文 8 篇。

(王 磊)

【超大型城市多维智慧能源网关键技术研究与示范】 项目由上海申能能源服务有限公司承担,3 月 31 日通过市科委验收。项目开展多维能源智慧感知与链路技术研究和设备研发、能源大数据融合及诊断技术研究、用户侧用能行为分析及负荷预测模型研究、区域能源协同控制的多目标优化运行技术研究;开发区域能源智慧管理平台,依托上海新虹桥医学中心分布式能源站完成多维能源数据管理、需求侧环境数据管理、智能运维与设备安全管理等 3 个专业场景应用示范。项目申请发明专利 7 件,获软件著作权登记 4 件;发表论文 10 篇。 (王 磊)

【高压加氢机关键部件加氢枪及流量计的国产化研制】 项目由上海舜华新能源系统有限公司承担,3 月 31 日通过市科委验收。项目开发 35 MPa 加氢枪样机和 35 MPa 流量计样机,研制汽车用压缩氢气加气机计量测试装置。项目申请发明专利 4 件,获实用新型专利授权 3 件;发表论文 1 篇。

(王 磊)

【70 MPa 高压加氢机及关键零部件的自主研制】 项目由上海百图低温阀门有限公司承担,4 月 3 日通过市科委验收。项目针对 70 MPa 高压加氢机及关键零部件研制需求,搭建零部件性能及控制测试试验平台;提出高压氢气加注控制方法及流量计计量精度调试方法;研制 70 MPa 加氢枪、拉断阀、控制器样件及高压加氢机样机;设立控制系统实验室。项目申请发明专利 10 件,其中获授权 1 件,获软件著作权登记 2 件;发表论文 3 篇。 (王 磊)

【UNDP 燃料电池城市公交客车运营关键技术研究】 项目由上海申沃客车有限公司承担,4 月 26 日通过市科委验收。

项目开展6辆燃料电池城市公交客车商业化运营和保障，采集车辆运营过程中各类数据，开展运营管理、运营保障规范、关键零部件失效、客车技术经济性、公交运营模式等专业性分析与研究；围绕公交运营状况，形成《燃料电池城市公交客车运营管理指南（试行）》；研究车辆远程监控、运营管理数据，根据整车、氢系统、燃料电池、动力电池的采集数据需求，编制并发布 DB31/T 1313—2021《燃料电池汽车及加氢站公共数据采集技术规范》；研究燃料电池公交客车运行数据，建立以数据驱动的燃料电池寿命预测自学习模型，完成燃料电池城市公交客车运营关键技术研究。项目获软件著作权登记3件，发表论文1篇。 （王 磊）

【公交车退役动力电池评价及综合利用关键技术研究】 项目由上海动力储能电池系统工程技术有限公司承担，4月27日通过市科委验收。项目开展退役电池健康状态评估技术和残值分析、性能测试方法、储能梯次利用工程方法研究和应用示范、处理处置技术研究，以及退役电池梯次利用性能、安全、寿命综合评价规范研究；完成基于电池电化学机理模型和数据驱动的推移电池梯次利用残值评估方法，基于不同应用场景的推移电池梯次利用的通用经济性评价，退役电池贮存、评价、再生利用安全性，西安仓快速评测筛选方法等关键技术研究；实现基于楼宇电力储能的 120 kW·h梯次利用应用示范、工业园区 380 kW·h 储充微网应用示范及10辆低速无人驾驶电动地盘开发；设立动力与储能检测实验室和退役动力电池性能检测实验室。项目申请发明专利8件，获软件著作权登记3件；发表论文5篇。 （王 磊）

【大空间建筑智能环控综合节能技术研究及应用示范】 项目由上海电器科学研究所（集团）有限公司承担，5月23日通过市科委验收。项目形成智能控制模型、节能策略、节能管控平台；通过环控系统可预测的智能决策实现动态响应，降低建筑物环控系统能耗，形成可推广的基于大数据智能决策的建筑环控系统节能技术，可广泛应用于交通枢纽、商业建筑、学校、医院等建筑；形成节能算法及能源管理平台，并在浦东机场局部空间实现综合节能应用示范。项目申请发明专利3件，获软件著作权登记2件；发表论文7篇。 （王 磊）

【考虑多能互补与需求响应的大型园区能源互联网关键技术研究与示范】 项目由中国华电集团有限公司上海分公司承担，6月2日通过市科委验收。项目完成需求侧多元用户用能特性分析与综合需求响应机制、供给侧多种能源协调集成与能量综合梯级利用、兼顾安全与经济的源-网-荷-储互动运行优化策略等大型园区能源网关键技术研究；开发智慧能源管理平台，在莘庄工业园区应用示范。项目申请发明专利9件，其中获授权2件，获软件著作权登记5件；发表论文14篇。 （王 磊）

【美丽乡村典型场景智慧能源系统集成技术研究与示范应用】 项目由国网上海市电力公司承担，6月6日通过市科委验收。项目搭建适用于美丽乡村能源挖潜的预测模型、多源双向系统规划模型、多能源互联网信息系统模型；开展城乡整体视角下美丽乡村发展战略与顶层设计；完成乡村能源要素与资源禀赋挖潜及评估；形成智慧能源系统集成技术6项；开展连民村美丽乡村智慧能源示范工程建设及推广应用研究，形成示范6处；构建连民村示范区智能微网控制系统和连民村 Monet 能源管理云平台，研制应用能量魔方4个；开展乡村智慧能源商业模式运营功能、系统架构研究；研究编制美丽乡村智慧能源建筑节能、全电化及智慧家居设计标准草案3部。项目申请专利5件，其中获授权2件，获软件著作权登记2件；发表论文12篇。 （王 磊）

【省级电力现货市场与电网调度运行联合推演技术研究与系统开发】 项目由国网上海市电力公司、中国电力科学研究院有限公司、国网电力科学研究院有限公司、国网浙江省电力有限公司、国网江苏省电力有限公司等共同承担，6月9日通过国家电网有限公司验收。项目提出省级电力现货市场与电网调度运行的联合推演框架和流程设计，通过推演场景实现市场模式、运行边界、电网运行事件的设置，通过多个进程的状态判断、消息通信、数据共享等方式实现连续推演过程自动流转；提出计及源荷不确定性的分区备用评估及优化方法，识别联络线负载率最大“最劣场景”，计算相应分区备用及备用充裕度；提出基于聚类的联络线计划分解方法。项目申请发明专利4件，获软件著作权登记1件；发表论文3篇。 （宋 平）

【基于 BIM+FM+BI 技术的可视化大型综合办公建筑能源高效运营管理系统研究及应用示范】 项目由上海中建东孚投资发展有限公司承担，6月26日通过市科委验收。项目探究基于人工智能的建筑综合能源管理优化算法、节能控制和环境提升的建筑设备调控优化技术、建筑信息模型+设施管理+商业智能（BIM+FM+BI）平台数字化运维管理技术等关键技术，开发多功能集成的运维管理和诊断分析平台，并在中建广场应用示范。项目申请发明专利7件，其中获授权2件，获软件著作权登记3件；发表论文15篇。 （王 磊）

【区域柔性直流输电技术及应用】 项目由华东电力试验研究院有限公司承担，6月30日通过市科委验收。项目提出新型柔性直流互联拓扑及方案，以及基于开关器件故障特征的区域柔性直流系统故障诊断方法；实现高效率、高可靠的多端口柔性直流换流器协同控制；研制新型多端口柔性直流换流器样机，验证多电压等级交直流混合系统的控制策略。项目成果有助于推动柔性直流技术的发展，并有利于多电压等级新能源灵活接入和消纳。项目申请发明专利21件，其中获授权9件；发表论文24篇。 （王 磊）

【智能节能型电力绿色质量补偿装置的研制及在虹桥临空区域分布式风光接入中的应用】 项目由国网上海市电力公司承担，6月30日通过市科委验收。项目探究基于电网电力绿色质量的综合优化控制技术，研制智能节能型电力绿色质量补偿装置和区域能源互联网电力优化展示软件，在上海交通大学医学院附属同仁医院实现应用。项目申请发明专利2件，发表论文2篇。（王　磊）

【单堆130 kW氢燃料重卡在宝钢基地可靠性、适应性验证及示范应用】 项目由上海杰宁新能源科技发展有限公司承担，6月30日通过市科委验收。项目研制150 kW和167 kW燃料电池堆，体积比功率3.72 kW/L；开发系统集成和整车，系统体积比功率630 W/L、最高效率57.13%；开展大功率燃料电池堆的可靠性和耐久性测试评价及研究，根据整车实际运行数据推算，燃料电池堆预测寿命可达10 573小时；分析研究氢燃料电池重卡全生命周期碳足迹；建立数据采集分析中心，接入122台重卡并实现示范运营。项目申请发明专利16件、实用新型专利17件，发表论文5篇。（王　磊）

【揭示中国太阳能和风能资源潜力和成本】 复旦大学王戎研究组基于高时空分辨率地球智能信息数据系统优化电厂建造空间位置和发电量，统筹发展基础配套设施建设（特高压线路UHV和储能设施），协调各省份发电和用电负荷实现（电）源（负）荷互动，并预估未来技术进步影响，构建2021—2060年中国使用大规模太阳能光伏和风能电厂替代化石燃料优化模型，提出低成本且高效的能源转型方案，揭示大幅降低发电成本、提高电力使用效率、加速脱贫进程和实现碳中和目标的可能性，强调升级电力系统投资对于实现中国2060年碳中和目标重要性，为中国“碳中和”目标下能源转型提供建议。研究成果于7月在线发表在《自然》（*Nature*）。（邹媛媛）

【面向智慧低碳能源的信息物理交叉领域研究取得进展】 中国科学院上海高等研究院徐天衡研究组聚焦新型电力系统运行中分布式能源调度与协同运行，以大规模电动汽车集群接入电网为案例，融合物理元素、社会因素、信息元素3个维度，研究电动汽车集群可实际参与新型电力系统备用的调度运行技术，为分布式能源优化调度与协同运行提供整体解决方案，为大科学装置、办公楼宇、工农业生产负荷等多类需求侧资源提供技术支撑与可行方向。研究成果于8月发表在《可再生与可持续能源评论》（*Renewable & Sustainable Energy Reviews*）。（张　楠）

【适用于南极极端气候环境下的光伏、风力发电微电网系统技术研究】 项目由中国极地研究中心（中国极地研究所）承担，9月20日通过市科委验收。项目开展适用于南极极端气候环境下的光伏、风力发电微电网系统技术研究，构建光伏、风机、氢燃料电池、储能电池组成的微电网系统，抗高辐射超低温太阳能光伏组件系统，耐低温风机系统，极地微电网监测与控制系统，在我国第38次南极科考度夏期间完成系统集成、调试和优化，部署于南极罗斯海新站。项目申请发明专利11件，获授权4件；发表论文19篇。（王　磊）

【城市供排水系统全链条碳排放评估与碳减排对策研究】 项目由上海城市水资源开发利用国家工程中心有限公司、上海市排水管理事务中心、上海市供水管理事务中心与上海城投水务（集团）有限公司共同承担，11月16日通过市水务局验收。项目针对中国供排水规模大幅增加及国家实现碳中和目标需求，开展上海城市供排水系统全链条碳排放评估，调研上海供排水系统碳排放情况，构建适用于供排水系统各关键环节的碳排放核算方法及全链条核算体系，提出碳减排对策，为上海市水务行业推动实现双碳目标提供技术支撑。（金巍良）

【零碳电氢协同综合能源构建与调控优化方法研究】 项目由国网上海市电力公司长兴供电公司、国网上海综合能源服务有限公司共同承担，11月23日通过国网上海市电力公司验收。项目构建考虑可逆固体氧化物电池（RSOC）热电质多时间尺度的动态仿真模型，能准确预测高温环境下RSOC电堆温度滞后性，基于时空最小乘支持向量机构建RSOC电堆动态数据预测模型；构建RSOC等效电压模型，考虑辅机高功耗、电堆热安全等关键约束条件，构建配置优化模型与运行优化模型；提出考虑RSOC特性的综合能源系统配置优化与运行优化方法。项目申请发明专利2件，发表论文1篇。（宋　平）

【面向电动汽车有序快速充电的柔性配电方案研究】 项目由国网上海市电力公司经济技术研究院、上海电力大学共同承担，11月23日通过国网上海市电力公司验收。项目开展面向电动汽车快速有序充电的柔性配电网拓扑架构方案研究，提出面向城市中心电动汽车快速有序充电的柔性配电网拓扑结构；开展柔性配电网中潮流调度及功率分配控制方案研究，提出电动汽车快速有序充电的柔性配电网潮流调度及功率分配控制方法；开展电动汽车柔性有序充电条件下配电网规划方案研究，提出基于柔性配电网的配电网规划方法。项目发表论文1篇。（宋　平）

【基于直流微网技术的智慧建筑能源系统应用示范】 项目由上海交通大学承担，12月16日通过市科委验收。项目开展智慧建筑直流微电网故障电流抑制与直流拉弧检测技术及智慧建筑直流微电网运行控制与优化调度研究，研制30 kW六端口电能路由器装置，并应用于直流智慧建筑示范工程。项目申请发明专利16件，获授权1件；发表SCI/EI论文15篇。（王　磊）

【面向“车-桩-路-网”协同互动的智慧充电服务技术研究】 项目由国网上海市电力公司、国网智慧车联网技术有限公司、中国电力科学研究院有限公司、国网冀北电力有限公司、华北电力大学、北京理工新源信息科技有限公司等共同承担，12月22日通过国家电网有限公司验收。项目探究“车-桩-路-网”协同互动的智慧充电服务相关技术，构建电动汽车交通流-能量流耦合模型，提出电动汽车可调节资源潜力评估方法；探究充电聚合商与电网间协同调控架构及调度策略，研制站级充放电调节资源聚合控制器；提出基于用户画像的智能充电服务推荐方法，研发智能充电决策模块，研究适应电动汽车规模化发展的电力市场交易机制和商业模式，开发“车-桩-路-网”协同互动与智慧充电服务系统，并在上海开展示范应用。项目申请发明专利10件，发表论文8篇。 （宋 平）

【新配额制政策下的电力市场体制机制设计和关键技术研究】 项目由国网上海市电力公司、国网数字科技控股有限公司、国网电力科学研究院有限公司、西安交通大学、华北电力大学等共同承担，12月26日通过国家电网有限公司验收。项目设计电力-绿证-超额消纳量多尺度市场耦合协同机制，为配额责任主体提供全方位可再生能源消纳方案；形成基于区块链的绿电交易、绿证交易、消纳量凭证交易3类关键技术，支持可再生能源消纳全生命周期数据可信存证、可信溯源；搭建基于区块链的可再生能源电力消纳保障平台，提高配额责任主体参与积极性，开展试点并形成稳定业务模式。项目成果服务26个省、自治区、直辖市完成年度配额制考核，累计成交绿证超254万张，超额消纳凭证超356万张，支撑北京冬奥会实现全部场馆100%绿电供应。项目申请发明专利6件，发表论文6篇。 （宋 平）

【谐振频率分析变压器油位关键技术研究与应用】 项目由国网上海市电力公司嘉定供电公司与杭州青朴科技有限公司共同承担，12月27日通过国网上海市电力公司验收。项目研发110 kV变压器金属油枕油位检测装置，在运行110 kV变压器油枕上，可依靠磁铁吸附在变压器油枕顶部，发出特定脉冲谐振频率，引起油枕内频率衰减变化，配合手持性高灵敏性咪头程序测量，准确显示油枕内油位具体装置；110 kV油位检测时间从2小时减少至10分钟，检测时间减少90%；装置结构紧凑、携带方便、适用率强、使用准确，通过中国能建华东电力试验研究院检测。项目申请发明专利4件，发表论文1篇。 （宋 平）

第三节 | 生态与环境科技 >>

【上海“四化”生态网络空间区划及其系统构建关键技术研究与应用示范】 项目由上海市园林科学规划研究院承担，2月2日通过市科委验收。项目形成上海“四化”（绿化、彩化、珍贵化、效益化）生态空间建设综合评价体系和生态网络建设评价体系，编制《上海“四化”生态空间建设功能区划实施方案》及上海“四化”生态空间服务功能供需关系格局可视化图集；提出高质量“四化”生态网络布局与系统构建模式6个，依托虹桥商务区、黄浦滨江公共空间、青浦生态林地、世博文化公园，三林楔形绿地和崇明开心农场开展“四化”生态空间建设关键技术研究与集成示范，示范面积15.32 km^2。项目申请发明专利13件、实用新型专利6件、外观设计专利1件，获软件著作权登记9件；编制指南、导则4份；发表论文56篇，其中SCI论文14篇；出版专著3部。 （王 磊）

【基于遥感的生态环境监测预警研究——以长三角一体化示范区为例】 项目由市气象局承担，2月10日通过市科委验收。项目利用卫星遥感、数值模式等方法，开展长三角一体化示范区绿色生态空间与人居热环境效应动态评估、融合遥感和高分辨率数值模式的大气污染监测预报、重点湖泊水环境遥感监测预警技术研究；建立基于随机森林集成学习的卫星遥感下垫面分类提取算法与系统流程，生成长三角一体化示范区高精度下垫面数据和区域高分辨率空气质量预报系统；编制决策服务材料4份，为长三角一体化示范区生态文明建设与生态环境改善气象贡献率评估提供支撑。 （乌云其其格）

【制药废水末端治理关键技术研究与应用示范】 项目由上海上药杏灵科技药业股份有限公司承担，2月24日通过市科委验收。项目围绕制药废水，识别银杏酮酯制备工艺废水中关键性污染物质；开展制药废水预处理、厌氧强化、深度处理关键单元技术；形成制药废水末端治理成套技术，在青浦区上海上药杏灵科技药业股份有限公司开展应用示范，出水水质稳定达到相关排放标准削减30%污染排放量的目标。项目获发明专利授权2件，发表SCI论文8篇。 （王 磊）

【生活垃圾分类全过程环境卫生风险防控关键技术及应用示范】 项目由同济大学承担，2月28日通过市科委验收。项目结合上海市15 000个居住小区垃圾分类实效调查成果，提出生活垃圾分类投放方式、容器配置、收集运输等预控技术方案；应用相关模型实现敏感与非敏感人群关键风险识别；根据垃圾房内恶臭气体特征系统监测和季节特征，分析不同生活垃圾种类和干预前后垃圾及其气溶胶病原微生物滋生、生长、繁殖和衰亡规律，提出适用于生活垃圾分类投放环节应急响应、环境卫生等级评价、不同暴露风险等级风险管控技术体系；开发微酸性电解水消毒除臭技术装备。项目成果推广应用于黄浦区、虹口区等区的公房、新建高层、别墅区、学校、医院等300余处。项目申请专利3件，发表论文10篇。 （王 磊）

【揭示页岩气废水排放对地表水中卤代有机化合物(HOCs)污染的影响】 上海大学任国发研究组探讨受页岩气废水

排放影响的地表水中未知来源 HOCs 污染特征和环境风险;发现 HOCs 均在页岩气废水排放口检测到并达到峰值,且在排放口下游检测到的种类数量和浓度水平均高于上游采样点,提示页岩气废水排放是造成结果的主要原因;利用人类肝癌细胞($HepG_2$)模型在体外研究 3 种典型二碘代烷烃的细胞毒性和作用机理,显示暴露于环境剂量的碘代烷烃会抑制 $HepG_2$ 细胞增殖、诱导活性氧生成和线粒体功能障碍,为页岩气开采健康风险管理提供支撑。研究成果于 2 月发表在《全面环境科学》(*Science of the Total Environment*)。 (徐婷婷)

【河道水环境质量提升技术集成研究与示范】 项目由上海市环境科学研究院承担,3 月 28 日通过市科委验收。项目突破市政排水大混接点荧光溯源筛查、河岸直接排污口筛查、管道通沟底泥精准清掏、排水管网控污优化运行、管网混接污水就地处置、泵站排口应急防控、低压冲击开发技术筛选组配和效益评估、藻菌共生光合生物处理水产养殖废水和藻类快速检测与抑制等 9 项水环境治理关键技术;开展河道污染源和环境生态调查、河道水生态系统健康评估、河长制巡河、区域水系智能化水质优化调度管理、河流污染治理工程绩效评估指标河道生态系统管理养护等,构建通沟底泥精准清掏实控管理系统、人工强调控河网区域智能化水质优化调度管理和水生态系统评价软件系统 3 个智能化管理平台。项目申请专利 33 件;发表论文 67 篇,其中 SCI 论文 36 篇。 (王 磊)

【特色夏花木本植物选育与应用关键技术研究】 项目由上海辰山植物园承担,3 月 30 日通过市科委验收。项目建立上海适生夏花木本植物资源数据库,包含品种 304 个;筛选特色夏花木本植物品种 47 个,繁殖生产优质种苗 63.97 万株;在适生夏花木本植物种质资源库构建、综合筛选及种质创新、高质量快速成苗的标准化生产、精细化管养等技术方面取得突破,并推广应用于上海及浙江地区;选育新优夏花木本植物品种及配植模式,建成应用示范点 4 个,示范面积 7 380 m^2。项目申请发明专利 3 件,获植物新品种权 8 件;编制规程、标准 18 部;发表论文 5 篇。 (王 磊)

【城市道路绿化复合生态效益提升与景观营建关键技术研究与示范】 项目由上海市绿化管理指导站承担,3 月 31 日通过市科委验收。项目聚焦道路绿化树种单一、景观同质化程度高、地下生境胁迫等难题,创新行道树复合生态效益评价、新优特色树种筛选引种、种植设计优化、道路景观提升、精细化管养等技术,形成适合上海超大城市道路绿化建设管理需求的一体化技术体系。项目成果应用于南京路步行街东拓工程、中共一大会址景观更新工程、广中路等城市绿道建设及中国国际进口博览会景观保障等重点工程建设。 (王 磊)

【上海城镇污水处理厂污泥原位减量、绿色高效焚烧、灰渣资源化利用技术研究与应用示范】 项目由上海城投污水处理有限公司承担,3 月 31 日通过市科委验收。项目分析污泥焚烧残渣与粉煤灰化学组分特征和污染特性,探讨将污泥焚烧残渣制备水泥原料铁质校正料、水泥混合材、混凝土掺合料等技术可行性,评估污泥焚烧残渣制备水泥熟料及水泥混合材的长期稳定性及环境毒理学效应;形成基于污泥焚烧灰渣的陶粒制备技术及基于污泥焚烧灰渣的陶粒资源化利用技术;在金山廊下污水处理厂内建设污泥原位减量处理技术应用示范点,在竹园污泥处理厂建成日污泥处理规模超 70 t 污泥干化载气余热利用技术应用示范点;在石洞口污水处理厂建成累计大于 100 m 掺配污泥焚烧灰渣道路示范段,在上海宝宁环保科技公司建立大于 50 吨/日污泥焚烧残渣加工成水泥及混凝土辅助材料产品应用示范。 (王 磊)

【开发有机污染物非靶向分析筛查技术】 上海大学任国发研究组开发适合环境样品中微量/痕量有机污染物的非靶向分析筛查技术,筛查重庆南川页岩气开采污水处理厂外排水中有机污染物,筛选化合物 115 种;点源污染物类型及半定量浓度解析结果提示,有机卤化物为页岩气开采过程中亟须引起重视的一类未受控污染物;通过对有机卤化物的结构分析及形成机理推导,指出返排液中卤素离子浓度积聚是形成该类污染物的直接因素,而特殊地质环境条件和开采处理工艺使碘系有机污染物更易形成。研究成果于 3 月发表在《环境化学快报》(*Environmental Chemistry Letters*)。 (徐婷婷)

【上海野生动物栖息地修复效果监测与评价研究】 项目由上海市林业总站承担,4 月 13 日通过市绿化市容局验收。项目建立在统一框架下适应于不同栖息地特点的评价体系,采用群体决策层次分析法确定最佳指标权重,确定一级指标 11 个、二级指标 28 个,构建上海市野生动物栖息地修复成效评价指标体系;研发栖息地水质参量定量反演、多光谱无人机沉浮水植物盖度反演和无人机坡度定量计算 3 项栖息地监测评估指标量化技术,为栖息地监测评估优化做出有益探索;建立吴淞江鸟类栖息地修复效果监测评价示范地。项目发表论文 1 篇。 (王文进)

【高新区 VOCs 近零排放关键技术研究及应用】 项目由上海浙容化工科技有限公司承担,4 月 27 日通过市科委验收。项目针对仓储或实验室挥发性有机物(VOCs)净化需求,制备二氧化钛基光催化剂,开发低浓度 VOCs 光催化净化装置,在上海泰坦科技股份有限公司完成通风排放系统尾气治理,处理风量 2 000 m^3/h,废气中非甲烷总烃入口浓度 153.27 mg/m^3,出口浓度 1.36 mg/m^3;开发广谱、高效稀土复合贵金属整体式催化剂,在上海华谊新材料有限公司丙烯酸生产装置完成 5 个月工业性能评测,床层温度低于 300 ℃时,非甲烷总烃排放浓度从 4 800—5 500 mg/m^3 降低至 20 mg/m^3 以下,去除效率高于 99%。项目申请发明

专利 6 件,发表论文 19 篇。 (王 磊)

【城市污水低碳处理及能源中和研究取得进展】 上海大学刘建勇研究组利用短程反硝化-厌氧氨氧化技术实现电厂循环冷却水浓水与城市污水的低碳处理。发现采用短程反硝化-厌氧氨氧化技术可实现从城市污水回收能源;解决城市污水再生水作为电厂循环冷却水引发的问题;促进城市污水资源化利用,实现污水处理厂"双碳"目标。利用侧流硫驱动短程反硝化-厌氧氨氧化实现城市污水能源中和。总结近 10 年国内外短程反硝化技术在城市污水处理中的应用进展,分析不同类型短程反硝化过程优缺点,建立基于硫驱动短程反硝化-厌氧氨氧化城市污水低碳处理工艺,同步实现能源、磷资源高效回收和物质循环利用。研究成果于 4 月分别在线发表在《生物资源技术》(*Bioresource Technolog*)与《整体环境科学》(*Science of The Total Environment*)。 (徐婷婷)

【电镀工业园区绿色减排全过程控制关键技术研究及应用示范】 项目由上海交通大学承担,5 月 17 日通过市科委验收。项目研发电镀含铜废水、含镍废水和含铬废水在线分离原位回用技术,开发装备 3 套并在上海金厦实业有限公司的电镀生产线应用示范,漂洗废水回用率 90%、重金属回用率 95%以上、处理成本降低 70%以上;提出电镀废水"原位分离、在线回用"绿色金融方案。项目成果对于推动电镀工业发展和重金属污染源头控制具有重要意义。项目申请专利 3 件,发表论文 2 篇。 (王 磊)

【滨海区域臭氧与细颗粒物污染形成机制及协同控制技术与应用示范】 项目由华东理工大学承担,5 月 19 日通过市科委验收。项目构建滨海区域环境立体观测网络,建立滨海区域气象和环境观测数据集,形成滨海区域 O_3 和 $PM_{2.5}$ 综合立体观测网络技术规范和协同防控技术更新技术规范;建立滨海区域 $PM_{2.5}$ 和 O_3 与前体污染物非线性响应关系及关键条件、海陆风结构与 $PM_{2.5}$ 和 O_3 非线性关系;完善滨海区域主要大气污染物排放清单,探索固定源挥发性有机物排放源谱动态化技术方法,更新氯化学反应机制,研发一套可直接用于空气质量模型耦合的非均相界面反应模块;建立滨海区域大气污染物动态源谱库,形成滨海区域 $PM_{2.5}$ 和 O_3 污染防控技术路径与方案,并开展夏季杭州湾和中心城区 $PM_{2.5}$ 和 O_3 协同防控示范。项目编制标准、规范 7 部,出版著作 1 部,发表论文 52 篇。 (王 磊)

【上海典型场地有机物污染快速检测评估技术及示范】 项目由上海大学承担,5 月 22 日通过市科委验收。项目研制可用于场地挥发性/半挥发性有机污染物快速实时检测的膜进样光电离便携式质谱仪器;构建规范化的场地有机污染物快速检测评估技术方法体系和土壤监测管理、现场采样、数据分析评估等全流程应用平台,并开展示范验证。项目申请发明专利 8 件,编制指南、规范 2 部,发表论文 10 篇。 (王 磊)

【高风险有机污染场地高效热脱附技术及智能化装备研发与集成示范】 项目由上海市环境科学研究院承担,5 月 25 日通过市科委验收。项目探究有机污染物热脱附强化作用机制,构建针对不同有机污染物种类的热脱附技术体系,集成研发多段式异位热脱附技术装备、集中燃烧式原位热脱附技术装备和模块化尾气净化技术装备;编制异位/原位热脱附技术工艺应用指南,形成产业化应用推广模式,为污染土壤修复行业发展、核心装备国产化和产业化应用推广提供支撑。项目成果在宝山、长宁、静安等典型有机污染场地应用示范。项目申请发明专利 9 件、实用新型专利 8 件,编制指南 2 部,发表论文 9 篇。 (王 磊)

【城市建筑面源 VOCs 减排的饰面净化材料开发及工程应用】 项目由上海三瑞高分子材料股份有限公司承担,6 月 28 日通过市科委验收。项目围绕市政建筑面源挥发性有机物(VOCs)减排需求,研究低 VOCs 矿物基建筑饰面砂浆配方设计方法,开发抗泛碱饰面砂浆配方,形成饰面砂浆的核壳结构乳液产品 1 种、低 VOCs 矿物基建筑饰面砂浆系列产品 1 种和饰面砂浆固体聚合物分散剂 3 种;开发光催化纳米氧化钛材料 2 个和 VOCs 降解净化涂层产品 1 种,实现空气净化的表面功能化水性涂层设计及制备,形成 VOCs 降解净化功能的矿物基饰面砂浆应用技术体系,并实现工程示范。 (王 磊)

【大气环境风险研究取得进展】 上海大学程平研究组以聚对苯二甲酸乙二醇酯(PET)薄膜为研究对象,采用低温等离子体模拟塑料加速老化过程,采用单颗粒气溶胶质谱仪对老化过程排放细颗粒物粒径分布和化学成分实时表征,老化时间超过 90 分钟后,颗粒产生明显加速;老化 2 片表面积 5 cm^2 的 PET 薄膜 180 分钟,产生 15 113±153 个细颗粒物;颗粒物主要成分包括金属、无机非金属和有机成分;采用蜂窝状 α-MnO_2/堇青石整体式催化剂减少非热等离子体降解甲苯副产物,可使降解效率提高至 98%、CO_x 选择性提高至 50%,并大幅减少有机组分、臭氧和颗粒物 3 种有害副产物释放。研究成果于 6 月与 11 月分别在线发表在《危险性材料杂志》(*Journal of Hazardous Materials*)与《应用催化 B:环境》(*Applied Catalysis B: Environmental*)。 (徐婷婷)

【湿垃圾处理衍生品质量管控和检验技术及应用示范】 项目由上海环境卫生工程设计院有限公司承担,7 月 3 日通过市科委验收。项目建立湿垃圾原料及厌氧/好氧处理等衍生品特性基础数据库,分析上海二次衍生品质量现状;开发酶预处理强化水解、生物炭强化种间电子传递等产沼高效强化技术;形成沼渣"有机絮凝剂+无机助凝调理剂+二效干化机"组合脱水工艺,实现含水率<45%;开发菌剂复配、辅料调理、机械辅助生物等强化堆肥技术,突破湿垃圾堆肥产品深度腐熟瓶颈;构建基于热化学转化制备的生物炭吸附重金属和废气技术,形成湿垃圾衍生品中病原菌、抗性基

因及宿主微生物分析方法和微塑料提取及表征方法;完成400余吨湿垃圾衍生品规模化深度堆肥中试,建立二次堆肥产品农/林业示范应用,示范面积超380亩次,开展湿垃圾衍生品农/林业应用系统性效果评价和风险分析。项目申请发明专利8件;形成企业标准2部,编制技术规范2部;发表论文18篇。(王 磊)

【城市绿化土壤生物活性评价方法的建立和应用】 项目由上海园林科学规划研究院承担,7月12日通过市绿化市容局验收。项目分析上海绿地土壤中微生物群落分布模式、共生关系和驱动因素,揭示土壤化学特性和重金属污染物对微生物种类丰度和组成的作用过程;筛选土壤功能微生物57株,经鉴定其中3种为新种;应用6种土壤功能微生物进行配生土改良,提高配生土微生物量碳及土壤呼吸、脲酶和木聚糖酶活性;筛选土壤呼吸、脲酶活性、木聚糖酶活性、古菌丰度和微生物量碳5个适宜城市绿化土壤生物活性评价核心指标,构建城市绿化土壤生物活性评价最小数据集;建立基于康奈尔土壤健康评价的土壤生物活性综合评价方法,对上海绿地土壤生物活性进行量化,发现47.8%—54.4%样品健康质量不佳。项目发表论文5篇,其中SCI论文2篇。(王文进)

【城市污水低碳处理研究取得进展】 上海大学刘建勇研究组构建分别以短程反硝化-厌氧氨氧化(PD-Anammox)和短程硝化-厌氧氨氧化(PN-Anammox)为核心的2条全流程污水处理工艺,基于全流程物料衡算及生命周期评价,综合评估两者在城市污水处理过程中的环境和经济效益,显示PD-Anammox技术在主流厌氧氨氧化工程应用中具有竞争力;提出通过异位高盐度处理促进主流短程硝化过程稳定运行策略,建立可在海边城市污水处理厂实施的新型脱氮工艺。研究成果于8月与11月在线发表在《生物资源技术》(*Bioresource Technology*)与《可再生和可持续能源评论》(*Renewable and Sustainable Energy Reviews*)。(徐婷婷)

【城市生态廊道农林湿复合生态功能构建技术及应用示范】 项目由华东师范大学承担,9月25日通过市科委验收。项目在生态廊道评估、农林湿复合生态廊道功能提升等方面实现技术突破;在上海市廊下郊野公园、漕泾郊野公园开展技术示范,建成复合生态廊道技术核心示范区435亩,为城市生态郊野示范区建设提供指导。项目成果推广应用于奉贤西渡街道、金山廊下镇等生态修复。(王 磊)

【长三角区域河口生态环境评估及协作机制优化研究】 项目由上海市环境科学研究院、中国环境科学研究院、上海环境保护有限公司共同承担,10月13日通过市生态环境局验收。项目针对长江河口区环境评价管理复杂问题,综合物理-生物因子,以河口区底栖生物优势种生物分布及河口盐度分布相结合的方式,划分长江河口混合区范围,明确长江河口混合区水环境评价指标和阈值,首次提出水环境分区综合评价方法。同时从生态环境全要素协作共享、区域协调立法、区域环境考核及政府主导+第三方参与等角度提出长三角生态环境协调机制优化建议,为解决重点突出跨界问题制度建设提供依据。(商宏娟)

【上海盐沼湿地蓝碳格局及增汇机制研究】 项目由华东师范大学、国家海洋局东海环境监测中心承担,10月23日通过市生态环境局验收。项目建立盐沼湿地碳储量调查方法,评估上海市近40年盐沼植被分布和有机碳储量格局,探明上海市盐沼蓝碳分布状况,提出兼顾蓝碳增汇与湿地生态系统消浪护岸、生物多样性等功能协同的盐沼生态系统保护与修复方案,为生态保护、修护和管理提供参考。项目发表论文5篇。(商宏娟)

【上海市生物多样性监测评估体系及关键技术研究】 项目由上海市环境科学研究院承担,10月24日通过市生态环境局验收。项目围绕提升上海市生物多样性监测能力,识别生态系统格局和变化特征,提出生物多样性监测体系构建方案,构建以水生生态系统为代表的生态系统质量评价方法,为上海生物多样性保护提供技术支撑。(商宏娟)

【上海市在产工业用地土壤与地下水污染原位管控修复技术研究】 项目由上海市政工程设计研究总院(集团)有限公司承担,10月25日通过市生态环境局验收。项目以上海市化工等重点行业在产企业用地为研究对象,研究基于阻隔的原位长效阻控、原位强化注入修复、水力循环等技术对在产企业用地污染土壤与地下水原位管控适用性,构建在产企业污染地块风险评估体系,提出在产企业污染地块原位低扰动长效管控模式;制定《上海市在产企业土壤污染环境风险评估技术导则》《上海市在产企业污染地块原位低扰动长效管控技术指南》。项目申请专利3件,发表论文3篇。(商宏娟)

【淀山湖蓝藻水华暴发主要因子识别及蓝藻监测的分子生物学方法研究】 项目由上海市青浦区水文勘测队承担,10月27日通过市水务局验收。项目收集整理近20年淀山湖气象、水质、蓝藻等数据,在通过趋势分析及应用非度量多维尺度分析空间差异性开展时空特征的基础上,以蓝藻密度为自变量,气象、水质因子为因变量开展相关性分析,探究淀山湖蓝藻水华主控因子,量化淀山湖蓝藻水华变化驱动因素的贡献比例及其不确定性,研究表明总氮、氨氮、水温及电导率对淀山湖蓝藻密度影响最大;表明基于测序技术的eDNA监测技术可成为传统藻类监测的有效补充,为准确、有效判断淀山湖藻华特征提供技术支撑。(金巍良)

【上海市海洋空间资源承载力评价指标库研究】 项目由上海市水务规划设计研究院承担,10月31日通过市水务局验收。项目开展海洋空间资源承载力基本理论研究，确定研究理论依据、构建概念模型、创立其概念集合（外延）、界定概念内涵和系列海洋空间资源承载力定义；确立海洋空间资源承载力在海洋领域承载力中领属者地位；构建上海市海洋空间资源承载力评价综合指标库。（金巍良）

【长三角火炬排放管控和 VOCs 运行管理评价技术规范研究】 项目由华东理工大学承担，11 月 2 日通过市生态环境局验收。项目调研上海市火炬头现状与控制技术进展、长三角地区企业火炬气体排放控制技术规范及挥发性有机物（VOCs）治理设施运行问题和难点；提出基于减污降碳协同的综合效益分析技术方法；制定《火炬大气污染排放控制技术规范》《挥发性有机物治理设施运行管理和绩效评价技术规范》，为长三角地区臭氧和 $PM_{2.5}$ 协同控制提供技术支撑。（商宏娟）

【基于碳达峰碳中和行动的上海海洋碳汇发展策略研究】 项目由上海市水利工程设计研究院有限公司、上海市海洋管理事务中心承担，11 月 16 日通过市海洋局验收。项目梳理国内外海洋碳汇研究成果，基于上海地区海洋生态本底现状调查，分析上海海洋碳汇主体构成与时空分布，研究不同海洋固碳增汇技术在上海的适用性与可行性，评估不同碳汇主体的增汇潜力，提出上海海洋碳汇发展策略。（金巍良）

【上海滩涂治理评价及新技术应用研究】 项目由上海市水利工程设计研究院有限公司承担，11 月 20 日通过市水务局验收。项目调研国内外滩涂治理情况，针对上海滩涂治理工程建立评价指标体系，开展效益评价；分析典型工程实施对滩涂资源的影响，提出适宜的生态修复技术，为上海沿江沿海区域滩涂治理提供技术参考。（金巍良）

【绿化植物废弃物促进重金属污染土壤修复的机制研究】 项目由上海辰山植物园承担，12 月 7 日通过市绿化市容局验收。项目围绕辰山植物园植物废弃物综合利用，分析绿化植物废弃物组成及季节性分布，梳理碎木块、有机堆肥、生物炭等有机废弃物相关加工工艺；研发用于土壤高效修复的植物废弃物衍生产品 3 种；分析绿化废弃物衍生产品吸附-解吸特性，以白蜡和柳树为研究对象，阐明绿化植物废弃物通过改善土壤物理特性和提高土壤中铜生物有效性，促进植物地上部分对铜的提取作用机制，形成种植修复和复配种植模式技术 2 项。项目申请专利 1 件，获专利授权 2 件；发表论文 5 篇，其中 SCI 论文 1 篇。（王文进）

第四节｜城市建设与管理 >>

【软土地区零覆土大尺度无工作井盾构隧道关键技术研究】 项目由上海黄浦江越江设施投资建设发展有限公司承担，1 月 13 日通过市科委验收。项目提出基于隧道横纵向零覆土特殊工况结构受力体系，建立无工作井盾构隧道超浅覆土工况下管片设计、抗浮设计、防水设计等隧道结构设计方法；提出软土地区零覆土盾构隧道的结构抗震、减震构造措施，提出减震比作为定量评价指标，形成地震灾变控制技术；研发适用于超浅覆土工况的高精度土压平衡控制技术及可视化智能控制的管片稳定装置；形成超浅覆土成套盾构施工技术，研发保压承载型、早强抗剪型同步浆液等新材料；建立零覆土隧道结构自身及周边环境自动化监测体系，提出隧道整体性综合评价方法。项目成果应用于龙水南路越江隧道新建工程。（王　磊）

【城市“光储充换”综合能源智能协同控制关键技术研究及应用】 项目由国网上海市电力公司电力科学研究院与上海电力大学共同承担，1 月 13 日通过国网上海市电力公司验收。项目构建计及各系统设备运行特性的“光储充换”一体化运行模型，设计“光储充换”一体化智能协同调控方法，基于鲁棒优化实现考虑电动汽车需求响应的“光储充换”能量协同优化调控，开发城市“光储充换”综合能源协同控制与运行管理平台，实现城市“光储充换”一体化架构方案设计和城市“光储充换”一体化信息智能感知与智能协同控制。项目申请发明专利 3 件，发表论文 3 篇。（宋　平）

【高铁简统化接触网运维关键技术】 项目由中国铁路上海局集团有限公司供电部、南京供电段与淮安高铁基础设施段共同承担，1 月 16 日通过中国铁路上海局集团有限公司验收。项目分析高铁简统化接触网技术特点，形成适用简统化接触网的运维管理、检测分析、应急处置、维修标准、修程修制、质量评价鉴定等实施细则；以简统化接触网技术条件和设计、施工参数为基础，运用人工智能、大数据等技术形成运行维护技术规程；基于技术规程和实施细则指导接触网现场维修，使其达到简统化接触网技术标准要求的正常状态，为简统化接触网设备全生命周期运维管理提供支撑；在盐通高铁（盐城—南通）安装应用，接触网状态检测情况良好，动态几何参数、平顺性、弓网受流性、运行故障率等技术指标均明显提升。（陈丹菁）

【智慧园区交直流一体化综合能源集成与示范应用】 项目由国网上海市电力公司市北供电公司与上海综合能源服务有限公司共同承担，1 月 18 日通过国网上海市电力公司验收。项目研发光伏及电池储能一体化并网接入装置，实现光伏并网与电池充放电一体化功能；开发区域级智慧能源能量管理系统，实现多种能源协调运行、远程集控、能耗分析、能量管理、安全维护、运行指标评估，光伏利用效率提升至 70%以上、储能和退役电池利用效率提升至 85%以上；建设光伏及电池储能一体化并网接入示范工程并根据场景实现集成和运行。项目申请发明专利 2 件，发表论文 4 篇。（宋　平）

【深水深埋超大双壁钢围堰设计与施工关键技术】 项目由中国铁路上海局集团有限公司合肥铁路枢纽工程建设指挥部与中铁大桥局集团有限公司共同承担,1月23日通过中国铁路上海局集团有限公司验收。项目研究深水深埋超大双壁钢围堰设计与施工关键技术;通过封底混凝土分区域厚度不等及参数优化、分区灌注设计,在钢护筒封底区域增设提高黏结力的钢筋环,解决大跨距封底混凝土抗浮难题;设计大间距支撑的钢围堰双壁侧板结构,提出“对撑+角撑+小斜撑”内支撑布置形式及“双隔舱板+厚翼缘箱梁”侧板结构形式;创新超大双壁钢围堰大节段底节平面分块水中浮态连接方法;开发高精度围堰实时空间姿态测量装置和监测云平台。项目成果应用于巢马城际铁路马鞍山公铁两用长江大桥工程建设,为桥梁大直径钻孔桩施工提供技术保障。 (陈丹菁)

【地下空间工程环境低影响高效节能施工技术研究与示范】 项目由华东建筑设计研究院有限公司承担,2月16日通过市科委验收。项目研发静钻根植桩成套新技术,研制施工深度80 m的SDP110型静钻根植桩钻机,并在上海地区开展示范应用;研发免共振微扰动沉桩成套新技术,研制HV55RF型高频免共振施工设备;研发预制组合构件地下连续墙成套新技术,实现50 m深锁扣型钢高效插入,研制大深度预制墙抱压插入施工设备,实现31.5 m深高强预应力预制墙的高效施工;研发压入式沉井成套新技术,研制压沉法智能控制成套施工装备。项目申请专利30件,获发明专利授权7件、实用新型专利授权5件、软件著作权登记2件;编制标准8部;发表论文27篇。 (王 磊)

【大型地下工程施工对既有基础设施影响的安全控制技术与应用示范】 项目由同济大学承担,2月17日通过市科委验收。项目研究上海大型地下工程施工对既有基础设施的影响机制,形成大型地下工程施工降水立体帷幕-井群体系与“隔—降—灌—减—围”一体化控制技术、微生物诱导碳酸钙沉积水平减渗帷幕、主/被动光纤地墙测漏方法、粒子图像测速透明土模型试验平台、基于建筑信息模型+数字化工程管理平台和施工影响主动控制等关键技术;依托上海硬X射线电子激光装置及上海徐汇中心工程开展应用示范;创建工程地下水与环境控制校企联合研究中心。项目获发明专利授权10件、软件著作权登记1件;形成标准3部;发表论文23篇,其中SCI/EI论文12篇。 (王 磊)

【地下管廊孔位监测技术研究】 项目由国网上海市电力公司金山供电公司与上海升仑电气设备有限公司共同承担,3月1日通过国网上海市电力公司验收。项目研发地下管廊监测设备,创建可靠地下管廊监测方案、数据监控平台和三维模型;开发基于激光位移、磁感应传感技术的地下管廊孔位监测设备,自动感知地下管廊孔位实时信息状态变化;开发地下管廊监测平台,实现孔位穿孔授权和远程监测,防止孔位穿错及休止电缆盗割;构建地下管廊三维模型,可视化和立体化展示地下管廊孔位信息。项目申请发明专利3件,获软件著作权登记1件;发表论文2篇。 (宋 平)

【上海花博会水生态及景观构筑物施工关键技术研究】 项目由中交第三航务工程局有限公司、中交三航局第二工程有限公司共同承担,3月14日通过上海市土木工程学会验收。项目依托第10届中国花卉博览会,从沉水植物净化水质的作用机理研究、植株选型、底泥处理、污水调配、生态试验性验证及定量化分析等方面,解决水生态快速修复及水质稳定技术难题,形成适合于浅水型江河湖泊的水生态修复成套技术;提出仿生钢结构外挂张拉膜体系、低矮钢箱梁反序焊接工艺等关键技术,解决异形结构快速制作安装技术难题;攻克空间曲面结构木纹拓印清水混凝土成型工艺、超高性能混凝土飘带形景观构筑物预制拼装工艺。项目成果在湖南株洲清水塘、广东汕头市政公园等建设中推广应用。项目获发明专利授权3件。 (程 云)

【特殊条件下高速公路特长隧道施工关键技术研究与运用】 项目由中交第三航务工程局有限公司、中交三航局第六工程(厦门)有限公司、中交三航局厦门分公司共同承担,3月14日通过中国水运建设行业协会验收。项目针对云南都香高速公路红崖山特长公路隧道工程施工难题,形成穿越岩溶区隧道的突水危险性评价系统及溶洞塌腔处治工艺等成套技术;构建山区复杂地质特长隧道洞口浅埋段及V级软弱围岩段沉降量计算方法;针对隧道穿越高应力地层及临近劣质煤层的特殊地质环境,形成针对穿越岩爆段与低瓦斯区叠合段隧道的施工工艺,解决隧道施工安全技术难题;针对不同围岩级别,设计分级爆破施工工艺,缩短隧道施工周期及施工安全。项目获发明专利授权3件。 (程 云)

【基于GIS和SWMM的自排地区雨水排水规划技术研究】 项目由上海市水务规划设计研究院承担,3月14日通过市水务局验收。项目基于地理信息系统和暴雨洪水管理模型进行二次开发,研发排水管网拓扑结构自动生成、设计参数自动计算、模型自动评估等技术,形成自排管网自动设计程序,可为排水系统规划设计业务提供技术支撑。项目获软件著作权登记1件,发表论文1篇。 (金巍良)

【超大型城市复杂环境空间全景数据采集装备开发及示范应用】 项目由上海华测导航技术股份有限公司承担,3月15日通过市科委综合绩效评价。项目针对城市复杂环境空间全景数据采集短板,集成北斗、激光雷达、视觉、惯导4种核心传感器,实现多源数据高效融合;研制多平台北斗移动测量系统、立体视觉系统和智慧出行服务终端3套装备;开展智慧出行、智慧河道等领域示范应用;实现一体化的多平台移动测量系统实现、多平台移动测量系统切换快速标定、面向城市复杂场景下的多源传感器融合定位、智能化高精度空间全景数据采集与处理、激光脉冲频率自动调节等技术突破。项目申请发明专利 16 件，获外观设计专利授权 1 件、软件著作权登记 4 件；发表论文 18 篇。（张丽媛）

【融合传统与现代技艺的历史建筑修缮保护技术及应用示范】 项目由上海市建筑科学研究院有限公司承担，3 月 16 日通过市科委验收。项目建立历史建筑保护价值与修缮效果综合评估体系，研发融合传统与现代技艺的保护修缮、结构耐久性评估与修复、基于最小干预原则的安全保障、功能提升与可持续利用等关键技术，开发历史建筑智慧化运维管理平台，建成历史建筑保护修缮材料中试线，并开展工程示范应用。项目获发明专利授权 5 件、实用新型专利授权 1 件、软件著作权登记 5 件；出版专著 1 部；发布标准 2 部，编制技术指南(草案)4 部；发表论文 23 篇，其中 SCI/EI 论文 8 篇。（王　磊）

【面向特定场景智能驾驶的人工智能治理体系与关键技术研究】 项目由上海汽车集团股份有限公司承担，3 月 28 日通过市科委验收。项目研究智能驾驶治理原则及治理体系，针对园区和高速公路两大特定场景，重点开展数据和算法的治理研究，突破数据采集、处理、安全、共享方向关键技术，开展人工智能训练平台应用验证。项目申请发明专利 11 件、实用新型专利 2 件，获软件著作权登记 6 件；发布企业标准 4 部；发表论文 5 篇。（张丽媛）

【超大城市综合交通平行仿真与决策支持系统研究及应用示范】 项目由上海电科智能系统股份有限公司承担，3 月 29 日通过市科委验收。项目突破超大城市平行交通仿真与决策支持系统总体框架研究与总平台设计、综合交通多维大数据融合与仿真智能计算、城市综合交通宏中微一体化仿真、多模城市交通出行行为实时研判与可靠推演、基于三维视控平台的交通数字孪生展示等关键技术，研制超大城市综合交通平行仿真与决策支持示范系统，在上海市快速路网、徐汇区等地应用示范。项目申请发明专利 6 件，其中获授权 2 件，获软件著作权登记 12 件；发表论文 18 篇。（王　磊）

【公交智能化运营及柔性管理技术研究和示范】 项目由上海久事数字科技有限公司承担，3 月 29 日通过市科委验收。项目通过人工智能的大规模车载视频实时分析和公交卡数据客流动态分析，建立公交线网评价、优化和仿真的架构，开展公交柔性调度技术研究；实现通过车载视频数据获取在车实时客流，创新公交柔性调度技术，并开展示范应用。（王　磊）

【市域高速铁路智能化建造和风险防控关键技术研究及应用示范】 项目由上海申铁投资有限公司承担，3 月 31 日通过市科委验收。项目针对上海市域高速铁路的工程特点和建造需求，提出市域铁路盾构沉降控制模型及其自动控制方法，研究超长地下隧道空间防灾救援疏散、机械法联络通道建造、高精度测量感知预警、大盾构隧道全预制化智能建造及桥梁无支座连续刚构体系绿色建造等关键技术，为市域铁路工程安全风险管理和高质量建设提供技术支撑。项目申请发明专利 39 件，其中获授权 10 件。（王　磊）

【装配式韧性建筑防震理论及可恢复技术研究】 项目由同济大学承担，4 月 26 日通过市科委验收。项目提出装配式韧性建筑韧性综合评价方法，形成创新装配式韧性建筑体系 3 个；开展装配式韧性建筑数字孪生系统、全寿命智能健康监测系统及新型装配式韧性建筑设计方法研究，并实现工程应用转化。项目建成位于浙江省海盐县总建筑面积约 18 000 m^2 的装配式韧性建筑示范基地。项目申请发明专利 9 件，编制标准 1 部，发表论文 27 篇。（王　磊）

【交通拥堵预判与智能主动管控技术研究与示范】 项目由上海市城乡建设和交通发展研究院(上海市数字化城市管理中心)承担，4 月 18 日通过市科委验收。项目构建人工智能赋能主动管控技术体系框架，开展全息感知交通数据处理与融合、交通拥堵智能研判与状态预测、多模式交通管控主动协同优化、交通时空资源管控效能智能评估等关键技术研究；开发人工智能＋交通主动管控分析基础平台、基于蓝牙的新型道路信息采集及数据融合系统、交通状态预测及拥堵时空推演分析系统、智能主动交通管控评估原型系统等，在高速公路、快速路、地面道路等场景下开展交通拥堵预判与智能主动管控技术应用示范。项目申请专利 9 件，其中获授权 1 件，获软件著作权登记 9 件；发表论文 17 篇。（王　磊）

【最后一公里多模式交通管理与智慧服务平台技术研究及应用示范】 项目由上海国际汽车城发展有限公司承担，4 月 26 日通过市科委验收。项目形成产业城区公交服务评价指标，研制需求响应式公交集群调度模块，实现共享单车电子围栏管理；开发多模式交通管理与智慧服务平台示范系统，实现试点路侧虚拟泊位管理及室内外一体化停车导航；形成停车场库超宽带定位布设导则。项目申请发明专利 5 件，其中获授权 2 件，获软件著作权登记 7 件；发表论文 5 篇。（王　磊）

【适应软土地质的紧凑型预制拼装电力排管】 项目由国网上海市电力公司建设部与国网上海电力设计有限公司共同承担，4 月 28 日通过国网上海市电力公司验收。项目形成紧凑型预制装配式电力排管工井设计方案，研发适用于上海软土地质情况的紧凑型预制拼装排管及电力工井构件，构建对应的典型建筑信息模型及数字模型；预制工程构件根据上海地区土质特性设计，通过模块化装配方式，同时满足直线井、三通井等全形态工井的拼装及后期改造转换，拼装快捷、形式灵活，有效降低工程总体造价，解决城市主干道中电缆建设工期长、交通压力大等问题；完成预制构件数字化建模,统筹资产实物与数据管理,协助设计施工数据全过程贯通。项目申请发明专利2件,发表论文2篇。

(宋　平)

【施工装备感知层数字化、自动化提升的研究】 项目由国网上海市电力公司建设部与上海送变电工程有限公司共同承担,4月28日通过国网上海市电力公司验收。项目研发物联传感器云盒装置和软件平台系统、模块化导地线数字化自动压接机及新型数字化继保综合调试仪,实现施工过程关键数据的实时监测、位置定位、装备故障预警、历史数据查询及导地线自动压接、数据读取、合格判别功能、调试报告自动生成数据报表等功能,确保施工过程关键数据连续监测。项目申请发明专利3件,获软件著作权登记1件;发表论文5篇。(宋　平)

【基于多源数据提取与挖掘的地下工程全过程精细化管控技术】 项目由上海勘察设计研究院(集团)有限公司承担,5月23日通过市科委验收。项目研制低功耗、高精度、自动化的隧道结构变形智能感知技术;提出地下工程多源数据存储方法、数据分级加密技术、溯源技术和共享技术,研发工程勘察与监测行业区块链应用系统;建立基坑变形预测、隧道结构病害预测动态模型,开发地下工程大数据算法库及在线服务系统;建立地下结构安全可恢复控制模型,研究不同安全恢复措施介入时机对加固恢复效用的影响,形成基于可恢复性原理的地下结构安全优化控制策略。项目成果在上海轨道交通2号线、14号线及苏州河深隧等重大工程中应用示范。(王　磊)

【海上风电嵌岩单桩施工孔壁失稳机理与防控技术研究】 项目由中交第三航务工程局有限公司、中交第三航务工程局有限公司厦门分公司、中交第三航务工程局有限公司江苏分公司、上海港湾工程质量检测有限公司共同承担,5月24日通过中国水运建设行业协会验收。项目针对福建地区强风化花岗岩海上风电嵌岩单桩基础施工现场作业环境复杂、塌孔风险高等特点,揭示海上风电单桩嵌岩施工孔壁失稳和溜桩机理,提出上下负荷面统一本构模型的数值分析方法,得出单桩嵌岩施工过程发生塌孔的发展规律;建立基于模糊数学和改进岩石质量评价及分类的嵌岩施工孔壁失稳风险评估方法,并开发专用评估软件;研制海上大直径单桩稳桩、嵌岩一体化施工平台,提出海上风电超大直径嵌岩单桩孔壁失稳施工防控措施。项目成果应用于莆田平海湾海上风电、中广核平潭大练海上风电等工程。项目获发明专利授权1件、实用新型专利授权1件、软件著作权登记1件。(程　云)

【深水强浪海域超大型导管架施工关键技术研究及装备研发】 项目由中交第三航务工程局有限公司、中交第三航务工程局有限公司江苏分公司、中交上海三航科学研究院有限公司、中交三航(上海)新能源工程有限公司共同承担,5月25日通过中国水运建设行业协会验收。项目针对深水、强浪海域开展风电工程超大型导管架基础施工、沉桩精度控制和水下灌浆等技术难题,形成深水强浪海域风电工程超大型导管架施工成套技术;研制升降式、坐底式和负压桶式3种适用于不同海域条件的高精度定位平台,提出"一长一中两短支腿长度"导管架安装工艺,解决超大型导管架基础施工、沉桩精度控制等技术难题;研发多波束桩基水下测量系统,提高水下沉桩定位与检测水平;研制集船体抬升、沉桩、稳桩、风机安装与运维功能于一体的风电施工平台。项目成果应用于中广核阳江南鹏岛、惠州港口和汕尾甲子等海上风电场建设。项目获发明专利授权1件、实用新型专利授权15件。(程　云)

【海上风电并网混合换流器关键技术研究与应用】 项目由国网上海市电力公司、国网电力科学研究院有限公司、上海交通大学、全球能源互联网研究院有限公司、国网经济技术研究院有限公司等共同承担,6月1日通过国家电网有限公司验收。项目研制二极管整流器与辅助换流器构成的海上风电并网混合换流器,研究主电路拓扑结构及参数设计方法;提出适用于多工况运行的稳态控制、故障穿越与保护策略;完成混合换流器的实时仿真测试;提出混合换流器等效试验方法,研制20 MW、30 kV阀段样机,并完成见证试验。项目申请发明专利5件,发表论文5篇。(宋　平)

【基于健康建筑的高品质室内环境营造技术研究及应用示范】 项目由上海世博发展(集团)有限公司承担,6月2日通过市科委验收。项目结合上海市重大工程新开发银行总部大楼建设需求,开展高品质室内环境营造技术研究,建立基于健康建筑的高品质室内环境指标体系;形成基于高性能健康建材应用的室内污染物浓度控制技术,创新高品质室内热环境、光环境和声环境营造关键技术及设备;研发高品质室内环境关键性能测评技术并开展工程应用。项目获专利授权6件、软件著作权登记4件,编制标准4部,编制技术指南1部,出版专著1部,发表论文15篇。(王　磊)

【大学城绿色低碳多能互补综合能源系统关键技术研究与示范】 项目由国网上海市电力公司、上海电力大学、中国电力科学研究院有限公司、国网综合能源服务集团有限公司、国网甘肃省电力公司共同承担,6月2日通过国家电网有限公司验收。项目探究不同地域气候区大学城负荷特性与能源需求,构建大学城用能数据库,提出大学城冷热电多元负荷联合预测方法;开展大学城多类型绿色低碳能源要素配置与耦合技术研究,构建多类型绿色低碳综合能源系统动态重构模型,并形成全要素优化配置模型库;开展大学城多能互补综合能源系统运行优化与能效评估技术研究,提出考虑尖峰刚性负荷、柔性负荷的大学城绿色低碳综合能源系统多目标优化运行方法与能效评估模型。项目成果在临港大学城示范应用。项目申请发明专利9件,获软件著作权登记1件;发表论文9篇。(宋　平)

【深水导管架水下灌浆施工关键技术】 项目由中交第三航务工程局有限公司、中交上海三航科学研究院有限公司、中交第三航务工程局有限公司江苏分公司承担，6 月 13 日通过中国水运建设行业协会验收。项目研发不同基础结构的深水导管架水下灌浆施工成套技术，解决 30—50 m 水深条件下导管架灌浆浆料遇水易分散、难灌注、易堵管等难题，提高水下灌浆工效；研制优固特品牌 UHPG 导管架灌浆料产品，填补国内导管架灌浆料产品空白；研制深水导管架灌浆作业装置，具有专业化、模块化、自动化特点，满足深水导管架水下灌浆要求。项目成果应用于中广核阳江南鹏岛海上风电场工程、三峡新能源阳西沙扒 2 期(400 MW)海上风电工程。项目获发明专利授权 2 件、实用新型专利授权 9 件。 （程 云）

【装配式板桩护岸结构施工关键技术】 项目由中交第三航务工程局有限公司、中交三航局第三工程有限公司共同承担，6 月 13 日通过中国水运建设行业协会验收。项目研发装配式板桩护岸结构施工关键技术，实现帽梁装配式快速施工；研制折叠式扇形模板结构，解决双梁体空腔帽梁结构内膜安拆难题；改进板桩沉桩控制技术，提高沉桩单位精度，保证帽梁的安装质量。项目成果应用于长湖申线航道及申张线凤凰镇段航道整治工程。项目获实用新型专利 1 件。 （程 云）

【船闸通航状态输水闸门检修施工关键技术】 项目由中交第三航务工程局有限公司与中交三航局第二工程有限公司承担，6 月 13 日通过中国水运建设行业协会验收。项目研发通航状态下输水闸门检修施工技术，在保证船闸正常通航和不使用大型设备情况下，实现输水闸门快速检修；研发结构简单、安全稳定、安拆便利的支架式检修工装，能替代油缸工作，保证输水闸门正常使用。项目成果应用于大治河西枢纽新建 2 线船闸及海安双线船闸工程。项目获发明专利授权 1 件、实用新型专利授权 1 件。 （程 云）

【水工建筑物桩基钢套筒灌浆加固修复施工关键技术】 项目由中交第三航务工程局有限公司、中交上海港湾工程设计研究院有限公司共同承担，6 月 13 日通过中国水运建设行业协会验收。项目研发水工建筑物桩基钢套筒灌浆加固修复施工工艺，解决作业空间狭小、作业时间短、水下灌注难度大等难题，实现对已损桩身的加固修复；研制超早强、超高强水下灌浆料，实现 16 小时抗压强度≥30 MPa、1 天抗压强度≥50 MPa、28 天抗压强度≥120 MPa、56 天抗压强度≥130 MPa，满足钢套筒灌浆加固修复桩身要求；研发具有助航功能的水上施工工作平台，可在狭小空间内灵活移动。项目成果应用于宁波大榭招商国际集装箱码头桩基修复(1 期)工程及宁波大榭招商国际码头水工大修(2 期)桩基裂缝包覆施工修复工程。项目获发明专利授权 2 件、实用新型专利授权 1 件。 （程 云）

【“气举法”拔除大直径深埋钢护筒施工关键技术】 项目由中交第三航务工程局有限公司、中交第三航务工程局有限公司宁波分公司共同承担，6 月 14 日通过中国水运建设行业协会验收。项目研发气压提供顶升力拔除大直径深埋钢护筒施工技术，实现钢护筒整体拔除；研制钢护筒拔除密封系统，确保加压过程可控，为拔除钢护筒提供有效顶升力；采用振动锤助拔工艺，松动钢护筒的周边土体，减小土体对钢护筒的摩阻力，提升钢护筒拔除能力。项目成果应用于马来西亚砂拉越日拔大桥及泛婆罗洲大道 9 标工程。 （程 云）

【面向城市有机更新的建筑节能新材料及应用技术研究与示范】 项目由上海市建筑科学研究院有限公司承担，6 月 29 日通过市科委验收。项目揭示建筑外保温系统耐久性失效机制；建立无损与微损、定性与定量相结合的检测技术体系；开发高性能高耐久 A 级防火保温板、气凝胶改性介孔型 A 级防火保温板、自洁净热反射涂层材料、透明/非透明超柔韧型复合材料等材料；建立多层次有机更新技术体系，为上海城市有机更新建筑节能系统安全、耐久、品质提升提供技术保障；建立示范生产线 2 条(年产能 250 万平方米)，开展示范工程 9 项，总建筑面积 50 万平方米以上。项目申请发明专利 12 件，其中获授权 5 件；编制标准 7 部；发表论文 15 篇，其中 SCI/EI 论文 12 篇。 （王 磊）

【跨海大桥服役状态监测、快速修复关键技术研究及示范应用】 项目由上海市市政规划设计研究院有限公司承担，6 月 29 日通过市科委验收。项目构建适用于跨海大桥服役状态的快速检测、长期监测、诊断预警及快速修复技术体系，研究跨海大桥桥墩冲刷设计、监测方法，形成冲刷防护施工成套关键技术及跨海大桥服役寿命提升关键技术，提高跨海大桥安全性和耐久性，降低跨海大桥风险事故概率。项目申请发明专利 11 件，获发明专利授权 3 件、软件著作权登记 5 件；发表论文 26 篇。 （王 磊）

【密胺树脂泡沫(MF)保温隔音装配式混凝土叠合板施工技术】 项目由中交第三航务工程局有限公司与中交三航局第三工程有限公司共同承担，7 月 21 日通过上海市土木工程学会验收。项目针对 MF 保温隔音装配式混凝土叠合板施工技术难题，提出在预制叠合板下安装 MF 保温隔音板，避免二次装修施工；首创基于在装配式预制叠合板上叠加保温隔音材料的锚接技术，提出自攻螺丝预埋的控制方法，解决 MF 保温板与混凝土一次性胶合成型难题；形成后浇带所需的 MF 保温板外伸长度工艺，实现叠合板后浇带支模工序优化，消除后浇带施工漏浆质量缺陷。项目成果在南京江北新区、六合等工程中推广应用。项目申请发明专利 1 件，获实用新型专利授权 1 件。 （程 云）

【城市既有立交隧道保护性拆除施工工法】 项目由中交第三航务工程局有限公司与中交三航局第三工程有限公司共

同承担,7 月 21 日通过上海市土木工程学会验收。项目针对既有隧道拆除施工中周围环境复杂、隧道箱式暗埋段顶底板厚度大且开孔困难、施工过程易破坏主体结构整体性等难题,提出利用隧道的部分框架作为混凝土临时支撑,结合植入 H 型钢代替灌注桩+格构柱形式进行既有隧道的拆除方法;采用顶板开槽、底板引孔、插管引水方式,解决水头高于全方位高压喷射工法止水帷幕作业面的施工难题;研发卸荷+自立式双排拉森钢板桩的组合支护体系,优化原围护内支撑体系,提高施工工效。项目成果在南京横江大道、无锡大成路等既有隧道拆除工程中应用。项目获发明专利授权 1 件。（程　云）

【高大空间建筑机电安装高空施工平台施工工法】 项目由中交第三航务工程局有限公司与中交三航局第三工程有限公司共同承担,7 月 21 日通过上海市土木工程学会验收。项目针对超大钢结构影棚天桥层机电管线高空施工难度大问题,基于复杂屋面钢结构桁架体系,研制高大空间建筑机电安装施工平台,实现在桁架结构内排烟联箱等机电管道高效安装;研发用于天桥层的常规照明与消防应急照明为一体的立杆悬臂灯;研发"斜拉桥式"天桥层消防雨淋支管固定装置,解决雨淋支管难以固定问题。项目成果在江苏扬州空港影视基地、古巴国马列尔特区烟草厂房等工程中推广应用。项目获发明专利授权 1 件、实用新型专利授权 3 件。（程　云）

【粤北地区炭质页岩材料路基填筑适用性研究与应用】 项目由中交三航局第六工程(厦门)有限公司与中交第三航务工程局有限公司共同承担,7 月 24 日通过中国公路建设行业协会验收。项目研究粤北地区炭质页岩材料路基填筑适用性,提出炭质页岩路基结构,解决炭质页岩填料崩解性、水稳性差的技术问题;研究炭质页岩路基特性,提出炭质页岩材料路基填筑施工技术。项目成果在新建广州从化至清远连州高速公路工程 TJ05 标合同段工程应用。项目获实用新型专利授权 1 件。（程　云）

【上海地区土建工程气象指标体系研究及应用示范】 项目由上海市建设协会承担,7 月 25 日通过市科委验收。项目研究上海地区不利气象条件对土建工程的影响,构建"气象因子—影响阈值—有效应对技术措施"指标体系;开发上海地区土建工程气象指标体系应用平台,为上海地区土建工程风险的精准防控和数字化转型提供支撑。项目成果在上海 7 项土建工程中应用示范。（王　磊）

【面向多站融合的综合能源系统能源管理关键技术研究及示范应用】 项目由国网上海市电力公司、国网江苏省电力有限公司、国网湖南省电力有限公司等共同承担,7 月 27 日通过国家电网有限公司验收。项目探究基于动因分析的多站融合演化路径影响因素,建立多站融合运行模拟仿真模型,提出传统变电站向多站融合转型的多层级综合评估指标体系及评价方法;建立多站融合各子站用能特性模型和综合能源互补转化模型,制定计及多属性指标的多场景综合能源优化配置方法和协调控制策略;提出多站融合交直流电能量系统典型配置方案及在线检测方法;设计面向多层架构及多业务目标的多站融合综合能源服务系统方案和数字化运营模式,开发基于省级智慧能源服务平台的多站融合综合能源服务系统,并在湖南和上海两地示范应用。项目申请发明专利 8 件,获软件著作权登记 1 件;发表论文 9 篇。（宋　平）

【含大规模分布式电源和多微网的配电系统柔性控制技术研究及应用】 项目由国网上海市电力公司、中国电力科学研究院有限公司、国网上海能源互联网研究院有限公司、国网浙江省电力有限公司、武汉大学、上海电力大学等共同承担,8 月 2 日通过国家电网有限公司验收。项目研发基于特征提取和策略进化的微网群运行控制软件模块,支持管理不少于 20 个微网群,微网群运行控制策略生成时间小于 1 分钟;研制适用于配电台区柔性互供成套设备并开展应用,互供台区数≥3 个,单台区柔性互供容量≥200 kW,采样测量误差±0.5%,互供功率调节误差±1%,支持 IEC61850、IEC103 等通信规约;研发配电网能量管理系统,支持微网群接入点数不少于 200 个。项目申请发明专利 12 件,获软件著作权登记 1 件;发表论文 13 篇。（宋　平）

【人工智能赋能智慧社区综合管理平台关键技术研究及示范】 项目由同济大学承担,8 月 18 日通过市科委验收。项目基于公共信息模型的智慧社区数字底板构建数字孪生社区系统,建立基于深度学习的灾害演化与人员疏散代理模型,形成智能高效的应对方案,提升社区应急管理能力;构建数字孪生社区系统,通过优化社区空间感知与监测智能化设施设计与布局,实现虚实空间协同交互识别预警社区公共安全目标,建立社区居民的分类特征体系,为智慧社区综合管理服务平台建设提供关键技术支撑;建成智慧社区综合管理服务平台,实现公共安全风险动态预警;制定《智慧社区综合管理服务技术指南》,并在宝山区杨行镇盛高香逸湾社区应用示范。（王　磊）

【城市公共建筑群虚拟电厂聚合调控关键技术研究及应用】 项目由国网上海市电力公司、中国电力科学研究院有限公司、东南大学、国网电力科学研究院有限公司、上海腾天节能技术有限公司共同承担,8 月 24 日通过国家电网有限公司验收。项目构建多元负荷设备统一数据模型,建立虚拟电厂多级多代理分层协调优化架构;提出虚拟电厂多时间尺度优化调度策略及外特性参数在线辨识技术,设计虚拟电厂市场交易机制及商业运营模式;研制基于"国网芯"的虚拟电厂负荷响应终端,开发多级代理的虚拟电厂系统;建设涵盖 5 类公共建筑且可控负荷 103.27 MW 调控能力、30.14 MW 自动需求响应、5.82 MW 二次调频能力的城市公共建筑群虚拟电厂示范工程。项目申请发明专利 6 件,发

表论文5篇。（宋 平）

【虚拟电厂通信网络体系及关键技术研究】 项目由国网上海市电力公司、国网智能电网研究院有限公司、中国电力科学研究院有限公司等共同承担，8月30日通过国家电网有限公司验收。项目研究虚拟电厂业务的信息采集、交互需求和信息流建模技术、支持多业务接入的控制协议适配技术，搭建虚拟电厂通信控制验证平台并开展试点应用。项目申请发明专利14件，发表论文7篇。（宋 平）

【面向自动驾驶开放道路测试的交通安全管理关键技术研究及应用】 项目由市公安局承担，8月30日通过市科委验收。项目面向自动驾驶道路适驾性评估及交通安全管理技术难点，研究道路交通多源数据解析与融合技术，形成基于多源数据的自动驾驶测试场景库；突破自动驾驶车辆决策控制模型、交叉口和路段运行设计与构建技术，编制上海城市智慧道路的建设标准，搭建智能网联测试环境，创建自动驾驶开放道路测试管理与监管体系。项目成果支撑《上海市智能网联汽车测试与应用管理办法》《上海市智能网联汽车示范运营实施细则》《上海市浦东新区促进无驾驶人智能网联汽车创新应用规定》等地方法规、规章和文件制定及上海市智能网联汽车测试及管理。（王 磊 龚 雷）

【面向交通出行的人工智能数据和算法治理体系研究和应用示范】 项目由上海博泰悦臻网络技术服务有限公司承担，9月7日通过市科委验收。项目研究面向城市交通出行领域的人工智能治理体系并提出初步方案，研制城市交通出行多源异构数据的智能引导、智能推送关联技术和优化算法，研发出行终端，并在科技园区、社区服务、星级酒店出行、交通枢纽换乘等场景应用示范；形成《城市交通出行领域人工智能治理体系》研究报告。项目申请发明专利5件，获软件著作权登记2件；形成企业标准1部；发表论文3篇。（张丽媛）

【提升上海韧性电网恢复力的黑启动方案优化设计与评估】 项目由国网上海市电力公司电力科学研究院、上海电力大学、上海奕氏加电力科技有限公司等共同承担，9月14日通过国网上海市电力公司验收。项目建立上海电网黑启动系统电磁暂态研究模型；提出计及韧性恢复力制定黑启动方案的指导原则，完成上海电网多场景黑启动方案设计、校核和评估；构建支撑输电网关键节点黑启动的配网分布式资源优化配置模型，制定分布式资源支撑主网关键节点优化配置及黑启动实施方案。有效减少大停电事故损失，可应对电灾防治，提高用电的持续性、稳定性和可靠性。项目申请发明专利2件，发表论文1篇。（宋 平）

【铁路机车客车一体化作业管控平台】 项目由中国铁路上海局集团有限公司上海机辆段、机务部、科信部、杭州机辆段与上海易予信息技术有限公司共同承担，9月20日通过中国铁路上海局集团有限公司验收。项目基于普速铁路机车、客车实施一体化融合管理要求，开发一体化作业智能管控平台；构建一体化数据中心，整合机车、客车运用管理、安全管理、应急处置及现场管控等信息，实现作业调度命令解析、计划任务下达、生产管理台账自动生成和关键作业区域人员劳动安全预警等，为促进铁路机车、客车生产组织统筹化、管理过程精细化、数据资源共享化提供条件。项目成果在中国铁路上海局集团有限公司上海机辆段安装应用。（陈丹菁）

【轨道交通车站智慧运营技术研究及应用示范】 项目由上海申通地铁集团有限公司承担，9月22日通过市科委验收。项目提出基于人工智能＋智能视频分析技术的轨道交通车站实时视频分析预警系统方案和跨网部署、双架构运行的轨道交通车站智慧运营系统集成设计方案，建立基于高峰客流承载率的多因子车站客流评价方法及基于卷积神经网络-长短期记忆网络模型的车站大客流分析预测方法；实现车站智能运行、客流智能监测、乘车智能引导和智惹票务服务等功能；研发车站智慧运营系统集成平台、智慧视频分析平台和车站自动售检票智能终端装置等在上海地铁张江实训站、虹桥火车站等车站示范应用。（王 磊）

【考虑规模化大功率电动汽车充放电接入的配电网协同规划与运行技术及应用】 项目由国网上海市电力公司、国网经济技术研究院有限公司、国网上海能源互联网研究院有限公司、国网安徽省电力有限公司、国网电力科学研究院有限公司等共同承担，10月27日通过国家电网有限公司验收。项目建立计及能源、交通、市政设施、充放电多重因素和已建成资源的网络协同规划模型；开展具备自动惯量响应控制策略的充放电设施研究及应用，提高设备自适应调节能力；建立规模化大功率电动汽车接入配电网综合评估指标体系，为规模化大功率电动汽车接入规划方案、运行策略及示范工程开展提供评估原则；建设配电网多时间尺度电动汽车充放电运行调控平台并实现示范工程落地，开发配电网多时间尺度电动汽车充放电运行调控平台应用软件，并部署在上海公司配电物联网云主站；开发状态感知、风险预警、重载削减、电压支撑、充电引导和灵活性供需资源匹配六大典型应用功能，可充分挖掘电动汽车调节潜能，验证典型互动模式及运营机制。项目申请发明专利8件，发表论文5篇。（宋 平）

【人工智能赋能社区治理的共融模式及其科技支撑方案顶层设计】 项目由同济大学承担，11月2日通过市科委验收。项目提出社区治理双回路和普适融合2类模式，设计社区治理顶层方案，构建治理模型、建立科技支撑方案和评价指标体系，提升社区办事效率。项目成果在同济大学师生社区应用示范。项目申请发明专利3件，获软件著作权登记4件；发表论文14篇。（王 磊）

【多能耦合配电系统可靠性定制与韧性提升技术研究与应用】 项目由国网上海市电力公司、国网电力科学研究院有限公司、国网能源研究院有限公司、清华大学、东南大学、国网综合能源服务集团有限公司共同承担，11 月 3 日通过国家电网有限公司验收。项目提出基于多能互补共济的用户可靠性定制和配电网运行优化策略，研发用户可靠性分析软件；提出基于概率图提升配电网韧性的优化规划和调度方法，研发配电系统韧性评估和提升决策软件；提出基于金字塔分摊机制的用户增值电价分摊方法，构建融合停电损失、多能耦合资源响应成本和供电能力释放效益的全寿命周期成本效益最优模型，设计定制化需求下基于动态高变网络的跨区协同全能流耦合供电模式并推演潜在演变路径。项目成果在上海地区开展示范验证。项目申请发明专利 6 件，发表论文 6 篇。 （宋 平）

【供水系统效能评估体系研究】 项目由同济大学承担，11 月 8 日通过市水务局验收。项目结合上海城市供水系统特点，调研国内外供水系统评估体系研究现状，从运行效率、供给效果、安全管控、服务效能、综合效益等 5 个维度细化研究，形成上海市供水系统效能评估体系，包括 5 个大类、13 个要素、26 个详细指标，具有科学性、合理性和可操作性，有效强化供水系统运行管理监管，推动供水行业规范化、精细化和智能化发展，并可为供水行业效能评估提供依据。 （金巍良）

【基于边缘计算的一流城市配电网电压优化协调控制研究】 项目由国网上海市电力公司电力科学研究院、上海工程技术大学共同承担，11 月 9 日通过国网上海市电力公司验收。项目建立配电网数据中心计算-边缘计算相结合的配电网电压协调控制管控模型及全局控制策略；开展基于上海电网实际案例的配电网电压优化控制调节分析，研究并提出相关配电网电压优化控制调节策略，可提高供电企业电压质量。项目申请发明专利 2 件，发表论文 2 篇。 （宋 平）

【大容量分布式光伏电网接入影响分析与实用化解决方案研究】 项目由国网上海市电力公司长兴供电公司、上海送变电工程有限公司、上海思源电气股份有限公司等共同承担，11 月 23 日通过国网上海市电力公司验收。项目开发系列化的光伏上网保护技术方案及完整设备样品，设计光伏逆变器综合保护智能系统，可对光伏逆变器的无功电压异常、谐波干扰、倒送故障电流、孤岛效应保护漏洞进行弥补与优化，克服分布式光伏大量接入系统对配网造成的安全隐患与不利影响。项目申请发明专利 2 件，发表论文 2 篇。 （宋 平）

【面向零碳台区的分布式能源协同控制管理平台】 项目由国网上海市电力公司长兴供电公司、中国电建集团装备研究院有限公司共同承担，11 月 23 日通过国网上海市电力公司验收。项目开发基于分布式光伏电源协同控制的智慧能源管理系统，实现分布式光伏微电网充储放一体化远程调控及负荷与新能源出力耦合，使居民用电更绿色智能。项目申请发明专利 2 件，获软件著作权登记 1 件；发表论文 2 篇。 （宋 平）

【虚拟电厂实验中心负荷建模仿真研究】 项目由国网上海市电力公司营销服务中心、中国电力科学研究院有限公司、东南大学江北新区创新研究院等共同承担，11 月 23 日通过国网上海市电力公司验收。项目提出适应虚拟电厂全景信息采集的实验室传感器优化配置方法、工业类柔性负荷可调节模型及生产流程全景模拟方法、商业居民类及新型负荷建模仿真和聚合调控方法；建立虚拟电厂协调控制方法及市场参与机制模型；开发可调节负荷互动行为仿真接口技术及虚拟电厂综合仿真平台系统。项目申请发明专利 2 件，发表论文 2 篇。 （宋 平）

【面向分布式灵活资源聚合调控的确定性网络技术研究】 项目由国网上海市电力公司电力调度控制中心、国网智能电网研究院有限公司、南京邮电大学等共同承担，11 月 24 日通过国网上海市电力公司验收。项目开展面向分布式资源聚合控制的时效性网络与 5G 融合的确定性网络技术研究，提出面向分布式灵活资源聚合调控的确定性网络服务承载方案；聚合商虚拟电厂平台通过 5G 经安全接入区直接接入 D5000 系统，远程通信采用 5G 确定性网络，实现各聚合商虚拟电厂平台到调度中心的确定性承载；申能储能、奥动充换电站等虚拟电厂平台通过移动 5G 直接接入上海公司调度自动化系统，可调资源 30 MW，满足试验调峰、调频功能。项目申请发明专利 2 件，发表论文 3 篇。 （宋 平）

【上海市供水输配系统运行安全指数研究】 项目由上海市自来水奉贤有限公司、上海市供水调度监测中心、华东师范大学共同承担，11 月 28 日通过市水务局验收。项目结合上海市供水输配系统特点，调研国内外安全评估理论与方法，从管网水质、输配布局、调度运行、应急处置、运维管控等 5 个维度分析供水输配运行安全主要因素；筛选影响供水输配运行安全主要指标 46 个，构建供水输配系统运行安全指标体系；建立上海市供水输配系统运行安全指数与评价标准，实现供水输配系统在线实时动态评估，完成指数从分析评价、研判预警、运行指导的综合应用，为供水输配系统监管评价提供量化标准和依据。 （金巍良）

【高品质饮用水智慧管理关键技术研究】 项目由上海城市水资源开发利用国家工程中心有限公司、上海市供水管理事务中心、东华大学共同承担，11 月 28 日通过市水务局验收。项目基于上海超大城市高品质饮用水建设和运维特点，调研国内外城市高品质饮用水现状，研究上海市高品质饮用水智慧管理关键技术，总结高品质饮用水示范区运行优化技术、水龄控制、智慧化泵房建设、全链条水质监控等关键技术，提出高品质饮用水建设及运行优化方案。

（金巍良）

【BIM技术在钢结构变电站、预制混凝土结构变电站中的应用研究】　项目由国网上海市电力公司经济技术研究院与上海交通大学共同承担，12月1日通过国网上海市电力公司验收。项目开展户内变电站的钢结构设计，解决户内变电站钢结构施工图设计与厂家深化设计无法基于建筑信息模型(BIM)技术正向衔接的问题；研究Revit的"预制"模块在面向预制混凝土结构的变电站设计中的应用路径，提高预制混凝土结构形式的变电站模型交付精度。项目发表论文1篇。

（宋　平）

【光伏建筑一体化在绿色变电站建设中的应用研究】　项目由国网上海市电力公司经济技术研究院、同济大学共同承担，12月1日通过国网上海市电力公司验收。项目研究典型110 kV和220 kV变电站一体化光伏屋面结构、典型110 kV和220 kV变电站光伏幕墙的建筑结构实现方式和连接节点实现方式，对连接节点开展可靠性和受力分析，建立光伏建筑一体化设计流程和标准，有效利用光伏电能，减少站用电能消耗，助力绿色变电站建设。项目发表论文1篇。

（宋　平）

【用于输电网关键节点黑启动的分布式资源调配技术研究】项目由国网上海市电力公司电力调度控制中心与上海电力大学共同承担，12月7日通过国网上海市电力公司验收。项目完成建立配电网分布式资源评估指标体系；提出分布式资源辅助主网关键节点黑启动优化配置模型和方法，实现配网黑启动"源-荷-储"资源的最优配置；提出面向主网关键节点黑启动的配电网"源-储-荷"聚合协同调度控制技术，制定满足不同类型与运行要求主网关键节点黑启动方案；制定分布式资源辅助输电网关键节点黑启动市场激励和考核机制，为黑启动辅助服务参与电力市场提供参考；选取上海典型电网分区，制定分布式资源支撑主网关键节点黑启动实施方案，可推广应用整个城市电网或大区电网。项目申请发明专利2件，发表论文4篇。　（宋　平）

【多能互补工业园区低碳运行与能效提升关键技术研究及示范】　项目由国网上海市电力公司市北供电公司与国网上海综合能源服务有限公司共同承担，12月7日通过国网上海市电力公司验收。项目开展基于数据驱动的工业园区一体化能源系统建模研究；研究面向工业园区的综合能源系统的经济-能源-低碳发展评估指标，建立具有一般性的综合能源系统评价指标体系；提出氢能系统在城市电网应用场景最优运行调度方案，提出含氢能综合能源广域协调控制总框架与互补调控策略；基于产业集群和产业链理论，设计基于能源大数据的能效低碳化管理机制；完成基于工业园区智慧能源综合服务平台的园区低碳运行与能效提升关键技术示范。项目申请发明专利3件，发表论文2篇。

（宋　平）

【基于柔性V2X技术的城域车联网智能互动与低碳经济运行技术研究及示范应用】　项目由国网上海市电力公司市南供电公司与上海交通大学共同承担，12月7日通过国网上海市电力公司验收。项目提出车联网智能互动与低碳经济运行技术，开发基于车对外界的信息交换(V2X)技术的电动汽车充电站换流器样机，并在虹桥枢纽示范应用，实现充电站与配电网潮流双向互济，提升配电网局部的电能质量，降低交通枢纽碳排放。项目申请发明专利3件，发表论文4篇。　（宋　平）

【面向新基建的城市能源互联网融合发展与业态创新技术及应用】　项目由国网上海市电力公司、国网能源研究院有限公司、清华四川能源互联网研究院、浙江大学、上海交通大学等共同承担，12月15日通过国家电网有限公司验收。项目研发城市能源互联网物理与功能形态演变模型、适应新基建用电需求的城市用电量预测模型、考虑轻资产赋能的电网资产理论最小建设规模优化模型和城市能源互联网综合能效评估模型等，提出未来城市能源互联网发展形态和商业体系变革方向、城市能源互联网源网荷储互动的效率效益提升范式和轻资产支撑重资产的电网企业潜在新型商业模式，依托城市"能源大脑"开展10个场景示范应用。项目申请发明专利7件，发表论文6篇。　（宋　平）

【轨道交通设施设备安全监测与智能运维关键技术研究及应用示范】　项目由上海申通地铁集团有限公司承担，12月15日通过市科委验收。项目采用云平台和微服务架构，运用微服务组件化和松耦合特性，制定轨道交通设施设备接入统一标准，构建轨道交通设施设备数据共享的基础平台和服务体系；提出黑盒化轨道交通设备健康度计算模型，提升健康度计算精确度；创建基于建筑信息模型技术的设备三维数据库，实现设备部件级可视化远程运维；开发轨道交通牵引供电系统方案评价工具包。项目成果对城市轨道交通通号智能运维系统、供电智能运维系统、车辆智能运维系统建设具有推广价值。　（王　磊）

【变电站数字孪生模型构建提升技术开发及应用】　项目由国网上海市电力公司超高压分公司与上海慕荣电气有限公司共同承担，12月22日通过国网上海市电力公司验收。项目设计基于数字孪生的变电运维典型情景应用功能与模式，提出变电运维应用对数字孪生三维模型的量化需求指标，制定模型五维评价标准；研究既有多源模型融合和提升策略，制定模型的适应性改进清单及提升策略，提出满足变电运维典型情景应用功能与模式的解决方案；在500 kV虹杨地下变电站完成数字孪生模型提升构建，构建主变、地理信息系统等设备三维设计建筑信息模型。项目申请发明专利2件，发表论文2篇。　（宋　平）

【基于μPMU动态感知的微能网自愈控制技术研究及示范推广】　项目由国网上海市电力公司电力科学研究院与上海

电力大学共同承担,12 月 22 日通过国网上海市电力公司验收。项目建立综合考虑电网拓扑可观性、状态可观性、经济性的微型同步相量测量装置(μPMU)最优配置模型,形成典型布点原则;形成"户—变—线—站—网"递进结合的运行状态全息感知技术,建立分布式电源出力、负荷的多时间尺度滚动预测—校正模型,可准确预测配电网运行趋势;提出预想故障集下微能网自适应恢复能力的自愈管控策略,依托上海电力大学临港新能源微能网示范平台进行示范验证。项目申请发明专利 3 件,发表论文 4 篇。（宋　平）

【考虑电动汽车充电需求的配网协同规划及参与电网调控技术研究】 项目由国网上海市电力公司电力科学研究院与上海电力大学共同承担,12 月 22 日通过国网上海市电力公司验收。项目结合电动汽车真实全球定位系统路径数据与实时交通信息,绘制热力图可实时观测电动汽车充电功率大小,利用数据驱动与特征融合手段,获得城市居民出行特征;建立涵盖技术合理性、安全可靠性及运行经济性和充电服务性的评估指标体系,反映配电网接纳电动汽车能力;实现充电站单一规划向充电站与配电网协调规划转变,构建配电网和充电站协同规划模型;制定电动汽车聚合及参与电网辅助服务策略,保证充电设施充足供电,并避免超前规划和过度投资。项目申请发明专利 2 件,发表论文 3 篇。（宋　平）

第五节 | 城市安全与防灾 >>

【基于高精度定位技术的电力管线巡检系统的研发】 项目由国网上海市电力公司崇明供电公司与上海电力大学共同承担,1 月 4 日通过国网上海市电力公司验收。项目形成基于高精度定位技术的电力管线巡检系统,附后台管理软件、移动终端 App 和定位模块等;利用高精度定位技术和虚拟现实技术,融合地下电缆管网地理信息系统数据与具有高精度定位的移动可视化终端定位数据,将地下电缆的信息以视频方式显示在现实背景中,实现地下电缆管线位置和走向的三维可视化视频显示;通过可视化移动终端可精确定位地下电缆管网设施,并能获取现场电缆信息,包括电缆管线走向,电缆属性参数、维修记录等,提高电缆管网的巡检效率和维护能力。项目申请发明专利 3 件。（宋　平）

【上海市高分辨率三维地壳结构成像关键技术研究】 项目由市地震局承担,1 月 9 日通过市科委验收。项目通过在上海市中心城区布设短周期地震仪 1 750 套,在上海市及周边区域布设宽频带地震仪 103 套,发展超大城市基于密集台阵背景噪声的高分辨率地壳结构成像技术,得到上海及周边区域三维地壳剪切波速度结构及上海市中心城区覆盖层厚度和结构易损性分布,支撑上海防震减灾工作。（张建莉）

【带电作业机器人快速识别及作业定位技术研究】 项目由国网上海市电力公司设备部与中国科学院自动化研究所共同承担,1 月 13 日通过国网上海市电力公司验收。项目完成基于深度网络快速目标识别与补全、基于不规则采样策略长时间目标跟踪、基于多传感器融合的故障点定位与对准、基于人工智能配网带电作业环境复杂场景中目标快速识别和基于多类传感器满足带电作业需求的精准定位技术功能,可广泛应用于供配电公司;建立配网带电作业机器人关键技术,探索机器人在电网中的应用。项目申请发明专利 3 件,发表论文 SCI/EI 论文 2 篇。（宋　平）

【基于物联网状态感知的成套柱上开关主动运维技术研究】 项目由国网上海市电力公司崇明供电公司、上海交通大学、上海尤比酷电气股份有限公司等共同承担,1 月 13 日通过国网上海市电力公司验收。项目研发成套柱上开关主动运维云平台,提出利用圆环定理实现馈线终端控制箱智能运维方法;在崇明供电公司 7 条线路现场测试,柱上开关主动运维云平台运行效果良好,利于电网工作人员及时掌控柱上开关运行情况,有效提高故障处理效率;发生柱上开关运行异常时,运维人员可迅速收到告警信息,及时分析异常原因并开展维护工作。项目申请发明专利 1 件,发表论文 2 篇。（宋　平）

【云平台网络安全态势感知与威胁预警研究应用】 项目由国网上海市电力公司数字化部与上海交通大学共同承担,1 月 17 日通过国网上海市电力公司验收。项目开展立足电力行业角度开展云平台网络安全态势感知与威胁预警研究,设计基于云边协同的网络异常流量实时检测算法,模型检测精度较传统方法提升 3.01%;提出基于层次化图神经网络的云平台多源异构网络安全数据融合分析方法,实现云原生应用二进制固件脆弱性检测、云上 Docker 镜像安全检测及基于 RASP 的云原生应用安全运行时防护;形成基于网络安全威胁情报的云原生应用全生命周期安全保障一体化解决方案并实现集成创新,在电力云关键信息基础设施网络安全保障工作中示范应用。项目申请发明专利 2 件,发表论文 1 篇。（宋　平）

【危险化学品集聚区在线监测预警装备与智能化应急救援关键技术研究】 项目由中国科学院上海高等研究院承担,3 月 8 日通过市科委验收。项目面向集聚区危险化学品在线高灵敏监测、低误报预警与点面检测结合的需要,基于感知分析研判一体化理念和手段,研究危险化学品智能管控与应急救援策略及标准化方法;探究光、电、声等多技术交叉融合的固定与移动在线监测方法;研制网络化高灵敏在线固定监测与适合危险化学品环境应用的远程操控移动监测与应急的设备样机;研发应急智能化研判原型系统,实现在固定园区中危险化学品气体监测报警、浓度显示、态势分析等功能,并开展示范应用。（王　磊）

【危险化学品云数联动智能实时管控技术研究与应用示范】 项目由上海市安全生产科学研究所承担，3 月 14 日通过市科委验收。项目面向危险化学品储存环节智能感知和数字化监管需求，构建危险化学品区域布局优化模型，研制综合信息采集智能终端装置原型样机，开发服务危化品仓储安全监管的云数联动实时管控智能方案。项目成果在宝武碳业科技股份有限公司和上海昌宝物资有限公司 2 个危化品仓库应用示范。项目申请发明专利 4 件，获软件著作权登记 1 件；制定地方标准 1 部；发表论文 8 篇。（王　磊）

【危险化学品运输安全智能监测与综合管控技术】 项目由同济大学承担，3 月 23 日通过市科委验收。项目针对危化品运输全过程风险监管困难等问题，通过对 3 类典型危化品运输事故仿真模拟，构建风险指标体系，提出应急资源优化方法；研发危险化学品运输车辆安全预警装备和管理平台。研究成果应用于 6 000 余辆危险化学品运输车辆，并在其中 100 辆车辆安装安全预警装备。项目申请发明专利 5 件，发表论文 8 篇。（王　磊）

【城市级社区智慧安防数据智能分析及服务体系研究】 项目由市公安局承担，3 月 23 日通过市科委验收。项目综合运用大数据和人工智能技术，设计重点人员车辆、管控对象、车辆踩点、区域徘徊、疑似滞留等模型，构建综合智能分析多算法整合调度平台和技战法智能建模平台。项目成果在市公安局指挥中心、长宁区公安分局及辖区派出所 3 级试运行，验证综合智能分析多算法整合调度平台和技战法智能建模工具平台可行性与有效性。（王　磊　龚　雷）

【智能审讯辅助技术研究】 项目由市公安局承担，3 月 23 日通过市科委验收。项目研发智能审讯辅助系统，包含感知审讯椅、感知摄像头、心理生理分析、语音识别、语音情感分析、多类型信息查询等功能，提升警务处理能力、警务工作效率和审讯档案管理能力，并完成实战案例 93 次。项目申请发明专利 3 件，发表论文 2 篇。（王　磊）

【新精神活性物质谱图智能比对系统关键技术】 项目由市委政法委承担，3 月 31 日通过市科委验收。项目合成新精神活性物质 254 种并对其进行九大类的分析检测，建立新精神活性物质对照品数据库；研发企业端的核磁数据采集盒，将企业核磁设备产生的核磁谱图数据上传至上海禁毒 626 平台进行智能比对分析，预警核磁谱图数据交由专业禁毒防范技术人员进行二次核验。项目申请发明专利 2 件、实用新型专利 3 件，获软件著作权登记 8 件。（王　磊）

【多层次多维度轨交安检系统优化关键技术研究及应用示范】 项目由上海市刑事科学技术研究院承担，4 月 10 日通过市科委验收。项目开发新一代多层次多维度轨交智能安检系统，升级太赫兹人体安检仪成像技术和产品形态，使成像速度提升至 16 帧/秒；建立涵盖 146 种违禁物品的特征数据库；研发基于自注意力机制的行人重识别算法，开发安检通行人员追溯检索系统，研发基于拉曼光谱的毒品快速探测设备。项目成果在诸光路、徐泾东等地铁站示范应用。项目申请专利 2 件，获软件著作权登记 3 件。（王　磊）

【适应极端气候变化的上海防汛安全技术及应用研究】 项目由上海市水利工程设计研究院有限公司承担，4 月 26 日通过市科委验收。项目预估不同气候变化情景下上海在近、中、远期可能的台风、流域洪水、区间暴雨、海平面上升、地面沉降等致灾因子，评估太湖流域区域防洪工程体系、上海市防洪挡潮工程体系、区域内涝防治体系应对极端气候变化及洪潮联合灾害的脆弱性和适应性；提出海塘和黄浦江防汛墙标准及能力提升策略、内涝防治系统提标增能方案、极端复合洪涝灾害应对等适应极端气候变化的上海防汛安全保障措施，支撑《太湖流域防洪规划修编》《黄浦江中上游超标准洪水防御预案》《黄浦江、苏州河防汛墙设计水位及墙顶标高》等文件编修及黄浦江中上游堤防防洪能力提升工程等重大工程建设。项目发表论文 45 篇。（王　磊）

【上海台风精准预报关键技术研究及应用】 项目由中国气象局上海台风研究所(上海市气象科学研究所)承担，4 月 26 日通过市科委验收。项目建立高分辨率多源台风资料分析系统和最高分辨率 1 km 的台风数值预报系统；揭示登陆台风造成严重风雨过程的关键因子，提炼具有预报指导意义的概念模型；基于数值模式产品，研发台风大风和暴雨动力和统计降尺度的客观预报技术。项目获专利授权 2 件、软件著作权登记 10 件；发表论文 39 篇，其中 SCI 论文 33 篇。（乌云其其格　王　磊）

【PHC 管桩中外标准对比及抗震性能研究与应用】 项目由中交第三航务工程局有限公司、中交印尼工业有限公司、中交上海三航科学研究院有限公司共同承担，5 月 24 日通过中国公路建设行业协会验收。项目针对预应力高强度混凝土(PHC)管桩在东南亚地区推广应用中遇到的中国标准与国外标准差异及抗震性能要求等问题，制定对应不同标准的大直径 PHC 管桩产品性能规格表，提出 PHC 管桩抗震设计要点；提出考虑箍筋作用的环形截面 PHC 管桩抗剪承载力计算方法，形成 PHC 管桩抗震加固措施；研发符合东南亚地区市场需求和自然条件的 PHC1200C 新桩型和“热辐射＋蓄热＋保温＋保湿＋内壁自动通水”复合养护工艺。项目成果应用于东南亚地区多个港口建设，实现管桩产品在海外规模化量产。项目获实用新型专利授权 3 件、软件著作权登记 5 件。（程　云）

【动车组牵引电机检修线数字化升级技术研究与实施】 项目由中国铁路上海局集团有限公司上海动车段与中车青岛四方车辆研究所有限公司共同承担，7 月 12 日通过中国铁路上海局集团有限公司验收。项目针对动车组牵引电机检修工艺要求，对牵引电机检修关键工序进行智能化设计；应用智能物流仓储、自动组装、智能搬运、人机交互、条码识别等技术，构建以数据采集、数字孪生、检修管理等为一体的CRH380B和CR400BF平台动车组多型号牵引电机柔性化检修线；实现不同型号动车组牵引电机兼容修，实时监控生产过程，对人员、设备、夹具、零部件等资源全流程管理和调度；实现多型号、多种类牵引电机产品数字化检修，检修线生产节拍缩减50%，日产能提升100%，可推广至各铁路局配属相关车型动车段应用。（陈丹菁）

【基于多维图像智能匹配及识别技术的变电站高清视频和机器人联合巡检技术研究及应用】 项目由国网上海市电力公司、中国电力科学院有限公司、国网信息通信产业集团有限公司、国网智能科技股份有限公司、南京大学等共同承担，7月28日通过国家电网有限公司验收。项目完成多维巡检影像匹配和对比技术，实现对变电设备缺陷影像的对比分析和异常检测；提出复杂场景下变电设备巡检缺陷影像智能识别技术，实现对变电设备典型部件和缺陷检测识别和追踪定位；建立变电设备巡检影像云端异构分析平台，实现对变电设备巡检缺陷的智能诊断；提出变电设备云边协同巡检机制，实现变电站高清视频和机器人联合巡检。项目申请发明专利9件，发表论文8篇。（宋　平）

【高铁列车旅客行为智能监测技术】 项目由中国铁路上海局集团有限公司上海客运段、上海动车段与中车长春轨道客车股份有限公司、中车青岛四方车辆研究所有限公司、上海交通大学共同承担，8月29日通过中国铁路上海局集团有限公司验收。项目针对铁路车厢内旅客摔倒、吸烟和依靠车门等风险行为排查处理难点，研发铁路列车视频监控装置，采用视频分析算法和深度学习技术，开发智能分析处理功能，实现列车车厢内旅客行为的动态采集、实时分析、准确定位、及时报警和快速取证，为乘务人员应对违规、风险行为实施及时响应和处置提供条件，有效保障列车运行和乘客安全。项目成果应用于上海客运段。（陈丹菁）

【铁路通信轨旁设备结构状态智能巡检系统】 项目由中国铁路上海局集团有限公司科研所、上海通信段与上海工程技术大学共同承担，9月1日通过中国铁路上海局集团有限公司验收。项目针对铁路通信轨旁设备维护需求，采用机器视觉、激光传感、图像采集、智能识别等技术，研制铁路通信轨旁设备结构状态智能巡检系统，以钢轨探伤车为载体，由高速线阵列相机、高速面阵列相机、激光模组、里程定位单元、数据回放软件和图像智能识别软件等组成，对铁路通信漏缆、电缆槽盖板、隧道应急电话、综合视频监控前端设备及控制箱、通信模式转换牌等开展高速连续不重叠的图像采集和智能分析，实现铁路通信轨旁设备结构状态的巡检、故障识别和预警。项目成果在中国铁路上海局集团有限公司钢轨探伤车上安装应用。（陈丹菁）

【电力监控系统网络空间脆弱性分析与威胁探测关键技术研究】 项目由国网上海市电力公司、国网电力科学研究院有限公司、国网智能电网研究院有限公司、清华大学、国网陕西省电力公司等共同承担，9月15日通过国家电网有限公司验收。项目研发网络安全脆弱性动态分析软件、基于网络安全管理平台的安全处置策略自适应编排功能模块、电力监控系统网络空间客体画像软件、电力监控系统网络空间威胁诱捕系统软件，提升电力监控系统网络安全监测分析、威胁联动处置能力；在栅格化静态防御基础上增加动态防御手段，实现面向电力监控系统内部安全脆弱性、外部可持续威胁的风险防治与综合治理能力。项目申请发明专利8件，发表论文9篇。（宋　平）

【远距离虹膜识别设备】 项目由市公安局物证鉴定中心承担，9月21日通过市公安局科委验收。项目研制可在60—120 cm距离内采集虹膜图像的识别设备，可覆盖140—190 cm身高人群的电子可控自适应旋转云台，实现人眼自动跟踪定位并采集识别虹膜信息，并实现活体检测。项目成果实现快速、远距离、非接触的虹膜采集，通过虹膜信息识别，可便捷、快速、精准核查人员真实身份，提升虹膜信息采集和身份识别精准度与工作效率。（龚　雷）

【城市高风险地下管线探测与智能管控关键技术研究】 项目由上海勘察设计研究院(集团)有限公司承担，9月22日通过市科委验收。项目开展数值模拟、仪器设备研发及大型实体管道物理模型试验，研发强磁示踪法和声频振动法技术与设备，结合三维探地雷达技术，开发小口径、大埋深、非金属等城市高风险地下管线成套高效、精准探测技术，构建高风险地下管线风险评估及预警管控平台，建立管网结构安全风险预警方法和模型，研发并集成甲烷、硫化氢等危险气体实时监测传感器。（王　磊）

【堰塞湖灾害应急救援技术与装备研究】 项目由应急管理部上海消防研究所承担，10月19日通过国家消防救援局验收。项目开展基于水射流和爆破原理的堰塞体消融与开挖、适应高寒高海拔环境下的照明技术和供氧、适应高海拔灾害救援的大载荷长航时直升机及无人机等技术研究；建立堰塞湖灾害应急救援体系、战勤保障体系、应急救援预案、队伍装备配备方案等处理机制；研制基于水射流的堰塞湖坝体消融装备、物资人员运输用全地形车辆、高海拔地区增氧装备、照明装备、行军装备等应急救援装备。项目成果在四川省消防救援总队、重庆市消防救援总队、西藏消防救援总队等应用示范，支撑国家综合性应急救援队伍处置堰塞湖灾害。项目获专利授权8件，发表论文2篇。

（崔　艳）

【消防现场快速侦检关键技术与装备研发】 项目由应急管理部上海消防研究所承担，10月19日通过国家消防救援局验收。项目针对消防现场快速侦检中样品采集与检测难点问题，研发适用于现场复杂样品快速提取与采集的液体样品采集分离箱、气体侦检与采集控制联用仪和气体采集箱，建立现场复杂液体、固体样品快速提取与采集技术；研制消防救援现场电化学快速检测模块和碳纳米掺杂集成电化学检测芯片，实现电化学活性小分子化合物及无机离子等快速检测；研制便携式多功能检测仪及表面增强拉曼检测芯片，实现各类未知化合物、危险化学物质检测分析及现场有毒有害气体和射线探测；开发消防现场目标物质数据库及智能判别系统，实现测试样品快速检索、智能判别、数据库物质种类拓展。项目成果应用于火灾物证鉴定中心和消防救援队伍。项目申请专利 4 件，其中获授权 2 件；发表论文 5 篇，其中 SCI 论文 4 篇。（崔 艳）

【生物物证 DNA 直接提取技术体系的研发】 项目由市公安局物证鉴定中心承担，10 月 26 日通过市公安局科委验收。项目开发适用于现场生物物证检材的直接裂解、扩增功能，建立针对不同类型微量接触性检材 DNA 直接提取技术体系，应用于现场生物物证检材提取纯化过程中 DNA 提取，研制细胞裂解液用于细胞处理，使其充分释放 DNA，无需经过磁珠或硅膜纯化流程，实现聚合酶链反应扩增，并能满足与不同扩增试剂盒配套工作要求。（龚 雷）

【变压器交直流耐压试验超宽频带局放智能检测关键技术研究及应用】 项目由国网上海市电力公司、山东大学、山东电工电气集团有限公司等共同承担，11 月 17 日通过国家电网有限公司验收。项目获取 50 MHz 超宽频带检测变压器局部放电(PD)和噪声源的脉冲电流波形-时间序列特征；揭示超宽频带检测获取传感耦合点处 PD 和噪声源脉冲电流波形幅值、频率等参数特性；提出基于非线性映射特征参数的二维平面或三维空间脉冲群快速智能聚类和分离技术；建立适用于交直流耐压试验用的 PD 脉冲群数据智能处理和显示技术；研制交直流耐压试验 PD 智能检测系统，并开展交流和换流变压器出厂试验、现场诊断性试验应用。项目申请发明专利 13 件，发表论文 12 篇。（宋 平）

【新时期中国消防应急救援力量布防建设规划研究】 项目由应急管理部上海消防研究所承担，11 月 17 日通过国家消防救援局验收。项目提出科学合理、逻辑自洽、切实可行的消防力量布局建设发展思路；构建涵盖领导指挥机关、基层作战单位、支撑保障机构的新时期消防救援力量体系；提出基于消防安全风险的力量布防建设原则，建立评价指标体系和定量化风险评估方法；采用基于风险的定量、半定量、定性等方法，分类并确定四大类空间的消防站点布局原则和方法；建立区域性消防人员配置模型和配备原则及消防站人员配置模型；基于属性特点和处置需求，提出装备配备原则、方法和标准；编制消防救援力量布防建设中长期发展规划及规划规范。（崔 艳）

【基于 5G 及 IEC61850 的韧性配网故障信息智能传输技术研究】 项目由国网上海市电力公司电力调度控制中心、东方电子股份有限公司、南京南瑞继保工程技术有限公司等共同承担，11 月 24 日通过国网上海市电力公司验收。项目开展基于态势感知的二次设备动态探测及识别技术、基于电力系统自动化领域国际标准(IEC61850)通信的二次设备自动配置接入技术研究，研制配网保护装置样机和配网保信子站样机，完成开关站继电保护故障信息系统基于 IEC61850 保护设备的免配置接入，提高 10 kV 开关站调试、改扩建、增补设备效率；提出装置动态感知智能接入、模型自动匹配、信息自动入库、数据自动同步、按需选择通信通道等解决方案，支撑上海“韧性电网”建设。项目申请发明专利 2 件，发表论文 2 篇。（宋 平）

【毒情监控下涉毒案件的精准打击技术研究与示范】 项目由上海市刑事科学技术研究院承担，12 月 8 日通过市科委验收。项目实现毒品及新精神活性物质标准品(对照品)高效手性构建及质量控制，研制纯度大于 99.5%且单杂含量小于 0.1%的手性毒品及新精神活性物质标准品(对照品) 34 种；开发污水中甲基苯丙胺、苯丙胺、氯胺酮等 24 种常见毒品及可替宁在线固相萃取液相二级质谱分析方法，总回收率均大于 80%；完成上海市指定 3 个地区污水中 24 种常见毒品及可替宁监测报告；联合人诱导多能干细胞和微流控芯片技术，建立模拟人神经细胞结构、功能及化合物毒性体外模型。项目获国家二级标准物质证书 5 份，发表论文 12 篇。（龚 雷 王 磊）

【震后快速趋势研判系统研究及应用】 项目由市地震局承担，12 月 27 日通过市科委验收。项目构建上海市及邻区震后趋势快速判定系统，基于模型算法实现震后快速研判意见、首次会商意见、地质构造、测震参数相关信息快速产出；基于建筑物震害易损性矩阵和强有感地震震感分级计算模型，建立适用于长三角一体化示范区的建筑物震害快速评估系统。（张建莉 王 磊）

【10—30 天延伸期天气预报技术及应用】 项目由上海市气候中心承担，12 月 29 日通过市科委验收。项目建立本地化 10—30 天延伸期天气智能集合预报及检验评估模型；建立基于天气气候的传染病预报预警平台，实现典型传染病风险预报；研发基于天气的城市用电、燃气及网格化管理典型场景运行态势预测预警模型，开发延伸期(10—30 天)天气预测服务专屏。项目成果在气象、疾控、城市运行等多家相关单位应用。（王 磊）

【特大城市安全监控智能优化布控技术研究与应用】 项目由市公安局承担，12 月 29 日通过市科委验收。项目设计图像监控点位指标体系，建立动态评估与优化模型，针对多摄像机下行人动静协同智能关联分析、视频监控点位感知数据动态建模研究，在市公安局杨浦分局和静安分局开展安全监控布控优化智能应用验证；实现对多类型场景进行布点模型设计,形成城市公共安全监控多要素融合感知的点位智能优化布局与动态评估指标体系;实现点位智能优化布局与动态评估应用验证,基于人车对象围绕时空维度的轨迹智能拟合计算技术,结合地图技术和可视化操作技术输出提供友好交互的验证应用平台。项目申请发明专利2件,其中获授权1件,获软件著作权登记2件;发表论文6篇。 (王　磊)

第六节 | 崇明生态岛 >>

【世界级生态岛生态道路建设技术研究与集成应用示范】 项目由上海市市政工程建设发展有限公司承担,2月28日通过市科委验收。项目结合国内外生态道路发展趋势及崇明世界级生态岛建设愿景,建立包含生命友善、人文关怀、环境友好和低碳减排生态道路4个方面评价指标体系库;形成生态道路设计、施工、运维和环境监测等全寿命周期的成套建设技术,构建世界级生态道路技术体系。项目申请发明专利8件,其中获授权2件;形成导则3部、工程技术指南5部。 (王　磊)

【新优彩叶花卉矾根繁育技术研究与应用示范】 项目由市农科院承担,3月7日通过市科委验收。项目引进矾根品种资源75个,建立适生性评价方法;筛选适宜上海地区露地栽培品种14个和适宜种苗产业化生产品种8个;制定种苗生产相关技术规程(草案)2部,累计繁育优质种苗56万株;建立应用示范点2个,在崇明区进行推广栽培和应用示范,累计示范推广面积11亩。项目申请发明专利2件,其中获授权1件;发表论文3篇。 (王　磊　董　慧)

【崇明花博会生态风险防控技术研究及应用】 项目由复旦大学承担,3月9日通过市科委验收。项目开发潜在危险性有害生物预警数据库和害虫智能鉴别系统;完成68种外来有害生物风险分析;构建4种外来高风险有害生物的快速检测鉴定技术体系;研发中国花卉博览会(简称花博会)参展植物检疫监管方案及配套实施技术、有害生物监测预警及应急控制技术体系;发布花博会有害生物预警报告12期,制定参展植物安全准入实施细则、突发性生物灾害事件应急处置预案及隔离苗圃改造方案,编写花博会重大病虫害监测及应急防控技术指南20部,改造隔离苗圃10亩,建立有害生物防控示范区12 500 m^2。项目成果应用于花博会有害生物全过程防控。项目申请专利8件,其中获授权1件,获软件著作权登记4件;发表论文12篇。 (王　磊)

【崇明花博会观花植物筛选培育与应用】 项目由上海花卉园艺(集团)有限公司承担,3月27日通过市科委验收。项目围绕崇明花博会总体规划设计,收集宿根花卉,球根花卉,1、2年生花卉,花灌木等花卉品种资源2 625份,筛选适应崇明生态环境的品种1 126份,建立品种资源圃;生产种苗805.95万株、盆花829.11万盆;形成花博会观花植物组合配置模式25个;在崇明区建立生产示范点3个,示范面积289亩。项目申请专利3件,制定技术规范10部,发表论文5篇。 (王　磊)

【花博会园区建设与智慧运维关键技术研究与应用】 项目由光明生态岛投资发展有限公司承担,5月26日通过市科委验收。项目围绕崇明花博会实现前期规划建设、后续运营管理降本增效与"花开满园、花开不断"间适配问题,开展花博会园区建设工作与智慧运维核心技术应用;建立大规模花卉快速补植流程,形成花博会园区花卉整体运行维护方案;形成完善的花博会园区生态基础设施与展馆开发建设管控的理论基础、具体方法和评价体系;实现"人-植物-建筑"健康环境的精准调适。项目成果应用于崇明花博会园区建设和运维。项目申请专利8件,获发明专利授权3件、实用新型专利授权1件;编写标准规范5部、指南2部,编纂专著1部;发表论文14篇。 (王　磊)

【崇明世界级生态岛生物多样性优化构建与生态产业发展实践路径】 项目由华东师范大学承担,10月30日通过市科委验收。项目调查并分析绿地、林地、湿地、农田生态系统生物多样性现状,开展生态产业相关调查和资料收集,构建生物多样性与生态产业综合数据库;制定适宜崇明岛的生态系统服务功能评价技术规程,分析近10年崇明岛生态系统及其服务功能变化特征,提出崇明岛生态产业发展的路径及生态产品价值实现机制,绘制崇明生态产业专题地图;构建集成崇明岛生物多样性多项优化适宜技术体系;建设林地(庙镇)、绿地(明珠湖)、湿地(西沙湿地公园)、农田(三星镇西新村上海瀛西果蔬专业合作社)生物多样性优化构建示范区。 (王　磊)

第二篇　第七章

卫生健康与体育科技

第一节 | 概况 >>

【上海卫生健康科技工作概述】 2023年，上海卫生健康科技工作面向人民生命健康，聚焦卫生健康事业发展短板，加大医学科技攻关力度，加快创新成果转化应用，让医学科技更好增进人民健康福祉，加快推动医学科技创新，提升服务人民健康水平。

完善临床研究平台和机制。加强上海市临床研究体系建设，起草《关于加强本市临床研究体系和能力建设支持生物医药产业发展的实施意见》。依托转化医学国家重大科技基础设施（上海）、复旦大学附属中山医院上海国际医学科创中心和上海临床研究中心，重点布局3家以研究为导向的医疗机构，加快探索以研究为导向的医疗机构运行机制。开展围绕研究型医院建设和发展工作的座谈会，形成并推进政策课题“以研究为导向的公立医院运行机制研究”。对58家上海市附设性医学科研机构开展全面评估。召开上海市重大传染病与生物安全研究院、上海市免疫治疗创新研究院、上海市临床研究中心、上海市病毒研究院等理事会议。做好临床研究规范管理试点工作，督促医疗卫生机构落实主体责任，发布《上海市医疗卫生机构临床研究规范管理试点实施方案》，对部分试点医院开展督导评估。修订《涉及人的生物医学研究伦理审查规范》地方标准；复旦大学附属华山医院、上海市精神卫生中心和上海市临床研究伦理委员会召开上海市伦理能力建设培训班。

加强学科和人才队伍建设。设立东方英才计划拔尖、青年项目卫生平台，做好新一轮医学人才培养工作，开展上海市公共卫生体系建设三年行动计划（2023—2025）人才培养项目，遴选公共卫生学科带头人40人、公共卫生优秀青年60人。举办“春异杯”医学创新人才大赛（2023·上海），决出一、二和三等奖12个获奖项目；开展企业委托项目研究，作为“海上医昇”创新人才专项基金项目之一，专门用于医企早期合作开展相关临床研究，“多重PCR技术在呼吸道感染中的应用价值”项目立项2个。开展第5轮公共卫生重点学科绩效评价工作；开展第6轮公共卫生重点学科申报工作，立项资助49项。开展重中之重研究中心B类项目遴选，立项资助25项。开展重点扶持学科建设，立项资助20项。

提升项目过程管理水平。开展2023年度卫生行业临床研究专项申报和评审工作，入选课题430个。加强科研项目过程管理，完成2020年市卫生健康委老龄化和妇儿健康研究专项验收评估和2020年协同创新集群项目中期评估工作。开展干细胞临床研究备案机构和项目的自查与核查，形成2022年上海市干细胞临床研究监督管理工作报告；优化和完善上海市干细胞备案流程；开展新一批干细胞临床研究机构备案和项目备案工作。持续做好卫生健康系统科研诚信工作，开展撤稿论文科研诚信案件线索调查。开展成果转化年报制度，针对三级医院开展成果转化年度报告工作，举办2023年度医学科技成果转化管理与发展培训班、知识产权与成果转化系列培训班。

强化生物安全意识。加强实验室监管，严格病原微生物实验室备案制度，截至年底，全市备案登记在册病原微生物实验室3 643家，其中BSL-1实验室1 424家、BSL-2实验室2 216家，实施属地管理BSL-3实验室3家，拥有国家菌（毒）种保存分中心1家。开展2023年上海市病原微生物实验室生物安全技能大赛，检验提升应急处置能力；作为首批国家卫生健康委生物安全培训基地和上海市生物安全培训基地，上海重大传染病与生物安全研究院完成4期237名学员培训；面向全市基层卫生监督员、各级疾控人员、医疗机构人员、企业和学校等病原微生物实验室负责人及工作人员等，推进《中华人民共和国生物安全法》宣传贯彻。

（马思婷）

第二节 | 疾病诊疗 >>

【基于多模态影像的脑卒中标准化数据库及人工智能评价体系的构建与应用】 项目由同济大学附属同济医院承担，2月9日通过市科委验收。项目结合脑卒中影像特点，建立标准化影像和临床数据管理流程，构建脑卒中人工智能标准化标注数据库，将传统医疗中涉及脑卒中影像、病历、检验等非结构化数据统一治理管控，保障数据整合、处理、融合、临床应用等过程安全可控，实现海量专病数据的高效存取、计算；构建脑卒中智能影像诊断预测模型，对急性缺血性卒中磁共振诊断敏感性96.4%、特异性92.8%、准确率93.6%，对急性出血性卒中计算机断层扫描诊断敏感性95.2%、特异性90.6%、准确率91.4%，对急性缺血性卒中预后预测敏感性95.9%、特异性90.8%、准确率92.8%。项目

申请发明专利6件,获软件著作权登记7件;发表SCI论文8篇。(商学斌)

【难治性颅内、颅底及头颈部恶性肿瘤的粒子射线精准放射治疗的方案建立及临床实现】 项目由上海市质子重离子临床技术研发中心承担,2月9日通过市科委验收。项目开展前瞻性1、3期临床研究探索碳离子推量联合质子放射治疗高级别胶质瘤,探索碳离子加量放射治疗高级别胶质瘤安全剂量,建立并应用难治性颅内恶性肿瘤的粒子射线精准放射治疗方案;开展前瞻性2期临床研究对比碳离子和质子放射治疗颅底脊索瘤,分析质子重离子治疗颅底脊索瘤、颅底软骨肉瘤及颅底肉瘤效果与不良反应,提示质子重离子放射治疗颅底肿瘤优势,建立并应用难治性颅内恶性肿瘤的粒子射线精准放射治疗方案;开展前瞻性2期临床研究探究碳离子作为再程放射技术治疗复发性鼻咽癌,探索碳离子再程放疗复发鼻咽癌效果与不良反应,提示碳离子再程放疗复发鼻咽癌具有明显优势;验证18F-脱氧胸腺嘧啶核苷正电子发射断层扫描在预测碳离子放射治疗复发鼻咽癌患者疗效中价值;探索脑胶质瘤VMP1的预后生物标志物及碳离子放射治疗可抑制鼻咽癌血管生成机制。项目发表SCI论文14篇。(商学斌)

【驱动基因阴性非小细胞肺癌综合治疗新策略的建立与推广应用】 项目由同济大学附属上海市肺科医院(上海市职业病防治院)承担,2月14日通过市科委验收。项目聚焦于驱动基因阴性肺癌人群,开展多中心临床研究,实现PD-1/PD-L1和CTLA-4抑制剂在晚期非小细胞肺癌(NSCLC)治疗上突破性进展,描绘驱动基因阴性患者的个体化精准治疗蓝图;确立驱动基因阴性早期NSCLC辅助或新辅助免疫治疗标准,探索局部晚期不可切除NSCLC免疫联合放化疗治疗新模式,建立驱动基因阴性晚期NSCLC一、二线免疫治疗新标准,优化免疫治疗综合策略相应治疗方案,获国家药监局批准,并纳入《CSCO非小细胞肺癌诊疗指南(2022)》。项目发表SCI论文11篇。(商学斌)

【功能性单心室类复杂先心病个体化综合治疗的临床研究】 项目由上海交通大学医学院附属上海儿童医学中心承担,2月14日通过市科委验收。项目通过虚拟仿真术前评估设计和临床相结合,实现功能性单心室个体化诊疗,让一部分符合条件的功能性单心室实现双心室根治;研发心脏手术仿真训练系统,利用计算机图形学、Web3D技术仿真模拟心脏手术重要环节,将心脏解剖、心脏搭桥手术、心脏补洞手术、心血管搭桥手术和心脏搭桥碰壁检测集成到Web3D技术的手术平台上展开心脏手术仿真训练;辅助医生训练不同心脏手术仿真操作,降低手术风险,缩短手术时间;该系统在术前为功能性单心室的"单心室向双心室"策略提供临床心脏手术仿真,为医生现场教学提供心脏手术仿真演示,并为心脏手术仿真训练网络化教学提供远程支持。项目发表SIC论文5篇。(商学斌)

【复发性鼻咽癌颅底微创手术治疗的临床研究1】 项目由上海交通大学医学院附属第六人民医院承担,2月16日通过市科委验收。项目评估放疗后局部复发鼻咽癌的分期体系,建立与微创颅底外科技术相适应的外科分期体系;建立合理规范的复发鼻咽癌病灶微创手术切除方案,参与撰写鼻咽癌外科治疗专家共识;设计使用鼻中隔黏膜瓣、筛动脉瓣等鼻腔内带蒂黏膜瓣,丰富颞肌瓣、颅周骨膜瓣等鼻腔外组织瓣等用于颅底硬膜缺损及颅底裸露创面的修复覆盖,丰富经鼻内镜鼻咽癌挽救性手术的修复重建策略;针对复发鼻咽癌累及颈内动脉(ICA)评估与干预,制定相应ICA多样化诊治干预保护流程、复发鼻咽癌患者病情评估与干预处理流程,特别是复发鼻咽癌导致颈动脉爆裂综合征(CBS)的急诊抢救干预手段;引入血管内介入处理技术,显著降低鼻咽癌患者CBS发生率。项目发表SCI论文3篇。(商学斌)

【复发性鼻咽癌颅底微创手术治疗的临床研究2】 项目由复旦大学附属眼耳鼻喉科医院承担,2月16日通过市科委验收。项目报道大样本量复发鼻咽癌内镜手术治疗效果和生存结局,分析在101例复发性鼻咽癌患者中的应用情况,显示2年总体生存率76.2%;针对复发性鼻咽癌,建立并运用颈内动脉(ICA)评分量表和ICA分级治疗5S策略;总结肿瘤侵犯ICA的复发性鼻咽癌患者治疗结局,发现ICA栓塞组3年总生存率和无进展生存率显著高于ICA非栓塞组,ICA栓塞组治疗相关并发症发生率显著低于非栓塞组;ICA栓塞术在复发性鼻咽癌侵犯颈内动脉患者内镜手术中的应用可显著提高患者生存率、降低相关并发症治疗风险;通过鼻咽癌手术患者前瞻性研究,分析复发性鼻咽癌患者经鼻内镜下鼻咽切除术后的生活质量,提示鼻内镜下鼻内切除术是复发性鼻咽癌的一种有价值的治疗方法;牵头编写国际上首部鼻咽癌外科治疗专家共识。项目发表SCI论文11篇。(商学斌)

【生物标志物指导下的肺癌免疫治疗人群选择策略的前瞻性研究】 项目由上海交通大学附属胸科医院承担,2月21日通过市科委验收。项目通过多中心免疫治疗肺癌患者入组,收集免疫检查点抑制剂治疗肺癌患者的血、粪便和组织等样本,开展代谢组学、免疫组学、基因组学和微生物组学检测分析,构建可预测疗效的多组学指标体系;建立临床-基础多组学数据库,保障多组学研究及数据分析和数据共享;形成与免疫治疗肺癌疗效相关的多组学特征谱,包括人工智能识别影像组学特征1个、外周疗效相关免疫特征3个、代谢组学特征谱1个、肿瘤外泌体PD-L1表达特征1个、肿瘤基因组特征2个及肠道菌群特征谱1个;参与多部国内外免疫治疗肺癌临床指南及推荐制定,促进免疫治疗在中国肺癌患者临床规范化应用。项目申请发明专利4件,获授权2件;发表SCI论文16篇。(商学斌)

【基于量化评估的精神分裂症复发干预策略研究】 项目由

上海市精神卫生中心(上海市心理咨询培训中心)承担,2 月 23 日通过市科委验收。项目建立精神分裂症患者前瞻性社区监测队列,建立患者复发风险的预警模型及评分办法 2 套;基于精神分裂症脑影像特征生物学指标,建立“生物亚型”分类系统;基于社区随访信息平台,建立精神分裂症复发预警模型及评分体系;开发“生物亚型”驱动的重复经颅磁刺激个体化精准神经调控技术和基于社区随访评分体系的综合干预技术集合,包括精神分裂症正念认知疗法康复技术、基于社区康复机构或基于家庭的主动式社区干预等技术,形成基于社区-医院服务联动一体化的严重精神障碍患者复发综合干预方案和技术体系。项目发表 SCI 论文 31 篇。 (商学斌)

【针药结合治疗帕金森病高质量临床研究取得进展】 上海中医药大学附属岳阳中西医结合医院吴焕淦研究组开展电针治疗帕金森病多中心临床研究,招募帕金森病患者 166 例,随机分为对照组(单纯西药治疗)和电针组(在西药治疗基础上加用电针治疗),开展为期 12 周治疗和 12 周随访;相较于对照组,电针组患者帕金森病统一评定量表评分明显降低,步行 20 m 时间和距离显著提高,自发排便次数和便秘评分系统评分显著增高,且 2 组左旋多巴等效日剂量差异无统计学意义;证实帕金森病患者服用西药并采用电针治疗可延缓运动症状进展、改善便秘等非运动症状,为针药结合治疗帕金森病的临床应用提供循证医学证据。研究成果于 2 月发表在《电子临床医学》(*eClinicalMedicine*)。 (梁 燕)

【发现免疫检查点抑制剂抗 PD-L1 单抗预防局限期骨肉瘤复发及转移】 上海交通大学医学院附属第六人民医院姚阳、胡海燕研究组设计抗 PD-L1 单抗(ZBAB001)作为维持治疗预防局限期骨肉瘤复发及转移的安全性和初步疗效的开放标签 1、2 期临床试验,入组接受完整手术切除及辅助化疗的局限期骨肉瘤患者 21 名,其中仅 1 例(4.8%)出现 3 级皮疹;受试者无进展生存期(EFS)中位随访时间 19.98 个月、总生存期(OS)中位随访时间 28.19 个月,未到达中位 3 年 EFS 率和 OS 率,24 个月 EFS 率 71.4%、2 年 OS 率 100%;初步疗效数据显示,PD-L1 阳性或 MSI-H 亚群的 EFS 明显获益,为骨肉瘤免疫检查点抑制剂临床应用提供参考。研究结果于 2 月发表在《临床癌症研究》(*Clinical Cancer Research*)。 (胡 承)

【新辅助治疗方法用于局部晚期食管鳞状细胞癌(ESCC)治疗研究取得进展】 复旦大学附属中山医院谭黎杰研究组评估新辅助放化疗(nCRT)联合微创食管切除术(MIE)与新辅助化疗(nCT)联合 MIE 治疗局部晚期 ESCC 的安全性和有效性;发现对于临床分期为局部晚期大肿瘤的 ESCC 患者,与 nCT 联合 MIE 相比,nCRT 联合 MIE 并没有显著改善总生存期;说明原发灶较大的 ESCC 最佳新辅助治疗策略仍有待解决。研究成果于 2 月发表在《肿瘤学年鉴》(*Annals of Oncology*)。 (邹媛媛 金 菁)

【提出淋巴结清扫新策略】 复旦大学肺癌研究中心/复旦大学附属肿瘤医院陈海泉研究组开展肺癌选择性淋巴结清扫前瞻性临床试验,评估可手术肺癌患者淋巴结转移的判断准确性,提出一种具备可操作性的选择性淋巴结清扫策略,相关判断准确率达 100%;意味着肺癌淋巴结清扫因人而异选择标准有据可依。研究成果于 2 月在线发表在《胸部肿瘤学杂志》(*Journal of Thoracic Oncology*)。 (邹媛媛)

【新生儿坏死性小肠结肠炎中肠道菌群失调介导肠道黏膜屏障损伤的病理机制研究】 项目由上海交通大学医学院附属儿童医院承担,3 月 30 日通过国家自然科学基金委验收。项目发现双歧杆菌四联活菌复合物可通过调节肠道菌群结构减少病原菌定植,以降低新生儿坏死性小肠结肠炎(NEC)发病率和死亡率;双歧杆菌四联活菌复合物主要通过促进肠道上皮细胞孕烷 X 受体表达,抑制应激活化蛋白激酶磷酸化,促进紧密连接相关蛋白表达,增强肠黏膜屏障功能,从而减轻 NEC,并推测肠道菌群在 NEC 发病过程中发展作用。项目申请发明专利 1 件、实用新型专利 1 件,发表论文 8 篇。 (杨 蓓)

【口腔黏膜复合血管化平滑肌构建轴型膀胱壁瓣的研究】 项目由上海交通大学医学院附属儿童医院承担,3 月 30 日通过国家自然科学基金委验收。项目利用自体包膜血管床培育平滑肌细胞膜片、利用口腔黏膜构建带血管蒂的血管化膀胱移植物,实现膀胱全层重建并显示出良好的组织学特征和膀胱功能,解决膀胱组织工程研究中血供不足和移植物组织结构欠佳的问题,为组织工程膀胱重建提供策略;提出利用新型种子细胞(即膀胱上皮干细胞)构建组织工程膀胱黏膜,因其具有能向所有膀胱上皮细胞谱系定向分化的特性而可用于构建结构和功能均接近正常膀胱黏膜的上皮组织。项目发表论文 6 篇,其中 SCI 论文 5 篇。 (杨 蓓)

【化疗联合肿瘤特异性杀伤病毒的新型眼恶性肿瘤靶向治疗研究】 项目由上海交通大学医学院附属第九人民医院承担,3 月 31 日通过科技部验收。项目聚焦眼恶性肿瘤视网膜母细胞瘤与葡萄膜黑色素瘤的发生机制和靶向治疗难题,揭示眼恶性肿瘤表观遗传发生新机制,发现眼恶性肿瘤治疗新靶点,提出并建立联合 2 种肿瘤特异杀伤病毒 RCR 和 H101 的眼恶性肿瘤靶向治疗方案,显著提高眼肿瘤杀伤效果。项目获发明专利授权 2 件,发表 SCI 论文 12 篇。 (徐维禕)

【三阴性乳腺癌精准治疗方案取得进展】 复旦大学附属肿瘤医院邵志敏研究组开展三阴性乳腺癌精准治疗伞式临床试验。数据显示,入组患者总人群的客观缓解率(ORR)

29.8%，疾病控制率48.2%，远超已报道ORR为5%—10%的治疗效果；患者总生存10.7个月，无进展生存期相比于传统化疗提升近1倍。研究为三阴性乳腺癌患者精准诊疗方案提供证据支撑。研究成果于3月在线发表在《细胞研究》(*Cell Research*)。（邹媛媛）

【青光眼视觉损伤早期监测取得进展】 复旦大学脑科学研究院王中峰与复旦大学附属眼耳鼻喉科医院吴继红合作，以核酸适体作为特异性分子识别工具，通过结合生物层干涉技术优势和酶联核酸适体夹心试验(ELASA)，研发自动化、高通量和实时监测的BLI-ELASA生物传感平台，在临床患者样品的检测验证中显示出高度准确性和有效性，为青光眼早发现、早诊断和早治疗提供具有转化应用潜力的工具。研究成果于3月发表在《生物材料》(*Biomaterials*)。（邹媛媛）

【肠癌术后分子残留病灶监测研究取得进展】 复旦大学附属肿瘤医院蔡国响研究组证实通过循环肿瘤DNA甲基化分析可实现1—3期肠癌患者根治术后风险分层、化疗监测和早期复发监测，从而改变肠癌患者术后管理的大样本量前瞻性多中心的临床试验。研究成果于4月在线发表在《美国医学会杂志肿瘤学》(*JAMA Oncology*)。（邹媛媛）

【提出全身性皮下水肿超声评估方案FLUID】 上海交通大学医学院/上海交通大学医学院附属瑞金医院张蔚青根据皮下组织回声强度、结构清晰度和积液特征制定皮下水肿的超声分级标准，结合全身7个区域共36个测量位点形成皮下水肿超声量化评估FLUID流程，为危重患者皮下水肿全面评估提供半定量策略；通过对收治危重患者同时使用FLUID流程和凹陷试验开展皮下水肿评估，发现在皮下水肿的发生诊断和严重程度评估方面超声检查优于凹陷试验；表明危重患者存在不同部位、不同程度皮下水肿，其在全身分布具有不均质性，更易发生于腹壁，且呈现重力依赖性分布，危重患者皮下水肿的发生具有诸多独立危险因素。研究成果于4月发表在《重症监护》(*Critical Care*)。（李贺轩）

【温肾化痰祛瘀方联合缬沙坦治疗良性高血压性肾硬化中西医结合诊疗方案疗效评价研究】 项目由上海中医药大学附属岳阳中西医结合医院承担，5月19日通过市科委验收。项目通过前瞻性、双盲、随机、对照临床试验完成59例良性高血压肾损害患者的治疗与随访，将患者分为治疗组与对照组，治疗组方案为基础治疗联合温肾化痰祛瘀方口服，对照组联合中药安慰剂，疗程6个月。结果显示，温肾化痰祛瘀方能降低良性高血压性肾硬化患者血肌酐，升高肾小球滤过率，降低尿微量白蛋白及尿N-乙酰基-β-D-葡萄糖苷酶排泄，提示温肾化痰祛瘀方联合西医基础治疗的中西医结合治疗方案治疗良性高血压肾硬化较单纯西医方案对于改善肾功能与尿蛋白排泄更具优势。项目发表论文4篇。（商学斌　韩昌鹏）

【术后延长镇静降低缺血性卒中患者脑损伤的作用研究】 项目由上海交通大学医学院附属仁济医院承担，5月22日通过市科委验收。项目发现诱导全身麻醉状态可显著降低全脑缺血小鼠脑损伤，极大延长存活时间(延长近3倍)，证明全麻状态对缺血期大脑有明显保护作用；通过针对全国不同地区医院的横断面调查研究，了解中国在围术期脑卒中救治中术中及术后麻醉镇静相关实施状况；大样本、多中心的前瞻性临床研究表明，延长镇静可提高慢性脑梗患者预后情况；形成脑卒中围术期麻醉相关脑保护方案，推广应用至30余家医院。项目发表SCI论文4篇。（商学斌）

【膝骨关节炎(KOA)与减重临床研究取得进展】 上海交通大学医学院附属第六人民医院张长青研究组基于上海骨关节炎队列开展大规模队列研究，针对合并2型糖尿病的KOA患者观察性队列研究表明，长期使用胰高血糖素样肽-1受体激动剂(GLP-1RAs)可通过有效减重介导，从而改善膝关节炎患者症状和减少膝关节手术率；指出GLP-1RAs是治疗KOA的潜在疾病改善药物。研究成果于5月发表在《风湿病年鉴》(*Annals of the Rheumatic Diseases*)。（胡　承）

【发现食管癌新辅助治疗显著提高晚期癌症患者生存期】 复旦大学附属中山医院谭黎杰、尹俊研究组与深圳华大基因股份有限公司合作，采用PD-L1抗体免疫新辅助治疗联合手术具有提高局部晚期食管癌晚期患者的治疗效果，揭示免疫治疗敏感人群的生物学特征，为中国食管癌治疗开辟途径。研究成果于6月发表在《自然医学》(*Nature Medicine*)。（邹媛媛　金　菁）

【氨溴索治疗戈谢病研究取得进展】 上海交通大学医学院附属新华医院/上海市儿科医学研究所张惠文研究组选取未接受过酶替代治疗戈谢病患者28例，经氨溴索治疗2.6±1.7年后，显示患者血红蛋白、血小板升高，肝脾体积缩小，生物标志物壳三糖酶活性和葡糖鞘氨醇水平降低；在症状相对轻的患者或氨溴索启动治疗年龄更小的患者中指标改善更明显。研究成果于6月发表在《美国医学会杂志网络公开》(*JAMA Network Open*)。（孙雯燕）

【证实新辅助放化疗后延迟手术并非普遍适用】 复旦大学附属肿瘤医院李心翔研究组证实，作为标准治疗方案的新辅助放化疗后延迟手术并不普遍适用于所有局部进展期肠癌患者；新辅助放化疗后肿瘤退缩不佳的局部进展期肠癌患者术前间隔时间越长则生存获益越差，这部分患者应及时得到筛选，以避免延迟手术。研究成果于7月发表在《国际外科杂志》(*International Journal of Surgery*)。（邹媛媛）

【揭示阿法替尼辅助治疗表皮生长因子受体(EGFR)突变型非小细胞肺癌(NSCLC)的安全性和有效性】 同济大学附属上海市肺科医院姜格宁、张鹏研究组开展第2代EGFR-TKI新辅助治疗EGFR突变型NSCLC前瞻性临床研究，通过对受试者肿瘤组织样本多组学分析，揭示EGFR-TKI靶向治疗敏感人群的生物学特征，探索EGFR-TKI靶向治疗对于患者肿瘤免疫微环境的影响，为EGFR突变型局部晚期NSCLC患者提供治疗思路和方案。研究成果于8月在线发表在《自然通讯》(*Nature Communications*)。

(张一卉)

【实现2型糖尿病患者血糖个性化精准调控】 复旦大学附属中山医院李小英、陈颖研究组与北京邮电大学王光宇研究组合作，提出采用基于强化学习算法的人工智能系统RL-DITR制定胰岛素决策策略，有效提升2型糖尿病患者的胰岛素治疗方案准确性；与其他人工智能模型和临床现行标准方案相比，RL-DITR更接近拥有丰富临床经验的医生判断，二者胰岛素推荐剂量差值仅1.2个单位，使患者葡萄糖达标时间提高24.1%，且不会造成严重低血糖或酮症酸中毒等不良后果，可为2型糖尿病患者提供个性化、动态诊治方案，辅助建立分级诊疗体系，提升慢性病管理效率。研究成果于8月在线发表在《自然医学》(*Nature Medicine*)。

(金　菁)

【提出中国人群人乳头状瘤病毒(HPV)相关口咽癌放化疗低强度方案】 复旦大学附属肿瘤医院陆雪官、许婷婷研究组开展HPV相关口咽癌的减强度治疗研究，2期前瞻性研究入组初诊HPV阳性口咽癌患者48例；证实采用低强度治疗方案在让患者获得同样疗效的同时，可明显降低因治疗不良反应对生存质量带来的不利影响。数据显示，整组患者2年无进展生存率和总生存率分别为85.4%和93.6%，其中低强度治疗组2年无进展生存率和总生存率均达100%；低强度治疗组3/4级口腔黏膜炎，1/2级白细胞减少、化疗相关恶心呕吐、疲劳、体重下降、低钠血症、肝肾毒性发生率均显著降低。研究成果于8月在线发表在《国际放射肿瘤学・生物学・物理学杂志》(*International Journal of Radiation Oncology・Biology・Physics*)。(邹媛媛)

【儿童视网膜母细胞瘤治疗取得进展】 上海交通大学医学院附属第九人民医院范先群研究组开展视网膜母细胞瘤眼动脉介入化疗多中心、随机、对照临床试验，明确眼动脉介入化疗在不影响总体生存率前提下，较静脉化疗显著提高晚期视网膜母细胞瘤患儿保眼率，降低全身并发症，证实眼动脉介入化疗可作为单侧晚期视网膜母细胞瘤患儿首选治疗方案，为视网膜母细胞瘤治疗方案制定提供证据。研究成果于9月发表在《柳叶刀儿童青少年健康》(*The Lancet Child & Adolescent Health*)。(徐维旖)

【非小细胞肺癌治疗研究取得进展】 同济大学医学院肿瘤研究所/同济大学附属上海市肺科医院周彩存领衔2项国际多中心3期试验，证明埃万妥单抗＋化疗可显著延长携带表皮生长因子受体外显子20插入突变的晚期非小细胞肺癌的中位无进展生存期；纳入转染重排融合阳性非小细胞肺癌的3期LIBRETTO-431试验中，与含铂方案化疗±帕博利珠单抗相比，塞普替尼可将中位无进展生存期延长1倍以上；证实及时、全面的基因组检测可为所有非小细胞肺癌患者的初始治疗决策提供依据。研究成果于10月发表在《新英格兰医学杂志》(*NEJM*)。(张一卉)

【牙种植体周围骨缺损标准化重建策略的多中心临床研究】 项目由上海交通大学医学院附属第九人民医院承担，11月8日通过市科委验收。项目实现医疗三维重建软件的关键技术研发，建立回顾性研究云端网络数据库，解析形成以植骨效果为导向的骨缺损新分类，通过前瞻性队列临床试验掌握骨缺损形态特征对临床植骨效果的影响，探讨难治性骨缺损时使用不同植骨材料和屏障膜应用方式的引导骨再生术临床效果，为难治性骨缺损治疗提供依据。项目获发明专利授权2件、软件著作权登记1件，发表国际共识1篇、论文10篇。(徐维旖)

【实现无水乙醇介入栓塞治疗罕见动静脉畸形】 上海交通大学医学院附属第九人民医院范新东研究组针对较为罕见骨内动静脉畸形，以无水乙醇联合弹簧圈对病变开展双介入栓塞治疗，患者术后摆脱轮椅重获行动能力；该技术为动静脉畸形，尤其是骨内动静脉畸形的影像学检查和鉴别诊断提供临床参考，为无水乙醇介入治疗脉管畸形关键技术提供支撑。研究成果于11月在线发表在《英国医学杂志》(*The British Medical Journal*)。(徐维旖)

【农药暴露对儿童过敏性疾病的影响及机制初探】 项目由上海交通大学医学院附属儿童医院承担，12月7日通过市科委验收。项目完成722例过敏性疾病的病例对照研究，检测儿童有机磷农药(OPs)和拟除虫菊酯类农药(PYRs)暴露、氧化应激和核转录因子(NF-κB)水平，分析农药暴露对儿童过敏性疾病的健康风险；发现上海地区儿童普遍暴露于OPs和PYRs农药，农药暴露可增加儿童过敏性疾病患病风险，表现为OPs高暴露显著增加过敏性鼻炎和特异性皮炎患病风险、PYRs高暴露显著增加过敏性哮喘患病风险；发现农药暴露可通过机体氧化应激激活NF-κB进而促进过敏性疾病发生风险增加。项目申请发明专利1件，发表SCI论文3篇。(杨　蓓)

【发现儿童掌黑癣病例】 国家儿童医学中心(上海)、上海交通大学医学院附属上海儿童医学中心邓丹研究组报道一种易被误诊为恶性黑色素瘤的儿童手掌黑斑，即掌黑癣，在临床上表现为黑褐色斑疹或斑片；该疾病在非热带地区极其罕见，容易造成漏诊和误诊，病例的报道对于提高稀少发病地区皮肤科医生认知具有指导意义。研究成果于12月发表在《英国医学杂志》(*The British Medical Journal*)。
(景诗文)

第三节 | 公共卫生 >>

【基于价值与风险系统评估的区域健康医疗大数据共享应用体系研究】 项目由上海交通大学医学院附属儿童医院承担,1月4日通过国家自然科学基金委验收。项目制定健康医疗数据价值评估指标体系决策工具,包括一级指标2个、二级指标7个和三级指标21个;构建健康医疗数据开放共享程度评估指标体系,包括一级指标3个、二级指标8个、三级指标29个;形成针对区域卫生信息平台的医疗信息隐私安全评估标准,包括一级指标3个、二级指标14个、三级指标46个,可识别平台在数据开放共享过程中的风险点;制定医疗信息隐私风险防控指南,已纳入《信息安全技术健康医疗数据安全指南》(GB/T 39725—2020);研发临床科研数据安全开放应用平台。项目获软件著作权登记4件,形成国家标准1部;发表论文16篇,其中SCI论文1篇。
(杨 蓓)

【发现新型冠状病毒突变株的突破感染中显现"抗原原罪"效应】 上海交通大学医学院附属第九人民医院许洁研究组与上海市免疫学研究所叶菱秀、王颖研究组合作,比较未接种、接种2针和3针新型冠状原始病毒灭活疫苗的不同人群在奥密克戎变异株突破感染中血清中和抗体的滴度,发现疫苗接种患者外周中和抗体活性显著高于未接种患者;提示3针灭活疫苗接种后突破感染患者中针对突变株中和抗体活性低于2针接种患者,即"抗原原罪"效应在接种3针原始病毒疫苗的人群中更为显现;发现接种新型冠状病毒灭活疫苗能显著降低发展为重症病例风险,而接种2针与3针灭活疫苗的人群之间无明显临床表现差异。研究成果于1月发表在《细胞研究》(*Cell Research*)。
(徐维琦)

【第2代移动式核酸检测实验室研制及应用示范】 项目由上海宝山太平货柜有限公司、上海国际旅行卫生保健中心(上海海关口岸门诊部)、上海市嘉定区南翔医院、上海市虹口区江湾医院、上海市嘉定区安亭医院等承担,4月26日通过市科委综合绩效评价。项目优化40英尺移动式核酸检测方舱的检测流程,开发多套配套模块,增强智能化、快速部署及容灾能力;核酸检测量可支持1 200管/24小时,方舱的室内气压、自动升降功能、减振功能、发电模块功能、通信系统功能达标。项目获实用新型专利授权5件、软件著作权登记1件,发表论文4篇。
(张丽媛)

【新型冠状病毒体外转录多片段全基因RNA标准物质获批国家二级标准物质】 5月30日,上海市计量测试技术研究院研制的新型冠状病毒体外转录多片段全基因RNA标准物质获批国家二级标准物质。通过将新型冠状病毒全基因组RNA序列分为10个片段体外转录,研制新型冠状病毒体外转录多片段全基因RNA标准物质;该标准物质经数字聚合酶链式反应联合定值,覆盖新型冠状病毒全基因组序列,浓度量值大于10^4 copies/μL,不确定度小于20%,保障新型冠状病毒检测结果可靠性和可比性。
(滕雪雷)

【发现城市环境-遗传-脑-精神健康的模块化神经生物通路】 复旦大学类脑智能科学与技术研究院Gunter Schumann研究组与天津医科大学总医院合作,基于50万名被试者研究队列,将城市环境的宽泛概念分解至微观、介观和宏观水平,通过将物理环境与社会环境相结合捕捉城市生活环境复杂性,并将复杂关联的城市环境指标模块化;提示不同城市生活环境模块可通过不同神经生物学途径影响特定精神症状群,依据人群的不同基因分型,量化每种环境因素对大脑和精神症状的影响及其在城市生活环境中的相互作用,具有精准优化公共卫生干预措施顺序和目标的应用潜力。研究成果于6月发表在《自然医学》(*Nature Medicine*)。
(邹媛媛)

【中国成人糖尿病控制现状研究取得进展】 上海交通大学王慧、钟文泽研究组与中国疾病预防控制中心营养与健康所丁钢强、于冬梅研究组合作,揭示中国糖尿病患者风险因素控制总体情况,指出需加强对糖尿病患者风险因素控制不佳原因分析,制定切实有效的应对策略;有效控制糖尿病需通过个性化管理,对患者及时给予药物和非药物综合治疗,了解每名患者治疗目标和需求及治疗过程中主要障碍;医保政策的制定和实施需根据中国糖尿病防控现状及时调整完善。研究成果于8月发表在《内科学年鉴》(*Annals of Internal Medicine*)。
(李贺轩)

【揭示吸烟行为起始和维持的神经行为学基础】 复旦大学类脑智能科学与技术研究院贾天野、冯建峰研究组基于英国、德国、法国和爱尔兰4个欧洲国家的青少年纵向随访影像遗传学数据,揭示青少年左右两侧腹内侧前额叶皮层在吸烟行为起始和早期行为强化阶段不同的神经机制,为成瘾行为的神经起源提供证据;表明前额叶皮层在物质使用发展到成瘾行为的过程中发挥关键的强化作用,为研究成瘾行为早期预防和临床干预策略提供启示。研究成果于8月发表在《自然通讯》(*Nature Communications*)。
(邹媛媛)

【中国多中心3万例新生儿遗传病基因筛查研究取得进展】 上海交通大学医学院附属新华医院/上海市儿科医学研究所韩连书与深圳华大基因股份有限公司合作,牵头国内8家新生儿筛查中心,开展3万例中国多中心新生儿遗传病基因筛查研究;发现新生儿基因筛查具有较高的阳性预测值,可筛查更多疾病,在疾病检出能力上可作为生化筛查的有效补充，但无法替代，2 种筛查方法结合可提高新生儿疾病筛查效率。研究结果为基因筛查作为新生儿疾病一线筛查方法提供支持，有助于新生儿基因筛查推广应用。研究成果于 9 月发表在《美国医学会杂志网络公开》(*Jama Network Open*)。 (孙雯燕)

【揭示妊娠期糖尿病对成年早亡的影响】 上海交通大学汪一心随访 91 426 名有生育史女性，30 年间观察到死亡 3 937 例，其中死于心血管疾病 255 例、死于癌症 1 397 例；发现患过妊娠期糖尿病女性随访期间粗死亡率显著高于未患妊娠期糖尿病女性，总死亡相对风险比为 1.28；调整混杂因素和生育期间生活方式后，相对风险比未见显著变化，该关联与是否继发 2 型糖尿病无关，但在有吸烟史、超重或肥胖、饮食相对不健康、患高脂血症、自报反复性妊娠期糖尿病、妊娠期合并高血压、生育过低出生体重或早产儿的女性中更显著；发现妊娠期糖尿病与心血管疾病死亡风险之间正相关最强；观察到妊娠期糖尿病与肿瘤死亡风险之间存在弱负相关，但仅在继发 2 型糖尿病女性中显著，提示该关联可能与 2 型糖尿病用药、生活方式调整、体检筛查频率改变有关。研究成果于 9 月发表在《美国医学会内科医学期刊》(*JAMA Internal Medicine*)。 (李贺轩)

【P2＋方舱实验室智慧中控系统研发与应用】 项目由上海申博信息系统工程有限公司、复旦大学等承担，10 月 26 日通过市科委综合绩效评价。项目突破实验室通风及气流流向优化、多源异构数据感知及融合处理、多舱室智能协同控制等关键技术；研制 P2＋实验室智慧中控系统，构建多模块物理方舱测试环境，相关成果实现应用。项目申请发明专利 1 件，获软件著作权登记 2 件；发表论文 3 篇。 (张丽媛)

【发现新生儿乙肝疫苗普种策略有效降低中国儿童慢性乙肝感染率】 复旦大学人类表型组研究院陈兴栋研究组覆盖相关研究 3 740 篇，分析 31 个省、自治区、直辖市及特别行政区 2.3 亿人的慢性乙肝感染状况，描述中国 50 年间慢性乙肝感染流行病学特征；发现中国一般人群中慢性乙肝感染率呈显著下降趋势，其中 5 岁以下儿童中下降速度最快，但 60 岁以上老年人群体中乙肝病毒感染率呈上升趋势，男性降速大于女性。研究成果于 10 月在线发表在《胃肠道》(*Gut*)。 (邹媛媛)

【3 项常见呼吸道病原微生物灭活病毒形式标准物质的研制】 项目由上海市计量测试技术研究院承担，11 月 8 日通过市场监管总局验收。项目开展甲型流感病毒 H1N1 型、人腺病毒 4 型、人腺病毒 5 型、人呼吸道合胞病毒 A 型、乙型流感病毒等 5 种常见呼吸道感染病毒灭活病毒形式标准物质研究；与传统核酸(RNA/DNA)标准物质、假病毒标准物质相比，灭活病毒标准物质与病原体高度接近，具有完整蛋白外壳，覆盖病原体全基因组核酸，适用于所有核酸检测方法，检测过程包含核酸提取步骤，可对呼吸道病毒核酸检测全过程质控。项目发表论文 1 篇。 (滕雪雷)

第四节 生殖健康

【揭示反复妊娠丢失史对经生育治疗女性生殖结局的影响】 上海交通大学医学院附属第九人民医院杜通、匡延平研究组针对无明显染色体及基因异常但有复发性流产史的不孕症夫妇行不孕症治疗是否必须采用 3 代试管婴儿技术进行胚胎筛选开展研究；发现夫妇采用常规人工授精及 1、2 代试管婴儿技术治疗获得妊娠后，再次发生流产的风险与其流产史无显著相关性，表明在没有其他明确指征情况下，有复发性流产史的不孕症患者不宜盲目采用 3 代试管婴儿技术进行胚胎筛选。研究对规范不孕症诊疗、优化患者利益和节约医疗资源具有指导意义。研究成果于 1 月发表在《美国妇产科学杂志》(*American Journal of Obstetrics and Gynecology*)。 (徐维祷)

【揭示组蛋白修饰调控人类原始生殖细胞发育关键事件的表观遗传机制】 同济大学高绍荣、陈嘉瑜、张勇与上海市第一妇婴保健院李晓翠研究组合作，揭示在长达数月的人类原始生殖细胞染色质重编程中，3 种核心组蛋白修饰(H3K4me3、H3K27me3 和 H3K9me3)在全基因组低甲基化状态下协同调控基因和逆转座子表达、X 染色体再激活和 DNA 去甲基化逃逸等事件的表观遗传机制。研究成果于 2 月发表在《细胞发现》(*Cell Discovery*)。 (张一卉)

【揭秘卵巢衰老的遗传密码】 复旦大学金力、张锋研究组与山东大学陈子江研究组合作，分析 1 030 例早发性卵巢功能不全(POI)女性携带的致病变异，绘制 POI 致病变异全景图，将基因突变的病因贡献度由原来的 15.0% 提高至 23.5%；发现新的卵巢衰老相关基因 20 个，为揭示卵巢生理性衰老机制及干预卵巢病理性衰老提供方向和靶点。研究成果于 2 月在线发表在《自然医学》(*Nature Medicine*)。 (邹媛媛)

【揭示右位心患病阈值和多因素遗传模式】 复旦大学附属妇产科医院王红艳研究组与上海交通大学医学院附属上海儿童医学中心傅启华、洪海筏，深圳华大基因股份有限公司张建国合作，揭示右位心中存在罕见无功能变异个数所决定的患病阈值的多因素遗传模式；基于斑马鱼模型证实核心基因对心脏畸形的遗传效应显著大于外围关联基因，加深对复杂疾病全基因组模型下核心基因遗传贡献的理解。研究成果于 4 月发表在《科学通报》(*Science Bulletin*)。 (邹媛媛)

【针药结合联合腹腔镜手术治疗子宫内膜异位症不孕的疗效评价研究】 项目由上海中医药大学附属岳阳中西医结合医院承担,5月19日通过市科委验收。项目开展多中心、随机、对照临床研究,纳入子宫内膜异位症不孕经腹腔镜手术切除异位病灶的受试者72例,随机分为针药组和对照组,治疗3个月经周期。结果显示,针药结合联合腹腔镜手术可安全有效治疗子宫内膜异位症不孕,控制血清CA125水平,提高患者生存质量,改善卵巢储备功能,妊娠率30.56%;提示针药结合可能通过提高腹腔镜术后患者血清抗缪勒管激素,改善患者卵巢储备功能。项目申请专利5件,获专利授权4件,实现专利技术转让1件;发表论文3篇。 (商学斌 韩昌鹏)

第五节 | 体育科技 >>

【上海体育科技工作概述】 2023年,上海体育科技工作围绕持续提高科医教保障水平、筑牢反兴奋剂防线等开展科研任务并取得成效,助力杭州亚运会、首届全国学生(青年)运动会、第5届全国智力运动会、第14届全国冬季运动会等重大赛事开展。

深入推进训科医一体化试点建设工作。抓好田径、排球、自行车、游泳、赛艇皮划艇5个项目训科医一体化团队试点建设,建立督导专员工作机制,促进训科医团队围绕重点形成攻坚合力;研究并制定《上海市体育局联办优秀运动队训科医一体化体系建设试点方案》,确定女足、攀岩项目作为联办优秀运动队试点项目,推动制定试点建设实施方案并做好跟踪指导;形成《竞技体育备战科医保障工作双月简报》6期,及时提供备战科医保障工作动态信息;举办优秀运动队训科医大比武活动,展示训科医一体化促进科学训练、科学保障、科技攻关的创新动力和效力。

强化备战科技助力和医务保障。推进2023年体育科技专题项目申报立项相关工作,完成立项4个,立项金额800万元;强化过程管理,完成2022年立项项目中期检查;完成2024年上海市体育科技项目立项和2022年项目结项相关工作,完成立项39个,结项36个;建设体育科技项目管理平台,完善上海体育科技专家库;推进竞技体育科研中心和体育运动医疗康复中心建设,优化竞技体育科研数据管理平台,实现多设备实时数据自动采集,构建运动员全数据画像和部分项目运动员“冠军模型”;初步建成运动训练4级医疗保障体系,加强特色病种工作室建设,市体育局与上海中医药大学及有关绿色通道医院签订合作协议,复旦大学附属华山医院和上海交通大学医学院附属第六人民医院获“中国国家队合作医院”命名,完善运动员伤病会诊、巡诊、治疗和康复工作机制。完成2023年市体育局选调引进108名优秀运动员形态机能、文化教育测试和体检工作。

筑牢反兴奋剂坚固防线。举办“守‘沪’纯洁体育、捍卫申城荣光”2023年上海市反兴奋剂宣传月主题教育活动,实现全市优秀运动队和青少年运动员全覆盖,提升反兴奋剂知识储备;制定并出台《上海市青少年训练反兴奋剂工作指导意见》,提升青少年训练管理水平,推进上海青少年训练反兴奋剂工作规范发展;完成上海市反兴奋剂教育基地建设,开辟反兴奋剂宣传教育新阵地;完成优秀运动队反兴奋剂工作督查及200例委托兴奋剂检查;开展上海市优秀运动队每季度反兴奋剂知识测试;完成2023年世界反兴奋剂机构下半年执委会会议组织及接待。

增强文化教育培训保障力度。开展全国各级各类体校教练员通识知识更新轮训班(上海专班),参加培训110人;开展年度青少年体育教练员培训,推进优化市优秀运动队教练员继续教育培训;开展市体育局系统文化教师教学评优,市级体校文化教师参评率100%;市体育局与上海体育大学签署运动员文化教育长期合作协议,增设青浦东方绿舟训练基地送教点,加强运动员文化教育保障。 (葛 珺)

【*Sirt3* 介导 Frataxin 去乙酰化修饰在运动干预肌少症中的作用机制】 项目由上海体育科学研究所(上海市反兴奋中心)承担,12月20日通过市科委验收。项目利用老年小鼠肌肉减少症模型,发现随着增龄骨骼肌质量和肌力降低,同时伴随着去乙酰化酶3(SIRT3)表达下降,骨骼肌铁代谢紊乱;*Sirt3* 的缺失促进 Frataxin(FXN)蛋白赖氨酸位点(Lys 189)高度乙酰化;抗阻训练通过提高 *Sirt3* 的表达,降低FXN的乙酰化水平,改善骨骼肌线粒体氧化应激水平,促进骨骼肌氧化损伤修复。项目发表SCI论文3篇。 (葛 珺)

第三篇
区域创新体系

第三篇　第八章

企业创新与创业服务

第一节 | 企业创新 >>

【新增科技小巨人(含培育)企业 155 家】 2023 年,全市新增科技小巨人企业 70 家、科技小巨人培育企业 85 家。2006—2023 年累计评选科技小巨人企业 1 095 家、科技小巨人培育企业 1 713 家,上海英方软件股份有限公司等一批科技小巨人(含培育)企业在科创板挂牌上市。根据 2023 年科技小巨人(含培育)企业绩效评价情况,2 年实施期内研发投入共计 83.8 亿元,新增专利授权 3 172 件,其中发明专利 1 332 件;实现主营业务收入 604.5 亿元,净利润 52.5 亿元,缴税总额 25.4 亿元。

2023 年度上海市科技小巨人企业名单

序号	企业名称
1	上海思普信息技术有限公司
2	上海硕恩网络科技股份有限公司
3	上海智能交通有限公司
4	瑞德肝脏疾病研究(上海)有限公司
5	上海畅联智融通讯科技有限公司
6	上海擎朗智能科技有限公司
7	上海天数智芯半导体有限公司
8	奉加科技(上海)股份有限公司
9	上海坤锐电子科技有限公司
10	上海锐星微电子科技有限公司
11	上海矽睿科技股份有限公司
12	甄十信息科技(上海)有限公司
13	上海临冠数据科技有限公司
14	上海蜜度信息技术有限公司
15	上海励驰半导体有限公司
16	上海左岸芯慧电子科技有限公司
17	上海欣兆阳信息科技有限公司
18	上海天安轴承有限公司
19	上海非夕机器人科技有限公司
20	上海御微半导体技术有限公司
21	上海沃典工业自动化有限公司

续表

序号	企业名称
22	上海安威士科技股份有限公司
23	上海高仙自动化科技发展有限公司
24	上海知楚仪器有限公司
25	上海拿森汽车电子有限公司
26	昆易电子科技(上海)有限公司
27	上海奥科达医药科技股份有限公司
28	上海瑞柯恩激光技术有限公司
29	上海申淇医疗科技有限公司
30	美迪西普亚医药科技(上海)有限公司
31	上海联影智能医疗科技有限公司
32	上海芯超生物科技有限公司
33	上海药明生物医药有限公司
34	上海派森诺生物科技股份有限公司
35	上海联合赛尔生物工程有限公司
36	上海美沃精密仪器股份有限公司
37	焕澄(上海)新材料科技发展有限公司
38	上海市塑料研究所有限公司
39	拓迪化学(上海)有限公司
40	上海迅凯新材料科技有限公司
41	有行鲨鱼(上海)科技股份有限公司
42	上海银浆科技有限公司
43	上海超硅半导体股份有限公司
44	上海达梦数据库有限公司
45	上海腾盛智能安全科技股份有限公司
46	眸芯科技(上海)有限公司
47	上海申矽凌微电子科技股份有限公司
48	际络科技(上海)有限公司
49	上海普适导航科技股份有限公司
50	上海鸿翼软件技术股份有限公司
51	上海云轴信息科技有限公司
52	上海闪马智能科技有限公司
53	上海繁易信息科技股份有限公司
54	上海捷策创电子科技有限公司

续表

序号	企业名称
55	上海能传电气有限公司
56	上海裕达实业有限公司
57	上海化工院检测有限公司
58	上海超群检测科技股份有限公司
59	上海衡拓液压控制技术有限公司
60	上海傅利叶智能科技有限公司
61	上海轩田工业设备有限公司
62	上海洛丁森工业自动化设备有限公司
63	上海格思信息技术有限公司
64	臻驱科技(上海)有限公司
65	上海中腾环保科技有限公司
66	上海新倬壮印刷科技有限公司
67	上海中器环保科技有限公司
68	爱优特空气技术(上海)有限公司
69	国网上海能源互联网研究院有限公司
70	上海河图工程股份有限公司

2023 年度上海市科技小巨人培育企业名单

序号	企业名称
1	北极星云空间技术股份有限公司
2	上海几何伙伴智能驾驶有限公司
3	中科星光信息技术有限公司
4	上海蓝长自动化科技有限公司
5	上海青瞳视觉科技有限公司
6	上海望友信息科技有限公司
7	上海尚远通讯科技有限公司
8	上海耀杉电子科技有限公司
9	上海画龙信息科技有限公司
10	弈人(上海)科技有限公司
11	上海韬润半导体有限公司
12	上海明波通信技术股份有限公司
13	意瑞半导体(上海)有限公司
14	上海赛美特软件科技股份有限公司
15	上海宝能信息科技有限公司
16	上海红阵信息科技有限公司
17	上海艾拉比智能科技有限公司
18	上海旦迪通信技术有限公司
19	上海仁昊电子科技有限公司
20	时擎智能科技(上海)有限公司
21	上海上大鼎正软件股份有限公司

续表

序号	企业名称
22	上海孤波科技有限公司
23	上海术理智能科技有限公司
24	上海孚典智能科技有限公司
25	数库(上海)科技有限公司
26	上海岐海防腐工程技术有限公司
27	上海凯来仪器有限公司
28	德臻(上海)信息科技有限公司
29	吉讴工业设计(上海)有限公司
30	上海明材数字科技有限公司
31	上海衡道医学病理诊断中心有限公司
32	上海万泽精密铸造有限公司
33	上海隐冠半导体技术有限公司
34	直川科技(上海)有限公司
35	纬景储能科技有限公司
36	上海山潜智能科技有限公司
37	上海蓝梭电子科技有限公司
38	巴玛克电气设备(上海)有限公司
39	力试(上海)科学仪器有限公司
40	星猿哲科技(上海)有限公司
41	戴天智能科技(上海)股份有限公司
42	上海新漫传感科技有限公司
43	上海莱帝科技有限公司
44	飞卓科技(上海)股份有限公司
45	霖鼎光学(上海)有限公司
46	上海莘汭驱动技术有限公司
47	致瞻科技(上海)有限公司
48	望汭(上海)自动化技术有限公司
49	上海京波传输科技有限公司
50	上海果栗自动化科技有限公司
51	上海菲莱测试技术有限公司
52	上海微松工业自动化有限公司
53	智能云科信息科技有限公司
54	上海市民信箱信息服务有限公司
55	维坤智能科技(上海)有限公司
56	上海领捷信息技术有限公司
57	镭云(上海)物联网科技有限公司
58	上海方德自动化设备股份有限公司
59	上海安其威微电子科技有限公司
60	上海盖世网络技术有限公司
61	上海众恒软件技术有限公司

续表

序号	企业名称
62	青芯半导体科技(上海)有限公司
63	上海极豆科技有限公司
64	优层智能科技(上海)有限公司
65	上海普实医疗器械股份有限公司
66	上海佰奥聚新材料科技有限公司
67	艾普科模具材料(上海)有限公司
68	上海沪正实业有限公司
69	比尔安达(上海)润滑材料有限公司
70	日氟荣高分子材料(上海)有限公司
71	上海亚朋生物技术有限公司
72	普众发现医药科技(上海)有限公司
73	三优生物医药(上海)有限公司
74	上海朗迈医疗器械科技有限公司
75	上海沃比医疗科技有限公司
76	上海泽润生物科技有限公司
77	麦特绘谱生物科技(上海)有限公司
78	思路迪生物医药(上海)有限公司
79	上海鹰瞳医疗科技有限公司
80	昊姆(上海)节能科技有限公司
81	上海震业环境科技有限公司
82	安境迩(上海)科技有限公司
83	上海在田环境科技有限公司
84	鹭滨环保科技(上海)股份有限公司
85	上海闽泰环境卫生服务有限公司

(王　艺)

【1 288 家企业获上海市科技型中小企业技术创新资金支持】 2023 年,为推动上海市科技型中小企业开展技术创新活动,加大企业科技创新资金扶持力度,科技型中小企业技术创新资金计划共申报企业 6 552 家,财政支持企业 1 288 家。(王　艺)

【2023 年"创·在上海"国际创新创业大赛暨第 12 届中国创新创业大赛(上海赛区)】 4—12 月在上海举行。遴选 132 家企业参加第 12 届中国创新创业大赛全国赛,其中 65 家企业获评全国优秀企业,3 家企业获全国总决赛二、三等奖。赛事联动 16 个区,设立分赛点 76 个,汇聚投资人 200 名、大企业集团近百家,打造创业学堂、创孵学院、梦想沙龙、未来之星、创·加速营、创 TALK 等服务品牌,组织各类服务和活动 722 场,参与人数超 3.8 万人次。(王　艺)

【高新技术企业认定及税收优惠政策实施】 2023 年,上海认定高新技术企业 8 208 家,全市有效期内高新技术企业总数超 2.4 万家。在 2023 年度所得税汇算清缴中,3 008 家高新技术企业享受 15%的企业所得税优惠政策,减免税金总额 248.68 亿元。全市 4.15 万家企业享受研发费用加计扣除,加计扣除额 3 292.87 亿元,减免所得税额 823.22 亿元。开展"四上"高新技术企业奖励资金"免申即享",引导高新技术企业上规纳统。全年公布 3 批共2 864 家符合条件的高新技术企业享受先进制造业企业增值税加计抵减政策,6 800 余家高新技术企业享受国内人才引进政策,吸引国内人才落户近 3 万余人;支持 3 207 家企业享受科技型中小企业技术创新资金、科技小巨人工程、高新技术成果转化项目认定、首次"四上"高新技术企业奖励等惠企政策,市区联动共同支持企业科技创新;13 家"高新技术企业贷"合作银行授信额度超 3 500 亿元,累计授信额度超 8 300 亿元。

2023 年有效期内的高新技术企业基本情况表

	开发区内	开发区外	合计
从业人员期末人数(万人)	153.56	225.46	379.03
#大专以上(万人)	125.71	48.84	174.55
经营情况			
工业总产值(亿元)	11 262.99	7 756.41	19 019.40
总收入(亿元)	33 717.54	14 752.73	48 470.26
出口总额(亿元)	3 488.34	1 451.78	4 940.11
净利润(亿元)	1 824.74	810.18	2 634.92
实际上缴税费总额(亿元)	1 253.18	453.70	1 706.88
减免税总额(亿元)	549.37	167.41	716.78
资产总计(亿元)	62 779.23	24 119.64	86 898.87
获自主知识产权数(件)			
当年度授权专利	59 661	35 457	95 118
#授权发明专利	23 985	8 751	32 736
拥有有效专利	394 644	240 433	635 077
#发明专利	141 534	52 013	193 547
软件著作权	315 516	143 915	459 431
集成电路布图	7 326	846	8 172
植物新品种	39	67	106
国家 1 类新药品种	42	2	44
拥有注册商标	165 927	58 759	224 686

2023 年有效期内高新技术企业技术领域情况统计表

技术领域	企业数(家)	比例(%)
电子信息技术	7 632	31.82
生物与新医药技术	1 678	7.00
新材料技术	1 710	7.13
先进制造与自动化	5 822	24.27

续表

技术领域	企业数(家)	比例(%)
新能源及节能技术	759	3.16
资源与环境技术	1 005	4.19
航空航天技术	132	0.55
高技术服务业	5 247	21.88

（薛博仁）

【2023年上海高新技术创新投入百强榜发布】 9月，上海高新技术创新投入百强榜发布，旨在全方位了解上海高新技术企业创新发展水平，引导高新技术企业充分发挥创新核心作用，树立标杆引领企业实现更高质量发展。百强企业中民营企业61家，R&D经费投入367.13亿元，研发强度11.46%；人工智能、生物医药、集成电路三大先导产业领域分别有36、25和13家，比重达74%。百强企业占全市高新技术企业的0.5%、占高新技术企业发明专利的32.92%、研发投入的35.80%、净利润的33.46%和就业的9.08%。

2023年上海高新技术企业创新投入百强榜

排名	企业名称
1	上海汽车集团股份有限公司
2	上海寻梦信息技术有限公司
3	上海华为技术有限公司
4	上海海思技术有限公司
5	中芯国际集成电路制造(上海)有限公司
6	腾讯科技(上海)有限公司
7	展讯通信(上海)有限公司
8	上海商汤智能科技有限公司
9	上海联影医疗科技股份有限公司
10	中国石化上海石油化工研究院
11	上海诺基亚贝尔股份有限公司
12	上海米哈游天命科技有限公司
13	中国航发商用航空发动机有限责任公司
14	蚂蚁区块链科技(上海)有限公司
15	上海飞机制造有限公司
16	中国商用飞机有限责任公司
17	上海华虹宏力半导体制造有限公司
18	上海哔哩哔哩科技有限公司
19	百度(中国)有限公司
20	中国航空无线电电子研究所
21	上海天马微电子有限公司
22	上海微电子装备(集团)股份有限公司
23	和记黄埔医药(上海)有限公司

续表

排名	企业名称
24	卡斯柯信号有限公司
25	蚂蚁胜信(上海)信息技术有限公司
26	台达电子企业管理(上海)有限公司
27	上海外高桥造船有限公司
28	中国建筑第八工程局有限公司
29	携程旅游网络技术(上海)有限公司
30	中微半导体设备(上海)股份有限公司
31	上海禾赛科技有限公司
32	上海宝信软件股份有限公司
33	携程计算机技术(上海)有限公司
34	朝捷科技股份有限公司
35	上海集成电路研发中心有限公司
36	中国船舶集团第七一一研究所
37	达闼机器人股份有限公司
38	上海翰森生物医药科技有限公司
39	公安部第三研究所
40	上海飞机客户服务有限公司
41	上海燧原科技有限公司
42	上海传英信息技术有限公司
43	恒玄科技(上海)股份有限公司
44	中移(上海)信息通信科技有限公司
45	美的威灵电机技术(上海)有限公司
46	携程旅游信息技术(上海)有限公司
47	上海寒武纪信息科技有限公司
48	上海移远通信技术股份有限公司
49	上海远景科创智能科技有限公司
50	天翼数字生活科技有限公司
51	上海华兴数字科技有限公司
52	上海临港绝影智能科技有限公司
53	上海和誉生物医药科技有限公司
54	上海艾为电子技术股份有限公司
55	上海君实生物医药科技股份有限公司
56	上海济煜医药科技有限公司
57	芯原微电子(上海)股份有限公司
58	上海医药工业研究院有限公司
59	上海联影智能医疗科技有限公司
60	思特威(上海)电子科技股份有限公司
61	银联数据服务有限公司
62	格兰菲智能科技有限公司

续表

排名	企业名称
63	蚂蚁财富(上海)金融信息服务有限公司
64	上海海雁医药科技有限公司
65	华人运通(上海)自动驾驶科技有限公司
66	丰益(上海)生物技术研发中心有限公司
67	上海概伦电子股份有限公司
68	上海复宏汉森生物技术股份有限公司
69	格科微电子(上海)有限公司
70	乐盘信息科技(上海)股份有限公司
71	巴斯夫新材料有限公司
72	上海天数智芯半导体有限公司
73	加持兰微电子科技(上海)有限公司
74	上海小度技术有限公司
75	上海兆芯集成电路股份有限公司
76	上海瑾盛通信科技有限公司
77	上海化工研究院有限公司
78	上海和辉光电股份有限公司
79	万达信息股份有限公司
80	盛美半导体设备(上海)股份有限公司
81	上海微波技术研究所(中国电科第五十研究所)
82	华勤技术股份有限公司
83	上海捷氢科技股份有限公司
84	澜起科技股份有限公司
85	博世华域转向系统有限公司
86	千寻位置网络有限公司
87	上海哈啰普惠科技有限公司
88	银联商务股份有限公司
89	上海智能制造功能平台有限公司
90	上海恒瑞医药有限公司
91	上海盛迪医药有限公司
92	上海安路信息科技股份有限公司
93	上海西井科技股份有限公司
94	再鼎医药(上海)有限公司
95	上海卫星装备研究所
96	上海航空电器有限公司
97	上海工业控制安全创新科技有限公司
98	未鲲(上海)科技服务有限公司
99	上海南芯半导体科技股份有限公司
100	纵目科技(上海)股份有限公司

(薛博仁)

第二节 科技成果转移转化

【长三角G60科创走廊第5届科技成果拍卖会暨上海市职工创新成果转化交易平台首拍仪式】 5月22日在松江区工人文化宫举行。由市总工会、市知识产权局、推进G60科创走廊建设专责小组、国家知识产权国际运营(上海)平台指导,长三角G60科创走廊联席会议办公室、松江区总工会、上海市职工技协服务中心、上海知识产权交易中心、松江区市场监管局(知识产权局)共同主办。拍卖会上,6名上海工匠参与成果发布,并与7家企业现场签约,50个项目拍卖成功,现场成交额23.15亿元,187个项目在国家知识产权国际运营上海平台展示挂牌,覆盖集成电路、生物医药、智能制造、新材料、新能源等战略性新兴产业。

(赵志灏)

【科技成果转移转化服务体系建设】 9月27日,《上海市2023年度"科技创新行动计划"科技成果转化服务体系建设项目申报指南》发布。重点围绕构建科技成果转化概念验证网络、建设专业化技术转移示范机构等方面,激发技术转移体系主体活力、市场活力、专业能力,强化高水平科技成果供给,构建以创新质量、绩效和贡献为核心的科技成果市场化评价模式,加速科技成果向新质生产力转化。

2023年度科技成果转化服务体系建设项目立项名单

序号	承担单位	项目名称
1	上海交通大学	上海交通大学生物医药概念验证中心建设
2	上海交通大学医学院附属瑞金医院	瑞金前沿医学科技成果转化概念验证中心
3	上海市公共卫生临床中心	上海公共卫生与生物安全科技创新概念验证平台
4	中广核数字科技有限公司	高速磁浮运行控制系统国产化研制开放式创新中心
5	华润国邦(上海)医药有限公司	上海国际医学成果转化创新中心
6	上海酷创保科技发展有限公司	宝山区建设科创主阵地的区域科技成果转化平台建设
7	上海闵行交大科技园运营有限公司	"大零号湾"区域智能机器人领域科技成果转化平台建设
8	华东理工大学	科技成果转化创新改革指导下华东理工大学技术转移中心优化建设
9	上海交通大学医学院附属第九人民医院	公立医疗机构科技成果协同转化规范化体系
10	华东师范大学	基于全链条服务的专业化技术转移中心建设

续表

序号	承担单位	项目名称
11	上海市精神卫生中心(上海市心理咨询培训中心)	精神专科医院科技成果转移转化服务体系建设项目
12	上海交通大学医学院附属第六人民医院	上海市第六人民医院技术转移示范机构建设
13	上海应用技术大学	上海应用技术大学技术转移示范机构建设
14	上海中医药大学附属岳阳中西医结合医院	中西医结合医院知识产权运营与科技成果转化示范研究
15	复旦大学附属华山医院	专业化医学科学技术转移示范机构建设
16	上海第二工业大学	基于长三角一体化高质量协同发展的应用型高校技术转移体系建设
17	上海同济技术转移服务有限公司	同济致蓝专业化技术转移示范机构建设
18	中国科学院分子细胞科学卓越创新中心	科技成果转化创新管理机制探索
19	上海计算机软件技术开发中心	面向新一代信息技术的专业化技术转移示范机构建设
20	同济大学附属第十人民医院	探索公立医院成果转化服务体系,建设医研产协同的技术转移示范机构
21	上海徐汇策源健康智能科技成果转化发展中心	打造“生命健康科技成果转化推进器”——专业化技术转移示范机构建设
22	上海云孵信息科技有限公司	以企业需求为导向的高效率技术转移服务体系建设
23	绿技行(上海)科技发展有限公司	绿色技术银行先进绿色技术成果转移转化服务示范机构建设
24	上海环上大科技发展有限公司	建设环上大区域专业化技术转移示范机构
25	上海微创智领医疗科技有限公司	奇迹点Ⓡ医工创新技术转移平台
26	上海市高校科技发展中心	“全程陪跑科学家”服务高校的技术转移体系建设

(梁 冰 李 畅)

【上海市职工创新成果转化第2场拍卖会暨长三角G60科创走廊职工成果发布交易中心专场活动】 12月19日在松江区工人文化宫举行。拍卖会上,工匠人才创新成果现场转化金额8 929.9万元,其中10项上海工匠创新成果以签约方式转化金额6 435万元、5项工匠人才创新成果以竞价拍卖方式转化金额2 494.9万元。交易成果通过产品销售实现技术转化应用的“技术+产品”方式、买卖双方共同开发产品并推广应用的“技术开发合作”方式、直接出让专利技术实现成果转化的“纯技术”方式全部实现转化落地;在产品样品试制、样品测试、市场化销售、衍生产品4个阶段均实现不同程度推广应用。 (姚星月)

【上海技术交易所交易功能强化】 2023年,上海技术交易所进场成果4 413项、成交金额162.12亿元。构建科技成果权益登记体系,保障高校院所开展科技成果转化创新改革试点;发挥临港制度优势,探索跨境技术贸易便利化通道;开展科技成果市场化评价试点、技术产权证券化试点;设立生物医药专板,联合相关机构投放全国首单生物医药管线质押贷款;建设“沪科普”交易专板并完成全国首单科普交易、全国首单标准交易。 (梁 冰 李 畅)

【高新技术成果转化项目认定管理】 2023年,持续推动企业自主研发的高新技术成果转化和产业化,落实高新技术成果转化项目扶持资金8.91亿元,其中支持集成电路、生物医药、人工智能三大先导产业相关项目资金占比26.55%,推动人才落户132人。根据高新技术成果转化项目转化动态跟踪数据统计,79.38%的高新技术成果实现转化和产业化。2022年度实现销售收入总额1 609.62亿元、利润总额525.82亿元、出口总额25.88亿美元、缴纳税收总额78.15亿元。 (徐 彦)

【科技创新券政策持续实施】 2023年,技术转移服务类新增入库服务机构16家、服务产品49种,支持企业141家,用券金额779.28万元,兑付金额984万元;促成订单134份,促成合同金额1 811.71万元;促成技术转移14项,助力27家企业获投融资4.94亿元;推动39家企业形成或购买专利153件。 (梁 冰)

【科技成果转化产权制度改革示范效应显著】 2023年,上海交通大学、复旦大学、中国科学院上海微系统与信息技术研究所、上海大学、上海理工大学、上海海事大学6所高校院所完成国家赋予科研人员职务科技成果所有权和长期使用权试点,成果赋权675项,转化金额10.66亿元。其中,上海交通大学科研人员通过赋权,直接持股的科技企业163家,总体市场估值超1 200亿元,15家申报首次公开募股。市科委会同相关部门发布《上海市科技成果转化创新改革试点实施方案》,配套《上海市科技成果转化尽职免责制度指引》《上海市职务科技成果单列管理操作指引》,其中完全赋权、合规整改、单列管理、尽职免责等可复制推广的事项在全国形成较大反响,全市39家高校、科研院所和医疗卫生机构纳入试点。全年完成成果赋权9项,涉及转化金额超8 500万元。 (梁 冰)

【医疗卫生机构成果转化机制持续优化】 2023年,全市医疗卫生机构“五技”合同金额比上年增长超36%,达14.92亿元,17家医疗卫生机构纳入全市科技成果转化创新改革试点单位。高价值转化项目不断涌现,上海交通大学医学院附属第一人民医院与广东泰恩康医药股份有限公司就

"免疫年龄诊断试剂盒"相关专利签署技术转让合同，总转化金额6亿元，合同首期付款3 000万元；上海交通大学医学院附属瑞金医院宁光研究组就"小核酸药物"与天士力医药集团达成意向，并落地全市首例医疗机构赋权改革作价投资项目。 （梁　冰）

【上海国际技术交易市场加速建设】 2023年，市区合作加速上海国际技术交易市场建设，通过科技成果直通车上海站导入海外优质科技创新资源，组织活动14场，征集国内外科技成果320项，获意向对接121项，撬动企业意向合作金额1 015万元。 （梁　冰）

【高校院所科技成果转化活力持续释放】 2023年，围绕科技成果供给、需求、服务、载体"四端"发力，持续开展体制机制改革，推进高校院所科技成果转化走深走实，高标准打造技术要素市场。全市高校院所等科研事业单位经认定登记的技术合同19 325项，成交金额182.81亿元，分别比上年增长51.5%、45.9%。 （梁　冰　李　畅）

【市场化、多模式、新业态技术转移服务机构发展】 2023年，全市科技成果转化服务体系建设投入专项资金，引导市场化技术转移服务机构做精做专，形成符合机构本身发展要求的独特服务模式、特色服务产品与核心竞争力，打造具有一定全球影响力的技术转移服务品牌。绿丞实业(上海)股份有限公司提出"科学家的合伙人"理念，专注新材料领域成果转化；上海容智信息技术有限公司构建"区域型TTO"，打通医疗机构与产业的转化通道；茄子(上海)管理咨询有限公司打造"知耕(TechCube)创新服务平台"，打造智库、网络、孵化、投资"四位一体"转化生态，推动现代农业技术商业化；上海探究商务咨询有限公司等投资驱动型技术转移机构加速资本投早、投小、投硬科技。 （梁　冰　李　畅）

【专业化技术转移人才培养体系初步形成】 2023年，国家技术转移人才培养基地(东部中心)形成以技术经理人实训为特色的培养体系，联合上海交通大学、同济大学等开展技术转移方向学历教育，学历教育累计培养学生392名，非学历教育累计培养初、中、高级技术经理人4 027人次。在中国商用飞机有限责任公司等14家单位建立技术转移人才实训基地，拓展大企业参与或主导、聚焦特色领域的中高级技术经理人培养路径。 （梁　冰）

【区域科技成果转化载体能级逐步提升】 2023年，上海闵行国家科技成果转移转化示范区建设深化推进，聚焦高校科技成果转化、国际化技术转移和军民技术双向转移，转化落地项目成果71个，11家企业获融资约5.8亿元、市场估值近60亿元；建立国际技术转移渠道24条，对接国际项目460个。闵行国家科技成果转化专项基金规模62亿元，投资企业725家。上海国家民用航天产业基地落户重点项目110个。发布《推进"大零号湾"科技创新策源功能区建设方案》，支撑新一轮示范区建设。 （梁　冰　徐　晖）

第三节 | 科技金融

【多层次资本市场建设持续推进】 6月，《"浦江之光"行动政策汇编2022》发布，旨在扩充科技创新企业来源，打造"浦江之光"数字化服务平台，以专用信用报告替代有无违法记录证明在上市场景落地实施，并加强宣传培训，支持"硬科技"企业在科创板上市。截至年底，上海证券交易所累计受理科创板申报企业942家，其中上海149家，全国排名第三；科创板上市企业566家，其中上海89家，全国排名第二。科创板企业累计首发募集资金9 024.53亿元，其中上海2 284.93亿元，全国排名第一；总市值6.1万亿元，其中上海1.4万亿元，全国排名第一。 （成俊勇）

【科技信贷产品体系扩容再升级】 2023年，持续完善"科技小巨人信用贷""科技履约贷"等科技专属产品，创新发展"科普贷""人才贷""研发贷"等各类市场化产品。先后在临港新片区和浦东张江科学城开展科技企业员工持股计划和股权激励贷款试点，优先支持重点产业的未上市科技创新企业，向有需求的企业员工提供近1亿元的持股计划融资贷款。市科委、中国人民银行上海总部联合推出"沪科专贷""沪科专贴"，年内累计发放专项资金330.5亿元，惠及科技创新企业4 800余家，高新技术企业占比近90%，支持106户科技创新企业首次获得贷款。截至年底，上海科技型企业贷款余额达10 486亿元，贷款存量户数约3万户；科技中小企业贷款余额增长93%，户数增长74%；专精特新企业贷款增长72%，知识产权质押融资增长63%。科技贷款服务企业超万家，授信金额近3 600亿元，其中科创助力贷、科技履约贷等政府风险分担类产品贷款企业780家，授信金额29.46亿元；引导增信类产品小巨人信用贷和高企贷的贷款企业9 362家，授信金额3 579亿元。 （王笑肖　成俊勇）

【保险对科技创新风险保障持续加大】 2023年，《上海科技保险创新发展报告(2023年度)》首次发布，系统展示上海科技保险支持高水平科技自立自强的丰富成果。报告显示，上海保险业全年为各类科技型企业提供保单数量超40万件，提供风险保障3.1万亿元；为各类科技创新活动提供风险保障超5 389亿元，包括科技研发类、科技成果市场转化类、科技成果市场应用类及其他特色类保险产品和服务。截至年底，在沪保险机构贷款履约保证保险项目累计服务科技型中小微企业3 795家次，支持贷款金额151亿元。推动保险赋能关键核心技术。生物医药责任保险服务上海企业119家次，提供风险保障14.28亿元；集成电路专属保险出具保单323份，提供保障5 048亿元；首台(套)重大技术装备保险累计完成重点创新项目承保 242 个，涵盖 ARJ21 飞机、船舶制造等重点领域，提供风险保障 832 亿元。开展科技企业创业责任保险试点。49 家科技孵化器和大学科技园投保，保障在孵企业 300 家，覆盖创业者 816 人，承保风险 2 937.60 万元。（成俊勇 王笑肖）

【上海股权托管交易中心提质增效】 2023 年，上海股权托管交易中心深入推进基金份额转让平台建设，加强平台规范管理，优化国有私募基金份额退出合规管理机制，修订《私募股权和创业投资份额转让业务规则》并备案；上线"爱私基摩"私募股权和私募基金份额报价平台，提升私募股权二级市场信息交互效率；上线国内首个国有基金份额转让估值系统；集聚市场资源优势，构建科创企业金融服务体系，推动专精特新专板方案备案公示、认股权综合服务试点获批并完成首批项目登记公示；持续发挥资本市场对科创企业的直接融资服务功能。截至年底，上海股权托管交易中心科技创新板累计服务挂牌企业 502 家，在板 387 家，分布于人工智能、先进制造、信息技术等 20 个新兴行业，累计服务 307 家次科创企业实现股权融资 65.15 亿元。（成俊勇）

【金融科技中心建设深入推进】 2023 年，持续推进中国人民银行金融科技创新监管工具、资本市场金融科技创新试点，完善试点项目的监测、分析和退出，促进金融科技守正创新。深入推进数字人民币试点，持续加强与中国人民银行数字货币研究所对接，第 2 批"多边央行数字货币桥"测试项目落地；不断拓展跨境领域应用，推动石油、天然气、黄金交易所等案例，推动上海市相关行业主管部门、各区、在沪试点银行持续拓展数字人民币试点场景和应用规模。持续加强上海金融科技人才吸引力，支持上海交通大学上海高级金融学院持续优化推广特许全球金融科技师人才认证项目，提升项目覆盖面与行业影响力，打造国际国内领先的金融科技人才认证品牌。（成俊勇）

【政策性融资担保基金增信功能强化】 2023 年，重点支持处于成长期的科技型、创新型、创业型、吸纳就业型、节能环保型和战略性新兴产业、现代服务业、"三农"和"四新"经济领域的中小微企业。担保基金与 50 余家银行和担保机构签署合作协议。截至年底，担保基金在保户数 31 489 户，在保余额 771.26 亿元；新增担保贷款 29 350 户，新增金额 722.65 亿元。（成俊勇）

【科技创新企业上市培育】 2023 年，上海推进科技创新企业上市培育库建设，重点关注六大类技术领域企业，根据企业技术含量、成长性、管理能力、合规情况等方面综合评分，提供分层次、分行业的精准服务。截至年底，累计入库企业 2 006 家，其中重点培育企业 341 家。年内，引进券商、律师事务所、会计事务所、知识产权服务机构等 7 类优质服务机构 87 家；建设绿色低碳首席技术官社群，社区成员企业 41 家，开展技术研讨沙龙等活动 2 场；开展"新智汇"系列活动 32 场次，参加活动企业 1 885 家次。（王笑肖）

【上海市科技金融信息服务平台优化升级】 2023 年，上海市科技金融信息服务平台持续优化升级，配合全线上受理审核要求，及时为企业提供资金支持，优化统计分析功能。为提升服务效率和用户体验，平台进行数字化改造，并配合微信服务号，在微信服务号发布供应链金融、科技金融的五大发展方向等系列科技金融相关知识。年内，微信服务号发布内容 123 条，阅读量近 6 万次；平台发布内容 313 条，月度点击量稳步提升，"新闻动态"栏目发布的科技金融活动讯息有效提高平台阅读量，阅读量比上年增长 9.8%。（王笑肖）

第四节 科技创业服务

【高质量孵化器建设提能升级】 6 月，《上海市高质量孵化器建设实施方案》发布，提出加快培育一批产业领域聚焦、专业能力凸显、示范效应明显的高质量孵化器，带动全市孵化器从基础服务向精准服务、从集聚企业向孕育产业、从孵化链条向厚植生态转变，引领创新创业高质量发展。10 月，《上海市高质量孵化器建设评估管理办法(试行)》发布，明确高质量孵化器建设程序、支持方式、保障机制、考核评价等相关内容，为高质量孵化器启动建设提供依据。截至年底，启动 ATLATL 飞镖创新研发中心、莘泽智星港、中科创星(上海)、璞跃中国、XNode 创极无限、新微创源、奇绩创坛上海校友中心 7 家上海高质量孵化器建设。（张 绮）

【第 26 届 IBI 国际企业孵化器研讨班】 9 月 12—24 日举办。科技部国际合作司和上海市科委指导，上海市科技创业中心主办。研讨班以环境、社会和公司治理为行业视角，专业呈现技术前沿分析，探讨跨境孵化合作。邀请高校、创业投资、大企业及科技孵化领域主讲专家 15 人，汇聚行业代表 28 人，在现场考察、专题演讲、圆桌讨论、分组竞赛等各个环节开展线上线下交流。（张 绮）

【亚洲企业孵化协会作用提升】 10 月 31 日，亚太创新合作大会暨 AABI2023 年度颁奖典礼在泰国曼谷举办。大会以"可持续和包容力"为主题，汇聚各国各地区理事成员携生态圈合作机构现场参会，共同颁发亚洲最佳孵化器及火炬企业家系列奖项，深入探讨亚太创新创业合作新形势、新路径。《亚太创新创业学刊》(*APJIE*)稿源总量较上年增长 37%，编审工作效率较上年提升 42%；所刊论文来源除 AABI 现有成员国外增加以色列、英国、加拿大等稿源地，研究主题涵盖政府资助、创业效能、中小企业出口绩效、项目

型公司数字化转型、知识产权商业化、管理层短期主义与绿色创新等焦点热点议题。 （张　绮）

【纳入 2023 年上海市科技创新创业载体培育体系载体名单发布】 12 月 4 日，纳入 2023 年上海市创新创业载体培育体系的科技企业孵化器、众创空间名单发布，其中科技企业孵化器 20 家、众创空间 22 家，累计纳入科技创新创业载体培育体系的科技企业孵化器、众创空间、大学科技园 456 家。载体的培育为引导和推动上海科技创新创业载体高质量发展、提升孵化服务能力和水平、营造科技型创业企业成长良好环境、培育上海高新技术产业和战略性新兴产业提供坚实基础。 （张　绮）

【科技创新创业载体绩效评价开展】 2023 年，开展全市 346 家科技企业孵化器和众创空间、15 家大学科技园绩效评价。经评价，40 家科技企业孵化器、30 家众创空间、3 家大学科技园优秀，77 家科技企业孵化器、57 家众创空间、6 家大学科技园优良，78 家科技企业孵化器、60 家众创空间、6 家大学科技园合格；相关扶持政策得到落实。 （张　绮）

【科技创新创业载体蓬勃发展】 2023 年，上海各类创新创业载体超 500 家，其中国家级科技企业孵化器 65 家、国家备案众创空间 60 家、国家级大学科技园 14 家；各类创新创业载体经营场地总面积超 412 万平方米，入驻的孵化企业和团队超 3 万家，累计毕业企业 5 700 余家。专业化载体占全市总量超 70%，其中电子信息类(含集成电路、人工智能)占比近 40%，生物医药类、先进制造类合计占比近 20%。各类孵化载体与高校、科研院所、领军企业等开展深度合作，发挥技术领先、人才集聚、场景丰富等优势，持续推进专业化发展。 （张　绮）

【大学科技园改革发展持续推进】 2023 年，《上海市大学科技园改革发展行动方案》发布，将大学科技园纳入世界一流园区建设整体范围，强化分类指导、分类考核，推动 14 家国家大学科技园对照学科、区域实际，差异化发展，推动 2 所高校筹建大学科技园。围绕高水平研究类高校的大学科技园，推进上海交通大学未来能源与智能机器人未来产业科技园、同济大学自主智能未来产业科技园试点建设。 （张　绮）

【科技创新创业载体孵育能力稳步提升】 2023 年，上海孵化器内在孵企业总收入超 370 亿元，比上年增长 10%；在孵企业 R&D 经费投入约 87 亿元，研发强度达 23%。围绕“3+6”产业领域布局，在孵企业主要分布在软件开发、生物医药、信息应用技术、网络通信技术、先进制造和新材料等领域，集成电路、生物医药、人工智能三大先导产业在孵企业占全市在孵企业的 22%；在孵企业科技人员超 10 万人，当年吸纳应届毕业生超 5 000 人，吸引留学人员超 2 700 人。 （张　绮）

【创业首站服务体系建设提升】 2023 年，首站社群的国际合作网络有效复苏，国际双边交流合作频繁。西班牙九大视听及系统集成领域大企业 21 项技术合作需求 B2Match 对接会办结并促成合作意向 2 个；德国加速器跨境对接会、瑞士科技企业中国行、世界移动通信大会西班牙移动互联企业团、巴西科技企业创始人汇、新加坡科技企业全球加速营等系列海外政府国家级跨境项目，在首站社群实现一站式高效对接；推进与南非、土耳其、巴西等新增国别的双创合作业务，分别锚定筹建中国南非科技企业加速中心、筹建土耳其上海创新中心、建设中巴科创合作汇等中长期目标。 （张　绮）

【联合创新孵化空间不断升级】 2023 年，联合创新孵化空间在推动创新创业、促进大中小企业融通发展方面取得显著成果。通过“孵化器+毕业企业”模式，助力数百家初创企业成长；举办“创 100+创业训练营”，邀请优秀毕业企业创始人分享经验，为 39 名学员提供实战指导，8 个项目获评创业好项目；举办月度“创 100+创享咖啡”活动，聚焦行业热点，为初创企业提供与毕业企业交流的平台。 （张　绮）

第五节 | 长三角科技创新共同体建设 >>

【长三角科技创新共同体建设情况概述】 2023 年，三省一市科技部门以推动科技创新为核心，着力破除协同发展的体制机制障碍，持续提高科技创新集聚度、区域连接性和政策协同效率，助力长三角高质量一体化发展。

区域战略科技力量加大协同。加快构建战略科技力量体系，长三角区域 6 家国家实验室加强联动，加快集聚区域优势科研团队，合肥(量子)在上海设立基地，西湖大学积极承担合肥实验室战略任务；104 家全国重点实验室加快重组，与已建、在建的 25 个重大科技基础设施共同构成区域重大战略科技力量，其中上海初步形成全球规模最大、种类最全、综合能力最强的光子重大科技基础设施集群，上海同步辐射光源为 3 748 个研究组提供实验服务，其中长三角用户占比 44%。强化区域科技战略支撑服务保障，张江国家实验室联动 8 家全国重点实验室组建集成电路国家实验室体系联盟，浦江国家实验室牵头成立大模型语料数据联盟；上海人工智能实验室协同中国科学技术大学、上海交通大学、南京信息工程大学等研发的全球中期天气预报大模型“风乌”，全球气象有效预报时间首破 10 天；紫金山实验室发布全球首个跨广域网网络编码分布式存储系统等重大原创成果，建立业界首个 6G 综合实验室，为长三角一批科研单位持续提供网络技术和应用创新试验服务。

长三角联合攻关机制持续深化。加强制度引领支撑，三省一市科技部门联合发布《长三角科技创新共同体联合攻关计划实施办法(试行)》，建立企业“出题”、政府“选题”、联合“答题”的跨区域协同“揭榜挂帅”路径，为部省市任务联动、资金联合、管理联通提供有力支撑。放大攻关示范效应，全年共征集长三角企业需求130项，较上年增长1倍，上海御渡半导体科技有限公司、江苏康缘药业股份有限公司、浙江久立特材科技股份有限公司、奇瑞汽车股份有限公司等20家龙头企业纳入联合攻关计划，全国参与单位94家，长三角合作单位占比95%，带动社会投入超4亿元。拓展攻关实施路径，增加重大创新指南攻关实施路径，共同布局三大先导产业领域8个基础性、战略性、源头性方向，吸引76家长三角单位参与“竞标”，复旦大学、江苏第三代半导体研究院有限公司、西湖实验室、科大讯飞股份有限公司等高水平研究机构整合长三角优势力量集中攻关，推动示范应用。

科技创新与产业创新融合加快培育。区域重点领域前瞻布局，中国科学技术大学联合中国科学院上海技术物理研究所等单位成功构建量子计算原型机“九章三号”，再度刷新光量子信息的技术水平和量子计算优越性的世界纪录；中国科学院、江苏省、上海市三方共建高效低碳燃气轮机试验装置，填补国内大功率燃气轮机试验装置空白；宝武水务科技有限公司、同济大学和中国科学技术大学联合开发冷轧废水生化—物化强化处理新工艺，解决冷轧废水中化学需氧量和总氮的排放超标的关键核心问题。跨区域“双创”服务能级加快提升，中国科学院上海光学精密机械研究所建立杭州光学精密机械研究所，吸引一批科技成果落地孵化，估值超过150亿元。上海大学绍兴研究院构建“一院一园一基金”创新体系，实现高熵陶瓷、通用飞行器、燃料电池、轻量化复合材料、高温复合材料5项科技成果落地转化，孵化公司9家，吸引投资1.6亿元。共建跨区域双创载体，中以常州创新园与中以上海创新园携手建设中以创新园区合作联盟工作机制，推动创新链、产业链、政策链的“三链融合”。

科技创新资源共享网络巩固深化。长三角科技资源共享服务平台累计集聚大型科学仪器45 911台(套)、仪器价值超544亿元，年内新增1 900多台(套)，仪器价值超22亿元。长三角“感存算一体化”超级中试中心建设上海嘉定国家智能传感器创新中心、江苏无锡慧海湾物联网小镇、浙江杭州青山湖微纳智造小镇、安徽合肥中国声谷量子中心4家基地，以中试设备互补共享、技术产品互补集成、产业布局错位衔接、市场应用统一完整为合作宗旨，拥有10余个专业中试平台，整合四地中试设备超500台(套)，价值超55亿元，年内实现新增设备40余台(套)，设备价值超2.13亿元。长三角科技创新券先行先试，在上海、浙江全域和江苏、安徽部分区域互联互通，拓展苏州、南通等地区，全年新纳入服务机构802家、大型仪器10 928台(套)、服务项目2 580项，用券服务金额约1.18亿元，兑付金额3 002万元，订单金额比上年增长110%。

区域技术要素市场主体协同联动。创新要素加速流动，截至年底，三省一市技术交易合同总额17 743亿元，占全国的29%，相互间技术合同输出34 616项、技术交易金额2 091.8亿元。科技成果供需对接更加活跃，2023年长三角国际创新挑战赛汇聚长三角企业创新需求1 551项，达成对接意向633项，撬动意向对接金额35.59亿元，形成签约104项，促成签约金额4.45亿元，比上年增长127%。江苏省举办长三角产学研专项对接活动暨苏南国家科技成果转移转化示范区技术对接会，10个长三角地区成果转化项目现场签约，总投资额逾5亿元。安徽省举办第2届中国(安徽)科技创新成果转化交易会，173件高水平科技创新成果参展，推动10余项产业化项目在合肥落地对接。技术要素市场专业发展，上海技术交易所积极构建长三角技术权益登记服务中心、长三角科技成果路演中心，打造“生物医药专板”，服务苏州发布全国首单生物医药管线质押贷款。长三角农业科技成果转化交易中心依托南京国家农业高新技术产业示范区打造农业科技成果交易线下市场，发布农业科技成果400余项。

先行区制度创新示范稳步前进。长三角G60科创走廊坚持科技创新和制度创新双轮驱动，建设科技与产业、金融有效融合的区域样板，9座城市累计发行科创债(含科创票据等)、绿色债共314单，累计发行金额1 819.05亿元。设立长三角首支由国家引导基金参与、9座城市共同出资、社会资本投资的跨区域科技成果转化基金，首期基金认缴资金8.1亿元，已投决12家，投资金额4.27亿元。举办长三角生态绿色一体化发展示范区开发者大会暨示范区全链接大会，全国首个跨省域高新技术产业开发区长三角一体化示范区跨省域高新技术产业开发区揭牌成立，重点发展数字产业、智能制造、绿色新材料三大战略性新兴产业和总部经济、绿色科创服务两大特色产业，形成“3+2”主导产业发展格局，构建区域一体化的现代化产业体系。

协同联动机制优化完善。科技部与三省一市科技厅(委)持续深化“4+1”季度会议协商机制。拓展协同路径，丰富协作内涵，推动构建长三角专家咨询、研究创新联合体操作指引、综合绩效评价等创新管理模式；布局建设长三角科研信用数据共享一体化平台，探索拓展长三角一体化示范区跨区域“信用+科技”数字化应用服务场景；探索构建长三角基础研究合作机制，力争在机制创新和示范效应上取得新突破。

(程　彦　张　瑾)

【长三角科技创新共同体专项计划实施】 5月22日，市科委发布《上海市2023年度“科技创新行动计划”长三角科技创新共同体领域项目申报指南的通知》，围绕科技惠民领域联合技术攻关、数字技术支撑长三角一体化发展、长三角创新创业联合载体示范、长三角科技协同基础治理体系建设4个方向布局，最终立项支持12个合作项目。

2023 年度“科技创新行动计划”长三角科技创新共同体领域立项名单

序号	项目名称	承担单位	合作单位
1	先导物成药性研究与药物开发平台建设	上海医药工业研究院有限公司	浙江大学基础医学院创新院、上海深势唯思科技有限责任公司、合肥医工医药股份有限公司
2	全自动高通量基因诊断设备智能化多维计量标准装置及长三角应用示范	上海之江生物医药科技有限公司	上海市计量测试技术研究院、浙江省计量科学研究院、南京市计量监督检测院、产越(上海)电子科技有限公司
3	基于光纤形状传感的手术机器人三维姿态测量技术	上海微创医疗机器人(集团)股份有限公司	上海大学、苏州微创畅行机器人有限公司、嘉兴微创医疗科技有限公司
4	长三角一体化示范区河网生态流量调度数字孪生技术与示范	华东师范大学	浙江省水利河口研究院、河海大学、嘉善县河湖管理服务中心
5	智能车载网络关键系统安全防护评价方法及检测系统研究	上海寅家电子科技股份有限公司	芜湖瑞视达光学科技有限公司、杭州电子科技大学、杭州电子科技大学平湖数字技术创新研究院有限公司
6	长三角技术权益登记与科创金融服务平台	上海技术交易所有限公司	长三角国家技术创新中心、国家绿色技术交易中心、安徽联合技术产权交易所、苏州科技企业股权服务有限公司
7	长三角创新创业联合载体示范	上海人工智能研究院有限公司	上海人工智能研究院、国家转化医学中心(上海交通大学)、祥符实验室、江南大学
8	长三角数字经济联合创新创业示范载体建设项目	上海财大科技园有限公司	嘉善经济技术开发区、濉溪经济开发区管理委员会、宁波麟沣医疗科技产业园、启东经济开发区
9	长三角生物医药研发数据的可信协同共享平台	上海交通大学医学院附属瑞金医院	中国信息通信研究院、上海市数字医学创新中心、长三角健康研究院、温州医科大学附属第一医院、安徽医科大学第一附属医院
10	长三角成果转化全链条市场化评价区域协同标准体系研究	上海市技术市场协会	宁波加值科技成果评估有限公司、安徽省科技成果转化促进中心(安徽省科学技术研究院)
11	长三角科技信用一体化研究与应用	上海建朗信息科技有限公司	上海大学、江苏佳特尔信息科技有限公司、安徽金蚁网络科技有限公司
12	依托长三角科技创新券互联互通开展研发资源共享与数据集成应用示范	上海牵翼网络科技有限公司	江苏省生产力促进协会、安徽省分析测试协会

(程　彦　张　瑾)

【长三角科技创新共同体协同创新典型实践案例发布】 9 月 28 日,三省一市科技厅(委)联合印发《长三角科技创新共同体协同创新典型实践案例名单》。经前期公开征集、单位自主申报或地市(区)科技主管部门推荐、专家遴选等流程,推选 10 个长三角科技创新协同创新典型实践案例,通过有关渠道,集中宣传展示区域内各类创新主体在重大科研基础设施、关键技术攻关、科技成果转化和区域协同等方面主要成效和创新模式。

长三角科技创新共同体协同创新典型实践案例名单

序号	案例名称	实施单位	应用区域	经验做法
1	发现飞秒激光诱导复杂体系微纳结构新机制	之江实验室	浙江省、上海市、江苏省	跨学科交叉基础研究协同,合力解决面向产业的科学问题
2	超算互联网	国家超级计算无锡中心	江苏省、浙江省	跨区域构建超算互联网科研基础设施,助力“东数西算”战略
3	长三角 G60 科创走廊科技成果转化基金	上海市松江区长三角 G60 科创走廊创新研究中心	长三角 G60 科创走廊沿线九城市	科技与金融融合制度创新,构建长三角首支跨区域成果转化基金
4	高速大容量存储器检测公共服务平台	中国电科第五十八研究所	江苏省、安徽省	共建高速大容量存储器检测公共服务平台,提升区域竞争力
5	基于国产化芯片平台的智能座舱系统研究应用	奇瑞汽车股份有限公司	安徽省、江苏省	发挥骨干企业引领示范作用,以创新促汽车产业能级提升

续表

序号	案例名称	实施单位	应用区域	经验做法
6	沪苏共建高效低碳燃气轮机试验装置	江苏中科能源动力研究中心	江苏省、上海市	共建大功率燃气轮机试验装置，推动先进燃气轮机自主创新
7	冷轧废水生化—物化耦合强化处理技术开发	宝武水务科技有限公司	上海市、江苏省、浙江省、安徽省	联合攻克冷轧废水处理难题，在长三角多个水处理基地实现推广
8	长三角产业协同助力现代设施农业小岗新模式	中国建材国际工程集团有限公司	安徽省、上海市	推动传统农业向现代设施农业转型，打造乡村振兴"小岗样板"
9	一马当先抓服务蹚出一条科技成果转化新路子	马鞍山市科技成果转移转化服务中心	安徽省、上海市、江苏省、浙江省	加入长三角科技创新券互通政策试点，赋能区域科技成果转化
10	长三角"感存算一体化"超级中试中心	中电海康集团有限公司	浙江省、上海市、江苏省、安徽省	建设"感存算一体化"超级中试中心，打造长三角物联网产业群

（程　彦　张　瑾）

【第6届长三角科技成果交易博览会】 11月15—17日在上海汽车会展中心举办。博览会以"创新链接，开放共赢"为主题，来自长三角地区41座核心城市共同参与。会上设立长三角合作城市展区、工业数字转型展区、汽车新四化展区、健康医疗展区、长三角技术交易大厅5个线下展区，展览总面积16 000 m²，吸引线下参展企业及机构106家，500余家企业和机构依托"线上科交汇"平台线上参展。展会期间，共举办活动52场，其中主会场24场、分会场28场。全年，依托"3+365"科技服务机制，博览会与10余家技术服务机构平台实现深度合作，服务企业3 000余家次，推动科技成果转化落地100余项，实现成果交易额4.3亿元。

（程　彦　张　瑾）

【第8届中国创新挑战赛(长三角区域一体化发展专题赛)暨第6届长三角国际创新挑战赛】 12月在上海举办。大赛吸引创新企业1 252家、技术经理人2 199名、服务机构124家、高校院所286所共同参与；吸引中国宝武钢铁集团有限公司、中国华润有限公司、宁德时代新能源科技股份有限公司等100余家大企业参与。

（邹叔君　程　彦　张　瑾）

【长三角技术要素市场主体集聚互联】 2023年，三省一市技术交易合同登记数25万项，占全国27%；技术合同成交额17 743亿元，占全国29%；相互间技术合同输出近3.5万项，比上年增长38%；技术交易金额2 091.8亿元，比上年增长12%。上海技术交易所提供一站式交易结算与鉴证服务，累计进场成果成交额135.96亿元，为长三角提供交易服务约占91%。

2023年三省一市技术交易合同统计

输出方向	技术合同数(项)	成交金额(亿元)
上海—苏浙皖	9 653	744.32
江苏—沪浙皖	13 428	461.37
浙江—沪苏皖	7 281	430.49
安徽—沪苏浙	4 254	455.63
合　计	34 616	2 091.80

（程　彦　张　瑾）

【联合攻关合作机制不断拓展】 2023年，科技部与三省一市科技部门共同布局长三角联合攻关项目28项，项目总投入6.63亿元，其中财政资金投入9 620万元，2项投入比上年增加29.11%、14.44%，其中重大创新指南攻关布局集成电路、人工智能、生物医药三大先导产业领域8个基础性、战略性、源头性方向，投入财政资金2 840万元，占财政资金投入29.52%。累计立项43项，共同投入财政资金超1.8亿元，带动社会投入超9亿元。（程　彦　张　瑾）

第三篇　第九章
研发机构与创新平台

第一节｜基础设施 >>

【重大科技基础设施项目建设情况】 2023 年，重大科技基础设施建设布局、开放水平和运行效率持续提升，上海光源 2 期、上海软 X 射线自由电子激光装置建成投用，硬 X 射线自由电子激光装置工作井隧道全线贯通，全球规模最大、种类最全、综合能力最强的光子重大科技基础设施集群初现雏形；深远海全天候驻留浮式研究设施、钍基熔盐堆研究设施、无人系统多体协同设施、系统生物学研究设施、药物靶标科学设施布局建设加快推进。

重大科技基础设施项目一览表

序号	设施名称		依托单位	运行情况
1	上海同步辐射光源	光源 1 期	中国科学院上海高等研究院	已运行
2		光源 2 期		
3	国家蛋白质科学研究（上海）设施		中国科学院上海高等研究院	已运行
4	国家肝癌科学中心		海军军医大学	已运行
5	上海超级计算中心		上海超级计算中心	已运行
6	神光Ⅱ多功能激光综合实验平台		中国科学院上海光学精密机械研究所	已运行
7	上海超强超短激光实验装置		中国科学院上海光学精密机械研究所	已运行
8	转化医学国家重大科技基础设施（上海）		上海交通大学	已运行
9	上海软 X 射线自由电子激光装置	用户装置	中国科学院上海高等研究院	已运行
10		试验装置		
11		活细胞结构与功能成像等线站工程	上海科技大学	
12	硬 X 射线自由电子激光装置		上海科技大学	在建中
13	国家海底科学观测网		同济大学	在建中
14	高效低碳燃气轮机试验装置		中国科学院工程热物理研究所	在建中
15	磁-惯性约束聚变能源系统关键物理技术		上海科技大学	在建中

（编辑部）

【上海同步辐射光源】 2023 年，上海同步辐射光源为用户提供实验时间超过 70 000 小时，课题超过 2 500 个，服务 390 家单位 1 000 余个研究团队 10 000 余人次实验用户，用户依托设施发表论文 1 500 余篇，其中在《细胞》《自然》《科学》发表论文 23 篇。上海光源线站工程（上海光源 2 期工程）建成后，拥有面向用户实验的光束线 34 条和实验站 46 个。上海同步辐射光源获评 2023 年中国科学院重大科技基础设施优秀运行设施二等奖。（张　楠）

【国家蛋白质科学研究（上海）设施】 2023 年，国家蛋白质科学研究（上海）设施海科路园区和五线六站总计运行时间 10.56 万余小时，其中为用户提供有效机时 9.34 万余小时；服务国内外 227 家用户单位的 728 个课题组共 1 396 项课题，服务实验人数 14 231 人次；设施用户、运维技术团队取得一系列重要科研成果，发表论文 653 篇，其中 SCI 论文 647 篇，在《细胞》《自然》《科学》发表论文 14 篇；9 月，中国蛋白质结构数据库首届用户年会召开。（张　楠）

【国家肝癌科学中心】 2023 年，国家肝癌科学中心全自动筛选平台、细胞表型分析平台、分子诊断和分型平台、分子影像平台、蛋白质分析平台、病理诊断平台、实验动物平台 7 个核心平台和信息保障室、生物样本库、中试平台 3 个支撑平台全面建成，拥有双光子激光共聚焦显微镜、全自动筛选平台、长时间细胞观察及功能分析系统、生物样本存储设备、第 3 代单分子基因分析仪系统、超高分辨率显微镜等大型贵重仪器设备，设备运行时长总计超过 5 400 小时，具备肿瘤前沿科研能力；科研平台设备性能测试通过专家组验收。（王苏扬）

【上海超级计算中心】 2023 年，上海超级计算中心“魔方Ⅲ”全系统月均 CPU 使用率 87.74%，提供计算资源 19 877.67 万核小时，服务用户数 886 家；建成“魔盒Ⅰ”100P(FP16)人工智能公共算力服务平台，上海公共算力服务平台挂牌。6 月开放以来截至年底，可用率 99.92%，为近 40 家企事业单位提供测试。（戴松筠）

【神光Ⅱ多功能激光综合实验平台】 2023 年，开展神光Ⅱ升级装置性能提升工程，完成新综合靶场的桁架主体结构、真空靶室和高能皮秒拍瓦激光脉冲压缩室等大型结构件的进场安装。皮秒激光完成 2 束主放段的改造和集成调试，实现通光输出；纳秒激光完成 8 路主放的通光调试及 12 套纳秒终端光学组件的超净装校，并开展靶定位瞄准控制软件的离线调试等工作；完成 400 mm 片状放大器首件验证和设计定型；可实现单束基频激光输出 2 万焦耳以上，为更大规模激光器研制和中国聚变方案的实现提供技术和工艺能力支撑。（戚婧媛）

【上海超强超短激光实验装置】 2023 年，作为国际上首个应用于物理实验的 10 PW 激光装置，全年装置运行 3 278 小时，大能量打靶 758 发，服务 14 个用户单位的 16 个课题组。依托装置取得重要进展，利用激光驱动强场太赫兹波电子加速领域实现最高 1.1 MeV 的电子能量增益和 210 MV/m 的平均加速梯度，将太赫兹波电子加速能量增益的世界纪录提升近 1 个量级。（戚婧媛）

【转化医学国家重大科技基础设施（上海）】 转化医学国家重大科技基础设施（上海）完成全部建设任务，7 月通过国家验收并投入运行。截至年底，设施承接临床研究项目 241 个，其中企业发起项目 132 个（牵头项目 77 个），研究者发起项目 109 个；累计病例数 31 705 人，标准化临床生物样本库存储生物样本 500 余万管。设施科研团队开发用于血友病基因治疗的潜在细胞产品，实现 7 500 万—8 000 万元的总转让里程碑费用及 1.9 亿元的销售里程碑费用转让。

转化医学国家重大科技基础设施（上海）通过国家验收

（李贺轩 付 符）

【上海软 X 射线自由电子激光装置】 2023 年，上海软 X 射线自由电子激光用户装置和活细胞结构与功能成像等线站工程共同开放运行。全年向用户供光近 3 000 小时，不断提升装置运行稳定性，优化试验方法学，开展单细胞无损结构成像、双光子吸收、基于等离子体尾场的自由电子激光研究等实验；上海软 X 射线自由电子激光装置 2023 年用户研讨会召开，凝练重大科学问题、促进学科交流和拓展用户群体。（张 楠 徐 丹）

【硬 X 射线自由电子激光装置】 2023 年，硬 X 射线自由电子激光装置完成注入器段电子枪和光阴极系统集成与调试，在国内首次实现基于甚高频枪的 1 MHz 高重频束流，研制注入器激光加热波荡器；小批量高 Q 超导腔射频性能达到国际先进水平，完成 4 套模组总装 3.9 GHz 9cell 超导腔样机；注入器段 Kicker 测试验收与束配段 Kicker 磁铁技术通过验收，脉冲功率源实现兆赫重频工作；FEL-Ⅰ首件通过研制验收，启动工程批量采购，FEL-Ⅱ首件完成集成与指标测试；1 号井加速器控制室通过验收并投入使用；完成 1—3 号硬线控制网布设和测量；研制注入器 45 kW 高功率废束桶；低温工厂首套 4.5 K 冷箱调试实现积液；完成 3 条光束线固化设计、FEL-Ⅱ首批上线实验站设计、首批反射镜到货测试及 FEL-Ⅱ泵浦激光传输工程设计；完成 100 PW 激光装置主体系统工程设计及物理实验设计，启动关键大型及长周期设备采购，开展关键部件首件和小批量试制；研制物理实验真空靶室并完成集成安装调试；研制并交付 25 J、1 Hz 纳秒固体激光器；完成 100 J 重频泵浦源的 8 束基频>20 焦耳的光路调试安装；完成 1、2、3 号井，基地及 1—2、2—3 区间隧道交付公用设施总体与加速器总体，1 号井公用设施与机电工程投入试运行，2 号井公用设施楼实物量及工作井、安装厅机电管线安装完成。（应 先）

【国家海底科学观测网】 2023 年，国家海底科学观测网监测与数据中心土建工程实现竣工备案验收，机房配套工程完成建设，信息化系统工程建设方案启动招标；舟山岸基站完成土地划拨并启动建设方案设计；东海海底观测子网工程获海域使用权证书；全球海洋综合科学观测能力最强、海拔 103 m 的东海多圈层观测塔完成主体结构海上安装，启动海上设备安装与调试；缆系主干系统完成高可靠性设备招标；自主设计开发国内首台/套供电能力达千瓦级别的混合能源智能浮标、剖面供电与大数据实时通信先进锚系，并实现完全国产化；开发光合有效辐照度、二氧化碳传感器校正平台样机，并启动联调测试，推进进口传感器校正技术国产化。（张一卉）

【高效低碳燃气轮机试验装置】 2023 年，高效低碳燃气轮机试验装置压气机、透平冷却/封严和低碳超临界二氧化碳循环试验台均完成设备安装并进入调试阶段，装置建成后可为燃气轮机基础理论研究、应用基础研究、关键技术开发提供先进的研发试验、合作交流和开放共享平台。（胡梦宁）

【磁-惯性约束聚变能源系统关键物理技术】 磁-惯性约束聚变能源系统关键物理技术于 5 月取得国家发展改革委初步设计概算批复，9 月完成地下室主体结构施工，实现出正负零，进入地上主体结构施工阶段，12 月完成工程结构封顶。（何瑞璇）

第二节 机构与平台

【上海市科技系统科研院所创新总体情况】 2023 年，上海市科技系统各科研院所聚焦加快建设上海具有全球影响力的科技创新中心，积极打造体系化战略科技力量，加强基础研究组织化实施，大力推动关键核心技术攻关，加快科技成果转化落地，努力抢占战略前沿领域制高点，推动科技创新工作取得显著成效。

打造体系化战略科技力量。国家战略科技力量建设进一步强化，3家国家实验室高质量建设运行，合肥实验室上海基地、广州实验室上海基地揭牌成立，全国重点实验室重组有力推进。推动一批高能级科研机构集聚发展，布局建设上海浦芯未来互联网技术研究院、上海科学智能研究院、上海合成生物学创新中心、上海数学与交叉学科研究院等一批新型研发机构。中国科学院部署9个在沪国家重大科技基础设施（含"十四五"储备项目），深度参与2个国家重大科技基础设施建设。推动中国科学院在沪"十四五"科教基础设施建设，已建设14个，5个新一批科教基础设施纳入上海科技创新中心建设年度重点工作；中国科学技术大学上海科教基地开工建设。持续推动"全脑介观神经联接图谱""平方公里阵列射电望远镜"2项国际大科学计划（工程）。高标准建设高水平协同创新平台，中国科学院上海硅酸盐研究所推动人工晶体研发与转化功能型平台建设，支撑"黑土粮仓"科技会战紧急需求；中国科学院分子细胞卓越中心推进闵行基地建设，支撑核糖核酸功能与应用重点实验室发展；中国科学院上海天文台推进中国巡天空间望远镜长三角地区科学中心建设，启动西藏日喀则和吉林长白山2个甚长基线干涉测量观测站建设。

加强基础研究组织化实施。聚焦国家战略需求和前沿科学问题，深化基础研究战略布局，推动基础研究实现高质量发展。优化"基础研究先行区"建设，建立以选题为基础的选人机制，实行长期稳定支持和长周期评价，支持科研人员开展高风险、高价值基础研究。围绕数学、物理、化学、生物等基础学科，以及新兴交叉前沿领域和重大方向，推动一批具有全球影响力的原创科技成果涌现。中国科学院上海药物研究所剖析阿片受体通用的激活机制及对下游 G_i 蛋白的选择性特征，研究成果发表在《细胞》（*Cell*）；中国科学院上海有机化学研究所实现普适的动态动力学不对称酮加成反应，发展从易得的消旋酮原料直接转化为含2个连续手性中心的复杂叔醇的新方法，研究成果发表在《科学》（*Science*）；中国科学院脑科学与智能技术卓越创新中心等合作绘制猕猴大脑皮层的细胞类型分类树，并揭示细胞类型组成和灵长类脑区层级结构之间的关系，研究成果发表在《细胞》（*Cell*）；中国科学院上海药物研究所发现B类G-蛋白偶联受体的新型小分子激动剂结合口袋，研究成果发表在《自然》（*Nature*）；中国科学院上海天文台首次获黑洞磁场囚禁吸积盘形成的观测证据，研究成果发表在《科学》（*Science*）；中国科学院脑科学与智能技术卓越创新中心构建高比例胚胎干细胞来源的出生存活嵌合体猴，研究成果发表在《细胞》（*Cell*）。

大力推动关键核心技术攻关。聚焦集成电路、生物医药、人工智能三大先导产业领域，推动关键核心技术攻关。集成电路领域突破制约产业发展的关键共性技术，形成一批原创性引领性科技成果。制备国内首片300 mm射频绝缘体上硅（SOI）晶圆，突破300 mm SOI晶圆制造技术；发布微机电系统标准工艺模块及90 nm硅光集成工艺2项国际先进水平技术成果；实现百兆比特率的实时量子密钥分发；助力"九章三号"量子计算原型机突破255个光子操纵。生物医药领域瞄准关键技术攻关和高端产品研制，加快打造世界级生物医药产业集群。全年，上海创新药械数量保持领先，新增获批上市1类创新药4个、3类创新医疗器械9个。人工智能领域强化战略研究和前瞻布局，支撑人工智能大模型等产品迭代升级。上海3个人工智能大模型产品通过首批国家大模型备案，上海科学智能研究院发布伏羲次季节气候大模型。

加快科技创新成果转化落地。优化科技成果转移转化生态建设，以国家技术转移东部中心、上海技术交易所及15家研发与转化功能型平台为驱动，探索建立技术转移人才培养体系。上海科研院所科技成果转化创新改革不断深化，推动国家赋权改革试点任务，6家试点单位完成成果赋权675项，涉及转化金额10.66亿元。科技成果转化品牌活动影响力持续提升，以全球技术转移大会、InnoMatch全球技术供需对接平台为抓手，构建支持产品创新、资源汇聚、创新者集聚的开放创新平台，促进产学研合作、大中小企业融通。

抢占战略前沿领域制高点。大力发展战略性新兴产业，培育若干未来产业，加快形成新质生产力。聚焦新能源汽车、高端装备、航空航天、信息通信、新材料、新兴数字产业等战略性新兴产业，攻克一批关键共性技术。研发海空两栖航行器"哪吒F"跨介质飞行器；国产大飞机C919投入商业运营；全球首套300 MW级压缩空气储能系列化大容量电机下线；国产首艘大型邮轮"爱达·魔都号"命名交付；全球首台全高温超导托卡马克装置HH-70主机系统发运；全球首台EXL-50U紧凑型聚变装置真空室整体交付；首批卫星互联网技术试验卫星成功发射；全球首型、世界最大24 000 TEU核动力集装箱船KUN-24AP发布；全球首艘13 000 TEU液化天然气双燃料动力大型集装箱船交付。

（李　帅）

【上海科学院科研联合体建设总体情况】 2023年，上海科学院在支撑服务长三角一体化发展和上海科技创新中心建设等国家战略、组织科研联合攻关、布局共性技术研发等方面取得新进展、新成效，科研联合体聚合效应初步显现，科技研发和服务能级明显提升。

扩大交流合作，长三角科研院所联盟取得新进展。建立常态化联络机制，开展"在长三角科研院所联盟起步阶段发挥功能、助力长三角一体化战略落地落实"专题调查研究，走访长三角区域部分科研院所及浙江清华长三角研究院等联盟单位，挖掘长三角地区创新资源和企业需求；推动《2023年长三角科技创新共同体联合攻关指南》相关课题梳理凝练；调研联盟成员单位协同创新重大科技需求，聚焦集成电路、生物医药、人工智能三大领域，征集联盟成员单位建议课题28项。

推动“有组织的科研”，牵头开展科研联合攻关取得新成果。针对浦东新区“揭榜挂帅”公共服务平台发起的“自润滑关节轴承力矩控制”项目，围绕自润滑关节轴承产品力矩一致性较差的生产难题，上海科学院与上海交通大学、上海大学、上海北阅机械设备有限公司技术形成科研技术联合体，聚焦自润滑轴承工艺技术、工艺流程、关键材料，开展联合技术攻关；承接国家2023年度全面创新改革“构建多主体全链条的创新联合体机制”任务，完成创新联合体理论和政策研究报告，形成落实创新联合体建设的方案；牵头开展跨区域、跨建制、跨专业的行业推进科技项目，实现“怒江州道路运输安全信息化智能监管平台”当年承接、当年结题，解决偏远地区交通运输群众出行难、部门监管难等问题。

聚焦体制机制创新，新型研究所建设取得新成效。上海科学院太赫兹技术研究中心攻关新一代太赫兹探测技术，突破大规模阵列探测芯片工艺制备、大规模深低温工艺设计包建模等多项关键技术，完成星载探测与识别系统示范验证，实现对天基太赫兹弱小信号目标的探测成像；上海科学院新能源技术研究所围绕国家“3060”双碳目标，发挥航天能源在燃气装备系统集成创新优势，推动零碳、低碳能源关键技术产品化和产品产业化研究；上海科学院区块链技术研究所形成区块链跨链技术、区块链沙箱监管技术、区块链芯片/一体机技术等成果，产出一批高质量知识产权，支撑多家知名企业开展可信数据运营服务；上海激光探测技术研究中心开发单线激光雷达、固态激光雷达、便携式三维成像激光雷达等多款产品，孵化激光雷达企业1家，成立新型功率半导体研究中心和模式动物转化研究所。

科研联合体成员单位研发服务新成果不断涌现。上海新能源科技成果转化与产业促进中心推动600 km时速国产化高速磁浮列车在上海示范线试验考核；上海实验动物研究中心“三位一体”实验动物资源开发保存及模型研制服务功能基本形成；上海市纳米科技与产业发展促进中心推进纳米压印技术在太阳电池应用领域前沿研究；上海仪器仪表研究所有限公司“现代制造业高速高精智能感知测控关键技术及应用”项目获2023年度中国仪器仪表学会科技进步奖一等奖；上海市脑血管病防治研究所开展脑卒中早期筛查与脑血管健康管理多中心研究和成果推广，授牌应用中心或科研协作中心近40家，筛查40万人次；上海计算机软件技术开发中心筹建上海市首家生成式人工智能质量检测检验中心，获能力验证提供者(PTP)认可证书；上海轴承技术研究所有限公司突破钛合金精密制备技术等5项关键技术，实现低速重载、高速轻载两大工况全国产衬垫的研制和应用，解决国家自润滑关节轴承关键材料难题，“航空自润滑关节轴承的研制及工程化应用”项目获上海产学研合作优秀项目一等奖。上海计算技术研究所有限公司医疗大数据平台服务能力持续提升，“应用于新型飞船推进系统的测试设备”项目获上海市协同产业专项资金支持。

（蔡丽萍）

【上海研发公共服务平台总体情况】 2023年，上海研发公共服务平台(简称研发平台)协同推进科技创新和制度创新，支撑科技创新策源能力和科技人才服务能力提升，深化上海科技创新资源数据化建设，推进科技资源开放共享，提升研发公共服务能级。

落实科技人才数字化转型，提升全球高层次科技人才信息平台功能和能级。通过科技人才数据挖掘、高层次人才引进评估、引才路径构建等工作，为上海广聚海内外英才、打造科技人才生态系统和建设高水平人才高地做好支撑服务。累计为各省市组织人事部门及上海市科研院所、事业单位等300家机构提供定制化服务近600余次，推荐人才名录150万人次，提供海外高层次人才学术成果分析报告9 000余份。

贯彻长三角一体化国家战略决策部署，推进长三角科技资源共享服务平台建设。打造“科技资源＋科技服务＋科技政策”融通的一站式、综合性科技资源服务平台，推动长三角科技创新券政策通用，提供资源共享和需求匹配服务，推动科技资源流动和共享。长三角科技资源共享服务平台自2019年4月开通上线至2023年底，集聚上海光源等重大科研基础设施27个；科学仪器45 911台(套)，总价值超过544亿元；集聚服务机构3 188家和服务项目15 323条；汇聚高层次专家20余万人；平台累计访问量超275万人次；收到各类科技需求706个，解决率70%。长三角科技创新券在上海市与浙江省全域、安徽省及江苏省部分区域通用，超过4 600家企业申请科技创新券，创新券服务金额超过2.5亿元。

加强外国人才服务力度，打造国际科技创新人才“引力场”。截至年底，来华工作许可市级受理点业务审查总量93 964件，电话咨询19 324通，单一窗口并联办理424件，窗口接待9 414人次，好评率100%。通过文字识别技术和历史数据复用实现智能预填率83%，达到“一网通办”智慧好办2.0目标。举办外专工作人员研修班、外资研发中心和外企专员研修班和外国专家融入研修班。编发政策口径32条。实时更新政策汇编、办事指南、生活手册等电子书3册，其中，《外国人才在上海工作生活服务手册》上线日语、韩语版。结合“外籍高精尖缺外籍人才认定标准”上海试点推广工作，启动“外国人才在上海”大讲堂，市区联动开展大讲堂30场，参与1 512人次，企业1 003家。全年举办“外国人才在上海”国际沙龙活动16场。举办第3届海外名校工程科技人才线上职业见面会，吸引海外人才1 600余名，参与重点单位50余家，展位浏览量1.5万余次。举办第6届“到上海去·中欧创新与职业发展论坛”和第4届“到上海去·中澳创新与职业发展论坛”线上活动。

推动上海大型科学仪器设施开放共享，降低企业创新创业成本。截至年底，研发平台集聚30万元以上大型科学仪器设施23 504台(套)，价值305.44亿元，涉及管理单位731家，仪器数量和价值较2007年的1 517台(套)和22亿元分别增长15.5倍和13.9倍。有83家单位的2 394台(套)仪器获2022—2023年度大型科学仪器设施共享服务评估奖励,奖励资金 3 099 万元;配合市财政部门完成市本级部门预算中 10 个委办局的 246 台(套)仪器新购评审,申请预算 4.31 亿元,从源头遏制重复购置,优化财政资金配置,提高财政科技投入效益。

通过实施科技创新券政策,降低资源使用门槛,为创新创业提供保障。自 2019 年 1 月 1 日实施修订后的《上海市科技创新券管理办法(试行)》至 2023 年底,共向 10 540 家次的中小企业发放创新券总额 41.9 亿元,研发类服务惠及中小企业 2 374 家次,兑现补贴超 2.2 亿元,以 1∶3 左右的杠杆效应激发企业创新研发投入。

科技服务热线高质量运转,塑造精品政务服务形象。热线综合提供科技行政服务及专业化创新创业服务,一门式受理科技政策、创新创业等事项的咨询、建议和投诉。全年,热线电话服务 71 131 次,呼叫中心一线坐席电话服务量 69 825 次,占热线电话服务总量的 98.16%;根据用户来电生成有效工单 54 557 个,呼叫中心处理工单 50 880 个,一线解决率 93.26%;呼叫中心呼入应答率 99.28%,一线坐席电话满意度 99.88%。 (张　帆)

【上海研发与转化功能型平台总体情况】 2023 年,上海研发与转化功能型平台坚持产业需求牵引,围绕上海重点产业发展,推进平台核心研发与服务功能建设、市场化运作机制完善和自主可持续发展。15 家平台累计集聚产业创新人才 3 700 余名,通过技术支持、知识产权、市场资源等方式累计孵化企业 310 余家,累计实现服务收入 37 亿元,承担国家级项目 69 个;累计申请专利 2 800 余件,获软件著作权登记 520 余件,参与制订标准 197 部,获行业资质 85 项;推进功能型平台第三方管理新模式,结合长三角国家技术创新中心建设,委托上海长三角技术创新研究院承担功能型平台服务管理职能,推进功能型平台创新发展。 (张　帆)

【长三角国家技术创新中心建设情况】 2023 年,长三角国家技术创新中心(简称长三角国创中心)围绕创新驱动发展和长三角一体化发展国家战略,在发挥体制机制改革"试验田"、构建区域技术创新体系生态、促进长三角科技创新与产业创新跨区域协同与深度融合等方面取得一系列成果,为深入推进上海国际科技创新中心建设发挥作用。

深耕科技体制改革"试验田"。长三角国创中心坚持目标导向、问题导向,充分借鉴区域各地实践成功、行之有效经验做法,因地制宜推广应用,加快构建有利于促进重大基础研究成果产业化、有利于集聚配置创新资源、有利于培养和激发人才创新动力的体制机制。高标准打造高水平研发载体,实践"团队控股、轻资产运营"的企业化研发载体建设模式,为区域产业高质量发展提供高水平科技供给;构建全链条孵化投资模式,打造"概念验证＋拨投结合＋基金支持"的引领性颠覆性技术产业化孵化加速快车道,高质量培育发展新质生产力;以更开放的思维举措参与国际科技合作,持续拓展海内外创新资源网络,全球范围集聚配置创新资源;强化领军企业"出题阅卷",实施"众筹科研""揭榜挂帅"等创新科研组织模式,凝练企业技术真需求,赋能企业提升创新质效;实施"项目经理制",引进全球一流科技创新领军人才,全方位综合评价、培养和激励,持续厚植高水平创新创业人才高地;深化产教融合联培产业创新人才,打造集成电路、生物医药、人工智能三大先导产业产教融合联合体,打破学校、学科、学习边界,多措并举培育卓越工程师;深化外资研发"本土化"发展,联合在华外资研发机构实施"全球创新合作伙伴计划",建立全面战略合作,促进研发国际化和本地化互促共赢。

国家卓越工程师创新研究院(上海)揭牌

构建区域技术创新体系。长三角国创中心对标国家重大战略和长三角区域产业重大需求,着力构建集创新资源、研发载体、产业需求于一体,企业为主体、市场为导向、产学研用深度融合的产业技术创新体系,为长三角提升核心竞争力持续注入高水平创新动能。深化全球创新资源网络,累计与 190 余家国内外高校机构建立战略合作,建设海外代表处(孵化器)6 家,与 22 家在华外资企业成为全球创新合作伙伴,全球范围引进聘用项目经理(海外人才约占 1/3)380 余名,推荐海外项目超 1 000 个;强化高水平研发载体建设,助推材料领域国家苏州实验室建设,加大产业集成创新平台建设,长三角区域累计布局建设研发载体 97 家,总投入超 250 亿元,研发人员超 16 000 人,累计转移转化技术成果 9 000 余项,衍生孵化科技型企业约 1 600 家;深入对接产业创新需求,累计与 470 余家细分领域龙头企业建立联合创新中心,征集提炼技术需求 3 400 余项,企业投入超 85 亿元,达成研发合作 900 余项,合同金额超 22 亿元。

营造良好产业创新生态。长三角国创中心坚持强化企业科创主体地位,坚持市场配置资源,破除制约要素流通的体制机制障碍,着力打造政产学研金服用等主体高效协同,知识、技术、资金、人才等集聚融通的产业创新生态,加快提升国家创新体系整体效能和产业体系现代化水平。厚植产业创新人才生态,深刻践行"教育科技人才一体发展",以重大战略、产业关键核心技术突破为导向,累计引进全球一流领军人才团队近 400 人,以产业基础人才培养为核心联合海内外高校院所打造人才培养共同体,多措并举培养卓越工程师 5 800 余人。深化区域创新合作,因地制宜支撑地方重点产业转型升级和战略性新兴产业培育,推动上海市宝山区、嘉定区、虹口区、松江区及上海化工区，江苏省徐州市、常州市及南京市江北新区和江宁区等地设计出台“拨投结合”政策，为联合孵化培育高潜力创新型企业提供政策支撑；联合江苏省昆山市、宿迁市、镇江市、扬州市、泰州市、徐州市、南京市江北新区及上海市杨浦区共同设立科技攻关引导资金，赋能提升企业创新能级；联合地方建设运行浦东国际揭榜挂帅公共服务平台、长三角国创中心南通分中心、泰州市产业技术研究院等创新平台载体，专业化服务支撑地方科技创新产业高质量发展。构建全链条技术孵化投资生态，瞄准战略性新兴产业和未来产业发展，实施“拨投结合”机制，累计实施引领性颠覆性技术项目超 100 个，财政投入超 25 亿元，获市场融资项目 13 个，加速孵化创新力强、核心竞争优势明显的创新型企业；联合优势园区和高质量孵化器共建概念验证中心 4 家，探索支持早期科研成果高效率筛选培育验证新机制；联合专业基金公司共同设立早期创投基金 15 支，参与基金认缴总额 23 亿元，带动各类资金 20 亿元，累计在投项目总市值约 400 亿元，引导带动社会资本向战略性新兴领域和未来产业领域投资布局。（张 帆）

【国家流程制造智能调控技术创新中心成立】 1 月 3 日，由华东理工大学牵头组建的国家流程制造智能调控技术创新中心(简称流程制造国创中心)获科技部批复，成为上海首个牵头建设的领域类国家技术创新中心。流程制造国创中心以上海市政府和教育部为组织单位，以华东理工大学、上海流程智造科技创新研究院为牵头建设单位，联合北京科技大学、武汉理工大学等钢铁、建材行业领军高校及 19 家石化化工、钢铁、建材行业龙头企业合作共建；聚焦突破流程制造智能调控共性核心技术、基础性和前沿引领性技术及自主可控工业软件，以实现重大基础研究成果产业化为目标，通过发挥市场机制作用及政府在关键核心技术攻关中的组织作用，汇聚全国优势科技力量，形成企业需求导向的政产学研用深度融合的新型举国科技攻关体制，推动创新链、产业链、资金链、人才链深度融合，成为中国流程制造智能调控技术及其工业软件领域的国家战略科技力量。

（王晓丽）

【新增上海市重点实验室 15 家】 2023 年，新增建设上海市重点实验室 15 家。截至年底，上海市重点实验室共 180 家。

2023 年新增上海市重点实验室名单

序号	实验室名称	依托单位
1	上海市超构表面光场调控重点实验室	复旦大学
2	上海市光刻光源装备技术重点实验室	中国科学院上海光学精密机械研究所
3	上海市工业网络系统感知与控制重点实验室	上海交通大学、工业互联网创新中心(上海)有限公司
4	上海市超导集成电路技术重点实验室	中国科学院上海微系统与信息技术研究所
5	上海市光学薄膜与光谱调控重点实验室	中国科学院上海技术物理研究所
6	上海市智能网联汽车网络安全重点实验室	上海大学、上海汽车集团股份有限公司
7	上海市天基异构网络协同计算重点实验室	上海航天电子通讯设备研究所
8	上海市可信数据流通与治理重点实验室	上海数据集团有限公司、上海交通大学
9	上海市生殖与发育重点实验室	复旦大学附属妇产科医院
10	上海市质子治疗转化研究重点实验室	上海艾普强粒子设备有限公司、上海交通大学医学院附属瑞金医院
11	上海市情感脑功能解析与障碍干预重点实验室	上海交通大学医学院
12	上海市航海医学与药械转化重点实验室	海军军医大学第一附属医院
13	上海市肿瘤系统调控与转化重点实验室	上海市嘉定区中心医院、上海交通大学医学院附属仁济医院
14	上海市神经超声影像诊疗重点实验室	上海交通大学医学院附属第六人民医院、上海朱光亚战略科技研究院
15	上海市胰腺肿瘤精准诊疗重点实验室	复旦大学附属肿瘤医院

（许 静）

【上海市级研发基地建设情况】 2023 年，新建上海市专业技术服务平台 29 家。截至年底，拥有上海工程技术研究中心 422 家、上海市专业技术服务平台 330 家、上海市技术创新中心 58 家。

2023 年新建上海市专业技术服务平台名单

序号	平台名称	依托单位
1	上海市激光工艺专业技术服务平台	爱孚迪(上海)制造系统工程有限公司
2	上海市表型组精密测量专业技术服务平台	复旦大学
3	上海市区块链与知识产权保护专业技术服务平台	复旦大学
4	抗菌药物临床前药效综合评价及临床转化专业技术平台	复旦大学附属华山医院
5	上海市消化道肿瘤精准医学专业技术服务平台	复旦大学附属中山医院
6	上海细胞治疗综合评价专业技术服务平台	复旦大学附属中山医院
7	新型放射性药物研发及应用评价技术平台	复旦大学附属肿瘤医院

续表

序号	平台名称	依托单位
8	上海市定量药理学专业技术服务平台	复旦大学上海医学院
9	上海市道路车辆整车天线系统性能测试专业技术服务平台	工业互联网创新中心(上海)有限公司
10	上海市核酸药物临床前研究专业技术服务平台	美迪西普亚医药科技(上海)有限公司
11	国产化、定制化生物药 CDMO 专业技术服务平台	上海晟国医药发展有限公司
12	上海市高压电机数字化智能运维专业技术服务平台	上海电机学院
13	上海市食品感官评定和产品体验专业技术服务平台	上海华测品标检测技术有限公司
14	上海市环境数字智慧应用专业技术服务平台	上海建科环境技术有限公司
15	上海市临床研究专业技术服务平台	上海交通大学医学院
16	上海市泌尿系统肿瘤精准诊疗专业技术服务平台	上海交通大学医学院附属仁济医院
17	上海市生物治疗早期人体试验与评价专业技术服务平台	上海交通大学医学院附属仁济医院
18	康复风洞:人形康复设备的高负荷医用工况测试平台	上海交通大学医学院附属瑞金医院
19	上海市儿童神经发育障碍疾病脑库、生物样本库与数据库专业技术服务平台	上海交通大学医学院附属新华医院
20	上海眼科医用生物材料研发和检测专业技术服务平台	上海杰视医疗科技有限公司
21	上海市数控机床智能运维专业技术服务平台	上海理工大学
22	神经系统罕见疾病生物样本库和精准诊断专业技术服务平台	上海交通大学医学院附属第六人民医院
23	上海市农业生物安全评价与检测专业技术服务平台	市农科院
24	上海市创新药物早期临床试验专业技术服务平台	上海市徐汇区中心医院
25	西门子医疗创新赋能技术服务平台	上海西门子医疗器械有限公司
26	上海市药物固体状态与质量控制专业技术服务平台	上海医药工业研究院有限公司
27	人工环境智慧低碳调控专业技术服务平台	同济大学
28	组织器官再造及临床转化平台	智新浩正(上海)生命科学有限公司
29	上海市离子通道靶点新药研发专业技术服务平台	中国科学院上海药物研究所

(张　帆)

【新认定国家级和市级企业技术中心 241 家】 2023 年,上海持续构建以国家级为引领、市级为骨干、区级为支撑的 3 级企业技术中心网络架构。新认定国家级企业技术中心 8 家,累计 107 家;新认定市级企业技术中心 233 家,累计 1 003 家;区级企业技术中心超过 2 000 家。

2023 年度上海新认定(第 30 批)国家级企业技术中心名单

序号	企业技术中心名称
1	上海微创心脉医疗科技(集团)股份有限公司技术中心
2	上海凯泉泵业(集团)有限公司技术中心
3	上海凯赛生物技术股份有限公司技术中心
4	上海奕瑞光电子科技股份有限公司技术中心
5	东富龙科技集团股份有限公司技术中心
6	上海移远通信技术股份有限公司技术中心
7	博泰车联网科技(上海)股份有限公司技术中心
8	复星诊断科技(上海)有限公司技术中心

2023 年度上海新认定(第 29、30 和 31 批)市级企业技术中心名单

序号	企业技术中心名称
1	纵目科技(上海)股份有限公司技术中心
2	中交疏浚技术装备国家工程研究中心有限公司技术中心
3	上海之江生物科技股份有限公司技术中心
4	上海化工院检测有限公司技术中心
5	上海翰森生物医药科技有限公司技术中心
6	丰益(上海)生物技术研发中心有限公司技术中心
7	上海国缆检测股份有限公司技术中心
8	上海发电设备成套设计研究院有限责任公司技术中心
9	再鼎医药(上海)有限公司技术中心
10	中邮科技股份有限公司技术中心
11	上海试四化学品有限公司技术中心
12	赞同科技股份有限公司技术中心
13	上海一鸣过滤技术有限公司技术中心
14	上海马陆日用友捷汽车电气有限公司技术中心
15	上海方予健康医药科技有限公司技术中心
16	上海迪安医学检验所有限公司技术中心
17	星环信息科技(上海)股份有限公司技术中心
18	上海嘉强自动化技术有限公司技术中心
19	上海兆芯集成电路有限公司技术中心
20	上海昱章电气股份有限公司技术中心
21	纳琳威纳米科技(上海)有限公司技术中心
22	麦加芯彩新材料科技(上海)股份有限公司技术中心
23	儒竞艾默生环境优化技术(上海)有限公司技术中心
24	上海有孚网络股份有限公司技术中心

续表

序号	企业技术中心名称
25	上海载德信息科技股份有限公司技术中心
26	上海世浦泰膜科技有限公司技术中心
27	意特利(上海)科技有限公司技术中心
28	上海伟测半导体科技股份有限公司技术中心
29	上海金山锦湖日丽塑料有限公司技术中心
30	上海携福电器有限公司技术中心
31	上海傲世控制科技股份有限公司技术中心
32	超捷紧固系统(上海)股份有限公司技术中心
33	上海精测半导体技术有限公司技术中心
34	李斯特技术中心(上海)有限公司技术中心
35	上海宏英智能科技股份有限公司技术中心
36	上海慧程工程技术服务有限公司技术中心
37	上海蜜度信息技术有限公司技术中心
38	上海奥浦迈生物科技股份有限公司技术中心
39	上海灵动微电子股份有限公司技术中心
40	上海雅本化学有限公司技术中心
41	上海创景信息科技有限公司技术中心
42	上海汉司实业有限公司技术中心
43	紫荆花涂料(上海)有限公司技术中心
44	上海中器环保科技有限公司技术中心
45	上海圆擎信息科技有限公司技术中心
46	上海季丰电子股份有限公司技术中心
47	上海能誉科技股份有限公司技术中心
48	上海声通信息科技股份有限公司技术中心
49	中建八局科技建设有限公司技术中心
50	益盟股份有限公司技术中心
51	上海仁东医学检验所有限公司技术中心
52	上海盛剑环境系统科技股份有限公司技术中心
53	同纳检测认证集团有限公司技术中心
54	上海电巴新能源科技有限公司技术中心
55	上海赛特斯信息科技股份有限公司技术中心
56	天士力生物医药股份有限公司技术中心
57	上海光裕汽车空调压缩机有限公司技术中心
58	上海汇珏网络通信设备股份有限公司技术中心
59	上海景泽生物技术有限公司技术中心
60	上海上湖信息技术有限公司技术中心
61	上海微盟企业发展有限公司技术中心
62	上海众旦信息科技有限公司技术中心
63	英格尔检测技术服务(上海)有限公司技术中心
64	上海福尔欣线缆有限公司技术中心

续表

序号	企业技术中心名称
65	上海西艾爱电子有限公司技术中心
66	上海申雪供应链管理有限公司技术中心
67	上海轨道交通检测技术有限公司技术中心
68	上海金日冷却设备有限公司技术中心
69	国药集团医药物流有限公司技术中心
70	上海金友金弘智能电气股份有限公司技术中心
71	上海银基信息安全技术股份有限公司技术中心
72	上海肯特仪表股份有限公司技术中心
73	上海天汉环境资源有限公司技术中心
74	普冉半导体(上海)股份有限公司技术中心
75	胜帮科技股份有限公司技术中心
76	上海大风实验室设备有限公司技术中心
77	上海品诚控股集团有限公司技术中心
78	上海亚澳医用保健品有限公司技术中心
79	上海众辰电子科技股份有限公司技术中心
80	上海科德轧辊表面处理有限公司技术中心
81	畅索软件科技(上海)有限公司技术中心
82	上海微创电生理医疗科技股份有限公司技术中心
83	上海合合信息科技股份有限公司技术中心
84	中国电力工程顾问集团华东电力设计院有限公司技术中心
85	宝武清洁能源有限公司技术中心
86	中港疏浚有限公司技术中心
87	宝武特种冶金有限公司技术中心
88	天翼数字生活科技有限公司技术中心
89	上海裕达实业有限公司技术中心
90	上海航天科工电器研究院有限公司技术中心
91	上海擎朗智能科技有限公司技术中心
92	上海复宏汉霖生物技术股份有限公司技术中心
93	弈柯莱生物科技(上海)股份有限公司技术中心
94	上海凯世通半导体股份有限公司技术中心
95	国网上海能源互联网研究院有限公司技术中心
96	上海思尔芯技术股份有限公司技术中心
97	上海伯杰医疗科技股份有限公司技术中心
98	上海天数智芯半导体有限公司技术中心
99	上海矽睿科技股份有限公司技术中心
100	上海壁仞智能科技有限公司技术中心
101	上海仁度生物科技股份有限公司技术中心
102	上海挚达科技发展股份有限公司技术中心
103	上海米哈游网络科技股份有限公司技术中心

续表

序号	企业技术中心名称
104	上海隐冠半导体技术有限公司技术中心
105	上海玖道信息科技股份有限公司技术中心
106	上海海隆赛能新材料有限公司技术中心
107	上海市环境工程设计科学研究院有限公司技术中心
108	上海天安轴承有限公司技术中心
109	上海达梦数据库有限公司技术中心
110	科丝美诗(中国)化妆品有限公司技术中心
111	赛卓电子科技(上海)有限公司技术中心
112	华域汽车电动系统有限公司技术中心
113	上海乘鹰新材料有限公司技术中心
114	上海哈啰普惠科技有限公司技术中心
115	上海汽轮机厂有限公司技术中心
116	宝武水务科技有限公司技术中心
117	东芯半导体股份有限公司技术中心
118	上海赢双电机科技股份有限公司技术中心
119	上海海隆石油钻具有限公司技术中心
120	上海浦东建筑设计研究院有限公司技术中心
121	上海申淇医疗科技有限公司技术中心
122	东方财富信息股份有限公司技术中心
123	上海恒业微晶材料科技股份有限公司技术中心
124	联仁健康医疗大数据科技股份有限公司技术中心
125	上海皓元生物医药科技有限公司技术中心
126	上海闪马智能科技有限公司技术中心
127	上海中汇亿达金融信息技术有限公司技术中心
128	上海交大智邦科技有限公司技术中心
129	上海高顿教育科技有限公司技术中心
130	上海太易检测技术有限公司技术中心
131	上海图博可特石油管道涂层有限公司技术中心
132	上海硕恩网络科技股份有限公司技术中心
133	上海电力建设有限责任公司技术中心
134	上海格易电子有限公司技术中心
135	上海帕卡兴产化工有限公司技术中心
136	华道(上海)生物医药有限公司技术中心
137	上海创米数联智能科技发展股份有限公司技术中心
138	上海玫克生储能科技有限公司技术中心
139	澄瑞电力科技(上海)股份公司技术中心
140	上海玖行能源科技有限公司技术中心
141	昨芯科技(上海)有限公司技术中心
142	上海飞科电器股份有限公司技术中心
143	上海西井信息科技有限公司技术中心

续表

序号	企业技术中心名称
144	上海万封新材料技术有限公司技术中心
145	上海奉贤建设发展(集团)有限公司技术中心
146	上海新炬网络信息技术股份有限公司技术中心
147	上海北变科技有限公司技术中心
148	上海瑞柯恩激光技术有限公司技术中心
149	安乃达驱动技术(上海)股份有限公司技术中心
150	上海市政养护管理有限公司技术中心
151	际络科技(上海)有限公司技术中心
152	上海亚尔精密零件制造有限公司技术中心
153	天泽精密技术(上海)有限公司技术中心
154	澎立生物医药技术(上海)股份有限公司技术中心
155	上海达华测绘科技有限公司技术中心
156	上海公共交通卡股份有限公司技术中心
157	上海兰卫医学检验所股份有限公司技术中心
158	科世达(上海)机电有限公司技术中心
159	上海家树建设集团有限公司技术中心
160	上海莉莉丝网络科技有限公司技术中心
161	上海海栎创科技股份有限公司技术中心
162	易谷网络科技股份有限公司技术中心
163	中电金信软件(上海)有限公司技术中心
164	上海润欣科技股份有限公司技术中心
165	瑶芯微电子科技(上海)有限公司技术中心
166	上海宝济药业有限公司技术中心
167	中铁十五局集团电气化工程有限公司技术中心
168	上海安清医疗器械有限公司技术中心
169	上海泛微网络科技股份有限公司技术中心
170	上海储融检测技术股份有限公司技术中心
171	博飞特(上海)智能设备股份有限公司技术中心
172	上海毕得医药科技股份有限公司技术中心
173	上海云晟研新生物科技有限公司技术中心
174	上海申矽凌微电子科技股份有限公司技术中心
175	上海恩井汽车科技有限公司技术中心
176	上海宏景智驾信息科技有限公司技术中心
177	上海菲利华石创科技有限公司技术中心
178	上海任意门科技有限公司技术中心
179	上海御微半导体技术有限公司技术中心
180	博世热力技术(上海)有限公司技术中心
181	雅科贝思精密机电(上海)有限公司技术中心
182	上海汇禾医疗科技股份有限公司技术中心
183	上海寰创通信科技股份有限公司技术中心

续表

序号	企业技术中心名称
184	中铁二十四局集团上海铁建工程有限公司技术中心
185	上海南方模式生物科技股份有限公司技术中心
186	上海华峰新材料研发科技有限公司技术中心
187	上海济煜医药科技有限公司技术中心
188	上海征世科技股份有限公司技术中心
189	上海芯旺微电子技术股份有限公司技术中心
190	采埃孚汽车科技(上海)有限公司技术中心
191	爱士惟科技股份有限公司技术中心
192	美的威灵电机技术(上海)有限公司技术中心
193	中建东方装饰有限公司技术中心
194	纳峰真空镀膜(上海)有限公司技术中心
195	上海远景科创智能科技有限公司技术中心
196	上海高仙自动化科技发展有限公司技术中心
197	哲弗智能系统(上海)有限公司技术中心
198	上海麦歌恩微电子股份有限公司技术中心
199	乐鑫信息科技(上海)股份有限公司技术中心
200	和铂医药(上海)有限责任公司技术中心
201	伟本智能机电(上海)股份有限公司技术中心
202	上海药坦药物研究开发有限公司技术中心
203	美迪西普亚医药科技(上海)有限公司技术中心
204	上海极度智慧展览股份有限公司技术中心
205	纬景储能科技有限公司技术中心
206	闳康技术检测(上海)有限公司技术中心
207	上海清鹤科技股份有限公司技术中心
208	上海如鲲新材料股份有限公司技术中心
209	上海南洋万邦软件技术有限公司技术中心
210	理想晶延半导体设备(上海)股份有限公司技术中心
211	上海美沃精密仪器股份有限公司技术中心
212	特百佳动力科技股份有限公司技术中心
213	银联智策顾问(上海)有限公司技术中心
214	上海森亿医疗科技有限公司技术中心
215	上海数禾信息科技有限公司技术中心
216	上海视涯技术有限公司技术中心
217	保隆霍富(上海)电子有限公司技术中心
218	易保网络技术(上海)有限公司技术中心
219	上海沪东造船阀门有限公司技术中心
220	上海沪工阀门厂(集团)有限公司技术中心
221	上海嘉宝莉涂料有限公司技术中心

续表

序号	企业技术中心名称
222	上海新纺联汽车内饰有限公司技术中心
223	上海美雅珂生物技术有限责任公司技术中心
224	上海市轴承技术研究所有限公司技术中心
225	上海晶合光电科技有限公司技术中心
226	上海移芯通信科技股份有限公司技术中心
227	上海世科嘉车辆技术研发有限公司技术中心
228	上海源慧信息科技股份有限公司技术中心
229	上海欧易生物医学科技有限公司技术中心
230	上海运城制版有限公司技术中心
231	上海世禹精密设备股份有限公司技术中心
232	上海卓繁信息技术股份有限公司技术中心
233	上海远安流体设备科技有限公司技术中心

(金智献)

【新认定上海市制造业创新中心2家】 2023年,培育认定上海人形机器人创新中心、上海市燃料电池制造业创新中心2家市级制造业创新中心。截至年底,已建成具有辐射力、影响力的国家级和省市级制造业创新中心14家。

上海市制造业创新中心名单

序号	制造业创新中心名称	建设进展	成立时间
1	国家集成电路创新中心	国家级	2018年
2	国家智能传感器创新中心	国家级	2017年
3	上海市智能网联汽车创新中心	省级	2017年
4	上海增材制造制造业创新中心	省级	2017年
5	上海先进激光技术创新中心	省级	2017年
6	海洋工程装备制造业创新中心	省级	2018年
7	上海高端医疗装备制造业创新中心	省级	2020年
8	上海燃气轮机制造业创新中心	省级	2020年
9	上海船舶动力制造业创新中心	省级	2021年
10	上海超导制造业创新中心	省级	2021年
11	上海先进技术纺织品制造业创新中心	省级	2022年
12	上海智慧医疗制造业创新中心	省级	2022年
13	上海人形机器人创新中心	省级	2023年
14	上海市燃料电池制造业创新中心	省级	2023年

(金智献)

【上海市级研发基地综合绩效评价情况】 2023年,15家上海市专业技术服务平台、18家上海市技术创新中心通过市科委综合绩效评价。

2023 年通过综合绩效评价上海市专业技术服务平台名单

序号	平台名称	依托单位
1	上海市稳定同位素检测及应用研发专业技术服务平台	上海化工研究院有限公司
2	感染免疫与生物安全技术平台建设项目	中国科学院上海巴斯德研究所
3	上海先进陶瓷结构设计与精密制造专业技术服务平台	上海大学
4	上海市地下工程施工泥浆专业技术服务平台	上海市基础工程集团有限公司
5	上海市生物医药质量控制专业技术服务平台	上海交通大学
6	上海市轨道交通运营安全检测与评估专业技术服务平台	上海申通轨道交通检测认证有限公司
7	化妆品质量与安全检测专业技术服务平台	上海市食品药品检验所
8	上海市高端润滑油脂专业技术服务平台	中国科学院上海高等研究院
9	生物医药科技成果转化公共技术服务平台	同济大学附属第十人民医院
10	上海市高压储氢装备材料性能检测技术服务平台	上海电气核电集团有限公司
11	上海市绿色包装专业技术服务平台	上海出版印刷高等专科学校
12	上海工业互联网安全专业技术服务平台	上海工业自动化仪表研究院有限公司
13	上海市药品微生物质量控制与风险识别专业技术服务平台	上海市食品药品检验所
14	全光谱高性能光学薄膜器件及应用专业技术服务平台	同济大学
15	以 CAR-T 为代表的细胞治疗工艺研发、质量检测与生产专业技术服务平台	和元生物技术(上海)股份有限公司

2023 年通过综合绩效评价上海市技术创新中心名单

序号	技术创新中心名称	依托单位
1	上海市特种数控装备技术创新中心	上海拓璞数控科技股份有限公司
2	上海市流程智造技术创新中心	上海流程智造科技创新研究院
3	上海市信使核糖核酸应急疫苗技术创新中心	斯微(上海)生物科技有限公司
4	上海市医疗机器人技术创新中心	上海医疗机器人研究院有限公司
5	上海市体外诊断芯片技术创新中心	上海驷格生物科技有限公司
6	上海市超高纯工艺系统技术创新中心	上海至纯洁净系统科技股份有限公司
7	上海市传染病分子诊断技术创新中心	上海之江生物科技股份有限公司
8	上海市肿瘤细胞治疗技术创新中心	上海医药集团股份有限公司
9	上海市大分子药物技术创新中心	上海君实生物医药科技股份有限公司
10	上海集成电路装备零部件技术创新中心	上海集成电路研发中心有限公司
11	上海市集成电路材料技术创新中心	上海集成电路材料研究院有限公司
12	上海市宽带网络与虚拟孪生技术创新中心	上海宽带技术及应用工程研究中心
13	上海市多方安全计算技术创新中心	上海富数科技有限公司
14	上海市智能文本处理技术创新中心	达而观信息科技(上海)有限公司
15	上海市云端智能机器人技术创新中心	达闼机器人有限公司
16	上海市智能网联车载终端技术创新中心	上海博泰悦臻电子设备制造有限公司
17	上海市分布式隐私人工智能技术创新中心	上海阵方科技有限公司
18	上海市区块链技术创新中心	上海树图区块链研究院

(张　帆)

【上海市级研发基地第三方绩效评估情况】 2023 年,对上海市级研发基地开展第三方绩效评估。

对 54 家上海工程技术研究中心开展评估,均为生物医药领域。评估期内,54 家参评中心共承担省部级以上项目 817 个,其中国家级项目 332 个、省部级项目 485 个;获省部级以上科技奖励 102 项,其中获国家级科技奖励 24 项、省部级科技奖励 78 项;获发明专利授权 1 253 件;制定各类技术标准 139 部,其中国际标准 5 部、国家标准 65 部、行业标准 66 部、地方标准 3 部。

对 78 家上海市专业技术服务平台开展评估,涉及新一代信息技术、节能环保等领域,其中 24 家评估成绩优良。评估期内,平均年度服务上海市企业数量 420 余家,服务长三角地区企业数量近 760 家;平台获各类资质认定 500 余项;获国家级奖励 44 项、省部级奖励 202 项、其他各类奖励 77 项。

(张　帆)

【国家骨科医学中心挂牌成立】 2 月 26 日,以上海交通大学医学院附属第六人民医院作为主体的国家骨科医学中心挂牌成立。中心的建设旨在完善医疗卫生服务体系,推动优质医疗资源扩容和区域均衡布局,提高中国骨科领域医疗卫生服务能力,带动全国骨科领域的建设与高质量发展。

(付　符)

【磁共振诊疗高端技术国家工程研究中心揭牌】 4 月 7 日,

上海交通大学牵头组建的磁共振诊疗高端技术国家工程研究中心揭牌。中心依托上海交通大学学科交叉基础，为建立高校、临床医院及磁共振企业合作新机制和创新生态系统提供平台载体，带动形成资源共享、人才聚集、优势互补的行业发展模式，推动上海乃至全中国磁共振产业集群的形成和磁共振诊疗高端技术发展。（付 符）

【崇明农业科创联盟成立】 4月11日，崇明区政府、市农科院、上海海洋大学、上海交通大学共同主办的崇明农业科创联盟发布会暨农业科创孵化园揭牌仪式在智慧岛数据产业园举行。发布会以“科技赋能农业现代化”为主题，崇明农业重点产业发展目标和十大农业科技需求清单发布，13家高水平科技平台和2家专家工作室成立。联盟成员单位通过多渠道、多层级支撑崇明农业科技创新高质量发展，发挥农业科技专家服务团优势，聚力打造崇明农业科创岛。（袁佳欢）

【南极罗斯海枢纽站推进建设】 4月23日，南极罗斯海枢纽站项目初步设计方案和投资概算获国家发展改革委批复；6月，南极罗斯海枢纽站项目工程部成立；11月21日，中国第40次南极考察队32名队员抵达罗斯海新站现场，启动新站建设前期准备工作；12月6日，执行中国第40次南极考察任务的“雪龙2”号和“天惠”轮抵达罗斯海新考察站附近海域，开展卸货作业和人员登陆工作；年内主体建筑施工有序开展。（杨 滨）

【上海汽车芯片工程中心有限公司成立】 6月1日，由上海汽车集团股份有限公司、嘉定工业区、上海联和投资有限公司、上海新微科技集团有限公司、上海微技术工业研究院共同投资的上海汽车芯片工程中心有限公司成立。中心推动产业链上下游企业联合形成产业生态，支持国内生态链企业攻关高端汽车芯片的设计和制造，突破关键核心技术；打造有公信力和权威性的车规级芯片检测认证平台，参与制定符合新时代中国及世界汽车发展趋势的车规级芯片认证标准体系；将芯片和车辆系统软硬件开发进行适配，帮助整车零件统型，实现功能安全；通过自建技术和中试-量产平台弥补汽车芯片设计企业在工艺开发和制造方面不足，缩短开发周期，提高产品良率和芯片可靠性、从根本上解决汽车芯片国产化难题；建立面向原始设备制造商的ALL-in-ONE服务平台，致力于提高国产汽车芯片全球市场份额。（黄 纯）

【上海市代谢性疾病临床医学研究中心】 项目由上海交通大学医学院附属瑞金医院承担，6月2日通过市科委验收。项目建立大型自然流调人群和疾病标本资料库，为慢性代谢性疾病研究提供保障；利用建立的全国慢性病研究队列人群，发现中国人群肥胖与心血管风险特点，为预防肥胖、糖尿病及心血管疾病早期风险提供可靠数据；依托建立的大型人群队列分析糖尿病发病风险，提示基线时空腹血糖、糖负荷后2小时血糖与糖化血红蛋白等不同指标诊断的糖尿病高风险人群，其糖尿病转化率均显著高于基线时糖代谢正常人群；依托临床实验室为诊断新方法、治疗新方案和药物临床试验提供参考依据。项目申请发明专利30件，获发明专利授权10件、软件著作权登记13件；制定指南共识13部，牵头制定行业标准5部；牵头开展药物临床试验5项、器械临床试验1项、国际多中心临床试验1项，开展研究者发起临床研究8项、全国大型队列研究2项；发表SCI论文106篇。（商学斌）

【上海市血液系统疾病临床医学研究中心】 项目由上海交通大学医学院附属瑞金医院承担，6月2日通过市科委验收。项目设立独立组织机构和管理制度，在原有150张床位的基础上新布局150张研究型病房，采用不同功能病房平台负责制与亚专业分工紧密结合；优化急性早幼粒细胞白血病临床治疗方案，通过危险分层，对低、中、高危患者采用不同强度治疗方案；针对自然杀伤性T细胞淋巴瘤(NKTCL)氨基酸代谢异常，创新抗代谢靶向治疗方案，创建无静脉给药新理念，1、2期NKTCL患者2年生存率从62%提升至92%。项目获发明专利授权16件，牵头或参与制定指南标准60余部，牵头临床试验40余项，发表SCI论文284篇。（商学斌）

【上海市病理诊断临床医学研究中心】 项目由复旦大学附属肿瘤医院承担，6月2日通过市科委验收。项目开展“中国胃肠间质瘤(GIST)临床病理和分子遗传学特征——全国多中心回顾性临床研究”，收集全国70余家单位10年间手术切除的原发性胃肠间质瘤患者及不可手术切除或转移性的胃肠间质瘤患者临床病理资料，建立中国胃肠间质瘤多中心临床病理数据库，开展病理数据结构化和统计分析，为GIST相关标准和指南制定奠定基础，推动中国GIST队列研究；开展人工智能辅助精准病理诊断系统研发及数字病理、远程病理平台建设和应用，建立乳腺癌、胃癌、肺癌等多种人工智能辅助诊断系统；研发胃镜人工智能病理辅助诊断系统；成立病理诊断医疗联合体，开展区域性远程病理会诊会诊中心。项目申请专利16件；牵头开展器械或试剂临床试验7项，牵头国内多中心大型临床试验5项，开展临床转化性研究2项；发表临床指南、专家共识、行业标准等8部；发表SCI论文138篇。（商学斌）

【上海市神经系统疾病临床医学研究中心】 项目由复旦大学附属华山医院承担，6月7日通过市科委验收。项目完成复旦大学附属华山医院西院实验室及配套临床试验病房建设，制定“临床型研究、研究型临床”运行模式和制度方案；初步搭建单细胞多模态检测平台和蛋白质组学检测平台；开发单细胞转录组技术及分析方法、单细胞染色体开放序列的检测技术及分析方法、单细胞核测序技术及分析方法、小量样本蛋白质组快速定量方法、小量样本代谢组快速定量方法；临床试验管理系统在复旦大学附属华山医院西院1期临床病房上线；建立多学科融合急性脑卒中救治绿色通道,时间窗内缺血性脑卒中患者可进入静脉溶栓/动脉取栓救治流程;完善网络单位组建,核心单位 37 家、基层单位 109 家;提出自发性蛛网膜下腔出血诊疗流程及垂体腺瘤临床路径。项目申请专利 11 件,牵头制定国内指南 5 部,牵头开展国内临床试验 16 项、国际多中心临床试验 3 项。

(商学斌)

【上海市老年疾病临床医学研究中心】 项目由复旦大学附属华山医院承担,6 月 7 日通过市科委验收。项目建立涵盖 14 万名老年患者的健康大数据采集平台,实现跨生命周期的数据存储、数据扁平化、病历结构化和归一化搜索,实现 1 300 余次队列数据的建立和检索;建立老年人群流行病学信息和临床医疗数据动态采集平台;借助 5G+北斗+人工智能信息技术,搭建老年衰弱综合评估智慧医疗平台;开发可穿戴手环设备、老年健康数据后台管理系统、智能手环数据接入 App,建立物理独立的数据库及数据安全系统,完成 6 个社区 2 000 人线下测量及样本采集;建立老年全周期康复技术推广单位联盟,覆盖全国 1 015 家医疗机构;获批健康老龄化智慧医疗教育部工程研究中心;研发一系列适合老年主动健康和老年疾病综合管理的智慧医疗器械和智能诊疗辅助产品。项目发表 SCI 论文 519 篇,形成指南和专家共识 29 部。

(商学斌)

【上海市放射与治疗(介入治疗)临床医学研究中心】 项目由复旦大学附属中山医院承担,6 月 7 日通过市科委验收。项目完成全球首例 HanchorValve 球扩式经导管主动脉瓣置换(TAVR)手术治疗主动脉瓣关闭不全及全球首例多聚合物经导管主动脉瓣置换(P-TAVR)手术;研发全球首款可穿刺房间隔封堵器 ReAces(睿傲);联合深圳北芯生命科技有限公司首创压力微导管,填补中国金标准血流储备分数技术空白。项目申请专项 30 件,制定国际指南 3 部、国内指南 5 部、专家共识 10 部;开展药物临床试验 20 项、器械临床试验 30 项,牵头或参与国际多中心临床试验 10 项;发表 SCI 论文 100 篇。

(商学斌)

【上海市眼部疾病临床医学研究中心】 项目由上海交通大学医学院第一人民医院承担,6 月 7 日通过市科委验收。项目实施眼底病早期筛查,开展全国性"光明中心能力建设与提升项目",促进眼底病规范诊疗,入选 2021 年健康中国行动创新实践(健康责任)案例;推进儿童青少年近视防控民生事业,推广近视防控"上海模式";实施国家重点研发计划"儿童近视精准防控技术与示范应用研究";启动"明眸学苑"基层近视防控人员规范化培训计划和"沪眼星光"近视防控人才培养计划;举办全国近视防治融合论坛;开展糖尿病性视网膜病变人工智能筛查等致盲性眼病防治适宜技术推广和应用,上海盲率降至全国最低,优于美、日等高收入国家平均水平;开展年龄相关性黄斑变性(AMD)远程筛查和综合诊治,建立中国 AMD 诊疗策略和评价体系。项目牵头制定指南 2 部、专家共识 5 部,发表 SCI 论文 333 篇。

(商学斌)

【上海市精神心理疾病临床医学研究中心】 项目由上海市精神卫生中心承担,6 月 7 日通过市科委验收。项目搭建临床研究协作网、技术应用推广网及药物临床试验管理规范协作网;开展深部脑刺激为代表的神经调控技术用于难治性精神疾病、自体调节性 T 细胞治疗免疫异常型孤独症、虚拟现实辅助用于难治性精神疾病的探索研究;构建全球领先的 SHARP 队列,完成多模态大数据集成和分析平台;建设精神专科产学研医综合平台、符合国际标准的临床研究示范性病房、疾病种类最全的标准化精神疾病生物样本库和神经影像平台、硬件设施先进和管理完善的生物学研究平台、覆盖广泛的精神疾病诊断平台。项目申请专利 81 件,制定指南和共识 19 部,牵头国内多中心外临床试验 12 项、器械临床试验 6 项、药物临床试验 15 项,发表 SCI 论文 119 篇。

(商学斌)

【上海市消化系统疾病临床医学研究中心】 项目由海军军医大学第一附属医院承担,6 月 28 日通过市科委验收。项目建成覆盖全市消化病临床研究的"大网络",构架包括中心建设单位、核心单位、网络成员单位 3 个层次;实现云端数据存储功能,实现数据实时申报、实时监控;建立胃肠道早期肿瘤、胰腺疾病数据库入口,开展具体病种的模块化申报;开展 3 项早期胃癌和结肠癌筛查前瞻性、多中心、大规模队列研究;开展人工智能识别早期胃肠肿瘤研究,基于大数据设计人工智能算法,提高胃肠肿瘤早诊率;初步建成多中心消化道早期肿瘤、胰腺疾病、炎症性肠病和慢性肝病临床资料库及生物样本库,每个病种收集 100 例次患者的生物样本(血标本、粪便、组织)及相关临床资料;推动磁控胶囊内镜等新设备、新器械研发转化,实施覆盖全市的多中心临床试验。项目发表 SCI 论文 35 篇。

(商学斌)

【上海浦芯未来互联网技术研究院成立】 7 月 28 日,上海浦芯未来互联网技术研究院注册成立。研究院以实现超异构融合计算芯片与 Web3.0 分布式操作系统关键技术创新突破为目标,融合产学研用多方力量,聚集和培养一大批未来互联网领域科技人才,构建新型数字经济基础设施技术支撑能力。

(王　震)

【上海科学智能研究院成立】 9 月 28 日,上海科学智能研究院注册成立。研究院以打造世界一流的科学智能前沿创新策源地、全球科学智能卓越人才的集聚地为目标,激发以人工智能驱动重大科学突破的范式变革和工具创新,探索人工智能多学科、跨领域集成创新的新模式、新路径。

(王　震)

【中医智能康复教育部工程研究中心通过验收】 10 月 20 日,中医智能康复教育部工程研究中心通过教育部验收。工程中心聚焦医学与工程学交叉融合,围绕智能康复机器人、"脑-机""脑-肌-机"接口、精准神经环路调控和大数据、人工智能四大任务,初步实现从具有市场价值的科技成果

到具有市场竞争力的技术产品转化目标，为突破脑病及神经损伤和退行性疾病功能康复的医学难题提供支撑。（梁 燕）

【上海首个陨石实验室建成】 10月21日，上海天文馆天文研究中心2台大型仪器扫描电子显微镜和电子探针分析仪通过专家验收，标志着上海首个陨石实验室硬件建设完成。实验室的建成为陨石研究提供有力的设备支持，增强上海天文馆科研实力和公共服务能力。（李 敏）

【开放性肺结节医学影像标准化数据库构建】 项目由海军军医大学第二附属医院承担，11月8日通过市科委验收。项目制定统一的肺结节临床、影像多维度数据采集规范，开展标准化数据采集、标注、整理、索引，建立标准化的影像和临床数据管理流程，构建肺结节人工智能标准化标注数据库；构建肺结节智能诊断预测模型和智能报告系统，实现与临床对接、优化诊断水平、提高诊断效率、节约医疗资源；基于多中心数据集，对肺结节智能诊断预测模型进行外部验证，证实人工智能模型强大的鲁棒性能。项目成果大幅提升肺结节临床诊疗效率，实现基于人工智能技术的智能化诊疗，在诊断阶段可节省50%以上人力成本，减少临床诊疗资源消耗及国家肺癌疾病防治相关医疗服务财政支出。项目申请专利5件，制定国家行业标准4部，形成专家共识3部，发表SCI论文5篇。（商学斌）

【上海-新西兰口腔医学联合实验室——口腔颅颌面基础与临床研究中心揭牌成立】 11月27日，上海-新西兰口腔医学联合实验室——口腔颅颌面基础与临床研究中心揭牌成立。实验室由上海交通大学医学院附属第九人民医院和新西兰奥塔哥大学牙学院共同建设，聚焦多学科医学教育领域广泛合作，拓宽双方医疗及教育领域合作新路径，开辟在专项疾病、重大疾病、疑难病种诊疗防控全方位合作新格局，建设国际领先的高水平研究型机构，为国际间科技交流合作和医疗教育发展提供支撑。（徐维椅）

【上海颠覆性技术创新中心揭牌】 12月27日，由京津冀国家技术创新中心、上海长三角技术创新研究院、上海市漕河泾新兴技术开发区发展总公司共同建设的上海颠覆性技术创新中心在漕河泾开发区揭牌。中心作为国家颠覆性技术创新网络体系的核心节点，负责长三角区域国家颠覆性技术创新项目发现、遴选、管理和服务，培育具有颠覆性潜力项目，转化颠覆性技术创新项目，服务国家战略和区域高质量发展。（王皓凌）

【宝山高新区高性能膜材料检测中心（电化学储能检测中心）揭牌成立】 12月27日，宝山高新区高性能膜材料检测中心（电化学储能检测中心）揭牌成立。中心的成立加快宝山高新区建设高性能膜材料和电化学储能领域的专业、高效服务能力，推动高端新材料的创新研发和技术突破，助力企业加快产品开发和应用进程，提升上海在高性能膜材料和电化学储能领域总体竞争力。（洪燕华）

【"十四五"第1批教育部重点实验室建设立项名单发布】 2023年，"十四五"第1批教育部重点实验室建设立项名单发布，上海交通大学极地生态与气候变化教育部重点实验室、麻醉医学教育部重点实验室，同济大学智能计算与应用教育部重点实验室、病原体与宿主相互作用教育部重点实验室，上海科技大学智能感知与人机协同教育部重点实验室等获批。（付 符 张一卉 何瑞璇）

【昆仑站极昼观测实验及中山站天文观测平台开展建设】 2023年，昆仑站完成150 mm口径近红外望远镜安装调试；望远镜配备近红外J波段滤光片，使昆仑站开展白昼观测实验成为可能；在极昼观测实验中探测到多个天体目标，其中最暗弱目标在J波段星等达到5.3等；测定昆仑站白昼近红外天光背景亮度，为设备规划和观测策略编排提供基准数据；开展极昼空间目标观测实验，全天均可观测到空间目标，验证昆仑站在空间目标观测方面具有显著优势，为昆仑站开展全年空间碎片监测奠定技术基础。中山站完成钢结构天文观测平台及4 m钢结构圆顶建设，部署4台150 mm口径的固定式光学望远镜，并完成精调试工作，确保望远镜开展全天候、全年度自动化观测，提升中山站空间碎片监测能力。

昆仑站150 mm口径近红外望远镜完成部署

（杨 滨）

第三篇　第十章
国家高新区

第一节｜张江高新技术产业开发区（张江国家自主创新示范区）>>

【张江高新技术产业开发区概述】　2023年，张江高新技术产业开发区全面提升科技创新策源功能，持续做强创新引擎，打造自主创新新高地，加快推进张江高新区高质量发展。截至年底，规模以上企业营业收入9.6万亿元，比上年增长8.7%；利润总额6 205.2亿元，比上年增长3.8%；税收收入5 686.3亿元，比上年增长16.7%；出口总额1.2万亿元，比上年增长30%；实际利用外资1 086.2亿元，比上年增长11.2%。2023年有效期内高新技术企业1.38万家，比上年增长3.6%。当年新增发明专利授权3.02万件，比上年增长24.3%。

系统谋划和统筹协调持续加强。构建张江高新区"1+1+X+Y"政策框架体系，发布改革性指导意见《关于推进张江高新区改革创新发展建设世界领先科技园区的若干意见》，提出张江高新区改革创新发展方向、目标和措施等；出台《张江高新区加快世界领先科技园区建设行动方案(2023—2025年)》，明确10项具体任务；形成高质量孵化器、大学科技园、特色产业园区等若干全市层面与张江高新区发展相关和园区管理专项政策文件；制定各园区高质量发展三年行动方案，落实园区产业差异化发展。

高水平研究型大学、科研机构加快发展。上海清华国际创新中心集成电路平台实现关键设备国产替代并建成投用；上海浙江大学高等研究院与百度(中国)有限公司合作成立人工智能赋能产业联盟，与上海孛璞半导体技术有限公司共建激光雷达智能感知联合实验室；上海处理器技术创新中心建成高性能并行模拟平台；上海张江数学研究院与沐曦集成电路(上海)有限公司共建国产自研算力技术开放实验室；长三角国家技术创新中心启动运行张江创新综合体，布局专业研究所和建设企业联合创新中心。

高水平人才高地建设全面推进。推进国家工程硕博士培养改革专项试点，累计完成2022—2024级共3批次488名学生招生；通过"永居直通车"，累计外籍高层次人才及家属获永久居留身份证约700人，海外人才申请各类便利政策出具推荐(证明)函120余人；完善张江科学城"01235"人才引进落户体系，居转户年限缩短落户500余人，用人单位纳入市人才引进重点机构约300家，引进紧缺急需特殊人才落户100人；完成首批海聚英才创新创业示范基地绩效评估工作，持续开展"人才政策直通车"活动，举办政策宣讲会10余场，服务企业1 000余家，惠及人才3 000余人。

主导产业高质量发展。张江高新区集成电路产值近2 000亿元，占全市约90%，成为国内产业链最完备、综合技术水平最先进、自主创新能力最强的产业基地；新增获批上市1类国产创新药4款、3类创新医疗器械9个，2款创新药在美国获批上市。2023年赛迪顾问生物医药百强园区评选中张江高新区位列全国首位。

金融支撑科技创新服务效能增强。推动科技金融一站式服务，探索企业信贷支持和"孵贷联动"服务模式，培育"张江之星"企业198家；落实"浦江之光"行动，推动优质科技创新企业在科创板上市融资，园区内科创板上市企业73家，占全市的82%；开展"科创A计划"等投融资对接活动，举办专场路演6场，推介企业53家。

协同创新合作网络加速扩大。深化东西部创新交流，与甘肃兰白示范区加强生物医药、新能源、科技金融等领域合作，举办张江·兰白服务企业直通车暨东西部科技成果线上推介会4场；与云南省科技厅签署合作协议；持续推动长三角一体化发展，依托长江流域园区联盟、长三角人工智能与机器人产业联盟等开展多形式、多领域互动交流活动；推进"APEC商旅卡"进园区活动，服务企业国际科技交流合作需求。

（沈　雄）

【张江科学城(张江核心园)概述】　2023年，张江科学城以新质生产力推动高质量发展，加快建设世界一流科学城，提前谋划布局未来产业，创建全市首批未来产业先导区，重点布局未来健康、未来芯片、未来智能及未来能源材料等领域。截至年底，规模以上工业总产值3 562.32亿元，全社会固定资产投资额582.18亿元，其中工业投资额294.82亿元；新增获批上市1类创新药3款、3类创新医疗器械4个。

推动重大科技创新项目建设运行。重大科技基础设施集群建设加快推进，上海光源线站工程(光源2期)建成投运，活细胞结构与功能成像等线站工程向用户开放；硬X射线自由电子激光装置工作井隧道全线贯通，关键设备完成安装；磁-惯性约束聚变能源项目成为国内首个开工的"十四五"国家重大科技基础设施。建成设施开放运行效能持续提升，上海同步辐射光源可提供用户机时数、接待用户人次数比上年翻一番；设施向企业用户开放服务力度加大，上海同步辐射光源、国家蛋白质科学研究(上海)设施面向企业用户开放机时数分别为上年的2.4倍、1.4倍。重大科技创新平台项目建设取得阶段性成果，张江实验室研发大楼外立面完工；张江复旦国际创新中心土建工程基本建成；同济大学上海自主智能无人系统科学中心全部单体结构封顶；中国科学院上海药物研究所原创新药能力提升项目主体结构施工完成；中国科学技术大学上海科教基地(1期)项目开工。

推进顶尖机构平台落地建设。中国商飞5G工业创新中心、上海长三角技术创新研究院先进超声技术研究所等新项目加快推进；上海处理器技术创新中心、上海张江数学研究院、上海浙江大学高等研究院等一批新型研发机构产研结合加快，与高校或在沪企业成立多家联合创新中心、联合实验室；推动长三角国家技术创新中心加快组织实施重大产业技术创新项目，深化布局张江科学城公共技术服务平台，提升自然杀伤免疫细胞精准治疗共性技术服务平台、张江mRNA国际创新中心等平台的技术服务引领和辐射能力。

推进高水平人才高地建设。持续优化人才服务体系，不断完善张江科学城人才引进落户政策；修订完善张江科学城人才安居相关管理办法，构建人才安居梯度体系，加强与其他国有市场化人才公寓合作，拓展人才安居资源供给；优化张江人才服务专线，发挥人才服务窗口综合服务功能，就近就便提供公共人事综合服务10余项。

加快推进产城融合发展。创新产业用地政策，《关于促进张江科学城科技创新和产业融合发展规划土地管理试点意见》出台，新设“产业综合用地”(M0)，推动张江科学城产业基地和产业社区先行先试。统筹推进重点项目建设，加快推进第4轮“五个一批”项目(一批大科学设施、一批创新转化平台、一批城市功能项目、一批设施生态项目、一批产业提升项目)建设，开工项目46个，总投资约490亿元；在建项目建设成效显著，张江科学之门东塔、西塔完成主体结构封顶与幕墙施工；城市功能配套项目有序推进，轨道交通21号线涉及张江区域站点及隧道加快建设，13号线东延伸开工建设。加快招商引资和产能落地，全年吸引内资注册资本338.94亿元，比上年增长31.2%；新增跨国公司地区总部4家，累计70家；新增外资研发中心9家，累计183家，占全市的32.6%；完成产业准入项目30个，比上年增长76%，项目总投资约350亿元。

打造科技创新特色营商环境。研究编制张江科学城打造科技创新特色营商环境十大举措，推进2023年张江科学城专项资金政策工作，实现政策全域覆盖；搭建多层次企业服务体系，提升企业服务精准度，建立以张江科学城投资促进中心为中枢的服务队伍，为重点企业提供“服务包”；深化“放管服”改革工作举措，形成《张江科学城产业项目审批事中事后监管工作管理办法(试行)》，完善市区行政审批事权承接工作方案。

提升双创服务能级。推动孵化器高质量建设，配合市区两级开展高质量孵化器遴选，做好重点孵化器培育；持续扩大“大中小融通联盟”优势，举办张江生命健康产业需求发布会等活动，通过联盟平台链接大企业与创业企业；举办上海科技创新成果展、2023年中国集成电路产业峰会、2023年张江生命科学国际创新峰会、2023年世界人工智能大会(张江分会)、2023年全球数商大会、2023年“创客中国”创新创业大赛上海赛区总决赛等顶尖会展论坛。

深化自贸区制度改革创新。促进生物医药特殊物品进出境便利化，发布实施《浦东新区推动进出境生物医药特殊物品监管服务若干规定》，由“白名单”管理转变为条件管理；打通细胞治疗产品出入境环节，完善进出境联合监管机制；发布《上海市生物医药研发用物品进口试点方案》，加速生物医药研发用物品认定流程。持续深化张江跨境科创监管服务中心建设，不断提升便捷通关及保税服务能力，为企业提供生物医药、集成电路等研发用品通关便利化服务。

(谢明睿)

【漕河泾园概述】　2023年，漕河泾园积极布局元宇宙、大模型等产业新赛道，发挥平台整体资源优势，加速产业能级提升。全年实现营业收入6 595.5亿元，比上年增长9.9%；第三产业收入5 835.6亿元，比上年增长12.6%；利润总额788.6亿元，比上年增长44.43%；税收收入247.9亿元，比上年增长13%；从业人员29.7万人；引进企业170余家，新增上市或挂牌企业2家，新入驻上市公司5家。

稳步推进重点工程建设。年内总开发建设体量145万平方米，其中开工19万平方米，竣工9.5万平方米，拿地约1.1万平方米。北杨人工智能创新中心全标段基本实现开工，B标获评上海市文明工地；颛桥项目1期竣备、2期主体结构封顶，幕墙及装修施工持续推进，3期完成主体75%；凤凰园2期完成1区塔楼封顶和2区±0板施工；元创未来中心及国际社区项目开启地下室结构施工；长三角国际协同创新中心项目办公楼与酒店结构封顶；北中环国际创新中心主体结构封顶，整体形象进度完成65%；优化区域配套措施，落成启用漕河泾AI公园。

持续激活科技创新生态。引入奇绩创坛上海校友中心项目，落地企业15家，并申报全市首批高质量孵化器；上海颠覆性技术创新中心、上海交通大学3A校友中心、人形机器人创新孵化器、中科技物联创中心、漕河泾·罗克韦尔自动化净零智造联创中心等陆续投用。

提升科技创新服务水平。园区获批国家知识产权服务业高质量集聚发展示范区，上海市徐汇区知识产权金融公共服务平台入选全国知识产权服务业发展典型案例；举办“创客中国”上海市中小企业创新创业大赛启动仪式；全年新认定高新技术企业310家，累计966家；国家级专精特新“小巨人”企业5家，累计28家；市级专精特新中小企业98家，累计315家；市级科技小巨人企业(含培育)9家，累计142家；新增高新技术成果转化项目28个。区内企业累计专利申请67 450件、发明专利授权16 798件，每万人口有效发明专利拥有量491件。

不断强化科技金融。成立上海普惠金融顾问漕河泾科创金融服务枢纽；助力企业对接融资需求，举办科技金融活动9场；21个项目获风险投资金额近70.5亿元；61家企业获漕河泾融资平台贷款授信超4亿元。

加快绿色低碳转型升级。上线漕河泾绿色低碳智慧平台,助力园区跟踪绿色低碳转型过程,为绿色低碳场景预留数字化接口;以冰蓄冷区域集中供冷技术为核心的园区"绿色大脑"完成自控改造升级,实现自动化运行。

持续深化人才服务。承办"汇聚未来"创新创业大赛及"职引未来"徐汇区高校毕业生就业联盟签约仪式暨沪岗行动专场招聘面试会,参与徐汇区"AI大模型人才联盟"建设。全年累计举办各类招聘会61场,参会企业3 167家次;各类培训315场,参训人才2万人次;提供人事人才服务2.3万人次;开展"人才绿洲"社群活动88场。(王皓凌)

【金桥园概述】 2023年,金桥园稳步推进区域产业经济、制度创新、规划建设、营商环境等各项工作。

加速构建智能网联汽车生态版图。推动浦东新区无人驾驶智能网联汽车立法,形成开放金桥开发区全域、金桥—浦东机场—临港通道,新增200 km测试道路扩区方案。推动无人驾驶商业化进程,形成"双智融合"场景建设,5家企业的18辆测试车接入浦东智能网联汽车数据平台,其中3家企业获15张无人驾驶路测牌照,全年累计自动驾驶里程87 171 km,测试时长7 234小时;金鼎天地打造浦东新区智能网联汽车示范区云控平台,形成车路协同场景技术方案及3个路口的试点建设。推进产业落地,加速产业生态集聚,吸引裕太微电子股份有限公司等一批优质研发、制造企业落户,集聚涵盖"未来车"产业链上下游企业40余家;举办未来车产业生态大会,组建5G+未来车产业联盟。

持续推动科技创新引领发展。支持企业开展新药研发业务,上海嗣新医药科技有限公司办理浦东新区首张国家重点保护野生动物人工繁育许可证;沃尔沃建筑设备(中国)有限公司完成试点备案,成为全国首家开展重点行业再制造产品进口试点业务的企业;立邦涂料(中国)有限公司获批办学许可证;举办首届金桥产业投资生态合作大会和中国(上海)自由贸易试验区10周年金桥片区创新研讨会。

推动企业技术创新能力提升。上海几何伙伴智能驾驶有限公司和上海拿森汽车电子有限公司入选首批上海市重点服务独角兽(潜力)企业;中微半导体设备(上海)股份有限公司等7家企业获评"张江之星";上海索辰信息科技股份有限公司在科创板挂牌上市,成为国内工程设计中的计算机辅助工程第一股。落实浦东新区"6G"计划,新增国和未来产业创新中心、达能开放科研中心2家大企业开放创新中心(GOI),拜耳(中国)有限公司、密尔克卫智能供应链服务集团股份有限公司2家全球营运商。沪东中华造船集团有限公司、中微半导体设备(上海)股份有限公司、上海诺基亚贝尔股份有限公司3家企业成为浦东首批"GID链主"企业。上海海拉电子有限公司等8家企业成为浦东新区储备智能工厂。

提升产业园区集约化规模水平。围绕金桥北区焕新,开展金桥开发区产业功能空间一体化研究,挖掘园区空间资源;围绕园区转型,开展金桥副中心区域产业发展研究,结合发展现状、规划实施、企业发展等统筹考虑副中心区域产业发展和二次开发建设;围绕金桥南区提质,研究编制《金桥南区基础设施环境提升行动方案》,形成特色产业园区发展"一园一策",谋划交通优化、环境改善、景观提升、公服提级等四大提升行动计划;围绕存量地块盘活、存量物业产业导入、到期土地处置等形成"一地一策",结合智造空间等支持政策,推进存量用地提质增效。

赋能产业高质量发展。推动保税研发产业集聚发展,举行2023年上海金桥综保区全球招商战略合作大会,发布《金桥综保区高质量发展三年行动方案(2023—2025)》;安集微电子科技(上海)股份有限公司等5家企业开通保税研发核销账册;环维电子(上海)有限公司等6家企业获一般纳税人资格。推动"智慧海关"建设,将卡口、查验场地等智能化建设纳入海关监管系统更新计划,设置报关货物通道和非报关货物通道,实行分类同行,推动货物通关便利化。费斯托自动化有限公司、环维电子(上海)有限公司、中微半导体设备(上海)股份有限公司、上海新金桥国际物流有限公司4家企业申请经认证经营者认定资格。

提升人才服务水平。实施金桥片区"明珠"人才服务行动,推荐明珠计划181人、特殊人才落户64人、外籍高层次人才(华人)永久居留4人。人才租房补贴执行率89%,位居浦东新区前列。受理海外人才申请税收优惠政策277人。

持续优化营商环境。推动金桥南区50项审批事权开展实质性审批,承接小湾村审批事权。推行"桩基先行",浦发国力智能产业基地改扩建项目等8个项目完成桩基施工许可,提前1个月开工;华建集团华东院金谷擎天项目先行核发"桩基础加基坑围护"施工许可证,可节约3个月施工期;金湾新材料产业园项目成为全市首个建筑师负责制试点项目。推进"一网通办",审批大厅更名为政务服务中心,建立线上线下"办不成事"联动机制,落实帮办代办制度,好评率100%。举办2023年金桥开发区优化营商环境暨优秀企业表彰大会,发布金桥开发区优化营商环境优秀案例。(侯冬怡)

【静安园概述】 2023年,静安园立足"中心城区新标杆、上海发展新亮点"战略定位,以"数智产业"引领高质量发展。全年实现规模以上工业总产值23.48亿元,规模以上服务业营业收入2 315.08亿元,比上年增长10.38%;全社会固定资产投资额246.94亿元。截至年底,共有企业34 109家,有效期内高新技术企业超470家,科技型中小企业超440家,新增企业超5 000家。

推动重点产业集聚。做优做强数据智能产业,持续引进大数据、云计算、人工智能、区块链龙头企业,新引进数据智能企业22家,累计集聚大数据企业近260家。生命健康产业集群化创新发展,依托阿斯利康制药有限公司、飞利浦(中国)投资有限公司等行业龙头企业,打造开放式创新生态圈;加强与上海市生物医药科技发展中心合作,积极链接智慧健康产业资源。科技服务体系逐步形成,打造"静安专业服务贸易集聚区",中国上海人力资源服务产业园获批上海市服务业创新发展示范区。商业数字化创新升级取得成效，静安区“国际消费中心城市数字化示范区”揭牌。文化创意产业持续集聚，举办第2届全国游戏创新大赛颁奖盛典，揭牌成立中国电竞产业研究院，引进影视电竞企业13家。

优化空间功能布局。依托市北功能区，打造上海国际数字之都核心区。以区块链生态谷为核心，深化国家区块链创新应用综合试点工作，稳步推进可信数据经济试验区建设。依托大宁地区，打造科创产业和智慧健康产业集聚区。坚持“文创+科创”发展定位，以集成电路/芯片设计、数字化安全、智慧健康为核心的科创产业逐步成为主导产业。依托苏河湾功能区，打造科技服务业发展示范区。上海市科技服务业发展示范区揭牌成立，以苏河湾功能区为核心区域，构建广渠道、多层次、全覆盖、可持续的科技创新服务体系。依托南京西路沿线，打造城市消费数字化转型示范区。聚焦南京西路新业态新模式示范应用走廊和试点南京西路商圈数字人民币先行区等重大项目。

打造各类功能性平台。推进上海蚂蚁链产业开发创新中心、上海轨道交通无人驾驶列控系统工程技术研究中心、阿斯利康全球研发中国创新中心等创新平台建设；深化与上海数字经济创新基地、平安智慧城市、国际数据管理协会等产业平台合作，借力完善优化区域大数据产业资源要素平台生态体系。

深入推进“一园一方案”制定。成立工作专班，明确调研工作方案；开展多场专题研讨会，深入功能区、科技园区及企业，走访紫竹高新区等地，开展多场专题调研；加强市区联动，上海市科创办专题调研园区建设情况，深入探讨园区发展方向和特色定位。

助力科技创新载体提质增效。引导国家级孵化器、国资载体发挥其资源优势和平台功能，加快新赛道布局；举办上海开放数据创新应用大赛、GMIS全球数据智能峰会等品牌活动，围绕高质量孵化器培育政策，组织系列政策解读培训，全年举办活动近100场。 （刘斯佳）

【青浦园概述】 2023年，青浦园以建设世界领先科技园区为引领，推进“大数字、大健康、大商贸”三大主导产业发展，全面推动“长三角数字干线”战略实施，强化科技创新策源引领，不断优化科技创新生态环境。截至年底，规模以上工业企业216家，实现总产值598.76亿元；规模以上服务业企业71家，实现营业收入329.06亿元。全年实现税收收入81.72亿元、固定资产投资额（不含农户）143.53亿元、实际利用外资48.23亿元、出口总额115.4亿元。

持续推进重大项目建设。华为青浦研发中心主体结构全部完成封顶，幕墙装修工作加快完工；网易上海国际文创科技园项目3块地块全面开工，北区电竞馆结构封顶，南区进行结构施工，租赁住宅主体结构封顶；上海精测半导体技术有限公司项目办理竣工验收手续；美的集团第二总部项目地下粗装修完成28%；BC区钢结构施工完成100%。

聚焦重点产业集聚发展。激活软件与信息技术服务业发展动能，加快推进华为青浦研发中心、北斗创新基地等建设，稳步推动市西软件信息园扩园规划，全年规模以上软件信息服务业企业营业收入311.67亿元；瞄准中药、高端医疗器械等领域，以青浦生命科学园、康璞生命科学园为支撑，大力发展生物医药产业，规模以上生物医药制造业实现产值27.23亿元；推进高端装备产业关键核心技术、关键零部件等产品研发融合迭代，规模以上高端装备产业企业实现产值192亿元。以重点产业为抓手，加强创新链和产业链紧密结合，组织企业申报各类市级、区级政府资金项目，形成覆盖全生命周期的创新型企业支持机制，截至年底，获认定上海市高新技术成果转化项目27个，技术合同成交金额129亿元。

不断提升企业服务能级。联合举办2023年长三角智能制造与机器人产业创新对接大会，支持和引领长三角智能制造、机器人、人工智能等重点产业发展。各子园持续推进企业服务工作，工业园区子园组织开展“圆桌会”“青园讲堂”等企业服务52场；西虹桥子园扩大中国国际进口博览会溢出效应，开展一站式驻场全天候服务；赵巷子园制定“服务包”工作方案，为35家企业送上“服务包”，全年开展超级总裁共“巷”汇活动6场。

紧抓落实各类人才政策。联合开展“海聚英才、共建科创”系列活动——走进上海之源青浦。落实外籍人才永居政策、科技创新人才通关便利化、区内“青峰”人才、青浦新城落户政策等各项人才政策，培育和集聚一批海内外高层次科技人才；收集区内人才相关信息素材，总结园区人才工作经验，形成园区人才工作案例；推进工程硕博士培育改革专项试点，与相关企业保持沟通，推进管理培养和住宿保障等工作。 （谢佳蔚）

【嘉定园概述】 2023年，嘉定园坚持“科创产业化、产业科创化”大方向，围绕重点行业、重点区域持续发力。年内新增注册企业6 776家，累计注册企业4万余家，其中有效期内高新技术企业1 483家；规模以上工业总产值3 124亿元，占全区工业总产值的69%；税收收入196亿元，比上年增长4%；全社会固定资产投资额79亿元，比上年增长10%。

谋划园区发展“施工图”。对标世界一流科技创新园区建设，立足上海科技创新中心建设，结合自身基础禀赋，形成《张江高新区嘉定园高质量发展行动方案（2023—2025）》，开展8个方面重点行动。

强化重点项目布局。加快各类创新平台和成果转化项目向嘉定新城、虹桥国际开放枢纽导入，基于铌酸锂单晶薄膜的铁电类器件与集成项目有序推进，实现6英寸光学级硅基高均匀性铌酸锂薄膜工程化制备工艺；微电机系统（MEMS）光纤传感器芯片工艺开发及产业化项目实现MEMS产线通线，传感器产品投产并交付。

打造优势产业集聚区。优化汽车电动化、网联化、智能化、共享化发展生态，发布《嘉定区建设世界智能网联汽车创新高地行动方案（2023—2025年）》，打造智能网联汽车创新高地。成立国家能源燃料电池研发中心、氢能技术协同创新中心，启动汽车技术供应商佛瑞亚集团布局氢能业务的地区总部建设及彼欧蓝能（上海）能源科技有限公司四型储氢瓶量产工厂建设。制定国家先进制造业集群(上海市新能源汽车集群)培育提升三年行动计划,与上汽大众汽车有限公司联手打造"四个一体化"发展新格局;加快集成电路产业集聚,强化集成电路嘉定"北翼"布局,上海汽车芯片工程中心完成组建,上海汽检汽车芯片第三方检测认证平台基本建成,上海拜安半导体有限公司6英寸MEMS光纤传感器生产线、上海禾赛光电科技有限公司超级工厂竣工投产;上海摩仑智能传感研究所在压力、放电、气体、电磁、振动等高端传感器5个细分领域布局;形成高性能医疗设备及精准医疗产业品牌,突出规划引领作用,以"一轴一镇、两谷两区"的空间布局,打造生物医药创新引领示范区,上海(南翔)国际精准医学创新中心启动建设,上海械谷开园,嘉定瑞金创新中心落成;整合区域内高端医疗器械企业、医院、科研院所等核心资源,构建集研发平台、总部商务、生产制造为一体的综合性产业园区。

深化创新载体建设。发布《嘉定区科创"新动能"三年行动方案》《嘉定院地合作千亿级科技园发展规划》;依托院士专家成果转化中心,推进线上服务平台建设;推动中国科学院上海应用物理研究所等多个重点项目落地,院地合作企业600余家;启动校地合作科技园规划编制,形成《嘉定校地合作千亿级科技园总体规划》初稿,构建高校、企业、政府三方共推,创新链、人才链、产业链、资本链四方协同的校地合作科技园创新生态;推进同济大学科技园"未来科技产业园"试点建设,青蓝几何实验室共享服务平台上线,入驻机构百余家、行业专家80人,上线实验仪器设备超200台;成立自主智能交通产教融合创新创业联盟,首批联盟会员和理事单位86家;新微创源孵化器获批上海市首批高质量孵化器之一;瞄准超越摩尔领域,布局产业新赛道,破解芯片关键核心技术,打造孵化器3.0模式。(张 弛)

【杨浦园概述】 2023年,杨浦园作为杨浦区建设上海国际科技创新中心重要承载区的"引擎",持续提升创新能力、不断提高产业能级,重点做好空间规划、企业培育、成果转化等内容。

做实园区产业规划。形成《张江高新区杨浦园高质量发展行动方案(2023—2025年)(草案)》,明确以全方位推进科技创新范式革命为引领,以全面提升科技创新策源功能为主线的指导思想,提出到2025年,全球创新关键要素汇聚区初步建成,数字经济为主导的现代产业体系逐步形成全球竞争力,创新创业生态环境达到世界一流的发展目标。

提升科技创新策源能力。揭牌成立上海数学与交叉学科研究院,与同济大学共同推进国家智能社会治理实验综合基地建设,中国(上海)数字城市研究院落户长阳创谷,大学路入选科创街区试点建设。截至年底,拥有国家级工业设计中心2家,市级设计创新中心(工业设计中心)、设计引领示范企业30家;累计培育高新技术企业1 300家,专精特新"小巨人"企业30家、市级专精特新中小企业407家、创新型中小企业825家。

强化重点产业集聚集群发展。数字经济主导产业集群优势显现,产业贡献率达36.4%,对全区GDP增长贡献率达57%;集聚上海哔哩哔哩科技有限公司等一批数字经济龙头企业,各类数字经济企业7 000余家;截至年底,园区内数字经济上市企业13家,独角兽企业6家。围绕生命健康和绿色低碳两大特色领域,发展数字健康、高端医疗器械等生命健康产业,培育发展新型储能、绿色材料和智能电网产业,构建绿色低碳产业生态;完成编纂生命健康产业的扶持政策(草案)及政策前期意见征询、风险评估、合法性审查等流程。

优化园区服务水平。发布《2022年上海市杨浦区科技园区发展年度报告》,提升园区服务能级,吸引企业入驻。截至年底,新引进企业2 055家、引进注册资金94亿余元。其中,注册资金1亿元及以上企业8家、5 000万—1亿元企业31家、1 000万—5 000万元企业200家、500万—1 000万元企业188家。

构建科技成果转移转化体系。整体推进基础研究、成果转化和产业布局。强化核心技术自主攻关能力,与复旦大学共建人工智能创新与产业研究院,支持上海复旦微电子集团股份有限公司等"隐形冠军"企业加快形成标志性自主创新成果;依托国家技术转移东部中心、上海技术交易所,持续完善科技成果评价体系,加速构建全国统一技术交易网络生态,全面推动科技成果转化全流程服务。推进高质量孵化器建设。开展实地调研、专家座谈、孵化器推荐,初步制定政策(草案)和高质量孵化器推荐名单。(白冬晖)

【长宁园概述】 2023年,长宁园围绕深化科技创新和数字化转型等重点工作,在"上海硅巷"科创街区建设、人工智能产业和软件信息服务业发展、重点企业服务等方面取得良好成效。

夯实经济稳增基础,提升重点产业能级。产业经济贡献稳步增长。截至年底,软件和信息服务业营业收入2 584.1亿元,比上年增长60.8%;648家人工智能企业实现综合税收收入37.6亿元,比上年增长88.8%,园区内人工智能产业链关联企业600家,人工智能产业生态逐渐壮大。营造创新产业发展生态。开展2023年国际创新创业大赛专题培训5次,参加人数800余人次;推荐参赛企业133家,市级立项26家,区级立项6家。6家企业参展2023年世界人工智能大会并与上海随申行智慧交通科技有限公司"绿色出行一体化服务平台"重点项目签约。

落实市区惠企政策,深化企业服务效能。聚焦科技创新政策,围绕高新技术企业认定、技术合同认定、科技型中小企业评价、软件著作权登记、专利申请等开展线上线下专题培训14次,参与企业超1 000家。聚焦人才政策,组织"外国人才在上海"大讲堂活动进园区、进社区、进企业活动,临空园区40家重点科技创新企业代表参加。规范技术合同认定,全年技术合同认定登记2 142项,比上年增长19%,成交金额76.38亿元,比上年增长34.8%。落实首次纳统的高新技术企业享受研发费补贴政策,拨付扶持资金约4 700万元;落实张江人才个税优惠政策,拨付扶持资金715万元。上海择言智能科技有限公司等9个项目获高新成果转化项目认定；10家企业申报2023年市级科技小巨人(培育)企业；13家企业申报2022—2023年上海市促进产业高质量发展专项资金项目；17家企业入选2023年全市软件和信息服务业“双百企业”，其中收入百强企业5家、高成长百家企业12家。

优化创新环境，持续提升创新载体能级。财景新地同创717、“零碳港”双碳产业孵化器2家载体申报市级科技创新创业载体培育库；推进打造元宇宙公园，建设科技与生活、时尚、娱乐相融合的创新应用体验场景；制定园区“一园一方案”，持续增强区域创新活力；结合园区资源禀赋和产业特点，对接东华大学、中国科学院上海微系统与信息技术研究所、璞跃中国等主体，汇聚各方资源优势推动高质量孵化器创建。

坚持汇聚合力，全力推进“上海硅巷”建设。发布《长宁区全面推进“上海硅巷”科创街区建设三年行动方案》，召开2023年中美青年创客大赛、室内机器人学习全球挑战赛、芯镜&硅来等活动，引进数字化转型与先进制造技术论坛、脑机接口产城融合会议等品牌活动，持续提升“上海硅巷”品牌影响力。

(马　焱)

【徐汇园概述】 2023年，徐汇园紧扣高质量发展主线，聚焦“科创绣带”建设，紧盯科技成果转化，强化科技创新策源功能，着力推动区域科技事业迈上新台阶。截至年底，有效期内高新技术企业238家，从业人员30万人，规模以上服务企业营业收入1 586亿元，税收收入245亿元，全社会固定资产投资额170余亿元。

强化科技创新策源功能。落实重大创新载体落户运营支持与科研经费保障，重点保障浦江实验室平稳运行；持续集聚新型研发机构，引进上海浦芯未来互联网技术研究院、上海科学智能研究院等机构，聚焦人工智能、区块链等前沿领域，提升原始创新硬核能力；与中国科学院科研院所、复旦大学、上海交通大学、华东理工大学建立“紧耦合”关系，筹建上海交通大学人工智能学院，把握大模型、具身智能、合成生物等新赛道契机，全面提升人工智能、生物医药等先导产业创新策源能力。

持续深化科创街区建设。以高质量孵化器建设为重要抓手，推动高校院所与周边科技创新产业互融互促，加速科技成果转化与产业转型升级；围绕“模速空间”建设，加快集聚100家以上大模型产业生态圈企业，推动西岸大模型创新生态街区率先成势；依托上海交通大学工业创新研究院，突出产教融合、交叉创新，释放“AI+”赋能效应，推动区块链技术产业应用，打造环上海交通大学人工智能科创街区；依托复旦大学附属中山医院上海国际医学科创中心等，加快枫林生命健康科创街区建设；深化与院校合作，布局环华东理工大学生物材料科创街区、汾阳视听器械科创街区。

推动产业高质量发展。数字经济产业加快形成“一核两翼、多点开花”创新生态，以大模型为内核，强化算力、语料等软硬件支撑，培育一批标杆企业、突破性技术、示范性产品；市区共建的上海“模速空间”创新生态社区暨人工智能大模型产业生态集聚区在西岸揭牌运营，新引进上海无问芯穹智能科技有限公司、上海阶跃星辰智能科技有限公司等一批大模型优质企业。生命健康产业聚焦创新药和高端医疗器械，大力发展细胞治疗、基因治疗等细分领域产业，抢抓合成生物新赛道，发挥基础研发资源优势，引进一批龙头企业、新锐企业，推动合成生物学技术向实用化、产业化方向发展。以大模型为驱动，促进垂类应用赋能平台经济、医疗、教育、金融、智能汽车等重点产业迭代升级，促进新业态、新模式、新经济发展，协同推动数字产业化和产业数字化，形成上游算法与下游应用双向支撑的产业生态。

(周陈昌)

【虹口园概述】 2023年，虹口园贯彻“上海北外滩、都市新标杆”发展方向，聚焦金融、航运、商贸等领域和生物技术、空间信息、集成电路设计、绿色低碳服务、数字经济等重要产业，瞄准全市先导产业和重点发展产业，积极打造国际科技创新中心重要承载区。全年实现生产总值659.13亿元。截至年底，共有注册企业2.1万余家，有效期内高新技术企业355家，孵化器8家，其中国家级孵化器1家，众创空间10家。

优化创新创业环境。贯彻落实张江高新区“一园一方案”行动，统筹园区集约化管理，助力区域科技创新发展；创新平台建设，引进科技人才，构建北外滩现代服务业集聚区、北中环科创产业集聚带联动发展格局；培育市场创新主体，制定企业梯度孵化培育机制，开展具有国际影响力的创新创业大赛。

加速科技创新动能释放。培育先导产业集群，推动科技创新总部集聚，建成北科创生物技术产业园，引进以北京蓝晶微生物科技有限公司、腾辰生物科技(上海)有限公司为代表的生物技术产业；发挥产业链链主企业产业链融合创新、产业生态带动作用，启动建设北科创“天工开物”合成生物创新孵化平台；筹建集成电路设计特色产业园，引进上海曼光信息科技有限公司等企业；上海安路信息科技有限公司成为全市首批创新型企业总部；加速集聚云信数网(上海)投资有限公司、数传集团为代表的数字经济企业，中太能源科技(上海)有限公司、中电投绿能科技有限公司为代表的未来能源企业，上海玻尔空景科技有限公司、上海灵伴科技有限公司为代表的元宇宙企业落地。

夯实金融科技支撑。发挥区域内金融企业集聚优势，加快建立细分产业引导基金，支持科技创新类企业通过多层次资本市场募集发展资金；发挥政府引领带动作用，支持政府股权基金投向种子期、初创类企业；打造北外滩优质载体，设立上海北外滩科创路演中心，举办企业与金融机构对接会，引导金融机构加大对分园支持力度，营造常态化、多样化的科技企业投融资服务生态；贯彻绿色金融枢纽战略，举办绿色金融论坛和投融资路演，扩大产业影响力。

强化人才企业服务。成立北中环青年科技创新联盟，赋能科创产业集聚；依托区内行业龙头企业、协会、研究所等机构，举办企业沙龙，组织学术年会，开展信息化队伍专项培训。截至年底，张江专项发展资金重点项目立项 80 个，惠及企业 79 家，市区两级扶持资金支持 2 662.6 万元。

（傅仕航）

【闵行园概述】 2023 年，闵行园充分发挥"一南一北"两大战略支点对园区整体发展的牵引带动作用，坚持高水平开放和高质量创新，推动园区实现稳中有进、进中向好的发展态势。截至年底，实现工业总产值 2 324.9 亿元、实际利用外资金额 62.6 亿元、税收收入 239.2 亿元、固定资产投资额（不含农户）66.1 亿元，新增注册企业 5 789 家。

夯实策源基础，加快校区、园区、城区"三区联动"。研究并制定《张江高新区闵行园区改革创新发展行动方案（2024—2026 年）》，明确高端装备、生命健康、数字经济三大重点产业及其细分领域；全面深化区校合作，与上海交通大学、华东师范大学等高校签订新一轮全面合作框架协议，推动高校"基础研究先行区"建设；推动中国科学院核糖核酸功能与应用全国重点实验室、长三角国家技术创新中心"大零号湾"基地、上海颠覆性技术创新中心等一批重大基础科技创新策源平台项目落地。

优化资源配置，激活创新发展动能。强化科技金融供给，建设"大零号湾"金融港，首批入驻基金和金融机构 26 家；发起设立"硬科技""大零号湾"创投基金和科技产业基金，基本形成覆盖创业扶持到天使投资、风险投资、股权投资全链条的金融加速支撑体系；深化产业布局，成立闵行区合成生物产业联盟、"大零号湾"机器人创新联盟，以临港浦江"基因未来谷"为核心的闵行基因产业集群获批国家中小企业特色产业集群，上海（大零号湾）未来产业先导区入选全市首批三大未来产业先导区。

加速成果转化，完善企业培育梯队。闵行区与上海交通大学、华东师范大学共建孵化转化平台、遴选优质科技项目，建立跟踪服务机制，重点支持优质项目；推进科教融汇、产教融合、地校融创，支持大企业与高校联合成立实验室、建设联合研发中心、组建新型研发机构，推动企业与高校、科研院所之间双向赋能；加快建设宁德时代未来能源研究院、歌尔光学上海研发中心、泰尔重工股份有限公司-上海交通大学先进激光智能制造联合研究中心等协同创新平台；优质科技企业快速成长，截至年底，新增市、区科技小巨人企业 36 家。

优化科技创新生态，提升城市品质。持续优化城市空间布局，全面完成"闵行 2035"城市总体规划实施评估；构建丰富多元的科创空间，大零号湾国际智能医疗创新中心等一批科技创新载体项目开工建设；市政交通重大工程有序推进，大芦线航道整治 2 期建成通航，机场联络线、嘉闵线、示范区线、银都路越江隧道、漕宝路快速路、浦业路 1 期、奉浦东桥、轨道交通 15 号线南延伸等全面施工；提升配套环境，"大零号湾"国际人才会客厅、文化艺术中心、图书馆及闵行科创公园建成启用；制定落实区碳达峰实施方案，出台"无废城市"建设实施方案，推进临港浦江国际科技城等产业园区低碳转型发展。

（胡俊颖）

【松江园概述】 2023 年，松江园发挥上海国际科技创新中心建设、长三角一体化发展、"一带一路"倡议三大战略交汇点的功能优势，促进高能级创新主体和高水平科研平台汇聚，加速构建科技创新高地，持续推动长三角 G60 科创走廊策源地高质量发展。全年实现工业总产值 583.3 亿元，营业收入 2 250.3 亿元；规模以上服务业营业收入 352.4 亿元、利润总额 30 亿元、税收收入 95.7 亿元。

扩大创新主体规模。持续完善"科技创业团队-科技型中小企业-高新技术企业-科技小巨人企业-科创板上市企业"的全周期创新主体梯度培育链。截至年底，高新技术企业申报 111 家，通过 95 家，累计 685 家；新增市级科技小巨人（含培育）企业 6 家，累计 74 家；新增院士（专家）工作站 4 家，累计 79 家，集聚院士专家 426 名；市级及以上科技创新创业载体 10 家。

增强自主创新能力。5 家企业入围 2022 年度上海市高新技术成果转化项目百佳十强名单，其中上海联泰科技股份有限公司的"单振镜 3D 打印设备"项目获评自主创新十强；年内拨付张江专项发展资金重点项目 190 个，涉及市区两级资金 9 191.8 万元；上海逸动医学科技有限公司等 4 家企业获上海市科学技术奖 4 项，全区获奖数量 33 项，比上届增长 57%。

加快布局高水平科研平台。稳步推进 G60 脑智科创基地建设，落实区级配套资金 1 631 万元；推进上海低碳技术创新功能型平台建设，平台累计申请专利 88 件、获专利授权 36 件；中国科学技术大学长三角产业技术研究院落户，激活大学城高校科技创新动力源，推进大学城双创集聚区建设；Wiley 学术管理内容平台成立伟力吉六零科技发展中心，引入 X 射线分析仪器和高比能低成本锌空气电池 2 个项目，推动科技创新企业孵化与创新成果转化。

加强数字化转型赋能。加快推进 G60 星链计划，上海格思航天科技有限公司 G60 卫星数字工厂投产下线，截至年底，G60 卫星数字工厂约 1.5 天生产 1 颗卫星，年产量预计 300 颗卫星；宽带通信卫星智能制造与产业创新项目获上海市战略新兴产业重大项目立项，获市级补贴资金 3 215 万元。加快算力产业布局，腾讯长三角人工智能先进计算中心等 3 个项目通过市经济信息化委评审。商用密码产业生态发展取得新突破，G60 商用密码产业基地获评上海市数字安全与商用密码创新产业基地，并申报国家商用密码技术和应用创新中心。

提升产业发展能级。推动产业空间加速释放，上海乐纯生物技术股份有限公司医药一次性耗材及设备研发生产基地项目开工。加快推进空间载体建设，腾讯长三角人工智能先进计算中心项目建成并交付数据机房 5 栋，投入使用机柜 6 000 个，投资金额超 100 亿元；仪电电子地块 40 万平方米、华鑫天地项目 12.5 万平方米西部园区生物医药产业园启动建设。全年完成产业结构调整项目 81 个，涉及土地 431.49 亩（1 亩＝0.066 7 公顷），厂房建筑面积约 19.6 万平方米，减少能源消耗折合 6 037.1 t 标准煤。

优化科技创新生态环境。发布《松江区培育"元宇宙"

新赛道行动方案(2022—2025年)》,推动元宇宙虚实交互技术在工业、教育、影视、文旅、商贸等领域数字化应用;修订《松江区关于加快长三角G60科创走廊产业高质量发展的若干政策规定》,以"综合产业政策+专项产业政策"模式加强精准扶持为制造业高质量发展提供保障;参与首届香港国际创科展,展示长三角G60科创走廊及松江科技创新发展生态;举办"服务型制造万里行——走进绿色新能源行业"会议、2023年DEMO WORLD企业开放式创新大会等系列投资促进活动,共计129场;落实重点企业"服务包"制度,依托中小企业发展服务联盟等平台为中小微企业推出服务产品71个;持续打响"益企·暖云间"活动品牌,保障企业科技创新高质量发展。 (孙怡敏)

【普陀园概述】 2023年,普陀园围绕"中华武数"科技创新布局,推进各项工作,全年实现营业收入1 504.43亿元,税收收入117.51亿元,科技型中小企业累计513家。

持续助力中以(上海)创新园建设。完成《普陀区加快中以(上海)创新园建设推动桃浦智创城高质量发展实施意见》中期评估;落实中以专项政策,推进企业营运资助、中以联合研发项目资金兑现;举办第3届上海数字创新大会、第6届中以创新创业大赛总决赛、中以国际科技成果直通车等活动,特拉维夫办公室揭牌成立;引进上海市互联网协会,推动打造国际数字安全与生态运营中心;引进上海安几科技有限公司、萤火微芒(上海)数字科技有限公司等生态相关企业;对接国际院士科技创新中心,推进上海国际人工智能创新赋能中心落地。

加快释放上海清华国际创新中心潜能。形成《关于市区协同优化上海清华国际创新中心体制机制工作的情况汇报》《普陀区加快发展集成电路产业的实施意见(试行)》《上海清华国际创新中心三年行动方案》《普陀区关于支持上海清华国际创新中心 加快建成具有国际一流水平的新型创新载体的实施意见(试行)》(征求意见稿)等,进一步明确功能定位、建设目标、重点任务;形成专班支持保障清华中心服务清单,举办战略性新兴产业项目全球科创路演、清华校友三创大赛、首届长三角县市区高质量发展研讨会等系列活动16场。

充分激发武宁创新共同体活力。举办"党建引领'武林大汇'"活动,成立"武宁创新共同体";打造工作专班,建立联席会议制度,制订《普陀区关于党建引领打造武宁创新共同体工作方案》,形成调研报告、三年行动方案及专项政策初稿和实施细则初稿;推动近百家科技研发平台成立"百大平台"联盟,完成市级平台项目资助9个、区级平台项目立项5个,助力平台服务科技企业协同创新;搭建武宁创新共同体科创人才实践基地,成立专家顾问团,打造人才新高地;推出武宁科创之星、潮涌科创等线上专栏,制作武宁创新共同体科创资源手册,推进武宁创新共同体会客厅建设。

不断深化区域数字化转型发展。制定并发布《普陀区支持海纳小镇发展十二条(2023版)》;构建全国首个地市级数字化转型指数"普陀区城市数字化转型发展指数",发布《普陀区数字化转型指数研究报告》白皮书;开展2023年度区级数字化转型专项立项与验收,对接"一网通办"平台成为全区首个实现全程网办的区级产业政策,新增数字化转型示范项目和标杆场景26个,8个场景获市级数字化转型专项立项支持。 (钟佳青)

【陆家嘴园概述】 2023年,陆家嘴园聚力搭建多领域场景应用平台,逐步形成研发+平台、产业+总部、孵化+加速的联动体系。截至年底,共有企业13 205家,其中"四上"企业1 085家,有效期内高新技术企业100余家;实现"四上"企业营业收入1 398亿元,工业总产值超5亿元;拥有企业技术研发中心16家、博士后科研工作站12家、产业技术创新战略联盟4家、各类创新型孵化器12家、在孵企业近300家。

优化布局金融科技产业生态。持续打造上海金融科技中心核心区,截至年底,集聚金融机构6 000余家,国家级要素市场和金融基础设施12家,持牌机构947家,金融业增加值占全市50%,为金融科技产业发展提供有利的资源禀赋和基础条件,构建形成金融科技全生命周期生态圈;开展金融科技创新应用试点工程,呈现金融科技多元融合、多项赋能齐发力特点。

持续释放总部经济发展动能。提升总部经济和专业服务能级,打造数字化转型先导区。吸引超级总部及头部企业入驻,打造高能级全球总部集聚地,助力总部企业提升辐射能力;打造全球领先专业服务高地,强化专业服务品牌建设,赋能重点产业发展;强化数字赋能,打造总部经济和专业服务数字化转型先导区。形成覆盖跨国公司地区总部、区域性总部、民营企业总部、贸易型总部、国际组织(机构)地区总部等多层次、宽领域的总部经济生态圈。截至年底,园区共有各类总部600余家,其中经商务部门认定的跨国公司地区总部145家,占全区1/3、占全市近1/6,世界500强企业中340余家在园区设有机构,是全市跨国公司地区总部最集聚的区域。

持续推动"双城联动"建设。服务张江高新区产业生态系统建设,发挥园区金融科技全生命周期生态圈、总部经济专业服务集聚高地的突出优势,服务张江科学城企业,加快实现双方资源互补和优势互补。深化双方工作对接和协调机制,推动一批重大项目落地,提升"双城辉映"机制的标识度和贡献度。

深化人才全周期一站式服务机制。完善全生命周期人才服务体系,打造高效能的人才综合性服务枢纽,推动国家级、市级人才政策在金融系统落地落实,提高人才政策查询、人才办事、人才服务的便利性;发挥园区专业服务机构集聚优势,协助打造"一陆通"陆家嘴海外高管入境绿色通道,依托"双自双创陆家嘴分园外籍人才工作受理点",完善外籍人才签证服务,协助外籍人才申请个税优惠,优化海外人才入境、税收体验,为海外人才创新创业提供一站式、集成式全周期服务。 (郑郭亮)

【临港园概述】 2023年,临港园集成电路、人工智能、生物医药、民用航空、高端装备、智能网联汽车、新能源和新材料八大产业聚链成势、集群发展,为建设科技创新要素齐全、创新动能澎湃的临港科技创新之城打下坚实基础。全年实现固定资产投资额1 462亿元、规模以上工业总产值4 333亿元、税收收入580.7亿元,分别比上年增长10.3%、22.5%、22.3%,31家企业年产值突破10亿元,完成签约前沿产业项目超百个,涉及总投资额超千亿元。

完善多元化支撑体系。全年累计出台产业科创政策5项,优化完善"1+4+X"产业政策体系,包括《中国(上海)自由贸易试验区临港新片区促进前沿产业高质量发展若干政策》《中国(上海)自由贸易试验区临港新片区加快推动科技创新支撑引领产业高质量发展若干政策》引领类政策,集成电路、人工智能、生物医药、民用航空四大产业专项政策,以及若干专项政策。探索科技创新与功能转化平台6个"一"模式,即一个平台合作一个开发主体、聚焦至少一个主导产业、签约一批龙头企业、组建或挂靠一支科创基金、配套一个孵化载体。

稳步夯实战略科技力量。持续推进临港实验室、国际联合实验室、中国联合重型燃气轮机技术有限公司、同济大学国家海底科学观测网、高效低碳燃气轮机试验装置、上海亚太台风研究中心等一批已建及在建的国家战略科技力量。保障重大科学基础设施建设,推进高效低碳燃气轮机实验装置项目建设,国家海底科学观测网"同济·海一号"东海多圈层观测塔启动试运行。

加速产业创新发展。举办2023年全球人工智能开发者先锋大会、2023年临港科创大会、2023年上海空间信息大会、2023年世界顶尖科学家论坛、2023年国际顶尖孵化器论坛等活动赛事;打造首批5家"滴水·科创驿站",评选第2批特色楼宇15幢,完善"众创空间、科创驿站、孵化器、加速器、特色楼宇、特色园区"的孵化梯度体系;推动龙头企业牵头组建9家创新联合体。

大力培育创新创业主体。全年新增高新技术企业479家、累计1 323家,市级科技小巨人企业(含培育)5家、区级科技小巨人企业(含培育)51家,专精特新企业114家、累计327家,国家级专精特新"小巨人"企业9家,累计25家。智能工厂累计国家级2家、市级16家、新片区级52家,200余家规模以上企业完成智能制造线上自评估。

不断做强应用创新能力。全年新增国家级技术创新中心1家、市级技术创新中心5家、市级制造业中心2家、国家级企业技术中心1家、市级企业技术中心19家;认定上海交通大学智能制造平台、朱光亚战略科技研究院平台等新型科技创新平台16家。科研机构发挥特色优势,围绕集成电路、新材料、人工智能、空间信息等重点产业发展方向与创新企业深度合作,初步实现科技企业引进、培育、孵化数量近百家,产学研合作项目280余个,知识产权720余件。

(胡梦宁)

【奉贤园概述】 2023年,奉贤园聚焦生命健康、高端装备、未来材料三大特色产业领域,加快集聚创新资源,推进创新支撑产业发展步伐,推动高端要素资源导入,强化科技创新策源引领和科技企业服务能力,不断提升自主创新能力和产业发展能级,推进园区跨越式高质量发展。全年实现工业总产值661.83亿元、营业收入1 151.72亿元、净利润79.88亿元;实现固定资产投资额52.24亿元、税收收入128.04亿元。

强化企业创新主体地位,激发企业自主创新活力。上海大山合菇粮生物科技有限公司、上海城建日沥特种沥青有限公司、上海大一互电力电器有限公司获2022年度上海市科学技术奖二等奖,天地上海采掘装备技术有限公司、上海腾鹄物联技术有限公司获2022年度上海市科学技术奖三等奖;上海和黄药业有限公司上榜2023年上海硬核科技企业TOP100。截至年底,新认定高新技术企业35家,拥有A股上市企业12家、独角兽企业2家、在科创板上市科技企业孵化器7家、市级众创空间5家、上海市海聚英才创新创业示范基地3家、张江之星企业7家。

提高资源配置效率,优化调整产业布局。坚持"产城融合"发展理念,编制完成新城17单元调规任务书。持续推进"四个一批"(策划设计一批、招商储备一批、改造提升一批、开工建设一批)项目建设,紧盯重大项目建设,上海多宁生物科技股份有限公司、盛虹石化产业集团全球研发中心等重点项目开工,中国化学工程集团有限公司和新兴际华科技发展有限公司项目完成土地调规;加快产业结构调整,恒浦地块、高榕地块签订动迁协议,上海荷裕冷冻食品有限公司、上海健义消声器有限公司、上海铭源数康生物芯片有限公司等低效用地关停并转均有序推进。产业调整取得实质成效,龙洋园区核心区域完成21栋厂房约120亩土地转型升级;上海双菱风能电力设备有限公司地块完成动迁协议签约,释放近840亩土地资源;结合现有合成生物及氢能产业链条,规划打造合成生物园与氢能源产业园,加速主导行业的产业联动与产能升级。

促进产业集聚,优化经济发展结构。生物医药产业后积成势。发布《奉贤区促进生命健康产业高质量发展若干政策》,单个项目最高支持3 000万元;东方美谷生物医药产业加速园入选2023年上海市未来产业加速园;举办2023年上海国际生物医药产业周奉贤专场暨上海核酸创新药产业发展与合作研讨会,发布"生命信使"产业园标识,聚力打造全市唯一瞄准基因药物前沿领域,聚焦核酸创新药物方向的专业园区两大产业引擎推动园区高质量发展。截至年底,生物医药产业实现营业收入189.51亿元、净利润25.63亿元、缴税总额19.45亿元。"张江研发+奉贤制造"品牌效应逐步体现。围绕关键技术、共性技术开展联合攻关,推动东方美谷和张江药谷企业联动发展;依托东方美谷特色产业园区,围绕生物医药、高端食品和化妆品等重点领域,构建美丽大健康产业科技创新重要承载区,聚集生物医药企业180余家。

强化引才揽才服务,聚焦重点领域发展。开展浦江创新论坛、上海市青年科技启明星授证大会暨上海市科创启明星协会第7届第3次会员代表大会、合成生物学与绿色生物制造高峰论坛、上海中医药与天然药物国际大会、海内外青年科学家走进奉贤等系列活动，聚焦生物医药、人工智能、集成电路、高端智能装备等高新技术产业重点发展方向，持续扩大招才引智"朋友圈"，共同推动科研成果实现转化应用和产业化。开展奉贤园10周年系列宣传活动周，打响张江品牌。发展美丽大健康、新能源汽配、数智新经济、化学新材料等优势特色产业，加快集聚科技创新资源、促进创新成果转化、集聚培育高端人才、优化创新生态环境。

（瞿亚凤）

【金山园概述】 2023年，金山园遵循聚焦特色、示范带动、整体推进的思路，深入推进"张江研发＋金山智造"联动模式，以科技创新引领现代化产业体系建设，推进先进材料、生物医药、电子信息等现代产业提质增效。

产业集群做深做精。生物医药产业方面，金创园2期、上海锦致生物科技有限公司等项目签约落地，上海欣峰制药有限公司项目开工建设，上海珈凯生物股份有限公司新工厂投产。无人机产业方面，完成试验区建设成果22项，发布《金山区打造华东无人机基地暨加快无人机产业高质量发展的实施意见》，无人机基地获批国家级中小企业特色产业集群，申报上海市学生劳动教育基地。新型显示产业方面，瑞能微恩半导体（上海）有限公司、奥来德（上海）光电材料科技有限公司、上海贺东电子材料有限公司等项目试生产，举办第6届"金水湖"论坛暨2023年全球AMOLED生态链大会等产业活动。新材料产业方面，举办第5届碳纤维复合材料产业创新发展高峰论坛。

项目建设有序推进。上海湾区中科生态数字港项目1期竣工验收并对外开园；上海湾区东湖国际创新中心实现5个地块一次性拿地，并作为上海湾区科创城的首发项目启动建设；"张江研发＋上海制造"上药金山绿色制药精品基地单体结构封顶；华平金山智慧产业园项目1期项目2个地块和2期1个地块均竣工并投入使用；阿里云华东智能算力中心（2期）项目建设有序推进；中经云5G信息港项目数据中心竣工验收。

平台合作深入对接。围绕长三角一体化高质量发展与长三角国家技术创新中心签署战略合作框架协议，在7个方面合作内容落地落实；围绕校企合作、育才用才、平台建设、党建联建等方面与上海应用技术大学开展深层次合作，形成金山区和高校重点合作项目意向清单和合作机制，并举办"碳"索生活——产业转型技术成果对接合作交流会，为上海碳谷绿湾产业园与上海应用技术大学搭建沟通平台。探索联创合作新模式，建立企业联创中心8家，助力企业开拓"众筹科研"合作新模式；与长三角国家技术创新中心、华东师范大学城市发展研究院、上海智能制造功能平台有限公司开展长三角科技城课题研究，形成"两两"合作新范式。

招商引资质效突出。完成上海欣峰制药有限公司、特百佳动力科技股份有限公司、上海麻沼化妆品有限公司等40余个项目签约，计划总投资261.37亿元；以上海市软件和信息服务产业基地为依托，举办"4·18"湾区日活动，包括2023年上海湾区合成生物学产业创新论坛、"新湾区，新经济，新动力"2023年上海湾区创新发展大会、中科生态数字港1期开放日活动及开园仪式等系列活动，加速招引优质产业项目落地。

发展要素全力保障。强化用地、用工、资金等各方面保障，积极处置低效用地，腾挪发展空间，超额完成低效用地整治1 182.39亩，其中提升低效用地620.62亩、腾退561.77亩；重视企业配套设施建设，推动热力管道埋地改造、跨桥管道改造、土地平整、苗木搬迁等工程；强化生态环境建设，注重精细化管理，提高综合养护水平和质量；加强产业社区管理，用好"数字社区"建设成果提升管理水平。

科技赋能成效突出。组织95家企业申报高新技术企业首次认定政策补贴，申请市级张江专项发展资金1 150万元；深化金融服务，为企业提供融资信贷服务，为31家企业申请批次担保等贷款17 440万元。新增专精特新中小企业43家、市级科技小巨人4家、市级企业技术中心1家、市级外资研发中心3家、国家级绿色工厂3家、市级绿色工厂5家、市级智能工厂1家。

企业服务精准直达。深入实施包保责任制，畅通企业反映问题渠道，密切结合送新发展理念、送支持政策、送创新项目、送生产要素"四送服务"，帮助企业解决发展资金短缺、用工数量不足、要素保障不力、市场销售困难等问题；建立分类指导制度和问题项目台账，扎实推进项目建设进程。

人才服务精准施策。完善科学人才评价机制，全年为414名产业人才发放补贴561.24万元；举办第3届海聚英才全球创新创业大赛暨第2届上海湾区BAY客奖创新创业大赛，提供获胜项目资金和场地支持，实现优秀科技创新人才集聚，推动优质科技创新项目落地；上海精细化工火炬创新创业园获批上海市海聚英才创新创业示范基地。

（胡 韬）

【崇明园概述】 2023年，崇明园围绕崇明世界级生态岛建设总目标，以"科创兴岛、绿色崛起"为主线，编制园区高质量发展行动方案，推进园区高质量发展。全年实现营业收入467亿元，规模以上工业总产值379.81亿元，出口总额120.98亿元，工商注册企业约2万家，新增注册企业4 034家。

群策群力，推进园区方案编制。成立"一园一方案"工作专班，开展园区基底情况摸底调研，从园区产业定位、空间规划、科技载体建设、园区运营团队、基础配套建设等方面深入剖析，分析园区产业发展优势及短板；联合上海中创产业创新研究院开展园区高质量发展行动方案研究和编制，围绕崇明世界级生态岛建设总目标，以"科创兴岛、绿色崛起"为主线，提出四大方面14项工作任务。

优化服务，支持企业创新发展。举办创新创业大赛。智慧岛数据产业园承办"创·在上海"国际创新创业大赛崇明分赛点活动，报名参赛企业217家，打通参赛企业与创业投资机构对接快捷通道，提供融资和发展壮大机会。

强化引导,落实科技创新政策。落实张江专项资金“首次认定高企补贴”政策,以“免申即享”形式给予41家高新技术企业奖励资金1 025万元;完成2022年度高增长、科技金融、技术改造等11个项目立项,项目资金总计1 086.9万元。落实《推进崇明世界级生态岛建设科技创新实施办法》,对首次认定高新技术企业奖励、张江专项资金区级配套、创新资金区级配套、科技小巨人区级配套、科技创新券区级配套等政策“免申即享”,落实区级配套资金2 158万元。

创新引领,推进创新平台建设。上海长兴海洋实验室面向国家战略与上海海洋装备发展需要,布局智能制造与智能船舶、绿色动力与船用设备、深海装备与资源开发、水下探测与综合隐身四大方向,实施船舶智能制造、智能焊接、海洋绿色动力研究、深海采矿关键技术、船用智能设备等五大战略任务。实验室承担的国家“十四五”重大科技基础设施项目“深远海全天候驻留浮式研究设施”,为国内实施大海洋战略提供一种全新的科研设施平台;联合江南造船(集团)有限责任公司联合研发的巨型船舶对接装备和智能控制系统,有效提高船舶智能化制造水平;深海重载作业采矿车以海底多金属结核为开发作业对象,为国内发展深海产业提供新型装备。 (袁佳欢)

【宝山园概述】 2023年,宝山园实施“南总部+北制造”全产业链提升计划,新材料、生物医药、机器人及智能制造、新一代信息技术等主导产业持续健康发展,占规模以上工业总产值的58.3%。战略性新兴产业产值2年平均增长率19.8%,占规模以上工业总产值的30.1%。截至年底,固定资产投资52.38亿元、工业总产值724.8亿元、营业收入3 105.85亿元,分别比上年增长40.9%、2.1%、3.2%。

产业布局持续优化。特色园区提质扩容,宝武(上海)碳中和产业园、数智南大产业园入选市级特色产业园,总数扩容至5家,占全市10%;上海机器人产业园、超能新材料科创园特色产业集聚度均达80%。用地空间有序释放,建立低效用地区镇两级联合收储机制,盘活低效用地超4 600余亩;探索“工业上楼”新模式,在金地威新宝山科创园项目进行区域试点。搭建产业发展平台,蓄能未来细胞产业发展,举办首届细胞生物医药技术与产业发展论坛;优化产业创新支撑体系,举办2023年第10届中国国际石墨烯创新大会,揭牌成立高性能膜材料检测中心(电化学储能检测中心),推动高端新材料创新研发和技术突破。

深入推进“先投后股”试点。完善“先投后股”项目遴选流程,形成可复制、可推广的科技成果转化“宝山模式”。全年“先投后股”项目立项9个,扶持资金5 200万元,试点以来累计征集项目115个,新增前沿科技项目落地近30个。

揭榜国家创新改革试点任务。启动多主体全链条的创新联合体建设,制定《宝山区创新联合体备案工作指引(试行)》,医疗器械(体外诊断)创新联合体、合成生物(重组药物)创新联合体完成组建备案,绿色低碳创新联合体加快筹建。

营造创新生态。制定宝山区高质量孵化器行动方案及管理办法,布局生物医药、新材料、集成电路等领域,实施引进、培育、提升“三个一批”工程,在半导体、先进封装等领域开展产品开发、提供产品验证、企业孵化等服务。推动宝山复旦科创中心优化体制机制,深化“科创中心主阵地大学科技园联盟”建设。大学科技园累计落地企业534家、转化科技成果138项。 (洪燕华)

【世博园概述】 2023年,世博园聚焦世博园区、白莲泾地块、耀华地块、前滩地块等重点发展区域,深入实施促进区域经济发展八大举措,即走访常态化、楼宇经济专员、三送行动(送政策、送服务、送关心)、世博发展合伙人、区域专题推介活动、巡馆招商、国内组团招商、境外出访招商,整合各方资源,激发区域活力。

多措并举狠抓招商引资。举办世博地区大宗商品国际贸易生态集成区高质量发展大会、“潮荟世博,焕彩绽放”世博地区文化高质量发展推进会、“齐聚世博,致远未来”世博地区经济高质量发展大会、“央地融合,荟聚世博”世博地区高质量发展论坛暨签约仪式等专题招商活动,与一批单位达成战略合作;赴北京市、湖南省长沙市、山西省等地开展招商27次,引进上海水羊国际贸易有限公司、上海山高通汇企业发展有限公司等企业落户;完成2023年中国国际进口博览会、2023年人工智能博览会等巡馆任务5次,累计参加巡馆近300人次;赴日本、新加坡、英国、法国、列支敦士登等国家,推介世博地区营商环境,促成英国皇家会计师公会设立上海代表处。

激活楼宇经济发展动能。建立楼宇经济专员制度,74名楼宇经济专员以区域内72幢重点商务楼宇为主要对象,开展投资促进、安商稳商、企业服务等工作,上报招商线索56条,其中葛兰素史克(中国)投资有限公司上海分公司、中外运上海(集团)有限公司、华电燃气轮机技术(上海)有限公司等51个项目落地。

科技创新政策助力科技型企业发展。推动政策扶持落地,获2023年张江专项资金资助项目2个;聚焦重点企业发展,推荐上海世科嘉车辆技术研发有限公司申报“张江之星”。截至年底,有效期内高新技术企业62家,新增21家,主要集中于科学研究和技术服务业及软件和信息技术服务业领域。

加快国际经济组织集聚区建设。全球赠与基金会(美国)上海代表处、云安全联盟大中华区(中国香港)上海代表处国际经济组织注册落地,世博园国际经济组织总数增至21家;韩国大韩商事仲裁院上海中心登记成立,成为全国首家外国仲裁机构在上海设立的业务机构,推动国际一流仲裁资源集聚,优化国内外优质科技企业发展的生态环境;“一带一路”经济信息共享网络上海联络处、上海国际问题研究院前滩基地揭牌并落户。 (周心仪)

【黄浦园概述】 2023年,黄浦园实施创新驱动发展战略,着眼壮大科技产业、推动科技创新、优化科技创新生态和赋能园区数字化转型，重点聚焦生物医药、人工智能和科技金融等重点产业领域，全力推进产业创新发展、营商环境优化等重点工作，培育区域经济发展新动能，发挥科技创新在推动区域经济高质量发展中的作用。

布局前瞻谋划，强化科技创新发展研究。落实"一园一方案"制订，成立编制工作专班，确定数字经济和生命健康两大主导产业及细分领域，修改形成"一园一方案"初稿。制定发布新一轮科技创新政策，从集聚科技创新主体、吸引科技创新人才、打造科技创新合力、提升科技创新活力4个方面制定发布《黄浦区关于把握科创回归都市趋势 加快提升科创发展能级的扶持办法》；依据《黄浦区关于聚焦转化医学引领生物医药产业高质量发展的扶持办法》，发布2023年政策申报指南。落实重点产业技术课题研究，开展金融科技、绿色低碳、生物医药3项关键核心技术课题研究，聚焦加强基础研究、优化资源配置、实施战略联动，形成课题报告。开展科技创新产业分析研究，完成《黄浦区科创企业综合统计及重点领域分类》研究，形成区内科创重点产业领域税收百强、高成长百强、潜力百强企业名录。

聚焦企业需求，促进科技成果转化。助力科技企业突破性成长，加强高新技术企业认定管理，举办高新技术企业颁证大会；实施科技型中小企业、高新技术企业、科技小巨人企业、上市企业梯度培育计划，服务园区内科创企业上市培育库企业；上海英方软件股份有限公司成为园区内首个科创板上市企业。优化重点园区及项目的精准服务，持续推进广慈思南园区、整形创新研究院等重点项目建设，满足重点项目个性化扶持需求。

擦亮服务名片，打造优质产业生态。推进科技创新载体提质扩容，拓展国家级、市级孵化平台数量，黄浦区科技创新孵化基地入选国家级科技企业孵化器；"数智心城·无界创新"产业园投入运营，六合大厦孵化基地改造工程完成。持续集聚培育科技创新主体，筹划"中央科创区"建设，聚焦以数字科技、生命健康产业为核心，以科技创新服务业为支撑的"2+1"产业创新体系，加速创新技术突破和应用转化融合；持续发挥独特区位优势，提出"中央科创区"建设的战略定位、产业生态、功能体系和空间布局思路；增强招商引资力度，引进国宁能效(上海)新能源科技有限公司、上海优立云视界科技有限责任公司等一批优质科创企业。有效激发科技创新活力。举办2023年黄浦区科技创新大会，表彰上市企业和科技创新人才；举办第5届健康中国思南峰会、2023年"创·在上海"国际创新创业大赛黄浦赛区比赛、2023年"侨聚黄浦·海创未来"创新创业大赛、"普华永道中国×黄浦科创创新加速营""门楣之光·黄浦人才周"之科创人才专场活动、元·创联盟"眺望、共创、亮招——按下科创提速键"、第5期海归创业独角兽企业培训营等活动，大力营造科技创新氛围。（陈玥皞）

【自贸保税园概述】 2023年，自贸保税园着力加强经济运行分析监测，针对重大项目、重点企业组建工作专班，加强企业跟踪调研，主动问需求、解难题，确保区域经济稳增长。全年，保税区域进出口总额11 617.3亿元，比上年增长5.9%，占全市27.6%；外商直接投资实际到位金额25.3亿美元；限额以上商品销售总额6 819.2亿元，比上年增长5.5%，其中机械设备及电子产品行业销售额比上年增长13.7%；规模以上工业总产值444.8亿元；规模以上信息服务业营业收入86.6亿元，比上年增长8.8%；规模以上科技服务业营业收入151.7亿元，比上年增长4.6%；全社会固定资产投资额75.3亿元。

持续深化重点产业发展。筑牢生物医药产业新高地，深入实施浦东新区大企业开放创新中心(GOI)计划，推进上海药明康德新药开发有限公司等企业申报；持续深化生物医药特殊物品、研发用物品进口"白名单"试点，配合浦东新区出台《浦东新区推动进出境生物医药特殊物品监管服务若干规定》，协助建立上海市生物医药特殊物品进出境联合监管机制，推动市药监局药品进口(备案)外高桥受理窗口试点启用"进口药品通关单"发放功能；打造国际医疗器械智造园区，协助伟创力(上海)金属件有限公司扩大医疗器械注册人制度业务范围；推进细胞与基因治疗产业跨境研发生产先行区建设，吸引集聚细胞与基因治疗重点企业30余家；深化创新型企业与医疗机构协同合作，推动上海高博肿瘤医院打造研究型医院，与上海惠永药物研究有限公司、西湖生物医药科技(上海)有限公司等药企对接合作；加强资本与产业双向对接，推动高瓴资本、红杉资本、美敦力中国基金等知名创投机构和国有资本与区内企业对接合作。加快集成电路配套产业布局，支持智贸E园嘉之曦打造以集成电路产业为方向的创业孵化器，推动第5届全国集成电路"创业之芯"大赛上海分站赛落户。提升智能制造服务能级，召开保税区域工业企业促投资提能级政策宣讲会，推动智能制造设备、汽车及零部件等类制造跃升能级，推进智能工厂评估诊断工作。

加快园区服务能级跃升。提升政务服务中心综合服务功能，着力打造"好办""快办"用户体验，建立园区政务服务常态化机制，持续做优审批服务；建设保税区域一体化信息管理服务平台，汇聚基础信息、监管信息、运营信息等，提高区域管理、监管协同、政企互动效率，驱动区域功能创新；用足弹性规划和综合用地政策，探索用途放宽、功能复合、弹性灵活的规划管理方式，服务企业做好区内存量工业用地转型，推动区内土地提质增效。

着力营造园区创新生态。加快外高桥生物医药产业园、外高桥国际智能制造服务产业园、自贸壹号等特色产业园建设，不断提升产业能级；发挥自贸壹号创意实验室、外高桥复旦科技园创新中心、智贸E园、云享创客新材料基地等孵化平台的服务功能，促进科技型中小企业成长，为企业提供专业化、市场化服务；推动与上海国有资本投资有限公司、上海生物医药基金等国有资本的沟通合作，利用国有产业基金平台资源优势，推荐优质项目开展融资对接，助力科研项目落地及商业化运作；对接优秀社会化市场化人力资源机构，启动保税区卓越人力资源计划；落实各级人才项目及博士后引才项目等政策；完善海外人才服务体系建设，为海外人才提供出入境和停居留便利。依托上海市浦东新区知识产权保护中心、上海(浦东)知识产权服务站、上海自贸区版权服务中心等专业机构,为相关主体提供专业化政策咨询及服务;举办知识产权公益培训讲座、最新政策热点宣讲等各类活动,推动知识产权文化宣传"进大厅、进园区、进企业",提升区域企业知识产权管理能力。

加快区域协同创新发展。全力打造"丝路电商"合作先行区中心功能区,推动线上线下国家馆建设,吸引更多"丝路电商"伙伴国入驻"全球汇";对接知名电商平台,推进优质商品线上展示与达成交易;开展丝路电商系列专题活动,推动"全球汇"举办"舌尖上的丝路""丝路电商云品海购""首届外高桥全球商品选品会"及法国商品文化周等系列活动;打造"丝路电商"创新基地,为中小企业提供孵化培育、培训、直播等复合功能载体;推动国内相关采购商与"丝路电商"国家馆项目的经营主体开展业务对接活动,推动双方达成合作,打通国家馆跨境采购与国内市场流通渠道,探索建设全球集散分拨中心。

加大园区招商引资力度。围绕重点产业和区域优势,策划举办高规格招商活动,进一步提高外高桥知名度,会同外高桥集团集聚区内60余家科技创新企业举办首届"全球汇・汇全球"2023年度外高桥科创人活动;拓展与国际经济组织、海外投资促进机构、知名商会等合作,组织专业化招商团队赴海外开展专题招商推介活动,在瑞士举办保税区域瑞士专题推介活动,在日本参与举办上海市浦东新区及自贸试验区保税区域投资政策说明会。 (生娅辰)

第二节 紫竹高新技术产业开发区 >>

【紫竹高新区概述】 2023年,紫竹高新区主要经济指标继续保持稳健增长态势,实现财政收入113亿元,比上年增长10.60%。截至年底,共有注册企业7 043家,其中内资企业6 561家、外资企业482家,吸引内资注册资本844.37亿元、外资投资总额90.05亿美元、注册资本66.06亿美元、合同外资57.73亿美元。

产业集聚持续高动能。重点打造"1+6+X"产业布局,依托紫竹信息数码港改造、紫竹数字创意港3期和研发基地2期(软件港)等产业基地建设,着力发展以数字经济为拳头产业,信息软件、数字视听、生命科学、智能制造、航空电子、新能源与新材料等六大支柱产业和若干先导产业协同发展的全新产业规划,大力推动战略性新兴产业的发展,并在重点细分领域集聚和培育。探索科技成果转化新路径,完善双创生态服务体系,打造创新企业群落,形成主导产业高地,集聚以英特尔(中国)有限公司为代表的一大批有国际影响力的企业和研发机构,共有跨国企业总部7家,国际知名研发中心14家。

营商环境不断优化。突出"铂金产业服务体系"功能建设,紫竹高新区科技金融创新服务信息平台入选国家产融合作试点城市典型案例;174家科技企业完成股权融资272亿元,246家企业获债权融资超26亿元;知识产权服务工作成效显著,入托企业578家;人才高地建设加快,引进国家级海外高层次人才5人、上海市海外高层次人才23人、闵行区领军人才96人。

创新策源基础持续加固。截至年底,累计培育上市企业10家,独角兽及潜在独角兽企业9家,市级科技小巨人企业30家,国家级专精特新"小巨人"企业8家,市级专精特新中小企业164家,市级创新型中小企业189家,有效期内高新技术企业491家。专利申请数累计6.79万件,其中发明专利占79.38%;有效发明专利拥有量1.69万件;研发经费占营业收入比重为8.33%;从业人员本科以上学历占72%。

科技创新生态系统建设不断完善。利用毗邻上海交通大学、华东师范大学及众多跨国企业研发总部的区位优势,建立以紫竹创业孵化器、紫竹创业中心、紫竹小苗基金、紫竹科投基金为核心的创新创业生态体系,以"孵化+投资"模式提升孵化能级,激发科技创新活力;打造1.2万平方米规模的国家级科技企业孵化器,推进创新创业孵化和科技成果转化;设立规模近20亿元的紫竹小苗和紫竹科投基金,累计投资科技创新企业超百家,投资满2年企业再融资率超85%,带动社会资本投资金额超百亿元;中航民机机载系统工程中心、阿里云-云轴科技技术创新联合实验室成立。 (贝俪婕)

【2个项目获国家优质工程奖】 12月9日,由上海电气集团股份有限公司负责提供风机设备的张家口-北京可再生能源综合应用示范工程和江苏竹根沙(H2#)300 MW海上风电场项目分别获2022—2023年度国家优质工程金奖和国家优质工程奖。张家口-北京可再生能源综合应用示范工程项目在2022年北京冬奥会、冬残奥会举办期间免费及让利供应绿电1.7亿度,整个延庆赛区冬奥村及山地新闻中心可再生能源供热100%,实现奥运史上首次全部场馆绿电供应;江苏竹根沙(H2#)300 MW海上风电场项目打造具有离岸型潮间带特点的海上风电场,建设期间克服浅水深、频演变、多养殖、少装备、难抵达等难点。 (贝俪婕)

【紫竹国家高新技术产业开发区第4届可持续发展论坛】 12月15日在紫竹万怡酒店举办。紫竹国家高新技术产业开发区主办,紫竹国家高新区社会责任联盟承办。论坛以"和合共生——创新驱动下的可持续发展"为主题,设置推动多元融合的ESG生态建设、科技创新赋能商业可持续发展圆桌论坛2场,邀请专家学者、企业代表及社会各界人士,共同探讨科技创新发展背景推动可持续发展的新路径。会上发布《上海紫竹高新区(集团)有限公司可持续发展报告(2023)》,总结紫竹高新区2022—2023年在党的建设、科技创新、铂金服务、绿色生态、社区人文5个领域践行可持续发展的行动。 (贝俪婕)

第三篇　第十一章

科技创新承载区

第一节｜概况 >>

【上海各区科技工作概述】　2023年，各区科技部门主动作为、靶向发力，在集聚创新资源、产出重大原创成果、加快关键核心技术攻关、引育科技型企业、优化体制机制、营造创新生态及支撑经济社会发展等方面取得成效。全市各类创新创业载体超500家，有效期内高新技术企业突破2.4万家，科技型中小企业入库超2.1万家，技术合同成交金额4 850亿元。

着力推进科技创新中心重要承载区能级提升。浦东新区以科技创新构筑高质量发展新动能新优势，召开2023年浦东创新创业大会，发布《浦东新区大企业开放创新中心计划(GOI)高质量发展三年行动计划(2023—2025年)》，实施孵化器和加速器升级计划，启动5家上海市高质量孵化器建设；打造电子信息新质生产力，以链式转型打造数字化标杆应用场景。闵行区全力推进"大零号湾"科技创新策源功能区建设，发布《推进"大零号湾"科技创新策源功能区建设方案》，研究解决"大零号湾"发展中的专项规划、专项政策、交通路网、配套公共设施等重点事项；设立区校合作专项资金，加快"大零号湾"金融港建设及科创金融联盟组建，成立上海大零号湾创新策源私募基金；截至年底，建成并投入使用的高能级科创载体18个，一批顶尖人才、重大项目、重点机构、科技领军企业相继落地。徐汇区加快科技服务业示范区建设，成立区科技成果转化服务中心；发布全市首个大模型专项政策，推出全国首个大模型生态社区——上海"模速空间"创新生态社区。杨浦区加快推进创新街区试点建设，发布《环同济知识经济圈新一轮发展规划(2023—2025)》，深化校区合作，梳理合作项目清单，持续提升"环同济"品牌影响力；加快构建市级城市数字孪生底座平台，推进中国(上海)数字城市研究院建设，打造以上海技术交易所为重要力量的国家级技术要素市场。嘉定区聚焦特色优势产业，全面赋能世界级汽车产业中心核心承载区建设和未来产业发展，推进上海汽车工业软件创新中心建设；紧抓同济大学未来产业科技园建设契机，校地合作成立自主智能交通产教融合创新创业联盟，共建德国电池安全中心中国研究院，累计设立联合实验室13家。松江区持续推进长三角G60科创走廊建设，设立长三角首支跨区域科技成果转化基金，推动关键核心技术联合攻关，促进长三角跨区域产业链创新链供应链合作模式创新升级。

持续强化科技创新引领区域转型升级。宝山区推动产学研用深度融合，高标准建设大学科技园，推动吴淞材料实验室落地，启用"环上大"科创街区，加速推广技术转移数字化应用平台"科创宝"，打造功能耦合、接续承载的成果转化空间体系；发布全市首个区级概念验证中心管理办法，建立"先投后股"项目全生命周期服务体系。金山区聚力打造上海湾区科创城，培育壮大软件与信息服务业，成立金山区算力产业生态联盟，布局建设上海湾区算力产业生态孵化中心，无人机产业集群入围国家级特色产业集群。奉贤区全力打造中小企业科技创新活力区，细化国家级中小企业科技创新活力区建设"施工图"；联动上海化学工业区、上海杭州湾开发区、上海自贸试验区临港新片区(奉贤区域)和东方美谷，打造产学研融合创新的新格局。青浦区加速建设"长三角数字干线"，加快推进华为青浦研发中心、北斗创新基地建设，稳步推动市西软件信息园扩园规划；促进信息创新产业布局落地，推进"大数字"创新实验室合作专项。崇明区围绕海洋装备、碳中和等重点领域，建立崇明世界级生态岛"1+1+N"生产系统生产总值(GEP)核算制度体系(即1套GEP核算方法，1个GEP核算平台系统，若干个领域GEP核算应用机制)、碳排放精细化管理体系，建成国内首个碳捕集与利用全流程装置，构建碳中和示范区新体系。

加速推动科技创新赋能区域高质量发展。普陀区持续提升中以(上海)创新园、上海清华国际创新中心能级，成立武宁创新共同体，深化"海纳小镇"市级数字化转型示范区建设。静安区持续优化"一核多点、南北联动、多区协同"空间格局，布局建设南京西路、苏河湾、大宁、市北四大功能区，推动前沿科技创新与产业化发展深度融合。长宁区全力推进"上海硅巷"建设，推动以在线新经济产业为代表的三大新兴产业能级提升，推进数字社区建设，加大科技赋能产业力度。黄浦区依托区域资源禀赋，聚焦科技回归都市，积极打造外滩金融科技增长极、医学研究转化创新极等，持续推动科技创新产业特色发展。虹口区积极打造北外滩科创总部集聚区和北中环科创集聚带，形成"双北联动"创新空间格局；推动工业互联网数字化平台建设，召开2023年"工赋上海"创新大会，主办"数实融合创新项目推介会"，打造城市数字化转型应用场景。　　　　(张　绮)

第二节 | 浦东新区 >>

【浦东新区科技工作概述】 2023年,浦东新区深化落实建设国际科技创新中心核心区要求,持续强化科技创新策源功能,打造自主创新新高地。截至年底,科技服务业实现营业收入1 419.38亿元,比上年增长11.9%;技术合同认定登记14 078项,占全市的27.7%,技术合同成交金额2 378.20亿元,占全市的49.0%;有效期内高新技术企业4 922家,新认定1 703家;科技小巨人(含培育)企业725家,专精特新中小企业1 971家,专精特新"小巨人"112家;科创板上市企业49家,占全市的55%。

科技创新策源功能持续完善。保障战略科技项目建设运行。推动国家实验室(基地)建设、中国科学技术大学上海科教基地开工;参与推进国家重大科技基础设施落地启动;保障李政道研究所、上海交通大学张江高等研究院等科研机构运行。加强基础研究支持构建科研高地。推进国家自然科学基金区域联合基金工作,全年向国家自然科学基金委推荐指南建议20项;资助上海院校布局自主研究和民生领域研究,浦东新区科技发展基金支持立项研究项目100余个。延揽集聚科技人才。推动"1+1+N"人才政策落实,即发布《关于新时代浦东新区全面推进社会主义现代化建设引领区人才发展的实施意见》,出台《关于新时代浦东新区全面推进社会主义现代化建设引领区人才发展的行动方案(2023—2025年)》,形成若干配套的专项人才政策;推荐高校、科研机构、大企业等参与浦东新区"明珠计划";落实创新型人才财政扶持,推进有关企业资格认定;加强特殊人才保障,落实特殊人才落户推荐、购房资格推荐。

成果转化通道逐步顺畅。保障新型研发机构落地发展。深入推进新型研发机构布局发展,编制《关于促进浦东新区新型研发机构高质量发展的实施意见(试行)》;保障战略类新型研发机构发展,通过市区协调,一批新型研发机构纳入市级备案名单,储备区级支持项目。推进揭榜挂帅平台高效运行。落实《上海市浦东新区优化揭榜挂帅机制促进新型研发机构发展若干规定》,上线浦东新区揭榜挂帅公共服务平台,构建政府与第三方机构协同运营机制。截至年底,累计实现发榜项目200个,其中企业项目188个,意向投入资金总额超6亿元,成功揭榜19个,达成合作金额超4 600万元。

全面推动孵化载体提质升级。制定《浦东新区孵化载体全链升级高峰高原计划》,着力提高孵化载体发现、培育、孵化、服务创新企业的能力,加快打造高水平科技创新平台;5家孵化器入选全市首批高质量孵化器建设名单;深化"高峰引领、高原崛起"的孵化格局,带动孵化载体提质升级。持续推进孵化载体规模提升,创新型孵化器增长至194家,其中国家级载体39家,市级载体100家,科技企业加速器增长至7家。

大企业开放创新中心计划(GOI)深化赋能。持续发动领军企业加入,年内实现授牌25家;探索创新模式,累计赋能企业3 000余家,新增注册企业近300家,其中1 100余家中小企业实现技术创新突破,获投资总额44.09亿元;通过GOI加速产业链拓展,凝聚孵化器、科研院所等多方力量,汇聚能力、资源、市场、渠道等创新要素;营造丰富创新生态,联合企业组织多场次赋能活动,做强GOI品牌,开展赋能活动近1 100场,覆盖企业超2万家。

科普品牌特色不断彰显。贯彻"科普+科创+产业"机制,加快建设科技创新和科学普及融合发展示范区;联动大科学设施、大企业开放创新中心、科技孵化载体等科技创新资源参与科普工作,启动一批品牌科普活动,围绕重点产业加强新媒体宣传,持续打造数字科普平台;开展科普集市活动8场、"科普嘞"大讲堂30场、流动科技馆10场,创作并发布数字原创内容120篇。不断提升重点科普活动影响力,2023年浦东新区科技节以"科技引领创新未来"为主题,共举办各类活动1 700余场,吸引超100万人次参加;新增科普基础设施10家、市级科普基地3家;制作发放科普基地一卡通,25家基地参与,客流量7 000人次。 (贾鼎嗣)

第三节 | 徐汇区 >>

【徐汇区科技工作概述】 2023年,徐汇区持续扩大人工智能、生命健康产业发展优势,稳步推进数字经济核心产业发展,推动千兆城市及新型智能终端建设,加快创新策源与成果转化。全年新增人工智能相关企业203家,累计921家,注册资本近900亿元,人工智能及相关产业总产出803亿元,比上年增长15.4%;生命健康产业总产出900.11亿元,比上年增长18.5%;各类双创载体累计29家,其中国家级大学科技园2家、市级大学科技园1家、国家级科技企业孵化器4家、市级孵化器2家;国家级众创空间3家、市级众创空间17家,1家入选全市首批高质量孵化器建设名单;科技小巨人(含培育)企业215家,技术先进型企业17家,有效期内高新技术企业754家;技术合同认定登记9 168项,技术合同成交金额392.78亿元。

全面跟进大模型发展趋势。发布全市首个大模型专项政策《徐汇区关于支持人工智能大模型发展的若干意见(试行)》,推出全国首个大模型创新生态社区"模速空间",创建全市首个人工智能大模型产业生态集聚区;9家企业和机构通过国家前3批次大模型上线备案,占全市的52.9%;新引进上海稀宇科技有限公司、上海阶跃星辰智能科技有限公司、北京无问芯穹科技有限公司等大模型企业112家,累计汇聚上下游相关企业近200家。

持续推动生命健康产业高质量发展。完善区内新增获批药品和2类、3类医疗器械产品注册证的企业数据库,全年累计获批上市药械产品52款,其中1类创新药1款、仿制药3款、2类医疗器械34款、3类医疗器械14款；依托产业专项政策，组织实施药械产品获证补贴项目；开展2023年院地合作项目，2020—2023年3批次院地合作项目累计立项56个，撬动社会投入1.43亿元。新增华润智检(上海)医疗器械有限公司与和记黄埔(中国)商贸有限公司上海徐汇分公司2家生命健康千万级企业。

加速创新策源与成果转化。强化“科创绣带”品牌打造，规划并推进西岸大模型创新生态科创街区、环交大人工智能科创街区、枫林生命健康科创街区、漕河泾数字技术科创街区、汾阳视听器械科创街区、环华理生物材料科创街区六大科创街区建设，谋划建设首批11家区级高质量孵化器；识别区域创新资源，从空间、时间、领域、人才等多维度绘制科技创新图谱，展现区域科技创新资源分布及策源转化情况；加强浦江实验室服务保障，落实重大创新载体落户运营支持与科研经费保障，协调浦江实验室永久用房建设项目；促进新型研发机构发展，落实上海期智研究院等新型研发机构运营支持和科研经费保障，新引进落地上海浦芯未来互联网技术研究院、上海科学智能研究院；修订《徐汇区促进科技成果转化操作指导规程》，系统集成区域特色成果转化扶持政策；揭牌成立区科技成果转化服务中心；与区内研究院所、重点医院集中签约，打造多平台转化模式。

数字经济核心产业稳健发展。全年累计24家企业获融资26笔，上海新相微电子股份有限公司在科创板上市，上海米哈游影铁科技有限公司等13家企业入选2023年上海软件和信息技术服务业百强，俺来也(上海)网络科技有限公司等4家企业入选2023年上海软件和信息技术服务业高成长百家。

加快智慧城市建设。推进新型基础设施专项规划，完成《2023年徐汇区移动通信用户感知度测评报告》《徐汇区推进新一代信息基础设施建设技术咨询服务报告》《徐汇区新一代信息基础设施滚动规划研究》3个专项规划，为千兆城市建设提供指导；推进宽带网络建设，区宽带用户平均下载速率达344.6 Mbps，500 Mbps及以上用户占比27%，实现商务楼宇(园区)光网全覆盖；推动千兆城市及新型智能终端建设，千兆网络覆盖率100%，固定宽带下载速率约1 008 Mbps，无线下载最高速率2.3 Gbps；累计建成5G基站2 704个，5G网络实现全域连续覆盖，万人5G基站数39.6个；规划“城市神经元系统”，新型智能感知终端部署约61万个；开展住宅小区地下车库移动通信网络覆盖工程，全年开工150个、完工验收88个；编制并发布《中国城市数字竞争力指数报告》，为区域数字化转型提供决策参考。

加大科学普及力度。全区累计全国科普教育基地7家、全国“科学家精神”教育基地4家、市级科普基地23家、区级科普基地10家、市级青少年科学创新实践工作站6家。全年申报科普项目57个，获批立项34个。社区书院建设覆盖区内13个街道镇，形成群众共建共享、自治自理的科普生活圈。

(王　震)

第四节 | 长宁区 >>

【长宁区科技工作概述】 2023年，长宁区推进实施数字化转型“3320”战略，聚焦人工智能产业与软件和信息服务业发展、重点企业服务、“上海硅巷”科创街区建设等领域发展，获评2021—2025年度全国科普示范区、首轮创新驱动示范市等2项国家级荣誉。

推动重点产业稳步增长，营造创新产业发展生态。推动人工智能与医疗科技融合发展，整合区内医院、科研院所、高校等创新资源，市区联动共建脊柱微创诊疗关键技术领域重点实验室，加强基础研究。软件和信息技术服务业营业收入居全市第三，营业收入同比增幅居全市首位。筹办2023年国际创新创业大赛，组织专题培训5场，参加人数800余人次，参赛企业百余家；6家人工智能企业参展2023年世界人工智能大会并与上海随申行智慧交通科技有限公司“绿色出行一体化服务平台”进行重点项目签约；支持企业召开2023年智能制造创新者(上海)大会、2023年中美青年创客大赛等创新创业活动。

提升服务能级，赋能区域科技创新。强化各类政策宣传培训。围绕高新技术企业认定、技术合同认定、科技型中小企业评价、软件著作权、专利申请等累计开展线上线下专题培训14场；推动“外国人才在上海”大讲堂活动进园区、进社区、进企业活动，临空园区40家重点科技创新企业代表参加；加强市区联动，深入了解企业人才引进和服务需求，为高端人才提供便利服务；通过走访、座谈等形式，走进各科技创新载体、重点企业，了解情况需求，针对性地为科技创新载体赋能，提升各载体从业人员的产业服务能力。加强科技金融服务。成立区科技金融服务站，交付全市首张科技企业创业责任保单；组织兴业银行、中国工商银行、中国建设银行等银行、保险机构、投资机构共同成立区科技金融创新服务联盟。

积极整合资源，打造人才服务品牌。强化虹桥海外人才一站式服务中心职能，贯彻落实外国人来华工作许可有关事项实行全程网上办理“不见面”审批相关政策，累计受益超3 000人次；推动外籍高精尖缺人才认定标准试点工作，加强外籍“高精尖缺”人才服务保障体系建设；持续推动“虹桥智谷”CTOU首席技术官联盟活动，举办“数联未来，解构GPT新机遇”“大语言模型与机器人融合创新的未来”主题活动2场；加强青年科技人才建设，组织“凝青杯”科技创新青年英才挑战赛等活动，推荐优秀科技人才参与长宁青年联合会等。

健全数字生态，全面推进数字化转型。数字经济动能强劲。集成电路、生物医药、人工智能三大先导产业能级稳步提升，人工智能产业集群发展，跨国公司地区总部数量持续增加，在线新经济产业跃升全区第一大产业，亿元以上交易量电商平台26个。数字生活体验普惠。围绕医疗、教育、文旅、出行、养老、社保、家园7个数字专项行动,建成近百个惠民应用场景。数字治理变革深入。全区实际办件网办率超90%,全程网办率位居中心城区前列;上线长护险申请等高效办成一件事服务项目和家庭医生等"免申即享"服务项目,累计推出"免申即享"服务18项,覆盖"一业一证"改革17个;完成区级城运平台大框架建设,汇集上线应用场景20余个;完成公文、会议等基础办公应用与市平台系统对接。数字化转型支撑有力。提升"双千兆"网络能级,累计建成5G基站超2 000个;完善城市生命体征体系和神经元建设,实现道路管网、窨井盖、智能充电桩、蓝牙嗅探等物联设备接入4 000余个;优化前端视频点位建设,累计实现视频监控实时联网1.2万余路;加快新能源终端、智能末端配送设施等建设,累计创建市级充电桩示范小区30个。

创建全国科普示范区,提升科普服务能级。获评2021—2025年度全国科普示范区,在第12次中国公民科学素质抽样调查中,长宁区居民具备科学素质比例达29.4%,位居全市前列;举办2023年长宁科技节、2023年全国科普日长宁区活动启动仪式、第3届上海国际艺术·科普研讨会及户外科普集市等活动,通过"一展一会一集市"主题活动,扩大科普工作国际影响力;全面推进社区书院建设,实现全区社区书院全覆盖。 (吴宇欣)

第五节 | 普陀区 >>

【普陀区科技工作概述】 2023年,普陀区服务全市科技创新中心建设大局,围绕"着力打造地区创新策源主引擎"战略目标,持续提升科技创新策源能力、搭建协同创新平台、赋能重点产业发展。

深化中以(上海)创新园建设。落实《普陀区加快中以(上海)创新园建设推动桃浦智创城高质量发展实施意见》,推进园区2期载体和中以创新加速孵化平台2期项目建设,引进落地上海市互联网协会,推进国际数字安全与生态运营中心建设;举办2022年第6届中以创新创业大赛总决赛、第3届上海数字创新大会、2023年中以国际科技成果直通车、2023年第7届中以创新创业大赛总决赛、第4届上海数字创新大会等活动;累计引入企业、机构、项目163家,其中新注册企业49家。

加快上海清华国际创新中心建设。形成《普陀区加快发展集成电路产业的实施意见(试行)》《上海清华国际创新中心三年行动方案》《普陀区关于支持上海清华国际创新中心、加快建成具有国际一流水平的新型创新载体的实施意见(试行)》,进一步明确功能定位、建设目标、重点任务;推动集成电路平台实验平台建设,推进人工智能智控实验室和长江双碳研究院建设,新引进清华系科技创新企业23家;举办战略性新兴产业项目全球科创路演、清华校友走进普陀座谈交流、上海清华海归创新创业人才年会、清华校友三创大赛、首届长三角县(市、区)域现代化产业协同高端研讨会等活动,揭牌成立上海清华国际人才会客厅。

推动武宁创新共同体资源协同。做强上海机器人研发与转化功能型平台,推动机器人可靠性和智能化国家标准、团体标准制定;做优上海工业控制系统安全创新功能型平台,举办长三角工业软件峰会,完成汽车网络安全虚拟攻防靶场及双安库建设;推动近百家科技研发平台成立"百大平台"联盟,2个国家级平台、7个市级平台、5个区级平台获立项资助,依托平台项目,推动平台共同服务科技企业协同创新;成立武宁创新共同体科创人才实践基地、专家顾问团,打造人才新高地;形成武宁创新共同体咨询成果报告和三年行动方案,举办武宁创新共同体早餐会,推动武宁路沿线科创要素设计,打造武宁创新共同体会客厅;举办"中华武数"科技创新集市、武宁创新共同体成员联组学习会、院所开放日等活动。

优化创新创业环境。举办2023年"创·在上海"国际创新创业大赛普陀分赛,132家科技型中小企业参赛,20个项目获上海市高新技术成果转化项目认定,10家单位参与的21个项目获上海市科学技术奖,其中6个项目获一等奖;23家企业获科技型中小企业技术创新资金计划立项扶持。"中华武数"科创专栏首期3个项目上线"一网通办"平台。截至年底,累计办理外国人才来华工作许可业务1 100件,核发外国高端人才工作许可证116张;发布《普陀区推动"中华武数"科创平台人才发展实施办法》,推进海外人才工作站建设;全年技术合同认定登记1 250项,成交金额131.91亿元。

提升科技创新载体能级。完善科技创新载体评估体系,优化科技园区、科技企业孵化器绩效评价考评指标,开展科技企业孵化器绩效评价、入库工作;推动企业完成区级科技企业孵化器备案,引导符合条件的载体申报市级科技企业孵化器;持续推进普陀园建设,形成《张江高新区普陀园高质量发展行动方案(2023—2025年)》。

增强科普服务能力。举办2023年普陀区科技节,线上线下超7万人次参与启动仪式,举办科普惠民活动近百场;科普声乐作品《你在告诉我》获评上海市国际科技艺术展演活动一等奖并亮相上海科技节闭幕式;司法鉴定科学研究院在第10届上海市科普讲解大赛决赛中获一等奖;制订区级科普基地管理办法,授牌区级科普基地7家,3家科普基地获评国家级科普基地,2家基地在市科普基地绩效评价中获评优秀,培养科普志愿者团队64人;举办第10届上海国际自然保护周普陀专场活动、科普讲解大赛。

深化区域数字化转型。发布《普陀区数字化转型指数研究报告》白皮书,新增数字化转型示范项目和标杆场景26个;推动数字化转型场景布局,汇总形成2023年度三大领域29个数字化转型应用场景的需求清单;制定"海纳小镇"数字化转型示范区2.0实施方案,开展数字交通重点场景1期项目建设;发布《普陀区支持海纳小镇发展十二条(2023版)》,开展2023年上海市数字化转型体验周活动;深化5G网络基站建设,全年累计开通5G室外基站2 626个;全面实

施住宅小区地下车库移动通信网络覆盖工程，完成104个住宅小区。（陈　至）

第六节｜虹口区 >>

【虹口区科技工作概述】　2023年，虹口区聚焦新兴产业培育、科技创新策源、科技事业发展等重点任务，扎实推动科技创新工作高质量发展。

坚持企业科技创新主体地位，提升区域创新浓度。优化技术合同登记。设立技术合同登记服务点，获上海勘测设计研究院有限公司、上海数字证书认证中心有限公司等企业授权；落实技术合同认定登记告知承诺制，简化登记流程，截至年底，技术合同认定登记771项、成交金额52.67亿元，分别比上年增长25.6%、8.2%。深化科技创新服务。落实高新技术企业认定、科技小巨人企业评选、高新技术成果转化等各类科技创新政策，截至年底，科技小巨人企业累计113家，新认定高新技术企业120家，有效期内高新技术企业414家；受理上海市高新技术成果转化项目13个，立项10个；参与2023年“创·在上海”国际创新创业大赛项目188个，获上海科技型中小企业技术创新资金计划立项24个；入选上海启明星项目27人、优秀学术/技术带头人计划项目3人。

持续加大招商引资力度，打造新兴产业体系。围绕生物技术产业、电子信息集成电路产业、新能源产业、数字经济与工业互联产业、元宇宙产业等，引进上海哈威克光电技术有限公司等一批企业；举办虹口元宇宙产业联盟企业沙龙暨“智投北外滩”投融资路演，为企业提供全方位配套服务，截至年底，集聚元宇宙企业53家，新引进10家；迷塔城1933、上海南湖职业技术学院数字化产教融合虚拟仿真基地入选2022年度上海市元宇宙重大场景应用“揭榜挂帅”项目；引进上海蓝晶微生物科技有限公司、腾辰生物科技(上海)有限公司等龙头企业，打造北科创生物技术产业园，加快生物技术产业集聚和高质量发展。

发挥创新平台载体效能，激发企业科技创新活力。加强孵化器、众创空间建设，截至年底，各类创新创业载体26家，其中国家级孵化器、国家备案众创空间各1家，市级孵化器10家、市级众创空间11家；开展各类投融资对接、创新创业辅导活动283场，其中投融资活动31场；科技金融服务站受理“科技履约贷”申请16项，8家企业获融资；在雷士德工学院设立上海北外滩科创路演中心，推动资本与项目对接，吸引数十家创投机构参与；打造“智投北外滩”活动品牌，举办投融资路演活动3场，为科技企业和项目拓宽融资渠道，搭建对接平台。

深化数字化转型，赋能区域经济发展。联合上海智慧城市发展研究院，开展虹口区城市数字化转型应用场景“数字体验官”体验评价活动；持续推进智慧教育、智慧机管、智能体育等应用场景建设；举办虹口区数据标准规范与数据要素资产化宣贯会，推动上海纳纳科技有限公司启动3级数据管理能力成熟度评估模型贯标；扎实开展住宅小区地下车库移动通信网络覆盖工程，全年累计完成住宅小区114个；持续推进通信运营商开展5G基站建设，累计建成5G基站1 555个。

强化科普服务能力，推动科普、科技创新融合发展。推动并落实全市首颗中学冠名“虹口复兴号”光学遥感卫星，利用卫星数据开展空间信息科普；举办第18届“蓝色浦江”学术年会，邀请2位中国科学院院士及专家学者、企业家代表开展学术交流；以虹口科技节、全国科普日、全国科技工作者日等为契机，组织开展系列科普讲座和活动；不断完善全区新时代文明实践中心、党群服务中心、站点科普融入机制，深化社区书院建设，推出虹口区科普月、科技会客厅、院士专家进校园等品牌活动。（蒋宇舟　陈　攀）

第七节｜杨浦区 >>

【杨浦区科技工作概述】　2023年，杨浦区围绕“激活创新发展动力源”总要求，深入实践“三区联动、三城融合”理念，以建设国家创新型城区、全国双创示范基地、上海科技创新中心重要承载区和“科创中国”试点城区为抓手，持续激发创新策源活力，健全区域创新体系，提升创新驱动能力。

有序推进平台基地建设。不断深化大学校区、科技园区、公共社区三区联动和学城、产城、创城三城融合的建设理念，从强调形态联动拓展到强化功能联动，深层次激发科技创新策源力；强化区域内高水平产学研用协同创新平台及校企联合实验室优势，区校联手打造环同济知识经济圈，发布《环同济知识经济圈新一轮发展规划(2023—2025)》。

推动落实科技企业管理。推进高新技术企业认定、科技小巨人企业评选、技术合同认定备案、高新技术成果转化和技术先进型服务企业认定等科技政策落实，组织开展各类科技政策培训和产业对接活动，覆盖不同发展阶段的科技企业。截至年底，有效期内高新技术企业1 300家；新增市级科技小巨人(含培育)企业7家，累计129家；新增区级科技小巨人企业14家，累计367家；新认定上海市高新技术成果转化项目32个；技术合同认定登记5 036项，成交金额198.4亿元。

拓展深化科学普及效能。推进社区书院建设，获上海市社区书院建设优秀组织单位，实现社区书院建设街道全覆盖，年内新增社区书院6家，累计建成25家；40个“智慧科普盒子”覆盖12个街道社区，推送科普内容资源33.40万条次；举办2023年杨浦科技节，并上线杨浦线上科技节展示平台，将实物视觉效果经过三维数据化在手机端上展示，10天获点击量5.23万次。

全面推进城市数字化转型。聚焦布局新型基础设施、构建数据中枢体系、强化共性技术赋能3个方面，提出“4+2+3”九大计划，即加快推进新一代智能感知终端建设计划、传统设施改造计划、网络基础设施建设计划和算力基础设施建设计划，提升传统设施智能化水平，增强基础设施系统整体效能和服务保障力度；依托杨浦区大数据中心和城运平台，通过实施公共数据归集治理计划和公共数据开放应用计划，提升数据融合应用、分析管理、开放共享能力，形成杨浦城市数字化转型的系统合力；围绕数字化转型的公共服务需求，加快推进公共应用工具供给、公共技术供给提升、安全防护体系建设计划，全面提升杨浦区共性技术的支撑能力。编制并发布《杨浦区数字新赛道三年实施方案》，启动运营上海市城市数字化转型体验馆。截至年底，信息技术服务业规模以上纳统企业166家，全年营业收入2 602.26亿元，比上年增长18.7%；截至年底，155个住宅小区实现地下停车库信号覆盖，完成新一轮i-Yangpu场点招标及签约工作。 （白冬晖）

第八节 | 黄浦区 >>

【黄浦区科技工作概述】 2023年，黄浦区加快发展科技重点产业，启动“中央科创区”建设，不断优化科技创新生态，持续赋能城区数字化转型，着力在中心城区核心地段打造上海科技创新中心的重要承载区。截至年底，科技创新服务业税收收入45.89亿元，比上年增长19.9%；健康服务业税收收入27.38亿元，比上年增长6.1%。

制定发布专项政策，强化政策保障功能。发布《黄浦区关于把握科创回归都市趋势 加快提升科创发展能级的扶持办法》《黄浦区关于加快推进数字产业发展的政策意见》《门楣之光·黄浦区科创英才引进培育实施办法(试行)》，推动科技创新支持政策落地，并发布区数字产业、科技创新、生物医药产业政策申报指南，提高政策申报的规范性、透明度和参与度。

聚焦把握重点领域，推动科技创新产业发展。聚焦金融科技、人工智能、生物医药等重点领域，引进国宁能效(上海)新能源科技有限公司等企业73家，比上年增长82.5%，注册资本超14亿元。截至年底，有效期内高新技术企业192家，科技型中小企业156家；技术合同认定登记735项，成交金额95.31亿元；获上海科技型中小企业技术创新资金计划立项11个，通过上海市高新技术成果转化项目认定6个，12家企业的17个项目申报2022年度高新技术成果转化项目财政扶持政策，涉及扶持金额698.3万元。上海英方软件股份有限公司成为区内首家科创板上市企业；蚂蚁胜信(上海)信息技术有限公司和上海电信科技发展有限公司入选2023上海软件和信息技术服务业百强名单，上海金仕达卫宁软件科技有限公司、上海麦捷克智能科技有限公司和仁励窝网络科技(上海)有限公司入选2023上海软件和信息技术服务业高成长百家名单；蚂蚁区块链科技(上海)有限公司获“张江之星”企业授牌。

搭建平台基础设施，提升创新策源能力。广慈-思南园区持续扩展，以国家转化医学重大基础设施、上海交通大学医学院附属瑞金医院为核心区域，新增中港汇项目约13 000 m²；围绕打浦桥区域打造生物医药科技成果创新中心，新增绍兴路项目4 000 m²；聚焦思南路、绍兴路沿线建设非公高端医疗健康服务集聚中心，辐射周边5 km²，打造组合式、网络化的生物医药产业基地。国家重大科技基础设施和重点实验室建设持续推进，转化医学国家重大科技基础设施(上海)通过国家综合验收，上海市生殖与发育重点实验室、上海市质子治疗转化研究重点实验室、上海市情感脑功能解析与障碍干预重点实验室等申报上海市重点实验室。

盘活利用空间资源，推进载体提质扩容。启动“中央科创区”建设，在世博浦西片区打造生产、生活、生态“三生融合”并具有世界影响力的都市型科技创新引领区。夯实孵化平台建设，黄浦区科技创新孵化基地认定为国家级科技企业孵化器，MFG众创空间入选上海市科技创新创业载体培育体系；海派智谷智能制造平台持续推进，机器人与人工智能展示区域更新建设，智慧美食体验区完成验收，VR元宇宙展区加快筹建。统筹科技创新园区和楼宇建设，黄浦科创集团打造的首个科技创新载体“数智心城·无界创新”产业园投入运营；六合大厦科创楼宇完成装修改造并投入运营，“黄浦汇-欣空间”科创孵化品牌启用；“古象大楼”项目动工改造，局门路产业生态园改建项目基本完成，斜土路791号项目方案设计启动，春申江大厦科技创新主题楼宇改建工程持续推进。优化张江高新区黄浦园管理制度，成立“一园一方案”编制专班，研究确定生物医药、数字经济、绿色低碳三大主导产业及细分领域，修改形成“一园一方案”。

整合共享政企资源，激发科技创新活力。举办2023年黄浦区科技创新大会、首届元宇宙开发者大会、第5届健康中国思南峰会、2023年外滩大会、第5届外滩金融峰会等活动赛事，承办上海市信息消费节开幕式、“第5期海归创业独角兽企业培训营”等活动，加强科技创新交流合作；设计并制作新版长三角科创联盟科技创业护照，印发护照610份，推动联盟内载体资源共享；成立黄浦科创投资联盟，为科技创新企业发展提供各阶段资金支持；大力开展科技创新发展宣传工作，与中国经济导报和解放日报合作，专版报道黄浦数字化转型成果，扩大数字黄浦影响力，“黄浦科创”微信公众号发送推文百余篇。

强化人才服务工作，优化人才发展生态。入选上海启明星项目8人、优秀技术带头人计划项目4人；获市级重点产业领域人才专项奖励69人，涉及奖励金额272.78万元。开展人才遴选工作，研究制定《门楣之光·黄浦人才选拔培养(科技创新平台)评审指标》，打造“门楣之光·黄浦人才周”活动品牌，为高端人才提供展示交流平台。开展2021年度、2022年度2批次申报海外回流人才优惠政策资格认定，初审认定7家单位30名人才。

加强数字产业建设，筑强城区转型根基。城区数字化转型统筹联动增强，与中国电子系统技术有限公司、华为技术有限公司、中国铁塔股份有限公司上海市分公司签署战略合作协议，持续深化政企合作；发布"黄浦数字商圈伙伴计划"，联合各领域数字产业企业共同打造三大高能级数字商圈。信息基础设施能级提升，累计建成5G室外基站2 507个；推进住宅小区地下车库移动通信网络覆盖工程，全区163个住宅小区开工145个，其中完成覆盖92个。数字化转型品质优化，豫园商圈、BFC外滩金融中心获评全国首批示范智慧商圈、智慧商店；"数字一大"入选全国首批"5G＋智慧旅游"应用试点项目；X-META机遇时空元宇宙主题乐园入围首批全国智慧旅游沉浸式体验新空间培育试点；大豫园元宇宙超级场景等4个场景入选上海市首批元宇宙十大应用场景建设成果；黄浦专科医联体数字化转型场景等7个场景入选首批上海城市数字化转型揭榜挂帅示范单位场景；基于乳牙龋风险评估的学龄前儿童龋病数字化管理系统等6个项目获上海市城市数字化转型专项资金支持；上海市黄浦区城市运行管理中心（上海市黄浦区城市网格化综合管理中心、上海市黄浦区大数据中心）、卢湾一中心小学获上海市城市数字化转型工作先进集体称号。

（李峙钢）

第九节 | 静安区 >>

【静安区科技工作概述】 2023年，静安区以推动科技创新动能增强为工作主线，发挥助力经济高质量发展的支撑保障作用，优化科技创新发展环境，强化科技创新能力建设，推动区域科技创新和数字化转型健康快速发展，为打造中国式现代化的城区样本提供科技支撑。截至年底，科技型中小企业入库490家，有效期内高新技术企业540家，科技小巨人企业累计111家。

助推科技服务业高质量发展。揭牌成立上海市科技服务业发展示范区，推进苏河湾科技服务业核心区建设，围绕提升产业发展能级、着力区域特色示范、优化服务生态环境、壮大专业人才队伍、激活科技服务市场五大任务，着力打造新兴技术策源高地、创新要素集聚高地，建设世界知名、全国领先的新兴产业创新发展先导区、应用融合示范区的高品质载体。

全力做好科技创新企业服务。培育具有行业标杆作用、示范作用的头部企业，挖掘"隐形冠军"，全年共引进项目72个，其中千万元级项目17个、百万元级项目55个，全球服务商1家；针对科技型中小企业评价、高新技术企业认定、市科技小巨人工程、人才引进政策等多方面提供梯度式政策培训服务，借助"静安科技"微信公众号等新媒体方式，发送培训预告、报名信息及相关政策宣传内容，增强政策宣传实效性，全年共开展科技创新政策梯度式培训6场，覆盖企业200余家；对接南京西路、苏河湾、大宁、市北四大核心功能区，开展中小企业入库政策培训及操作面对面指导，科技型中小企业入库490家，比上年增长40.4%；推进"一企一策"制定，筛选41家企业建立"一企一档"。

助力科技创新载体提质增效。推进张江高新区静安园平稳发展。开展张江静安园"一园一方案"课题研究；结合《上海张江高新技术产业开发区静安园"十四五"规划》，完成静安园"十四五"规划中期评估；按照《张江高新区静安园专项发展资金项目管理细则》，完成7个项目验收及尾款拨付。深化科技创新载体培育。制定《静安区推进上海市高质量孵化器建设三年行动计划（2023—2025年）》，落实科技园区房租减免补贴政策，认定被减免企业近30家，补贴金额超40万元。依托静安区科技创新创业联盟，开展各类创新活动68场，惠及企业1 275家。

深化智慧城区建设。统筹推进数字化转型，临汾路街道数字家园应用场景等7家单位的场景入选城市数字化转型（生活领域）揭榜挂帅项目，15个项目申报上海市城市数字化转型专项资金。完善基础设施建设，建设5G室外基站2 644个；推进住宅小区地下车库移动通信网络覆盖工程，完成住宅小区147个。

加强科技人才聚才引智。推动"外国人才在上海"系列活动落地实施，召开"外国人才在上海"大讲堂走进企业等线下政策宣讲活动；发挥外国人来华工作许可业务"单一窗口"优势，实施外国人来华工作许可业务提质增效计划，通过线上人工客服、线下窗口帮办员等举措，全流程办理外专许可事项，并为区重点企业提供上门一对一业务指导服务；解决外籍人才申报难题，全年共受理外国人来华工作许可有关事项25 836件，办理业务4 748件，累计受益4 142人次。

（唐陈艳）

第十节 | 闵行区 >>

【闵行区科技工作概述】 2023年，闵行区以服务国家重大战略为牵引，立足大零号湾和虹桥国际开放枢纽"一南一北"两大区域建设，打造创新开放发展新高地，提升科技创新对经济发展的支撑力。截至年底，有效期内高新技术企业3 612家，新增市、区两级科技小巨人企业56家。

着力推进"大零号湾"科技创新策源功能区建设。强化体系支撑，上海市科委、闵行区政府等7部门联合发布《推进"大零号湾"科技创新策源功能区建设方案》，闵行区制定推进"大零号湾"建设三年行动计划和年重点工作安排；全面加强与高校合作，闵行区与上海交通大学等6所高校签订新一轮全面合作框架协议，设立专项资金，支持高校深化基础研究、引育顶尖人才。深化产业布局，打造机器人产业链主企业"大零号湾研发＋马桥制造"模式。优化资源配置,建设“大零号湾”金融港,首批入驻基金和金融机构26家;组建“大零号湾”科创金融联盟,基金总规模超150亿元;发起设立闵行首支“硬科技”创投基金——上海大零号湾创新策源私募基金和创投一号产业基金,基本形成从创业扶持到天使投资、风险投资、股权投资全链条的金融加速支撑体系。加速成果转化,中国科学院核糖核酸功能与应用全国重点实验室、长三角国家技术创新中心“大零号湾”基地、上海颠覆性技术创新中心等一批重大基础科技创新策源平台项目落地。截至年底,“大零号湾”区域累计汇聚“硬科技”企业4 000余家,估值亿元以上企业112家,其中30家企业市场估值超10亿元。提升功能配套,不断完善“大零号湾”区域环境,“大零号湾”图书馆、艺术中心、闵行科创公园、华谊万创新所体育中心等新地标对外开放。

强化创新策源功能。推动各类主体加强研发创新,全区R&D经费投入304.45亿元,占GDP比重达10.6%,位列全市首位。支持基础研究创新,推进上海交通大学、华东师范大学“基础研究先行区”建设,开展具有前瞻性、原创性、颠覆性、引领性的重大科研项目研究。引导企业加大基础研究投入力度,开展前瞻性基础研究和创新性应用研究,全年企业R&D经费投入121.38亿元,比上年增长18.7%。推动校企协同创新,支持科技领军企业联合高校开展前沿技术攻关,建立创新联合体,宁德时代未来能源研究院的新型储能研发中心建设持续推进;“钙钛矿太阳能电池”等技术项目研究持续开展;歌尔光学上海研发中心、泰尔重工股份有限公司-上海交通大学先进激光智能制造联合研究中心设立,校企产学研进一步融合。推动关键核心技术突破,85项(人)获2022年度上海市科学技术奖,占全市奖项总数的27%,其中上海交通大学、上海拓璞数控科技股份有限公司等单位联合开展的项目获上海市技术发明特等奖;探索关键核心技术攻关新的实施路径,发布“大零号湾”关键核心技术攻关榜单,强化行业、企业出题机制,支持区内企业与高校、科研机构合作,开展跨行业、跨领域、跨地域协同攻关。

健全成果转化链条。聚焦战略性新兴产业和未来产业,闵行区与上海交通大学、华东师范大学共建孵化转化平台,加速高校科技成果转化项目机制建设;持续发挥大学科技园成果转化、企业孵化等核心功能,区校合力推动“未来能源与智能机器人未来产业科技园”建设;支持上海人工智能研究院等功能型平台强化核心功能;聚焦跨境技术贸易,完善InnoMatch全球供需对接平台功能,促进科技成果与产业、金融等要素对接;举办长三角国际创新挑战赛闵行专场活动,挖掘企业创新需求,探索产学研协同创新新路径。截至年底,新增上海市高新技术成果转化项目108个。

优化创新生态体系。提高科技金融支持力度,常态化开展科创金融集市等活动,支持145家科技企业获银行授信7.3亿元。提高科技创新人才服务水平,服务科技人才发展,入选上海启明星项目101人、优秀学术/技术带头人计划项目20人;新增院士专家工作站10家,建站总量128家。搭建外国专家人才交流平台,落实海外人才税收补贴政策,举办“外国人才在上海”大讲堂等活动,发放外国人来华工作许可证3 950张,其中外国高端人才(A类)520张。营造浓厚的创新创业氛围,开展2023年浦江创新论坛—机器人创新科技论坛、计算机图形学-几何设计与人工智能联合大会、2023年全球城市论坛等创新创业活动。

构建全链条培育体系。助力初创企业发展,举办各类双创活动56场,挖掘优质科技初创项目;支持996家科技型企业参与“创·在上海”国际创新创业大赛,举办生物医药闵行赛区专题赛,获市级立项企业201家、全国赛“优秀企业”称号企业9家、全国百强称号企业2家;优化新锐企业培育机制,发布“大零号湾”科技新锐企业榜单;培育高成长性科技创新企业,联动街镇、园区,形成科技创新潜力企业库;加速高新技术企业培育,强化街镇、园区联动,开展专题培训,有效期内高新技术企业3 612家;加强科技小巨人企业培育,建立健全每周走访工作机制,新增市、区两级科技小巨人企业56家。

加速城市数字化转型。加快数字基础建设,累计建设5G基站7 581个,完成住宅小区地下车库移动通信网络覆盖工程168个,建设智能便民电话亭31个。推进“数据+技术”统一支撑体系建设,累计归集数据28.33亿条,治理80.5亿条;完善数字安全体系建设,推进区电子政务云统一管理平台升级改造工作,整合67家单位276个系统上云;完成全区政务外网底层基础网络IPv6支持能力建设、181个区政务互联网信息系统IPv6适配发布。以“随申码”为载体服务城市管理,开发上线五育融合等服务事项18项、个人政务服务事项40项、企业政务服务事项43项。

提升科普品牌影响力。成立“大零号湾”科技传播联盟,首批集合成员单位21家。加强科普教育基地建设,新增市级科普基地2家、区级科普教育基地12家,累计各类科普教育基地96家。持续开展科普活动,组织开展科普活动近300场,9万余人次参加。加强青少年科技创新能力,获上海市青少年科技创新大赛一等奖121项,8个项目和9名学生获上海市“明日科技之星”称号。助力公众科学素养提升,在第12次中国公民科学素质抽样调查中,闵行区具备科学素质的公民比例达26.8%,首次超过全市平均值;举办第11届科普微童话大赛、闵行区科学秀大赛、科普“三下乡”等品牌活动。 (胡俊颖)

第十一节 | 宝山区 >>

【宝山区科技工作概述】 2023年,宝山区着眼“北转型”战略大局,围绕科技成果转化与产业化,高标准建设大学科技园,打造科技创新主阵地核心引擎;推动吴淞材料实验室落地,加快集聚国家战略科技力量;发布全市首个区级概念验证中心管理办法,有效推动科技创新成果转化;深化“先投后股”国家创新改革试点,建立健全全生命周期服务体系,畅通转股及退出闭环机制，形成可复制推广的标准化工作体系；揭榜创新联合体国家创新改革试点任务，推动产学研用深度融合。截至年底，科技型中小企业评价入库 1 741 家，有效期内高新技术企业 1 869 家，新增上海市科技小巨人企业 7 家。

科技创新政策体系不断完善。发布《宝山区大学科技园专项政策》，新增概念验证、创新联合体等支持条款，提高政策针对性；制定科技企业高质量发展政策，引导“四上”企业加大研发投入；制定重大科技创新平台招才引才、支持科研成果落地引才、支持院士（专家）工作站建设等实施细则，纳入《关于加强和改进新时代人才工作　推进宝山高质量发展的实施意见》，打造海内外优秀人才集聚地。

大学科技园持续扩容升级。以大学科技园为载体，深化与上海大学、复旦大学、同济大学等高校合作，承接高校知识溢出，提升大学科技园核心功能；环上大科技园新增产业化基地 4 个，宝山复旦科创中心 0—2 号基地授牌；与同济大学签订战略合作协议，打造功能耦合、接续承载的成果转化空间体系。全年落地企业 218 家、转化科技成果 53 项。

重大科技创新平台建设加速推进。加快吴淞材料实验室建设，落实属地化保障，5 个科研团队入驻启动空间，推动实验室与中国宝武钢铁集团有限公司等开展深入对接，服务国家战略需求和重大技术攻关；深化与长三角国家技术创新中心合作，推动长三角数字医疗技术研究所实体化运行，“医技要素资源一体化预约调度优化系统”项目获第 2 届中国大数据大赛卫生健康大数据创新应用赛道第一名。

双创载体服务效能持续强化。新增国家级孵化器 1 家，共有市级以上创新创业载体 33 家，其中国家级 9 家；制订宝山区高质量孵化器行动方案，打造“行业领军人才引领＋专业运营团队服务＋高校院所支撑＋专业基金赋能”的高质量孵化器；布局生物医药、新材料、集成电路等领域，实施引进、培育、提升“三个一批”工程，推动载体建设从“综合孵化”转变为“专业孵化”，实现整体高质量发展。

“先投后股”试点深入推进。探索“先投后股＋科创基金”联动接力模式，形成“政府＋资本”合力，完善全生命周期服务体系；完善“先投后股”项目遴选流程，开展 2023 年“先投后股”项目申报，立项项目 9 个，扶持资金 5 200 万元。试点以来，吸引先进封装声光辅助键合设备等 27 个前沿科技项目落地，首批落地项目中上海同芯构技术有限公司产值超 5 000 万元，率先启动资金“转股”流程。

创新要素加速集聚。强化科技人才服务。面向企业后备科技力量建立“一企一档”，入选上海青年科技启明星项目 28 人，其中扬帆专项 22 人；入选上海优秀学术/技术带头人计划项目 5 人。强化数字赋能。加强与国家技术转移东部中心合作，依托“科创宝”数字化企业服务平台、数字科创港，完善技术需求诊断与对接服务，线上入驻服务机构 35 家、科技型企业 337 家，47 个项目实现供需对接。加强科技金融支撑。开展上海市科技创新创业保险试点，依托上海科技金融服务站宝山站等服务平台，21 家企业获科技履约贷授信贷款。

（吴建军）

第十二节　嘉定区 >>

【嘉定区科技工作概述】　2023 年，嘉定区围绕现代化新型城市建设总目标，强化上海科技创新中心重要承载区、长三角综合性节点等核心功能，以高水平科技供给服务支撑高水平科技自立自强。截至年底，新增市级科技小巨人（含培育）企业 10 家，科技型中小企业入库 2 001 家，有效期内高新技术企业 2 527 家；完成技术合同成交金额 456.48 亿元。

加快未来产业布局。厚植汽车电动化、智能化、网联化、共享化先发优势。发布《嘉定区建设世界智能网联汽车创新高地行动方案》，明确五大行动 21 项举措，完成新能港、氢能港、创新港、上海智能汽车软件园和上海汽车芯谷“三港两园”布局，推进上海汽车工业软件创新中心建设；加快建设燃料电池汽车示范城市，成立上海智能汽车软件协同创新联盟；建成全国首个“车城网”实体数字孪生平台和轻量化、规模化车路协同环境，全年完成 230.6 km 道路、287 个路口智慧化建设；启用自动驾驶高快速路测试场景，丰田汽车技术研发（上海）有限公司和上海裹动科技有限公司获首批上海市智能网联汽车高快速路测试通知书，百度智行科技（上海）有限公司等 4 家企业的 25 辆智能网联出租获示范运营资格。推动集成电路及智能传感器技术突破。嘉定区智能传感器产业集群获评国家级中小企业特色产业集群，集聚国家级创新平台 12 个，市级创新平台 17 个；举办上海汽车芯谷·全球（首届）汽车芯片产业峰会，推动 12 英寸集成电路等重点项目开工投产，上海汽车芯片工程中心完成组建，上海汽检芯片第三方检测认证平台加快建设；持续做强国家智能传感器创新中心平台功能，形成覆盖中试、研发和量产的集成电路重要产线布局。强化高性能医疗设备及精准医疗品牌。编制《嘉定区生物医药产业规划》，加快联影小镇、南翔生命元谷、械谷等特色园区规划建设；举办 2023 年嘉定精准医学产业发展大会暨精准医学产业化（上海）论坛，启动上海（南翔）国际精准医学创新中心暨三复生物医药成果转化基金。

培育科技创新发展新动能。依托中国工程院院士专家成果展示与转化中心，建设科技创新“三库一平台”（即优质企业库、关键人才库、成果库和 365 科创服务平台），汇总科技成果 400 余项、企业技术需求 100 余项，每月编印《嘉定科技动态》发送企业 2 000 余家；强化资源导入，开展产学研合作专题活动 10 余场，院士专家成果转化中心累计注册企业 16 家，落地项目 10 余个，撬动注册资本金及投资超 5 亿元；梳理驻区科研院所待转化科技成果 400 余项，开展科技成果转化和“链主”企业家培育等专项行动，发布前沿科技成果 56 项，推动成果转化合作项目 11 个。扩大研发与转化功能型平台辐射能级，上海微技术工业研究院 8 英寸传感器中试线年内服务企业近 100 家，累计实现产业收入超 9.12 亿元，获知识产权授权 375 件；成立上海市体外诊断芯片技术创新中心、上海汽车芯片工程中心,加快第三方汽车电子芯片检测平台建设;智能型新能源汽车研发与转化功能型平台加速推进实验室建设,累计实现收入 786.5 万元,对外服务项目 457 项次,服务企业 160 家。

打造创新策源主阵地。院地合作千亿元级科技园提质增能。重大科技成果产业化项目加速集聚,中国科学院上海光学精密机械研究所神光Ⅱ多功能激光综合实验平台、中国科学院上海应用物理研究所钍基熔盐堆总装中试线、中国科学院上海硅酸盐研究所光刻机关键材料配套项目等落地,新增区产学研合作项目立项 23 个,撬动产学研合作研发投入 3 000 余万元;梳理科研院所"0 到 1，1 到 10"高新技术成果 70 余项,发布"揭榜挂帅"项目需求 8 项,榜单总金额近 6 000 万元;举办首届院地合作未来产业颠覆性技术大赛系列活动;全院地合作企业增至 600 余家,年产出约 300 亿元。校地合作科技园强化带动作用。构筑同济大学、复旦大学、上海交通大学"三园支撑"的校地合作布局,集聚企业 428 家,总产出 339 亿元;紧抓同济大学未来产业科技园建设契机,打造同济大学科技园未来谷;启动《嘉定区深化校地合作建设千亿级科技园发展规划》编制,校地合作成立自主智能交通产教融合创新创业联盟,共建德国电池安全中心中国研究院,累计设立联合实验室 13 家;与复旦大学深化合作,协助南翔精准园区 2 期扩建和项目引进;推动上海大学科技园与上海大学微电子学院联动发展,建设集成电路计算与电子设计自动化等 5 个平台。

完善创新主体服务机制。创建市级高质量孵化器。新微创源入选全市首批高质量孵化器建设名单,累计建成国家级孵化器 4 家、市级 19 家,国家级众创空间 1 家、市级 7 家;各类载体举办科技创新活动 127 场,新增上海科技型中小企业技术创新资金计划项目立项 119 个;举办"创・在上海"大中小企业融通科创论坛、"新能源・新未来"科创企业路演活动,线下近 300 人次、线上近 5 万人次参会。推动创新链产业链资金链人才链深度融合。依托嘉定区科技金融服务站,落实科技履约贷、科创助力贷等科技金融政策,年内 51 家企业获授信金额 2 亿元;深化"3＋365"大科创服务常态化机制,开展"嘉定双创讲堂"活动 93 期,线上线下参与人数超 2.5 万人次。强化科技人才服务。"上海・嘉定人才港"一站式服务窗口运行,出台《上海市嘉定区鼓励社会力量引荐高层次人才奖励办法》等 9 项人才政策,新引进国家级、市级高层次人才 66 名;持续优化外国人来华工作许可便利化措施,截至年底,新增 A 类高端人才工作证 542 件,B 类专业人才工作证 1 220 件。推进国家知识产权强市建设试点城区建设,入选首批市知识产权保护示范区。

推动城市数字化转型。出台《嘉定区推进制造业智能化改造和数字化转型行动计划(2023—2025 年)》及配套文件,加快推动制造业"智改数转",1 314 家企业完成智能制造诊断评估;推动建成国家、市、区各级智能工厂(优秀场景)36 家,其中国家级 2 家;加快推进信息基础设施建设,新建 5G 基站 180 个,累计建成 4 550 个,新增 5G 创新应用项目 52 个;加速推进住宅小区地下车库移动通信网络覆盖工程,累计完成住宅小区 200 个;聚焦智能网联、云计算、物联网等领域,布局和建设智能算力中心,建成运营算力中心 5 个,在建 5 个;引进国家信息中心数据鉴证链、思亮科技数据产业加速器等项目 10 余个,嘉加鸿翼数据要素(嘉定)产业园投入运营。

提升科普宣传效能。推进上海科技馆嘉定分馆建设;持续推动菊园新区院地合作科创街区建设,开展科创服务直通车与科创服务驿站服务,推动 5 个路演项目与金融机构开展深度产业化对接;举办 2023 年嘉定科技节,发布嘉定区科普资源共享平台,发放嘉昆太科普护照,签署《嘉定区医科联动战略合作协议》,举办线上线下科普活动 820 场,吸引 40 余万人次参与;打造"一区一特"汽车科普项目,开发科普课程专题 12 个,发布科普短文 50 篇,累计阅读量超 80 万次;拍摄"探秘嘉定智能低碳汽车"科普宣传片,发布汽车科普旅游线路,启动智能低碳汽车科普研学游夏令营;修订印发《嘉定区科普项目管理办法》,新立项资助项目 28 个。

(黄　纯)

第十三节 | 松江区 >>

【松江区科技工作概述】 2023 年,松江区履行高水平科技自立自强的新要求和科技体制改革的新任务,为建设"科创、人文、生态"的现代化新松江提供有力的科技信息化支撑,深入推进长三角 G60 科创走廊策源地高质量发展。

持续扩大创新主体规模。全年高新技术企业申报 1 001 家,通过 910 家,有效期内高新技术企业 2 650 家;推进科技型中小企业评价入库,入库企业 1 916 家,比上年增长 30.7%;完成 11 家企业市级科技小巨人综合绩效评价,拨付配套资金 860 万元;14 家科技企业获市级科技小巨人工程立项;支持企业参加 2023 年"创・在上海"国际创新创业大赛,获市级立项 106 个,市级扶持资金 1 175 万元;上海交策源科技发展有限公司等 4 家孵化器和九里工坊办公创意园、上海羚跑众创空间管理有限公司 2 家众创空间纳入市级科技创新创业载体培育体系。

持续增强自主创新能力。全区 R&D 经费投入 118.79 亿元,研发投入强度达 6.79%,位列全市第三;推动科技成果转化落地,上海市高新技术成果转化项目立项 99 个,排名全市第二;13 个创新项目获上海市高新技术成果转化百佳项目;制定出台《松江区生产性服务业技术合同专项资金实施细则》,对上年度登记技术合同的 6 家企业拨付奖励资金 113.5 万元。

加快科技创新平台建设。加快布局高能级创新平台,稳步推进 G60 脑智科创基地建设,落实区级配套资金 1 630 万元;Wiley 学术管理内容平台在区内成立伟力吉六零科技发展中心,引入 X 射线分析仪器和高比能低成本锌空气电池 2 个项目;推进上海低碳技术创新功能型平台成为一流低碳研发与转化功能型平台，孵化一批亿元级科技企业，吸引陕西煤业投资落地松江；上海分析技术产业研究院挂牌成立长三角G60科创走廊科学仪器应用示范基地。

打响数智G60特色品牌。推进松江南站智慧枢纽、上海科技影都、G60科创之眼三大年度超级场景建设；编制《关于加快松江区空间信息产业高质量发展的若干政策》，加快推进G60星链计划，上海格思航天科技有限公司量产卫星数字工厂投产并实现首星下线；加快算力产业发展和布局，上海智能算力科技有限公司落地松江；G60商用密码产业基地获评上海市数字安全与商用密码创新产业基地，并申报国家商用密码技术和应用创新中心。 （曹艳博）

第十四节 | 青浦区 >>

【青浦区科技工作概述】 2023年，青浦区立足上海加快建设具有全球影响力的科技创新中心的战略目标，加快推进现代化枢纽门户建设，为长三角数字干线建设注入持续动能。全年技术合同成交金额165.97亿元，比上年增长24.88%；上海市高新技术成果转化项目立项61个，5个项目入选上海市高新技术成果转化百佳项目，2人获评上海市高新技术成果转化先锋人物。

助推软件和信息服务产业生态圈打造。推进华为青浦研发中心、中国北斗产业技术创新西虹桥基地等建设；推动市西软件信息园扩园规划，成立市区两级扩园规划工作专班；推进“大数字”创新实验室合作专项，促进园区系统性建设。截至年底，规模以上信息传输、软件和信息技术服务业企业95家，比上年增长42%；年度营业收入490.2亿元，比上年增长27.2%。

引导高新技术增长极构建。全年申报高新技术企业411家，认定356家，有效期内高新技术企业1 100家。认定区级高新技术研发中心31家，累计228家。认定区级科技小巨人(含培育)企业25家，累计150家；市级科技小巨人(含培育)企业累计148家。开展技术服务业重点企业引育服务工作，全区规模以上科学研究与技术服务业企业52家，累计营业收入52.93亿元，比上年增长26.8%。

推进创新主体“服务包”建设。开拓企业跨领域合作机制，推进海思技术有限公司与上海汽车芯片工程中心合作，助力形成8个大类20个小项短、中、长期落地项目清单和实施路线；举办2023年长三角智能制造与机器人产业创新对接大会、首届全球数字大会品牌活动“AI独角兽走进数字青浦”等系列活动，引导企业主体形成意向清单。

多措并举做好人才引育用留。落实外籍人才永居政策、科技创新人才通关便利化、“青峰”人才等政策，培育和集聚高层次科技人才和创新团队；推动外国高端人才引进工作，年内发放外国人来华工作许可证943张，其中外国高端人才(A类)153张、专业人才工作许可专业人才(B类)785张，其他外国人员(C类)5张；引导企业充分挖掘岗位资源，落实科技助理岗位18个；组织开展“海聚英才、共建科创”等系列活动，加大国外科学、技术、工程、数学等领域人才引进力度。

深化创新创业载体建设。年内各双创载体新增在孵企业340家，载体内孵化企业上缴税收收入2.48亿元；新增入库科技型中小企业760家，比上年增长21.41%；组织各类线上培训活动8场，238家企业参与2023年“创·在上海”国际创新创业大赛青浦分赛，47家企业参与“人工智能”专题赛，其中7家入围国家级赛事。

科学统筹科技金融服务资源。针对初创期科技型小微企业、成长期科技型中小企业、科技小巨人及培育企业的不同特点和需求，分别设计微贷通、履约贷和信用贷三大核心差异性产品，拓宽企业融资模式，助力科技金融深度融合。全年受理申请履约贷款企业35家，通过审批26家，获授信额度14 245万元。 （张 峰）

第十五节 | 金山区 >>

【金山区科技工作概述】 2023年，金山区紧抓长三角一体化发展、虹桥国际开放枢纽建设和“南北转型”战略机遇，加大科技创新顶层布局，加快助推区域科技创新发展。截至年底，新增高新技术企业52家，累计1 302家，新增入库科技型中小企业1 246家，通过上海市高新技术成果转化项目认定58个。

构建科技创新发展平台。加大企业联合创新中心建设，累计建立企业联合创新中心8家；开拓“众筹科研”合作新模式，推动企业与江苏企业及研发平台众筹科研项目签约，合力开展行业共性问题攻关；加快科技创新载体培育，新增2个平台纳入上海市科技创新创业载体培育体系，累计各级科技创新创业载体21家，其中市级及以上19家；加强专家工作站挖掘培育，新增市级专家工作站4家。

促进科技创新成果转化。与科研院所和高校合作，定期举办合作交流会，提供技术供需对接；制定《金山区企业研发“双清零 双提升”专项行动方案(2023—2025年)》，推进规模以上制造业企业开展研发活动、建立研发机构；搭建生物医药交流合作平台，促进医院、企业及研发机构供需对接，推动“前院后工厂”产医深度融合，促成复旦大学附属金山医院与科济药业控股有限公司共同挂牌成立CAR-T临床研究与治疗中心；推动技术合同认定登记，全年技术合同成交金额51.44亿元，比上年增长24.21%。

涵养创新创业浓厚氛围。举办2023年“创·在上海”国际创新创业大赛金山赛区活动，创新推广方式，利用网络直播、线上创业学堂等方式扩大影响力；开展科技政策面对面培训16场，发布“科小创讲政策”视频16篇、“金山科创直播间”3期，推出“高企申报小课堂”9期，吸引超2万人次参加；完善科技金融服务，开展履约贷审批尽调，服务科技企业60家，开展会商13次，推荐企业58家，推荐金额2.97亿元。

数智转型能级提升。推动产业数字化。加快推动企业转型升级，累计推动345家企业核心业务上云上平台，培育链主链族企业31家，打造工业互联网平台6个；开展信息化和工业化两化融合诊断及制造业数字化诊断，开展线上诊断270余家，线下诊断20家；支持企业开展工业互联网平台建设和应用，完成立项12个、验收25个。加快数字产业化。金山区政府与北京中软国际信息技术有限公司签订战略合作协议，以上海湾区软件与信息服务产业示范特色基地为平台，协商引入产业生态伙伴落户，累计落户企业207家；成立金山区算力产业生态联盟，布局建设上海湾区算力产业生态孵化中心，首批入驻企业6家；成立金山区计算化学联盟，促进人工智能、算力与绿色化工、新材料、生物医药等产业深度融合；依托数字化转型赋能中心平台，开展数字化转型专题路演、政策培训、座谈会等各类活动40余场。完善区域数字生态。制订出台《金山区通信基础设施建设管理办法》，完成区内119个地下小区车库移动通信网络覆盖，建设5G基站1 368个，累计4 311个；举办2023年金山城市数字化转型推进大会、数字化转型论坛，营造城市数字化转型氛围。

持续激活科普动能。加强科普基地动态管理，累计建设科普基地51家、社区书院6家；10家科普基地（企业）作为首批试点，制作印发"金山区科普护照"；发挥智慧科普盒子科普功能，累计186个，全年提供科普图文信息7 000余条，推送科普视频1 100余个。持续增强科普氛围，举办2023年金山区科技节暨青少年科技节、金山区"全国科普日"，提升科普宣传影响力；一体化推进微信公众号、视频号、抖音号等新媒体科普平台的整合联动，以"科普短视频+科普微文"方式，打造特色科普产业阵地；编制科普简报《硬科技·IN科普》6期和数字化简报《湾区有数 智在未来》2期。

（李德智）

第十六节 | 奉贤区 >>

【奉贤区科技工作概述】 2023年，奉贤区聚焦"美丽大健康、数智新经济、新能源汽配、化学新材料"四大新兴产业发展，践行基础理论、底层技术、颠覆项目、跨界融合和转移转化"五个创新"理念，全力推动中小企业科创活力区建设和城市数字化转型。

不断激发科技创新活力。全年共受理高新技术企业申报740家，认定616家，有效期内高新技术企业2 012家；新增入库科技型中小企业1 700家，比上年增长23%；新增市级科技小巨人企业9家，累计147家；技术合同认定登记1 853项，成交金额5.3亿元；受理审核上海市高新技术成果转化项目73个，立项64个。上海中器环保科技有限公司入选上海市高新技术成果转化项目自主创新十强企业；彤程化学（中国）有限公司的对叔丁基苯酚项目等11个项目入围上海市高新技术成果转化百佳项目。年内，新增市级院士（专家）工作站5家，累计市级院士工作站8家、市级专家工作站67家、专家服务中心3家；累计引进两院院士25人，入驻工作站团队专家502人；27家企业申请科技履约贷，21家企业通过审批，获批贷款金额10 900万元；累计建设市级以上创新创业载体17家，其中国家级科技企业孵化器2家，累计服务在孵企业及创业团队超600家，毕业企业142家。

稳步提升信息化水平。持续推进新型信息基础设施建设。截至年底，共有5G基站4 829个；光缆399.08万芯千米，千兆覆盖小区1 923个、商务楼宇559幢，光纤到户累计覆盖180.53万户，覆盖率100%；窄带物联网容量3 055.8万个；累计高清IPTV用户27.88万户、移动通信用户236.13万户、5G创新应用53个。

推进各领域数字化转型。经济领域，推动智能工厂建设，6家企业入围全市首批100家智能制造示范工厂，11家企业申报2023年度市级智能工厂；推进工业互联网建设，完成制造业企业数字化诊断600余家，智能制造能力成熟度评估近800家；推进智慧示范农场建设，农场试点无人作业面积1 203.35亩。截至年底，信息传输、软件和信息服务业实现营业收入17.2亿元，比上年增长5.7%。生活领域，完成183个住宅小区地下停车库信号全覆盖工程；南桥镇江海村实景三维物联数字乡村入选首批城市数字化转型（生活领域）揭榜挂帅场景示范。治理领域，编制《"随申码"深化拓展工作方案》《奉贤区关于加强"随申码"城市服务功能工作实施方案》，推动特殊群体优先取号等25个场景建设；"随申办"奉贤区旗舰店上线"贤城问候""领贤工学"等26个应用服务；建设完成区"一网统管"业务中台，面向全区委办及街镇开放；搭建村居减负"数据底座"，完成村居数字基座1期建设，并在50个试点村居投入使用。

提升科普服务能力。中国福利会国际和平妇幼保健院奉贤院区申报2023年度"一区一特"科普能力提升项目，实现"一区一特"项目零的突破；上海电线电缆博物馆申报市级科普基地；奉浦街道"魔方奉浦·玩转宇宙"科普教育基地获市科协基层科普行动计划立项，资助金额15万元；开展上海科技馆优质科普资源进奉贤新城活动，举办"遇见@科学家""如何复活一只恐龙"主题展览2场，惠及4万余人次；发动100组选手参加第9届全国青年科普创新实验暨作品大赛未来太空车项目，获全国三等奖1项、市级一等奖7项、二等奖3项、三等奖5项，总成绩位列全市首位；大力开展科普品牌活动，全年开展科普大讲坛活动113场次，惠及6 559人次；围绕今日科创星、科宝有话说、垃圾分类科普3个板块举办社区创新屋活动，累计举办48场，惠及980人次；承办第34届上海市肿瘤防治宣传周青村站主题活动，邀请多名医学专家开展癌症预防科普讲座及心肺复苏现场教学特色活动10余场。

（陆奕尹）

第十七节 | 崇明区 >>

【崇明区科技工作概述】 2023 年，崇明区结合科技发展实际，坚持科技自立自强，不断优化科技创新发展环境，全力提升区域科技创新能力。

创新主体培育持续发力。截至年底，新认定高新技术企业 200 家，落实 14 家首次成为“四上”高新技术企业“免申即享”补贴 380.31 万元；8 家企业申报市级科技小巨人(含培育)企业；新增上海科技型中小企业技术创新资金计划项目立项 37 个，获市区两级资助金额 810 万元。积极探索技术合同成交额增长机制和路径，落实全程网上办理，缩短办结时间，联合乡镇、园区强化科技政策宣传，加强重点企业“一企一台账”跟踪服务，挖潜企业技术交易活力。截至年底，技术合同认定登记 1 248 项，比上年增长 47.17%；技术合同成交金额 38.51 亿元，比上年增长 69.95%；科技型中小企业评价入库 557 家，比上年增长 9.2%；审核推荐 7 家科技型中小企业申请科技履约保险(担保)2 900 万元。加大为科技企业提供政策推送、专题培训、上门辅导等服务力度，全年开展线上线下培训活动 3 场次，覆盖 1 500 余人次，通过走访企业和乡镇园区发放科技政策宣传资料 3 500 余份。

发挥科技项目在崇明世界级生态岛建设中的支撑与引领作用。根据《崇明区科技项目管理实施办法》《崇明区科研计划项目(课题)专项经费管理办法》，“中熟松花菜新品种的选育与栽培技术研究”等 67 个项目获批立项。崇明岛生态系统生产总值(GEP)核算指标体系研究工作纳入市级 2023 年度“科技创新行动计划”社会发展科技攻关项目申报目录，推进构建本地化 GEP 核算模型的参数观测体系和基础数据库，形成 GEP 核算本地化规范和流程。

推进城市数字化转型。发布《崇明区城市数字化转型 2023 年重点工作安排》，优化数字化转型重大项目建设标准和管理机制，推动经济、生活、治理领域数字化转型；聚集崇明“经济、生活、治理”数字化转型特色工作，征集叶脉工程、医疗救助“一站式”服务、综合为老监管、横沙乡“零碳岛”大数据智能分析平台等系列项目，营造“一区一特”创新生态；推进信易贷平台建设，深化产业发展平台应用，赋能传统产业数字化转型；推动实施“虚拟养老院”“生态市集”等场景应用建设，以数字化手段优化资源配置，提升数字生活服务水平；推进城乡运行体征、应急管理、叶脉工程等系统建设，提升一网通办、一网统管高效协同能力。

推进新型信息基础设施建设。编制《崇明区通信基础设施建设管理办法》，明确通信基础设施建设和管理各方责任；围绕以东部轨交崇明线、西部北沿江高铁等各类功能性、枢纽性设施的落地建设，同步推进 5G 网络升级和应用创新，加快推进 700M 新型 5G 基站建设，累计建成 5G 基站 3 951 个；推进固定宽带下载速率提升，协同通信运营商挖掘固定宽带提速降费潜力，推出宽带提速降费优惠政策；提升城镇化区域千兆光纤网络应用比例，推进农村区域固定宽带提速；推动地下车库移动网络覆盖实事项目落地，完成 44 个住宅小区地下车库移动通信网络覆盖工程。

持续打造科普品牌。举办 2023 年崇明科技节、全国科普日崇明区活动、线上科技艺术巡演、知识竞赛等各类科普活动。联合各乡镇开展湿地科普、防诈骗、数字素养及防灾减灾等主题科普早市 12 场次。开展“湿地科普”品牌活动，举办“东海瀛洲，大美湿地”主题临展，参展近 3 万人次；开展“珍爱地球，人与自然和谐共生”等活动 30 余场次；开展“走百村 讲百课”科普宣讲活动 129 讲，惠及近 6 000 人次；开展“科普助力双减，放‘假’不放‘学’”暑期青少年系列科普活动 100 余场次，并获评 2023 年度长三角优秀科技志愿服务项目。推动基层科普设施建设，新增长江治水体验馆、新村乡麋鹿科普馆 2 家区级科普基地，支持“城桥镇聚训村农趣体验营”社区书院、庙镇窑桥村红花稻香科普小屋、港西镇富民村屋里厢科普之家基层科普设施建设，新创建崇明区科普微客厅 18 家。1 家崇明区专家工作站获批建站，崇明区院士专家工作站生态科技项目立项 3 个。（龚　萍）

第四篇
科技管理与服务

第四篇 第十二章
科技人才

第一节 人才培养 >>

【上海科技人才培养工作概述】 2023年，上海推动青年科技人才创新创造活力充分迸发，使各方面青年科技人才各得其所、尽展其长。

稳步推进人才支持项目。初步形成以人才成长规律为根据、以项目为载体、以团队为支撑的层次分明、各有侧重、较为完整的科技人才培养体系。全年，针对青年科技人才成长需求，启明星项目(扬帆专项)共资助600项，单项资助额20万元；启明星项目共资助199项，单项资助额40万元；优秀学术/技术带头人项目共资助150项，单项资助额40万元；白玉兰人才计划浦江项目(A类和B类)共资助200个，单项资助额30万元。组织实施2022年东方英才计划领军项目、青年项目选拔工作，科技平台分别入选30人、27人；组织实施2023年东方英才计划团队项目选拔工作，科技平台共入选5个团队。开展首届上海杰出人才评选表彰活动，科技平台共推荐12人。组织实施科技平台第13、14批上海领军人才中期考核评审工作，共13人考核优秀。

为青年科技人才搭建学习交流平台。召开2023年启明星授证大会和青年科技启明星座谈会；发挥上海市科创启明星协会作用，促进各行各业科技创新人才开展科研合作和学术交流；围绕“生物制造”“韧性城市”“合成生物学”“人工智能”“元宇宙”等主题，开展启明星学术论坛、早餐会/下午茶等学术活动，组织青年科技人才赴奉贤区东方美谷开展产学研对接交流活动，搭建青年人才分享交流的平台。开展专家疗休养暨“院士专家面对面”青年科学家沙龙活动，邀请王恩多、柴洪峰等院士围绕“胸怀祖国、服务人民”分享成长故事，邀请青年科技专家围绕“挑大梁、当主角”交流感想体会。推动科研院所、高校及系统单位对青年科技创新人才开展培训、学术交流、研讨咨询等主题活动；响应长三角一体化高质量发展国家战略，组织启明星青年科技人才赴江苏张家港、安徽六安等地开展交流合作，促进人才、资金、技术、信息等创新要素双向交流；成立启明星传播者团，打造“启明星——青年科技人才话科普”活动品牌。推荐优秀青年科学家和创业者参加上海创新创业青年50人论坛；举办浦江学科交叉论坛，促进民主党派和无党派科学家跨学科融合交流。

加强专业技术人才培养。加强专业技术人员继续教育基地建设，科技系统市属3家基地提升继续教育业务和运行管理水平。国家级专业技术人员继续教育基地上海市计算技术研究所成功举办“人工智能伦理、可信设计与应用”国家级高级研修班，参训人员60余人次。上海科技管理干部学院开设专业技术人员继续教育公需科目培训必修课“创新知识基础”，参训人员23 000余人次。上海市研发公共服务平台管理中心开设实验技术人员继续教育专业科目“实验室技术人员职业规范与发展”“实验室安全与管理”“质谱及其联用技术在生物医药领域中的应用”等6门课程，参训人员2 070人次。3家基地全年累计培训专业技术人员约26 000人次。开展上海市科技系统知识更新工程重点项目推荐工作，最终8家单位入选高级研修项目6个、急需紧缺人才培养项目2个，涉及人工智能、区块链、数据安全、科技管理、实验技术等内容，全年累计培训约1 000人次。

加强专业化技术经理人队伍建设。推动国家技术转移东部中心实施技术转移人才TEAM赋能计划，在学历教育方面，同济大学、上海交通大学等高校联合国家技术转移东部中心开展技术转移方向学历教育，培养学生189名。在非学历培训方面，累计培养初、中、高级技术经理人2 947人次，在中国商用飞机有限责任公司等14家代表单位建立技术转移人才实训基地。发挥InnoMatch全球供需对接平台作用，创设积分激励机制，以技术经理人为节点推进科技成果供需对接、培育终身学习相伴成长的技术转移社群文化。深化科技成果产权制度改革，激发科研人员成果转化活力，6家赋予科研人员职务科技成果所有权或长期使用权试点单位完成成果赋权675项，涉及转化金额10.66亿元。市科委等7部门联合印发《上海市科技成果转化创新改革试点实施方案》，汲取前期试点经验，优化改革举措，向全市39所高校、科研院所和医疗卫生机构推广实施。

加强科技传播人才培养。召开上海科技传播大会，推出“科技传播领航计划”，建立一套保障科技传播人才发展的制度体系。在教育培养方面，探索青少年科创教育一体化培养，以青少年科学创新实践站为枢纽，构建中等学校与科研机构的稳定对接机制；与科技传播领域全球优势高校加强交流，在上海高校中设置科技传播学科点，上海交通大学等开展布局，开设科技传播专业并招收研究生；复旦大学、上海交通大学、华东师范大学、中国科学院上海有机化学研究所等6家高校院所试点开设面向本科生和硕博研究生的科技传播通识课程。在能力建设方面，开通启明星项目及启明星项目(扬帆专项)申报渠道，与科研人员分开评审，通过项目资助科技传播人才发展；推出为科技传播方向量身定制的职称评定制度,制订职称评审标准,2023年在自然科学研究系列原有3个方向基础上新增“科技传播”方向,并专门组建科技传播评委会,为自然科学研究系列的高级职称评审委员会补充专门面向科技传播的评审专家,畅通科技传播人才职称晋升通道。

加强高水平项目经理人培养。上海长三角技术创新研究院通过“项目经理制”全球遴选聘请科技领军人才开展科技成果产业化项目研发,累计聘请项目经理67名。其中,3人落地建设专业研究所,14人牵头成立重大项目公司。建立长三角国创中心项目经理(产业领军人才)发展评估模型,通过项目经理发展评估测评,提高项目经理的识别效率。

广泛凝聚人才培养合力。市科协开展第12届上海青年科技英才、第15届上海市大众科学传播人物、2023年上海杰出工程师、首届乡村振兴杰出科技人物和首届上海科技期刊杰出科技人物等选树项目,共选树各类科技人才90人;做好首届国家工程师奖、第3届全国创新争先奖和第19届中国青年女科学家奖等上海地区候选人提名工作,国家工程师奖上海共有1名个人和2个团队通过初审;全国创新争先奖上海地区10名候选人中共有3人获奖章,6人获奖状;开展中国科学院院士和中国工程院院士候选人推荐工作。中国科学院上海分院强化人才工作考评体系,探索形成可纳入领导干部考核体系的评价指标,并将指标纳入系统研究所领导班子考核体系,对研究所的人才队伍“引育培留”情况进行评估;开展青年英才培育计划、青年博士后合作导师支持计划、博士后倍增激励计划、未来人才支持计划等人才计划,新增中国科学院上海分院抢占制高点青年攀登计划。上海科学院重点关注优秀青年科技人才的聚集培养发展。上海科技馆深入实施“领航”“启航”“青苗”人才计划,打造衔接紧密的科普“人才链”;落实导师带教、专项资助等人才培育政策,突出“以项目为导向”的人才培育模式,组织青苗课堂、青年英才沙龙5期。 (付克义)

【在沪院士情况】 2023年,上海逝世院士7人,分别为中国科学院院士陆熙炎、陈庆云、胡英、尹文英,中国工程院院士梁晋才、关兴亚、潘镜芙。截至年底,人事关系在沪的中国科学院院士107人、中国工程院院士79人,共186人。

(张丽莉)

【54人获2023年度国家杰出青年科学基金资助】 国家自然科学基金委发布2023年度国家杰出青年科学基金资助项目申请人名单,共资助415人,其中上海54人获资助,占全国总人数的13.0%。

上海获2023年度国家杰出青年科学基金资助名单

序号	姓名	所在单位
1	徐振礼	上海交通大学
2	周　宁	上海交通大学
3	王世勇	上海交通大学
4	史卫峰	上海交通大学
5	刘　烽	上海交通大学
6	胡侨丹	上海交通大学
7	李廷贤	上海交通大学
8	程　斌	上海交通大学
9	林巍岭	上海交通大学
10	周　亮	上海交通大学
11	朱浩瑾	上海交通大学
12	杨　博	上海交通大学
13	谢国强	上海交通大学
14	郑　欢	上海交通大学
15	才凤艳	上海交通大学
16	闫小响	上海交通大学
17	胡　承	上海交通大学
18	袁逖飞	上海交通大学
19	李华兵	上海交通大学
20	张绍东	上海交通大学
21	吴　奇	上海交通大学
22	何贤杰	上海财经大学
23	雷瑞波	中国极地研究中心(中国极地研究所)
24	田　野	中国科学院上海光学精密机械研究所
25	司徒国海	中国科学院上海光学精密机械研究所
26	路如森	中国科学院上海天文台
27	黎　华	中国科学院上海微系统与信息技术研究所
28	施世良	中国科学院上海有机化学研究所
29	方燕姗	中国科学院上海有机化学研究所
30	黄　蔚	中国科学院上海药物研究所
31	汪思佳	中国科学院上海营养与健康研究所
32	李　江	中国科学院上海高等研究院
33	辛秀芳	中国科学院分子植物科学卓越创新中心
34	孟飞龙	中国科学院分子细胞科学卓越创新中心
35	徐　敏	中国科学院脑科学与智能技术卓越创新中心
36	张诗按	华东理工大学
37	马欣然	华东理工大学
38	夏建阳	华东理工大学
39	方俊锋	华东理工大学
40	邢明阳	华东理工大学
41	林绍梁	华东理工大学

续表

序号	姓名	所在单位
42	刘润辉	华东理工大学
43	张　勇	同济大学
44	谢　欢	同济大学
45	楚文海	同济大学
46	杨　洋	同济大学
47	马万经	同济大学
48	熊　璐	同济大学
49	王国祯	复旦大学
50	马国亮	复旦大学
51	田　林	复旦大学
52	桑　庆	复旦大学
53	余科达	复旦大学
54	张嘉漪	复旦大学

（袁硕颀）

【795 人获 2023 年度上海市“超级博士后”激励计划资助】 2023 年，共 795 名优秀博士后研究人员获资助，比上年增加 17 人。

2023 年度上海市“超级博士后”激励计划资助名单

序号	姓名	所在单位
1	李飞杰	巴斯夫新材料有限公司
2	苗子清	东方证券股份有限公司
3	周锡龙	光明乳业股份有限公司
4	王丹阳	国泰君安证券股份有限公司
5	展一帆	国泰君安证券股份有限公司
6	王　兴	辉大(上海)生物科技有限公司
7	田　虎	嘉实基金管理有限公司
8	张　旋	嘉实基金管理有限公司
9	陆春华	交通银行股份有限公司
10	缪　蛟	交通银行股份有限公司
11	黄俊锋	临港实验室
12	贾　岩	临港实验室
13	刘彩霞	临港实验室
14	欧　亮	临港实验室
15	邵吟淇	临港实验室
16	孙　腾	临港实验室
17	杨　宁	临港实验室
18	殷裕玲	临港实验室
19	于华峥	临港实验室
20	张小云	临港实验室

续表

序号	姓名	所在单位
21	赵　斌	临港实验室
22	曾　嘉	浦江实验室
23	段浩东	浦江实验室
24	胡明涛	浦江实验室
25	田庭忠	浦江实验室
26	田　元	浦江实验室
27	王腾飞	浦江实验室
28	于沐霖	浦江实验室
29	周　晓	浦江实验室
30	彭　朋	上海奥锐特生物科技有限公司
31	刘　尧	上海船舶运输科学研究所
32	王孙俊	上海高科联合生物技术研发有限公司
33	乔　琪	上海工业控制安全创新科技有限公司
34	权家友	上海化工研究院有限公司
35	李金锴	上海黄金交易所
36	廖子元	上海勘测设计研究院有限公司
37	郑　通	上海空间电源研究所
38	钱晓庆	上海纳米技术及应用国家工程研究中心有限公司
39	张博杨	上海普利特复合材料股份有限公司
40	楚彭子	上海申通地铁集团有限公司
41	于文霞	上海世界顶尖科学家国际联合科学实验室
42	吕　达	上海市测绘院
43	巩一凡	上海市城市建设设计研究总院(集团)有限公司
44	荀宇丹	上海市城市建设设计研究总院(集团)有限公司
45	姚　尧	上海市城市建设设计研究总院(集团)有限公司
46	汪吉祥	上海市环境科学研究院
47	黄　帝	市农科院
48	吕　铎	市农科院
49	杨云尧	市农科院
50	吴　奈	上海市农业生物基因中心
51	单程秀	上海市委党校
52	李安琪	上海市委党校
53	张宜强	上海市委党校
54	赵亚楠	上海市委党校
55	王顺风	上海市政工程设计研究总院(集团)有限公司

续表

序号	姓名	所在单位
56	吴　炜	上海市政工程设计研究总院(集团)有限公司
57	司元成	上海证券交易所
58	苏冠羽	上海证券交易所
59	徐沛勤	上海证券交易所
60	杨庆伟	上海证券交易所
61	胡骞文	申万宏源证券有限公司
62	秦　杰	申万宏源证券有限公司
63	邵俊尧	申万宏源证券有限公司
64	史　攀	申万宏源证券有限公司
65	苏　皓	申万宏源证券有限公司
66	魏照昊	申万宏源证券有限公司
67	赵正一	申万宏源证券有限公司
68	崔梦冬	原启生物科技(上海)有限责任公司
69	包文达	张江实验室
70	蔡一鸣	张江实验室
71	丁天杰	张江实验室
72	范伟杰	张江实验室
73	高升广	张江实验室
74	郭璐琪	张江实验室
75	吕　丹	张江实验室
76	施炳楠	张江实验室
77	唐　婧	张江实验室
78	陶佳佳	张江实验室
79	汪　涛	张江实验室
80	王　月	张江实验室
81	伍艺通	张江实验室
82	徐　莉	张江实验室
83	许艳婷	张江实验室
84	周亦诚	张江实验室
85	李坤昊	中国金融期货交易所股份有限公司
86	李彤彤	中国金融期货交易所股份有限公司
87	欧阳山山	中国金融期货交易所股份有限公司
88	潘　学	农科院上海兽医研究所
89	汤傲星	农科院上海兽医研究所
90	许榜丰	农科院上海兽医研究所
91	陈　俊	中国商用飞机有限责任公司
92	范周伟	中国商用飞机有限责任公司
93	李哲夫	中国商用飞机有限责任公司
94	赵大成	中国商用飞机有限责任公司

续表

序号	姓名	所在单位
95	罗　浩	中国太平洋保险(集团)股份有限公司
96	邱子迅	中国外汇交易中心
97	刘汨莎	中交疏浚技术装备国家工程研究中心有限公司
98	刘浩宇	东华大学
99	吴　凡	东华大学
100	翟功勋	东华大学
101	张欣欣	东华大学
102	曹　崇	复旦大学
103	曹慧君	复旦大学
104	曹玄烨	复旦大学
105	曾伊蓉	复旦大学
106	陈　晨	复旦大学
107	陈克盼	复旦大学
108	陈卫杰	复旦大学
109	陈　正	复旦大学
110	陈紫婷	复旦大学
111	程　颖	复旦大学
112	初春光	复旦大学
113	丛江珊	复旦大学
114	丁天皓	复旦大学
115	董文浩	复旦大学
116	范　伟	复旦大学
117	付雪微	复旦大学
118	高梅森	复旦大学
119	高述勇	复旦大学
120	高　雪	复旦大学
121	巩玉龙	复旦大学
122	勾彦殳	复旦大学
123	辜睿皓	复旦大学
124	顾雅蓉	复旦大学
125	郭阶雨	复旦大学
126	郭芯雨	复旦大学
127	何国璠	复旦大学
128	黄丽文	复旦大学
129	黄　滔	复旦大学
130	纪　燊	复旦大学
131	贾小阳	复旦大学
132	江天文	复旦大学
133	姜宜萱	复旦大学

续表

序号	姓名	所在单位
134	蒋晓雪	复旦大学
135	金宏润	复旦大学
136	鞠顺隆	复旦大学
137	康　玲	复旦大学
138	冷瑞丰	复旦大学
139	黎锦涛	复旦大学
140	李昊南	复旦大学
141	李慧逖	复旦大学
142	李凯霖	复旦大学
143	李丽圆	复旦大学
144	李林立	复旦大学
145	李玲玲	复旦大学
146	李　龙	复旦大学
147	李素娴	复旦大学
148	李维克	复旦大学
149	李逍迪	复旦大学
150	李鑫悦	复旦大学
151	李　星	复旦大学
152	李玉珠	复旦大学
153	李珍妮	复旦大学
154	李珍珍	复旦大学
155	李志保	复旦大学
156	梁贵生	复旦大学
157	林丽洲	复旦大学
158	刘　赫	复旦大学
159	刘　杰	复旦大学
160	刘鹿蒙	复旦大学
161	刘梦洋	复旦大学
162	刘　念	复旦大学
163	刘新宇	复旦大学
164	吕书轩	复旦大学
165	吕希蒙	复旦大学
166	马　伟	复旦大学
167	乔利利	复旦大学
168	乔　梁	复旦大学
169	秦　博	复旦大学
170	申许瑞	复旦大学
171	盛　欢	复旦大学
172	石婉欣	复旦大学
173	苏　非	复旦大学

续表

序号	姓名	所在单位
174	眭　韵	复旦大学
175	孙芳美	复旦大学
176	孙仲汉	复旦大学
177	唐一凡	复旦大学
178	童　宣	复旦大学
179	王　聪	复旦大学
180	王　昊	复旦大学
181	王　龙	复旦大学
182	王沛璐	复旦大学
183	王　鹏	复旦大学
184	王全华	复旦大学
185	王　荣	复旦大学
186	王司宇	复旦大学
187	王思璇	复旦大学
188	王微笑	复旦大学
189	王　龑	复旦大学
190	王兆钰	复旦大学
191	王忠杰	复旦大学
192	吴其征	复旦大学
193	吴启文	复旦大学
194	武桐雨	复旦大学
195	项　杭	复旦大学
196	邢　刚	复旦大学
197	邢文宇	复旦大学
198	熊渊朴	复旦大学
199	徐德良	复旦大学
200	徐　宁	复旦大学
201	徐润东	复旦大学
202	徐婉约	复旦大学
203	徐亚男	复旦大学
204	许　辉	复旦大学
205	杨东升	复旦大学
206	杨启飞	复旦大学
207	杨宜师	复旦大学
208	杨易凡	复旦大学
209	杨　雨	复旦大学
210	杨雨菲	复旦大学
211	姚婧知	复旦大学
212	姚逸飞	复旦大学
213	伊传友	复旦大学

续表

序号	姓名	所在单位
214	易昌浩	复旦大学
215	易晋铭	复旦大学
216	尹瑞华	复旦大学
217	于　泽	复旦大学
218	余　英	复旦大学
219	袁千里	复旦大学
220	张　健	复旦大学
221	张　珏	复旦大学
222	张　爽	复旦大学
223	张　婷	复旦大学
224	张延安	复旦大学
225	张译元	复旦大学
226	张懿华	复旦大学
227	赵丽敏	复旦大学
228	赵　燕	复旦大学
229	郑越洋	复旦大学
230	仲晓辉	复旦大学
231	周境林	复旦大学
232	周连杰	复旦大学
233	周　婷	复旦大学
234	周雪妍	复旦大学
235	朱立远	复旦大学
236	卓梦娜	复旦大学
237	甘　甜	华东理工大学
238	葛小虎	华东理工大学
239	郭志洋	华东理工大学
240	黄子钊	华东理工大学
241	金　鑫	华东理工大学
242	李宗霖	华东理工大学
243	刘懿谦	华东理工大学
244	马丽坤	华东理工大学
245	穆宏春	华东理工大学
246	邵　斌	华东理工大学
247	施晨宇	华东理工大学
248	孙雅飞	华东理工大学
249	覃兴龙	华东理工大学
250	王　骞	华东理工大学
251	王晓刚	华东理工大学
252	王晓琳	华东理工大学
253	席　洋	华东理工大学

续表

序号	姓名	所在单位
254	徐天奕	华东理工大学
255	杨丹卉	华东理工大学
256	姚诗杰	华东理工大学
257	张　斌	华东理工大学
258	张逸寒	华东理工大学
259	郑　昊	华东理工大学
260	周　聪	华东理工大学
261	周　敏	华东理工大学
262	宗泽州	华东理工大学
263	邹振平	华东理工大学
264	Niazi Komal	华东师范大学
265	陈莹璐	华东师范大学
266	杜　莹	华东师范大学
267	黄　斌	华东师范大学
268	黄文峰	华东师范大学
269	贾佩佩	华东师范大学
270	姜蓓佳	华东师范大学
271	李书纾	华东师范大学
272	李兆鑫	华东师范大学
273	厉成伟	华东师范大学
274	孟美瑶	华东师范大学
275	瞿　璐	华东师范大学
276	孙越洋	华东师范大学
277	谭鄂川	华东师范大学
278	王继隆	华东师范大学
279	王玲利	华东师范大学
280	王文浩	华东师范大学
281	王晓辉	华东师范大学
282	吴修齐	华东师范大学
283	夏艳秋	华东师范大学
284	闫怡博	华东师范大学
285	张皓景	华东师范大学
286	张　思	华东师范大学
287	郑赟喆	华东师范大学
288	周俊霞	华东师范大学
289	周文豪	华东师范大学
290	周在扬	华东师范大学
291	左守伟	华东师范大学
292	崔梦豪	华东政法大学
293	姜　博	华东政法大学

续表

序号	姓名	所在单位
294	李可歌	华东政法大学
295	李尚宸	华东政法大学
296	李　拓	华东政法大学
297	司马航	华东政法大学
298	童云峰	华东政法大学
299	温　辉	华东政法大学
300	向　秦	华东政法大学
301	谢宜璋	华东政法大学
302	薛小涵	华东政法大学
303	姚　叶	华东政法大学
304	张　圣	华东政法大学
305	方明浩	上海财经大学
306	伍书缘	上海财经大学
307	Surojit Dalui	上海大学
308	陈迪慧	上海大学
309	陈明明	上海大学
310	程传良	上海大学
311	高　雅	上海大学
312	高银萍	上海大学
313	胡金燕	上海大学
314	贾岳飞	上海大学
315	李　洋	上海大学
316	刘靖逸	上海大学
317	卢海彪	上海大学
318	穆永坤	上海大学
319	彭　聪	上海大学
320	秦亚岚	上海大学
321	任林涛	上海大学
322	孙强超	上海大学
323	屠含章	上海大学
324	吴陈瑶	上海大学
325	吴倩倩	上海大学
326	夏丽丽	上海大学
327	徐同乐	上海大学
328	岳丽莹	上海大学
329	张　辉	上海大学
330	张鉴磊	上海大学
331	张　进	上海大学
332	周邦飞	上海大学
333	高世科	上海海洋大学

续表

序号	姓名	所在单位
334	尚跃勇	上海海洋大学
335	王雅丽	上海海洋大学
336	尹明雨	上海海洋大学
337	Arran Charles Freegard	上海交通大学
338	Masataka Matsumoto	上海交通大学
339	Moein Khojastehposhtiri	上海交通大学
340	Mudassir Iqbal	上海交通大学
341	Muhammad Aamir Manzoor	上海交通大学
342	Muhammad Abdullah	上海交通大学
343	Muhammad Salman Nasir	上海交通大学
344	Saeed Ur Rahman	上海交通大学
345	Tigran Khachaturyants	上海交通大学
346	Xiu Wen Kang	上海交通大学
347	曹晶晶	上海交通大学
348	常志东	上海交通大学
349	陈　琳	上海交通大学
350	陈　姝	上海交通大学
351	陈廷栋	上海交通大学
352	陈潇宇	上海交通大学
353	陈　亚	上海交通大学
354	陈　尧	上海交通大学
355	程　度	上海交通大学
356	仇夏昕	上海交通大学
357	储淑芬	上海交通大学
358	邓庆琛	上海交通大学
359	杜　勇	上海交通大学
360	范　波	上海交通大学
361	冯笑笑	上海交通大学
362	付开星	上海交通大学
363	辜　磊	上海交通大学
364	郭海兰	上海交通大学
365	郭康柔	上海交通大学
366	郭亮星	上海交通大学
367	郝　昊	上海交通大学

续表

序号	姓名	所在单位
368	何腾蛟	上海交通大学
369	贺炎炎	上海交通大学
370	洪家辉	上海交通大学
371	侯佳林	上海交通大学
372	胡　波	上海交通大学
373	胡全欣	上海交通大学
374	胡志锋	上海交通大学
375	贾富源	上海交通大学
376	姜　标	上海交通大学
377	姜雨彤	上海交通大学
378	金　婕	上海交通大学
379	寇尔丰	上海交通大学
380	况　渝	上海交通大学
381	冷　浩	上海交通大学
382	李　灿	上海交通大学
383	李宏泰	上海交通大学
384	李佳佳	上海交通大学
385	李　健	上海交通大学
386	李美琪	上海交通大学
387	李爽兆	上海交通大学
388	李　星	上海交通大学
389	李　毅	上海交通大学
390	梁乐文	上海交通大学
391	刘　硕	上海交通大学
392	刘松霖	上海交通大学
393	刘天珍	上海交通大学
394	刘心怡	上海交通大学
395	刘　鑫	上海交通大学
396	刘　亚	上海交通大学
397	卢学和	上海交通大学
398	栾向峰	上海交通大学
399	吕翠娟	上海交通大学
400	马　强	上海交通大学
401	马天骄	上海交通大学
402	毛智慧	上海交通大学
403	孟凡成	上海交通大学
404	苗治贺	上海交通大学
405	潘振宇	上海交通大学
406	潘子怡	上海交通大学
407	庞海祥	上海交通大学

续表

序号	姓名	所在单位
408	彭万里	上海交通大学
409	彭优斌	上海交通大学
410	钱烨夫	上海交通大学
411	秦石洁	上海交通大学
412	任杰骥	上海交通大学
413	尚凡凡	上海交通大学
414	盛　成	上海交通大学
415	史梦阳	上海交通大学
416	帅玉婷	上海交通大学
417	宋怀航	上海交通大学
418	宋克尧	上海交通大学
419	宋炜宸	上海交通大学
420	孙明河	上海交通大学
421	孙　伟	上海交通大学
422	孙印帅	上海交通大学
423	覃　健	上海交通大学
424	田林川	上海交通大学
425	田文雅	上海交通大学
426	万阳阳	上海交通大学
427	王成罡	上海交通大学
428	王楚童	上海交通大学
429	王春雪	上海交通大学
430	王隆春	上海交通大学
431	王　鹏	上海交通大学
432	王雨琦	上海交通大学
433	王　月	上海交通大学
434	吴书贺	上海交通大学
435	肖志成	上海交通大学
436	徐加陵	上海交通大学
437	徐运楠	上海交通大学
438	许江长	上海交通大学
439	许　志	上海交通大学
440	杨　超	上海交通大学
441	杨佳沛	上海交通大学
442	杨　娜	上海交通大学
443	杨强震	上海交通大学
444	杨瑞环	上海交通大学
445	杨一泉	上海交通大学
446	叶茂坤	上海交通大学
447	余　彬	上海交通大学

续表

序号	姓名	所在单位
448	袁嘉男	上海交通大学
449	宰文静	上海交通大学
450	张　诚	上海交通大学
451	张　娣	上海交通大学
452	张　浩	上海交通大学
453	张　令	上海交通大学
454	张文斌	上海交通大学
455	赵海培	上海交通大学
456	赵一农	上海交通大学
457	赵颖燕	上海交通大学
458	赵　洲	上海交通大学
459	郑梦梦	上海交通大学
460	郑钦锋	上海交通大学
461	钟豪章	上海交通大学
462	周赫雄	上海交通大学
463	朱　东	上海交通大学
464	朱瑾瑜	上海交通大学
465	朱　文	上海交通大学
466	朱　颖	上海交通大学
467	宗皓翔	上海交通大学
468	祖春蕾	上海交通大学
469	Uludag Kadir	上海交通大学医学院
470	阿依努尔·阿卜拉	上海交通大学医学院
471	贲　帅	上海交通大学医学院
472	蔡　霖	上海交通大学医学院
473	陈哲杰	上海交通大学医学院
474	费雪枫	上海交通大学医学院
475	傅丽文	上海交通大学医学院
476	傅宇辉	上海交通大学医学院
477	高镜铭	上海交通大学医学院
478	高立恒	上海交通大学医学院
479	顾云青	上海交通大学医学院
480	郭道霞	上海交通大学医学院
481	胡志超	上海交通大学医学院
482	黄超尘	上海交通大学医学院
483	黄仁宏	上海交通大学医学院
484	金　鹏	上海交通大学医学院
485	李梦莹	上海交通大学医学院

续表

序号	姓名	所在单位
486	李　妮	上海交通大学医学院
487	厉耀华	上海交通大学医学院
488	梁文华	上海交通大学医学院
489	刘　芳	上海交通大学医学院
490	刘丽丹	上海交通大学医学院
491	刘　鎏	上海交通大学医学院
492	刘心怡	上海交通大学医学院
493	刘新华	上海交通大学医学院
494	罗正南	上海交通大学医学院
495	马筱一	上海交通大学医学院
496	牛孔艳	上海交通大学医学院
497	潘　倩	上海交通大学医学院
498	宋花歆	上海交通大学医学院
499	汪文鑫	上海交通大学医学院
500	王法凯	上海交通大学医学院
501	王　帆	上海交通大学医学院
502	王建青	上海交通大学医学院
503	王俊杰	上海交通大学医学院
504	王燕燕	上海交通大学医学院
505	王怡康	上海交通大学医学院
506	王玥莹	上海交通大学医学院
507	王之凯	上海交通大学医学院
508	肖　雨	上海交通大学医学院
509	谢贝贝	上海交通大学医学院
510	谢海胜	上海交通大学医学院
511	徐若水	上海交通大学医学院
512	徐　烨	上海交通大学医学院
513	许　玥	上海交通大学医学院
514	薛舒燕	上海交通大学医学院
515	薛月晴	上海交通大学医学院
516	杨咪娜	上海交通大学医学院
517	姚程程	上海交通大学医学院
518	於明明	上海交通大学医学院
519	张　晨	上海交通大学医学院
520	李文辉	上海科技大学
521	唐梦瑶	上海科技大学
522	王文静	上海科技大学
523	王玉珏	上海科技大学
524	苑　程	上海科技大学
525	郑　雨	上海科技大学

续表

序号	姓名	所在单位
526	Ali Umar	上海理工大学
527	窦　军	上海理工大学
528	霍娟娟	上海理工大学
529	凌　杨	上海理工大学
530	皮大普	上海理工大学
531	韦　奕	上海理工大学
532	张红运	上海理工大学
533	钟进展	上海理工大学
534	段林林	上海师范大学
535	樊晓杰	上海师范大学
536	侯承康	上海师范大学
537	黄嘉欣	上海师范大学
538	王玲玲	上海师范大学
539	肖博文	上海师范大学
540	张宝宝	上海师范大学
541	Nadeem Muhammad Umar	上海外国语大学
542	岳　曲	上海外国语大学
543	刁译之	上海音乐学院
544	曾海荣	上海中医药大学
545	陈　洁	上海中医药大学
546	方　成	上海中医药大学
547	李斐斐	上海中医药大学
548	孙沁梅	上海中医药大学
549	王　贝	上海中医药大学
550	徐楚婷	上海中医药大学
551	虞　玺	上海中医药大学
552	征宗梅	上海中医药大学
553	周松雷	上海中医药大学
554	Atma Prakash	同济大学
555	Kim Jinsu	同济大学
556	安连华	同济大学
557	卜时夏	同济大学
558	蔡　腾	同济大学
559	曹　凯	同济大学
560	曹智发	同济大学
561	陈　亮	同济大学
562	陈　琳	同济大学
563	董自康	同济大学

续表

序号	姓名	所在单位
564	杜云飞	同济大学
565	范金成	同济大学
566	高蒙蒙	同济大学
567	葛广龙	同济大学
568	顾　康	同济大学
569	郭跃东	同济大学
570	胡俊雄	同济大学
571	胡　玥	同济大学
572	黄俊达	同济大学
573	姜俊坤	同济大学
574	蒋梦莹	同济大学
575	康　晨	同济大学
576	康　琪	同济大学
577	李　琛	同济大学
578	李亚旭	同济大学
579	李　洋	同济大学
580	李亦舜	同济大学
581	梁浩阳	同济大学
582	梁启刚	同济大学
583	刘彩莹	同济大学
584	刘丹青	同济大学
585	刘　刚	同济大学
586	刘文举	同济大学
587	马　青	同济大学
588	毛键源	同济大学
589	毛丽杰	同济大学
590	梅沪生	同济大学
591	秦贺贺	同济大学
592	苏　瑜	同济大学
593	唐岩松	同济大学
594	涂志奋	同济大学
595	汪健芳	同济大学
596	王　鹏	同济大学
597	王心宇	同济大学
598	王月梅	同济大学
599	温东东	同济大学
600	温作鹏	同济大学
601	伍　洋	同济大学
602	徐睿敏	同济大学
603	徐　钊	同济大学

续表

序号	姓名	所在单位
604	杨浩文	同济大学
605	杨　捷	同济大学
606	杨敬斌	同济大学
607	杨蕤生	同济大学
608	尹文汉	同济大学
609	余　越	同济大学
610	喻支梁	同济大学
611	袁　浩	同济大学
612	岳子杰	同济大学
613	张保壮	同济大学
614	张　皓	同济大学
615	张瑞斌	同济大学
616	张　燕	同济大学
617	张雨婷	同济大学
618	张玉荣	同济大学
619	赵雯思	同济大学
620	赵勇智	同济大学
621	支小咪	同济大学
622	周昶宇	同济大学
623	周广良	同济大学
624	朱　鹏	同济大学
625	宗博洋	同济大学
626	高亚楠	中国科学院分子细胞科学卓越创新中心
627	谷汪鹏	中国科学院分子细胞科学卓越创新中心
628	姜　勇	中国科学院分子细胞科学卓越创新中心
629	靳琪琪	中国科学院分子细胞科学卓越创新中心
630	李烁钧	中国科学院分子细胞科学卓越创新中心
631	娄容珲	中国科学院分子细胞科学卓越创新中心
632	卢　琛	中国科学院分子细胞科学卓越创新中心
633	潘宇寅	中国科学院分子细胞科学卓越创新中心
634	孙凤秀	中国科学院分子细胞科学卓越创新中心
635	孙　振	中国科学院分子细胞科学卓越创新中心
636	王超雄	中国科学院分子细胞科学卓越创新中心
637	王镐锋	中国科学院分子细胞科学卓越创新中心
638	闫宇泽	中国科学院分子细胞科学卓越创新中心
639	张佳丽	中国科学院分子细胞科学卓越创新中心
640	Muhammad Abid	中国科学院分子植物科学卓越创新中心
641	冯　欢	中国科学院分子植物科学卓越创新中心
642	李　妮	中国科学院分子植物科学卓越创新中心

续表

序号	姓名	所在单位
643	刘　鑫	中国科学院分子植物科学卓越创新中心
644	罗振鹏	中国科学院分子植物科学卓越创新中心
645	缪雨静	中国科学院分子植物科学卓越创新中心
646	王明星	中国科学院分子植物科学卓越创新中心
647	杨　朝	中国科学院分子植物科学卓越创新中心
648	张政达	中国科学院分子植物科学卓越创新中心
649	章洪伟	中国科学院分子植物科学卓越创新中心
650	Michael William Simpson	中国科学院脑科学与智能技术卓越创新中心
651	Rory Bufacchi	中国科学院脑科学与智能技术卓越创新中心
652	白　璐	中国科学院脑科学与智能技术卓越创新中心
653	柏　涛	中国科学院脑科学与智能技术卓越创新中心
654	金梦梦	中国科学院脑科学与智能技术卓越创新中心
655	李　杰	中国科学院脑科学与智能技术卓越创新中心
656	孙雨薇	中国科学院脑科学与智能技术卓越创新中心
657	王斐然	中国科学院脑科学与智能技术卓越创新中心
658	王锦程	中国科学院脑科学与智能技术卓越创新中心
659	熊洋洋	中国科学院脑科学与智能技术卓越创新中心
660	尧　丽	中国科学院脑科学与智能技术卓越创新中心
661	张朕坤	中国科学院脑科学与智能技术卓越创新中心
662	周璐昕	中国科学院脑科学与智能技术卓越创新中心
663	曾　志	中国科学院上海光学精密机械研究所
664	陈　欢	中国科学院上海光学精密机械研究所
665	洪丽红	中国科学院上海光学精密机械研究所
666	王全军	中国科学院上海光学精密机械研究所
667	张书隆	中国科学院上海光学精密机械研究所
668	张云鹏	中国科学院上海光学精密机械研究所
669	钟　慧	中国科学院上海光学精密机械研究所
670	陈政燃	中国科学院上海硅酸盐研究所
671	候志前	中国科学院上海硅酸盐研究所
672	胡子萌	中国科学院上海硅酸盐研究所
673	黄志坤	中国科学院上海硅酸盐研究所

续表

序号	姓名	所在单位
674	刘　常	中国科学院上海硅酸盐研究所
675	沙海峰	中国科学院上海硅酸盐研究所
676	杨伟伟	中国科学院上海硅酸盐研究所
677	祝　明	中国科学院上海硅酸盐研究所
678	曹泽坛	中国科学院上海技术物理研究所
679	李津宁	中国科学院上海技术物理研究所
680	闫　伟	中国科学院上海技术物理研究所
681	张　坤	中国科学院上海技术物理研究所
682	Namitha Issac	中国科学院上海天文台
683	李文博	中国科学院上海天文台
684	彭思佳	中国科学院上海天文台
685	郑学琛	中国科学院上海天文台
686	刘　赟	中国科学院上海微系统与信息技术研究所
687	王若冰	中国科学院上海微系统与信息技术研究所
688	肖　游	中国科学院上海微系统与信息技术研究所
689	张　威	中国科学院上海微系统与信息技术研究所
690	陈书帅	中国科学院上海药物研究所
691	程文豪	中国科学院上海药物研究所
692	房大庆	中国科学院上海药物研究所
693	付尊蕴	中国科学院上海药物研究所
694	洪　颖	中国科学院上海药物研究所
695	侯克强	中国科学院上海药物研究所
696	候　博	中国科学院上海药物研究所
697	李　锐	中国科学院上海药物研究所
698	刘盼文	中国科学院上海药物研究所
699	龙益如	中国科学院上海药物研究所
700	娄宏跃	中国科学院上海药物研究所
701	吕明君	中国科学院上海药物研究所
702	麻宁宁	中国科学院上海药物研究所
703	马圣洲	中国科学院上海药物研究所
704	宋兆瑞	中国科学院上海药物研究所
705	王晓文	中国科学院上海药物研究所
706	王震宇	中国科学院上海药物研究所
707	吴艳丽	中国科学院上海药物研究所
708	徐诗奇	中国科学院上海药物研究所
709	喻　鹏	中国科学院上海药物研究所
710	张　旭	中国科学院上海药物研究所
711	郑成宇	中国科学院上海药物研究所
712	贾冰璇	中国科学院上海营养与健康研究所
713	李雅娜	中国科学院上海营养与健康研究所
714	刘亚南	中国科学院上海营养与健康研究所
715	马俊丽	中国科学院上海营养与健康研究所
716	王瀚铃	中国科学院上海营养与健康研究所
717	叶德佶	中国科学院上海营养与健康研究所
718	张雅琪	中国科学院上海营养与健康研究所
719	陈先枭	中国科学院上海有机化学研究所
720	成　立	中国科学院上海有机化学研究所
721	范姝亚	中国科学院上海有机化学研究所
722	龚新宇	中国科学院上海有机化学研究所
723	韩逸飞	中国科学院上海有机化学研究所
724	侯祥龙	中国科学院上海有机化学研究所
725	马博远	中国科学院上海有机化学研究所
726	乔　磊	中国科学院上海有机化学研究所
727	余　轩	中国科学院上海有机化学研究所
728	周伟平	中国科学院上海有机化学研究所
729	陈仕东	复旦大学
730	丁　翔	复旦大学
731	廖莫愁	复旦大学
732	林泽山	复旦大学
733	王佳俊	复旦大学
734	王珊珊	复旦大学
735	王鑫鑫	复旦大学
736	吴谦惠	复旦大学
737	张　敏	复旦大学
738	赵海潮	复旦大学
739	赵昭昭	复旦大学
740	李凯尚	华东理工大学
741	潘伟童	华东理工大学
742	赵　燕	华东理工大学
743	白磊阳	华东师范大学
744	肖向予	上海大学
745	傅其栋	上海交通大学
746	高治强	上海交通大学
747	金衍瑞	上海交通大学
748	吕　浩	上海交通大学
749	王　鹏	上海交通大学

续表

序号	姓名	所在单位
750	刘明月	上海交通大学医学院
751	穆雅娟	上海交通大学医学院
752	王震毅	上海交通大学医学院
753	尹利敏	上海交通大学医学院
754	范文翔	上海中医药大学
755	姜　越	同济大学
756	单　琳	中国科学院分子细胞科学卓越创新中心
757	韩茂莹	中国科学院分子细胞科学卓越创新中心
758	胡叶舟	中国科学院分子植物科学卓越创新中心
759	童传俊	中国科学院脑科学与智能技术卓越创新中心
760	张冬冬	中国科学院上海光学精密机械研究所
761	柳　畅	中国科学院上海技术物理研究所
762	邓亚楠	中国科学院上海药物研究所
763	姜　烜	中国科学院上海有机化学研究所
764	阮林新	中国科学院上海有机化学研究所
765	张莉丽	上海近观科技有限责任公司
766	陈　红	东华大学
767	曹勇斌	复旦大学
768	彭博方	复旦大学
769	唐成强	复旦大学
770	周峻岗	复旦大学
771	余海峰	华东理工大学
772	张开明	华东理工大学
773	冯英慧	华东师范大学
774	陈　莹	嘉实基金管理有限公司
775	陈　杨	上海大学
776	陈　挚	上海大学
777	祝小杰	上海海事大学
778	曹天宇	上海交通大学
779	曾　强	上海交通大学
780	高剑奇	上海交通大学
781	司云培	上海交通大学
782	童刚生	上海交通大学
783	袁　伟	上海交通大学
784	周子宜	上海交通大学
785	朱茂然	上海交通大学
786	霍莹莹	上海交通大学医学院
787	林　力	上海交通大学医学院
788	张保焜	上海交通大学医学院
789	潘芳慧	同济大学
790	王　溪	同济大学
791	许梦洋	中国科学院分子细胞科学卓越创新中心
792	牛振岐	中国科学院上海光学精密机械研究所
793	任衍允	中国科学院上海微系统与信息技术研究所
794	徐文慧	中国科学院上海微系统与信息技术研究所
795	秦　璐	中国银联股份有限公司

（刘　栋）

【600 人入选上海市启明星项目(扬帆专项)】 2023 年,上海市启明星项目(扬帆专项)共资助 600 人,资助经费合计 1.2 亿元。

2023 年度上海市启明星项目(扬帆专项)计划资助名单

序号	姓名	所在单位
1	雷雨川	东华大学
2	陆晓芳	东华大学
3	唐佩馨	东华大学
4	陈国印	东华大学
5	轩慧霞	东华大学
6	宋　宇	东华大学
7	胡美琪	东华大学
8	曹誉文	东华大学
9	邵　玄	东华大学
10	赵晓鹏	东华大学
11	王子剑	东华大学
12	秦旻华	复旦大学
13	王立悦	复旦大学
14	张如华	复旦大学
15	邢晓帆	复旦大学
16	孙　煜	复旦大学
17	王　晶	复旦大学
18	周万海	复旦大学
19	王瑞聪	复旦大学
20	俞学文	复旦大学
21	王水源	复旦大学
22	王天宇	复旦大学
23	江文宁	复旦大学
24	孟佳琳	复旦大学

续表

序号	姓名	所在单位
25	朱群喜	复旦大学
26	朱鸿斌	复旦大学
27	仰　光	复旦大学
28	李　艳	复旦大学
29	王　轲	复旦大学
30	原致远	复旦大学
31	王梅月	复旦大学
32	姬小利	复旦大学附属儿科医院
33	董　辰	复旦大学附属儿科医院
34	孙碧君	复旦大学附属儿科医院
35	张　宇	复旦大学附属妇产科医院
36	许晶晶	复旦大学附属妇产科医院
37	朱　朱	复旦大学附属华山医院
38	罗　路	复旦大学附属华山医院
39	毛建萍	复旦大学附属华山医院
40	卞星晨	复旦大学附属华山医院
41	徐庆庆	复旦大学附属华山医院
42	陈臻浩	复旦大学附属华山医院
43	盛旦丹	复旦大学附属华山医院
44	陈　弟	复旦大学附属华山医院
45	史　源	复旦大学附属华山医院北院
46	李万鹏	复旦大学附属眼耳鼻喉科医院
47	黄　强	复旦大学附属眼耳鼻喉科医院
48	王　丽	复旦大学附属眼耳鼻喉科医院
49	韩如意	复旦大学附属眼耳鼻喉科医院
50	穆素成	复旦大学附属中山医院
51	花　晴	复旦大学附属中山医院
52	邢　影	复旦大学附属中山医院
53	姚秋明	复旦大学附属中山医院
54	刘超凡	复旦大学附属中山医院
55	宋丽娜	复旦大学附属中山医院
56	苏恩勇	复旦大学附属中山医院
57	刘潇潇	复旦大学附属中山医院
58	马文锐	复旦大学附属中山医院
59	孙嘉磊	复旦大学附属中山医院
60	潘教孟	复旦大学附属中山医院
61	吕　洋	复旦大学附属中山医院
62	朱哲慧	复旦大学附属中山医院
63	朱梦璇	复旦大学附属中山医院
64	王思敏	复旦大学附属肿瘤医院

续表

序号	姓名	所在单位
65	杨　帆	复旦大学附属肿瘤医院
66	杨云松	复旦大学附属肿瘤医院
67	艾杳杉	复旦大学附属肿瘤医院
68	赵　婷	复旦大学附属肿瘤医院
69	叶　增	复旦大学附属肿瘤医院
70	国　婧	复旦大学附属肿瘤医院
71	邢　刚	复旦大学上海医学院
72	唐　淼	复旦大学上海医学院
73	薛伟伟	复旦大学上海医学院
74	马旭凯	复旦大学上海医学院
75	胡　玲	复旦大学上海医学院
76	冯　梅	复旦大学上海医学院
77	张济明	复旦大学上海医学院
78	杨广明	公安部第三研究所
79	段亚南	国家新药筛选中心
80	魏新迟	国网上海市电力公司
81	黄元媛	核电运行研究(上海)有限公司
82	倪鹤立	华东电力试验研究院有限公司
83	王　继	华东理工大学
84	俞　霞	华东理工大学
85	张馨予	华东理工大学
86	张大朋	华东理工大学
87	赵　燕	华东理工大学
88	伍贤青	华东理工大学
89	张永正	华东理工大学
90	胡宏龙	华东理工大学
91	唐　璇	华东理工大学
92	叶　磊	华东理工大学
93	李思辰	华东理工大学
94	刘井平	华东理工大学
95	王晓琳	华东理工大学
96	金　鑫	华东理工大学
97	雷　淼	华东理工大学
98	纪小国	华东理工大学
99	张　斌	华东理工大学
100	王丛笑	华东师范大学
101	杜　娟	华东师范大学
102	徐　元	华东师范大学
103	冯媛媛	华东师范大学
104	刘博晓	华东师范大学

续表

序号	姓名	所在单位
105	谭　鑫	华东师范大学
106	赵明昊	华东师范大学
107	周　阳	华东师范大学
108	崔二乾	华东师范大学
109	周晗昱	华东师范大学
110	张　菁	华东医院
111	李师轮	上海埃依斯航天科技有限公司
112	马晓龙	上海埃依斯航天科技有限公司
113	刘　玥	上海博畅医疗科技有限公司
114	吴凯琦	上海材料研究所有限公司
115	蒋淑红	上海城市水资源开发利用国家工程中心有限公司
116	宫　荧	上海大学
117	周　喆	上海大学
118	于祥敏	上海大学
119	江浩然	上海大学
120	庞昊强	上海大学
121	薛　杰	上海大学
122	贺　婷	上海大学
123	张益帆	上海大学
124	史晓娟	上海大学
125	杨倩倩	上海大学
126	孙　硕	上海大学
127	余鸿文	上海大学
128	李俊诚	上海大学
129	陈侨川	上海大学
130	田品卓	上海大学
131	刘晗笑	上海大学
132	金　滔	上海大学
133	高松燕	上海大学
134	马桔萍	上海德硅凯氟光电科技有限公司
135	俞晓晓	上海第二工业大学
136	朱大海	上海第二工业大学
137	朱金悦	上海第二工业大学
138	刘　飞	上海第二工业大学
139	徐　潇	上海电机学院
140	曹　强	上海电机学院
141	彭望君	上海电机学院
142	王　昆	上海电缆研究所有限公司
143	杜璞良	上海电力大学

续表

序号	姓名	所在单位
144	谭　津	上海电力大学
145	唐　睿	上海电力大学
146	梁　琨	上海电力大学
147	彭陈亿	上海电气集团股份有限公司
148	戴贡鑫	上海电气集团股份有限公司
149	林　琳	上海电气集团股份有限公司
150	张亚京	上海对外经贸大学
151	陈俊林	上海飞机制造有限公司
152	胡春春	上海复旦张江技术转移有限公司
153	赵茂雄	上海复享光学股份有限公司
154	孙怡然	上海工程技术大学
155	开　玥	上海工程技术大学
156	王珊珊	上海工程技术大学
157	孙雨晴	上海工程技术大学
158	钟进展	上海光学仪器研究所
159	时俭红	上海海事大学
160	杨亚宇	上海海事大学
161	张文兵	上海海事大学
162	李尧翀	上海海事大学
163	孔　悠	上海海事大学
164	陈　洁	上海海洋大学
165	郭文文	上海海洋大学
166	姜晴晴	上海海洋大学
167	徐静雯	上海海洋大学
168	戴黎斌	上海海洋大学
169	姜晓东	上海海洋大学
170	耿　喆	上海海洋大学
171	杨力祥	上海航天精密机械研究所
172	徐洋波	上海航天控制技术研究所
173	徐张凡	上海航天控制技术研究所
174	罗　萃	上海航天控制技术研究所
175	李　款	上海航天控制技术研究所
176	臧旭升	上海航天设备制造总厂有限公司
177	陆映晴	上海华谊新材料有限公司
178	段皓文	上海环境集团股份有限公司
179	苗　萌	上海健康医学院
181	涂华婷	上海健康医学院
182	苑　程	上海健康医学院
183	韩秋琴	上海健康医学院
184	于　仪	上海健康医学院

续表

序号	姓名	所在单位
185	饶烽瑞	上海建工二建集团有限公司
186	周昱程	上海建工集团股份有限公司
187	杨喻声	上海建工四建集团有限公司
188	张忆州	上海建工一建集团有限公司
189	徐佳琦	上海建科预应力技术工程有限公司
190	董卉子	上海交通大学
191	李亦言	上海交通大学
192	李春煜	上海交通大学
193	高　展	上海交通大学
194	张敬伟	上海交通大学
195	孙　华	上海交通大学
196	孙珊珊	上海交通大学
197	常湘琦	上海交通大学
198	周昕毅	上海交通大学
199	赵国成	上海交通大学
200	李　放	上海交通大学
201	李甜甜	上海交通大学
202	刘亚敏	上海交通大学
203	洪海超	上海交通大学
204	王　迪	上海交通大学
205	张永甲	上海交通大学
206	刘雨桐	上海交通大学
207	于　晗	上海交通大学
208	李婉露	上海交通大学
209	郑馨航	上海交通大学
210	刘　阳	上海交通大学
211	马诗洋	上海交通大学医学院
212	郭宁媛	上海交通大学医学院
213	韩乐飞	上海交通大学医学院
214	蒋文艳	上海交通大学医学院
215	霍莹莹	上海交通大学医学院附属第九人民医院
216	崔金婕	上海交通大学医学院附属第九人民医院
217	顾熠辉	上海交通大学医学院附属第九人民医院
218	陈骁俊	上海交通大学医学院附属第九人民医院
219	张　琦	上海交通大学医学院附属第九人民医院
220	刘小涵	上海交通大学医学院附属第九人民医院
221	林思涵	上海交通大学医学院附属第九人民医院
222	王禹盈	上海交通大学医学院附属第九人民医院
223	孙　怡	上海交通大学医学院附属第九人民医院
224	黄高建	上海交通大学医学院附属第九人民医院

续表

序号	姓名	所在单位
225	顾　湘	上海交通大学医学院附属第九人民医院
226	杨　洁	上海交通大学医学院附属第九人民医院
227	朱青霞	上海交通大学医学院附属第九人民医院
228	周　韧	上海交通大学医学院附属第九人民医院
229	孙浩波	上海交通大学医学院附属仁济医院
230	金静思	上海交通大学医学院附属仁济医院
231	王润词	上海交通大学医学院附属仁济医院
232	张　婷	上海交通大学医学院附属仁济医院
233	冯日露	上海交通大学医学院附属仁济医院
234	李　尤	上海交通大学医学院附属仁济医院
235	赵　娜	上海交通大学医学院附属仁济医院
236	孙　晔	上海交通大学医学院附属仁济医院
237	左乔竹	上海交通大学医学院附属仁济医院
238	黄耀慧	上海交通大学医学院附属瑞金医院
239	杨　奕	上海交通大学医学院附属瑞金医院
240	张培培	上海交通大学医学院附属瑞金医院
241	林正钰	上海交通大学医学院附属瑞金医院
242	韩启新	上海交通大学医学院附属瑞金医院
243	洪理文	上海交通大学医学院附属瑞金医院
244	张　铭	上海交通大学医学院附属瑞金医院
245	李剑峰	上海交通大学医学院附属瑞金医院
246	庄玲芳	上海交通大学医学院附属瑞金医院
247	王孟燕	上海交通大学医学院附属瑞金医院
248	王　凡	上海交通大学医学院附属瑞金医院
249	傅　璠	上海交通大学医学院附属瑞金医院
250	巴突尔・艾克木	上海交通大学医学院附属瑞金医院
251	李方圆	上海交通大学医学院附属瑞金医院
252	林继雷	上海交通大学医学院附属上海儿童医学中心
253	李雯婕	上海交通大学医学院附属新华医院
254	季海英	上海交通大学医学院附属新华医院
255	张　娅	上海交通大学医学院附属新华医院
256	蔡　科	上海交通大学医学院附属新华医院
257	阿依努尔・阿卜拉	上海交通大学医学院附属新华医院
258	杜秀娟	上海交通大学医学院附属新华医院
259	张　林	上海交通大学医学院附属新华医院
260	郑火亮	上海交通大学医学院附属新华医院
261	刘诗蕾	上海交通大学医学院附属新华医院
262	白庆春	上海开放大学

续表

序号	姓名	所在单位
263	马翼宁	上海勘测设计研究院有限公司
264	杨志炎	上海勘测设计研究院有限公司
265	高志强	上海勘察设计研究院(集团)有限公司
266	刘天伦	上海勘察设计研究院(集团)有限公司
267	谢辰璐	上海科技大学
268	吉崇磊	上海科技大学
269	王　琦	上海科技大学
270	夏　威	上海科技大学
271	姚玉东	上海科技大学
272	李光宇	上海科技大学
273	卫晨希	上海科技大学
274	张湘煜	上海科技大学
275	文鼎柱	上海科技大学
276	陈宇奇	上海科技大学
277	田　政	上海科技大学
278	陈晓霞	上海科技大学
279	李潇婷	上海科技大学
280	余一鸣	上海科技馆
281	杨　宁	上海空间电源研究所
282	杨旭东	上海空间推进研究所
283	陈筱佳	上海理工大学
284	王景霞	上海理工大学
285	刘皓喆	上海理工大学
286	许婧煊	上海理工大学
287	刘哲源	上海理工大学
288	刘　帆	上海理工大学
289	徐高鹏	上海理工大学
290	骆赛男	上海理工大学
291	廖峭波	上海理工大学
292	蔡锐阳	上海理工大学
293	孙茂循	上海理工大学
294	刘远远	上海理工大学
295	张雨乐	上海理工大学
296	董毅博	上海理工大学
297	任浩冉	上海理工大学
298	陈　倩	上海理工大学
299	鞠亚美	上海理工大学
300	唐鸿雁	上海理工大学
301	赖致轩	上海立信会计金融学院
302	李其超	上海纳米技术及应用国家工程研究中心有限公司
303	唐　宁	上海纳米技术及应用国家工程研究中心有限公司
304	文弘毅	上海纽约大学
305	郑潇威	上海浦东复旦大学张江科技研究院
306	郝　萌	上海浦东复旦大学张江科技研究院
307	周伸奥	上海赛立维生物科技有限公司
308	张　芃	上海陕煤高新技术研究院有限公司
309	王冬冬	上海深势唯思科技有限责任公司
310	罗　晶	上海师范大学
311	汤婉鑫	上海师范大学
312	何国仁	上海师范大学
313	杭　磊	上海师范大学天华学院
314	魏慕筠	上海市宝山区大场医院(上海交通大学医学院附属仁济医院宝山分院)
315	朱小强	上海市宝山区大场医院(上海交通大学医学院附属仁济医院宝山分院)
316	胡项俊	上海市宝山区吴淞中心医院(复旦大学附属中山医院吴淞医院、上海市宝山区红十字医院)
317	朱小伟	上海市宝山区吴淞中心医院(复旦大学附属中山医院吴淞医院、上海市宝山区红十字医院)
318	颜轶航	上海市城市建设设计研究总院(集团)有限公司
319	白晓晨	上海市第八人民医院
320	胡一鸣	上海交通大学医学院附属第六人民医院
321	李梦慈	上海交通大学医学院附属第六人民医院
322	冯丽帅	上海交通大学医学院附属第六人民医院
323	杨　闯	上海交通大学医学院附属第六人民医院
324	冯　凯	上海交通大学医学院附属第六人民医院
325	朱道宇	上海市第六人民医院金山分院(上海健康医学院附属金山区中心医院、上海市金山区中心医院)
326	刘　沛	上海市第六人民医院金山分院(上海健康医学院附属金山区中心医院、上海市金山区中心医院)
327	毛东升	同济大学附属第十人民医院
328	吕慧颖	同济大学附属第十人民医院
329	迟　琛	同济大学附属第十人民医院
330	韩　毅	同济大学附属第十人民医院
331	孙　敏	同济大学附属上海市第四人民医院
332	郯静波	复旦大学附属上海市第五人民医院(上海市闵行区传染病医院)
333	杨　磊	上海市第一妇婴保健院

续表

序号	姓名	所在单位
334	彭海燕	上海市第一妇婴保健院
335	盛金丹	上海市第一妇婴保健院
336	蔡白莲	上海市第一妇婴保健院
337	杨佳妮	上海市第一妇婴保健院
338	冯　纯	上海市第一康复医院(上海市杨浦区老年医院)
339	张东亮	上海交通大学医学院附属第一人民医院
340	谷　雪	上海交通大学医学院附属第一人民医院
341	郭悦承	上海交通大学医学院附属第一人民医院
342	薄其玉	上海交通大学医学院附属第一人民医院
343	谢　海	上海交通大学医学院附属第一人民医院
344	张兴宇	上海交通大学医学院附属第一人民医院
345	刘凯缘	上海交通大学医学院附属第一人民医院
346	胡倍源	上海交通大学医学院附属第一人民医院
347	张　童	同济大学附属东方医院
348	施映枫	同济大学附属东方医院
349	姜　凯	同济大学附属东方医院
350	周立苹	同济大学附属东方医院
351	郝丽丽	上海市儿科医学研究所
352	於明明	上海交通大学医学院附属儿童医院
353	沈子贇	同济大学附属上海市肺科医院(上海市职业病防治院)
354	陈　龙	同济大学附属上海市肺科医院(上海市职业病防治院)
355	林捷威	同济大学附属上海市肺科医院(上海市职业病防治院)
356	米　杰	同济大学附属上海市肺科医院(上海市职业病防治院)
357	宋　欢	同济大学附属上海市肺科医院(上海市职业病防治院)
358	冯娟娟	上海市奉贤区中心医院
359	马新欣	上海市奉贤区中心医院
360	吉晨晖	上海市高血压研究所
361	王芝嫣	上海市高血压研究所
362	徐燕萍	上海市高血压研究所
363	马瑞青	上海市公共卫生临床中心
364	常　岑	上海市光华中西医结合医院(上海市光华医院)
365	廖文玲	上海市环境科学研究院
366	曹　燕	上海市环境科学研究院
367	赵文强	上海市基础工程集团有限公司
368	卜　凡	上海市机电设计研究院有限公司

续表

序号	姓名	所在单位
369	邵治理	上海市机械施工集团有限公司
370	王　葳	上海市疾病预防控制中心
371	孙　卓	上海市疾病预防控制中心
372	梁瑞劼	上海市疾病预防控制中心
373	林耀发	上海市嘉定区江桥医院
374	马　悦	上海市嘉定区气象局
375	徐芸芸	上海市嘉定区中心医院(上海健康医学院附属嘉定区中心医院、上海交通大学医学院附属仁济医院嘉定分院)
376	瞿俊文	上海市嘉定区中心医院(上海健康医学院附属嘉定区中心医院、上海交通大学医学院附属仁济医院嘉定分院)
377	周非叶	上海市嘉定区中心医院(上海健康医学院附属嘉定区中心医院、上海交通大学医学院附属仁济医院嘉定分院)
378	牛慧雅	上海市建筑科学研究院有限公司
379	白　雪	上海市建筑科学研究院有限公司
380	崔旅纯	上海市精神卫生中心(上海市心理咨询培训中心)
381	曾　端	上海市精神卫生中心(上海市心理咨询培训中心)
382	崔　银	上海市精神卫生中心(上海市心理咨询培训中心)
383	陈黎曼	上海市口腔医院(上海市口腔健康中心)
384	祁佳佳	上海市口腔医院(上海市口腔健康中心)
385	徐欣植	上海市老年医学中心
386	梁海峰	上海市老年医学中心
387	王　晓	上海市老年医学中心
388	毛玉琴	上海市闵行区中心医院
389	张翔宇	上海市闵行区中心医院
390	刘小平	上海市内分泌代谢病研究所
391	徐皆欢	市农科院
392	黄晴雯	市农科院
393	袁　瑗	市农科院
394	尤春梅	市农科院
395	房加鹏	市农科院
396	雷　蕾	市农科院
397	章加应	市农科院
398	李春晓	上海市皮肤病医院
399	江静斯	上海市皮肤病医院
400	王建丰	上海市浦东新区浦南医院
401	刘　婧	上海市浦东新区周浦医院(上海健康医学院附属周浦医院)

续表

序号	姓名	所在单位
402	张志琦	上海市气候中心(上海区域气候中心)
403	王　韩	上海市伤骨科研究所
404	沈玉佩	上海市生物医药技术研究院
405	刘丹蕾	上海市生物医药技术研究院
406	吴炜枫	上海市隧道工程轨道交通设计研究院
407	张晓琴	同济大学附属同济医院
408	蒋江灵	同济大学附属同济医院
409	刘振川	同济大学附属同济医院
410	朱碧帆	上海市卫生和健康发展研究中心(上海市医学科学技术情报研究所)
411	田广昂	上海交通大学医学院附属胸科医院
412	逯海娇	上海交通大学医学院附属胸科医院
413	李　彤	上海市徐汇区中心医院
414	王月华	上海市杨浦区市东医院
415	常洪泽	上海市杨浦区中心医院(同济大学附属杨浦医院)
416	赵　磊	上海市养志康复医院(上海市阳光康复中心)
417	尹豪豪	上海市影像医学研究所
418	王雅琼	上海市影像医学研究所
419	刘晶晶	上海市影像医学研究所
420	于　松	上海市预防医学研究院
421	杨　光	上海市针灸经络研究所
422	陈子怡	上海市针灸经络研究所
423	张　震	上海市政工程设计科学研究所有限公司
424	孙　勇	上海市政工程设计研究总院(集团)有限公司
425	黄瑞达	上海市政工程设计研究总院(集团)有限公司
426	岳　备	上海市中医药研究院
427	靳金美	上海市中医药研究院
428	赵　蓓	上海市中医药研究院
429	陈子琦	上海市中医医院
430	朱婷婷	上海市中医医院
431	尤焱南	上海市中医医院
432	张思荻	上海市肿瘤研究所
433	王　玮	上海市肿瘤研究所
434	程姹萍	上海市肿瘤研究所
435	马旭慧	上海市肿瘤研究所
436	杨　伍	上海市肿瘤研究所
437	高子翔	上海市重大传染病和生物安全研究院
438	李　娜	上海市重大传染病和生物安全研究院
439	李超然	上海体育学院
440	张　磊	上海体育学院
441	郑依莉	上海体育学院
442	孙敏杰	上海天安轴承有限公司
443	周柳芳	上海外国语大学
444	董祚汝	上海微波技术研究所(中国电科第五十研究所)
445	向晨路	上海微波设备研究所(中国电科第五十一研究所)
446	贾婧玮	上海微创旋律医疗科技有限公司
447	毛政中	上海微电机研究所(中国电科第二十一研究所)
448	包康丽	上海微小卫星工程中心
449	肖亚开	上海卫星工程研究所
450	李　卓	上海卫星工程研究所
451	王　鹏	上海无线电设备研究所
452	孙倩颖	上海新微技术研发中心有限公司
453	刘子仪	上海芯物科技有限公司
454	魏若妍	上海徐汇上医中山免疫治疗技术转化研究中心
455	邬开宬	上海徐汇上医中山免疫治疗技术转化研究中心
456	蒋含笑	上海岩易科技有限公司
457	杨　帅	上海伊者生物科技有限公司
458	汤　文	上海医药工业研究院有限公司
459	汤佳伟	上海医药工业研究院有限公司
460	刘馥雯	上海应用技术大学
461	许哲谱	上海应用技术大学
462	董浪平	上海应用技术大学
463	侯进菊	上海应用技术大学
464	周露露	上海应用技术大学
465	王　婷	上海应用技术大学
466	黄　鑫	上海应用技术大学
467	孟　涛	上海宇航系统工程研究所
468	陆科名	上海原思标物科技有限公司
469	宋　琦	上海张江医学创新研究院
470	高志鹏	上海浙江大学高等研究院
471	吕　瀚	上海振华重工(集团)股份有限公司
472	熊　健	上海之江生物科技股份有限公司
473	谈云轩	上海中医药大学

续表

序号	姓名	所在单位
474	吕雅琪	上海中医药大学
475	李　倩	上海中医药大学
476	余　阳	上海中医药大学
477	姚重界	上海中医药大学
478	吴　娜	上海中医药大学
479	黄　星	上海中医药大学附属龙华医院
480	陈锦漫	上海中医药大学附属龙华医院
481	肖长芳	上海中医药大学附属龙华医院
482	张一凡	上海中医药大学附属龙华医院
483	辛　鑫	上海中医药大学附属曙光医院
484	茅婧怡	上海中医药大学附属曙光医院
485	王明珠	上海中医药大学附属岳阳中西医结合医院
486	唐新淼	上海中医药大学附属岳阳中西医结合医院
487	段文佳	司法鉴定科学研究院
488	王金明	司法鉴定科学研究院
489	李振威	同济大学
490	刘　超	同济大学
491	赵　勇	同济大学
492	刘志勇	同济大学
493	宋子洋	同济大学
494	孙文杰	同济大学
495	刘　燕	同济大学
496	张朋朋	同济大学
497	王浩然	同济大学
498	李　鑫	同济大学
499	沈仕君	同济大学
500	许璐璐	同济大学
501	刘一琼	同济大学
502	郑礼涛	同济大学
503	段　斌	同济大学
504	马艺钊	同济大学
505	解　健	同济大学附属口腔医院
506	巩旭燕	同济大学附属口腔医院
507	雷婧诗	同济大学附属口腔医院
508	徐安琪	卫宁健康科技集团股份有限公司
509	孙瑜泽	西北工业大学上海闵行协同创新中心
510	何　峰	西北工业大学上海闵行协同创新中心
511	董瀚林	西北工业大学上海闵行协同创新中心

续表

序号	姓名	所在单位
512	姜　越	伊尔庚(上海)环境科技有限公司
513	刘旭璐	云量几何(上海)健康科技有限公司
514	马　倩	臻智达生物技术(上海)有限公司
515	张永来	中船第九设计研究院工程有限公司
516	盛学锐	中国船舶集团第七二六研究所
517	李　晓	中国船舶集团第七一一研究所
518	薛志村	中国船舶集团第七一一研究所
519	马永健	中福会国际和平妇幼保健院
520	刘　晔	中福会国际和平妇幼保健院
521	蔡堉楠	中国航发商用航空发动机有限责任公司
522	徐青林	中国航发上海商用航空发动机制造有限责任公司
523	吴杭姿	中国建筑第八工程局有限公司
524	张劭华	中国建筑第二工程局有限公司华东分公司
525	崔星洋	中国科学技术大学上海研究院
526	查　辰	中国科学技术大学上海研究院
527	叶杨森	中国科学技术大学上海研究院
528	王　超	中国科学院分子细胞科学卓越创新中心
529	范　磊	中国科学院分子细胞科学卓越创新中心
530	秦　榛	中国科学院分子细胞科学卓越创新中心
531	李　杰	中国科学院脑科学与智能技术卓越创新中心
532	欧敏祎	中国科学院脑科学与智能技术卓越创新中心
533	胡亚闽	中国科学院脑科学与智能技术卓越创新中心
534	李守杰	中国科学院上海高等研究院
535	常庆禹	中国科学院上海高等研究院
536	孙元鹤	中国科学院上海高等研究院
537	蒋之森	中国科学院上海高等研究院
538	南　兵	中国科学院上海高等研究院
539	雷　琦	中国科学院上海高等研究院
540	常　浩	中国科学院上海光学精密机械研究所
541	张　冲	中国科学院上海光学精密机械研究所
542	何佳晶	中国科学院上海光学精密机械研究所
543	王　飞	中国科学院上海光学精密机械研究所
544	乔潇悦	中国科学院上海光学精密机械研究所
545	朱昕玥	中国科学院上海光学精密机械研究所
546	吴文柽	中国科学院上海硅酸盐研究所
547	彭宇思	中国科学院上海硅酸盐研究所

续表

序号	姓名	所在单位
548	游 潇	中国科学院上海硅酸盐研究所
549	孔繁涛	中国科学院上海硅酸盐研究所
550	冉 念	中国科学院上海硅酸盐研究所
551	卜修明	中国科学院上海硅酸盐研究所
552	沈 雪	中国科学院上海技术物理研究所
553	葛浩楠	中国科学院上海技术物理研究所
554	邱琴茜	中国科学院上海技术物理研究所
555	王海露	中国科学院上海技术物理研究所
556	夏凤雨	中国科学院上海天文台
557	顾琦烙	中国科学院上海天文台
558	刘媛琪	中国科学院上海天文台
559	李永强	中国科学院上海微系统与信息技术研究所
560	刘 强	中国科学院上海微系统与信息技术研究所
561	徐文慧	中国科学院上海微系统与信息技术研究所
562	刘 赟	中国科学院上海微系统与信息技术研究所
563	孔令东	中国科学院上海微系统与信息技术研究所
564	张广慧	中国科学院上海微系统与信息技术研究所
565	许亚莉	中国科学院上海药物研究所
566	缪雨濛	中国科学院上海药物研究所
567	林淑玲	中国科学院上海药物研究所
568	庄友文	中国科学院上海药物研究所
569	段 佳	中国科学院上海药物研究所
570	谢志铖	中国科学院上海药物研究所
571	周 川	中国科学院上海药物研究所
572	肖 茜	中国科学院上海应用物理研究所
573	李雪娇	中国科学院上海应用物理研究所
574	周 文	中国科学院上海应用物理研究所
575	刘英楠	中国农业科学院上海兽医研究所
576	金 蕊	中国气象局上海台风研究所(上海市气象科学研究所)
577	陈天恒	海军军医大学
578	王 哲	海军军医大学
579	胡志敏	海军军医大学
580	李松凌	海军军医大学
581	刘 蔚	海军军医大学第二附属医院
582	何玉琼	海军军医大学第二附属医院

续表

序号	姓名	所在单位
583	高 欣	海军军医大学第二附属医院
584	吴 寒	海军军医大学第三附属医院
585	黄润之	海军军医大学第一附属医院
586	吴敏靓	海军军医大学第一附属医院
587	赵胜兵	海军军医大学第一附属医院
588	贺子轩	海军军医大学第一附属医院
589	王 桃	海军军医大学第一附属医院
590	董 凯	海军军医大学第一附属医院
591	刘 彬	海军特色医学中心
592	孙凯强	海军特色医学中心
593	阮 亦	海军特色医学中心
594	朱碧玉	上海市计量测试技术研究院(中国上海测试中心、华东国家计量测试中心、上海市计量器具强制检定中心)
595	郭瑞妍	上海市计量测试技术研究院(中国上海测试中心、华东国家计量测试中心、上海市计量器具强制检定中心)
596	李相呈	中国石化上海石油化工研究院
597	郑 尧	中国水产科学研究院东海水产研究所
598	王忠秋	中国水产科学研究院东海水产研究所
599	曹 蕾	中交疏浚技术装备国家工程研究中心有限公司
600	傅青松	中铁十五局集团有限公司

（袁硕颀）

【199 人入选上海市启明星项目】 2023 年，上海市启明星项目共资助 199 人，其中 A 类资助 120 人、B 类资助 65 人、C 类资助 14 人，资助金额 7 960 万元。

2023 年度上海市启明星项目(A 类)资助名单

序号	姓名	所在单位
1	黄 涛	东华大学
2	桂 韬	复旦大学
3	贺丹青	复旦大学
4	钱 辉	复旦大学
5	孙阳庭	复旦大学
6	王 洋	复旦大学
7	殷 韵	复旦大学
8	冯俊涛	复旦大学附属华山医院
9	陈 健	复旦大学附属眼耳鼻喉科医院
10	赵 婧	复旦大学附属眼耳鼻喉科医院
11	董良庆	复旦大学附属中山医院

续表

序号	姓名	所在单位
12	杨振霖	复旦大学附属中山医院
13	宋亚楠	复旦大学附属中山医院青浦分院(上海市青浦区中心医院)
14	马　丁	复旦大学附属肿瘤医院
15	江长优	复旦大学上海医学院
16	林玉丽	复旦大学上海医学院
17	刘泽众	复旦大学上海医学院
18	武田宇	复旦大学上海医学院
19	曹约强	华东理工大学
20	陈　杭	华东理工大学
21	李其兆	华东理工大学
22	李宇航	华东理工大学
23	李郅辰	华东理工大学
24	田鹏飞	华东理工大学
25	徐彬彬	华东理工大学
26	杨武林	华东理工大学
27	邓书金	华东师范大学
28	李诗良	华东师范大学
29	刘慧颖	华东师范大学
30	王诗雯	华东医院
31	方　慧	上海财经大学
32	周正怡	上海财经大学
33	刘　晗	上海船舶工艺研究所(中国船舶集团第十一研究所)
34	陈小静	上海大学
35	何世鹏	上海大学
36	李　进	上海大学
37	李倩倩	上海大学
38	李靖超	上海电机学院
39	林思琪	上海电机学院
40	李　豪	上海电力大学
41	王思浓	上海复旦科技园发展研究院
42	朱　智	上海光学仪器研究所
43	王　瑞	上海国际人类表型组研究院
44	田　镇	上海海事大学
45	陆梁军	上海交通大学
46	毛晓军	上海交通大学
47	沈　忱	上海交通大学
48	王　飞	上海交通大学
49	魏文栋	上海交通大学
50	谢　彬	上海交通大学
51	许胜杰	上海交通大学
52	续晓云	上海交通大学
53	杨　睿	上海交通大学
54	张沈刁	上海交通大学
55	张滕飞	上海交通大学
56	樊雪梅	上海交通大学医学院
57	牟　为	上海交通大学医学院
58	傅文燕	上海交通大学医学院附属第九人民医院
59	董　樑	上海交通大学医学院附属仁济医院
60	曹竹君	上海交通大学医学院附属瑞金医院
61	熊　杰	上海交通大学医学院附属瑞金医院
62	叶俊娜	上海交通大学医学院附属瑞金医院
63	张一鉴	上海交通大学医学院附属新华医院
64	高　岩	上海科技大学
65	李扬扬	上海科技大学
66	刘一凡	上海科技大学
67	乔　治	上海科技大学
68	孙兆茹	上海科技大学
69	王　吟	上海理工大学
70	谢　凡	上海理工大学
71	王尚风	上海浦东复旦大学张江科技研究院
72	谭春霞	上海师范大学
73	王　春	上海师范大学
74	严　婧	上海交通大学医学院附属第六人民医院
75	金佳丽	同济大学附属第十人民医院
76	王俪营	同济大学附属第十人民医院
77	王　聪	复旦大学附属上海市第五人民医院(上海市闵行区传染病医院)
78	李胜利	上海交通大学医学院附属第一人民医院
79	王　琳	上海交通大学医学院附属第一人民医院
80	蒋　涛	同济大学附属上海市肺科医院(上海市职业病防治院)
81	岳智颖	上海市嘉定区江桥医院
82	吴玲玲	上海市嘉定区中心医院(上海健康医学院附属嘉定区中心医院、上海交通大学医学院附属仁济医院嘉定分院)
83	史栋栋	上海市精神卫生中心(上海市心理咨询培训中心)
84	王　奕	上海市养志康复医院(上海市阳光康复中心)

续表

序号	姓名	所在单位
85	刘法涛	上海市肿瘤研究所
86	吴　冯	上海市肿瘤研究所
87	夏　帅	上海市重大传染病和生物安全研究院
88	林　欣	上海卫星工程研究所
89	瞿元元	上海徐汇上医中山免疫治疗技术转化研究中心
90	陈静远	上海浙江大学高等研究院
91	胥孜杭	上海中医药大学
92	吴佳佳	上海中医药大学附属岳阳中西医结合医院
93	陈志炜	同济大学
94	邓　晓	同济大学
95	霍敏锋	同济大学
96	孔庆钊	同济大学
97	王　锐	同济大学
98	余荣杰	同济大学
99	陈明城	中国科学技术大学上海研究院
100	龚　明	中国科学技术大学上海研究院
101	李　燕	中国科学院分子细胞科学卓越创新中心
102	刘楚霄	中国科学院分子细胞科学卓越创新中心
103	韩美玲	中国科学院分子植物科学卓越创新中心
104	孙怡迪	中国科学院脑科学与智能技术卓越创新中心
105	杨　超	中国科学院上海巴斯德研究所
106	张　辉	中国科学院上海光学精密机械研究所
107	方裕强	中国科学院上海硅酸盐研究所
108	傅正钱	中国科学院上海硅酸盐研究所
109	杨博文	中国科学院上海硅酸盐研究所
110	李鲁宁	中国科学院上海技术物理研究所
111	刘文柱	中国科学院上海微系统与信息技术研究所
112	王当歌	中国科学院上海药物研究所
113	李丹彤	中国科学院上海营养与健康研究所
114	陈瑞兵	海军军医大学
115	孟文琪	海军军医大学
116	杨彦勇	海军军医大学
117	贾　齐	海军军医大学第二附属医院
118	朱　磊	海军军医大学第二附属医院
119	过　菲	海军军医大学第一附属医院
120	赵九龙	海军军医大学第一附属医院

2023年度上海市启明星项目(B类)资助名单

序号	姓名	所在单位
1	朱泓艺	迪莲娜(上海)大数据服务有限公司
2	张迎梁	叠境数字科技(上海)有限公司
3	刘　舒	国网上海市电力公司
4	徐锦根	华博生物医药技术(上海)有限公司
5	王皓靖	华东电力试验研究院有限公司
6	赵莹莹	华东电力试验研究院有限公司
7	顾乐明	华东建筑设计研究院有限公司
8	韩　雷	杰库(上海)生物医药研究有限公司
9	陈金淼	上海宝藤生物医药科技股份有限公司
10	金　剑	上海迪派生物科技有限公司
11	王　旭	上海电气富士电机电气技术有限公司
12	李　喆	上海电气集团股份有限公司
13	徐　江	上海复诺健生物科技有限公司
14	贺晓龙	上海复享光学股份有限公司
15	张　德	上海公路桥梁(集团)有限公司
16	杨利军	上海固甲新材料科技有限公司
17	邹　洋	上海锅炉厂有限公司
18	张攀德	上海航空电器有限公司
19	匡以武	上海航天设备制造总厂有限公司
20	时　云	上海航天设备制造总厂有限公司
21	熊书强	上海航天设备制造总厂有限公司
22	戴肇星	上海昊海生物科技股份有限公司
23	刘　畅	上海核工程研究设计院股份有限公司
24	田　翔	上海华谊控股集团有限公司
25	张振飞	上海华谊控股集团有限公司
26	李纯婷	上海华谊三爱富新材料有限公司
27	孙幸幸	上海华谊三爱富新材料有限公司
28	田叶盛	上海化工研究院有限公司
29	叶　文	上海化工研究院有限公司
30	刘泽庆	上海环境卫生工程设计院有限公司
31	卢　媛	上海惠和种业有限公司
32	苗　峰	上海建工四建集团有限公司
33	孙沈鹏	上海建工四建集团有限公司
34	刘成斌	上海科立特农产品检测技术服务有限公司
35	曾海娟	上海科立特农科(集团)有限公司
36	茆汉军	上海联乐化工科技有限公司
37	赵文静	上海联乐化工科技有限公司
38	王宏伟	上海凌耀船舶工程有限公司
39	李春成	上海绿强新材料有限公司

续表

序号	姓名	所在单位
40	张康伟	上海美杰医疗科技有限公司
41	张　怡	上海润庄农业科技有限公司
42	吴　迪	上海申通地铁集团有限公司
43	方雪丽	上海市城市建设设计研究总院(集团)有限公司
44	王明谦	上海市建筑科学研究院有限公司
45	黄　晟	上海市政工程设计科学研究所有限公司
46	水亮亮	上海市政工程设计科学研究所有限公司
47	杨　雪	上海市政工程设计研究总院(集团)有限公司
48	乔亚飞	上海同的岩土科技有限公司
49	刘成龙	上海同陆云交通科技有限公司
50	赵　韵	上海香料研究所有限公司
51	吴炫烨	上海新微技术研发中心有限公司
52	程　明	上海新跃联汇电子科技有限公司
53	张师斌	上海馨欧集成微电有限公司
54	张　雷	上海药明生物医药有限公司
55	江灿森	上海友道智途科技有限公司
56	陈　煌	上海宇耀生物科技有限公司
57	夏裕俊	上海智能制造功能平台有限公司
58	杨　波	上海中兴软件有限责任公司
59	孙雅菲	维士(上海)生态环境科技有限公司
60	刘　腾	中船动力研究院有限公司
61	吴一民	中国建材国际工程集团有限公司
62	刘笑天	中国建筑第八工程局有限公司
63	付文华	中国石油化工股份有限公司上海石油化工研究院
64	董志强	中铁上海工程局集团市政环保工程有限公司
65	张　静	中芯国际集成电路制造(上海)有限公司

2023 年度上海市启明星项目(C 类)资助名单

序号	姓名	所在单位
1	包州州	点靓纳谱(上海)生物医药科技有限公司
2	王龙辰	上海辰昊超导科技有限公司
3	蔡　辰	上海城投污水处理有限公司
4	覃程锦	上海盾构设计试验研究中心有限公司
5	陈　超	上海广联环境岩土工程股份有限公司
6	黎彦璟	上海恒瑞医药有限公司
7	张　艾	上海环境卫生工程设计院有限公司
8	魏　超	上海立科药物化学有限公司
9	白　果	上海瑞吉思医疗器械有限公司
10	牟金震	上海新跃联汇电子科技有限公司
11	唐冬梅	上海志听医疗科技有限公司
12	郝丽玲	钛和检测认证集团股份有限公司
13	潘秀武	至本医疗科技(上海)有限公司
14	王　琛	中交第三航务工程局有限公司

(袁硕颀)

【50 人入选上海市青年优秀技术带头人项目】 2023 年,上海市青年优秀学术带头人项目共资助 50 人,资助金额合计 2 000 万元。

2023 年度上海市青年优秀技术带头人项目资助名单

序号	姓名	所在单位
1	张光林	东华大学
2	魏大程	复旦大学
3	李　晋	复旦大学
4	郁金泰	复旦大学附属华山医院
5	黄锦海	复旦大学附属眼耳鼻喉科医院
6	朱　耀	复旦大学附属肿瘤医院
7	粟　硕	复旦大学上海医学院
8	李　洋	复旦大学上海医学院
9	蔡春华	华东理工大学
10	邢明阳	华东理工大学
11	汪　飞	上海大学
12	金　敏	上海电机学院
13	周　振	上海电力大学
14	杨　晖	上海光学仪器研究所
15	翁金贤	上海海事大学
16	孙盛明	上海海洋大学
17	朱康武	上海航天控制技术研究所
18	李新昊	上海交通大学
19	朱　晨	上海交通大学
20	冯冬涵	上海交通大学
21	邬剑波	上海交通大学
22	张文涛	上海交通大学
23	刘宁宁	上海交通大学医学院
24	刘瑞欣	上海交通大学医学院附属瑞金医院
25	陈　佳	上海科技大学
26	钟　怡	上海市宝山区大场医院(上海交通大学医学院附属仁济医院宝山分院)

续表

序号	姓名	所在单位
27	薛如意	上海市宝山区吴淞中心医院(复旦大学附属中山医院吴淞医院、上海市宝山区红十字医院)
28	吴叶林	同济大学附属第十人民医院
29	李　成	同济大学附属上海市第四人民医院
30	袁逖飞	上海市精神卫生中心(上海市心理咨询培训中心)
31	冯　浩	上海市浦东新区浦南医院
32	王佳谊	上海交通大学医学院附属胸科医院
33	夏明锋	上海市影像医学研究所
34	罗　强	上海市针灸经络研究中心
35	肖　莹	上海市中医药研究院
36	曹康丽	上海卫星装备研究所
37	张　莉	上海中医药大学附属龙华医院
38	任　捷	同济大学
39	岳　锐	同济大学
40	孟飞龙	中国科学院分子细胞科学卓越创新中心
41	朱美萍	中国科学院上海光学精密机械研究所
42	胡　萍	中国科学院上海硅酸盐研究所
43	倪德伟	中国科学院上海硅酸盐研究所
44	杨伟波	中国科学院上海药物研究所
45	王　鹏	中国科学院上海有机化学研究所
46	洪　缪	中国科学院上海有机化学研究所
47	顾　炎	海军军医大学
48	胡　适	海军军医大学
49	杨　田	海军军医大学第三附属医院
50	纪世召	海军军医大学第一附属医院

(袁硕颀)

【50人入选上海市优秀学术带头人项目】 2023年,上海市优秀学术带头人计划共资助50人,资助金额合计2 000万元。

2023年度上海市优秀学术带头人项目资助名单

序号	姓名	所在单位
1	刘一涛	东华大学
2	晏湖根	复旦大学
3	麻锦彪	复旦大学
4	李　巍	复旦大学附属华山医院
5	王晓瑛	复旦大学附属眼耳鼻喉科医院
6	刘　亮	复旦大学附属中山医院
7	蔡国响	复旦大学附属肿瘤医院

续表

序号	姓名	所在单位
8	应天雷	复旦大学上海医学院
9	杨德华	国家新药筛选中心
10	顾金楼	华东理工大学
11	金澈清	华东师范大学
12	刘东艳	华东师范大学
13	周建桥	民航上海医院
14	沈礼权	上海大学
15	吴卫民	上海海事大学
16	吴敬玉	上海航天控制技术研究所
17	芦凤桂	上海交通大学
18	唐　旻	上海交通大学
19	俞章盛	上海交通大学医学院
20	季天海	上海交通大学医学院附属第九人民医院
21	王皞鹏	上海科技大学
22	卜胜利	上海理工大学
23	闫　娜	上海浦东复旦大学张江科技研究院
24	史玉金	上海市地质调查研究院(上海市环境地质站、上海市地质矿产遥感中心)
25	曹　立	上海交通大学医学院附属第六人民医院
26	陈舜杰	同济大学附属上海市第四人民医院
27	应　豪	上海市第一妇婴保健院
28	董春燕	同济大学附属东方医院
29	杨　洋	同济大学附属上海市肺科医院(上海市职业病防治院)
30	郑宪友	上海市奉贤区中心医院
31	姜立新	上海市嘉定区中心医院(上海健康医学院附属嘉定区中心医院、上海交通大学医学院附属仁济医院嘉定分院)
32	申　远	上海市精神卫生中心(上海市心理咨询培训中心)
33	余红秀	上海市口腔医院(上海市口腔健康中心)
34	廖　赟	上海交通大学医学院附属同仁医院
35	何　斌	上海交通大学医学院附属胸科医院
36	罗　力	上海市重大传染病和生物安全研究院
37	胡海鹰	上海微小卫星工程中心
38	陈　萌	上海宇航系统工程研究所
39	施奇惠	上海张江医学创新研究院
40	季莉莉	上海中医药大学
41	谢　欢	同济大学
42	马万经	同济大学
43	张晓明	中国科学院上海巴斯德研究所

续表

序号	姓名	所在单位
44	陈　为	中国科学院上海高等研究院
45	董红星	中国科学院上海光学精密机械研究所
46	刘志甫	中国科学院上海硅酸盐研究所
47	宋三年	中国科学院上海微系统与信息技术研究所
48	杨　文	海军军医大学
49	周　琳	海军军医大学第二附属医院
50	陆清声	海军军医大学第一附属医院

(袁硕颀)

【50 人入选上海市优秀技术带头人项目】 2023 年,上海市优秀技术带头人项目共资助 50 人,资助金额合计 2 000 万元。

2023 年度上海市优秀技术带头人项目资助名单

序号	姓名	所在单位
1	岳建勇	华东建筑集团股份有限公司
2	陈建兴	华东建筑设计研究院有限公司
3	郭　敏	康码(上海)生态科技有限公司
4	高建清	科大讯飞(上海)科技有限公司
5	管　骁	麦稻智慧粮食有限公司
6	杜　冰	上海邦耀生物科技有限公司
7	胡　兵	上海宝信软件股份有限公司
8	徐袁瑾	上海贝奥路生物材料有限公司
9	曾江涛	上海材料研究所有限公司
10	韩　冰	上海船舶运输科学研究所有限公司
11	李文荣	上海大学
12	李培楠	上海盾构设计试验研究中心有限公司
13	王世全	上海非夕机器人科技有限公司
14	蔡　明	上海公路桥梁(集团)有限公司
15	刘丽兰	上海航空工业(集团)有限公司
16	赵慧慧	上海航天设备制造总厂有限公司
17	张崇印	上海航天设备制造总厂有限公司
18	童刚生	上海航天设备制造总厂有限公司
19	吕文杰	上海华畅环保设备发展有限公司
20	沈　安	上海化工研究院有限公司
21	杨维成	上海化工研究院有限公司
22	房小艳	上海机床厂有限公司
23	胡少坚	上海集成电路研发中心有限公司
24	朱敏涛	上海建工建材科技集团股份有限公司
25	黄　轶	上海建工四建集团有限公司
26	徐懿萍	上海交通大学医学院附属瑞金医院

续表

序号	姓名	所在单位
27	侯中军	上海捷氢科技股份有限公司
28	魏建华	上海勘察设计研究院(集团)有限公司
29	宋卫国	上海科立特农产品检测技术服务有限公司
30	王　锋	上海科棋药业科技有限公司
31	汪枫桦	上海朗昇生物科技有限公司
32	张乐天	上海联乐化工科技有限公司
33	吕　田	上海齐耀动力技术有限公司
34	郭国强	上海神剑精密机械科技有限公司
35	张瑞娜	上海市环境工程设计科学研究院有限公司
36	贾宝荣	上海市机械施工集团有限公司
37	许嘉炯	上海市政工程设计研究总院(集团)有限公司
38	顾民杰	上海市政工程设计研究总院(集团)有限公司
39	王　兰	上海同济城市规划设计研究院有限公司
40	熊　璐	上海同驭汽车科技有限公司
41	谢仁飚	上海微电子装备(集团)股份有限公司
42	黄正蔚	上海薇迩医疗科技有限公司
43	倪　峰	上海现代制药股份有限公司
44	张　波	上海新微企业管理有限公司
45	张锋锋	上海振华重工(集团)股份有限公司
46	黄　潜	上海重塑能源科技有限公司
47	任　峰	英矽智能科技(上海)有限公司
48	朱　艳	中船第九设计研究院工程有限公司
49	刘　博	中船动力研究院有限公司
50	奕　栋	中国医药工业研究总院有限公司

(袁硕颀)

第二节 | 人才服务 >>

【上海科技人才服务工作概述】 2023 年,上海科技人才服务工作按照人才成长规律,尊重人才的特殊禀赋和个性,全方位做好服务保障。

提升科技创新人才服务品质。推进落实《关于加强在沪两院院士服务保障工作的若干意见》,做好院士服务保障工作。邀请顶尖科学家参加上海科技节开幕式红毯、“科学之夜”、草坪音乐会等活动,慰问上海优秀科技工作者等高层次人才。走访看望科技专家,加强人才服务联络。推动落实《上海市人才安居工程实施意见》,组织申报市级人才租房补贴,共推荐 2 796 人次,补贴金额 6 710.4 万元。开展

2023年非上海生源应届普通高校毕业生进沪就业工作，38家科技系统单位获非上海生源应届普通高校毕业生进沪就业重点用人单位；科技系统单位招录上海高校毕业生1 265名。开展2023年“潮涌浦江，再启征程”云选会系列活动，指导相关单位在海聚英才平台发布岗位需求。开展“沪惠保”医疗保险投保工作，2 877名高层次人才投保。依托上海华侨华人科创服务基地，创设“海智汇”华侨华人活动品牌，筹建上海市欧美同学会科技系统分会，聚焦华侨华人和归国留学人员等高层次科技人才群体，开展国情考察、沙龙、主题座谈等多元化活动形式。

强化外国人才服务保障。举办“外国人才在上海”国际沙龙活动，搭建在沪外国人才交流平台。市区两级开展“外国人才在上海”国际沙龙活动15场，参与人数249人。举办2023年上海市慰问外国专家云聚会，吸引在沪外国专家及全球各地的海外人才2 500余人次在线观看。

加强人才政策宣传贯彻工作。面向市区两级。在“上海科技”微信公众号开设两院院士、弘扬科学家精神、科技企业家、寻找科技新星等专栏宣传报道不同类型、不同层面、不同领域科技人才；强化“上海科技人才”微信公众号阵地作用，开展青年科技创新人才宣传工作，共梳理人才动态、人才政策、人才服务相关内容660篇；利用《今日启明星通讯》《世界科学》等宣传平台及时报道青年科技人才投身科技创造的感人事迹；提升科技领域职称政策知晓度，打造科技领域职称政策宣讲团，在上海科技等平台开展科技领域中高级职称政策讲座线上直播，培训人数约8 800人次，联合各区科委、区科协开展职称评审政策线上线下宣讲活动60余场，吸引12 000余人参与。开展“外国人才在上海”大讲堂活动，面向各类外籍人才和用人单位，宣传和解读上海市外籍人才相关政策和服务事项。

大力弘扬新时代科学家精神。开展科技奖励人物专访和报道；第一财经日报推出“原来你是这样的科学家”融媒体作品，讲述在沪知名院士学者科研攻关故事和生活趣事。中国科学院上海技术物理研究所和中国科学院上海天文台获评全国科学家精神教育基地，拍摄“科学家精神教育基地”系列短视频。成立科学家精神宣讲团，激励科技工作者在承担国家重大科技任务中展现新作为。上海核工业第八研究所摄制奋斗者故事纪实片6部，中国电科第二十三研究所创作情景剧《戈壁滩蘑菇云》。建成市科技系统党员(人才)教育基地19家。 (付克义)

【创新人才发展体制机制】 2023年，上海持续完善科技创新人才发展体制机制，进一步放权松绑，以事业发展集聚科技人才。

推进科技人才评价改革试点工作。编制《上海市科技人才评价综合改革试点方案(送审稿)》，以“评什么、谁来评、怎么评、怎么用”为着力点，以“破四唯”“立新标”为突破口，以深化改革和政策协同为保障，选取全市具有较好人才评价基础的科研单位开展试点工作，探索构建以创新价值、能力、贡献为导向的科技人才评价体系。

加强科技领域职称评审工作。完善政策制度，研究制定《上海市自然科学研究人员职称评审办法》，调整自然科学研究系列高级职称评审委员会学科组设置，推行代表作制度，对从事基础研究、应用技术研究、科技咨询与科技管理、科技传播的人员分类制定评价标准；完善职称系列，补齐职称层级，新组建实验技术系列中级、高级职称评审委员会，开展实验师、高级实验师、正高级实验师评审，畅通实验技术人才职业发展通道；优化科技领域职称评审委员会布局，组建工程系列高新技术成果转化类中级职称评审委员会，新增专业学科组2个，与高级职称评审委员会专业设置保持一致；增设市科协、上海市现代服务业联合会、“大零号湾”等职称申报受理点；建立优秀科技人才职称评审特殊渠道，优化“绿色通道”，对科技创新业绩突出、成果显著的优秀中青年人才，可突破学历、任职资历要求，申报高一级职称评审；对海外高层次科技人才、业绩贡献突出的民营企业高层次人才，可比照同类人员直接申报高级职称评审；建立特色人才评价举荐机制，由战略科学家、高峰人才、关键技术攻关团队负责人推荐其核心团队中取得重大基础研究和前沿技术突破、解决重大工程技术难题的成员直接申报高级职称。

出台激发科技人才创新活力政策。出台《关于本市进一步放权松绑 激发科技创新活力的若干意见》，探索实施青年科技人才特殊晋升机制，打破论资排辈和“唯论文、唯帽子、唯职称、唯学历、唯奖项”用人模式；加快吸引集聚全球顶尖人才来沪发展，优化外国高端人才来华工作许可等程序，完善家属签证、子女入学等服务。颁布《上海市财政科研项目专项经费管理办法》，推动为科技人才“松绑”“解绑”，构建以绩效为导向、符合创新规律、充满生机活力的人才激励机制，管理办法包括扩大预算编制自主权、提高间接费用比例、完善包干制经费管理、扩大结余资金留用自主权、调整劳务费开支范围5个方面的改革举措。 (付克义)

【引进国外人才与智力】 2023年，上海共核发外国人工作许可证5万余份，其中外国高端人才(A类)1.1万余份，约占总数的22%；办理外国高端人才确认函200余份。

抓好政策创新，实施外籍“高精尖缺”人才认定标准试点工作。推动实施上海外籍“高精尖缺”人才认定标准试点工作，在原外国人来华工作分类标准的基础上，扩大外国高端人才(A类)和专业人才(B类)认定范围，推出一系列便利化举措，以更大力度引进外籍高精尖人才和急需紧缺人才。

抓好平台引才，推进海外引才引智工作。举办2023年“海聚英才·海外名校STEM专业博士上海行”活动，邀请来自英国牛津大学、剑桥大学、帝国理工大学等海外名校STEM专业的48名博士生和博士后研究人员参加，通过政策宣介、招聘洽谈、专题报告、经验分享、参观考察、项目路演等多元化活动，帮助海外学子精准对接在沪科研院所和科创企业；举办海外名校工程科技人才线上职业见面会、外籍人才招聘会，为来自英美名校千余名优秀青年人才与全市高校、科研院所、新型研发机构、知名企业畅通接洽渠道，并通过建设用人单位与海外人才一站式服务平台,持续提升引智品牌影响力。

抓好项目牵引,优化外专项目支持方式加大支持力度。出台中英双语版《上海市外国专家项目和经费管理办法》,取消外国专家交通费、住宿费等资助项目标准上限,允许结余经费留归项目实施单位使用,赋予用人单位项目管理和经费使用更大自主权。全年,外专项目共立项 49 个,资助经费 982.5 万元。

抓好环境建设,营造外国人才交流合作良好氛围。举办 2023 年上海市慰问外国专家云聚会活动,通过上海科技视频号、哔哩哔哩和抖音三大平台同步直播,吸引在沪外国专家及全球各地的海外人才 2 500 余人次在线观看。依托市区两级网络,以区情考察、节日民俗、历史人文、体育竞技等丰富多样的形式举办"外国人才在上海"国际沙龙活动,为在沪外国专家搭建打破学科藩篱、跨界交流的平台,帮助加深对中国文化和上海科创环境的理解,宣传和营造吸引集聚外国人才的良好氛围。全年,市区两级联合开展沙龙活动 10 余场,参与外国人数 200 余人次。

抓好服务提升,强化对外资企业的精准服务。举办外资企业和外资研发中心外专引智管理人员专题研修班,建立双向交流反馈机制,帮助外资企业全面解掌握上海引进、服务外国人才的政策举措,推动外资企业更好地发挥引才、用才主体作用。全市 60 余家外资企业和外资研发中心的人力资源负责人及市区两级外国人才管理服务人员 90 余人次参与。 (王晓娴)

【探究人才计划在支持年轻学者回国后科研方面的实际产出效果】 上海交通大学史冬波与香港大学王砚波等合作,对比留在海外的同龄人,研究人才计划在支持年轻学者回国后在科研方面的实际产出效果。研究表明,得益于中国良好的科研环境和更好的研究资金投入,回到国内的青年学者在诸多方面优于海外同行;评估中国的人才计划在招募科学家和培养海归科学家方面的有效性,指出需通过政策调整为年轻科学家提供更多支持,中国人才计划招募人员的相对成功,在很大程度上可以归因于更好的资金和更大的研究团队支持。研究成果于 1 月发表在《科学》(*Science*)。 (贺伟伟)

【"春昇杯"医学创新人才大赛(2023・上海)及系列活动】 6—9 月举办,市卫生健康委联合市科委、市经济信息化委、市知识产权局、市药品监管局共同举办。大赛以"汇智创新 卓育英才 共筑健康"为主题,开展系列线下创新沙龙活动,与会嘉宾围绕医学科学和生物医药产业创新融合趋势、如何更好激发产业对创新的"反哺"效应等相关议题沟通交流。经初赛、复赛和决赛,"感音神经性耳聋基因治疗药物的研发"等 12 个项目分列一等奖、二等奖和三等奖。

(马思婷)

【加强科技创新领域专业技术人才继续教育】 2023 年,依托专业技术人才知识更新工程,聚焦关键核心技术,推动科技创新领域专业技术人才继续教育工作。为加大科技创新领域技术型、应用型专业技术人才培养力度,支持相关行业主管部门和重点区域,举办高级研修、急需紧缺人才培养等示范性专题培训,全年开设 40 余期,培训科技创新领域高层次、急需紧缺和骨干型人才 2 000 余人次。强化上海市研发公共服务平台管理中心等市级专业技术人员继续教育基地建设,促进科技创新资源共享,为科技专业技术人才打造产学研用相结合的一站式创新平台。 (余 熠)

【持续开展科技管理人才培训】 2023 年,上海科技管理干部学院完成各类干部培训 238 个班次,培训各类干部人才 3.5 万人次。其中,上海市科技系统培训班次 56 期,培训学员 2 600 余人次;为科研院所等单位开展创新管理等系列培训 140 余期,共计 7 000 余人次;持续为中西部协作地区战略发展提供智力支撑,完成云南、青海果洛、西藏日喀则、新疆喀什、福建三明等对口合作培训 21 余期,共计 900 余人次;完成公需科目培训 11 期,共计 2 万余人次,以高质量培训积极服务支撑科技创新事业发展。 (张 琼)

第四篇　第十三章

科技计划与投入

第一节 | 科技计划与管理 >>

【上海科技计划实施概述】 2023年,上海服务国家战略,承接和实施国家科技重大专项任务,抢占战略性新兴产业发展机遇。全年,上海牵头承担国家重点研发计划项目239个,获中央财政资金预算支持28.03亿元。截至年底,上海累计牵头承担国家重点研发计划项目1 385个,获中央财政资金预算支持193.11亿元;累计牵头承担科技创新2030——重大项目74个,获中央财政资金预算支持18.25亿元。启动2023年度中央引导地方专项,持续加大支持力度,优化项目布局,扩大资助范围,支持长三角联合攻关、"揭榜挂帅"、三大产业(集成电路、生物医药、人工智能)发展。

持续推进"揭榜挂帅"。对标国产大飞机、集成电路装备科技自立自强,与上海微电子装备(集团)股份有限公司、中国商用飞机有限责任公司等科技领军企业加强对接,深入谋划,提早启动。在总结前期经验基础上,进一步完善"揭榜挂帅"实施方案,在任务布局、榜单凝练、管理机制等方面进行优化。聚焦复合材料、轻量化结构部件、减振系统、测试系统、智慧运维系统等大飞机制造关键技术设备材料研发,以及计量光栅研制、高精度光电探测器、高稳定性激光器、高精度激光光电模组等集成电路设备攻关方向,面向全国高校、科研院所、企业和社会力量,发布2023年"揭榜挂帅"指南技术需求22项。

加强财政科技投入统筹管理。落实市财政科技投入统筹联动管理要求,开展跨部门会商,采用会议和书面会商相结合形式,讨论包括市发展改革委、市经济信息化委、市教委、上海科创办、市卫生健康委、市农业农村委等单位的指南通知及拟立项建议议题,强化部门科技投入联动协同,建立完善布局合理、功能清晰、信息公开、绩效导向的财政科技投入管理体系。

优化完善专家库建设,与河南省、山东省、湖南省科技厅交换高水平科技专家。截至年底,专家库外地专家增至6 000余名,专家库专家结构进一步优化。（王　晶　谷　博　楼　菁　方　皓　王敏杰　张鹏宇　沈海明）

【上海科研诚信建设和科技伦理工作概述】 2023年,上海科研诚信建设和科技伦理工作构建统筹协调机制、建立健全相关制度规范、组织开展内外监督、搭建科技信用信息平台、推动监督数据共享利用、开展宣传教育等综合治理网络。

统筹组织,运行全市科技伦理与科研诚信建设协调机制。为加强统筹,推动构建覆盖全面、导向明确、规范有序、协调一致的科研诚信建设和科技伦理治理体系,组建并运行"上海市科技伦理和科研诚信建设协调机制"(简称协调机制)。协调机制成员由市科委、上海社科院、市发展改革委、市教委、市经济信息化委、市卫生健康委等13家单位组成;协调机制办公室设在市科委,主任由市科委主任兼任。协调机制的建立和运行为促进上海科技事业健康发展、加快建设具有全球影响力的科技创新中心提供有力保障。

建立健全制度,规范统一科研失信行为的调查处理标准。市科委联合市委宣传部、市卫生健康委、市教委等16个部门制定并印发《上海市科研失信行为调查处理办法》,对科研失信行为进行界定,对调查过程进行规范,对处理统一尺度。建立主动监督的长效机制,将科研诚信管理嵌入科技计划管理全流程,确保财政资金安全使用。通过主动监督与监测,2023年共受理科研诚信相关问题及案件144件,其中主动监测上海科研人员在国际期刊被撤稿论文128件,涉及论文异议、高企认定、科研项目等投诉举报16件。累计形成个人科研失信记录44条,切实增强各单位作为第一责任主体和科研人员的科研诚信意识。

加强平台建设,规范科技信用信息汇交和应用工作。上海市科技信用信息管理平台建设完成并运行,平台汇集上海市范围内科研失信信息和相关科技信用信息,实现在国家层面与科技部科研诚信系统数据共享,在市级层面与社会信用管理平台互联。平台开展包括科技信用信息的征集管理、项目申报单位信用核查、"红灯"事项智能识别等事项。

加强科研诚信宣讲团教育工作,加强宣传教育。发挥上海科研诚信宣讲团作用,精耕科研诚信宣讲内容,做到普适性、警示性、有效性有机结合;线上线下打造科研诚信宣传专栏,包含科研诚信和科技伦理相关政策规范、专家信息、优秀课件资料、新闻信息链接等,市科委联合市教委、市卫生健康委、中国科学院上海分院等单位开展专题培训数百场,受众近3万人次。（杨　颉）

第二节 | 科技投入 >>

【科技预算支出情况】 2023年,全市一般公共预算科学技术支出决算数528.1亿元，增长36.7%，其中市级支出265.3亿元，增长57.1%。支持加强基础研究，着力保障国家实验室和基础研究先行区建设，引导“探索者计划”合作企业加大基础研究投入，支持国家自然基金地方联合基金，加强央地联动，优化战略布局。支持强化关键核心技术攻关和科技成果转移转化，促进新型研发机构加快发展，支持布局实施一批重大技术攻关和应用示范项目。加快高质量孵化器建设，助力培育硬科技企业和未来产业。支持构建具有全球竞争力的开放创新体系，持续探索改革财政科技投入方式，优化完善科研经费使用管理，为更多科研单位和人员“松绑减负”，更好激发科研创新活力。（宋宇豪）

【改革基础研究财政投入机制】 2023年，加快研究健全符合基础研究规律、以长周期稳定支持为导向的基础研究财政投入机制，在《关于进一步深化上海市基础研究先行区建设的实施方案》中，对开展高风险基础研究的科学家特别是青年科技人才给予长周期稳定支持。开展财政科研经费差异化绩效评价研究，为建立科学、合理的基础研究长周期评价机制提供有效参考。落实《关于促进本市新型研发机构高质量发展的若干意见》，以“预算＋负面清单”为主，研究形成对上海浦芯未来互联网技术研究院、上海数学与交叉学科研究院、上海科学智能研究院等新型研发机构的长周期经费支持方案，支持一批具有较强基础性、战略性、系统性、带动性的高水平科研机构。（沈皓栋）

【改进财政科研经费管理】 2023年，围绕深化“放管服”，以“松绑”“解绑”为主要导向，制定并实施《上海市财政科研项目专项经费管理办法》及财政科研项目经费“包干制”试点工作方案，在预算编制、预算调剂、结余留用等方面赋予科研单位和人员更大自主权，同步扩大“包干制”试点范围，激励科研人员产出更多高质量科技成果；围绕落实国家重大科技任务，制定并实施《国家科技重大专项资金配套管理办法》，强化地方配套资金保障；支持启动“未来车脑芯片”等新一批市级科技重大专项，支持元宇宙等关键技术攻关方案实施，着力突破一批关键核心技术；修订上海市中央引导地方科技发展资金管理办法，优化和规范上海市中央引导地方科技发展资金管理，将“揭榜挂帅”与经费“包干制”相结合，建立全过程预算绩效管理机制，不断提高引导资金使用效益。（沈皓栋）

【完善强化企业科技创新主体地位的财政扶持政策】 2023年，围绕加快形成“科创核爆点”，研究并出台《上海市高质量孵化器培育实施方案》《上海市高质量孵化器培育建设评估管理办法》及其配套财政扶持政策，支持启动ATLATL飞镖创新研发中心等首批4家高质量孵化器培育建设，加快孵化培育一批本土高成长性科技领军企业，带动全市孵化器从基础服务向精准服务、从集聚企业向孕育企业、从孵化链条向厚植生态转变，引领创新产业高质量发展。研究出台鼓励社会力量举办新型研发机构的财政扶持政策，支持加大“探索者计划”“揭榜挂帅”“赛马制”实施力度，更好发挥市场主体作用。（沈皓栋）

【支持促进产业高质量发展】 2023年，围绕产业战略关键领域技术攻关、产业创新融合示范应用、产业链高端供给能力提升、产业生态体系优化4个重点方向，综合运用补助、奖励等支持方式，聚力创新产业引领赋能，培育经济增长新动能。年内，安排促进产业高质量发展专项资金29.9亿元。支持战略性新兴产业发展，市财政部门会同市发展改革委加大对重点领域、重点项目的支持力度，综合运用多种方式支持集成电路和新一代信息技术、生物医药、人工智能、高端装备制造、新材料、新能源汽车、新能源、节能环保等战略性新兴产业领域及数字经济、绿色低碳等新赛道领域重大项目等。促进高新技术成果转化，做好高新技术成果转化政策兑付，全年市级财政安排高新技术成果转化专项资金8.7亿元。（方　晟　朱哲煊　夏佳佳）

【实施扶持科技型中小企业发展的奖补激励】 2023年，安排中小微企业信贷奖补资金2.24亿元，对小微企业信贷工作突出的银行实施专项奖励，对银行发生的科技型中小企业和小微企业不良贷款净损失实施风险补偿，支持商业银行建立“敢贷、愿贷、能贷、会贷”长效机制。研究并形成2023年中小微企业信贷奖补政策重点行业清单。将“绿色”“三农”“科创”“疫情防控与复工复产”“外贸”行业列入2023年重点行业目录，引导银行支持上海市重点行业发展，放宽贷款不良率补偿区间（由0.8%下调至0.5%），将对重点行业贷款投放情况作为信贷奖励的考核因素，凸显正向激励，提升财政资金针对性和有效性。开展知识产权质押贷款风险“前补偿”试点，鼓励银行出台“知识产权＋”产品，提高知识产权质押贷款的普及度和惠益面。（洪昀至）

【支持农业科技创新与种源发展】 2023年，建立健全实施乡村振兴战略财政投入保障体系，完善政策和资金管理机制，助力农业科技创新与种质资源保护。构建以科技创新项目、现代农业产业技术体系和种质资源保护为核心内容的农业科技创新与种源发展政策体系，重点聚焦优势产业需求，以农产品为单元、产业链为主线，支持开展农业创新技术研究、试验示范和成果转化，促进农业优势产业发展。市级财政安排3亿元，在持续支持历年科技兴农项目基础上，坚持目标导向、问题导向和产业化方向，重点聚焦种源联合育种攻关、关键核心技术攻关、农业产业技术提升、科技人才培养等方向。（杨璐铭）

第四篇　第十四章

科技成果与奖励

第一节 | 科技成果管理 >>

【上海市技术合同情况】 2023 年，上海共认定登记技术合同 50 824 项，成交金额 4 850.21 亿元，比上年增长 32.8%和 21.1%，技术市场规模迈上新台阶；技术合同成交金额占全市 GDP 比重为 10.27%，有力支撑经济社会发展。

2023 年上海技术合同类型构成统计表

合同类别	合同数			成交金额		
	(项)	占比(%)	比上年增长(%)	(亿元)	占比(%)	比上年增长(%)
技术开发	25 551	50.3	36.2	2 329.78	48.0	24.3
技术转让	1 354	2.7	−4.4	228.93	4.7	−38.2
技术咨询	3 149	6.2	41.8	10.42	0.2	20.0
技术服务	20 197	39.7	27.3	1 648.64	34.0	−5.8
技术许可	573	1.1	—	632.45	13.0	—
总　计	50 824	100.0	32.8	4 850.21	100.0	21.1

从技术合同卖方类别来看，企业在技术合同中仍稳居主体地位，企业输出技术合同 31 054 项，成交金额 4 656.26 亿元，分别占总数的 61.1%和 96.0%。事业法人输出技术合同 19 253 项，成交金额 182.81 亿元，分别占总数的37.9%和 3.8%。其中，科研机构输出技术合同 6 407 项，成交金额 84.99 亿元；高等院校输出技术合同 9 095 项，成交金额 77.22 亿元；医疗卫生机构输出技术合同 3 077 项，成交金额 14.92 亿元。

2023 年上海技术合同卖方类别统计表

机构类别	合同数			成交金额		
	(项)	占比(%)	比上年增长(%)	(亿元)	占比(%)	比上年增长(%)
机关法人	0	0.0	0.0	0	0.0	0.0
事业法人	19 253	37.9	27.8	182.81	3.8	26.6
社团法人	21	0.0	16.7	0.13	0.0	13.1
企业法人	31 054	61.1	35.4	4 656.26	96.0	22.6
自然人	63	0.1	173.9	1.28	0.0	213.0
其他组织	433	0.9	95.9	9.72	0.2	−83.7
总　计	50 824	100.0	32.8	4 850.21	100.0	21.1

在技术合同输出的企业主体中，内资企业的技术交易占主流，技术合同 26 376 项，成交金额 3 404.91 亿元，分别占总数的 51.9%和 70.2%；外商投资企业的成交金额较大，港澳台资和境外企业成交金额增长明显。

2023 年上海技术合同卖方类别中各类企业统计表

企业类别	合同数			成交金额		
	(项)	占比(%)	比上年增长(%)	(亿元)	占比(%)	比上年增长(%)
内资企业	26 376	51.9	35.0	3 404.91	70.2	24.5
港澳台资	943	1.9	49.2	342.48	7.1	71.7
外商投资	2 760	5.4	34.0	693.99	14.3	−4.0
个体经营	435	0.9	22.2	8.74	0.2	−20.0
境外企业	540	1.1	54.3	206.14	4.3	56.9
总　计	31 054	61.1	35.4	4 656.26	96.0	22.6

企业共吸纳技术合同 43 632 项,成交金额 4 657.41 亿元,分别占总数的 85.8%和 96.0%。事业法人吸纳技术合同 5 414 项,成交金额 126.40 亿元,分别占总数的 10.7%和 2.6%。其中,科研机构吸纳技术合同 1 263 项,成交金额 15.57 亿元;高等院校吸纳技术合同 881 项,成交金额 18.03 亿元;医疗卫生机构吸纳技术合同 1 708 项,成交金额 15.35 亿元。

2023 年上海技术合同买方类别统计表

机构类别	合同数			成交金额		
	(项)	占比(%)	比上年增长(%)	(亿元)	占比(%)	比上年增长(%)
机关法人	812	1.6	11.7	38.83	0.8	89.1
事业法人	5 414	10.7	23.2	126.40	2.6	−14.4
社团法人	149	0.3	−9.1	1.81	0.0	231.0
企业法人	43 632	85.8	34.1	4 657.41	96.0	24.8
自然人	286	0.6	291.8	1.41	0.0	3 102.3
其他组织	531	1.0	44.3	24.34	0.5	−76.2
总　计	50 824	100.0	32.8	4 850.21	100.0	21.1

在技术合同吸纳的企业主体中,内资企业同样占主导地位,吸纳的技术合同和成交金额分别为 36 175 项和 2 833.93 亿元,占总数的 71.2%和 58.4%;个体经营、港澳台资和外商投资企业吸纳技术合同较上年增多,境外企业和外商投资企业吸纳技术合同成交金额增长明显。

2023 年上海技术合同买方类别中各类企业统计表

企业类别	合同数			成交金额		
	(项)	占比(%)	比上年增长(%)	(亿元)	占比(%)	比上年增长(%)
内资企业	36 175	71.2	36.8	2 833.93	58.4	11.0
港澳台资	2 505	4.9	25.5	300.16	6.2	−3.2
外商投资	4 063	8.0	24.2	409.76	8.4	38.8
个体经营	367	0.7	32.5	8.70	0.2	−10.3
境外企业	522	1.0	−4.9	1 104.86	22.8	96.0
总　计	43 632	85.8	34.1	4 657.41	96.0	24.8

技术交易以上海地区交易为主。其中,流向上海本地的技术合同 26 438 项,成交金额 1 072.10 亿元;流向外省市的技术合同 23 173 项,成交金额 2 459.09 亿元;流向港澳台的技术合同 144 项,成交金额 116.55 亿元;流向国外的技术合同 491 项,成交金额 994.59 亿元。另外,上海从港澳台和国外引进技术合同共 578 项,成交金额 207.88 亿元。

2023 年上海技术合同流向地域统计表

地区名称	合同数			成交金额		
	(项)	占比(%)	比上年增长(%)	(亿元)	占比(%)	比上年增长(%)
上海本地	26 438	52.0	41.8	1 072.10	22.1	5.3
外省市	23 173	45.6	24.8	2 459.09	50.7	10.3
港澳台	144	0.3	−16.8	116.55	2.4	92.3
国　外	491	1.0	1.2	994.59	20.5	77.8
引进港澳台	58	0.1	45.0	12.09	0.2	158.9
引进国外	520	1.0	44.0	195.79	4.0	49.6
总　　计	50 824	100.0	32.8	4 850.21	100.0	21.1

上海技术合同主要集中在电子信息，生物、医药和医疗器械，先进制造领域，尤其是电子信息领域合同数和成交金额均保持绝对领先地位，合同数 18 674 项，占比 36.7%，成交金额 1 419.33 亿元，占比 29.3%；生物、医药和医疗器械领域技术合同数和成交金额分别为 11 765 项和 1 050.19 亿元，占比分别为 23.1%与 21.7%；成交金额和合同数位居第三的分别是先进制造和城市建设与社会发展领域。此外，航空航天和核应用领域成交金额增长显著。

2023 年上海技术合同领域构成统计表

技术领域	合同数			成交金额		
	(项)	占比(%)	比上年增长(%)	(亿元)	占比(%)	比上年增长(%)
电子信息	18 674	36.7	35.5	1 419.33	29.3	32.1
城市建设与社会发展	4 952	9.7	43.6	550.66	11.4	−40.5
先进制造	4 674	9.2	32.3	693.28	14.3	−6.8
生物、医药和医疗器械	11 765	23.1	26.8	1 050.19	21.7	117.8
新能源与高效节能	3 655	7.2	48.2	463.57	9.6	52.3
现代交通	1 465	2.9	49.5	344.83	7.1	120.5
新材料及其应用	2 249	4.4	−7.9	137.05	2.8	−9.2
环境保护与资源综合利用	1 884	3.7	51.8	90.52	1.9	−31.4
航空航天	466	0.9	88.7	70.78	1.5	361.5
农　业	922	1.8	22.3	9.64	0.2	−29.2
核应用	118	0.2	29.7	20.37	0.4	248.2
总　　计	50 824	100.0	32.8	4 850.21	100.0	21.1

涉及知识产权的技术合同 21 005 项，成交金额3 110.89 亿元，分别占总数的 41.3%和 64.1%。其中，技术秘密合同数占比最大，为 7 726 项；专利合同成交金额占比最高，为 1 409.44 亿元。此外，生物、医药新品种权合同成交金额增长显著，集成电路布图设计专有权合同数呈现较明显增长。

2023 年上海技术合同知识产权构成统计表

知识产权	合同数			成交金额		
	(项)	占比(%)	比上年增长(%)	(亿元)	占比(%)	比上年增长(%)
技术秘密	7 726	15.2	20.9	845.38	17.4	−3.1
专利	5 173	10.2	38.8	1 409.44	29.1	49.2
计算机软件著作权	6 246	12.3	41.3	455.00	9.4	53.9
植物新品种权	20	0.0	−4.8	0.07	0.0	−16.3
集成电路布图设计专有权	222	0.4	91.4	16.99	0.4	45.2
生物、医药新品种权	1 389	2.7	26.6	350.58	7.2	316.1

续表

知识产权	合同数			成交金额		
	(项)	占比(%)	比上年增长(%)	(亿元)	占比(%)	比上年增长(%)
未涉及知识产权	29 819	58.7	33.6	1 739.32	35.9	−1.4
设计著作权	229	0.5	30.9	33.43	0.7	9.0
总　计	50 824	100.0	32.8	4 850.21	100.0	21.1

(郭晓娟)

第二节 | 科技成果奖励 >>

【2023 年度国家科学技术奖上海获奖情况概述】 2023 年度上海市共有 49 项牵头及合作完成的重大科技成果获国家科学技术奖,占全国获奖总数的 18.7%,连续第 20 年获奖比例超过 10%。

49 个获奖项目中,特等奖 2 项(占全国的 66.7%)、一等奖 8 项(占全国的 32.0%)。上海牵头完成 18 项、合作完成 31 项。获国家自然科学奖 7 项(牵头完成 4 项)、国家技术发明奖 8 项(牵头完成 3 项)、国家科学技术进步奖 32 项(牵头完成 9 项)。 (路继根　吕友明)

【7 个项目获 2023 年度国家自然科学奖】 在 2023 年度国家科学技术奖励大会上,上海 7 项成果获国家自然科学奖,占全国 49 项国家自然科学奖的 14.3%。

上海获 2023 年度国家自然科学奖名单

序号	项目名称	主要完成单位	主要完成人	获奖等级	备注
1	基于角度调控和协同促进策略的不对称催化方法学研究	上海交通大学	张万斌、张振锋、霍小红、陈建中、袁乾家	二等奖	牵头完成
2	环形 RNA 生成和功能机制的研究	中国科学院分子细胞科学卓越创新中心、中国科学院上海营养与健康研究所、上海交通大学医学院附属仁济医院	陈玲玲、杨　力、刘楚霄、张　杨、沈　南	二等奖	牵头完成
3	T 细胞免疫的触发机制	中国科学院分子细胞科学卓越创新中心	许琛琦、杨　魏、施小山、吴　微、李伯良	二等奖	牵头完成
4	多元协同的视觉计算理论与方法	复旦大学	姜育刚、吴祖煊、薛向阳、付彦伟、钱学林	二等奖	牵头完成
5	负性情绪和社会竞争导致抑郁症的脑机制研究	中国科学院脑科学与智能技术卓越创新中心(排名第 2)		二等奖	合作完成
6	生长因子 FGFs 调控糖脂代谢新功能与新机制	上海交通大学医学院附属第六人民医院(排名第 5)		二等奖	合作完成
7	土的统一硬化本构理论	上海大学(排名第 2)		二等奖	合作完成

(常艳丽)

【基于角度调控和协同促进策略的不对称催化方法学研究】 项目获 2023 年度国家自然科学奖二等奖。项目围绕磷手性中心和多手性中心分子的精准构建及不对称氢化的效率提升等难题,提出角度调控和协同促进策略,创制手性双环咪唑催化剂及联苯类和二茂钌类 P, N 新配体,开发构建五价磷手性的首例不对称催化反应、双金属协同催化立体发散性合成新反应和色散力协同促进不对称催化氢化反应,揭示不对称催化过程中手性诱导和传递的新机制和重要规律,并实现工业化应用。项目成果对合成化学和药物化学等领域具有重要意义,推动有机化学学科发展。 (常艳丽)

【环形 RNA 生成和功能机制的研究】 项目获 2023 年度国家自然科学奖二等奖。项目建立非编码核糖核酸分子(环形 RNA)研究新体系,发现内含子来源环形 RNA、外显子来源环形 RNA 可变环化及普遍存在,阐明其生成机制;证明环形 RNA 稳定性高;揭示环形 RNA 折叠和降解的特性,以及其特殊折叠构象抑制天然免疫调控机制并与自身免疫疾病相关;引入环形 RNA 从而降低患者来源细胞的免疫炎症通路异常激活,提供利用环形 RNA 开展相关疾病诊疗思路。项目揭示环形 RNA 生成机制和稳定性、具有特殊折叠并抑制天然免疫机制,提供相关环形 RNA 创新药物研发理论依据。 (彭旭娇)

【T细胞免疫的触发机制】 项目获2023年度国家自然科学奖二等奖。项目探究免疫受体活化机制，发现免疫受体近膜静电调控理论，揭示抗原识别信号的安全性、敏感性和特异性的分子机制；阐明细胞质膜胆固醇对膜蛋白(TCR)触发和T细胞抗肿瘤免疫调控机制，首次提出通过调控胆固醇代谢增强T细胞抗肿瘤免疫的策略；将TCR静电调控元件引入嵌合抗原受体(CAR)分子中，增强CAR T细胞的抗肿瘤活性，发展E-CAR T细胞治疗策略并开展临床试验；鉴定免疫检查点降解的关键蛋白质，并发展相应的靶向干预策略。项目成果为免疫疗法的设计提供基础，推动学科和相关产业发展。 (包 豫)

【多元协同的视觉计算理论与方法】 项目获2023年度国家自然科学奖二等奖。项目揭示视觉计算在数据层、特征层、语义层不同形式的多元特性，提出适应各层特性并逐层解耦的协同建模方法。在数据层，建立基于单视角数据的三维计算模型，突破二维数据视角单一、表示不足的限制；在特征层，提出多特征高维约束的联合表示方法，解决特征交织耦合导致的时空信息协同建模受限难题；在语义层，提出关系驱动的自适应语义识别方法，提高复杂视觉语义的识别性能。 (彭旭娇)

【8个项目获2023年度国家技术发明奖】 在2023年度国家科学技术奖励大会上，上海8项成果获国家技术发明奖，占全国62项国家技术发明奖的12.9%。

上海获2023年度国家技术发明奖名单

序号	项目名称	主要完成单位	主要完成人	获奖等级	备注
1	硅氧烷杂化聚合物功能涂层设计制备新技术及其应用	复旦大学、海洋化工研究院有限公司	武利民、桂泰江、周树学、于雪艳、蒋健明、郭常青	二等奖	牵头完成
2	云计算系统的低时延关键技术	上海交通大学、华为技术有限公司、中科可控信息产业有限公司、浪潮电子信息产业股份有限公司	管海兵、谭 焜、杨晓君、胡雷钧、姚建国、陈 榕	二等奖	牵头完成
3	京津冀地下水污染防治关键技术与应用	上海大学(排名第4)		一等奖	合作完成
4	超声引导心脏病介入治疗技术及产品体系创建与国内外推广应用	上海形状记忆合金材料有限公司(排名第2)		二等奖	合作完成
5	无机非金属废水处理与资源回收技术及应用	宝武水务科技有限公司(排名第3)		二等奖	合作完成
6	高世代TFT-LCD超薄浮法玻璃基板关键技术与装备	中国建材国际工程集团有限公司(排名第4)		二等奖	合作完成
7	航天对接机构测试及模拟试验关键技术与系列装备	上海宇航系统工程研究所(排名第2)		二等奖	合作完成
8	专用项目二等奖1项(牵头完成)				

(常艳丽)

【硅氧烷杂化聚合物功能涂层设计制备新技术及其应用】 项目获2023年度国家技术发明奖二等奖。项目针对国内外海洋涂层存在树脂水解不稳定、涂层间作用力弱、无自修复自清洁功能等问题，围绕大型舰船、航天器等重大需求，构建树脂分子设计和涂层微-纳结构，研发硅氧烷水解的长效自抛光海洋防污涂层材料，开发中涂与面涂合二为一的长效防腐涂层及其制备技术，创建具有自修复功能的长效自清洁涂层及其制备技术。产品应用于多种型号舰船、“天问一号”火星车等国家工程，性能领先国外同类产品技术指标，为重大装备高效使用提供材料保障。 (常艳丽)

【云计算系统的低时延关键技术】 项目获2023年度国家技术发明奖二等奖。项目瞄准万物上云对系统时延的需求，针对云计算系统时延技术难题，研发软硬件协同的异构虚拟化、单节点低时延虚拟化、跨节点低时延虚拟资源聚合等核心技术，提升异构资源的原生虚拟化能力、解决云节点内部虚拟化软件栈层次化叠加与资源竞争问题、减少跨节点计算协作与数据迁移时延开销。项目成果拓展云计算系统承载的业务类型，降低云计算系统时延。 (包 豫)

【32个项目获2023年度国家科学技术进步奖】 在2023年度国家科学技术奖励大会上，上海32项成果获国家科学技术进步奖，占全国139项国家科学技术进步奖的23.0%。

上海获2023年度国家科学技术进步奖名单

序号	项目名称	主要完成单位	主要完成人	获奖等级	备注
1	上海交通大学医学院附属瑞金医院血液病转化医学研究创新团队	上海交通大学医学院附属瑞金医院	陈赛娟、陈　竺、赵维莅、沈志祥、李军民、糜坚青、Wang Kankan、诸　江、刘　晗、胡　炯、蒙国宇、韩泽广、王升跃、蔡宇伽、Fan Xiaohu	一等奖	牵头完成
2	射频系统设计自动化关键技术与应用	上海交通大学、芯和半导体科技(上海)股份有限公司、中国电科第十三研究所、中兴通讯股份有限公司	毛军发、吴林晟、代文亮、唐　旻、王绍东、周　亮、蒋历国、吴洪江、肖高标、龙志军、夏　彬、邱良丰、胡孝伟、欧阳可青、赵永志	一等奖	牵头完成
3	创建外周—中枢通路修复肢体运动障碍的重大技术突破及理论创新	复旦大学附属华山医院、上海市静安区中心医院(复旦大学附属华山医院静安分院)、上海交通大学、北京师范大学、华东师范大学、复旦大学	徐文东、顾玉东、张定国、冯俊涛、章晓辉、贾　杰、徐建光、邱彦群、李　铁、董　震、沈云东、曹晓华、张嘉漪、吴　平、蒋　苏	一等奖	牵头完成
4	空气源热泵多品位热能高效供应关键技术与应用	上海交通大学、广东美的暖通设备有限公司、上海诺通新能源科技有限公司、广东美的制冷设备有限公司、山东力诺瑞特新能源有限公司、广东美芝制冷设备有限公司、江苏省华扬新能源有限公司	王如竹、骆名文、胡　斌、翟晓强、张光鹏、吴静怡、黄永伟、马光柏、杨国用、雷俊杰	二等奖	牵头完成
5	大型先进压水堆非能动安全关键技术及应用	上海核工程研究设计院股份有限公司、上海交通大学、国核华清(北京)核电技术研发中心有限公司、山东核电设备制造有限公司、中核北方核燃料元件有限公司、中国科学院金属研究所、国家电投集团科学技术研究院有限公司	郑明光、常华健、匡　波、严锦泉、史国宝、曹克美、王国彪、李玉全、苗富足、赵瑞昌	二等奖	牵头完成
6	上海中心大厦工程关键技术	上海建工集团股份有限公司、同济大学建筑设计研究院(集团)有限公司、上海中心大厦建设发展有限公司、上海建工一建集团有限公司、三一汽车制造有限公司、上海市机械施工集团有限公司、上海勘察设计研究院(集团)股份有限公司	龚　剑、丁洁民、顾建平、贾　坚、朱毅敏、陈晓明、葛　清、杨新华、钱　峰、顾国荣	二等奖	牵头完成
7	小儿先天性心脏病介入诊疗体系创建及推广应用	上海交通大学医学院附属新华医院、上海交通大学医学院附属上海儿童医学中心、四川大学华西第二医院(四川大学华西妇产儿童医院)、广东省人民医院、上海锦葵医疗器械股份有限公司	孙　锟、李　奋、华益民、潘　微、陈　笋、傅立军、朱　铭、周爱卿、陈树宝、张　健	二等奖	牵头完成
8	中药质量检测技术集成创新与支撑体系创建及应用	中国科学院上海药物研究所、上海市食品药品检验所、中国科学院长春应用化学研究所、中国科学院大连化学物理研究所、上海诗丹德标准技术服务有限公司、上海凯宝药业股份有限公司、广州白云山和记黄埔中药有限公司	果德安、季　申、刘志强、刘艳芳、吴婉莹、李楚源、穆竟伟、钱　勇、宋凤瑞、胡　青	二等奖	牵头完成
9	饮用水安全保障技术体系创建与应用	上海城投水务(集团)有限公司(排名第5)		一等奖	合作完成
10	新型膜法水处理关键技术及应用	东华大学(排名第8)		一等奖	合作完成
11	海上风电安全高效开发成套技术和装备及产业化	上海勘测设计研究院有限公司(排名第5)		一等奖	合作完成
12	食药用菌全产业链关键技术创新及应用	市农科院(排名第5)		一等奖	合作完成

续表

序号	项目名称	主要完成单位	主要完成人	获奖等级	备注
13	耐火材料功能化与绿色化设计、制备及其对钢铁绿色制造的支撑	宝山钢铁股份有限公司(排名第3)		二等奖	合作完成
14	大型金属坯料制备电磁调控关键共性技术开发和应用	宝山钢铁股份有限公司(排名第7)		二等奖	合作完成
15	大容量锂离子电池精准制造核心技术与装备	上海空间电源研究所(排名第4)		二等奖	合作完成
16	电流零点主动调控的电弧开断技术及系列产品开发	上海良信电器股份有限公司(排名第5)		二等奖	合作完成
17	工业级高功率光纤激光器关键技术及产业化	上海航天精密机械研究所(排名第7)		二等奖	合作完成
18	功率MOS与高压集成芯片关键技术及应用	上海华虹宏力半导体制造有限公司(排名第2)		二等奖	合作完成
19	高层建筑风振分析理论与降载减振技术及其应用	同济大学(排名第4)		二等奖	合作完成
20	智能网联车路系统与可信测试关键技术及其产业化应用	同济大学(排名第4)		二等奖	合作完成
21	复杂运营条件下高速铁路轨道系统状态演化及科学维护技术	中国铁路上海局集团有限公司(排名第3)		二等奖	合作完成
22	面向大规模产业化的动力电池研发与制造关键技术	上海交通大学(排名第3)		二等奖	合作完成
23	肺癌放疗联合分子靶向和免疫治疗的关键机制与临床应用	上海交通大学(排名第2)		二等奖	合作完成
24	中医药防治新冠病毒感染诊疗技术体系创建与应用	上海中医药大学附属曙光医院(排名第5)		二等奖	合作完成
25	微波毫米波测试技术与测量仪器	创远信科(上海)技术股份有限公司(排名第2)		二等奖	合作完成
26	胃癌转移防治关键诊疗技术创新与推广应用	复旦大学附属肿瘤医院(排名第3)		二等奖	合作完成
27	北斗高精度实时融合监测技术与重大工程应用	上海华测导航技术股份有限公司(排名第5)		二等奖	合作完成
28—32	专用项目5项(牵头完成二等奖1项;合作完成4项,其中特等奖2项、二等奖2项)				

(常艳丽)

【上海交通大学医学院附属瑞金医院血液病转化医学研究创新团队】 项目获2023年度国家科学技术进步奖一等奖。项目创新急性早幼粒细胞白血病(APL)诱导分化治疗,首创维甲酸和砷剂协同靶向治疗"上海方案",使APL成为首个可治愈的急性髓系白血病,并拓展协同靶向治疗思路,提升骨髓瘤、淋巴瘤等其他血液恶性和遗传性疾病治疗水平;建设具有国际影响力的转化医学研究中心,引领血液整体水平达到国际领先和先进水平。(常艳丽)

【射频系统设计自动化关键技术与应用】 项目获2023年度国家科学技术进步奖一等奖。项目聚焦射频系统设计自动化技术,打破传统"路"的思维,以"场"分析为基础,将量化设计贯穿射频系统设计、制造、封装、测试技术全链条,突破设计关键技术,研发首套及系列射频系统设计自动化软件,打破国外垄断,实现基本自主可控;形成自主知识产权体系,研制600余款射频芯片(含智能功率器件)、组件与系统产品。项目成果应用于400余家企业,支撑国产先进半导体工艺、5G基站/终端产品等自主研发。(包　豫)

【创建外周—中枢通路修复肢体运动障碍的重大技术突破及理论创新】 项目获2023年度国家科学技术进步奖一等奖。项目建立外周—中枢神经通路,将瘫痪上肢神经连接至同侧健康半球,使患者实现生活自理,开辟"改变外周治疗中枢"新领域;证实成人大脑仍存在脑可塑能力,即"一侧半球可以同时独立支配双上肢";建立覆盖"伤、病、残"联合治疗及康复的"肢体功能重建"新学科。项目成果入选《新英格兰医学杂志》2018年最受瞩目研究榜单,是首个入选的中国原创成果,并得到欧美多国医疗中心应用。(吴洁敏)

【空气源热泵多品位热能高效供应关键技术与应用】 项目

获2023年度国家科学技术进步奖二等奖。项目针对空气源热泵研发及推广应用难题,首创季节适应性宽流量调控,研发的空气源热泵热水器性能系数达4.73;开发超低环温气液混喷空气源热泵和小温差换热末端供热技术,实现从寒冷地区向严寒地区的突破,覆盖全气候区;创新提出空气源大温升热泵蒸汽发生技术,性能系数1.85,电耗为电锅炉的一半,输出温度150℃;形成热能品位广、供热效率高、应用范围宽的空气源热泵多品位高效供热系列关键技术;相关产品应用于冬奥会开闭幕式场馆等重大工程项目。 (杨依衡)

【大型先进压水堆非能动安全关键技术及应用】 项目获2023年度国家科学技术进步奖二等奖。项目攻克高功率堆芯冷却难、高衰变热熔融物堆内滞留难、高放核素高温高压安全壳内包容难三大难题;开发严苛事故下高功率堆芯非能动冷却技术,攻克极端情况下堆芯烧毁后的熔融物堆内滞留技术,开发高温高压下能包容放射性的安全壳制造和温压控制技术;解决中国自主开发"国和一号"关键技术问题;消除大规模放射性释放的可能性及规模化发展核电的安全风险。项目成果应用于"国和一号"示范工程等,为核电安全有序发展提供支撑。 (陈 阵)

【上海中心大厦工程关键技术】 项目获2023年度国家科学技术进步奖二等奖。项目创新构建垂直城市理念,实现建筑与环境和谐共生的里程碑式超高工程;突破超高建筑软土桩基和基坑工程、超高建筑巨型结构设计、超高建筑巨型混凝土结构建造、超高建筑巨型钢结构建造等技术;实践数字建造研究和工程,开启超高建筑数智建造新模式;建立绿色超高建筑标准体系,实现超高建筑领域的全球首栋中国绿色三星和美国能源与环境设计先锋奖核壳结构与内装分离(LEED-CS)铂金双认证最高等级绿色建筑。项目形成的先进工程建设理念和创新技术推动世界超高工程技术发展。 (顾维英)

【小儿先天性心脏病介入诊疗体系创建及推广应用】 项目获2023年度国家科学技术进步奖二等奖。项目率先开展小儿先心病介入诊治,以"建立适合中国儿童的先心病介入诊疗体系"为总体目标,通过革新无创诊断技术,建立小儿先心病无创诊断模式;创新介入治疗系列技术,建立中国小儿先心病微创介入治疗体系;创立胎儿-新生儿危重先心病诊疗新范式,原创研发系列介入治疗器械,实现患儿诊治预后显著改善。项目成果推动中国小儿先心病介入诊治发展。 (吴洁敏)

【中药质量检测技术集成创新与支撑体系创建及应用】 项目获2023年度国家科学技术进步奖二等奖。项目面向国家战略需要,遵循"发展精准检测技术,推动中药高质量发展,确保百姓用药安全有效"宗旨,围绕影响中药质量核心问题,以中药有效性与安全性为导向,开展中药检测技术的系统创新研究及相应支撑体系的创建,并应用于中药质量检测实践中,构建的中药质量检测系列技术方法纳入《中国药典》,制修订《中国药典》18项附录通则,构建的技术体系应用于痰热清注射液、复方丹参片、复方板蓝根颗粒等中药大品种的检测与质量提升。项目为发展中药的有效性和安全性导向的创新性检测技术体系做出开拓性贡献。 (宋文珂)

【2023年度上海市科学技术奖概述】 2023年度上海市科学技术奖授奖214项(人)。授予吴光辉、丁健2人上海市科技功臣奖;授予修发贤、胡伟达、曲大辉、黄正、汤奇荣、林浩东、李辉、舒易来、张亚林、张少霆10人上海市青年科技杰出贡献奖;授予46项成果上海市自然科学奖,其中一等奖16项、二等奖30项;授予29项成果上海市技术发明奖,其中一等奖17项、二等奖12项;授予114项成果上海市科技进步奖,其中一等奖29项、二等奖85项;授予9项成果上海市科学技术普及奖,其中一等奖3项、二等奖6项;授予艾尔莎·瑞秋曼尼斯(美国籍)、雷内·贝尔纳茨(荷兰籍)、岳尔根·约斯特(德国籍)、简-皮埃尔·马乔拉(法国籍)4人上海市国际科技合作奖。获奖成果主要有以下特点。

科技功臣奖充分展现战略科学家对于国家重大需求和上海产业能级提升的引领作用。2名获奖人作为国家重大科技任务的担纲领衔者,长期奋战在科研第一线,具有深厚科学素养,前瞻性判断力、跨学科理解能力、大兵团作战组织领导能力强。

国际科技合作奖彰显上海在科技发展中秉承开放态度,致力于为全球科技合作营造良好环境。获奖人均为国际知名科学家,聚四海之气、借八方之力,深化国际科技交流合作,努力构建合作共赢的伙伴关系。

自然科学奖成果数量不断提升,获奖项目蕴含的原创性、引领性和颠覆性特征不断增强,学科交叉和前沿领域的研究成为主流,基础研究和应用研究相互促进、相互结合越来越紧密,折射出上海"创新策源地"基石被不断夯实。在198个获奖项目中,46项成果获自然科学奖,占比23%,远高于前5年15%的均值。16个自然科学奖一等奖项目中,6项成果的论文发表在《细胞》(*Cell*)、《自然》(*Nature*)和《科学》(*Science*),5项成果的论文发表在三大期刊子刊,获奖项目不仅走在领域前沿,更开创研究的新道路和新方向。

技术发明奖成果助力攻克新能源、新材料、航空航天、人工智能等新兴领域一系列关键核心难题。科技进步奖为培育新质生产力、提升产业能注入全新动力,为改善民生福祉发挥作用。17个技术发明奖一等奖项目中,获发明专利授权644件,平均每项成果有38件原创性发明获专利保护。

优秀青年科技人才在各领域奋勇创新、脱颖而出,中青年成为科技创新的中坚力量。10名青年科技杰出贡献奖获奖人中,有6人获国家杰出青年科学基金支持,在量子科技、红外物理、智能材料、人工智能、生命科学等领域取得骄人业绩。198个获奖项目共有完成人1 856名,45岁以下1 133人,占比61%。(路继根 吕友明 吴洁敏 包 豫)

【46个项目获2023年度上海市自然科学奖】 2023年度上

海市科学技术奖授予46项成果自然科学奖，其中一等奖16　　项、二等奖30项。

2023年度上海市自然科学奖名单

序号	项目名称	主要完成人	主要完成单位	获奖等级
1	GPCR信号传导通路系统分子机制研究	徐华强、尹万超、赵丽华、段　佳、庄友文	中国科学院上海药物研究所	一等奖
2	氟卤烷烃的高效催化偶联反应	张新刚、冯　璋、付夏平、肖玉兰、闵巧桥	中国科学院上海有机化学研究所	一等奖
3	高效稳定钙钛矿太阳能电池的化学创制研究	赵一新、张太阳、王　勇	上海交通大学	一等奖
4	固液微观界面动力学性质的理论研究及其应用	方海平、吴明红、石国升、胡　钧、王春雷	华东理工大学、中国科学院上海应用物理研究所、上海大学	一等奖
5	光子晶体中的结构色与辐射调控研究	资　剑、石　磊、关　放、刘晓晗、刘文哲	复旦大学	一等奖
6	基于微结构调控的镁合金强韧化设计原理与方法研究	曾小勤、王乐耘、靳　丽、王锋华、何上明	上海交通大学	一等奖
7	介孔碳载金属催化材料设计策略与电荷密度调控机制	万　颖、朱小娟、孙雅飞、段林林、段学志	上海师范大学、华东理工大学	一等奖
8	快速磁共振成像与增强关键技术	张桂戌、方发明、周爱民	华东师范大学	一等奖
9	框架核酸生物传感体系设计与检测应用	左小磊、王丽华、葛志磊、刘小果、樊春海	上海交通大学医学院附属仁济医院、上海交通大学、中国科学院上海应用物理研究所	一等奖
10	粒子系统与分子动力学的随机快速算法及应用	Jin Shi、李　磊、徐振礼	上海交通大学	一等奖
11	量子多体非平衡动力学与精密测量	武海斌、邓书金、盛继腾、武跃龙	华东师范大学	一等奖
12	流体注入下深层页岩的破裂与失稳特性	张丰收、朱海燕、赵峦啸	同济大学、西南石油大学	一等奖
13	衰老的神经生物学机制研究	蔡时青、江陆斌、尹江安、袁　洁、高　革	中国科学院脑科学与智能技术卓越创新中心、中国科学院上海免疫与感染研究所	一等奖
14	铁电极化场增强的光电探测机理研究	王建禄、王旭东、吴广健、胡伟达、褚君浩	中国科学院上海技术物理研究所、复旦大学	一等奖
15	心力衰竭的分子细胞学机制研究	肖俊杰、王　利、陆忠兵、李　进、王红云	上海大学、中国医学科学院阜外医院、中国科学院大学	一等奖
16	组装诱导纯有机室温磷光	马　骧、黄子钊、汪　洁	华东理工大学	一等奖
17	星系中的尘埃及其在天体物理研究的应用	邵正义、沈世银、袁方婷、李林林、侯金良	中国科学院上海天文台	二等奖
18	COD传感材料的设计及其水质检测系统的构建	周保学、龙明策、白　晶、李金花、蔡伟民	上海交通大学	二等奖
19	超分子光功能材料精准构筑与性能研究	徐　林、孙海涛、黄昶博、陈丽君	华东师范大学	二等奖
20	多模态医学影像的信息处理与智能计算	庄吓海、高尚奇、李　雷、沈　娟、郑国焱	复旦大学、上海交通大学	二等奖
21	二维原子晶体生长的等离子体反应动力学平衡机制及多尺度结构调控	魏大程、魏大鹏、刘云圻、陈　刚、刘冬华	复旦大学、中国科学院重庆绿色智能技术研究院、中国科学院化学研究所、中国科学院上海技术物理研究所	二等奖
22	非平稳工业过程运行状态监测预警	宋　冰、侍洪波、陶　阳、谭　帅	华东理工大学	二等奖
23	复杂网络的非周期间歇性控制与有限时间控制	刘锡伟、卢文联、陈天平	同济大学、复旦大学	二等奖
24	高比能量、长寿命、低自放电锂硫电池	夏永姚、袁守怡、王丽娜、王永刚	复旦大学	二等奖
25	过硫酸盐高级氧化过程活性物种的识别与作用机制	吴德礼、冯　勇、施凯闵、宗　扬、樊金红	同济大学、香港大学	二等奖
26	基于复杂信息感知机制的状态估计	沈　波、邹　磊、李　琦	东华大学、山东科技大学	二等奖

续表

序号	项目名称	主要完成人	主要完成单位	获奖等级
27	结构张量的理论和快速算法研究	魏益民、丁维洋	复旦大学	二等奖
28	颗粒流动力学驱动的工程结构振动控制理论和方法	鲁　正、蒋欢军、戴靠山、卢文胜、张　琪	同济大学	二等奖
29	零价铁去除水中重金属的强化新方法与反应机制	关小红、郭学军、李锦祥、秦荷杰、梁丽萍	同济大学、北京师范大学	二等奖
30	煤和生物质气化多尺度反应机理	丁　路、郭庆华、卫俊涛、于广锁、王辅臣	华东理工大学	二等奖
31	面向复杂环境的磁浮车辆系统动力学及控制方法	孙友刚、强海燕、吉　文、徐俊起、林国斌	同济大学、上海海事大学	二等奖
32	面向行人重识别的高效学习理论与方法	赵才荣、苗夺谦、白　翔、付彦伟	同济大学、复旦大学、华中科技大学	二等奖
33	脑中非电活性物质的活体电化学分析	张立敏、施国跃、董　辉、于妍妍	华东师范大学	二等奖
34	融合受限条件特征的动态系统协同控制理论与方法	牛玉刚、宋　军、曹智茹、许　璟	华东理工大学	二等奖
35	软薄膜与膜基结构褶皱失稳力学现象及理论研究	徐　凡、霍永忠	复旦大学	二等奖
36	砂土的小应变模量与临界状态强度特性及微观机理	顾晓强、杨　峻、胡　靖、钱建固	同济大学、香港大学	二等奖
37	水产病原菌毒力元件介导感染互作分子机制	刘　琴、阳大海、王启要、张元兴、王　壮	华东理工大学	二等奖
38	素特征域上代数李超群及其李超代数表示论研究	舒　斌、曾　阳	华东师范大学、南京审计大学	二等奖
39	图论及其应用	林辉球、束金龙	华东理工大学、上海师范大学	二等奖
40	网络环境下复杂动态系统模糊控制与状态估计	王　孟、严怀成、李郅辰、陈孟申、邱剑彬	华东理工大学、上海理工大学、哈尔滨工业大学	二等奖
41	微尺度多相界面设计及其增强光电转化效率机制研究	闵宇霖、姚伟峰、时鹏辉、徐群杰、李和兴	上海电力大学	二等奖
42	微分和积分方程的高精度数值方法研究	王中庆、易利军、向新民、盛长滔	上海理工大学、上海师范大学、上海财经大学	二等奖
43	先验信息融合的分类学习理论与方法	王　喆、李冬冬、朱宗海、杜文莉、高大启	华东理工大学	二等奖
44	新型太阳能电池的关键材料设计及性能调控机制研究	侯　宇、杨　双、杨化桂、龚学庆、何敬敬	华东理工大学	二等奖
45	医学中复杂过程的可计算建模与参数反演	刘可伋、江　渝、陈文斌、严　阅、陈　瑜	上海财经大学、复旦大学	二等奖
46	原子系综中的非线性集体激发及其物理特性研究	黄国翔、白正阳、荆杰泰、刘胜帅、娄彦博	华东师范大学	二等奖

（吴洁敏　包　豫）

【GPCR信号传导通路系统分子机制研究】　项目获2023年度上海市自然科学奖一等奖。项目聚焦靶向G蛋白偶联受体(GPCR)偏向性信号调控和药物作用机制，分别解析GPCR与下游arrestin，以及G蛋白亚型G_s和G_i选择性识别与相互作用模式，开拓探索GPCR领域偏向性信号传导作用机制；围绕精神分裂症、代谢失调、免疫炎症等重大疾病，揭示多种药物调控GPCR作用机制，为开发GPCR创新物奠定基础；开发纳米钩GPCR复合物稳定技术，提高GPCR结构解析效率和成功率；建立完整的GPCR信号转导过程的结构生物学理论框架，推动GPCR靶向药物开发进程。

（杨依衡）

【氟卤烷烃的高效催化偶联反应】　项目获2023年度上海市自然科学奖一等奖。项目基于二氟卡宾模式，发现金属二氟卡宾偶联反应，提出零价钯二氟卡宾亲核质子化历程；通过调控钯金属价态实现二氟卡宾亲核与亲电反应性调控，首创基于二氟卡宾碳链增长的可控催化氟烷基化；基于亲电模式，发展钯、镍催化下氟卤烷烃交叉偶联反应策略，突破传统合成局限，解决二氟烷基金属物种参与的催化循环难以被调控的问题，丰富氟卤烷烃反应类型；基于自由基

模式，提出镍催化下配位导向的自由基串联烯烃双碳化策略，高效精准模块化构筑复杂含氟分子。（常艳丽）

【高效稳定钙钛矿太阳能电池的化学创制研究】 项目获2023年度上海市自然科学奖一等奖。项目围绕钙钛矿光伏技术开展高效稳定钙钛矿化学创制研究。针对钙钛矿结晶成膜不可控、有机组分导致化学稳定性差的问题，创制以氯化甲胺为代表的添加剂法，阐明构筑亚稳态中间体调控钙钛矿结晶热力学和动力学过程机制，克服传统溶液法沉积高质量钙钛矿薄膜难题；聚焦热力学稳定的无机钙钛矿早期面临的晶相稳定性与效率问题，开创维度调控和表面端基化的稳定化策略，制备稳定的铯铅碘新晶相，创造多个无机钙钛矿太阳能电池效率的世界纪录。项目成果在理论创新和材料制备两方面为钙钛矿太阳能电池的学科发展和产业应用做出贡献。（常艳丽）

【固液微观界面动力学性质的理论研究及其应用】 项目获2023年度上海市自然科学奖一等奖。项目针对固液微观界面动力学过程开展研究，在理论物理与其他学科交叉领域取得一系列原创性成果。理论预言常温下"水滴在水层上"的奇异现象并获国内外实验和理论支持，颠覆常温下"水总是完全浸润水"的传统观点；理论预言且试验实现用离子精确控制氧化石墨烯片层的层间距，并应用于海水淡化和离子筛分；发现常温常压下石墨烯表面上具有铁磁性的氯化二钠和一氯化钙等具有反常化学计量比的全新二维晶体；实现基础研究在高效海水淡化膜技术中的应用，为解决海水淡化、环境保护和资源优化等问题提供手段。（彭旭娇）

【光子晶体中的结构色与辐射调控研究】 项目获2023年度上海市自然科学奖一等奖。项目揭示孔雀和鹦鹉羽毛色彩的产生机理，即分别源于小羽枝中二维周期光子晶体导致的方向光子带隙和羽枝中三维非晶光子晶体导致的全向光子赝带隙，为仿生制备提供启示；基于研发的动量空间成像技术，观察到光子晶体薄板在动量空间中的辐射偏振场和拓扑奇点，证实拓扑奇点与连续谱中束缚态的关联，发现系列光场调控现象和效应；提出将光子晶体和相控阵天线结合的设计思路，实现超宽带、超宽角和超低旁瓣技术；研发具有完全自主知识产权的动量空间成像技术平台，为微纳光子学研究和应用提供试验手段。（彭旭娇）

【基于微结构调控的镁合金强韧化设计原理与方法研究】 项目获2023年度上海市自然科学奖一等奖。项目针对普通镁合金强度低、塑性差的问题，提出基于微结构调控的镁合金强韧化设计原理与方法；阐明镁合金柱面析出相与长周期有序堆垛结构生长机制，构筑析出相复合网络结构并阐明其复合强化机制；发现固溶元素促进非基面滑移调控镁塑性的内禀机制，揭示不同滑移系临界剪切应力比值与镁合金本征塑性间的关联规律；阐明晶间应变传递诱导滑移原理，提出基于可变形第二相的强度和塑性协同增强机制，设计高强、高塑的新型镁合金。项目成果丰富六方金属强韧化理论，推动镁合金在轻量化结构件中的应用跨越。（杨依衡）

【介孔碳载金属催化材料设计策略与电荷密度调控机制】 项目获2023年度上海市自然科学奖一等奖。项目聚焦杂环分子催化定向转化制高端化学品，发现并实验证实金属d电荷密度与催化性能的定量关系，为高性能碳载金属催化剂设计提供主控结构描述因子方法，变革经典试错法开发催化剂路线；提出配位组装和碳逆向掺杂的介孔催化材料制备策略，建立介孔孔道和金属电荷密度的系统调控方法，解决碳载金属催化剂易团聚、中毒、流失难题；阐明利用d电荷密度精准调控关键物种吸附构型和目标产物生成路径机制，构建含氮杂环化合物催化定向转化新体系，突破传统碳载金属催化剂性能。研究成果推动多相催化、催化剂设计与制备、精细化工和绿色化工等领域发展。（常艳丽）

【快速磁共振成像与增强关键技术】 项目获2023年度上海市自然科学奖一等奖。项目针对磁共振设备采样率高所导致扫描时间长的问题，在多目标优化理论框架下，结合变分法与深度学习，建立磁共振影像高效重建与信息增强理论与方法；构建磁共振快速成像模型，采样率降低60%，实现快速成像；提出伪影去除及超分增强模型，显著提升影像质量，解决硬件及环境限制导致的影像质量欠佳等问题；设计基于流形结构及比较关系驱动的多目标优化算法，提高建模精度与模型结构搜索效率。项目成果在3种型号磁共振成像仪上得到验证，相关国产设备服务于百余家地县级医院。（陈 阵）

【框架核酸生物传感体系设计与检测应用】 项目获2023年度上海市自然科学奖一等奖。项目针对生物分子标志物高灵敏分析的关键科学问题开展研究，发现核酸组装体的尺寸、形貌和力学特性对界面有序度及信号可控性的调控规律，提出框架核酸概念并发展生物传感界面有序构筑及传感信号程序化调控新思想；开发核酸限域组装分析新方法，突破生物界面分子识别效率低和信号可控性差的瓶颈，建立适用于复杂生物体系检测的高灵敏传感新技术，实现疾病标志物高灵敏检测。项目成果推动传感科学领域发展，促进传感科学与分析化学、临床检验等领域交叉融合。（杨依衡）

【粒子系统与分子动力学的随机快速算法及应用】 项目获2023年度上海市自然科学奖一等奖。项目通过随机排列与分组的策略，设计针对N-体交互作用粒子系统的随机分批算法，具有线性O(N)复杂度，并且迭代次数不会随粒子数N增加；通过核分裂与重要性采样等随机近似，发展随机分批蒙特卡洛和随机分批Ewald方法，解决分子动力学的扩展灾难和对奇异立场准确性差的计算瓶颈；探究带随机参数与多尺度的动理学方程不确定性量化算法和理论，提出能有效计算多尺度、具有谱精度的随机Galerkin方法，建立方程解在随机空间的正则性、敏感性及随机Galerkin方法误差分析理论。项目成果应用于新药研发、新材料设计和

大型客机结冰等前沿问题研究。（陈　阵）

【量子多体非平衡动力学与精密测量】　项目获2023年度上海市自然科学奖一等奖。项目基于超冷原子，聚焦强相互作用量子气体非平衡动力学与精密测量，在标度不变费米气体中发现位置和大小服从离散几何标度律的普适动力学膨胀新规律，揭示其时间反演不变性；发现新型长程可控热传输机制与费米多体量子热机，抑制量子热机超绝热做功的量子耗散，增加输出功率和效率；利用高精度光频梳、冷原子及磁场精确控制技术，实现光子散粒噪声极限超灵敏光谱及已报道精度最高的锂原子绝对频率测量，部分解决理论和测量分歧。项目成果推动多体强相互作用物理、量子热力学、精密测量等领域发展。（杨依衡）

【流体注入下深层页岩的破裂与失稳特性】　项目获2023年度上海市自然科学奖一等奖。项目围绕页岩开发精准表征、高效开采、稳定控制三大核心问题展开研究，提出地球化学约束下不同成熟度有机质页岩弹性、力学参数表征理论，形成岩心、测井和地震资料一体化的页岩三维可压裂性评价方法；阐明井周裂缝群的相互作用，提出水力裂缝-天然裂缝相互作用理论，揭示页岩压裂缝网扩展的演化机理；建立深地复杂多场耦合下页岩断层剪切特性的理论体系，构建场地尺度的断层滑移多场耦合模型，完成基于断层稳定性控制理论的深层页岩安全压裂。项目成果为加速中国深地工程开发、提高深地灾害防控水平提供支撑。（杨依衡）

【衰老的神经生物学机制研究】　项目获2023年度上海市自然科学奖一等奖。项目聚焦衰老伴随的感觉、运动和认知等行为功能退化的调控机制研究，针对衰老实验周期长、行为能力量化难等难点，建立以易于量化的神经递质水平鉴定行为退化调控基因、多种研究体系相结合的实验范式；揭示行为与认知衰老的时空调控网络，阐明调控脑衰老的表观遗传新机制；解析个体间衰老速度差异的遗传机制，发现调节衰老速率的胶质细胞—神经元新通路；阐明神经元细胞内分子伴侣蛋白及调控寿命的信号通路影响衰老神经元功能新机制。项目成果拓展对衰老神经生物学调控机制的认识，为延缓大脑衰老提供理论依据和作用靶标。（彭旭娇）

【铁电极化场增强的光电探测机理研究】　项目获2023年度上海市自然科学奖一等奖。项目面向光电探测器在国家重大工程任务中的应用需求，聚焦高灵敏宽光谱探测难题，提出铁电极化场增强的高灵敏光电探测机理，实现暗电流抑制、灵敏度提升的新型光电探测器，为增强探测灵敏度提供普适性策略；发展纳尺度极化电畴精准调控载流子新方法，实现对半导体载流子分布、类型、浓度的精准调控；建立铁电材料与半导体材料多效应融合的光电探测新模式，实现兼具高灵敏和超宽光谱响应的新型光电探测器。项目成果为国家重大装备技术升级奠定科学基础，推动光电探测技术创新发展。（彭旭娇）

【心力衰竭的分子细胞学机制研究】　项目获2023年度上海市自然科学奖一等奖。项目针对心力衰竭时细胞动态变化规律不清晰的问题，建立新的心肌细胞与非心肌细胞之间的通信追踪体系等，揭示心力衰竭时细胞通信与细胞亚型的变化规律，提出基于病程阶段进行药物治疗策略；针对心肌细胞再生修复能力有限难题，建立成年心肌细胞单细胞测序体系与基于运动靶点多效作用防治心力衰竭的研究平台，发现心脏内源性修复的调控分子及机制，为心力衰竭提供精准的干预靶点；针对心力衰竭预后差、多并发症的特点，发掘心力衰竭及其“心外表现”共性靶点及分子机制，提出心内心外同治策略。项目成果拓宽心脏病学基础理论，为防治心力衰竭提供依据。（杨依衡）

【组装诱导纯有机室温磷光】　项目获2023年度上海市自然科学奖一等奖。项目围绕有机功能染料的发光性能(特别是有机室温磷光)调控、构建高效有机室温磷光功能体系开展研究，将有机功能染料产品工程、超分子化学和光化学有机结合，提出组装诱导发光的新机制与新策略，采用分子工程理念和非共价作用组装刚性化策略，精细调控染料的激发态能级及其能量转移过程，抑制染料分子从三线态激发态到单线态基态的非辐射失活，实现对系列功能染料室温磷光效率的有效调控，构建系列高效有机室温磷光功能体系，拓展传统染料功能性应用，为功能染料产品开发、规模化制备及绿色制造提供高效途径。（常艳丽）

【29个项目获2023年度上海市技术发明奖】　2023年度上海市科学技术奖授予29项成果技术发明奖，其中一等奖17项、二等奖12项。

2023年度上海市技术发明奖名单

序号	项目名称	主要完成人	主要完成单位	获奖等级
1	变温谐振微悬臂梁的材料原位测量分析方法与科学仪器技术	李昕欣、许鹏程、于海涛、陈　滢、李　明、贾　浩、王雪凤	中国科学院上海微系统与信息技术研究所、厦门海恩迈科技有限公司	一等奖
2	大宗钢渣固废高效低碳制备高等级沥青路面材料及应用关键技术	肖永力、吴少鹏、谢　君、李永谦、乔　志、李　嵩、王新冰、王　林、张文生、刘颖昊、王文涛、张友平、关运泽、王英杰、张志明	宝山钢铁股份有限公司、武汉理工大学、宝武集团环境资源科技有限公司、上海宝钢节能环保技术有限公司、内蒙古交通集团有限公司、中国建筑材料科学研究总院有限公司、唐山大成路桥有限公司、包钢集团冶金渣综合利用开发有限责任公司	一等奖

续表

序号	项目名称	主要完成人	主要完成单位	获奖等级
3	低延迟超眼计算成像技术及应用	曾晓洋、范益波、曲国远、刘晶晶、师　进、于　乐、陈霄翔、魏大洲、王海峰、许晶晶	复旦大学、上海复瞰科技有限公司、上海大学、中国航空无线电电子研究所、北京全路通信信号研究设计院集团有限公司、中铁二十四局集团有限公司	一等奖
4	电池储能系统精细化管控关键技术、装备及应用	李　睿、蔡　旭、李相俊、刘明义、严　晓、陈国栋、徐　君、黄　蕾、李新强、王一鸣、王皓靖、张　琛、彭　程、杨佳涛、叶宗鑫	上海交通大学、中国华能集团清洁能源技术研究院有限公司、阳光电源股份有限公司、上海玫克生储能科技有限公司、上海正泰电源系统有限公司、锦浪科技股份有限公司、上海电气电力电子有限公司、上海电器科学研究所(集团)有限公司、国网上海市电力公司、中国电力科学研究院有限公司	一等奖
5	复杂屏蔽空间无人系统自主智能检测关键技术与应用	何　斌、王志鹏、华志刚、沈润杰、李　刚、韩　波、郭　荣、徐光平、柯　亮、周艳敏、李　鑫、蒋　荣、桑宏锐、朱忠攀、李　丰	同济大学、上海发电设备成套设计研究院有限责任公司、中国长江电力股份有限公司、国家电力投资集团有限公司、北京中安吉泰科技有限公司、上海扩博智能技术有限公司	一等奖
6	高安全嵌入式控制软件全生命周期关键开发技术与环境	蒲戈光、张　民、李　钦、缪炜恺、顾　斌、郭　建、蒋君仁、殷　锴、肖前远、蔡　喁、冯劲草、王江涛、赵涌鑫、许成伟、宋海涛	华东师范大学、上海工业控制安全创新科技有限公司、中国商飞上海飞机设计研究院、中国航发商用航空发动机有限责任公司、中国航空无线电电子研究所、北京控制工程研究所、上海交通大学	一等奖
7	高分辨遥感卫星热管理用陶瓷关键制备技术及应用	曾宇平、江东亮、夏咏锋、杨　涛、姚冬旭、高　腾、赵石磊、左开慧、尹金伟、朱　许、梁汉琴、李春林、罗世魁、曹东晶、张明佳	中国科学院上海硅酸盐研究所、北京空间机电研究所	一等奖
8	高性能太赫兹量子级联激光器及仪器关键技术	曹俊诚、谭智勇、黎　华、万文坚、王　长、符张龙、韩英军、邵棣祥、李子平、张真真	中国科学院上海微系统与信息技术研究所	一等奖
9	广域精细热成像技术	陈凡胜、林　春、胡琸悦、杨　林、孙小进、张　勇、胡兴健、唐玉俊、李潇雁、陈俊林、周　晟、李丽圆、郝　健、苏晓锋、李南茜	中国科学院上海技术物理研究所、国科大杭州高等研究院	一等奖
10	马克斯克鲁维酵母细胞工厂技术及应用	吕　红、周峻岗、余　垚、段进坤、刘迎生、周　樱、王绍云、陈新伟	复旦大学、武汉新华扬生物股份有限公司、云南希玖生物科技有限公司、湖北华扬科技发展有限公司、山东海鼎农牧有限公司	一等奖
11	面向密码模块的新型信息泄漏分析和防护技术研究	谷大武、赵东艳、张　驰、李　玮、陆海宁、陆相君、曹　培、李　延、郭　筝、刘军荣、许　森、胡晓波、王凌云	上海交通大学、智巡密码(上海)检测技术有限公司、东华大学、北京智芯微电子科技有限公司、观源(上海)科技有限公司	一等奖
12	面向智能制造的跨域融合感知关键技术及应用	姜育刚、齐立哲、付彦伟、孙云权、田新宇、吴祖煊、陈智能、黄兴博、刘俊娟、戴　鹏、杜馨瑜、赵瑞玮、陈静静、王　铮、薛向阳	复旦大学、天津智通信息系统集成有限公司、北京铁科英迈技术有限公司、北京京城智通机器人科技有限公司	一等奖
13	耐热高强钛基复合材料关键技术研发与应用	吕维洁、张　荻、韩远飞、侯仲军、肖　旅、王鹏亮、王立强、黄光法、乐建温、毛建伟、覃继宁	上海交通大学、内蒙古航天红岗机械有限公司、上海航天精密机械研究所、苏州欧拉透平机械有限公司	一等奖
14	生物适配防粘连材料的关键技术及临床应用	刘　珅、陈世益、马　昕、范存义、施忠民、陈　晨、吴剑英、蒋　佳、王　硕、魏长征、蒋丽霞、黄　超、张　凯、章歆书、向　冲	上海交通大学医学院附属第六人民医院、复旦大学附属华山医院、上海昊海生物科技股份有限公司、成都迪康中科生物医学材料有限公司、复旦大学	一等奖
15	食品中化学危害物的识别材料精准设计及检测关键技术	徐　斐、白　冰、任兴发、曹　慧、王炳志、叶　泰、郝丽玲、吴秀秀、张大铭、袁　敏、司文帅、邵锋伟、杨星星、于劲松、阴凤琴	上海理工大学、月旭科技(上海)股份有限公司、市农科院、深圳市易瑞生物技术股份有限公司、上海瑞鑫科技仪器有限公司	一等奖
16	现场级工业网络系统"感知-传输-控制"综合设计技术与应用	关新平、陈彩莲、袁亚洲、张健民、郑忠斌、陈伯瑜、张晓峰、许齐敏	上海交通大学、宝山钢铁股份有限公司、燕山大学、工业互联网创新中心(上海)有限公司、福建三钢闽光股份有限公司	一等奖

续表

序号	项目名称	主要完成人	主要完成单位	获奖等级
17	自动驾驶汽车虚实融合测评关键技术与系列装备	孙　剑、田　野、张　钊、朱　冰、张　强、朱西产、孙驰天、李晨毓、苏贵民、王燕文、吴俊贤、潘　登、陈　虹、罗悦齐、杨　可	同济大学、上海汽车集团股份有限公司、中国汽车工程研究院股份有限公司、吉林大学、上海国际汽车城(集团)有限公司、上海淞泓智能汽车科技有限公司、腾讯云计算(北京)有限责任公司、阿波罗智联(北京)科技有限公司	一等奖
18	低损伤钢结构关键技术与应用	王　伟、方　成、陈以一、胡书领、张瑞斌、陈建兴、陈越时、庄利军、石文龙、李永刚	同济大学、华东建筑设计研究院有限公司、中国建筑第八工程局有限公司、山西四建集团有限公司、上海史狄尔建筑减震科技有限公司、中国二十二冶集团有限公司	二等奖
19	东海深层低孔渗油气藏地球物理勘探关键技术发明及应用	李　键、耿建华、刘　江、秦德文、陈　华、高顺莉、胡　伟、刘庆文、张　岩、俞伟哲	中海石油(中国)有限公司上海分公司、同济大学	二等奖
20	复杂高层连体结构建造关键技术与装备系统	黄　轶、刘　泉、汪小林、姜文伟、刘明国、俞媛妍、徐　磊、陈洪帅、于　琦、段　博	上海建工四建集团有限公司、华东建筑设计研究院有限公司、上海市机械施工集团有限公司、上海建工七建集团有限公司、上海建工一建集团有限公司	二等奖
21	高精度GNSS定位测姿理论创新及关键技术	郑正奇、董大南、陈　雯、余　超、袁本银、刘黎明、沈雪峰、唐尔辉、王得举	华东师范大学、上海华测导航技术股份有限公司、上海普适导航科技股份有限公司	二等奖
22	高能效无线感知芯片关键技术及应用	闫　娜、王于波、闵　昊、原义栋、李德建、李　强、杜　君、沈红伟、马　岩、王俊宇	复旦大学、上海坤锐电子科技有限公司、北京智芯微电子科技有限公司、北京智芯半导体科技有限公司	二等奖
23	高效双功能耦合C4烯烃歧化催化技术	王仰东、刘　苏、董　静、林秀英、骆忠连、吴邦柱、焦文千、周海波、苏俊杰、刘　畅	中石化(上海)石油化工研究院有限公司、上海赛科石油化工有限责任公司	二等奖
24	固体火箭推进剂及发动机燃烧性能光学测试方法及系统	杨　斌、朱　青、金秉宁、潘科玮、强科杰、杨　杨、平　力、姜海波、陈晓龙、张宪松	上海理工大学、中国科学院上海光学精密机械研究所、西北工业大学、上海新力动力设备研究所、上海烜翊科技有限公司、上海镭慎光电科技有限公司	二等奖
25	基于非定常燃烧理论的民用航空发动机低排放与高稳定燃烧技术及应用	张　漫、高　怡、葛　冰、吴施志、孟　晟、陈明敏、王铮钧、傅　宸、王晓阳	中国航发商用航空发动机有限责任公司、上海交通大学、上海电气燃气轮机有限公司	二等奖
26	机械法联络通道建造成套技术研究	朱瑶宏、丁修恒、张付林、黄　新、陆　跃、程桂芝、陶路路、夏汉庸、沈张勇、程永龙	中铁上海工程局集团有限公司、宁波市轨道交通集团有限公司、中铁高新工业股份有限公司、宁波大学、上海市隧道工程轨道交通设计研究院、中铁工程装备集团有限公司、宁波用躬科技有限公司	二等奖
27	面向工业互联数据的智能计算关键技术及应用	裴颂文、蔡立志、刘　通、蒋　力、丁富强、茆宏兆、韩　韧、童维勤、沈　颖、陈国润	上海理工大学、上海计算机软件技术开发中心、上海大学、上海交通大学、上海理想信息产业(集团)有限公司、江苏新扬子造船有限公司	二等奖
28	深海潜水器故障容错控制与安全自救关键技术创新及应用	朱大奇、胡　震、孙　兵、张　华、史晓平、沈　勤、徐鹏飞、褚振忠、王　磊、顾　伟	上海海事大学、上海理工大学、中国船舶科学研究中心、河海大学、交通运输部东海航海保障中心上海海事测绘中心、上海遨拓深水装备技术开发有限公司	二等奖
29	中医面诊数字化、智能化识别的关键技术体系构建与应用	李福凤、李晓强、钱　鹏、张文强、孙祝美、韩　吉、张红凯、郭春荣、王立娟、王慧雯	上海中医药大学、上海大学、复旦大学、上海中医药大学附属普陀医院	二等奖

(吴洁敏　包　豫)

【变温谐振微悬臂梁的材料原位测量分析方法和科学仪器技术】 项目获2023年度上海市技术发明奖一等奖。项目针对材料理化特性表征用吸附分析/热分析仪器缺乏高灵敏原位测量技术的共性问题，研发变温谐振悬臂梁微机电系统集成芯片和超灵敏原位测量技术，开发国际首款界面热力学动力学整套参数测量仪、首款可原位显微联用的微悬臂梁热重分析仪和首款原位测量的程序升温脱附分析仪等一系列国际领先的科学仪器，实现分析功能的创新和测量精度的数量级提升，并在脱附活化能测量上显著改进传统方法，实现仪器芯片化换代提升。 （包 豫）

【大宗钢渣固废低碳高效制备高等级沥青路面材料及工程应用关键技术】 项目获2023年度上海市技术发明奖一等奖。项目针对钢渣资源化利用及中国路用集料短缺的难题，发现抑制钢渣中f-CaO析出和富集的微观机制，研发钢渣低碳高效制备高等级沥青路面材料与应用成套关键技术；制备钢渣集料，性能显著优于天然集料，经多项实体工程验证，沥青混凝土强度增加2倍、服役寿命提升3倍以上、重金属浸出完全达标，满足公路新建与养护需求，为大规模工程应用提供保障。项目成果应用于国内外钢铁企业，解决钢铁行业每年1.6亿吨大宗钢渣固废100%高值利用世界难题，同时提高路面质量，促进交通行业的绿色发展，有力支撑两大行业碳中和。 （吴洁敏）

【低延迟超眼计算成像技术及应用】 项目获2023年度上海市技术发明奖一等奖。项目针对低重合、多通道、全天候场景计算成像难题，研发多源多尺度视频拼接融合计算成像方法，消除鬼影、色差，增强极低照度下的成像质量，支持重合度<100像素、通道数>40、最低照度≤0.000 5 Lux、分辨率≥10亿像素的计算成像；针对海量数据带宽瓶颈和实时视频编解码难题，研制超低延迟的视频专用硬件处理器和端-边协同分布式智能计算系列产品，提出支持40—80路可扩展的视频拼接处理器和<1 ms的浅压缩视频编解码处理器，实现端到端的处理延迟<50 ms，填补大场景数字化智能系统空白，为数字中国战略提供广域智能感知的技术底座。 （包 豫）

【电池储能系统精细化管控关键技术、装备及应用】 项目获2023年度上海市技术发明奖一等奖。项目针对电池储能装备故障预警及高效低成本能量管控技术瓶颈，研发电池电化学阻抗在线辨识、阻抗状态精确映射、电压补偿式并联扩容和大容量储能装备自适应稳定控制等核心技术，扩展电池安全预警时间窗口，降低储能装备能量管控成本、损耗及功率响应延时，提升电池储能装备的安全性、经济性与稳定性；研制电力电子化电池、安全预警运维平台、电压补偿型变换器、10 MW·h级储能装备、储能构网控制器等系列产品，应用于大容量电池储能装备设计与运维、新能源配储等领域。 （常艳丽）

【复杂屏蔽空间无人系统自主智能检测关键技术与应用】 项目获2023年度上海市技术发明奖一等奖。项目针对传统人工和布设传感等检测存在目标可达性差、信息获取不完整、风险大、运维成本高等弊端，提出重大设施复杂空间无人系统全域智能感知方法，研发复杂密闭空间无人系统高精识别与自主导航定位技术，研制自主智能无人检测系列装备与系统，解决重大基础设施长距离、高落差、多分支、全屏蔽等环境高效自主巡检和检测难题。项目成果应用于电站锅炉、烟塔、输水隧洞、交通隧道等大型基础设施内部空间无人系统自主快速检测。 （吴洁敏）

【高安全嵌入式控制软件全生命周期关键开发技术与环境】 项目获2023年度上海市技术发明奖一等奖。项目面向国家对高安全嵌入式控制软件开发环境的重大需求，针对嵌入式控制软件需求分析精确建模难、设计阶段深层缺陷发现难、测试阶段复杂代码测试效率低三大技术难题，研发软件需求演化式形式建模、设计模型即时冲突检查、高覆盖测试用例自动生成等核心技术，研制具有完全自主知识产权的高安全嵌入式控制软件开发环境，实现3款国外关键软件开发工具的替代和超越。项目成果应用于探月工程嫦娥五号和C919国产大型客机等国家重大工程任务，并推广应用于轨道交通、汽车电子等领域。 （包 豫）

【高分辨遥感卫星热管理用陶瓷关键制备技术及应用】 项目获2023年度上海市技术发明奖一等奖。项目针对高分辨遥感卫星高精度热管理需求，根据先进陶瓷材料具有高强度、高刚度、低密度等特点，提出以多孔陶瓷毛细芯替代多孔金属毛细芯的思路；根据陶瓷毛细芯的环路热管特殊需求，开展多孔陶瓷材料组分-微结构-性能研究，实现高强度、高气孔率、高毛细抽吸力多孔陶瓷材料的可控制备，提高毛细抽吸力；研制的陶瓷毛细芯环路热管的控温精度、传热能力、启动功耗等综合性能全面优于金属毛细芯，作为高精度控温装置应用于30余颗卫星，满足中国空间热管理需求。 （常艳丽）

【高性能太赫兹量子级联激光器及仪器关键技术】 项目获2023年度上海市技术发明奖一等奖。项目针对太赫兹频段缺乏高品质激光源和国产仪器的难题，从结构、材料、器件到模块和仪器，自主发展高性能太赫兹器件及成像仪器；研制大功率、低发散角太赫兹激光源，研发高速太赫兹宽谱探测技术，提升成像速度；研制高性能实时成像仪，应用于多种危险品分析与识别；研制近场显微成像仪，将太赫兹辐射与物质相互作用提升至亚微米尺度；研制的模块化太赫兹器件应用于中国空间站望远镜太赫兹混频探测本振源、中国首台自由电子激光大科学装置的太赫兹辐射检测等。 （包 豫）

【广域精细热成像技术】 项目获2023年度上海市技术发明奖一等奖。项目聚焦大幅宽、高分辨、高灵敏及定量化热成像难题，创新低轨热红外多谱段长线列双向并扫成像；突破低暗电流热红外三谱段四级时间延迟积分集成一体化组件技术，提出基于扫描补偿的长线列摆扫载荷在轨几何定位方法、基于单温度修正的低频次高精度辐射定标方法，实现大幅宽、高分辨、高灵敏及定量化的热红外信息获取；开发海空目标广域精细测量技术，首创高置信度 30 m 分辨率热红外飞机、船舶数据库，实现海空目标的昼夜探测。项目成果推动天基热红外成像及应用跨越发展。（包　豫）

【马克斯克鲁维酵母细胞工厂技术及其应用】 项目获 2023 年度上海市技术发明奖一等奖。项目针对微生物细胞工厂的食品安全、高效、高产及产业共性问题，建立单一碳源定向筛选模型，筛选获取食品安全级马克斯克鲁维酵母；利用该酵母建立重组蛋白表达系统；建立人工染色体技术、染色体接口技术，将不同酵母的不同蛋白高产途径整体大转移至马克斯克鲁维酵母系统中，突破该酵母蛋白表达上限；建立无机盐比例调控、变温发酵、液固两端发酵技术，实现马克斯克鲁维酵母高密度发酵。项目成果在新型饲料添加、生物酶、病毒样颗粒疫苗、功能蛋白制备及果蔬发酵等领域实现应用。（吴洁敏）

【面向密码模块的新型信息泄漏分析和防护技术研究】 项目获 2023 年度上海市技术发明奖一等奖。项目针对密码模块现实分析与防护难题，开发端到端、自适应、深轮数信息泄漏分析技术，提升密码模块黑灰盒分析的准确性和成功率，减少分析检测的人力和时间成本；开发电源常数电流、实时复合监测、内生安全防护技术，可抵抗高阶泄漏分析和故障注入攻击，部分技术从原理上消除密钥泄漏可能；形成高安全等级密码模块的安全问题发现和破解能力，研制信息泄漏分析检测工具，具备密码芯片和密码模块产品的先进检测能力，新型防护技术在自主可控密码模块研制中实现应用。（包　豫）

【面向智能制造的跨域融合感知关键技术及应用】 项目获 2023 年度上海市技术发明奖一等奖。项目针对传统智能感知技术忽视目标尺寸差异大、测量场景范围宽、缺陷样本数量少等智能制造场景数据特点，构建面向智能制造的高精度感知技术体系；开发跨尺度融合的目标定位技术，实现有限数据下多尺寸目标的高性能定位；开发跨维度融合的视觉测量技术，实现高精度、无死角的大目标测量；开发跨分布融合的缺陷检测技术，实现小样本条件下多类缺陷的高性能检测。（包　豫）

【耐热高强钛基复合材料关键技术研发与应用】 项目获 2023 年度上海市技术发明奖一等奖。项目针对轻质高强耐热钛基复合材料复合调控难、多相协同强化难和形变加工难的技术瓶颈，开发原位自生多元增强体尺寸和形态控制、增强体界面晶格匹配调控、晶须和颗粒协同控制性能和动态再结晶诱导塑性变形等核心技术；创制空天用新一代轻质高强耐热(600—800 ℃)钛基复合材料，实现耐热高强钛基复合材料关键技术自主可控；建立钛基复合材料设计与加工技术体系，实现轻质高强耐热钛基复合材料在重大装备上的应用突破。（常艳丽）

【生物适配防粘连材料的关键技术及临床应用】 项目获 2023 年度上海市技术发明奖一等奖。项目针对防粘连材料降解过快、组织相容性差等生物适配难题，研发三维交联及仿生复合新技术以增强材料降解适配性，从分子、结构和功能维度延缓降解，基于腱鞘仿生理念，构建仿生腱鞘膜，延长阻隔时间，实现疗效提升；开发无盐无有机溶剂纯化新技术以增强材料组织适配性，根除有机溶剂使用和残留，减少并发症；开发防粘连材料管道化连续提取和加工新技术，实现高黏度材料的智能实时质控、连续提取和不黏壁传输加工。项目形成防粘连产品 4 款、3 类医疗器械注册 4 件，在 30 个省、自治区、直辖市的 2 000 余家医院实现应用。（彭旭娇）

【食品中化学危害物的识别材料精准设计及检测关键技术】 项目获 2023 年度上海市技术发明奖一等奖。项目针对食品中化学危害物精准、快速检测技术瓶颈，以检测识别材料的精准设计为突破口，创建从分子模拟到识别材料精准设计的方法路线体系，研发材料与靶标互作建模及微环境设计/调控等核心技术，实现百余种广谱性色谱材料和特异性速测材料的高效制备，提升材料的识别靶标范围和特异性；研制系列固相萃取柱、色谱柱和速测产品及仪器，实现国产替代，应用于食品中农药/兽药残留、重金属等化学危害的日常监督抽查，重大活动保障和企业自检，并被国内外检测方法标准广泛采纳。（吴洁敏）

【现场级工业网络系统“感知-传输-控制”综合设计技术与应用】 项目获 2023 年度上海市技术发明奖一等奖。项目针对高强钢轧制等智能制造现场复杂环境测不准、工序耦合难协同、综合质量难调控三大难题，在国际上率先提出“泛在感知-适变传输-协同控制”综合设计思路，开发匹配轧制节奏的时空动态感知触发和传输联合设计、网络环境下多工序逐级协同窄窗口控制、热轧工艺感-传-控综合质量调控技术，形成现场级工业网络系统综合设计技术体系；研发系列工业感传设备、工艺模型库、核心算法库等，牵头制定国际/国内行业标准 3 部。项目成果在多条热轧产线应用部署。（包　豫）

【自动驾驶汽车虚实融合测评关键技术与系列装备】 项目获 2023 年度上海市技术发明奖一等奖。项目针对自动驾驶汽车测评技术瓶颈，研发交通场景全息采集装备与虚实互补泛化生成技术，提升测试场景覆盖率；研制人-车-路-环全要素耦合仿真推演技术，提高极限环境传感器仿真及复杂场景交互推演精度；开发全生命周期虚实协同测试优化技术及装备，缩短产品更新周期；构建自动驾驶测评“场景-仿真-优化”技术体系，研发完整仿真测评工具链，以及场景采集、智能目标物等测评装备，研制自动驾驶测评综合优化系统，形成自动驾驶产品研发、产品认证、示范运行三大应用。（李小伍）

【114 个项目获 2023 年度上海市科技进步奖】 2023 年度

上海市科学技术奖授予114项成果科技进步奖，其中一等奖29项、二等奖85项。

2023年度上海市科技进步奖名单

序号	项目名称	主要完成人	主要完成单位	获奖等级
1	离子注入机技术与应用产业化	—	—	一等奖
2	氨基葡萄糖全生物法高效绿色制造关键技术及产业化应用	赵黎明、邱勇隽、秦　臻、杨绍青、王　刚、范立强、刘鲁杰、纪小国、邓　琛、梁双林、刘长峰、李贵伶	华东理工大学、国药集团化学试剂有限公司、中国农业大学、江苏双林海洋生物药业有限公司、山东润德生物科技有限公司	一等奖
3	超大城市绿色公共建筑数据驱动节能增效关键技术及应用	杨建荣、张蓓红、林波荣、张　颖、翟晓强、张改景、朱伟峰、李铮伟、钱智勇、吴蔚沁、季　亮、宋应乾、郑春元、卜　震、邓光蔚	上海市建筑科学研究院有限公司、同济大学、上海交通大学、清华大学、上海市建筑建材业市场管理总站、广东美的暖通设备有限公司、上海建科节能技术有限公司	一等奖
4	超高精度大口径绝对面形光学标准计量关键技术及仪器	韩　森、庄松林、李雪园、王全召、康岩辉、陶春先、庄锦程、张　博、徐春凤、徐继东、沈宇航、冯琼辉	上海理工大学、苏州慧利仪器有限责任公司、中国计量科学研究院、上海光学仪器研究所	一等奖
5	城市轨道交通上盖建筑抗震及震振双控关键技术与工程应用	周　颖、陈　鸿、农兴中、吴宏磊、李　涛、周建龙、伍永胜、戴君武、陈　鹏、王惠强、张增德、汪　凯、吴　浩、杨　雷、肖　鹏	同济大学、上海市隧道工程轨道交通设计研究院、广州地铁设计研究院股份有限公司、同济大学建筑设计研究院(集团)有限公司、华东建筑设计研究院有限公司、中国地震局工程力学研究所、震安科技股份有限公司、无锡圣丰建筑新材料有限公司	一等奖
6	大飞机制造质量数字孪生一致性控制技术及应用	刘丽兰、王　琛、郑大勇、高增桂、秦　威、孙衍宁、李　舒、邢宏文、陈凯健、李　钧、林劲松、蔡红霞、赵其杰、张　东、杨松贵	上海大学、上海交通大学、上海航空工业(集团)有限公司、上海飞机制造有限公司、上海湃睿信息科技有限公司、南京国睿信维软件有限公司、南京维拓科技股份有限公司	一等奖
7	大型水泥生产过程智能控制与优化运行关键技术及工业应用	钟伟民、杜文莉、陈延信、詹家干、朱远明、钱　锋、张泉灵、吴志国、姚艳飞、徐巍华、赵　波、赵　博、赵　亮、韩　静、邵明军	华东理工大学、西安建筑科技大学、安徽海螺集团有限责任公司、浙江大学、芜湖海螺水泥有限公司、安徽海螺信息技术工程有限责任公司、安阳中联水泥有限公司旋窑分公司	一等奖
8	导航卫星精密定位的空间误差处理关键技术与星地一体化应用	李博峰、沈云中、葛海波、梁　霄、杨　玲、张　磊、李浩军、楼立志、陆赛赛、伍晓勐、张沛尧、刘天霞、苗维凯、任　强、王冠君	同济大学、上海华测导航技术股份有限公司、上海海积信息科技股份有限公司	一等奖
9	反复着床失败个体化助孕策略的创新研究与推广应用	孙　赟、杜艳芝、陈子江、齐　家、王　缘、朱琴玲、路　瑶、魏延昌、胡双纲、赵爱民、何亚琼、吴克良、厉心愉、杨　帆、丁　莹	上海交通大学医学院附属仁济医院、山东大学	一等奖
10	肺癌精准诊疗新技术和个体化治疗新策略	陆　舜、王　颖、李子明、施奇惠、夏立亮、虞永峰	上海交通大学附属胸科医院、上海交通大学、复旦大学	一等奖
11	富水地层盾构隧道结构灾变机理及韧性提升	张冬梅、姚占虎、黄忠凯、李家平、薛亚东、张　帆、闫静雅、张亚洲、谭　勇、谢小创、李慕涵、官林星、张晓磊、周文鼎、孙建军	同济大学、上海地铁监护管理有限公司、城盾隧安地下工程有限公司、中交隧道工程局有限公司、上海市城市建设设计研究总院(集团)有限公司、上海市政工程设计研究总院(集团)有限公司、上海市隧道工程轨道交通设计研究院	一等奖
12	钢铁废水绿色低碳处理与资源化利用关键技术及应用	张亚雷、周雪飞、金学文、褚华强、李恩超、陈家斌、唐　量、耿金菊、盛国平、李　瞳、赵伟国、李　攀、丁宗琪、陈　红、杨　继	同济大学、宝武水务科技有限公司、宝山钢铁股份有限公司、上海大学、南京大学、中国科学技术大学、北京科技大学、万华化学集团股份有限公司、安徽精高水处理有限公司、湖南中冶长天节能环保技术有限公司	一等奖
13	高功率车用燃料电池电堆关键技术及产业化应用	易培云、邱殿凯、唐厚闻、朱　威、彭林法、梁　鹏、胡　鹏、程志国、邸志岗、吴　兵、李红涛、王　晋、麦建明、陈　黎、张　晓	上海交通大学、上海氢晨新能源科技有限公司、上海治臻新能源股份有限公司、上海重塑能源科技有限公司、上海鲲华新能源科技有限公司、律致新能源科技(上海)有限公司、苏州擎动动力科技有限公司、上海嘉资新材料科技有限公司、上海万象汽车制造有限公司、成都大运汽车集团有限公司	一等奖

续表

序号	项目名称	主要完成人	主要完成单位	获奖等级
14	高品质汽车外板炼钢连铸关键技术开发及应用	杨　健、职建军、黄福祥、赵长亮、孙　群、范正洁、刘凤刚、何文远、林　洋、龚　坚、王睿之、刘延强、杜　林、朱克然、康　伟	上海大学、宝山钢铁股份有限公司、首钢股份公司迁安钢铁公司、首钢京唐钢铁联合有限责任公司、鞍钢股份有限公司	一等奖
15	基于工程损伤理论的高温装备全寿命保障技术体系与重大工程应用	张显程、王润梓、涂善东、王小威、束国刚、夏咸喜、张玉财、张成成、谭金龙、巩秀芳、谈建平、刘利强、王　继、郭凯旋、贾翼亮	华东理工大学、南京工业大学、中国联合重型燃气轮机技术有限公司、苏州热工研究院有限公司、中国石油大学(华东)、中国航发商用航空发动机有限责任公司、中国石化扬子石油化工有限公司、东方电气集团东方汽轮机有限公司、华电邹县发电有限公司、江苏格兰环境科技有限公司	一等奖
16	经导管主、肺动脉瓣置换技术的创新和体系的建立	周达新、葛均波、潘文志、訾振军、曾　敏、吴永健、王墨扬、张晓春、张　源、陈莎莎、潘翠珍、管丽华	复旦大学附属中山医院、杭州启明医疗器械股份有限公司、中国医学科学院阜外医院	一等奖
17	具有适宜细胞响应的左心耳封堵器的研制和产业化	丁建东、张德元、李安宁、林逸贤、张智伟、沈　阳、刘　琼、姚　响、苏泽宇、刘建勇、谢育梅、叶　恺、郑　爽、张万谦、谢粤辉	复旦大学、先健科技(深圳)有限公司、香港亚洲心脏中心、广东省人民医院、香港中文大学、珠海复旦创新研究院	一等奖
18	口腔种植关键诊疗技术和评价体系的建立和应用	赖红昌、史俊宇、张晓梦、Maurizio Tonetti、祝伟宁、顾迎新、张楚南、莫嘉骥、钱姝娇、李　元、丁鑫鑫	上海交通大学医学院附属第九人民医院、江苏创英医疗器械有限公司	一等奖
19	慢性肝病诊疗关键技术的创新研究与临床应用	谢渭芬、丁　劲、张　新、罗　成、曾　欣、林　勇、钱　慧、陈示洁、邓　星、许文萍、宁北芳、胡平方、丁晨虹、朱昌鹏、尹　川	海军军医大学第二附属医院、海军军医大学、中国科学院上海药物研究所、同济大学附属东方医院	一等奖
20	奶酪风味协同增效机制及产业化关键技术	田怀香、陈　臣、王　蓓、王明权、孙亚婷、陆　智、袁海彬、孙　勇、袁兆虎、于海燕、陈昱桦、娄新曼、黄　娟、景　艳、张锐生	上海应用技术大学、北京工商大学、上海妙可蓝多食品科技股份有限公司、奶酪博士(上海)科技有限公司、无限极(中国)有限公司、上海妙可蓝多生物技术研发有限公司、云南新希望邓川蝶泉乳业有限公司	一等奖
21	软弱土地基循环加载特性与动力灾变控制关键技术及应用	黄茂松、张中杰、陈锦剑、钱建固、李耀良、张甲峰、王浩然、梁永辉、禹海涛、潘伟强、俞　剑、李军世、邵雪莹、李远青、李煜峰	同济大学、上海市城市建设设计研究总院(集团)有限公司、上海交通大学、上海市基础工程集团有限公司、上海民航新时代机场设计研究院有限公司、华东建筑设计研究院有限公司、上海隧道工程有限公司、上海申元岩土工程有限公司	一等奖
22	肾癌精准治疗体系关键技术的创新与应用	王林辉、崔心刚、吴震杰、曲　乐、张　超、叶华茂、冯　翔、甘欣欣、吴小凤、潘秀武、张　威、徐　红、王　正、周　旺、施晓磊	海军军医大学第一附属医院、上海交通大学医学院附属新华医院、中国人民解放军东部战区总医院	一等奖
23	渗透泵控释片制造的关键技术及装备创新与产业化应用	侯惠民、贺　芬、傅　民、王　健、袁春平、张晓红、龚　忠、钱明英、时　晔、张惠平、罗春林、曹　坤、谢春苗、王正方、陈灵楠	上海现代药物制剂工程研究中心有限公司、上海现代制药股份有限公司、上海工程技术大学	一等奖
24	提高肝细胞癌生存率的规范化全程诊疗体系建立与推广	刘　辉、周伟平、袁声贤、刘福晨、丁　劲、杨　富、杨　远、汪珍光、张金旻、潘泽亚、董　伟、郭兴刚	海军军医大学第三附属医院、海军军医大学	一等奖
25	遗传性骨病发病分子机制和临床精准诊治	章振林、张　戈、岳　华、李珊珊、王璐瑶、汪　纯、顾洁梅、胡伟伟、魏　哲、张　浩、魏占英、高　超、傅文贞、胡云秋	上海交通大学医学院附属第六人民医院、香港浸会大学	一等奖
26	移动端轻量化智能计算关键技术与平台应用	吴　帆、牛超越、吕承飞、张圣宇、郑臻哲、柏　林、郝建业、姜霄棠、吴子奇、赵　洲、彭　垚、程战战、余　刚、吴　飞、陈贵海	上海交通大学、淘宝(中国)软件有限公司、浙江大学、华为技术有限公司、上海浙江大学高等研究院、广州高新兴机器人有限公司、上海闪马智能科技有限公司、上海高德威智能交通系统有限公司	一等奖

续表

序号	项目名称	主要完成人	主要完成单位	获奖等级
27	胰腺肿瘤外科关键技术和干预策略的创新与应用	虞先濬、施　思、吉顺荣、罗国培、徐　近、刘　辰、徐晓武、秦　毅、梁　晨、刘晓梦、唐　榕、孟庆才、金凯舟、王　巍、倪泉兴	复旦大学附属肿瘤医院	一等奖
28	智能工厂复杂工况时变目标精细感知关键技术与应用	曾　丹、李　鹏、徐　锟、周　曦、张之江、沈　为、常　亮、刘　志、刘卫健、陆小锋、李卫东、温　浩、侯振峰	上海大学、上海宝冶集团有限公司、中冶宝钢技术服务有限公司、云从科技集团股份有限公司、中国科学院微小卫星创新研究院	一等奖
29	中药全产业链质量控制技术创新与支撑体系构建及应用	季　申、胡　青、周　恒、毛秀红、苗　水、穆竟伟、李丽敏、孙　健、曹　帅、许　政、王少敏、兰　岚、王　军、石聿新、范文成	上海市食品药品检验研究院、上海凯宝药业股份有限公司、上海万仕诚药业有限公司、上海上药杏灵科技药业股份有限公司、武汉健民大鹏药业有限公司、石家庄以岭药业股份有限公司	一等奖
30	7—9 m 超大功率智能化采煤机关键技术与装备	宋相坤、邱锦波、张　斌、庄德玉、朱信平、张　阳、周常飞、胡　俊、史春祥、刘宏睿	中煤科工集团上海有限公司、天地上海采掘装备科技有限公司、天地科技股份有限公司上海分公司	二等奖
31	8K 超高清直播关键技术研究及应用	王　琦、郭晓强、贝　悦、李康敬、周　芸、石小明、袁　乐、胡　潇、李　日、吴仁坚	咪咕视讯科技有限公司、国家广播电视总局广播电视科学研究院、杭州当虹科技股份有限公司、海思技术有限公司	二等奖
32	阿米巴病精准诊断的体系构建和应用	程训佳、隋国栋、冯　萌、付永锋、闵向阳、黄玉仙、荆雯雯、徐　庆、杨飞飞、胡越凯	复旦大学、复旦大学附属华山医院	二等奖
33	百万千瓦级超低背压超长轴系二次再热汽轮机研制及应用	黄庆华、金益波、彭运洪、刘晓强、王海涛、冀大伟、马　飞、朱　煜、汤　昀、林钰淞	上海电气电站设备有限公司	二等奖
34	病原微生物精准检测方法和计量标准研究与应用	刘　刚、李　江、张　曦、梁　文、许　丽、闻艳丽、李兰英、樊春海、滕　峥、肖艳群	上海市计量测试技术研究院、上海市疾病预防控制中心、上海大学、上海交通大学、上海市临床检验中心	二等奖
35	餐厨垃圾资源精分重构与梯级定向转化关键技术及应用	李　响、刘亚男、薛　罡、贾　川、赵　磊、戴小东、陈　红、邵　军、张瑞娜、彭淑婧	东华大学、维尔利环保科技集团股份有限公司、上海环境卫生工程设计院有限公司、北京首创环境科技有限公司	二等奖
36	长江北翼江海联运深水航道工程疏浚智能化关键技术及装备研发	张晴波、张　戟、李　夏、周　滢、尹纪富、丁　琪、李铭志、侍　健、冒小丹、童荣彬	中交上海航道局有限公司、中交疏浚技术装备国家工程研究中心有限公司、上海交通大学、中港疏浚有限公司	二等奖
37	超大规模城市受端电网负荷调度关键技术、成套装备与工程应用	王治华、何光宇、范　帅、李祖毅、黄任可、叶洪波、孙阳盛、田　伟、高　峰、许　健	国网上海市电力公司、上海交通大学、浙江大学、威盛信息技术股份有限公司、上海上塔软件开发有限公司	二等奖
38	车行隧道大断面超长矩形顶管关键技术创新与应用	甄　亮、李培楠、贾尚华、马　鹏、姜　磊、张　鹏、韩建勇、李晓军、刘　俊、张　涛	上海公路桥梁(集团)有限公司、同济大学、中山大学、中国地质大学(武汉)、东华大学、上海工程技术大学	二等奖
39	城市高敏环境叠合上盖建筑超高压地下变电站建设关键技术与应用	王　斌、周　亮、叶　军、吕征宇、彭益成、谢雄耀、李宾皑、翁其平、钱　毅、王晓锋	国网上海市电力公司、同济大学、上海电力设计院有限公司、国网上海电力设计有限公司、华东建筑设计研究院有限公司、上海送变电工程有限公司	二等奖
40	城市公交云控智能导航与调度关键技术及应用	胡　笳、沈　煜、李　欣、赵　聪、冷　搏、王浩然、柯志达、暨育雄、张显宏、刘飞龙	同济大学、大连海事大学、厦门金龙联合汽车工业有限公司、上海友道智途科技有限公司、上海宏景智驾信息科技有限公司	二等奖
41	大尺度星载一体化平台高精度保证技术	赵发刚、赵枝凯、侯　鹏、操宏磊、杨德钊、聂斌斌、王智磊、周丽平、吴自帅、杨铭波	上海卫星工程研究所、上海卫星装备研究所、上海无线电设备研究所、上海航天控制技术研究所	二等奖
42	大动脉炎发病机制及其防治新策略	姜林娣、孔秀芳、孙　颖、马玲瑛、戴晓敏、陈慧勇、纪宗斐、马莉莉、陈荣毅	复旦大学附属中山医院	二等奖
43	大规模高性能 FPGA 芯片及专用 EDA 软件关键技术及产业化	赵永胜、文华武、谢　丁、吴　智、袁智皓、王　元、刘　榜、董　辰、李小飞、仇　斌	上海安路信息科技股份有限公司	二等奖

续表

序号	项目名称	主要完成人	主要完成单位	获奖等级
44	大跨度体育建筑索结构关键技术与工程应用	徐晓明、罗　斌、张士昌、史炜洲、周　锋、高　峰、童乐为、程大勇、阮杨捷、侯双军	上海建筑设计研究院有限公司、东南大学、上海市机械施工集团有限公司、同济大学、中建三局集团有限公司、巨力索具股份有限公司、陕西建工机械施工集团有限公司	二等奖
45	大型复杂项目重大施工风险耦合理论及智能控制技术与工程应用	周红波、杨　奇、蔡来炳、任晓丹、徐　磊、徐　峰、姚　浩、林　楠、沈　阳、黄科锋	上海建科集团股份有限公司、上海建科工程咨询有限公司、上海建工一建集团有限公司、上海交通大学、同济大学	二等奖
46	大型固体助推器连接解锁分离技术	向长征、李新宽、李　昊、曾玉琴、乐　斌、王春林、舒忠平、刘　涛、易　果、王吉飞	上海宇航系统工程研究所、上海航天精密机械研究所	二等奖
47	大型客机机体结构冲击动力学设计及验证技术	李　强、吴志斌、张柱国、李玉龙、高　俊、施　萌、张迎春、罗　青、王嘉琪、吴东旭	中国商飞上海飞机设计研究院、中国民用航空上海航空器适航审定中心、西北工业大学	二等奖
48	东海深层天然气清洁能源钻采关键创新技术及工业化应用	黄　召、王　涛、李艳飞、何福耀、王　磊、郭士生、张海山、袁修锦、葛俊瑞、牟哲林	中海石油(中国)有限公司上海分公司、上海石油天然气有限公司、中国石油大学(北京)	二等奖
49	多模式光测力学变形测量与检测关键技术及应用	张东升、苏志龙、董学金、何宏军、叶益民、杨永波、丁　丽、谭振宇、杨　威、李　凯	上海大学、上海卫星装备研究所、上海航天化工应用研究所、武汉中岩科技股份有限公司、内蒙古航天红峡化工有限公司、宁波天擎航天科技有限公司、上海大学绍兴研究院	二等奖
50	纺织产品模块化"水-碳"足迹量化评价关键技术标准及应用	丁雪梅、白　雪、王来力、吴雄英、李　昕、骆　艳、赵学谦、马廷方	东华大学、中国标准化研究院、浙江理工大学、上海海关、盛虹集团有限公司、杭州万事利丝绸数码印花有限公司	二等奖
51	分娩镇痛及产科麻醉精细化管理体系的建立、创新及推广	刘志强、徐振东、杜唯佳、张　兵、应　豪、李　江、沈富毅、周双琼、宋玉洁	上海市第一妇婴保健院	二等奖
52	服务城市数字治理的电力数据安全管控关键技术及应用	温　蜜、奚增辉、张　凯、吴　裔、熊　赟、苏　运、卞　阳、许唐云、杨洪山、王亮亮	国网上海市电力公司、上海电力大学、复旦大学、星环信息科技(上海)股份有限公司、上海富数科技有限公司	二等奖
53	复杂工业系统智能监控与自主优化关键技术及应用	康　琦、陈　雄、罗文钦、何建锋、汪　镭、王　斌、徐　静、安　静	同济大学、复旦大学、宝钢日铁汽车板有限公司、宝钢工程技术集团有限公司、上海应用技术大学	二等奖
54	复杂海域环境海上风电机组-支撑体系设计分析方法与关键技术及应用	林毅峰、林　琳、王　琛、吕鹏远、沈盼盼、徐胜文、范　可、顾晓强、黄　俊、程海锋	上海勘测设计研究院有限公司、同济大学、上海交通大学、中国三峡新能源(集团)股份有限公司	二等奖
55	高安全性承压设备超压保护装置关键技术及应用	惠　虎、徐维普、王秋林、李　前、吴全龙、史斐菲、黄　淞、周　辰、杨文睿	华东理工大学、上海市特种设备监督检验技术研究院、上海阀门厂股份有限公司、上海华理安全装备有限公司、湖北特种设备检验检测研究院	二等奖
56	高可靠高精度速度综合机载冗余电动伺服系统	唐德佳、敬忠良、王厚浩、包旭光、褚衍超、黄民昌、徐志伟、苏伟杰、李　款、黄健哲	上海航天控制技术研究所、上海交通大学	二等奖
57	高性能 MEMS 陀螺及其系统应用技术	赵万良、成宇翔、陈　方、张　睿、徐烨烽、李绍良、许　斌、张仲毅、陈家伟、于翔宇	上海航天控制技术研究所、中国科学院上海微系统与信息技术研究所、西北工业大学、北京星网宇达科技股份有限公司	二等奖
58	高性能高自由态智能穿戴显示关键技术开发及其产业化	熊志勇、周星耀、吕博嘉、杨　康、刘　伟、张蒙蒙、高娅娜、陈　娴、张　鹏、杨　帅	上海天马微电子有限公司、武汉天马微电子有限公司、上海天马有机发光显示技术有限公司、武汉天马微电子有限公司上海分公司	二等奖
59	高性能聚合物抗菌纳米材料关键技术及产业化	徐益升、杨晋涛、王　杰、叶红华、吴康平、郭燕川、周绪光	华东理工大学、浙江工业大学、广州蓝之天化工科技发展有限公司、浙江隆泰医疗科技有限公司、中国科学院理化技术研究所、南通涂冠环保科技有限公司	二等奖

续表

序号	项目名称	主要完成人	主要完成单位	获奖等级
60	功能性磷酸钙盐的制备、物相转变与应用	徐 艳、王永祥、杨迪诚、刘训伟、张思明、何丹农、金彩虹	上海纳米技术及应用国家工程研究中心有限公司、江苏省苏北人民医院、中国人民解放军联勤保障部队第九六〇医院、两面针(江苏)实业有限公司	二等奖
61	广义电机系统振动噪声的精准测算、解耦溯源与全流程治理技术	李晓华、王建辉、曹海东、裴瑞琳、赵文彬、朱 莉、张 宙、程 铭、姚丙雷、方江龙	上海电器科学研究所(集团)有限公司、上海电力大学、上海交通大学、上海电气集团上海电机厂有限公司、苏州英磁新能源科技有限公司、中车永济电机有限公司、懿朵信息科技(上海)有限公司	二等奖
62	轨道车辆振动舒适性控制关键技术及应用	宫 岛、周劲松、黄文杰、柳晓峰、陶桂东、田洪雷、孙文静、周 凯、贾小平、刘永强	同济大学、中车青岛四方机车车辆股份有限公司、中车南京浦镇车辆有限公司、中车株洲电力机车有限公司	二等奖
63	轨道交通车辆用碳纤维复合材料部件一体化成型制造关键技术及示范应用	罗剑岚、李 炜、王 明、朱家强、陈彦宏、刘 宇、秦成伟、王 滨、谢长志、孙 昊	上海晋飞碳纤科技股份有限公司、中车唐山机车车辆有限公司、东华大学	二等奖
64	海底观测组网系统关键技术及应用	吕 枫、周怀阳、许人东、吴正伟、岳继光、李江涛、何 斌、吴自军、张定华、徐昌伟	同济大学、江苏亨通华海科技股份有限公司、上海亨通海洋装备有限公司、上海中车艾森迪海洋装备有限公司	二等奖
65	航天用大惯量大口径长寿命高精度的扫描与指向机构	邓 容、张 勇、孙小进、杨 萍、胡亭亮、刘晓华、姜紫庆、袁海涛、靳潇伦、王成彬	中国科学院上海技术物理研究所	二等奖
66	核电厂流致声共振调控技术研究及应用	张 锴、俞悟周、武心壮、肖 瑶、褚 濛、唐力晨、刘 畅、邹建荣、瞿叶高、冯少东	上海核工程研究设计院股份有限公司、上海交通大学、同济大学	二等奖
67	核电站结构抗冲击/爆炸关键技术与应用	吴 昊、黄 涛、程月华、董占发、马亮亮、贾建英、彭 琦、蓝晓明、贾鹏程、戴维荧	同济大学、中广核工程有限公司	二等奖
68	红花种质资源评价与开发的关键技术及产业化	郭美丽、贾东海、卢 敏、任 伟、高 越、唐仁茂、李 强、蔡 犇、曹建军、何贝轩	海军军医大学、新疆农业科学院经济作物研究所、浙江永宁药业股份有限公司、亚宝药业集团股份有限公司、苏中药业集团股份有限公司	二等奖
69	华龙一号核岛主设备成套大锻件研制及产业化	张智峰、李传维、李荣斌、王晓芳、韩利战、崔振山、陶志勇、马冰洋、杨海石、雷 雪	上海电气上重铸锻有限公司、上海交通大学、上海电机学院	二等奖
70	化学药品关键评价技术和标准协同创新与应用	李香玉、刘 浩、陈一飞、曹 萌、闻宏亮、商 鼎、鞠 涛、王佳静、梅 妮、陈桂良	上海药品审评核查中心、上海市食品药品检验研究院、上海上药新亚药业有限公司、上海同联制药有限公司	二等奖
71	基于 SDN 的高可靠、大容量、长距离新型城域波分系统开发及示范应用	侯 磊、吴志远、谢 虎、李 琳、陈孝勇、徐 峻、苗洪庆	上海欣诺通信技术股份有限公司	二等奖
72	基于多源无机固废综合利用的低碳道路建设技术与示范	郑晓光、孙大权、陈亚杰、李 辉、水亮亮、陆青清、钱耀丽、闫国杰、姬杨蓓蓓、杨定明	上海市政工程设计研究总院(集团)有限公司、同济大学、上海公路桥梁(集团)有限公司、上海浦东路桥(集团)有限公司、上海市建筑科学研究院有限公司、上海大学、上海玖鼎环保科技有限公司	二等奖
73	基于非氧化型代谢物的疑难乙醇鉴定案件判定体系的创建及应用	饶渝兰、张云峰、姜 宴、张玉荣、梁 晨、张馨予、林泽彬、黄志斌、张成强、赵子琴	复旦大学、公安部鉴定中心、上海市刑事科学技术研究院、复旦大学附属妇产科医院	二等奖
74	基于分布式资源协同的配电网韧性提升关键技术及应用	时珊珊、陈 颖、许 寅、周 健、艾 芊、宋 平、张颖媛、张琪祁、魏新迟、周 云	国网上海市电力公司、上海交通大学、清华大学、北京交通大学、国电南瑞科技股份有限公司、上海市气象服务中心	二等奖
75	基于全数字调制技术的星载 Ka 频段多通道高速数据传输系统	朱新忠、郝广凯、来金梅、李世建、张丽娜、徐瑞瑞、杨宇涛、李 源、刘 聚、罗唤霖	上海航天测控通信研究所、复旦大学、上海卫星工程研究所、上海宇航系统工程研究所、中国科学院空天信息创新研究院	二等奖

续表

序号	项目名称	主要完成人	主要完成单位	获奖等级
76	基于三维模型的卫星全域数字化设计与集成应用技术	姚　骏、顾志悦、袁金如、杨金军、沈　靖、孟宪超、徐　涛、万　峰、梁燕民、张红英	上海卫星工程研究所、上海卫星装备研究所	二等奖
77	基于数字技术的历史建筑群保护与更新关键技术	张　铭、贾水钟、宿新宝、张伟平、谢丽宇、王建永、孙沈鹏、李亚明、卢文胜、张富文	上海建工四建集团有限公司、上海建筑设计研究院有限公司、华东建筑设计研究院有限公司、上海天演建筑物移位工程股份有限公司、同济大学、上海市建筑科学研究院有限公司	二等奖
78	基于数字孪生的医院建筑智慧运维与优化技术	余芳强、许璟琳、何晓燕、王广斌、黄　轶、彭　阳、汤　毅、高　尚、刘兆辉、宋天任	上海建工四建集团有限公司、上海建工集团股份有限公司、同济大学、上海市建筑科学研究院有限公司、上海市安装工程集团有限公司	二等奖
79	基于影像的脑血管病精准诊疗关键技术及应用	王　鹤、韩　燕、史　张、张　捷、丁　晶、杨　鸣、王成彦、张　会、张博宇、霍亚静	复旦大学、上海中医药大学附属岳阳中西医结合医院、复旦大学附属中山医院、脑玺(上海)智能科技有限公司	二等奖
80	基于影像学的乳腺癌早期诊断体系构建及其应用与探索	汪登斌、王丽君、姚德帆、张　翔、刘欢欢、罗　冉、沈　君、陈艳虹、张玉珍、张征委	上海交通大学医学院附属新华医院、中山大学孙逸仙纪念医院	二等奖
81	脊柱肿瘤综合治疗新策略的建立与临床应用	宋滇文、孟　通、尹华斌、程义云、张　强、黄宗强、武培怡、车凌宾、赵庆华、王长平	上海交通大学医学院附属第一人民医院、华东师范大学、郑州大学第一附属医院、东华大学	二等奖
82	建筑材料碳足迹识别评价体系与精细化减排关键技术及应用	俞海勇、吴　凯、曾　杰、朱敏涛、陈嘉敏、李斌斌、张日红、胡晓珍、陈　斌、徐玲琳	上海市建筑科学研究院有限公司、上海建工建材科技集团股份有限公司、同济大学、建华建材(中国)有限公司、上海建科检验有限公司、宁波中淳高科股份有限公司、循绿生态科技(上海)有限公司	二等奖
83	交通基础设施建设与运维的多元智能化监测关键技术与应用	王会丽、夏　烨、王令文、蒋海里、黄理勇、金　恩、付武荣、陈柳花、宋明明、赵瑞杰	上海公路桥梁(集团)有限公司、上海勘察设计研究院(集团)股份有限公司、上海航天卫星应用有限公司、同济大学、上海城建城市运营(集团)有限公司	二等奖
84	近海腐蚀桩基服役性能评价与韧性修复关键技术及应用	李镜培、邵　伟、陈尚荣、王　琛、李　林、廖志坚、吴　锋、卓　杨、徐　辉、罗　章	同济大学、上海海事大学、上海市地矿工程勘察(集团)有限公司、长安大学、上海市岩土地质研究院有限公司、中交上海港湾工程设计研究院有限公司、中建三局第一建设工程有限责任公司	二等奖
85	近现代历史建筑预防性保护与功能性能提升关键技术	蒋利学、张伟平、张永群、沈晓明、刘　辉、富秋实、孙沈鹏、李晓武、李占鸿、张东波	上海市建筑科学研究院有限公司、同济大学、上海建工二建集团有限公司、上海明悦建筑设计事务所有限公司、上海建工四建集团有限公司、上海建为历保科技股份有限公司	二等奖
86	聚乙烯吡咯烷酮可控聚合关键技术开发与产业化	王　宇、贾润萍、陈　占、朱广东、施　鹰、谢建军、杨　钦、林　琳、熊俊超、朱申敏	上海宇昂水性新材料科技股份有限公司、宇昂科技有限公司、上海应用技术大学、上海大学、上海交通大学、上海融澈水性材料有限公司、上海宇昂新材料科技有限公司	二等奖
87	抗病抗逆优质甜瓜系列新品种选育与应用	张永平、牛庆良、钱春桃、范红伟、朱为民、陈幼源、曹燕燕、王海林、刁倩楠、郑惠彪	市农科院、上海交通大学、南京农业大学、上海惠和种业有限公司、上海孰美农业投资有限公司、上海市农业技术推广服务中心、山东启胜农业科技有限公司	二等奖
88	空间微重力对植物从种子到种子生长发育作用机理研究	郑慧琼、张　涛、王丽华、谢俊燕、郑伟波、许大钊、袁永春	中国科学院分子植物科学卓越创新中心、中国科学院上海技术物理研究所	二等奖
89	灵巧型驱控一体机器人智能控制关键技术与应用	安　康、刘成菊、郑军奇、杨　跞、李传江、朱海鸿、曹永欣、卢秋红、刘碧珊、刘翔鹏	上海师范大学、同济大学、上海机器人产业技术研究院有限公司、中科新松有限公司、上海优爱宝智能机器人科技股份有限公司、南京华德仓储设备制造有限公司、上海合时智能科技有限公司	二等奖

续表

序号	项目名称	主要完成人	主要完成单位	获奖等级
90	慢性溃疡中医外治关键技术创新与规范化应用	柳国斌、樊炜静、杨　晓、史宏硕、黄仁燕、胡啸明、王丽翔、李文惠、韩　强、闫少庆	上海中医药大学附属曙光医院	二等奖
91	面向城市低碳建筑集群的数智化微能源网关键技术及应用	吴小东、奚培锋、陈　烈、文书礼、马建军、张少迪、汤晓栋、孙　峻、胡桐月、陈　玲	上海电器科学研究所(集团)有限公司、上海市建筑科学研究院有限公司、上海交通大学、上海联联睿科能源科技有限公司、上海中心大厦建设发展有限公司	二等奖
92	面向飞行安全的火箭动力系统故障诊断和在线重构技术	梁建国、颜晓明、史会涛、于　欢、梁艳迁、郝钏钏、王　猛、刘　倩、朱飞翔、袁　杰	上海宇航系统工程研究所、上海航天测控通信研究所	二等奖
93	面向轮对形性协同监测方法与装备及产业化应用	郑树彬、彭乐乐、周　炯、安　涛、丁亚琦、周　信、林建辉、黄孝卿、李立明、罗文成	上海工程技术大学、上海申通地铁集团有限公司、宝武集团马钢轨交材料科技有限公司、西南交通大学、常州路航轨道交通科技有限公司	二等奖
94	面向韧性安全城市的上海洪涝灾害防御关键技术研究与应用	徐贵泉、刘曙光、孔令婷、李琼芳、周正正、田利勇、谭　琼、吴　娟、贾卫红、钟桂辉	上海市水务规划设计研究院(上海市海洋规划设计研究院)、同济大学、河海大学、太湖流域管理局水文局(信息中心)、上海市水利工程设计研究院有限公司	二等奖
95	民用飞机空气域及声场环境控制技术与应用	南国鹏、刘华源、孙学德、彭　全、王　磊、沈　浩、简夕忠、李志茂、汪光文、刘　超	中国商飞上海飞机设计研究院、中国民用航空上海航空器适航审定中心	二等奖
96	纳米精度材料加工面型及形变下涉计量关键技术及其应用	钟　平、杨　馥、祝　沛、徐　敏、詹亚歌、姜　萌、刘　建、王　伟、王军华、汤　信	东华大学、复旦大学、上海乾曜光学科技有限公司、上海芯歌智能科技有限公司	二等奖
97	农机自动驾驶与智能作业关键技术研究及产业化应用	马　飞、李彦明、李晓宇、岳　峰、徐纪洋、李　由、李　英、司　剑、季　刚	上海联适导航技术股份有限公司、上海交通大学	二等奖
98	上海三维空间地理数字底座构建关键技术及应用	顾建祥、董　震、毛炜青、林　怡、刘一宁、杨常红、赵　路、潘　琛、陈　燕、岳照溪	上海市测绘院、武汉大学、上海华测导航技术股份有限公司、同济大学	二等奖
99	深海潜水器服役性能监测与作业应急安全技术研究与应用	王　芳、罗瑞龙、吴　瑜、崔维成、殷宝吉、姜　哲、张　建、张锦飞、王永梅、雷正玲	上海海洋大学、西湖大学、江苏科技大学、宝鸡钛业股份有限公司、上海彩虹鱼科考船科技服务有限公司、西安长太精密合金有限公司、江苏上誉智能科技有限公司	二等奖
100	时间标准的建立和天基、地基溯源及传递应用	董　莲、胡立志、徐　亮、胥　婕、曾德灵、刘　晶、赵旭阳、韩海林	上海市计量测试技术研究院、上海东土远景工业科技有限公司、浙江省计量科学研究院	二等奖
101	数字资产权益保护关键技术研究与应用	钱振兴、秦　川、李晓龙、王　达、施少培、曾锦华、李　晟、冯国瑞、朱亚涛、钱　阳	复旦大学、上海大学、上海理工大学、北京交通大学、司法鉴定科学研究院、北京中科通量科技有限公司、江苏水印科技有限公司	二等奖
102	双高型异构空间电源系统关键技术及应用	刘咏晖、罗　英、杨炜婧、毕　辉、王　可、闵凡奇、郑岳久、张　宇、解晶莹、李小春	上海空间电源研究所、中国科学院上海硅酸盐研究所、南通江海储能技术有限公司、国网上海市电力公司、上海理工大学、上海航天电源技术有限责任公司、上海玖行能源科技有限公司	二等奖
103	双碳目标下提升火电机组运行灵活性的调峰调频关键技术及应用	姚　峻、彭道刚、祝建飞、赵慧荣、陈欢乐、何　钧、陈　伟、高　磊、陶　鑫、孙宇贞	上海电力大学、上海明华电力科技有限公司、国网江西省电力有限公司电力科学研究院、上海外高桥第二发电有限责任公司、国家电投集团协鑫滨海发电有限公司、淮沪电力有限公司田集第二发电厂	二等奖
104	特大城市综合防灾韧性规划关键技术及应用	赫　磊、沈　尧、陈睿山、刘　敏、肖　达、张显忠、孙　娟、潘洪艳、林辰辉、郭天鹏	同济大学、上海同济城市规划设计研究院有限公司、上海市城市建设设计研究总院(集团)有限公司、上海市建筑科学研究院有限公司、中国城市规划设计研究院、上海交通大学、江苏长三角智慧水务研究院有限公司	二等奖
105	特色民族药骆驼蓬药效物质基础和质量评价体系构建关键技术与应用	王长虹、刘　伟、吴晓俊、王峥涛、程雪梅、李淑萍、王晗雪、赵　婷、郑希元、穆丹丹	上海中医药大学、新疆维吾尔药业有限责任公司	二等奖

续表

序号	项目名称	主要完成人	主要完成单位	获奖等级
106	退变性脊柱疾病相关瓶颈问题的关键干预策略与应用	余将明、叶晓健、廖 赟、许国华、崔文国、刘宣勇、顾 昕、杨迪诚	上海交通大学医学院附属同仁医院、海军军医大学第二附属医院、上海交通大学医学院附属瑞金医院、上海纳米技术及应用国家工程研究中心有限公司、中国科学院上海硅酸盐研究所	二等奖
107	微重力技术实验卫星系统技术	李华旺、蔡志鸣、侍行剑、余金培、王佐磊、徐禄祥、王鹏程、冯建朝、刘 帮、贾建军	中国科学院微小卫星创新研究院、兰州空间技术物理研究所、国科大杭州高等研究院	二等奖
108	新型纳米制剂质控关键技术参数建立及转化应用	李 威、经 纬、辛海量、沈 兵、王 卓、胡宏岗、徐 浩、高 申、王 越、黄 念	海军军医大学、上海交通大学医学院附属第一人民医院	二等奖
109	新一代无人驾驶集装箱跨运车及智能车队系统	胡中望、邵诚佳、黄 政、吴治礼、张 氢、张海炜、宋 豫、徐 坤、丁小峰、李 凯	上海振华重工(集团)股份有限公司、同济大学	二等奖
110	硬X射线单毛细管椭球聚焦镜	邓 彪、陶 芬、孙天希、肖体乔、王 劼、杜国浩、孙学鹏、张 玲	中国科学院上海应用物理研究所、北京师范大学、中国科学院上海高等研究院、北京市科学技术研究院	二等奖
111	质子重离子放射治疗胸部和腹部盆腔肿瘤关键技术的建立和临床应用	蒋国梁、章 青、吴开良、郭小毛、Micheal F. Moyers、茅静芳、王 征、孙 筠、赵静芳、王巍伟	上海市质子重离子临床技术研发中心	二等奖
112	中医智能诊断关键技术、标准与应用	王忆勤、燕海霞、郭 睿、夏春明、颜建军、许朝霞、刘国萍、郝一鸣、徐 琎、吴 平	上海中医药大学、上海工程技术大学、华东理工大学	二等奖
113	重要跨境入侵动物疫病风险控制关键技术的研发与示范应用	张 强、李 健、钮 冰、陈 沁、薛俊欣、仇松寅、孙 浩、刘晓飞、王 艳、陈冬杰	上海海关动植物与食品检验检疫技术中心、上海大学、中国检验检疫科学研究院、深圳海关动植物检验检疫技术中心	二等奖
114	重症感染致病菌耐药/毒力传播机制及一体化防治临床应用及推广	瞿洪平、谭若铭、刘嘉琳、王晓丽、欧竑宇、孙景勇、潘婷婷、戴赟麒、黄菁菁、吴 静	上海交通大学医学院附属瑞金医院、上海交通大学	二等奖

(吴洁敏　包　豫)

【氨基葡萄糖全生物法高效绿色制造关键技术及产业化应用】 项目获2023年度上海市科技进步奖一等奖。项目聚焦骨关节核心原料药氨基葡萄糖的全生物法绿色制造，开展N-乙酰氨基葡萄糖高产菌株构建、高活性N-乙酰氨基葡萄糖脱乙酰酶挖掘改造、高效纯化精制技术及分离介质和装备开发等研究，通过菌种、工艺及装备一体化集成创新，突破传统制造工艺生产效率低、产品品质低、绿色化水平低技术难题，降低原料单耗、过程能耗和"三废"排放量。项目成果应用于6家企业，建成万吨级氨糖绿色生物制造生产线。(吴洁敏)

【超大城市绿色公共建筑数据驱动节能增效关键技术及应用】 项目获2023年度上海市科技进步奖一等奖。项目聚焦准确认知和评估建筑用能特征、高效诊断和提升建筑能效水平、系统实现和扩大建筑绿色效用等需求开展研究，为超大城市绿色公共建筑数据驱动节能增效提供系统化、工程化关键技术，开发超大城市公共建筑能耗在线监测平台，实现绿色建筑关键性能感知、数据驱动的建筑用能预测和诊断、典型系统智能优化调控的工程应用，建立全流程管控的建筑绿色节能标准体系。项目成果推广至全国20余个省市，应用于500余项绿色建筑和建筑节能工程。

(吴洁敏)

【超高精度大口径绝对面形光学标准计量关键技术及仪器】 项目获2023年度上海市科技进步奖一等奖。项目聚焦高精度光学测量和光学标准计量问题，研发超高精度大口径绝对面形光学标准计量关键技术，突破标准计量经典极限、重载荷机械相移测量瓶颈和自重变形对绝对测量结果的限制，创新光学均匀性绝对测量技术和抗扰动性检测模块技术；创制纳米精度非接触式光学测量仪器，解决超精密光学标准计量难题，应用于国家级计量机构、科研院所、大科学装置等。(包　豫)

【城市轨道交通上盖建筑抗震及震振双控关键技术与工程应用】 项目获2023年度上海市科技进步奖一等奖。项目针对上盖结构刚度控制难、结构震振双控兼顾难、多目标一体化设计评估缺失等瓶颈，研发城市轨道交通上盖建筑高性能抗震体系，开发城市轨道交通上盖建筑震振双控技术，提出安全-舒适度多性能目标设计与评估方法，突破城市轨道交通上盖建筑抗震与震振双控技术。项目成果应用于上海、广州等城市的轨道交通400余座上盖建筑。(顾维英)

【大飞机制造质量数字孪生一致性控制技术及应用】 项目获2023年度上海市科技进步奖一等奖。项目围绕大飞机研制过程百万级零部件异地制造数据脱节及结构复杂、误差传递等问题开展研究，突破数字飞机结构一致性仿真、数字产线工艺一致性验证和数字制造质量一致性控制关键技术，创建具有自主知识产权的大飞机制造质量一致性控制体系，数字孪生动态重构与即时验证技术指标达国际领先水平，减少供应商协调时间与故障拒收报告数量，提升一次交付合格率；关键技术在 32 家企业实现应用，推动中国制造企业数字化转型升级。（常艳丽）

【大型水泥生产过程智能控制与优化运行关键技术及工业应用】 项目获 2023 年度上海市科技进步奖一等奖。项目围绕水泥生产运行特性智能表征、全流程协同优化控制、全生命周期智能管控三大工程难题，提出水泥生产过程运行特性智能表征与识别、智能扰动补偿及协同控制、工业大数据智能分析等方法，创新全流程智能混合建模、磨窑一体协同优化调控、设备全生命周期健康诊断与质量管控等技术，研发水泥生产过程全流程数字孪生系统、智能控制与优化工业软件、工业大数据平台和智能管控系统，实现全流程运行工况实时感知与风、煤、料智能调控，提升资源能源利用率，降低污染物及碳排放。项目成果在水泥行业实现应用。（常艳丽）

【导航卫星精密定位的空间误差处理关键技术与星地一体化应用】 项目获 2023 年度上海市科技进步奖一等奖。项目突破导航卫星精密定位的空间误差处理共性基础理论，攻克复杂环境下精密定位的空间误差精细化处理关键技术，研制具有自主知识产权的全球覆盖"星地一体化"高精度定位增强系统，解决国内实时高精度、全球快速高精度的定位服务难题。项目成果在国内外精准农业、智慧城市等领域实现应用。（常艳丽）

【反复着床失败个体化助孕策略的创新研究与推广应用】 项目获 2023 年度上海市科技进步奖一等奖。项目聚焦反复着床失败这一生殖领域难题，联合国内大型多中心、随机、对照临床研究，深入挖掘疾病分子机制，创新融合区块链技术加强辅助生殖质控管理；在解析疾病诊疗靶点、确立疾病诊疗策略、构建精准防治体系等方面取得系列原创性成果，提升反复着床失败助孕成功率，降低助孕并发症，提高出生人口数量，保障母婴健康。（吴洁敏）

【肺癌精准诊疗新技术和个体化治疗新策略】 项目获 2023 年度上海市科技进步奖一等奖。项目聚焦肺部肿瘤精准诊疗，建立肺癌分期、分型精准治疗新模式和新标准；开发肺癌复发转移无创预警新技术；从多组学、多维度切入，为筛选中国晚期肺癌患者接受免疫检查点抑制剂获益人群并预测疗效提供系列指标；主导参与国内及国际诊疗指南制定，参与第 5 版世界卫生组织胸部肿瘤分类编写；主导完成的 1.1 类 9 个创新药获批上市，新增适应证 16 个，7 项治疗方案进入医保适应症，领衔 89 项临床研究，推动完善中国肿瘤临床研究体系。（吴洁敏）

【富水地层盾构隧道结构灾变机理及韧性提升】 项目获 2023 年度上海市科技进步奖一等奖。项目聚焦富水砂性土地层盾构隧道渗流侵蚀触发判定方法、渗漏状态定量识别技术、隧道韧性提升材料等开展研究，实现富水地层盾构隧道渗流侵蚀触发机制定量表征和基于渗漏检测数据的隧道结构与地层状态精确诊断，为渗流侵蚀条件下盾构隧道韧性提升优化决策和提升提供成套技术，应用于全国 20 余个富水地层城市盾构隧道渗流侵蚀防控。（顾维英）

【钢铁废水绿色低碳处理与资源化利用关键技术及应用】 项目获 2023 年度上海市科技进步奖一等奖。项目在低碳生化处理、催化深度氧化、盐高质回收及水资源回用等关键技术、核心材料与成套装备研发方面取得突破性成果，形成钢铁废水绿色低碳处理与资源化领域技术专利体系，发布 ISO 标准、国家标准、行业标准等并形成技术标准体系；通过产学研合作，建成全球首个钢铁废水零排放系统，技术推广至湖北、安徽等 12 个省市 30 余处钢铁废水处理工程；建成国产反渗透膜与复配药剂生产线，实现关键装备产品国产化替代，引领钢铁废水绿色低碳处理与资源化技术发展方向。（吴洁敏）

【高功率车用燃料电池电堆关键技术及产业化应用】 项目获 2023 年度上海市科技进步奖一等奖。项目针对车用大功率燃料电池电堆体积大、输出功率小、电压一致性差等问题开展研究，在燃料电池电堆理论研究—技术突破—装备研制等全技术链上取得突破与创新；建立强化水—气传输的电堆结构设计方法，开发梯度有序化气体扩散层的膜电极，建立超薄细密金属双极板多工步成形工艺，研制高生产率叠装工艺系统及高柔性生产线；形成系统的高功率电堆设计制造理论与技术，应用于 20 余个型号电堆，开发 300 kW 级电堆体积功率密度 6.2 kW/L。项目成果在乘用车、公交车、重卡等领域实现应用。（常艳丽）

【高品质汽车外板炼钢连铸关键技术开发及应用】 项目获 2023 年度上海市科技进步奖一等奖。项目聚焦高品质汽车外板良品率的提升，对汽车外板表面炼钢缺陷特性和连铸坯大型夹杂物分布规律、超低碳钢水夹杂物控制、机清工艺与装备等开展研究，为高品质汽车外板生产提供炼钢缺陷精准解析、高洁净度钢水炼钢、无纵向条纹机清技术及连铸结晶器流场精准调控技术，降低高端汽车外板的炼钢缺陷率，提升良品率。项目成果在多家钢铁公司高品质汽车外板生产中实现应用。（陈 阵）

【基于工程损伤理论的高温装备全寿命保障技术体系与重大工程应用】 项目获 2023 年度上海市科技进步奖一等奖。项目通过工程损伤理论创新、试验验证及重大工程应用，围绕高温测试方法、强度设计、工艺调控、运维保障的共性关键技术，分别突破全寿命周期的损伤表征、损伤评定、损伤防控、损伤容限瓶颈难题；拓宽高通量、腐蚀环境、含缺陷结构的损伤测试技术边界；建立高温装备蠕变-疲劳损伤评定及强度设计方法体系；创新基于全寿命周期损伤防控理念的焊接调控技术；提出高温装备运行过程中损伤弱点辨识方法及损伤容限判据。项目成果在航空、电力、化工等领域重大装备自主研制与运维管理中实现应用。（李小伍）

【经导管主、肺动脉瓣置换技术的创新和体系的建立】 项目获2023年度上海市科技进步奖一等奖。项目研发适用于高钙化病变及二叶式主动脉瓣病变特点的国内首个上市经导管主动脉瓣置换(TAVR)器械 Venus A，解决国外瓣膜对不能很好适用该类患者的问题；制定 TAVR 的中国技术规范5部，建立针对中国患者特点的综合技术体系；针对右心室流出道(RVOT)扩大重建术后 RVOT 复杂的解剖结构，研发全球首个自膨胀介入性肺动脉瓣膜 Venus-P；开拓中国心脏瓣膜治疗技术领域，产品及技术推广至欧美、亚洲等43个国家，在全国500家中心应用19 200例。（吴洁敏）

【具有适宜细胞响应的左心耳封堵器的研制和产业化】 项目获2023年度上海市科技进步奖一等奖。项目通过合适表面改性研制新一代左心耳封堵器，实现从理论研究到临床转化的重大突破；研发国内唯一在中国和欧盟同时获证的左心耳封堵器、国际唯一具有纳米涂层以获得适宜细胞响应的左心耳封堵器，封堵器在49个国家和地区累计植入25 413例。（彭旭娇）

【口腔种植关键诊疗技术和评价体系的建立和应用】 项目获2023年度上海市科技进步奖一等奖。项目围绕中国口腔种植领域面临关键核心问题，建立口腔种植关键诊疗技术和评价体系；针对患者牙槽骨萎缩严重的临床困境，提出有效骨结合理论、合作开发新型国产种植系统，缩短手术时间并减少治疗费用；针对种植并发症难以有效诊治的现状，构建精准诊疗体系，参与制定种植体周病的 S3 级国际治疗指南；针对种植医疗技术难规范的现象，联合全球顶级医学专家制定口腔种植临床评价核心指标专家共识。（吴洁敏）

【慢性肝病诊疗关键技术的创新研究与临床应用】 项目获2023年度上海市科技进步奖一等奖。项目围绕“肝炎—肝硬化—肝癌”慢性肝病炎癌演变进程，开展慢性肝病基础与临床研究；阐明肝再生、肝纤维化发病新机制，发现门静脉五羟色胺受体1A在肝硬化门脉高压中的作用；建立肝病相关中国诊断标准和诊断方法4项，开展低剂量利福昔明治疗晚期肝硬化及隐匿型肝性脑病等新疗法，提高肝病患者生存率；开展肝细胞核因子4α生物制剂治疗肝癌的临床转化研究，具有良好安全性和疗效，为诱导分化治疗人体恶性实体瘤奠定基础。（顾维英）

【奶酪风味协同增效机制及产业化关键技术】 项目获2023年度上海市科技进步奖一等奖。项目基于中国奶酪产业的潜力及快速发展趋势，针对大众对奶酪风味接受度低和风味品质不稳定等难题，开发运用风味协同增效和风味稳态化调控两大关键技术，揭示奶酪的特征风味协同增效机制，解析奶酪的风味形成机理及代谢途径，建立奶酪风味品质稳定调控关键技术，并在龙头企业实现产业化。（吴洁敏）

【软弱土地基循环加载特性与动力灾变控制关键技术及应用】 项目获2023年度上海市科技进步奖一等奖。项目聚焦软弱土动力灾变机理及长期交通重载和地震极端动载下的灾变控制技术，提出软弱土循环累积变形弱化模型及高效动力分析方法，桩基循环承载特性预测精度明显提高；建立软土地基-道面-飞机耦合动力体系的长期重载沉降预测方法及一体化设计技术，实现软土机场跑道差异沉降有效控制；研发地下空间结构与桩基础抗震设计方法及静动力刚度协调抗震控制技术，解决大型地下空间刚度突变的抗震难题。项目成果被纳入相关规范标准，指导建造上海等软土地区机场跑道、轨道交通地下空间等工程。（顾维英）

【肾癌精准治疗体系关键技术的创新与应用】 项目获2023年度上海市科技进步奖一等奖。项目创建肾癌术前容积CT全量化算法保肾手术操作模式和手术模拟终端智能交互系统，构建数字孪生高阶映射手术模型，实现早期复杂肾癌切瘤保肾手术肾功能保护，并开展单孔机器人保肾手术，实现人工智能超微创切瘤保肾和术后快速康复；以癌栓形态学、血流动力学及静脉管壁浸润深度为核心要素，建立肾癌癌栓长海动态多维分级理论，创新下腔静脉延迟阻断取栓技术，制定以血流压力梯度差为关键指标的新型下腔静脉重建标准，减轻局部进展期肾癌手术创伤、降低手术并发症发生率；构建晚期肾癌预后分层模型、减瘤手术 IMDC-Olig 模型及免疫治疗不良反应预警机制，并基于多个干预新靶点制定个体化治疗方案，提高晚期肾癌综合治疗疗效。（顾维英）

【渗透泵控释片制造的关键技术及装备创新与产业化应用】 项目获2023年度上海市科技进步奖一等奖。项目针对渗透泵控释片制造的关键生产装备和关键辅料依赖进口，以及包衣工序使用大量有机溶剂而造成环境污染和易燃易爆风险等规模化生产难题开展研究，研制的高效智能激光打孔与检查机达到国际先进水平，开发国产辅料海藻酸钠作为渗透推进剂，替代进口辅料，实现包衣过程智能控制，提升产品质量；开发热塑包衣新技术避免使用有机溶剂，解决环境污染和易燃易爆问题；创建国内最早、工艺最先进、规模最大的硝苯地平控释片生产线。项目关键技术及装备在多家企业实现应用。（吕友明）

【提高肝细胞癌生存率的规范化全程诊疗体系建立与推广】 项目获2023年度上海市科技进步奖一等奖。项目聚焦提高肝癌生存率的术前早中期肝癌治疗决策不规范、术中复杂肝癌难度大风险高、术后高危人群缺乏辅助诊疗等临床问题开展研究，构建规范化全程诊疗体系；术前确立早中期肝癌手术切除指征，形成早中期肝癌治疗新策略；术中创研外科新技术，提高复杂肝癌手术安全性；术后探索辅助诊疗新方案，降低复发率。项目成果在全国112家单位实现应用；参与制定肝癌诊疗指南及共识12部，成果纳入25部国内及17部国际指南共识。（吴洁敏）

【遗传性骨病发病分子机制和临床精准诊治】 项目获2023年度上海市科技进步奖一等奖。项目聚焦遗传性骨病的发病分子机制和临床精准诊治，发现*SLCO2A1*基因是常显遗传原发性肥大性骨关节病（PHO）致病基因，建立不同类型PHO的临床表型谱和鉴别要点，使PHO确诊率从30%提高至81%；发现环氧化酶2抑制剂对PHO具有显著疗效，治疗方案被临床采用；发现*PFN1*是畸形性骨炎伴巨细胞瘤新致病基因；研发国际首个治疗成骨不全症的硬骨抑素loop3特异性核酸适配体（Apc001），开启中国首个核酸适配体药物研究产业转化进程；建立国内最大规模遗传性骨病家系资源库，绘制75种遗传性骨病临床表型谱和基因突变谱，总体确诊率59.1%。项目成果在200余家医院实现应用。（顾维英）

【移动端轻量化智能计算关键技术与平台应用】 项目获2023年度上海市科技进步奖一等奖。项目聚焦支撑互联网平台经济的智能计算关键技术，针对云侧大模型服务响应延时高、个性化不足、负载成本高等技术瓶颈，研究移动端轻量化智能计算新范式；针对移动端时序数据稀疏异质、视觉模型规模受限、三维任务难以支持三大关键挑战，构建以时序预测模型轻量化、视觉检测模型轻量化、三维交互模型轻量化为核心的技术体系，研发移动端智能计算通用系统平台，应用于阿里巴巴平台搜索推荐、智能直播、增强现实试用等业务场景，并推广至多家公司。（包　豫）

【胰腺肿瘤外科关键技术和干预策略的创新与应用】 项目获2023年度上海市科技进步奖一等奖。项目聚焦胰腺肿瘤外科关键技术和干预策略，创新胰肠吻合术，减少术后胰瘘发生率，降低围手术期死亡率，缩短住院时间；研制专用手术器械7款，提高深部清扫效率，预判淋巴结转移状态，规范清扫数量和范围，引导精准清扫；创建三联血清标签，甄别胰腺癌手术不获益亚群，指导个体化手术策略制定；运用超声内镜弹性应变率比值判断胰腺癌间质比例，实施个体化化疗方案选择；基于胰腺癌代谢、免疫微环境特征和治疗后变化，提出个体化免疫治疗联用方案，提高胰腺癌手术安全性、根治性和有效性，延长患者生存期。（吴洁敏）

【智能工厂复杂工况时变目标精细感知关键技术与应用】 项目获2023年度上海市科技进步奖一等奖。项目围绕目标精细感知在智能工厂建改造、生产、运维全周期的高端应用，对复杂工况时变大、弱、小目标的精细感知机理、核心感知装置/组件、测量定位监测装备与系统等开展研究，为工厂全流程智能化升级提供百米级大目标实时精细测量、大误差设备校准及精密生产、大时变目标和环境监测分析等关键技术，实现高炉实时高精度测绘与建造、板坯智能精整、产品缺陷检测、工厂一体化监测等工程应用。项目成果推广应用至冶金、航天、核电等领域。（包　豫）

【中药全产业链质量控制技术创新与支撑体系构建及应用】 项目获2023年度上海市科技进步奖一等奖。项目聚焦中药源头、过程、成品质量体系不完善等问题，对中药安全性和内在质量控制技术方法、全过程标准化体系、数据库及支撑平台等开展研究，创建中药中2 000余种外源性有毒有害物质控制技术，发展色谱-多模式质谱-数据处理等综合应用的中药复杂成分检测方法，构建中药大品种全过程标准化及质量追溯体系，打造中药质量控制数据库及产学研医融合技术平台；开发的新技术、新方法被纳入《中国药典》《美国药典》等国内外标准。项目成果示范应用于中药材GAP、GMP基地建设，推进痰热清系列等10余个中成药大品种的国家中药标准化及国际化建设。（陈　阵）

【9个项目获2023年度上海市科学技术普及奖】 2023年度上海市科学技术奖授予9项成果科学技术普及奖，其中一等奖3项、二等奖6项。

2023年度上海市科学技术普及奖名单

序号	项目名称	主要完成人	主要完成单位	获奖等级
1	“健髋中国”：老年髋部骨折防治康养系列全国性科普行动	张　伟、尹博浩、徐　宁、王善智、宛　玲、齐　鑫、孙　辉、关俊杰、杨伟超、黄晶焕、范致远、刘辰骏、侯卫华、潘　艳、孙雅妮	上海交通大学医学院附属第六人民医院、上海科学技术出版社有限公司	一等奖
2	“目”浴阳光——儿童早期视觉健康系列绘本《快乐的大眼睛》及衍生科普作品	许　迅、何鲜桂、邹海东、杨金柳行、王菁菁、徐　新、罗春燕、魏晓敏、周类思、朱剑锋、陆丽娜、陈　军、高　玮、甘海峰	上海市眼病防治中心、上海市科技艺术教育中心、上海市疾病预防控制中心、上海市健康促进中心	一等奖
3	科普动漫《宫颈癌和它的宿敌》的创作及传播	华克勤、王　珏、张　煊、邱君君、李　敏、沈　艳、张旭垠、丁　岩、李妙然、边欣月	复旦大学附属妇产科医院	一等奖
4	“鲜食玉米文化与健康生活”系列科教片	郑洪建、王　慧、卢　媛、胡颖雄、孙萍东、于典司、关　媛、施　标、赵志鹏、李　丹	市农科院、上海市农业科技服务中心、上海市奉贤区农业技术推广中心	二等奖

续表

序号	项目名称	主要完成人	主要完成单位	获奖等级
5	“计量知多少”系列科普视频、课件、图书及其衍生讲解、展演作品	顾　琴、高　婧、程　涛、杨　洋、刘贝贝、吴瑞豪、忻智炜、秦晓玲、潘涵舜、盛舒瑶	上海市计量测试技术研究院	二等奖
6	肥胖及其合并症全周期管理的科普体系建设及其实践	狄建忠、韩晓东、张弘玮、于浩泳、屠印芳、许　听、王　晨、刘伟杰、张　频	上海交通大学医学院附属第六人民医院	二等奖
7	家庭火灾求生能力培养系列动画	王荷兰、朱　江、秦文岸、林　灵、吴　疆、吴佩英、杨君涛、刘盛鹏	应急管理部上海消防研究所	二等奖
8	抗癌必修课·乳腺癌	秦文星、张　剑、陈　阳、李恒宇、范　蕾、杜益群、孟艳春、刘汝娇、沈维娜	复旦大学附属肿瘤医院、海军军医大学第一附属医院、上海科学技术出版社有限公司	二等奖
9	战胜卒中，再立人生——脑卒中预防与康复科普推广及科普基地建设	周兰姝、王　莹、李玉霞、栾　伟、朱晓萍、张玲娟、徐　燕、张　薇、陈雪梅、庞亚娟	海军军医大学、上海市第一康复医院、上海中医药大学、上海中医药大学附属曙光医院、同济大学附属第十人民医院、海军军医大学第一附属医院、上海科学技术出版社有限公司	二等奖

(吴洁敏　包　豫)

【“健髋中国”：老年髋部骨折防治康养系列全国性科普行动】 项目获2023年度上海市科学技术普及奖一等奖。项目聚焦老年髋部骨折防、治、康、养，围绕科普专著《健髋走过100岁：漫话老年髋部骨折》创制主题演讲、健身体操、视频动画等系列作品，对于老年髋部骨折的相关知识进行多形式、多角度讲解；形成以“健髋科普集市”为核心的多种线下模式，遵循“老年人友好”理念，“面对面、手把手、心连心”将相关知识推广至全国各地，提升社会对老年人群关注度。

(包　豫)

【“目”浴阳光——儿童早期视觉健康系列绘本《快乐的大眼睛》及衍生科普作品】 项目获2023年度上海市科学技术普及奖一等奖。项目在儿童青少年视力问题日益严峻的背景下，提出“‘目’浴阳光，预防近视”科普理念，编创儿童早期视觉健康系列绘本《快乐的大眼睛》，并持续编系列衍生科普作品，包括书籍、歌曲、眼操、微信表情包、视频、广告和动画等，建立科普共享资源库，开展大型线上、线下趣味活动20余场，有效提高儿童青少年及家长预防近视意识，向健康护眼行为转变，助力提升儿童青少年整体健康素质水平。项目成果受到公众人物、电视台、平面媒体、网媒等全媒体矩阵宣传，获国家卫生健康委和教育部认可推广，累计覆盖10亿人次。

(包　豫)

【科普动漫《宫颈癌和它的宿敌》的创作及传播】 项目获2023年度上海市科学技术普及奖一等奖。项目聚焦宫颈癌防治，以5集科普动漫《宫颈癌和它的宿敌》为主体，衍生打造一批标志性科普作品；作品基于公共卫生预防策略，构建防治知识体系，运用“视觉多模态”理论，创新科普形态；脚本创作借鉴前沿传播理论，增强科普效果；采用台网联动，匹配目标人群、科普内容和渠道形成精准传播策略；同时开发多种科普衍生产品，举办千场科普互动活动；动漫作品网络播放量2 536余万次，微博话题阅读量超4.6亿次，持续衍生创作科普微电影、短视频及图文等。

(包　豫)

第三节　科技人才奖励

【上海2人获2023年度中华人民共和国国际科学技术合作奖】 在2023年度国家科技奖励大会上，约翰·爱德华·霍普克罗夫特(John Edward Hopcroft)、布鲁斯·爱德华·里特曼(Bruce E. Rittmann)2人被授予中华人民共和国国际科学技术合作奖。

约翰·爱德华·霍普克罗夫特(John Edward Hopcroft)　美国籍。1939年10月生。美国国家科学院、国家工程院、艺术与科学院院士，中国科学院外籍院士，康奈尔大学荣休教授，上海交通大学访问讲席教授，享誉全球的计算机科学家。自2011年起先后在上海交通大学、北京大学建立计算机科学研究中心，参与教师引育并培养一批新生力量。

布鲁斯·爱德华·里特曼(Bruce E. Rittmann)　美国籍。1950年11月生。美国工程院院士、美国科学促进会会士、亚利桑那州立大学校董教授，环境工程领域的国际著名专家，2008年斯德哥尔摩水奖获得者。支持同济大学等多个平台建设，参与多项科研和工程建设，取得良好环境和社会效益。

(彭旭娇)

【2人获2023年度上海市科技功臣奖】 2023年度上海市科学技术奖授予吴光辉、丁健2人上海市科技功臣奖。

吴光辉　1960年2月生。中国商用飞机有限责任公司首席科学家，C919大型客机系列总设计师，中国工程院院士。担任“998工程”航空总设计师，主持飞机研制工作，攻克多项技术难题，获2010年国家科技进步奖特等奖；担任ARJ21飞机总设计师，主持详细设计阶段和总装下线的工程技术工作，实现中国喷气式支线飞机从无到有的历史性突破；担任C919大型客机总设计师，提出设计理念与指导思想，制定具有国际竞争力的总体方案，主持完成以新一代超临界机翼、全电传、飞控系统、集成模块化航电系统和第3代铝锂合金为代表的先进干线飞机研制，突破多项国外对华出口限制的技术难题，带领团队走出一条拥有完全自主知识产权的民机研制道路，为中国航空事业发展做出开拓性贡献。

丁　健　1953年2月生。中国科学院上海药物研究所研究员，中国工程院院士。以“做老百姓用得起的好药”为己任，建立与国际接轨的抗肿瘤药物综合性研发评价体系；领衔多个抗肿瘤候选新药研发，15个进入临床研究，4个同步开展国际研究，其中治疗非小细胞肺癌新药谷美替尼在中国和日本获批上市；20个创新药完成成果转化，其中12个在上海转化落地；聚焦抗肿瘤药物临床响应率低、易耐药治疗难点，建立“四位一体”的肿瘤精准医疗药物转化研究平台；发现一批具有临床指导意义的标志物和用药方案，是中国抗肿瘤药物精准治疗倡导者，为抗肿瘤创新药物研发和药学事业发展做出杰出贡献。（常艳丽）

【10人获2023年度上海市青年科技杰出贡献奖】　2023年度上海市科学技术奖授予修发贤、胡伟达、曲大辉、黄正、汤奇荣、林浩东、李辉、舒易来、张亚林、张少霆10人上海市青年科技杰出贡献奖。

修发贤　1978年8月生。复旦大学教授。面向量子科技前沿，致力于新型拓扑狄拉克材料及物理特性与新原理器件研究，提出分子束外延技术生长缓冲层的新策略，解决拓扑材料砷化镉的生长难题，研制高质量、晶圆级砷化镉单晶薄膜；构建基于费米弧和体态朗道能级的外尔轨道，解决三维空间量子化难题，在砷化镉中实现三维量子霍尔效应；发展非局域输运方式探测手性电子态的新方法，发现砷化镉室温下的手性电子态，奠定拓扑狄拉克材料在自旋电子器件中的应用基础。入选国家杰出青年科学基金、上海市浦江人才、上海市优秀学术带头人、上海领军人才。

胡伟达　1979年10月生。中国科学院上海技术物理研究所研究员、红外物理国家重点实验室主任，担任先导专项、国家重点研发计划首席科学家。长期从事红外探测器物理研究，面向航天领域国家重大战略需求，聚焦高性能红外探测器“看不清”“看不真”难题，提出局域场调控新思想，建立时空分辨红外光电表征新方法，发现长波红外探测器强极化场原位钝化表面暗电流和单极势垒场调控体暗电流新机理，构建红外双色智能识别新架构，大幅提升长波和双色红外探测器性能，成果获《科学》(*Science*)作为亮点报道，推动中国高性能红外探测器跨代发展。入选国家杰出青年科学基金、全球高被引学者，获中国青年科技奖、上海市自然科学奖一等奖。

曲大辉　1980年2月生。华东理工大学教授、博士生导师。长期从事动态化学与智能材料研究。聚焦动态分子基元设计和组装策略及高性能动态材料的高效创制等关键问题，发展新的本征动态性分子基元，并将其分子动态性放大到宏观材料尺度，创新非共价键、动态共价键及机械互锁相互作用等多级协同、动态组装策略；利用机械互锁动态基元的结构独特性、动态性，实现一系列分子机器智能组装材料及动态时序发光材料的精准创制，开拓聚硫辛酸动态高分子体系，并率先探索其在自修复弹性体、高性能黏合剂、化学可回收高分子等材料领域的功能应用，为智能分子材料的设计和高效、绿色创制提供思路。入选国家杰出青年科学基金、教育部青年长江学者、上海市优秀学术带头人。

黄　正　1979年2月生。中国科学院上海有机化学研究所研究员、金属有机化学重点实验室主任。长期从事金属有机化学和金属催化研究，在烃资源高值化和聚烯烃废塑料降解转化方面取得一系列原创性成果。发展高活性分子型烷烃脱氢催化剂和脱氢启动烷烃官能团化新策略；实现聚乙烯废塑料温和可控降解为清洁燃油，为其循环利用提供新途径；开发数个催化剂并被全球知名试剂公司商品化。入选国家杰出青年科学基金、科技部中青年科技创新领军人才，获陈嘉庚青年科学奖(化学)、中国均相催化青年奖、上海市第9届青年科技英才，上海市青年五四奖章。

汤奇荣　1982年9月生。同济大学长聘特聘教授，中德学院副院长、中德博士生院院长。长期从事复杂极端使役环境集群无人系统研究，围绕国家重大战略需求，针对多智能体集群模型理论、群信息交互技术、信息强受限下集群决策技术，分别提出复杂环境下集群建模与协同运动控制方法，开发“向量信息素”信息间接交互机电模块，突破由局部感知全局的协同对抗群智涌现技术；研制多款国产自主可控硬工无人系统，相关技术应用在空间微重力、陆地强对抗、水下信息强受限等环境，助力中国复杂极端使役环境集群无人系统技术突破和落地应用。入选国家重大人才计划、上海市浦江人才。

林浩东　1978年4月生。上海交通大学医学院附属第一人民医院主任医师、创伤临床医学中心行政主任。长期从事神经损伤修复与功能重建的临床和科研工作，发现正常骶1神经根可作为新的动力神经，首创多种神经移位手术方法，为下肢不同部位神经损伤修复提供一套完整治疗方案；利用正常腰骶神经根作为新的动力神经重建脊髓圆锥损伤患者排尿功能，并修复膀胱传入神经通路重建其感觉功能；创新的手术方法在国内外30余所医院推广应用，明显改善神经损伤患者肢体功能和排尿功能。入选上海市优秀学术带头人、上海市青年科技启明星。

李　辉　1979年7月生。上海大学研究员，环境与化学工程学院常务副院长，担任国家重点研发计划首席科学家。长期从事土壤污染危害识别与原位修复机理和技术研究，面向土壤污染防治国家重大需求，突破典型污染毒性效应与健康风险表征难题，构建非均质地层污染分布精细刻画技术，开发污染物多相态迁移转化预测模型，创制原位氧化还原功能材料调控技术，实现土壤与地下水一体化原位修复。入选国家杰出青年科学基金、教育部新世纪优秀人才、国家环境保护青年拔尖人才、上海市优秀技术带头人。

舒易来　1980年8月生。复旦大学附属眼耳鼻喉科医院教授、主任医师、博士生导师，耳鼻喉科研究院副院长、遗传性耳聋诊治中心主任。长期从事耳鼻咽喉头颈外科临床工作，在耳聋基因治疗及临床转化研究方面取得一系列突破。研发耳聋基因治疗药物,主导全球首个遗传性耳聋基因治疗临床试验,纠正聋哑患儿听力、言语和声源定位能力,研究成果发表在《柳叶刀》《自然医学》等期刊,获《柳叶刀》同期述评,被国际同行评论为耳聋治疗提供范式转变;发现耳聋基因致病新机制,研发耳聋基因治疗新策略,开发精准内耳递送体系,打通耳聋基因治疗药物研发全链条通路,建立产学研医新模式。入选国家杰出青年科学基金、上海市浦江人才、曙光学者等。

张亚林 1978年8月生。上海燧原智能科技有限公司联合创始人、首席运营官,一级人工智能训练师。长期从事人工智能芯片相关产品的研发及产业化,坚持走原始创新技术路线,研发具有完全自主知识产权的硬件架构和软件平台,开发芯片、板卡、系统、集群等产品,为内容生成、信息安全、智慧城市、自动驾驶等应用场景提供算力支撑,极大带动产业链上下游企业发展,为智能算力发展作出技术与产业贡献。入选上海市产业菁英高层次人才、东方英才计划拔尖人才、张江杰出创新创业人才。

张少霆 1982年6月生。上海商汤智能科技有限公司副总裁。长期从事人工智能赋能医疗的研究创新与场景落地,推动智慧医疗研究、产品、商务及上下游布局,取得一系列国际领先成果;在行业内率先建立医疗多模态基础模型研发新范式,赋能数十种临床任务,实现产学研商用全流程落地,提出并打造由大模型"智慧中枢"驱动的智慧医院创新样板;研发产品申请全球专利700余件,获软件著作权登记50余件、国家药监局及欧盟CE认证20余张,包括首款由深度学习驱动的智能手术规划系统;打造人工智能赋能的区域影像互联互通新格局,显著推动区域医疗一体化进程。成果落地全国近千家医疗机构,为数千万人次患者提供诊疗服务。 (吴洁敏 李小伍 杨依衡)

【4人获2023年度上海市国际科技合作奖】 2023年度上海市科学技术奖授予艾尔莎·瑞秋曼尼斯(Elsa Reichmanis)、雷内·贝尔纳茨(René Bernards)、岳尔根·约斯特(Jürgen Jost)、简-皮埃尔·马乔拉(Jean-Pierre Majoral)4人上海市国际科技合作奖。

艾尔莎·瑞秋曼尼斯(Elsa Reichmanis,女) 美国籍。1953年12月生。美国理海大学杰出讲席教授,美国化学会前主席,美国工程院主席团理事。先后入选美国工程院院士、美国发明家科学院院士及美国艺术与科学院院士。

雷内·贝尔纳茨(René Bernards) 荷兰籍。1953年1月生。荷兰癌症研究所教授,上海交通大学顾问教授,欧洲癌症研究协会主席。先后入选美国科学院、美国艺术与科学院、英国皇家科学院、荷兰皇家艺术与科学院院士,是癌症机理和肿瘤诊疗研究领域享有国际声誉的科学家。

岳尔根·约斯特(Jürgen Jost) 德国籍。1956年6月生。德国莱比锡马普数学研究所创始所长,国际著名数学家。先后入选德国国家科学院、德国缅因茨科学与艺术学院、德国萨克森科学院三院院士,在几何分析及交叉研究领域作出卓越贡献。

简-皮埃尔·马乔拉(Jean-Pierre Majoral) 法国籍。1941年7月生。法国国家科学研究中心配位化学实验室荣誉研究主任、教授。先后入选欧洲科学院院士、波兰科学院院士、德国科学院院士。 (彭旭娇)

【上海5人获2023年度何梁何利基金科学与技术奖】 12月19日,2023年度何梁何利基金颁奖大会在北京召开。56名杰出科技工作者获奖,上海5人获奖。其中,葛均波、景益鹏2人获科学与技术进步奖,张海军、陆朝阳、王曙群3人获科学与技术创新奖。

葛均波 1962年11月生。上海市心血管病研究所所长,世界心脏联盟常务理事。首次发现心肌桥的血管内超声特征性"半月现象",使冠脉造影不足5%检出率提高至95%以上,成为国际通行标准;首创逆向导丝技术及系列辅助技术,使慢性完全闭塞手术成功率由原来60%提高至90%以上;针对致死性支架内血栓发生关键环节,国内首创可降解涂层支架及生物完全可降解支架,国际原创 As_2O_3 新型药物支架,使晚期支架内血栓发生率显著降低;打破传统外科手术禁区,国内率先开展经皮二尖瓣夹合术,首创经心尖二尖瓣夹合术式及微创器械Valve Clamp。

景益鹏 1964年1月生。中国科学院院士、上海交通大学讲席教授,担任中国天文学会理事长、973项目首席科学家、基金委创新群体项目负责人等。主要从事星系形成、宇宙结构形成、宇宙暗物质和暗能量、宇宙原初扰动等宇宙学基础前沿问题的研究。率领团队建立几个高分辨数值模拟程序,取得一系列高质量、高精度宇宙结构的模拟样本;首次提出暗晕集因子的对数正则发布公式;提出描述暗晕内部物质发布的三轴椭球密度分别模型;首次精确测量星系对的速度弥散,其结果被广泛应用于检验星系形成模型。

张海军 1968年3月生。同济大学医学院教授,百多安医疗器械股份有限公司董事长兼首席科学家、瑞安泰医疗技术公司首席专家,生物医用材料改性技术国家地方联合工程实验室主任。率先研制心电彩超多普勒系统及导管,解决靶血管筛选、穿刺、生物电导航等临床难题;开发非对称药物涂层技术,降低冠脉支架远期心脏不良事件发生率;开发超声控释药物球囊,实现抗增生药物靶向释放;开发可吸收锌合金冠脉支架,揭示锌合金支架体内降解规律,率先获临床批件,完成国际首例锌合金冠脉支架临床植入。获国内外专利授权百余件。

陆朝阳 1982年12月生。中国科学技术大学讲席教授,中国科学技术大学上海研究院执行院长。主要从事量子物理基础、量子光学和实用化量子信息技术的研究,多自由度量子隐形传态研究入选2015年英国物理学会评选的重大科学突破发现,九章光学量子计算机、实数量子力学检验研究分别在2021年和2022年入选美国物理学会评选的年度亮点,研究成果5次入选中国科技十大进展新闻。

王曙群 1970年6月生。上海航天设备制造总厂有限公司班组长、职工董事。主要从事航天空间飞行器产品总装总测工作,参与研制国内唯一差动组合测试装备,满足空间站高密度发射任务需求；主持攻克航天超细直径小腔检漏管路制造技术空白，为空间建设任务顺利实施奠定技术基础，相关技术在飞行器及地面密封检测设备等航天产品中得到推广使用。 （吴洁敏 常艳丽）

【上海2人获第16届谈家桢生命科学奖】 11月18日，谈家桢生命科学奖第16届颁奖典礼大会在江南大学举行。18名科学家获奖，上海2人获奖。

上海获第16届谈家桢生命科学奖名单

序号	获奖人	所在单位	获奖类别
1	李大力	华东师范大学	生命科学创新奖
2	汪　胜	中国科学院分子细胞科学卓越创新中心	生命科学创新奖

（编辑部）

【上海18人获第3届全国创新争先奖】 5月30日，第3届全国创新争先奖名单公布。上海4人获全国创新争先奖章、14人获全国创新争先奖状。

上海获第3届全国创新争先奖名单

序号	获奖人	所在单位	获奖等级
1	马大为	中国科学院上海有机化学研究所	全国创新争先奖章
2	陈　勇	中国商用飞机有限责任公司	全国创新争先奖章
3	赵东元	复旦大学	全国创新争先奖章
4	葛均波	复旦大学附属中山医院	全国创新争先奖章
5	丁文江	上海交通大学	全国创新争先奖状
6	王卫东	华东建筑集团股份有限公司	全国创新争先奖状
7	刘昌胜	上海大学	全国创新争先奖状
8	陈卫标	中国科学院上海光学精密机械研究所	全国创新争先奖状
9	陈玲玲	中国科学院分子细胞科学卓越创新中心	全国创新争先奖状
10	罗利军	上海市农业生物基因中心	全国创新争先奖状
11	金　力	复旦大学	全国创新争先奖状
12	房静远	上海交通大学医学院附属仁济医院	全国创新争先奖状
13	姜雪峰	华东师范大学	全国创新争先奖状
14	贾金锋	上海交通大学	全国创新争先奖状
15	徐国良	中国科学院分子细胞科学卓越创新中心	全国创新争先奖状
16	高绍荣	同济大学	全国创新争先奖状
17	高焕新	中石化(上海)石油化工研究院有限公司	全国创新争先奖状
18	戴晓虎	同济大学	全国创新争先奖状

（刘彦岑）

【10人获第15届上海市大众科学传播杰出人物和新锐人物称号】 12月27日，由市科协、上海科技发展基金会主办的第15届上海市大众科学传播人物选树名单揭晓。5人获第15届上海市大众科学传播杰出人物称号、5人获第15届上海市大众科学传播新锐人物称号。

第15届上海市大众科学传播杰出人物名单

序号	获奖人	所在单位
1	白响恩	上海海事大学
2	李　霞	上海市精神卫生中心
3	汪品先	同济大学海洋与地球科学学院
4	陶　虎	中国科学院上海微系统与信息技术研究所
5	崔　松	上海中医药大学附属曙光医院

第15届上海市大众科学传播新锐人物名单

序号	获奖人	所在单位
1	卞　菁	上海市东影传媒有限公司(上影集团科教电影制片厂)
2	陈晓杰	上海卫星工程研究所
3	施　韡	上海科技馆
4	洪　维	华东医院
5	黄　翔	复旦大学附属华山医院

（刘彦岑）

【30人获第12届上海青年科技英才称号】 11月10日，2023年度“海聚英才”学科交叉高峰论坛菁英思想汇暨第12届上海青年科技英才授证典礼在科学会堂举行，30名在基础研究、成果转化和企业创新等方面作出突出贡献的科技工作者获上海青年科技英才称号。

第12届上海青年科技英才名单

序号	获奖人	所在单位	获奖类别
1	卢　敏	上海交通大学医学院附属瑞金医院	基础研究类
2	田　野	中国科学院上海光学精密机械研究所	基础研究类
3	包文中	复旦大学	基础研究类
4	宁志军	上海科技大学	基础研究类
5	余倩倩	同济大学	基础研究类
6	陈时友	复旦大学	基础研究类
7	孟飞龙	中国科学院分子细胞科学卓越创新中心	基础研究类
8	钱小石	上海交通大学	基础研究类
9	陶　虎	中国科学院上海微系统与信息技术研究所	基础研究类
10	廖耀祖	东华大学	基础研究类
11	王　颖	同济大学	成果转化类
12	朱兴一	同济大学	成果转化类

续表

序号	获奖人	所在单位	获奖类别
13	任明俊	上海交通大学	成果转化类
14	刘瑞欣	上海交通大学医学院附属瑞金医院	成果转化类
15	孙云帆	复旦大学附属中山医院	成果转化类
16	沈　安	上海化工研究院有限公司	成果转化类
17	竺向佳	复旦大学附属眼耳鼻喉科医院	成果转化类
18	郑高伟	华东理工大学	成果转化类
19	顾　溢	中国科学院上海技术物理研究所	成果转化类
20	翟　炜	上海交通大学医学院附属仁济医院	成果转化类
21	牛俊坡	上海卫星工程研究所	企业创新类
22	朱佳敏	上海超导科技股份有限公司	企业创新类
23	刘少卿	中国船舶集团第七〇四研究所	企业创新类
24	张　峥	同济大学建筑设计研究院(集团)有限公司	企业创新类
25	陆思嘉	上海序康医疗科技有限公司	企业创新类
26	岳　斌	上海微创医疗器械(集团)有限公司	企业创新类
27	郑晓辉	中国商飞上海飞机设计研究院	企业创新类
28	房小艳	上海机床厂有限公司	企业创新类
29	胡　耘	华东建筑集团股份有限公司	企业创新类
30	曹克美	上海核工程研究设计院股份有限公司	企业创新类

(刘彦岑)

【20 人获 2023 年上海杰出工程师和上海杰出工程师(青年)称号】 10 月 18 日,2023 年上海杰出工程师选树结果公布,10 人获上海杰出工程师称号、10 人获上海杰出工程师(青年)称号。

2023 年上海杰出工程师名单

序号	获奖人	所在单位
1	王大庆	上海申通地铁集团有限公司技术中心
2	王战虎	中国科学院上海技术物理研究所
3	包联进	华东建筑设计研究院有限公司
4	池　峰	果栗智造(上海)技术股份有限公司
5	李洪波	上海利尔耐火材料有限公司
6	陈树彬	中国科学院上海光学精密机械研究所
7	周徐斌	上海卫星工程研究所
8	顾玉亮	上海市净水技术学会
9	葛鸿辉	上海核工程研究设计院股份有限公司
10	蔡佑林	中国船舶集团第七〇八研究所

2023 年上海杰出工程师(青年)名单

序号	获奖人	所在单位
1	李志茂	中国商飞上海飞机设计研究院
2	陈达瑞	特斯拉(上海)有限公司
3	陈国明	上海微创心通医疗科技有限公司
4	罗　虎	中国科学院上海高等研究院/上海簇睿低碳能源技术有限公司
5	周清华	江南造船(集团)有限责任公司
6	娄　亮	上海新微技术研发中心有限公司
7	彭益成	上海电力设计院有限公司
8	董　磊	上海市政工程设计研究总院(集团)有限公司
9	臧学轲	上海亚新城市建设有限公司
10	翟　双	上海重塑能源科技有限公司

(刘彦岑)

第四节　社会科技奖励

【2023 年度社会力量设立科学技术奖开展情况】 上海坚持公益化、非盈利原则,引导本市社会力量设立目标定位准确、学科或专业特色鲜明的科技奖项,鼓励具有一定实力的奖项向国际化方向发展,逐步培养在国际上具有较大影响力的知名奖项。经不完全调查统计,2023 年度有 13 个奖项开展评选活动,共奖励 562 项(人),奖金总额约 565.8 万元,其规模与影响已成为上海市科技奖励体系的重要组成部分,并在上海科技创新中心建设中发挥积极作用。

2023 年度开展奖励活动的社会科技奖励情况

序号	设奖名称	获奖人/项目(个)	奖励经费(万元)
1	上海科学技术情报成果奖	18	0
2	上海中医药科技奖	20	24.9
3	上海中西医结合科学技术奖	14	13.5
4	上海产学研合作优秀项目奖	40	102.0
5	上海医学科技奖	56	231.0
6	上海市质量协会质量技术奖	111	0
7	上海科普教育创新奖	142	154.2
8	上海市公路学会科学技术奖	31	0
9	上海市土木工程学会科技进步奖	55	0
10	上海市土木工程学会英才奖	10	0
11	上海市土木工程学会工程奖	39	0
12	上海药学科技奖	10	35.0
13	上海海洋科学技术奖	16	5.2
	总　计	562	565.8

(常艳丽)

【56个项目获2022年度上海医学科技奖】 6月28日，2022年度上海医学科技奖颁奖大会在上海国际会议中心举行。该奖项由上海市医学会设立，共评出56个获奖项目，其中一等奖7项、二等奖18项、三等奖26项、成果推广奖3项、社区卫生奖2项。

2022年度上海医学科技奖名单

序号	项目名称	主要完成单位	主要完成人	获奖等级
1	复杂颈椎损伤系统治疗关键技术及基础研究	海军军医大学第二附属医院	卢旭华、倪　斌、郭群峰、杨海松、郭　翔、周凤金、陈　宇、陈　飞、徐瑞生、侯春林	一等奖
2	高通量测序、数据库与模型算法在病毒及相关肿瘤诊治中的转化应用	上海中医药大学附属岳阳中西医结合医院、海军军医大学第三附属医院、同济大学	高春芳、王　颖、黄晨军、肖　潇、张晓艳、房　萌、陈世鹏、吴传勇、徐学文、杜飞	一等奖
3	肩关节损伤精准微创治疗技术的基础与临床应用	上海交通大学医学院附属瑞金医院、同济大学附属第十人民医院	王　蕾、蔡　明、李　亘、杨仁豪、王　娟、虞　佩、张　胤、庄澄宇、徐艺冬、崔文国	一等奖
4	流感病毒感染致重症肺炎发病机制和诊疗新技术及推广	上海交通大学医学院附属第一人民医院	王瑞兰、陆　健、孟潇潇、谢　晖、田　锐、杜　江、朱　勇、谢　云、张嘉祥、陆美玲	一等奖
5	胰腺癌精准诊疗体系的建立与推广应用	上海交通大学医学院附属仁济医院、上海市肿瘤研究所	王理伟、薛　婧、崔玖洁、王　宇、张晓飞、焦　锋、徐海燕、杨海燕、路　平、毛铁波	一等奖
6	影响肝癌预后的分子靶点研究	复旦大学附属中山医院、复旦大学	董　玲、薛如意、沈锡中、刘韬韬、陈　舌、张　思、祝继敏、唐文清、周　怡、戴维奇	一等奖
7	转移性卵巢癌关键诊疗技术和策略的创新及机制研究	上海市第一妇婴保健院、上海交通大学医学院附属仁济医院、复旦大学附属肿瘤医院	王　育、杨慧娟、诸海燕、徐韶华、程山山、张　楠、李　珍、杨佳妮、汪　超、马　骏	一等奖
8	大数据驱动的肿瘤预防体系建立与实践	上海市同仁医院、上海交通大学、上海市长宁区疾病预防控制中心	钱碧云、朱滕滕、谢　丽、张维拓、赵文穗、全晓薇、李　磊	二等奖
9	儿童炎症性肠病的精准诊断与个体化治疗新策略	上海交通大学医学院附属瑞金医院	许春娣、余　熠、肖　园、王歆琼、李　璞、许　旭、黄杰斌	二等奖
10	耳聋生物治疗新策略的研发及转化	复旦大学附属眼耳鼻喉科医院、中国科学院脑科学与智能技术卓越创新中心、上海科技大学	舒易来、李华伟、陈　兵、杨　辉、徐　菲、李文妍、王大奇	二等奖
11	肝门胆管癌术前评估体系的构建及推广应用	复旦大学附属中山医院	刘厚宝、石洪成、曾蒙苏、锁　涛、刘　寒、倪晓凌、沈　盛	二等奖
12	骨微环境调控脊柱肿瘤发生和转移的机制探索与临床转化研究	上海交通大学医学院附属第一人民医院、华东师范大学、郑州大学第一附属医院、东华大学、同济大学、上海市肿瘤研究所	宋滇文、孟　通、尹华斌、程义云、黄宗强、张　强、武培怡	二等奖
13	海陆灾难现场创伤一体化急救转运新技术及理论	海军军医大学第二附属医院、海军军医大学特色医学中心、海军军医大学第一附属医院	刘环海、于旭东、王天宇、梁才全、查旭东、张丹枫、任雯雯	二等奖
14	基于海派夏氏皮肤外治特色疗法的技术创新与应用	上海中医药大学附属岳阳中西医结合医院、成都大学、上海中医药大学附属第七人民医院	李福伦、邓　禹、朱建勇、段彦娟、郭冬婕、郭婉军、王　怡	二等奖
15	基于区块链技术的中药饮片溯源代煎配送体系构建与应用推广	市卫生健康委、黄浦区卫生健康委、上海中医药大学附属曙光医院、上海信医科技有限公司、上海市卫生和健康发展研究中心(上海市医学科学技术情报研究所)、中国移动通信集团上海有限公司	胡鸿毅、刘　华、冯　骏、王　炜、葛茂军、冯东雷、王文辉	二等奖
16	基于卫生健康大数据评估健康期望寿命的关键技术与应用	上海市疾病预防控制中心、上海市卫生健康统计中心	付　晨、夏　天、王春芳、虞慧婷、崔　欣、方　博、蔡任之	二等奖

续表

序号	项目名称	主要完成单位	主要完成人	获奖等级
17	老年骨折治疗的关键技术研究、临床应用与推广	海军军医大学第一附属医院、上海交通大学医学院附属第九人民医院、上海交通大学医学院附属第一人民医院	唐　昊、章　浩、张秋林、王光超、佟大可、魏　强、吴剑宏	二等奖
18	内耳功能精细化评估研究及临床应用	上海交通大学医学院附属新华医院	杨　军、张　青、郑贵亮、刘宇鹏、金玉莲、陈建勇、李姝娜	二等奖
19	内镜下胆管狭窄精准诊断和微创治疗关键技术建立和应用	上海交通大学医学院附属第一人民医院、上海交通大学医学院附属第六人民医院	李百文、宛新建、蔡晓波、陆伦根、谢旎、罗声政、倪建波	二等奖
20	乳腺癌复发转移精准诊治体系的建立与研究	上海交通大学医学院附属第一人民医院、澳门大学、上海市肿瘤研究所、上海交通大学医学院苏州九龙医院、泰州赛特生物医药科技有限公司、上海交通大学、海军军医大学第一附属医院	王红霞、狄利俊、刘　赟、张凤春、李军建、范广建、林　平(Peter Lin)	二等奖
21	乳腺肿瘤早期识别的人工智能超声系统	复旦大学附属肿瘤医院、上海大学、复旦大学	周世崇、施　俊、郭　翌、汪源源、常　才	二等奖
22	生活不良因素与代谢病及其并发症的相关性研究和临床预防	上海交通大学医学院附属第九人民医院	陆颖理、王宁荐、王　斌、夏芳珍、张　雯、王禹盈、孙　颖	二等奖
23	说句心里话——心血管科普融媒体矩阵推广	复旦大学附属中山医院	程蕾蕾、葛均波、齐璐璐、舒先红、王　妍、陈佳慧、林瑾仪	二等奖
24	希浦系统起搏防治慢性心力衰竭的应用与推广	复旦大学附属中山医院、温州医科大学附属第一医院	陈学颖、宿燕岗、黄伟剑、王　蔚、柏　瑾、秦胜梅、汪菁峰	二等奖
25	一种助力提升数字医院管理水平的服务机器人管理体系构建与推广	上海交通大学医学院附属儿童医院、上海大学、上海智蕙林医疗科技有限公司	杨晓东、田应仲、蒋化冰、倪雨嘉、李志玲	二等奖
26	Better Eye, Better Oral, Better future——小学生爱眼护牙科普	上海交通大学医学院附属第九人民医院	侯黎莉、李　丽、刘庆芬、丁　琴、郝桂华	三等奖
27	标准化的儿童哮喘分级诊疗体系的建立与推广	上海交通大学医学院附属上海儿童医学中心、上海交通大学	殷　勇、王　艳、张　静、林继雷、吴巾红	三等奖
28	表观遗传修饰在儿童免疫相关性疾病中的作用机制研究	复旦大学附属儿科医院	周玉峰、钱莉玲、韩　晓、付劲蓉、黄赛花	三等奖
29	城市人群肝癌流行规律分析及膳食因素与肝癌关系的前瞻性评价	上海交通大学医学院附属仁济医院、上海市肿瘤研究所	项永兵、李泓澜、谭玉婷、张　薇、王　静	三等奖
30	川崎病早期筛查体系研究与临床创新应用	上海交通大学医学院附属儿童医院、中国科学院上海营养与健康研究所、上海国际人类表型组研究院、道之精准医学科技(上海)有限公司	黄　敏、宋思瑞、丁国徽、陈丽琴、李　光	三等奖
31	多发性硬化症发病机制与治疗靶点	同济大学附属同济医院、同济大学	杜昌升、裴　钢、吕　婕、杨翠霞、赖炜明	三等奖
32	多学科融合的脑卒中康复治疗新技术的应用	上海市徐汇区中心医院、上海大学、上海体育学院、上海市徐汇区枫林街道社区卫生服务中心、上海市徐汇区漕河泾街道社区卫生服务中心	张　颖、李改燕、华子恺、傅维杰、丁珊珊	三等奖
33	肺癌转移复发的信号机制解析与逆转体系构建	上海交通大学医学院附属第六人民医院、苏州大学、遵义医科大学、同济大学附属东方医院	任　涛、刘泽豫、温振科、徐　林、单　姗	三等奖
34	基于疾病谱的社区全科服务能力与质量评价及循证提升研究	上海市杨浦区中心医院、上海交通大学	金　花、石建伟、张含之、史晓晓、杨　蓉	三等奖
35	基于肿瘤干细胞的胶质瘤恶性增殖机制及靶向治疗研究	上海交通大学医学院附属仁济医院、上海交通大学医学院附属上海儿童医学中心	冯海忠、李彦欣、张伟伟、侯艳丽	三等奖
36	精准微创诊疗体系在脊柱退变性疾病中的应用	上海市同仁医院、海军军医大学第二附属医院、上海纳米技术及应用国家工程研究中心有限公司	余将明、叶晓健、席焱海、顾　昕、徐　艳	三等奖

续表

序号	项目名称	主要完成单位	主要完成人	获奖等级
37	老年复杂性骨折的成因及临床优化治疗方案的生物力学评价	上海市浦东新区公利医院、同济大学	张　岩、龚璐璐、杨铁毅、邵　进、范鑫斌	三等奖
38	颅内动脉瘤破裂预警与救治的关键技术创新及应用	上海交通大学医学院附属仁济医院、温州医科大学附属第一医院、上海交通大学医学院附属第六人民医院、上海交通大学	万杰清、赵　兵、钟　鸣、朱悦琦、梁夫友	三等奖
39	NAAG肽酶抑制新策略对创伤性脑损伤的神经保护作用研究	同济大学附属东方医院、上海交通大学医学院附属仁济医院	钟春龙、冯军峰、刘　珉、徐巳奕、张　晶	三等奖
40	脑卒中全疾病周期多维度协同管理新模式的建立和应用	同济大学附属东方医院、上海市浦东新区医疗急救中心	李　刚、鲍　欢、张春芳、杨玉梅、虞才龙	三等奖
41	三阴性乳腺癌靶向干预新策略的探索	同济大学附属东方医院、同济大学	俞作仁、成　昱、董春燕、赵　倩、吕金辉	三等奖
42	糖代谢异常对中枢神经系统的损害机制及干预研究	上海交通大学医学院附属第六人民医院	赵玉武、付剑亮、王修哲、邓江山、赵　飞	三等奖
43	体外膜肺氧合技术的规范建立、技术创新和应用推广	复旦大学附属中山医院、上海交通大学医学院附属胸科医院	李　欣、罗　哲、屠国伟、郭　震、王春生	三等奖
44	外周神经根调控技术在神经损伤康复中的研究与应用	上海中医药大学、同济大学附属同济医院、上海市闵行区中心医院、复旦大学附属华山医院、同济大学附属养志康复医院	许东升、陈玉辉、赵　静、白玉龙、毛也然	三等奖
45	下肢深静脉慢性闭塞性病变诊治的关键技术与器械转化	上海交通大学医学院附属第九人民医院	叶开创、陆信武、殷敏毅、杨心蕊、张　省	三等奖
46	胸科手术安全麻醉关键技术临床与转化研究	上海交通大学医学院附属胸科医院	吴镜湘、邱郁薇、王　委、李琼珍、张作晶	三等奖
47	遗传性胆汁淤积症新致病基因、新表型及表型预测因素的发现和应用	复旦大学附属儿科医院、复旦大学附属金山医院、北京生命科学研究所、复旦大学	王建设、李丽婷、丘倚灵、李文辉、邢清和	三等奖
48	直肠癌规范化诊疗标准的确立及临床应用	上海交通大学医学院附属仁济医院	钟　鸣、张　岩、骆　洋、俞旻皓、叶光耀	三等奖
49	智慧医疗背景下医院-社区-家庭联动慢病延续护理模式构建及应用	上海市浦东新区公利医院、复旦大学、上海健康医学院	王艳梅、胡　雁、张　鹏、潘欣欣、杨青敏	三等奖
50	中国药物相关问题分类系统的建立及在骨质疏松共病患者的推广应用	上海市同仁医院、上海市长宁区公立医院和社区卫生管理中心	廖　赟、李　玲、顾志俭、张　萍、李　琴	三等奖
51	自身免疫甲状腺病的遗传学与细胞免疫学研究与应用	上海市浦东新区周浦医院(上海健康医学院附属周浦医院)	张进安、宋荣华、秦　秋、钱巧慧、姚秋明	三等奖
52	徐汇智慧云医院建设与新冠疫情常态化医疗健康模式创新	上海市徐汇区中心医院	程　捷、张　雄、胡　珺、田净雯、朱　福、葛春林、庞郁悦、茅俊杰、汪思阳、周志文	成果推广奖
53	影像新技术在前列腺癌诊断及其临床风险分层评估中的应用推广	上海交通大学医学院附属新华医院	陈亚青、朱云开、齐　隽、戚庭月、蒋　珺、陆殿元、刘卫勇、王立峰	成果推广奖
54	足弓畸形力学重建的手术治疗及相关基础研究	同济大学附属同济医院	杨云峰、李　兵、俞光荣、夏　江、赵有光、朱　辉、周海超	成果推广奖
55	标准化、自动化、系统化血压测量和管理平台	上海市闵行区莘庄社区卫生服务中心、上海市高血压研究所	陈　凌、王亚娟、王　彦、李　燕、朱鼎良、李云贺、顾　昊、张红梅、李　敏、冷海燕	社区卫生奖
56	基于分级诊疗的社区心脏康复路径建设及关键技术研究	上海市徐汇区龙华街道社区卫生服务中心、上海市徐汇区枫林街道社区卫生服务中心、上海市徐汇区中心医院、上海市奉贤区南桥镇社区卫生服务中心、上海市徐汇区凌云街道社区卫生服务中心	陈碧华、王青青、林其意、杨　坚、李　擎、陈俊玲、包　垚、经　铃、曹伟艺、凌　枫	社区卫生奖

（方奕奕）

【650个项目在第35届上海市优秀发明选拔赛中获奖】 7—12月开展。市总工会、市知识产权局、团市委、市科协、上海发明协会共同主办。88个区局(产业)工会及行业协会学会组织2 053项成果参赛,经资格审查、材料评审、现场答辩等评审环节,最终650项成果获奖。外高桥造船厂的"大型双燃料散货船及其供气系统"等300个项目获优秀发明奖,其中金奖50项、银奖100项、铜奖150项;国际超导科技有限公司的"国产化公里级高温超导电缆系统"等300个项目获优秀创新金奖,其中金奖50项、银奖100项、铜奖150项;康宁科技实验小学林子祁的"一种基于水位检测传感器的儿童智能安全泳帽"等50个项目获青少年发明奖,其中金奖5项、银奖15项、铜奖30项。（谢　磊）

【10项(人)获2023年度上海药学科技奖】 由上海市药学会组织评选的2023年度上海药学科技奖揭晓,10项(人)获奖。其中,特等奖1项、一等奖2项、二等奖3项、优秀成果奖1项、青年人才奖3人。

2023年度上海药学科技奖名单

序号	项目名称	主要完成单位	主要完成人	获奖等级
1	全球首创2型糖尿病新药多格列艾汀研发及产业化	华领医药技术(上海)有限公司	陈　力、佘　劲、王高森、张　怡、赵　瑜、余　刚、张嘉懿、冯令戈、曹蓓莉	特等奖
2	新靶标识别和原创先导化合物发现技术的研究及应用	上海交通大学、中国科学院上海药物研究所	张　健、谭敏佳、蒋玉辉、陆绍永、杨秀岩、刘鑫奕	一等奖
3	基于代谢调控和合成生物学策略的中药资源创新与应用	海军军医大学、上海中医药大学、上海交通大学	张　磊、陈万生、王玉亮、唐克轩、肖　莹、陈瑞兵、陈军峰、吕宗友、付雪晴、黎　凌、史建伍、陈素素、于海征、季　倩、蒋益萍	一等奖
4	药物复杂体系中活性物质分析关键技术研究及应用	海军军医大学、上海市第一妇婴保健院、上海交通大学医学院附属第九人民医院	陈啸飞、曹　岩、张　海、刘　悦、洪战英、朱臻宇、顾妍秋、吕狄亚、王　蓉、张其锵	二等奖
5	针对动力学过程限制的新型肿瘤靶向递药系统的基础研究	上海交通大学医学院、上海中医药大学、上海健康医学院	方　超、陈红专、来　星、朱茂华、董　霄、栾　鑫、孙　鹏、袁一航、赵　梅、施江培	二等奖
6	上海市中药配方颗粒质量标准体系制定及技术创新	上海市食品药品检验研究院、中国科学院上海药物研究所、上海中医药大学、国家中药制药工程技术研究中心(上海中药制药技术有限公司)、上海万仕诚药业有限公司、上海雷允上药业有限公司	季　申、毛秀红、张建青、张紫佳、毛　丹、许　政、周　恒、张艳红、胡　青、李　琦	二等奖
7	基于"病、症、药结合"策略的创新药物技术平台构建及应用	上海大学、上海市浦东新区人民医院、海军军医大学药学系	张　川、王庭芳、邱　彦、苏　娟、熊礼燕、贾　丹、董雅芬、王　芸	优秀成果奖

2023年度上海药学科技奖青年人才奖名单

序号	获奖人	单位
1	庄春林	海军军医大学
2	刘小文	复旦大学
3	席志超	上海中医药大学

（程　玲）

【20个项目获第14届上海中医药科技奖】 上海中医药科技奖奖励办公室共收到全市高等医学院校、医疗单位、科研机构及各区社区卫生服务中心申报第14届上海中医药科技奖项目44项。经形式审查、初审、专家答辩、终审公示,评选出上海中医药科技奖各级奖项20个,其中一等奖2项,二等奖5项,三等奖5项,科技成果推广奖1项,科学技术普及奖2项,著作奖一等奖1部、著作奖二等奖1部、著作奖三等奖1部,社区卫生奖2项。

第14届上海中医药科技奖名单

序号	项目名称	完成单位	主要完成人	获奖等级
1	肺癌复发与转移核心病机正虚伏毒的创建及临床应用	上海中医药大学附属市中医医院、复旦大学	田建辉、李　雁、罗　斌、施奇惠、阙祖俊、王　卓、骆莹滨、吴建春、王宇立、杨　蕴、周奕阳、徐　静	一等奖
2	中医药联合EGFR-TKI治疗肺癌EGFR突变人群的方案建立与推广	上海中医药大学附属岳阳中西医结合医院、上海中医药大学附属龙华医院、上海交通大学医学院附属胸科医院、同济大学附属上海市肺科医院	许　玲、孙建立、焦丽静、龚亚斌、陈智伟、徐建芳、姚嘉麟、王　芹、杨文笑、孙晨冰	一等奖
3	补虚化瘀法治疗原发性胆汁性胆管炎的临床和实验研究	上海中医药大学附属龙华医院	张　玮、王俐琼、王　磊、李　莹、黄淑芸、叶思雯、朱步坤	二等奖

续表

序号	项目名称	完成单位	主要完成人	获奖等级
4	中药复方抑囊方治疗常染色体显性遗传多囊肾病的临床应用	上海中医药大学附属曙光医院	高建东、李瑞玲、甘 静、黄 迪、王惠玲、张新志、吴燕升、辛家东、刘伟伟、周嘉宝	二等奖
5	基于"筋骨并重"理论的腰椎间盘突出症魏氏伤科手法诊疗模式建立与临床应用	上海交通大学医学院附属瑞金医院、上海中医药大学附属曙光医院、上海交通大学、上海市伤骨科研究所、上海健康医学院附属崇明医院、上海市香山中医医院、上海市黄浦区打浦桥街道社区卫生服务中心	薛 彬、李飞跃、房 敏、奚小冰、王冬梅、孔令军、刘 涛、王 强、黄 萍、陈 辉、刘光明、王 杰、张 昊、张进霖、颜 威	二等奖
6	黄芪汤改善气阴两虚型 DKDIV 期患者临床疗效观察及机制研究	上海市普陀区中心医院(上海中医药大学附属普陀医院)	王云满、王 利、王 浩、朱冰冰、刘 爽、姚兴梅、方 际、池杨峰、黄洁波	二等奖
7	中医药防治慢性复杂肺部感染的临床实践与创新研究	上海中医药大学附属龙华医院、上海中医药大学	鹿振辉、张惠勇、张少言、姜 昕、张顺先、郑培永、吴定中、邱 磊、李 翠、马子风、吴显伟	二等奖
8	基于"少阳枢机不利"理论建立代谢综合征(MS)合并缺血性脑血管病(ICD)防治管理体系	上海交通大学医学院附属第六人民医院、上海中医药大学附属普陀医院、上海中医药大学附属龙华医院、上海中医药大学附属市中医医院、上海市闵行区中心医院、上海市长宁区天山中医医院、上海市奉贤区中医医院	王 兵、阮 君、肖铁刚、尚浩南、张 强、刘凯利、张 力、吕佳璐、张 扬、杜翔宇	三等奖
9	温阳通络法联合寸径切开法治疗粉刺性乳痈的临床应用研究	上海中医药大学附属岳阳中西医结合医院	薛晓红、季亚婕、李 琼、张馨月、李思雨、陆 清、陈玮黎、刘 钰、沙珊焱、胡 昊	三等奖
10	中药来源黄酮类物质干预药物性肝损伤的机制研究	上海市普陀区中心医院(上海中医药大学附属普陀医院)、上海中医药大学、上海中医药大学附属市中医医院	蒋元烨、胡 诚、张家祺、曹 勤、庄小禹、潘凌云、杜晟楠、袁乙富、张思敏	三等奖
11	海派"陆氏针灸"对脓毒症脏器损伤的临床评价与应用基础研究	上海中医药大学附属第七人民医院	金 珠、雷 鸣、王秋月、孙芳园、杨小芳、李 雯、游丽娇、耿 欢、许开亮、陆李还	三等奖
12	滋阴补肾方治疗围绝经期综合征的药效机制及制剂开发系列研究	上海市浦东新区公利医院	唐苾芯、李文艳、吴昆仑、都乐亦、谢 凡、张登海、徐莉敏、曹帆帆、阮豪骥	三等奖
13	顾氏外科特色技术治疗复杂性肛瘘的推广应用	上海中医药大学附属龙华医院	曹永清、王 琛、易 进、梁宏涛、姚一博、董青军、潘一滨、丁 敏、殷立新、胡德昌、沈 晓、张 强、王佳雯、蒋伟冬、尹 璐	科技成果推广奖
14	《乳房知识问答》	上海中医药大学附属龙华医院、上海交通大学医学院附属第九人民医院	陈红风、廖明娟、吴晶晶、叶媚娜	科学技术普及奖
15	通过"海派中医妇科流派专科联盟建设"整合妇科流派资源育人才、强基层、促传承	上海中医药大学附属市中医医院	胡国华、陈 静、王春艳、谷灿灿、毕丽娟、张亚楠、程慧琴	科学技术普及奖
16	《病证结合大内科学》	复旦大学附属中山医院	蔡定芳、张 雯、项忆瑾、蔡 敏、李祥婷、张琦祺、向 军、范 越、顾喜喜、陆春伟、杨云柯	著作奖一等奖
17	《ISO 中医药国际标准理论研究与实践》	上海中医药大学附属曙光医院、上海中医药大学	沈远东、桑 珍、李 静、徐晓婷、黄奕然、石燕红、郑林赟、姜水印	著作奖二等奖
18	《民国江南医家著作选粹》丛书	上海中医药大学	张玉萍、袁久林、邸若虹、汤晓龙、鲍健欣、熊 俊	著作奖三等奖
19	基于社区特点的"五三法"特色针灸疗法防治颈椎病及其社区推广应用	上海市长宁区虹桥街道社区卫生服务中心	张奕奕、钱 宁、陈丽敏、王 磊	社区卫生奖
20	"董氏针药"防治小儿脾胃病的社区应用与推广	上海市嘉定区江桥镇社区卫生服务中心	韩海琼、王雪娇、刘腾飞、郭巍娜、杨斗昕、武子英、施 颖、祁登科、屠燕萍、常 伟、石益斌、李 军	社区卫生奖

(谈美蓉)

【40个项目获2023年上海产学研合作优秀项目奖】 由上海科技成果转化促进会、上海市教育发展基金会、市科协共同主办的2023年上海产学研合作优秀项目奖揭晓。经过初核、初评、复评、终评等环节，评选出特等奖2项、一等奖5项、二等奖8项、三等奖16项，另有提名奖9项。

2023年上海产学研合作优秀项目奖名单

序号	项目名称	参与单位	获奖等级
1	600 MW高温气冷堆主设备研发及产业化	上海电气核电集团有限公司、清华大学	特等奖
2	“鸿鹄“关节置换手术机器人系统研发及产业化	上海交通大学医学院附属第九人民医院、上海微创医疗机器人(集团)股份有限公司	特等奖
3	先进热冲压技术研发和产业化应用	宝山钢铁股份有限公司、上海交通大学、上汽通用五菱汽车股份有限公司	一等奖
4	航空自润滑关节轴承的研制及工程化应用	上海市轴承技术研究所有限公司、上海大学、上海市合成树脂研究所有限公司	一等奖
5	高性能铝基SiCp复合材料研发及应用	上海宇航系统工程研究所、上海交通大学、深圳市优越新材料有限公司	一等奖
6	智能磁传感器关键芯片技术的研发及产业化	上海灿瑞科技股份有限公司、上海大学	一等奖
7	超高分子量聚乙烯极端流变体系先进成型技术及产业化	上海化工研究院有限公司、上海三菱电梯有限公司、华东理工大学	一等奖
8	航天飞行器部件精密加工关键技术和装备	上海航天精密机械研究所、上海交通大学、科德数控股份有限公司	二等奖
9	新能源汽车热泵空调系统研发及产业化	上海光裕汽车空调压缩机有限公司、上海理工大学	二等奖
10	重载混联搅拌摩擦焊机器人研究与应用	上海航天设备制造总厂有限公司、天津大学、哈尔滨工业大学	二等奖
11	超低能耗钢结构住宅成套技术及产业化	同济大学建筑设计研究院(集团)有限公司、龙元明筑科技有限责任公司、同济大学	二等奖
12	木霉源活性素构建与产业化	上海大井生物工程有限公司、上海交通大学	二等奖
13	集成电子驻车的线控电子液压制动系统研发及产业化	上海同驭汽车科技有限公司、同济大学	二等奖
14	餐厨废弃油脂制生物柴油生产技术升级及应用	上海中器环保科技有限公司、浙江工业大学	二等奖
15	智能装配式公厕及其粪污处理系统研发应用	上海华杰生态环境工程有限公司、同济大学	二等奖
16	民用飞机制造过程绿色安全智慧管理平台研制与应用	上海飞机制造有限公司、同济大学、上海通金信息科技开发有限公司	三等奖
17	高可靠冗余电液伺服执行技术及应用	上海航天控制技术研究所、同济大学	三等奖
18	结核分枝杆菌显微扫描仪的研制与应用	上海澜澈生物科技有限公司、华东师范大学	三等奖
19	平湖油气田深部高温高压油气藏勘探开发关键技术研究	上海石油天然气有限公司、西南石油大学、东营文胜石油科技有限公司	三等奖
20	轨交应急后备电源系统研制及产业化	上海航天电源技术有限责任公司、东华大学	三等奖
21	特殊声学事件检测技术研发及产业化应用	云知声(上海)智能科技有限公司、上海师范大学	三等奖
22	运载火箭末子级留轨应用关键技术研究及产业化	上海埃依斯航天科技有限公司、上海交通大学	三等奖
23	美白、延缓衰老植物的蛋白质组学机理的研究及应用	上海相宜本草化妆品股份有限公司、中国科学院上海药物研究所	三等奖
24	芯片级封装全光谱LED光源关键材料研发及应用	上海亚明照明有限公司、上海应用技术大学	三等奖
25	稀土铝合金轮毂的研究及应用	上海耀鸿科技股份有限公司、上海工程技术大学	三等奖
26	35 MPa高压泵阀油压升级关键技术研发及应用	联合汽车电子有限公司、同济大学	三等奖
27	深度学习任务AI智能计算服务平台开发及应用	上海声通信息科技股份有限公司、上海交通大学	三等奖

续表

序号	项目名称	参与单位	获奖等级
28	高取向碳纤维导热复合材料的开发及产业化	上海阿莱德实业股份有限公司、上海应用技术大学、上海师范大学	三等奖
29	高品质材料单体的绿色生产工艺与结晶纯化技术的开发	上海彩迩文生化科技有限公司、上海工程技术大学	三等奖
30	面向脑卒中术后人群的虚拟现实肢体康复系统研发与产业化	上海金矢机器人科技有限公司、上海大学	三等奖
31	超声AI辅助诊断系统的研发及应用	什维新智医疗科技(上海)有限公司、复旦大学、复旦大学附属中山医院	三等奖

(翁微微)

【142项(人)获2023年上海科普教育创新奖】 上海科普教育发展基金会公布2023年上海科普教育创新奖名单，142人(项)获奖。其中，李劲松、樊春海获科普杰出人物奖，王育等15人获科普贡献奖(个人)，上海市刑事科学技术研究院等3家单位获科普贡献奖(组织)，程蕾蕾等3人获健康科普奖(个人)，上海市女医师协会等3家单位获健康科普奖(组织)，《深海浅说》等10个项目获科普成果奖(科普作品)，全国肿瘤防治宣传周系列活动等9个项目获科普成果奖(科普活动)，融媒体账号"X科普工厂"等10个项目获科普传媒奖，赵伟明等14人获科普管理优秀奖，沈玉芹等19人获优秀科普志愿者奖(个人)，上海市禁毒科普教育馆志愿者服务总队等9支团队获优秀科普志愿者奖(团队)，黄文翰等15人获青少年科技励志奖(小学、初中)，刘栋天等15人获青少年科技励志奖(高中、中职)，另有15个项目和个人获提名奖。

2023年度上海科普教育创新奖科普杰出人物奖名单

序号	获奖项目	获奖人
1	"小"细胞"大"世界——"硬核"科普传递科学精神	李劲松
2	讲好科学故事，助力"全民科普"	樊春海

2023年度上海科普教育创新奖科普贡献奖(个人)名单

序号	获奖项目	获奖人	获奖等级
1	卵巢癌预防及全程慢病化管理系列科普推广	王　育	一等奖
2	从兴趣到专业 从研究到传播 自然科普探索	何　鑫	一等奖
3	沪上口腔健康科普多维矩阵创新实践	刘月华	二等奖
4	基于新媒体形式的科创成果科普化制作及推广	赵文跃	二等奖
5	基于肺心脑血管科普教育基地提升大众健康素养系列科普方法与技术的研发与推广	范理宏	二等奖
6	老年人衰弱的认知和预防	保志军	二等奖
7	军民融合促进心理健康系列科普	柏涌海	二等奖
8	时尚营养，走向健康，Better Nutrition Better Life	汪正园	三等奖
9	儿童骨肿瘤科普体系的建立及推广	华莹奇	三等奖
10	多层次天文教育资源及科创教育交流平台的建设	左文文	三等奖
11	三级心理健康促进网络管理	曾庆枝	三等奖
12	用心呵护 用新培育	徐晓明	三等奖
13	让儿科分级诊疗从家庭开始	徐灵敏	三等奖
14	"沪"享瘦身，重觅窈窕	李　博	三等奖
15	让文物"活起来"——基于上海中医药博物馆馆藏的中医药科普教育实践	全　瑾	三等奖

2023年度上海科普教育创新奖科普贡献奖(组织)名单

序号	获奖项目	获奖单位	获奖等级
1	传承刑警基因 弘扬科学魅力	上海市刑事科学技术研究院	一等奖
2	以科普助力垃圾分类成为低碳生活新时尚	上海城投老港基地管理有限公司	二等奖
3	包起帆创新之路展示馆	上海第二工业大学	三等奖

2023年度上海科普教育创新奖健康科普奖(个人)名单

序号	获奖项目	获奖人	获奖等级
1	说句心里话——心血管健康科普融媒体矩阵推广	程蕾蕾	一等奖
2	中医治未病全民健康科普宣教	方　泓	二等奖
3	儿童合理用药系列科普	李志玲	三等奖

2023年度上海科普教育创新奖健康科普奖(组织)名单

序号	获奖项目	获奖单位	获奖等级
1	巾帼行动——关爱妇女、儿童及老人科普平台建设	上海市女医师协会	一等奖
2	奏响健康科普"三部曲"	上海市浦东新区人民医院	二等奖
3	让医学影像知识播撒在大众心中	同济大学附属同济医院	三等奖

2023 年度上海科普教育创新奖科普成果奖(科普作品)名单

序号	获奖项目	获奖单位或个人	获奖等级
1	《深海浅说》	上海科技教育出版社有限公司	一等奖
2	会"成长"的图书——《骨健康必听必看》丛书	复旦大学附属中山医院 上海科学技术出版社	二等奖
3	《国之重器——舰船》科普丛书	中国船舶及海洋工程设计研究院、上海市船舶与海洋工程学会、上海交通大学、上海科学技术出版社有限公司	二等奖
4	《科学起跑线》丛书(第一辑)	上海教育出版社有限公司	二等奖
5	纪录片"太湖之恋"	真实传媒有限公司	三等奖
6	"鲸奇世界"原创科普展览	胡玺丹、王俊卿、张维赟、龚　皓、包李君、王毅刚、仇　奕、徐呈双	三等奖
7	《带回家的自然博物馆》系列	中国中福会出版社有限公司	三等奖
8	以百草园为依托的中医药科普的创新与实践	上海中医药大学、张江集团、上海中医药大学附属普陀医院	三等奖
9	科普舞台剧"化学世界历险记"	上海市徐汇区建襄小学、中国科学院上海有机化学研究所	三等奖
10	《绿色植物与中国传统文化:小小神农图谱手本》	缪宏才、李慧丽、顾晓青、何　勇、庄晓明、徐建飞、章琢之、卢佳怡	三等奖

2023 年度上海科普教育创新奖科普成果奖(科普活动)名单

序号	获奖项目	获奖单位或个人	获奖等级
1	全国肿瘤防治宣传周系列活动	倪　明、陈　震、郑　莹、赵广智、邵志敏、华克勤、周彩存、赵　任	一等奖
2	上海"城市空间艺术季"系列展城市文化科普	李翔宁、赵宝静、伍　江、王明颖、胡颖蓓、高长军、陈　敏、严帅帅	二等奖
3	"儿童无伤害,我们在"系列科普活动	郑继翠、傅丽丽、李　昊、徐　虹、简杜莹、薛　萍、沈　桢、汪庭娟	二等奖
4	"寓教于乐,化教于心"系列医学科普活动	复旦大学	二等奖
5	上海交通大学李政道科学与艺术讲座基金系列活动	上海交通大学(李政道图书馆)	三等奖
6	科普星人充电站	上海科技馆	三等奖
7	"美丽上海　我是行动者"上海市青少年环境教育系列活动	中国福利会少年宫	三等奖
8	"东方讲坛·思想点亮未来"系列讲座	上海市社会科学界联合会	三等奖
9	首席科普官"破圈"引领健康科普新风尚系列活动	同济大学附属第十人民医院	三等奖

2023 年度上海科普教育创新奖科普传媒奖名单

序号	获奖项目	获奖单位或个人	获奖等级
1	融媒体账号"X 科普工厂"	上海融东方文化传媒有限公司	一等奖
2	哈哈画报	中国中福会出版社有限公司	二等奖
3	权威健康科普,百姓一手在握:复旦大学附属华山医院全媒体健康科普平台的建设与传播	复旦大学附属华山医院	二等奖
4	"极客叨科学-浦东科普工作者系列访谈"(广播)	叶欣辰、龙　敏、傅昇岽、乐　祺、郑子凌、李坤宁、姚宏伟、郑伟光	二等奖
5	辰山"云赏花"新媒体传播	上海辰山植物园	三等奖
6	"绿博士"微信公众号	上海市绿化管理指导站	三等奖
7	打造新媒体健康教育矩阵,科普护航妇幼全生命周期	上海市长宁区妇幼保健院	三等奖
8	上海植物园微信公众号科普宣传项目	上海植物园	三等奖
9	上海长征医院微信订阅号+视频号	海军军医大学第二附属医院	三等奖
10	中医药文化微信科普平台建设	李海英	三等奖

2023 年度上海科普教育创新奖科普管理优秀奖名单

序号	获奖项目	获奖人	获奖等级
1	引领示范创标杆,砥砺前行谱科学	赵伟明	一等奖
2	基于医院文化,打造具有同济特色的健康传播文化	吴登龙	一等奖
3	打造杨浦"社区书院"建设升级版	龚培娟	二等奖
4	科普赋能幸福生活　激活社区治理新动能(4321 科普工作模式)	张炜玮	二等奖
5	以"上海疾控"之名构建公共卫生健康科普传播矩阵	董　晨	二等奖
6	新媒体矩阵化管理模式	姚　乐	二等奖
7	徐汇区成功创建 2021—2025 年全国科普示范区	张　蕾	二等奖
8	全方位加强学校科普教育主渠道	杨　俊	三等奖
9	"365 天,让血不断"	张　晰	三等奖
10	闵行疾控"卫·爱"健康科普	徐东丽	三等奖
11	青浦区环境科普教育基地	陆晓怡	三等奖
12	"精中小哥哥"心理健康科普项目	占归来	三等奖
13	"花开东平、初心逐梦"社区书院项目	张　倩	三等奖
14	"让 EYE 看见"全人群全生命周期集成式眼健康科普活动	陆丽娜	三等奖

2023 年度上海科普教育创新奖优秀科普志愿者奖(个人)名单

序号	获奖人	获奖等级
1	沈玉芹、王辉昊	一等奖
2	宋利格、赵 婧、徐 蔚、王 骁、马 莉	二等奖
3	张 权、褚晓彦、屠书泱、孙武权、郑拥军、王春梅、马锦华、余茗灏	三等奖
4	周国民、王雪强、李 越、冯波敏	提名奖

2023 年度上海科普教育创新奖优秀科普志愿者奖(团队)名单

序号	获奖团队	获奖等级
1	上海市禁毒科普教育馆志愿者服务总队	一等奖
2	同济大学附属养志康复医院蒲公英志愿者服务基地	二等奖
3	“真爱忘不了”——社区老人关爱与认知障碍疾病医学传播志愿服务团队	二等奖
4	同济大学“同舟共济,守筑光明”志愿服务团	三等奖
5	华东理工大学资源与环境工程学院生态环保志愿服务队	三等奖
6	国网上海电科院电博士“电力百事通”志愿服务团队	三等奖
7	“十院科普官”志愿服务队	提名奖
8	上海市崇明区科技教育志愿服务分队	提名奖
9	上海健康医学院健康青年科普团	提名奖

2023 年度上海科普教育创新奖青少年科技励志奖(小学、初中)名单

序号	获奖人	所在学校	获奖等级
1	黄文翰	上海市存志学校	一等奖
2	陈天择	上海市实验学校东校	一等奖
3	叶会旎	上海民办打一外国语小学	二等奖
4	张智皓	上海市西南位育中学	二等奖
5	代旭尧	上海外国语大学附属外国语学校东校	二等奖
6	吴 忧	上海市长宁区愚一小学向红分校	三等奖
7	张子木	上海市长宁区江苏路第五小学	三等奖
8	姚正阳	上海市实验学校	三等奖
9	袁 梦	上海市南洋模范初级中学	三等奖
10	孙尤敏熹	上海市虹口区广灵路小学	三等奖
11	杨一一	上海市存志学校	提名奖
12	徐梓夏	上海市浦东新区明珠临港小学	提名奖
13	顾一源	上海市南洋模范初级中学	提名奖
14	王钰轩	华东理工大学附属小学	提名奖
15	倪思源	上海市黄浦区董家渡路第二小学	提名奖

2023 年度上海科普教育创新奖青少年科技励志奖(高中、中职)名单

序号	获奖人	所在学校	获奖等级
1	刘栋天	上海外国语大学附属外国语学校	一等奖
2	苏奕铭	复旦大学附属中学	一等奖
3	蒋宇陆	上海师范大学附属外国语中学	二等奖
4	夏浚哲	上海市南洋中学	二等奖
5	李思源	复旦大学附属中学	二等奖
6	许元开	上海交通大学附属中学	三等奖
7	俞方圆	华东师范大学第二附属中学	三等奖
8	顾晟祺	上海市延安中学	三等奖
9	王少甫	上海外国语大学附属大境中学	三等奖
10	祁千千	上海师范大学第二附属中学	三等奖
11	曹译文	上海外国语大学附属外国语学校东校	提名奖
12	高欣悦	上海市杨浦高级中学	提名奖
13	顾乐瑶	华东师范大学第二附属中学	提名奖
14	林欣蓝	上海市复兴高级中学	提名奖
15	何琪铭	上海交通大学附属中学嘉定分校	提名奖

2023 年度上海科普教育创新奖提名奖名单

序号	获奖项目	获奖单位或个人
1	面向疲郁人群的中医药宣传与推广	张振贤
2	上海市级医院“市民健康科普宣传周”和“医院开放日”活动	上海申康医院发展中心
3	朱氏妇科:呵护女性生殖健康	上海中医药大学附属岳阳中西医结合医院
4	儿童伤害的预防工作	贡海蓉
5	医学检验助力健康管理	曹旻璐
6	微信公众号“上海新华医院”	上海交通大学医学院附属新华医院
7	公筷公勺分餐食——公筷公勺系列科普	上海市健康促进中心
8	红烧肉中的美拉德反应	中国科学院上海药物研究所
9	电子废弃物循环利用之科普课程及短视频开发及应用	上海第二工业大学
10	青少年科技教育(国防篇)	上海教育报刊总社文化中心、上海市教育委员会
11	“解密生命科学——走近伟大的实验动物”系列科普活动	上海实验动物研究中心
12	徐汇疾控小姐姐	徐汇区疾病预防控制中心
13	食品药品包装材料安全与环保宣传科普站	王蓉佳
14	北上海科普集市暨家庭创客嘉年华活动	刘燕婷
15	科普启蒙与探索——引领团队科普生活化	马思聪

(胡 俊)

第四篇　第十五章

知 识 产 权

第一节｜概况

【上海知识产权工作概述】 2023年,上海专利授权量15.91万件。其中,发明专利授权量4.43万件,比上年增长20.51%;PCT国际专利申请量6 185件,比上年增长10.62%。上海有效发明专利拥有量24.14万件,比上年增长19.53%;每万人口高价值发明专利拥有量50.2件,比上年增长9.3件。上海有效注册商标量261.35万件,比上年增长7.66%。上海作品版权登记数突破41万件,比上年增长8%。上海获农业植物新品种权155件,林业植物新品种权28件。上海连续2年获得国务院对知识产权工作的督查激励,连续3年在全国知识产权保护工作考核中保持优秀等级。上海在世界知识产权组织(WIPO)《2023年全球创新指数报告》"最佳科技集群"中的排名提升至第5位(与苏州合并为同一科技集群)。

完善知识产权制度体系。知识产权先行先试任务纳入加快上海"五个中心"建设、浦东新区综合改革试点等重要文件。《关于进一步加强本市中小企业知识产权工作的指导意见》《关于加强本市知识产权鉴定工作的暂行实施办法》《关于加强本市医药采购领域知识产权保护的实施意见》等印发。

推动知识产权领域改革创新。市知识产权局推进数据知识产权试点,建设登记管理平台;《企业数字版权技术措施保护与合规指引》发布;上海国际经济贸易仲裁委员会发布全球首部《数据仲裁规则》。

完成国家重大外交任务。市知识产权局牵头组织上海代表团赴北京和瑞士日内瓦参加中国与WIPO合作50周年系列活动,完成中国与WIPO合作50周年纪念展。

着力服务国家重大战略。市知识产权联席会议办公室开展第6届中国国际进口博览会知识产权保护百日行动,第5届自贸区知识产权司法保护浦东论坛举办。浦东新区发布科创板上市企业知识产权发展白皮书。国家版权创新发展基地(上海浦东)为近30名外省市权利人的500余部作品提供跨地域登记服务。

推进长三角一体化发展。市知识产权局联合苏浙皖知识产权局举办长三角知识产权新闻发布会,签署《长三角地区专利代理行业高质量发展一体化合作备忘录》,举办首届长三角地区大学生知识产权竞赛、2023年"中知路"长三角高价值专利运营大赛。

夯实知识产权保护基础。浦东新区入选国家知识产权保护示范区建设地区,徐汇、静安、虹口、闵行、嘉定、崇明等区入选首批市级知识产权保护示范区。开展地理标志专用标志使用核准改革,深化"上海市崇明区""松江大米""南汇水蜜桃"等国家地理标志产品保护示范区建设;第13批和第14批上海市重点商标保护名录发布,累计1 015件商标纳入名录予以重点保护;上海市知识产权保护中心(上海市知识产权发展研究中心)正式运行,累计备案主体1 173家,受理专利预审申请2 029件;在西班牙马德里、德国慕尼黑新设企业海外知识产权服务站;上海国际经贸知识产权海外维权综合服务平台搭建。

强化知识产权司法保护。全市法院共受理各类知识产权案件66 120件,审结59 026件,分别比上年增长56.87%和38.03%,一审服判息诉率97%;加大对恶意侵权的惩治力度,依法判决侵权人赔偿经济损失总额8.2亿元,其中惩罚性赔偿5 000万元,比上年增长45.2%。全市检察机关共受理知识产权犯罪审查逮捕案件425件涉及8人,批准逮捕242件397人;审查起诉案件944件涉及2 072人,提起公诉785件涉及1 481人。共侦破知识产权刑事案件1 398起,抓获犯罪嫌疑人4 266人,涉案金额52.9亿余元。

提升知识产权行政保护效能。市区两级共查办假冒专利案件89件,查处商标违法案件1 452件,罚没款1 591.88万元。市知识产权局立案专利纠纷案件2 576件,结案2 569件。全市版权行政执法部门立案查处案件59件,其中首违不罚18件。上海海关查扣侵权商品9 150批次、740.80万余件。全市84家知识产权纠纷调解组织共受理知识产权纠纷3.4万余件,调解成功1万余件。上海仲裁委员会、上海国际经济贸易仲裁委员会受理知识产权仲裁案件1 173件。

提升知识产权运用能力。市知识产权局完成为期3年的专利转化专项计划,紫光展锐(上海)科技有限公司获批建设国家级集成电路产业知识产权运营中心。实施中小企业知识产权运营能力提升项目50个,认定中小企业高价值专利产业化示范单位32家;推动139家单位发布专利开放许可声明566件,达成交易86项。《上海市科技成果转化创新改革试点实施方案》印发。市教委持续推动"双一流"建设,布局基础研究新型平台。市统计局开展提升集成电路、生物医药、人工智能三大先导产业研发投入情况研究。全市新增国家知识产权示范企业25家、优势企业122家;新增市级专利工作示范单位50家、试点单位150家;宝山、闵行等区的15个专利超市运行成效显著。

激发市场主体内生动力。《上海市知识产权质押贷款风险"前补偿"试点工作方案》《上海中小微企业政策性融资担保基金知识产权质押融资担保业务专项方案》《2023年上海信贷政策指引》印发;全年专利商标质押融资登记项目千余笔,总额227.6亿元,比上年增长87%;知识产权保险投保860笔,保额2.6亿元;上海西井科技股份有限公司获第2届WIPO全球奖;上海在第24届中国专利奖评选中获四金三银。

增强商标品牌活力。2023年中国品牌发展国际论坛商标和地理标志品牌分论坛举办,新建商标品牌创新创业基地3家、商标品牌指导站8家,市地理标志联盟成立。市版权局实施上海翻译出版促进计划,第2届汉服创意与汉服版权论坛举办。征集拥有自主知识产权的204件产品纳入上海市创新产品推荐目录。市国资委发布全国首个品牌数字资产创新指南,出台支持国有企业品牌发展实施意见。

持续优化营商环境。市知识产权局制定加强集成创新持续优化营商环境实施方案,落实6个方面35项知识产权对标改革任务。实施知识产权公共服务普惠工程,推进知识产权公共服务标准化城市建设试点,建设"1+1+X"知识产权综合公共服务体系,全市各区均依托行政服务中心设立综合性知识产权公共服务窗口;升级建设知识产权"一件事"集成服务平台。建立由100人组成的知识产权营商环境体验官工作机制。国家知识产权局上海临港新片区业务受理窗口获批设立。

提升公共服务能力。开展"知识产权服务万里行"活动和知识产权服务专精特新企业专项行动。2家机构入选WIPO技术与创新支持中心(TISC)筹建机构,3家机构备案成为国家知识产权信息公共服务网点,新认定8家市级知识产权信息公共服务网点。漕河泾开发区升级建设国家首批知识产权服务业高质量集聚发展示范区。全市首家外国专利代理机构常驻代表机构落户浦东新区。入选全国知识产权信息公共服务优秀案例2个,入选全国知识产权服务业发展(政府部门工作)典型案例3个。

强化知识产权监管。制定《上海市知识产权局随机抽查事项清单(第1版)》,开展知识产权领域"双随机、一公开"抽查。开展知识产权代理行业"蓝天"专项整治行动,查办知识产权代理违法案件15起,3个案件入选全国"蓝天"专项整治行动警示案例;出台《专利代理机构信用综合评价指南》地方标准。全市专利代理机构总数340家,专利代理师2 217人,分别比上年增长15.25%和11.07%;备案商标代理机构1 654家,从业人员3 192人。

深化知识产权国际合作。以"加强知识产权法治保障,支持数字经济创新发展"为主题的第20届上海知识产权国际论坛举办。上海市政府与WIPO签订《关于加强在知识产权领域交流与合作的谅解备忘录》。市商务委推动上海知识产权商事调解机构与美国司法仲裁调解机构、英国争议有效解决中心等合作对接。第5届上海国际仲裁高峰论坛举办。截至年底,WIPO仲裁与调解上海中心共接受全国法院委托调解案件100件,结案90件,调解成功32件。

提升知识产权人才培养层次。《关于加快建设上海高水平知识产权人才高地的实施意见(2023—2025年)》出台;2023年专精特新"小巨人"企业知识产权创新提升高级研修班、第3届上海国际经贸商事调解人才培训班、"春昇杯"医学创新人才大赛举办;市教委推动高校知识产权一级学科体系建设和硕士专业学位授权点设置;修订高级知识产权师评审标准,25人获评知识产权师高级职称;上海专利代理师资格考试报名参加3 554人,通过考试409人。

(徐 上 文倩倩)

第二节 | 知识产权管理与服务 >>

【2023年长三角知识产权新闻发布会】 4月20日在苏州召开。三省一市知识产权局分别发布2022年知识产权发展与保护状况,共同签署《长三角地区专利代理行业高质量发展一体化合作备忘录》《长三角地区大学生知识产权系列赛事推进协议》。三省一市通过长三角专利代理行业高质量发展一体化合作机制的建立,打破区域间行政壁垒,优化资源配置,统筹推进形成区域内信息互通、发展经验互鉴、监管协同互动、行业评价互认的格局,促进专利代理资源要素流通和融合发展,大幅提升三省一市专利代理行业发展水平,更好服务长三角区域一体化发展国家战略。

(郑益枫)

【2022年上海知识产权保护十大典型案件公布】 4月20日,市知识产权联席会议办公室公布2022年上海知识产权保护十大典型案件。

2022年上海知识产权保护十大典型案件一览表

序号	典型案件
1	上海少年儿童出版社有限公司与四川天地出版社有限公司等涉"十万个为什么"商标侵权及不正当竞争纠纷案
2	黄山富田精工智造股份有限公司、方安江等七人侵犯商业秘密案
3	"被取代的多环性氨基甲酰基吡啶酮衍生物的前药"专利侵权纠纷案
4	林超敏等犯销售非法制造的注册商标标识罪案
5	洪建设等五十八人"迪拜港"团伙销售假冒注册商标的商品系列案
6	百丽鞋业(上海)有限公司等35家企业侵犯奥林匹克标志专有权系列案
7	宁波货汉希贸易有限公司出口侵犯"TOYOTA"等商标专用权的机油滤清器等机动车配件行政案件

续表

序号	典型案件
8	上海育生堂饮料有限公司侵犯江西恒大矿泉水有限公司“桶装水桶”专利权行政处理案
9	特威茶公司不服浦东知识产权局行政处罚决定及浦东新区政府行政复议决定案
10	李露明等侵犯“任天堂”游戏著作权案

(郑益枫)

【2022年上海知识产权改革创新十大典型案件公布】 4月20日,市知识产权联席会议办公室公布2022年上海知识产权改革创新十大典型案件。

2022年上海知识产权改革创新十大典型案件

序号	典型案例
1	市高级法院发布意见服务保障知识产权强市建设
2	长三角知识产权更高质量一体化发展
3	市版权局建立版权产业经济贡献统计监测机制
4	市知识产权局构建运营体系新生态
5	市场监管局全力打造商业秘密保护“上海样本”
6	闵行打造一站式“MIP”知识产权保护平台
7	徐汇、杨浦、宝山等区创新知识产权多元化解机制
8	中国科学院上海分院探索全链条知识产权创新模式
9	上海国资委推动国有商标“东海”价值再造
10	普陀首设专业知识产权所“驻点式”服务

(郑益枫)

【首届知识产权纠纷多元化解决机制论坛】 4月27日在上海国际争议解决中心召开。上海市知识产权保护中心与上海国际仲裁中心签署合作备忘录,与上海知识产权法院共同发布《上海市知识产权诉调对接调解指引及典型案例》1.0版;通过建设诉调对接专业调解机制、对接仲裁机制等,汇聚专业力量,推进构建“内外联动、上下协同、有序衔接”的多元纠纷解决格局,助推知识产权纠纷快速化解。

(刘立婷)

【上海市知识产权联席会议2023年工作会议】 5月6日召开。会议聚焦服务改革发展大局、提升知识产权保护水平、促进知识产权有效运用、强化知识产权服务供给、优化知识产权发展环境等5个方面部署2023年重点工作;通报上海市知识产权运营体系建设相关项目承担单位名单,表彰上海市知识产权系统获国家和上海相关记功表彰先进集体和个人;市司法局、市检察院、普陀区政府代表作交流发言。

(文倩倩)

【2023年“一带一路”知识产权保护论坛】 6月16日在上海举办。市知识产权局、上海市国际贸易促进委员会与上海对外经贸大学联合举办。上海市知识产权保护中心发布《海外“一带一路”专利及商标申请实务指引》,该指引作为上海市首个专为中国企业量身定制的“一带一路知识产权工具书”,进一步为上海企业“出海”保驾护航。 (王夷珠)

【中国与世界知识产权组织合作50周年系列活动——世界知识产权组织主场活动】 7月6日在瑞士日内瓦举办。上海代表团出席世界知识产权组织第64届成员国大会并拜会组织总干事,推动双方深化合作。活动期间,举办中国与世界知识产权组织合作50周年历史图片展、中国政府向世界知识产权组织赠礼、中国被授权实体加入无障碍图书联合会全球图书服务仪式、中华传统文化展示、相关视频和创新产品展示等活动,宣传中国在创新发展和知识产权保护等方面取得的成就。

(张　涵)

【科创板知识产权工作会议】 11月3日召开。会上,上海农商行、浙江泰隆商业银行上海分行等15家金融机构获上海市知识产权金融创新中心授牌,首次发布《浦东新区科创板上市企业知识产权发展白皮书》《科创板知识产权100问》。

(章志祥)

【上海知识产权代理领域地方标准发布】 11月21日,上海市质量和标准化研究院、市知识产权局、上海市知识产权服务行业协会、上海标准技术发展有限公司起草的《专利代理机构信用综合评价指南》(DB31/T 1444—2023)由市市场监督管理局发布,于2024年3月1日起实施。该标准坚持市场化、法治化、国际化的基本原则,适用于专利代理机构信用评价的应用场景较为丰富,对推进专利代理行业整体信用水平具备积极意义。 (赵　鹏)

【部市共建高水平改革开放知识产权强市建设推进】 12月7日,上海市政府、国家知识产权局印发《共建高水平改革开放知识产权强市2023—2025年工作要点》,深化落实部市合作会商议定书,聚焦新形势、新任务提出5个方面25项工作举措。12月9日,共建高水平改革开放知识产权强市推进大会召开,总结上阶段建设成效,部署下阶段工作任务,围绕更高标准上海建设国际知识产权保护高地和国际知识产权中心城市提出要求。 (张　熠)

【第20届上海知识产权国际论坛】 12月10—12日在上海举行。国家知识产权局、世界知识产权组织(WIPO)和上海市政府共同主办,市知识产权局承办。论坛以“加强知识产权法治保障,支持数字经济创新发展”为主题,有关国际组织、国内外政府部门代表及产学研界专家学者围绕“数字科创与知识产权保护”等议题开展深入交流和探讨,共谋数据知识产权工作良策,共促数字经济创新发展。

(杨　丹　张　涵　徐佳恬)

【上海市“3+6”新型产业体系专题专利数据库上线】 12月

19日，上海市“3+6”新型产业体系专题专利数据库在上海市知识产权信息服务平台上线运行。数据库聚焦集成电路、生物医药、人工智能三大先导产业和电子信息、汽车、高端装备、先进材料、生命健康、时尚消费品六大重点产业，实现专利数据资源的专业化导航检索，提供专利数据可视化分析、重点专利收藏和专利全文下载等服务，帮助研发人员高效利用专利信息，为相关产业市场主体优化研发路径、提升研发效率提供有力支撑。 （张 源）

第三节 | 专利与商标

【新增24家上海市高价值专利培育项目拟承担单位】 3月20日，市知识产权局认定上海航天信息研究所等10家单位为上海市高价值专利培育中心项目承担单位，上海医药工业研究院有限公司等14家单位为上海市高价值专利升级培育项目承担单位。 （和月磊）

【2023年中国品牌发展国际论坛——商标和地理标志品牌论坛】 5月12日在上海举办。国家知识产权局指导，市知识产权局主办。论坛以“加强知识产权运用，促进品牌经济发展”为主题，与会嘉宾交流分享企业品牌、产业品牌、区域品牌和地理标志品牌的建设经验，凝聚实施商标品牌战略和地理标志助力乡村振兴的共识。来自全国各省市知识产权局、有关地方政府、企业的200余名代表参加论坛。 （江映虹）

【上海52件专利获第24届中国专利奖】 7月，国家知识产权局公布第24届中国专利奖结果，上海共有52件专利获奖。其中，专利金奖4件、专利银奖3件。

上海获第24届中国专利奖名单

序号	专利名称	专利权人	发明人	奖项类别
1	数字信号收发系统及收发方法	上海数字电视国家工程研究中心有限公司	张文军、居 峰、归 琳、梁伟强、何大治	专利金奖
2	用于控制飞机起落架舱门的连杆机构	中国商用飞机有限责任公司、中国商飞上海飞机设计研究院	吕 军、孟庆功、张 璞、姜 皓、杨尚新、张恒康、马 建	专利金奖
3	抗蠕变、长寿命镍基变形高温合金及其制备方法和应用	中国联合重型燃气轮机技术有限公司、北京北冶功能材料有限公司	束国刚、文新理、董建新、章清泉、江 河、李振瑞、刘 伟、余志勇、彭 劼、柳海波、魏 然、李国超	专利金奖
4	空间动量轮轴承摩擦力矩试验机及其试验方法	上海交通大学、上海航天控制技术研究所	张执南、陈 实、刘松恺、蔡晓江	专利金奖
5	一类五元杂环并吡啶类化合物及其制备方法和用途	中国科学院上海药物研究所、上海海和药物研究开发股份有限公司	沈竞康、马宇驰、耿美玉、熊 兵、艾 菁、陈丹琦、孟 韬、马兰萍	专利银奖
6	一种多法向平面的多元线阵探测成像激光雷达的检校方法	同济大学	童小华、栾奎峰、刘世杰、刘向锋、蔡银桥、张松林、谢 欢、陈 鹏	专利银奖
7	一种城市轨道交通灵活编组运营的实现方法	卡斯柯信号有限公司	胡荣华、陈 祥、常 鸣、王晓燕、赵晓宇、王冬海	专利银奖
8	用于制备醋酸乙烯的催化剂	中国石油化工股份有限公司、中国石化上海石油化工研究院	张士福、杨运信、张立斌、查晓钟、宋朝红、秦群英	专利优秀奖
9	用于被动式直接甲醇燃料电池的热/流管理系统	华南理工大学、上海神力科技有限公司	袁 伟、张兆春、汤 勇、黄子洋	专利优秀奖
10	一种微纳尺度片状钛系聚酯催化剂及其应用	上海慧翌新材料科技有限公司	朱美芳、孙 宾、陈 龙、周 哲、陈文萍	专利优秀奖
11	非能动核电厂安全壳系统热移出过程的比例分析方法	上海核工程研究设计院有限公司、上海申核能源工程技术有限公司	王国栋、张 迪、王 喆、张经瑜、汤微建、杨杏波、许志红	专利优秀奖
12	一种基于机器视觉的玻璃板宽检测系统	中国建材国际工程集团有限公司	刘路明、彭 寿、王川申、刘晓亮、张荣松	专利优秀奖
13	一种电驱动道岔换向装置的功能测试仪及测试方法	德马科技集团股份有限公司、上海德马物流技术有限公司	韩先成、耿辰宇、白振成	专利优秀奖
14	PET探测器、PET探测器的设置方法及探测方法	上海联影医疗科技股份有限公司	安少辉、张 强	专利优秀奖
15	一种静电纺纳米纤维驻极过滤材料及其制备方法	东华大学	丁 彬、赵兴雷、王 娜、俞建勇	专利优秀奖

续表

序号	专利名称	专利权人	发明人	奖项类别
16	一种民航驾驶员飞行行为监视系统及监视方法	中国民航大学、中国商飞上海飞机设计研究院	靳慧斌、江卓远、孙瑞山、陈　斌、曹全新、陈　健	专利优秀奖
17	可循环物流器具的无线验证方法及装置	上海箱箱智能科技有限公司	廖清新、叶春江、曹艺闻	专利优秀奖
18	一种基于圆盘周期结构的太赫兹波有机物检测装置及方法	上海理工大学	陈　麟、朱亦鸣、汪丹妮、魏　凌、臧小飞、蔡　斌	专利优秀奖
19	一种双螺杆压缩机转子齿型	上海齐耀螺杆机械有限公司、中国船舶集团第七一一研究所	杨　剑、杨海军、彭　磊、付文祥、彭云飞	专利优秀奖
20	全光纤耦合气密封装小型非平面环形单频激光器	中国科学院上海光学精密机械研究所	辛国锋、孙广伟、皮浩洋、朱　韧、蔡海文、侯　霞、陈卫标	专利优秀奖
21	一种集成触控显示面板及触控显示设备	上海天马微电子有限公司、天马微电子股份有限公司	曹兆铿、邵琬童	专利优秀奖
22	血管压力差与血流储备分数的计算方法及系统	上海博动医疗科技股份有限公司	涂圣贤、楚　淼、刘　冰、陈亚珠	专利优秀奖
23	核反应堆压力容器钢大型厚壁锻件提升低温冲击功的方法	上海电气上重铸锻有限公司、上海重型机器厂有限公司	张智峰、殷达义、李　向	专利优秀奖
24	一种基于二维码定位的货物托盘存取系统、及其存取方法	诺力智能装备股份有限公司、上海交通大学	杨　明、周学军、武文汉、周敏龙、王　冰	专利优秀奖
25	新型仿生手	上海科生假肢有限公司	罗永昭、姚　峰	专利优秀奖
26	半导体装置及其制造方法	中芯国际集成电路制造(上海)有限公司、中芯国际集成电路制造(北京)有限公司	陈卓凡、张海洋	专利优秀奖
27	基于异构多核架构的运行时系统及其控制方法	上海交通大学	过敏意、郭浩东、陈　全、徐莉婷	专利优秀奖
28	基于区块链的身份认证方法、装置、节点及系统	达闼机器人股份有限公司	谢　辉、王　健	专利优秀奖
29	一种定位车身框架的定位锁紧系统	广州明珞装备股份有限公司、明珞汽车装备(上海)有限公司	丘邦超、陈　维、柯晓鸿、何庆平、杨　猛、陈振城	专利优秀奖
30	一种Cas蛋白的用途及靶标核酸分子的检测方法和试剂盒	上海吐露港生物科技有限公司	王　金、成秋香、李诗渊、李晓晏	专利优秀奖
31	基于LFMCW雷达的振动监测系统与信号处理方法	上海交通大学	彭志科、熊玉勇	专利优秀奖
32	一种液态临时固型材料及其制备方法和应用	上海大学	罗宏杰、于亚荣、韩向娜、容　波、任清华	专利优秀奖
33	利用近红外光谱仪构建快速预测原油性质的模型的方法	华东理工大学	钱　锋、钟伟民、隆　建、杨明磊、杜文莉	专利优秀奖
34	多尺度材料增强树脂基减摩耐磨复合材料的制备方法	上海大学	俞鸣明、孙君胜、苏　萌、任慕苏、孙晋良	专利优秀奖
35	三冗余控制方法和系统	上海航天计算机技术研究所	周振宇、徐建萍、胡　浩、施　雯、陆灵君	专利优秀奖
36	一种水下机器人系统	上海中车艾森迪海洋装备有限公司	张定华、严　允、涂绍平、罗凌波、宋俊辉、胡斌炜、朱迎谷、朱建波、乔岳坤、胥　孜	专利优秀奖
37	一种治疗癌痛、腹水的中药组合物,中药贴膏及其制备方法	上海市皮肤病医院	朱全刚、陈中建、孟鸽飞、朱聪聪、李　莹、沈　敏、信如娟、潘会君	专利优秀奖
38	一种用于卷绕式锂离子电池的极片及电芯	瑞浦兰钧能源股份有限公司、上海瑞浦青创新能源有限公司	刘　微、姜　森、张志明	专利优秀奖
39	基于多图谱的医学图像自动分区系统、方法、装置及存储介质	上海联影智能医疗科技有限公司	李青峰、石　峰、高耀宗、詹翊强	专利优秀奖

续表

序号	专利名称	专利权人	发明人	奖项类别
40	一种投影物镜及曝光系统	上海微电子装备(集团)股份有限公司	侯宝路	专利优秀奖
41	一种基于GNSS接收机的授时方法及GNSS接收机	和芯星通科技(北京)有限公司、和芯星通(上海)科技有限公司	栾 超、赵 娜、孙 峰、陈 杰、李丽媛	专利优秀奖
42	一种感染支持细胞和毛细胞的AAV载体	中国科学院脑科学与智能技术卓越创新中心	杨 辉、姚 璇、胡新德	专利优秀奖
43	一种聚丙烯材料的超临界流体发泡方法	华东理工大学	赵 玲、陈弋翀、刘 涛、许志美、奚桢浩、宗 原、胡冬冬	专利优秀奖
44	一种外延TFET沟道的半浮栅晶体管及其制备方法	复旦大学、上海集成电路制造创新中心有限公司	张 卫、王 晨、田梓良、何振宇、顾正豪、李 涵、甘露荣、陈 琳、孙清清	专利优秀奖
45	直播控制方法、系统、服务器及计算机可读存储介质	咪咕视讯科技有限公司、咪咕文化科技有限公司、中国移动通信集团有限公司	蒋 伟、王 琦、李立锋、王 斌、杜欧杰	专利优秀奖
46	一种用于管网排口病毒防控及净水除臭的封闭式处理方法	上海市政工程设计研究总院(集团)有限公司	张 欣、崔 贺、董 磊、杨一烽	专利优秀奖
47	一种飞机高升力系统	中国商用飞机有限责任公司、中国商飞上海飞机设计研究院	王伟达、徐向荣、孙振华、孙全艳、曹俊章、徐 清	专利优秀奖
48	高压体系百兆瓦级电池储能系统	上海交通大学	蔡 旭、刘 畅、李 睿、曹云峰、蔡小龙、刘 涛	专利优秀奖
49	眼底相机及眼底图像全自动拍摄方法	北京鹰瞳科技发展股份有限公司、上海鹰瞳医疗科技有限公司	胡丁山、庞新强、姜 欣、郭韩越、任文斌、常献刚、王 鹏、魏宇博、和 超、张大磊	专利优秀奖
50	一种视频融合系统及方法	浙江清鹤科技有限公司、上海清鹤科技股份有限公司	叶德建	专利优秀奖
51	一种多车道线检测方法、装置及检测设备	中移(上海)信息通信科技有限公司、中移智行网络科技有限公司、中国移动通信集团有限公司	李 杰、李 森、张 尉、马 坤	专利优秀奖
52	汽车	浙江吉利控股集团有限公司、上海吉利翟然汽车设计有限公司	叶 梓、翟 洋、魏春雷、余中庆、潘天蔚、黄 宁、盖·白高颐、彼得·霍布里	外观设计优秀奖

(和月磊)

【新增200家市级企事业专利工作试点示范单位】 9月27日,市知识产权局认定上海新农科技股份有限公司等46家企业为2023年专利工作示范企业,认定中国船舶集团第七〇四研究所等4家单位为2023年专利工作示范事业单位;认定中仿智能科技(上海)股份有限公司等145家企业为2023年专利工作试点企业;认定上海电子信息职业技术学院等5家单位为2023年专利工作试点事业单位。

(张燕山)

【新增147家国家知识产权示范企业和优势企业】 11月29日,国家知识产权局公布2023年新一批及通过复核的国家知识产权示范企业和优势企业名单。上海市25家企业被新确定为国家知识产权示范企业,122家企业被新确定为国家知识产权优势企业,培育期限3年。 (张燕山)

第四节 | 版权 >>

【上海版权工作概述】 2023年,上海版权工作提高版权法治化水平,探索优秀传统文化版权保护与促进的机制和发展模式,上海版权产业增加值近4300亿元,占全市GDP的9.84%,关键指标接近美国等世界发达国家水平,持续保持全国领先。2022年中国版权金奖获奖名单公布,《当好改革开放的排头兵——习近平上海足迹》《人世间》获作品奖,市版权局版权管理处获管理奖;4家单位入选全国2022年度十大著作权人;新增全国版权示范单位、园区(基地)4家,市级版权优势单位、园区(基地)10家。

推动传统文化创造性转化和创新性发展,上海汉服版权中心举办第2届汉服创意与汉服版权论坛,发布《中国汉服产业发展报告(2023 版)》,亮相 2023 年世界设计之都大会、第 20 届中国国际数码互动娱乐展览会、中国国际版权博览会等展会,开展"中国高校原创时尚汉服设计群英会"首届原创赛事;上海汉服版权中心作为 2023 年中宣部版权管理局和世界知识产权组织防风险培训班现场教学点向全国展示工作成果;传播中国声音讲好中国故事,支持优秀传统文化、重大社科和科技成果、优秀文学作品出版项目版权"走出去",全年资助 10 个项目共计 50 万元;实施上海翻译出版促进计划,推动展现上海的优秀作品从"走出去"到"走进去",《长物志》(英文版)、《火种——寻找中国复兴之路》(俄文版)、《中国概况》(阿拉伯文版)和《红色弄堂》(法文版)等 4 种外文版图书获资助;上海出版单位亮相第 29 届北京国际图书博览会,达成版权贸易项目 207 个;组团参展第 9 届中国国际版权博览会,搭建版权应用转化平台,围绕中华文化传承、创新与交流展现上海版权成果。

建设版权社会服务体系,发挥版权激动创新优势。全年,上海作品登记总量 412 660 件,比上年增长 8%;发布《上海版权产业报告(2021—2022)》;支持国家版权创新发展基地(上海浦东)开展版权领域先导式创新制度性改革,探索落地作品版权跨地域登记制度创新;持续开展年度版权服务优质项目推荐活动,加强区版权工作站建设;做好第 6 届中国国际进口博览会版权保障服务工作。

强化版权全链条保护,守好版权领域意识形态阵地。突出长效机制,持续推进软件正版化工作,实现版权保护综合治理;突出专项整治,把网络版权保护作为执法监督主战场,部署实施"剑网行动";突出聚焦重点,有效开展网络版权主动监测,推动形成良好版权生态。

加强宣传工作,提升全社会版权意识。发布版权主题系列宣传海报,吸引公众积极参与"尊重版权 共享繁荣"主题活动;组织"全国知识产权宣传周"上海版权宣传系列活动,发布 2022 年度上海版权服务优质项目;以全市 16 个区版权工作站为依托广泛开展宣传活动;发布年度十大版权典型案例。

(李　娜)

【"剑网 2023"专项行动】 9 月 19 日,"剑网 2023"专项行动启动。以体育赛事、点播影院、文博文创为重点,强化专业领域版权专项整治,规范网络传播版权秩序;以网络视频、网络新闻、有声读物为重点,强化作品全链条版权保护,推动建立良好网络版权生态;以电商平台、浏览器、搜索引擎为重点,强化网站平台版权监管,压实网站平台主体责任。市版权局联合市文化旅游局执法总队、市公安局、市通信管理局、市委网信办、市文化旅游局,与互联网企业建立沟通渠道,鼓励举报,畅通案源渠道,加强版权行政监管、版权行政执法、版权司法三方合作交流。市版权局加强网络侵权主动监测,落实企业主体责任,组织相关企业开展自查自纠;市公安局、市文化旅游局执法部门查办一系列大案要案,有力震慑犯罪分子;市委网信办在重点领域加大内容管理,市通信管理局强化互联网基础管理,落实网络实名制。各部门积极宣传专项行动所取得的成效,营造"尊重版权、鼓励创新"的良好社会氛围。

(张　羽)

【第 6 届中国国际进口博览会(简称进博会)版权保障服务】 11 月 5—10 日,市版权局、中国版权保护中心、中国音乐著作权协会、上海市版权协会等机构组建进博会版权服务工作组,进驻进博会知识产权保护与商事纠纷处理服务中心,处理版权纠纷、版权登记、版权许可等方面相关问题,为参展者开通绿色通道,主动公开法律服务团队名单,提供高效便捷的法律服务。

(杨耀铭)

【2023 年度上海版权十大典型案件发布】 市版权局发布 2023 年度上海版权十大典型案件。其中,刑事案件 3 件、行政案件 4 件、民事案件 3 件,涵盖图书、计算机软件、文字、美术、视听作品、游戏、舞蹈、音像制品等领域。评选由市版权局组织,市公安局、市人民检察院、市高级人民法院、市文化旅游局执法总队等单位推荐,经专家评选产生。十大典型案件关注重点行业发展现状,评选出一批社会影响力大、关注度高的典型案件,通过案件审理,加大对侵权盗版行为的打击力度,为规范行业发展秩序、树立行业典范起到推动作用,达到社会效果和法律效果的有机统一。

2023 年度上海版权十大典型案件发布

序号	典型案件
1	"剧本杀"盒装剧本著作权刑事案
2	网络"聚合"传播美术作品侵犯著作权行政处罚案
3	免费分发模式下的"奥多比"软件著作权侵权纠纷案
4	《魔力宝贝》游戏私服侵犯著作权刑事案
5	依据地方立法有效查处 KTV 侵犯著作权行政处罚案
6	擅自使用《名侦探柯南》剧集伴音侵害作品信息网络传播权纠纷案
7	网络科技公司侵犯美术作品著作权行政处罚案
8	文化传媒公司涉舞蹈作品著作权侵权纠纷案
9	制售《新概念英语》著作权刑事案
10	出口商品侵犯"小黄人"著作权行政处罚案

(张　羽)

第四篇　第十六章
软科学研究与科技出版

第一节 | 软科学研究 >>

【软科学研究计划实施概述】 2023年，上海面向国家重大战略需求和科技创新中心建设目标，以强化科技创新策源功能为主线，围绕上海科技创新发展战略、前沿领域创新发展、体制机制改革与创新政策、未来产业、科技创新与经济社会发展等方面开展软科学研究布局。发挥软科学研究在决策支撑方面的重要作用，推进科技创新智库和软科学研究基地的建设，加强软科学研究人才培养与梯队建设，深入开展软科学研究成果应用推广。

围绕国家和全市重大战略需求开展研究布局。面向高水平科技自立自强、高质量科技供给、高水平人才高地建设、高效能创新网络与治理等重大问题，研究提出上海落实国家战略需求、建设卓越全球城市和具有全球影响力的科技创新中心的举措与建议。鼓励软科学研究团队开展自由探索研究，围绕科技创新发展战略与政策、科技促进经济社会发展、典型案例、技术预见、软科学理论与方法等领域为上海科技创新发展建言献策。

加强软科学研究基地的品牌与影响力建设。持续创新和完善软科学研究基地建设与跟踪管理，挖掘、提升、整合优势研究力量，优化在团队建设、人才培养、成果转化等建设动行机制，提升软科学研究基地在全市软科学研究中的引领作用和显示度。通过基地沙龙、专家研讨会、专题研究等方式加强各基地的沟通交流，提升软科学研究基地整体建设水平。持续以专题研究任务的形式，整合各基地的优势研究力量，开展重点难点问题攻关研究。

强化软科学研究人才培养与梯队建设。持续鼓励35岁及以下青年软科学研究人员面向上海科技创新中心建设的重点、热点和难点问题，结合自身研究方向开展研究，培养软科学研究后备力量。通过软科学培训、软科学青年人才沙龙等方式提升青年人才决策咨询研究、简报专报撰写能力。加强与各项目单位、科技智库和研究基地合作，发掘和培养优秀软科学研究人才，支持青年人才成长，打造全市软科学研究人才梯队。

坚持应用导向开展软科学成果开发推广。通过《科技发展研究》《工作调研》等内参专报报送软科学研究最新成果，全年刊发《科技发展研究》26期；编撰《上海科技人才发展研究报告2022—2023》《全球科技信息动态》等著作简报；编撰《科技政策研究简报》《全球科技信息动态》等34篇，发挥科技决策咨询作用。通过传统媒体、新媒体等方式宣传发布软科学研究成果，多期简报在《科技日报》《科学发展》《华东科技》及“三思派”微信公众号等媒体的转载。从面向国家重大战略、面向上海科技创新重点工作等方面开展专题研究，形成专题研究报告和调研报告10余份。

（刘　玟　张　琼）

【进一步完善基础研究投入与支出经费统计制度研究】 项目由同济大学陈强项目组承担完成。项目组结合上海市设立的基础研究投入比重提升目标，聚焦基础研究统计制度的现状及存在问题，对比世界主要科技强国统计制度，对上海基础研究投入与支出的经费统计偏误进行估算。项目组认为，基础研究的统计偏误不利于反映基础研究投入的真实水平，基础研究的政策制定及成效评估需要完善基础研究统计制度，以提供更加全面和准确的数据支持。项目组建议：增列基础研究基金来源与投入方向统计指标；加强各政府部门R&D资金预算与投入的统计调查；扩展基础研究投入统计范畴；统一统计标准，明晰统计细目；适当拓宽统计口径；扩大并细化企业R&D调查；统一培训数据填报人员，强化案例学习；构建数据核验体系，确保数据质量。（陈　强）

【大科学装置驱动的创新链研究：国际经验与上海策略】 项目由华东师范大学蔚海燕项目组承担完成。项目组从大科学联合会、国家实验室、大科学装置3个层面调研大科学装置创新链，采集亥姆霍兹联合会等国内外有代表性的大科学机构或装置基础研究和应用研究相关数据，根据论文合作、引用、专利引用等数据，分析创新链3个环节和2个转化的现状和问题。项目组认为，专用的大科学装置基础研究成果向产业转化较困难，主要通过科研合作实现基础研究环节的内部知识转移；公共实验平台型装置有多种方式提升创新链价值，上海大科学装置处于建设和利用初期，对于创新链价值提升缺乏制度和机构设计。项目组建议：形成大科学装置集群促进基础研究环节内部知识转移，建立专门的知识转移机构，针对不同类型大科学装置制定不同的知识转移政策，建立覆盖“基础研究—应用研究—产业创新”环节的数据平台，激励科研人员参与产业转化，综合利益相关方诉求构建多源知识转移机制等。（蔚海燕）

【发展“五型经济”提升上海全球创新资源配置能力研究】 项目由上海财经大学何骏项目组承担完成。项目组提出上海发展“五型经济”(创新型、服务型、开放型、总部型、流量型经济)的路径、模式、重点和平台等思路与举措,构建国内大循环中心节点和国内国际双循环战略链接。项目组认为,“五型经济”以崭新形态成为新阶段经济转型增长的重要动力,与全球创新资源配置能力的联系愈发紧密;“五型经济”可打破微观经济理论关于资源稀缺性、理性经济人和信息不对称的经典假定,颠覆制度经济学的产权观念,拓展宏观经济学关于经济增长的思路,重塑生产要素关系,对全球创新资源配置产生较大影响。项目组建议:以生产性服务业,特别是高端生产性服务业发展和“五型经济”发展的关键指标作为上海未来经济;以总部型经济引领“五型经济”发展,通过优化总部型经济结构,重点提升与总部机构相关的中介服务、公共服务及人力资源等支撑服务能力。(何 骏)

【上海培育交叉融合创新团队的对策研究】 项目由上海大学镇璐项目组承担完成。项目组从重点学科培育领域与方向、国际现行规则与经验借鉴、学科交叉融合的关键制约因素等角度分析交叉融合创新团队培养与发展的核心问题,对上海培育交叉融合创新团队提出具体路径与对策建议。项目组认为,上海依托优势产业基础及学科平台,建立完善的高层次科技人才支持计划体系与政策支持体系,培育具有代表性的跨学科交叉融合创新研究团队。项目组建议:在项目导向、评价模式及科研基础等领域为学科交叉融合研究开辟空间;建立从基础教育到顶尖人才发展的培养体系,创建科研人才培养与企业人才发展平行并进的人才培养策略;突破各类交叉学科知识与研究范式的合作壁垒,以内外部合作促进科研协作;以多元化资助来源扩展资助额度范围,完善项目评审与评价机制、项目执行与考评机制;构建并完善大型科学平台与基础设施的建设运营体制机制,建立科研配套服务支持体系。(镇 璐)

【上海引进国际一流研发机构研究——基于全球一流国立科研机构引进机制与路径分析】 项目由上海市研发公共服务平台管理中心王茜项目组承担完成。项目组从制度、人才、设施、资金、信息等创新要素维度调研,剖析上海的科研优劣势及引进全球一流国立科研机构存在的问题,分析上海与全球一流国立科研机构成果合作及互访交流,从合作区域、合作主体、合作渠道、合作模式、政策支持等方面探索上海引进全球一流研发机构的具体路径和模式。项目组认为,上海需主动融入全球创新网络,集聚全球创新资源要素,开展与全球一流国立科研机构的创新合作,引进一流科研机构的创新模式和机制体制,打造高水平基础研究力量,提升原始创新能力。项目组建议:推动与国际一流科研机构合作共建生态,运用复杂深度学习算法对上海与全球一流科研机构的引进路径、合作模式进行科学推荐与指导;建设国际一流科研机构信息平台,实时跟踪了解与上海重点发展领域相契合的一流科研机构的科研动向、合作动态、专家人才现状、成果产出等。(王 茜)

【新时期下充分发挥企业创新主体作用的思考与对策】 项目由上海市科技创业中心黄丽宏项目组承担完成。项目组梳理上海科技企业在壮大国家战略科技力量、建设具有全球影响力科技创新中心的地位和作用,摸清制约企业科技创新主体地位强化的问题和障碍,思考如何充分发挥企业创新主体地位作用,探讨发挥企业主体作用的领域和路径。项目组认为,上海亟需在“十四五”期间及未来更长一段时期内,优化有利于发挥企业技术创新主体作用的硬环境和软实力,加大支持科技型企业开展技术创新的政策力度,发现、培育和壮大一批科技型企业,推动其成为发展高科技产业的核心载体之一。项目组建议:优化双创生态环境,促进科技中小企业“更多”;加快政策结构优化,推动科技企业“更强”;优化惠企服务体系,提升政策服务“更全”;激发市场牵引动能,培育世界一流科技领军企业。(黄丽宏)

【新形势下技术创新中心管理运行机制研究】 项目由上海流程智造科技创新研究院杜文莉项目组承担完成。项目组面向上海打造建设具有全球影响力的技术创新中心的战略目标,厘清总结体制机制问题,提出科技创新中心遴选评价、运行管理、绩效评价等机制,在重要新兴技术领域加大布局力度,在构建新兴技术体系和技术轨道中抢抓先机,构筑未来发展新优势。项目组认为,“十四五”时期,中国进入迈向创新型国家前列的关键期,为有效衔接国家层面战略导向和政策体系,有必要对新形势下技术创新中心管理运行机制进行深入研究。项目组建议:明确功能定位,融入国家和地方战略;创新内部机制,促进可持续协同发展;优化形成机制,推进载体滚动化建设;配套支持机制,实施差异化支持方式。(杜文莉)

【上海职业教育与新兴产业融合发展评价与机制研究】 项目由上海工程技术大学杨梓樱项目组承担完成。项目组提出聚焦技能型、工程型人才结构性短缺矛盾,解决规模与效益失衡、人才培养质量与产业转型升级需求适应性不强的问题,探索产教深度融合的评价体系与实施机制。项目组认为,应创新产教融合对接产业发展的机制,构建与产业链、创新链对接的人才培养体系,搭建职业教育与新兴产业发展契合的政策保护空间。项目组建议:提高职业院校毕业生的社会地位和工资待遇,扩大职业教育影响力;加强“双师型”师资队伍建设,提升师资水平;坚持职业教育属性,探索层次立体、方位全面的合作机制;加大职业教育资源投入,给予职业院校更多的资金投入和政策帮扶;在全社会宣传“工匠精神”文化,增强价值认同;持续推动产教融合平台建设,政-校-企通力合作支持新兴产业发展;完善产教融合评价制度,保障产教融合主体利益,实现校企互利互惠共生融合发展。(杨梓樱)

【新发展格局下上海重点领域科技创新发展战略机遇研究——基于人工智能的科学仪器智能化发展及物联战略研究】 项目由上海理工大学张荣福项目组承担完成。项目组构建人工智能促进上海科学仪器转型升级模型，分析上海科学仪器应用人工智能技术中存在问题及其根源，提出上海科学仪器领域通过实施人工智能技术实现转型升级的突破路径。项目组建议：组建基于人工智能的科学仪器研究创新基地，依靠跨学科、大协作和资金支持开展基于人工智能的科学仪器协同和战略合作，加强在大数据智能、人机混合智能、群体智能、自主协同等方面基础理论研究，提升科学仪器研发能力；以企业私有数据库为基础，打造全球领先和规模最大的制造业大数据库，利用人工智能充分发挥工业大数据在科学仪器研发、生产和售后各环节的作用，加快科学仪器升级迭代，形成自主标准体系，鼓励开展分析测试方法、测试标准、测试技术的应用研究；加强基于人工智能的科学仪器专门人才培养。（张荣福）

【上海科技创新人才评价体系及应用案例研究】 项目由上海科技管理干部学院曾方项目组承担完成。项目组聚焦深化科技人才评价制度改革试点工作重大问题，分类面向高校、科研院所、科技企业等单位开展专题访谈、案例分析、横纵比较等，梳理现状和借鉴经验的同时发现分析问题，构建科技人才评价指标体系，提出建议对策。项目组认为，上海作为国家深化科技人才分类评价改革试点区域，面临科技人才评价聚焦国家战略使命导向还不突出等问题。项目组建议：加快建立以创新价值、能力、贡献为导向的评价体系，健全科技人才评价机制，建立人才评价结果与实践应用的激励机制，持续深化试点机构人才评价制度建设。

（曾　方）

【“陆海空天”一体化的船舶碳排放清单精细化编制方法预研究】 项目由上海海事大学周凡项目组承担完成。项目组基于开发的船舶尾气监测系统，探索以上海港为中心在长三角区域编制“陆海空天”一体化的碳排放清单，为实现航运业碳排放实时监测、动态趋势分析及可疑船舶追踪的智能化监测体系提供支持。项目组认为，上海应抓住航运业“减碳”“脱碳”窗口期打造全球船舶“零碳”能源产业中心，精细化的碳排放清单有助于相关政策制定、政策实施和效益评估。项目组建议：从“陆海空天”多维度一体化评估长三角航运业碳排放的时空格局，编制长时间序列、高时空分辨率、动态更新的多尺度船舶碳排放清单；构建航运业碳排放趋势的预测模型，确定上海港现有减排措施有效性，明确在碳达峰过程中所处阶段及主要阻碍，对未来趋势进行分析与预测，为实现碳中和奠定理论基础。（周　凡）

【5G背景下健康上海与精准健康管理：社区知识系统模型构建及推广模式研究】 项目由上海交通大学医学院石建伟项目组承担完成。项目组针对个体无法实现精准慢性病管理的核心问题，以健康管理的服务提供主体——基层医疗服务机构为场景，聚焦上海市高发慢性病，探索智慧健康管理落地的技术工具及模式。项目组认为，上海市基层社区卫生服务机构在慢性病管理方面存在较多技术短板。在慢性病风险评估环节，以城市高发慢性病高血压、糖尿病、慢性阻塞性肺疾病为目标病种，通过机器学习方法，构建高发慢性病的风险模型；在慢性病健康干预环节，可基于图谱构建等方法，构建目标慢性病的精准健康管理知识图谱。项目组建议：对于精准健康管理系统，建设需体现医防融合理念、更多纳入患者需求、加强数据共享与数据质量；管理需完善技术安全保障与机制建设。（石建伟）

【基于电力大数据的典型超大城市碳排放核算模型及其应用研究】 项目由上海电力大学谢品杰项目组承担完成。项目组以中国典型超大城市为研究对象，核算碳排放并深入分析碳排放空间格局和演化特征，评估碳减排成熟度，制定相应的碳达峰路线图。项目组认为，准确估算 CO_2 排放水平是科学制定城市低碳政策的前提，也是做好碳达峰碳中和工作的重要基础；上海的碳排放管理经验对国内其他城市有前瞻性意义，能有效引导各城市协同经济和低碳发展，从而由点到面完善和创新城市碳排放核算体系。项目组建议：加快完善中国碳排放核算方法体系，确保对碳排放量的准确测算；将碳达峰、碳中和纳入经济社会发展和生态文明建设的城市规划整体布局，实现经济社会系统性变革；抓住重点引领达峰路径，提升电力大数据使用性能。

（谢品杰）

【基于优劣尺度法的慢性心血管疾病患者沟通偏好研究】 项目由上海中医药大学吴静项目组承担完成。项目组借鉴国际最新的患者偏好研究框架，以随机效用理论为指导，通过文献研究、质性访谈、专家会议及患者预调查等核心步骤形成适用于国内的沟通偏好测评工具，包含 8 个属性和 24 个水平，囊括医患信息交互、医患沟通需求 2 个板块。项目组认为，通过对 325 名心血管疾病患者的调查分析得出医患沟通偏好的属性排序，中国住院患者对信息披露方式、病情告知内容尤为重视；医患双方对在沟通情境、沟通决策方面的理解和偏好存在较大偏差，是导致医患沟通存在阻碍的核心因素。项目组建议：将患者沟通偏好融入技能培训，提升护患沟通能力；健全保障机制，关注重点人群、共创和谐护患沟通环境；促进医疗资源合理分配，畅通护患沟通渠道，满足患者信息需求；提升临床护理人员法律意识，降低护患沟通风险。（吴　静）

【量子计算技术产业化应用案例分析】 项目由上海科技大学郑雯项目组承担完成。项目组通过比较技术架构、主要参与者和创新生态系统合作模式 3 个方面，分析中国、美国和欧洲在建立量子计算创新生态系统方面采取的不同路径，总结中国在量子计算发展中面临机遇和挑战，基于中国的制度体系和产业基础，提出发展量子计算创新生态的具体建议和举措。项目组认为，美国在量子计算硬件、软件和应用层面的发展相对均衡，得到国家层面自上而下的战略支持，并有大型科技公司自下而上的市场化探索；欧洲由于缺乏主导硬件设备研发的大型信息科技公司，更多依赖从美国进口硬件设备,从应用的角度探索量子计算;中国由政府主导,更多依赖核心科学家的技术研发和学术创业的商业化探索。项目组建议:加强基础设施和公共平台的建设和开发应用,完善产学研合作机制,积极推动量子计算的创新创业活动,加强量子计算的科普工作和全生态链的人才培养,探索国际合作新形势。（郑　雯）

【医疗型脑机接口的伦理困境及其规制研究】 项目由上海市科学学研究所陈秋萍项目组承担完成。项目组聚焦医疗型脑机接口的伦理困境及其前瞻治理策略,围绕医疗型脑机接口的技术属性和社会属性,以规制医疗型脑机接口伦理问题保障技术负责任发展为导向,梳理技术应用现状以明确其在上海的实践情形,从技术成熟度、人机关系、社会治理等维度透视技术伦理困境,阐述国外监管举措,积极探索符合上海医疗型脑机接口应用实际的治理路径。项目组认为,医疗型脑机接口以人类大脑为研究对象,直接参与人类健康管理,引发的伦理挑战将更具颠覆性和复杂性,亟需对其进行前瞻治理研究,确保其发展符合科技伦理。项目组建议:结合上海实际基于医疗型或非医疗型、侵入式或非侵入式,以及不同医疗型脑接机口技术的不同分类制定有针对性的治理框架,灵活应用各类治理工具;培育相关利益人的科技伦理素养:构建良好生态,持续推动技术创新。（陈秋萍）

【依托新一代信息技术打造线上线下一体化医疗服务模式研究】 项目由上海大学陈楠项目组承担完成。项目组面向公立医院如何打造“平战结合”的线上线下一体化医疗服务模式,结合信息化建设、患者就医需求、医院基础设施,探索新一代信息技术背景下公立医院线上线下一体化医疗服务模式和建设路径,提出互联网医院发展、医疗服务模式创新、医疗环境优化和民生健康提升的需求。项目组认为,上海医疗服务体系呈现一体化发展趋势下,需明确城市医疗功能定位,构建覆盖诊前、诊中、诊后全流程的线上线下一体化医疗服务模式。项目组建议:推进互联网医疗发展,注重医疗服务延续性;加快实体医院信息化建设,深化互联网医院平台与实体医院基础核心系统集成联动,实现基础信息一体化、业务过程一体化和管理行为一体化;强化医院建前、建中、建后 3 个阶段,实现从硬件(建筑模式)到软件(管理决策)的双突破,达到“平时”到“战时”过渡的经济性和平稳性。（陈　楠）

【智能驾驶中运量公交运营前风险辨识与应对策略研究】 项目由上海海事大学汪磊项目组承担完成。项目组以中运量公交系统为场景,揭示乘客视角下的感知风险,分析运营视角下的技术风险,总结系统运营关键风险因素清单,制定风险防范策略。项目组认为,从产品迈向运营过程中,需重点把握系统存在的风险点,提出有效的风险预判和应对措施,保障系统安全稳定运营。项目组建议:运营公司需提高智能驾驶技术及应用水平,加强向公众宣传和普及技术开发和应用情况;顺应客流情况、顺势调整线网,优化运营计划、改善调度水平,提高车辆利用率;落实公共交通优先路权,维持信号优先,提升运营效率和服务水平。（汪　磊）

【智能细胞科技创新发展研究】 项目由中国科学院上海营养与健康研究所李荣项目组承担完成。项目组从全球智能细胞科技创新发展态势出发,结合上海在智能细胞领域的发展现状、存在问题、SWOT 分析,提出上海智能细胞科技创新发展建议。项目组认为,智能细胞科技创新发展成为大国博弈的战略制高点,上海高校和科研院所等机构汇聚全国顶尖人才,在细胞生物学、合成生物学和精准医学等学科领域发展较快,为技术的融合发展奠定坚实基础,具备智能细胞科技创新发展的优势。项目组建议:到 2035 年,全面提升智能细胞技术水平,形成具有国际影响力的细胞原材料、配套装备研发服务基地;到 2025 年,完善上海智能细胞研究的顶层设计,明确部署研究的战略着力点,占据工具和系统开发、科学问题提出和揭示、比较研究和应用的战略制高点;围绕多片段 DNA 组装技术、高精度基因编辑技术、细胞遗传系统设计技术等方面重点部署智能细胞。（李　荣）

【加快建设上海智能汽车产业创新高地的思路与举措研究】 项目由同济大学王宁项目组承担完成。项目组对标分析国内外智能汽车产业发展战略和先进企业生态创新策略,对国内智能汽车产业集群创新竞争力进行多维评价,明晰上海智能汽车产业创新发展的机遇和挑战,系统提出创新高地建设路径与对策举措。项目组认为,上海拥有牢固的智能汽车产业基础和优越的产业配套环境,并在智力资源集聚、智能路网建设、智能服务普及、优质车企引进等方面位居国内领先地位,但面临供应链数字化转型不理想、核心领域布局仍不完善、标准法规及数据协同机制不健全等挑战。项目组建议:以“链主企业”为主导推动智能汽车产业链水平分工与垂直整合,持续带动零部件企业技术升级;构建软硬融合、协同高效的产业创新生态;加快建立智能网联汽车数据协同机制,加速健全智能网联汽车安全法规体系和技术标准,不断完善智能电动汽车产品功能设计标准体系。（王　宁）

【数字健康领域典型案例剖析及创新实践发展研究】 项目由中国科学院上海营养与健康研究所张丽雯项目组承担完成。项目组总结“数字＋健康”实现“技术＋需求”创新融合发展的典型案例经验,结合上海数字健康领域发展的创新实践,为更好探索数字健康新模式、新应用提出建议。项目组认为,上海重视以数字化、智能化推动公共卫生和健康等基本民生保障朝着更均衡、更精准的方向发展,打造智慧医院、数字化城区等一批数字化示范场景;在大力推进“以治病为中心”向“以人民健康为中心”转变进程中,加强数字化助力健康上海建设。项目组建议:优化政策规划,设立专门针对数字健康的规定;以上海互联互通为基础推进“院—

企一地"合作共建,合理划分数据共享公开权限;加强对"医疗+计算机/人工智能"团队培养,鼓励研究人员发起和组织大型建设项目,加强对重大项目的引领;改革医保支付方式,降低患者经济负担。（张丽雯）

【上海打造全球极地门户城市的路径研究】 项目由中国极地研究中心(中国极地研究所)唐尧项目组承担完成。项目组提出打造全球极地门户城市的路径。项目组认为,上海具有极地科学研究的重镇、中国发起极地国际组织的最主要城市、引领极地相关产业的发展、中国极地考察国内基地的所在地、长三角科技创新共同体可为上海提供支撑、民众对极地认知度较高等打造全球极地门户城市的优势;澳大利亚霍巴特、新西兰克赖斯特彻奇、挪威特罗姆瑟和奥斯陆及韩国釜山的相关实践可提供借鉴。项目组建议:加强极地议事协调,加强极地文化建设,积极开展极地城市外交,建立上海极地网络,制定和实施上海的全球极地门户战略。（唐 尧）

【上海打造双碳时代绿色技术创新策源地——生物制造发展战略研究】 项目由中国科学院上海营养与健康研究所施慧琳项目组承担完成。项目组梳理生物制造关键产品及其产业发展阶段,以产品为牵引识别核心技术,构建生物制造技术和产业体系,研判技术就绪度和关键瓶颈问题,制定上海生物制造发展战略、路径和建议。项目组认为,生物制造产品类型多样,不同产品研发阶段不同,待解决的核心技术问题不同,需分层施策发展;上海存在生物产业发展力量更多集中于生物医药、生物化工制造支持力度较弱、生物制造领域产学研衔接有待完善等问题。项目组建议:开展生物制造发展顶层设计,设置"碳达峰碳中和——生物制造"专项资助,进行分层施策管理;加强数据库和工业微生物/酶资源库建设;建立生物制造科技成果转化平台;优化形成一体化产业链,打造绿色生物化工产业集群;通过团队培育计划、"高峰""高原"学科建设等举措,打造生物制造人才队伍,实现产业链、创新链、教育链、人才链的无缝衔接。（施慧琳）

【上海农业数字化转型发展科技支撑体系优化研究】 项目由市农科院俞美莲项目组承担完成。项目组梳理上海农业数字化转型发展对科技创新的需求,剖析农业科技支撑体系的瓶颈和短板,归纳国际及国内领先地区在科技创新驱动农业数字化转型发展方面的经验,探讨优化农业科技支撑体系的思路和路径,提出优化上海农业数字化转型发展科技支撑体系的政策保障措施。项目组认为,农业数字化转型发展对农业科技支撑体系提出更高要求,必须通过系统优化农业科技支撑体系,提升其有效发挥农业科技创新驱动农业数字化转型发展的引擎作用。项目组建议:加强农业数字化转型发展的顶层设计与制度供给;加强农业科技创新工作组织保障;强化农业科技创新投入保障;强化农业数字化转型人才保障。（俞美莲）

【促进多学科交叉前沿研究的管理机制研究——以生物医药领域为例】 项目由中国科学院上海营养与健康研究所范月蕾项目组承担完成。项目组基于生物医药领域多学科交叉前沿的发展特点,针对上海多学科交叉前沿研究管理中存在问题,提出管理举措与实施建议。项目组认为,上海需吸取美国、欧盟、日本等国在多学科交叉领域的先进经验,从顶层设计、项目布局、机构建设、人才引育、文化营造等方面持续发力,推进上海成为全球学术新思想、科学新发现、技术新发明、产业新方向的重要策源地。项目组建议:建设多学科交叉前沿项目管理体系,完善多学科交叉管理机制;建立生物医药领域多学科交叉重点领域清单,对优质项目长期和全链条布局,加大工具创新、成果转化等方面布局力度;明确机构功能定位与实施路径,建立特色多学科交叉研究激励机制;创新人才聘用模式,建立多学科交叉人才晋升与奖励机制;强化产学研医合作,鼓励不同领域科学家、机构、院校、企业等展开合作。（范月蕾）

【上海高密度建成区机动车慢行混合交通管理机制研究】 项目由上海理工大学王嘉文项目组承担完成。项目组围绕"礼让行人""右转必停"等新政策法规下机动车与慢行交通交互行为演化现象,探索交通决策、管理、参与三方主体协同的混合交通管理机制,提升高密度建成区交通服务水平,优化上海市机动车慢行混合交通治理能力。项目组认为,上海需加强慢行交通系统建设,打造彰显城市软实力的慢行交通环境;科学衡量慢行交通、机动车通行权的公平性,运用高精度轨迹数据提供决策支持,破解政策与实际交通环境不协调问题。项目组建议:构建无驾驶经验人员可体验的驾驶模拟系统,开发道路通行权虚拟体验平台,提高交通参与者的道路通行权认知,减少人车交互非理性博弈;探索涵盖新型慢行交通管控策略、信号控制方案、交叉口设计等要素的长三角慢行交通管理新模式;基于交通参与者轨迹数据,实现慢行交通系统的实时感知、诊断与决策,动态优化人车路权。（王嘉文）

【基于互联网回收的闭环供应链治理机制研究】 项目由上海商学院蔡凌飞项目组承担完成。项目组提出利用互联网回收为闭环供应链赋能的思路,针对如何充分发挥互联网回收的特色优势,促进闭环供应链经济、环境效益协同改进的问题,从渠道治理、政策治理 2 个方面提出系列治理机制。项目组认为,推动互联网回收发展,应着力解决居民参与意愿不足、商业模式复制投资不足、互联网回收方与传统回收渠道利益冲突的问题。项目组建议:渠道治理机制方面,优化互联网回收供应链成员职责配置、营造良性的互联网回收供应链发展与竞争环境、优化互联网回收能力建设责任主体等,促进闭环供应链成员形成合力;政策治理机制方面,采用渐进式补贴策略,针对互联网回收能力建设成本实行补贴,根据互联网回收发展阶段采用动态补贴策略,推动生产者责任罚金制度、推动电商平台承担互联网回收责任。（蔡凌飞）

【轨交出行大数据驱动的科技园区人才住房及商业配套设施布局优化研究】 项目由上海大学王宁项目组承担完成。项目组利用大数据探讨上海张江、漕河泾、紫竹、市北四大科技园区商业配套、人才住房、通勤交通的协调度问题，以精细治理理念优化人才住房与科技园区内配套商业设施布局，提升人才生活满意度。项目组认为，科技园区企业入驻会带来地铁交通量增加；随着时间推移，已有居住点的客流量都有不同程度增加，且出现更加远离园区的居住点；4 个园区存在不同程度的极端通勤情况；商业设施-人才需求协调度方面，漕河泾发展表现较优；4 个园区购物服务得分普遍较低，交通配套设施、金融服务数量差异大。项目组建议：城市应朝着“产城融合”方向发展，以城市为基础，承载产业空间和发展产业经济，主动更新和完善服务配套；以产业为保障，加快集中国家重点实验室、工程技术研究中心的“硬环境”，可探索“以产促城”“以城兴产”2 条路径。（王　宁）

【基于动态复杂网络的创业公司发展分析与预测】 项目由上海科技大学张海鹏项目组承担完成。项目组通过数据驱动＋人工智能的方式，预测创业公司发展，支撑投资机构和政府进行前瞻性分析并优化资源配置；基于 15 年以上全球创投数据，建立动态复杂异构创投网络，验证和发现影响创业成功的关键因子，构建基于深度图神经网络的创业公司发展预测模型，设计面向上海创投需求的智能化分析与预测工具。项目组认为，一级市场投研的智能化转型前景广阔，上海在创投数据和跨学科人才方面具备良好的积累和储备，应以融合发展引领一级市场投资研究智能化趋势。项目组建议：政府可在整合不同创投机构的数据、打通数据孤岛、构建一体化平台等方面发挥作用，促进机构间的数据共享，实现共赢；将创业投资领域的投资专家和人工智能专家的专业优势结合起来，推动人工智能领域的前沿技术在创投研究领域应用和发展。（张海鹏）

【券商数字化转型助推优质企业科创板上市：成效评价与典型案例】 项目由上海大学吕怀立项目组承担完成。项目组聚焦证券公司的投资银行业务数字化转型，提炼投资银行业务数字化转型的主要模式，构建数字化转型的评估体系，找出促进数字化转型关键因素，提出优化投资银行业务数字化转型对策建议。项目组认为，证券公司的投资银行业务在数字化转型存在数字化建设缺乏顶层战略规划、业务系统的开放性与集成化程度有待提升、数据整合能力和数据治理能力薄弱、数字化人才匮乏、数字化转型长期动力不足等问题。项目组建议：在券商层面，制定投资银行业务数字化转型的战略规划、打造数字化协同体系和监管平台、建立数字化风险监测系统和建立数字化合规运营体系等；在行业层面，推动行业数字化转型、建立第三方评估认证体系等；在监管层面，健全数字化法律体系、增加监管层面鼓励性机制等。（吕怀立）

【中药专利保护现状及对上海中药传承创新发展的启示】 项目由中国科学院上海药物研究所王春丽项目组承担完成。项目组通过调研国内外中药专利保护现状，指出上海中药发展的问题，提出对策与建议。项目组认为，上海中药创新发展主要存在中医医疗服务、中医药养生保健、中医药科研等方面的问题。项目组建议：着重攻克基于临床的中药新复方、中药提取物中有效单体新药研发、经典名方筛选；加大政策支持，完善配套政策体系，继续营造良好发展环境；提升中药传承创新支撑力；结合上海地理优势，在中药国际化和标准化中发挥龙头作用；发挥长三角一体化发展新优势，构筑完备中药产业链，打造中药现代化产业集群；深化中医药基础理论和作用机理研究，开展重大难治性疾病、罕见疾病、新发突发传染病和与衰老相关的临床防治研究；强化中药多学科交叉融合，探索优化中药人才培养机制，加强中药知识产权保护。（王春丽）

【城市科技创新的地理知识图谱构建与混合智能解析方法】 项目由华东师范大学张红项目组承担完成。项目组围绕城市科技创新的外部环境、城市就业可达性、专利转移的时空演化与影响因素等问题，采用多学科集成研究方法，提出过程-关系视角下地理知识图谱构建方法，构建职住分异模拟的 Garin-Lowry 模型，挖掘中国城市专利转移网络的时空分布与网络关联特征，揭示项目资助与创新网络演化的时空耦联特征。项目组认为，中国专利转移呈现由东部轴线主导、多核摄动的格局，专利转移中心逐渐南移，高度集中于东南沿海地带；上海是中国专利转移的核心城市之一，空间溢出效应显著；科技创新对城市系统的影响复杂而多维，应充分发挥科技创新的超线性效应。项目组建议：加强对科技创新过程、机理与效应机制的研究，尤其是政策模拟与创新效益的长、短程作用机制的挖掘；强化上海科技创新中心的策源效能，充分发挥长三角地区在串联创新要素链及跨区域合作方面的示范作用；利用上海创新人才集聚优势，通过政策支持和激励机制，推动优势领域的科研成果转化为现实生产力；畅通科技、资本、经济等循环通道，促进创新赋能金融和企业发展。（张　红）

【战略性项目牵引下上海低碳科技创新联合体孵化模式及培育政策研究】 项目由上海工程技术大学刘峥项目组承担完成。项目组针对科技创新联合体联而不合、定位不明、共识不足等问题，揭示战略性项目牵引下领军企业主导组建低碳科技创新联合体的运行机制、孵化模式，提出促进低碳科技创新联合体跨界协同的投资策略和培育路径。项目组认为，组建低碳科技创新联合体，塑造“资金＋技术”合力创新的良性局面，有助于推动跨部门、跨领域低碳科技融合，提升低碳科技创新联合体持续发展能力，强化科技支撑绿色低碳发展。项目组建议：推动领军企业深耕开拓，形成多元主体深度融合的低碳科技创新联合体示范，发挥产业链带动作用，促进多链融合，整合协调各创新主体；优化多主体协同创新机制，完善低碳科技创新联合体培育政策，促使联合体内各参与主体最大限度利用优势资源、协同攻关；增强低碳科技创新平台和纽带作用，促进企业创新组织与管理能力、高校院所创新能力提升，健全全链条孵化体系，推动创新资源高效配置和系统集成，加快产业共性减污降碳技术研发。（刘 峥）

【提升大学科技园核心功能助推环高校创新创业生态圈发展研究】 项目由上海科技管理干部学院巫英项目组承担完成。项目组结合上海市对大学科技园核心功能的定位要求，借鉴国内外典型地区的经验模式和主要做法，探索形成一套较为科学的环高校创新创业生态系统的基本理论分析框架，结合环高校创新创业生态圈的理论基础与实践需求，提出推动上海市大学科技园转型升级、实现高质量发展的路径和具体举措。项目组认为，上海市环高校创新创业生态圈发展历经“1.0 大学科技园阶段”“2.0 环高校产业集群阶段”“3.0 环高校创新创业生态圈”三大阶段，总体上取得良好的发展成效，但仍存在规划不清晰、特色不鲜明、配套不完善等问题，需进一步转型升级。项目组建议：通过强化顶层设计、加强多方联动、促进需求对接、完善服务体系、推进空间融合等举措，引导大学科技园回归核心功能，实现转型升级发展，培育一批专业化、生态化、品牌化、品质化的世界级示范园。（巫 英）

【长三角地区风险投资网络的空间演化与创新效应研究】 项目由上海对外经贸大学林晓项目组承担完成。项目组结合长三角一体化战略和上海建设全球科技创新中心和金融中心的愿景，积极探索长三角地区风险投资网络空间演化规律和创新效应。项目组认为，长三角风险投资分布存在高度不均衡性，但风险资本正在加速跨区域流动，形成以上海、杭州、南京、苏州和宁波为重要节点的网络格局；风险投资对城市创新的影响体现在流入强度，异地风险资本比本地投资更具创新效应，但主要表现在资本累积层面，风险资本的知识属性和创新功能有待加强。项目组建议：充分发挥引导基金的引导作用和杠杆效应，吸收各类基金、民间资本、外资及金融机构的资本，促进产业链、创新链和资金链融合；设立面向长三角的统一科技金融平台，消除风险资本供需信息的不对称；通过政府、市场、投资机构等多方协同发力，促进长三角科技金融人才的发展。（林 晓）

【长三角区域数字经济发展的税收协同治理策略研究】 项目由上海理工大学田发项目组承担完成。项目组立足于政策、实证、案例多维视角，评估长三角区域数字经济发展的税收协同治理效果，提出长三角区域数字经济发展的税收协同治理改革方案。项目组认为，数字经济与税收协同治理在理论上具有双向互动关系；长三角数字经济发展的税收协同治理政策创新集中在数字经济相关税收优惠政策与数字化税收征管方面，而数字经济发展中引发的税收协同治理问题可归结为税收协同治理结构失衡、税收协同治理制度滞后、税收协同治理方式不完善。项目组建议：以整体性治理思维作为平衡税收协同治理结构的基础，数据技术作为平衡税收协同治理结构的手段；试点主体税种改革，推进数字经济的国内税法革新；围绕长三角区域特点，规范设置纳税主体、课税对象、税收管辖权等税制要素，提高现行税制对数字经济发展的适应度；优化税收治理方式，探索长三角税收征管“数智化”；提升长三角全链条纳税服务质效，构建长三角数字经济多元协同治税机制。（田 发）

【基于科技创新资源视角的 G60 科创走廊协同创新能力分析】 项目由上海市研发公共服务平台管理中心谢文娴项目组承担完成。项目组采集 2016—2020 年 G60 九城市科技创新相关数据，运用数据循证构建 G60 科创走廊协同创新能力的分析模型，从创新策源、先进制造、科创生态 3 个维度，分析 G60“十三五”期间的科技创新发展水平与协同创新成效，总结规划推动下的实施效果与存在问题并提出对策建议。项目组认为，应深化 G60 作为长三角一体化国家战略的重要创新平台，加强创新体制机制、打破行政壁垒、集聚高水平人才。项目组建议：营造更加开放、便利的创新服务环境，鼓励支持国内外更多创新主体参与科技创新服务共同体建设；建立以企业为主体，符合国际规范的人才竞合机制，推动长三角地区各地人才优势互补、错位发展；以政府基金为引导，鼓励社会资本广泛参与市场化资助融资；以数字化为抓手，促进区域管理协同、资源共享，加强构建区域一体化、全链条的科技创新资源配置体系；建立健全生态补偿和完善利益分配机制，探索实践区域协同责任机制。（谢文娴）

【以上海为龙头的长三角地区新材料产业集群高质量发展研究——以碳纤维为例】 项目由东华大学赵君丽项目组承担完成。项目组采用理论分析—现状问题—案例分析—应对策略的研究思路，对标长三角碳纤维重点企业与日本、美国、德国碳纤维企业，评价长三角碳纤维产业集群高质量发展情况，研究长三角碳纤维产业发展的现状问题。项目组认为，碳纤维产业集群高质量发展存在一些制约因素，产业链上能够全产业链布局的碳纤维企业或者产业集群少，技术链上缺乏完整的技术群建设，价值链上产品的应用服务能力缺失。项目组建议：长三角碳纤维产业应主动实施产业链紧链、技术链补链和价值链强链联动战略，突破技术瓶颈，提升产品附加值，形成完整的集群产业链，推动碳纤维产业集群迈向中高端水平。（赵君丽）

【标准数字化转型发展趋势与应用方向研究】 项目由上海市质量和标准化研究院狄矢聪项目组承担完成。项目组结合国内外标准数字化转型最新发展现状及特点，探索上海推进标准数字化转型工作的具体路径和策略。项目组认为，立足上海城市数字化转型全局，构建政府与市场共同驱动、规划与实施全面保障、技术与服务双向变革、激励与监督齐头并进、标准与人才同步培育的策略路径，提前布局，分阶段实施，积极抢占国际化标准高地。项目组建议：重点发展方向应朝着标准结构化、知识化、智能化纵深推进；技术创新方向应通过培育"上海标准"带动标准数字化技术创新，提升新一代信息技术与标准全生命周期的融合赋能；应用场景方向应以标准化试点示范项目带动培育标准数字化的产业应用新生态，形成可复制推广经验模式；监管治理方向应探索数字化条件下标准化管理新机制，明确各环节监管权限；功能载体方向应面向各行业标准化工作上下游核心业务，建立机器可读和可理解的数字标准模型；政策保障方向应包括完善标准数字化的战略布局和顶层设计、建立标准数字化转型工作组织协调机制。（狄矢聪）

【数字化转型背景下上海电力市场交易机制与路径研究】 项目由上海电力大学喻小宝项目组承担完成。项目组结合上海推进数字化转型的大背景，提出能源数字化转型与电力市场耦合的机制与路径，探索数字化转型背景下上海电力市场交易机制与路径。项目组认为，随着国家能源政策的不断调整和电力市场化改革的深入推进，上海电力市场发展迅速，市场化程度和竞争程度不断提高，存在电力市场空间和调节模式的扩容需求，尤其是在电力市场商业模式创新领域，需从新兴概念的普及进一步转变为商业模式的清晰，进而实现数字化和业务的交融，形成具备规模的新业态。项目组建议：上海需增强全面创新的辐射力、引领力和号召力，引领区域能源创新发展，探索数字化转型新路径；创新机制，优化上海电力数字化生态。（喻小宝）

【强监管背景下数据驱动型并购的反垄断规制研究】 项目由同济大学曾彩霞项目组承担完成。项目组提出数据驱动型并购是强化垄断、扰乱市场竞争秩序的重要因素，对市场竞争、创新及消费者福利带来损害予以规制，探索规制数据价值释放和实现共同富裕的具体路径建议。项目组认为，上海打造"国际数字之都"需培育长期健康稳定发展的市场竞争生态，规制数字巨头无序扩张，降低新兴数字企业的市场准入障碍。项目组建议：完善事前规则，加强对数据驱动型并购的事前预防，探索修改中国经营者集中申报标准，采用营业额和交易额相结合的标准，针对超级平台垄断行为制定专门法，借鉴欧盟"守门人"制度；完善相关市场界定，引入动机原则，根据数据驱动型并购的实际情况，采用多元化市场界定方法；结合数字市场的典型特征，发布数据驱动型并购审查的相关指南。（曾彩霞）

【美国对华出口管制视阈下上海企业科技创新突围路径与政策框架设计】 项目由上海财经大学王开项目组承担完成。项目分析美国出口管制政策对上海乃至全国高科技企业科技创新和企业绩效的影响，提出针对性政策建议。项目组认为，美国对华出口管制不断升级，在外部压力下倒逼被列入出口管制清单的企业扩大研发投入，增强自主创新能力，来自政府的支持对于企业摆脱技术创新资源不足的困境至关重要；美国企业因出口管制会导致国际市场份额下降，用以支持研发支出的营业收入减少，长期会妨碍美国企业的技术创新，在可替代性较强的中低技术行业更明显；美国出口管制对世界其他国家的供应商会产生侧向溢出效应，使得第三国供应商的全要素生产率和资产回报率得到明显提高。项目组建议：加强对企业的技术研发、技术转移、人才培育等领域的支持力度，提高科技型企业的融资效率和创新能力；优化营商环境，使得国外企业更好深耕中国市场；利用半导体等高科技行业商业周期的变化，增加亟需的人才储备；扩大与世界第三国的科技合作，深度融入全球创新网络。（王　开）

【促进上海跨境技术交易便利化研究】 项目由上海应用技术大学胡锴项目组承担完成。项目组结合制约上海跨境技术交易的主要障碍，构建上海产业技术跨境流动中的海外知识产权风险防控治理体系，探索上海吸纳国际科技创新与服务资源的改革策略。项目组认为，应着力提升技术跨境平台搭建、走出去与引进来的服务能级，取得对于技术交易服务要素集聚、服务模式创新的新认识，构建高技术产业规避海外知识产权风险的企业与政策新路径。项目组建议：技术交易平台应将运营的中心由产品转向企业，以企业主导交易环境设计为服务创新方向，促进高价值的知识产品生产与流通；面向高技术企业，利用"内部-外部"+"资源-能力"的组合模式，加强海外知识产权布局；面向政府政策，完善产业出海发展的知识产权政策支持体系，构建高技术产业海外知识产权风险的"事前-事中"全方位应对机制；加快开展专利领域的服务开放试点工作，出台离岸创新创业发展专项规划及实施细则，推进自贸区生物医药等重点产业的跨境合作和投资开放。（胡　锴）

【"一带一路"倡议下上海服务跨境供应链应对信息非对称风险的激励机制与保障策略研究】 项目由上海政法学院赵瑞娟项目组承担完成。项目组通过梳理"一带一路"沿线国家(地区)、中国及上海的相关政策，研究"一带一路"倡议相关因素影响下，跨境制造商、零售商、消费者之间存在信息非对称风险时跨境供应链的激励机制，并提出保障措施建议。项目组认为，上海在跨境供应链发展仍面临大量政策监管壁垒、政策规则调整频繁及国际运输成本上涨等挑战，导致其面临的信息非对称风险加剧。项目组建议：综合考虑市场竞争、产品差异等因素，动态调整监管力度，倒逼企业主动披露质量信息，建立重点监管产品目录进行差异化监管；建立企业多维度信用档案，通过信用评分制度建立奖惩机制；提升物流服务能力，鼓励海外仓储建设；对信用等级高、产品质量好、运营行为优良的企业给予优惠政策，引导企业规范运营。（赵瑞娟）

【上海基础研究重点领域方位及未来布局策略研究】 项目由上海图书馆(上海科学技术情报研究所)张耘项目组承担完成。项目组重点聚焦脑科学、量子科技、合成生物、核心算法4个具有颠覆式创新前景、蕴藏领先优势机会、将对全球竞争格局产生显著影响的战略前沿领域，分析基础研究重点领域发展的新趋势新方向、主要国家地区的竞争格局与领先力量分布，比较分析上海科研机构与核心科学家团队实力及影响力，揭示上海基础研究领域优势特色与潜力，提出上海在4个战略前沿领域的若干优先发展方向，梳理上海战略前沿领域的优秀科学家和团队，及值得关注的海外华人科学家。项目组建议：创新重大基础研究项目形成机制，建立重点领域战略专家委员会决策咨询工作机制，探索实行聘任制项目专员制度，优化项目评审制度，对科研项目实行分类管理和支持，持续开展重要进展跟踪监测。

（倪炜瑜）

【上海推动智能终端发展构筑产业发展新动能的路径和策略研究】 项目由上海图书馆（上海科学技术情报研究所）曹磊项目组承担完成。项目组分析全球智能终端产业市场规模、产业链布局、企业分布、技术创新、政策推进等，重点研究智能网联汽车、智能机器人、智能家居、智能穿戴与虚拟现实交互等领域新动能，研判产业未来趋势，在立足上海市实际情况和借鉴国内外先进经验基础上，形成上海智能终端产业建设发展的意见建议及需重点培育发展的企业和产品清单。项目组认为，上海推动智能终端发展、构筑产业发展新动能的核心路径是一条以需求场景为起点的技术性策略探索道路，围绕智能终端数字技术赋能实体经济的本源属性。项目组建议：重点把握关键技术和产业链重要节点，包括发展自主可控的指令集、加强国产操作系统完善推广、提升边缘计算算力、鼓励企业参与标准开发、推动区块链与智能终端融合等。

（倪炜瑜）

【新形势下上海生物安全风险防范与管理研究】 项目由上海图书馆（上海科学技术情报研究所）姚恒美项目组承担完成。项目组研究梳理各国在传染病领域前沿进展情况、相关颠覆性技术布局与支持情况，分析主要国家与地区及重要国际组织发布的疫情与流行病应对策略计划，以及在生物监测/监视、生物安全、生物风险、生物防御等方面的相关报告和战略措施，提出适应上海特大型城市的生物安全风险监测和管理体系。项目组认为：合成生物学被公认为未来生物技术发展的核心，其中无细胞合成生物学具有巨大的应用潜力，但可能对全球生物安全产生长远影响，应积极应对下一代合成生物学的新兴监管挑战。项目组建议：加快建立生物安全防控体系，推动情报信息共享流通，强化传染病研究设施建设；加强生物安全研究与人才培养，完善生物伦理与数据安全。

（倪炜瑜）

【高校附属医院科技成果转化的典型案例及转化模式研究】 项目由同济大学附属第十人民医院刘蕊项目组承担完成。项目组通过经验研究，找出医学科技成果转化全链条的瓶颈和影响因素，加强对高校附属医院医学科技成果转化的案例研究。项目组认为，应解决现在国内医学科技成果转化发展全链条中转化意识淡薄、优秀成果缺失、中试基地缺乏、转化链条漫长等问题，制定可复制、可参考的高校附属医院医学科技成果转化的新模式。项目组建议：完善政策法规，深化协同治理，促进政策执行的协调性和引导力；推动评价体系改革，建立多渠道的激励机制，提升科研人员科技创新及成果转化源动力；设立成果转化部门，加强复合型人才的培养，组建高水平、专业化转化服务队伍；依托公立性转移转化平台开展转化，营造良好的科技成果转化生态，加快医院临床医学科技创新平台的建设。

（王懿铭）

第二节 科技出版

【上海科技出版工作概述】 2023年，上海科技出版紧贴科技发展前沿和实际需要，强化科技文化传播的担当责任，聚焦国家科技创新和发展战略，专注专业出版，服务好国家和上海的重大战略部署，服务好上海城市发展总规划，重点服务好科技创新中心建设，继续在全国保持领先地位。全年上海出版科技类图书3 768种，占全年出版图书的13.4%。

2023年，国家新闻出版署公布“十四五”时期国家重点出版物出版规划增补项目，其中“自然科学与工程技术出版规划”上海入选7项，约占全国6%，继续保持上海在这一领域优势。

2023年国家出版基金资助项目中，上海有8种科技类项目获资助，包括上海科学技术出版社《中国大宗淡水鱼种质资源保护与利用》及“液态金属物资科学与技术丛书（第2期）”“中医常见及重大疑难病证专辑文献研究丛书”、上海交通大学出版社《软体机器人前沿丛书（英文版）》《无人机系统特征技术系列》、同济大学出版社《城市地下空间出版工程·城市地下物流系统研究前沿》、上海科技教育出版社《中生代新疆》、复旦大学出版社《现代肿瘤转移：基础与临床》等。

2023年上海市促进文化创意产业发展财政扶持资金资助科技科普类项目10余种，包括上海科学技术出版社《中国磁浮交通基础理论与先进技术丛书》《中国针灸流派》《新疆绿洲棉花可持续发展研究》《尿道修复重建外科学》《手外科经典方法与现代技术》、华东理工大学出版社《中国能源新时代——天然气水合物出版工程》、上海交通大学出版社《中国船舶研发史丛书（第2期）》《精准医学出版工程·精确麻醉一期》、中福会出版社《中国高科技成就》系列绘本、同济大学出版社《城市地下空间出版工程·盾构隧道建养丛书（第2期）》、上海科技教育出版社《科坛趣话——科学、科学家与科学家精神》《军事物理学》等。

由市科委、市新闻出版局联合发起的“新发现·科普书单”自2022年启动以来持续发力，以引领读者关注科学阅读为宗旨，秉承“科学照进未来”的价值主张，定期推出具有专业公信力、社会影响力和市场认可度的全国性科普书单，搭建专业、持续、高效的大众科普阅读平台，2023年共组织评选和发布书单3期，入选图书60种。依托活动成立的“新

发现·科普出版联盟”成员单位发展到32家。（徐媛媛）

【2023年沪版重点科技图书】 2023年，由上海科学技术出版社、上海科技教育出版社、上海科学技术文献出版社、上海科学普及出版社、复旦大学出版社、上海交通大学出版社出版的重点科技图书413种。其中，上海科学技术出版社43种、上海科技教育出版社56种、上海科学技术文献出版社137种、上海科学普及出版社22种、复旦大学出版社93种、上海交通大学出版社62种。

2023年沪版重点科技图书名单

序号	书名	版别	编著者
1	纳米液态金属材料学	上海科学技术出版社	饶　伟、孙旭阳、刘　静　编著
2	类器官体研究与应用	上海科学技术出版社	陈晔光、惠利健　主编
3	山东莱阳晚白垩世鸭嘴龙动物群	上海科学技术出版社	张嘉良、汪筱林、王　强、蒋顺兴　著
4	液态金属印刷半导体技术	上海科学技术出版社	刘　静、李　倩、杜邦登　著
5	低空小型无人飞行器探测反制技术及应用(航天电子技术丛书)	上海科学技术出版社	陆文斌等　编著
6	星载嵌入式计算机技术与应用(航天电子技术丛书)	上海科学技术出版社	朱新忠等　编著
7	极地环境服役材料	上海科学技术出版社	董丽华、刘　涛、范　丽、郭　娜、高　珊、林　一　著
8	极限环境下的电液伺服控制基础理论与应用技术	上海科学技术出版社	阎耀保　著
9	人工智能城市	上海科学技术出版社	吴志强　主编
10	海洋智能感知——基于计算机视觉的新技术与应用	上海科学技术出版社	宋　巍、贺　琪、杜艳玲　编著
11	建筑工程灾害防御理论与技术(城市综合防灾高技术与应用丛书)	上海科学技术出版社	李引擎　丛书主编
12	城市区域灾害防御理论与技术(城市综合防灾高技术与应用丛书)	上海科学技术出版社	李引擎　丛书主编
13	城市建设灾害防御技术应用(城市综合防灾高技术与应用丛书)	上海科学技术出版社	李引擎　丛书主编
14	海底沙波形成运移及其工程影响(新时代海上工程创新技术与实践丛书)	上海科学技术出版社	臧志鹏、谢波涛、张金凤　编著
15	水运工程装配式结构应用技术与实践(新时代海上工程创新技术与实践丛书)	上海科学技术出版社	李　武、程泽坤、郭志鹏、刘　鹏　著
16	客户价值驱动的个性化产品设计(数智化时代产业智联生态系统创新理论研究)	上海科学技术出版社	何丽娜、明新国、张先燏　编著
17	面向客户价值的智能产品概念设计方法(数智化时代产业智联生态系统创新理论研究)	上海科学技术出版社	厉秀珍、明新国、张先燏　编著
18	智能产品的创新生态系统构建及运行理论与方法(数智化时代产业智联生态系统创新理论研究)	上海科学技术出版社	明新国、尹　导、张先燏　著
19	智能产品服务生态系统解析、设计与交付(数智化时代产业智联生态系统创新理论研究)	上海科学技术出版社	明新国、郑茂宽、张先燏　编著
20	颅颌面外科学:肿瘤、骨畸形矫正与创伤	上海科学技术出版社	〔德〕迈克尔·埃伦菲尔德等　主编，于洪波、王旭东、郑家伟　主译
21	AO腕部骨折手术图解	上海科学技术出版社	〔美〕耶西·B.朱庇特等　主编，刘　珅、柴益民、谢雪涛　主译
22	精神疾病啮齿类动物模型及行为学实验	上海科学技术出版社	崔东红、徐　林　主编
23	3D打印个性化骨盆重建外科学	上海科学技术出版社	郝永强　主编
24	Lothar Thomas临床实验诊断学	上海科学技术出版社	〔德〕洛塔尔·托马斯　主编，郭　玮等　主译
25	胸腔镜肺叶肺段切除术图解	上海科学技术出版社	〔法〕多米尼克·戈索特　主编，高　文　译

续表

序号	书名	版别	编著者
26	肿瘤整形皮瓣外科手术学：乳房再造(英文版)	上海科学技术出版社	李 赞、宋达疆 主编
27	道地药材生产技术规范研究	上海科学技术出版社	郭兰萍、黄璐琦 主编
28	中国矿物药资源(中国中药资源大典)	上海科学技术出版社	黄璐琦、奥·乌力吉 主编
29	中国中药材种子鉴别图鉴	上海科学技术出版社	黄璐琦、袁 媛、李晓琳 主编
30	我国基层医疗机构服务国家健康保障体系构建策略研究	上海科学技术出版社	张伯礼 主编
31	中医临床病证大典·气血津液与肢体经络病卷	上海科学技术出版社	陈仁寿 总主编，陈仁寿 主编
32	中医临床病证大典·外科病卷	上海科学技术出版社	陈仁寿 总主编，衣兰杰 主编
33	中医临床病证大典·儿科病卷	上海科学技术出版社	陈仁寿 总主编，高志姝 主编
34	危重症现代中西医临床诊疗学	上海科学技术出版社	陈 伟、陈尔真、李颖川、王 倩、诸杜明 主编
35	联合肝脏分隔和门静脉结扎的二步肝切除术	上海科学技术出版社	周 俭 主编
36	中国花生科技	上海科学技术出版社	王明辉、刘 娟、张会娟、邢福国 主编
37	青鱼种质资源保护与利用(中国大宗淡水鱼种质资源保护与利用丛书)	上海科学技术出版社	桂建芳、戈贤平 总主编
38	鲫种质资源保护与利用(中国大宗淡水鱼种质资源保护与利用丛书)	上海科学技术出版社	桂建芳、戈贤平 总主编
39	团头鲂种质资源保护与利用(中国大宗淡水鱼种质资源保护与利用丛书)	上海科学技术出版社	桂建芳、戈贤平 总主编
40	鲢种质资源保护与利用(中国大宗淡水鱼种质资源保护与利用丛书)	上海科学技术出版社	桂建芳、戈贤平 总主编
41	草鱼种质资源保护与利用(中国大宗淡水鱼种质资源保护与利用丛书)	上海科学技术出版社	桂建芳、戈贤平 总主编
42	鳙种质资源保护与利用(中国大宗淡水鱼种质资源保护与利用丛书)	上海科学技术出版社	桂建芳、戈贤平 总主编
43	鲤种质资源保护与利用(中国大宗淡水鱼种质资源保护与利用丛书)	上海科学技术出版社	桂建芳、戈贤平 总主编
44	小行星——爱、恐惧与贪婪如何决定人类的太空未来(哲人石丛书)	上海科技教育出版社	〔美〕马丁·埃尔维斯 著，施 韡 译
45	自然的悖论——合理与荒谬并存的进化之路(哲人石丛书)	上海科技教育出版社	〔法〕弗雷德里克·托马、〔法〕米歇尔·雷蒙 著，杨 冉 译
46	人人都有癌细胞——来自进化和生态学的启示(哲人石丛书)	上海科技教育出版社	〔法〕弗雷德里克·托马 著，王 隽 译
47	酵母演义——真菌如何塑造人类文明(哲人石丛书)	上海科技教育出版社	〔英〕尼古拉斯·P.莫尼 著，林凤鸣 译
48	无知有解——未知事物的奇妙影响(哲人石丛书)	上海科技教育出版社	〔美〕丹尼尔·R.德尼科拉 著，潘 涛 译
49	十的九次方年的生命(哲人石·科学四方书系)	上海科技教育出版社	白书农 著
50	化学的文化密码(哲人石·科学四方书系)	上海科技教育出版社	缪煜清 著
51	竺可桢全集(24卷)	上海科技教育出版社	竺可桢 著
52	名画在左 科学在右2	上海科技教育出版社	林凤生 著
53	逻辑人生——哥德尔传	上海科技教育出版社	〔美〕约翰·L.卡斯蒂、〔奥〕维尔纳·德波利 著，刘晓力、叶 闯 译
54	基因·女郎·伽莫夫——发现双螺旋之后	上海科技教育出版社	〔美〕詹姆斯·D.沃森 著，钟 扬、沈 玮、赵 琼、王 旭 译
55	希格斯——"上帝粒子"的发明和发现	上海科技教育出版社	〔英〕吉姆·巴戈特 著，邢志忠 译

续表

序号	书名	版别	编著者
56	工程学——无尽的前沿	上海科技教育出版社	〔美〕欧阳莹之　著,李啸虎、吴新忠、闫宏秀　译
57	盛装猿——人类的自然史	上海科技教育出版社	〔美〕汉娜·霍姆斯　著,朱　方　译
58	背叛真理的人们——科学殿堂中的弄虚作假	上海科技教育出版社	〔美〕威廉·布罗德、〔美〕尼古拉斯·韦德　著,朱进宁、方玉珍　译
59	生命的引擎:微生物如何创造宜居的地球	上海科技教育出版社	〔美〕保罗·G.法尔科夫斯基　著,肖　湘、蹇华哗,张　宇、徐　俊、刘喜朋、王风平　译
60	基因、心灵与文化——协同进化的过程	上海科技教育出版社	〔加〕查尔斯·J.拉姆斯登、〔美〕爱德华·O.威尔逊　著,刘　利　译
61	循环经济——给实践者的未来指南(绿色发展文丛)	上海科技教育出版社	〔瑞士〕瓦尔特·施塔尔　著,曹莉萍　译
62	可持续性通史——从思想到实践(绿色发展文丛)	上海科技教育出版社	〔美〕杰里米·L.卡拉东纳　著,张大川　译
63	数据分析简史:从概率到大数据	上海科技教育出版社	项亦子　著
64	认识中国湖	上海科技教育出版社	薛　滨、郭　娅、龚　伊、陈怡嘉　著
65	陪着四季慢慢走	上海科技教育出版社	苏　打　著
66	中国犀牛,你好！再见！(“你好！再见！”丛书)	上海科技教育出版社	半　夏　文,尹爱婷、朱艳红　图
67	斑驴,你好！再见！(“你好！再见！”丛书)	上海科技教育出版社	半　夏　文,汤凯儒　图
68	白鱀豚,你好！再见！(“你好！再见！”丛书)	上海科技教育出版社	半　夏　文,尹爱婷　图
69	斯特拉大海牛,你好！再见！(“你好！再见！”丛书)	上海科技教育出版社	半　夏　文,尹爱婷、贾　丽　图
70	沉睡海底的时间胶囊(“院士带你去探索”科普绘本第3辑)	上海科技教育出版社	李无言　著
71	多孔王国奇遇记(“院士带你去探索”科普绘本第3辑)	上海科技教育出版社	黄洵杰　著
72	我的貉邻居(“院士带你去探索”科普绘本第3辑)	上海科技教育出版社	章佳敏、王　放　著
73	一龙在手不如万鸟在野(“院士带你去探索”科普绘本第3辑)	上海科技教育出版社	何　鑫　著
74	一滴水的奇幻漂流(“院士带你去探索”科普绘本第3辑)	上海科技教育出版社	沈　嫣　著
75	了不起的免疫系统(“院士带你去探索”科普绘本第3辑)	上海科技教育出版社	荣　艳　著
76	它和它不一样	上海科技教育出版社	〔法〕韦罗妮克·科尔吉贝、〔法〕马蒂尔德·贾尔、〔法〕马里翁·吉洛、〔法〕奥萝尔·梅耶　著,〔法〕文森特·贝尔吉耶　图,李牧雪、张　月　译
77	数学万花筒(数学桥丛书)	上海科技教育出版社	〔美〕西奥妮·帕帕斯　著,张远南、张昶、冯惠英　译
78	数学百宝箱(数学桥丛书)	上海科技教育出版社	〔美〕西奥妮·帕帕斯　著,张远南、张昶、冯惠英　译
79	生活中的数学(数学桥丛书)	上海科技教育出版社	〔英〕约翰·D.巴罗　著,申晓羽　译
80	艺术中的数学(数学桥丛书)	上海科技教育出版社	〔英〕约翰·D.巴罗　著,周启琼、靖润洁　译
81	体育中的数学(数学桥丛书)	上海科技教育出版社	〔英〕约翰·D.巴罗　著,周启琼、靖润洁　译
82	迷人的数学发现(数学桥丛书)	上海科技教育出版社	〔瑞士〕乔治·G.斯皮罗　著,郭婷玮　译
83	数字的秘密生活(数学桥丛书)	上海科技教育出版社	〔瑞士〕乔治·G.斯皮罗　著,郭婷玮　译
84	神奇的概率事件(数学桥丛书)	上海科技教育出版社	〔加〕杰弗里·S.罗森塔尔　著,吴　闻　译
85	统计中的数字陷阱(数学桥丛书)	上海科技教育出版社	〔英〕迈克尔·布拉斯兰、〔英〕安德鲁·迪诺　著,郭婷玮　译

续表

序号	书名	版别	编著者
86	数学奇趣——逗乐百万人的趣味数学问题(数学桥丛书)	上海科技教育出版社	〔美〕阿尔弗雷德·S.波萨门蒂 著,涂 泓 译,冯承天 译校
87	几何奇观——探索意想不到的几何之美(数学桥丛书)	上海科技教育出版社	〔美〕阿尔弗雷德·S.波萨门蒂 著,涂 泓 译,冯承天 译校
88	硬币称重与饼干怪兽:图形、游戏及其他趣味数学	上海科技教育出版社	〔美〕詹尼弗·拜内克、〔美〕贾森·罗森豪斯 汇编,涂 泓 译,冯承天 译校
89	福尔摩斯的初级探案谜题(数学思维训练营)	上海科技教育出版社	〔法〕皮埃尔·贝洛坎 著,芽芽妈妈 译
90	福尔摩斯的超级探案谜题(数学思维训练营)	上海科技教育出版社	〔法〕皮埃尔·贝洛坎 著,柳银萍 译
91	福尔摩斯的终极探案谜题(数学思维训练营)	上海科技教育出版社	〔法〕皮埃尔·贝洛坎 著,柳银萍 译
92	上海天文博物馆巡礼	上海科技教育出版社	张建卫、侯金良 主编
93	追寻科学之本	上海科技教育出版社	周忠和、郑永和 主编
94	萌宠团队之汪星人健康攻略	上海科技教育出版社	赵洪进、龚国华 主编
95	萌宠团队之喵星人健康攻略	上海科技教育出版社	龚国华、赵洪进 主编
96	医疗科技创新与创业	上海科技教育出版社	钱大宏 主编
97	精准医学与我们的健康	上海科技教育出版社	秦胜营 主编
98	中医住院医师临床常用操作手册	上海科技教育出版社	陈昕琳、管红叶 主编
99	长三角地区妇科疾病临床质量控制标准(2023版)	上海科技教育出版社	华克勤 主编
100	谁是数学奠基者	上海科学技术文献出版社	〔美〕迈克尔·J.布拉德利 著,杨延涛 译
101	数学是怎么诞生的	上海科学技术文献出版社	〔美〕迈克尔·J.布拉德利 著,陈 松 译
102	现代数学史话	上海科学技术文献出版社	〔美〕迈克尔·J.布拉德利 著,王 潇 译
103	天才时代的数学大师	上海科学技术文献出版社	〔美〕迈克尔·J.布拉德利 著,展翼文 译
104	未来的数学	上海科学技术文献出版社	〔美〕迈克尔·J.布拉德利 著,蒲 实 译
105	万物一弦:漫漫统一路	上海科学技术文献出版社	张天蓉 著
106	量子佯谬:没有人看时月亮还在吗?	上海科学技术文献出版社	乔从丰 著
107	极寒之地:探索肉眼可见的宏观量子效应	上海科学技术文献出版社	彭 鹏 著
108	通幽洞微:量子论创立者的智慧乐章	上海科学技术文献出版社	成素梅、程 瑞 著
109	混沌中的机遇	上海科学技术文献出版社	朱伟勇、朱海松 著
110	化学基础论	上海科学技术文献出版社	〔法〕安托万-洛朗·拉瓦锡 著,邓 耿 译
111	谈天说地:走近宇宙的现场	上海科学技术文献出版社	张天蓉 著
112	"地球"系列:地震	上海科学技术文献出版社	〔英〕安德鲁·罗宾逊 著,李尧尧 译
113	"地球"系列:瀑布	上海科学技术文献出版社	〔英〕布赖恩·J.赫德森 著,洪水丽 译
114	"地球"系列:空气	上海科学技术文献出版社	〔英〕彼得·阿迪 著,李雨点 译
115	"地球"系列:冰	上海科学技术文献出版社	〔英〕彼得·G.奈特 著,数 羊 译
116	"地球"系列:闪电	上海科学技术文献出版社	〔英〕德里克·M.埃尔瑟姆 著,邹厚民 译
117	海恩斯图解指南:气象爱好者手册	上海科学技术文献出版社	〔英〕斯托姆·邓禄普 著,王超红、曹 莹 译
118	"地球"系列:海啸	上海科学技术文献出版社	〔英〕理查德·汉布林 著,于芝颖 译
119	藏在水里的世界史	上海科学技术文献出版社	〔法〕西里尔·P.库坦塞 著,孙佳雯 译
120	插图本宇宙生命简史	上海科学技术文献出版社	〔美〕约瑟夫·A.安吉洛 著,张 丹 译
121	把自己照顾好——健康是一项系统工程	上海科学技术文献出版社	杜雪金 编著
122	中国临床案例·生殖健康与计划生育病例精解	上海科学技术文献出版社	顾向应、钱志大 主编

续表

序号	书名	版别	编著者
123	丝路汲古岐黄示告:"中医药文告"传播视域下丝绸之路中医药文化的交流与汇融	上海科学技术文献出版社	马　捷　著
124	内经要文微悟	上海科学技术文献出版社	张祥风、陈　慧　编著
125	临证求是	上海科学技术文献出版社	杜　斌　著
126	中医针灸临床精要	上海科学技术文献出版社	邢春艳　著
127	实用中医针灸治疗	上海科学技术文献出版社	邢春艳　著
128	眼病针灸(第2版)	上海科学技术文献出版社	张　仁、徐　红　主编
129	循证抗炎饮食	上海科学技术文献出版社	梁英杰　著
130	医论医话精选集	上海科学技术文献出版社	严道南　主编
131	袁伦次临床秘典	上海科学技术文献出版社	袁伦次　著
132	点墨散谭·续	上海科学技术文献出版社	王灵台　著
133	中医骨伤科学	上海科学技术文献出版社	陈　波、杨惠然、沈爱明　著
134	正常人体解剖学	上海科学技术文献出版社	郭文平、蒋　葵、欧阳厚淦　著
135	人体解剖学	上海科学技术文献出版社	许利琼、邓　侃　著
136	系统解剖学	上海科学技术文献出版社	蔡世昌、傅文学、刘奕蓉　著
137	人体解剖生理学	上海科学技术文献出版社	丘继哲、焦旭文、邱　江　著
138	机能学实验	上海科学技术文献出版社	周裔春、卢　琼、李维礁　著
139	中国医学百家·心脏能量代谢临床进展	上海科学技术文献出版社	邢艳秋　主编
140	造物之脑	上海科学技术文献出版社	〔荷〕迪克·斯瓦伯　著,包爱民　译
141	性早熟及青春期延迟(第2版)	上海科学技术文献出版社	蔡德培　主编
142	健康从抗衰老开始	上海科学技术文献出版社	戴炯捷、王　冲　主编
143	通往疫苗之路:小儿麻痹症流行往事与创造历史的公共卫生实验	上海科学技术文献出版社	〔美〕大卫·M.奥辛斯基　著,阳　曦　译
144	自愈的概率	上海科学技术文献出版社	〔美〕杰弗里·雷迪杰　著,邓　攀　译
145	医学遗传学(第1版)	上海科学技术文献出版社	高建华、彭晓红、欧阳坚　著
146	应急医学心理学	上海科学技术文献出版社	季建林、王　韬　著
147	中国临床案例·华西影像病例精解	上海科学技术文献出版社	宋　彬、陈卫霞、胡　娜　主编
148	常见疾病影像检查技术与诊断	上海科学技术文献出版社	江万里等　主编
149	现代影像诊断与临床进展	上海科学技术文献出版社	吕丽君等　主编
150	实用超声诊断精要	上海科学技术文献出版社	杨智芳等　主编
151	现代医学检验与临床研究	上海科学技术文献出版社	荆　燕等　主编
152	应急医学救治策略与技术	上海科学技术文献出版社	王　韬、徐仲卿　著
153	中国临床案例·重症医学病例精解	上海科学技术文献出版社	陈德昌、王瑞兰　主编
154	基础护理技术与循证护理实践	上海科学技术文献出版社	杨正旭等　主编
155	常见疾病护理临床实践	上海科学技术文献出版社	王　虹等　主编
156	护理临床理论与实践	上海科学技术文献出版社	梁晓庆等　主编
157	临床常见病护理规范	上海科学技术文献出版社	魏　萌等　主编
158	临床专科基础护理操作	上海科学技术文献出版社	张举红等　主编
159	内科疾病治疗与用药指导	上海科学技术文献出版社	柴倩倩等　主编
160	乙型肝炎诊断与治疗	上海科学技术文献出版社	汪余勤、范建高　主编

续表

序号	书名	版别	编著者
161	你问我答——艾滋病防治知识科普读物	上海科学技术文献出版社	宁 镇、卜佳青、傅 洁 著
162	肺结核病诊断与治疗	上海科学技术文献出版社	沈 鑫、沙 巍 主编
163	阜外深圳医院临床案例·心血管急重症病例精解	上海科学技术文献出版社	李惠君等 主编
164	心血管内科疾病诊断与治疗	上海科学技术文献出版社	徐迎佳 主编
165	健康从"心"开始:华山医院心脏手册	上海科学技术文献出版社	黄杰春、姜容容 著
166	疾病与衰老的细胞治疗	上海科学技术文献出版社	刘保池 主编
167	中国临床案例·瑞金呼吸内科病例精解	上海科学技术文献出版社	时国朝、李庆云、周 敏 主编
168	支气管哮喘诊断与治疗	上海科学技术文献出版社	揭志军 主编
169	肺磨玻璃结节与肺癌	上海科学技术文献出版社	邱维诚、李庆云、陆 勇 主编
170	肺超声——理论与临床诊断规范	上海科学技术文献出版社	赵浩天等 主编
171	呼吸道病毒感染诊断与治疗	上海科学技术文献出版社	揭志军 主编
172	中国临床案例·消化内镜诊疗疑难病例精解	上海科学技术文献出版社	黄永辉 主编
173	胃病诊断与治疗	上海科学技术文献出版社	胡 颖 主编
174	胰腺疾病诊断与治疗	上海科学技术文献出版社	鲁晓岚 主编
175	糖尿病视网膜病变诊断与治疗	上海科学技术文献出版社	童晓维 主编
176	糖尿病足全程多维防治与护理	上海科学技术文献出版社	王 静、杨亚平 著
177	糖尿病足诊治病例图文精解	上海科学技术文献出版社	张会峰 主编
178	现代外科临床治疗学	上海科学技术文献出版社	张 义等 主编
179	普外科手术技巧与常见病诊疗	上海科学技术文献出版社	宿鲁锋等 主编
180	外科疾病手术与麻醉管理	上海科学技术文献出版社	吕春雨等 主编
181	安全变美	上海科学技术文献出版社	龙 笑 著
182	临床大血管外科学	上海科学技术文献出版社	金 星、吴学君 主编
183	骨质疏松症诊断与治疗	上海科学技术文献出版社	洪 洋、王明海 主编
184	盆底疾病诊断与治疗	上海科学技术文献出版社	王阳赟、施国伟、史朝亮、张丽文 主编
185	中国临床案例·泌尿外科病例精解	上海科学技术文献出版社	吴登龙、李 铮 主编
186	泌尿生殖系统感染性疾病诊断与治疗	上海科学技术文献出版社	王 洋、施国伟 主编
187	尿石症诊断与治疗	上海科学技术文献出版社	王 伟 主编
188	中国临床案例·肾脏经典病例精解	上海科学技术文献出版社	汪年松、范 瑛 主编
189	妇产科临床思维与疾病诊治	上海科学技术文献出版社	刘明静等 主编
190	现代妇产科常见疾病治疗新进展	上海科学技术文献出版社	李萍静等 主编
191	绝经期疾病诊断与治疗	上海科学技术文献出版社	陈亚萍 主编
192	子宫疾病诊断与治疗	上海科学技术文献出版社	陈亚萍 主编
193	实用儿科疾病治疗与急救处理	上海科学技术文献出版社	张建春等 主编
194	早产儿常见疾病诊断与治疗	上海科学技术文献出版社	于广军 主编
195	儿童佝偻病、贫血、肥胖诊所与治疗	上海科学技术文献出版社	陈津津 主编
196	儿童哮喘诊断与治疗	上海科学技术文献出版社	董晓艳 主编
197	儿童性早熟诊断与治疗	上海科学技术文献出版社	李 嫔 主编
198	儿童下肢畸形诊断与治疗	上海科学技术文献出版社	张自明、应 灏、赵利华 主编
199	中国临床案例·肿瘤内科病例精解	上海科学技术文献出版社	刘天舒、周宇红、崔越宏 主编
200	胸部恶性肿瘤靶向及免疫治疗病例精解	上海科学技术文献出版社	范 云、黄鼎智、林 根 主编

续表

序号	书名	版别	编著者
201	肿瘤学简史	上海科学技术文献出版社	罗国培　编著
202	中国临床案例·泌尿生殖肿瘤病例精解	上海科学技术文献出版社	姜昊文等　主编
203	中国临床案例·妇科肿瘤疑难病例集	上海科学技术文献出版社	王国庆等　著
204	中国医学百家·面肌痉挛临床进展	上海科学技术文献出版社	李世亭　著
205	中国临床案例·周围性面瘫:外科修复病例精解	上海科学技术文献出版社	李世亭　著
206	我想和你谈谈精神病人的世界	上海科学技术文献出版社	〔韩〕理端　著,谢恭霓　译
207	深渊回响	上海科学技术文献出版社	〔新西兰〕格温·阿谢德、〔美〕艾琳·霍恩　著,张　越　译
208	儿童青少年常见情绪行为障碍诊断与治疗	上海科学技术文献出版社	田　园　主编
209	抑郁症诊断与治疗	上海科学技术文献出版社	高存友　主编
210	常见皮肤病诊断与治疗	上海科学技术文献出版社	程　燕　著
211	带状疱疹诊断与治疗	上海科学技术文献出版社	李　斌　主审,谢韶琼、姜文成　主编
212	特应性皮炎诊断与治疗	上海科学技术文献出版社	史玉玲、丁杨峰　主编
213	银屑病诊断与治疗	上海科学技术文献出版社	李　斌、史玉玲、丁杨峰　主编
214	斑秃诊断与治疗	上海科学技术文献出版社	李　斌、周　静、陆家睛　主编
215	老年眼病诊断与治疗	上海科学技术文献出版社	朱皓皓　主编
216	白内障手术特殊病例思辨	上海科学技术文献出版社	党光福　主编
217	中国临床案例·核医学诊疗病例精解(第1卷)	上海科学技术文献出版社	付　巍、范　岩、王欣璐、马　健　主编
218	海战伤急救手册	上海科学技术文献出版社	肖仕初、纪世召　著
219	航海常见内科疾病健康知识问答	上海科学技术文献出版社	廖　专、徐茂锦、张　优　主编
220	走出性别困境——“跨性别”与“性别焦虑”的医疗援助	上海科学技术文献出版社	潘柏林　著
221	药物分析	上海科学技术文献出版社	符秀娟、陈小婉、胥彦琪　著
222	实用临床用药常规	上海科学技术文献出版社	郭海英等　主编
223	中西医结合药学监护和实践	上海科学技术文献出版社	黄　瑾、王振伟　主编
224	金属材料及工艺的金相分析	上海科学技术文献出版社	任颂赞、陈德华　主编
225	人工智能	上海科学技术文献出版社	陆汝钤　编著
226	数据存力——高质量发展的数字基石	上海科学技术文献出版社	周跃峰等　著
227	量子比特:一场改变世界观的信息革命	上海科学技术文献出版社	戎思淼　著
228	量子计算:智能社会的算力引擎	上海科学技术文献出版社	李宏芳　著
229	民以食为天	上海科学技术文献出版社	廖　侃　著
230	沿着鹦鹉螺线滑行——建筑室内设计的数学思考	上海科学技术文献出版社	顾　骏　著
231	世界会客厅	上海科学技术文献出版社	华东建筑设计研究院有限公司　著
232	中国铁路上海局集团有限公司高速铁路行车组织细则	上海科学技术文献出版社	上海铁路印刷有限公司　著
233	枢纽核心区站城融合	上海科学技术文献出版社	张俊杰　著
234	中国铁路上海局集团有限公司普速铁路行车组织规则	上海科学技术文献出版社	上海铁路印刷有限公司　著
235	插图本卫星简史	上海科学技术文献出版社	〔美〕约瑟夫·A.安吉洛　著,龙志超、王　欢　译
236	插图本人类太空飞行简史	上海科学技术文献出版社	〔美〕约瑟夫·A.安吉洛　著,谢　军、谭艾菲　译

续表

序号	书名	版别	编著者
237	中医良方大典·外科卷	上海科学普及出版社	严世芸　主编
238	中医良方大典(全6卷)	上海科学普及出版社	严世芸　总主编
239	中国保护动物1	上海科学普及出版社	华惠伦、王义炯　编著
240	中国保护动物2	上海科学普及出版社	华惠伦、王义炯　编著
241	赤峰市松山区地名志	上海科学普及出版社	高　伟　编著
242	2023上海科技年鉴	上海科学普及出版社	《上海科技年鉴》编辑部　编
243	2022上海监狱年鉴	上海科学普及出版社	《上海监狱年鉴》编纂委员会　编
244	2023上海殡葬年鉴	上海科学普及出版社	上海市民政局　编
245	嘉定年鉴2023	上海科学普及出版社	《嘉定年鉴》编纂委员会　编
246	南翔年鉴2023	上海科学普及出版社	《南翔年鉴》编纂委员会　编
247	奉贤年鉴2023	上海科学普及出版社	《奉贤年鉴》编纂委员会　编
248	华亭年鉴(2021—2022)	上海科学普及出版社	《华亭年鉴》编纂委员会　编
249	向化镇志(2005—2016)	上海科学普及出版社	《向化镇志》编纂委员会　编
250	长兴镇志(2005—2016)	上海科学普及出版社	《长兴镇志》编纂委员会　编
251	三星镇志(2001—2016)	上海科学普及出版社	《三星镇志》编纂委员会　编
252	港沿镇志(2001—2016)	上海科学普及出版社	《港沿镇志》编纂委员会　编
253	新海镇志(1958—2018)	上海科学普及出版社	《新海镇志》编纂委员会　编
254	新河镇志(2001—2016)	上海科学普及出版社	《新河镇志》编纂委员会　编
255	外冈望新合志(1991—2010)	上海科学普及出版社	外冈镇修志工作领导小组　编
256	上海市慢性病及其危险因素监测报告2017	上海科学普及出版社	郑　杨、刘晓侠、施　燕、付　晨　主编
257	上海开发建设年报2023	上海科学普及出版社	上海市建设协会　编
258	银龄健康新主张	上海科学普及出版社	徐汇区社区教育学院　编著
259	李政道与复旦	复旦大学出版社	复旦大学教务处　编
260	大学物理实验(第2版)	复旦大学出版社	谢银月、周敏雄、姜　萌　编著
261	改变世界的物理学(第5版)	复旦大学出版社	倪光炯、王炎森、钱景华、方小敏　编著
262	复变函数与积分变换	复旦大学出版社	李常品、杨建生　主编
263	让数据告诉你(第2版)	复旦大学出版社	陆立强　编著
264	文科微积分	复旦大学出版社	聂高辉　编著
265	概率论与数理统计(修订版)	复旦大学出版社	杨　超　主编
266	大学物理实验	复旦大学出版社	王文新　主编
267	高等数学超详解:三大计算配套基础教程	复旦大学出版社	杨　超　主编
268	考研数学必做习题库(高等数学篇)(便携轻松版)	复旦大学出版社	杨　超、张　健　主编
269	考研数学真题超详解(数学一)	复旦大学出版社	杨　超　主编
270	考研数学真题超详解(数学二)	复旦大学出版社	杨　超　主编
271	考研数学真题超详解(数学三)	复旦大学出版社	杨　超　主编
272	考研数学手写习题集强化篇(数学一)	复旦大学出版社	崔原铭　主编
273	考研数学手写习题集强化篇(数学二)	复旦大学出版社	崔原铭　主编
274	考研数学手写习题集强化篇(数学三)	复旦大学出版社	崔原铭　主编
275	高中大学数学衔接	复旦大学出版社	周子翔　编著
276	高中化学知识导图	复旦大学出版社	峰阅教研组　编著

续表

序号	书名	版别	编著者
277	高中数学知识导图	复旦大学出版社	峰阅教研组　编著
278	高中知识导图	复旦大学出版社	峰阅教研组　编著
279	生物化学与分子生物学实验指导(第2版)	复旦大学出版社	费　正　主编
280	实验动物学	复旦大学出版社	丁玉强　主编
281	细胞与分子生物学实验方法详解	复旦大学出版社	王松梅、潘銮凤　主编
282	气候投融资理论与实务	复旦大学出版社	李志青、李　瑾　主编
283	深海海底资源勘探开发法研究(修订版)	复旦大学出版社	张梓太、沈　灏、张闻昭　著
284	武乡古树名木	复旦大学出版社	武乡县林业局　编
285	环境行动与政府回应:议题、网络与能力	复旦大学出版社	孙小逸　著
286	工业变频器技术应用教程	复旦大学出版社	白　锐、王贺彬、赵越岭、吴　静　编著
287	茶艺学	复旦大学出版社	王　丽　主编
288	茶道两千年	复旦大学出版社	易行健　著
289	汽车车身外板件与附件拆检技术	复旦大学出版社	虞金松、刘　宁　主编
290	汽车事故分析处理与鉴定	复旦大学出版社	唐阳山、郑利民、张丽萍　主编
291	网店美工	复旦大学出版社	龚国桥、鞠小洪、王育恒　主编
292	Web 前端技术项目化教程	复旦大学出版社	梁修荣　主编
293	城市规划通识	复旦大学出版社	刘贤腾　主编
294	智联网络系统技术蓝皮书	复旦大学出版社	宋　梁　主编
295	哲学证成与机器编程	复旦大学出版社	徐英瑾　著
296	食品理化检验技术	复旦大学出版社	惠　琴　主编
297	医学遗传学思政案例集	复旦大学出版社	刘　雯、杨　玲、杨云龙　编著
298	病理生理学思政案例集	复旦大学出版社	王新红、孟　丹　主编
299	医务社会工作督导	复旦大学出版社	范明林、张一奇　主编,付　芳、阎玮婷　副主编
300	医务社会工作(初级)	复旦大学出版社	赵　芳　主编
301	发热伴血小板减少综合征	复旦大学出版社	潘　浩、吴寰宇　主编
302	上海市传染病现场流行病学案例集	复旦大学出版社	吴寰宇、潘　浩　主编
303	基于传染病防控视角的欧盟卫生安全治理研究	复旦大学出版社	黄葭燕、方哲伊、秦　倩　著
304	中医护理——教学一体化工作页	复旦大学出版社	吴　双　主编
305	母婴护理——教学一体化工作页	复旦大学出版社	吴卫群　主编
306	内科护理——教学一体化工作页	复旦大学出版社	卢小菊、廖喜琳　主编
307	美容仪器应用(第2版)	复旦大学出版社	杨国峰、贾建鸿、叶秋玲　主编
308	智胜口腔病	复旦大学出版社	刘月华　主编
309	婴幼儿健康管理	复旦大学出版社	付奎亮　主编
310	婴幼儿医学基础	复旦大学出版社	史慧静　主编
311	学前营养学	复旦大学出版社	陈津津　主编
312	医生行为经济学——迈向价值医疗	复旦大学出版社	侯志远　著
313	转移性肿瘤病例诊疗解析	复旦大学出版社	梁晓华、詹　琼　主编
314	脑膜转移癌病例荟萃	复旦大学出版社	梁晓华、周鑫莉　主编
315	极限保肛:经括约肌间切除术	复旦大学出版社	项建斌、丁健华　主编

续表

序号	书名	版别	编著者
316	鼻科启承——张重华耳鼻喉科临证精粹	复旦大学出版社	李艳青　主编
317	临床实用运动处方	复旦大学出版社	陈世益　主编
318	内科基地住院医师口袋书:临床思维	复旦大学出版社	姜林娣、杨露伟、戴晓敏　主编
319	实用临床护理操作规程	复旦大学出版社	吴　燕　主编
320	医学功能学科实验教程	复旦大学出版社	严钰锋　主编
321	灾难医学	复旦大学出版社	曹广文　主编
322	药物分析实验指导	复旦大学出版社	梁建英　主编
323	药剂学实验指导	复旦大学出版社	张奇志　主编
324	华山探案疑难病例集(第 1 季)	复旦大学出版社	王惠英、叶红英　主编
325	真实世界证据用于药品研发和评估	复旦大学出版社	〔美〕杨哈里、〔美〕于斌兵　著,金春林、李　芬　译
326	创意关怀——认知症和高龄照护的革命性趋向	复旦大学出版社	〔美〕安妮・巴斯廷　著,〔美〕朱晓波　译
327	吸入治疗的物理与生物学基础(第 3 版)	复旦大学出版社	〔美〕安东尼・希基、〔美〕海蒂・曼苏尔　主编,张　静、沙先谊　主译
328	肿瘤治疗的皮肤反应	复旦大学出版社	〔意〕加布里埃拉・法布罗奇尼、〔美〕马里奥・拉库蒂尔、〔美〕安东内拉・托斯蒂　主编,盛友渔、张　波　主译
329	原发性肝癌精准放疗靶区勾画图谱	复旦大学出版社	曾昭冲、杜世锁　主编
330	安宁疗护政策、管理与实务手册	复旦大学出版社	水黎明、张　静、施永兴　主编
331	现代体部磁共振诊断学——儿科分册	复旦大学出版社	周康荣、严福华、刘士远　总主编,乔中伟、杨秀军、钟玉敏、李玉华　主编
332	现代体部磁共振诊断学:胃肠道及腹膜后分册	复旦大学出版社	周康荣、严福华、刘士远　总主编,汪登斌、张　欢　主编
333	现代体部磁共振诊断学——骨关节分册	复旦大学出版社	周康荣、严福华、刘士远　总主编,姚伟武、王晨光　主编
334	现代体部磁共振诊断学——胸部分册	复旦大学出版社	周康荣、严福华、刘士远　总主编,刘士远、赵世华、郑敏文　主编
335	现代体部磁共振诊断学——肝胆胰脾分册	复旦大学出版社	周康荣、严福华、刘士远　总主编,严福华、缪　飞　主编
336	流行病学原理(第 2 版)	复旦大学出版社	徐　飚　主编
337	临终关怀学概论(第 2 版)	复旦大学出版社	曹西友、施永兴、吴　颖　主编
338	现代卫生经济学	复旦大学出版社	胡善联　主编
339	新编健康评估考题解析	复旦大学出版社	刘　芹、王　骏、俞海萍　主编
340	数字化时代的智慧门诊——门诊管理与服务新理念、新实践	复旦大学出版社	崔彩梅、董　枫　主编
341	现代肿瘤转移:基础与临床	复旦大学出版社	钦伦秀、方伟岗、卞修武　主编
342	医学神经科学基础	复旦大学出版社	孙凤艳　主编
343	现代神经外科手册(第 3 版)	复旦大学出版社	周良辅　主编
344	医学新技术转化应用模型构建及实证研究	复旦大学出版社	陈英耀、魏　艳、明　坚　著
345	公立医院战略管理案例与实操	复旦大学出版社	余　波、杜忠华　主编
346	中老年妇女保健(上海市老年教育推荐用书)	复旦大学出版社	丁永明　编著
347	阿托莎的处方笺——乳腺癌的历史与命运	复旦大学出版社	陈嘉健　编著

续表

序号	书名	版别	编著者
348	了解耳鸣 战胜耳鸣	复旦大学出版社	李华伟、聂国辉 主编
349	你不知道的打呼噜秘密	复旦大学出版社	庞宇峰 主编
350	痛风科普 100 问	复旦大学出版社	朱小霞、万伟国 主编
351	健康脱口秀日历 2024	复旦大学出版社	健康脱口秀团队 著
352	3D 打印医疗器械	上海交通大学出版社	王金武、王 晶、张 斌等 编著
353	医疗机器人(英文版)	上海交通大学出版社	郭 遥、〔意〕朱利奥·达格尼诺、杨广中 著
354	医疗健康信息系统	上海交通大学出版社	李劲松、田 雨、周天舒 编著
355	组织工程与再生医学	上海交通大学出版社	曹谊林、金 岩等 编著
356	商用飞机项目风险和机遇管理	上海交通大学出版社	厉 峰、王 磊、迟悦臻、胡笑斌 著
357	商用飞机驾驶舱研制中的系统工程实践	上海交通大学出版社	陈 勇、赵春玲、范瑞杰等 著
358	模块化海上浮动核能动力装置	上海交通大学出版社	李 庆、王东辉、宋丹戎 著
359	低温核供热堆关键技术	上海交通大学出版社	张作义、张亚军、贾海军 著
360	新型嬗变反应堆物理与设计	上海交通大学出版社	顾 龙 著
361	先进快中子反应堆技术	上海交通大学出版社	张东辉等 编著
362	托卡马克聚变堆研究进展	上海交通大学出版社	李建刚、武松涛等 编著
363	小型压水反应堆智能控制	上海交通大学出版社	陈 智、王鹏飞、廖龙涛等 编著
364	液态金属冷却快堆技术	上海交通大学出版社	杨红义 著
365	海洋核动力平台安全研究	上海交通大学出版社	于俊崇等 编著
366	感官系统复杂病	上海交通大学出版社	贾仁兵 主编
367	血液系统复杂病	上海交通大学出版社	赵维莅 主编
368	免疫系统复杂病	上海交通大学出版社	沈 南 主编
369	骨关节与运动系统复杂病	上海交通大学出版社	张长青、陈云丰 主编
370	生殖系统复杂病	上海交通大学出版社	狄 文、朱 兰 主编
371	泌尿系统复杂病	上海交通大学出版社	倪兆慧、薛 蔚 主编
372	内分泌系统复杂病	上海交通大学出版社	贾伟平 主编
373	呼吸系统复杂病	上海交通大学出版社	周 新 主编
374	消化系统复杂病	上海交通大学出版社	邹多武 主编
375	神经系统复杂病	上海交通大学出版社	陈生弟、周海燕 主编
376	循环系统复杂病	上海交通大学出版社	何 奔 主编
377	临床肺移植	上海交通大学出版社	陈静瑜、田 东 主编
378	商用飞机全生命周期构型管理	上海交通大学出版社	钱仲焱、张馨元、孟 旭、熊 俊等 著
379	基于模型的现代商用飞机研发	上海交通大学出版社	李浩敏、殷 锴、詹 超等 著
380	图像融合(英文版)	上海交通大学出版社	肖 刚、〔印〕杜卡·普拉萨德·巴维瑞瑟特、刘 刚、张星辰 著
381	结构优化设计的特征驱动方法(英文版)	上海交通大学出版社	张卫红、周 莹 著
382	大型运输机飞行控制系统试验技术(英文版)	上海交通大学出版社	高亚奎、安 刚、支超有 著
383	翱翔:中国大飞机在崛起	上海交通大学出版社	黄庆桥、王培丞、田 锋 编著
384	民机主制造商适航信息化系统	上海交通大学出版社	郝 莲等 著

续表

序号	书名	版别	编著者
385	飞行器优化设计理论与方法	上海交通大学出版社	周　奇、王　楚、胡杰翔　编著
386	运输类飞机结冰和防冰适航验证技术	上海交通大学出版社	黄　雄、梁远东、刘斌慧、赵宾宾　著
387	机组资源管理	上海交通大学出版社	〔美〕芭芭拉·坎奇、〔澳〕何塞·安卡、〔美〕托马斯·奇德斯特　著，王文萍、冯　军　译
388	板料电致塑性成形技术	上海交通大学出版社	李细锋、董湘怀、王国峰、陈　军　著
389	飞行器结构分析基础	上海交通大学出版社	于哲峰、蒋东杰、余　音　编著
390	中国商用飞机有限责任公司系统工程手册(第6版)	上海交通大学出版社	贺东风、赵越让、郭博智、钱仲焱等　著
391	基于ARCADIA建模方法的系统架构工程	上海交通大学出版社	〔法〕让·吕克·瓦兰　著，唐　剑、蒋　欣等　译
392	航空发动机材料架构丛书.典型材料数据:温色图谱	上海交通大学出版社	黄爱华、徐　芳、孙小惠　著
393	看不见的怪兽(全6册)	上海交通大学出版社	陈梦婕　著
394	创建系统学	上海交通大学出版社	钱学森　著
395	论系统工程	上海交通大学出版社	钱学森等　著
396	工程控制论	上海交通大学出版社	钱学森　著
397	经典力学原理(法文版)	上海交通大学出版社	〔法〕马雅科、袁怡佳、钟圣怡、〔法〕丰杰礼、邵凌翾　主编
398	化学反应(法文版)	上海交通大学出版社	〔法〕马雅科、夏　萌、袁怡佳、〔法〕丰杰礼　主编
399	数列与级数(法文版)	上海交通大学出版社	〔法〕祁冲、吉宏俊、〔法〕瓦伦丁·维诺莱斯　主编
400	中国客船研发史	上海交通大学出版社	张富民、曹大秋、陈　英、俞　赟　编著
401	中国气垫船研发史	上海交通大学出版社	张宗科、马　涛、明　通、韦　强　编著
402	中国工程船研发史	上海交通大学出版社	仲伟东、秦　琦、段雪琼　编著
403	中国科考船研发史	上海交通大学出版社	韩　龙、曲宁宁、曹大秋、虞民毅　编著
404	船舶振动声学中的超材料设计理论与方法	上海交通大学出版社	杨德庆、李　清、张相闻、任晨辉、秦浩星　著
405	船舶与海洋工程结构动力学	上海交通大学出版社	杨德庆　编著
406	"碳达峰、碳中和"目标下的城市能源发展路径	上海交通大学出版社	国网上海市电力公司、上海市经济信息中心、上海交通大学　组编，梁　旭、汤　军　主编
407	能源互联下成员的行为决策分析	上海交通大学出版社	艾　芊　著
408	热核反应堆氚工艺	上海交通大学出版社	〔俄〕亚历山大·佩列韦津采夫、〔俄〕米哈伊尔·罗森凯维奇　著，胡石林、阮　皓、沙仁礼、张玉衆　译
409	寻找疾病的蛛丝马迹——标记与检验医学	上海交通大学出版社	康向东、吴　蓉　主编
410	住院医师规范化培训影像科模拟试题及精析(第2版)	上海交通大学出版社	梁轶群、汤　巧　主编
411	住院医师规范化培训急诊科模拟试题及精析(第2版)	上海交通大学出版社	刘乾生、何梦娟、梁轶群　主编
412	住院医师规范化培训妇产科模拟试题及精析(第2版)	上海交通大学出版社	梁轶群、王　甜　主编
413	破局之战——中国科技堵点的青年突围	上海交通大学出版社	沈辛成　主编

（刘忆婵　王　波　应丽春　吕　岷　林　琳　孙秋悦）

【沪版科技图书获奖情况】　2023年，沪版科技图书在2022年全国优秀科普作品奖、第8届中华优秀出版物奖、2022年上海市"银鸽奖"、2023年上海市优秀科普图书奖、首届"科圃好书"书单等评选中获多个奖项。

上海获2022年全国优秀科普作品奖名单
(科技部评审)

序号	书名	版别	编著者
1	0—6岁小儿养育手册(第3版)	上海科学技术出版社	于广军　主编
2	《国之重器》舰船科普丛书(19册)	上海科学技术出版社	中国船舶及海洋工程设计研究院、上海市船舶与海洋工程学会、上海交通大学　主编
3	深海浅说	上海科技教育出版社	汪品先　著

上海获第8届中华优秀出版物奖
(中国出版协会评审)

序号	书名	版别	编著者	获奖等级
1	中国外来入侵植物志(5卷)	上海交通大学出版社	马金双　丛书主编	图书奖
2	青少年创新思维培养丛书(3册)	上海科技教育出版社	尹传红　著	图书奖
3	中国古代机械复原研究	上海科学技术出版社	陆敬严　著	图书奖
4	中国高铁丛书(9册)	上海科学技术文献出版社	郑　健等　著	图书奖
5	高技术船舶与海洋工程装备系列丛书	上海交通大学出版社	吴有生　编著	图书提名奖
6	深海浅说	上海科技教育出版社	汪品先　著	图书提名奖

上海获2022年“银鸽奖”名单
(市委对外宣传办公室评审)

序号	书名	版别	编著者	获奖等级
1	上海手册:21世纪城市可持续发展指南·2022年度报告(英文版)	上海科学技术出版社	联合国人居署、国际展览局、上海市政府　主编	优胜奖
2	显微外科疑难手术病例精编(英文版)	上海科学技术出版社	侯春林、张世民、唐举玉、蔡志刚　主编	优胜奖

2023年上海市优秀科普图书获奖名单
(市科委评审)

序号	书名	出版社	编著者
1	画懂科学·118化学元素	华东理工大学出版社	戴　升、张馨予　著
2	微微本草(小学低年级)(共4册)	上海交通大学出版社	上海中医药大学附属闵行蔷薇小学编写组　编著
3	“崇明东滩生物多样性科普丛书”(共2本)	上海科学技术出版社	陈婷媛　文,吴　巍　译,王　紫　绘
4	“孩子爱问的十万个为什么”系列(共6本)	上海少年儿童出版社	冉　浩、黄　维、涂　晴、汤海明　著
5	五官宝宝有话说(全5册)	上海科学技术出版社	齐璐璐　主编
6	漫话麻醉	上海科学技术出版社	姜　虹、夏　明　主编
7	疫苗是什么	上海科学技术出版社	孙晓冬　主编
8	红房子医院:爱的三次方	上海科学技术出版社	华克勤、徐丛剑　主编
9	医学科普基础与实践	上海科学技术出版社	董　健、唐文娟、江世亮、贾永兴　主编
10	中华哲学思维:再论创中国新医学	上海科学技术出版社	汤钊猷　著
11	张文宏教授解惑奥密克戎防控日常	上海科学技术出版社	张文宏　主编
12	病人家属,请来一下	上海译文出版社	王　兴　著
13	我想问中医——100个实用中医小知识	上海科学技术出版社	朱为康、徐　静　主编
14	银龄健康新主张	上海科学普及出版社	刘　迟、戴桂丰、李　楠　主编
15	名医讲堂——尿路结石200问	上海交通大学出版社	彭　波、王光春、耿　和　主编

续表

序号	书名	出版社	编著者
16	植物的经营之道:趣谈植物化学与人类生活	上海科学技术出版社	陈晓亚、胡永红、刘 夙 著
17	发现大脑——谁开启了我们的心智之旅	上海科技教育出版社	顾凡及 著
18	科坛趣话——科学、科学家与科学家精神	上海科技教育出版社	汪品先 著
19	“今泉忠明动物小百科”(共3册)	上海少年儿童出版社	〔日〕今泉忠明 著,〔日〕川崎悟司、〔日〕森松辉夫 绘,宋睿婷 译
20	量子宇宙	上海科学技术文献出版社	〔英〕布莱恩·考克斯、〔英〕杰夫·福修 著,王一帆 译

上海获首届“科圃好书”书单
(市科协评审)

序号	书名	出版社	编著者
1	十年山野路漫漫:新生代化石考察记	上海科学技术出版社	邓 涛 著
2	第6次大灭绝,人类能挺过去吗?	上海科学技术出版社	〔美〕安娜莉·内维茨 著,徐洪河、蒋 青 译
3	水雷战舰艇	上海科学技术出版社	中国船舶及海洋工程设计研究院、上海市船舶与海洋工程学会、上海交通大学 主编
4	航天测量船	上海科学技术出版社	中国船舶及海洋工程设计研究院、上海市船舶与海洋工程学会、上海交通大学 主编
5	航空母舰	上海科学技术出版社	中国船舶及海洋工程设计研究院、上海市船舶与海洋工程学会、上海交通大学 主编
6	下潜!下潜!到海洋最深处!(丛书)	上海科技教育出版社	崔维成 主编
7	深海浅说	上海科技教育出版社	汪品先 著
8	希望:关爱和拯救身边的濒危野生动植物	上海科技教育出版社	〔英〕珍·古道尔 著,黄乘明等 译
9	探索AI新世界	上海教育出版社	王晓萍、朱东来 编著
10	疫苗简史	上海教育出版社	张文宏、王新宇 主编
11	地球的眼睛:地基与太空天文台传奇	上海教育出版社	汪诘·科学有故事团队 著
12	追星传奇——从大地形状到“中国天眼”	上海科学普及出版社	卞毓麟 著
13	给孩子的户外实验室	华东师范大学出版社	〔美〕丽兹·李·海拿克 著,王晓岚等 译
14	给孩子的厨房实验室	华东师范大学出版社	〔美〕丽兹·李·海拿克 著,张 云等 译
15	给孩子的STEAM实验室	华东师范大学出版社	〔美〕丽兹·李·海拿克 著,河马星球 译
16	给孩子的食物实验室	华东师范大学出版社	〔美〕丽兹·李·海拿克 著,孙亚飞 译

(刘忆婵 应丽春 孙秋悦 王 波 林 琳 吕 岷 葛航铭)

第四篇　第十七章
科技合作与交流

第一节｜国际科技合作与交流 >>

【国际科技合作与交流概述】 2023 年，上海积极应对国际科技合作新形势，抢抓疫情影响消退时机，稳固拓展国际科技合作网络，提升科技创新合作交流层级，支撑具有全球竞争力的开放创新体系建设。

巩固拓展国际科技合作网络。加快恢复与重要创新国家科技合作交流，面向合作国家与地区继续实施科技创新行动计划国际合作项目；与新加坡、芬兰等继续开展双边共同资助产业创新合作项目；支持上海高校、企业开展国际双多边国际合作，深入推进"一带一路"科技创新行动计划。吸引集聚国外高水平人才，累计核发《外国人工作许可证》42.2 万份，约占全国 27%，其中外国高端人才(A 类)8.2 万份，均居全国首位。

推动参与或发起国际大科学计划(工程)。持续推进全脑介观神经联接图谱大科学计划、国际人类表型组计划，推动机构积极参与平方公里阵列射电望远镜(SKA)大科学工程、国际大洋钻探计划(IODP)，并发挥关键作用。

集聚全球创新资源融入上海科技创新体系。设立外资研发机构协同创新项目，开展第 2 届"在沪外资企业协同创新"十佳案例评选；制定鼓励外资研发中心能级提升计划，鼓励在沪外资研发机构与上海高校、科研机构、企业等开展多种形式的协同创新，加大对外资研发机构的引导力度；鼓励科技类境外非政府组织发挥作用，利用国际组织广泛的国际网络和资源，提升各类创新主体的创新能力及参与国际合作的能力；落实市科委与盖茨基金会北京代表处签署谅解备忘录，推进双方在全球健康和可持续发展等领域合作。

打造高层级国际合作交流平台。举办 2023 年浦江创新论坛，持续增强政府间合作与交流、扩大与国际科技组织的合作、增进科学家之间的交流，邀请巴西担任主宾国；启动第 4 届中国-巴西创新周系列活动，上海市科委与巴西创新研究署签订合作备忘录，举办中巴纳米科技研讨会。论坛共吸引 32 个国家和地区、12 个国际科技组织的 300 余名嘉宾参与，境外嘉宾比例达 40%。举办第 6 届世界顶尖科学家论坛，300 余名科学家线下参会，举行 2023 年世界顶尖科学家协会奖颁奖典礼。（杨文展）

【加强"一带一路"科技合作】 2023 年，上海积极拓展合作网络，与巴西创新研究署新签合作备忘录，与泰国科学研究创新组织、智利国家研发署等续签合作备忘录；以支持共建联合实验室为抓手，推动与"一带一路"沿线国家在细胞治疗、激光技术、绿色航运、能源技术、智能网联交通等领域开展深度合作；在韩国、阿塞拜疆、北马其顿布局建设"一带一路"国际技术转移及跨境孵化平台，将国际技术转移网络拓展至东亚、中亚及中东欧地区；绿色技术银行在曼谷成立首个海外分支机构；举办第 3 届中白创新创业论坛、中新双向跨境孵化活动、中国-东盟创新创业训练营暨东盟国家青年创新中国行等。（杨文展）

【外资研发中心情况】 2023 年，上海新认定外资研发中心 30 家，累计 561 家。外资研发中心成为上海科技创新中心建设的生力军，为上海集聚大量国际人才、资本、技术等创新要素。

在生物医药、信息技术、汽车及零部件和化工等重点发展产业集聚。其中，生物医药企业占比 23%，信息技术企业占比 19%，汽车及零部件企业占比 13%，化工企业占比 11%。克康(上海)排气控制系统有限公司、嘉实多(上海)管理有限公司 2 家企业获全球研发中心认定。投资来源地主要集中在美国、欧洲、日本和中国香港等发达国家和地区。其中，美国企业占比 29%、欧洲企业占比 19%、日本企业占比 11%、中国香港企业占比 16%。积极发挥全球科技策源作用。外商投资信息报告数据显示，2022 年外资研发中心的研发投入占全市外资企业研发投入的 31%，平均研发投入 1.16 亿元，约为全市外资企业平均值的 37 倍；境内授权有效发明专利数 1.42 万件，为外资企业平均值的近 20 倍。外资研发中心主动与上海研发机构、高校合作共享、开放协同，罗氏制药与复旦大学附属华山医院合作、针对人才紧缺专业联合培养博士后，美国通用电气中国研发中心与上海交通大学成立全日制工程硕士培养基地。强生、西门子医疗等跨国公司在上海设立开放式创新平台。（阎　蓓）

【第 6 届中以创新创业大赛总决赛】 1 月 16 日在上海举办。中国科学技术交流中心、以色列创新署主办。总决赛现场，复星星未来创投基金、长三角国家技术创新中心、上海临港蓝湾私募基金管理有限公司等 12 家中方大企业提出技术需求，与揭榜的 13 个以色列创新项目开展精准的技术供需对接，进一步深化中以企业间的高质量创新合作。中以创新创业大赛是中以创新合作联委会机制下的唯一创赛平台,是《中以创新合作行动计划(2022—2024)》的重要内容。来自中以两国科技企业、园区、投资机构等各方代表50余人参加。 (陈 至 杨文展)

【在沪外资研发机构系列活动】 2023年,上海开展外资研发机构系列活动,为外资研发机构用好各类科技资源搭建合作交流平台。3月28日,举办走进上海研发公共服务平台专场活动。上海市研发公共服务平台管理中心、上海科学技术交流中心等主办。活动以"协同创新、合作共赢"为主题,宣传上海科技资源和相关政策,50家在沪外资企业和外资研发机构代表参加活动。5月29日,举办长三角国创中心全球创新伙伴开放日活动。长三角国家技术创新中心、上海市科学技术交流中心主办。50余家外资研发中心及近20家长三角国家技术创新中心体系内研究所、企业联合创新中心的代表参加活动。 (杜宇杰)

【"国际科技会客厅"系列活动暨"一带一路"十周年世界疟疾日专题活动】 4月25—26日在上海举办。市科协、中国疾病预防控制中心寄生虫病预防控制所、市卫生健康委、上海市疾病预防控制中心主办。活动围绕"创建无疟世界——大国责任与中国智慧"进行圆桌讨论,与会代表围绕如何防止输入性疟疾再传播、加强疾病监测与响应、推进中国抗疟产品与方案的输出等主题展开交流,并提出长三角联防控制输入性传染病的建设性建议。中国疾病预防控制中心寄生虫病预防控制所获授市科协国际科技会客厅"一带一路"合作伙伴。 (刘彦岑)

【2023年国际太阳能光伏与智慧能源(上海)大会暨展览会】 5月23—25日在上海举办。上海科学技术交流中心、上海新能源行业协会主办。大会设主题论坛1场、分论坛2场和边会8场,内容涉及光伏产业发展趋势、市场、技术、投资等领域,以及分布式能源、薄膜与钙钛矿等话题,吸引500余名代表参与。大会线上同步直播,2万余名中外代表在线参会。同期举办的展览会展览总面积达22万平方米,来自全球90余个国家和地区的3 000余家企业参展,参观观众近25万人次。 (杜宇杰)

【2023年国际氢能与燃料电池技术和装备及应用(上海)大会】 5月24—25日在上海举办。上海科学技术交流中心、上海新能源行业协会主办。储能、氢能和燃料电池领域的政策制定者、行业专家与学者、企业、金融机构代表等参会,共同探讨产业政策导向、前沿技术、市场趋势等议题,吸引400余名代表参与。大会线上同步直播,3 000余名中外代表在线参会。 (杜宇杰)

【第25届上海国际生物技术与医药研讨会】 6月13—15日在上海国际会议中心举办。上海市生物医药科技发展中心主办。大会以"发挥创新策源优势,打造研发经济高地"为主题,包括开幕式及全体大会1场、闭门会议2场、同期活动3场和专题分会14场。300余名生物医药领域代表出席,围绕核酸药物、细胞与基因治疗、合成生物学、抗体药物、儿童用药、生物医学工程、长三角区域合作、人类遗传资源管理与生物安全等热点话题交流研讨,2 000余名行业代表参会。50余家专业媒体和视频平台同步报道、现场采访及直播大会。 (沈昕逸)

【第6届中国(上海)国际发明创新展览会】 6月15—17日在上海举办。商务部、科技部、国家知识产权局、上海市政府主办。展会以"发明创造 · 引领未来"为主题,以推进国际交流与合作、展示发明创新成果、加快创新成果转换为宗旨,打造成为整合海内外科技力量与重点聚焦"一带一路"沿线国家创新发明及市场前景好的实用技术和产品、促进技术贸易发展的国际交流展示平台。来自境内外1 000余项创新技术与成果在技术创新成果展区、未来发明家展区、境外创新发明展区等展区展出。 (杜宇杰)

【第9届中国(上海)国际技术进出口交易会】 6月15—17日在上海世博展览馆举办。商务部、科技部、国家知识产权局、上海市政府主办。展会以"开放链动全球,技术赋能未来"为主题,展示国际领先技术,链接专业创新资源,推动国际创新合作和技术贸易发展繁荣。展厅面积3.5万平方米,特装展台比例82.7%,参展企业958家。展会现场达成合作意向535项,其中主宾城展区19项、能源低碳展区101项、数字技术展区182项、生物医药展区157项、创新生态展区76项。展会吸引专业观众近3.8万人次。 (阎 蓓)

【第9届东亚峰会新能源论坛】 6月29—30日在云南省昆明市举办。科技部国际合作司、云南省科技厅主办,云南省科学技术情报研究院、上海科学技术交流中心、中国-东盟创新中心和中国-南亚技术转移中心承办。论坛以"构建更开放更包容的合作机制为经济绿色复苏提供新动力"为主题,来自文莱、柬埔寨、印度尼西亚等18个东亚峰会成员国,以及巴布亚新几内亚和联合国亚太经社理事会亚太技术转移中心、东盟秘书处等国家和国际组织代表,科技部、生态环境部和北京、内蒙古、上海等省市的政府部门、研究机构、大学、企业等从事相关领域的代表200余人参加论坛。 (杜宇杰)

【中国-东盟创新创业训练营暨东盟国家青年创新中国行】 6月29日至7月3日在上海和云南昆明举办。上海科学技术交流中心和云南省科学技术情报研究院联合组织实施。活动旨在搭建一个联结中国与东盟国家、面向青年创新创业的机制化交流平台,深化中国与东盟国家之间的青年交流、技术转移与创新合作。共有25名来自东盟十国的首届中国-东盟创新创业大赛获奖选手和东盟知名孵化器代表入选训练营,在昆明和上海两地参加高校创新创业实践;结营仪式上,上海科学技术交流中心与泰国伟华启迪有限公司、印度尼西亚西国立巴查查兰大学分别签署框架合作协议,

聚焦中泰、中印共同关切的重点领域，加强与东盟国家科技协作网络建设，推动国际技术转移转化。（杨文展）

【2023 年世界人工智能大会】 7 月 6—8 日在上海世博中心举办。国家发展改革委、工业和信息化部、科技部、国家网信办、中国科学院、中国工程院、中国科协和上海市政府共同主办。大会以“智联世界 生成未来”为主题，重点关注大模型、类脑智能、智能芯片、机器人、元宇宙等十大前沿风向。大会举办开幕式 1 场、闭幕式 1 场、科技创新和产业发展全体会议 2 场、主题论坛 10 场及生态论坛多场。大会共对接上下游企业 210 家，达成意向采购金额 110 亿元，推动重大产业项目签约 32 个，项目投资总额 288 亿元。超 400 家参展企业在世博展览馆 50 000 m^2 主展览区内展示包括大模型、芯片、机器人、智能驾驶等领域的科技成果。大会成立上海人工智能产业投资基金元宇宙智能终端子基金暨上海人工智能开源生态产业集群。（金智献）

【2023 年中国(上海)国际传感器技术与应用展览会】 9 月 13—15 日在上海跨国采购会展中心举办。上海科技会展有限公司和中国传感器与物联网产业联盟共同主办。400 余家国内外主流传感器厂商参展，展览面积 20 000 m^2。来自全球 20 余个国家和地区的 3 万人次现场参观交流。同期举办技术研讨会 20 余场、产业论坛、SENSOR TALKS 产业圈交流会、新品发布会等活动。（沈昕逸）

【2023 年中韩生物医药合作论坛】 10 月 18 日在上海举办。上海科学技术交流中心、韩中科学技术合作中心、上海市生物医药科技发展中心主办。论坛旨在促进中韩两国在生物医药领域的合作与创新，为科学家、企业家和投资者提供一个共同交流的平台，以共同推动生物医药领域的技术进步和商业合作。来自中韩相关政府机构、大学、科研院所、企业代表等 80 余人现场参会。（杜宇杰　陈　征）

【第 6 届世界顶尖科学家论坛】 11 月 6—8 日在上海举办。中国科学技术协会、世界顶尖科学家协会主办。论坛以“科学引领变革，重塑世界韧性”为主题，着力打造世界顶尖科学家生命科学大会、智能科学大会、碳大会等系列论坛。论坛设顶尖科学家“前沿讲堂”学术报告约 60 场和青科 HUB 学术交流 70 余场。来自 25 个国家和地区的 300 余名全球科学家参会，其中包括 27 名诺贝尔奖得主在内的海外顶尖科学家百余名、中国两院院士 40 余名、中外优秀青年科学家 120 余名等。开幕式上，2023 年世界顶尖科学家协会奖智能科学或数学奖、生命科学或医学奖颁发。
（杨文展　刘彦岑）

【2023 年中国国际石墨烯创新大会】 11 月 10—12 日在上海举办。宝山区政府、上海大学、国家石墨烯创新中心和石墨烯联盟共同主办。大会以“走进生活 赋能未来”为主题，通过 2023 年度石墨烯企业家领袖峰会、国际合作圆桌会、国际石墨烯创业项目投资路演、2023 年中国国际石墨烯材料博览会等特色活动及专题论坛，助推石墨烯实现商业化应用。会上宣布 WG13 晶圆级规模集成标准工作组获批复。来自 30 余个国家和地区的 100 名石墨烯领域专家、10 万余名观众通过线上线下方式参会。（吴建军　洪燕华）

第二节 | 国内科技合作与交流 >>

【国内科技合作与交流概述】 2023 年，上海市科技对口帮扶、合作地区拓展至全国 14 个省份 32 个地区，开展对口援疆、援藏、沪滇协作、革命老区和沪连对口合作及科技援青、入黔、支宁、兴蒙等科技合作交流。强化顶层设计，先后与宁夏、湖北、江西、福建三明、安徽六安等地科技部门签署合作框架协议。推进项目布局，重点聚焦现代农业、生物医药、生态环保等领域，支持国内科技合作项目 28 个，支持资金 1 340 万元。拓展合作交流，围绕绿色能源、生物医药等领域，在新疆、云南等 9 个地区开展线下展览展示 12 场，组织 262 家上海高校、科研院所、企事业单位的 592 个科技成果项目参加对接交流活动，促成合作项目 62 个。激发内生动力，依托专业机构，为新疆、云南、福建等对口地区科技人才及企业创新研发人员开展科技培训 24 批，培训人数超 1 080 人次；以科技人才培育项目为抓手，以线上＋线下的方式为对口地区专业技术人员开展技术培训 2 000 余人次。推动协同创新，以长三角科技创新共同体高质量发展为核心，服务长江经济带发展战略，促成区域内 25 家科研平台理事会成员单位协同合作，开展“长江经济带科技资源 e 路行”系列活动。（程　彦）

【2023 年国内科技合作系列活动——线上线下对接交流活动】 2023 年，开展多场创新成果展和线上线下对接交流活动，有效拓展国内科技合作的广度和深度。上海应用技术大学等氟化工领域企事业单位参加在福建省三明市举办的 2023 年第 5 届绿色氟化工技术协同创新论坛，促成上海应用技术大学与三明市海西联合药业有限公司签订技术服务合同，合作金额 300 万元。上海高校、科研院所、企业等 15 家单位携 54 件展品参加在四川省成都市举办的第 19 届中国西部国际博览会，推动上海与中西部地区在现代农业、装备制造、生物医药、节能环保等领域更广泛合作。上海理工大学、市农科院食用菌研究所、上海市食品研究所专家参加在云南省楚雄市举办的第 7 届“科技入楚”高原特色农业和绿色食品制造业专场对接会，并作“预制菜发展及其加工保鲜新技术”等主题报告。（程　彦）

【2023 年上海市科技、文化、卫生“三下乡”主题活动】 2 月 21 日在崇明区陈家镇举办。市科委、市委宣传部、市文明办、市发展改革委、市教委等 16 家部门主办。启动仪式上，

发布2023年上海市科技、文化、卫生“三下乡”项目。社会主义核心价值观主题下乡演出、“法律进乡村”活动、科技特派员进村入户工程、高素质农民培训等63个“三下乡”服务项目贯穿全年。（沈昕逸）

【沪明科技合作座谈会】 2月21日在福建三明举行。中国科学院上海有机化学研究所、上海交通大学、上海大学、市农科院相关专家和三明市直属单位和部门、相关高校、园区管委会、科技创新平台、企业代表共计30余人次参加会议。双方围绕三明市产业转型发展、企业技术需求、合作方向展开座谈交流。（杜宇杰）

【第2届沪苏高技术创新研讨交流会】 2月22—23日在上海举办。上海科学技术交流中心、江苏省生产力促进中心主办。交流会以“加强区域联动，共话融合发展”为主题，通过研讨交流、实地调研等形式，探讨沪苏两地科技协同创新的联动机制，形成省、市、区资源充分共享的工作氛围，推进沪苏两地科技协同创新向全方位、深层次、高质量迈进。来自沪苏两地科技有关部门、科研院所、新型研发机构专家代表参会。（杜宇杰）

【第3届上海数字创新大会】 2月24—25日在中以(上海)创新园会议中心举办。市经济信息化委、市科委、上海科创办、普陀区政府共同主办。会议以“数智‘半马苏河’赋能城市未来”为主题，设论坛5场和主题展览会1场。会上，发布全国首个地市级数字化转型指数、“英雄书写数智未来”数字资产和《ISC上海数字安全创新能力全景图谱》；国际数字安全与生态运营中心项目及360上海城市安全大脑项目揭牌启用；数字创新“产学研”人才联盟成立。近30家企业参与大会现场展示，线下和线上10余万人次参会。（陈　至）

【2023年沪港创新发展主题论坛】 3月31日在上海举办。香港贸易发展局、上海市香港商会主办。论坛围绕科技应用、数字化转型、商业模式创新3个主题开展对话交流，推动沪港业界共同创新、提升核心竞争力及高质量合作。550名两地企业代表现场参与，线上32万人次观看。（杨文展）

【2023年上海合成生物产业高峰论坛】 4月24日在宝山举办。宝山区政府主办。论坛设主题报告、圆桌论坛、投融资对接等环节，聚集政、产、学、研、金多领域专家学者，围绕上海市如何抢抓机遇，聚焦合成生物产业发展规划、前沿技术、产业培育过程中的痛点难点等话题深度探讨，为实现合成生物技术从科研成果到产业化的落地提供理论与现实指导。（吴建军）

【2023年消费者科技及创新展览会】 5月30日至6月1日在上海举办。环球资源主办。展会以“科创新力量，品牌看中国”为主题，依托科技、创新、贸易元素，挖掘行业发展机遇，助力产业协同发展，建立多元化消费者科技生态交流圈，打造全球消费科技优选商贸增长平台。创新接力展区由上海市科技创业中心组织参展，来自物联网、AI数智人、机器人、元宇宙、健康个护等重点领域14家科技创新型企业参展并举办多场路演活动。（沈昕逸）

【第5届绿色氟化工技术协同创新论坛】 6月17日在福建三明举办。上海应用技术大学、中国科学院上海有机化学研究所、巨化集团有限公司、上海化工研究院有限公司、三明学院共同主办。论坛以“聚焦沪明合作　打造兴业氟地”为主题，重点围绕绿色氟代技术的应用及发展、含氟医药、农药、含氟精细化学品、含氟新材料等高质量发展动态，来自上海等地10余名专家、学者、企业代表作主题演讲。三明市科技局、三明市氟化工领域企业、国内氟化工领域专家等180余名代表参加论坛。（杜宇杰）

【沪苏科技成果转化协同发展大会】 7月12日在江苏苏州举办。江苏省生产力促进中心、上海科学技术交流中心、苏州高新区管委会主办。大会以“沪苏同频　高新智链”为主题，通过重点成果发布、“揭榜挂帅”项目榜单发布、主题报告和对接交流等形式，围绕科技成果转化进行深入研讨，推动沪苏两地科技成果转化创新链、产业链、资金链、人才链深度融合。（杜宇杰）

【首届沪嘉科技创新大会】 7月12—13日在浙江嘉兴举办。嘉兴市科学技术局、上海科学技术交流中心主办。会议以“沪嘉协同创新与区域高质量发展”为主题，邀请院士、知名学者及产学研行业精英，分享发展经验，探讨融合模式，促进沪嘉两地高质量融合发展，支撑长三角科技创新共同体建设。（杜宇杰）

【2023年长三角(东台)创新论坛】 8月18日在江苏东台举办。上海科学技术交流中心、东台市委、东台市政府主办，东台市科学技术局承办。论坛以“科技服务支撑产业创新”为主题，探讨构建区域创新要素快速流动和有效配置的协同服务体系，加快推动高端技术、资本、人才有效对接、有力协调、有机互联，促进长三角区域产业链和创新链深度融合，推进长三角区域在更广领域、更深层次开展合作。来自长三角区域新型研发、科技孵化、科技金融等科技服务领域知名专家学者及当地科技创新企业负责人等80余人参加论坛。（杜宇杰）

【第4届跨区域协同创新合作年会暨“一带一路”火炬科技成果直通车(乌鲁木齐站)】 8月31日在新疆乌鲁木齐启动。北京、上海、天津等21个跨区域协同创新合作城市的科技部门共同发布《2023深化丝路跨区域协同创新合作倡议书》，签订跨区域协同创新产业、技术、人才合作项目51个，2家上海企业作为代表参加签约仪式。乌鲁木齐高新区设立分会场，以“协同创新・互利共赢”为主题，举行生物医

药产业项目路演和高新区招商推介,签约项目 15 个,签约金额 6 760 万元。（程　彦）

【2023 年长三角智能制造与机器人产业大会】 9 月 7 日在上海举办。上海市政府合作交流办、上海科创办、青浦区政府、嘉兴市政府共同主办,上海科学技术交流中心、嘉善县政府等承办。大会以“聚焦高端创新策源”为主题,聚焦人形机器人、医疗机器人两大细分领域,涉及基础研发和技术创新、核心零部件研发制造、整机制造和成果产业化等内容,包括产业创新成果展示、主旨大会、产业合作签约、产业服务平台揭牌仪式、产业技术专题活动、产业园区考察和对接、产业科创项目路演等活动形式。长三角各地市相关政府部门、园区负责人、长三角及长江流域相关产业等 400 余名嘉宾参加会议。（杜宇杰）

【2023 年科技援疆交流活动暨第 4 届沪克科技成果对接会】 9 月 21—27 日在新疆克拉玛依举办。新疆维吾尔自治区科技厅、上海市科委、克拉玛依市政府、上海市对口支援克拉玛依市前方指挥部和上海市政府驻新疆办事处共同主办。活动重点围绕克拉玛依氢能资源优势和产业发展需求,组织上海新能源、石油化工、装备制造等方面的行业专家和技术成果开展推介交流。会上成立沪克氢能技术创新联盟,加快促进沪克两地科技、信息、资源、人才的交流与共享,助力克拉玛依打造全疆氢能产业示范区。（程　彦　杜宇杰　沈昕逸）

【青稞高值化综合利用关键技术及示范推广】 项目由上海理工大学承担,10 月 8 日通过市科委验收。项目聚焦西藏日喀则优势资源,针对青稞原料及其加工副产物开展高值化综合利用关键技术研究,在当地开发基于传统发酵法的青稞酒新技术,使污染环境的废弃物能重复利用,转变为具备较高经济价值的食品配料,开发基于青稞的青稞乳制品。项目开发青稞高值化利用技术 4 项,青稞及其副产物衍生新产品 4 种。（程　彦）

【2023 年科创大会】 10 月 11 日在上海举办。中央广播电视总台、上海市政府共同主办。大会以“创新驱动　自立自强”为主题,开幕式上,浙江大学、上海交通大学、复旦大学、南京大学、中国科学技术大学、西安交通大学、哈尔滨工业大学、同济大学、电子科技大学 9 所高校负责人共同启动中国高校科创联盟;来自中关村科技园区、上海张江高新技术产业开发区、苏州工业园区等 11 名园区负责人共同启动中国园区科创联盟;《科创板白皮书 2023》发布。（付　符）

【2023 年沪明科技成果对接交流活动】 11 月 9 日在福建三明举办。沪明协同创新促进中心、上海科技成果三明转化中心暨上海科技特派员三明服务中心、沪明绿色氟代制药工程技术研究中心、上海技术交易所(三明)科创工作站、名佑食品上海研发中心等 5 个两地共建科技平台项目和 9 个科技合作研发项目现场签约,以科技创新助力革命老区高质量发展。

2023 年沪明科技成果对接交流活动合作项目签约仪式

（程　彦　沈昕逸）

【第 25 届中国国际高新技术成果交易会】 11 月 15—19 日在广东深圳举办。商务部、科技部、工业和信息化部、国家发展改革委、农业农村部、国家知识产权局、中国科学院、中国工程院、深圳市政府共同举办。上海展团围绕“激发创新活力　提升发展质量”主题,组织在智能制造装备技术、高端装备技术、智慧交通与新能源技术中 21 家单位的 26 项成果产品参加展示交流,展览面积 180 m^2,推动上海科技项目的产业化、国际化进程。上海展团获优秀组织奖、优秀展示奖,9 项展品获优秀产品奖。（程　彦　沈昕逸）

【WMDC 2023 首届元宇宙开发者大会】 11 月 22 日在上海举办。黄浦区科委、上海黄浦科创集团有限公司、泰伯网共同主办。大会以“空间计算新时代”为主题,聚焦空间计算相关技术突破及其引发的元宇宙落地应用变革。会上,元宇宙城市协同创新中心启动成立,《2023 元宇宙城市白皮书》和“元宇宙城市创新企业 TOP30”等多项创新成果发布。来自相关产业近 300 人次参会。（胡　寅）

【猕猴全脑介观神经联接图谱新技术研发】 项目由上海脑科学与类脑研究中心承担,11 月 22 日通过市科委验收。项目聚焦国家战略,沪琼两地科研力量共同推动全脑介观神经联接图谱国家大科学计划任务,围绕猕猴脑图谱绘制相关新技术研发,构建全脑介观神经联接图谱大数据共享和交互平台,实现快速数据自动化采集、存储、信息处理和可视化。（程　彦）

【云南文山三七产业的太赫兹无损快检监管新技术转化与应用】 项目由上海理工大学承担,11 月 22 日通过市科委验收。项目围绕云南文山三七检测新技术的开发与应用,实现太赫兹无损快检三七人参皂苷精准定量评估,建立三七中药材的太赫兹光谱数据库(252 批次),开发太赫兹定性识别和定量分析人参皂苷含量的卷积神经网络算法,对三七产地的二分类(文山与非文山地区)识别准确率 100%,三七产地五分类(文山、昆明、红河、曲靖、楚雄)识别准确率

97.62%。 （程 彦）

【2023年沪琼科技成果对接交流活动】 11月29日在海南保亭举办。海南省科技厅、上海市科委、海南省保亭黎族苗族自治县政府主办。活动围绕生物医药大健康、特色农业、生态环保等海南重点产业，上海10余家单位的近20个项目参加。上海与海南两地科研院所、科技企业及服务机构代表100余人参加活动，现场集中签约7项，推动跨区域协同创新和高质量发展。 （程 彦 沈昕逸）

【2023年沪澳科技创新对话】 11月29日在上海举办。上海科学技术交流中心、澳门科技总会主办。活动期间，上海科学技术交流中心和澳门科技总会签署战略合作协议；澳门特别行政区、上海市相关机构代表分别作主旨报告，介绍两地科技创新整体情况。来自沪澳两地的科研机构、高校、科技企业、金融机构代表近100人次参加活动。

（杨文展 杜宇杰）

【第10届产业互联网高峰论坛】 12月8日在宝山区举办。宝山区政府主办。论坛以“数智融合，范式创新”为主题，立足中国产业互联网发展整体趋势，邀请行业主管单位、国内外专家学者、第三方咨询机构等，共同探讨产业发展政策、国内外前沿学术成果、典型应用案例、数据要素赋能等产业发展关键话题，并结合宝山区重点打造的生物医药、新材料及智能制造三大产业，深入探讨5G、云计算、大数据、物联网、人工智能等新兴技术在产业互联网发展过程中的实际应用案例。会上，中国产业互联网“宝山共识”发布，宝山区优秀互联网平台授牌，产业互联网应用项目签约。

（吴建军）

【2023年沪滇科技成果对接交流活动】 12月14日在云南楚雄举行。上海市科委、云南省科技厅、楚雄彝族自治州政府共同主办。活动以“深化沪滇科技合作，携手共谋创新发展”为主题，来自沪滇两地高校院所、科技企业、机构园区等近300名代表参与。活动达成合作协议43项，其中现场集中签约15项，促成3个沪滇科技合作示范点落户云南。

（程 彦 沈昕逸）

【第5届健康中国思南峰会】 12月14—15日在黄浦区举办。峰会以“融合前沿科技成果创新引领生物医药产业变革”为主题，就生物医药产业的发展新趋势、新机遇、新挑战开展前瞻分析。论坛上，相关院士专家分享学术报告、发表主旨演讲；举行黄浦区与新引进重点企业签约仪式、广慈-思南国家转化医学创新产业园区战略合作签约及落户企业集中签约仪式；发布中国智慧手术室发展与实践白皮书和浦医2.0医疗多模态大模型；举行第2届广慈思南-产医融合国际创新大赛颁奖仪式，颁发产医融合十佳医学创新成果奖、创新创意奖。来自相关行业的200余名两院院士、医疗机构专家和生命健康企业代表出席峰会。

（吴秋燕 陈玥皞）

【道地中药材滇黄精等饮片质量标准及产品开发研究】 项目由同济大学承担，12月20日通过市科委验收。项目聚焦云南民族特色药材质量标准、饮片加工质量控制及滇黄精深加工等内容，建立饮片质量标准评价模式。项目申请专利1件，项目成果增加企业产值1 857万元，农业种植户年均增收8 187.47元。 （程 彦）

第三节 中国国际工业博览会

【第23届中国国际工业博览会】 9月19—23日在上海举办。工业和信息化部、国家发展改革委、科技部、商务部、中国科学院、中国工程院、中国国际贸易促进委员会和上海市政府共同主办。博览会以“碳循新工业、数聚新经济”为主题，强化以交易为核心，展示、评奖、论坛为辅的四大功能，设数控机床与金属加工展、工业自动化展、节能环保技术与设备展、新一代信息技术与应用展（工业互联网展）、能源技术与设备展、新能源与智能网联汽车展、机器人展、科技创新展和新材料产业展九大专业展。来自全球32个国家和地区的近3 000家参展商参展，同期举行论坛及现场活动近300场，来自全球近20万人次参观展会。

第23届中国国际工业博览会

（单 佳）

第23届中国国际工业博览会CIIF大奖获奖名单

序号	展品名称	参展企业	奖项名称
1	“天问一号”火星环绕器	上海卫星工程研究所	CIIF特别大奖
2	17.4万立方米LNG浮式储存再气化装置	沪东中华造船(集团)有限公司	CIIF大奖
3	医用重离子加速器	中国科学院近代物理研究所、兰州科近泰基新技术有限责任公司	CIIF大奖

续表

序号	展品名称	参展企业	奖项名称
4	8.5 代 TFT-LCD 玻璃基板	中建材玻璃新材料研究院集团有限公司、蚌埠中光电科技有限公司、凯盛科技集团有限公司、中国建材国际工程集团有限公司	CIIF 大奖
5	振华重工天鲲号-天津航道局 6 600 kW 自航绞吸式挖泥船	上海振华重工(集团)股份有限公司	CIIF 大奖
6	Xinsorb 生物可吸收冠脉雷帕霉素洗脱支架系统	复旦大学附属中山医院、山东华安生物科技有限公司	CIIF 大奖
7	自主内核大型嵌入式实时操作系统 SylixOS	南京翼辉信息技术有限公司	CIIF 大奖
8	SiePA:西门子预测性分析系统	西门子(中国)有限公司	CIIF 大奖
9	碳纤维冬奥火炬首创应用及集成技术	中国石化上海石油化工股份有限公司、核工业第八研究所、东华大学、云路复合材料(上海)有限公司、库贝化学(上海)有限公司	CIIF 大奖

(单　佳)

第 23 届中国国际工业博览会论坛重要活动一览表

序号	论坛名称	论坛类型
1	2023 年国际工业可持续发展论坛暨中德绿色制造大会	部市论坛
2	2023 年国际工业互联网大会暨数字工业系列峰会	发展论坛
3	先进制造业集群国际合作高峰论坛	发展论坛
4	院士圆桌会议	科技论坛
5	2023 年第 9 届上海绿色节能与综合能源产业技术创新论坛	科技论坛
6	工业设备与 HSE 管理论坛	科技论坛
7	数字孪生赋能城市交通高质量发展	科技论坛
8	“数字化转型与标准化”国际研讨会	科技论坛
9	集成电路与新型显示领域中的真空技术应用论坛	科技论坛
10	2023 年第 13 届航空工业国际论坛	科技论坛
11	汽车新材料及轻量化高峰论坛	科技论坛
12	ECF 国际页岩气论坛第 13 届亚太页岩油气峰会	科技论坛
13	“长三角工经联高端产业与金融服务融合发展”高峰论坛	行业与企业论坛
14	2023 年智慧能源互联网发展论坛——碳中和之综合能源管理篇	行业与企业论坛
15	中国工博会数据安全专题——企业数字化进程发展中的安全治理研讨会	行业与企业论坛
16	2023 年中国・上海新材料产业发展高峰论坛	行业与企业论坛
17	绿色低碳产业论坛暨 2023 年压缩机行业大会	行业与企业论坛
18	第 6 届未来制造高峰论坛	行业与企业论坛
19	2023 年“投资上海・相约工博”主题推介会	行业与企业论坛
20	“芯创未来,推动国产新设备新材料创新发展”	行业与企业论坛
21	2023 年智慧能源互联网发展论坛——新能源与储能篇暨虚拟电厂技术交流会	行业与企业论坛
22	2023 年中国工博会——软件定义汽车峰会	行业与企业论坛
23	2023 年智能“芯”技术研讨会	行业与企业论坛
24	“新动世界创引未来”2023 年中欧中小企业创新合作发展论坛	行业与企业论坛
25	数字化赋能专精特新“小巨人”企业高质量发展论坛	行业与企业论坛
26	中国工业智能化发展高峰论坛	行业与企业论坛
27	半导体先进制造前沿技术高峰论坛	行业与企业论坛
28	机器人技术应用与产业创新发展论坛	行业与企业论坛
29	2023 年第 12 届自动化和制造主题峰会	行业与企业论坛
30	2023 年数字化供应链与工业电商峰会暨工业企业可持续发展论坛	行业与企业论坛
31	2023 年智能底盘技术创新大会	行业与企业论坛
32	2023 年中国工博会电能质量特色论坛——双碳战略下工业用电的低碳供给与高效利用	行业与企业论坛
33	2023 年全球青年碳中和创新峰会	行业与企业论坛
34	产业数字化创新论坛暨中国第 2 届上市公司数字化价值投资峰会	行业与企业论坛
35	2023 年【创智工业】论坛	行业与企业论坛
36	质量创新论坛	行业与企业论坛
37	数字时代质量管理国际论坛	行业与企业论坛
38	国际人力资源科技大会——工业人才专场论坛	行业与企业论坛

(单　佳)

【第23届中国国际工业博览会创新科技馆】 9月19—23日在国家会展中心举办。创新科技馆展示面积4 800 m^2，分为科技部展区、“数字科技，重塑创新边界”主题展区、技术交易展区、长三角国家技术创新中心展区及创新科技馆中心舞台。吸引160个项目参与展示，包括科技部展区48余项，“数字科技，重塑创新边界”主题展区38项，技术交易展区26项，长三角国家技术创新中心展区48余项。中心舞台举办5天路演活动，媒体开展主题报道36篇，观众数量近20万人次。（沈昕逸）

第四节　浦江创新论坛

【2023年浦江创新论坛】 9月9—11日在上海举办。科技部和上海市政府共同主办。论坛以“开放的创新生态：创新与全球链接”为主题，举办开幕式及全体大会1场，首届全球创业投资大会、第4届全球技术转移大会2场，主题论坛2场，专题论坛9场，外国科学家座谈会、青年科学家座谈会特别对话2场，发布会多场；来自近30个国家和地区、12个国际科技组织的300余名中外嘉宾发言，其中40%为境外嘉宾，线下参会人数3万余人次，线上点击量6 000万次；《未来产业创新的前沿领域》《2023“理想之城”——迈向教育、科技与人才高度发展的全球城市》等研究报告发布。

2023年浦江创新论坛会议活动一览表

序号	论坛名称	论坛主题
1	全体大会	开放的创新生态：创新与全球链接
2	全球创业投资大会	—
3	全球技术转移大会	万“象”需求・全球揭榜，技转生态加速度，创新发展新格局
4	创新文化论坛	追光：创新的精神与动力
5	女科学家峰会	探索无界，链接未来
6	“一带一路”专题研讨会	构建开放创新生态，开启建设“一带一路”创新之路新征程
7	创新体系与科技评价论坛	—
8	区域创新发展论坛	新领域，新赛道，新空间
9	科技创新青年峰会	开放科学：拥抱知识共享与科学合作的未来
10	首届中巴纳米科技研讨会	—
11	绿色低碳创新论坛	聚焦绿色转型，共享低碳未来
12	全球健康与发展论坛	创新技术的新应用和新市场加速促进全球健康与发展
13	未来(科学)论坛1	脑科学的数字化转型
14	未来(科学)论坛2	“大科学”时代下的物理基础前沿：大科学装置与国际合作创新

（王　冰　朱嘉晨　杨文展　沈昕逸）

【全体大会】 9月10日在上海举行。上海国际科技创新中心建设从“建框架”迈向“强功能”、从量的积累迈向质的飞跃，进入创新活力持续迸发、创新成果不断涌现的新阶段。大会指出，站在新起点上，要勇立潮头、奋楫扬帆，把激活创新动力作为深化改革开放的核心指向，从科技创新的全过程、全链条出发强化创新策源功能，在推动科技现代化上取得更大突破；要进一步扩大全球视野、增进战略互信、深化开放合作，让科技创新更好造福人类。携手探索充满魅力的科技前沿，瞄准高风险、高价值的重大科学问题，加强理论研究和实验突破，深化重点科学项目协作。（王　冰）

【全球创业投资大会】 9月10日在上海举行。上海市科技创业中心、宝山区科委共同承办。大会主旨论坛聚焦孵化器高质量发展，优化科技创新生态建设，服务硬科技领域的创业孵化与投资，赋能初创团队与中小企业快速成长。大会开展生物医药+大健康、人工智能+大数据、先进制造+环境、社会和公司治理领域的路演马拉松，吸引全球1 000余个创业项目、500余家孵化机构和200余家投资机构报名参会，撬动大量社会创投资本，搭建为项目“找”资本、为资本“找”项目的国际双创服务平台。（吴建军）

【全球技术转移大会】 9月10—12日在上海举行。大会以“万‘象’需求・全球揭榜，技转生态加速度，创新发展新格局”为主题，致力打造全球技术转移的“枢纽地”，以专业化、国际化模式，促进技术、资本、人才等创新要素有机融合。大会设置1万平方米的线下展区，18个国家和地区主题馆吸引600余家企业和机构参与，600余项来自高校和科研院所的待转化优秀成果亮相，500余款创新产品首秀大会。13 000余名技术经理人在大会供需平台支持下开展对接服务，线上线下对接次数1万余次，意向交易金额近50亿元。（梁　冰　曹　申　沈昕逸）

【创新文化论坛】 9月9日在上海举行。上海市科学学研究所承办。论坛以“追光：创新的精神与动力”为主题，聚焦各国正在塑造怎样的科学文化、中国加快推进高水平科技自立自强需要怎样的科学文化。与会嘉宾一致认为，科学文化是科学技术发展和创新的精神土壤和动力之源；不同国家不同地区，在勇攀科技高峰的道路上形成各具地方特色的科学文化。（王　冰）

【女科学家峰会】 9月9日在上海举行。市妇联、市科委、市科协共同承办。峰会以“探索无界，链接未来”为主题，邀请海内外科技领域的女性精英，从学科链接、地域链接、产业链接3个维度展开讨论。与会嘉宾一致认为，女性科技工作者是科技人才队伍中的重要组成部分，要高度重视女性力量、女性科技人才的培养使用，以更开放的载体平台、更包容的制度环境、更优质的服务保障，为女性科技人才成长进步、施展才华创造条件。（王　冰）

【"一带一路"专题研讨会】 9月9日在上海举行。中国科学技术发展战略研究院、上海科技管理干部学院共同承办。研讨会以"构建开放创新生态,开启建设'一带一路'创新之路新征程"为主题,围绕共建"一带一路"高质量发展面临的战略机遇与问题挑战,探讨完善"一带一路"科技合作机制,扩大国际科技交流合作,开启"一带一路"创新之路建设的新征程,为促进全球互联互通做增量。与会嘉宾一致认为,要从"开放创新生态"角度展望未来"一带一路"更高水平的科技创新合作,促进科技创新要素的跨境流动,科技创新规则、标准的共同治理,以及科技创新成果的共建共享。

(王　冰)

【创新体系与科技评价论坛】 9月10日在上海举行。中国科学技术发展战略研究院承办。论坛立足加速推进国家科技评价体系转型、助力实现高水平科技自立自强,讨论如何理解新形势下科技评价内涵;如何利用科技评价,引导科研人员潜心研究、产出高质量成果,引导科研机构服务国家使命、满足国家战略需求;如何通过完善科技评价体系,提高科技治理水平、提升国家创新体系效能。与会嘉宾一致认为,科技评价是实施创新驱动发展战略、建设世界科技强国的重要政策工具,要发挥好指挥棒作用。 (王　冰)

【区域创新发展论坛】 9月10日在上海举行。科技部成果转化与区域创新司、科技部战略规划司、同济大学共同承办。论坛以"新领域,新赛道,新空间"为主题,重点围绕京津冀协同发展、长江经济带发展、粤港澳大湾区建设、长三角一体化发展、黄河流域生态保护和高质量发展等重大区域发展战略,探讨如何推进区域的科技创新与转型,发挥区域创新在塑造发展新动能新优势中的重要作用。与会嘉宾一致认为,开辟发展新领域新赛道,不断塑造发展新动能新优势,深化区域科技创新与转型;科技创新塑造新空间,推动区域社会持续发展。 (王　冰)

【科技创新青年峰会】 9月10日在上海举行。上海浦江创新论坛中心、中国科学院上海分院、腾讯院士专家工作站共同承办。峰会以"开放科学:拥抱知识共享与科学合作的未来"为主题,围绕构建崭新的全球创新生态、合作共促全球创新与进步等问题展开讨论。与会嘉宾一致认为,以"透明、开放、自由、合作、共享"为理念的开放科学或将成为破题所在,共享智慧、方法和成果,让知识跨越国界、穿透学科,成为科学进步的新范式。 (王　冰)

【首届中巴纳米科技研讨会】 9月11日在上海举行。纳米技术及应用国家工程研究中心承办。研讨会聚焦纳米技术和产业,探索中巴产学研合作新路径,重点关注技术发展与创新项目,介绍基础设施、行动路线、应用纳米技术改进产品和工艺的可能性、已开发完成的产品、纳米技术应用与开发项目成功案例及双边合作关系的构建等。

2023年首届中巴纳米技术研讨会

(王　冰　沈昕逸)

【绿色低碳创新论坛】 9月11日在上海举行。科技部社会发展科技司、市科委、虹口区政府、绿色技术银行、上海科学技术交流中心共同承办。论坛以"聚焦绿色转型,共享低碳未来"为主题,重点发布绿色低碳关键领域标杆性技术解决方案,探讨绿色低碳发展路径,开展绿色低碳技术对接,不断深化绿色低碳国际科技合作。与会嘉宾一致认为,绿色低碳事业发展事关全球未来,应持续推动绿色低碳技术创新和绿色低碳转型,面向未来,要实施更加开放包容、互惠共享的合作战略,加快实现"双碳"目标和高质量发展要求。

(王　冰　杜宇杰)

【全球健康与发展论坛】 9月11日在上海举行。上海浦江创新论坛中心、上海市生物医药科技发展中心共同承办。论坛以"创新技术的新应用和新市场加速促进全球健康与发展"为主题,聚焦探寻创新技术在医疗健康应用方面的新路径、新方案,发挥新兴技术在解决全球健康问题和提高人类生活质量方面的巨大潜力。与会嘉宾一致认为,通过越来越紧密的国际合作,消弭不同国家和地区间的健康差距和医疗不平等;通过持续不断的科技创新和新兴技术应用落地,应对未来可能出现的健康新挑战;汇聚政府、企业、科研机构、公众等多方力量,共同应对新技术、新产品带来的科技与社会治理新问题,为护佑人类健康探寻新路径、新方案。 (王　冰)

【未来科学论坛1】 9月11日在上海举行。Nature Portfolio承办。论坛以"脑科学的数字化转型"为主题,探讨如何利用数字化技术深入研究大脑结构和功能,研究类脑神经网络模型、类脑计算以帮助开发新一代人工智能机器人及类脑机器人。脑科学研究领域的国际领军人物分享最新研究成果及对大脑工作机制和脑科学数字化技术的重要见解。

(王　冰)

【未来科学论坛2】 9月12日在上海举行。复旦大学承办。论坛以"'大科学'时代下的物理基础前沿:大科学装置与国际合作创新"为主题,探讨如何充分依托国内外大科学装置,推动物理学基础研究创新,以及在当前国际环境下,如何以开放的思维和举措推进国际科技合作,深度谋划参与全球科技治理,推动先进技术的引进与发展,促进人才培养。与会嘉宾一致认为,大科学装置是基础科学前沿和高技术结合的制高点,新一轮科技与产业革命蓬勃兴起,国际环境发生深刻复杂变化,要牢牢把握这一重大时代机遇,围绕大科学装置,构筑基础研究国际合作平台。　(王　冰)

第五节　学术交流与咨询

【第 7 届中国人因工程高峰论坛】　3 月 25—26 日在上海举办。中国人类工效学学会和上海交通大学共同主办。论坛以“铸魂大国重器,共创美好未来”为主题,设优秀论文颁奖、特邀报告、青年沙龙及 6 个人因主题分论坛报告等环节。包括 18 名两院院士、2 名英雄航天员在内的 1 200 余名代表出席论坛,围绕推进人因工程理论探索和学科交叉、支撑国家战略和服务地方经济等主题进行深入研讨。　(付　符)

【首届中国静电纺丝非织造材料峰会】　4 月 7—8 日在上海举办。中国产业用纺织品行业协会主办,东华大学承办。峰会以“强基、创新、融合”为主题,展现静电纺丝非织造材料基础研究与产业化的相关科研成果,为专家学者提供分享前沿创新成果的平台。来自纺丝非织造材料领域的 500 余名专家学者和企事业代表参会。　(张　莹)

【2023 年“海聚英才”学科交叉高峰论坛菁英思想汇暨上海青年科技英才联谊会】　5 月 26 日在上海举办。市科协主办。论坛以“科学的星火”为主题,搭建科学家代际之间、领域之间的交流平台,鼓励青年科技工作者不断探索,瞄准原始创新,聚焦学科交叉,支持青年科技工作者成长成才。来自各科研院所和高校近 100 名青年科技工作者参加。　(刘彦岑)

【第 2 届长三角科技产业创新论坛暨 AI 大模型产业应用高峰论坛】　5 月 27 日在上海举办。上海国创科技产业创新发展中心、上海漕河泾新兴技术开发区、中国人工智能学会人机融合智能专委会共同主办。论坛以“AI 大模型产业应用”为主题,邀请来自人工智能和生成式人工智能产业领域的专家探讨大语言模型创新应用前景与风险挑战;上海国创科技产业创新发展中心与中国中小企业发展促进中心、上海市医学会、上海市质量协会、徐汇区科委、上海市生物医药科技发展中心、中国工程院院士专家成果展示与转化中心、上海漕河泾新兴技术开发区、北京市长城企业战略研究所、国科新研国际技术转移有限公司等机构达成合作,助力科技创新企业破解产业链上下游协同、大中小融通、科技成果转化等难点。来自相关领域的专家学者百余人次参会。　(王　震)

【首届细胞生物医药技术与产业发展论坛】　5 月 27 日在上海举行。宝山区经委、宝山区科委、宝山区科创委等主办。论坛以“打造细胞科技新驱力,全面助力宝山北转型”为主题,设院士专家讲堂多场、圆桌论坛 2 场。论坛上,举行驻产业基地签约仪式,上海希诺神州生命健康科技股份有限公司分别与华东理工大学商学院心脑科学实验室、上海工程技术大学材料工程学院、上海师范大学等达成产学研及金融合作项目签约。来自政、学、研、医、商领域的 200 余名专家学者参会。　(洪燕华)

【《柳叶刀-儿童青少年健康》中国先天性心脏病专辑发布会】　6 月 8—9 日在国家儿童医学中心(上海)、上海交通大学医学院附属上海儿童医学中心举办。国家儿童医学中心(上海)、上海交通大学医学院附属上海儿童医学中心主办,来自中国医学科学院阜外医院、首都医学大学附属北京安贞医院、广东省人民医院等相关领域专家团队参会。会议首次发布来自中国的系列专题报告,梳理总结先天性心脏病疾病负担、筛查、诊断、治疗、随访康复、健康管理的现状、实践、进展及挑战;设主旨/特邀报告 10 场、圆桌讨论 1 场、编辑面对面 1 场,闭门交流拟投稿论文 6 篇;报告《中国产前和新生儿先天性心脏病筛查、诊断和管理的现状与挑战》《中国先天性心脏病的治疗现状与未来展望》《改善先天性心脏病的终身管理和远期预后——实现全生命周期健康的承诺》3 篇重要文章,进一步推动中国先心病领域的发展。现场参会 150 余人次,线上注册与会 2 630 余人次。　(景诗文)

【2023 年上海清华海归创新创业人才年会】　6 月 17 日在上海举行。会议以“范式变更:蓄势待发的全球创新创业者”为主题,邀请清华大学海内外创新创业人才探讨全球创新创业新趋势。会上,上海清华国际人才会客厅揭牌成立。来自中国工程院、清华大学、博通集成电路(上海)股份有限公司、上海交通大学智能网联电动汽车创新中心等政企学研专家参会,围绕智能网联汽车、人工智能、绿色技术革新等议题作主题报告和圆桌讨论。　(陈　至)

【上海市科协青年科技论坛暨 First Talk 青年讲坛】　6 月 23 日在上海举办。市科协、上海市生物化学与分子生物学学会主办。论坛以“从新冠病毒疫苗研发到新发再发传染病的防治”为主题,邀请在知名科技期刊发布研究成果的青年作者作专题报告;与知名专家对话,围绕基础研究、疫苗研发和临床应用等方面开展交流研讨,为助力应对新型冠状病毒、预防病毒传播提供思路。近 300 名青年科技工作者参加讲坛。　(刘彦岑)

【科技创新智库国际研讨会】　6 月 30 日在上海举办。上海市科学学研究所主办。研讨会以“AI 重塑科技创新范式”为主题。会上,由上海市科学学研究所牵头,联合复旦大学、同济大学、中国科学院、上海科技管理干部学院、莫斯科国立莱蒙诺索夫大学等机构学者共同编著的新书《变局之解:

全球科技智库思想观察》发布。10 名来自国内外一流科技创新智库和人工智能实践前沿的产学研机构专家进行主题演讲与圆桌讨论,200 余名专家代表参会。（沈昕逸）

【第 5 届中德同济眼科高峰论坛】 6 月 30 日至 7 月 3 日上海举办。大会设有国内专家论坛、国际中德论坛、医联体及普陀区质控管理论坛、同济-眼底病规范化诊疗暨朗沐教育学院、临床实践操作及疑难病例讨论论坛五大板块,来自 40 余家医疗单位的近 60 名眼科临床专家作学术报告,线上线下共 12 000 余人次参会。（张一卉）

【浦江基础科学发展论坛】 7 月 24—26 日在上海科学会堂举办。市科委、市教委、复旦大学、清华大学丘成桐数学科学中心共同主办。论坛以“基础科学的现状与未来”为主题,包含开幕式 1 场、全体大会 1 场、平行论坛 1 场和分论坛 4 场。来自中国、美国、加拿大、俄罗斯、英国、德国、法国、瑞士、希腊、新加坡、中国香港等 11 个国家和地区近 40 名国际顶尖科学家出席,包括菲尔兹奖得主、各国院士在内的多名专家学者分享学术经历和科研心得。线上线下专业观众逾 10 万人次。（沈昕逸）

【首届国际青年学者论坛】 8 月 16 日以线上线下相结合形式在上海举办。中国科学院上海营养与健康研究所主办。论坛聚焦生命健康学术热点,探索学术前沿,多名来自相关行业的专家学者围绕衰老、肿瘤免疫等主题作特邀报告。论坛吸引海内外 5 000 余人次在线观看,来自美国、英国、加拿大等 15 个国家和地区的高校及科研机构的 80 余名海内外青年学者参与论坛。（刘一凡）

【首届上海前沿新能源电源技术峰会】 8 月 17 日在上海举办。上海科学技术交流中心指导,上海前沿新能源电源技术研究院、上海军民两用科学技术促进会、上海新能源行业协会、上海交通大学化学化工学院共同主办。峰会围绕储能产业及特种储能技术,以政策、技术、资本、产业资源为基础展开讨论,共同推进储能技术的不断创新及安全性能的不断提升。来自新能源电源产业的众多企业、科研院所和高校师生参与研讨。（杜宇杰）

【2023 年世界人工智能大会青年优秀论文奖颁奖仪式暨青年科学家论坛】 8 月 24 日在上海举办。市科协、上海东浩兰生会展(集团)有限公司主办。大会收到海内外论文投稿 235 篇,评选出优秀论文奖论文 10 篇、提名奖论文 10 篇;为 2023 年世界人工智能大会青年优秀论文奖获得者颁奖,3 名获奖者代表分享研究成果。与会专家学者围绕“生物医学与深度学习”“大型语言模型”进行圆桌讨论,120 余名青年学者及行业代表参会,围绕人工智能基础理论研究、学术成果、技术进展等话题展开交流。（刘彦岑）

【专业临床服务 CRO 国际化论坛】 9 月 6 日在上海举办。上海市生物医药产业促进中心主办。论坛聚焦培育提升专业临床服务合同研究组织(CRO)国际化能力。论坛上,相关领域专家学者围绕高水平临床研究所需专业化人才、临床试验项目设计管理和执行、所需第三方支撑平台等话题作主旨报告。来自政府、卫生界、产业界的 100 余名专家代表出席论坛。（王　震）

【“长三角,运动促健康”——2023 年长三角运动促进健康研讨会】 9 月 8—9 日在上海举办。上海市体育局、江苏省体育局、浙江省体育局、安徽省体育局共同主办。研讨会以“全生命周期运动促进健康”为主题,共设主题研讨 6 场、圆桌研讨 2 场和平行专题研讨 5 场。开幕式上长三角三省一市体育局共同发布《运动促健康长三角宣言》。300 余名相关领域代表出席会议。（葛　珺）

【第 2 届国际纺织前沿科学与技术大会暨世界纺织大学联盟年会】 10 月 13 日在东华大学举办。会议聚焦智能纺织材料及制品、纺织与可持续发展、高端纺织装备与智能制造等全纺织学科链的前沿、关键问题。来自中国、美国、加拿大、英国、日本等 15 个国家 63 家机构的 400 余名纺织领域学者参会,探讨纺织前沿方向、研究热点及最新进展。（张　莹）

【第 20 届国际口腔修复大会】 10 月 14—17 日在上海举办。会议以“口腔修复学的创新与趋势”为主题,来自中国、美国、英国、法国、加拿大等 20 余个国家和地区的口腔修复学领域的专家学者参会。会议围绕数字技术/人工智能、多学科治疗、颌面重建/咬合、高级生物材料/生物学、口腔修复/种植修复学等前沿课题,来自国内外 40 名嘉宾进行特邀或主题演讲,近 200 名专家学者进行口头报告和壁报展示。线下参会 2 200 人次,在线观看超过 12 万人次。（付　符）

【2023 年碳中和国际学术会议】 10 月 20—22 日在上海举办。上海交通大学主办,英国爱丁堡大学、密歇根大学、清华大学、伯明翰大学、牛津大学和中国科学院工程热物理研究所协办。大会共设分会场 3 个,主旨报告 8 个、邀请报告 29 个、一般口头报告 79 个和海报展示 26 个,主题包括氢能与可再生低碳燃料、先进储能、废弃碳资源利用、气候政策和金融、面向碳中和的智慧能源、绿色建筑与低碳城市、生态系统碳汇与环境治理等。大会收到来自 10 余个国家的 160 余份投稿,200 余名专家学者参加会议。（付　符）

【第 11 届先进纤维与聚合物材料国际会议】 10 月 20—24 日在东华大学举办。会议以“郅好纤维,至美世界”为主题,设分会场 17 个,涵盖“高性能纤维与复合材料”“光电功能纤维与多孔聚合物”“智能纤维与可穿戴技术”等主题,来自全球 28 个国家和地区、包含 20 名院士在内的 2 000 余名海内外专家,共同探讨先进纤维与聚合物材料领域研究进展。（张　莹）

【2023 年上海中医药与天然药物国际大会】 10 月 24—26 日在奉贤举办。上海市生物医药科技发展中心、奉贤区科委、奉贤区经委、上海市工业综合开发区有限公司共同主办。大会以“中医药创新 · 区域合作 · 高质量发展”为主题,围绕中医药领域创新热点、前沿趋势、政策法规和区域合作展开讨论,开展闭门会 1 场、开幕式 1 场及分会报告 4 场,旨在搭建促进科研创新、产业发展和区域协作的交流平台。来自全国各地 500 余名代表参会。 (沈昕逸)

【2023 年“中-白-俄”创新纳米药物国际论坛】 10 月 30—31 日在上海举办。东华大学、纤维材料改性国家重点实验室、上海市生物物理学会、北京生理科学会共同主办。论坛以“创新纳米药物”为主题,围绕创新纳米药物研究前沿进展、开发新型纳米诊疗系统等议题开展交流研讨,分享学术研究成果。来自俄罗斯喀山联邦大学、白俄罗斯国家科学院、澳门大学、复旦大学、上海交通大学、南京大学、南开大学、四川大学、同济大学、华南理工大学、南方医科大学、中国药科大学及东华大学等高校和科研院所的 50 余名专家学者、研究生参加论坛。 (张 莹)

【2023 年上海科技期刊高质量发展大会】 10 月 31 日至 11 月 2 日在上海科学会堂举行。大会以“走向科技强国的科技期刊”为主题,包括院士圆桌会议 1 场和专题论坛 5 场。开幕式上,2023 年上海科技期刊杰出科技人物、2023 年上海科技期刊优秀青年获颁奖,发布《上海科技期刊概览(2023)》《上海科技期刊发展报告 2023》,为上海卓越科技期刊联盟揭牌。11 名院士及 600 余名来自科技期刊界的专家、编辑出席。 (刘彦岑)

【第 4 届 PANDA 联盟年会及培训会议暨 UNESCO 天然产物化学安全与福祉亚太区域网络研讨会】 11 月 29 日至 12 月 2 日在上海举办。中国科学院上海药物研究所主办。会议围绕天然产物与新药发现领域的科技创新进展和成果转化机制主题,通过主旨报告、专题研讨等形式,展示各国天然产物和新药发现相关研究的最新进展、成果转化机制、法律法规建设等相关内容,有助于促进中国与泛巴尔干地区、亚太地区天然产物研究与新药研发科研机构、高校和企业科研人员的交流,共同探索成果转移转化新模式,加强各国间科技合作。来自中国、塞尔维亚、阿尔巴尼亚等 21 个国家和地区的 100 余名专家学者和青年学生参会。 (刘俊宏)

【第 19 届国际互联网经济学术会议】 12 月 4—7 日在上海科技大学举办。上海科技大学主办。会议以计算经济学为主题,海内外学者在会议上作报告 70 个,围绕拍卖、计算社会学、匹配等计算经济学热点话题展开深入交流,共同探讨计算经济学领域的前沿理论和应用。来自 15 个国家和地区的 300 余名科研人员及学生参会。 (何瑞璇)

【第 32 届 Texas 相对论天体物理学研讨会】 12 月 11—15 日在上海举办。李政道研究所主办。会议设大会特邀报告 1 个和分会场报告 10 个。主会场中,19 名国际顶尖学者开展分享交流;分会场中,分享报告 187 个,涉及引力波天文学、粒子天体物理、致密天体吸积、中子星物理、暗物质、多波段暂现源、宇宙大尺度结构、等离子体天体物理等前沿领域。来自国内外 400 余名学者现场参会。 (付 符)

【第 2 届全国智能建造学术大会、智能建造专业建设暨人才培养研讨会】 12 月 14—18 日在上海举办。同济大学、中国建筑集团有限公司共同主办。会议聚焦智能建造,以科教协同为特色,着眼于智能建造的未来发展、前沿革新及人才培养策略,通过顶尖思想碰撞,汇聚学科、专业与行业智慧,支撑新时代背景下中国从“建造大国”迈向“建造强国”的关键转变。来自全国各高校、企业智能建造领域的 400 余名专家学者参会。 (张一卉)

【2023 年院士沙龙】 上海院士中心主办。全年开展专题讨论 5 期。与会院士 21 人次,国内外专家学者 100 余人次。院士沙龙关注国家和区域经济社会发展中的科技前沿与关键问题,聚焦社会广泛关注的热点话题,通过提供高层次、小规模的宽松自由学术交流氛围,增进院士、专家、政府部门和企业间的相互了解,形成解决问题新思想、新方法、新建议。

2023 年院士沙龙一览表

序号	主题名称	与会院士	日期	期数
1	生物制造——种源保护利用和技术创新	喻景权、李 玉	3 月 3 日	108
2	韧性城市——双碳驱动下的城市基础设施建设与高质量发展	徐祖信、彭永臻、王复明、马 军	3 月 18 日	109
3	合成生物学赋能临床医学	杨胜利、丁奎岭、邓子新、贾伟平、施剑林、朱美芳	5 月 29 日	110
4	立足科技自立自强 服务健康中国战略	杨胜利、刘 玠、高 福、贾伟平、柴洪峰	10 月 17 日	111
5	新时期人口、产业与教育适应性发展与提质增效	朱高峰、李仲平、钱 锋、柴洪峰	11 月 24 日	112

(张丽莉)

【第 108 期院士沙龙:生物制造——种源保护利用和技术创新】 3 月 3 日在上海举行。来自浙江大学、吉林农业大学、上海市农业生物基因中心、上海交通大学的与会院士专家分别围绕“番茄光信号途径研究及其应用”“食用菌在乡村振兴中的作用”“节水抗旱稻的理论与实践”“合成生物学:开创高值化合物生物制造的新途径”作主题报告。与会院士专家指出,光不仅提供植物生长的能量,还是植物生长发育的信号;食用菌在乡村振兴中发挥引领作用,食用菌的精准育种、轻简化栽培、精细化加工、数字化技术应用等为研究重点方向;节水抗旱稻具有显著的节水、抗旱、肥料利用效率高、面源污染少、碳排放少、栽培轻简等优势;高值化合物、酶分子改造技术在多领域的实现应用,合成生物学对医疗、农业、食物、材料、能源等产业可产生重要影响。

(张丽莉)

【第109期院士沙龙:韧性城市——双碳驱动下的城市基础设施建设与高质量发展】 3月18日在上海举行。与会院士专家分别围绕“上海苏州河水环境综合治理技术创新和机制创新”“关于我国城市污水处理排放标准的思考与建议”“地下工程水灾变防控技术的发展与‘工程医院’共享平台建设进展”“碳中和愿景下城市供水系统绿色低碳发展对策与技术研究进展”作主题报告。与会院士专家指出,苏州河通过系统治污、协同调控、混合控制等方式解决黑臭脏问题,在全国率先示范应用“河长制”的成功经验;修订并建立城市污水合理的排放标准,加强国家和地方监管部门联合整治;“工程医院”建设背景和进展有助于更好应对城市更新过程中面临的地下管道渗漏、污水处理效率低下、路面塌陷等工程灾害问题;从城市群和流域尺度加强水源保护,以及发展低能耗高级氧化技术,将氧化、吸附、催化、膜分离有机结合。 (张丽莉)

【第110期院士沙龙:合成生物学赋能临床医学】 5月29日在上海举行。与会院士专家分别围绕“合成生物学”“跨越化学与生物的合成科学”作主题报告。与会院士专家指出,合成生物学是实验科学、预测科学和工程科学完美的融合,上海应利用学科优势大力推进其发展;随着化学和生物学领域的发展与技术进步,化学合成和生物合成之间出现由点到面的快速融合和相互促进的趋势,为合成科学带来前所未有的创新机遇;上海要发挥自身优势,以分子创制为导向,以合成化学与合成生物学为纲,突破传统的学科研究范式,拓展合成科学发展新空间。 (张丽莉)

【第111期院士沙龙:立足科技自立自强 服务健康中国战略】 10月17日在上海举行。与会院士专家分别围绕“人工智能-科技推动社会变革”“坚持‘四个面向’推进科技自立自强”“大健康时代慢病管理的思考”作主题报告。与会院士专家指出,人工智能是新一轮科技革命和产业变革的重要驱动力量,如何将人工智能应用到医疗领域值得思考与探索;医疗领域发展需要自主创新,要通过独立自主的科技突破及体制机制的创新解决关键核心技术难题;关口前移、健康优先、主动健康是抗击慢性病更为合理和更高效的策略,在大健康时代,慢病防控是一项多领域多部门协作的系统工程,数字化是慢病防控与健康管理发展新趋势。

(张丽莉)

【第112期院士沙龙:新时期人口、产业与教育适应性发展与提质增效】 11月24日在上海举行。与会院士专家指出,在少子化和产业需求背景下,传统工程教育的理念、方式、模式必须进行变革;需优化高校的学科设置和专业调整机制,加强跨学科、跨专业的人才培养,关注师资队伍企业工厂工作经验。与会院士专家建议:从人的幸福、和谐社会、人类命运共同体角度进一步反思产业需求和教育的目的意义;用发展的眼光看待报告中提到的工程教育改革的3个基本判断;以更开放的角度研究全球工程教育的经验和中国的实践问题,构建更先进的工程教育模式。 (张丽莉)

【2023年东方科技论坛】 2023年,东方科技论坛围绕科研范式创新和国家、地方科技发展的重大需求,围绕人工智能与化学、人工智能与材料2个议题,开展“AI for Science”学术研讨会1场。与会院士专家建议,加强开发AI算法与软件,攻克共性技术与创新平台,推动传统科学研发的智能化转型发展,加快培育典型科研体系,加大财政金融支持力度,构建全链条人才队伍,加强科研范式变革建设,夯实“AI for Science”发展基础,构建创新典范,提升核心优势,推动人工智能与科学研究紧密融合,促进科学研究的发展。与会院士专家100余人次,其中两院院士7人次。

(滕晓龙)

第四篇　第十八章

科学普及与科技社团

第一节 | 概况 >>

【上海科普工作概述】 2023年，上海坚持把科学普及放在与科技创新同等重要的位置，围绕公民科学素质提高，加强顶层战略布局，汇聚科技资源，促进科普融合发展，深入营造创新氛围，构建城市科学文化，赋能城市公共空间，辐射更广阔人群，推动上海科普事业持续高质量发展。

落实总书记重要指示精神，筹备科技创新成果展。11月28日，习近平总书记在上海考察调研期间来到上海科技创新成果展，了解上海推进国际科技创新中心建设情况。市科委牵头会同市发展改革委、市经济信息化委、市文化旅游局、上海科创办、张江集团等单位组成布展工作组。展览分7个板块，全景式、集中式、组团式展示上海在国际科技创新中心建设中取得的重大自主科技创新成果，凸显上海科技创新策源功能的提升。其中，基础研究板块从研发投入、人才队伍、重点成果、科技期刊等方面展示上海基础研究的布局与成效；集成电路、生物医药、人工智能3个板块展示上海打造三大先导产业创新高地、强化高端产业引领功能取得成果；高端装备板块展示上海在空、天、陆、海、能领域取得的一批重大装备成果；开放创新板块围绕长三角科技创新共同体建设和国际科技合作，展示上海全力打造具有全球竞争力的开放创新生态；美好生活板块集中展示科技创新赋能美好生活的上海实践。

强化体制机制建设，科普工作基础不断夯实。以科普工作联席会议为平台，强化协同联动格局。召开年度上海市科普工作联席会议，联席会议成员单位37家，以联席会议为"大联动"枢纽，深入推进科普工作市级层面协调联动机制，动员高校、科研院所、医疗卫生机构、学会协会等各类型社会组织参加科技节、组织各有特色的科普活动等，完善科普社会化、协同化工作格局。依托联席会议，跨行业实现科普资源融合发展，市卫生健康委、市生态环境局、市教委、市绿化市容局、中国科学院上海分院等主办的科普活动不断呈现。

以科普专项计划为牵引，加大优质资源供给。"科技创新行动计划"科普专项立项92个，推动高校院所等科技力量与传媒等传播力量通力合作，创制一批优秀科普作品；联动各区继续打造"一区一特"区域特色科普，推动杨浦、奉贤、宝山等实施区域特色科普建设。以政策推动科普基地规范化建设，做好301家市级科普基地综合绩效评价后补助及税收优惠等工作，完成新增科普基地认定。

以科普效能提升为导向，实施科技传播领航计划。人才培养方面，推动上海交通大学设置科技传播学科点，启动招收科技传播专业硕士研究生，在6家高校院所试点开设科技传播通识课程。能力建设方面，市科委联合市人力资源社会保障局在自然科学研究职称系列中新增"科技传播"方向，组建科技传播中、高级职称评审委员会，畅通科技传播人才职称晋升通道；面向科普场馆管理者、科普讲解员、科技老师、科普干部，举办上海市科普能力建设培训班，提高科普队伍专业化水平。机制建设方面，启动"沪科普"上海科普交易专板建设，探索科普产品市场化机制，实现首单交易。开放合作方面，上海交通大学申办第19届国际科技传播学会双年会主办权成功。

科普活动精彩纷呈，海派科普品牌持续擦亮。举办以"悦享科技、智创未来"为主题的2023年上海科技节，围绕六大板块举办专题活动1 500余项，全面普及前沿科技成果，展示创新发展成效，开展特色科普活动，开放优质科技资源，营造科学文化氛围；坚持科普惠民，全市200余家科普基地及30余家重点实验室、工程技术研究中心等科技创新基地举办多种科普活动，131家科普基地免费开放，线上线下参与人数近2 000万人次。基于30余年上海科技节举办积累，"上海科技节"获授"上海品牌"。推出大型青少年科学梦想节目《少年爱迪生》第8季，并与"明日科技之星"评选大赛结合，展现各国青少年投身参与全球发展与治理的社会责任感和创新精神；推出"2023日出东方 科技追光"12小时大型融媒体直播活动，展现全国重大科技创新平台及成果，线上线下受众1.2亿人次。

探索新时代科技传播新范式，构建线上线下科技传播矩阵。围绕"创新・传播・融合"理念，举办第2届上海科技传播大会，邀请院士、科技传播实践者、教育专家、产业领军人物就科技传播的人才培养和产业培育等议题展开探讨，邀请科普作家、新媒体科学"大V"、科幻作家等，从科普作品创作的追溯、突破到展望进行交流，探讨科普发展新方向和新路径。打造"上海科普"科普内容创作工作矩阵，加强优质科普内容创制作品聚合传播，全年发布科普推文近600篇；向基层党建服务中心、新时代文明实践中心配送优质科普资源，按需分类制定资源清单，加强优质科普资源辐射面；开展科技奖励科普化活动，依托上海市科学创新实践站，组织上海市科技奖励获奖者走进中小学校园；联合在沪科研院所，在哔哩哔哩网站打造硬核科普新阵地"魔都科学目录"，累计视频播放量突破1 000万次，邀请科技工作者与官媒和科普红人合作创制新媒体科普作品。

坚持融合发展,拓宽科普前沿阵地。在地铁2号线推出“科技追光号”科普专列,装载来自沪上近20家科研单位和科普基地的科技知识进驻专列及地铁站;推出“科技追光号”科普游船并于8月启航,讲述上海“一江一河”沿岸科技之美。科创先锋访谈节目《未来说——执牛耳者》改版升级,带领市民沉浸式走进科研现场、走近科学家,立体展示科技创新的精神追求和不凡历程;举办第10届上海市科普讲解大赛、2023年科学实验展演汇演等市级重大科普赛事,青年科技人才参赛比例增加;参加2023年全国科普讲解大赛,上海代表队获一等奖2名、三等奖2名、优秀奖2名,上海市科委获优秀组织奖;参加全国科学实验展演汇演,上海代表队获一等奖3项、二等奖2项、三等奖1项,上海市科委获优秀组织奖。

监管发展并行,探索科学教育上海经验。开展科技类校外培训机构走访调研,听取全市16个区科委意见,市科委会同市教委制定《上海市科技类校外培训机构设置标准》,发布第1批培训目录。试点联评联审,市区两级科委、教委开展科技类校外培训机构合规取证,促进培训机构健康发展,探索科学教育上海经验。 (葛航铭)

【上海科普设施建设情况】 2023年,上海新增科普基地11家。截至年底,上海共有市级科普基地301家,其中示范性科普场馆55家、基础性科普基地217家、青少年科学创新实践工作站29家。

2023年上海新增科普场馆名单

序号	场馆名称	所属区	场馆类型
1	上海天文馆(上海科技馆分馆)	浦东新区	示范性科普场馆
2	东窑陶艺科普馆	浦东新区	基础性科普基地
3	联想上海未来中心	浦东新区	基础性科普基地
4	豫园微缩世界	黄浦区	基础性科普基地
5	奈尔宝儿童科技馆	徐汇区	基础性科普基地
6	普陀区公共卫生科普中心	普陀区	基础性科普基地
7	上海航天科普基地	闵行区	基础性科普基地
8	云端机器人科普基地	闵行区	基础性科普基地
9	鹏新嘉定海洋世界	嘉定区	基础性科普基地
10	上海大来时间博物馆	嘉定区	基础性科普基地
11	上海电线电缆博物馆	奉贤区	基础性科普基地

(冯兴华 葛航铭)

第二节 | 科学普及 >>

【“2023日出东方 科技追光”12小时融媒体直播】 1月1日6:00—18:00在东方卫视、新闻综合频道、看看新闻Knews、快手平台及“上海科普”视频号、“上海科技”视频号、“魔都科学目录”哔哩哔哩网站上线,并通过ShanghaiEye国际传播矩阵面向全球进行转播。科技部指导。直播在新年追光中全方位、多角度、立体化纵览中国多个领域科技丰硕成果,深度探访鲜为人知的科学秘境,是对中国科技创新成就的集中巡礼和致敬,更是主流媒体以科技之“芯”打造科普传播新模式、新样态的创新突破。全网传播量突破1.2亿次。 (王 宁 葛航铭)

【“玉兔东升”展】 1月18日在上海自然博物馆举办。上海自然博物馆主办,上海科普教育发展基金会、中国文物报社、北京自然博物馆、内蒙古自然博物馆协办。展览分“序:癸卯兔”“兔祥瑞”“兔玲珑”“兔有才”“兔挚友”5个板块,在空间上呈S形布局,以蜿蜒的兔子洞为灵感,每个展区由兔子造型的门洞连接。展览从兔是如何走进中国人的生活并形成现在人们心目中的形象,以及它们如何适应各种环境启发公众。 (李 敏)

【“携手看海去”2023年世界海洋日上海青少年海洋知识传播系列活动】 1—12月举办。市海洋局、市科协联合主办。活动设海洋日实地科普考察活动、海洋STEM课堂、海洋创意种子计划、青少年海洋科创项目孵化计划与上海市青少年科技创新大赛专项奖5个板块,鼓励青少年参与海洋科学创新的积极性。其中,9所学校的10个项目获科技兴海奖。 (金巍良)

【“修复湿地家园”2023年世界湿地日活动】 2月2日举办。上海自然博物馆与上海市环境科学研究院共同主办。活动现场,上海科技馆与上海市环境科学研究院签约共建共享合作,上海自然博物馆和上海市环境科学研究院联合开发的生态益智类卡牌桌游《湿地生存法则》发布;邀请阿拉善SEE公益机构东海项目中心和上海崇明东滩鸟类国家级自然保护区的专家馆内馆外联动,带领观众“云逛”湿地,介绍湿地的构成和重要生态功能,探讨在上海这样一座湿地城市如何保护和修复逐渐退化的湿地,线上参与约34万人次。 (李 敏)

【上海3部作品入选全国优秀科普微视频作品】 2月19日,2022年全国优秀科普微视频作品名单公布,上海有《梦天“冷”科学》《原住民的回归》《细胞世界也有“孟母三迁”创新技术实现“邻居甄别”》3部作品入选。(林 佳 葛航铭)

【第10届上海市科普讲解大赛决赛】 3月11日在线上举行。市科委主办。大赛以“科技创新、科学普及”为主题,吸引全市1 000余名科普爱好者参赛,最终40名选手进入决赛,通过对科普的解读、对谣言的击破,培育涌现一批科普人才。大赛最终产生一等奖10名,同时获2023年度“上海市十佳科普使者”称号。此外,30名选手分获二等奖、三等奖和优秀奖。

第 10 届上海市科普讲解大赛获奖名单

序号	获奖人	所在单位	获奖等级
1	吴天任	上海科技馆	一等奖
2	陈　航	司法鉴定科学研究院	一等奖
3	葛　宇	海军军医大学第一附属医院	一等奖
4	刘思为	复旦大学附属中山医院	一等奖
5	王星琦	上海科技馆	一等奖
6	高佳艺	上海市气象局宣传科普与教育中心	一等奖
7	陈宇阳	上海市计量测试技术研究院	一等奖
8	李宇津	复旦大学附属上海市第五人民医院（老年慢病科普教育基地）	一等奖
9	刘逸雯	上海市血液中心	一等奖
10	宋　瑛	上海自然博物馆（上海科技馆分馆）	一等奖

（徐　栋　葛航铭）

【2023 年国际天文馆日活动】 3 月 11—12 日在上海天文馆举办。活动以“公众与天文”为主题，上海科技馆与国家天文科学数据中心签署天文数据领域战略合作框架协议，启动引力透镜搜寻公众科学项目，开展银河讲坛第 9 期“巡天望远镜与公众科学”及天文数字实验室第一课“哈勃美图制作攻略”，激发公众参与科学的热情，感受天文之美、天文之趣。

（李　敏）

【2023 年上海市科学实验展演汇演活动】 3 月 12 日举办。市科委主办。选手以形象生动的方式展示科学实验，以浅显易懂的形式解释科学原理，用小实验玩转科学中的大道理，共产生一等奖 2 组、二等奖 8 组、三等奖 10 组、优秀奖 8 组；优秀科学实验节目在“科学之夜”等活动中巡演。

2023 年上海市科学实验展演汇演活动获奖名单（一、二、三等奖）

序号	获奖人	所在单位	获奖等级
1	黄雅雯、王雅彬、王四海	上海天文馆（上海科技馆分馆）	一等奖
2	高俊文、范佳音、李嘉诚、王国鑫	上海天文馆（上海科技馆分馆）	一等奖
3	齐　楚、马璐瑶	上海科技馆	二等奖
4	刘贝贝、王崇愿、乔家广、刘　燚、庄炜杰、邬　昕、胡馨丹、何永兴	上海市计量测试技术研究院	二等奖
5	夏　凡、徐　晨、赵国新、张　霞、徐　明、高佳艺	市气象局宣传科普与教育中心	二等奖
6	李　今、瞿俊君、吴嘉禄	上海科技馆	二等奖
7	张海洋、李省思、季　洁、张　明、陈天琦	上海飞机制造有限公司	二等奖
8	张养成、潘雪玉、符子欣	上海航宇科普中心	二等奖
9	刘　聪、吴悦琦、张佩瑶	上海自然博物馆（上海科技馆分馆）	二等奖
10	屠嘉伟、龚楷伦、朱一润	杨浦区青少年科技站	二等奖
11	周长捷、程　好、冯伟航、徐若朴、赵　敏	同济大学物理科学与工程实践工作站	三等奖
12	陈　岭、黄欣艺、唐君超	上海市行知实验中学、上海市宝山区青少年活动中心	三等奖
13	赵嘉豪、李　燕、宋瀚鑫	上海汽笛生信息科技有限公司	三等奖
14	楚嵚琳、曾令雪	上海电力大学	三等奖
15	姚思聪	上海遥程信息科技有限公司	三等奖
16	张少涵、李天淏、王德正、高浩博、俞呈辉、王秀恩	上海电子信息职业技术学院	三等奖
17	周浃燚、黄文蔚、韩静萱、许　濛、张　澳	上海工程技术大学	三等奖
18	刘陈璐、张雨晨、刘忻玥	上海爱牛信息科技有限公司	三等奖
19	赵兰馨、范丽莹、易思亮	市农科院	三等奖
20	李文珏、李　洁、曾　桢、邹盛锦	上海市应用技术大学	三等奖

（徐　栋　葛航铭）

【2023 年上海国际科技艺术展演活动】 3—5 月举办。市科委、市文化旅游局、浦东新区政府联合主办。活动作为科普宣传的重要品牌和载体，汇聚广大市民和青少年的想象力和创造力，以艺术的形式表现科技的内涵；吸引各有关单位上报参评节目 47 个，最终评选产生一等奖 4 项、二等奖 8 项、三等奖 16 项、参与奖 19 项、优秀组织奖 15 项；获奖节目

在上海科技节闭幕式系列活动中现场展演,并在上海主流电视媒体平台播出。 (葛航铭)

【2023年上海市优秀科普微视频评选活动】 3—7月开展。市科委主办。评选活动共收到各单位及个人作品180部,44部作品通过初评进入决赛,最终评选出上海市优秀科普短视频20部。

2023年上海市优秀科普短视频获奖名单

序号	作品名称	单位
1	梦天"冷"科学	中国科学院上海光学精密机械研究所
2	女性生育力为什么会下降?	同济大学附属第十人民医院、上海市健康促进委员会
3	电磁兼容抗扰度与我们的生活	上海市计量测试技术研究院
4	盘点全国算力,我国"东数西算"工程,对普通人意味着什么	上海教育出版社
5	原住民的回归	上海广播电视台纪录片中心
6	记不住冲量定理!那就冲个凉吧	杨浦区科委
7	阻艾不阻爱	静安区疾病预防控制中心
8	心律失常的中西医结合防治系列科普	上海中医药大学附属曙光医院
9	我的腰痛要紧吗	复旦大学附属中山医院
10	《口袋里的大自然》系列之"我身边的动物朋友"科普微视频	上海科技馆
11	不过度熬夜(世界睡眠日科普宣传片)	上海市健康促进中心
12	优优猴星空探索-03火热的太阳	上海汇火文化传播有限公司
13	螺说·古生物餐厅系列科普微视频	静安区科协
14	《小标签大健康——网红食品大揭秘》科普系列动画	上海市质量监督检验技术研究院
15	几个人的艾滋病已经被治愈了	复旦大学
16	芯片封装:名气不大,技术难度却不低的工艺	长宁区科协
17	《解密生命科学——走进伟大的实验动物科学》之"斑马鱼"系列短片	上海实验动物研究中心
18	肠道菌群与人体健康	复旦大学
19	食用菌系列动画科普短视频	市农科院、上海科有趣科技发展中心
20	后疫情时期"人类与病毒"系列科普短视频	浦东新区科经委

(葛航铭)

【2023年上海市青少年科技教育校长论坛】 4月15日举办。市科协、市教委主办。论坛上,褚君浩院士作题为"智能时代与科学精神培养"的主旨报告;论坛嘉宾分别从大学、中学、小学及校外教育机构角度,就如何推进科学家精神落地中小学、如何进行校内外科技教育资源整合和做好"双减"中的科学教育"加法",以及如何提高中小学教师及科技辅导员在科技创新人才培养中的主观能动性深入探讨。全国十佳科技教育创新学校、上海市科技教育特色示范学校、上海市青少年科技创新大赛优秀组织单位等学校校长在内的100余人出席。 (刘彦岑)

【日全环食大放送】 4月20日,针对罕见的日全环食天象,上海天文馆开展日全环食大直播,采用远程视频+前方连线+直播间解说方式,实现多场景、多主播、多平台汇编联播,全方位立体式呈现罕见天象实况;直播向新华网、澎湃新闻、腾讯新闻等几十家媒体分发信号,全网观看140万人次。 (李　敏)

【全国航海科普教育基地揭牌】 4月23日,全国航海科普教育基地揭牌仪式在上海交通大学董浩云航运博物馆举行。上海交通大学航海文化与科技科普教育基地是集科普、研究、教育于一体的综合科教基地,主要由上海交通大学董浩云航运博物馆、船建学院院史院情展示馆、学生创新中心船建分中心、上海交通大学潜水培训中心和交通仿真及驾驶行为实验室等组成,形成"2+1+2+N"特色科普模式(2家航运历史展馆、1家学生创新中心、2家科研实验平台,若干项航海特色科普活动)。 (付　符)

【"我的自然百宝箱"活动】 4—11月举办。上海自然博物馆主办。活动推出"上海昆虫家谱"公民科学项目,通过科普讲座、工作坊、实地采样调查等形式开展昆虫调查研究,数百名市民在"听见万物"微信小程序上传昆虫记录6 066条,新记录上海昆虫129种(相较于《上海昆虫名录2022版》);建立41人的志愿工作组,开展"上海昆虫调查团"活动53场,活动范围涉及上海16个区,线下参与423人次;与上海城市空间艺术季合作,在主会场徐汇西岸白猫工厂推出"我的自然百宝箱装置"展示活动,线下参与人数5万人次;在上海自然博物馆推出"城市昆虫"生物多样性主题展。 (李　敏)

【"鲸奇世界"展】 4月起,上海科技馆原创临展"鲸奇世界"先后在新疆科技馆、宁波博物院展出。展览选题关注海洋濒危动物,展现鲸豚的相关历史文化、演化法则、生存智慧与生存现状,激发公众关爱野生动物和保护海洋环境的意识。展览包括"大鱼传说""生存智慧""生态保护"三部分,分别从文化角度呈现人类与鲸之间亘古以来的关联,从生物学角度探索鲸的演化历程、生理习性与生存智慧,从生态学角度关注鲸的生态保护,倡导公众保护海洋、湖泊,呵护水中精灵。通过骨骼标本、塑化标本、科学绘画、机械互动

展品、多媒体展项、艺术装置和造景，体现文化、艺术、科学有机融合。（李　敏）

【"如何复活一只恐龙"展】 4月起，上海科技馆原创临展"如何复活一只恐龙"先后在浙江湖州南浔古镇、上海奉贤海之花青少年活动中心展出。展览通过科学、技术、文化、艺术深度融合，实现恐龙科学知识的有效传播，突出多感知的互动体验，提升高端科普的共享力度；采用159幅科学绘画、42幅解析图、39件模型和标本（含1件国家一级化石标本和12件雕塑级高精度模型）、15个互动装置、8个多媒体展项，丰富展览的科学性和趣味性；在展柜上方搭建7只恐龙拼插模型，采用本色瓦楞纸材质，体现环保理念。（李　敏）

【"一平米博物馆"科普教育品牌】 5月7日启动。上海自然博物馆主办。让青少年担当博物馆"策展人"，在1 m^3 空间中策划和制作主题博物馆，引导青少年学会用设计思维、探究思维等视角来看待问题和解决问题，掌握自主学习的方法，体会探索的乐趣；推出《一平米博物馆：搭建我的恐龙展》科普互动书，首期销售3 000册；举办"未来策展人"创训营主题活动，产生优秀展览作品10件。（李　敏）

【"科技追光号"地铁科普专列与浦江游船】 5月13日与8月7日"科技追光号"地铁科普专列与浦江游船分别亮相。市科委主办。为挖掘和开发更多公共空间成为科普宣传的新阵地，探索"科普＋"创新模式，打造"科技追光号"地铁2号线科普主题专列与"科技追光号"浦江游船，举办多场科普地铁行、科普浦江行系列展示及公众科普活动，全年覆盖传播人群超1.2亿人次，媒体宣传报道超205篇次。（徐　栋　葛航铭）

【2023年上海科技节】 5月20—31日举办。市政府主办。上海科技节以"悦享科技、智创未来"为主题，设开幕板块、会议板块、开放活动板块、赛事板块、媒体科普板块、闭幕板块六大板块，开展专题活动1 500余项；全市200余家科普基地举办惠民特色活动，30余家科研院所、重点实验室、工程技术研究中心等科技创新基地举办开放活动；"科学红毯秀"邀请院士、科学家、科研工匠、科技传播工作者、科学教育者和科技创新少年等共同亮相，受到新华社、央视等央媒集中关注；制作并发布《在上海·创未来》主题片，推出《悦享科技嘉年华》宣传片，征集市民科技愿景，结合人工智能算法，智能创制科技节主题曲，探索"人工智能＋艺术＋科技"融合新体验；"科学红毯秀"及上海科技传播大会直播实时观看量500余万次，"科普达人说"新媒体视频作品播放量达百万次；线上线下参与人数超2 000万人次，新华社、人民日报、央视网等16家央媒集中报道，媒体宣传报道超2.5万篇。（葛航铭）

【第2届上海科技传播大会】 5月20日在世界会客厅举行。科技部指导，市科委主办。大会以"创新·传播·融合"为主题，以"国际视野、创新引领、学术气质、公众属性"为定位，由主旨大会和科普作品创制大会、科普融合发展大会、长三角科技传播院所长研讨会3场分会组成。科学大家、科技传播实践者和理论学者、教育专家和产业领军人物等嘉宾就科技传播的人才培养、产业培育、科普作品创制等议题展开探讨，探索科技传播发展新业态新模式。会上，举办上海科技传播领航计划发布仪式，就加强上海科技传播人才队伍培养提出一系列举措。（葛航铭）

【《未来说——执牛耳者》】 5月20日起在上海电视台新闻综合频道每周六20:30、东方卫视每周日12:30播出，看看新闻Knews等推送。市科委与上海广播电视台联合制作。节目以更开放、更广阔的视野探寻科技创新蕴含的发展力量，展开对科技创新的观察和对科学精神的探索，带动全社会强烈的科技创新氛围；走进26名科学家的科研现场，深入探访、移动访谈，普及科学知识，了解科研历程，展望科技改变未来生活，弘扬科学家精神，深入感受科技工作者在新征程新时代自觉肩负起科技创新使命责任，加快推进高水平科技自立自强的奋进力量。（王　宁　葛航铭）

【2023年上海职工科技节】 5月22日举办。市总工会、市发展改革委、市科委、市教委、市人力资源社会保障局等联合主办。上海职工科技节以"守正创新谱新篇 匠心智造赢未来"为主题开展一系列活动，揭牌成立上海市职工创新成果转化交易平台、上海市工匠人才知识产权运营促进中心、长三角G60科创走廊高水平应用型高校协同创新联盟产教融合示范基地、上海长三角科创投资促进会驻G60联合办公室；举办长三角G60科创走廊第5届科技成果拍卖会暨上海市职工创新成果转化交易平台首拍仪式，50个项目拍卖成功，现场成交额23.15亿元；开展工匠秀场、新领域新赛道职工职业技能竞赛项目发布、劳模工匠服务队进企业进校园服务、劳模和工匠人才创新工作室开放日、工匠讲堂天天讲等职工科技节品牌活动。（陈志渊）

【"大江行地——多姿多彩的长江生命"展】 5月24日至8月31日在南京科技馆巡展。上海科技馆主办。展览内容基于长江大保护、10年禁渔的国家战略，从多姿多彩的长江生命角度切入，通过展现长江流域丰富的水生生物、鸟类、兽类资源及多元的人文风貌，结合长江大保护相关政策内容宣传，引导观众关注并理解长江大保护的内容与意义，认识长江的生物多样性，培养保护长江母亲河、构建人与自然生命共同体意识，接待观众39万人次。（李　敏）

【"科学·有点意SI"——思南汇科厅科普集市活动】 5月26—28日在思南公馆举办。市科协、永业集团联合主办。活动设舞台、市级学会、社区书院、科普教育基地、时尚科普、科普图书六大板块，为公众带来人工智能、科幻作品、科普桌游、矿石宝藏、健康科普等一系列科普活动及文创衍生品,带领公众现场体验科普活动、了解科普知识,激发好奇心和求知欲,在轻松有趣的互动体验中获得前沿科学知识、涵养科学精神。 (刘彦岑)

【一起野!——“野孩子”六一特别活动】 5月28日在上海自然博物馆举办。活动以“野孩子/yeah kids”为主线,汇聚馆内其他原创教育品牌,为观众带来一场面向少年儿童的原创教育品牌跨界联动科普盛宴,吸引央视新闻、东方卫视等11家媒体对活动进行报道,线下参与2 500人次;发挥馆校、馆企合作资源优势,让观众感悟自然之野、了解自然之美、享受自然之趣。 (李 敏)

【2023年上海科学会堂春季草坪音乐会】 5月30日举办。市委组织部、市科技工作党委、市科协等共同主办。音乐会以“点亮精神火炬,勇攀科技高峰”为主题,演出一批中外经典管弦乐曲目及歌剧选段;秉承促进科学与艺术创新交融的理念,厚植科学文化、弘扬科学精神,赞美科技工作者特别是老一代科学家的崇高品格,致敬奋战在各行各业的广大科技工作者;陈赛娟、叶叔华等两院院士,历届上海青年科技精英、英才代表,市科协所属学会、区科协、基层单位科协代表等近700人现场聆听。 (刘彦岑)

【2023年“科学之夜”专题活动】 5—12月举办。上海科技节组委会办公室主办。活动设玩转科学、科学小舞台、讲解带你逛、科学导师课堂、趣味打卡等板块,分别在上海天文馆、上海中心混知书店、上海科普公园、上海纺织博物馆、上海植物园等热门科普场馆、文旅地标等开展8场不同主题专场活动,吸引超4.2万人次参与。

2023年“科学之夜”专题活动上海天文馆星空音乐会专场 (沈昕逸)

【“遇见@科学家”展】 5月起先后在上海奉贤龙湖天街、浙江嘉兴科技馆、上海浦东新区花木街道展出。以上海科技馆品牌教育活动“遇见@科学家”为基础,聚焦62名国内外著名科学家,通过对科学家事迹及其成就的展示,彰显科学家精神,现场观众逾5万人次。作为配套教育活动,举办科普沙龙2场、开发科学课程4门、完成科学家主题绘画征集大赛2期。 (李 敏)

【“关心水务发展,关注水质健康”2023年上海市民水务科普系列活动】 6月6日至12月31日举办。市水务局支持,上海《净水技术》杂志社主办。活动采用科普参观、视频展映、论坛讲座、科普图文等形式,组织线上、线下科普活动10场;开展水务、环境设施参观考察4场,制作水务设施参观宣传视频3部;围绕智慧水务、水质提升、水源地建设、饮水安全等方面,分类制作饮用水科普宣传课件教案4套;推出水务科普新媒体图文30余条。通过系列活动的开展提升公众对日常饮用水安全的信心。 (金巍良)

【上海工匠风采展】 6月15—17日在中国(上海)国际技术进出口交易会期间举办。市总工会联合浦东新区总工会、闵行区总工会共同主办。市总工会聚焦展示大国工匠风采及全球最大集装箱船模型等国之重器,浦东新区总工会聚焦展示生物芯片、机器人等职工创新成果,闵行区总工会聚焦展示生物摇摆器、纳米材料、掐丝珐琅琴等非公企业职工创新成果,通过风采展在全社会营造尊重工匠、崇尚工匠、学习工匠、争当工匠良好氛围。展会期间,组织60项非公企业职工创新成果参加第6届中国(上海)国际发明创新展览会优秀成果评选,获金奖35项、银奖18项、铜奖7项。 (王 燚)

【“科创校长空间站”活动】 6月启动。上海科技馆推出。活动在科普场馆、文化阵地、教育博览会等多元场景下开展9场,邀请诺贝尔奖获得者詹姆斯·罗斯曼等33名科学家及科技创新教育特色学校校长作分享对谈,联动全市16个区教育局及教育主管部门,吸引170余所学校、50余家企业参与,全年线上线下传播量破千万次;与故宫联合推出“科技与文化融合”课程1期。 (李 敏)

【“苔花如米·藓为人知”苔藓科普展】 7月11日至10月15日在上海自然博物馆开展,10月20日起在嘉兴巡展。展览是上海地区首个苔藓主题原创临展,分为“苔藓之美”“绿阶长风”“碧绮幽雨”“斜阳复照”4个板块,通过苔藓高清照、科学画、苔藓标本、苔藓盆景等从自然科学角度分享苔藓植物的起源、分类与研究等科学内容,并融入诗词、绘画、书法等优秀传统文化,辅以微景观、园林等造景艺术,以文化、科学、艺术三者结合的方式向大众诠释苔藓的奥秘。 (李 敏)

【2023年青少年高校科学营上海科学营】 7月18—23日举办。市科协、市教委等8家单位共同主办。科学营设六大分营,各分营围绕“科技梦·青春梦·中国梦”主题,依托自身优势学科和特色资源,打造丰富的探究性理论学习和实践活动。活动期间,向营员开放国家重点实验室、创新创业基地等科研场所,设计动手探究活动,带领营员亲身体验国家新型科研器材和成果。各分营开展数场名家大师前沿科技讲坛,邀请不同领域的名家大师为营员讲解科学的奥秘与科学研究的方法,对话名家大师、聆听科技人生,激发

营员的科技自信心和爱国情怀。来自上海、浙江、海南等1 200余名营员通过线上或线下形式参与。 （刘彦岑）

【“萌兽大熊猫”展】 7月起先后在上海虹桥丽宝广场、陆家嘴滨江金融城尚悦湾广场展出。上海科技馆原创开发。展览分为演化、生态、保护、文化4个板块，设置手绘、1∶1模型、机械和多媒体互动、沙盘、迷宫、动画、科普游戏等展示形式；举办科普教育活动3场，全方位展现国宝大熊猫分类演化、行为形态、生态环境、伴生动物、保育保护、文化历史等科学内容，激发公众保护大熊猫及其生存环境的情感共鸣和行动意识。 （李 敏）

【“海的尽头是草原”沪蒙研学营】 8月7—12日在内蒙古举行。内蒙古自治区自然资源厅、上海科技馆主办。活动旨在传承弘扬“三千孤儿入内蒙”历史佳话，推动沪蒙两地科普、文化领域交流合作，沪蒙研学营营期共6天，行程近1 000 km，带领营员走进内蒙古自然博物馆、四子王旗、苏尼特右旗、二连浩特市、伊利健康谷等地，来自沪蒙两地的40名青少年参与活动，开设“沪蒙研学”现场直播，吸引96万余人在线观看。 （李 敏）

【“科普星人充电站”活动】 8月12—26日举办。上海科技馆与中国长三角科普场馆联盟共同主办。活动围绕“人工大爆发背景下的科普创作新模式”，开设讲座7场、实地调研1次、作品品读1次，收到学员作品45份；共有41名学员结业，其中8名学员获优秀学员称号，并加入科技馆的科普作者团队。 （李 敏）

【“守护城市中的自然”馆校研主题日活动】 8月20日在上海市市西初级中学举办。上海自然博物馆主办。活动依托上海自然博物馆“与科学家面对面”馆研合作教育品牌，基于守“沪”江河——水生生物保护青少年科普教育项目，联手上海铁路运输检察院，与上海市市西初级中学第8届STEM科创邀请展评活动形成联动，走进校园，发挥和展示馆、校、研多元教育共同体跨界合作的优势与合作成果。开展“守护城市中的自然”校园辩论邀请赛、校园版“与科学家面对面”科学集市、原创湿地科普桌游体验、科普讲座进校园等活动，帮助学生增长科学知识、了解相关法律法规，提升自身创新能力与生态保护意识。 （李 敏）

【“舌尖上的寄生虫”展】 8—11月在上海自然博物馆举办。中国疾病预防控制中心寄生虫病预防控制所（国家热带病研究中心）、上海市寄生虫学会和上海自然博物馆共同主办。展览分“寄生虫的大千世界”“肉里来的寄生虫”“菜里来的寄生虫”“虫虫大作战”4个板块，从生活方式和饮食习惯入手，融合有趣的益智小游戏，以通俗易懂、寓教于乐的方式向公众普及食源性寄生虫的分类和分布，寄生虫的生存环境、媒介和宿主，寄生虫的生活史、感染途径和危害，以及寄生虫病的预防和控制等方面知识，提高公众食源性寄生虫病防控意识，守护舌尖上的安全。 （李 敏）

【2023年“科普援藏”活动】 9月3—9日，市科委组织科普援藏工作者在西藏自治区拉萨市及周边地区开展“科普援藏”活动。以“热爱科学 崇尚科学”为主题，为当地捐赠科普物资，表演科学实验秀。通过“科普援藏”活动的开展，有助于推动西藏自治区科普事业发展，大力弘扬科学精神、普及科技创新成果和科学知识，满足群众对科普知识的需求。 （葛航铭）

【2023年上海市“全国科普日”活动】 9月16日在上海科学会堂启动。市科协、市委宣传部、市委网信办等19家单位共同主办。以“提升全民科学素质，助力科技自立自强”为主题，开展各区和街镇的品牌特色科普活动2 000余项。启动仪式上，回望20年来上海市“全国科普日”活动在品牌打造、阵地拓展、形式创新等方面的探索，为获2022年度全国科技志愿服务先进典型的个人、团队和项目颁奖，为获2021—2025年度第2批全国科普示范县（市、区）命名的徐汇区、长宁区、静安区授牌。 （刘彦岑）

【“重阳趣玩”主题活动】 10月23日在上海自然博物馆举办。活动以“知无涯，余热生辉”为出发点，分为展现老年人业余文化生活风采的“老有所为”、体验老上海童年回忆的“老有所乐”、了解自然科学的“老有所学”三大板块，吸引约1 500名老年观众参与。央视新闻、CCTV-1、上视新闻综合频道等13家媒体对活动进行报道。 （李 敏）

【上海获第10届全国科普讲解大赛7项奖】 11月9—10日，第10届全国科普讲解大赛在广州举行。科技部主办。上海代表队获7项奖，其中一等奖暨“全国十佳科普使者”2项、三等奖2项、优秀奖2项，上海市科委获优秀组织奖。

上海获第10届全国科普讲解大赛奖项名单

序号	单位	姓名	获奖等级
1	海军军医大学第一附属医院	王 阳	一等奖暨“全国十佳科普使者”
2	上海科技馆	吴天任	一等奖暨“全国十佳科普使者”
3	上海科技馆	王星琦	三等奖
4	复旦大学附属上海市第五人民医院	李宇津	三等奖
5	司法鉴定科学研究院	陈 航	优秀奖
6	中国核工业第五建设有限公司	俞佳欣	优秀奖

（葛航铭）

【第9届上海国际自然保护周】 11月11—17日举办。市科委、市生态环境局、市教委、市绿化市容局、市科协等共同主办。自然保护周以“共建人与自然和谐共生的美丽上海”

为主题,整合优质科普资源,策划名人讲坛、环保科普活动、青少年主题活动、生态践行活动、主题摄影展、手机随手拍大赛、人与自然市民科普活动、主题科普影视展映活动、科普场馆主题活动等九大主题活动,使公众切身感受人与自然和谐相处给这座城市带来的美好。（李　敏）

【上海获第6届全国科学实验展演汇演7项奖】 11月16—17日,第6届全国科学实验展演汇演活动在安徽合肥举行。科技部、中国科学院主办。来自全国各地的160支代表队参加,上海代表队获一等奖3项、二等奖1项、优秀奖2项,上海市科委获优秀组织奖。

上海获第6届全国科学实验展演汇演奖项名单

序号	节目名称	单位	主要完成人	获奖等级
1	乘风而上	上海飞机制造有限公司	张海洋、李省思、季　洁	一等奖
2	新西游记之"真空"降妖记	上海市计量测试技术研究院	刘贝贝、乔家广、胡馨丹、庄炜杰、郚　昕、金　愿	一等奖
3	"凝"好	上海天文馆(上海科技馆分馆)	王四海、黄雅雯、王晓菲	一等奖
4	浮不浮	上海科技馆	齐　楚、马璐瑶	二等奖
5	UFO?	上海市气象局宣传科普与教育中心	夏　凡、徐　晨、张　霞、赵国新	优秀奖
6	"导"亦有道	上海天文馆(上海科技馆分馆)	高俊文、范佳音、李嘉诚、王国鑫	优秀奖

（葛航铭）

【生态文明素养系列科普微视频《自然有TA》】 项目由上海市林业总站承担,12月7日通过市绿化市容局验收。项目形成生态文明素养系列科普微视频宣教课件7个,在绿色上海、上海环境、野趣上海等短视频平台发布,网络点击量逾5.6万次;动物科普微视频被中央广播电视总台上海总站采用,在央视新闻App播放;系列微视频在上海新时代文明实践中心综合服务平台投放,实现供需对接56次,供给顾村镇、南京西路街道等27个文明实践分中心使用,传播上海生态文明建设成果。（王文进）

【《花儿的故事·2》系列科普视频制作】 项目由上海辰山植物园承担,12月9日通过市绿化市容局验收。项目结合辰山植物园特色植物资源,策划制作系列科普视频5部;系列视频在新媒体平台上线,播放量超过50万次;在上海辰山植物园4D科普影院、科普教室、共享空间临展馆等场馆面向大众公开播放,覆盖人数超6万人次。制作科普手册2册及科普展板1套,应用于辰山植物园花展、个体展、夏令营等活动。（王文进）

【《华东乡土植物百种》科普图书创作】 项目由上海辰山植物园承担,12月9日通过市绿化市容局验收。项目选择100余种华东地区常见乡土植物开展科普创作,完成"华东乡土植物百种"撰稿、编辑排版工作,图文并茂,兼具科学性与趣味性;以线上、线下形式,开展6场华东乡土植物的科普宣讲;整理并形成100余种适合上海辰山植物园引种栽培和科普活动的乡土植物。（王文进）

【植物园中小学研学及家庭旅游的教育价值:基于社会文化理论的探索】 项目由上海辰山植物园承担,12月9日通过市绿化市容局验收。项目探讨国际植物科普领域"植物盲"概念,对缓解"植物盲"现象提出基于中国国情的差异和植物科学教育发展现状的建议,应充分发挥植物园教育功能,并依托中国传统文化,建立基于生活实践的植物认知关系;分析国际植物园"户外教育""花园教育"2种教育类型及辰山植物园开展的"自然笔记""攀树自然体验"2个课程;通过实证研究,分别为小学生心目中植物学家形象和移动学习系统支持下在辰山植物园食虫植物馆的科学观察活动效果;提出城市植物园面向儿童的教育策略研究报告。项目发表论文8篇。（王文进）

【"敦煌星空"展】 12月21日在上海天文馆举办。上海天文馆(上海科技馆分馆)与敦煌研究院共同主办。展览聚焦天文与敦煌两大文化与科普品牌,融合数字媒体技术,多维度、深层次向公众展示敦煌天文遗珍,传播与弘扬中国古代优秀的天文成就与科学文化;推出基础版与青少年版语音导览,共计30个词条,组织敦煌专题导览讲解、天文快闪表演等活动,提升观众的参与感与沉浸感,累计参观人数超1.5万人次。

"敦煌星空"展

（李　敏）

【青少年科学创新实践工作站】　2023年度招收学生4 200人，评选优秀学员471名。35家科学创新实践工作站、140个实践点完成学员培育及课题辅导工作。工作站课程设计重点打造科创教育特色亮点，凸显学科育人价值；依托信息技术赋能后备人才培养，为学生打造线上线下融合的全时空开放教学生态，提供支持工作站及学员个性化学习的智能服务，提升项目育人价值。　（沈玉婷　葛航铭）

【2023年院士专家讲坛】　上海院士中心主办的上海院士专家讲坛作为院士、专家向广大市民普及科学知识的重要平台，秉承权威性、普及性、公益性原则，全年共开展9期活动。

2023年院士专家讲坛

序号	主题	主讲院士专家	时间	地点
1	跨越梦想的桥梁	林元培	3月13日	上海市青云中学
2	数字经济发展报告	蒋昌俊	3月24日	中共上海市委党校
3	免疫学与健康中国	董　晨	5月15日	中共上海市委党校
4	轻氢之镁创新栽培	丁文江	5月16日	上海市高级技工学校
5	勇担使命，踔励奋发，让青春在科技报国的奋斗中闪光	陈凯先	7月31日	中国科学院上海分院
6	科技造福人类、创新成就伟业	陈建峰	9月8日	中共上海市委党校
7	瞄准世界科学技术前沿，守正创新造福人民	陈　竺	10月9日	科学会堂
8	脑的功能研究与脑机接口	李澄宇	11月13日	上海市信息管理学校
9	从量子物理基础检验到量子信息科技	潘建伟	12月3日	中共上海市委党校

（张丽莉）

【2023年上海科普大讲坛】　全年共举办16期，受众超237万人次。上海科普大讲坛自2009年首讲以来举办讲座200余期，共邀请中外知名科学家407名，其中包括诺贝尔奖获得者2名，院士54名(含外籍院士)，美、英、法、日等国外科学家44名，吸引4万多名公众现场参与、超千万名粉丝线上互动，覆盖青少年、成年、老年等多年龄段，开发"未来科学＋"系列科学营、国际馆长论坛特别活动、"科学与艺术"系列工作坊、"City Walk户外探索"系列、"校长说"等系列子品牌。上海科普大讲坛第200期特别活动"名家话科创"系列讲座特邀5名不同领域"名家大咖"，分享对科学、技术、艺术和生命的研究、思考和感悟。　（李　敏）

【2023年上海自然博物馆绿螺讲堂】　全年共举办18期。邀请23名专家学者，以"主题演讲＋观众互动"形式，分享交流与自然有关的知识和经验，线下参与2 260人次，线上直播观看量167万次。与中国科学院古脊椎与古人类研究所、中国科学院动物研究所、同济大学、华东师范大学、上海海洋大学、复旦大学上海医学院、云南大学、东华大学静安区学习型城区建设与终身教育办公室等开展品牌合作，通过上海自然博物馆官方微信、哔哩哔哩官方账号等平台开展线上直播互动。　（李　敏）

【"科普进五个新城"活动】　2023年，上海科技馆整合科学课程、科学表演、科普讲座、科普影视作品、科普游戏、科普漫画、科普书籍和科普展览等各类优质科普资源，通过"科普五进"精准输送至学校、社区、场馆、乡村和商圈，持续提供优质展示教育服务与科学体验。向嘉定、南汇、奉贤等捐赠2个机器人展项、百余件厨房设备及千余本图书教具；"无界博物馆"课程及"遇见@科学家""鲸奇世界"等展览、科学现场秀分别走进奉贤、青浦、松江等地的商圈、学校、社区、农村、场馆。　（李　敏）

【"小伽利略"课程】　全年开展课程38场。上海天文馆举办。面向7—12岁青少年儿童专属打造一系列天文探究类课程，通过模拟演示、手工制作、科学实验、问题探究、项目实践、情景体验等形式探索天文学宝库。课程线下受众878人次，线上受众18 150人次。　（李　敏）

【2023年"遇见@科学家"品牌活动】　全年共举办12期。上海科技馆主办。每月选取1名当月出生且在科学史上有杰出贡献的中国科学家，以科学家及其成就为主线，开展科学课程、达人带你逛、生日派对、线下讲座等形式多样的活动。与上海气象博物馆、上海动物园、中国科学院上海光学精密机械研究所、上海大学等高校院所联动，拉近公众与科研人员距离；线上线下参与人数5 243人次，其中330名与科学家同一天生日的观众获科学家纪念品。活动获2022年上海科普教育创新奖科普成果奖一等奖，入选首届上海市博物馆卓越教育项目及2023年上海市终身学习新品牌项目。　（李　敏）

【"趣逛自然"教育品牌】　全年共举办8场。上海自然博物馆推出。以"户外探索，发现自然之美"为宗旨，采用野外观察、实践体验、专家辅导等形式，将科普教育的课堂从博物馆搬到户外，带领团队参观上海、湖南张家界、云南等地城市公园、国家森林公园、世界地质公园及国家级生态保护区等，在线观看人数179万人次。　（李　敏）

【上海科技馆"馆校合作"】　2023年上海科技馆新增"馆校合作"共建签约学校24所。子项目"青少年科学诠释者"依托上海科技馆各类科普教育资源，通过展览参观、专家讲座、科学课程、科学表演、诠释展示等形式，围绕"飞行探秘"主题，于8月17—22日带领40名青少年走近大飞机，完成10张飞行主题立体海报的设计制作与科学诠释；子项目"博老师研习会”招募教师 80 人,开展以“基于 STREAM 理念的科技场馆教育活动设计”为主题的 5 次专题培训,项目纳入市级师资培训课程;子项目“乡村教师支持项目”招募教师 22 人,开展专题培训 2 次。通过“请进来:博物馆乡村教师开放日活动”“送出去:公益馆校资源包课程进校园”2 种模式,帮助乡村学校教师熟悉展览、课程、活动、讲座等教育资源,并将优质馆校资源包以公益或者合作的形式向乡村学校或教育资源薄弱区域输送。 (李 敏)

【上海自然博物馆“馆校合作”】 2023 年上海自然博物馆新增“馆校合作”共建签约学校 21 所,累计签约 230 所。微课题辅导 47 所学校的 103 个学生课题组;实习研究员辅导 9 所学校的 6 个学生课题组;青少年诠释者吸引全市 364 名学生报名,完成线上线下课程培训 17 次,共计 1 188 人次;校本课程开发报名教师 84 人,开发方案 19 份;博老师研习会报名教师 70 人,完成培训 7 次,培养合格博老师 61 名;面向上海自然博物馆“自然博物馆学校”孵化校开放馆校资源包公益申领,6 所学校参与资源包申领,开展馆校资源包公开教研活动 2 次,进校园活动 6 次,受益人数 155 人次。

(李 敏)

【上海天文馆“馆校合作”】 2023 年上海天文馆新增“馆校合作”共建签约学校 24 所,累计签约 55 所,推进“青少年科学诠释者”“博老师研习会”“乡村教师支持项目”等子项目活动。其中,“青少年诠释者”项目收到报名问卷 1 400 余份,从中招募 60 名中小学生参与,举行线下培训 4 期、线上培训 3 期;“博老师研习会”项目收到报名 64 人,完成培训 6 次;乡村教师支持项目共招募乡村教师 18 名,开展培训 3 次。

(李 敏)

【上海科普影视作品创作及获奖情况】 2023 年,上海科技馆原创的科普影视获奖 5 项,4D 电影《萤火》获上海市银鸽奖评选优胜奖、意大利海湾国际卡通节 International Panorama 单元短片类别入围奖;中国珍稀物种纪录片《普氏野马》获中国野生生物影像年赛短片组最佳野生生物提名奖、最佳摄影提名奖;《口袋里的大自然》系列之“我身边的动物朋友”科普微视频获评 2023 年上海市优秀科普微视频。原创纪录片《秦岭:生命欢歌》在上视纪实人文频道播出,26 集系列科普短视频《口袋里的大自然》、“字里行间诵天文”系列科普短视频在线上平台发布。 (李 敏)

第三节 | 群众创造发明 >>

【第 38 届上海市青少年科技创新大赛】 1 月 3 日至 4 月 16 日举行。市科协、市教委、市科委等 15 家单位共同主办。活动收到全市参赛师生和单位提交的申报材料 14 205 份,比上年增长 10.2%。评选出青少年科技创新成果一等奖 585 项、青少年科技创意一等奖 200 项、科技辅导员科教创新成果一等奖 15 项、青少年科技实践活动一等奖 20 项、少年儿童科学幻想画一等奖 30 幅、优秀组织单位示范奖 5 家;71 家专项奖设奖单位评选出专项奖获奖项目 802 个。

(刘彦岑)

【第 21 届上海市百万青少年争创“明日科技之星”活动】 1—10 月举办。市科委、市教委、上海科普教育发展基金会共同主办。活动收到全市中小学申报项目 1 648 个,经专家综合评测和推荐,47 名个人和 13 个团队获“明日科技之星”称号、93 名个人和 26 个团队获“明日科技之星提名”称号、286 名个人和 84 个团队获“科技希望之星”称号。

第 21 届上海市青少年“明日科技之星”名单

序号	姓名	所在学校
1	詹韵祺	上海市进才中学
2	杜亦乔	上海市实验学校
3	吴天笑	上海市建平实验地杰中学
4	俞方圆	华东师范大学第二附属中学
5	顾乐瑶	华东师范大学第二附属中学
6	姚正阳	上海市实验学校
7	王子健	华东师范大学第二附属中学
8	陈 诺	上海市建平中学
9	陈思为	上海市格致中学
10	聂宇轩	上海市育才初级中学
11	徐随心	上海市静安区教育学院附属学校
12	窦一帆	上海市徐汇中学
13	袁昌昊	上海市上海中学
14	吴京熹	上海市上海中学
15	江晓辰	上海市西南位育中学
16	蔡欣可	上海市世外中学
17	高辰隽	上海市南洋模范中学
18	沈羿铮、盛子铭	上海市徐汇区教育学院附属实验中学
19	沈千淳	华东政法大学附属中学
20	沈永祺	上海市第三女子中学
21	徐锦麟	上海市延安中学
22	缪秉辰	上海市建青实验学校
23	沈义涵	华东师范大学第四附属中学
24	单易宁	上海市梅陇中学
25	谭 岳	上海外国语大学附属外国语学校东校
26	姜韩宇	上海市复兴高级中学
27	魏睿嫣、曹成珺、范婧月	华东师范大学第一附属中学

续表

序号	姓名	所在学校
28	韩　丰	上海同大实验学校
29	李思源	复旦大学附属中学
30	苏奕铭	复旦大学附属中学
31	汤子涵	上海市存志学校
32	孔昊奇	复旦大学第二附属学校
33	杨润霖	上海市同洲模范学校
34	阚世宇	上海市行知中学
35	岑之初	华东师范大学第二附属中学宝山校区
36	李锴印	上海市闵行中学
37	康诗奕	上海师范大学附属中学闵行分校
38	吕乾慧	上海市七宝中学附属鑫都实验中学
39	顾皓铭	华东师范大学第二附属中学(紫竹校区)
40	王一凡	上海市闵行中学
41	徐郴涵	华东师范大学第二附属中学附属初级中学
42	刘天宜	华东师范大学第二附属中学附属初级中学
43	许紫栩、张絮初	上海交通大学附属中学闵行分校
44	拾昊扬	上海交通大学附属中学嘉定分校
45	马智昊	上海交通大学附属中学嘉定分校
46	何琪铭	上海交通大学附属中学嘉定分校
47	周子昂	上海市金山中学
48	李晟涵	上海市青浦高级中学
49	周宇涛	上海市奉贤中学
50	刘陈璇	上海市奉贤中学
51	黄率贺、陈泓瑞、陈思齐	上海市浦东新区明珠小学
52	徐梓夏、沈熙鹏、张乐瑶	上海市浦东新区明珠临港小学
53	倪思源、林雨晨、左翰林	上海市黄浦区董家渡路第二小学
54	张尊凯、梅宇宸、李欣宜	上海市世外小学
55	马益霏、曹锦灏、蒋骁宇	上海市世外小学
56	王若梦、范一满、严奕歆	上海市长宁区愚一小学向红分校
57	周惜妍、韩曹洋、乐奕辰	上海市虹口区第一中心小学
58	杨曜行、汪健豪、阮宸熙	上海市杨浦区打虎山路第一小学

续表

序号	姓名	所在学校
59	文炫宇、赵嘉琦、陈雨锘	上海市宝山区顾村实验学校
60	黄宥萱、陈祈懿、秦钰涵	上海市金山区朱泾第二小学

（葛航铭　杨　阳）

【80家上海市工匠创新工作室创建命名】　4—12月，市总工会开展上海市工匠创新工作室创建命名活动，共有51个区局(产业)工会推荐申报，90家上海工匠创新工作室进入评审程序。按照有创新带头人、有创新团队、有攻关项目、有创新成果、有场所和制度(经费)的“五个有”要求，经资格审查、材料初审、发布评审、实地走访和终审合议，命名上海乾庚智能科技有限公司孙磊机器人应用工匠创新工作室等80家创新工作室为2023年度上海市工匠创新工作室。

（姚星月）

【上海代表团参加第2届大国工匠创新交流大会暨大国工匠论坛】　7月28—30日第2届大国工匠创新交流大会暨大国工匠论坛在北京举办。中华全国总工会主办。上海市总工会以“上海工匠　创新卓越”为主题建设展区，用3张图谱分别展示上海在构建“工匠人才培养选树体系”、夯实“一线职工创新服务体系”、打造“上海工匠十大系列品牌”方面形成的机制和取得的成果；设置“人民城市建设者、大国重器攻坚者、现代产业耕耘者、一带一路先行者、长三角大工匠助推高质量一体化”5个板块，展现上海各级工会推进产业工人队伍建设改革和工匠培养选树的工作体系和工作成果。大会期间，以“从‘上海师傅’到‘大国工匠’”为主题举办上海分论坛，王曙群、张冬伟、周琦炜、杨戍雷4名工匠作主题交流；姚启明、杨致俭、朱道义、陈徐奇、顾惠明5名上海工匠进行技艺展演，申工社视频号连续50小时对大会进行直播。上海市总工会获大会最佳展区、最具人气直播间及最佳网络传播案例。

（陈志渊）

【第13批上海市劳模创新工作室命名】　12月4日，经区、局(产业)工会推荐、材料初审、分组交流、专家评审、市级公示等程序，市总工会命名杨有成劳模创新工作室等100家劳模创新工作室为第13批上海市劳模创新工作室。

第13批上海市劳模创新工作室名单

序号	劳模创新工作室名称
1	葛玮明劳模创新工作室
2	雷撼劳模创新工作室
3	于是劳模创新工作室
4	饶立钧劳模创新工作室
5	顾薛磊劳模创新工作室

续表

序号	劳模创新工作室名称
6	季卫兵劳模创新工作室
7	左泽方劳模创新工作室
8	杨华峰劳模创新工作室
9	高莉劳模创新工作室
10	汪作为劳模创新工作室
11	陆艳劳模创新工作室
12	许敏劳模创新工作室
13	王静劳模创新工作室
14	李媛劳模创新工作室
15	陈忠伟劳模创新工作室
16	汪建平劳模创新工作室
17	薄海艳劳模创新工作室
18	王虹劳模创新工作室
19	王俊山劳模创新工作室
20	马平均劳模创新工作室
21	陆忠明劳模创新工作室
22	刘锦久劳模创新工作室
23	夏云劳模创新工作室
24	陈海燕劳模创新工作室
25	白清良劳模创新工作室
26	李曙娟劳模创新工作室
27	吴军劳模创新工作室
28	李长虹劳模创新工作室
29	韩宝忠劳模创新工作室
30	夏洁敏劳模创新工作室
31	吴志峰劳模创新工作室
32	田爱萍劳模创新工作室
33	张培丽劳模创新工作室
34	汪卫国劳模创新工作室
35	陈泉生劳模创新工作室
36	李云龙劳模创新工作室
37	陈勇劳模创新工作室
38	王英劳模创新工作室
39	傅国强劳模创新工作室
40	傅晨钊劳模创新工作室
41	卢海军劳模创新工作室
42	倪华兴劳模创新工作室
43	陈杰劳模创新工作室

续表

序号	劳模创新工作室名称
44	李斌劳模创新工作室
45	李晋鹏劳模创新工作室
46	徐建伟劳模创新工作室
47	马雪阳劳模创新工作室
48	杨有成劳模创新工作室
49	张铁兵劳模创新工作室
50	李鑫劳模创新工作室
51	赵立苏劳模创新工作室
52	魏凤云劳模创新工作室
53	胡传硕劳模创新工作室
54	李湛劳模创新工作室
55	陆恩斌劳模创新工作室
56	姚奕劳模创新工作室
57	倪立华劳模创新工作室
58	张建劳模创新工作室
59	钟康利劳模创新工作室
60	胡晓宇劳模创新工作室
61	傅伊浩劳模创新工作室
62	杨春雷劳模创新工作室
63	施军劳模创新工作室
64	陈伟青劳模创新工作室
65	王勇劳模创新工作室
66	柳明佳劳模创新工作室
67	吴恺一劳模创新工作室
68	张颖劳模创新工作室
69	刘忆劳模创新工作室
70	章谊劳模创新工作室
71	郭建祥劳模创新工作室
72	周健劳模创新工作室
73	陈国亮劳模创新工作室
74	程松明劳模创新工作室
75	马明磊劳模创新工作室
76	张强劳模创新工作室
77	陈浩劳模创新工作室
78	吴斌劳模创新工作室
79	陆嫣一劳模创新工作室
80	李听斌劳模创新工作室
81	喻洪流劳模创新工作室

续表

序号	劳模创新工作室名称
82	朱美芳劳模创新工作室
83	张卫劳模创新工作室
84	刘江来劳模创新工作室
85	张曦劳模创新工作室
86	黄国英劳模创新工作室
87	陈贞劳模创新工作室
88	徐亚伟劳模创新工作室
89	夏永兴劳模创新工作室
90	邓德俊劳模创新工作室
91	陈刚劳模创新工作室
92	李泓劳模创新工作室
93	周稼超劳模创新工作室
94	何敏洁劳模创新工作室
95	鲍鹤群劳模创新工作室
96	徐广梅劳模创新工作室
97	郑琦劳模创新工作室
98	尹富秋劳模创新工作室
99	郇俊劳模创新工作室
100	王沪荣劳模创新工作室

（何　超）

【2023 年上海市青少年创意编程与机器人挑战活动】 12 月9—10 日举办。市科协主办。活动分 WER 系列活动、ENJOY AI Online 3D 虚拟机器人地月计划活动、ENJOY AI 夏季运动会活动、AI 智无界之三足鼎立、“国际月球科研站”创意搭建编程活动、无人机障碍飞行活动、双碳行动活动、VEX 机器人系列活动、MakeX 机器人系列活动 9 个板块，学生利用所学工程学、计算机知识和综合布线、网络通信、自动控制、音视频等技术共同协作，完成各项挑战任务，其创新思维能力、反应能力、动手协调能力和团队精神得到锻炼和提高。活动吸引全市 1 106 支队伍、2 200 余名中小幼学生参加。

（刘彦岑）

第四节 | 科技社团 >>

【全国“钱学森”科学家精神教育基地联合体成立】 12 月 10 日，全国“钱学森”科学家精神教育基地联合体成立大会在上海举行。会上，与会代表分别听取、审议和表决《全国“钱学森”科学家精神教育基地联合体章程》《全国“钱学森”科学家精神教育基地联合体选举办法》，选举产生联合体首届轮值理事长单位、副理事长单位和理事单位名单。上海交通大学钱学森图书馆当选首届轮值理事长单位。

（付　符）

【2023 年院士(专家)工作站建设情况】 2023 年，新建院士(专家)工作站(服务中心)89 家。截至年底，上海市院士(专家)工作站(服务中心)共建成 721 家。其中，院士服务中心 6 家、专家服务中心 33 家；院士工作站 73 家、专家工作站 609 家。按建站单位类型分，民营企业 580 家、国有企业 94 家、事业单位 35 家、社会团体及其他 12 家。进站工作的院士专家 3 776 名，其中，进站院士 78 名，进站首席专家 685 名；进站工作的团队专家 3 013 名。

2023 年新建上海市院士(专家)工作站名单

序号	建站单位	建站类型	申报渠道
1	上海建为历保科技股份有限公司	专家工作站	上海市促进中小企业发展协调办公室
2	上海昱章电气股份有限公司	院士工作站	松江区
3	上海意兰可电力电子设备有限公司	专家工作站	松江区
4	上海希格玛高技术有限公司	专家工作站	青浦区
5	上海先福蔬果专业合作社	专家工作站	青浦区
6	喜丈(上海)网络科技有限公司	专家工作站	浦东新区
7	上海智同医药科技有限公司	专家工作站	浦东新区
8	上海亚朋生物技术有限公司	专家工作站	浦东新区
9	上海电气泰雷兹交通自动化系统有限公司	专家工作站	浦东新区
10	中港疏浚有限公司	专家工作站	浦东新区
11	上海誉和钻石工具有限公司	专家工作站	浦东新区
12	上海卫瓴信息科技有限公司	专家工作站	浦东新区
13	上海展恒环保科技有限公司	专家工作站	松江区
14	上海麦杰科技股份有限公司	专家工作站	松江区
15	上海优耐特斯压缩机有限公司	专家工作站	嘉定区
16	固智机器人(上海)有限公司	专家工作站	嘉定区
17	上海锐植医疗器械有限公司	专家工作站	闵行区
18	上海南华兰陵电气有限公司	专家工作站	闵行区
19	上海东贝真空设备有限公司	专家工作站	青浦区
20	上海川土微电子有限公司	专家工作站	青浦区
21	上海唯赛勃环保科技股份有限公司	专家工作站	青浦区
22	上海大觉包装制品有限公司	专家工作站	青浦区
23	上海美石智能系统有限公司	专家工作站	宝山区
24	中海电信有限公司	专家工作站	虹口区

续表

序号	建站单位	建站类型	申报渠道
25	上海新眼光医疗器械股份有限公司	专家工作站	杨浦区
26	上海济安交通工程咨询有限公司	专家工作站	杨浦区
27	上海凯贤流体科技有限公司	专家工作站	松江区
28	上海永乾机电有限公司	专家工作站	松江区
29	上海欧耐施生物技术有限公司	专家工作站	松江区
30	新阳硅密(上海)半导体技术有限公司	专家工作站	松江区
31	矩省(上海)科技股份有限公司	专家工作站	松江区
32	上海元彩科技有限公司	专家工作站	松江区
33	上海富艺幕墙工程有限公司	专家工作站	松江区
34	上海天臣微纳米科技股份有限公司	专家工作站	松江区
35	上海电气上重铸锻有限公司	院士工作站	闵行区
36	聚时科技(上海)有限公司	专家工作站	闵行区
37	上海通正铝结构建设科技有限公司	专家工作站	闵行区
38	佳易容聚合物(上海)有限公司	专家工作站	闵行区
39	上海思路迪生物医学科技有限公司	专家工作站	闵行区
40	上海安浦鸣志自动化设备有限公司	专家工作站	闵行区
41	权星智控系统工程(上海)股份有限公司	专家工作站	奉贤区
42	上海继尔新材料科技有限公司	专家工作站	奉贤区
43	上海莘汭驱动技术有限公司	专家工作站	奉贤区
44	安龄(上海)生物科技有限公司	专家工作站	青浦区
45	上海观道生物科技有限公司	专家工作站	青浦区
46	夏禹集成电路(上海)有限公司	专家工作站	宝山区
47	瑞切尔石化工程(上海)有限公司	专家工作站	徐汇区
48	维坤智能科技(上海)有限公司	专家工作站	徐汇区
49	迪辅乐生物(上海)有限公司	专家工作站	长宁区
50	上海交通大学医学院附属仁济医院	院士工作站	黄浦区
51	上海海达通信有限公司	专家工作站	上海市促进中小企业发展协调办公室
52	上海浩用工业炉有限公司	专家工作站	嘉定区
53	上海神开石油科技有限公司	专家工作站	闵行区
54	上海春芝堂生物制品有限公司	专家工作站	闵行区
55	上海市第六人民医院金山分院	专家工作站	金山区
56	上海一郎合金材料有限公司	专家工作站	金山区

续表

序号	建站单位	建站类型	申报渠道
57	上海丰蕾信息科技有限公司	专家工作站	普陀区
58	上海鼎茂信息技术有限公司	专家工作站	普陀区
59	上海隆振节能科技股份有限公司	专家工作站	普陀区
60	上海云遥宇航气象科技有限公司	院士工作站	浦东新区
61	上海前瞻物质科学研究院	院士工作站	浦东新区
62	上海仁东医学检验所有限公司	专家工作站	浦东新区
63	上海弘辉种业有限公司	专家工作站	浦东新区
64	上海市浦东新区气象局	专家工作站	浦东新区
65	芯与物(上海)技术有限公司	专家工作站	浦东新区
66	上海城建物资有限公司	专家工作站	浦东新区
67	上海伯镭智能科技有限公司	专家工作站	浦东新区
68	上海金域医学检验所有限公司	专家工作站	浦东新区
69	派欧云计算(上海)有限公司	专家工作站	浦东新区
70	福寿康智慧医疗养老服务(上海)有限公司	专家工作站	虹口区
71	上海北大科技园有限公司	专家服务中心	宝山区
72	上海相宜本草化妆品股份有限公司	专家工作站	宝山区
73	上海谱希和光基因科技有限公司	专家工作站	长宁区
74	上海华阳检测仪器有限公司	专家工作站	长宁区
75	上海威士顿信息技术股份有限公司	专家工作站	长宁区
76	上海市长宁区精神卫生中心	专家工作站	长宁区
77	上海置信电气有限公司	专家工作站	长宁区
78	上海亚太台风研究中心	院士工作站	临港新片区
79	上海遨拓深水装备技术开发有限公司	专家工作站	临港新片区
80	上海祺申塑业股份有限公司	专家工作站	奉贤区
81	上海热处理厂有限公司	专家工作站	金山区
82	中天科盛科技股份有限公司	专家工作站	金山区
83	上海齐科信息科技有限公司	专家工作站	青浦区
84	上海研鼎信息技术有限公司	专家工作站	青浦区
85	上海联景高分子材料有限公司	专家工作站	松江区
86	上海千一科技股份有限公司	专家工作站	松江区
87	上海汇蓝农业股份有限公司	专家工作站	松江区
88	上海昌润极锐超硬材料有限公司	专家工作站	松江区
89	中新软件(上海)有限公司	专家工作站	松江区

（刘彦岑）

大事记

2023 年上海市科技工作大事记

1 月

1 日

“日出东方 科技追光”12 小时融媒体大直播在多个平台上线。融媒体直播由科技部指导，上海市科委、上海广播电视台融媒体中心联合策划推出，共分为光启东方、光至秘境、光耀未来、光予你我、光聚时代五大篇章。

3 日

上海数据交易所正式运营。

由华东理工大学牵头组建的国家流程制造智能调控技术创新中心获科技部批复，成为上海市首个牵头建设的领域类国家技术创新中心。

4 日

浦东新区揭榜挂帅公共服务平台揭牌，首批 32 个政府和企业类项目发榜。

6 日

《推进“大零号湾”科技创新策源功能区建设方案》印发。方案提出，到 2035 年，“大零号湾”实现“硬科技”创新创业活力持续迸发，高科技企业加速集聚，新兴产业规模持续增长，打造成为世界级“科创湾区”之一等目标。

9 日

13 时 04 分，上海蔚星科技有限公司自主研制的首颗卫星“南通中学号 · 江苏测绘星”在酒泉卫星发射中心成功发射。

12 日

中国科学院分子植物科学卓越创新中心张余研究组和美国威斯康星大学麦迪逊分校 Robert Landick 研究组、浙江大学冯钰研究组合作，捕获细菌固有转录终止的中间状态冷冻电镜结构，揭示细菌 RNA 聚合酶识别转录终止序列、停止转录、解离 RNA 的分子机制。研究成果发表在《自然》(*Nature*)。

中国科学院上海药物研究所徐华强、庄友文研究组和美国北卡罗来纳大学教堂山分校 Bryan L. Roth 研究组合作，阐述阿片受体家族与内啡肽系统的分子作用机制，为开发新型高效阿片类镇痛药奠定基础。研究成果在线发表在《细胞》(*Cell*)。

13 日

15 时 00 分，遥感三十七号卫星、试验二十二号 A、B 星搭载长征二号丁遥七十三运载火箭在酒泉卫星发射中心成功发射。此次发射的遥感三十七号卫星、试验二十二号 A 星及运载火箭由上海航天技术研究院抓总研制。

15 日

11 时 14 分，齐鲁二号、齐鲁三号卫星搭载长征二号丁运载火箭在太原卫星发射中心成功发射。此次发射的齐鲁二号、齐鲁三号卫星由中国科学院微小卫星创新研究院抓总研制。

16 日

第 6 届中以创新创业大赛总决赛暨第 8 届中以创新合作大会在中以(上海)创新园举办。大赛由中国科学技术交流中心、以色列创新署主办，上海市科委、上海市普陀区政府联合主办，聚焦生命健康、智能技术和绿色技术 3 个领域，包括揭榜挑战赛、线上对接会、技术展示、总决赛等系列活动。

26 日

德国亥姆霍兹柏林材料与能源研究中心、中国科学院上海高等研究院、河南大学合作，利用上海光源 BL14B 线站同步辐射衍射原位表征技术，发表钙钛矿光伏领域取得的最新进展。研究成果发表在《科学》(*Science*)。

29 日

上海君实生物医药科技股份有限公司、中国科学院上海药物研究所、苏州旺山旺水生物医药股份有限公司等共同研发的氢溴酸氘瑞米德韦片(商品名民得维)获国家药监局批准上市。

2 月

3 日

浦东新区科创策源重点平台启动。仪式上启动国家自然科学基金区域创新发展联合基金市区合作，授牌新一批大企业开放创新中心(GOI)，启动中国科学技术大学上海科教基地等系列科技创新策源重点平台。

7 日

长三角国家技术创新中心上海长三院数字医疗技术研究所与激光晶体材料、泛半导体腔体落户宝山区。

13 日

中国科学院分子细胞科学卓越创新中心惠利健研究组与中国科学院上海营养与健康研究所李虹研究组、李亦学研究组合作，揭示肝脏损伤下巨噬细胞的炎症信号通过损伤特异的转录调控模式诱导肝细胞去分化的机制，为探索诱导体内重编程的因子、开发治疗肝脏疾病相关药物奠定理论基础。研究成果在线发表在《细胞干细胞》(*Cell Stem Cell*)。

17 日

中国科学院上海有机化学研究所施世良研究组针对手性金属卡宾催化的精准调控开展研究，首次实现普适的动态动力学不对称酮加成反应，发展从易得的消旋酮原料直接转化为含 2 个连续手性中心的复杂叔醇的新方法。研究成果在线发表在《科学》(*Science*)。

国产新型冠状病毒口服药氢溴酸氘瑞米德韦片(商品名民得维)在复旦大学附属浦东医院开出首张处方。

24 日

第 3 届上海数字创新大会在中以(上海)创新园会议中

心开幕。普陀区与国家信息中心联合发布全国首个地市级数字化转型指数——普陀区数字化转型指数。

26 日

中国科学院上海应用物理研究所研制的 200 kW 级高温固体氧化物电解水制氢验证装置一次开车成功。

3 月

2 日

上海交通大学黄兴溢研究组与美国宾夕法尼亚州立大学王庆研究组合作，通过等规链段层状排列构建阵列化纳米区域，并引入美国亲电陷阱基团，在大幅提升柔性聚合物电介质薄膜导热性能的基础上将电阻率提升 1 个数量级，解决导热和绝缘的矛盾，在聚合物电工绝缘材料研究领域取得重大突破。研究成果发表在《自然》(*Nature*)。

3 日

上海盛迪医药有限公司研发的 PD-L1 抑制剂阿得贝利单抗(商品名艾瑞利)获国家药监局批准上市。

上海交通大学研制海空两栖航行器“哪吒 F”跨介质飞行器。

6 日

上海股权交易托管中心与上海张江(集团)有限公司共同启动“科创地平线计划”。

7 日

上海科技金融工作会议召开。

8 日

上海海和药物研究开发股份有限公司研发的谷美替尼(商品名海益坦)获国家药监局批准上市。

9 日

沪东中华造船(集团)有限公司建造的“地中海泰萨(MSC TESSA)”号交付。

中国科学院分子细胞科学卓越创新中心陈玲玲研究组利用高分辨率活细胞显微成像技术，揭示核仁的超微精细结构，为解析核仁的功能和结构提供全新见解，并发现一种对维持致密纤维组分外侧区域的完整性、锚定 pre-rRNA 3′端及保证其正确折叠和加工发挥关键作用的核仁蛋白质。研究成果在线发表在《自然》(*Nature*)。

11 日

国家天文科学数据中心与上海科技馆在上海天文馆签署战略合作协议，并上线引力透镜搜寻公众科学项目。

16 日

上海市知识产权保护中心业务受理大厅启用，面向新材料和节能环保等战略性新兴产业和外观设计专利领域，为全市创新主体提供知识产权快速协同保护服务。

17 日

中航民机机载系统工程中心在紫竹科学园揭牌成立。

18 日

中国科学院脑科学与智能技术卓越创新中心陈跃军研究组通过建立能跨分化阶段高通量谱系示踪新技术 SISBAR，解析人多能干细胞分化为人腹侧中后脑神经细胞的单细胞谱系，发现新的谱系分化路径和分子调控机制，进一步展示基于 SISBAR 技术的新发现在改进帕金森病细胞治疗策略中的应用。研究成果在线发表在《细胞干细胞》(*Cell Stem Cell*)。

22 日

《上海市浦东新区促进无驾驶人智能网联汽车创新应用规定实施细则》发布。

24 日

上海市生物医药研发与转化功能型平台高端制剂中试技术服务平台揭牌运行。

普陀区公共卫生科普中心开馆，成为上海首个以公共卫生为主题的科普馆。

黄浦区“数智心城 无界创新”产业园启用。

27 日

2023 年“工赋上海”创新大会在虹口区举行。大会以“数智生态 融合链接”为主题，百余名工业互联网领域专家学者和企业代表围绕产业发展趋势、共性关键问题等展开深入探讨，旨在多维度推动工业互联网部市合作，全领域构建制造业数字化生态体系，打响“工赋上海”品牌。

31 日

“科创新机遇・共谋新发展”沪港创新发展论坛召开。

江南造船(集团)有限责任公司建造的国内首艘 40 000 m^3 中型全冷式液化石油气船“MIRAI”号交付。

大数据流通与交易技术国家工程实验室与上海数据交易所完成国内首个数据交易链 1 期建成并上线。

14 时 27 分，遥感三十四号 04 星搭载长征四号丙遥四十九运载火箭在酒泉卫星发射中心成功发射。星箭均由上海航天技术研究院抓总研制。

4 月

1 日

《关于本市进一步放权松绑激发科技创新活力的若干意见》发布。意见聚焦高校院所、企业、新型研发机构和科技人才等创新主体关注的重点环节，提升政策供给和创新服务能级，着力激发各类创新主体活力，提出 5 个方面 18 项改革举措。

4 日

上海博动医疗科技股份有限公司研发的冠状动脉 CT 血流储备分数计算软件获国家药监局批准上市。

7 日

上海市 2023 年度“科技创新行动计划”启明星项目评审结果公布，东华大学黄涛等 199 人入选。

上海城市数字化转型体验馆揭牌运营。

8 日

第 3 届海聚英才全球创新创业大赛总决赛在张江科学

会堂举办。大赛首设海外和国内2个赛区,总决赛首设38个奖项。

10日

中国科学院生物与化学交叉研究中心陈椰林团队对阿尔茨海默病疾病机理的研究取得新突破,研究发现散发性患者的致病风险因子与遗传性患者的致病机理有关联,并提出新的治疗策略。研究成果发表在《神经元》(*Neuron*)。

11日

崇明农业科技创新孵化园揭牌成立。

上海人工智能实验室协同中国科学技术大学、上海交通大学、南京信息工程大学、中国科学院大气物理研究所及上海中心气象台研发的全球中期天气预报大模型"风乌"发布,首次实现在高分辨率上对核心大气变量进行超过10天的有效预报,仅需30 s即可生成未来10天全球高精度预报结果。

13日

2023年"创·在上海"国际创新创业大赛启动仪式在浦东美术馆举行,共吸引6 552家企业参与,上海大中小企业融通创新服务联盟单位扩容至50家。

上海氢枫能源技术有限公司与上海交通大学联合研发的全国首台吨级镁基固态储运氢车发布。

《关于进一步优化本市科技创新领域专业技术人才职称评聘工作的若干措施》发布。

14日

上海市科技服务业发展示范区在静安区苏河湾功能区揭牌。

上海申办2027年第19届国际科技传播学会双年会主办权成功。

15—16日

第38届上海市青少年科技创新大赛终评活动举行。700项青少年科技创新成果、30项科技辅导员科教创新成果、30项青少年科技实践活动、92幅少年儿童科学幻想绘画和16家优秀组织单位入围。

16日

9时36分,风云三号G星搭载长征四号乙运载火箭在酒泉卫星发射中心成功发射。星箭均由上海航天技术研究院抓总研制。

17日

上海市首批智能网联出租示范运营启动,6家企业获示范运营资格。

18日

国产ARJ21飞机首次投入海外运营。

20日

中国激光杂志社发布2022年中国光学十大进展。其中,上海理工大学的"光学涡环的诞生"、中国科学院上海光学精密机械研究所的"羲和激光首轮实验获得60 MeV质子束"、上海交通大学的"高效、高重频极紫外超快相干光源"、上海交通大学与李政道研究所的"激光干涉仪的量子超越"等成果入选2022年中国光学十大进展(基础研究类);同济大学与复旦大学的"光频完美异常反射器"、华东理工大学与费林加诺贝尔奖科学家联合研究中心的"在光编码液晶超结构应用取得突破性研究进展"等成果入选2022年中国光学十大进展(应用研究类)。

21日

复旦大学开发的新版MOSS模型上线,成为国内首个插件增强的开源对话语言模型。

24日

2023年上海合成生物产业高峰论坛举办,上海市合成生物创新联合体启动。

浦东新区入选首批国家知识产权保护示范区建设城市(地区)。

中国科学院分子细胞卓越中心孟飞龙研究组与上海市免疫学研究所叶菱秀研究组合作,基于经典生化方法与高通量测序技术,建立体外检测抗体基因超突变的一系列新方法,揭示抗体基因互补决定区通过高度柔性特征引发超高突变的分子机理,为DNA力学性质参与调控细胞生命过程中提供例证。研究成果在线发表在《细胞》(*Cell*)。

25日

上海翌晶氢能科技有限公司开发的国内首条固体氧化物电解水制氢系统电堆自动化产线在嘉定工业区下线。

26日

中国科学院上海天文台路如森与国际团队合作,利用在毫米波段开展的新观测,首次对射电星系Messier 87的黑洞阴影及其周围显示落入中央黑洞的物质的环状结构和强大的相对论性喷流一同进行成像。研究成果发表在《自然》(*Nature*)。

上海电气国轩新能源科技有限公司研发设计的SMART-ONE工商业储能系统在以色列实现首台交付。

江南造船(集团)有限责任公司研制的全球首艘93 000 m^3超大型液化气船交付。

27日

上海天文博物馆经历2年修缮后恢复开放。

上海电气集团上海电机厂有限公司研制的国内最大容量80 MW级超高速变频防爆同步电动机通过鉴定并发布。

5月

1日

绿色技术银行曼谷中心揭牌。是绿色技术银行首个海外中心,旨在立足泰国、面向东盟,促进先进适用的绿色技术更好转移转化。

9日

《关于促进我市新型研发机构高质量发展的意见》发布。《意见》指出,到2025年,以服务国家战略、满足上海需求、集聚领军人才为核心使命,重点培育20家具有国际影响力的高水平新型研发机构,引导社会力量建设200家投入主体多元化、管理制度现代化、运行机制市场化、用人机制灵活化的新型研发机构。

10 日

2023 年上海市科普工作联席会议召开。

21 时 22 分,天舟六号货运飞船搭载长征七号遥七运载火箭在海南文昌航天发射场成功发射,完成中国空间站应用与发展阶段的首次飞行任务。上海航天技术研究院与中国科学院上海硅酸盐研究所承担关键材料研制。

16 日

同济大学科技成果转化概念验证宝山中心揭牌。

20 日

上海生物样本库揭牌,成为国内唯一一家同时具备人类遗传资源保藏行政许可、中国合格评定国家认可委员会(CNAS)生物样本库认可、CNAS 能力验证提供者认可 3 项资质的生物样本库。

上海树图区块链研究院与中国电信股份有限公司研究院联合研发的面向 Web3.0 的区块链 SIM 卡发布。

第 2 届上海科技传播大会在世界会客厅举办。由科技部指导、市科委主办,以“创新 · 传播 · 融合”为主题,包含主旨大会、科普融合发展大会、科普作品创制大会和长三角科技传播院(所)长研讨会等活动。

第 4 届上海创新创业青年 50 人论坛在上海中心召开。论坛以“闯上海创巅峰——未来产业引领未来”为主题,发布上海青年科技创业十大先锋等 4 项创新成果。

20—30 日

2023 年全国科技活动周暨上海科技节举办。科技部和市政府主办,以“悦享科技、智创未来”为主题,设置开幕、会议、开放活动、赛事、媒体科普、闭幕六大板块专题活动,开展专题活动超 1 500 场。

22 日

上海联影医疗科技股份有限公司研发的联影放疗计划软件获国家药监局批准上市。

上海职工创新成果转化交易平台和上海市工匠人才知识产权运营促进中心在松江区工人文化宫揭牌成立。

24 日

中国科学院上海微系统与信息技术研究所与长沙理工大学等合作,通过简单工艺处理实现柔性单晶硅太阳电池制造,并在量产线验证批量生产的可行性,为轻质、柔性单晶硅太阳电池的发展提供可行的技术路线。研究成果在线发表在《自然》(*Nature*)。

中国科学院上海营养与健康研究所邵振研究组与同济大学李维达研究组合作,揭示一系列影响体内诱导成年小鼠腺泡细胞转分化实现胰岛 β 细胞再生的关键因子。研究成果在线发表在《科学进展》(*Science Advances*)。

25 日

上海市首家科技成果转化法律服务中心在虹口区成立。

26 日

上海市科学技术奖励大会举行。2022 年度上海市科学技术奖共授奖 316 项(人)。授予赵东元上海市科技功臣奖;授予狄增峰、姜雪峰、廖专、米毅、王波兰、武海斌、熊磊、游正伟、周斌、邹多宏 10 人青年科技杰出贡献奖,56 项成果获自然科学奖,47 项成果获技术发明奖,182 项成果获科技进步奖,18 项成果获科学技术普及奖,日本籍专家和田章、以色列籍专家伊塔玛尔 · 威尔纳获国际科技合作奖。

28 日

中国东方航空股份有限公司使用中国商用飞机有限责任公司全球首架交付的 C919 大型客机从上海虹桥机场飞往北京首都机场,完成 C919 大型客机首次商业载客飞行。

30 日

9 时 31 分,神舟十六号载人飞船搭载长征二号 F 运载火箭在酒泉卫星发射中心成功发射,完成中国空间站应用与发展阶段首次载人飞行任务。上海航天技术研究院承担神舟十六号载人飞船的对接机构分系统、电源分系统、推进舱结构与总装、测控通信子系统、总体电路分系统推进舱电缆网及三舱配电器等研制任务。

由上海技术交易所牵头的长三角科技成果路演中心及长三角技术权益登记中心启动建设。

31 日

以上海技术交易所为运营载体的“沪科普”上海科普交易专板达成首单交易。

《上海市计算生物学创新发展行动计划(2023—2025年)》发布。

6 月

7 日

中国科学院国家天文台赵刚研究组率先在银晕恒星中发现第 1 代超大质量恒星演化后坍缩形成的对不稳定超新星(PISN)存在的化学证据。研究成果在线发表在《自然》(*Nature*)。

8 日

上海市创新生物制品质量检验检测中心、上海市高密度系统级芯片质量检验检测中心、上海市生成式人工智能质量检验检测中心等首批 5 家上海市产品质量检验检测中心名单发布,涵盖集成电路、生物医药、人工智能、氢能动力等先导产业和重点产业。

复星凯特生物科技有限公司、上海复宏汉霖生物技术股份有限公司分别与长三角国家技术创新中心成立 NICE-复星凯特联合创新中心和 NICE-复宏汉霖联合创新中心。

9 日

上海美杰医疗科技有限公司研发的全球首款多模态肿瘤治疗系统获国家药监局批准上市。

11 日

上海氢器时代科技有限公司研制的国内单体产氢量最大、低能耗 2 000 Nm^3/h 碱性电解槽发布。

13—15 日

第 25 届上海国际生物技术与医药研讨会举行。大会以“发挥创新策源优势、打造研发经济高地”为主题,包含开幕式及主旨演讲 1 场、闭门会 2 场、同期活动 3 场、专题分会 14 场。

15 日

13 时 30 分,吉林一号 06A 星等 41 颗卫星搭载长征二号丁遥八十八运载火箭在太原卫星发射中心成功发射,刷新中国一箭多星最高纪录。执行此次任务的长征二号丁运载火箭由上海航天技术研究院抓总研制。

中国科协海智工作基地(青浦工业园区)揭牌成立。

15—17 日

第 9 届中国(上海)国际技术进出口交易会在上海世博展览馆举行。澳门特别行政区担任主宾城,山西省担任主宾省;设置主题馆、能源低碳技术、数字技术、生物医药、创新生态及服务五大展区。

17 日

上海清华国际人才会客厅揭牌成立。

20 日

上海交通大学徐凯团队主导研发的国内首台单孔腔镜手术机器人获国家药监局批准上市。

21 日

上海计算机软件技术开发中心与国开启科量子技术(北京)有限公司共建的上海量子软件技术研究与验证中心签约成立。

26 日

《上海市高质量孵化器培育实施方案》发布。根据方案,到 2025 年,培育不少于 20 家高质量孵化器,示范带动不少于 200 家孵化器实现专业化、品牌化、国际化转型升级;与高新技术开发区、特色产业园区等联动发展,孵化培育 1 万家科技型中小企业、2 000 家高新技术企业、300 家瞪羚企业、100 家科技小巨人企业和一批面向全球,拥有自主、前沿、颠覆性技术的硬科技企业;带动形成若干孵化集群,打造 2—3 个千亿元级产值规模的"科创核爆点",初步建成全球科技创新企业首选落户城市。

27 日

首届世界科学智能大赛启动。大赛设置生命科学、大气科学、材料科学、流体力学、量子化学五大赛道,聚焦前沿研究方向,促进科学智能快速发展,推动科学大模型落地。复旦大学 CFFF 智能计算平台上线。

7 月

6—8 日

2023 年世界人工智能大会在上海举办。大会由上海市政府、国家发展改革委、工业和信息化部及科技部等 7 个部门共同主办,以"智联世界,生成未来"为主题。会上,大模型测试验证与协同创新中心、大模型语料数据联盟成立,上海傅利叶智能科技有限公司首款 GR-1 通用人形机器人、达闼机器人股份有限公司首个机器人多模态大模型 RobotGPT 发布。

12 日

中国科学院脑科学与智能技术卓越创新中心、华大生命科学研究院、临港实验室等合作,利用中国自主研发的超高精度大视场空间转录组测序技术 Stereo-seq 和高通量单细胞核转录组测序技术 DNBelab C4 snRNA-seq,绘制猕猴大脑皮层的细胞类型分类树,并揭示细胞类型组成和灵长类脑区层级结构之间的关系,为研究各类神经元之间的连接奠定分子细胞基础。研究成果在线发表在《细胞》(*Cell*)。

26 日

复旦大学王戎研究组首次从能源系统统筹的角度提出中国加速发展光电和风电、实现 2060 年碳中和目标的最优路径,并揭示中国太阳能和风能资源的潜力和成本。研究成果发表在《自然》(*Nature*)。

27 日

市知识产权局发布上海市首个知识产权人才政策《关于加快建设上海高水平知识产权人才高地的实施意见(2023—2025 年)》,提出未来 3 年知识产权人才工作的指导思想、发展目标、工作任务、重点项目和保障措施。

中国人民银行上海总部推出"沪科专贷""沪科专贴"再贷款再贴现专项产品,精准支持小微、民营类科技创新企业。

28 日

上海浦芯未来互联网技术研究院注册成立。

31 日

《上海市科技成果转化创新改革试点实施方案》发布。根据方案,科技成果转化创新改革试点将围绕科技成果产权制度改革、科技成果运营管理、科技成果转化合规保障 3 个方面展开,包括 7 项改革试点任务、1 项保障任务。

中国科学院上海药物研究所徐华强、赵丽华研究组发现 B 类 G-蛋白偶联受体的新型小分子激动剂结合口袋,为研发针对该口袋的小分子激动剂提供新的可能性。研究成果发表在《自然》(*Nature*)。

长三角生态绿色一体化发展示范区跨省域高新技术产业开发区揭牌成立。

8 月

1 日

上海市知识产权局会同北京市、天津市、河北省等省市知识产权局签署《京津冀沪苏鲁粤渝川鄂浙皖关于成立十二省市知识产权行政保护联盟、优化全国创新创业统一大市场合作备忘录》,成立十二省市知识产权行政保护联盟。

2 日

中国科学院上海药物研究所徐华强、段佳和杨德华合作,揭示首个高分辨率 G-蛋白偶联受体(GPCR)神经降压素受体与 G-蛋白偶联受体激酶(GRK2)的复合物结构,揭示 GRK2 识别和调控 GPCR 的详细分子机制,发现一个全新的 GPCR 偏向性配体结合口袋。研究成果发表在《自然》(*Nature*)。

3日

11时47分，风云三号F星搭载长征四号丙运载火箭在酒泉卫星发射中心成功发射。星箭均由上海航天技术研究院抓总研制。

上海艾康特医疗科技有限公司研发的硬性巩膜接触镜获国家药监局批准上市。

9日

中国科学院上海药物研究所吴蓓丽研究组与赵强研究组合作，首次揭示阻遏蛋白的全新结合模式，阐明B类G-蛋白偶联受体与阻遏蛋白的精细作用机制，在原子水平揭示受体内化及囊泡内信号转导的分子基础上促进对B类受体信号转导机制的深入理解。研究成果在线发表在《自然》(*Nature*)。

14日

13时32分，和德三号A—E星(交通六号—十号卫星)搭载快舟一号甲运载火箭在西昌卫星发射中心成功发射。此次发射的卫星由中国科学院微小卫星创新研究院抓总研制。

17日

数智中国AIGC科技周暨2023年全球元宇宙大会上海站召开。会上，AI城市元宇宙协同创新中心揭牌。

17—18日

2023年长三角G60科创走廊质量标准大会在浙江省嘉兴市举行。会上成立长三角G60科创走廊质量标准创新联盟。

18日

中国科学院上海有机化学研究所张一小研究组与澳大利亚Victor Chang心脏研究所Charles Cox研究组合作，首次报道MyoD家族抑制蛋白MDFIC和MDFI是Piezo1/2的结合蛋白，通过结构解析和功能研究发现MDFIC通过C末端一段高度脂质化修饰的两亲性α螺旋从侧面插向Piezo的孔道模块，证实α螺旋能引起外源和内源Piezo1/2的慢失活过程，为Piezo通道功能机制的研究提供全新方向。研究成果发表在《科学》(*Science*)。

21日

1时45分，高分十二号04星搭载长征四号丙运载火箭在酒泉卫星发射中心成功发射。星箭均由上海航天技术研究院抓总研制。

23日

上海微创电生理医疗科技股份有限公司研发的球囊型冷冻消融导管及冷冻消融设备获国家药监局注册证，成为首个获批用于房颤治疗的国产冷冻消融产品。

上海电气集团上海电机厂有限公司研制的全球首套300 MW级压缩空气储能系列化大容量电机下线。

31日

《上海市促进基因治疗科技创新与产业发展行动方案(2023—2025年)》发布。

上海商汤智能科技有限公司、上海稀宇科技有限公司、上海人工智能实验室3个AI大模型产品通过首批国家大模型备案。

9月

1日

中国科学院上海营养与健康研究所李海鹏研究组与华东师范大学潘逸萱研究组合作，通过数学、生物信息学、群体遗传学、古气候学和古生物学等多学科交叉，分析公共的群体基因组数据，在人类进化领域取得突破性的新发现，揭示早、中更新世交替时期人类进化历史上的一个关键事件，揭示远古时期人类祖先经历的严重群体瓶颈，决定现代人类许多关键表型的形成，对人类生命和健康产生深远的影响。研究成果在线发表在《科学》(*Science*)。

中国科学院上海天文台、中国科学院高能物理研究所、武汉大学等合作，利用国内首颗X射线天文卫星"慧眼"等多台望远镜对黑洞X射线双星MAXI J1820+070的爆发事件开展多波段观测研究，首次获得黑洞磁场囚禁吸积盘形成的观测证据。研究成果发表在《科学》(*Science*)。

6日

中国科学院分子细胞科学卓越创新中心赵允研究组与复旦大学罗敏、卢智刚、高海研究组合作，发现病理性激活中性粒细胞表面的关键功能受体CD300ld能通过抑制病理性激活中性粒细胞的募集和功能，重塑肿瘤免疫微环境，从而产生广谱抗肿瘤效果。研究成果在线发表在《自然》(*Nature*)。

上海津曼特生物科技有限公司研发的纳鲁索拜单抗注射液(商品名津立泰)获国家药监局批准上市。

7日

2时14分，遥感三十三号03星搭载长征四号丙运载火箭在酒泉卫星发射中心成功发射。星箭均由上海航天技术研究院抓总研制。

全球环境科学家大会暨第7次全球环境展望第2次作者研讨会主论坛在上海召开。大会由联合国环境规划署、同济大学、长三角生态绿色一体化发展示范区执行委员会联合主办，来自30余个国家和地区的300余名代表参与。

上海捍宇医疗科技股份有限公司研发的国内首个二尖瓣反流介入器械获国家药监局批准上市。

8日

中国科学院上海有机化学研究所沈其龙、薛小松与美国加州大学伯克利分校John F. Hartwig合作，利用三氟甲基可稳定铜—碳键的特性，通过结构明确的三氟甲基1价铜配合物和烷基卤化物的氧化加成反应，分离并表征室温下稳定的四配位离子型和五配位中性的3价铜络合物，实验和计算结果均支持离子型和中性1价铜物种经历不同的反应路径。研究成果在线发表在《科学》(*Science*)。

9日

上海市技术标准创新基地(元宇宙)、上海市标准化创新中心(纳米技术与应用)、上海市标准化创新中心(区块链)等7个上海市新型标准化技术组织获批成立。

宝山区发布上海市首个区级概念验证中心管理办法。

9—11 日

第 16 届浦江创新论坛在上海举办。以“开放的创新生态:创新与全球链接”为主题,主宾国为巴西,主宾省为湖北省,包含开幕式及全体大会 1 场、主题论坛 2 场、专题论坛 9 场、首届全球创业投资大会、第 4 届全球技术转移大会展示对接 2 场及多场发布会、“中巴之夜”等活动。

10 日

WeStart 全球创业投资大会在中国宝武钢铁会博中心举办。大会聚焦生物医药+大健康、人工智能+大数据、先进制造+ESG“3+3”硬科技赛道,吸引全球创业项目 1 000 余个、孵化机构 500 余家和投资机构 200 余家参会,撬动投资基金达百亿元。

10—12 日

2023 年全球技术转移大会(InnoMatch EXPO)在上海张江科学会堂举行。大会以“万‘象’需求 · 全球揭榜,技转生态加速度,创新发展新格局”为主题,聚焦创新需求、人才支撑、资本力量三大核心要素。会上,上海国际绿色低碳概念验证中心首批成果样机发布,长三角技术经理人联合培养基地揭牌。

15 日

中国科学院上海天文台日喀则 40 m 口径射电望远镜项目在西藏日喀则开工建设。

16 日

2023 年上海市“全国科普日”活动启动仪式在上海科学会堂举行。

18 日

全球金融科技实验室在上海金融数据港揭幕启动。

19 日

上海同步辐射光源 2 期通过工艺验收并向用户试运行开放。

19—23 日

第 23 届中国国际工业博览会在国家会展中心(上海)举办。以“碳循新工业、数聚新经济”为主题,聚焦制造业数字化转型、绿色低碳的新趋势,设置九大专业展区。会上,工赋智联运营中心启动。

20 日

世界知识产权组织(WIPO)发布《2023 年全球创新指数报告》。报告显示,上海位列全球“最佳科技集群”第五位(与苏州合并为同一科技集群),较去年上升一位。

20—23 日

第 3 届“海聚英才”全球创新创业峰会在上海举行。主题为“聚上海 创未来”。会上,国家卓越工程师创新研究院(上海)、“海聚英才”创业学院揭牌成立。

22—23 日

首届金砖国家神经科学研讨会在上海召开。来自巴西、俄罗斯、印度、中国、南非的 24 位神经科学家参与,围绕脑功能、脑图谱、睡眠调控、精神疾病、退行性疾病、灵长类动物模型、脑研究新技术等领域展开深入交流。

23—24 日

第 2 届“地球与太空:从红外到太赫兹国际学术会议”(ESIT 2023)在上海召开。中国科学院上海技术物理研究所、国科大杭州高等研究院、复旦大学光电研究院等单位共同主办,聚焦“红外毫米波、太赫兹、空间探测”主题,交流遥感空间探测领域的新进展。来自相关领域的国内外专家、学者等 400 余人参与交流。

24 日

2023 年上海市青年科技启明星授证大会暨上海市科创启明星协会第七届第三次会员代表大会举办。

25 日

《上海市加快合成生物创新策源 打造高端生物制造产业集群行动方案(2023—2025 年)》发布。《方案》聚焦创新策源、产业集聚和生态营造等方面,提出 15 条任务举措。

26 日

《上海区块链关键技术攻关专项行动方案(2023—2025 年)》发布。《方案》聚焦新型体系架构、资源调度与管控、信任增强三大主攻方向,提出基础软硬件技术、体系架构技术、资源调度技术、安全管控技术、信任增强技术五大技术领域 26 项重点任务。

第 22 届浦江学科交叉论坛在上海科学会堂举行。市委统战部、市科技工作党委指导,市科技知联会主办,以“生命健康,科技先行”为主题。

27 日

4 时 15 分,遥感三十三号 04 星搭载长征四号丙遥五十四运载火箭在酒泉卫星成功发射。星箭均由上海航天技术研究院抓总研制。

“一带一路”经济信息共享网络上海联络处揭牌运行。

28 日

上海科学智能研究院注册成立。

上海“模速空间”创新生态社区揭牌。

2023 年黄浦区科技创新大会召开,会上宣布建设“中央科创区”,发布《黄浦区关于把握科创回归都市趋势 加快提升科创发展能级的扶持办法》,揭牌成立黄浦科创投资联盟。

国家重大科技基础设施海底科学观测网标志性构筑物“同济 · 海一号”东海多圈层观测塔完成主体结构海上安装。

上海电气燃气轮机有限公司生产的全球首台 GT36-S5 型 H 级重型燃机投运。

10 月

7 日

上海电气核电集团有限公司研制的全球首台全高温超导托卡马克装置 HH-70 主机系统交付。

9 日

上海电气核电集团有限公司研制的全球首台 EXL-50U 紧凑型聚变装置真空室完工交付。

10 日

《上海市科技创新创业载体管理办法》发布。办法自 2023 年 10 月 18 日起施行，有效期至 2028 年 10 月 17 日。

李政道研究所发布南海中微子望远镜“海铃计划”蓝图。

11 日

2023 年科创大会在上海举行。中央广播电视总台、上海市政府共同主办，以“创新驱动 自立自强”为主题，发起成立中国高校科创联盟和中国园区科创联盟。

徐汇区科技成果转化服务中心成立，徐汇科创投基金暨徐汇科创金融联盟成立。

中国科学院上海天文台长白山 40 m 口径射电望远镜项目在吉林长白山启动建设。

12 日

第 11 届上海院士专家峰会暨大飞机创新谷生态大会举办。活动中，“探索者计划”大飞机基础科学研究专项启动。

13 日

《上海市新型研发机构备案与绩效评价管理办法（试行）》发布。

17 日

吕志和科学园在上海交通大学张江校区命名揭幕。

19 日

《上海市进一步推进新型基础设施建设行动方案（2023—2026 年）》发布，将重点领域进一步拓展为新网络、新算力、新数据、新设施、新终端 5 个方面，其中，在建设数智融合的高质量数据基础设施方面，提出率先创建国家级数据交易平台。

20 日

《上海市推动人工智能大模型创新发展若干措施（2023—2025 年）》发布。围绕支持大模型创新能力、提升创新要素供给能级、推进大模型创新应用、营造一流创新环境 4 个方面发布 11 条举措。

中国科学院上海微系统与信息技术研究所制备完成国内首片 300 mm 射频绝缘体上硅（SOI）晶圆。

23 日

上海科创金融联盟成立。

24—26 日

2023 年上海中医药与天然药物国际大会召开。

26 日

11 时 14 分，神舟十七号载人飞船搭载长征二号 F 运载火箭在酒泉卫星发射中心成功发射。上海航天技术研究院承担神舟十七号载人飞船的对接机构分系统、电源分系统、推进舱结构与总装、测控通信子系统、总体电路分系统推进舱电缆网及三舱配电器等研制任务。

上海时的科技有限公司自主研发的国内首个倾旋旋翼电动飞机 E20 eVTOL 完成首轮试飞。

27 日

中国科学院上海有机化学研究所左智伟研究组利用配体金属电荷转移催化策略，首次实现非张力碳碳键断裂-立体重组，为仲醇和叔醇的不对称合成提出新范式，揭示去消旋化反应中催化剂手性放大的倍增效应和立体选择性乘积公式。研究成果在线发表在《科学》（*Science*）。

中国科学院分子植物科学卓越创新中心晁代印研究组与英国诺丁汉大学 David Salt 研究组合作，阐明引导蛋白在植物凯氏带建成和木质素聚合中的关键作用，为水分和养分高效利用的未来作物分子设计提供新理论。研究成果在线发表在《科学》（*Science*）。

上海君实生物医药科技股份有限公司研发的抗 PD-1 单抗药物特瑞普利单抗（中国商品名拓益，美国商品名 LOQTORZI）获美国食药监局批准上市。

30 日

中国商用飞机有限责任公司研制的首批 2 架 ARJ21 客改货飞机分别交付杭州圆通货运航空有限公司和中原龙浩航空有限公司。

31 日

亚太创新合作大会暨 AABI 2023 年度颁奖典礼在泰国曼谷举办。

11 月

1 日

6 时 50 分，天绘五号卫星搭载长征六号甲遥四运载火箭在太原卫星发射中心成功发射。星箭均由上海航天技术研究院抓总研制。

2023 年浦东创新创业大会举行。会上，举行上海市高质量孵化器颁证、浦东新区年度优秀载体和孵化企业颁奖，以及新一批大企业开放创新中心授牌等。

第 4 届国际人类表型组研讨会暨第 5 届中国人类表型组大会在复旦大学吴文政报告厅开幕，“国际人类表型组计划（2 期）”上海市市级科技重大专项启动。

3 日

上海数学与交叉学科研究院注册成立。

6 日

直观复星医疗器械技术（上海）有限公司研发的达芬奇 Xi 手术机器人上市。

国际科技组织集聚区（上海）揭牌成立。

6—8 日

第 6 届世界顶尖科学家论坛在上海举行。由世界顶尖科学家协会与中国科协共同主办，鹏瑞公益基金会联合主办，以“科学引领变革，重塑世界韧性”为主题。来自 25 个国家和地区的 300 余名科学家参与，其中包括 27 名诺贝尔奖得主在内的 100 余名海外顶尖科学家、40 余名中国两院院士、120 余名中外优秀青年科学家等。

7 日

中国科学院分子细胞科学卓越创新中心汪胜研究组、上海科技大学徐菲研究组、中国科学院上海药物研究所徐华强研究组与上海市刑事科学技术研究院合作，揭示甲基苯丙胺和其他胺类化合物与痕量胺相关受体相互作用的关键结构要素,解析单胺类系统的最后一个未解析结构的受体。研究成果发表在《自然》(*Nature*)。

中国国际进口博览会“聚前沿 · 创未来”创新孵化专场活动在国家会展中心(上海)举办。

第3届智能交通上海论坛举办,三省一市共同签署“一码通行”合作备忘录,长三角交通领域“一码通行”启动。市交通委与市科委签署战略合作协议,全面推动上海交通科技成果转化应用。

金桥 · 永安新型碳材料产业协同发展中心落户金桥源创派产业孵化基地。

9日

和黄医药(中国)有限公司研发的小分子抗肿瘤原创新药呋喹替尼获美国食药监局批准上市。

联合国教科文组织在上海设立国际STEM教育研究所。

2023年沪明科技成果对接交流活动在福建三明举办。

中国科学院脑科学与智能技术卓越创新中心刘真研究组、孙强研究组和中国科学院广州生物医药与健康研究院Miguel A. Esteban研究组合作,在国际上首次成功构建高比例胚胎干细胞贡献的出生存活嵌合体猴,并证实猴胚胎干细胞可以高效地贡献到胚外胎盘组织和生殖细胞,为遗传修饰模型猴的构建奠定技术基础。研究成果在线发表在《细胞》(*Cell*)。

9—10日

第10届全国科普讲解大赛在广州举行。上海代表队获一等奖2项、三等奖2项、优秀奖2项、优秀组织奖1项,一等奖选手同时获全国十佳科普使者。

10日

2023年度“海聚英才”学科交叉高峰论坛菁英思想汇暨第12届上海青年科技英才授证典礼在上海科学会堂举行,卢敏等30名在基础研究、成果转化和企业创新等方面作出突出贡献的科技工作者获上海青年科技英才称号。

11—17日

第9届上海国际自然保护周举办。市科委、市生态环境局、市教委、市绿化市容局、市科协、市水务局、上海科普教育发展基金会共同主办。以“共建人与自然和谐共生的美丽上海”为主题,开展名人讲坛、环保科普活动、青少年主题活动等九大主题活动。

14日

“智领创新,通用未来”上海智能机器人产业大会临港峰会在滴水湖会议中心举行,通用机器人产业研究院、临港机器人产业基地揭牌成立。

15日

第25届中国国际高新技术成果交易会在广东深圳开幕。上海展团组织在智能制造技术、高端装备技术、智慧交通与新能源技术领域中21家单位的26项具有自主创新和知识产权的成果产品参加展示交流。

15—17日

第6届长三角科技成果交易博览会在上海嘉定举办。大会由市科委和嘉定区政府共同主办,以“创新链接,开放共赢”为主题,覆盖长三角地区41座城市。

城市级区块链数字基础设施“浦江数链”上线。

22日

市政府印发《关于推进张江高新区改革创新发展建设世界领先科技园区的若干意见》。意见指出,对标世界领先科技园区,力争用3年时间,张江高新区基本形成统筹有力、权责一致、市区联动、协同高效的管理体制机制,打造主导产业初显、专业服务完善、空间相对集中、生态充满活力的高质量园区。

中国科学院、中国工程院公布2023年院士增选结果。分别选举产生中国科学院院士59人,中国工程院院士74人,上海共有18名科学家当选。其中,中国科学院院士12人、中国工程院院士6人。

23日

18时00分,长征二号丁运载火箭及远征三号上面级在西昌卫星发射中心成功将首批卫星互联网技术试验卫星发射升空。卫星互联网技术试验卫星由中国科学院微小卫星创新研究院抓总研制。

26日

上海数据交易所发布全球首个数据交易所交易规则体系——上海数据交易所交易规则体系(2024)。

28日

上海科技创新成果展在张江科学城亮相。

漕河泾开发区入选国家知识产权服务业高质量集聚发展示范区。

29日

《上海市企业投入基础研究合同登记操作指引(试行)》发布,明确出资方和接收方可享受加计扣除及免征企业所得税。

市科委与盖茨基金会签署谅解备忘录,共建全球健康与发展创新伙伴关系。

2023年沪琼科技成果对接交流活动在海南保亭举行。

2023年沪澳科技创新对话在上海科学会堂举办。

30日

同济大学许维研究组首次成功合成芳香性环型碳 C_{10} 和 C_{14} 2种全新碳分子材料(碳同素异形体),并精细表征其化学结构。研究成果在线发表在《自然》(*Nature*)。

12月

1日

2023年上海国际微技术研究与创新论坛(2023 SITRI DAY)在上海嘉定举办。上海微技术工业研究院发布MEMS标准工艺模块、90 nm硅光集成工艺2项“超越摩尔”技术成果。

2日

《全球科技创新中心100强(2023)》《中国科技创新中心100强(2023)》发布。报告显示,上海保持全球科技创新中心第一方阵，位列全球第十；上海综合排名位于全国第二，在产业变革驱动维度，上海位居全国第一。

3日

复旦大学联合地方政府、国企及市场化机构等共同发起设立复旦科创母基金，首期规模10亿元。

4日

市科委与中国建设银行上海市分行战略合作协议签约仪式暨中国建设银行上海市分行支持科创“从0到10”金融方案发布会举行。会议以支持“从0到10”科技创新与成果转化为主题，推动金融与科技的融合创新，组织多方共建“互依互存、互连互链，共创共享、共荣共生”的科技产业金融生态，促进“科技—产业—金融”的良性循环，强化科技创新策源功能，助力高水平科技自立自强。

康沣生物科技（上海）股份有限公司研发的球囊型冷冻消融导管及冷冻消融设备获国家药监局批准上市。

5日

江南造船（集团）有限责任公司研制的全球首型、世界最大24 000 TEU核动力集装箱船KUN-24AP发布。

5—6日

2023年国际顶尖孵化器论坛在上海临港举办。

6日

上海汽车芯片工程中心、上海汽车芯片检测认证公共实验室揭牌成立。

7日

沪东中华造船（集团）有限公司建造的全球首艘13 000 TEU双燃料动力大型集装箱船“CMA CGM BAHIA”号交付。

8日

上海科学智能研究院、复旦大学和中国国家气候中心联合研发的伏羲次季节大模型发布。

9日

上海市政府与世界知识产权组织签署《关于加强在知识产权领域交流与合作的谅解备忘录》。

11日

2023年上海科技创新工作情况通报会召开。

国家重大科技基础设施项目高能同步辐射光源储存环主体安装闭环。

12日

2023年上海卓越工程师论坛暨杰出工程师选树颁证仪式举行，10人获上海杰出工程师称号，10人获上海杰出工程师（青年）称号。

12—14日

第12届中国创新创业大赛总决赛举办。来自上海的10家企业获全国百强并晋级全国总决赛，5家企业获全国创新创业50强。

13日

《上海市科学技术奖励规定》重新修订，科技功臣奖、青年科技杰出贡献奖、国际科技合作奖不分等级。自然科学奖、技术发明奖、科技进步奖、科学技术普及奖分为一等奖、二等奖2个等级；为科学发现、技术发明、科技进步、科学技术普及做出特别重大贡献的，可以授予特等奖。

14日

《上海市关于支持国家重大科技基础设施建设发展的若干政策措施（试行）》印发，包括六大部分14条举措，自2024年1月1日起试行，有效期至2025年12月31日。

2023年沪滇科技成果对接交流活动在云南楚雄举行。

16日

重大科学基础设施磁-惯性约束聚变能源系统关键物理技术项目主体结构封顶。

中国科学技术大学上海科教基地开工建设。

17日

上海张江数学研究院揭牌。

18日

环上大科创街区落成仪式暨长三角高质量科创载体与科创生态建设发展论坛在宝山区举行。仪式上，宝山区科委发布环上大科创街区三年计划行动方案，与上海市科协签署战略合作框架协议，携手共建全市首家试点“科创街区”。先进材料与医疗科技概念验证中心揭牌成立并落地，环上大高质量孵化器培育发展联盟、宝山青年发展型街区、上海大学创新创业教育实践工作站分别授牌。

19日

何梁何利基金2023年度颁奖大会在北京召开。56名科技工作者获奖，上海共有5人获奖，其中葛均波、景益鹏2人获科学与技术进步奖，张海军、陆朝阳、王曙群3人获科学与技术创新奖。

国家管网储能技术公司在沪揭牌成立。

21日

徐汇区与上海交通大学签署合作协议设立上海交通大学工业创新研究院。

24日

上海外高桥造船有限公司建造的国产首艘大型邮轮“爱达·魔都号”在上海吴淞口国际邮轮港离港出海，开启首次试运营。

27日

第15届上海市大众科学传播人物选树名单揭晓。汪品先等5名致力于科普的院士专家获第15届上海市大众科学传播杰出人物称号，卞菁等5名活跃在科技传播一线的青年人获第15届上海市大众科学传播新锐人物称号。

上海颠覆性技术创新中心在漕河泾开发区揭牌。

上海格思航天科技有限公司G60卫星数字工厂投产并实现首星下线。

宝山高新区高性能膜材料检测中心（电化学储能检测中心）揭牌成立。

31日

《上海市大学科技园改革发展行动方案》发布。方案提出深化高校体制机制改革、强化大学科技园专业化建设、加快创新资源要素集聚、改革优化考核评价四大任务。

附　录

附 录

科技政策与法规

《关于促进我市新型研发机构高质量发展的意见》

沪委办发〔2023〕10 号
2023 年 5 月 9 日

一、发展目标

到 2025 年，以服务国家战略、满足上海需求、集聚领军人才为核心使命，重点培育 20 家具有国际影响力的高水平新型研发机构，引导社会力量建设 200 家投入主体多元化、管理制度现代化、运行机制市场化、用人机制灵活化的新型研发机构。通过新型研发机构建设和发展，引育一批战略性科技创新领军人才和高水平创新团队，构建与科技创新规律相适应的研发投入、机构运行、人才队伍建设、科研管理和成果转化新机制，力争在若干重要领域成为世界领跑者，打造创新策源新高地。

二、主要举措

（一）明确发展定位

新型研发机构应以开展基础研究、应用基础研究、关键核心技术攻关、产业共性技术研发与服务为核心业务，可以是实施“三不机制”（不明确机构规格、不核定事业编制、不受岗位设置和工资总额限制）的事业单位，也可以是民办非企业单位（社会服务机构）或企业。新型研发机构应聚焦国家和我市战略目标，加快打造世界级创新单元，为国内外顶尖人才提供国际一流的创新平台，培育多样性、协同性的创新生态，在深化科技体制机制改革中充分发挥示范引领作用。

（二）分类推进实施

由科技部门会同有关部门围绕国家和我市科技创新战略和重大任务，聚焦国家实验室、国际大科学计划、战略科技人才培育和引进等实际需求，统筹规划从事战略性、前瞻性、颠覆性、交叉性领域研究的新型研发机构布局和发展。

积极引导社会力量，面向三大先导产业和六大重点产业，面向数字经济、绿色低碳、元宇宙、智能终端等新赛道和未来健康、未来智能、未来能源、未来空间、未来材料等领域的基础前沿和共性技术需求，大力兴办新型研发机构，推动科技创新和经济社会发展深度融合。

（三）完善设立与备案机制

根据国家和我市科技创新战略和重大任务需求设立新型研发机构的，由市、区相关行业主管部门提出建设意向，经本级科技部门会同有关部门组织评估并提出意见后，可按照相关规定登记注册为事业单位、民办非企业单位（社会服务机构）或企业。市、区机构编制、民政部门在登记事业单位或民办非企业单位（社会服务机构）类型的新型研发机构时，标注为新型研发机构并明确其主管部门。机构完成使命任务或无法继续承担使命任务的，经其主管部门批准或决定予以解散，并按照国家和我市相关规定以及机构章程，做好清算、人员解聘、资产处置、注销等工作。

对社会力量兴办的新型研发机构，其规模、研发投入、创新能力等达到一定标准的，可经区科技部门审核推荐，在市科技部门备案。

（四）优化治理结构

新型研发机构应全面加强党的建设，按照有关规定成立党组织。实行理事会、董事会决策制和院长、所长、总经理负责制，依照法律法规和机构章程实施管理。机构章程应明确理事会、董事会职责、组成、产生机制和主要经费来源、业务范围、主营业务收益管理等。保障新型研发机构在人、财、物等方面的自主权。引导和督促新型研发机构建立健全相应的研发组织体系和内部管理制度，加强科研诚信和科技伦理建设。

（五）促进人才发展

鼓励新型研发机构实施市场化的用人机制，引进国内外一流人才，形成由领军人才、核心团队等组成的高水平创新人才队伍。推动新型研发机构建立以能力、业绩、贡献为主要标准的人才评价导向，支持采用年薪制、协议工资制、项目工资等方式，提高对高水平创新人才的集聚和吸引能力。对承担国家重大战略任务且人才智力密集、人事管理完善、具有职称自主评审意愿的新型研发机构，由市人力资源社会保障部门会同行业主管部门核准备案后，开展职称自主评审试点。引导和鼓励高校、科研院所通过双向挂职、短期工作、项目合作等柔性流动方式，实现与新型研发机构之间的人才双向流动，完善双重聘用、联合聘用等灵活用人方式的成果分配和互认机制。

遴选、推荐新型研发机构纳入我市人才引进重点机构范围，对相关机构引进符合条件的人才，可按照规定办理直接落户。在高层次人才购房、租赁房源供给、外籍人才子女入学、医疗保险缴纳等方面，强化对新型研发机构人才的保障。试点放宽新型研发机构引进外籍人才申办工作和居留许可条件。

（六）改革完善经费支持机制

对承担国家和我市科技创新战略和重大任务的新型研发机构，拟实行以任务为导向的财政经费预算管理机制的，由该机构主管部门会同本级科技、财政部门报本级政府批准。对机构根据任务目标提出的预算需求，经该机构主管部门会同本级财政部门评估同意后，以合同形式给予资金支持。经费使用实行负面清单管理，除清单所列禁止情形外，机构按照合同约定自主安排经费使用，对经费使用管理负主体责任。相关部门对经费使用情况实施审计，审计结果作为机构绩效评价的重要依据。

对未实行以任务为导向的财政经费预算管理机制的新型研发机构，市、区科技部门可根据对机构年度绩效评价和审计结果分别择优给予补助。对实行以任务为导向的财政经费预算管理机制或已获得其他稳定经费支持的新型研发机构，不再给予经费补助。

（七）创新管理机制

登记为事业单位的新型研发机构，可为其直接聘用的非事业编制人员按照企业人员身份缴纳社会保险；可按照实际需求为非事业编制人员缴纳企业年金；可利用非财政性资金设立以成果转化为核心功能的运营公司；可不受机构规格和事业编制数量限制，根据业务需要合理配置业务用车、业务用房、业务设备等国有资产。涉及由机构主管部门审批的国有资产管理等事项，授权机构自行审批。机构相关人员参与职称评聘时，可参照企业申报方式，不受事业单位缺额申报限制。

登记为民办非企业单位（社会服务机构）的新型研发机构在申请非营利组织免税资格认定时，其工作人员平均工资薪金水平的限定条件，由相关主管部门比照我市同类非营利性新型研发机构的平均工资水平予以核定。

（八）加大服务力度

保障各类新型研发机构按照其登记注册类型，与传统科研事业单位、科技类民办非企业单位（社会服务机构）、科技企业享受同等待遇。探索符合各类新型研发机构特点的"揭榜挂帅""赛马制""经费包干制"等新型科研管理方式，支持其平等参与申报政府科技研发、产业创新和人才计划等项目。支持新型研发机构科技成果在我市转化，市、区两级科技部门牵头在资金、人才、孵化平台、空间载体等方面加强落地协调和服务。支持符合条件的新型研发机构设立科技创新领域的股权投资基金，鼓励各类产业基金给予配套支持。

探索运用更大力度的税收优惠和奖励、补贴等政策工具，鼓励企业、个人等社会力量通过捐赠、投资、委托等方式支持新型研发机构发展。对企业出资给符合条件的非营利性新型研发机构用于基础研究的支出，在计算应纳税所得额时可按照实际发生额在税前扣除，并可按照100%在税前加计扣除。对取得非营利组织免税资格的非营利性新型研发机构取得的基础研究资金收入、接受的捐赠收入，免征企业所得税。企业、个人通过公益性社会组织、县级以上政府及其组成部门等国家机关，用于非营利性新型研发机构的捐赠支出，准予按照法律规定在计算应纳税所得额时扣除。保障各类新型研发机构按照国家有关规定，在企业所得税、职务科技成果转化个人所得税、科技创新进口税收等方面享受相关政策。

（九）健全绩效评价机制

对承担国家和我市科技创新战略和重大任务的新型研发机构，建立以创新绩效为核心的中长期综合评价机制。相关机构应根据建设周期设定节点发展目标，明确自身创新能力建设、科研成果影响力、产业支撑能力等指标。机构主管部门会同本级科技部门对相关机构发展目标完成情况实施年度跟踪和中长期评价，将评价结果作为机构存续、经费支持和负责人考核的重要依据，并建立健全机构动态调整机制。

对社会力量兴办并经市科技部门备案的新型研发机构，市、区两级科技部门按照分级分类原则，围绕机构上年度研发投入与产出、人才引进与培养、成果转化与产业支撑等情况，组织开展年度绩效评价，动态调整备案名单。对绩效评价结果优异的机构，在人才引进、科研用地等方面予以重点支持。

《上海市加快合成生物创新策源打造高端生物制造产业集群行动方案(2023—2025年)》

沪府办发〔2023〕18号
2023年9月25日

为充分发挥本市合成生物领域顶尖人才集聚、科研底蕴深厚、产业基础扎实、供应链配套齐全等发展优势，加快推进上海合成生物技术创新与产业化应用，全力打造高端生物制造产业集群，根据《上海市建设具有全球影响力的科技创新中心"十四五"规划》《上海市战略性新兴产业和先导产业发展"十四五"规划》等，制定本行动方案。

一、总体目标

抢抓全球生物经济变革新浪潮，以落实国家重大战略任务为牵引，把合成生物技术作为上海高端制造业发展的重要引擎，在服务国家参与全球生物经济产业合作与竞争中发挥骨干引领作用。

到2025年，涌现若干项具有国际影响力的合成生物领域科研成果、一批领先企业和高端人才，构建基础研发领先、创新转化活跃、产业主体蓬勃发展和产业生态健全完备的新发展格局。新增5个以上具有国际影响力的顶尖科学家及其团队，建立库容百万级以上的元件库，建设服务能级覆盖长三角乃至亚太地区研发和产业发展需求的重大科技基础设施，形成一批相关重大原创科研成果，进入全球创新策源技术前列；开发面向基因编辑、合成与组装、线路设计与构建等具有自主知识产权的关键技术，组建5个以上合成生物功能型平台，实现一批具有核心竞争力的转化项目，形成一批有产业应用价值的国际合作项目，培育10个以上在国内外具有一定影响力的创新引领型企业；吸引5家以上企业建设区域或研发总部，新增3至5家合成生物领域企业上市，培育1至2家年销售收入超过10亿元的优势企业，建设3个左右具有特色和国内领先优势的产业基地。

到2030年，建设合成生物全球创新策源高地、国际成果转化高地和国际高端智造高地，基本建成具有全球影响力的高端生物制造产业集群。

二、发展重点

——基础层聚焦创新引领突破。阐明生物系统运行的规律和机制，重点开展人工生命元器件、人工基因组设计合成、生物体系设计再造等基础研究；加快基因编辑与检测、基因组合成、生物元器件设计与组装、底盘细胞构建和定向进化等底层技术突破；推动对生物元件进行标准化表征和标准化高能级元器件库的构建。

——平台层运用工具赋能转化。运用精密工程、自动化、机器学习、大数据等技术，搭建由软件控制、硬件设备和应用集成的合成生物规模化制造系统；开发自主可控的人工智能辅助工业软件工具包；支持生物信息数据库建立、挖掘、共享和运用，加速底盘改造与筛选、元件优化与适配等一批产业转化关键核心技术突破。

——应用层强化产业转型发展。聚焦合成生物技术在生物医药、先进材料、消费品、能源和环保五大领域的应用，推动生物制造高端化、绿色化发展。在生物医药领域，重点发展新型疫苗、细胞与基因治疗、天然产物及其衍生物、原料药及中间体、微生物疗法、智能活体药物、医学诊断试剂及酶、医用材料等细分领域。在先进材料领域，重点发展生物基材料、未来材料等细分赛道。在消费品领域，重点发展高端化妆品原料、功能食品添加剂、新型动物饲料、人造肉和乳制品、特医食品和保健食品等细分赛道。在能源领域，重点发展生物燃料等细分赛道。在环保领域，重点发展环境监测生物传感器、环境污染物生物降解和吸附制剂等细分赛道。

三、重点任务

（一）提升基础设施和实验室能级。强化上海光源、国家蛋白质中心、转化医学设施等本市已有大科学装置功能，形成支撑合成生物技术发展的重大科技基础设施集群。建立重大科技基础设施开放共享、高效使用机制，鼓励科研机构与创新型企业充分使用重大科技基础设施网络。支持在沪高校和科研院所争创合成生物领域国家级重点实验室，承担国家和本市合成生物领域重大战略科技任务，强化功能互补与协作。

（二）组建新型研发机构。按照运行机制市场化、用人机制国际化、研发转化一体化的模式，组建合成生物学创新中心，搭建研发、转化、孵化平台，开展短流程技术和商业价值验证，高效推进关键共性技术研发和工程化，建设工程细胞数据、基因型构建、表型测试、细胞设计等平台。支持在沪高校、科研院所和科技型企业等各类主体，面向合成生物学前沿突破和未来应用，建设多种形式的研究平台，拓展合成生物学未来研究与应用方向。链接本市大科学装置、中科院在沪研究所、重点高校、顶级科学家团队等各领域资源，强化协同合作，形成合成生物大科学设施、重点实验室和高端人才网络。

（三）加强基础与应用研究。依托在沪高校和科研院所，开展生命起源与进化等前沿理论探索，加强DNA分子器件和DNA存储技术等前沿技术研究。构建底层技术，发展高通量、高精度、长序列核酸合成新技术，高效精准的大片段(兆级)核酸组装技术，可精准控制的遗传技术和生物多样性的表征技术等，为合成生物构建提供支撑。推进有组织科研，面向重点领域产业需求，鼓励高校、科研院所与科技型企业合作，推动多酶催化体系、生物与化学兼容的合成技术、微流控生物检测、发酵工艺放大与优化等共性关键技术实现根本性突破。加快建设微生物遗传信息、蛋白质结构功能信息等基础生物信息数据库。

（四）组织攻关生物设计自动化工具。聚焦基因检测、生物元器件研究、蛋白质结构预测与设计、代谢分析与模拟、实验室自动化、高通量筛选等领域，开发迭代合成生物技术亟需的生物设计自动化(BDA)工具。支持建设干湿结合AI生物大模型，包括AI蛋白质多模态生成大模型、多层次大数据和验证平台等。支持基因序列和注释的可视化编辑软件、基因序列数据库、代谢分析与模拟、全细胞模拟与可视化、生物功能模块、数据统计分析和图形绘制软件等工具包开发和运用。

（五）建设高能级生物铸造厂。围绕中试放大与规模化生产的关键环节，发挥企业创新主体作用，组建创新联合体，建设若干个“设计—构建—测试—学习”的高通量、自动化、开放式生物铸造厂。围绕天然产物合成、新型生物基材料、化妆品功能性原料、合成食用蛋白、新型能源、环境污染物生物修复等细分领域，推进建设高能级产业创新中心和国家级工程技术中心。鼓励合同研究外包、合同外包生产机构和产品定制研发生产等服务模式，提升生物制造能级。

（六）打造“一核两翼”空间。根据各区产业发展基础与细分领域特色，以浦东新区创新突破为核心，以金山区和宝山区制造承载为两翼，打造“一核两翼”的合成生物产业空间布局。浦东新区重点布局原始创新、底层技术、创新平台、企业研发中心和总部；金山区依托湾区生物医药港、碳谷绿湾等，重点布局新材料、新能源等领域；宝山区依托南大合成生物产业园等，重点推进功能性平台建设。推动临港生命蓝湾、闵行大零号湾、奉贤东方美谷、上海化工区等特色区域协同发展。建设具有专业特色的高质量孵化器、加速器，畅通发现、转化、孵化、产业化全链条。

（七）推动产业项目差异化落地。对于细胞与基因治疗、核酸和蛋白等大分子类产品，推动“研发＋制造＋应用”全产业链布局。对于大化工、精细化工等小分子类产品，引育企业研发中心、运营总部、结算中心和上市主体，推动一批以高端化、智能化和绿色化为特征的高能级生物制造项目落地。

（八）赋能优质企业梯队成长。支持引进国内外合成生物领域头部企业、高端研发机构和重大产业项目。鼓励龙头企业开展行业和产业链并购整合，发挥带动效应和辐射作用，促进合成生物产业链融通创新和做大做强。加强对合成生物领域初创企业的培育扶持，鼓励创新型企业在细分领域深耕厚植，培育出一批细分领域高新技术企业、专精特新企业、“独角兽”企业、“瞪羚”企业和单项冠军企业。

（九）强化产业链供应链协同发展。持续强化长三角区域产业链供应链创新协同，促进产业链上下游企业多方联动，开展以产业需求为导向的“强链、补链、固链”行动，推动高效智能化生物反应器等仪器设备和先进膜分离材料、新型层析填料等耗材研制，攻关关键零部件和智能化控制软件与系统，保障供应安全，推动合成生物产业链供应链企业集聚发展。

四、保障措施

（一）强化多元化资金保障。统筹本市战略性新兴产业、市级科技重大专项、促进产业高质量发展、科技创新计划、张江自主创新示范区发展等专项资金，研究部署相关重大科技专项，保障专项资金的持续投入。建立健全多元化资金保障机制，成立市场化的上海合成生物产业引导基金，精准实现“拨投结合”“招投联动”。积极发挥政府性融资担保机构引导作用，在知识产权抵押、产品责任保险等方面加大政策创新力度。

（二）探索监管政策创新。开展合成生物领域的生物安全、伦理风险等方面的研究和评估，强化科学监管。建立健全知识产权保护和维权体系。加快相关行业标准制修订，积极参与合成生物领域地方、国家和国际标准制定。依托浦东新区法规立法权，深耕临港新片区试验田，优化研发、生产、经营和使用等各环节的配套政策和规范。

（三）加强新技术新产品示范应用。搭建与客户端合作交流平台，鼓励产业链相关企事业单位加强合作、建立产用联合体，协同开展合成生物产品性能测试评价。对首次实现产业化应用的自主创新产品按照规定予以支持。加强对合成生物优质产品和技术方案的宣传示范和科普，提升公众认知度，提高市场认可度。鼓励对生物基、可回收、可再循环高性能材料的开发和应用。完善绿色低碳政策和市场体系，加快探索生物制造领域的碳交易税政策。

（四）加大多层次人才引培力度。以创新平台为载体，以重大项目为依托，着力引进顶尖科学家、工程师等高层次人才，建立专人负责落实的高效引进和服务保障机制。支持符合条件的优秀人才纳入“产业菁英”等，将符合条件的合成生物领域重点企业纳入人才引进重点机构，相关企业人才纳入重点产业领域人才奖励范围。加强合成生物学科建设，鼓励在沪高校、科研院所开展应用型、交叉学科型和紧缺人才培养。通过“产教融合”，培养高技能复合型人才和工匠队伍。

（五）建立专业化服务矩阵。建设高素质专业化监管服务队伍，开展合成生物领域的生物安全、伦理监管、标准执行、市场准入、知识产权等方面培训。提升合成生物招商专业水平，培养一批熟悉区域政策、投资金融和具有较高专业素养的复合型招商人才和职业经理人，精准对接企业全生命周期服务需求。

（六）组建产业高端智库。建立上海市合成生物战略专家委员会，成立上海市合成生物产业协会，协同上海合成生物学创新战略联盟力量，在编制产业规划与技术路线图、开展产业专项研究、制定规范标准等方面提供智力支持，围绕合成生物领域专题政策法规、监管科学、知识产权、生物安全、伦理问题等方向提供专项研究及咨询意见。扩大上海合成生物学创新战略联盟影响力。举办上海(国际)合成生物产业创新峰会、项目投融资路演、创新大赛等活动。

《上海市特色产业园区高质量发展行动方案(2024—2026年)》

沪府办发〔2023〕20号
2023年11月7日

为进一步提升本市特色产业园区创新突破、示范引领作用，强化特色产业集聚和产业生态培育，打造高质量发展重要功能载体，构筑面向未来产业发展的战略优势，制定本行动方案。

一、总体要求和主要目标

以科技创新为引领，着力提升特色产业园区发展能级和竞争力。聚焦特色产业方向，提升产业特色化和品牌化，布局和发展先导产业、重点产业、新赛道产业和未来产业。打造特优园区主体，优化园区平台主体开发运营机制，加大专业化、综合性配套供给。营造特强产业生态，推动产业链、创新链、人才链、价值链融合发展，促进项目、资源要素耦合共生，推进特色产业集聚发展。

到2026年，全市特色产业园区达到60个左右，集聚高新技术企业和专精特新中小企业5 500家左右，国家级和市级创新研发机构达到360家以上，规上工业总产值突破万亿元。

二、重点任务

（一）实施集群化发展强化行动

抓好标志性产业链布局。实施一批补链固链强链重点项目,培育集成电路、创新药和高端医疗装备、新能源和智能网联汽车、民用航空等标志性产业链10条以上,创建国家先进制造业集群。(责任单位:市经济信息化委、各区政府)

打造特色产业地标。发挥上海市产业地图导向作用,引导各区围绕重点产业定位,市、区联动提升特色产业园区投资规模、建设水平和产业能级。到2026年,培育形成5家千亿级、20家百亿级特色产业园区,打造更具辨识度和影响力的产业地标,创建国家新型工业化产业示范基地。(责任单位:市经济信息化委、各区政府)

营造特强产业生态。引进培育一批具有核心技术、带动效应强的龙头企业,培育集聚一批创新能力突出、成长潜力大的优质中小企业,支持专精特新中小企业做大做强。集聚产业链上下游企业和配套服务机构,构建"龙头企业引领、中小企业共生"的发展体系。打造优势特色突出的中小企业特色产业集群10个。(责任单位:市经济信息化委、各区政府)

(二)实施园区创新能级提升行动

构建多层次产业科技创新平台。推动特色产业园区建设一批国家级和市级制造业创新中心、产业创新中心和技术创新中心,集聚一批国家重点实验室、新型研发机构和高水平研发中心,提升园区"科技浓度"。充分发挥高校、科研机构的学科溢出效应和实验室平台优势,促进"园区、城区、校区"联动,对接高质量孵化器等科技创新创业载体,进一步完善科技成果转化—孵化—产业化机制。加速形成特色产业集成服务平台10个以上。(责任单位:市经济信息化委、市科委、各区政府)

加快园区数字化转型。提高园区"上云用数赋智"水平,深化园区数字底座建设,推动园区公共数据、社会数据等汇集整合、开放利用。实现特色产业园区规模以上制造业企业数字化诊断全覆盖,数字化转型比例达到85%,建成工业互联网"平台+园区"试点10个以上。(责任单位:市经济信息化委、各区政府)

创新绿色低碳发展。推动园区清洁能源开发利用和节能技术改造,重点发展氢能、储能、绿色材料等绿色低碳产业,推进先进技术和工艺突破,推广绿色制造,开发绿色产品,培育绿色工厂,打造绿色供应链。支持建设一批零碳创建企业(园区)。(责任单位:市经济信息化委、市发展改革委、市生态环境局、各区政府)

(三)实施要素供给优化配置行动

优化产业空间布局。按照产业导向和发展需求,推进生物医药、集成电路、高端装备等产业项目标准厂房建设,提升优质项目承载能力。建立特色产业园区用地储备库,支持市级统筹新增建设用地指标向特色产业园区倾斜。推进"工业上楼"、打造"智造空间",鼓励混合用地、产业综合用地等复合用地方式,提高集约用地水平,明确制造业企业在符合环保、消防、安全等要求下,可入驻产业综合用地进行生产制造。支持弹性出让、长期租赁、租让结合等措施灵活供地,降低优质项目获地成本。(责任单位:市规划资源局、市经济信息化委、各区政府)

加大金融创新供给。支持园区开发运营主体通过挂牌上市、基础设施领域不动产投资信托基金(REITs)、银行信贷、债券发行、信托保险等方式拓展融资渠道。用好上海园区高质量发展基金,鼓励各区设立子基金,引导金融市场和社会资本加大投入力度,支持园区基础设施、园区更新等项目建设。支持园区设立特色产业发展基金,促进"基金+基地"联动发展。(责任单位:市经济信息化委、市发展改革委、市地方金融监管局、各区政府)

加快园区产业人才集聚。着力构建产业和人才融合发展生态,聚力园区高质量发展。依托产业人才政策举措,持续推进招才引智,招引一批特色产业领军人才和团队。支持园区企业申报本市人才培养项目和重点产业领域人才专项。支持园区企业开展职业技能等级认定,培育特色产业"上海工匠"。优化人才事项办理,为人才入园提供"一站式"服务。支持建立园区、学校、企业融合的市域产教联合体,为特色产业园区高质量发展提供重要人才支撑。(责任单位:市人力资源社会保障局、市教委、市经济信息化委、各区政府)

支持园区保障性租赁住房建设。完善特色产业园区及周边保障性租赁住房布局。支持园区集中配建保障性租赁住房,鼓励符合产业导向的大型企业用好产业类项目配套建设指标,建设宿舍型保障性租赁住房,促进产城融合发展。(责任单位:市房屋管理局、市住房城乡建设管理委、市规划资源局、市经济信息化委、各区政府)

提高配套设施供给水平。积极发展源网荷储和多能互补,推广以分布式新能源加储能为主体的绿色微电网建设。提升园区新型基础设施能级,推进园区5G基站、工业互联网、大数据中心、新能源汽车充电桩等布局建设。(责任单位:市经济信息化委、市发展改革委、市规划资源局、市生态环境局、市住房城乡建设管理委、市应急局、各区政府)

(四)实施园区主体赋能增效行动

加强园区主体建设和管理。打造一批专业化、高能级的特色产业园区主体,培育一批懂产业、善管理、强服务的运营服务团队。通过外部引进成熟机构、内部培育专业团队等方式,为园区企业提供科技创新、投融资、人才领域等生产生活专业配套服务。加强对园区产业培育、运营管理等动态评估,通过招商激励、考核评价等方面的机制创新,激发园区主体创新活力。(责任单位:市经济信息化委、市国资委、各区政府)

打造特色产业园区品牌。深入实施"区区合作、品牌联动",推动特色产业园区与临港、张江、虹桥等成熟品牌园区实现资源共享、优势互补,打响"张江研发+上海制造"品牌,带动提升特色产业园区发展能级和运营品质。支持引进国内外优质园区运营商参与,在园区开发、机制创新、产业培育等方面进行合作。(责任单位:市经济信息化委、市国资委、各区政府)

建立完善产业园区协同招商机制。依托上海市企业服务云、上海市投资促进平台,编制特色产业园区招商手册,推动特色产业园区主体联合打造招商共享平台，深化项目信息资源的整合共享和挖掘利用，探索建立利益分享机制。创新精准招商模式，加强龙头企业招商、平台招商、渠道招商、应用场景招商、产业链招商，借助数字化工具开展精准招商。(责任单位：市经济信息化委、市发展改革委、各区政府)

(五) 实施政策创新增能行动

加大专项政策支持力度。支持符合条件的特色产业园区纳入张江国家自主创新示范区(以下简称"示范区")建设和管理，推动示范区专项政策覆盖特色产业园区。支持特色产业园区建设创新中心、检测机构等公共服务平台，市级层面给予最高200万元资金支持，鼓励各区加大配套支持力度。加大特色产业园区与上海自贸试验区协同发展，优化集成电路产业海关监管模式，扩大特殊物品联合监管机制试点范围。(责任单位：市经济信息化委、上海科创办、市财政局、上海海关、各区政府)

探索园区更新升级政策。建立政府统筹、市场运作、多元参与的产业用地更新机制，以"二转二"为主攻方向，加快"腾笼换鸟"。鼓励各区和园区探索研究"二转二"开发贷款及贴息支持政策，降低更新成本。鼓励国有、民营和外资等各类主体加快盘活特色产业园区的存量土地。(责任单位：市经济信息化委、市住房城乡建设管理委、市规划资源局、市发展改革委、市国资委、各区政府)

畅通先行先试政策通道。支持位于重要功能区的特色产业园区开展政策集成创新，推进空间规划编制、产业招商运营、存量空间盘活、技术标准、应用场景等试点突破，条件成熟后可在其他特色产业园区复制推广。(责任单位：市经济信息化委、市发展改革委)

三、保障措施

(一) 加强组织推进

依托市产业园区和结构调整工作领导小组相关机制，由领导小组办公室(市经济信息化委)统筹推进本市特色产业园区创建和管理工作，市级各相关部门结合各自职责协同推进相关工作。各区按照"一区一计划、一园一方案、一企一政策、一年一评估"的原则，优化完善本区特色产业园区发展计划。

(二) 制定建设导则

制定特色产业园区建设导则，规范特色产业园区申请、公告、运营、评价和退出等机制流程。建立市级特色产业园区统计制度，加强特色产业园区发展运行情况的统计分析，及时掌握特色产业集聚度、成长性、竞争力和创新力等情况。开展特色产业园区星级评价，促进先建后评、分类指引、有进有出、动态管理。

(三) 强化示范引领

推动特色产业园区在空间载体、企业服务、运营管理和生态培育等方面的探索，打造一批特色产业标杆园区，并发挥示范引领作用，加大有关经验做法和典型案例的宣传推广力度。

《关于本市进一步放权松绑激发科技创新活力的若干意见》

沪府办规〔2023〕10号
2023年4月1日

为全面贯彻落实党中央、国务院关于加快科技体制改革的重大决策部署，推动科技政策落实落地，进一步对各类创新主体和人才"松绑""解绑"，现就本市进一步放权松绑、激发科技创新活力提出若干意见如下：

一、总体要求

以习近平新时代中国特色社会主义思想为指导，全面贯彻党的二十大精神，深入贯彻习近平总书记在两院院士大会、中国科协第十次全国代表大会、中央人才工作会议上一系列重要讲话精神，聚焦高校院所、科技企业、新型研发机构和科技人才等广大创新主体感受比较深、"绳子"绑得比较紧的重点环节，提升政策供给和创新服务能级，进一步转职能、补短板，更大力度激发各类创新主体活力，以关键点的突破引领科技体制改革向纵深推进。

二、工作举措

(一) 扩大高校院所科研活动自主权

1. 推进依章程管理。坚持简政放权与有效监管相结合，进一步组织推动本市高校、科研院所、医疗卫生机构等科研事业单位制定完善具有可操作性的事业单位章程。章程要紧紧围绕国家和本市经济社会与科技创新事业发展目标，规定单位的宗旨目标、功能定位、业务范围、运行管理机制等，并明确人员绩效评价、科技创新激励、科技成果转化奖励等制度，业务主管部门支持相关科研事业单位依照章程管理运行。

2. 推进绩效评价改革。引导不同类型的科研事业单位分类制定绩效目标，针对使命驱动型和市场驱动型创新任务不同特点，建立健全差异化绩效评价指标体系，重点体现科技成果产出与应用、人才团队培养、科研平台建设、科学技术普及、科技服务、科研管理创新等方面成效。支持科研事业单位研究提出适合自身使命和特点的绩效目标、绩效评价指标和工作方案，经主管部门审定后实施。建立长周期综合评价与年度抽查评价相结合的绩效评价机制。加强绩效评价结果运用，将其作为对相关科研事业单位后续支持力度主要依据。

3. 推进综合授权改革试点。以"综合授权+负面清单"方式，遴选一批高校、科研院所、医疗卫生机构等科研事业单位开展综合授权改革试点，在编制使用、岗位设置、工资总额、职称评定、经费使用等方面赋予更大自主权。在高校、科研院所试行动态调整绩效工资水平申报制，即相关单位可申请增加一定额度的绩效工资总量，且增加的额度不列入绩效工资核定基数，并适当提高不受绩效工资总量限制的高层次人才比例。实施"先招录后增编"改革试点，为承担国家和本市科技创新战略任务的科研事业单位引进高层次人才提供编制保障。开展医疗卫生机构成果转化专项“解绑”行动，结合医疗卫生领域成果转化特点，支持医疗卫生机构适用高校院所科技成果转化政策。推进高校院所技术类无形资产在国有资产管理中实行单列管理，在资产评估、入账、考核、处置等方面开展符合科技创新和成果转化规律的改革创新。允许高校院所的科研人员将横向科研项目结余经费以现金出资方式入股科技型企业，以“技术入股＋现金入股”的方式与单位共享成果转化收益。

（二）激发企业科技创新的活力和动力

4. 优化国有企业经营业绩考核机制。推行国有企业法定代表人签署创新使命责任书制度，并与任期经营业绩考核评价相衔接。明确国有企业经营业绩考核中的研发投入强度要求，并与企业领导人员薪酬相挂钩；对研发投入未达到要求的企业，其实际研发投入与目标投入的差额部分，由国资部门收回后统筹安排使用。对承担重要科技创新任务的企业，可采用与科技型、创新型企业特点相匹配的科技创新绩效指标体系。集团公司下属的以研发业务为主的国有科技型企业，其绩效考核不与企业经济效益相挂钩。按照国家和本市有关规定，推动国有科技型企业设立专款专用、不纳入保值增值考核的企业研发准备金。健全国有科技型和创新型企业中长期激励机制，实施更为灵活的股权和分红激励。承担原创技术策源任务的企业对其科研人员实施的现金激励，可单列且不计入工资总额预算基数。

5. 增强科技型中小企业研发能力。加快培育一批研发能力强、技术水平高、科技人才密集、能够形成核心技术产品等“四科”（即每个科技企业要拥有关键核心技术的科技产品、科技人员占比大于 60%、以高价值知识产权为代表的科技成果超过 5 项、研发投入强度高于 6%）特征明显的科技型中小企业。增加科技型中小企业技术创新资金规模，优化项目评审方式，扩大政策覆盖面。鼓励各区通过科技型中小企业技术创新资金配套资助等方式，支持科技型中小企业提升研发能力。鼓励各区对首次认定且在有效期内的高新技术企业给予奖励。支持科技企业孵化器发展，强化“投孵联动”，提升孵化器服务能力。

6. 加大对外资机构开展科技创新活动的支持力度。鼓励和支持外国投资者在本市设立研发中心和开放式创新平台。支持外资研发中心独立或联合本市高校、科研院所、企业、新型研发机构等，承担基础研究、应用基础研究、共性技术研发等财政科研项目。

7. 实施科技领军企业培育工程。聚焦上海重点产业领域，培育一批科技领军企业。支持科技领军企业牵头或参与国家和上海重大科技任务，支持科技领军企业建设全国重点实验室、技术创新中心等平台基地。强化战略联动，鼓励有条件的科技领军企业与国家实验室建立长期战略合作关系，承担国家重大科技任务；支持科技领军企业联合科技型中小企业、高校、科研院所组建体系化、任务型的创新联合体，建设全产业链创新平台。鼓励科技领军企业围绕产业链上下游，向中小企业开放设计研发能力、仪器设备、试验场地等创新资源要素。

8. 拓展企业科技创新融资渠道。鼓励金融机构开发专门支持重大科技任务、战略科技力量的金融产品，持续优化科技信贷、高企贷等金融产品。引导银行等金融机构建立以知识产权、人力资本为核心的科技企业评价体系，加强评价结果在信贷业务中的运用。深化“浦江之光”行动，加快形成与科技企业生命周期相适应的金融服务体系。加强“科创企业上市培育库”建设，加快吸引企业入库，有效推动一批“硬科技”企业在科创板上市。争取国家科技成果转化引导基金与本市政府投资基金共同设立子基金，引导市场化风险投资机构共同参与，重点支持处于转化应用科技成果种子期、初创期、成长期的科技型中小企业。完善国有创业投资机构的投资决策和业绩考核机制，以企业在一定周期内的整体业绩作为考核对象，不对单个项目的亏损作负面评价。

（三）促进新型研发机构高质量发展

9. 完善新型研发机构的设立和备案机制。根据国家和本市科技创新战略和重大任务需求设立的新型研发机构，可按照相关规定登记注册为事业单位、民办非企业单位（社会服务机构）或企业。社会力量兴办的研发机构，以开展基础研究、应用基础研究、关键核心技术攻关、产业共性技术研发与服务为核心业务的，可按照相关规定向市科技部门备案为新型研发机构。

10. 建立健全分类支持机制。对根据国家和本市科技创新战略和重大任务需求设立的新型研发机构，实行以任务为导向的财政经费预算和经费使用负面清单管理制度，并建立以创新绩效为核心的中长期综合评价机制，评价结果作为经费资助、负责人考核和机构存续的重要依据。对社会力量兴办并经市科技部门备案的新型研发机构，实施年度绩效评价，择优予以财政经费补助。

11. 探索实行与新型研发机构主体身份相适应的管理机制。属于事业单位类新型研发机构的，可为其直接聘用的非事业编制人员按照企业人员身份缴纳社会保险；可按照实际需求为非事业编制人员缴纳企业年金；可利用非财政性资金设立以成果转化为核心功能的运营公司；可不受机构规格和事业编制数量限制，根据业务需要合理配置业务用车、业务用房、业务设备等国有资产。涉及机构主管部门审核或审批的国有资产管理、政府采购等事项，授权机构自行审核或审批。机构相关人员参与职称评聘时，可参照企业申报方式，不受事业单位缺额申报限制。

属于民办非企业单位（社会服务机构）类新型研发机构的，在申请非营利组织免税资格认定时，相关主管部门应当比照本市同类非营利性新型研发机构的平均工资水平，核定其工作人员平均工资薪金水平限定条件。

（四）激发科技人才创新活力

12. 探索实施青年科技人才特殊晋升机制。打破论资排辈和“唯论文、唯帽子、唯职称、唯学历、唯奖项”的用人模式，对于在本市三大先导产业和六大重点产业领域中取得基础研究及应用研究重大成果、突破关键核心技术、解决重大工程技术难题等作出重要贡献的青年科技人才，探索实施特殊的晋升机制。

13. 加快吸引集聚全球顶尖人才来沪发展。优化外国高端人才来华工作许可等程序,完善家属签证、子女入学等服务。大科学装置、新型研发机构、外资研发中心、科技领军企业等用人单位所聘请的担任科学研究岗位中高级技术职务的外国科技人才,可享受外国人来华工作许可“直通车”。鼓励企业聘请的外国专家承担各类外国专家项目,支持在企业工作的外籍科学家领衔承担财政科研项目。

14. 健全科技人才分类评价机制。按照“谁用谁评价、干什么评什么”的原则,引导树立正确的人才评价导向。对基础研究类人才,把体现重大原创性贡献、支撑国家和上海发展战略,体现学科特点、学术影响力和研究能力等指标作为重要评价依据,开展低频次、长周期评价。对应用研发类人才,把技术创新与集成能力、成果的市场价值和应用实效、对经济发展贡献等作为重要评价指标。对于技术转移等科技服务类人才,把成果应用效益、科技服务满意度和社会效益等作为重要评价指标。

(五)优化完善科研管理

15. 化科研组织方式。建立多部门“共同凝练科技需求、共同设计研发任务、共同组织项目实施”机制,强化重大科技任务和资源配置统筹。持续优化“揭榜挂帅”制,以解决关键技术问题为导向,明确细化技术指标、完成期限、成果交付等要求,根据不同任务的研发需要和揭榜情况,采用“赛马制”“里程碑式”等资助方式,优化项目支持方式。依托本市若干基础研究优势突出的高校和科研院所开展“基础研究特区”建设,将竞争择优支持方式转向长期、稳定和集中支持,允许自由选题、自行组织科研、自主使用经费。扩大“探索者计划”实施范围,围绕重点产业发展中的重要科学问题和关键技术难题,发挥企业出题者作用,引导鼓励企业增加基础研究投入。

16. 加大科研人员激励力度。提高财政科研项目经费中的间接费用比例,按照不超过项目直接费用扣除设备购置费后的一定比例核定。对软件开发、软科学研究、基础研究类项目,间接费用比例最高可达60%;其他项目间接费用比例最高可达40%。项目承担单位可将间接费用全部用于绩效支出,并向创新绩效突出的团队和个人倾斜。扩大劳务费开支范围,项目聘用人员由单位缴纳的社会保险补助、住房公积金等,允许纳入劳务费科目列支。

17. 减轻科研人员事务性负担。扩大经费包干制实施范围,在人才类、基础研究类和软科学类科研项目中推行经费包干制,不再要求编制项目预算,不区分直接费用与间接费用,各科目开支不设比例限制,经费使用与管理自主权下放单位或项目负责人。推动项目承担单位落实科研财务助理制度,科研财务助理所需人力成本费用(含社会保险补助、住房公积金),可由项目承担单位根据情况,通过科研项目经费等渠道统筹解决。开展科研经费使用和验收改革试点,选择部分创新能力和潜力突出、管理制度健全、科研诚信状况良好的高校、科研院所、企业作为试点,纳入电子入账凭证会计数据标准推广范围,推动科研经费报销数字化、无纸化,其出具的科研项目经费决算报表可作为结题依据,不再进行科研项目结题财务审计。

18. 持续优化科研项目绩效评价。发挥评价“指挥棒”作用,对自由探索型、任务导向型等不同类型科研项目,建立健全差异化的绩效评价指标体系;强化绩效评价结果运用,将绩效评价结果作为项目调整、后续支持的重要依据。项目综合绩效评价结论为通过且课题完成任务目标的,结余资金可留归承担单位使用,统筹用于科研活动直接支出。探索建立项目承担单位绩效评价白名单制度,对科研项目绩效评价结果持续良好的单位,优先纳入经费包干制、减负行动等科研管理改革试点范围。

三、保障措施

(一)加强组织领导

坚持党对科技创新事业的全面领导,进一步强化科技体制改革与创新体系建设领导和推进工作机制,统筹推动各项改革措施有序有效推进。明确责任分工,推动改革落地,各有关部门和单位要密切协调配合,精心组织实施,抓紧制定细化措施和工作计划,并选择条件成熟的区域或单位先行开展改革试点,确保各项改革措施落实到位。健全完善部门间沟通联动、会商机制,形成改革合力。

(二)强化督促指导

有关部门和单位要加快职能转变,提高服务意识,加强跟踪指导,适时组织开展对改革措施落实情况的检查,及时发现并协调解决有关问题。开展对有关改革措施落实情况的跟踪指导、督查考核和审计监督,对落实不力的,要及时强化整改。要适时对有关试点政策举措进行评估,及时总结推广行之有效的经验和做法。

(三)加大政策宣传力度

有关部门和单位要通过官方网站、新媒体、服务热线等多种渠道,加强相关改革措施的宣传解读,提高政策知晓度。同时,加大对本部门和单位工作人员、科研事业单位管理人员等的专题培训力度,及时答疑解惑,确保政策精准落地执行。

本意见自2023年4月20日起施行,有效期至2028年4月19日。

《上海市高质量孵化器培育实施方案》

沪府办规〔2023〕16号

2023年6月26日

为深入实施创新驱动发展战略,加快实现高水平科技自立自强,发挥孵化器在全过程创新、全要素集聚、全链条加速等方面的作用,持续优化本市科创生态体系,助力硬科技企业培育和未来产业高质量发展，全面支撑国际科创中心建设，制定本实施方案。

一、总体要求

（一）指导思想

以习近平新时代中国特色社会主义思想为指导，全面贯彻落实党的二十大精神，对标世界一流，以优化科创生态和促进经济高质量发展为主线，以创新资源集聚、科技成果转化、硬科技企业孵化和未来产业培育为着力点，培育新领域新赛道，塑造新动能新优势。

（二）目的意义

高质量孵化器是以全球一流孵化人才为核心牵引，具备硬科技创新策源、颠覆性科技成果转化、高成长科技企业孵化和全要素资源整合能力的高水平创新创业服务机构。通过加快培育一批产业领域聚焦、专业能力凸显、示范效应明显的高质量孵化器，带动全市孵化器从基础服务向精准服务、从集聚企业向孕育产业、从孵化链条向厚植生态转变，引领创新创业高质量发展。

（三）基本原则

1. 坚持前瞻布局。围绕“2＋(3＋6)＋(4＋5)”现代化产业体系，探索建设面向未来产业的高质量孵化器，在新领域新赛道和新方向新功能方面，支撑颠覆性科技成果的率先转化和硬科技企业的加速孵化，带动产业转型升级。

2. 坚持专业引领。支持一流孵化人才、科技领军企业、知名高校（大学科技园）、科研院所、顶尖投资机构等各类主体建设高质量孵化器，提升专业人才（团队）、技术服务平台、早期投资、资源对接等专业化服务能级。

3. 坚持多链协同。打通裉节，促进创新链、产业链、资金链和人才链融合发展。创新孵化器服务模式，在功能定位、战略布局、建设路径和扶持方式等方面先行先试，实现“科技-产业-金融”的良性互动。

4. 坚持国际协作。以全球视野、国际一流理念引导高质量孵化器融汇国际高端资源，拓展全球创新合作网络，构建符合国际规则和中国特色的跨境协同孵化服务体系，实现“走出去”“引进来”双向融通。

（四）工作目标

到2025年，培育不少于20家高质量孵化器，示范带动不少于200家孵化器实现专业化、品牌化、国际化转型升级；与高新技术开发区、特色产业园区等联动发展，孵化培育1万家科技型中小企业、2 000家高新技术企业、300家瞪羚企业、100家科技小巨人企业和一批面向全球，拥有自主、前沿、颠覆性技术的硬科技企业；带动形成若干孵化集群，打造2—3个千亿级产值规模的“科创核爆点”，初步建成全球科技创新企业首选落户城市。

二、重点任务

（一）实施“硬科技”孵化提升行动

1. 培育“超前孵化”新模式。引导高质量孵化器与高水平科技智库合作，发现一批细分赛道未来发展新趋势，实现“超前发现”“超前布局”；对接“基础研究特区”“探索者”等各类创新计划，加强对基础研究的跟踪对接，从“选育项目”向“创造项目”转变，提升孵化策源功能。针对重大实践问题和场景需求，组织科研专家、运营人才、资金基金和产业资源，组建合伙人团队，“组装”一批硬科技创业项目。（责任单位：市科委、市教委、市发展改革委、市经济信息化委、相关区政府）

2. 探索未来产业孵化新范式。支持国家实验室、高水平研究型大学等战略科技力量配建高质量孵化器，带动更多未来产业重点方向的关键核心技术实现成果转化应用。鼓励高质量孵化器围绕新兴、前沿领域，深化与高校院所、龙头企业、投资机构合作，强化底层技术、颠覆性技术等的突破；加强前沿技术多路径探索和融合创新，构建未来产业应用场景，培育未来产业，抢占发展新高地。（责任单位：市科委、市教委、市发展改革委、市经济信息化委、相关区政府）

3. 加速育孵硬科技企业。引导高质量孵化器建立早期硬科技项目（技术）发现、验证、熟化及孵化机制，畅通“转化—孵化—产业化”链条，培育硬科技企业。探索“技术＋产业”孵化新模式，加速核心技术成果转化和关键技术节点企业培育，对成效显著的给予资金支持。（责任单位：市科委、市发展改革委、市经济信息化委、相关区政府）

4. 引导高质量孵化器链接“强资源”。支持高质量孵化器搭建开放式服务平台，与各类专业服务机构开展深度合作，为科技企业提供高水平技术筛选、工业设计、供应链和产业链资源链接等专业服务。运用大数据、区块链、人工智能等技术开展数字孵化，通过创业要素图谱、数字企业画像，提高孵化效率。（责任单位：市科委、市经济信息化委、相关区政府）

5. 推动高质量孵化器拓展“硬服务”。支持高质量孵化器联合龙头企业、高校院所、医疗卫生机构等，共建实验检测、概念验证、中试基地等平台，开展专业服务，对成效显著的给予资金支持。挖掘产业数字化、智能化和绿色化转型需求，打造创新型应用场景，优先推荐纳入“成果转化目录”“创新产品目录”，享受相关政策支持。（责任单位：市科委、市经济信息化委、市教委、市卫生健康委、市规划资源局、市生态环境局、相关区政府）

6. 提升知识产权服务能级。支持高质量孵化器自建或合建专利导航服务基地、高价值专利培育中心等，为企业提供核心关键技术全生命周期知识产权服务指引。强化与上海技术交易所、上海知识产权交易中心等机构合作，建设专业化、一站式、高水平知识产权运营服务平台，提供技术资产增值服务。（责任单位：市知识产权局、市科委、市地方金融监管局）

（二）实施孵化人才培育行动

1. 引进国际一流孵化人才。依托转化经验丰富的科学家、跨学科交叉人才、科技创投人才、知名职业经理人、连续成功创业者和具有海外工作（含创业）背景的归国人才等“六路”孵化人才，打造高质量孵化器。将具有科学家思维、工程师技能、产业链资源的高端孵化人才纳入全市科技人才支持体系，享受相关政策和服务。（责任单位：市委人才办、市科委、市人力资源社会保障局、相关区政府）

2. 集聚培养专业孵化人才。鼓励高质量孵化器与高校院所联合开展创新创业教育改革试点,探索“学科+孵化”联合孵化新模式。联动有条件的高校院所和相关单位,打造成果转化、创业孵化等人才培育基地,通过开设技术转移方向学历教育、开展孵化科技管理人才职业培育、持续培训等方式,培养一批复合型人才。(责任单位:市科委、市教委)

3. 强化科技创业导师队伍建设。鼓励高质量孵化器聘请企业家、投资人、科学家等担任创业导师;优化科技创业导师库和导师评价体系,形成良性互动、供需互补、常态长效的培训、辅导机制。开设科技创业导师培训课程,为创业导师提供系统培训,完善科技创业知识体系,提升创业导师的专业素质和创业辅导能力。(责任单位:市科委、上海科创办)

(三) 实施金融赋能助力行动

1. 强化对投孵联动的引导。通过市级母基金引导,有效带动“耐心资本”流向高质量科技成果,流入种子期、初创期科技企业。鼓励高质量孵化器联动市级母基金,设立不少于一支早期硬科技投资种子基金,深化概念验证、股权投资联动探索,带动社会资本投资前移,助推成果转化项目加快转化发展。加快基金登记注册,政府投资部分产生的超额收益可予以孵化器和其他社会资本一定让渡。(责任单位:市科委、市发展改革委、市财政局、市地方金融监管局)

2. 加大科技金融产品供给力度。引导高质量孵化器加强与银行、保险、担保等金融机构的合作,围绕“硬核”技术、初创企业等开发创新金融产品和服务,降低硬科技企业融资成本。强化科技企业上市培育库对接服务,增强针对性的资本市场融资服务,优化硬科技企业梯次培育和转板机制,支持高质量孵化器培育的科技企业上市融资。(责任单位:市科委、市财政局、市市场监管局、市地方金融监管局、相关区政府)

3. 激发国资投资孵化活力。鼓励国资高质量孵化器创新模式,畅通利益共享机制,允许国有孵化团队持股孵化,优化投资审批流程,试点退出与容错机制。充分发挥金融服务类国有企业综合金融服务能力、各类国资基金的资本带动能力,鼓励国有企业积极投入土地、资金、设施、应用场景等创新资源,参与高质量孵化器和创新创业集聚区建设。(责任单位:市国资委、上海科创办、相关区政府)

(四) 实施全球创新网络融入行动

1. 打造全球科技孵化首选地。鼓励高质量孵化器在海外设立分支机构或创新基地,强化与海外高校院所、龙头企业等的协同联动,完善“全球研发—跨境孵化—上海转化”服务链,加速前沿领域海外创新项目来沪落地。强化“国际创业首站”“亚洲企业孵化协会”建设,通过场地支持、购买服务和资源对接等,构建跨境孵化协同服务体系,促进人才、技术、项目、资金、企业等创新要素跨境双向流动。(责任单位:市科委、市商务委、相关区政府)

2. 建设全球高科技人才集聚地。依托高质量孵化器,大力引进具有国际竞争力的科学家、研发人员、企业高管、投资专家等“高精尖缺”人才来沪创新创业。支持海内外高层次创新创业人才申报人才计划,并纳入高层次人才服务保障体系,在出入境、停居留、工作许可等方面享受相关便利。引导高质量孵化器开展海外高层次人才创新创业服务,对成功引进海外一流人才(项目)的,可给予奖励或补贴。(责任单位:市委人才办、市科委、市人力资源社会保障局、相关区政府)

(五) 实施区域创新发展增能行动

1. 推动高质量孵化器合理布局。结合产业发展布局,围绕高校院所、国家实验室、科技领军企业、世界一流研究机构和高能级科技创新基地,建设高质量孵化器。鼓励专业服务能力突出、孵化成效显著的高质量孵化器通过品牌输出、联合孵化等模式,带动其他孵化器转型升级,推动区域产业集群化发展。(责任单位:市科委、市发展改革委、市规划资源局、上海科创办、相关区政府)

2. 推进大中小企业“共携手”。鼓励科技领军企业、外资研发中心、国资龙头企业等设立高质量孵化器,建设大企业开放创新中心。鼓励大企业通过释放创新需求、开放应用场景、搭建共性平台等方式,组建创新联合体,畅通创新通道,促进中小微企业融入大企业创新链、产业链、供应链体系,对成效显著的可给予奖励或补贴。(责任单位:市科委、市经济信息化委、市国资委、市商务委、上海科创办、相关区政府)

3. 促进高质量孵化器与园区“同发展”。强化高质量孵化器与高新技术开发区、特色产业园区等建立长效合作和接力孵化机制。通过资源信息共享、特色活动打造、专项政策支持和绩效评价引导等方式,协调促进一批硬科技企业优先到产业匹配度较高的园区落地发展,满足科技企业全生命周期发展需求,实现“共享、共融、共赢”。(责任单位:市经济信息化委、市规划资源局、市科委、上海科创办、相关区政府)

4. 建设“三生融合”创新创业集聚区。聚焦“张江科学城”“大零号湾”“西岸滨江”等重点区域,以高质量孵化器建设为核心,集聚科技领军企业、高校院所和科技金融、成果转化等服务机构,促进人才、技术、资金等各类创新要素自由流动、良性互动,打造“生产、生活、生态”融合的新空间。(责任单位:市科委、市发展改革委、市经济信息化委、市规划资源局、上海科创办、相关区政府)

5. 打通长三角协同联动孵化圈。引导高质量孵化器搭建资源共享服务平台或联合孵化中心,通过机制协同、组织创新和资源互享,开展跨区域、跨领域的协同创新和开放合作,打造长三角协同孵化网络。支持高质量孵化器参与长三角科创示范基地建设,推动技术和成果跨区域转移转化,加快培育创新型企业和产业集群。(责任单位:市科委、市发展改革委、相关区政府)

三、培育方式

(一) 全球遴选、一体一策

通过引进新建、培育升级等方式,甄选全球资源,“一体一策”予以支持,吸引国内外一流优质孵化器在上海发展壮大。对照发展目标,强化梯次培育,分为“高质量”和“高质量培育”两类,逐个形成“领域聚焦、路径凝练”的建设方案;通过联合评估后对外发布,纳入国际科创中心建设总体布

局，加快推进。（责任单位：市科委、市发展改革委、市经济信息化委、市财政局、上海科创办、相关区政府）

（二）跟踪评估、动态调整

围绕引进集聚一流人才、强化硬科技创新策源、促进颠覆性科技成果转化、高成长科技企业孵化和全要素资源整合赋能等方面，建立对高质量孵化器的分类评价体系；进行里程碑式绩效评估，形成动态管理、跟踪服务、数据统计、定期评价和优胜劣汰机制。（责任单位：市科委、市发展改革委、市经济信息化委、市财政局、上海科创办、相关区政府）

四、保障措施

（一）强化协调统筹和服务保障

发挥市促进科技成果转移转化联席会议机制作用，形成多部门联合、市区协同、逐项落实的工作格局。建立高质量孵化器服务保障机制，市、区两级为每个高质量孵化器建设配备一名服务专员，定期跟踪任务进展情况，协调解决困难问题，确保工作实效。（责任单位：市科委、相关职能部门、相关区政府）

（二）强化财政资金保障

市、区联动设立高质量孵化器培育专项经费，分阶段给予事前启动建设、年度运营补贴、里程碑绩效评价后奖励等经费支持。制定专项经费管理办法，建设经费以区级支持为主，运营和奖励经费由市、区两级统筹安排，协同保障发展需求。（责任单位：市科委、市财政局、上海科创办、相关区政府）

（三）厚植创新创业文化

支持高质量孵化器举办硬科技、全球性、品牌化的创新创业赛事、论坛、资源对接会和学术沙龙等，开展多元化的交流合作。加强对高质量孵化器、一流人才、创新创业典型案例的宣传报道，在全社会倡导创新文化，吸引更多科技创新资源要素集聚上海，实现跨越式发展。（责任单位：市科委、市委人才办、相关区政府）

本实施方案自 2023 年 7 月 1 日起施行。

《国家科技重大专项资金配套管理办法》

沪府办规〔2023〕17 号

2023 年 6 月 27 日

第一条（目的和依据）

为加快推进建设具有全球影响力的科技创新中心，鼓励本市单位承担国家科技重大专项，保障国家科技重大专项（以下简称“国家重大专项”）的顺利实施，根据《科技部发展改革委财政部关于印发〈国家科技重大专项（民口）管理规定〉的通知》（国科发专〔2017〕145 号）等国家和本市有关规定，制订本办法。

第二条（配套资金管理部门）

国家重大专项上海配套资金审核小组（以下称“市审核小组”）由市科委、市发展改革委、市财政局组成，其日常受理机构设在市科委。

本市国家重大专项牵头责任部门（以下简称“市责任部门”），是指为申请国家重大专项的本市单位出具地方政府配套资金（以下简称“配套资金”）承诺的主管部门。

第三条（配套资金管理职责）

市责任部门负责对本市项目承担单位承担国家重大专项提供配套资金并实施管理。

市审核小组负责对配套资金的综合平衡和总体监管，对配套资金立项、调整和变更进行审核。

第四条（配套资金支持方式）

结合国家重大专项组织实施的要求和项目特点，采取前补助、后补助等财政支持方式。

第五条（配套资金审核）

配套资金实行立项审核制度。

市责任部门应按照本办法有关规定，对拟推荐的项目和项目承担单位提出的配套资金方案进行预审，拟订配套资金相关承诺书，报市审核小组备案后，向中央有关部门或国家重大专项组织单位出具配套资金相关承诺书。经市审核小组评审确定予以配套资金的，所需配套资金列入市责任部门的部门预算，或由市财政在国家重大专项经费中统筹安排。

第六条（分类配套原则）

承担国家重大专项的本市项目承担单位，按照以下原则予以配套：

（一）对中央有关部门或国家重大专项组织单位有明确地方政府配套要求和比例的项目，原则上按照确定的比例予以配套；

（二）对中央有关部门或国家重大专项组织单位没有明确地方政府配套要求或比例的项目，按照实际获得国家拨付经费的 20%予以配套。

因特殊情况需要超比例提供配套资金的国家重大专项，由市责任部门提出资金配套方案建议，报市审核小组审定后予以配套。

第七条（配套资金使用范围）

项目承担单位应按照本市关于财政科研项目专项经费预算编制的要求按实编制预算，经市责任部门审核后，报市审核小组核定。

第八条（配套资金核拨）

配套资金的核拨与项目立项、中期执行情况检查和项目验收相结合，实行一次核准、分期拨款。

国家重大专项配套项目经立项评审确定后，由项目承担单位向市责任部门提交申报材料，市责任部门委托第三方评估机构开展配套资金预算评审后，报市审核小组核定配套资金预算总额。市财政局根据市审核小组的审核结果，按照财政资金支付管理的有关规定核拨。

国家拨付资金到沪后，项目承担单位向市责任部门分期申请配套资金时，应提供配套资金申请表、项目进展情况表及国家拨付经费银行到款凭证等材料。

第九条(配套资金使用)

国家重大专项配套资金的安排使用，应严格执行国家预算管理和财政资金管理有关规定，实行独立核算、专款专用，提高资金使用效益。配套资金开支范围与标准应与任务合同书一致，严禁超范围超标准开支。项目结束后，必须进行专项审计；结余的配套资金，留归承担单位使用，统筹用于科研活动直接支出。

第十条(信息统筹)

配套资金实行信息统筹管理制度，由市责任部门负责收集汇总国家重大专项的配套立项、中期执行和验收等信息后，报市审核小组，并按照规定在市研发公共服务平台上公布。

第十一条(配套资金监管)

市审核小组及市责任部门负责配套资金监管，并加强跟踪和检查。发生项目变更、中止、撤销等情况，应及时调整或取消配套资金。发现项目承担单位在配套资金的使用和管理上存在弄虚作假或违规行为，经市审核小组决定终止配套资金的，市财政局或市责任部门应停止拨付；情节严重的，追究项目承担单位的法律责任。

第十二条(解释及实施日期)

本办法具体解释工作由市科委会同市发展改革委、市财政局承担。

本办法自2023年7月1日起施行，有效期至2028年6月30日。

《关于推进张江高新区改革创新发展建设世界领先科技园区的若干意见》

沪府办规〔2023〕23号
2023年11月22日

上海张江高新技术产业开发区(以下简称“张江高新区”)是上海国际科技创新中心建设的主战场和上海打造世界级产业集群的主阵地。为进一步推动张江高新区高质量发展，更好落实创新发展战略，推动高水平科技自立自强，现就推进张江高新区改革创新发展，建设世界领先科技园区提出若干意见如下：

一、明确总体要求

(一) 指导思想

以习近平新时代中国特色社会主义思想为指导，全面贯彻落实党的二十大精神，深入贯彻习近平总书记对高新区建设作出的重要指示精神，按照市委、市政府决策部署，坚持科技事业发展“四个面向”，围绕科技创新工作“四个第一”，牢牢把握新一轮科技创新和产业发展的规律，紧紧围绕世界领先科技园区建设目标，以体制机制改革为牵引，以特色化发展为核心，以充满活力的创新生态为支撑，全力推动张江高新区从全国创新中心加速迈向全球创新高地，为上海建设国际科技创新中心提供动力引擎。

(二) 基本原则

1. 改革创新。坚持目标导向、问题导向，深化张江高新区体制机制改革，进一步明确各方责任，创新服务模式，营造市场化、法治化、国际化一流营商环境。

2. 统筹联动。坚持全市“一盘棋”，强化市、区联动，完善张江高新区所属园区联动，建立跨部门、跨层级、跨区域、跨园区的协调机制，加快集聚资源、政策、项目、资金，为张江高新区高质量发展提供强大合力。

3. 特色发展。突出“一园一特色”，提高主导产业集聚度，打造特色品牌，推动产业链向上下游延伸，为企业提供全生命周期服务，加快实现产业特色化、园区专业化。

4. 优胜劣汰。发挥好考核评估“指挥棒”作用，完善园区高质量发展考核评估体系，建立奖励和淘汰机制，形成比学赶超、争创一流的生动局面。

(三) 工作目标

对标世界领先科技园区，力争用三年时间，张江高新区基本形成统筹有力、权责一致、市区联动、协同高效的管理体制机制，打造主导产业初显、专业服务完善、空间相对集中、生态充满活力的高质量园区。

1. 产业特色进一步显现。培育一批具有标杆示范意义的世界一流企业，重点园区实现主导产业特色化发展。到2025年，“独角兽”“隐形冠军”企业超过100家，三大先导产业总规模占全市85%以上。

2. 服务水平进一步提升。各园区提供高效便捷政务服务，运营机构的专业化、国际化水平明显提升，产业基础设施、公共服务配套和全链条科技服务更加完善。

3. 园区布局进一步优化。引导园区规模化、集约化运营和集中连片开发，逐步调整优化“小、散”地块，实现园区运营共享、服务共享。到2025年，3—5家园区达到万亿元级产业规模。

4. 创新生态进一步完善。各类人才持续汇聚，科技金融、知识产权等高效赋能，科技成果转化和创新创业载体加快建设。到2025年，三大先导产业人才规模达到80万人，高质量孵化器数量达到20家，日均新增科技企业200家。

二、构建协同高效的管理体制机制

(一) 强化市级统筹

在上海市推进科技创新中心建设领导小组的领导下，加大统筹协调力度，推动落实重大事项，建立跨部门、跨层级、跨区域、跨园区协调机制。各相关市级部门根据各自职责，在规划、土地、环保、能源等方面，加强对张江高新区发展的指导和支持。

(二) 落实主体责任

各相关区要高度重视园区建设发展，建立区主要领导牵头的统筹协调机制,实行提级管理,制定园区改革创新建设世界领先园区行动方案,对年度重点工作实行清单化管理、项目化推进、责任化落实,聚焦规划、土地、人才、政策、项目等,解决发展建设中的重大问题。

(三) 做实管理机构

园区应加强实体化管理机构建设,负责提供产业发展、规划建设、投资促进、市场准入和税务等"一门式"政务服务,实现"园区事、园区办"。不具备成立实体化管理机构条件的园区,由区政府明确管理部门,配强管理专班,提供政务服务。

(四) 做强运营机构

各园区组建国际化、专业化、市场化的运营机构,并强化创业孵化、成果转化、专业培训、投融资等专业服务,切实提升服务企业水平。

(五) 强化考核评估

建立完善园区考核评估体系,加强产业发展、创新创业、营商环境、专业服务等方面考核。强化考核评估结果运用,按照年度考核结果,开展园区综合评价排名,实施动态调整,对不合格的园区实行"一次通报、两次摘牌"。

三、建设各具特色的高质量园区

(一) 打造主导优势产业

各园区根据全市"2+(3+6)+(4+5)"产业布局,结合资源禀赋和功能定位,明确主导产业及细分领域。原则上各园区明确的主导产业不超过3个。加大产业结构调整力度,拓展产业链宽度、挖掘创新链深度,形成产业集聚优势。市、区两级的资源要素,优先向产业优势明显的园区集聚。为产业发展创造条件,加大土地储备和净地供应力度,加快标准地出让和标准厂房供给,做到"让空间等项目"。

(二) 培育世界一流企业

各园区建立企业梯度培育体系,实施世界一流企业优育工程。针对科技领军企业和"链主"企业,精准定制政策"服务包"。针对"独角兽""隐形冠军"、专精特新等高增长企业,提供市场应用、产业融通、融资对接等专项服务。支持大企业牵头组建创新联合体,打通产业链,推动上下游企业融通创新。弘扬企业家精神,鼓励园区建立与企业家的定期交流沟通机制。

(三) 强化园区综合服务功能

各园区要强化政务服务、产业基础配套服务、市场拓展服务,打造线上线下一体化服务平台。推动生活配套、办公空间、仪器设备等开放共享,推进"工业上楼"等空间复合利用模式,提供优质丰富的配套服务。建设"首创"应用场景示范基地,加快企业"首发"产品和服务的市场拓展。

(四) 提升园区专业服务水平

各园区围绕主导产业,聚焦产业细分领域和关键环节,建设一批概念验证、中试服务、检验检测等技术平台,提供全链条技术服务。集聚一批金融、法律、财务、人力资源、技术交易等服务机构,提供全方位市场服务。鼓励有条件的园区通过联合经营、委托经营等方式,将空间载体向高效运营机构集中,实现高品质的运营和服务共享。

(五) 推动大学科技园改革创新发展

强化大学科技园发展协调推进机制,探索新型大学科技园管理服务模式,立足核心功能定位,提升专业化服务能级。统筹优化空间布局,汇聚各类创新资源要素,服务支撑高校科技成果转化和师生创新创业。

四、打造充满活力的创新生态

(一) 培育高质量孵化器

各园区要建设若干高质量孵化器,提升硬科技创新策源、颠覆性科技成果转化、高成长科技企业孵化和全要素资源整合能力。推动高质量孵化器与园区建立长效合作和接力孵化机制。建立对高质量孵化器的分类评价体系,推动现有孵化器专业化转型。

(二) 促进科技金融精准赋能

强化政府创新基金的导向作用,引导社会资本投早、投小、投硬科技、投长期。鼓励专业风投创投机构,聚焦细分领域,探索"孵投联动""超前孵化"等模式。支持科技领军企业设立企业风险投资基金。推动商业银行与创业投资机构、股权投资机构合作,创新"投贷联动"等多样化科创金融服务模式。

(三) 加大人才培育力度

加强产教深度融合,实施国家工程硕博士培养改革专项试点,加快建设企业博士后科研工作站。各园区围绕主导产业,建立多元主体常态化培训机制,组织开展紧缺急需人才、高技能人才、产品经理、职业经理人等专项培训,培养懂产业的科学家、懂技术的企业家、懂管理的创业者、懂服务的运营团队,深化人才全周期服务。

(四) 强化知识产权保护和运用

各园区要按照"快速预审、快速确权、快速维权"要求,为企业提供知识产权协同保护、纠纷解决、维权援助服务。鼓励园区加强知识产权运用,布局重点产业知识产权运营中心,探索知识产权质押贷款、融资担保、证券化、保险等产品创新。支持各园区争创国家级、市级知识产权保护示范区。

(五) 融入全球创新网络

鼓励搭建国际交流合作平台,推动科研数据、人才和资金等创新要素跨境流通便利化。促进"一带一路"国际合作,支持企业"走出去",为企业提供政策咨询、投资促进、风险防范、争议解决等高标准国际化一站式服务。支持企业建立全球创新合作网络,充分利用全球创新资源,提高资源配置能力。

五、保障措施

(一) 加强联动发展

强化市、区综合联动,市、区两级形成合力引导各园区聚焦主导产业,实现特色发展。强化园区协同,完善"一区22园"跨园区协作机制,推进研发与制造区域协同发展,推动园区产业向五个新城等区域辐射。

(二) 开展先行先试

鼓励各园区大胆闯、大胆试、自主改,探索改革创新举措。发挥“双自联动”叠加优势,继续推出一批先行先试政策和制度创新。加快公司型创业投资企业股权转让所得税试点、专利快速审查绿色通道、产业用地弹性规划等在各园区复制推广。

(三) 加强政策支持

市级层面聚焦张江高新区高质量发展,在资源供给、规划布局、项目落地、专项资金等方面给予支持,在改革创新发展成效明显的园区优先落地市级重大项目。各相关区构建支持园区改革创新发展的政策体系,落实各项保障措施。优化调整张江专项资金支持结构,在企业自主创新、成果转化、园区产业配套等方面加大支持力度。

(四) 强化示范引领

发挥标杆示范作用,及时总结各园区改革创新发展的经验做法,对成效突出的园区进行表彰。加大对改革措施、创新成果、典型案例的宣传力度,营造勇于改革创新、建设世界领先科技园区的氛围。

本意见自 2023 年 11 月 30 日起施行。

《上海市大学科技园改革发展行动方案》

沪府办规〔2023〕30 号
2023 年 12 月 31 日

大学科技园是国家创新体系的重要组成部分,是高校实现社会服务功能的重要平台,对加快实施创新驱动发展战略、实现高水平科技自立自强具有重要意义。为加速推进本市大学科技园高质量发展,制定本行动方案。

一、指导思想

以习近平新时代中国特色社会主义思想为指导,全面贯彻落实党的二十大精神,深入贯彻习近平总书记考察上海重要讲话精神,按照市委、市政府决策部署,坚持科技是第一生产力、人才是第一资源、创新是第一动力,深入推进高校科研体制改革、人事制度改革和人才培养模式改革,进一步强化大学科技园科技成果转化、科技企业孵化、科技人才培养、集聚辐射带动等核心功能,顺应新形势新任务,开辟新领域新赛道,塑造新动能新优势,为上海国际科技创新中心建设提供坚实支撑。

二、工作原则

(一) 改革体制机制

以高校体制机制改革带动大学科技园高质量发展,破除体制机制障碍,提升科技创新和人才培养成效,形成高校科技成果转化项目早期发现、接续孵化、高质量成长的孵化转化机制。

(二) 强化创新理念

充分发挥大学科技园科技创新重要策源地和承载地的作用,秉持全过程、全链条创新理念,进一步完善与市场紧密结合的高校科技成果转化体系,提升高校师生创新创业意愿和能力。

(三) 提升服务能级

优化高校与大学科技园联动发展体系,形成高校科技创新、转化支撑和大学科技园首站承接、企业孵化之间的良好互动,集聚各类创新资源,提升大学科技园全链条专业化服务能级。

(四) 营造创新生态

立足核心功能定位,各方协同建设以大学科技园为核心的环高校创新创业集聚区,形成富有活力的高校创新创业生态体系,营造“师生愿意来、资本愿意投”的创业氛围,塑造先进创新文化。

三、发展目标

到 2027 年,高校校区、科技园区、城市社区“三区联动”进一步融合发展,大学科技园作为高校科技成果转化首站和区域创新创业核心孵化园的属性更加凸显。高校体制机制改革不断深化,大学科技园管理运营机制不断完善,创新实践一批特色鲜明、具有针对性的改革发展模式,成功转化一批高价值的科技创新成果,孵化一批未来特征明显的高成长企业,培养一批多学科交叉融合的创新创业人才,基本建成多层次、开放性、国际化的大学科技园生态体系,有力支撑高校创新和区域发展,形成科技创新“核爆点”。

四、主要任务

(一) 深化高校体制机制改革,激发创新活力

1. 加强高校规划引领。支持高校将大学科技园的建设和发展纳入整体发展规划,更加突出大学科技园的科技属性。高校应将大学科技园体制机制改革作为重大事项纳入党委会、校长办公会等议事内容,因校制宜、主动作为,及时协调解决相关困难和问题,推动大学科技园高质量建设。(责任单位:市教委、市科委、相关高校)

2. 深化科研体制改革。支持高校强化原创性、引领性科学研究和关键核心技术攻关,产出更多高质量的创新成果。支持高校根据学科特色,优化校内科研组织模式。支持高校构建开放创新生态,主动适应科学研究范式变革。支持大学科技园参与科研前端研究,进行超前孵化,引导高校科研人员开展与产业链、创新链紧密结合的基础研究。(责任单位:市教委、市科委、相关高校)

3. 深化人事制度改革。深化落实教育评价改革总体方案,坚定不移“破五唯”,建立以创新价值、能力、贡献为导向的人才评价体系。高校应按照基础研究、应用研究、科技成果转化等类别,制定相匹配的评审标准和业绩要求。支持高校与大学科技园及入驻企业开展人才互聘,鼓励高校教师、企业家、投资者担任大学科技园创业导师。(责任单位:

市教委、市科委、市人力资源社会保障局、相关高校）

4. 深化人才培养模式改革。坚持价值塑造、能力培养、知识传授"三位一体"，培养更加具有创新精神和能力的创新创业人才。依托大学科技园，推动本科生和研究生实习实践模式改革，将大学科技园建设成为科教融汇、产教融合、人才培养的重要阵地。（责任单位：市教委、市科委、相关高校、相关区）

（二）强化大学科技园专业化建设，提升服务能力

1. 探索新型管理服务模式。探索构建由高校、所在区、科技领军企业等共同参与的大学科技园统筹协调机制，将大学科技园打造成为集社区管理、企业运行等功能于一体，多方参与的成果转化孵化和师生创新创业平台。支持大学科技园协同所在区推进"一门式"服务点建设，为企业和创业者提供技术、创业、人才、金融等一站式服务。（责任单位：市科委、市教委、相关高校、相关区）

2. 构建专业化服务体系。支持大学科技园聘请高水平、专业化的运营管理团队，引入法务、投资、知识产权等服务机构，建设集成化服务平台，让园区企业"足不出园"即可享受高质量服务。建设概念验证中心和中试基地，为高校科技成果从早期挖掘到后期熟化提供专业化支撑。（责任单位：市教委、市科委、市经济信息化委、相关高校、相关区）

3. 融入高校技术转移体系。支持高校建立技术转移融合机制，推动大学科技园融入高校技术转移体系，鼓励采用成果转化专员、人员兼职、双聘双挂等形式，推动校内外专业化队伍强耦合。支持高校建立科技成果转化项目主动挖掘制度，高校技术转移中心和大学科技园及时介入对接转化，提供接力孵化服务。（责任单位：市教委、市科委、相关高校、相关区）

4. 支撑服务师生创新创业。支持高校依托大学科技园等资源，建立师生创业培训平台，组建以企业家、投资人为骨干的创业培训师资队伍，开发"理论＋实践"课程，开展形式多样的创业培训或讲座沙龙。支持高校发挥大学科技园载体作用，建立信息沟通平台，采用创业合伙人、先投后股等多种灵活方式促进师生创业，提供针对性辅导。（责任单位：市教委、相关高校）

（三）加快创新资源要素集聚，形成发展合力

1. 统筹优化空间布局。推动高校学科、人才优势和所在区特色产业联动，市、区、校、企协同做强做大以大学科技园为核心的环高校创新创业集聚区。支持在松江区、奉贤区、临港新片区等高校资源集聚的区域建立"联合大学科技园"或环高校创新创业集聚区。加强大学科技园和龙头企业、高新技术产业开发区、特色产业园区联动，为科技企业创新发展接续助力。（责任单位：市科委、市教委、市经济信息化委、上海科创办、相关高校、相关区）

2. 推动高校创新资源开放。推动高校更好开放校内实验仪器、图书信息、公共数据等科研资源以及相关公共服务配套设施，保障大学科技园及在孵企业、团队便利使用。鼓励大学科技园主动研判跟踪未来产业、颠覆性技术发展趋势，向校内科研团队提供市场化链接渠道。（责任单位：市教委、市科委、上海科创办、相关高校、相关区）

3. 对接市场化转化服务机构。鼓励大学科技园与上海技术交易所、国家知识产权运营（上海）国际服务平台、国家技术转移东部中心等平台建立合作关系。支持高校、大学科技园与技术转移相关的知识产权、法务、财税、证券投资、孵化培育等市场化服务机构对接，支撑师生科技成果转化和创新创业活动。（责任单位：市科委、市教委、上海科创办、相关高校、相关区）

4. 引入多元化科技金融服务。支持大学科技园与天使投资、创业投资、产业投资等合作，吸引社会资本投早、投小、投硬科技。进一步发挥上海市大学生科技创业基金会和各高校分基金会作用，为在校大学生和毕业生创业提供天使基金资助。鼓励高校联合社会资本探索成立大学科技园成长基金，按照市场化机制运营，形成培育孵化高校原创科研成果的联动生态。（责任单位：市科委、市教委、市发展改革委、市地方金融监管局、上海科创办、相关高校、相关区）

（四）建立专班机制

高校应成立主要领导牵头的大学科技园建设工作领导小组，建立健全高校技术转移、科研、人事、资产等部门与大学科技园联动协同的工作专班机制，推进大学科技园改革发展。市、区、高校每年投入资金，引导支持大学科技园提升能力。（责任单位：市教委、市科委、相关高校、相关区）

（五）加强协调保障

发挥市促进科技成果转移转化联席会议作用，研究大学科技园改革发展情况，协调解决大学科技园改革发展中的问题，总结推广试点经验，促进大学科技园高质量发展。（责任单位：市科委、市教委、相关高校、相关区）

本方案自 2024 年 1 月 1 日起施行。

《上海市推动人工智能大模型创新发展若干措施（2023—2025 年）》

沪经信智〔2023〕608 号
2023 年 10 月 20 日

为深入贯彻国家发展新一代人工智能的战略部署，落实《上海市促进人工智能产业发展条例》，推动本市大规模预训练模型（以下简称"大模型"）创新发展，构建开放安全创新生态，加快打造人工智能世界级产业集群，制定以下措施：

一、着力支持大模型创新能力

1. 实施大模型创新扶持计划。支持引进高水平创新企业，支持本市创新主体打造具有国际竞争力的大模型，鼓励形成数据飞轮，加速模型迭代，对取得重大成果的予以专项奖励。支持本市相关主体开展通用人工智能基础理论、科学智能、具身智能、城市大模型等前沿研究,研发下一代模型架构和训练方法。在战略性新兴产业、产业高质量发展、科技重大专项等市级专项中重点支持大模型创新。

2. 建立大模型测试评估中心。聚焦性能、安全、伦理、适配等方面,建设国家级大模型测试验证与协同创新中心,并鼓励大模型创新企业依托中心开展相关测试评估。支持本市相关主体主导或参与国家大模型相关标准制订。

二、提升创新要素供给能级

3. 实施大模型智能算力加速计划。打造市级智能算力统筹调度平台,构建规模化先进算力调度和供给能力。对符合条件的智算中心,在能耗指标等方面予以绿色通道优先支持;加快临港、金山、松江等重点智算产业集聚区建设。加强市区联动,对 2024 年底前在沪完成智能算力部署并纳入统筹、接受调度的算力建设主体,经评估给予适当额度的部署奖励;对租用纳入本市统筹调度的算力进行大模型研发的本市主体,经评估按算力集群规模和成果水平给予最高 10%的租用补贴。建设市域极速智能算力承载网,实现市域智能算力中心间 100 Gb/s 以上高速直连和毫秒级时延。

4. 构建智能芯片软硬协同生态。面向大模型研发和应用,支持本市智能芯片企业开展规模化应用和验证。支持打造智能芯片软硬适配体系,降低企业适配成本。在沪建设智能芯片和软硬件适配测评中心。将符合条件的软硬适配相关产品纳入首批次、首版次的支持范围。

5. 语料数据资源共建共享。组建大模型语料数据联盟,鼓励多元主体共同推动高水平语料数据要素建设。建立语料数据知识产权保护框架,充分利用区块链等技术,深化以贡献为导向的激励机制和评估认证机制。依托上海数据交易所建立语料数据交易板块。

三、推进大模型创新应用

6. 实施大模型示范应用推进计划。重点支持在智能制造、生物医药、集成电路、智能化教育教学、科技金融、设计创意、自动驾驶、机器人、数字政府等领域构建示范应用场景,打造标杆性大模型产品和服务。推动大模型赋能产业互联网平台应用。将符合条件的大模型应用纳入人工智能示范应用清单和创新产品推荐目录。支持本市国有企事业单位开放大模型应用场景,优先采用经测试评估的大模型产品和服务。

7. 推进科学智能大模型应用。支持相关主体建设科学智能创新中心、算法创新基地等平台,协调算力资源和科研数据集,推动科学智能大模型在生命科学、工程计算、气象等领域应用,打造科学研究新范式。

四、营造一流创新环境

8. 打造企业、人才集聚的大模型创新高地。鼓励浦东新区、徐汇区等建立大模型生态集聚区,聚焦大模型研发和产业化加大支持力度;鼓励自贸区临港新片区探索大模型相关国际交流合作。优先推荐大模型创新重点人才纳入国家和本市相关高层次人才计划,重点支持大模型相关紧缺技能人才落户。组织企业、高校、科研机构联合培养跨学科大模型人才。

9. 推进大模型应用生态建设。打造开源大模型行业应用创新生态空间,支持大模型开源社区和协作平台建设,引进培育大模型相关初创团队,加强行业大模型在垂直领域的深度应用,构建开放协同产业生态。

10. 建立常态化服务机制。对由大模型驱动的具有舆论属性或社会动员能力的互联网信息服务,开展常态化联系服务,加强合规指导,推动相关主体按照规定履行安全评估、算法备案等相关程序。在相关集聚区内,探索创新监管机制。

11. 加大投入力度。全方位推动大模型及相关领域发展,进一步做强人工智能产业基金,更好引导社会资本参与,加大对本市人工智能产业的资源投入力度。

本通知自发布之日起施行。

《上海市计算生物学创新发展行动计划(2023—2025 年)》

沪科〔2023〕148 号
2023 年 5 月 31 日

为深入贯彻习近平总书记关于数字中国的重要指示精神,抢抓上海计算生物学创新发展的战略机遇,建设具有国际影响力的计算生物学创新高地,赋能生物经济和数字经济的发展,根据《上海市建设具有全球影响力的科技创新中心"十四五"规划》《上海市战略性新兴产业和先导产业发展"十四五"规划》,制定本行动计划。

一、指导思想

以习近平新时代中国特色社会主义思想为指导,坚持"四个面向",立足学科交叉融合不断发展、科学研究范式发生深刻变革的发展阶段,结合跨模态大数据迅速积累、人工智能算力急剧提升、可变现应用场景不断增加的发展趋势,针对可计算建模、可定量预测的发展特征,以推动数字技术和生物医药深度融合为主线,强化研发、技术、产品、场景、生态系统推进,有组织推进前沿导向的底层技术开发、战略导向的工具迭代优化、应用导向的平台体系建设,加快实现用我国自主的计算生物学技术与方法来解决关键科学研究问题、药物研发和重大疾病防诊治难题,有力推动计算生物学领域高质量发展。

二、基本原则

——坚持科学引领。遵循科学发展规律和重大应用需求,充分发挥上海生命科学和医疗领域的基础优势,以关键科学问题为引领,以大规模数据和典型应用场景为依托,加快形成具有上海特色的计算生物学研发体系。

——坚持系统布局。着眼于生物技术和信息技术的相互赋能、融合突破,衔接布局创新链和产业链,联动各方资源,加强研发、技术、人才、资本等要素的集聚,加快推动研究成果转化应用。

——坚持自主创新。以原始创新、自主开发为重要标准,充分激发各类创新主体活力,打造人无我有、人有我优的原创理论和核心产品,将计算生物学打造成上海国际科创中心的策源标杆之一。

三、主要目标

到2025年,建立基于建模、预测、应用全链条的计算生物学研究范式,初步建成生物大数据平台等基础设施,培养、引进一批计算生物学人才,在多模态数据理论算法、蛋白质工程、AI药物研发等领域率先实现重大理论突破,开发出一批具有自主知识产权和国际影响力的算法模型和软件,加速催生一批面向生命健康的颠覆性新技术,产出一批可有效规模化应用的新工具、新标准与新产品,为形成计算生物学领域的优势学科,把上海打造成计算生物学领域创新思想、科研范式和重大应用的策源地奠定基础。

四、实施重点项目攻关

围绕算法开发、模型构建、AI药物设计等基础研究与应用基础研究进行系统布局。

方向一:生物大数据解析的共性算法。面向多尺度生物大数据解析的共性问题,发展生物医学大数据挖掘与解读的共性算法,开发面向跨尺度、多模态组学数据和真实人群多维组学数据的算法与模型,建立生物分子网络逆向工程模型和生物系统数字模型。

方向二:蛋白与核酸设计改造。发展人工智能助力的分子动力学和增强采样算法,开发我国独立自主的大分子结构预测与设计的算法和软件,构建大分子结构解析及其互作的分析计算流程和预测模型,构建大分子工程AI设计平台,指导大分子改造实验和结构优化。

方向三:AI药物设计。发展AI药物研发的原创性算法、模型与计算平台,开发小分子药物大模型和生成算法,建立人工智能增强的抗体药物和肽类药物大模型与设计平台,发展中药复方药理药效预测模型,研发具有协同药效的现代复方。

方向四:重大疾病精准诊疗关键技术。发展原创计算建模手段和预测算法,探索肿瘤、衰老、心身疾病、神经退行性疾病等重大疾病中的多层次生物大数据规律,发现诊断标志物和潜在药物靶点,建立高风险毒株预测方法,促进临床和公共卫生转化应用。

五、保障措施

(一)设立专项支持

1. 在市科委科技创新行动计划中设立"计算生物学"专项。聚焦结构、组学、类器官、个体等多维度的生命科学重大问题和主要目标,以全链条创新的理念布局算法、模型构建、药物生成等基础研究方向,构建计算生物学的创新源头。

2. 积极谋划布局市级科技重大专项。依托上海优势,面向上海需求,围绕"一站式"药物研发工具、数据驱动的疾病机制研究和靶点发现、衰老机制研究与干预等领域,有组织开展前期预研,适时部署市级科技重大专项,将上海在计算生物学领域的优势力量有机整合起来,形成资源共享、优势互补的科研生态。

(二)建设创新平台体系

3. 建设上海生物大数据平台。基于现有数据资源,进一步强化财政资金的引导作用,构建标准统一、强化应用的"核心+节点"数据库体系,形成我国自主可控的数据资源与核心技术,加强对数据安全和隐私保护的政策治理,为计算生物学的发展提供高质量基础保障,积极承接国家生物信息中心长三角节点建设。

4. 建设重点实验室。依托中科院在沪研究所、部属高校、科技型企业等各类主体,培育筹建计算生物学领域的全国和市级重点实验室,突破一批原创理论和共性技术。

5. 建设新型研发机构。建设高能级新型研发机构,联动有关企业机构,开展基础研究和应用基础研究,加强产学研合作,面向药物靶标、候选药物、诊疗技术等方向加快成果应用转化。

6. 成立计算生物学"创新联盟"。成立由高校、科研机构和主要企业共同组成的创新联盟,通过协同创新,促进共性算法、模型开发、分子设计等关键环节的交流与合作,实施"赛马制""揭榜制"管理,提升科研攻关效率,形成该领域持续开发能力。

(三)衔接产业发展

7. 举办上海计算生物学大赛。设立该领域的上海大赛,引导高校院所及企业在算法、软件、结构等多个环节的原创产品积极亮相,建立以赛选项机制,吸引更多潜在用户,不断提高上海计算生物学在国内外影响力。

8. 带动创新能级提升。通过加强孵化,引导和培育"长期资本、耐心资本"等方式,加速技术产品化和产业化,实现全过程创新,孕育企业发展,带动全市计算生物学创新创业能级提升。

(四)加强人才引育

9. 培育优势学科。鼓励具有自主审核资格的高校、院所根据发展阶段设立"计算生物学"一级学科,建设全新课程资源和教学实践平台,加强研究生联合培养,构建该领域交叉专业人才培养体系,培养满足产业发展急需的创新型人才,为交叉学科提供更好的发展通道和平台。

10. 加强人才引进。优先吸引该领域具有全球号召力的顶尖科学家、企业家和投资家,同步完善领军人才落户、技术入股等方面的配套措施,加速提升上海科研原创水平、带动学科建设、推进产业发展、培养人才队伍。

《推进“大零号湾”科技创新策源功能区建设方案》

沪科合〔2023〕3号
2023年1月6日

为深入贯彻习近平总书记关于“提升上海科技创新中心科技创新策源能力”的重要指示精神,深入实施创新驱动国家战略,加快推进“大零号湾”科技创新策源功能区建设,制定本建设方案。

一、总体要求

(一) 基本情况

“大零号湾”科技创新策源功能区(以下简称“大零号湾”)规划范围北至S32申嘉湖高速,西至沪闵路,东至虹梅南路,南至黄浦江,总面积约17 km²。其中:核心策源区(“C”区),为上海交通大学、华东师范大学等高校院所,依托原始创新成果,为技术创新和产业创新提供支撑。成果转化区(“T”区),以沧源路、剑川路为主轴,主要承接高校院所成果转化项目落地以及师生“硬科技”创业。开放创新区(“O”区)包括紫竹高新区研发基地、江川滨江区域等,重点承接“T区”成长壮大的企业溢出和加速服务。

“大零号湾”可辐射至周边闵行经济技术开发区、莘庄工业区、临港浦江国际科技城等区域,总面积约120 km²;为高校院所成果转移转化项目发展提供产业承载和配套服务。

(二) 指导思想

以习近平新时代中国特色社会主义思想为指导,深入贯彻党的二十大精神,坚持科技自立自强,全面落实上海科创中心建设国家战略,以提升创新策源能力为着力点,以创新驱动发展、培育区域经济新动能为主线,强化原始创新能力提升、关键核心技术突破、高质量成果转化、前瞻新兴产业引领、高品质生态打造,将“大零号湾”打造成为上海科创中心的重要策源地和区域经济社会发展增长极。

(三) 基本原则

1. 坚持高端引领,前瞻布局。依托区域高校院所的高密度创新资源和高水平创新能力,聚焦未来前沿技术方向,前瞻布局未来新兴产业,打造科技创新策源高地。

2. 坚持“三区联动”,融合发展。打造高校校区、科技园区、城市社区“三区联动”升级版,推动与周边区域产业、商务、人文、艺术等融合发展,构建融通创新新格局。

3. 坚持开放共享,统筹推进。以全球视野谋划和推动科技创新,加快构筑全球互动的技术转移网络,吸引全球高端人才和资本落户,协同推进区域创新创业发展。

4. 坚持改革创新,示范引领。坚持制度创新、管理创新和模式创新,在策源能力提升、创新生态优化、体制机制改革等方面进行先行先试,形成示范引领成果。

(四) 发展目标

经过10年以上持续建设和发展,力争到2035年,“大零号湾”形成与黄浦江沿线外滩、陆家嘴、北外滩、前滩等区域错位发展新格局;原始创新能力显著增强,科技成果转化效能明显提高,“硬科技”创新创业活力持续迸发,高科技企业加速集聚,新兴产业规模持续增长,打造成为世界级“科创湾区”之一。

结合实际,分阶段目标为:

1. 近期:至2023年底,高层次人才和高能级科技企业加速集聚,基本形成高质量产业集群和高品质创新生态,成为区域经济社会发展新动能。全社会研发经费投入占GDP的比重持续保持全市领先水平,高新技术企业达600家以上,估值亿元以上企业达70家以上,上市企业达10家以上。

2. 中期:至2025年,形成一批基础研究和应用基础研究原创性成果,突破一批面向未来产业重点领域的关键核心技术,实现一批科技成果转移转化,孵化一批具有高成长性的科技企业,培育一批多学科交叉融合的创新创业人才。“大零号湾”基本建成,高新技术企业达1 000家以上,新增上市企业达20家以上,区域产值规模达千亿元级。

3. 远期:至2035年,原始创新能力显著增强,战略科技力量逐步夯实,产出一批具备全球前瞻性、引领性原创成果,形成万亿元市值的高技术企业集群。“大零号湾”全面建成创新能力突出、科技力量雄厚、原创成果丰富、成功践行新发展理念的科技创新策源地,成为国际知名、国内一流的科创“新名片”和“新地标”。

二、重点任务

(一) 实施创新策源功能强基行动

1. 提升高校院所创新策源能力。深化相关高校“双一流”建设,实施“基础研究特区”试点。聚焦“大信息、大健康、大能源”等领域,建设若干全国领先、国际一流的优势学科;聚焦人工智能、绿色低碳科学等重点学科以及高端装备、新型材料等重点技术领域,打造若干国家级科技创新基地(平台)。

2. 培育战略科技力量。依托相关高校全国重点实验室、国家工程研究中心、前沿科学研究中心等,推进海洋装备、芯片、机器人、新能源等未来技术研究布局。推进产学研合作,提升上海人工智能研究院、紫竹产研院等产业化平台的服务能级,开展跨学科、跨领域协同创新。

3. 建设一批高水平新型研发机构。推动建设一批承担国家和本市战略性科技创新任务的新型研发机构。促进企业和社会组织类新型研发机构繁荣发展,积极引导各类新型研发机构参与科技创新基地等平台建设。

4. 提升龙头企业创新主体支撑能力。支持领军企业牵头组建创新联合体,实现一批原始性关键核心技术创新突破。提升民营企业在技术自主创新和产业化方面的支撑能力。引导龙头企业开放资源,建设大企业开放式创新中心,赋能初创企业,实现大中小企业融通发展。

(二) 实施科技成果转化加速行动

1. 深化科技成果转化体系建设。围绕国家有关科技成果转化试点工作,落实职务科技成果权属改革、国际化成果转移转化、市场化技术转移机构培育等任务。持续推进高校技术转移机构专业化建设,充分发挥长三角高校技术转移联盟作用，引导和鼓励长三角高校成果转化落地。

2. 强化大学科技园核心功能。鼓励各方加大对大学科技园的投入，引导上海交通大学、华东师范大学等高校单独或与区政府及企业合作，通过投资设立大学科技园运营公司等方式，深度参与“大零号湾”建设，拓展载体空间，提升核心功能和能级，形成全国示范效应。支持上海交通大学科技园开展“未来产业科技园”建设试点；支持华东师范大学科技园闵行(紫竹)基地建设；支持上海电机学院培育建设市级大学科技园。

3. 推动高校创新资源开放共享。建立高校院所科技成果信息共享机制，构建科技成果项目库，完善科技成果信息汇交工作机制。推动高校院所的科研基础设施、大型科研仪器、数据文献、文娱设施等向创新创业企业、人才开放，并提供专业服务。

4. 完善科技金融服务体系。充分发挥各级各类投资基金对创新创业的支撑作用，支持大学科技园运营公司、资产经营公司等投资设立基金，扶持高校科技成果转化和孵化的早期项目和初创企业。推动科技金融产品和服务创新，建成多方联动、“投、担、贷”一体的科技金融服务生态。

5. 打造全生命周期转化孵化服务链。不断完善科技企业孵化器、大学科技园、成果转化基地、中试基地、高新区等载体融合发展架构。加快引进和培育一批高品质、国际化、专业化的研发转化平台和科技服务机构。多渠道举办各类高层次、品牌化的创业培训、学术论坛、创业大赛等活动，营造良好的创新创业氛围。

（三）实施前沿新兴产业引领行动

1. 打造生物医药产业集群。重点推进细胞疗法、基因疗法、RNA 疗法等前沿医疗技术研发与医学转化应用。依托人工智能技术、大数据平台，攻克智能医疗器械及软件、脑机接口、基因检测等领域前沿技术、关键核心技术，打造优势产品，培育一批具有国际竞争力的创新型企业。

2. 培育人工智能产业集群。聚焦智能硬件、智能机器人和智能驾驶等领域，围绕高端芯片、传感器、工业软件等核心技术，培育一批具有国际领先水平和自主知识产权的高能级企业。依托马桥人工智能创新试验区，推动通用 AI、XR 等新一代人工智能技术在数字社区、城市治理和公共服务领域的深度应用。

3. 构筑高端装备产业集群。聚焦航空航天、船舶海洋、轨道交通等领域，推动高端装备向智能化、数字化、网络化方向升级，着力突破核心组件及关键设备技术。聚焦新能源动力、复合材料以及信息功能材料等领域，加快原创核心技术突破，培育和集聚一批行业领军企业。

4. 布局未来产业新赛道。依托上海交通大学未来技术学院、前瞻创新研究院及华东师范大学上海国际首席技术官学院等，加强对数字经济、绿色低碳、元宇宙等新赛道产业布局。围绕未来智能、未来能源、未来空间等，打造未来产业创新高地，发展壮大前沿产业集群，构建未来产业先导区。

（四）实施创新创业人才集聚行动

1. 培育引进世界一流高层次人才。完善科技创新人才梯度培养建设体系，优化高层次科技创新人才培养机制。加大对科技领军人才团队的稳定支持，吸引世界一流高层次科技创新人才；对标国际通行规则和标准，优化完善管理运行机制，打造一批面向新兴、前沿领域的交叉融合创新团队。

2. 强化重点产业领域人才支撑。推进产教融合区域建设，探索体制机制创新，在校企协同开展集聚关键核心技术领域应用研究人才及团队培养等方面取得突破，培育一批产教融合型企业。聚焦重点产业，对关键核心技术领域应用研究人才及团队，实施动态调整并加大扶持力度。加大技能人才培养和激励力度，聚集一批高质量产业领域人才队伍。

3. 实施创新创业人才汇聚计划。设立创新创业人才支持计划，以赛事、项目、奖励等多元化形式支持和鼓励各类人才创业。依托相关高校、国家技术转移人才培养基地(东部)、闵行春申金字塔人才学院等机构，培育技术转化专业人才。结合战略需要和区域优势，探索建设科创学院，培养硬科技创业人才。

4. 强化以人为本服务保障。积极盘活存量资源，鼓励各类主体建设人才公寓，探索通过货币补贴、实物配租等“租、售、补”并举机制，满足多层次人才安居需求。加大交通、教育、医疗、文娱、商务等配套设施能级，重点提升基础教育水平，提升医疗服务水平和能力，为人才提供方便、快捷的生活配套服务。

（五）实施科创载体能级提升行动

1. 提升科创街区服务能级。优化剑川路和沧源路双创街区核心功能，鼓励国有、民营等各类主体进行载体改造升级，形成形态多元、体系完备的科创载体空间。实施环高校周边环境提升工程，建设剑川路科创大道、横泾港科创水街和环高校公园带，提升开放式街区形态和品质。

2. 促进工业园区转型升级。以常青工业园和智能医疗创新示范基地转型升级为依托，结合上海交通大学北校区建设，打造创新成果产业化重要承载地。优化常青工业园用地结构，推动工业用地集约复合利用，成为高校科技成果转化基地和中试基地。

3. 建设滨江沿线科创社区。吸引和培育一批科技类高能级、总部型企业入驻，打造龙头企业总部基地。探索以历史及工业遗产再生、老闵行历史记忆重塑和南部滨江新风貌树立为主体，打造创新产业、科创休闲、文化创新“三创”融合的活力滨水社区。

4. 加强信息基础设施建设。加快面向城市管理、民用航空、智能制造等领域 5G 专网建设，全面推进 5G 信号覆盖力度。提升光纤宽带网络服务能级，打造一批“光速楼宇”“光速园区”。深入推进 IPv6 规模部署和服务提升，加快在政务、金融、教育、工业互联网等行业融合应用。加快建设泛在立体、具备全要素感知能力的物联感知终端。

5. 营造人文艺术融合氛围。依托上海交通大学、华东师范大学在人文、艺术、设计和教育等领域的资源和优势，探索建设标志性艺术展演场所，集聚艺术服务机构，形成高质量人文艺术产品和服务，打造高品质人文艺术生活社区，提升区域的文化软实力。

三、保障措施

(一)建立工作推进机制

建立由分管市领导牵头,市相关部门以及闵行区、高校院所共同组成的"大零号湾"建设专项工作机制,定期召开会议,研究解决重要事项。市科委、市教委负责统筹协调推进工作;市级相关部门按照职责分工协作。闵行区牵头成立"大零号湾"管委会,负责区域规划、开发建设、项目推进和沟通协调等工作;上海交通大学、华东师范大学以及相关市属国企,承担相关职责任务。

(二)加大政策支持力度

充分用好开展"上海闵行国家科技成果转移转化示范区"建设、"上海交通大学科技成果转化专项改革试点"等形成的先行先试政策,以及"关于加快推进我市大学科技园高质量发展指导意见"等,强化政策联动效应。在市、区两级层面的项目布局、土地规划、税收优惠等方面依法依规给予"大零号湾"及区域内企业支持。将"大零号湾"纳入新时代上海加快建设高水平人才高地雁阵格局。探索由市、区政府部门联合设立"大零号湾"建设专项;引导和鼓励高校校友以及各类社会力量联合设立"大零号湾"专项基金。

(三)强化资源支撑保障

积极争取科技部重大科技成果产业化示范工程项目、人工智能智慧城市及重大工程应用场景落地。加大对重点学科、优质产业项目、重大设施平台、重大科技项目、科技成果转化基金、双创学院、人才项目、新兴技术应用场景等创新资源的统筹力度。市、区相关部门优化"大零号湾"区域的交通环境,加大人才公寓、公租房等住房供给,引入高端医疗资源建设高水平医院,强化基础教育资源导入。

(四)加强定期监测评估

建立年度任务分工落实、定期评价、科学监测和反馈调整机制。定期对建设情况开展自查和绩效评估,根据评估情况合理优化调整建设内容和推进机制。支持和引导相关高校联动"双一流"和"大零号湾"建设,逐步探索将"大零号湾"建设成效纳入对相关高校、区域等考核评价的相关评价指标体系。

《长三角科技创新共同体联合攻关计划实施办法(试行)》

沪科规〔2023〕1号

2023年4月6日

第一章 总则

第一条(实施依据) 为加快推进《长三角科技创新共同体建设发展规划》,根据《长三角科技创新共同体联合攻关合作机制》,在长三角科技创新共同体建设办公室领导下,按照长三角科技创新共同体建设工作专班部署,上海市科学技术委员会、江苏省科学技术厅、浙江省科学技术厅、安徽省科学技术厅(以下简称"三省一市科技厅(委)")联合制订本办法。

第二条(实施目的) 以"科创+产业"为引领,面向国家和长三角区域重点产业发展需求,发挥企业创新主体作用,布局关键技术攻关,促进产学研合作、大中小企业融通,引导以创新联合体等开放路径,带动项目、人才、基地、资金一体化配置,推动重点产业链关键核心技术自主可控。

第三条(资金来源) 长三角科技创新共同体联合攻关计划资金主要由中央关于引导、支持地方科技创新发展有关的资金进行安排,三省一市应共同加大投入,扩大长三角联合攻关的资金规模,鼓励长三角地市县级共同投入。

第四条(支持方向) 围绕集成电路、人工智能、生物医药等重点领域,聚焦2—3年可取得突破,且需要跨区域协同解决的创新需求,分批布局、协同攻关,生物医药类可以里程碑式分段推进。鼓励各地因地制宜,围绕重点产业培育、科技惠民示范等,自主布局联合攻关。

第五条(实施原则) 坚持市场主导与政府引导相结合,按照公平公正、诚实信用的原则,发挥财政资金带动作用,引导通过创新联合体、揭榜挂帅、赛马制等合作模式或组织方式,支持企业成为技术创新决策、科研投入、组织科研和成果转化的主体,促进区域创新要素自由流动、创新主体高效协同。

第六条(职责分工) 三省一市科技厅(委)负责落实本省(市)内联合攻关需求征集、评估、对接、项目实施等全过程组织工作;共同成立联合攻关专题推进组(以下简称"推进组"),负责联合攻关计划跨区域协调、综合管理。

第七条(平台支撑) 充分发挥国家科技管理信息系统公共服务平台(以下简称"国科管平台")的作用,为长三角联合攻关立项项目管理提供支撑。长三角一体化科创云平台(以下简称"云平台")提供长三角联合攻关项目需求发布、协同管理等功能支撑,加强与国科管平台、各省市相关平台的数据共享。

第二章 需求提出与对接

第八条(需求征集) 三省一市科技厅(委)面向若干重点产业领域,开展常态化的需求征集工作,共同征集符合条件的行业骨干企业的创新需求,引导企业凝练需要联合外部优势力量共同参与实施的揭榜任务。

第九条(需求评估) 三省一市科技厅(委)共同邀请有关行业专家,围绕攻关需求与国家战略相符性、有效性、清晰度,以及产业链中关键技术难题的紧迫性、必要性等方面进行评估,形成长三角科技创新共同体联合攻关重点揭榜任务清单建议,按程序报批后对外发布。

第十条(需求发布) 由三省一市科技厅(委)联合对外发布年度长三角联合攻关需求,面向国内外高校、科研院所等科研机构、科技企业等各类创新主体，征集解决方案。需求内容原则上不公开需求方，并根据该产业或技术领域实际简化发布信息。

发布内容一般包括攻关名称、攻关任务、对外揭榜任务、项目预计投入、拟对外揭榜资金。其中，攻关任务应提出关键技术突破、关键产品研制、重大工程或重点企业应用等场景目标；对外揭榜任务是为实现上述目标需要外部创新主体参与解决的研究内容。

第十一条(需求对接) 推进组将解决方案定期反馈至需求方，协助需求方通过组织项目路演、一对一交流等方式，细化创新需求，加速精准匹配。需求方应遵守公平公正的原则，力争找到真正解决问题的单位(科研团队)。

鼓励长三角区域国家综合性科技创新中心等战略科技力量积极响应企业需求，动态组织、集结科研优势力量，提出解决方案。鼓励通过长三角国际创新挑战赛等三省一市相关平台，扩大供需对接渠道。

第十二条(储备入库) 需求方找到解决方案的，可登录云平台，按要求补充相关信息，经审核后纳入长三角科技创新共同体联合攻关项目储备库。储备入库包括但不限于以下情形：

(一) 对外揭榜需求全部找到意向解决方案的，可入库，显示“揭榜成功”状态；

(二) 对外揭榜需求部分找到意向解决方案的，可入库，显示“部分揭榜成功”状态，需求方继续寻找合适的解决方案；

(三) 对外揭榜需求全部未解决，暂不入库，需求持续有效。

在攻关名称和任务不变的情况下，需求方可结合研发实际，调整其中部分对外揭榜需求，不影响其他揭榜任务按程序执行。

第三章 项目组织与管理

第十三条(项目申报) 三省一市科技厅(委)基于需求揭榜情况，组织专家研究编制长三角联合攻关指南，按程序报批后对外发布。

纳入储备库的单位，以及符合指南方向的其他长三角区域单位，均可登录国科管平台进行申报。项目承担单位包括牵头单位、子课题承担单位、参与单位，牵头单位(需求方)根据任务目标和研发实际，确定子课题承担单位、参与单位、项目负责人、核心团队等。项目承担单位中应包括三省一市两地及以上的单位，需求解决方作为子课题承担单位参与。

鼓励牵头单位构建跨学科、跨领域、跨区域的创新联合体，组织高校院所、产业链上下游单位、科技型中小企业等各类创新主体共同实施攻关任务。

第十四条(受理审核) 由工作专班指定的相关管理机构受理申报书，对申报书内容的相符性、完整性进行形式审查，形式审查通过后进入评审环节。形式审查不通过的，可通知项目牵头单位在一定期限内补交相关材料，如未按期补交的，形式审查不予受理。

第十五条(项目评审) 工作专班委托的相关管理机构会同三省一市科技厅(委)组织专家进行项目评审。评审专家从国家科技专家库中选取。原则上，评审频次为 1—2 次/年。

第十六条(项目立项) 三省一市科技厅(委)共同确定拟立项建议名单，提交工作专班按程序报审后予以立项。按照属地化管理原则，由三省一市科技厅(委)分别组织与牵头单位签订项目(课题)合同和任务书。

第十七条(资金使用) 项目立项时，三省一市科技厅(委)统筹资金预算实际，按照不高于项目投入的 30%，基于牵头单位所在地相关管理办法落实支持资金。探索项目经费“包干制”，激发科研团队创新创造活力。

牵头单位使用资金时，应符合中央、地方科研项目经费相关管理规定。项目验收前，牵头单位支付子课题承担单位的费用不低于双方技术合同额的 80%。

第十八条(项目实施) 项目实施周期一般不超过三年。项目承担单位应根据项目(课题)任务书确定的目标任务和分工安排，按照一体化组织实施的要求，履行各自的责任和义务，加强不同任务间的沟通、互动、衔接与集成，按进度高质量完成相关研发任务。牵头单位要发挥好项目统筹组织作用，按年度报送项目实施进展，项目到期前三个月按所在地相关管理要求做好验收准备工作。

第十九条(项目管理) 由牵头单位所在地科技厅(委)落实项目管理、验收等工作，加强服务。推进组建立清单式管理制度，配合做好协调保障和服务沟通等工作，及时跟踪评判项目执行情况、承担单位和人员的履约能力等。

三省一市科技厅(委)在遵循各地项目管理要求基础上，共同建立绩效创新导向的成果评价机制。项目验收时，应突出成果创新水平、转化应用绩效和对经济社会发展的实际贡献，鼓励引导社会资本支持联合攻关项目成果转化和产业化。

第二十条(监督评估) 按照国家有关管理办法和流程要求组织开展监督评估工作。项目牵头单位应当依据国家和所在地项目管理要求，建立健全内控制度和常态化的自查自纠机制，加强风险防控，强化管理人员、科研人员的责任意识、绩效意识、自律意识和科研诚信，组织其他项目承担单位积极配合监督评估工作。项目信用信息(含项目承担单位和负责人等)纳入国家和三省一市科研信用记录管理，作为今后参加有关项目(课题)申报和管理等的重要依据。

第四章 附则

第二十一条(范围扩展) 本办法实施中，探索拓展长三角联合攻关项目指南征集渠道方式，加强长三角地区与粤港澳、京津冀、中西部等区域的协同联动，依照有关规定予以推进。

第二十二条(实施日期和有效期) 本办法自 2023 年 4 月 6 日起施行，有效期至 2025 年 4 月 5 日。由三省一市科技厅(委)负责解释。

《上海市中央引导地方科技发展资金管理办法》

沪科规〔2023〕3号
2023年5月11日

第一章 总则

第一条(目的依据)

为规范上海市中央引导地方科技发展资金管理,提高引导资金使用效益,推进本市科技创新驱动发展,根据《中央引导地方科技发展资金管理办法》(财教〔2021〕204号)的规定,结合本市实际,制定本办法。

第二条(资金定义)

上海市中央引导地方科技发展资金(以下简称引导资金)是指中央财政用于支持和引导本市落实国家创新驱动发展战略和科技改革发展政策、优化区域科技创新环境、提升区域科技创新能力的中央和地方共同财政事权转移支付资金。

第三条(管理原则)

引导资金的管理和使用应当遵循以下原则:

(一) 坚决贯彻党中央、国务院决策部署,突出支持重点;

(二) 符合国家宏观经济政策和科技创新相关规划;

(三) 按照编制财政中期规划的要求,统筹考虑有关工作总体预算安排;

(四) 坚持统筹兼顾,结果导向,引导资金安排时统筹考虑国家和本市创新驱动发展战略实施情况,深入落实国家科技改革与发展重大政策,扎实推进自主创新,提升科技创新能力;

(五) 坚持公开、公平、公正,主动接受社会监督;

(六) 实施全过程预算绩效管理,强化资金监管,充分发挥资金效益。

第二章 组织管理和职责

第四条(管理职责)

引导资金由上海市科学技术委员会(以下简称市科委)会同上海市财政局(以下简称市财政局)管理。

市科委负责制定中央引导地方科技发展资金相关管理政策,根据中央财政下达的年度预算,会同市财政局合理分配预算、制定年度引导资金实施方案,推动开展项目储备,负责引导资金的日常监管、评估和绩效管理。

市财政局根据预算管理相关规定,按照年度引导资金实施方案,负责引导资金的预算下达、资金拨付等工作,会同市科委对引导资金使用情况开展监督检查,并实施全过程绩效管理。

第五条(使用引导资金的单位职责)

使用引导资金的单位作为项目的承担单位,是使用引导资金的责任主体,主要职责是:严格执行引导资金各项管理规定,建立健全科研、财务、诚信等内部管理制度;切实履行法人责任,规范管理使用资金,接受市科委等相关部门的指导、检查并配合开展绩效评价、监督检查和验收等工作;项目下设课题的,课题承担单位须接受项目承担单位的指导、协调和监督,对项目承担单位负责。

第三章 支持范围与支持方式

第六条(支持范围)

引导资金支持以下四个方面:

(一) 自由探索类基础研究。主要指聚焦探索未知的科学问题,结合基础研究区域布局,自主设立的旨在开展自由探索类基础研究的科技专项、科技基金等。

(二) 科技创新基地建设。主要指符合本市相关规划等建设的各类科技创新基地,包括依托大学、科研院所、企业、转制科研机构设立的科技创新基地(含省部共建国家重点实验室、临床医学研究中心等),以及具有独立法人资格的产业技术研究院、技术创新中心、新型研发机构等。

(三) 科技成果转移转化。主要指针对本市区域重点产业等开展科技成果转移转化活动,包括技术转移机构、人才队伍和技术市场建设,以及公益属性明显、引导带动作用突出、有效提升产业创新能力,惠及人民群众广泛的科技成果转化示范项目等。

(四) 区域创新体系建设。主要指国家自主创新示范区、综合性国家科学中心、可持续发展议程创新示范区、国家农业高新技术产业示范区、创新型城区/园区等区域创新体系建设,重点支持跨区域研发合作和区域内科技型中小企业科技研发活动。

第七条(支持方式)

为充分发挥资金的引导作用,提高资金使用效益,引导资金采用事前直接补助或事后补助等方式予以支持,并试点探索"包干制""揭榜挂帅"等多种管理模式。支持自由探索类基础研究、科技创新基地建设和区域创新体系建设的资金,可采用直接补助、后补助、以奖代补等多种投入方式。支持科技成果转移转化的资金,可采用风险补偿、后补助、创投引导等财政投入方式。

第八条(资金禁用)

引导资金不得用于支付各种罚款、捐款、赞助、投资、偿还债务等支出,不得用于行政事业单位编制内在职人员工资性支出和离退休人员离退休费,以及国家、本市规定禁止列支的其他支出。

第四章 项目和预算管理

第九条(项目征集)

市科委、市财政局按照科技部、财政部的要求,围绕国家和本市科技创新发展目标和年度工作重点征集项目。项目申请单位按照相关申报要求,向市科委提交申请材料。

对于符合财政部、科技部发布的申报指南的申报范围和要求的,市科委、市财政局编制项目实施方案,明确绩效目标、实施任务、保障机制以及分年度资金预算等,并按照项目申报要求向财政部、科技部提出申请,由财政部会同科技部等公开择优确定支持的具体项目。

第十条(项目评审)

市科委会同市财政局,参照本市科技计划管理的相关规定,组织专家或委托第三方专业机构进行项目评审工作,确定拟支持项目。

第十一条(项目储备库)

市科委、市财政局按照财政部、科技部有关引导资金项目储备要求,做好项目储备库建设,开展项目前期工作,提升储备项目质量。

第十二条(项目公示)

市科委和市财政局对拟使用引导资金资助的项目通过官方网站等媒介向社会公示,公示期不少于 7 日,公示无异议后组织实施,涉及国家秘密的内容除外。

第十三条(区域目标报送)

市科委会同市财政局按照相关规定向科技部、财政部报送当年引导资金区域绩效目标表,并抄送财政部上海监管局。

第十四条(年度方案报送)

市财政局会同市科委编制年度引导资金实施方案,随资金分配情况报科技部、财政部备案,并抄送财政部上海监管局。

第十五条(项目实施)

使用引导资金的单位应当严格履行法人责任,按照项目合同和绩效目标表的要求,组织项目实施,项目任务书所列绩效指标,作为项目验收的依据。

使用引导资金的单位应当及时向市科委报送年度工作总结、绩效评价等材料。

第十六条(预算执行)

采用直接补助方式进行支持的,需进行预算编制,项目承担单位应当按照下达的预算执行。引导资金主要用于项目实施过程中发生的与之直接相关的费用,主要包括按照国家科研经费要求编制和使用的设备费、业务费、劳务费等。

采用后补助、以奖代补等方式进行支持的,由单位先行投入资金开展研发活动、提供科技创新服务等,市科委根据实施结果、绩效等,事后给予补助资金。

采用本办法允许的其他方式进行支持的,具体形式在当年度编制的引导资金实施方案予以中明确。

第十七条(预算调整)

承担单位应严格按照合同和任务书规定的预算内容执行,确有必要调整时,设备费预算调剂权全部下放给项目承担单位,不再由项目管理部门审批其预算调增。除设备费外的其他费用调剂权全部由项目承担单位下放给项目负责人,由项目负责人根据科研活动实际需要自主安排。

第十八条(项目验收)

项目执行期满后,市科委针对项目任务完成情况和经费管理使用情况,采用项目综合绩效评价等方法开展项目验收工作。

项目承担单位应当在项目实施周期结束后,围绕项目任务完成情况和项目经费管理使用情况等撰写项目验收报告,并根据要求,委托具有本市科研计划经费审计资格的会计师事务所开展决算审计。

第十九条(结余资金)

引导资金用于支持财政科研项目的,结余资金按照《国务院办公厅关于改革完善中央财政科研经费管理的若干意见》(国办发〔2021〕32 号)有关规定执行。

引导资金用于其他方面支出的,结余资金按照国家和本市有关规定执行。

第二十条(资金支付)

引导资金支付按照国库集中支付制度有关规定执行。涉及政府采购的,应当按照政府采购法律法规和有关制度执行。

第五章 绩效评价与监督检查

第二十一条(绩效评价)

使用引导资金的单位应当建立健全全过程预算绩效管理机制,按规定科学合理设定绩效目标,对照绩效目标做好绩效监控、绩效评价,并按照要求报送绩效自评价报告。项目承担单位应当对上报信息的真实性、准确性负责。

市科委、市财政局按照全面实施预算绩效管理的要求,加强项目预算绩效管理,做好绩效信息公开,提高引导资金使用效益,并于每年 12 月 31 日前向科技部、财政部报送引导资金自评报告,并抄送财政部上海监管局。可以按照规定,引入第三方机构参与绩效评价工作。

第二十二条(监督管理)

市科委、市财政局及使用引导资金的单位应强化流程控制、依法合规分配和使用资金,实行不相容岗位(职责)分离控制。

市科委、市财政局加强资金分配项目申报及使用管理。不符合法律、行政法规等规定,相关目标已经实现或实施成效差、绩效低的项目,以及已从中央基建投资渠道获得中央财政资金支持的项目,不得申请引导资金支持。

市科委、市财政局建立全过程嵌入式的监督评估机制,对引导资金管理和使用中的相关主体的行为规范、工作纪律和履职尽责情况进行监督;配合财政部上海监管局按照财政部要求,对引导资金进行全面监管。发现违规使用资金、损失浪费严重、低效无效等重大问题的,应按照程序及时报告财政部、科技部等部门。

第二十三条(违规处理)

资金使用单位和个人在引导资金使用过程中存在各类违法违规行为的,按照国家有关规定追究相应责任。涉嫌犯罪的,依法移送有关机关处理。对严重违规、违纪、违法犯罪的相关责任主体,按照程序纳入科研失信行为记录。

市科委、市财政局及其工作人员在引导资金分配、使用、管理等相关工作中,存在违反本办法规定,以及其他滥用职权、玩忽职守、徇私舞弊等违法违纪行为的,依法责令改正;对负有责任的领导人员和直接责任人员依法给予处分。涉嫌犯罪的,依法移送有关机关处理。

第六章　附则

第二十四条(解释条款)

本办法由市科委、市财政局负责解释。

第二十五条(施行日期)

本办法自2023年6月1日起施行,有效期至2028年5月31日。《上海市中央引导地方科技发展资金管理办法》(沪科规〔2021〕5号)同时废止。

《国家科技重大专项资金配套管理办法实施细则》

沪科规〔2023〕6号
2023年6月29日

第一章　总则

第一条(目的依据)　为规范和加强国家科技重大专项地方配套资金的管理,提高资金使用效益,根据《国家科技重大专项资金配套管理办法》(沪府办规〔2023〕17号)(以下简称《办法》)等相关要求,制订本实施细则。

第二条(适用范围)　本实施细则适用于国家科技重大专项项目(课题)本市地方配套资金的申请、使用及相关管理活动。

第三条(申请条件)　凡承担国家科技重大专项任务的在沪单位,可向国家科技重大专项本市牵头责任部门(以下简称“市责任部门”)申请地方配套资金资助。

1. 项目(课题)牵头单位申请地方配套资金,应当同时满足以下条件:

(1) 项目(课题)已获得国家科技重大专项实施管理办公室的立项批复,牵头单位与国家科技重大专项实施管理办公室已签订任务合同书。

(2) 项目(课题)任务合同书中明确了项目(课题)牵头单位、负责人、研究目标与内容、考核指标、任务分工和时间节点等内容;任务合同书和预算书中明确了中央财政资金预算和地方配套资金预算。

2. 项目(课题)参与单位申请地方配套资金,应当同时满足以下条件:

(1) 项目(课题)牵头单位与国家科技重大专项实施管理办公室签订的任务合同书中明确了项目(课题)参与单位、负责人、研究目标与内容、考核指标、任务分工和时间节点、中央财政资金预算额度和地方配套资金预算额度等内容。

(2) 参与单位承担的任务有独立的预算,即明确了中央财政资金预算和地方配套资金预算。

第二章　支持方式及开支范围

第四条(支持方式)　地方配套资金根据项目(课题)立项时确定的性质,采取前补助、后补助等财政支持方式,并按照实际留沪中央财政资金的预算额度,以及《办法》明确的分类配套原则,分别确定地方配套资金支持额度。

第五条(开支范围)　重大专项项目(课题)地方配套经费由直接费用和间接费用组成。

1. 直接费用是指在项目(课题)实施过程(包括研究、中间试验试制等阶段)中发生的与之直接相关的费用,包括设备费、业务费、劳务费三个预算科目。

上述各费用支出按照上海市财政科研项目专项经费管理的相关规定执行。

2. 间接费用是指项目(课题)承担单位在组织实施重大专项过程中发生的无法在直接费用中列支的相关费用。主要包括承担单位为项目(课题)研究提供的现有仪器设备及房屋摊销费,水、电、气、暖消耗费,有关管理费用的补助支出以及绩效支出等。

间接费用采用分段超额累退比例法计算并实行总额控制,按照不超过地方配套资金资助总额的一定比例核定,具体比例如下:

(1) 100万元及以下的部分为8%;

(2) 超过100万元至500万元的部分为5%;

(3) 超过500万元至1 000万元的部分为2%;

(4) 超过1 000万元以上的部分为1%。

间接费用应纳入单位财务统一管理,统筹安排使用。承担单位应当健全间接费用的内部管理办法,公开透明、合规合理使用间接费用,处理好分摊间接成本和对科研人员激励的关系,绩效支出安排应当与科研人员在项目工作中的实际贡献挂钩。承担单位不得在核定的间接费用以外再以任何名义在地方配套资金中重复提取、列支相关费用。

第三章　经费管理

第六条(预算申报)　市责任部门应按实编报下一年度地方配套资金预算,报上海市国家科技重大专项上海配套资金审核小组(以下简称“市审核小组”)。

第七条(编制预算)　项目(课题)承担单位应根据立项批复和财政部投资评审中心出具的预算评审报告的结果,按实编制项目(课题)地方配套资金预算。

第八条(配套备案)　项目(课题)承担单位应在获得正式立项批复后的2个月内,及时将以下材料(各材料均须加盖公章,如材料为复印件,需对照原件,审核无误后注明与原件一致并加盖公章)报送至相关市责任部门备案,并申请地方配套资金预算评估。逾期不申报者,视为自动放弃。

1. 国家科技重大专项申报指南;

2. 国家科技重大专项立项批复;

3. 国家科技重大专项项目(课题)任务合同书;

4. 国家科技重大专项项目(课题)预算书;

5. 财政部投资评审中心出具的预算评审报告，预算评审申诉报告及复审意见等资料。

第九条(预算评估) 市责任部门应指派专人常年受理地方配套资金的申请，按要求进行形式审查，确保申请材料的完整性、合规性和准确性。

对通过形式审查的，市责任部门委托第三方评估机构进行预算评估。受托评估机构应依据目标相关性、政策相符性和经济合理性的原则，对各预算科目的开支范围、开支标准、测算依据等内容进行重点评估，出具预算评估报告并加盖公章。

市责任部门应及时通知承担单位根据预算评估报告修改预算。预算经市责任部门审核确认后，报市审核小组进行预算审核。

第十条(预算复核) 市审核小组委托相关机构对市责任部门审核通过的预算书进行复核。受托机构出具有关预算复核意见并反馈给市责任部门。市责任部门督促承担单位根据复核意见进行预算调整，并将修改后的预算书和预算评估报告报市审核小组。

第十一条(预算审核) 预算复核完成后，市责任部门应于当年9月30日前提请市审核小组召开地方配套资金审核会，并提交以下材料：

1. 承担单位提交的各项申请材料；

2. 由第三方评估机构出具的《国家科技重大专项上海市地方配套资金预算评估报告》；

3. 受市审核小组委托的相关机构出具的预算复核意见；

4. 市责任部门的地方配套资金建议方案。

市审核小组审核上述材料，提出审核意见并形成市审核小组会议纪要，按规定程序报批后，向市责任部门下达预算批复。

第十二条(分期核拨) 项目(课题)承担单位应在获得中央财政资金(以中央财政资金到款凭证日期为准)后的1个月内报送下列材料至市责任部门，申请拨付地方配套资金。

1.《国家科技重大专项上海市地方配套资金申请表》；

2. 中央财政资金到款凭证；

3.《国家科技重大专项项目(课题)进展情况表》(首次申请时无需提交)。

市责任部门审核上述材料后，填写《国家科技重大专项地方配套资金历次申请情况表》，连同市审核小组出具的预算批复和上述材料一并提交市审核小组委托的相关机构复核。市责任部门将受市审核小组委托的相关机构出具的资金申请复核意见和用款申请提交市财政局，市财政局按照市级财政资金国库集中支付的有关规定拨付地方配套资金。

第十三条(预算调整) 项目(课题)承担单位应严格按照批复的预算执行。确需调整预算的，按照以下程序办理：

1. 项目(课题)地方配套资金总预算发生调整，由市责任部门按照规定程序报市审核小组核批。

2. 项目(课题)地方配套资金总预算不变，项目(课题)承担单位变更引起的预算调整以及项目(课题)承担单位之间的预算调整，由项目(课题)承担单位提出申请，市责任部门按照规定程序报市审核小组核批。

3. 项目(课题)地方配套资金总预算不变，项目(课题)设备费预算调剂的，由项目(课题)负责人提出申请，承担单位统筹考虑现有设备配置情况和科研项目实际需求后，由承担单位自主决策。

4. 项目(课题)地方配套资金总预算不变，除设备费外的其他直接费用调剂，由项目(课题)负责人根据科研活动实际需要自主安排。承担单位应当按照国家有关规定完善内部管理制度。

5. 项目(课题)间接费用预算总额不得调增，经项目(课题)承担单位与项目(课题)负责人协商一致后，可调减用于直接费用。

第十四条(审计核查) 项目(课题)承担单位应在收到国家综合绩效评价结论后的1个月内向市责任部门报送综合绩效评价结果，及地方配套资金财务审计报告。

在项目(课题)财务审计结束后，市责任部门组织财务核查，对地方配套资金的使用和管理、预算调整以及净结余等情况进行严格审查和确认；对存在问题需要整改的，通知和督促承担单位在规定期限内完成整改并提交整改落实情况的书面报告。

项目(课题)通过财务核查后，市责任部门应在3个月内整理汇总项目(课题)审计核查等情况及相关材料，编写项目(课题)地方配套资金审计核查等情况报告，报市审核小组备案。市审核小组通过抽查方式进行监督检查。

第十五条(结余资金) 对于经国家综合绩效评价以及市责任部门审计核查结果确定需上交的结余资金，应由承担单位在收到综合绩效评价结论后1个月内按原渠道返还，并将结余资金的返还情况报市责任部门，由市责任部门报送市审核小组备案。

对于经国家综合绩效评价以及市责任部门审计核查确定留用的结余资金，由承担单位统筹用于科研活动直接支出。承担单位应优先考虑原项目(课题)团队科研需求，加强结余资金管理，健全结余资金盘活机制，加快资金使用进度。

第十六条(资金归垫) 对于确因项目(课题)任务需要，承担单位在预算执行中出现垫付地方配套资金的，应参照国家有关资金垫付与归垫的规定执行。

第十七条(后补助方式) 后补助项目(课题)经费参照国家和本市有关规定执行。

第十八条(政府采购) 地方配套资金使用中涉及政府采购的，按照本市政府采购有关规定执行。

第十九条(设备采购) 承担单位要简化购买科研仪器设备的采购流程，对科研急需的设备、耗材，可不进行招投标程序，采用特事特办、随到随办的采购机制，缩短采购周期。采购独家代理或生产的仪器设备，可采用单一来源等方式予以确定。采购进口科研仪器设备，由政府采购进口产品审核改为备案制管理。

第二十条(资产管理) 行政事业单位使用地方配套资金形成的固定资产属国有资产,一般由承担单位使用和管理,国家有权进行调配。企业使用地方配套资金形成的固定资产,按照《企业财务通则》等相关规章制度执行。地方配套资金形成的知识产权等无形资产的管理,按照国家和本市有关规定执行。

第二十一条(开放共享) 地方配套资金形成的大型科学仪器设备、科学数据、自然科技资源等,在保障有关参与单位合法权益的基础上,按照国家和本市有关规定开放共享,以减少重复浪费,提高资源利用效率。

第四章　监督管理

第二十二条(监督检查) 市审核小组及市责任部门通过预算评估、财务审计、财务核查、绩效评价、财政专项监督等多种方式实施监督检查,并主动接受市人大和社会的监督。

第二十三条(法人负责制) 地方配套资金实行项目(课题)承担单位法人负责制。承担单位应按照《办法》及本实施细则和国家以及本市财政财务管理的相关规定,结合本单位实际,建立健全地方配套资金内部控制、会计核算及财务管理制度,做好预算管理、资金管理、合同管理、政府采购、审批报销、会计核算和资产管理等,加强对地方配套资金的使用和管理。

第二十四条(年度检查) 实行地方配套资金年度检查制度。市责任部门结合日常监管工作组织开展年度检查工作,对项目(课题)的实施和管理情况、地方配套资金到位和使用情况等进行监督检查,形成年度检查报告,报市审核小组备案。对于存在重大问题的,由市审核小组会同责任部门组织抽查。

第二十五条(信息报送) 实行地方配套资金信息报送制度。市责任部门负责组织承担单位在规定时间内报送项目(课题)立项、中期执行和验收、资金预算申报及到位,以及重要成果的应用及其经济社会效益等各类信息,由市责任部门汇总整理后报市审核小组。

第二十六条(信用管理) 实行地方配套资金信用管理制度。市责任部门对项目(课题)承担单位、项目(课题)负责人、中介机构、评估评审专家等在地方配套资金使用和管理工作中的相关信用信息进行记录,作为今后审核相关单位和个人申请地方配套资金和参加评估评审等活动的重要依据。

第五章　附则

第二十七条(解释权) 本实施细则由市科学技术委员会会同市发展改革委员会、市财政局负责解释。

第二十八条(实施) 本实施细则自2023年7月1日起施行,有效期至2028年6月30日。

《上海市科技成果转化创新改革试点实施方案》

沪科规〔2023〕9号
2023年7月31日

为贯彻党的二十大精神,按照十二届市委三次全会部署,深化科技成果使用权、处置权和收益权改革,充分激发科研人员创新创造活力,促进科技成果转移转化,根据《"十四五"技术要素市场专项规划》《关于本市进一步放权松绑激发科技创新活力的若干意见》等文件精神,现就开展本市科技成果转化创新改革试点制定本实施方案。

一、总体要求

(一)指导思想

以习近平新时代中国特色社会主义思想为指导,全面贯彻党的二十大精神,把握加快建设具有全球影响力的科技创新中心契机,深入实施创新驱动发展战略,树立科技成果只有转化才能真正实现创新价值、不转化是最大损失的理念,创新促进科技成果转化的机制和模式,着力破除制约科技成果转化的障碍和藩篱,促进科技与经济深度融合。

(二)基本原则

夯实责任,增强动力。充分总结本市前期相关改革试点经验,形成推广举措;强化试点单位主体责任,提升参与试点的主动性。

市场决定,政府引导。遵循市场经济和科技创新规律,充分发挥市场配置资源的决定性作用,实现效益最大化和效率最优化。政府加强组织协调、政策引导、服务保障,实行审慎包容监管。

问题导向,精准施策。聚焦科技成果转化的"细绳子"堵点问题,注重改革举措的可操作性,统筹协调更多技术要素市场资源、汇聚更多专业力量,予以支撑保障。

(三)试点对象

面向本市改革试点意愿强烈、转化机制完备、科技成果转化示范作用突出的高等院校、科研院所和医疗卫生机构等科研事业单位,鼓励中央在沪科研事业单位参与实施。

二、主要任务

科技成果转化创新改革试点将围绕科技成果产权制度改革、科技成果运营管理、科技成果转化合规保障3个方面,包括7项改革试点任务、1项保障任务。

(一)赋予科研人员职务科技成果所有权

试点单位科研人员完成的职务科技成果所有权属于单位,为国有资产。深化科技成果产权制度改革,在明确单位科技成果转化权益前提下,试点实施职务科技成果全部或部分赋予成果完成人。试点单位可结合本单位实际,将单位所持有的职务科技成果所有权部分赋予成果完成人,试点单位与成果完成人成为共同所有权人;也可将留存的所有权份额,以技术转让的方式让渡给成果完成人,科研人员获得全部所有权后,自主转化。对可能影响国家安全、国防安全、公共安全、经济安全、社会稳定等事关国家利益和重大社会公共利益,以及涉及国家秘密的职务科技成果,不纳入赋权范围。

科技成果完成人应与团队内部协商一致,书面约定内部收益分配比例等事项,指定代表向单位提出赋权申请,试点单位进行审批并在单位内公示,公示期不少于15日。试点单位应与成果完成人签署书面协议,合理约定转化科技成果收益分配比例、转化决策机制、转化费用分担以及知识产权维持费用等,明确职务科技成果各方的权利和义务。

(二) 赋予科研人员职务科技成果长期使用权

试点单位可赋予科研人员不低于10年的职务科技成果长期使用权。科技成果完成人应向单位申请并提交成果转化实施方案,由其单独或与其他单位共同实施该项科技成果转化。试点单位进行审批并在单位内公示,公示期不少于15日。试点单位与科技成果完成人应签署书面协议,合理约定成果收益分配等事项。在科研人员履行协议、科技成果转化取得积极进展、收益情况良好的情况下,试点单位可进一步延长科研人员长期使用权期限。试点结束后,试点期内签署生效的长期使用权协议应当按照协议约定继续履行。

(三) 建立职务科技成果单列管理制度

充分赋予试点单位科技成果管理自主权,支持市级试点单位按照市级事业单位有关促进科技成果转化的简政放权国有资产管理政策,开展职务科技成果单列管理,中央在沪单位结合实际进行积极探索。

试点单位应遵循科技成果转化规律,落实职能部门、优化管理流程、完善考核方式,探索建立区别一般国有资产的科技成果资产管理制度,开展台账登记、权利维护、成果放弃等贯穿科技成果转化全链条的成果管理,完善科技成果资产确认、使用和处置等规范化的资产管理,建立健全市场导向的价值评估路径,推动科技成果管理从"行政控制资产"向"市场配置资源"转变。

试点单位将科技成果转让、许可或作价投资给国有全资企业的,可以不进行资产评估。试点单位将其持有的科技成果转让、许可或作价投资给非国有全资企业的,由单位自主决定是否进行资产评估。转化科技成果所获得的收入全部留归试点单位,纳入单位预算,不上缴国库,由单位用于科学技术研究开发与成果转化等相关工作。

(四) 建立专业高效的科技成果运营机制

试点单位应建立专门的技术转移机构(部门),加强经费保障。技术转移机构(部门)应建立专业高效、机制灵活、模式多样的科技成果运营服务体系,积极与第三方专业技术转移机构合作,建立利益分享机制,共同开展专利申请前成果披露、转化价值评估、转化路径设计、知识产权保护、技术投融资等服务,或委托其开展专利等科技成果的集中托管运营。

(五) 建立科技成果转化相关人员激励制度

试点单位应建立健全科技成果转化相关人员的岗位保障和职级晋升制度,根据科技成果转化和专业服务人员的人才特点,分类建立岗位考核、职称晋升机制。有条件的高校可开展技术转移方向学历教育,加强技术转移人才储备。

(六) 建立科研人员创业企业发展通道

建立产权界定清晰、收益分配明确的合规发展机制,支持试点单位通过赋予科研人员职务科技成果所有权或长期使用权方式,进一步打通科研人员创办企业的通道。允许试点单位对过往利用单位职务科技成果自主创办企业进行合规整改。

(七) 建立科技成果转化尽职免责制度

试点单位应夯实科技成果转化主体责任,明确在科技成果转化过程中的责任主体、责任范围、免责范围、免责方式、负面清单等事项,落实"三个区分开来"的原则,形成符合单位实际的尽职免责制度。

(八) 建立科技成果市场化评价与合规交易保障机制

本市技术交易场所应主动服务试点单位创新改革事项,建立适用科技成果单列管理等任务落实的科技成果权益登记服务制度,保障试点单位合规免责交易;建立合理可行的科技成果市场化评价机制,联动一批具有技术价值评估能力的专业机构,推动成果价值发现,支撑成果持有方转化决策和资金方投资决策。

三、试点要求

(一) 加强组织实施

试点单位应高度重视试点工作,成立科技成果转化领导小组或专项领导小组,做好单位内部科研、财务、国资、人事、纪检、审计等部门组织协调工作。

(二) 制定管理制度

试点单位应结合实际,对照任务事项开展试点,在试点后1年内建立配套管理制度,包括不同赋权方式的工作流程、决策机制,科技成果单列管理制度、尽职免责制度等;健全职务科技成果归属及转化收益分配、科研人员创业等机制。

(三) 强化支撑保障

试点单位应依托单位技术转移机构(部门)或指定相关管理机构落实试点任务。依托机构(部门)应主动挖掘可转化成果,联合第三方专业技术转移机构,做好成果转化服务,加强与大学科技园等孵化载体的协同,为转化成果形成衍生公司提供载体支撑。

(四) 及时总结报告

试点单位应做好试点工作总结,通过年度报告制度、技术合同登记等方式,按要求报告年度试点执行情况,及时梳理典型举措和存在问题。

四、试点保障

(一) 加强组织协调

在市促进科技成果转移转化联席会议制度下,市科委会同市相关部门建立改革试点工作专题推进组,做好与国家有关部门的沟通协调工作。至少每季度召开试点单位专题交流会,对试点单位碰到的问题和偏差,及时予以解决和修正。对试点单位形成的经验举措,及时总结评估,做好经验推广。

(二) 加强资源配置

加强对试点单位的指导与服务,强化对试点单位及其成果转化活动的政策引导、资源配置。引导试点单位组建试点单位联盟,导入各类专业技术转移机构、平台资源,形成经验分享、相互学习、合作共赢的开放氛围。依托国家技术转移人才培养基地等平台,为技术转移方向学历教育和非学历技术经理人培养提供专业课程、实训基地,根据试点单位实际需要,优先配备实习技术经理人。

(三) 审慎包容监管

在坚守底线思维前提下,允许创新试错、市场自我纠偏。市科委会同市相关部门建立尽职免责制度指引、职务科技成果单列管理操作指引,确保改革试点工作落实见效,激发试点单位的转化积极性和科研人员干事创业的主动性、创造性。

五、试点安排

(一) 试点期限

试点启动后 3 年。

(二) 申报流程

市科委经与市相关部门协商后,根据本实施方案发布试点通知。申报单位按照通知要求,编制试点实施方案,市科委联合相关委办局组织专家论证后,发文明确试点单位名单。

《上海市促进基因治疗科技创新与产业发展行动方案(2023—2025 年)》

沪科规〔2023〕10 号
2023 年 8 月 31 日

细胞与基因治疗是全球科技与产业竞争的重要“新赛道”。为贯彻落实《上海市建设具有全球影响力的科技创新中心“十四五”规划》,深入实施《上海市促进细胞治疗科技创新与产业发展行动方案(2022—2024 年)》,推动基因治疗与细胞治疗协同发展,加快打造生物医药科技创新“核爆点”和产业发展“集聚区”,特制定本行动方案。

一、指导思想

以习近平新时代中国特色社会主义思想为指导,深入贯彻落实党的二十大精神,立足新发展阶段,完整、准确、全面贯彻新发展理念,构建新发展格局,推动高质量发展,始终坚持“四个面向”,针对基因治疗学科交叉范围广、技术开发壁垒高、临床应用挑战多、产业发展潜力大等特点,坚持研发与转化并重、创新与服务并进,全力突破关键核心技术、提高临床研究和转化能力、推动生产工艺进步、优化产业发展生态,全面提升上海基因治疗科技创新策源能力和产业发展能级。

二、基本原则

——坚持创新策源,加强战略布局。面向世界科技前沿,强化基础研究前瞻布局,推动基础理论和方法创新,提升原始创新能力;面向全产业链,强化关键核心技术攻关布局,力争突破一批底层技术,为催生一批重磅创新产品提供支撑。

——坚持全链发展,加强四链融合。建立全链条资源配置机制,推动创新链、产业链、资金链、人才链深度融合;强化产学研医协同,疏通基础研究、应用研究和产业化双向链接的快车道,推动创新成果转化与产业化,构建基因治疗科技创新和产业发展新格局。

——坚持产业导向,加强政策保障。创新体制机制,促进创新策源和产业发展;完善政策保障体系,推进有效市场和有为政府有机结合,加快人才、技术、资金等创新要素集聚,营造优良的产业发展生态。

三、主要目标

到 2025 年,上海基因治疗科技创新策源能力进一步增强,临床研究和转化应用能力进一步提升,创新体系进一步完善,产业生态进一步优化,成为基因治疗科技创新重要策源地,为产业高质量发展提供新动力。

——创新策源能力持续提升。建设提升 20 家以上基因治疗相关创新基地和平台(重点实验室、技术创新中心等),基本形成自主可控的基因治疗技术创新体系;涌现一批创新成果,在基因编辑、药物递送等领域形成一批具有自主知识产权的关键核心技术。

——临床转化能力持续增强。建设 5 个以上基因治疗及相关领域临床医学研究中心和示范性研究型病房;探索建设基因治疗特色研究型医院;新增临床试验批件 5 个以上。

——产业活力持续跃升。建设提升基因治疗相关领域研发、制备、检测、中试和生产等公共服务平台;引进培育 15 家以上基因治疗产业领军和骨干企业;1—2 个创新产品申请上市。

四、重大任务

(一) 提升创新策源能力

1. 开展基础研究前瞻布局

加强疾病遗传和发病机制、基因编辑、药物递送等领域的基础研究,挖掘基因治疗新靶点,探索基因表达与调控新路径,研究靶向递送新策略,开发肿瘤、神经系统疾病、心血管疾病等复杂多基因疾病的基因治疗新方法,夯实基因治疗药物创新的科学基础。

2. 开展关键核心技术攻关

加强核酸序列设计与合成、基因编辑等基因操控新工具、药物递送新载体等领域攻关，推动人工智能、合成生物学等前沿技术与基因治疗相关技术交叉融合，突破核心关键技术，构建自主可控的基因治疗技术创新体系，支持产业高质量发展。

3. 开展关键设备材料自主研制

加强切向流过滤系统、脂质体高压均质机、一次性生物反应器等核心设备，病毒、核酸酶、小向导核糖核酸等关键原材料与物料，及无血清培养基、滤膜等关键耗材的攻关，促进基因治疗研发及生产供应链自主可控。

（二）提升临床研究转化能力

4. 加强临床研究能力建设

对标国际一流标准，建设若干基因治疗及相关领域临床医学研究中心，加速临床研究和转化；探索建设基因治疗特色研究型医院和示范性研究型病房，促进基因治疗药物临床试验和产品开发；建立肿瘤、神经系统疾病、心血管疾病等重大疾病的专病队列，建设队列开放共享平台，推进基因治疗产品开发和技术攻关；推动医疗机构制定相关规章制度，促进规范开展临床研究。

5. 推动医疗机构开展临床研究

鼓励本市医疗机构在基因治疗领域，承担本市企业新药临床试验、按照相关规定自主开展研究者发起的临床研究(IIT)等项目，在完成相关研究工作后，根据项目入组人数，按照每人5万元标准择优给予医疗机构资助，每个项目资助总额不超过50万元，每个医疗机构每年累计资助不超过500万元。

6. 优化伦理审查和人类遗传资源审批服务

发挥市级医院伦理委员会联盟作用，研究制订伦理快速审查等工作规则和标准，建立市级医院伦理审查结果互认机制；充分发挥上海市医学伦理专家委员会、上海市临床研究伦理委员会作用，组织开展基因治疗领域相关伦理的研究、咨询、服务和培训，提升医疗机构伦理审查能力。发挥上海浦东人类遗传资源管理服务站作用，加强《人类遗传资源管理条例实施细则》宣贯，推进基因治疗相关企业加强人类遗传资源专员队伍建设，提高服务质量。

（三）提升公共服务能力

7. 加强科技创新基地体系建设

建设上海市前沿生物技术研究院，加强前沿生物基础研究和技术攻关，探索实践人工智能赋能、临床准备队列(Trial Ready Cohort，TRC)等新研究范式；建设提升基因治疗领域重点实验室、技术创新中心、企业技术中心等创新基地，提高基因治疗等领域创新策源能力和成果转化应用水平。

8. 加强专业孵化器和创新平台建设

建设提升一批高质量专业孵化器，孵育新技术，孵化新企业；搭建智能化工艺研发平台、自动化检测平台、模块化中试放大平台等功能平台，建立符合生产质量管理规范(GMP)的基因治疗及相关领域工程化功能平台服务体系，加速概念验证、产品检测和中试放大，缩短研发、临床与生产周期，进一步优化创新创业生态。

9. 加强产业发展服务能力建设

鼓励CRO/CDMO等市场主体围绕基因治疗药物企业需求，建设优化载体文库筛选、制剂灌装、产品评价等第三方服务平台，为相关单位提供病毒库建立和储存、制剂开发和生产、基因治疗产品质量评价等服务，提升产业服务能力。

（四）提升产业发展能级

10. 强化“1+1”产业空间布局

以浦东张江细胞和基因产业园等为核心，建设比肩国际的基因产业地标，打造基因治疗科技创新与产业发展聚集区；以闵行浦江基因未来谷等园区为依托，打造集研发、检测、制造为一体的基因治疗产业链示范区；结合基因治疗产业需求，强化产业基地公共设施配套与综合服务体系建设。

11. 优化企业发展生态

引导原材料和试剂、递送载体、设施设备以及研发服务等上下游产业链企业集聚发展，营造全面便捷的产业链供应体系；建立产学研投联盟；加快制订关键原料、生产制备、质量检测、存储运输等领域的标准并积极推广使用，提升产业链标准化水平；推动建设上海市创新生物制品质量检验检测中心，提升相关产品检测能力。

12. 推进企业国际化发展

在风险可控的前提下，支持符合条件的多元化投资主体按照相关法律法规开展人体细胞、基因技术研发和推进产业化进程，推动产业链、资金链协同发展和深度融合；支持开展国际化交流与合作，深度融入国际先进技术与监管体系，提升基因治疗企业国际化发展水平。

五、保障措施

（一）设立“上海市基因治疗科技创新重大专项”

面向基因治疗等前沿生物技术领域，组织实施创新专项，推动基础研究、临床转化和产品开发，创新科学理论和方法，形成一批具有自主知识产权的关键核心技术和创新产品。

（二）加快产品审评与应用

充分发挥国家药品监督管理局药品审评检查长三角分中心作用，为本市重点基因治疗在研产品注册申报提供事前事中指导和服务；探索建立基因治疗监管科学研究基地，为提升产品监管水平提供支撑；鼓励开展真实世界研究，探索将真实世界数据应用于罕见病基因治疗药物临床评价。

（三）强化知识产权保护和应用

对于通过PCT途径向国外申请且经过有关专利审查机构实审，获得授权的基因治疗领域国际发明专利，按照注册费、审查费等官方费用的50%予以资助，每件不超过2万元，每项PCT国际申请资助不超过5个国家或地区；支持重点企业申报上海市知识产权保护中心快速预审服务备案主体,提高专利申请质量与评审速度,提升企业知识产权保护和风险应对能力。

(四)强化财税政策支持

对已在国内开展临床试验,由本市注册企业获得上市许可并在本市生产的基因治疗产品,给予最高3 000万元的资金支持,每个单位每年累计支持额度不超过1亿元;推动本市基因治疗产品进入"适用增值税政策的抗癌药品和罕见病药品清单",切实保障患者用药需求。

(五)完善保险支持举措

积极推荐符合条件的上市基因治疗创新产品进入国家医保药品目录,探索多元复合的支付方式;支持罕见病等领域基因治疗药物纳入"沪惠保"等惠民型商业医疗保险范围;发挥多层次商业医疗保险作用,推动本市企业、商业保险公司及医疗机构等探索分期付费、按疗效付费等创新支付模式;支持医疗机构、企业等投保人体临床试验相关责任保险,对符合条件的主体保费给予50%的财政补贴,单个保单的补贴不超过50万元。

(六)加大金融支撑力度

统筹用好政府引导基金、生物医药产业股权投资基金等,引导社会资本共同加大对初创期、成长期基因治疗企业的支持力度;对成功引入股权融资5 000万元(以实际到位金额计算)以上的基因治疗企业,按照实际获得股权融资额给予不超过2%的资助,每个企业每年不超过1 000万元;鼓励在沪银行推出更多金融服务产品,支持"新药贷"等应用于基因治疗领域;深化"浦江之光"行动,支持基因治疗相关企业在科创板等境内外资本市场上市;强化券商等金融机构对优质基因治疗企业的上市服务;推动在境外上市的优秀基因治疗公司等科技企业回归上交所科创板上市。

(七)加强创新人才引育

持续发挥"海聚英才"品牌影响力,大力引进高端人才;实施基因治疗行业高端技术人才评定项目,推荐基因治疗领域重点单位纳入人才引进重点机构名单;加大启明星、学术/技术带头人、产业菁英等专项对基因治疗相关人才的支持力度;在基因治疗领域试点设置工程硕博士培养项目,探索驻企培养工程硕博士新模式;鼓励基因治疗领域企事业单位设立博士后科研工作站或入驻博士后创新实践基地,支持博士后人员申报上海市"超级博士后"项目,培育符合产业发展需求的科研人才;依托基因治疗领域相关产业平台,加强人才培训,完善企业专业技术人才队伍建设。

(八)推动研发用物品及特殊物品通关便利化

推动基因治疗领域研发用物品进口试点工作,支持相关企业和研发用物品纳入"白名单";推进基因治疗领域特殊物品进出境联合监管机制试点工作,支持重点企业申报联合监管机制试点单位,优化基因治疗研发与生产用相关重点原材料、物料等的审批流程,加快办理通关手续。

《国家重要科技计划项目上海市地方匹配资金管理办法》

沪科规〔2023〕11号

2023年9月28日

第一条 为鼓励本市企业、高等院校、科研院所和其他社会组织积极承担国家重要科技计划项目,保障国家重要科技计划项目顺利实施,根据国家要求和本市财政科技资金管理的有关规定,制定本办法。

第二条 国家重要科技计划项目上海市地方匹配资金(以下简称"匹配资金"),由市级财政预算安排。

匹配资金主要用于支持牵头承担国家重要科技计划项目的本市单位(以下简称"项目牵头承担单位")。

第三条 本办法所称的国家重要科技计划项目,包括:科技创新——2030重大项目,国家重点研发计划项目,国家自然科学基金重大、重点项目等。

第四条 上海市科学技术委员会(以下简称"市科委")负责编制匹配资金的年度预算,对项目牵头承担单位提出的匹配资金申请进行审定,对其资金使用的全过程进行监督。

上海市财政局(以下简称"市财政局")负责匹配资金的预算审核、资金拨付及使用监督等工作。

第五条 项目牵头承担单位是经费使用和管理的责任主体,对经费使用的合规性和合理性负责。

第六条 匹配资金原则上按照国家实际拨付的项目经费(扣除转拨给非本市单位的部分)的10%计算,可由项目牵头承担单位主要用于项目实施过程中的科研活动支出,具体使用和管理要求参照本市财政科研项目专项经费管理的相关规定执行。

因特殊情况需要突破现有支持比例的项目,由市科委会同市财政局研究确定具体匹配方案,报市政府审定后予以支持。

第七条 市科委根据项目牵头承担单位取得的国家经费情况,编制年度资金分配方案报市财政局。市财政局审核后,按规定程序纳入年度预算。

第八条 项目牵头承担单位应当在国家相关机构正式受理项目申报材料后,将项目申报材料提交至市科委备案。

第九条 项目牵头承担单位在获得国家重要科技计划项目立项后,在项目在研期间,根据国拨经费到款进度,向市科委申请匹配资金,提交立项批复、任务书或合同书(含经费预算表和支出预算明细)、拨款通知、银行到款凭证等相关材料。在首次申请时已提交过的材料,后续申请时无需重复提交。

第十条 市科委受理申请后,对材料进行审核,对符合本办法规定的项目,确定拟匹配金额,并按程序进行公示;对公示无异议的项目,由市科委申请拨付资金,市财政局按规定拨付匹配资金。

第十一条 项目牵头承担单位应当对匹配资金实行独立核算、专款专用,接受市科委、市财政局对匹配资金使用情况的监督检查和专项审计。

第十二条 项目牵头承担单位在匹配资金申请、使用和管理中存在弄虚作假或违规行为的,一经查实,市科委终止经费拨付,并追回已拨付经费;情节严重的,按国家有关规定追究当事人的行政、法律责任。

第十三条 为提高财政资金使用效益,市科委、市财政局对匹配资金支出进行全过程绩效管理,绩效管理结果作为改进预算管理和安排以后年度预算的重要依据。

第十四条 匹配资金的安排、拨付、使用和管理,依法接受审计机关的审计和监察部门的监督检查,并主动接受市人大和社会的监督。

第十五条 本办法自2023年10月1日起施行,有效期至2028年9月30日。

《上海市科技创新创业载体管理办法》

沪科规〔2023〕12号
2023年10月10日

第一章 总则

第一条 为深入实施创新驱动发展战略,引导本市科技创新创业载体高质量发展,推动技术创新和成果转化,支持科技型中小微企业快速成长,构建良好的科技创新创业生态,支撑建设具有全球影响力的科技创新中心。根据《科技企业孵化器管理办法》(国科发区〔2018〕300号)、《国家众创空间备案暂行规定》(国科火字〔2017〕120号)和《国家大学科技园管理办法》(国科发区〔2019〕117号),特制定本办法。

第二条 本办法所称科技创新创业载体(以下简称“载体”)是指为满足大众创新创业需求,以促进科技成果转化、培育科技企业和企业家精神为宗旨,提供低成本、便利化、全要素的开放式平台和专业化服务的科技创业服务机构,是区域创新体系的重要组成部分、创新创业人才的培养基地、大众创新创业的支撑平台,主要包含:科技企业孵化器、众创空间以及大学科技园等。

第三条 本市开展载体培育体系建设,根据科技企业孵化器、众创空间以及大学科技园等不同的发展方向、阶段、形态,构建起全市有梯度、有层次的载体培育、服务、管理体系。通过培育不断提高载体的服务能力和孵化成效,形成主体多元、类型多样、业态丰富的发展格局,持续孵化新企业、催生新产业、形成新业态,推动创新与创业结合、线上与线下结合、投资与孵化结合,培育经济发展新动能,促进实体经济转型升级,为建设现代化经济体系提供支撑。

第四条 上海市科学技术委员会负责对本市载体进行动态管理和业务指导,其中大学科技园由上海市科学技术委员会(以下简称“市科委”)、上海市教育委员会(以下简称“市教委”)共同负责管理、指导。区科技主管部门负责对区内的载体进行具体服务和指导工作。

第二章 载体培育标准

第五条 纳入本市载体培育体系的科技企业孵化器标准:

(一)在本市注册的独立法人或非法人组织,成立并实际运行超过1年。

(二)孵化场地集中,具有可自主支配的孵化场地面积不小于3 000 m²,其中在孵企业使用面积(含公共服务面积)占75%以上。

(三)孵化器配备自有种子资金或合作的孵化资金规模不低于300万元人民币,并有不少于3个资金使用案例。

(四)拥有专业孵化服务人员(指具有创业、投融资、企业管理等经验或经过创业服务相关培训的创新创业载体专职工作人员)占机构总人数80%以上,每10家在孵企业至少配备1名专业孵化服务人员和1名创业导师。

(五)在孵企业数量不少于15家,且75%在孵企业与孵化器专业领域一致。

(六)孵化器在孵企业中已申请专利的企业占在孵企业总数比例不低于50%或拥有有效知识产权企业占比不低于30%。

(七)具备较为完善的孵化服务功能,能够向入驻企业提供场地、共享设施、技术服务、咨询服务、投资融资、创业辅导、资源对接及市场拓展等孵化服务。

第六条 纳入本市载体培育体系的众创空间标准:

(一)在本市注册的独立法人或非法人组织,成立并实际运营超过1年。

(二)具有完善的基础服务设施,能够为创新创业者提供不低于500 m² 的服务场地或提供不少于30个创业工位,其中所提供的服务场地面积(含公共服务面积)占75%以上。

(三)具备职业孵化服务队伍。团队和主要负责人要具备一定行业背景、创新创业经历、相关行业资源和专业服务能力,专职服务人员不少于3名,并聘请兼职导师不少于3名。

(四)已协议入驻的创业团队和企业不低于10家,或年内新注册入驻企业不低于5家,企业入驻时成立一般不超过24个月。

(五)具有完善的服务体系,可以提供专业平台、供应链服务、资源对接、投融资对接等一种或多种服务,能够整合资源,提供具有专业技术基础的线上线下联动,实现信息沟通便利化。

(六) 每年开展创业沙龙、路演、创业大赛、创业教育培训等创业相关活动不少于10次。具有规范的服务流程和工作机制,包括项目遴选、流转或淘汰机制、信息管理和创业导师工作机制等。

(七) 对同一品牌众创空间多基地连锁经营的,统一按照一区一法人主体多基地方式培育。

第七条 纳入本市载体培育体系的大学科技园标准:

(一) 以具有科研优势特色的大学为依托,有明确的发展方向;与所在地区联动发展,相关大学科技园建设发展纳入所在地区科技、教育、产业发展规划。

(二) 在本市注册的独立法人或非法人组织,实际运营时间满1年,管理规范、制度健全,经营状况良好。具有职业化服务团队,经过创业服务相关培训或具有创业、投融资、企业管理等经验的服务人员数量占总人员数量的60%以上。

(三) 具有总面积不低于5 000 m^2 的可自主支配场地;提供给孵化企业使用的场地面积应占科技园可自主支配面积的60%以上。

(四) 园内在孵企业、入驻团队达25家(个)以上,其中已申请专利的企业、团队占比不低于50%或拥有有效知识产权的企业、团队占比不低于30%;大学科技园50%以上的企业、团队在技术、成果和人才等方面与依托高校有实质性联系。

(五) 能够整合高校和社会化服务资源,依托高校向大学科技园入驻企业提供研发中试、检验检测、信息数据、专业咨询和培训等资源和服务,具有技术转移、知识产权和科技中介等功能或与相关机构建有实质性合作关系。

(六) 具有专业化的创业导师队伍,在技术研发、商业模式构建、经营管理、资本运作和市场营销等方面提供辅导和培训。

(七) 建有高校学生科技创业实习基地,能够提供场地、资金和服务等支持。

第八条 本办法中科技企业孵化器、大学科技园在孵企业是指具备以下条件的被孵化企业:

(一) 主要从事新技术、新产品的研发、生产和服务,应满足科技型中小企业相关要求。

(二) 企业注册地及主要研发、办公场所须在载体场地内,入驻时成立时间不超过24个月;其中大学科技园入驻企业无成立时间要求。

(三) 孵化时限原则上不超过48个月。技术领域为生物医药、现代农业、集成电路的企业,孵化时限不超过60个月。

第九条 科技企业孵化器毕业企业须至少符合以下条件中一项:

(一) 经国家备案通过的高新技术企业。

(二) 累计获得天使投资或风险投资超过500万元。

(三) 连续2年营业收入累计超过1 000万元。

(四) 被兼并、收购或在国内外资本市场挂牌、上市。

第十条 属于张江科学城、南北转型重点地区和五个新城等区域内的科技创新创业载体,专业服务生物医药、集成电路、人工智能、现代农业等领域的科技创新创业载体,其孵化场地面积、创业团队和企业数量、在孵企业和入驻企业数量、知识产权比例等标准可适当降低。

第三章 申报与管理

第十一条 自主申报。载体本着自愿的原则,可全年通过"一网通办"平台,进入"上海市科技创新创业载体库",在线提交申请及相关证明材料,申请纳入本市载体培育体系。

第十二条 形式审查。区科技主管部门通过现场走访等方式对申报载体的运营状态和材料真实性、有效性进行审核,并提交书面推荐名单。

第十三条 专家评审。市科委每年适时组织专家对申报材料进行评审,根据专家评审意见,形成拟纳入本市载体培育体系的载体名单。

第十四条 公示与确认。市科委负责公示拟纳入本市载体培育体系的载体名单。经公示无异议后,确认正式纳入载体培育体系,并公布名单。

第十五条 维护与变更。如发生载体名称变更或运营主体变更、场地位置变更、面积范围变更等情形,需在3个月内向所在区科技主管部门报告。区科技主管部门对载体发生变化后的相关情形进行实地核查,符合相关载体标准的,报请市科委审核后予以确认;不符合相关载体标准的,报请市科委取消资格。

第十六条 在申报过程中,载体存在弄虚作假行为的,取消其评审资格,2年内不得再次申报;在评审过程中,存在营私舞弊、有违公平公正等行为的,按照有关规定追究相应责任。

第十七条 纳入本市载体培育体系的科技企业孵化器、众创空间、大学科技园作为本市市级科技企业孵化器、市级众创空间和市级大学科技园;对其中符合国家标准的,推荐申报国家科技企业孵化器、国家备案众创空间和国家大学科技园。

第十八条 大学科技园的有关申报与管理工作,由市科委会同市教委参照本办法第十三条、第十四条、第十五条规定的程序开展。

第四章 监督与评价

第十九条 纳入本市培育体系的载体需对运营相关情况和信息等在"上海市科技创新创业载体库"中进行实时维护,如实填报各项信息,并按要求按时完成相关统计。市科委将对载体实行动态管理,对载体服务能力、服务成效、可持续发展能力和创新服务等环节开展年度绩效评价。大学科技园绩效评价由市科委会同市教委开展。

第二十条 绩效评价结果对外公布,分为:A等(优秀)、B等(优良)、C等(合格)和D等(不合格)4个等次。完善绩效奖励和退出机制,对当年评价为C等(合格)及以上的载体给予相应的扶持,对当年评价为D等(不合格)的载体要求限期整改;连续2年绩效评价为D等(不合格)的载体,取消其纳入培育体系资格。

第二十一条 纳入本市培育体系的载体发生严重失信行为、重大安全事故等或连续2年不参加科技部火炬统计调查的,取消其纳入培育体系资格,并由市科委依法将其纳入科研信用记录。

第五章 支持方式

第二十二条 纳入本市培育体系的载体且符合条件的,按照国家有关规定享受相关税收优惠政策。国家有关规定发生调整的,按调整后的规定执行。

第二十三条 纳入本市培育体系的载体且年度评价为C等(合格)及以上的,可以根据《上海市科技创新券管理办法》的相关规定,申请优先列入本市"科技创新券"服务机构名录并提供服务。

第二十四条 纳入本市培育体系的载体经年度评价为B等(优良)及以上的,按其年度投入在专业孵化能力提升、品牌拓展与服务溢出、国际孵化交流与合作等方面投入的经费给予不超过50%的财政经费补贴,经费的使用须符合国家和本市有关规定。其中:评价为A等(优秀)的大学科技园、科技企业孵化器、众创空间,分别给予不超过100万元、60万元、40万元的补贴;评价为B等(优良)的,给予不超过A等50%的补贴。各区科技主管部门给予相应的匹配。

第二十五条 各区科技主管部门可根据各自情况,对年度评价为C等(合格)及以上的载体给予用地、财政资金等方面的政策优先支持;并根据各载体在开展毕业企业、高新技术企业、技术先进型服务企业、上市(挂牌)企业等孵化培育,开展创业团队预孵化,独立或联合设立投资基金(资金)开展股权投资等工作,取得的成效,给予相应的奖励。

第六章 促进与引导

第二十六条 引导各类载体坚持专业化、品牌化、国际化方向发展。

专业化发展。聚焦明确的产业细分领域,引进专业人才,配备专业条件,搭建专业平台,开展垂直孵化、深度孵化;充分依托互联网、大数据、人工智能等新技术,提升服务效率和能级。

品牌化发展。按基本服务模式进行规范化管理,实现连锁化、标准化经营;开展有品牌影响力的创新创业活动和论坛,形成典型案例。通过兼并、托管、联合孵化等模式,实现品牌输出。

国际化发展。积极融入全球创新创业网络,引进海外优质项目、技术成果和人才等创新资源。支持开展国际渠道对接、国际技术转移、离岸孵化等业务,促进创新要素跨境双向流动。

第二十七条 鼓励有条件的载体以高质量孵化器为目标,提升硬科技创新策源、颠覆性科技成果转化、高成长科技企业孵化和全要素资源整合能力,实现转型升级。通过搭建概念验证中心、开放式服务支撑平台、中试平台(基地)、应用场景等,促进大中小企业融通发展,加速孵化培育高成长性硬科技企业。

第二十八条 鼓励各类载体促进创新创业人才引进和培养,面向全球招才引智,不断拓宽人才吸引和储备渠道,推动留学人员、科研人员及大学生创业就业;进一步加强从业人员培训,构建专业化创业导师队伍,为创新创业人才和企业提供高质量的服务。

第二十九条 鼓励有条件的载体开展投融资服务,与银行、保险、担保等金融机构开展合作,开发创新金融产品和服务;引导各级各类天使投资基金、创业投资引导基金、成果转化引导基金、产业投资基金等与载体深度对接,探索"产业+投资""平台+基金+基地"等多元化的孵化模式,提升载体可持续发展能力。

第三十条 参照大学科技园,鼓励有条件的企业、科研院所、医疗卫生机构、社会组织等建设科技园(加速器),打造满足高成长企业加速发展的空间载体和服务网络;鼓励载体强化与高新技术园区、特色产业园区等的接力合作,推动服务由孵化向产业化阶段的延伸。鼓励依托大学科技园等,探索"学科+产业"的创新模式,着眼未来产业重点方向,建设未来产业科技园。

第三十一条 鼓励各区域以专业化创新创业载体为基础,集聚企业、高校、科研院所、新型研发机构、投资机构、科技服务机构等各类科创资源,建设科技创新创业集聚区,形成"众创—孵化—加速—产业化"机制,提供全周期创业服务,营造科技创新创业生态。

第三十二条 鼓励相关区域、行业领域内的同类载体形成协会、联盟等行业组织,充分发挥作用,促进各类载体之间的经验交流和资源共享。

第七章 附则

第三十三条 本办法自2023年10月18日起施行,有效期至2028年10月17日。

《上海市新型研发机构备案与绩效评价管理办法(试行)》

沪科规〔2023〕13号
2023年10月13日

第一章 总则

第一条(制定依据) 为进一步促进本市新型研发机构

高质量发展，鼓励其承担促进科学技术发展的公共职能，形成各类研发机构优势互补、合作共赢的发展格局，根据《关于促进我市新型研发机构高质量发展的意见》的有关规定，制定本办法。

第二条(机构界定) 本办法所称新型研发机构，是指以承担公共研发职能为核心业务，在本市依法注册的民办非企业单位(社会服务机构)、企业和实施“三不机制”的事业单位(不明确机构规格、不核定事业编制、不受岗位设置和工资总额限制)。

第三条(机构职能) 本办法所称的公共研发职能，是指新型研发机构以推进科技创新中心建设为宗旨，承担的基础研究、应用基础研究、关键核心技术攻关、产业共性技术研发与服务等职能。

第四条(部门职责) 市科技部门会同相关部门统筹规划承担国家和本市科技创新战略任务的新型研发机构的布局和发展，会同各区开展社会力量兴办的新型研发机构的备案、绩效评价和择优支持工作。

区科技部门开展新型研发机构的培育工作，审核、推荐符合条件的社会力量兴办的新型研发机构在市科技部门备案，与市科技部门共同开展社会力量兴办的新型研发机构的绩效评价和择优补助。

第二章 备案

第五条(备案通知) 市科技部门按年度发布新型研发机构备案通知，明确备案申请的时间、路径、材料等相关要求。

第六条(备案条件) 承担国家和本市科技创新战略任务的新型研发机构，由本市相关部门主动布局建设，并直接纳入备案名单。

符合以下条件的社会力量兴办的新型研发机构，可经区科技部门审核、推荐后，在市科技部门备案：

(一) 具有公共研发属性：以开展基础研究、应用基础研究、关键核心技术攻关、产业共性技术研发与服务为核心业务(不包括主要从事生产制造、研发服务外包、教学培训、园区管理、生产性检验检测等活动的单位)；

(二) 具有稳定的研发投入能力：年度研发投入占主营业务收入比例不低于20%或达到500万元，尚未产生主营业务收入的，研发投入占总支出比例不低于50%；

(三) 具有稳定的人才队伍：固定研发人员20人以上，占员工总数比例不低于30%，其中全职研发人员不低于10人，且具有硕士、博士学位或高级职称的研发人员占固定研发人员比例不低于30%；

(四) 具备进行研究、开发和试验所需的科研仪器设备及固定场地等研发基础条件：拥有科研仪器设备原价总值不低于200万元或上年度委托研发测试金额不低于200万元，固定场地面积不低于600 m^2；

(五) 具有完善的管理制度：设立机构章程，并在研发投入、机构运行、人才队伍建设、科研管理和成果转化等方面，建立相关内部管理制度。

第七条(备案申请) 新型研发机构按照自愿原则，在线提交申请及相关证明材料，申请新型研发机构备案。

第八条(审核与公示) 区科技部门对申请备案机构的运营状态和材料的真实性、有效性进行审核，并提交书面推荐名单，连同通过审核的材料一并报送市科技部门。

市科技部门会同申请备案机构的登记管理部门对材料进行复核，对符合备案条件的新型研发机构，经公示无异议后，予以备案并公布名单。

第九条(备案信息更新) 已备案的社会力量兴办的新型研发机构，应当每年按要求如实填报机构上一年度的运行情况。

第十条(动态调整) 对新型研发机构实行动态调整机制，市科技部门发现已备案的新型研发机构有下列情形之一的，不再纳入备案名单：

(一) 无正当理由未填报年度工作情况的；

(二) 连续两年不符合备案条件的；

(三) 材料严重弄虚作假的；

(四) 存在严重违背科研伦理、科研诚信等违法违规行为的；

(五) 机构法人资格被依法终止的。

第三章 绩效评价

第十一条(评价对象) 经市科技部门备案的社会力量兴办的新型研发机构，以及未实行以任务为导向的财政经费预算管理机制的承担国家和本市科技创新战略任务的新型研发机构，可申请参加年度绩效评价。

实行以任务为导向的财政经费预算管理机制或已获得其他稳定经费支持的新型研发机构，不参加本办法所指的年度绩效评价。

第十二条(评价程序) 拟参加绩效评价的新型研发机构，需在备案材料要求基础上，提交机构承担公共研发职能等方面的证明材料。

市科技部门对参加绩效评价的新型研发机构，委托第三方专业机构组织开展评价并公示评价结果。

第十三条(评价重点) 对新型研发机构的绩效评价，主要包括：研发投入与产出、人才引进与培养、成果转化与产业支撑等情况。市科技部门可根据机构不同功能定位，分类设置评价指标与权重。

对主要从事基础与应用基础研究的新型研发机构，侧重评价解决重大科学问题的效能、成果的原创性和学术贡献、吸引社会力量投入情况、机构的国际影响力等。

对主要从事关键核心技术攻关、产业共性技术研发与服务的新型研发机构，侧重评价承担战略使命任务、攻克关键核心技术难题、解决产业共性技术问题、成果转化与产业支撑情况等。

第十四条(研发投入与产出) 第十三条所称的研发投入与产出，主要考察：

(一) 研发投入情况：包括研发经费投入总额及占主营业务收入比例，省部级及以上科研项目及吸纳社会资金投入总额，研发设备原值和研发场地面积等；

（二）研发产出情况：对科研论文、知识产权、体现关键核心技术和产业共性技术研发成果的新技术、新产品、新工艺、新材料等开展综合评价，并重点开展代表性成果质量、贡献和影响力评价；

（三）研发投入产出效率情况：考察机构研发投入要素总量与产出总量的比例。

第十五条（人才引进与培养） 第十三条所称的人才引进与培养，主要考察：新型研发机构固定研发人员规模及结构情况，并重点开展代表性人才水平评价，考察代表性人才在机构建设发展和体制机制创新中体现的创新能力、价值和贡献，包括集聚资源、带领团队、贡献学术与技术成果、实施成果转化与国内外合作交流等成效。

第十六条（成果转化与产业支撑） 第十三条所称的成果转化与产业支撑，主要考察：

（一）技术服务：机构为非关联企业提供的技术开发、技术咨询、技术服务的总量、收入总额及覆盖面等情况；

（二）成果转化：机构具备的成果转化潜力或形成的成果转化效益、技术溢出效益等情况；

（三）产业支撑作用：机构参与产业规划与标准制定、建设产业创新基地和开拓产业新方向等情况。

第十七条（评价结果） 市、区科技部门根据机构年度绩效评价成绩由高到低排序，按一定比例分别给予“A类”“B类”“C类”“D类”四类评价结果，原则上“A类”“B类”和“C类”的比例分别不超过当年参评机构的10%、15%和20%。

第十八条（经费补助） 市、区科技部门根据评价结果，按照市、区1∶1的比例，择优给予机构补助。单个机构补助总金额不超过机构上年度研发投入的20%，该研发投入的计算应当扣除机构获得的财政科研项目支持经费。

其中，评价结果为“A类”的，补助总金额不超过500万元；评价结果为“B类”的，补助总金额不超过200万元；评价结果为“C类”的，补助总金额不超过100万元；评价结果为“D类”的，不享受财政经费补助。

第十九条（重点支持） 机构连续两年评价结果为“A类”的，市科技部门可推荐其纳入本市人才引进重点机构范围，相关机构引进的符合条件的人才，可按规定办理直接落户。

第二十条（监督管理） 机构通过弄虚作假等手段获得经费补助的，市科技部门可按照国家和本市财政科研经费相关管理办法、科研诚信相关管理制度等，视情节轻重采取追回已拨经费、纳入信用记录管理等措施。涉嫌犯罪的，依法移送司法机关处理。

第四章 附则

第二十一条（施行日期） 本办法自2023年11月1日起施行，有效期至2025年10月31日。

《上海市高质量孵化器建设评估管理办法（试行）》

沪科规〔2023〕14号
2023年10月23日

第一章 总则

第一条（制定依据） 为深入实施创新驱动发展战略，加快实现高水平科技自立自强，发挥科技孵化器在全过程创新、全要素集聚、全链条加速等方面的重要作用，持续优化科创生态体系，依据《上海市高质量孵化器培育实施方案》，结合本市实际，制定本办法。

第二条（定位） 本办法中高质量孵化器是以全球一流孵化人才为核心牵引，聚焦硬科技创新策源、颠覆性科技成果转化、高成长科技企业孵化以及全要素资源整合的高水平创新创业服务机构，是本市创新生态体系的重要组成部分，分为“高质量孵化器”和“高质量培育孵化器”两类。

第三条（目标） 通过加快培育一批产业领域聚焦、专业能力凸显、示范效应明显的高质量孵化器，带动全市科技孵化器从基础服务向精准服务、从集聚企业向孕育产业、从孵化链条向厚植生态转变，引领创新创业高质量发展，支撑国际科创中心建设。

第四条（部门职责） 发挥上海市促进科技成果转移转化联席会议作用，由市科委、市发展改革委、市经济信息化委、市财政局、上海科创办、相关区政府等共同组成的“上海市高质量孵化器建设工作推进小组”（以下简称“推进小组”）。“推进小组”负责高质量孵化器建设有关工作，做好统筹协调、规划布局、政策实施、跟踪服务、考核评价等。“推进小组”办公室设在市科委，负责具体事项落实。

其他相关部门根据职能，落实高质量孵化器建设与发展相关任务，共同提升科创能级，营造科创生态。

第二章 建设条件与程序

第五条（建设主体） 高质量孵化器由一流孵化人才、科技领军企业、知名高校（大学科技园）、科研院所、顶尖投资机构等牵头建设，一般应具备以下条件：

（一）聚焦本市“2+(3+6)+(4+5)”现代化产业体系的创新发展前沿方向和重大需求，特色鲜明，专业化程度高。

（二）孵化领军人物长期从事孵化相关领域工作，熟悉相关领域发展趋势、技术创新特点、产业发展规律、投融资情况等，且具有较高的行业影响力和号召力。

（三）拥有专业化的孵化服务与管理运营团队，具备技术和产业敏锐度，擅长企业经营和市场拓展。孵化器发展模式和战略清晰合理，人才培养、团队激励等方面模式先进、机制灵活，专业服务收入稳定，且在总收入中占较大比重。

(四) 具有投资功能,实施孵投联动。与各级各类政府母基金合作,共同出资设立早期硬科技投资基金,具备良好自我造血和可持续发展能力。

(五) 具备发现、筛选一批前沿性、颠覆性、关键核心、"卡脖子"技术和人才的能力,能提供专业化、品牌化、国际化的孵化服务,在孵化培育创新型科技企业方面有着丰富成效和经验。

第六条(建设流程) 高质量孵化器建设按以下流程进行:

(一) 遴选。市政府职能部门、相关区政府根据科技、产业领域发展布局,对照高质量孵化器建设主体的基本条件,结合行业能级、现有基础、资源禀赋、发展成效等,遴选相关领域的孵化器建设主体,形成备选名单。

(二) 推荐。市政府职能部门、相关区政府在遴选的基础上,与孵化器建设主体围绕建设周期、目标、任务、投入经费、绩效评价指标等内容进行协商,形成建设方案。

(三) 确立和公布。对于已充分具备建设条件的,纳入全市高质量孵化器建设布局并对外公布。对于建设条件尚不充分,但孵化领域建设内容确属紧缺需求的,可作为高质量培育孵化器,纳入全市布局并对外公布。

(四) 启动支持。由第三方机构对高质量孵化器建设方案开展综合论证,提出论证意见,根据论证意见给予相应的支持。

第七条(建设支持周期) 高质量孵化器建设支持周期一般为 3 年;高质量培育孵化器建设支持周期一般为 2 年。

第三章 日常管理与监督

第八条(合同式管理) 对纳入建设布局的高质量孵化器,采取合同式管理。高质量孵化器建设主体与市科委、相关区政府签署三方合同,约定建设目标和周期、具体任务、资金投入、考核评价指标(综合及年度)等,按合同推进高质量孵化器建设。

第九条(变更程序) 高质量孵化器建设内容(指标等)一般不进行调整。如发生名称、场地位置、实际控制人、不可抗力等重大事项变更的情形,应提前 3 个月向市科委和所在区政府报告,并提请推进小组审议予以确认。

第十条(信息报送) 高质量孵化器应当根据要求定期汇总孵化企业情况、孵化器经营情况、重要变动等信息数据,编制季度、年度报告并及时报送。

第十一条(宣传) 高质量孵化器应当通过报纸刊物、广播电视和自媒体等形式,对外发布孵化器的基本信息、产业优势、孵化服务经验、成效等,提升知名度和影响力,起到示范带动作用。

第十二条(监督检查) 高质量孵化器应当遵守国家法律法规和有关管理制度,持续提升运营能力,自觉接受专项审计、绩效评价。

高质量孵化器存在以下情形的,经核实,将视情节采取约谈、暂停经费资助、终止建设、追回已拨经费、依法追究民事或提请追究刑事责任等举措,并按照有关规定纳入科研信用记录,必要时将有关结果向社会公布:

(一) 弄虚作假,存在影响公正评价的;

(二) 存在违规经营、虚假宣传等违反相关规定行为的;

(三) 发生重大变化,逾期未及时报告的;

(四) 未及时提交季度、年度发展情况报告的;

(五) 违反其他根据法律法规将被依法追究责任的。

第四章 支持内容和方式

第十三条(资金支持) 高质量孵化器建设财政资助资金,包括启动建设经费、年度运营补贴、绩效评价后奖励等。

(一) 资金支持内容

启动建设经费包括:孵化空间建设、技术(服务)平台建设等支持经费;

年度运营补贴包括:专业服务能力建设、孵化人才(团队)建设、举办资源对接活动等支持经费;

绩效评价后奖励包括:建设期满后,对超额完成的绩效指标给予相应的奖励经费。

(二) 资金支持来源

高质量孵化器财政资助资金中,启动建设经费由区级财政经费安排,年度运营补贴、绩效评价后奖励由市区两级安排。

(三) 资金支持原则

根据建设任务和考核目标对高质量孵化器财政资助资金进行论证,实行总额控制、专账核算、分阶段拨付。其中:

启动建设经费由各区结合实际制定操作细则,支持经费原则上不高于高质量孵化器建设总投入经费的 50%。

年度运营补贴在三方合同订立后拨付第 1 年支持资金,市级资金支持高质量孵化器最高 1 000 万元/家、高质量培育孵化器最高 300 万元/家;第 2、第 3 年根据年度绩效考核结果和实际使用情况,分别给予高质量孵化器最高 500 万元/家、高质量培育孵化器最高 200 万元/家的支持资金。所在区按 1∶1 比例给予经费支持。市区两级支持资金之和,原则上不高于高质量孵化器年度运营总体投入经费的 50%。

建设期满后开展综合绩效评价,其中,高质量孵化器市级奖励资金最高 500 万元/家、高质量培育孵化器市级奖励资金最高 200 万元/家。所在区按 1∶1 给予支持。

第十四条(人才保障) 运用本市梯度化人才引进政策,为高质量孵化器的孵化服务人才及其团队核心成员、高质量孵化器内创业人才及其团队核心成员等的人才引进落户提供支持。

将高质量孵化器内符合条件的海内外高层次创新创业人才纳入高层次人才服务保障体系,在出入境、停居留、工作许可等方面给予便利。

第十五条(金融联动) 优先支持高质量孵化器联动政府母基金,设立早期硬科技投资种子基金;在基金注册、投资退出、出资比例、超额收益让渡等方面试点特别规定。

第十六条(场景开放) 鼓励高质量孵化器挖掘产业数字化、智能化和绿色化转型需求,打造创新型应用场景,优先推荐纳入“高新技术成果转化目录”“创新产品目录”，享受相关政策支持。

第十七条(其他支持) 高质量孵化器在用地、调规、环评等方面有需求的，优先给予支持。

第五章 绩效评价主要内容和结果运用

第十八条(评价方式) 市科委、相关区对高质量孵化器的建设运行情况进行年度绩效评价及建设期满后的综合绩效评价。具体包括：

(一) 评价原则。评价按照“一体一策”原则，结合实际，制定相应的评价方案并组织实施。

(二) 评价程序。按年度发布绩效评价通知。高质量孵化器按要求提交年度绩效评价报告(绩效评价年度总结和下一年度工作计划)，经所在区政府同意后报市科委。市科委委托第三方专业机构开展绩效评价并公布评价结果。

第十九条(评价内容) 高质量孵化器评价内容包括：

“硬科技”孵化服务能力：包括孵化培育企业、技术攻关支持、知识产权建设、创新服务供给、未来产业技术培育、孵化企业创新能力等情况和成效；

资源集聚能力：包括专业资源对接、服务高层次人才创新创业，搭建跨境孵化服务渠道，举办国际化活动、有影响力专业赛事等情况和成效；

可持续发展能力：开展专业化服务、投孵联动等情况和成效；

区域创新辐射带动能力：孵化企业流动性、毕业企业落地率、发展贡献度等情况和成效；

其他方面：经费投入和使用情况、项目指标完成情况等。

第二十条(年度评价结果及运用) 根据合同约定的年度指标的完成情况，确定高质量孵化器年度评价等级。具体分为：

(一) 继续支持，启动第 2 年支持，并足额拨付支持经费；

(二) 暂停支持，暂缓启动第 2 年支持，暂缓或核减拨付支持经费，督促孵化器进行整改；

(三) 停止支持，合同终止，不再拨付支持经费，退还已拨付的市区两级财政经费剩余部分。

第二十一条(综合绩效评价结果及运用) 市科委会同相关区，委托第三方机构对高质量孵化器履行合同(任务书)和指标完成情况进行综合评价，根据评价结果、按照合同(任务书)约定，对超额完成的绩效指标给予奖励。

第六章 附则

第二十二条(解释) 本办法(试行)由上海市科学技术委员会、上海市财政局、上海推进科技创新中心建设办公室负责解释。

第二十三条(有效期) 本办法自 2023 年 10 月 30 日起施行，有效期至 2025 年 10 月 29 日。

《张江高新区加快世界领先科技园区建设行动方案(2023—2025 年)》

沪科创办〔2023〕41 号
2023 年 12 月 1 日

为落实创新发展战略，推动高水平科技自立自强，根据《关于推进张江高新区改革创新发展 建设世界领先科技园区的若干意见》，现就进一步推动张江高新区高质量发展，加快建成世界领先科技园区，制定本行动方案。

一、总体思路

全面贯彻落实党的二十大精神，深入贯彻习近平总书记对高新区建设作出的重要指示精神，坚持科技事业发展“四个面向”，围绕科技创新工作“四个第一”，在新征程上聚焦强化“四大功能”。牢牢把握向“高”攀登和向“新”前行，以产出标志性创新成果为突破，以加速科技成果转化为抓手，以培育世界级产业集群为重点，以打造高水平人才高地为关键，以营造开放创新生态为保障，构建技术攻关、成果转化、高端产业、人才服务、创新生态等五大体系。把世界领先科技园区的宏伟蓝图持之以恒地细化为“施工图”、高质量地转化为“实景画”，全力推动张江高新区从全国创新中心加速迈向全球创新高地，为上海建设国际科技创新中心提供动力引擎。

二、主要目标

1. 科技创新策源能力进一步提升。张江科学城核心作用充分发挥，高水平研究型大学、新型研发机构和国家重大科技基础设施对前沿技术创新和产业引领的支撑作用更加凸显。到 2025 年，研发经费支出占 GDP 比重达到 7.5%左右，PCT 专利申请量达到 5 000 件左右。

2. 创新发展新动能进一步激活。引育一批高品质、专业化的概念验证中心和高质量孵化器，开辟更多新领域新赛道，为新兴产业发展壮大提供重要支撑，打造 2—3 个千亿元级产值规模的“科创核爆点”。到 2025 年，高质量孵化器数量达到 20 家，日均新增科技企业 200 家，企业获得风险投资金额占全市比重超过 60%。

3. 高端产业引领功能进一步强化。培育一批具有标杆示范意义的世界一流企业，重点园区集中连片开发，规模化、集约化运营。加大产业结构调整力度，拓展产业链宽度、挖掘创新链深度，形成产业集聚优势。到 2025 年，三大先导产业总规模占全市 85%以上，“独角兽”“隐形冠军”企业超过 100 家，3—5 家园区达到万亿元级产业规模。

4. 高水平人才集聚进一步加快。战略人才力量显著增强，海外高层次人才持续集聚，涌现一批懂产业的科学家、懂技术的企业家、懂管理的创业者、懂服务的运营团队。到 2025 年，三大先导产业人才规模达到 80 万。

5. 开放创新生态进一步完善。发挥先行先试制度优势,全球创新资源配置功能不断增强,市场化、法治化、国际化的一流营商环境不断优化,园区实现运营共享、服务共享,专业化运营服务水平明显提升,创新文化和创新生态充满活力,科技、产业、城市功能融合相得益彰。

三、重点任务

(一) 完善技术攻关体系,提升科技创新策源能力

1. 创新策源牵引工程。以张江科学城创新策源能力为核心,支持在张江高新区布局建设国家实验室及上海基地,鼓励科技企业、高校与国家实验室建立长期战略合作,推动光子科学、天文与天体物理、量子科学、脑科学与类脑智能、人工智能、海洋、新材料、合成科学等领域实现更多创新突破。鼓励复旦大学、上海交通大学、同济大学、上海科技大学和中国科学院上海分院等建设基础学科研究中心、前沿科学中心。加快建设李政道研究所等创新机构和创新平台。支持张江科学城建设高水平研究型医院,加快建设上海临床研究中心。加快推动本市重大科技基础设施规划布局建设,进一步突出需求导向、用户导向、产业导向,完善设施运营管理开放共享机制,鼓励社会资本多方参与设施投资、建设、运营管理,鼓励将更多机时分配给有技术攻关需求的企业。

2. 前沿技术创新工程。鼓励全市高水平研究型大学和科研机构加强对张江高新区重点产业的支撑,加强与企业合作,布局大模型通用芯片、AI for Science 等前沿技术。支持企业积极参与“探索者”计划,鼓励企业牵头或参与科技创新重大项目和重大专项。支持“大零号湾”、杨浦园等开展有组织的产业科研,完善行业、企业出题机制,优化“揭榜挂帅”“赛马制”等项目组织形式,开展科研项目“里程碑”式管理试点。

(二) 健全成果转化体系,培育创新发展新动能

3. 科技成果转化加速工程。出台概念验证中心支持政策,打通科技成果转化的“最初一公里”。支持“超前孵化”,推动前沿颠覆性技术转化为创业项目。支持张江科学城、嘉定园、杨浦园等通过引进新建、培育升级等方式,培育高质量孵化器。支持上海微技术工业研究院、上海长三角技术创新研究院等新型研发机构,加快推进行业关键核心技术攻关和技术成果转化。支持“大零号湾”科技创新策源功能区打造科技成果转化示范区。鼓励杨浦园、徐汇园等完善大学科技园的科技成果转化、科技企业孵化等功能。推广宝山“先投后股”科技成果转化模式。支持上海技术交易所等建设全球技术交易枢纽。

4. 大企业开放创新引领工程。推广大企业开放创新中心模式,完善对大企业开放创新中心的政策,通过开放应用场景和发布技术需求,培育孵化中小科技企业。支持科技领军企业牵头组建创新联合体,联合产业链上下游企业,开展关键核心技术攻关和示范应用。鼓励外资企业设立研发中心和开放式创新平台,支持外资研发中心提升创新能级和扩大溢出效应。

(三) 构建现代化产业体系,强化高端产业引领功能

5. 世界级产业集群登高工程。支持开展集成电路关键核心技术攻关,围绕卡脖子技术清单推出一批“揭榜挂帅”攻关项目。提升高端芯片设计能力,重点突破 CPU、GPU 等高性能通用计算芯片,推动车规级芯片开发应用。支持高端前道设备和先进封装测试设备研发,支持对自主安全可控装备材料的验证和应用。

深入实施生物医药“张江研发+上海制造”行动。支持生物医药创新成果落地转化,推动研发和产业化区域协同。支持自贸试验区内企业按照综合保税区维修产品目录开展医疗器械保税维修业务,支持特殊区域内企业开展生物医药保税研发。完善生物医药进口研发用物品“白名单”制度及进出境特殊物品联合监管机制。推动创新药械尽快入院、入保,提高企业自主创新产品在全市医疗器械的配额比例。

围绕大模型、科学智能、具身智能等前沿领域,鼓励多元主体参与数据、算力等人工智能基础设施建设,促进人工智能新技术和应用场景深度融合。鼓励人工智能与高端制造业融合发展,推进“金桥智造城”建设,支持张江科学城、徐汇园等“AI”+药物和医疗器械的研发,支持金山园无人机运营试点,推进崇明园发展海洋智造。

围绕未来健康、未来智能、未来能源、未来空间和未来材料等方向,支持张江科学城、临港新片区和大零号湾建设未来产业先导区。支持“张江在线”、杨浦“长阳秀带”、静安区块链生态谷、“数智普陀”、世博未来能源等,发展区块链、Web3.0、元宇宙等数字经济。支持园区率先突破合成生物、脑机接口、智能网联汽车等未来产业底层技术,把新技术和新应用培育成新产业,加快形成产业生态。

6. 世界一流企业优育工程。加大培育科技领军企业力度,引进和培育一批“链主”企业,精准定制政策“服务包”。促进科技型中小企业加速成长,为“独角兽”“隐形冠军”、专精特新等企业提供场景拓展、产业融通、融资对接、上市辅导等精准服务。市、区合力加快盘活存量低效用地,加大标准地出让和标准厂房供给,做到“让空间等项目”。在张江科学城先行先试规划土地政策,成熟后在更大范围推广。支持浦东、临港、奉贤、金山、宝山、闵行、青浦等加大生物医药标准厂房供给。弘扬企业家精神,鼓励园区建立与企业家的定期交流沟通机制。

(四) 优化人才服务体系,加快集聚高水平人才

7. 高水平人才引育工程。加强产教深度融合人才培养体系建设,深入实施国家工程硕博士培养改革专项试点,着力培养卓越工程师后备人才。各园区围绕主导产业,建立多元主体常态化培训机制,组织开展紧缺急需人才、高技能人才、产品经理、职业经理人等专项培训,培养一大批高素质复合型人才。率先实施更加灵活的引才育才机制,支持用人单位引进培育全球顶尖人才、战略科学家、领军人才和团队、青年科技人才、卓越工程师和高技能人才,构建支撑高质量发展的庞大人才队伍。支持海聚英才创新创业示范基地建设,强化面向全球引进高层次人才创新创业项目和团队,发挥引才聚才示范效应。加快推进国家移民政策实践基地建设,争取并率先实施新一批出入境便利化改革措

施先行先试，持续开展海外高层次人才融入活动，优化实施科创人才及其物品通关便利化试点政策。

8. 国际化生活环境提升工程。加快建设临港顶尖科学家社区、张江国际社区人才公寓等高品质国际化人才社区，支持园区建设国际人才港、人才驿站等服务载体，深化人才全周期一站式服务。聚焦重点领域和重点企业高层次人才，进一步加大人才租房补贴等政策力度。支持园区在生活居住、医疗健康和交通出行等完善配套。

（五）打造创新生态体系，营造一流的创新创业环境

9. 全球创新网络融入工程。搭建国际交流合作平台，推动科研数据、人才和资金等创新要素跨境流通便利化，支持企业“走出去”，为企业提供政策咨询、投资促进、风险防范、争议解决等高标准国际化一站式服务。支持优势领域企业积极参与国际标准化工作。支持临港园等建设数据跨境基础设施，支持上海数据交易所扩大数据进场交易规模。支持G60科创走廊、“长三角数字干线”等建设长三角科技创新共同体。打造“首创”应用场景示范基地，支持园区对入驻企业的创新产品和服务，提供“首发”应用场景。依托世界顶尖科学家论坛永久会场、张江“科学之门”、徐汇西岸智塔等地标建筑，面向全球举办国际顶级活动和大赛。支持杨浦大学路、长宁“上海硅巷”等打造标志性国际创新活力街区。

10. 科技服务精准助力工程。设立政府创新基金，引导社会资本投早、投小、投硬科技、投长期。深化实施“浦江之光”行动，支持中证张江50指数、张江综合指数等完善发展，支持科技领军企业设立企业风险投资基金，推动国有创业投资机构建立符合风险投资行业规律的管理机制，鼓励银行及保险机构创新开发特色金融产品，支持陆家嘴园、虹口园、黄浦园等发展科技金融业务。加强知识产权保护与运营，充分发挥上海市知识产权保护中心、上海市浦东新区知识产权保护中心等作用，为科技企业提供“快速预审、快速确权、快速维权”一站式服务。深化“科创企业知识产权海关保护中心”建设，加强知识产权风险预警与维权指导。强化国家知识产权运营公共服务平台国际运营（上海）试点平台功能，支持漕河泾园建设国家知识产权服务业聚集发展示范区、国家级知识产权强国建设示范园区，探索知识产权质押贷款、融资担保、证券化、保险等产品创新。

四、保障措施

（一）加强组织保障

加强统筹协调、联动发展，完善“一区22园”跨园区协作机制。张江高新区管委会会同市相关部门、各区政府，指导园区聚焦产业功能定位实现错位发展，共同推动行动方案实施，对园区开展年度综合评价排名，对不合格的地块实行“一次通报、两次摘牌”。市各有关部门根据各自职责，落实行动方案具体任务。各区政府是园区建设和发展的责任主体，要强化责任意识，加强实体化管理机构建设，提供“一门式”政务服务，实现“园区事、园区办”。对年度重点工作实行清单化管理、项目化推进、责任化落实。

（二）加强政策保障

坚持政策先行先试，发挥“双自联动”叠加优势，把更多新的改革举措放在张江高新区，全面提升政策的综合性、系统性和可操作性。积极争取国家有关部委支持，在试点股权激励分期纳税政策、高新技术企业认定等方面取得新的突破。争取中央在沪单位能适用地方促进科技成果转化政策。加快落实浦东引领区各项改革创新举措，积极争取将公司型创业投资企业股权转让所得税试点、专利快速审查绿色通道、产业用地弹性规划等举措向其他园区复制推广。

（三）加强服务保障

创新服务模式，鼓励园区实施专业化、精细化的运营管理，搭建科创企业全周期、全链条政务服务平台，支持面向全球招聘国际化园区运营团队。强化园区专业化服务，围绕1—3个主导优势产业，集聚一批金融、法律、财务、人力资源、技术交易等服务机构，提供全方位市场服务。支持有条件的园区通过联合经营、委托经营等方式，将空间载体向高效运营机构集中，实现高品质的运营和服务共享。

（四）加强宣传保障

发挥示范引领作用，塑造张江高新区建设世界领先科技园区的整体形象。张江高新区管委会对工作成效突出、示范效应明显的园区以及科技领军企业、“张江之星”企业、杰出创新创业人才进行表扬。相关单位围绕行动方案重点工作，做好改革措施、创新成果、典型案例等挖掘和宣传工作，及时总结科技创新产业发展中的规律和模式，共同打响张江高新区国际知名度和品牌影响力。

附 录

2023 年度中国科学十大进展

2024 年 2 月 29 日,国家自然科学基金委员会发布 2023 年度中国科学十大进展。人工智能大模型为精准天气预报带来新突破、揭示人类基因组暗物质驱动衰老的机制、发现大脑"有形"生物钟的存在及其节律调控机制等 10 项重大科学进展入选。至此,此项年度评选活动已举办 19 届。

1. 人工智能大模型为精准天气预报带来新突破

天气预报是国家重大战略需求,也是国际科学前沿问题。华为云计算技术有限公司田奇团队基于人工智能方法,构建一个三维深度神经网络模型。通过三维神经网络结构,建模复杂的气象过程;采用地球位置编码技术,提升训练过程的精度和效率;训练具有不同预测时效的多个模型,减少迭代误差、节约推理时间。研究成果在某些气象要素的预报精度上超越传统数值方法,在温度、气压、湿度、风速等重要天气要素上,都取得更准确的预测结果。

2. 揭示人类基因组暗物质驱动衰老的机制

暗物质是数百万年前古病毒入侵并整合到人类基因组中的残留物,通常情况下处于沉默状态,随着年龄的增长,暗物质是否会加速身体的衰老进程尚不得而知。中国科学院动物研究所刘光慧团队通过搭建生理性和病理性衰老研究体系,结合高通量、高灵敏性和多维度的多学科交叉技术,揭示在衰老过程中,表观遗传"封印"的松动将导致原本沉寂的古病毒元件被重新激活,并进一步驱动衰老的"程序化"和"传染性"。研究提出古病毒的"复活"驱动衰老及相关疾病的新理论,为理解衰老的内在机制和发展衰老干预策略提供新依据,为科学评估和预警衰老、防治衰老相关疾病以及积极应对人口老龄化提供新思路。

3. 发现大脑"有形"生物钟的存在及其节律调控机制

生物钟的准确性和稳定性与健康息息相关。军事科学院军事医学研究院李慧艳、张学敏团队发现大脑视交叉上核(SCN)神经元的初级纤毛是调控机体节律的细胞器。初级纤毛每 24 小时伸缩 1 次,通过调控 SCN 区域大量神经元的同频共振,实现对机体节律的调整和时差的调节。研究不仅加深对生物钟本质的认识,也为节律紊乱相关疾病的治疗开辟全新途径,对于机体快速适应各种复杂环境的研究提供新思路。

4. 农作物耐盐碱机制解析及应用

培育耐盐碱农作物可提高盐渍化土地产能,将为粮食安全提供有效保障,但对植物耐碱胁迫认识的严重不足是阻碍耐盐碱作物培育的瓶颈。中国科学院遗传与发育生物学研究所谢旗团队、中国农业大学于菲菲团队、华中农业大学欧阳亦聃团队,联合中国科学院生物物理研究所、中国科学院东北地理与农业生态研究所、宁夏大学、扬州大学、北京大学现代农业研究院、山东大学和先正达集团,通过对耐盐碱差异大的高粱资源全基因组大数据进行关联分析,发现一个主效耐碱相关基因 *AT1*,与水稻的粒形调控基因 *GS3* 同源。利用特异性荧光探针系统发现在高盐碱胁迫中,*AT1* 通过调控水通道蛋白的磷酸化来调节在逆境情况下水通道蛋白的活性,并将逆境导致产生的活性氧物质泵到细胞外降低过氧化应激,首次揭示作物耐盐碱的分子机制。研究在作物耐碱理论上取得重大突破,有望在支撑盐碱地综合利用、保障国家粮食安全方面发挥重要作用。

5. 新方法实现单碱基到超大片段 DNA 精准操纵

基因组编辑是基因功能研究、疾病治疗、生物育种的变革性技术,但核心元件工具酶难以满足日益多元化的应用需求。中国科学院遗传与发育生物学研究所高彩霞团队、北京齐禾生科生物科技有限公司赵天萌团队运用人工智能辅助的大规模蛋白结构预测,建立起基于三级结构的高通量蛋白聚类分析新方法,实现脱氨酶功能结构的深入挖掘,鉴定到完全区别于已知脱氨工具酶的新型底盘元件,成功挖掘到具有靶向单链脱氧核糖核酸(DNA)的脱氨酶(Sdd)45 个、靶向双链 DNA 的脱氨酶(Ddd)13 个,并开发一系列具有中国自主知识产权的新型碱基编辑工具。研究成果实现工具酶挖掘方法和基因组编辑技术的源头创新,有望打破碱基编辑体系的底层专利壁垒。

6. 揭示人类细胞 DNA 复制起始新机制

正常细胞和癌细胞都需要复制其脱氧核糖核酸(DNA)

才能分裂而发育成多细胞个体。如何更有针对性地抑制癌细胞DNA复制的启动，同时避免毒杀正常细胞，一直以来是抗癌治疗的挑战。香港大学翟元梁团队联合香港科技大学党尚宇团队、香港科技大学/康奈尔大学戴碧瓘团队和法国居里研究所陈春龙团队，解析出人类细胞内调控DNA复制起始的关键蛋白机器MCM2-7复合物的高清结构和工作机制。当细胞启动DNA复制时，2个MCM2-7复合物会首先组装到染色体上的复制原点，环绕着DNA双链形成MCM双六聚体(DH)。研究团队从人源细胞系中纯化得到MCM-DH结合DNA的复合物，并使用冷冻电镜技术以2.59埃的高精度解析出这一复制前复合物(pre-RC)的结构。MCM-DH复合物直接降低DNA双链的稳定性，并将位于2个六聚体结合处的双链DNA解旋，形成一个初始开口(IOS)。干扰或破坏IOS，所有MCM2-7无法稳定结合在DNA上，导致DNA复制启动被抑制。研究成果为抗癌药物的研发开辟新的道路。

7. “拉索”发现史上最亮伽马暴的极窄喷流和十万亿电子伏特光子

伽马射线暴是天空中突然发生的短暂伽马射线爆发现象。中国科学院高能物理研究所曹臻团队领导的高海拔宇宙线观测站“拉索”(LHAASO)首次记录伽马暴万亿电子伏特光子爆发的全过程，包括高能光子亮度在早期的快速增强过程，以及后期亮度突然快速减弱，由此确定此伽马射线暴的极端相对论喷流具有迄今已知最小的张角，揭开此伽马射线暴成为史上最亮的秘密。研究成果为理解伽马射线暴提供一个全新视角。

8. 玻色编码纠错延长量子比特寿命

量子计算机具有超越经典计算机的算力，但受噪声干扰后容易出现量子退相干，导致错误率比经典计算机至少高十多个量级。量子纠错是解决该问题的重要途径，但传统的量子纠错过程通常会不可避免地引入新的错误。如何使编码保护的逻辑量子比特的寿命超过体系中最佳物理量子比特，超越盈亏平衡点，是衡量量子纠错是否有效的关键判据。南方科技大学/深圳国际量子研究院俞大鹏、徐源团队，联合福州大学郑仕标团队、清华大学孙麓岩团队首次通过主动的重复错误探测和纠错过程实现延长量子信息的存储时间超越盈亏平衡点16%，实现量子纠错增益。研究成果是通往容错量子计算道路上的一项重要成果。

9. 揭示光感受调节血糖代谢机制

国内外多项公共卫生调查研究显示夜间过多光暴露显著增加罹患糖尿病、肥胖等代谢疾病风险，但光是否能直接调节血糖代谢，以及其通过何种生物学机制实现仍充满未知。中国科学技术大学薛天团队发现光直接通过激活视网膜上特殊的感光细胞，经视神经至下丘脑和延髓的系列神经核团传递信号，最终通过交感神经作用于外周的棕色脂肪组织，直接压抑机体的血糖代谢能力。在人体试验上也发现同样的现象，显示光调节血糖代谢可能广泛存在于哺乳动物界。研究成果为防治光污染导致的糖代谢紊乱提供理论依据与潜在的干预策略。

10. 发现锂硫电池界面电荷存储聚集反应新机制

锂硫电池具有极高的能量密度和较低的成本，但在充放电过程中，电池性能会快速下降。受限于传统原位显微研究技术的时空分辨率低及锂硫体系不稳定等因素，其内部发生的化学反应过程充满未知。厦门大学廖洪钢、孙世刚团队和北京化工大学陈建峰团队开发高分辨电化学原位透射电镜技术，耦合真实电解液环境和外加电场，实现对锂硫电池界面反应原子尺度动态实时观测和研究。研究加深对多硫化物演变及其对电池表界面反应动力学影响的认识，为下一代锂硫电池设计提供指导。

附　录
2023 年中国十大科技进展

2023 年中国十大科技进展评选活动由中国科学院和中国工程院主办，中国科学院学部工作局、中国工程院办公厅、中国科学报社、山东省科学技术厅、烟台市政府承办，中国科学院院士和中国工程院院士评选产生，2024 年 1 月 11 日在山东省烟台市揭晓。至此，此项年度评选活动已举办 30 次。

1. 全球首座第 4 代核电站商运投产

12 月 6 日，位于山东荣成的华能石岛湾高温气冷堆核电站示范工程商运投产，是中国具有完全自主知识产权的全球首座第 4 代核电站。核电站由中国华能集团有限公司牵头，联合清华大学、中国核工业集团有限公司共同建设，于 2012 年 12 月开工，2021 年 12 月首次并网发电。石岛湾高温气冷堆核电站首台(套)设备达 2 200 余台(套)，创新型设备有 600 余台(套)，设备国产化率达 93.4%。核电站的商运投产，对促进中国核电安全发展、提升核电科技创新能力具有重要意义。

2. 神舟十六号返回，空间站应用与发展阶段首次载人飞行任务圆满完成

10 月 31 日 8 时 11 分，神舟十六号载人飞船返回舱在东风着陆场成功着陆，神舟十六号载人飞行任务取得圆满成功。5 月 30 日，神舟十六号载人飞船发射升空，随后与天和核心舱对接形成组合体。3 名航天员在轨驻留 154 天，其间进行 1 次出舱活动和中国空间站第 4 次太空授课活动，配合完成空间站多次货物出舱任务，为空间站任务常态化实施奠定基础。此次任务是中国载人航天工程进入空间站应用与发展阶段的首次载人飞行任务，开展人因工程、航天医学、生命生态等多项空间科学实(试)验，迈出载人航天工程从建设向应用、从投入向产出转变的重要一步。

3. 超越硅基极限的二维晶体管问世

芯片是信息世界的基础核心，传统晶体管因接近物理极限而制约芯片的进一步发展。原子级厚度的二维半导体理论上在未来节点更具潜力，但受限于其技术瓶颈，至今所有二维晶体管均不能媲美业界硅基器件。北京大学彭练矛、邱晨光团队构筑 10 nm 超短沟道弹道二维硒化铟晶体管。研究提出稀土钇元素掺杂诱导二维相变理论，并发明原子级可控精准掺杂技术，克服二维领域金属和半导体接触的国际难题，首次使得二维晶体管实际性能超过业界硅基 10 nm 节点 Fin 晶体管和国际半导体路线图预测的硅极限，并将二维晶体管的工作电压降到 0.5 V，室温弹道率提升至所有晶体管最高纪录的 83%，研制出国际上迄今速度最快、能耗最低的二维晶体管。相关成果于 3 月 22 日发表在《自然》(*Nature*)。

4. 中国科学家发现耐碱基因可使作物增产

中国盐碱地面积达 1 亿公顷，占世界盐碱地总面积的近十分之一，全球气候变化、淡水缺乏及化肥大量使用，使可耕土地盐渍化速度加快。为更好地利用盐碱地资源，中国科学院遗传与发育生物学研究所谢旗团队与国内多家科研机构和院校合作，经过多年研究发现主效耐碱基因 *AT1*，可以显著提高高粱、水稻、小麦、玉米、谷子等作物在盐碱地上的产量，且在改良盐碱地的综合利用中具有重大应用前景，有望为中国粮食安全发挥重要支撑作用。该成果于 3 月 24 日发表在《科学》(*Science*)。

5. 天问一号研究成果揭示火星气候转变

在太阳系的行星中，火星与地球最为相似，火星的现状和演化历程，被认为可能代表着“地球的未来”。风沙作用记录火星演化晚期和近代气候环境特征和气候变化过程，由于缺乏就位、近距离详细系统的科学观测，人们对火星风沙活动过程和记录的古气候知之甚少。中国科学院国家天文台李春来团队，联合中国科学院地质与地球物理所郭正堂团队、中国科学院青藏高原所、美国布朗大学和天问一号任务工程团队，瞄准火星乌托邦平原南部丰富的风沙地貌，利用环绕器高分辨率相机、火星车导航地形相机、多光谱相机、表面成分分析仪、气象测量仪等开展高分辨率遥感和近距离就位的联合探测，提取沙丘形态、表面结构、物质成分等信息，分析其指示风向和发育年龄，发现着陆区风场发生显著变化的层序证据，并与火星中高纬度分布的冰尘覆盖层记录有很好的一致性，揭示祝融号着陆区可能经历以风向变化为标志的 2 个主要气候阶段。相关研究成果于 7 月 7 日发表在《自然》(*Nature*)。

6. 中国首个万米深地科探井开钻

5 月 30 日上午，中国石油塔里木油田公司深地塔科 1 井开钻入地。深地塔科 1 井位于新疆阿克苏地区沙雅县境内，紧邻埋深达 8 000 m 的富满 10 亿吨级超深油气区。井深 11.1 km，设计钻完井周期 457 天，将创造全球万米深井钻探用时最快纪录。采用中国自主研制的全球首台 12 km 特深井自动化钻机，与普通钻机相比，载重提升能力由 300—400 t 提高到最大 900 t。自主研制国际领先的智能钻机，为万米深地工程科学探索研究提供装备和技术保障。

7. 液氮温区镍氧化物超导体首次发现

中山大学王猛团队与清华大学、华南理工大学等单位合作首次发现在 14 GPa 压力下达到液氮温区的镍氧化物超导体。这是由中国科学家率先独立发现的全新高温超导体系，是人类目前发现的第 2 种液氮温区非常规超导材料，是基础研究领域的重要突破。有望推动破解高温超导机理，使设计和预测高温超导材料成为可能，使超导在信息技术、工业加工、电力、生物医学和交通运输等领域实现更广泛的应用。相关研究成果于 7 月 12 日发表在《自然》(*Nature*)。

8. FAST 探测到纳赫兹引力波存在证据

由中国科学院国家天文台等单位科研人员组成的中国脉冲星测时阵列研究团队，利用中国天眼 FAST，探测到纳赫兹引力波存在的关键性证据，表明中国纳赫兹引力波研究与国际同步达到领先水平。纳赫兹引力波研究已经成为物理和天文领域国际竞赛的焦点之一。然而，纳赫兹引力波频率极低、周期长达数年，其波长可达数光年，对它的探测极具挑战性。利用大型射电望远镜对一批自转极其规律的毫秒脉冲星进行长期测时观测，是已知唯一的纳赫兹引力波探测手段。研究成果于 12 月 14 日入选《科学》(*Nature*) 2023 年度十大科学突破。

9. 世界首个全链路全系统空间太阳能电站地面验证系统落成启用

西安电子科技大学段宝岩团队完成逐日工程——世界首个全链路、全系统 SSPS 地面验证系统，阐述欧米伽 SSPS 创新设计方案、理论创新、技术突破、工程实现及实验结果。远距离高功率微波无线传能效率(距离 55 m，发射 2 081 W，波束收集效率 87.3%，DC-DC 传输效率 15.05%)与功质比等主要技术指标世界领先。逐日工程突破的远距离高功率微波无线传能技术，应用前景广阔。在太空可助力构建空间能源网、空间充电桩，破解空间算力、星上信息处理、空间攻防及超远程探测的供电难题。在陆海空可为空中飞艇、无人机群、海上移动平台、灾害及边远区域无线供电。相关研究成果于 1 月 30 日发表在《工程》(*Engineering*)。

10. 科学家阐明嗅觉感知分子机制

大多数动物(包括人类)均拥有一套主嗅觉系统来识别挥发性的气味分子。大量的嗅觉受体通过“组合编码”的气味识别方式，帮助动物识别数以万亿计的气味分子。嗅觉受体可以分为 3 个家族，第 1 类是气味受体(OR)家族，第 2 类是痕量胺相关受体(TAAR)家族，OR 和 TAAR 都属于 A 类 G 蛋白偶联受体(GPCR)家族，第 3 类是非 GPCR 嗅觉受体。山东大学孙金鹏团队和上海交通大学医学院李乾团队合作，应用冷冻电镜技术解析 TAAR 家族成员之一的小鼠 TAAR9(mTAAR9)受体在 4 种不同配体结合条件下与 Gs/Golf(嗅觉特异性 Gα)蛋白三聚体复合物的结构，进一步结合药理学分析揭示 mTAAR9 感知配体后被激活的分子机制。也提出嗅觉受体“组合编码”识别配体的结构机制，阐明 2 类嗅觉受体独特的激活方式。研究为嗅觉受体家族识别配体奠定理论基础。相关研究成果于 5 月 24 日发表在《自然》(*Nature*)。

附　录

2023 年世界十大科技进展

2023 年世界十大科技进展评选活动由中国科学院和中国工程院主办，中国科学院学部工作局、中国工程院办公厅、中国科学报社、山东省科学技术厅、烟台市人民政府承办，中国科学院院士和工程院院士评选产生，2024 年 1 月 11 日在山东省烟台市揭晓。至此，此项年度评选活动已举办 30 次。

1. 科学家绘制迄今最全人脑细胞图谱

多国科学家利用最先进的分子生物学技术，参与的一系列研究揭示 3 000 余种脑细胞类型的特征，有助于深入理解人类大脑的独特之处并推进脑部疾病和认知能力等研究。研究是美国国立卫生研究院“推进创新神经技术脑研究计划——细胞普查网络”的一部分，该计划于 2017 年启动。代表科学界在解开大脑奥秘方面的重大突破，为未来的神经科学研究开辟新方向。研究成果于 10 月 13 日发表在《科学》(*Science*)、《科学进展》(*Science Advances*)和《科学转化医学》(*Science Translational Medicine*)。

2. 人工智能首次成功从零生成原始蛋白质

美国 Salesforce Research 公司、Profluent Bio 公司等机构创建一个能够从头开始生成人造酶的人工智能系统。在实验室测试中，尽管人工生成的氨基酸序列与任何已知的天然蛋白质存在显著差异，但其中一些酶与自然界中发现的酶一样有效。Salesforce Research 公司开发名为 ProGen 的人工智能程序，使用下一代标记预测将氨基酸序列组装成人造蛋白质，这些新蛋白质几乎可以用于从疾病治疗到降解塑料的任何领域。研究成果于 1 月 26 日发表在《自然生物技术》(*Nature Biotechnology*)。

3. 全球最大实验性核聚变反应堆开始运行

12 月 1 日，欧洲聚变能组织(F4E)发布消息称，欧洲和日本共同建造和运营的核聚变反应堆 JT-60SA 投入运行。JT-60SA 计划是国际热核聚变实验反应堆计划(ITER，又称“人造太阳”计划)的先行项目。JT-60SA 反应堆的目标是研究聚变作为一种安全、大规模和无碳的净能源的可行性，使它所产生的能量比消耗的能量更多。这 2 个项目的最终目标都是使内部的氢核融合成氦，以光和热的形式释放能量，模拟太阳内部发生的过程。核聚变可以通过不同的方式进行，其过程都比核裂变清洁度更高，不会产生放射性废物。如果实现经济的聚变反应，将大大减少甚至完全消除人类对化石燃料的依赖。

4. OpenAI 正式发布 GPT-4

3 月 15 日，OpenAI 发布多模态预训练大模型 GPT-4，这是其大型语言模型的最新版本。与此前的版本相比，GPT-4 具备强大的识图能力，文字输入限制也提升至 2.5 万字；回答准确性也显著提升，还能够生成歌词、创意文本从而实现风格变化；在各类专业测试及学术基准上也表现优良。是人工智能应用的一个里程碑事件，人工智能可实现的功能越来越丰富，未来或将成为人类得心应手的工具。

5. 卫星首次成功向地球传送太阳能证明天基能源可信性

6 月 1 日，美国加州理工学院宣布，1 月发射的 1 颗卫星已将微波束的能量导向太空中的目标，甚至还将一部分能量发送到地球的探测器上。微波发射器是一个由 32 个平面天线组成的阵列，排列在比餐盘稍大的表面上。通过改变发送到不同天线的信号的时间，研究人员可以控制阵列的波束；把它对准一对微波接收器，然后随意将光束从一个接收器切换到另一个接收器，并点亮每个接收器上的 LED。作为一种清洁、可再生的能源技术，天基太阳能利用技术被认为是实现零碳排放的可靠途径。

6. 人类眼球首次移植成功

11 月 9 日，美国纽约大学兰贡医疗中心的外科团队完成世界上首次眼球移植手术。该手术由爱德华多・罗德里格斯带领的团队完成，为遭受严重眼部损伤的阿伦・詹姆斯恢复部分视力。移植手术于 5 月进行，用时约 21 小时。手术过程中，外科团队从眼球供者的骨髓中提取成体干细胞，并在移植过程中将其注射到受者的视神经中，以期能取代受损的细胞并保护视神经。在手术后的 6 个月里，移植的眼球显示出明显的健康迹象，如血管功能良好等。尽管这只移植的眼球尚未恢复视力，但研究团队认为，这一突破性成果将有助于相关医学领域的发展。研究团队正在跟进监测，并期待找到这只眼球恢复视力的所有可能。

7. 迄今最小粒子加速器问世

德国埃尔朗根-纽伦堡大学的研究团队成功制造出世界上最小的粒子加速器，其长度仅为 0.2 mm，可以装在笔尖上。是第一个能够快速且聚焦良好的产生电子束的微型加速器，可将电子加速到每秒 10 万千米。采用光波来加速粒子，通过数千根 2 μm 高的硅柱排列成 2 条平行线，形成一个狭窄的电子束。当研究团队制造出一个 0.5 mm 长的版本时，发现能以更快速度加速电子，使电子携带的能量增加 43%。新技术有望应用于医学领域，为医生提供新的治疗工具或为生物实验室提供小型消毒工具。相关研究成果于 10 月 18 日发表在《自然》(*Nature*)。

8. 科学家首次实现单原子 X 射线探测

美国俄亥俄大学、阿贡国家实验室、伊利诺伊大学芝加哥分校等机构的研究团队首次拍摄到单原子 X 射线信号。阿贡国家实验室的韦·哈拉团队将 1 个铁原子和 1 个铽原子插入各自的分子宿主内。为检测单个原子发出的 X 射线信号，在 X 射线探测器内加入 1 个由位于样品附近的尖锐金属尖端制成的专用探测器以收集 X 射线激发的电子。当 X 射线照射到原子上时，核心能级的电子被激发，并通过重叠的原子/分子轨道隧穿到探测器尖端，获得的光谱能揭示原子的相关信息。研究将为 X 射线和纳米科学领域开辟新天地，也为研发先进的材料科学仪器开辟道路。相关研究成果于 5 月 31 日发表在《自然》(*Nature*)。

9. 全球首张昆虫大脑“地图”绘制完成

英国剑桥大学、美国约翰斯·霍普金斯大学等机构的研究团队首次完整地对“果蝇幼虫”的大脑连接组进行重建，绘制出首张完整的昆虫大脑图谱，包括所有神经元和突触。研究团队使用高分辨率电子显微镜扫描果蝇幼虫的数千张大脑切片，在计算机分析的辅助下，最终生成的图谱包含 3 016 个神经元和 54.8 万个突触；开发计算工具，以识别昆虫大脑中可能的信息流路径和不同类型的电路图案，为未来的大脑研究提供支持，并且还可能激发新的机器学习架构。相关研究成果于 3 月 10 日发表在《科学》(*Science*)。

10. 人类泛基因组首张草图发布

人类泛基因组参考联盟(Human Pangenome Reference Consortium)发布首张人类泛基因组参考草图，以及 2 个以这一参考图为基础的新遗传学研究发现。2003 年，科学家们宣布，人类基因组序列图谱绘制成功。2022 年，首个完整人类基因组序列发布，填补人类基因组计划留下的空白。与前述两次基因主要来源于 1 个人不同，“泛基因组”草图是包括非洲、亚洲、美洲和欧洲的全球多地 47 个人的脱氧核糖核酸(DNA)合集，地域和种族构成更多元化。研究人员计划不断完善人类基因组图谱，旨在到 2024 年年中对 350 人进行测序。相关研究成果于 5 月 10 日发表在《自然》(*Nature*)。

附　录

2023 年市科委领导成员及机构设置

领导成员

主　　任	骆大进*	副 主 任	王　晔
副 主 任	朱启高	副 主 任	黄　红
副 主 任	谢文澜	总工程师	赵　健

机构设置及处室负责人

办公室(信访办公室)
　主　任　段晓阳
　副主任　邹　霄　黄文涛
人才工作处
　处　长　曲介庸
　副处长　蒯本君
政策法规与创新体系建设处
　处　长　陈　敏*
　副处长　朱振生
战略规划处
　处　长　韩元建*
　副处长　吴伊人
综合发展处
　处　长　俞　清
　副处长　王　晶　谷　博*
资源保障与管理处
　处　长　李　靖
　副处长　黄　楠
研发基地建设与管理处
　处　长　毕　聪
　副处长　杨建群　陆文斌
国际合作处(港澳台办公室)
　副处长(主持工作)　赵　泉*
　副处长　方德佳
科普工作处
　处　长　何家骥
基础研究处
　处　长　宋　扬
　副处长　费明钰*
高新技术处
　处　长　方　浩
　副处长　李言旭　于金旭
生物医药处
　处　长　曹宏明
　副处长　董潋滟
社会发展科技处
　处　长　郑广宏
创新服务处
　处　长　刘晋元
　副处长　梁　冰　薛博仁
外国专家服务处(引进国外智力管理处)
　处　长　冯东辉
科技监督与诚信建设处
　处　长　斯海雄
实验室处
　处　长　仲东亭
　副处长　陈　明

注：* 为 2023 年新任职(上述机构及干部名单以 2023 年 12 月 31 日为准)

新任市科委领导简况

骆大进　1977 年 7 月生，中共党员，在职研究生，管理学博士，研究员。历任上海市科学学研究所所长，上海市科学技术委员会副主任，奉贤区委副书记，上海市外国专家局局长等职。2023 年 2 月起任中共上海市科学技术工作委员会副书记、上海市科学技术委员会主任。

上海科技年鉴(2024)

SHANGHAI SCIENCE AND TECHNOLOGY YEARBOOK

索　引

说明:(1) 本索引主体采用主题分析索引方法,按主题词首字的汉语拼音字母顺序排列;
(2) 索引名称后的数字表示内容所在的页码,数字后面的 a、b 分别表示左右栏别;
(3) 粗体主题词为章、节名称主题词,其中不带栏别的为章,带栏别的为节;
(4) 表格索引和图片索引按页码顺序排列,人名索引按首字的汉语拼音顺序排列。

主题词索引

A

B

C

D

E

F

G

H

I

J

K

L

M

N

O

P

Q

R

S

T

U

V

W

X

Y

Z

图片索引

表格索引

人名索引

A

B

C

D

E

M

N

O

P

Q

R

S

T

W